20세기,
그 너머의
과학사

Science in the 20th Century and Beyond

SCIENCE in the
20th CENTURY
and BEYOND

20세기, 그 너머의 과학사

존 에이거 지음 | 김동광·김명진·김영진 옮김

뿌리와
이파리

캐스린, 핼, 맥스에게

차례

감사의 말

나는 10년 이상 이 책을 마음에 품고 있었다. 이 책은 맨체스터 대학, 케임브리지 대학, 하버드 대학, 유니버시티 칼리지 런던의 학부생들에게 이 주제를 강의하는 과정에서 얻은 결과물이다. 해당 기관의 직원들에게도 감사를 드린다. 많은 사람이 도움을 주었다. 특히 존 픽스톤과 피터 보울러, 익명의 심사위원들, 그리고 폴리티 출판사의 앤드리아 드루건에게 고맙다는 말을 전한다.

일러두기

1. 이 책은 *Science in the 20th Century and Beyond by Jon Agar*, 2013을 우리말로 옮긴
   것이다.

2. 인명, 지명, 서명 등은 국립국어원의 외래어표기법을 따랐지만, 몇몇 경우에는 관례에 따
   라 표기했다.

3. 단행본, 신문, 잡지에는 겹낫표를, 기사, 논문에는 홑낫표를, 영화, 연극, 텔레비전과 라
   디오 프로그램에는 홑꺾쇠를 사용했다.

4. 옮긴이 주는 본문 아래에, 원저자의 주는 책 말미에 따로 모아두었다.

제1장
들어가며

이 책은 20세기와 21세기 과학의 역사를 다룬다. 이러한 방식에는 강점과 약점이 모두 존재하는데, 이렇게 서술한 역사는 필연적으로 종합을 지향하는 연구의 결과물이 될 수밖에 없기 때문이다. 이 책은 내가 빚진 풍부한 2차 문헌에 폭넓게 의존하고 있다. 하지만 기존 문헌들이 20세기와 21세기 과학을 불균등한 방식으로 다루기 때문에, 좋은 2차 문헌이 드문 대목에서는 널리 받아들여진 역사에 다소 위태로운 정도까지 의존했다. 그뿐만 아니라 쿤의 용어를 빌리자면, 최근 과학사의 '정상normal' 전략은 널리 받아들여진 설명을 들고 와서 문헌 연구 및 기타 방법을 통해 대안적 서사가 더 그럴법하다는 점을 보이는 것이었다. 이는 훌륭한 역사 서술 방법이며, 잘 해낼 경우 잃어버린 행위자, 주제, 사건들의 존재를 인식하는 데서 그치지 않고, 기존 가정들에 의문을 제기하고 역사가 기성 권력을 뒷받침하는 데 쓰이는 것에 대해 회의적 태도를 촉진하는 결과를 이끌어냈다. 그러나 정상과학에서도 그러했듯 이런 방식은 실행 가능한 규모에서만 고안되는 경향이 있고, 이는 시야의 협소화로 이어진다. 이런 경향은 널리 받아들여진 이야기를 살짝 비튼 것에 불과한 설명을 만들어내게 한다.

긍정적 측면을 보면, 나는 20세기에 이뤄진 모든 과학의 규모에 관해 생각해봄으로써 특정한 연구 질문을 피할 수 없게 되었음을 깨달았다. 내 생각에 전통에 초점을 맞춘 사례연구 중심의 과학사가 회피해온 바로 그 질문들이다. 예를 들어, 나는 주제를 분야별 갈래로 세분화하지 않기로 결정했다. 그렇게 할 경우 기존의 역사 서술을 되풀이하게 될 것이기 때문이다. 대신 나는 20세기의 과학 프로젝트, 학문 분야, 국가들을 가로지르는 공통된 패턴을 찾아야 했다. 이는 국가별 역사를 다루지 않겠다는 말이 아니다. 사실 국가별 과학의 비교 평가는 특별한 중요성을 갖게 되며, 여기서 다시 새로운 질문 제기로 이어질 수 있다. 나는 그중 20세기 과학사에서 가장 중요한 질문이 왜 미국이 지배적인 과학 초강대국으로 부상했는가라고 생각한다. 이 질문에 대해서는 나중에 다시 다뤄볼 것이다.

하지만 그에 앞서 답해야 할 질문이 있다. 이 책은 20세기와 그 이후 과학의 역사를 다룬다. 여기서 '과학'은 무엇을 의미하는가? 역사가 로버트 프록터가 제시한 지침, 그러니까 "과학은 과학자들이 하는 일이다"라는 진술이 이럴 때 훌륭하면서도 유용한 정의를 제공하지만, 이는 과학교육과 같은 활동을 평가절하하게 만든다.[1] 나는 '과학자'라는 역할을 부여받은 사람이 추구해온 다양한 활동을 포괄하려 애썼다. 물리과학과 생명과학은 이 책의 범위에 정확하게 포함된다. 범위를 좀더 확장하여, 사회과학자들도 자신의 작업이 과학에 포함된다고 생각할 때는 여기서 다룰 것이다. 경계는 모호하면서도 흥미롭다. 모호한 이유는 '과학자'의 범주가 논쟁적일 수 있고, 서로 다른 문화가 무엇을 '과학'으로 간주할 것인지에 대해 서로 다른 감각—어떤 문화는 폭넓게 정의하고, 다른 어떤 문화는 협소하게 정의하는 식으로—을 갖고 있기 때문이다(다소 진부하긴 하지만, 독일어의 폭넓은 'Wissenschaft' 개념과 영어의 좀더 협소한 'science' 개념을 비교해보면 좋을 것이다). 흥미로운 이유는 이렇다. 과학이라는 꼬리표가 20세기에는 대단히 가치 있는 문화적 속성이었고, 이 용어의 경계를 단속하고 내부자를 외부자와 분리하려는 노력—과학사회학자는 이를 '경계작업boundary work'이라고 부

른다—에 의해 촉발된 논쟁들이 시사하는 바가 크기 때문이다.[2]

그래도 나는 20세기에 '과학자들이 한 일'에 대해 좀더 실체적인 모델을 제안하고자 한다. 이러한 모델로 한 걸음 나아가기 위해, 당신이 야간에 정기 항공편을 타고 막 이륙해서 밤의 도시 위를 선회비행하고 있다고 상상해보자. 반짝이는 수많은 불빛이 눈앞에 보인다. 당신은 아름답고 숭고한 광경을 보며 감탄한다. 비행기가 구름 위로 올라가자 이제는 어둠밖에 보이지 않는다. 오랜 비행을 거쳐 비행기가 하강할 때쯤에는 아주 이른 아침이다. 목적지에 가까워지자 또다른 도시가 눈에 들어온다. 이번에는 불빛뿐 아니라 도로, 건물, 공원, 공장들까지 시야에 잡힌다. 이른 아침인데도 세상이 움직이기 시작하자 도시에는 북적거리는 활기가 넘친다. 아까 봤던 불빛의 패턴이 무엇을 의미했는지 이제 이해할 수 있다.

나는 이러한 두 이미지—밤의 도시와 아침의 도시—가 20세기 과학을 더 잘 이해할 수 있는 은유를 제공해준다고 생각한다. 처음에는 휘황찬란하고 감탄을 자아내는 고립된 불빛의 배열이 눈에 들어온다. 양자 이론, 인간 유전체 서열 해독, 원자폭탄 투하 등을 포함해 유명한 실험, 저명한 과학자, 혁명적 이론들이 여기저기 흩어져 있는 식이다. 이러한 과학사의 이미지는 결국 인터넷에서 찾아볼 수 있는 '연대표식 역사'로 이어진다. 고립되고 눈부신 순간들로 이뤄진 역사다. 우리가 보지 못하는 것은 왜 과학의 불빛들이 그러한 패턴을 이루는가 하는 것이다.

실행세계

나는 과학이 '실행세계working world'의 문제를 푼다고 주장하고자 한다. 실행세계는 문제를 발생시키는 인간의 프로젝트가 실행되는 무대arena다. 우리의 삶은 우리 조상의 삶이 그랬던 것처럼 실행세계에 대한 지향에 의해 조직돼왔다. 실행세계들은 서로 상당한 정도로 중첩되지만, 그래도 서로 구별하고 묘사할 수 있다. 일단의 실행세계들은 기술 시스템을 건설하는 프로젝트에 의해 구조와 정체성이 부여된다. 다양한 규모와 유형의 운송, 전력 및 전등, 통신, 농업, 컴퓨터 시스템이라는 실행세계들이 있다. 군사력의 준비, 동원, 유지는 때때로 20세기 과학에 압도적인 중요성을 지닌 또다른 실행세계를 이룬다. 과학에서 가장 중요한 실행세계의 지위를 갖는 두 가지 다른 후보들은 시민행정civil administration, 그리고 병들었거나 건강한 인체의 유지 관리다. 깊은 밤 불빛의 패턴도 그것이 이른 아침에 일하는 도시의 움직임에 의해 나타난 것을 알 수 있게 되면 이해할 수 있는 것과 마찬가지로, 현대과학 역시 실행세계에 의해 조직된 것으로 보게 되면 이를 이해할 수 있게 된다는 것이 내 주장이다. 이러한 연계를 드러내 이것과 실행세계의 관계를 묘사하는 것이 과학사가의 임무다.

내가 '실행세계' 논의를 하게 된 동기 중 하나는 과학사가들이 사용하는 '맥락context'이라는 은유가 상투적 문구cliché가 되어버렸다고 느낀 데 있다. 우리는 과학을 그것이 위치한 사회적, 문화적, 정치적 맥락 속에서 이해해야 한다고 자주 얘기한다. 나는 이것이 조지 오웰이 의미한 바대로의 상투적 문구로 전락했다고 생각한다. 오웰은 한때 생생하게 살아 있었지만, 지금은 죽어버린 낡아빠진 저술 방식을 상투적 문구로 정의했다. 상투적 문구가 된 은유는 한때 놀랍고 시사하는 바가 컸지만 지금은 주목받지 못하고 지나쳐버리는 은유다.[3] '맥락'은 원래 '텍스트(글)'와 '컨텍스트(맥락)'에 관한 생각을 불러일으켰고, 이는 다시 해석과 관련된 온갖 종류의 연관된 질문들을 끌어들였다. '실행세계'라는 용어가 '맥락'에 담긴 의미를 그대로 대체하는 것은 아니지만, 나는 가능한 한 '맥락'이라는 단어를 쓰는 일을 의도적으로 피했다. 나 자신부터 과학의 위치에 대해 다시 생각해보기 위해서였다.

이 논의를 좀더 밀고 가보자. 과학은 독특한 방식으로 실행세계의 문제를 해결한다. 실행세계는 너무나 복잡해서 자신의 문제를 곧장 해결할 수 없다. 대신 문제를 해결하는 일련의 전형적 단계들이 있다. 첫째, 문제를 문제로 인식해야 한다. 문제설정problematization은 주어지는 것이 아니라 성취해내는 것이다.[4] 둘째, 이 문제에 대해 관리 가능하고 조작 가능하며 추상화된 대리물을 만들어내야 한다. 분야와 시대를 막론하고 과학은 이러한 대리물을 추구해왔다. 얼른 꼽아보자면 암에 걸린 인체의 대리물인 실험용 생쥐 모델, 통치 대상이 되는 국민의 대리물인 센서스 자료, 전 세계 기후의 대리물인 컴퓨터 기반 대순환모델General Circulation Model, 아마존 토양의 어지러운 실재로부터 추상해내어 수천 킬로미터 떨어진 아마존 우림의 대리물이 될 수 있는 데이터 등이 여기에 들어간다.[5] 이러한 추상들은 실행세계에 기원을 두고 있음을 감안해 '미소세계microworld'로 이름붙여졌다. 이는 통제된 방식으로 조작되고, 측정되고, 비교되고, 이동될 수 있는 규모를 갖고 있다.[6] 아울러 주목할 점은 대리물이 인공적이라는 사실이다. 과학은 자연세계에 대해 얘기할 때도 실은 인공세계에 대해 얘기하고 있다. 제너럴일렉트릭General Electric에서 어빙 랭뮤어가 수행한 전자 방출과 전구에 대한 연구—20세기 초의 전형적 과학 연구 중 하나였다—는 '인공적인 것에 대한 자연적 연구'로 일컬어졌다.[7]

이러한 추상 노력의 특별한 사례 중 하나는 현상들, 다시 말해 중요하고 흥미롭게 여겨지지만 야생 상태에서 조작하기는 어려운 자연적 효과와 관련돼 있다. 특히 19세기 중엽 이후의 과학에서 실험실이 특별한 장소였던 이유는 이곳에서 '현상적 미소세계phenomenal microworld'가 만들어졌다는 사실로 설명할 수 있다.[8] 과학에 대한 사회학적 기록들은 실험실이 지닌 힘에 대한 이러한 설명을 뒷받침한다.[9] 그러나 과학자들 역시 놀라울 정도로 비슷한 묘사를 제시해왔다. 1918년에 이반 파블로프는 "과학실험실이란 무엇인가?"라는 질문을 던졌다. "그것은 작은 세계, 실재의 작은 구석이다. 이 작은 구석에서 인간은 정신노동을 통해…… 이러한 실재를 알아내고자 한다. 어떤 일이 일어날지 올바르게 예측하고…… 더 나아가 자신의 재량에 따라 이러한 실재를 조직하고, 이것이 우리가 지닌 기술적 수단 내에 있다면 그것에 명령을 내리기 위해서이다."[10]

일단 실행세계의 문제에 대한 모델을 만들어내면 그것의 활용은 두 가지 방향으로 나아갈 수 있다. 첫째, 조작, 분석, 비교를 위한 발달된 기법들을 모델에 적용할 수 있다. 둘째, 결론이 실행세계 속으로 되돌아가야 한다(문제설정과 마찬가지로, 이는 주어진 것이 아니다. '해법제시solutionization' 또한 성취해내는 것이다). 단순화된 버전들을 다루기 때문에, 이들 간에는 구조와 특징에서 종종 공통점이 존재하며, 이는 다시 공통된 기법들로 이어진다. 이러한 유사성은 예를 들어 현대과학에서 통계를 어디서든 찾아볼 수 있는 이유가 된다. 통계라는 학문은 적어도 부분적으로는 메타-분야, 즉 과학의 과학이다. 그러나 특정한 추상이나 그것의 의미가 실행세계에 의해 동형적으로 결정되는 것은 아니다(여기서는 '동형isomorphism'의 정확한 수학적 의미를 빌려왔다. 실행세계의 문제 구조와 모델 혹은 의미 사이에 일대일 관계가 성립되지 않는다는 의미). 상이한 대리물들이 만들어질 수 있고, 이는 서로 다른 방식으로 이해될 수 있다. 이런 과정이 우리를 이론 구축, 경합하는 데이터 수집, 실험으로 인도한다. 물론 이는 과학을 구성하는 요소들이다. 아울러 과학의 논쟁적인 사회적 성격이 중요해지는 지점이기도 하다. 대리물 모델의 소유자들 사이에 도전, 회의주의, 비판을 적극적으로 장려하는 분위기가 그것이다.[11] 과학자가 추상을 다루고 있다는 사실, 그리고 도전의 틀을 형성하는 사회적 조직을 다른 조직들로부터 (분리할 수는 없다 해도) 구분할 수 있다는 사실은 빈틈없는 보호를 받는 과학의 자율성에 대한 감각을 불러일으킨다. 그러나 중요한 것은 실행세계로 다시 연결되는 끊어지지 않는 가닥이 있다는 점이다. 이러한 가닥은 무시되거나 종종 잊혀질 수 있지만, 그것이 아예 존재하지 않는 경우는 없다. 내 생각에는 실행세계의 기원origin이 없으면 어떤 의미 있는 과학도 창출될 수 없다.

나는 과학이 실행세계의 문제들에 대한 추상화되고 단순화된 대리물을 만들고, 조작하고, 경합하는 활동이라고 주장하고자 한다. 이러한 작업의 결과물 중 일부는 일단의 지식으로 나타나지만, 과학을 이것하고만(심지어 이것과 일차적으로) 동일시해서는 안 된다. 철학자 존 듀이가 널리 읽힌 논문 「과학교육의 방법」에서 독자에게 상기시켰듯, 과학은 "일차적으로 관찰, 탐구, 실험적 테스트에서 작동하는 지적 방법"이다. "근본적으로 말해 과학이 의미하고 또 대변하는 것은 한마디로 인간의 지적 능력이 해야 하는 일을 해낼 수 있게 하는, 현재까지 발견된 최선의 방식이다." 여기서 해야 하는 일이란 바로 실행세계의 문제를 해결하는 일이다.[12] 아울러 내가 주장하지 않는 바에 대해서도 분명히 밝혀두어야겠다. 최근 수십 년 동안 과학을 세상에 설명할 때 '기초과학basic science'과 '응용과학applied science'이라는 구분보다 더 유용하고 현실적인 분류법을 찾아내려는 시도들이 있었다. 마이클 기번스와 그 동료들은 지식의 새로운 생산 양식('양식 2mode 2')을 제시했다. 이에 따르면 제2차 세계대전 이후에 '응용의 맥락에서 생산된 지식'이 점점 더 두드러진 역할을 하게 되었다. 나중에 제18장에서 논의하겠지만, 역사가들(테리 신, 브누아 고딘)은 양식 1과 양식 2를 나누는 것을 비판했다.[13] 정책에 유용한 언어를 찾으려는 비슷한 시도에서 자극을 받은 도널드 스토크스는 단순화된 기초-응용 쌍에 또다른 축을 덧붙여 '응용 지향 기초연구 use-inspired basic research'('파스퇴르 사분면')가 전략적으로 가장 중요하다고 주장했다.[14] 나는 여기서 '응용과학'의 개념을 뒤집어놓으려 한다. 인간의 건강, 효율적인 행정, 무기 혹은 산업이 (설사 그렇다 해도) 그저 응용과학에 지나지 않는다고 주장하려는 것이 아니다. 내가 말하려는 바는 오히려 과학이 응용세계applied world라는 것이다.

과학자들은 실행세계의 문제에 대한 대리물을 조작하는 기술을 보유하고 있기 때문에 현대세계에서 상당한 권위와 힘을 갖게 되었다. 이러한 기술 보유로 정당화되는, 세상에 대한 강력한 개입은, 간단하지도 않고 아무런 논란이 없는 것도 아니다. 개입은 상이한 규모들에서 일어난다. 센서스

자료 같은 인구통계학적 대리물의 보유는 국가와 도시 규모에서 작동하며 이러한 수준에서 권력 관계를 바꿔놓는다. 예를 들어 20세기 중엽에 돈 K. 프라이스는 "오늘날 미국 정치 권력에서 가장 중요한 재분배는 인구조사국 사무원들에 의해 성취된다"고 썼다.[15] 개입은 개인에 대한 식이요법 강제처럼 국소적일 수도 있고, 야심의 범위가 전 지구적인 수준에 미칠 수도 있다. 가령 X선결정학자면서 계획가를 지향했던 J. D. 버널은 1929년에 머지않아 세상 전체를 "인간 동물원으로 변형시키는" 것이 자신의 희망이라고 쓴 바 있다. "이 동물원은 너무나 지적으로 관리되고 있어 그곳의 주민들은 자신들이 단지 관찰과 실험을 위해 그곳에 존재한다는 사실을 깨닫지 못한다."[16]

개관

이 책의 가장 주된 논지는 실행세계의 존재, 그리고 실행세계와 과학이 맺는 결정적으로 중요한 관계다. 20세기와 그 너머 과학의 역사에서, 그 밖의 다른 주요 주제로는 어떤 것이 있을까? 나는 네 가지를 제시하고자 한다. 과학의 형성에서 전쟁이라는 실행세계가 갖는 놀랍고도 명백한 중요성, 선도적 과학 강국으로서 미국의 부상, 누락된 이야기들, 20세기 후반에 일어난 물리과학에서 생명과학으로의 선회가 그것이다. 네 가지 주제 각각은 이어지는 서술에서 찾아볼 수 있으며, 결론에서도 이를 직접 다시 언급할 것이다. 역사는 연대기적으로 서술되며, 아래에 책의 내용에 대한 짧은 요약을 덧붙였다.

유사한 것clone의 수출

우리가 물어볼 수 있는 첫 번째 질문은 19세기와 20세기의 관계가 어떠한 것인가이다. 왜 20세기가 19세기와 비슷해야 하는가? 19세기의 경향이 그와 유사한 20세기의 경향을 낳은 것인가? 만약 그렇지 않다면, 19세기와 20세기는 어디에서 달랐고 왜 그랬는가? 물론 1900년은 임의적인 시점일 수밖에 없다. 그러나 마음속에 길잡이가 될 만한 또다른 이미지를 그려보라. 역사의 강이 일시적으로 얼어붙은 모습을 상상해보자. 이 강을 1900년에서 절단한다면 우리는 19세기에서 20세기로 무엇이 이월되고 있었는지를 물어볼 수 있다. 19세기를 특징짓는 위대한 성취는 유사성similarity을 수출하는 방법의 발명이었다. 유사한 것들이 대량생산 방법에 의해 만들어졌다. 연구를 수행하는 유사한 방법이 파리(근대적 병원과 박물관을 생각해보라)와 독일 국가들(연구대학과 연구 기반 산업을 생각해보라)에서 발명됐다. 이러한 모델들은 전 세계로 수출됐다. 교육용 실험실, 연구실research school, 전문 학회 같은 제도적 혁신들에서 유사한 과학자들이 만들어졌다. 유사한 과학자들이 이곳저곳 옮겨다니면서 제도적 혁신들 또한 유사성을 수출했다. 실험실은 병원성 세균처럼 실행세계와 관련이 있는 존재들이 가시화되고 조작 가능한 것이 되는 장소, 혹은 표준 단위 같은 것이 안정화되고 수출 가능한 것이 되는 장소였다. 이러한 유사성의 대대적 수출—앞서 우리가 마음속에 그렸던 강의 수위를 엄청나게 높인—은 19세기와 20세기 사이 연속성을 하나의 사회적 성취로 만들었다.

1900년의 과학

제2장 '새로운 물리학'은 과학이 19세기에서 20세기로 넘어가던 시점의 얘기로 시작한다. 나는 1890년대부터 1910년대까지 이어진 놀라운 시기를 개관할 것이다. 이 시기에는 물리학에서 선線과 미립자 같은 새로운 현상의 관찰, 새로운 이론의 정립과 도전, 새로운 기구와 실험 절차의 발전이 이어졌다. 뢴트겐의 X선, 퀴리의 방사능, 플랑크와 아인슈타인의 양자역학, 아인슈타인의 특수상대성 이론과 일반상대성 이론 등의 주제들이 다뤄진다. 나는 물리학사가들의 최근 통찰에 의지해 이처럼 놀라운 발전들을 19세기

말과 20세기 초의 산업이라는 실행세계와 연관 지을 것이다.

제3장 '새로운 생명과학'은 단순화된 연대기적 과학사에서 항상 볼 수 있는 또다른 세기전환기 사건인 멘델 유전 이론의 재발견으로 시작해, '재발견'이 관심 있는 과학자들에 의해 분야 내 책략의 일부로 구성되었음을 보여온 역사가들의 논의를 요약할 것이다. 여기에 관련성이 있는 실행세계는 서로 긴밀하게 뒤얽힌 두 가지 의미에서의 '번식breeding'으로, 우생학적 의미인 좋은 혈통의 번식과 실용적인 의미인 농업 개량이 그것이다. 앞서 주장한 것처럼 과학의 힘은 실행세계의 문제들과 관련된 대리물을 추상화하고 조작하는 능력에 있다. 이처럼 추상화된 수준에서 모건의 초파리 연구실 작업이 전형적으로 보여주는 유전의 과학이 정립되었다. 생화학과 식물생리학 또한 이러한 실행세계의 과학이다.

제4장 '새로운 자기self의 과학'에서는 인류학과 아동 연구를 포함한 발달의 과학을 들여다본다. 여기서는 특히 심리학과 정신분석에 초점을 맞추고 있다. 나는 프로이트를 훈련받은 과학자의 모습으로 그려냈다. 인간과학의 실행세계는 제도를 관리하는 것이었다. 푸코가 다룬 고전적 장소인 정신병원, 학교, 군대의 관리가 그것이다. 실행세계의 문제에 대한 대리물은 파블로프의 개와 행동주의가 연구한 쥐였다. 아울러 나는 20세기 초 면역학에서의 논쟁도 개관했다. 당시는 면역학이 19세기의 세균학으로부터 출현해 해법(아직 '마법의 탄환'은 아닐지 몰라도)을 제시하던 시기였다. 실험실 밖으로 나온 이 해법은 전염병과 씨름하던 실행세계가 파악해낸 문제들에 대처할 수 있었다.

갈등하는 세계의 과학

제II부에서는 갈등에 의해 찢겨진 세계의 과학을 개관한다. 제5장은 제1차 세계대전기의 군사적 동원이라는 실행세계가 이끌어낸 과학을 검토한다. 프리츠 하버의 이력은 대규모 영양공급을 위해 개발된 숙련과 지식이 어떻게 그토록 손쉽게 새로운 대량살상 방법의 제공으로 이전될 수 있었는지를 보여준다. 기관총에 의한 대량살상은 아울러 유사성의 수출에 맞춰진 세계가 어떻게 구조적으로 대량학살에 준비돼 있었는지를 보여준다. 개인에 대한 숭배는 그것이 조직과 동원의 현실과 극명한 대조를 이루면서 더욱 부추겨졌다. 나는 헨리 귄 제프리스 모즐리를 사례연구로 다루었다. 이 장에서는 민간인 과학자의 동원을 영국, 미국, 독일에서 추적하고 있다. 이러한 동원은 전면적 전쟁 대비에 나서야 한다는 기존의 믿음에 부가된 요소였다. 미국 심리학의 성공은 하나의 분야가 전쟁의 톱니바퀴 속에서 어떻게 득을 볼 수 있는지를 보여준다.

제6장은 전쟁 이전에 선도적 과학국가였던 독일이 전후 시기에 널리 퍼진 문화적 · 정치적 · 사회적 위기감에 어떻게 대응했는지를 개관한다. 폴 포먼은 위기 담화가 물리 이론을 굴절시킨 듯 보인다는 사실에 역사가들의 주의를 환기시켰다. 여기에는 20세기의 가장 심오한 지적 발전 중 하나인 1920년대 양자 이론의 깊이와 기묘함에 대한 인식도 포함된다. 지적 환경 intellectual milieu이 미치는 인과적 영향에 대한 포먼의 주장은 많은 논쟁을 불러일으켰지만 아울러 생산적이기도 했다. 위기에 대한 다른 대응으로는 나중에 형성된 심리학, 기생충학, 발생학, 유전학에서의 게슈탈트 이론, 그리고 '통일과학' 철학을 확립하려는 비엔나 서클의 프로젝트 등이 있었다.

제국 행정이라는 실행세계는 계속해서 과학에 중요했다. 제7장 '과학과 제국의 질서'에서 나는 제국과 식민지의 실행세계 문제를 해결할 수 있는 과학으로서 예방의학과 열대의학 및 생태학의 기여를 탐구했다. 예를 들어 '생태계' 관념은 서로 경쟁 관계에 있는 영국과 남아프리카 연방의 제국 전망 사이의 분쟁에 대한 개입으로 제안됐다. 마찬가지로 먹이사슬과 개체군 변동 모델은 자원 채굴을 극대화하기 위해 세계의 다양한 지역을 관리하고자 하는 이들에게 대단히 큰 관심거리였다. 보존은 항상 기술관료적인 프로젝트였다.

산업적 부를 자선으로 재활용하는 것은 20세기 미국의 과학을 이해하는 데 결정적으로 중요하다. 제8장 '팽창하는 우주: 민간의 부와 미국 과학'은 과학자-기업가들이 카네기와 록펠러의 재산을 활용한 사례에 초점을 맞춘다. 조지 엘러리 헤일은 자선가들을 설득해 과학의 새로운 꼭대기를 만들어 내려 했고, 특히 광학천문학에서의 지도적 위치를 유럽에서 미국으로 이동시키고 에드윈 허블의 관측을 가능케 만든 거대한 반사망원경들을 지원하게 했다. 둘째로 나는 민간 과학의 중요성, 그중에서도 특히 그간 평가절하돼온 석유과학이 갖는 의미—심지어 베게너의 대륙이동설이 겪게 된 운명 같은 문제에서—를 강조했다. 마지막으로 나는 산업이라는 실행세계가 자체적인 과학을 만들어냈다고 주장했다. 실행세계를 주제로 삼는 과학이 그것이다. 과학적 관리는 아마도 가장 잘 알려진 사례일 것이다.

제9장 '혁명과 유물론'은 소련에서 과학이 처한 유별나게 험난한 위치를 다룬다. 공산주의가 일련의 소요사태를 거치며 등장해 1920년대에 새로운 방향으로 나아가다 1920년대 말부터 스탈린주의에 의해 피로 물들었던 바로 그 시기 말이다. 이를 위해 냉전 종식 이전과 이후의 학술 연구들을 종합적으로 다루었다. 소련은 과학사가에게 매혹적인 주제를 제공해왔는데, 특히 소련의 국가 철학이 일종의 과학철학인 변증법적 유물론이라는 점에서 그렇다. '유물론'이 무엇을 의미하는지는 때로 양자역학이나 상대성 이론에 관심 있는 물리학자, 혹은 유전학에 관심 있는 생물학자에게 치명적인 함의를 지녔다. 민간 산업이라는 실행세계가 미국 과학을 형성한 것과 꼭 마찬가지로, 소비에트 행정이라는 실행세계의 요구는 새로운 방향을 만들어냈고, 특정한 연구 질문들에 다른 무엇보다 우선시되는 중요성을 부여했다. 나는 심리학자 비고츠키, 생물학자 오파린, 생지화학자biogeochemist 베르나츠키, 식물유전학자 바빌로프, 농학자 리센코의 독특한 연구에 대해 논의할 것이다. 마지막으로 나는 연속성과 차이를 모두 보여주는 사례로 또다른 혁명적이고 유물론적인 프로젝트를 제시할 것이다. 다윈주의의 설명 범위

를 확장해 '진화 종합'이라는 꼬리표를 달게 되는 프로젝트가 그것이다.

제10장 '나치 과학'은 히틀러의 나치당이 권력을 장악한 이후 독일 과학을 탐구한다. 나치 과학을 연구한 최고의 역사가들이 내린 결론과 마찬가지로, 나는 나치 권력이 과학에 전적으로 파괴적이었다는 단순하면서도 위안을 주는 논증을 거부한다. 어떤 과학자는 경력과 인생이 망가졌지만, 이는 다른 과학자에게 기회를 만들어주기도 했다. 또한 자신의 과학을 추진해나갈 기회를 잡았던 이들 모두가 '아리아 물리학'의 주창자들처럼 자기 잇속만 차리는 이데올로그는 아니었다. 어떤 과학은 나치즘의 근간을 이루었다. 어느 독일인은 이렇게 말했다. "유전학의 과학 지식을 결여한 나치즘은 토대의 중요한 부분을 결여한 집과 같다."[17]

제11장 '규모 확장과 축소'는 1920년대와 1930년대에 기기 장치의 규모가 점차 커져간 현상을 개관하면서 규모가 커진 과학의 숙련과 야심은 어디에서 왔는가 하는 질문을 던진다. 여기서 다루는 과학에는 사이클로트론 물리학, 고분자화학, 분자생물학이 포함된다. 우리는 케임브리지의 캐번디시 연구소, 일라이 릴리의 공장, 이게파르벤IG Farben의 작업장 같은 다양한 장소를 방문할 것이지만, 지리적 초점은 두드러지게 캘리포니아에 맞춰져 있다. 과학적 행위자들에는 어니스트 로렌스, 라이너스 폴링, 로버트 오펜하이머가 있는데, 오펜하이머는 여기서 처음으로 무대에 등장한다.

제2차 세계대전과 냉전

제III부는 이러한 규모 확장이 제2차 세계대전과 냉전 시기 갈등하는 세계에 미친 결과를 추적한다. 규모 확장이 제12장에서 다루는 페니실린, 레이더, 원자폭탄뿐 아니라 그보다 덜 알려진 생물학무기 개발 이야기에서 공통된 특징이다. 과학은 냉전 시기에 영구적인 전쟁 기반 위에 놓이게 되었다. 나는 이 주제를 두 개의 장에 걸쳐 다룬다. 제13장부터 제16장까지는 냉전 시기 과학의 재구성을 폭넓은 주제 측면에서 탐구한다. 지속적인 자금 지원 증가, 경쟁하는 원자 프로그램의 확장, 비밀주의와 국가안보가 가져온 결과, 그리고 전후 과학의 실행세계로서 냉전 문제의 형성이 그것이다. 냉전은 우주 연구와 지구물리학에서 경쟁과 협력의 틀을 형성했는데, 이는 특히 1957~58년의 국제지구물리관측년International Geophysical Year에서 잘 볼 수 있다. 나는 여기서 '냉전 과학'이라고 이름붙인 것들을 탐구하고 있다. 인간의 유전적 건강, 시스템생태학, 소립자물리학, 우주론(마지막 둘은 20세기 과학의 또다른 정점인 '표준 모형'을 공유한다), 전파천문학, 사이버네틱스, 디지털 전자식 컴퓨터, 정보이론, 전후 분자생물학 등이 그것이다. 이중 많은 것이 정보와 암호code라는 독특한 언어를 공유했다. 이러한 공통점을 이해하려면 냉전이라는 공유된 실행세계를 역사적 분석에 포함해야 한다.

우리 세계의 과학

제IV부는 전환에 대한 설명을 제시한다. 냉전은 계속해서 하나의 틀을 이뤘다. 일부 관계들은 그 속에 응결되어 남았지만, 후기자본주의에 의해 구조화된 실행세계가 전면에 등장하면서 다른 관계들은 변화를 겪었다. 시장에 대한 규제가 완화되고, 기업가적 활동에 점차 높은 가치가 부여되었으며, 수익의 이름으로 재구성 가능한 존재들의 네트워크가 공공연하게 선호되었다. 제17장은 장기 1960년대—1950년대 중반부터 1970년대 중반까지 기간—가 과학사가에게 유용한 범주인가 하는 질문을 던진다. 나는 전문가들이 크게 늘어나게 된 원인을 제시한 앞선 논의들과 의견을 같이한다. 이 시기에는 공론장에서 전문가들이 상충하는 증언을 제시하는 경우를 점점 더 많이 볼 수 있었다. 공론장에서 상충하는 전문가 증언의 존재는 지식 주장에 대한 믿음의 근거가 무엇인가 하는 질문을 던지는 것(1930년대의 재연)으로 이어졌다. 사회운동은 권위를 의문시하는 것에 대한 제도적 뒷받침을 제공했다. 내가 제시하는 사례에는 살충제화학과 정신약리학이 포함된다. 다른 한편으로 내가 '신격변설neo-catastrophism'이라고 부르는 것이 인구학, 고생물학, 진화생물학, 천문학, 기후과학에서 융성했다.

　　제18장은 과학의 자본화를 탐구한다. 신新경제의 전망이라는 이름하에 생명의 재구성으로 나아가는 경향, 생의학 자금 지원의 엄청난 증가, 그리고 과학 정보화의 지속과 심화 사이에 냉전의 종식과 AIDS 등 신종 질병의 출현 같은 사건이 간간이 끼어들었다. 다양한 종류의 네트워크들은 과학의 하부구조와 주제를 제공했다. 수많은 생명체 염기서열 해독 프로젝트 중 하나인 인간유전체계획Human Genome Project 같은 거대 프로그램들이 네트워크로 조직되었고 동시에 네트워크를 드러냈다. 제19장은 21세기 생활 어디서나 찾아볼 수 있는 네트워크 중 하나인 월드와이드웹이 어떻게 물리학자 네트워크의 문서들을 조직화할 관리상 필요에 의해 촉발되었는지에 대한 설명으로 시작한다. 과학 보고의 네트워크는 20세기의 30여 년 동안 다각화되어왔다. 과학 분야들은 재구성 가능한 것이 되었고, 간학문성 interdisciplinarity의 유행은 이를 부추겼다. 나노과학이 하나의 사례를 제공한다. 마지막으로 제20장에서 나는 두 가지 개관을 제시한다. 하나는 과거를 돌아보며 이 책의 네 가지 주요 주제에서 얻은 발견을 분석하는 것이며, 다른 하나는 앞을 내다보며 21세기 과학을 검토하는 것이다.

제 1 부

1900년 이후의 과학

제2장
새로운 물리학

파동, 선, 방사능

1900년을 전후한 시점에 물리학자들은 혼란스럽고 새로운 현상들에 직면해 있었다. 파동, 선線, 방사능의 형태들을 이해하는 과정에서 물리학은 근본적인 변화를 겪었다. 그러나 이러한 현상들은 갑자기 튀어나온 것이 아니었다. 강조컨대, 새로운 물리학은 19세기의 산업 및 전 지구적 통신 네트워크라는 실행세계에 대한 대응이었다.

19세기 중반부터 영국과 독일, 그중에서도 특히 독일에서는 연구대학 내에 있는 물리실험실들이 물리량의 정밀 측정이 갖는 가치를 강조했다. 이러한 연구 중에서 20세기에 이론물리학으로 간주될 만한 것은 거의 없었다. 대신 이는 당대의 산업적·상업적 프로젝트들과 긴밀하게 관련돼 있었다. 점점 가속하고 있던 제2차 산업혁명하에서 과학 기반 산업들은 전기 현상과 새로운 화학을 활용했다. 독일의 합성염료산업은 유기화학과의 긴밀한 협조하에 성장했다. 글래스고 대학에 있는 윌리엄 톰슨의 물리실험실에서는 전 세계를 뒤덮고 있던 해저 전신 케이블 프로젝트에 대응해 정밀 측정이 가능한 기구를 설계했다. 독일, 영국, 미국에서는 옴, 암페어, 볼트의 측정이 새로운 전력 및 전등 시스템에 필수적이었다. 과학, 산업, 경제 그리고 국가적 · 국제적 경쟁이 전례 없이 뒤얽혔다.

실험실은 바깥의 '실제 세계에서는' 뒤섞여 있거나 일시적이고 길들여지지 않았거나 눈에 보이지 않는 현상들을 분리해내어 재생산하고 통제하고 조작했다. 상당한 규율과 숙련을 갖추어야 성취할 수 있는 이러한 능력이 실험실이 지닌 힘의 원천이었고, 19세기 후반에 실험실을 대단히 귀중하고 심지어 필수적인 것으로 만든 요인이기도 했다. 만약 숙련과 실험실 규율이 복제—이는 교육용 실험실과 연구실이 주입한 종종 고도로 암묵적인 지식이 학생들과 함께 이전되고, 계량 네트워크가 표준적인 과학 단위들에 이동성을 부여할 때 비로소 가능해진다—될 수 있다면 새로운 물리 현상의 전 세계적 복제를 위해 필요한 조건 중 하나가 갖춰진다. 여기에 더해 19세기 경제의 세계화globalization는 사람과 물자가 세계 전역으로 이동할 수 있는 통상 경로를 확립하고 확대했다.

예를 들어 전자기 이론의 발전은 변화하는 산업적 실천과 관심사에 긴밀하게 연결돼 있었다. 19세기 중엽에 케임브리지를 졸업한 젊은 제임스 클러크 맥스웰이 윌리엄 톰슨에게 편지를 보내 패러데이의 논문 중 무엇을 읽어볼지 조언을 구하자, 톰슨은 단도직입적인 답신을 보냈다. 당시 전신에서 가장 큰 골칫거리였던 지연retardation 현상을 다룬 논문을 찾아 읽으라는 내용이었다.[1] 산업적 문제들은 이론적 탐구를 촉발하는 역할에서 그치지 않았다. 패러데이의 장場 이론을 맥스웰이 수학적으로 표현하는 과정에서는 전자기와 정전기 단위의 비율 같은 상수의 미세 조정이 크게 요구됐고, 이는 맥스웰을 계량학metrology이라는 실용적 · 산업적 과학으로 이끌었다. 심지어 대학을 그만두고 스코틀랜드의 영지에 은거하며 대표작 『전기자기론Treatise on Electricity and Magnetism』(1873)을 집필할 때도 맥스웰은 자신의 이론이 실행세계와 갖는 관련성을 기록했다. "전신은 전자기학의 중요한 응용 분야인데…… 전신 덕분에 전기와 관련된 정확한 측정이 상업적 가치를 갖게 되었다. 그리고 전기연구자들이 보통의 실험실 규모를 크게 넘어서는 규모로 장치를 사용하게 됨으로써 전신은 순수과학에 다시 영향을 미쳤다. 이처럼 전기에 대한 지식이 많이 필요해지고 이런 지식을 얻을 수 있는 실험적 기회가 많아짐으로써 매우 큰 변화가 일어났다."[2]

제임스 클러크 맥스웰은 여러 세대에 걸쳐 물리학 전공자들에게 주로 '맥스웰 방정식'으로 알려져 있는 이름이다. 맥스웰 방정식은 전기장과 자기장의 변화하는 양들 사이의 관계를 수학적 언어로 표현한다. 그러나 그것이 흔히 교육되는 형태는 1873년에 맥스웰이 제시한 그대로가 아니라 역사가들이 '맥스웰 학파'로 이름붙인 집단이 제시한 형태를 따랐다. 올리버 로지, 조지 F. 피츠제럴드, 그리고 어느 정도는 하인리히 헤르츠도 여기 들어가며, 가장 중심적인 인물로 올리버 헤비사이드가 있었다.[3] 헤비사이드는 전신 케이블 엔지니어로 대단히 큰 성공을 거둔 후, 스물네 살에 은퇴해서 남은 생애 동안 전기 이론에 몰두했다.[4] 맥스웰 방정식을 친숙하고 간결한 넉 줄짜리 형태로 표현한 사람이 바로 헤비사이드였다. 그에 못지않게 중요했던 것은 1880년대에 맥스웰 학파가 이 방정식이 파동해解를 가질 수 있는 것으로 해석하며 이러한 '전자기파'의 몇몇 성질을 추론해내었다는 사실이다. 로지는 리버풀에 있는 자신의 실험실에서 라이덴병으로부터 전류를 방출하는 일련의 실험을 시작했다. 독일에서는 파동해를 찾아낸 헤르만 폰 헬름홀츠가 두 명의 젊은 물리학자 하인리히 헤르츠와 빌헬름 콘라트 뢴트겐에게 맥스웰 이론을 검증해보게 했다. 헤르츠는 성공을 거뒀고, 1887년 본 대학에서 전기 스파크 방출을 만들어내 전자기파가 공간을 가로질러 전파되었음을 보여주었다.[5] 그는 오래된 기구들(인상적인 스파크를 만들어내는 데 쓰인 리스코일Riess coil)을 전자기파의 생산, 통제, 조작이라는 새로운 목적을 위해 사용했다. 역사가 홍성욱은 이렇게 썼다. "전자기파는 그것을 인공적으로 생산해내기 이전에도 줄곧 존재했지만, 이러한 파동이 물리실험실에서 연구의 대상이자 수단이 된 것은 헤르츠 이후였다."[6] 파동은 다른 실험실에서도 재현될 수 있었고, 헤르츠의 성공이 복제되면서 대륙의 물리학자들은 맥스웰 이론을 수용하게 되었다.[7] 유사한 실험실 공간의 수출은 대단히 널리 퍼져나갔다. 1895년이 되기 전에 J. 찬드라 보스는 캘커타의 프레지덴시칼리지에 있는 자신의 실험실에서 헤르츠파를 재현해냈을 뿐 아니라 이를 더 짧은 파장에서 만들어내는 데도 성공을 거뒀다. 이어 보스는 캘커타의 공회당을 자신의 실험실 공간의 연장으로 탈바꿈시켜 극적인 대중적 시연을 해보였다. 헤르츠파로 화약을 점화시켜 종을 울리게 한 것이다.

발견과 복제의 과정을 보여주는 또다른 사례는 빌헬름 뢴트겐의 X선 발견이라는 놀라운 사건이었다. 뢴트겐은 많은 점에서 독일 연구대학 모델의 전형적인 산물이었다. 그는 (독일어권 스위스에 있는) 취리히 대학에서 박사학위를 받았고, (1871년 신생 독일제국에 넘어간) 스트라스부르, (19세기 중엽 유스투스 리비히가 이끈 유명한 교육용 실험실이 있었던) 기센, 그리고 1888년부터는 바이에른 북부 뷔르츠베르크에서 물리학 교수로 일했다. 뢴트겐의 실험실은 물리과학과 새로운 산업의 상호작용을 보여주는 장비로 가득차 있었다. 19세기 중반부터 여러 물리학자들이 기체를 채우거나 내부를 비워 진공으로 만든 유리관 속으로 전류가 흐르게 한 후 자기장을 가할 때 나타나는 현상을 탐구해왔다. 본의 율리우스 플뤼커, 베를린의 대학자 헤르만 헬름홀츠 밑에서 연구하던 요한 빌헬름 히토르프와 오이겐 골트슈타인 그리고 런던의 윌리엄 크룩스 등이 그런 이들이었다. 전류, 고전압, 강화유리, 전선, 자석, 새로운 기체 등 구성요소는 모두 새로운 산업의 일부를 이루는 것들이었다. 역으로 방전放電의 통제는 그와 연관된 모든 현상과 함께 새롭게 부상하고 있던 발전산업에서 엄청난 관심사였다. 과학자들이 실험실에서 고안한 장비들은 종종 아름다운 현상을 분리시키고 나타내보였다. 유리벽을 은은하게 빛나게 만드는 '음극선'이나 직선으로 움직이는 '양극선'이 그런 것들이었다. 뢴트겐의 실험실은 대학의 물리과학과 전기산업이 서로 관련된 세계에서 비로소 구축될 수 있었다.

1895년 11월 8일 금요일 오후에 뢴트겐은 음극선관으로 실험을 하고 있었다. 독일의 물리학자들은 전자기 현상을 우주 전체에 퍼져 있는 탄성 유체인 에테르 내에서의 진동과 운동으로 이해했다. 헬름홀츠는 음극선 방출에서 에테르의 고주파 진동을 검출할 수 있을 거라고 예견한 바 있었다.[8] 경험이 많고 대단히 유능한 실험가인 필리프 레나르트가 1880년대 말부터 고전압 음극선관에서 나오는 복사를 찾아내려 애썼지만, 1894년 헤르츠의 돌연한 사망으로 본 대학의 물리연구소 소장직을 떠맡게 되면서 연구가 중단되었다. 후일 뢴트겐은 자신의 발견에 대한 회고 요청을 거의 모두 거절했지만, "헤르츠-레나르트의 음극선 실험에는 추가적인 탐구를 필요로 하는 몇몇 측면들이 있었다"는 간결한 진술을 남겼다.[9] 뢴트겐은 레나르트의 모든 실험 결과를 재연해보는 것으로 시작했다. 그러다 1895년 말이 되자, 그는 숙달된 기법들을 더욱 가다듬었다.

　　뢴트겐은 암실에서 (스위치를 닫으면 고전압 스파크를 일으키는) 스파크단속기를 만들어 음극선관에 붙였고, 전체를 검은색 마분지로 감쌌다. 그의 생각은 이러했다. 전압을 가하면 음극선의 흐름이 만들어지고, 이것이 유리에 흡수될 때 나오는 은은한 빛은 마분지 속에 가둬지기 때문에, 고주파수의 에테르 방사가 있다면 백금시안화바륨 막이 은은하게 빛나는 것으로 알 수 있다는 것이었다. 이 마지막 기구는 영국의 수리물리학자 조지 스토크스가 고안한 것으로, 그는 결정 형광을 에테르 이론으로 설명하려 애쓰고 있었다.[10] 뢴트겐은 막을 마분지에 거의 닿을 정도로 가까운 곳에 위치시키려 계획하고 있었다. 레나르트의 현상이 발견된 곳이 바로 거기였다. 그러나 그 전에 뭔가가 그의 시선을 사로잡았다. 그는 단속기의 스위치를 누를 때 백금시안화바륨 막이 깜박이는 것을 눈치챘다[11](사실 이 깜박임은 너무 희미해서 뢴트겐이 막을 직접 봤다면 놓쳤을지도 모른다. 천문학자라면 익히 아는 것처럼, 눈의 가장자리 시야가 훨씬 더 민감하다). 그는 음극선관과 막 사이에 차츰 더 두꺼운 물체들—마분지, 1000쪽짜리 책, 나무 선반—을 넣어보았지만 막의 깜박임은 계속되었다. 뢴트겐은 흥분으로 가슴을 떨며 짧게 늦은 저녁을 먹었다.

이후 그는 실험실로 돌아갔다. 저녁 내내 그는 여러 가지 방식으로 실험을 시도해보았다. 납과 알루미늄은 어두운 그림자를 드리웠다. 이는 음극선관에서 선이 나오고 있다는 분명한 증거였다. 막을 음극선관에 가까이 대자 일렁이는 녹색 빛이 밝아졌고, 거리를 2미터까지 떼어놓아도 희미한 깜박임이 계속 남아 있었다. 이 선은 거리를 뛰어넘을 수 있었다. 그러나 다음번 관찰은 뢴트겐을 완전히 뒤흔들어놓았다. 작은 납 원판을 막 앞에서 움직이는 과정에서 손의 뼈 모양이 시야에 들어왔다. 뢴트겐 자신의 손이었다. 그는 생각했다. 이건 속임수일까? 악의 없는 장난일까? 만약 그것이 진짜라면, 영계가 현현한 걸까? 음극선 물리학자 중 상당수—특히 크룩스—는 심령 현상을 믿었고 강령회와 실험실에서 나타나는 효과들 사이에는 확실히 유사한 점이 있다고 생각했다. 그리고 심령론자들이 사진을 통해 영계의 객관적 증거를 포착하려 애쓴 것처럼, 뢴트겐도 즉시 뼈의 상을 사진 건판에 정착시켰다.

이제 뢴트겐은 열에 들뜬 것처럼 일하고 있었다. 우선권을 내세우고 과학자 공동체로부터 공로 인정을 받으려면 그는 자신의 발견을 입증해야 했다. 1895년 11월과 12월은 실험실에서 흘러갔다. 때로 그는 잠을 자거나 식사를 하기 위해 집에 가지도 않았다. 아내 베르타는 실험실로 그를 찾아와야 했고, 크리스마스 3일 전, 15분간의 노출 사진에서 포착된 것은 결혼반지를 낀 그녀의 손뼈였다. 그는 뷔르츠베르크 지역 물리의학회 회장이던 친구를 설득해 '새로운 종류의 선'에 대한 자신의 발견을 공표하는 육필 논문을 마감 직전 학회 회보에 실을 수 있었다. 논문 발표 덕분에 뢴트겐은 우선권을 갖게 됐다. 이제 자신의 'X선'에 대한 소식을 퍼뜨리기 위해 뢴트겐은 논문의 사전 인쇄본과 복사한 사진을 묶어서 유럽의 지도적 물리학자들에게 보냈다. 소포를 우편으로 보낸 것이 1896년 새해 첫날이었다.[12] 유사한 음극선 실험장비를 보유한 실험실이라면 어디든 곧 X선 효과를 복제해낼 수 있었다. 1월 5일 일요일이 되자 X선에 관한 보도가 빈의 주요 신문들에 머리기사로 실렸다. 뢴트겐은 순식간에 엄청난 유명인사가 되었다.

하지만 뢴트겐이 발견한 것은 무엇이었는가? 그는 에테르에서의 고주파 진동을 줄곧 찾고 있었다. 그러다 예측에 부합하지 않는 뭔가를 찾아냈고, 그래서 'X'라는 명칭을 붙였다. 그러나 이는 오히려 물리실험실이 아니라 강령회에서 일어날 법한 현상 같아 보였다. 심지어 새로운 것은 아무것도 없이 그저 레나르트의 음극선을 연장한 데 불과한 것이 아닌가?(레나르트는 분명 그렇게 생각했다). 왕립학회는 이 문제를 해결하려는 시도조차 기울이지 않았고, 1896년에는 럼퍼드 메달을 '레나르트선 혹은 뢴트겐선' 발견에 대해 두 사람 모두에게 수여했다.[13] 뢴트겐의 발견이 뜻밖의 행운에 힘입은 것이라는 데 말이 많았지만, 아마도 가장 행운이 깃든 측면은 'X'라는 명칭의 선택이었을 것이다. 이는 X선을 '연장된 레나르트선'으로 부르는 것보다 훨씬 더 뉴스 가치가 컸다. 명칭보다 훨씬 더 인상적이었던 것은 사진들이었다. 사진은 그 자체로 놀라울 정도로 강력한 진술이었다. 이는 소름이 끼치고, 복제가 가능하며, 몸 내부를 들여다보고 비밀을 알아낼 수 있는 과학의 능력을 시사했다. 뢴트겐에게는 사진이 있었다. 하지만, 레나르트는 그렇지 않았다.

X선 실험이 빠른 속도로 복제되긴 했지만, X선의 본질에 대한 합의는 이뤄지지 않았다. 사실 X선은 거의 20년 동안 때로는 입자로, 때로는 파동으로 해석됐다. 각각의 범주 내에서도 풍부한 해석의 여지가 남아 있었다. 예를 들어 X선은 아마도 음극선이 유리 혹은 금속과 충돌하면서 만들어진 충격파가 아닐까? 실제로 X선이 극히 파장이 짧은 파동이라는 견해가 우세해진 것은 1912년과 1913년에 막스 폰 라우에가 X선의 회절과 간섭을 보여주는 듯한 실험에 관해 보고한 이후의 일이었다.[14]

이때쯤 되면 X선에 대한 이론적 해석 작업은 거의 부차적인 학문적 관심사가 되었고, 산업기술과 의료기술로서 X선의 성장이 이를 압도했다. 뢴트겐의 실험실 연구를 포장해서 거의 어디서나 작동할 수 있게 만든 것은 전기산업이었다. 뢴트겐의 발표 후 넉 달도 지나지 않은 시점에서 뉴저지주 해리슨에 있는 에디슨 장식용소형전등사업부Edison Decorative and Miniature Lamp Department는 "전문가와 아마추어를 위한" "X선 작업용 장비 일습"을 판매하는 광고를 냈다. 여기에는 럼코프코일(스파크를 방전시킨다), 교류발전기, 크룩스관, "형광투시경과 형광막"이 포함되었다.[15] 뢴트겐의 발표 이후 두 달도 안 되어 X선은 암 치료에 쓰이고 있었다. 그러나 산업체의 노력과 의사들의 관심에도 불구하고, 초기의 X선관—유리 용기에서 공기를 빼내어 아주 낮은 압력을 만들고 이를 고전압에 노출시켰다—은 매우 연약하고 신뢰성이 낮았다. 의료 시술로서 X선의 전환점은 제너럴일렉트릭 연구소의 윌리엄 데이비드 쿨리지가 향상되고 튼튼한 X선관을 고안한 1913년에 나타났다. 대량으로 제조되어 예측 가능한 방식으로 작동하는 쿨리지X선관은 제1차 세계대전 이후 미국의 병원 의료에 X선 기계가 일상적인 일부로 자리 잡을 수 있게 해주었다.[16]

X선 기구의 산업적 생산, 그리고 투과력이 강한 X선을 산업의 도구로 활용할 가능성을 둘러싼 흥분이 합쳐져 20세기의 가장 중요한 과학적 기법 중 하나를 촉진했다. X선결정학이 그것이었다. 1912년에 X선의 본질, 특히 그것이 입자냐 파동이냐 하는 문제를 두고 논쟁이 벌어졌다. 막스 폰 라우에는 뮌헨 대학의 사강사私講師이면서 괴팅겐과 베를린 등 독일 물리학과 수학의 중심지에서 교육을 받은 인물이었다. 이해 2월에 그는 X선을 결정 격자 속으로 통과시키는 실험을 구상하면서, 결정 칸의 크기와 X선의 파장 사이의 유사성이 간섭 현상을 위한 조건을 만들어낼 것을 직관적으로 알아챘다. 물론 이는 X선이 파동일 때만 그렇게 될 터였다. 이에 대해 반대도 있었다. 폰 라우에는 노벨상 수상 연설에서 이렇게 회고했다.

우리 과학에서 인정받는 대가들에게 [아이디어 시험 제안서를] 제출할 기회가 있었는데, 그분들은 다소의 의구심을 표시했습니다. ……[우리가] 내 계획에 따라 실험을 해도 좋다는 허락을 최종적으로 받아내기 위해…… 어느 정도 외교적 수완이 필요했지요. 처음에는 매우 간단한 장치를 썼습니다. 황산구리를 결정으로 사용했는데, 크고 균일한 조각을 구하기가 쉬웠기 때문입니다. 조사照射의 방향은 운에 맡겼지요. 그러자 처음부터 즉각 결정 뒤에 위치한 사진 건판이 대음극에서 직접 나온 일차 선의 흔적과 함께 상당수의 굴절된 선들의 존재를 드러냈습니다. 이는 예측했던 격자 스펙트럼이었습니다.[17]

이어 막스 폰 라우에는 결정 구조를 간섭 패턴과 결부시키는 수학 이론에 관해 썼다. 이를 뒤집어서 생각하면 이제 간섭 패턴은 결정상 물질의 알려지지 않은 구조에 관해 추론하는 데 쓰일 수 있었다. X선 회절은 X선을 파동으로 해석할 때 물리학자 대부분이 결정적인 것으로 간주한 증거를 만들어냈을 뿐 아니라, 10억분의 1미터 규모에서 물질의 구조를 탐구할 수 있는 도구도 제공해주었다. X선결정학은 독일, 스웨덴 등에서 빠른 속도로 발전했고, 특히 영국의 부자父子 물리학자인 윌리엄 브래그와 로렌스 브래그가 중요한 기여를 했다.

19세기 말에는 뢴트겐의 X선 말고도 새로운 선, 방사선, 입자들 다수가 공표되었는데, 이 모두는 실행세계의 관심에 따른 결과물이었다. 케임브리지의 캐번디시 연구소에서는 맥스웰과 레일리의 뒤를 이어 실험물리학 교수가 된 조지프 존 톰슨이 음극선 현상을 탐구했다. 그는 뢴트겐과 마찬가지로 '최근 전구산업의 요구를 충족시키기 위해 개발된' 향상된 진공펌프를 사용했다.[18] J. J. 톰슨은 이러한 이점을 활용해 전기의 본질에 관한 논쟁에 개입하고자 했다. 이 문제에 대해서는 1890년대에 상당히 폭넓은 견해들이 존재했다. 맥스웰 학파는 전류를 '전기적 긴장'의 붕괴로 그려냈다. 반면 대륙의 물리학자들은 전통적인 입자 모델을 선호했고, 1892년경에는 네덜란드의 물리학자 헨드릭 안톤 로런츠가 전류를 작고 분리된 전하들('전자')의 움직임으로 보는 잘 정립된 이론을 갖고 있었다. 그는 자연 속에서 전자들을 찾아낼 수 있다는 가설을 세웠다. 영국의 조지프 라머는 전자를 '회전하는 에테르 속 특이점'으로 설명했다. 대체로 이러한 전자 이론들은 전기 현상을 상당히 잘 설명하는 듯 보였고, 심지어 자기장하에서 스펙트럼선이 분할될 거라는 것처럼 검증 가능한 예측을 내놓기도 했다. 1896년 레이덴 대학에 있던 로런츠의 제자 피터르 제이만이 이를 실제로 관측이다.[19]

톰슨은 자신이 보유한 산업용 장치를 활용해 음극선의 본질에 관한 주장을 뒷받침하려 했다. 먼저 그는 음극선이 금속 슬릿을 통과하도록 음극선관을 설치했고, 금속 슬릿은 전하를 측정하는 장치인 전위계에 연결했다. 음극선이 슬릿을 통과하는 것으로 보일 때 전위계는 음의 전하가 증가하는 것을 기록했다. 자기장에 의해 음극선의 방향이 바뀌어 슬릿을 벗어나면 음의 전하도 사라졌다. 두 번째 실험에서는 진공펌프가 가장 중요했다. 이번에 톰슨은 음극선이 전기장에 의해 휘어질 수 있음을 보였는데, 이러한 효과는 음극선관 내의 진공이 덜 완전해지면 사라져버렸다. 마지막으로 톰슨은 음극선의 에너지를 신중하게 측정했다. 1897년에서 1899년 사이에 그는 이를 종합해 자신의 결과는 오직 음극선이 질량과 음의 전하를 지닌 실제 입자(그는 이를 '미립자corpuscle'라고 불렀고, 우리는 이를 '전자'라고 부른다)일 때만 설명될 수 있다고 주장했다.[20]

톰슨의 전자 발견은 뢴트겐도 활용했던 산업적 기법에 힘입어 이뤄졌다. 반면 뢴트겐의 기구가 애초에 작동하게 되는 원인을 탐구하는 과정에서 이와는 다른 부류의 이상하고 새로운 방사선이 처음 발견됐다. 유럽에 있던 다른 많은 과학자처럼, 앙리 베크렐도 1896년 1월에 뢴트겐의 논문을 받았다. 그는 X선이 음극선관의 유리에서 형광을 발하는 지점으로부터 방출된 것이라면, 형광을 발하는 다른 결정상 물질들도 아마 선을 방출할 거라고 추론했다. 그러한 물질 중 하나가 황산우라닐칼륨으로, 이는 햇빛에 노출시키면 형광을 발했다(형광의 빛깔은 광물에 따라 달랐다). 베크렐은 황산우라닐칼륨을 다양한 양의 햇빛에 노출시킨 후 형광의 세기를 측정해보고자 했다. 어느 날 구름이 끼어 실험이 지연되자, 그는 낮시간에 사진 건판을 치워두었다. 그러다가 실험을 다시 시작하려 했을 때 우라늄염을 감싸두었던 뤼미에르 사진 건판이 햇빛에 노출되지 않았는데도 감광되었음을 알게 됐다. 베크렐은 신속하게 자신이 저절로 일정하게 나타나는 방사선을 발견했다고 발표했다. 이는 우라늄염에서 강하게 나타났고, 정제를 거친 순수한 우라늄 금속에서는 더 강했다.

이내 이러한 '방사능radioactivity'에 대한 연구 중심지가 여러 곳 생겨났다. 파리에서는 베크렐의 실험실에서 마차로 멀지 않은 곳에서 마리 스클로도프스카 퀴리와 피에르 퀴리가 우라늄광을 확보해 방사선의 세기를 측정하는 수단을 연구하고 있었다. 얼마 후 그들은 방사선이 통과할 때 변화하는 공기의 전기전도도를 측정하는 기법을 찾아냈다.[21] 측정 수단을 갖게 된 퀴리 부부는 상이한 방사능 원천의 서로 다른 특징들을 구분할 수 있었다. 초기 발견은 토륨의 '방사능'(방사능은 마리가 고안한 용어였다)이 우라늄의 방사능과 다른 특성을 가진다는 것이었다. 1895년 뉴질랜드에서 영국으로 건너온 캐번디시 연구소의 젊은 연구자 어니스트 러더퍼드는 두 원소의 전형적인 방사선을 각각 '알파'와 '베타'라고 이름붙였다(1900년에 폴 빌라드가 '감마'를 덧붙였다). 그러는 동안 마리와 피에르는 1898년 우라늄을 함유한 피치블렌드 광에서 새로운 방사선원—새로운 원소—인 폴로늄과 라듐을 분리해냈다.

새로운 원소들은 물리학에 더해 방사성 물질들의 화학에서 여러 흥미로운 가능성을 열어주었다. 1898년에서 1902년 사이 방사능 연구라는 신생 분야는 방사선을 분류하고 특성을 파악하며 분석화학의 기법을 활용해 원소들을 추가로 연구하는 식으로 진행되었다.[22] 중심지는 빈, 볼펜뷔텔(독일 한가운데, 하노버 동쪽 65킬로미터 지점에 있다), 파리, 몬트리올이었다. 몬트리올에서는 1898년에 도착한 물리학자 러더퍼드와 1900년에 합류한 화학자 프레더릭 소디가 맥길 대학에서 연구하고 있었다. 소디와 러더퍼드는 각자 지닌 기술을 합쳐 방사성radioactive 과정에서 형성된 기체의 화학적 성질을 탐구했다. 이들은 1902년에 방사능은 일종의 붕괴 과정이며, 그 속에서 무거운 원소들이 가벼운 원소들로 변환될 수 있다고 주장했다. 이들은 붕괴를 측정했고, '반감기' 개념을 발명했다. 방사성 원소가 붕괴해 양이 절반으로 줄어드는 데 걸리는 시간이 고유하고 일정하다는 사실을 깨달은 결과였다. 사용된 언어가 연금술 냄새를 풍기긴 했지만, 화학자들이 이 이론에 반대한 이유는 스웨덴의 화학자 스반테 아레니우스가 주장해 논쟁을 일으킨 이온설說과 흡사하게 들렸기 때문이었다.[23]

20세기 초가 되자 방사능은 별개의 안정된 연구 분야를 이뤘고, 하나의 산업을 탄생시켰다. 단행본 출간과 학술지 창간은 새로운 분야가 생겨났음을 보여주는 좋은 지표다. 불과 5년 만에 몇몇 선구자들이 단행본을 내놓았다. 마리 퀴리의 『방사능Radioactivité』(1903), 프레더릭 소디의 『붕괴 이론의 관점에서 본 방사능Radioactivity from the Standpoint of Disintegration Theory』(1904), 어니스트 러더퍼드의 『방사능Radioactivity』(1905) 등이 그런 책들이다. 아울러 『라듐Le Radium』(1903), 『이온Ion』(1908) 같은 학술지들도 창간되었다. 역사가 제프 휴즈는 『이온』의 부제—전자학, 원자학, 이온학, 방사능, 공간화학에 관한 학술지—로부터 "이 분야의 지적 위치"가 "한편으로는…… 정통 물리학과 화학 사이에 있었지만 동시에 다른 한편으로…… 전자ㆍ이온학ㆍ물리화학 및 공간화학과 연관된 새로운 분석적 실천들의 일부이기도 했다"는 결론을 내렸다.[24]

파리에서는 퀴리 부부가 소량의 방사성 물질 시료에 대한 실험실 분석에서 그치지 않고 방사성 산물에 대한 산업적 규모의 제조 및 판매 역량을 갖추는 것—실험실은 이러한 시스템의 일부를 이뤘다—까지 포괄하는 방사능에 대한 전망을 보고 있었다. 이러한 생산 업무는 중앙화학생산회사 Société Centrale de Produits Chimiques라는 회사가 맡았다. 그러나 심오한 의미에서 '라듐 경제'라는 새로운 실행세계를 자아낸 주역은 마리 퀴리였다. 그 속에서 실험실의 발견이 상업적 제안으로 번역될 수 있었고, 이는 실험실의 재료로 되돌아오거나 의료의 형태가 되어 바깥으로 나갔다. 라듐이라는 원소는 1898년 이전에는 알려져 있지도 않았지만, 이제 라듐연구소에서 치료 용도로 쓰려면 눈에 보이는 양만큼 생산할 필요가 있었다. 보헤미아의 요아힘슈탈 광산에서 사들인 수 톤의 피치블렌드가 먼저 앙드레 드비에른의 감독하에 중앙화학생산회사에서, 뒤이어 파리 교외의 노장-쉬르-마른에 있는 에밀 아르메 드릴의 공장에서 환원되었고, 다시 파리 물리화학대학의 마리와 피에르의 실험실로 옮겨졌다. 1902년까지 이곳에서 0.1그램의 염화라듐이 분리되었다.[25] 프랑스에서 처음으로 1그램을 구할 수 있게 된 것은 1910년의 일이었다. 이때쯤에는 퀴리의 라듐연구소를 울름가에 짓는 계획이 추진 중이었다. 파리 대학과 파스퇴르 연구소가 지원하는 이 연구소에는 두 채의 건물이 있었는데, 하나는 마리의 연구소를 위한 곳이었고 다른 하나는 암 치료에 초점을 맞춘 클로디우 르고의 생의학 연구를 위한 곳이었다. 유럽 전역에 추가로 연구소들이 생겨났다. 스톡홀름에는 라듐센터 Radiumhemmet가, 런던에는 마리퀴리 병원(1929년 설립)이, 뉴욕에는 메모리얼센터가 들어섰다.[26]

실험실이 라듐 경제라는 실행세계에 제공한 핵심 서비스 중 하나는 표준의 정립과 측정이었다.[27] 방사능 표준에 관한 초기 연구 중 많은 부분이 빈에서 이뤄졌다. 하지만 1912년 3월 시험관에 담긴 20밀리그램의 라듐이 국제라듐표준International Radium Standard으로 명명되어 국제도량형국 International Office of Weights and Measures에 보관된 일은 파리 외곽의 세브르에서 일어났다.[28] 표준의 50배(즉, 1그램)로 만들어진 방사능의 단위는 '퀴리curie'로 명명됐다. 표준화는 방사선 요법 시술을 향상시켰다. 1900년대에 구할 수 있던 극히 적은 양의 라듐을 가지고도 그 표본을 피부암세포 근처에 두거나 다른 암세포에 도달하라며 체강에 넣는 식으로 치료 시도가 이뤄졌다. 도저히 라듐을 구할 수 없을 때는 라돈 기체를 쓰기도 했다. 1906년에 발표된 종설 논문review은 피부병(다모증, 낭창, 습진, 건선, 심지어 여드름까지), 신경계 질환, 그리고 폐결핵 같은 일부 전염병에 라듐 요법을 권고했다.[29] 계량학, 실험실 연구, 의학적 생산 모두가 라듐 경제에서 서로를 떠받쳤다. 예를 들어 물리실험실의 라듐 수요만 가지고는 아르메 드릴의 회사 같은 곳이 결코 유지될 수 없었기 때문에, 퀴리 부부는 "라듐의 임상적 쓸모를 확대하기 위해 열심히 노력했다".[30]

그러는 동안 방사능 연구의 중심지는 늘어나고 있었다. 러더퍼드에게 배우려고 몬트리올까지 찾아갔던 오토 한은 베를린에서 교수로 임용되었고, 이곳에 리제 마이트너가 합류했다. 소디와 함께 연구했던 윌리엄 램지는 유니버시티 칼리지 런던에서 기체의 방사능을 연구했다. 몬트리올 팀은 쪼개졌다. 소디는 글래스고 대학으로 갔고, 1907년 러더퍼드는 번창하는 물리실험실과 연구실을 만드는 데 필요한 자원을 약속받고 맨체스터 대학으로 옮겼다. 이 프로젝트는 러더퍼드가 1908년 노벨 화학상을 받으면서 탄력을 받았다(노벨상은 1901년에 처음 시상했고, 뢴트겐이 최초의 물리학상 수상자였다). 빈에서는 스테판 메이어가 1910년에 새로운 라듐연구소Institut für Radiumforschung를 얻었고, 이곳은 라듐 생산의 중심지 중 하나로 남았다. 예를 들어 맨체스터의 러더퍼드 팀은 빈에서 생산된 라듐을 넉넉하게 얻을 수 있게 되어 크게 도움을 받았다.[31] 여러 그룹이 회의를 통해 한데 묶였다. "이런 부류의 숱한 회의들은 수많은 후대의 논평가들이 가정했던 것처럼 결코 허울 좋은 국제주의의 사례가 아니라, 없어서는 안 되는 것이었다"라고 휴즈는 말하고 있다. 분야가 번창하기 위해 그룹들은 물질적 자원, 아이디어, 표준을 공유해야 했다.[32]

메이어가 이끈 라듐연구소는 새로우면서도 당혹감을 안겨준 또다른 유형의 방사선을 찾아내는 데 중심적인 역할을 했다. 메이어의 조수인 빅터 헤스는 왜 대기가 이온화 방사선에 의해 전도성을 띠는 것처럼 보이는지를 연구해왔다. 그는 그러한 방사선이 예상 원천인 지표면의 방사성 물질로부터 멀어지면 줄어들 것으로 기대했다. 그러나 1910년대에 헤스는 서로 다른 고도에서 이온화의 수준을 주의깊게 측정했고(이중에는 기구에 실어보낸 위험한 실험도 포함됐다), 이온화의 원천이 땅이 아닌 하늘에 있다는 사실을 발견했다. 이 원천은 헤스가 미국으로 이주한 1920년대 중반에 우주선宇宙線, cosmic ray으로 명명되었다.

연구 중심지들이 쪼개지고 발전하면서 연구 양식도 깊숙이 각인되었다. 실증주의적인 파리에서는 퀴리가 이론적 추상을 피한 반면, 맨체스터에서는 이론적 환원주의가 장려되었다.[33] 러더퍼드와 토머스 로이즈는 빈에서 생산된 라듐을 이용해 '알파' 입자가 이온화된 헬륨임을 확인했다. 이제 맨체스터 연구소에 몸담게 된 한스 가이거와 어니스트 마스든은 1908년부터 알파 입자를 탐색 도구로 활용했다. 이들은 금박 표적을 알파 입자로 포격한 후 표적에 맞고 튀어나온 물질이 취한 방향을 기록했다. 대부분은 그냥 통과하거나 몇 도 정도 방향이 틀어졌지만, 가끔 알파 입자가 45도 이상 방향이 틀어지는 경우가 있었다.

"그건 실로 내 인생에서 일어난 가장 놀라운 일이었다"라고 러더퍼드는 회고했다. "휴지 조각에 대고 쏜 15인치 포탄이 내게 도로 튀어온 것만큼이나 놀라웠다."[34] 1910~11년에 정립된 그의 결론은 금 원자의 질량이 균등하게 분포되지 않고 중심부에 있는 '핵'에 집중돼 있다는 것이었다. 이는 캐번디시 시절의 은사 J. J. 톰슨이 제시한 것과는 다른 원자의 상이었다. 그러나 휴즈가 지적한 것처럼 핵 모델은 물리학계에 즉각 강한 인상을 남기지는 못했고, 제1차 세계대전 이후까지도 "'최선의' 원자 모델에 대해서는 굳건한 합의가 존재하지 않았다".[35] 하지만 맨체스터에 머무르던 어느 물리학자는 핵 모델에 열렬한 관심을 보였다. 닐스 보어라는 이름의 덴마크인 방문학자였다. 그는 핵에 대한 러더퍼드의 상을 '양자' 이론으로 알려진 다소 기묘한 이론적 아이디어와 뒤섞어 새로운 묘사를 만들어냈다. 보어의 양자 핵 원자의 예측적 성공은 양자물리학과 핵물리학 모두를 강화시켜줄 터였다.

실행세계와 양자 이론

양자 이론의 기원은 증기기관 실행세계와 연관된 과학과 전등 및 전력 실행세계에서 얻어진 경험적 측정 사이의 충돌이 빚은 결과로 생각할 수 있다. 1900년 양자 이론을 정립한 막스 플랑크는 열역학 세계관(열역학은 효율적인 열기관의 과학이었다)을 보존하면서 흑체 스펙트럼(전자기 복사를 완벽하게 흡수하는 물체—용광로나 전구 필라멘트의 대리물—가 방출하는 복사의 강도)을 설명하려 애쓰고 있었다. 1859년 구스타프 키르히호프는 어떤 물체가 흡수하는 열복사와 방출하는 열복사의 비율이 일정하다고 제안했고, 1879년에서 1884년 사이에 요제프 슈테판과 루트비히 볼츠만은 이 아이디어를 흑체가 방출하는 에너지가 온도의 네제곱에 비례한다는 법칙으로 발전시켰다.

슈테판-볼츠만의 법칙에 대해 전기산업체들과 제국물리기술연구소 Physikalisch-Technische Reichsanstalt, PTR가 직접적인 관심을 보였다. PTR은 표준 및 정밀 측정과 관련된 새로운 유형의 국립연구소였다(PTR의 제도적 모델은 이내 영국, 미국, 일본을 포함한 전 세계에서 모방되었다). 이미 독일 가스수도전문가협회가 PTR에 "빛을 측정하는 더 나은 장치와 더 나은 광도의 단위를 개발해줄" 것을 요청한 상태였고, 이는 "향상된 광도측정장치의 과학적 기반을 찾고 보편적으로 받아들여질 수 있는 광도의 단위를 개발하며, 좀더 일반적인 차원에서는 독일의 과학 및 산업 공동체에 절대온도 눈금에 기반을 둔 보다 정확한 온도 측정을 제공하려는" 탐색을 촉발시켰다.[36] PTR의 빌리 빈은 1893년과 1894년에 흑체의 파장과 절대온도의 곱이 상수라는 결과를 이끌어내면서 지름길을 하나 찾아냈다. 이제 하나의 온도에 대한 정확한 측정을 일반화할 수 있게 됐다. "빈의 과학적 결과는 독일의 조명 및 난방 산업에 잠재적 유용성을 가진 것으로 보였다"고 역사가 데이비드 케이한은 적고 있다. 이에 따라 PTR은 자체 연구를 배가했다. PTR의 광학실험실을 이끌던 과학자들에 따르면, 이는 "과학을 위해서뿐 아니라 기술을 위해서도 중요"했다.[37] 그다음에는 절대온도의 함수인 흑체 에너지에 대한 점점 더 정확한 경험적 측정과 그러한 곡선을 설명하는 수학 공식의 제안이 번갈아 이뤄지는 치열한 시기가 이어졌다. 빈은 그러한 공식 중 하나를 제안했다. 이는 높은 진동수에서는 잘 들어맞았지만, 낮은 진동수에서는 그렇지 못했다.

여기서 막스 플랑크가 등장한다. 플랑크는 흑체 복사에 관심을 가진 많은 PTR의 물리학자들이 그러했듯 헬름홀츠와 키르히호프 밑에서 공부했고, 그 뒤 베를린 대학에서 키르히호프의 자리를 물려받았다. 그리고 PTR의 하인리히 루벤스와 페르디난트 쿠를바움이 만들어낸 가장 최신의 정확한 측정치들을 입수했다. 루벤스가 그 결과를 플랑크의 집으로 직접 전달했다. "바로 그날", 1900년 10월 7일에 "플랑크는 모든 실험 결과를 설명하는 새로운 공식을 고안해냈다".[38] 오직 PTR만이 그처럼 공을 들여 정확한 측정치를 얻어낼 수 있는 재원과 사명을 갖추고 있었다. 모두 급성장하는 독일의 과학 기반 산업 제국에 도움을 주기 위해서였다. 플랑크의 복사 법칙이 옳다는 확신을 얻게 되자, PTR은 이 공식을 활용해 정확한 절대온도 측정 눈금을 새롭게 확립했다.

반면 플랑크는 자신의 공식이 왜 그런 형태를 띠는지를 두고 숙고하고 있었다. 이는 허공에서 갑자기 나타난 것이 아니었다(어떤 의미에서는 에테르로부터 나타난 것이었지만 말이다). 그는 1895년 이후 볼츠만의 통계적 접근을 피하면서 그로부터 흑체 스펙트럼의 형태를 도출할 수 있는 열역학의 전자기적 기반을 찾고 있었다.[39] 그러나 이제 그는 통계적으로 유도된 볼츠만의 열역학 법칙들에 의지해 자신의 새로운 복사 법칙을 해석해야만 했다. 공식에는 '공진자resonator'의 에너지를 설명하기 위해 'hν' 항이 들어갔다. 'ν'는 진동수이고, 'h'는 '플랑크 상수'로 명명되어 물리학에서 가장 심오한 수 중 하나로 간주된다(거칠게 말해 h를 0으로 놓으면 모든 양자 이론이 고전물리 이론으로 바뀐다. 유한한 h 값은 양자 효과를 도입하며, 따라서 h의 크기는 오늘날 우주의 '양자성'의 척도로 간주되고 있다). 역사가들은 이 순간의 의미를 놓고 날카롭게 의견이 나뉘어 있다. 마틴 클라인은 1900년의 플랑크의 양자 연구를 고전 전기역학으로부터 탈피한 순간으로 간주한다.[40] 반면 토머스 쿤은 플랑크가 'hν' 항이 오직 일정한 양으로 한정되어야 한다고 주장하지 않았다고 지적한다. 그러한 한정, 즉 진정한 '양자' 이론의 시작은 독일의 젊은 물리학자 알베르트 아인슈타인에 의해 도입되었다.[41]

아인슈타인과 보어

알베르트 아인슈타인은 1879년 3월 14일 슈투트가르트와 뮌헨 중간쯤에 있는 독일 남부 소도시 울름에서 태어났다. 가족은 유대인이었지만 특별히 종교적이지는 않았다.[42] 알베르트가 한 살 때 가족은 뮌헨으로 이사했고, 그곳에서 알베르트의 아버지와 삼촌은 배관과 전기 제품에 특화한 공장을 설립했다. 이 회사는 성공을 거두지 못했고, 중요한 전기 공급 계약에 즈음해 지멘스에 매각됐다. 그래도 이 가족 회사는 알베르트가 장치와 발명에 평생 관심을 갖도록 촉진하는 풍부한 맥락을 제공했다.[43] 1894년에 가족은 알프스를 넘어 밀라노로 다시 이사했고, 알베르트는 나중에 가족과 합류했다. 그는 학교를 좋아하지 않았고, 만약 독일에 남아 있었다면 의무 복무를 위해 군대에 징집되었을 것이다. 1896년 젊은 알베르트는 중등학교의 수학 및 물리 교사가 되기 위한 교육을 받겠다는 소박한 야심을 품고 취리히의 스위스연방 공과대학Eidgenössische Technische Hochschule, ETH에 입학했다. 그곳에서 그는 동료 학생인 세르비아 출신 밀레바 마리치와 폭풍 같은 연애를 시작했다. 1901년 마리치가 임신을 했지만, 가난한 연인들은 가정을 꾸릴 형편이 못 되었고, 아이는 입양을 맡겼다. 이러한 집안 사정에도 불구하고 아인슈타인은 물리학에서 특출한 재능을 보이고 있었다. 하지만 반유대주의와 아인슈타인 자신의 급진적이고 반권위주의적인 기질이 빚어낸 갈등이 합쳐지면서 대학에서 교직을 얻겠다는 희망은 산산조각이 나고 말았다.

1902년 가족의 친구들이 소개한 연줄 덕분에 아인슈타인은 스위스 수도 베른에 있는 연방특허국에서 특허심사관에 해당하는 '3등 기술전문가' 직위를 얻었다.[44] 안정된 일자리를 얻은 후 알베르트와 밀레바는 결혼했다. 그들은 1904년과 1910년에 태어난 두 아들을 두었다. 아인슈타인이 20세기를 통틀어 현재까지 가장 유명하고 상징적이며 누구나 금방 알아볼 수 있는 과학자가 되었음을 이미 알고서 집필된 대중 과학사 책들은, 베른 특허국에서 그의 낮은 지위와 1905년에 거둔 놀라운 지적 성취를 대비시켜왔다. 그가 네 편의 논문을 발표한 1905년은 물리과학의 역사에서 하나의 분수령을 이룬다고 해도 결코 과언이 아니다. 이러한 대비는 진정한 재능—실로 천재적인—이 어떤 일상의 장애물도 극복할 수 있음을 시사한다. 하지만 최근 피터 갤리슨이 제시한 수정주의적 역사는 특허국에서 아인슈타인의 직위가 실행세계의 혁신들을 검토하기에 극히 유리한 위치였고, 그가 받은 물리학 훈련(그리고 물론 타고난 재능도)이 이에 대해 성찰할 수 있는 지적 도구를 제공했음을 보여주었다.[45] 아인슈타인은 특허 시스템을 통해 한곳에 머무르면서도 20세기 초 전기기술의 흐름이 자신의 눈앞으로 지나가는 것을 지켜볼 수 있었다.

특허를 얻으려는 발명 중에는 전등 및 전력 분야, 그리고 이와 관련해 전기 시계의 동기화 분야에서 새로움이 무엇을 의미하는지에 대한 깊은 이해에 의존하는 것들이 많았다. 아인슈타인의 연구가 빚어낸 그 모든 혁명적 결과에도 불구하고 아이러니한 점은, 그가 역학적 세계관을 굳건하게 신봉하고 있었다는 사실이다. 이는 그와 동시대를 살았던 많은 물리학자들의 이론 틀에 비해 훨씬 더 뉴턴적이었다. 뉴턴은 물리적 우주를 묘사할 때, 이를 힘을 받는 입자들의 운동에 관한 법칙적 용어로 설명할 수 있는 것으로 간주했다. 18세기와 19세기 초 뉴턴 신봉자들은 뉴턴적 우주를 거대한 기계의 작동과 흡사한 것으로 다루었고, 모든 물리 현상을 설명하는 역학적 법칙을 추구했다. 이는 단지 천체의 운동만이 아니라 열이나 빛 같은 현상에 대해서도 마찬가지였다.

그러나 19세기 들어 물리 세계를 설명하는 두 가지 다른 접근법이 점차 사람들의 마음을 끌어당겼다. 그래서 뉴턴적 세계관에 더해 둘째로 (열역학에 뿌리를 둔) 에너지 세계관, 셋째로 전자기적 인식 틀을 덧붙여야 한다.[46] 에너지 틀에서는 역학이 전제하는 가설들—예를 들어 "물질은 눈에 보이지 않고 더는 쪼갤 수 없는, 움직이는 원자들로 구성되어 있다"—을 제쳐두고, 물리 법칙을 온도, 엔트로피, 에너지처럼 거시적으로 측정 가능한 열역학적 양들 간의 관계로 한정하는 것을 선호했다. 물리화학자 빌헬름 오스트발트는 이러한 주장을 열정적으로 변호했다. 전자기적 인식 틀은 앞서 이미 다룬 바 있다. 패러데이, 맥스웰, 헤르츠의 업적 덕분에 전기 및 자기 현상은 우주 전체에 퍼져 있는 연속적이고 질량이 없는 에테르에서 나타나는 장이라는 용어로 이해되었다.[47] 에테르의 운동은 어떻게든 모든 물리적 힘을 설명할 것—전자기파의 발생을 설명하기 위한 확신에 찬 첫걸음을 이미 내디뎠다—이었고 모든 물리적 성질(전하와 질량을 포함하는) 또한 마찬가지였다.

역학적 세계관을 거부하는 좋은 이유 중 하나는 역학적 세계관이 비가역성 역설을 설명하지 못하는 것이라고 동시대 물리학자들은 주장했다. 뉴턴의 법칙들은 가역적인 시스템을 묘사했다. 앞으로 감아도 뒤로 감아도 잘 작동하는 기계와 같았다. 태양계를 머릿속에 떠올리며 시간을 거꾸로 돌리면, 태양·행성·위성의 운동은 조금의 탈선도 없이 뉴턴의 법칙을 따른다. 그러나 모든 물리 세계가 그렇게 질서정연하지는 않았다. 햇볕에 노출한 얼음덩이는 녹아버릴 터였다. 녹은 얼음덩이가 저절로 다시 어는 것을 본 사람은 아무도 없었다. 그러나 열이 뉴턴적 현상이라면 시간이 흐를 때처럼 이를 되감을 때도 작동해야 했다. 여기에 비가역성 역설이 있었다. 독일의 루트비히 볼츠만과 미국의 윌러드 깁스는 통계의 힘을 빌려 이 역설을 해결했다. 얼음덩이를 통계적으로 기술할 수 있는 물 분자들의 집합으로 생각해 보자.[48] 이것이 완전히 역학적인 방식으로 열을 흡수해 얼음에서 물로 상전 이를 하는 것은 바로 통계적으로 있을 법하지 않은 상태(모든 분자들이 얼음 덩이 안에 갇혀 있는 상태)에서 통계적으로 좀더 있을 법한 상태(액체 물의 분자 들이 여러 방향으로 움직이는 상태)로 전이하는 것이었다. 이는 (열역학적 양이 자 무질서의 척도인) 엔트로피의 증가가 역학적 용어로 이해되는 방식이었다.

1902년에서 1904년 사이에 아인슈타인—이 단계에서 그는 볼츠만과 깁스의 연구를 모르고 있었던 것으로 보인다—은 그들의 논증을 되짚어가 서 유사한 결과를 도출했다.[49] 아인슈타인이 볼츠만의 논문을 읽었을 때, 그 가 이에 동조하며 친밀감을 느낀 것은 분명하다. 그때쯤에는 특허심사관인 아인슈타인이 PTR과 플랑크의 경험적, 이론적 성취를 합친 것에 완전히 정 통해 있었을 것이다. 산업에 매우 긴요한 온도 측정 장치에 관한 그 어떤 특 허도 PTR/플랑크의 결론에 비춰 평가되어야 했다. 1905년에 아인슈타인은 약한 열복사의 엔트로피를 계산했고, 플랑크와 달리 마지못해서가 아니라 열성적으로 볼츠만의 확률론적 접근을 받아들였다.[50] 플랑크와 마찬가지로 그의 계산에도 'hν' 항이 나타났다. 그러나 확률론적 시각에서 접근했던 아 인슈타인은 이 항이 불연속적 값을 나타낸다고 해석했다(확률론적 분석에서 는 이 값들에 대해 평균을 낸다). 그는 복사가 불연속적 덩어리, 즉 양자로 방 출되거나 흡수될 때만 이 방정식이 물리적 의미를 갖는다고 생각했다.

아인슈타인은 1905년에 발표한 첫 번째 위대한 논문에서 이렇게 썼다. "사실 내가 보기에 '흑체 복사', 광발광photoluminescence, 자외선에 의한 음 극선 생성, 그 외 빛의 방출이나 변환을 포함하는 현상들에 대한 관찰은 빛 에너지가 공간 속에 불연속적으로 분포한다고 가정할 때 더 잘 이해될 수 있다."[51] 특히 아인슈타인은 빛 양자의 불연속적 방출과 흡수가 광전 효과 를 설명한다고 추론했다. 이는 헤르츠가 1887년에 기술했던 현상으로, (필 리프 레나르트처럼) 음극선관의 성질을 정밀하게 측정한 사람들, 니콜라 테슬라 같은 전기-기계 발명가들, 그리고 전구와 초기 진공관의 좀더 비밀스러운 성질들에 익숙한 제조업자들에게 이미 알려져 있었다. 음극선관의 필라멘트에 부딪히는 빛은 전류를 만들어내는데, 광원의 세기와는 상관없이 오직 빛의 진동수가 일정 이상으로 증가했을 때에만 그런 현상이 나타났다. 1902년 레나르트는 『물리연보Annalen der Physik』에서 이를 상세하게 논한 바 있었다. 이제 동일한 학술지에서 아인슈타인은 빛에서 전자로 에너지의 이전을 불연속적 양자로 보면, 그것이 광전 효과의 시작(빛 양자의 에너지는 진동수에 비례해 증가하니까)과 왜 그것이 세기와 무관한지(하나의 전자에는 오직 하나의 양자만이 흡수되니까)를 설명해준다고 주장했다. 실험 데이터를 집어넣으면 "자릿수에 있어서 레나르트 씨의 결과와 일치하는 결과"가 얻어진다고 아인슈타인은 적었다.

아인슈타인은 양자화된 빛으로 다른 물리 현상들, 예를 들어 자외선에 의한 기체의 이온화나 저온에서의 비열 감소라는 기묘한 변칙 사례들을 어떻게 이해할 수 있는지 설명했다. 그런데도 "어떤 중요 이론가도 아인슈타인의 빛 양자를 받아들이지 않았다"고 대리골은 요약하고 있다. 독일의 요하네스 슈타르크나 영국의 W. H. 브래그 같은 몇몇 실험가만 이를 받아들였다. 그리고 물리화학자 발터 네른스트는 "아인슈타인의 이론에 비춰 저온에서의 비열을 연구하는 광범한 프로그램"을 시작했다.[52] 아인슈타인 자신은 1906년과 1907년에 이 주제로 되돌아갔고, 플랑크의 법칙이 복사를 양자의 측면에서 보는 것에 의존한다는 점을 좀더 상세하게 보여주었다. 그런데도 '양자'—플랑크가 자포자기 상태에서 도입했고 아인슈타인이 실재적 측면으로 해석한 수학적 장치—는 아직 물리학의 심장부로 받아들여지지 않았다.

이제 맨체스터에 있는 러더퍼드의 실험실을 방문한 닐스 보어에게 돌아가보자. 러더퍼드는 원자의 상을 J. J. 톰슨의 '건포도 푸딩'—양전하를 띤 질량 곳곳에 음전하가 흩뿌려져 있는—과도 다르고, 1904년 톰슨이 두 번째로 제시한 모델—양전하의 구 속에서 교묘한 위치 선정에 따라 전자가 궤도상에 고정돼 있는—과도 다른 모습으로 그려내기 시작했다. 그는 양전하를 띤 핵을 전자들이 에워싸고 마치 태양 주위를 도는 행성들처럼 궤도상에서 회전하는 모습을 상상했다. "은유는 과학자들이 가능한 세계들 사이를 오갈 수 있는 도구다"라고 철학자 아서 밀러는 논평한다.[53] 그러나 보어는 왜 핵 원자가 그저 붕괴하지 않는 것일까 하는 의문을 품었다. 행성들이 태양으로 떨어지지 않도록 막아주는 것은 무엇인가? 이러한 관심사를 반영해 보어는 1913년에 한 편의 논문을 발표했다. 이는 제1차 세계대전 이후 여러 해 동안 물리학과 화학의 토대를 이루게 되는 종합을 제시했다.[54] 보어는 낡은 방식의 원자 모델 구축을 이렇게 평가했다.

> 최근 에너지 복사 이론의 발전과 이러한 이론에 도입된 새로운 가정들의 직접적 확인—비열, 광전 효과, 뢴트겐 등 매우 다양한 현상들에 관한 실험에서 발견된—에 힘입어 대단히 중요한 변화를 겪었다. 이러한 질문들에 대한 논의는 원자 규모 계의 행동을 묘사하는 데 있어 고전 전기역학으로는 충분치 못하다는 전반적 인식으로 귀결되는 듯 보인다.

보어가 원자 이론에 덧붙인 새로운 구성요소는 플랑크와 아인슈타인의 '기본 작용 양자'였다. "이 논문은 상기 아이디어를 러더퍼드의 원자 모델에 적용함으로써 원자 구조 이론에 기초를 제공할 수 있음을 보이려는 시도"가 될 거라고 그는 썼다. "더 나아가 이 이론으로부터 분자 구조의 이론을 도출할 수 있음을 보일 것이다."[55] 특히 보어는 킹스칼리지의 젊은 수학자 존 W. 니콜슨이 쓴 여러 편의 논문에 주목했다. 니콜슨은 태양 코로나와 몇몇 성운들의 스펙트럼에서 발견되는 불연속적 방출선을 플랑크의 'hν'의 배수로 이해할 수 있음을 깨달았다.[56] 보어가 보기에 이는 결정적인 단서였다. 그는 양전하를 띤 핵 주위로 하나의 전자가 원형 궤도를 도는 수소 원자 모델을 만들었다. 이 모델에서 전자는 불연속적인 에너지 양자의 방출(혹은 흡수)에 의해서만 높은 궤도와 낮은 궤도 사이를 움직일 수 있었다. 여기에 원자의 안정성에 대한 설명이 있었다. 그뿐 아니라 수소 원자에서 전자가 낮은 궤도로 움직일 때 방출하는 빛의 진동수를 계산해보니 경험적으로 알려진 발머 계열과 놀랍도록 정확하게 일치했다. 영국의 천문학자 제임스 진스는 보어의 양자 가정에 대해 "현재 제출된 유일한 근거"가 "대단히 중대하고 성공적인 근거"라고 논평했다.[57] 그리고 독자들이 천문 데이터에 너무 정신이 팔리지 않도록, 보어는 "전자를 핵에서 멀리 떨어진 곳으로 옮겨놓는 수소 원자의 개혁"은 "예컨대 진공관에서 나타나는 방전 효과에 근거를 둔" 것이기도 함을 독자들에게 상기시켰다.

천문학에서 얻은 경험 데이터와 지구상의 물리실험실에 있는 인공적 대리물에서 얻은 경험 데이터 사이를 오가며 양자 이론으로 이를 매개하고 설명하는 작업은 보어의 헬륨 이온 분석에서도 계속됐다. "고물자리 제타 별 ζ Puppis의 스펙트럼에서 피커링이 처음 관찰한" 방출 계열, 그리고 "수소와 헬륨의 혼합물이 든 진공관 실험에서 최근 파울러가 발견한 계열 집합에서…… 우리는 상기 이론의 도움을 얻어 헬륨에 귀속되는 이러한 선 계열을 자연스럽게 설명할 수 있음을 보게 된다".[58] 1916년 코펜하겐으로 돌아간 보어는 후속 논문들에서 이러한 구체적 통찰을 하나의 종합으로 확장했다. '동위원소'(소디가 제안한, 질량이 다르지만 화학적으로 유사한 원자)의 관념에 대해, 그리고 양자화된 원자(여기서 원자의 화학적 성질은 원자의 전하에 의해 좌우되며 방사능은 핵의 붕괴이다)에 대해서 말이다.[59] 휴즈는 이렇게 요약하고 있다. "이러한 종합은 전후의 물질 이론, 물리학과 화학의 관계, 그리고 (환원주의의 부상을 통해) 20세기 중반 과학 그 자체의 폭넓은 발전에 심대한 영향을 줬다."[60]

양자역학의 아찔한 기묘함은 1920년대가 되어서야 본격적으로 느껴지기 시작했다. 그래도 양자역학의 정립과 수용은 상대성 이론과 함께 20세기 초에 이론, 그리고 이론물리학자의 지위가 급등했음을 보여주었다. 1905년에 이론물리학은 극히 작은 집단(이론의 중심지였던 독일에 겨우 16명의 교수들이 있었을 뿐이었다)을 포함하는 "새롭고 규모가 작은 전문분야"였고, 실험물리학에 비해 차선의 경력으로 여겨졌다. 이러한 지위로 인해 반유대주의가 득세하던 시절 유대인 과학자들이 상대적으로 접근하기 쉬웠던 분야였다.[61] 어떤 이들은 이론물리학에서 상아탑의 고고함을 보았다. "그의 훌륭한 친구이자 동료인 베를린의 저명한 이론물리학자 막스 플랑크와 마찬가지로, 아인슈타인은 이론물리학을 성직과 다르지 않은 고귀한 소명으로, 일상생활의 개인적이고 일시적인 현실을 견디고 살아남는 진리와 절대성의 추구에 대한 요청으로 바라봤다."[62] 역사가 데이비드 캐시디의 설명이다. 마틴 J. 클라인은 아인슈타인이 사고의 자유를 얻으려고 의도적으로 열악한 환경의 베른 특허국에 머물렀다고 주장한다. 아인슈타인은 "그의 직업이 물리학에 대한 자신의 사고로부터 완전히 분리돼 있다는 사실을 좋아했다. 그러한 사고를 자유롭고 독립적으로 추구할 수 있었기 때문이다. 나중에 그는 그러한 방식을 다른 이들에게도 종종 권하곤 했다".[63]

그러나 1905년에 발표된 아인슈타인의 특수상대성 이론은 수도사 같은 고립 속에서, 혹은 심지어 그의 특허 업무에도 불구하고 만들어진 것이 아니라, 특허 가능한 전기기술에 대한 면밀한 검토로부터 촉발된 것이었다. 왜 그런지 이해하려면 아인슈타인의 특수상대성 이론 논문 「움직이는 물체의 전기역학에 관하여」에서 그가 밟은 단계들을 좀더 면밀하게 따라가는 것이 가장 좋다.[64] 맥스웰 방정식에서 예시된 것처럼 전하를 띤 물체의 운동을 수학적으로 기술하는 학문인 전기역학은 동일한 상황처럼 보이는 것에 대해 서로 다른 설명들을 제시한다. 전선 코일과 자석이 있다고 상상해보자. 전선은 전구에 연결돼 있어 전류가 흐르면 이를 알 수 있다. 먼저, 움직이는 자석이 금속 전선 코일에 접근하면 어떤 일이 생길까? 그리고 둘째로, 움직이는 코일이 멈춰 있는 자석에 접근하면 어떤 일이 생길까? 코일이 움직였고 자석이 에테르 속에 정지해 있었던 사례에서, 맥스웰 방정식은 전기가 자기장을 가로지를 때 코일 내부의 전자들이 힘을 받았음을 보여주었다. 그래서 전구에 불이 켜졌다. 반면 자석이 움직였고 코일이 에테르 속에 정지해 있었던 두 번째 사례에서는 자석이 코일에 접근할 때 코일 근처의 자기장이 더 강해졌고, 이 변화하는 자기장이 (맥스웰에 따르면) 전기장을 만들어 내 정지한 코일 내에 전기를 유도했다. 이에 따라 전구에 다시 불이 켜졌다. 동일한 결과를 얻었지만, 동일한 현상에 대해 두 가지 설명이 생긴 셈이다.

확실히 하나의 현상에는 단일한 설명이 주어져야 하는 것이 아닐까, 하고 아인슈타인은 말했다. "이런 부류의 사례들은 '빛 매질'[에테르]에 상대적인 지구의 운동을 찾아내려는 성공하지 못한 시도들과 함께, 전기역학의 현상들은 역학의 현상들과 마찬가지로 절대적 정지라는 관념에 대해 아무런 성질도 지니지 않음을 시사한다." 대신 그는 두 가지 '가정'에서 출발할 것을 주장했다. 첫째는 자연의 법칙들(이 경우에는 전기역학)이 등속으로 움직이는 모든 기준좌표계에서 동일하게 보여야 한다는 가정이었다. 이러한 '상대성 원리'는 어떤 좌표계가 '정지해' 있는지 말할 수 있는 방법이 없음을 의미했다. 그러니까 뉴턴적인 절대공간에 호소할 수는 없을 터였다. 둘째 가정은 "첫째 가정과 오직 겉보기에만 양립 불가능할 뿐"이라고 아인슈타인은 장난처럼 말했다. 바로 어떤 좌표계에서 측정하더라도 빛의 속도는 일정하다는 가정이었다. 그런데 확실히 두 가정은 양립 불가능하지 않은가? 하나의 좌표계에서 빛이 비치고 있었다고 가정해보면, 빛의 진행 방향으로 움직이는 관찰자에게 빛은 더 느리게 보이지 않을까? 그리고 만약 그 속도의 차이를 관찰할 수 있다면, 그것은 곧 정지해 있는 좌표계와 움직이고 있는 좌표계 사이의 차이를 말할 수 있다—따라서 이는 상대성 원리와 모순된다—는 의미가 아닐까?

아인슈타인은 시간이 측정되는 절차를 재고하게 되면 모순이 사라진다고 주장했다. 우리는 "강체(좌표계)와 시계, 전자기적 과정 사이의 관계"를 다시 들여다보아야 한다고 그는 역설했다. "이러한 상황에 대한 불충분한 고려가 현재 움직이는 물체의 전기역학이 직면한 어려움의 근원에 자리 잡고 있다." 아인슈타인은 우리가 두 개의 사건이 동시에 일어났는지 판단할 수 있는 절차―다시 말해 '동시성'을 판단하는 절차―를 상세히 설명한다. 하나의 좌표계에서 동시에 일어난 것처럼 보이는 두 사건이 다른 좌표계에서 보면 그렇지 않을 수도 있다. 이러한 두 사건은 시간을 알리는 종이 울리는 시계들일 수도 있다. 하나의 좌표계에서 들으면 종들이 동시에 울리지만 (즉 모든 곳에서 정오가 된다) 다른 좌표계에서 들으면 종들이 서로 엇갈려 울리는 것이다. 아인슈타인에 따르면, 시간은 절대적이 아니라 상대적이다.

아이작 뉴턴의 절대 시간은 19세기 말에 에른스트 마흐의 『역학의 과학 The Science of Mechanics』(1883)이나 칼 피어슨의 『과학의 문법Grammar of Science』(1892) 같은 저작들에서 이미 혹독한 비판을 받고 있었다. 1902년 6월 베른에 도착한 직후 아인슈타인은 두 저작을 모두 탐독했다.[65] 동시성을 일종의 규약―합의된 절차가 마련돼 있을 때만 의미를 갖는 것―으로 사고함으로써, 아인슈타인은 또한 앙리 푸앵카레의 앞선 저작을 반향하고 있었다. 1898년 푸앵카레는 우리가 함께 일하기 위해 공통의 시간과 분을 만들어낸 절차에 집단으로 합의한 것이라고 주장했다. 역사가이자 철학자인 피터 갤리슨은 이렇게 묻고 있다. "어떻게 푸앵카레와 아인슈타인 모두 전자기 신호로 맞춘 시계를 사용하여 규약 절차에 따라 동시성을 정의해야 한다고 생각하게 되었을까?"[66] 이에 대한 답은 이렇다. 두 사람 모두 산업과 제국을 위해 시간을 맞추는 거대한 운동의 중심에 있었다는 것이다. 19세기에 지방 시간이 (지역이나 국가 기반의) 동일 시간으로 대체된 것은 주로 철도의 확산 때문이었다. 동일 시간은 철도의 안전한 운행을 위해 필요했고, 철로를 따라 확산하는 기술 시스템(전신)을 통해 전파되었다. 시간 좌표화는 철도, 학교, 산업, 군대에 필수적이었다. 송전 네트워크가 19세기 말에 성장하면서, 시간 좌표화는 전기기계 시스템을 통해 달성될 수 있었다. 각각의 기계 시계들이 중앙에 있는 마스터 시계에서 나오는 전기 신호에 의해 통제되는 모습을 상상해보라.

무역이 심화되면서 부정확한 지도가 점점 더 문제가 되었다. 훌륭한 지도는 훌륭한 경도 측정을 필요로 했고, 이는 다시 전 지구적 규모에서 시간의 정확한 결정을 요구했다. 1884년 미국에서 열린 회합에서 그리니치 자오선이 경도 0도로 선택되었다. 표준시간은 이러한 하나의 자오선을 기준으로 할 것이었다. 프랑스인들은 시간을 합리화(즉, 십진화)하는 오래된 대혁명기의 제안을 되살려내는 것으로 맞대응했다. 푸앵카레는 프랑스 경도국에서 일하면서 이러한 프랑스 계획의 평가 책임을 맡고 있었다. 계획이 전개되면서 푸앵카레는 "세계 전기 시간 네트워크의 행정관"이 되었다. 여기서 그의 임무는 시계를 맞추는 것이었다.[67] 따라서 그가 동시성을 절차의 문제로 사고하는 모습을 보인 것은 결코 놀랄 일이 아니다.

베른에서 정밀 전기기계 장치 영역의 특허들을 심사하던 아인슈타인 역시 시간 좌표화 절차와 기술의 확산을 관찰하고 이해하기에 환상적으로 좋은 위치에 있었다. 만약 갤리슨이 옳다면, 우리는 아인슈타인의 책상에 앉아 창밖을 흘깃 내다보면서 단서를 찾아낼 수도 있다. "아인슈타인 역시 1905년의 논문과 씨름하고 있는 동안 이렇게 좌표화된 시계를 보았을 것이고 원거리의 동시성이 어떤 의미인지를 파악하려 애썼음에 틀림없다." 갤리슨의 말이다. "실제로 그가 일했던 베른 특허국 사무실 바로 길 건너편에는 오래된 기차역이 있었는데, 역 안의 선로를 따라 놓인 시계와 건물 정면에 위풍당당하게 걸려 있던 시계들 모두 좌표화가 되어 있었다."[68] "매일같이 아인슈타인은 집을 나서서 왼쪽으로 돌아 특허국으로 향했다"고 갤리슨은 되짚어보고 있다. "그는 당시에 막 중앙전신국에서 자랑스럽게 뻗어나온 무수히 많은 거리의 전기 시계들을 지났다." 그렇게 걸을 때는 "생각해야 할 것이 많았다"고 아인슈타인은 친구에게 보낸 편지에 썼다.[69] 사무실에서는 시계 좌표화 특허들이 그를 기다리고 있었다. 특수상대성 논문이 발표되기 두 달 전인 1905년 4월에 접수된 특허는 "전자기적으로 진자를 제어하는 것으로, 신호를 수신하여 멀리 떨어진 진자시계와 시간을 맞출 수 있다"는 특허출원서였다. 내용이 마치 그의 논문에서 곧장 튀어나온 것 같다.[70]

아인슈타인을 기억하다

이러한 맥락화로부터 등장한 역사 속 아인슈타인의 상은 얼마나 놀라울 정도로 다른가! 여기서 아인슈타인은 은거한 철학자도 아니고, 꿈결 같은 사고실험 속의 주인공—'알베르트 삼촌, 빛에 올라타다' 같은 식의—도 아니다. 아인슈타인과 특수상대성 이론은 산업, 제국, 도시 생활을 위해 좌표화된 시계라는 실행세계를 상세하게 검토하고 심오하게 반영하고 있다. 플랑크와 아인슈타인, 그리고 빛 양자 이론이 전등산업과 그것이 요구한 정밀 측정 및 표준화라는 실행세계 속에서 생겨난 것과 마찬가지로 말이다.

사실 아인슈타인이 무슨 생각을 하고 있었는지 이해하려면 그가 무슨일을 하고 있었는지를 봐야 한다는 생각은 너무나 간단한 것이어서, 이런 질문이 곧장 제기된다. 왜 우리는 지금까지 이걸 보지 못했을까? 이와는 다른 이미지가 그토록 오래 살아남은 이유에 대해서는 세 가지 답변이 있다. 과학자 자신이 만들어낸 이미지, 심오하고 새로운 아이디어의 충격을 강조하는 이해할 만한 경향, 그리고 교수법의 요구가 그것이다. 경력 후반부에 아인슈타인과 푸앵카레는 모두 자신의 이미지를 세상으로부터 유리된 사상의 철학자로 그려냈고, 후대의 논평가들이 이를 곧이곧대로 받아들였을 수있다. 점점 나이를 먹고 명성이 널리 퍼지면서, 아인슈타인이 다정하고, 비세속적이고, 추상적인 과학자(그러면서 여전히 국제 평화를 적극적으로 주창하는 인물)의 이미지에 맞게 변해간 것은 분명하다. 그러나 이러한 이미지는 1905년의 정력적이고, 강압적이며, 성미가 급한 젊은이와는 분명 잘 맞지 않았다. 절대공간의 전복 역시 사람들의 시선을 사로잡았고, 역사가들은 앞선 시기 '고전' 물리학과의 연속성을 추적하거나 불연속성을 찾아내는 데 많은 노력을 기울여왔다. 예를 들어 맥코마크는 1905년의 논문들이 비록 다양하긴 하지만 이는 19세기의 역학적 세계관을 폐기하려는 혁명적 시도가 아니라 그것을 개혁하려는 프로젝트를 나타낸다고 주장한다.[71] 반면 물리학 교과서들에서 찾아볼 수 있는 부류의 간략한 역사는 아인슈타인의 1905년 논문이 어느 정도로 이전에 있었던 모든 것과의 급진적 단절을 나타내는지를 강조한다. 아인슈타인의 1905년 논문들이 '위대함의 기준'을 설정했다는 생각은 다른 이들에게도 두고두고 반향을 일으켰다.[72] 'E=mc²'이라는 방정식은 누구나 알고 있다. 질량과 에너지의 등가성에 대한 이 진술은 1905년 논문들에 다소 숨겨진 형태로 나와 있다. 극미량의 질량과 어마어마한 양의 에너지 사이의 관계가 아인슈타인의 업적—적어도 대중적인 차원에서—으로 소급해서 간주되기 시작한 것은 히로시마 이후의 일이다.

교수법—여기서는 좀더 구체적으로 대학의 물리학 강의에 포함된 한 가지 주제로서 특수상대성 교육—이 아인슈타인의 사고 발전에 대한 우리의 상을 어떻게 형성했는지는 역사가 제럴드 홀턴이 연구한 바 있다. 특수상대성 이론 강의를 들은 사람 대부분은 처음에 마이컬슨—몰리 실험을 접한다. 앨버트 마이컬슨은 프러시아에서 태어났지만 어렸을 때 미국으로 이주했다. 1870년대에는 미 해군사관학교에서 강의했고, 1880년에서 1883년 사이에 여행을 떠나 유럽 과학계를 둘러볼 기회가 있었다. 그는 베를린 대학과 하이델베르크 대학을 방문했고(그러면서 독일 시스템에서 물리학이 어떻게 번창하고 있는지 직접 목격했다), 파리에 있는 콜레주드프랑스와 에콜폴리테크니크도 찾아갔다. 미국 대학으로 돌아온 마이컬슨은 1881년부터 일련의 '간섭계'를 제작해 빛의 속도를 매우 정밀하게 측정함으로써 지구가 에테르 속을 움직일 때 만들어지는 에테르의 흐름을 측정하고자 했다(에드워드 W. 몰리 교수가 실험을 도와줬다). 마이컬슨은 간섭계의 감도를 향상시킨

1887년 이후에도 지구가 에테르를 뚫고 지나갈 때 빛의 속도에서 아무런 차이를 발견하지 못하자 크게 실망했다.

1892년 네덜란드의 이론물리학자 헨드릭 안톤 로런츠는 만약 에테르 속을 움직이는 물체가 운동 방향으로 수축한다면 아마도 이러한 부정적 결과를 설명할 수 있을 거라고 주장했다. 빛이 더 짧게 수축된 차이를 통과하는 데 걸리는 시간이 줄어들기 때문에 에테르가 검출되지 않았다고 설명할 수 있다는 것이었다. 그리고 아인슈타인은 로런츠의 논문을 읽었다. 사실 아인슈타인은 이론물리학자로서의 경력을 새롭게 개척한 데 대해 로런츠를 존경하고 있었다. 1905년 나온 특수상대성 논문은 로런츠 변환식과 동일한 방정식을 유도해 논의했지만, 마이컬슨-몰리 실험에 관한 논의는 없었다. 교과서들에서는 마이컬슨의 실험, 에테르의 타파, 1905년 아인슈타인의 특수상대성 이론 논문 사이에 인과적이고 유전적인 연관성이 있다고 주장해왔는데도 말이다.

문서 증거를 면밀하게 검토해보면 연결고리가 없거나 기껏해야 대단히 미약함을 알 수 있다. 홀턴은 왜 그런 연관성이 가정돼왔는지 몇 가지 이유를 밝혀냈다.[73] 과학 교과서의 첫 번째 목적은 귀납적이고 명징하며 논리적인 과학의 방법을 제시하는 것인데, 이 경우에는 결정적 실험에서 이론 변화로 넘어가는 단계가 포함된다. 교수법의 요구가 역사적 정확성을 눌러 이긴 것이다. 아인슈타인은 마이컬슨의 부정적 결과가 특수상대성의 기원에 미친 영향을 공개적으로 부인할 기회를 충분히 갖고 있었지만, 이를 활용하지 않았다. 서신을 통해 질문을 받았을 때는 자신의 견해를 분명하게 밝혔지만 말이다. 홀턴은 이 사례에서 볼 수 있는 과묵함이 아인슈타인이 자신의 연구에 대한 다른 사람들의 견해를 공개적으로 바로잡아주는 것을 대체로 꺼린 점과 일치한다고 썼다. "그는 [예를 들어] 나치 과학자들이 자신의 연구와 인격에 대해 지면상에서 매우 악의적인 공격을 해왔을 때도⋯⋯ 놀라운 유머와 함께 이를 참고 넘겼다."[74]

아인슈타인이 1905년 논문과 마이컬슨 실험의 관계에 대해 공개적으로 발언할 수 있는 특별한 기회가 1931년 1월에 있었다. 아인슈타인이 캘리포니아주 패서디나에 초빙되어 두 사람이 처음이자 마지막으로 만난 것이다. 홀턴은 당시의 상황을 훌륭하게 설명하고 있다. "분명 감동적인 광경이어야 했을 것이다. 아인슈타인은 자신보다 스물일곱 살이 더 많은 마이컬슨을 멀리서 크게 흠모하고 있었다. ……그러나 마이컬슨은 에테르를 부정한 상대성 이론에 우호적이지 않은 것으로 잘 알려져 있었다."[75] 마이컬슨 본인은 자신의 실험이 특수상대성 이론을 촉발했다고 확신했다. 만찬 시간에 로버트 밀리컨이 위대한 두 인물을 소개했다. 그가 분위기를 만들었다. 과학의 "출발점에는 진짜임이 증명되고 주의깊게 시험된 실험적 사실이 있습니다". 이는 '[특수상대성 이론의] 실험적 기반을 놓은 인물'인 마이컬슨을 가리키는 말이었다. 이에 대한 답사答辭에서, 아인슈타인은 마이컬슨의 부정적 결과가 특수상대성 이론을 낳았다고 공개적으로 선언하라는 엄청난 압박을 받았음에도 그렇게 하지 않았다(그럼에도 이러한 압박이 너무 커서 그가 이를 공개적으로 선언했다는 부정확한 기록을 종종 찾아볼 수 있다).

이 일화를 완전하게 이해하려면, 왜 캘리포니아 사람들이, 노골적으로 말해 마이컬슨이 없었다면 아인슈타인도 없었다는 말을 듣고 싶어했는지 살펴봐야 한다. 나중에 보겠지만, 로버트 밀리컨과 조지 엘러리 헤일이 이끌던 캘리포니아 과학의 사회적 맥락은 값비싼 장치에 대한 후원과 그것을 중심으로 한 과학의 조직을 장려했다. 밀리컨은 1950년 출간한 자서전에서, 자신이 시카고 대학에서 캘리포니아 공과대학으로 옮긴 이유는 "과학과 엔지니어링이 적절한 비율로 어우러져 있었기" 때문이라고 회고했다. 그는 자신의 이데올로기적 근거를 다음과 같이 제시했다.

역사적으로 보면, 좀더 근본적인 진전이 이뤄지는 때는 새로운 법칙을 직접 의식적으로 찾는 경우보다는 기구(즉, 엔지니어링)의 향상이 낳은 부산물인 경우가 더 많았다는 명제를 주장할 수 있다. 다음의 사례들을 보라. (1) 상대성 이론과 마이컬슨–몰리 실험의 경우, 마이컬슨 간섭계가 먼저였으며, 그 역이 아니었다. (2) 분광기라는 새로운 기구가 분광학을 만들어냈다. (3) 삼극 진공관의 발명이 10여 개의 새로운 과학을 만들어냈다. (4) 사이클로트론이라는 장치가······핵물리학을 낳았다 [등등].[76]

따라서 우리가 특수상대성 이론을 생각할 때 마이컬슨 실험을 떠올리는 것은 부분적으로는 훌륭한 교과서가 때로는 형편없는 역사를 필요로 하기 때문이지만, 아울러 역사가 빚어진 것과 같은 시기에 값비싼 장비 도입에 대한 투자로 특징지어지는 과학이 번창—특히 캘리포니아에서—하기 시작했기 때문이기도 하다. 밀리컨은 특수상대성 이론이 실행세계의 산물이라고 본 점에서는 옳았지만, 기구의 선택은 틀렸다. 먼저였던 것은 마이컬슨 간섭계가 아니라 특허로 출원할 수 있는 좌표화된 전기 시계였다.

일반상대성 이론

과학의 법칙이 이른바 관성계들 사이를 움직일 때 어떻게 불변이어야 하는지를 고려해 특수상대성 이론을 도출한 후, 아인슈타인은 제1차 세계대전 이전의 여러 해 동안 가속계와 낙하계에서의 측정으로 눈을 돌렸다. 이제 중심 가정은 국지적 측정을 통해 자신이 낙하계에 있는지 아니면 아무런 가속도 받지 않는 계에 있는지 판단할 수 있는 수단은 없다는 것이 되었다. 바꿔 말해 가속계는 중력의 효과를 구분 불가능한 방식으로 재현할 수 있었다 (당신이 낙하하는 엘리베이터 안에 있다고 상상해보라. 당신은 공기 중에 무중량 상태로 떠 있다. 엘리베이터가 지상에 충돌하기 전까지 남은 짧은 시간 동안, 당신이 엘리베이터 내에서 어떤 물리 실험을 수행해서 무중력 공간 속에 떠 있는 것이 아님을 알아낼 수 있는 방법은 없다). 특수상대성 가정의 이러한 일반화는 일반상대성 이론으로 이어졌다. 이 과정은 순탄하지 않았고 수많은 후보 방정식을 시험해보는 과정을 거쳤다. 실제로 아인슈타인의 노트, 그중에서도 일명 취리히 노트를 면밀하게 검토해보면, 그가 1912년에 이미 '올바른' 방정식을 우연히 발견했음을 알 수 있다. 3년 후인 1915년에 그는 이 방정식으로 다시 돌아와 중력장 방정식을 발표하게 된다.[77]

다시 한번 아이디어는 심오했고, 이론은 의심의 여지 없이 아름다웠다. 그러나 1915년에 아인슈타인의 중력장 방정식을 접한 많은 수의 물리학자들이 머리를 긁적였을 것이다. 일반상대성 이론은 중력에 대한 새로운 이론을 도입했을 뿐 아니라 새로운 수학적 도구인 텐서 미적분학tensor calculus도 도입했다(수학적 표기법은 관계와 그러한 관계를 조작하는 도구들을 표상하는 약호일 뿐이다. 새로운 아이디어에 새로운 표기법이 따라온다는 사실은 뉴턴의 새로운 자연철학 정립에 미적분학이 따라온 데서 보듯, 그리 놀랄 일이 아니다). 예를 들어 1915년 프러시아과학아카데미Prussian Academy of Sciences의 학술회의 발표문을 읽은 물리학자는 이런 항을 발견하게 되었을 것이다.[78]

$$G_{im} = -x(T_{im} - \tfrac{1}{2}g_{im}T)$$

아래첨자가 붙은 항들은 벡터(방향과 크기를 모두 갖는 변수)의 일반화에 해당하는 텐서다. 기하학적 구조를 표현하고 미적분을 수행하기 위해 텐서를 사용하는 수학 기법은 절대미분학과 마찬가지로 파도바 대학의 그레고리오 리치쿠르바스트로가 이끄는 이탈리아 학파에 의해 개발되었다. 이 방법은 초기에 '구체적인 기하학적 결과를 만들어내지 못하는 추상적 기호체계'라며 무시되었지만, 리치쿠르바스트로와 그의 학생인 툴리오 레비치비타에 의해 정교화되어 탄성이론과 유체역학에 조심스럽게 응용됨으로써 현대적인 텐서 미적분학으로 탈바꿈했다.[79] 결국, 일견 추상적이고 심원한 일반상대성 이론의 수학적 도구들에 대해서도 실행세계의 맥락이 있었던 셈이다. 일반상대성 이론이 제1차 세계대전 이후 어떻게 검증되었는지는 나중에 다시 살펴볼 것이다.

새로운 물리학의 용도

이론물리학의 지위 상승, 그리고 세기 전환기에 형성된 새로운 물리학의 실행세계 맥락을 보여주는 흥미로운 지표는 솔베이 회의Solvey conferences였다. 1910년 여름 발터 네른스트는 막스 플랑크를 설득해 복사 이론을 논의하기 위한 물리학자 회합의 개최가 주는 이점을 납득시켰다.[80] 네른스트는 또한 소다 제조 공정으로 큰돈을 번 벨기에 화학자 어니스트 솔베이를 설득해 프로젝트에 재정을 지원하게 했다(솔베이는 1895년에 생리학연구소Institute of Physiology, 1909년에 사회학연구소Institute of Sociology에 자금을 지원한 적이 있었는데, 국제 회합에 이어 물리학연구소를 추가로 발족시키면 벨기에 과학을 더욱 발전시킬 수 있을 거라는 설득에 지원을 결정했다). 1911년 10월 브뤼셀의 고급 호텔인 메트로폴 호텔에서 21명의 물리학자가 참여해 제1차 솔베이 회의가 열렸다. 참석자 중에는 로런츠, 빈, 마리 퀴리, 앙리 푸앵카레, 막스 플랑크, 아르놀트 조머펠트, 어니스트 러더퍼드, 폴 랑주뱅, 아인슈타인 등이 포함돼 있었고, 회의 조직자인 네른스트와 후원자인 솔베이가 동석했다.

제1차 솔베이 회의는 양자 이론이 몇 안 되는 과학자의 전문적 관심사에서 벗어나 현대물리학의 중심 요소—아직 논란의 여지는 남아 있었지만—로 탈바꿈한 순간으로 흔히 간주되어왔다. 또한 이는 아이디어에 영향을 미친 매개체—가령 러더퍼드가 회의에서의 발언 내용을 보어에게 소상하게 전달해 원자의 양자 모델을 형성하는 데 일조한 것처럼—로서 상찬을 받았다. 그러나 두 가지 역사적 판단 모두 오해의 소지가 크다.[81] 실제로

1911년 솔베이 회의는 아인슈타인을 포함한 주요 물리학자들이 여전히 양자 이론에 대한 입장을 정하지 못하고 있었음을 보여준다. 그럼에도 불구하고 솔베이 회의는 쿤의 주장처럼 네른스트가 자신의 열 정리(Heat Theorem, 일명 열역학 제3법칙, 즉 절대영도에 가까워지면 엔트로피가 최소화된다는 정리다)를 인정받기 위해 조직한 시도만은 아니었다.[82] 이 회의는 (초빙된 기자들이 기사를 쓰도록 부추겨진 것처럼) 눈부신 지적 성공도 아니었고, 아인슈타인이 사석에서 말한 것처럼 김빠지는 행사도 아니었다. 그는 친구인 미셸 베소에게 "아무런 긍정적인 성과도 거두지 못했네. 얻은 것도 별로 없어. 내가 모르던 내용은 아무것도 듣지 못했으니까"라는 혹평을 써보낸 적이 있었다.[83] 대신 솔베이 회의는 물리학자들의 제도적 야심을 보여준 순간으로 가장 잘 이해될 수 있다. 실험적 논증과 이론적 논증 사이의 상호작용을 계속하면서 여기에 실행세계의 후원을 끌어들이려는 노력으로 말이다.

이러한 후원을 보여주는 가장 설득력 있는 사례는 미국에서 나왔다. 이곳에서는 젊은 세대의 물리학자들이 열성적으로 양자 실험들을 재연하면서 양자 이론을 받아들였다. 프린스턴 대학에서는 1912년에 물리학자 오언 리처드슨과 칼 콤프턴이 아인슈타인의 광전 효과를 재연하는 실험을 했고, 시카고 대학의 로버트 밀리컨은 플랑크 상수를 독립적으로 측정했으며, 하버드 대학의 시어도어 라이먼은 보어가 예견한 수소 원자의 방출선을 자외선 영역에서 기록했다.[84] 이 세대는 이내 미국 물리학의 기관들을 장악했지만(가령 1913년에 미국물리학회American Physical Society와 함께 학술지 『피지컬 리뷰Physical Review』를 넘겨받았다), 처음에는 새로운 물리학에 대한 연구를 지원할 후원자를 찾는 데 애를 먹었다. 카네기 연구소의 로버트 S. 우드워드는 "어느 한 연구기관의 수입만 가지고는 오늘날 재정적 지원을 요구하는 다수의 유능한 연구자들의 필요를 충족시키기 어렵다"고 썼다.[85] 또한 독일의 PTR에 해당하는 미국의 정부기관인 국립표준국National Bureau of Standards이 개입해 연방 자금을 지원하지도 않았다. 이러한 상대적 소극성은 표준 기구의 책임자들이 '물리학'에 대해 상대적으로 폭넓은 시각을 가졌는지 협소한 시각을 가졌는지가 연구 프로그램을 형성하는 데 얼마나 중요했는지를 보여준다.[86] 마지막으로, 새로운 물리학은 새로운 수학적 기법들과 직관에 반하는 가정들에 의지했다는 점에서 대중적인 이해 가능성을 결여하고 있었다. 이는 역사가 대니얼 케블스가 1906년『더 네이션The Nation』에 수록된 기사의 인용문을 통해 보여주고 있는 바와 같다.

> 물리학은 중력, 자력, 압력의 낡은 공식에서 벗어났고, 분자와 원자를 버리고 이온으로 넘어갔으며, 최근의 일반화에서는 오직 고등수학—초월적 수학까지는 아니더라도—의 전문가들만 따라갈 수 있게 됐다. ……요컨대 우리는 평균적인 교양인이 과학을 포기한 것이 아니라 과학이 그를 저버렸다고 말할 수 있다.[87]

후원 문제에 대한 답은 산업체였다. 미국전화전신회사AT&T, 듀폰, 인디애나 스탠더드오일, 웨스팅하우스, 제너럴일렉트릭 등의 기업 연구소들이 훈련된 물리학자들을 요청했다. 발명을 사내로 옮기고, 연구개발을 정례화하며, 서로의 기술 제품과 특허를 읽을 수 있도록 기업의 역량을 확장하는 전반적 경향의 일부로 일어난 일이었다. 새로운 물리학과의 연결은 직접적이었다. 예를 들어 1911년에 설립된 AT&T 연구소는 마이컬슨의 제자인 프랭크 B. 주잇이 소장을 맡았고, 밀리컨을 컨설턴트로 고용했다. 연구소가 맡은 최초의 전략적 임무는 리 드포리스트가 1907년에 특허를 얻은 삼극진공관을 전화 메시지가 미국을 횡단하는 광대한 거리를 가로지를 수 있도록 증폭하고 중계하는 수단으로 바꾸는 방법을 찾는 것이었다. 시스템에 내재한 이처럼 골치 아픈 지점에 발명 노력을 집중시키는 것은 하나의 일반적 현상을 보여주는 훌륭한 사례다. 흐름—이 경우에는 음성 메시지의 흐름—을 원활하게 하는 데서 미국의 시스템 건설자들이 보인 창의성이 그것이다.[88]

산업체 후원은 기업 내 산업연구소에 있는 물리학자뿐 아니라 대학의 물리학자도 지원했다. 예를 들어 제너럴일렉트릭은 하버드 대학에서 진행 중이던 X선 스펙트럼 연구에 자금을 제공했고, AT&T는 MIT의 물리실험실에 돈을 기부했다.[89] 전반적으로 보아 우리는 물리학자들이 그러한 후원을 얻어낸 것을 보고 놀라서는 안 될 것이다. 새로운 물리학이 하나의 신생 분야로서 재정 후원을 찾으려 애썼다기보다, 새로운 물리학이 실행세계에 의해 생산되었고 역으로 실행세계를 조력하기도 했다고 보는 편이 좀더 정확할 터이다.

제3장

새로운 생명과학

그렇다면 생물계는 어땠는가? 공간에 퍼져 있는 생명체들은 유사성과 차이라는 패턴을 보였다. 말은 얼룩말과 유사했다. 얼룩말은 버팔로나 악어나 바오밥나무와 달랐다. 18세기와 19세기에는 생물계의 공간적 다양성이 분류되고, 측정되고, 지도로 그려졌다. 그 결과인 생물지리학은 알렉산더 폰 훔볼트 같은 과학자들이 이뤄낸 성취였다. 훔볼트의 남아메리카 여행은 그의 뒤를 따른 일군의 탐험가들에게 영감의 원천이 되었다. 훔볼트는 생물계의 공간적 변이를 기록했을 뿐 아니라, 그러한 변이를 자연계의 다른 측정 가능한 양들(고도, 기온, 강수량 등)과 나란히 지도로 그려냈다(물론 측정치를 얻기 위해 그는 표준 기구와 도량형을 가져가야만 했다. 공간을 가로지르는 비교 가능성을 위해서는 유사한 값들의 이동이 필요했다).

이렇게 훔볼트의 뒤를 따른 사람 중 하나가 젊은 찰스 다윈이었다. 그는 HMS 비글호 선장의 말벗으로 승선해 생물계의 전 지구적 다양성을 목격했다. 배는 대서양을 가로지르며 테네리페 섬(다윈이 자신의 영웅 훔볼트를 모방해 테이데 산에 오를 수 있도록 잠시 기착했다)을 거쳤고, 남아메리카 해안선을 따라 여행하며 외딴 갈라파고스 군도를 경유했으며, 이후 태평양을 지나 런던으로 귀환했다. 1859년 최종적으로 발표된 다윈의 자연선택 이론은 자연계에서 발견되는 다양성에 대한 설명을 제공했다.

다윈의 이론은 가령 갈라파고스 군도의 핀치새들 사이에 나타나는 공간적 변이를 설명해주었다. 그는 생명체들에게서 나타나는 변이가 세대 간에 전달되고, 그들이 살아남을 경우 서식 환경—생물 환경과 무생물 환경—에 의해 선택된다고 제안했다. 서로 다른 장소에서 자원을 둘러싼 경쟁이 서로 다른 생명 형태들을 만들어냈다.

유전과 멘델주의

다윈의 이론은 시간적 변이에 대한 설명으로서는 덜 만족스러웠다. 그는 세대 간의 변화가 점진적이며, 매끄럽고 연속적으로 이뤄진다고 제안했다. 하지만 이러한 변화를 전달하거나 유발하는 메커니즘은 무엇인가? 이후의 저술에서 다윈은 세대 간의 시간 간극을 가로지르는 유사성과 차이를 설명하는 메커니즘을 제안했다. 그는 이를 범생설pangenesis이라고 불렀다. 몸의 모든 부위들—19세기 말까지 이것의 기본 단위는 세포로 여겨졌다—이 '제뮬gemmule'이라는 아주 작은 입자들을 내놓으며, 이것이 생식기관에 모여 부모의 특징을 나타낸다는 유전 이론이었다. 만약 19세기를 20세기로부터 잘라내어 이전 세기의 생물계와 새로운 세기의 생물계 사이에 유사성과 차이를 만들어내는 것은 무엇인가라는 질문을 던졌다면, 다윈은 제뮬이 그 간극을 뛰어넘어 유사성이나 차이를 전달한다고 대답했을 것이다.

이러한 유전 메커니즘이 후기 다윈을 라마르크와 비슷하게 만들었음을 눈여겨보기 바란다. 생명체가 대물림될 수 있는 형질들을 획득할 수 있다는 점에서 말이다. 그런데도 라마르크주의에 대한 반대는 일각에서 격렬하게 나타났다. 평생의 대부분을 프라이부르크 대학에서 봉직한 독일의 동물학자 아우구스트 바이스만은 히드라충류(연못이나 수족관에서 볼 수 있는 히드라 같은 생물)에 대한 연구에서 세대 간 전달되는 어떤 유전물질―그는 이를 '생식질germ plasm'이라고 불렀다―이 존재하는 것이 틀림없다고 주장했다. 생식질은 몸의 변화에 영향을 받지 않았고, 따라서 획득형질은 유전이 될 수 없었다. 이러한 '경성 유전hard heredity', 즉 몸의 다른 부분으로부터 생식질이 갖는 절대적 독립성은 생쥐의 꼬리를 여러 세대에 걸쳐 자르는 실험을 통해 입증되었다고 바이스만은 주장했다. 마지막으로 태어난 생쥐의 꼬리가 첫 번째 생쥐의 꼬리만큼 길었기 때문에, '짧은 꼬리'라는 형질이 획득된다는 것을 보여주는 증거는 없다는 것이었다. 19세기부터 20세기로 이어지는 생식질은 왜 20세기의 생명체들이 19세기의 생명체들과 비슷한지를 설명했다. 그리고 새로운 세대에서 나타나는 생식질의 서로 다른 조합들은 왜 개체들이 서로 다른지를 설명했다.

19세기 말의 많은 과학자가 다윈이나 바이스만의 설명을 믿기 어렵다고 생각했다. 아마 그들이 직면한 가장 큰 난점은 세대 간에 나타나는 점진적이고 연속적인 변화가 하는 역할이었을 것이다. 예를 들어 자연계의 혹독함을 견디고 살아남는 데 아주 약간 더 준비가 잘 된 생명체가 있었다고 생각해보자. 이 생명체는 심지어 이 형질을 자손에게 전달할 수도 있었다. 그러나 재생산을 위해 이 생명체는 재능 면에서 조금 떨어지는 생명체와 짝을 지어야 했고, 여기서 이점은 줄어들 터였다. 이러한 과정을 몇 세대에 걸쳐 반복하면 그 어떤 이점이라도 회복 불가능하게 희석될 것이 적어도 많은 과학자에게는 분명해보였다. 이를 두고 '파묻혀버린다swamped'는 용어를 썼다. 이의를 제기하는 또다른 논증은 켈빈경의 칭호를 받은 거물 과학자 윌리엄 톰슨에게서 나왔다. 그는 물리학자이자 세습 귀족으로서 갖는 온갖 권위에 기대어, 지구의 상대적으로 빠른 냉각 탓에 자연선택에 의한 진화가 일어날 시간이 충분치 않다고 단언했다.

논증들이 성공을 거두면서, 1900년이 되자 다윈은 상대적으로 주변적인 인물이 되었다. 진화라는 사실은 대체로 받아들여졌지만, 많은 과학자들—후기 다윈도 포함해서—은 두 가지 의미에서 비다윈적이었다. 첫째, 그들은 라마르크주의자일 수 있었다. 적어도 특징들이 이후 세대로 전달될 수 있는 중요한 경로로서 모종의 획득형질을 받아들인다는 의미에서 그러했다. 19세기에서 20세기로 넘어갈 무렵 과학자 대다수는 진화를 받아들이면서도 다윈적인 자연선택보다 라마르크적인 메커니즘을 더 선호했다.[1] 둘째, 연속적으로 변화하는 형질에 대한 다윈의 자연선택 이론은 불연속적으로 변화하는 형질에 대한 선택이 선호됨에 따라 거부되었다.[2] '별종sport', 즉 부모 세대와 크기나 형태, 재주가 크게 다른 새로운 세대의 구성원—인위적 육종에서 흔히 관찰되는 현상이다—이 진화적 단계의 원천으로 여겨졌다. 이처럼 급격한 변화는 돌연변이 혹은 '도약진화saltation'라 불리기도 했다.

다른 한편으로 새로운 과학자와 수학자 일군은 상이한 생명체들을 관찰·측정한 후, 연속적 변이에 대한 다윈의 아이디어를 고수했다. 만약 사람들 100명의 키를 측정해 키와 사람 수를 그래프로 표시한다면, 봉우리 모양이 나타날 것이다. 키가 아주 작은 사람 수는 매우 적고, 키가 아주 큰 사람 수 역시 마찬가지다. 그 중간쯤 되는 키의 사람은 좀더 많을 것이다. 충분히 많은 측정을 하면 그래프는 매끄러운 곡선을 그리기 시작한다. 더 많은 측정을 할수록 그래프는 더 매끄러워진다. 나중에는 가장 작은 키와 가장 큰 키 사이의 모든 키 범위가 메워져서, 봉우리가 평균값을 나타낼 것이다. 많은 자연적 변수를 측정해보면 유사한 패턴을 찾아볼 수 있다. 자연계에 대한 하나의 상으로서, 이러한 그래프들은 개체군 전체에서 연속적이고 점진적인 변화가 일어난다는 생각을 강력하게 뒷받침한다. 측정을 했던 과학자와 수학자, 칼 피어슨 같은 생물측정학자(biometrician, '생명의 측정자'라는 뜻)들뿐 아니라 런던의 W. F. R. 웰던 같은 식물학자들도 다윈과 연속적 변이를 지지했다.

생물측정학자와 도약진화론자 사이의 격렬한 논쟁 가능성은 19세기 중엽에 활동한 무명의 수도사 그레고어 멘델의 연구가 어떻게 받아들여졌는가에 대단히 중요한 것으로 드러났다. 논쟁의 결과 중 하나는 유전학이라는 새로운 과학이 되었고, 이는 20세기 사람들이 유전에 대해 이야기하는 지배적 언어를 제공했다. 그러나 멘델의 재등장은 두 가지 단계 혹은 맥락에서 일어났다.[3] 첫째는 1900년을 전후로 이뤄진 이른바 멘델의 재발견과 관련돼 있으며, 둘째는 생물측정학자와 도약진화론자 사이의 논쟁이다. 이 둘을 차례로 살펴보도록 하자. 하지만 먼저 시간을 돌려 멘델이 어떤 사람이었고 그의 업적은 어떤 것이었는지에 대해 얘기해야 할 것 같다.

요한 멘델은 1822년에 농부 집안의 자식으로 태어났다.[4] 신참 수도사가 수도원에 들어갈 때는 이름을 바꿀 수 있고, 모라비아에 있는 브륀(오늘날 체코공화국의 브르노)의 아우구스티노 수도원에 입회하면서 요한 멘델은 그레고어 멘델이 되었다. 다소 드문 일이지만 이 신참 수도사는 대학에서 공부하는 것을 허락받았다. 1850년대 초에 빈 대학에 다니면서 프란츠 웅거의 세포학, 진화론, 교잡 실험에 관한 강의까지 들었고, 크리스티안 도플러의 물리학도 수강했다. 수도원으로 돌아온 후 멘델은 정원에서 식물을 재배하면서 잡종을 연구했다. 그는 유명한 실험에서 완두콩에 나타나는 일곱 쌍의 형질 차이를 기록─어떤 씨앗은 노란색이지만 다른 씨앗은 녹색이고, 어떤 씨앗은 쭈글쭈글한 반면 다른 씨앗은 매끈했다─했고, 반대 형질을 가진 식물들을 교차 수분했다. 1865년 브르노 자연사학회에 제출하고 이듬해 학회지에 발표한 결과에서, 멘델은 어떤 형질이 한 세대에서는 완전히 사라질 수 있지만, 둘째 세대에서는 3:1이라는 고정된 비율로 다시 나타난다고 보고했다. 형질들은 다음 세대로 전달되는 분리된 '요소'들에 의해 운반되는 듯 보였다.

훗날 멘델을 신화화한 사람들은 수도사의 연구가 과학계에 의해 무시되었다가 35년이 지난 뒤에야 의기양양하게 그 정당성이 입증되었다고 주장하곤 했다. 예를 들어 로렌 아이슬리는 『다윈의 세기Darwin's Century』(1958)

라는 책에서 멘델의 발표 순간을 이렇게 그려내고 있다. "청중은 무신경한 태도로 듣고 있었다. ……질문을 던진 사람은 아무도 없었고, 조금이나마 흥분을 느낀 사람도 없었다. ……단 한 사람도 멘델의 주장을 이해하지 못했다."[5] 멘델이 무시 받았다면, 여기에는 그럴 만한 이유들이 있었기 때문일 것이다. 이 논문은 당시 교잡에 관심 있던 청중이 이해하기 어려운 수학적 방식을 사용하고 있었고, 지위가 미미한 과학자에 의해 발표되었으며, 거의 알려지지 않은 학술지에 실렸다. 멘델의 사후에도 그의 연구는 지나치게 명쾌해서 숫자를 신뢰할 수 없을 정도라며 (로널드 에일머 피셔 같은 사람들의) 공격을 받아왔다.[6] 사실 멘델은 이 연구 덕분에 당대 최고의 식물학자 중 몇몇—카를 네겔리 같은 사람들—과 서신을 주고받는 관계가 되었다. 그러니까 멘델은 무시 받지 않았다. 그의 과학이 맞은 운명을 결정한 다른 요인은 멘델 자신의 연구 관심사가 바뀌었다는 점이었다. 그는 점차 완두콩 대신 조팝나물이라는 다른 생명체에 관심을 기울였다. 조팝나물은 유럽 전역에서 흔히 볼 수 있는 민들레 비슷한 작은 식물이지만, (오늘날 우리가 아는 바에 따르면) 자가수분과 일군의 미세종micro-species을 포함하는 대단히 복잡한 생식 과정을 거친다. 여기에 더해 멘델은 1868년에 수도원장으로 선출되어 시간을 뺏기게 되었다.

멘델의 작업은 과학계에 알려져 있었지만, 그것이 대단한 중요성을 갖는 것인지는 분명치 않았다. 그것의 연관성이 분명해보인 것은 오직 시간이 지나고 나서 사후적으로 그렇게 된 것이었다. 역사가 피터 보울러가 요약한 것처럼, "멘델의 전통적 이미지는 초기 유전학자들이 만들어낸 신화다. 그들은 유전 법칙이 문제를 충분히 주의깊게 본 사람이라면 누구에게나 자명하다는 믿음을 강화하고 싶어했다."[7] 과학계가 멘델로 되돌아가기 위해서는 긍정적인 근거가 필요했다.

1900년 네덜란드 식물학자 휘호 더프리스는 프랑스의 최고 과학 학술지인 『콩테 렌두Comptes Rendus』—지방의 자연사 소식지보다 훨씬 더 권위 있는 학술지다—에 논문을 발표했다. 잘 알려진 바대로 네덜란드는 원예학, 특히 꽃을 피우는 식물 육종에서 세계적인 중심지였다. 1866년 이후 더프리스는 달맞이꽃, 그중에서도 특히 큰달맞이꽃Oenothera lamarckiana으로 불리는 종을 재배하며 비교하는 작업을 해왔다. 노란색 큰 꽃이 피고 키가 큰 식물인 큰달맞이꽃은 여러 다른 형태, 즉 미세종들로 나타난다는 점에서 조팝나물과 상당히 비슷했다. 또한 수시로 돌연변이종을 만들어내는 종류의 생명체였다. 더프리스는 불연속적 변이에 의해 진화가 일어난다는 사실을 확고하게 믿고 있었다. 큰달맞이꽃의 경우, 그는 새로운 종이 되는 과정에서 나타나는 돌연변이를 자기 눈으로 똑똑히 보았다고 생각했다. 1899년에 그는 『세포 내 범생설Intracellular Pangenesis』이라는 책에 자신의 견해 일부를 적었는데, 여기서 다윈의 범생설 개념을 둘로 나누었다. 하나는 생명체가 지닌 형질 각각을 나타내는 물질 입자의 개념(이는 받아들였다)이고, 다른 하나는 이러한 입자들이 몸 곳곳으로 이동한다는 관념인 운반 가설(이는 거부했다)이었다. 더프리스는 식물 육종 실험을 더욱 확장했고, 둘째 세대에서 3:1 비율을 관찰하기 시작했다. 1900년 논문은 형질의 분리라는 자신의 관념을 뒷받침하는 이러한 결과들을 제시했다. 그러나 그는 멘델을 인용하지는 않았다.

한편 독일의 식물학자 카를 코렌스는 휘호 더프리스의 첫 번째 논문 개정판을 받아들고 흥미롭게 읽은 후 깜짝 놀랐다. 그 역시 수년간에 걸친 고된 작업의 결과로 3:1 비율에 대한 실험적 증거를 갖고 있었다. 어떻게 해야 할까? 과학자들이 으레 그래야 하는 것처럼 품위 있는 패배를 시인하고 더프리스가 자신보다 한발 앞섰음을 인정해야 할까? 아니면 자신의 기여를 남기는 타협안을 찾을 수 있을까? 코렌스는 자신의 결과를 발표하는 쪽을 선택했지만, 더프리스와 달리 잘 알려져 있지 않던 수도사 그레고어 멘델의 작업을 인용했다. 코렌스가 말하고자 하는 바는 이러했다. 코렌스가 더프리스보다 한발 늦었을지 모르지만, 더프리스와 코렌스는 모두 더 오래된 선배의 뒤를 따르고 있다는 점이었다. 과학적 발견을 다루는 역사가 오거스틴 브래니건은 이렇게 서술한다.

[코렌스는] 자신이 더프리스에게 우선권을 잃긴 했지만, 두 사람 모두 앞선 연구자에게 우선권을 잃었음을 나타내는 방식으로 자신의 발표를 틀지었다. [그 연구의] 애초 의도가…… 완전히 동일하지는 않았는데도 말이다. 다시 말해 그는 자신의 패배를 상쇄시켰다. ……이는 이 발견에 '멘델의 법칙'이라는 꼬리표를 붙임으로써 결정적으로 성취됐다. 이것은 아마도 멘델을 유전학의 창시자로 물화함에 있어 가장 중요한 사실이었을 것이다.[8]

오늘날 멘델이 유명한 이유는 휘호 더프리스와 카를 코렌스 사이의 이러한 논쟁이 정리된 방식과 크게 연관돼 있다. 코렌스가 다른 전략을 선택했다면 '멘델의 법칙'은 '더프리스의 법칙'이나 '코렌스의 법칙', 혹은 심지어 '폰 체르마크세이세네크의 법칙'으로 알려졌을 가능성이 크다(마지막 명칭은 역시 더프리스나 코렌스와 거의 같은 시기에 멘델의 아이디어를 해석했던 오스트리아 식물학자의 이름을 딴 것이다. 그는 대체로 멘델 이전의 유전 개념을 써서 이러한 작업을 수행했다).

멘델의 아이디어가 '재발견'된 이후 멘델의 원래 논문이 재출간되었고 많은 이에게 아마도 처음으로 읽혔다. 멘델의 최초 부활이 유럽 대륙에 있는 식물학자 간의 우선권 다툼 때문에 일어났다면, 그의 명성이 확고하게 굳어진 것은 영국의 생물측정학자와 도약진화론자 사이에 벌어진 격렬한 논쟁에서 그의 이름에 호소하면서부터였다.

생물측정학자들이 동일한 유형의 생명체 내에서 매끈한 변이의 패턴을 보았음을 상기해보라. 그들은 자신을 다윈주의자로 보았다. 반면 도약진화론자들은 진화가 질적으로 다른 '별종'—이따금 생겨나는 극적으로 다르게 생긴 개체들—의 선택에 의해 일어난다고 주장했다. 케임브리지의 동물학자 윌리엄 베이트슨은 이러한 불연속성을 개체군 내에서 흔히 볼 수 있다고 생각했다. 그는 다윈주의를 거부했고, 『변이 연구 자료Materials for the Study of Variation』(1894) 같은 책을 써서 그러한 견해를 밝혔다. 1900년을 전후해 그 역시 이제 널리 알려진 멘델의 저작을 읽었고, 완두콩에 대한 멘델의 증거를 확신했을 뿐 아니라, 멘델의 법칙이 보편적으로 타당하며 3:1 비율 속에 근본적인 불연속적 변이에 대한 증거가 있다고 믿게 됐다. 베이트슨은 입수 가능한 모든 증거를 모아 『멘델의 유전 원리Mendel's Principles of Heredity』(1902)에서 이러한 전반적 주장을 전개했다. 이제 '멘델'이 얼마나 멀리까지 왔는지 눈여겨보라.

왜 유전학인가? 육종과 우생학

그러나 베이트슨은 또다른 중요한 사항을 덧붙였다. 바로 새로운 명칭이다. 도약진화론자들의 입장에 따라 정의된 유전의 과학이 별다른 지지나 후원을 끌어내지 못하는 데 불만을 품은 그는, 자신의 연구에 '유전학genetics'이라는 명칭을 붙임으로써 자신이 하는 과학과 생물측정학자들이 하는 과학을 분명하게 구분했다. 아이러니하게도 '유전학'은 다윈주의에 반대하는 무기로 명명되고 장려되었다. 이러한 언쟁 속에서 유전학의 몇몇 다른 핵심 용어들도 발명되었다. 예를 들어 덴마크 식물학자 빌헬름 요한센은 더프리스의 용어인 '판겐'*을 가져와 이를 '유전자gene'로 축약했다(하지만 요한센이 생각한 이 용어의 의미는 생명체 내의 아마도 관찰 불가능한 에너지 상태였고, 이후 20세기 동안 '유전자'가 갖게 되는 의미와는 크게 달랐다). 요한센은 (그가 만들어

---

* Pangene. 더프리스가 다윈의 범생설에 입각해 유전을 관장하는 요인으로 상정한 유전물질의 최소단위.

낸 또다른 신조어인) '유전형genotype'—'표현형phenotype', 즉 신체와 대비되는 의미에서—이 유전 연구에서 올바른 주제라고 주장하기도 했다. 유전학은 '표현형'을 측정하고 연구할 줄 아는 생물측정학자들이나 발생학자들 같은 여타 전문가들이 유전에 관해 권위 있는 발언을 하지 못하게 배제하려는 노골적인 시도의 일환으로 등장했다고 볼 수 있다.

하지만 그러한 싸움을 할 만한 가치가 있었던 이유는 무엇일까?

여기에는 긴밀하게 연관된 두 가지 답변이 존재한다. 첫째, 농업이라는 실행세계에서는 더 나은 동식물을 길러낼 수 있는 기술을 보유하거나, 심지어 과학의 위신으로 뒷받침되는 명성을 보유하는 것만으로도 수익을 올릴 수 있었다. 유전의 과학을 보유한 사람은 주위로부터 격려를 받고 동식물 육종이라는 실행세계로부터 후원을 끌어들일 수 있을 것으로 기대했다. 둘째, '좋은 혈통의 번식good breeding'이라는 방법을 인간의 재생산, 즉 우생학 프로젝트에 응용할 수 있다는 생각은 19세기 말과 20세기 초의 많은 집단과 개인에게 커다란 호소력을 가졌다. 이러한 이해관계들을 하나씩 살펴보도록 하자.

농업과 원예의 향상에 과학을 조직적으로 응용하는 일은 적어도 17세기까지 거슬러올라간다. 19세기 중엽 기센 대학의 리비히 연구실은 새로운 화학과 식량 증산 방법 사이를 체계적으로 오가며 작업했다. 개선을 위해 힘쓰는 18세기 젠틀먼-농부gentleman-farmer들의 정신은 1843년 하트퍼드셔에 로섬스테드 실험소Rothamsted Experimental Station를 설립하도록 자극했다. 이곳에서 비료와 작물 산출량에 관한 존 베넷 로스의 오랜 실험이 시작되었고, 이후로도 줄곧 이어졌다.[9] 1889년 로스가 자신의 비료 사업체를 매각해 조성한 신탁 기금이 로섬스테드 실험소를 정부나 농부 단체와 협력하되 그로부터 통제를 받지는 않는 독립된 조직으로 유지할 수 있는 자금을 제공했다. 그러나 미국에서는 농업 연구가 초기부터 연방 정부와 주 정부 자금의 중대한 수혜자였다.[10] 1862년에 제정된 모릴법Morrill Act에 따라, 연방 토지를 제공받으면 이를 다시 매각해서 '토지양허대학land-grant college' 의 확장 내지 설립에 드는 자금을 댈 수 있었다. 19세기 중엽과 후반에 미국 은 산업화 국가였고, 이는 다시 향상된 농업 생산성에 대한 요구를 만들어 냈다. 1887년 해치법Hatch Act은 모릴법의 계책을 되풀이했고, 연방 토지의 매각을 허용해 주 정부가 농업시험소에 자금을 댈 수 있게 했다. 이러한 시 험소 중 많은 수가 토지양허대학에 부설된 형태였다. 그 결과 연구진과 교 수진을 모두 갖춘 기관이 다수 생겨났다.

1903년에 미국 농과대학시험소협회American Association of Agricultural Colleges and Experimental Stations 회원들이 미국 육종가협회American Breeders' Association를 설립했다. 이 단체는 "상업적 육종가, 농과대학과 시 험소의 교수, 미국 농무부 연구자"로 구성된 폭넓은 청중을 회원으로 끌어 들였는데, 이중 뒤에 나오는 두 집단이 "대다수"를 이뤘다.[11] 이를 이끌었던 인물은 미네소타 시험소의 윌렛 B. 헤이스로, 1904년부터 시어도어 루스벨 트 행정부에서 농무부 차관을 맡은 사람이다. 헤이스는 연구자, 식물 육종 가, 동물 육종가 간의 협력을 포함하는 폭넓은 협력적 동맹을 강하게 선호 했다. 헤이스는 1905년 협회에서 한 연설에서 이렇게 요약했다. "육종을 통 해 새로운 가치를 생산하는 사람들이 그들에게 봉사하는 과학자들의 노고 에 감사하는 지지자로서 이곳에 한데 모였습니다."[12]

육종가들은 가축의 개량에 일차적이고 압도적인 관심을 보였고, 이를 위해 잘 확립된 두 가지 방법을 동원했다. 가장 우수한 개체들의 선별과 번 식, 그리고 번식을 통해 바람직한 형질을 끌어들이기 위한 교잡이 그것이었 다. 이러한 조합은 가령 프랑스의 빌모랭사가 식물 육종에서 인상적인 성공 을 거두는 데 기여했다.[13] 그러나 프랑스인과 달리 미국 육종가들은 재빨리 멘델의 이론을 받아들였다. 1903년에서 1909년 사이 미국 육종가협회 회 의의 발표 논문 중 멘델을 언급한 비율은 9분의 1에서 5분의 1로 증가했 고, "사실상 그러한 인용 모두가 멘델의 이론을 뒷받침했다". "육종가들은 특히 다양한 특성의 유전에서 멘델의 패턴이 갖는 예측적 가치를 높게 평가했고", 이는 그들의 실천적 관심사와 일치했다.[14] 육종가들은 바람직한 형질을 촉진하는 데 대한 실천적·직업적 관심에 따라 다른 새로운 방법론들—가령 예측 가능성과 통제력을 약속한 피어슨의 생물측정학—을 받아들이기도 했다. 반면 육종가들은 휘호 더프리스가 돌연변이 이론에서 예측 불가능한 별종을 강조한 것에는 그다지 관심을 보이지 않았다. 직업적 육종가—가령 대학의 엘리트 과학자와 비교할 때—는 가장 먼저 두 이론을 선명하게 구분한 사람들에 속해 있었다. 결국, 육종가들의 실행세계는 유전과학의 형성에서 실질적인 역할을 담당했다.

1900년에 왜 유전의 과학에 싸움을 할 만한 가치가 있었는가 하는 질문에 대한 두 번째 답변은 또다른 도약진화론자인 다윈의 사촌 프랜시스 골턴의 행적을 따라가보면 알아낼 수 있다. 어릴 때 신동 취급을 받았고 다분히 별종이었던 골턴은 케임브리지 트리니티 칼리지에서 수학을 공부했고, 신경쇠약으로 아프리카 여행을 떠났다가 사촌이 쓴 위대한 저작『종의 기원 On the Origin of Species』을 1859년에 읽게 됐다. 골턴은 다윈의 이론을 정량화해서 자연선택에 의한 진화 이론을 엄밀한 수학적 기반 위에 두고자 하는 기획에 빠져들었다.[15] 그는 인간의 변이에 관한 데이터를 수집하는 필생의 작업을 시작했고, 이를 이해하기 위해 측정 방법과 수학을 발전시켰다. 1869년 골턴은 자신의 정량적 논증 일부—가령 탁월한 아버지의 자식들은 우수한 성질을 물려받는 경향이 있다는 주장—를『유전적 천재Hereditary Genius』라는 책으로 발표했다. 역사가 시어도어 포터는 "통계적 생물측정학을 정초한 골턴의 업적을 과소평가해서는 안 된다"고 썼다. "그는 진화 이론을 19세기적 의미의 '통계', 즉 사회적 수치들과 결합시킴으로써 이를 이뤄냈다."[16] 1874년에 발표한『영국의 과학자들—그들의 본성과 양육English Men of Science: Their Nature and Nurture』에서, 골턴은 책의 부제를 통해 현재까지 이어지고 있는 유전에 관한 논쟁의 대립 구도를 제시하기도 했다.

골턴은 이러한 저작들에서 영국 상류층의 짝짓기 습관에 대해 성찰했다. 이는 좋은 혈통의 번식이라는 관념에 주목하게 하는 주제였다. 그는 사회가 '부적자unfit'로 뒤덮이지 않으려면 좀더 적자인fitter 구성원들이 더 적극적으로 재생산을 하도록 해야 한다고 확신했다. 예를 들어 그는 상류층 가족 구성원들이 더 일찍 결혼하도록 장려해야 한다고 제안했다. 1883년에 그는 이러한 프로그램—동식물 육종과 흡사한 인류의 향상—을 담아내는 표현으로 '좋은 태생good in birth'이라는 뜻을 가진 '우생학eugenics'이라는 용어를 고안했다. 바람직하지 못한 것으로 판단되는 인간 재생산의 억제 내지 예방은 '부정적negative' 우생학으로 불렀고, 골턴의 프로그램처럼 상류층이 일찍, 더 자주 아이를 낳아 바람직한 것으로 판단되는 재생산을 배가시키는 프로그램은 '긍정적positive' 우생학으로 명명됐다.[17] 골턴은 1904년에 쓰기를, 이를 합치면 "우생학의 목표"는 "공동체 내의 쓸모 있는 계층들이 자신들의 비율보다 더 많은 아이를 낳아서 다음 세대에 기여하도록 하는" 것이라고 했다.[18]

우생학은 19세기 말과 20세기 초에 발달한 유전의 과학에 의해 결정적으로 형성되었다. 바이스만은 라마르크식 진화의 기반을 약화시켰고, 생식질(유전의 매개체)과 체세포는 명백히 분리돼 있다고 주장했다. 그렇다면 인종을 어떻게 향상시킬 수 있을까? 생명체가 살아가는 동안 몸속 세포에 일어난 향상은 그 어느 것도 다음 세대로 전달되지 못할 터였다. 따라서 유일하게 남은 향상의 원천은 생식질—새로운 전문용어로는 유전자—이었다.

그리고 많은 이들은 향상이 시급하게 요구되고 있다고 생각했다. 런던, 파리, 뉴욕처럼 19세기에 제멋대로 뻗어나간 대도시들은 유동적이고 때로 폭력적인 군중을 포함하고 있어 두려움을 자아냈던 무대였다. 사회적 유동성은 상층부에 있는 사람들을 위협했다. 쇠락 내지 퇴화에 대한 두려움은 종종 국수주의적 정서로 굴절되었다. 그 결과 우생학 캠페인은 종종 국가의 인종을 보존하기 위한 국가적 캠페인이 되었다. 대체로 볼 때, 좋은 혈통의 번식에 대한 전문성을 주장하는 것은 강력한 전략적 행동이었다. 이는 유전에 관해 권위 있게 발언할 권리를 놓고 싸우는 것이 왜 가치가 있었는지를 설명해준다. 물론 (모종의 사회집단에 속한) 누군가는 누가 훌륭한 육종가이고 누가 그렇지 않은지를 선택해야만 했다. 우생학 관리官吏―생물학자 J. B. S. 홀데인이 "경찰, 성직자, 뚜쟁이(혹은 포주)를 한데 합친 인물"이라고 적었던―가 사회적으로 사익을 도모할 거라는 사실은 우생학의 정치적 장점이자 결점이었다.[19]

우생학 운동은 영국, 미국, 독일, 스칸디나비아 등에서 활발했다. 구성원은 대부분 백인 중간계급이었고, 비과학자에 더해 다수의 전문직 종사자와 과학자(나중에는 특히 유전학자)가 포진해 있었다.[20] 우생학 운동은 "전문직 중간계급의 사회적 지위에 대한 정당화와 그것의 강화를 위한 논거"를 제공했다.[21] 그들의 목표는 사회의 '퇴화'를 방지하는 것이었다. 범죄, 빈민가, 매춘 같은 산업사회의 문제가 생물학적 원인―처음에는 나쁜 '혈통', 나중에는 나쁜 '유전자'―의 탓으로 돌려졌다. 모든 우생학 프로그램은 '정신박약feeble-minded'으로 파악된 사람들에 특히 초점을 맞췄고, 특정한 의학적 질환(간질이나 당뇨병 같은)과 사회적 부담으로 인식되는 행위(알코올 중독, 매춘, 범죄성, 빈곤) 역시 집중적인 관심의 대상이 되었다. 특히 우생학자들은 하층계급을 특별한 주의와 행동이 필요한 대상으로 구분해 그려냈다. 예를 들어 '정신장애 비행defective delinquency' 이론은 '고도 정신박약'을 범죄성과 동일시했다.

영국에서 골턴은 1904년 유니버시티 칼리지 런던의 우생학기록사무국 Eugenics Records Office 설립에 힘을 보탰고, 뒤이어 1907년에 칼 피어슨이 소장을 맡은 우생학연구소Eugenics Laboratory가 문을 열었다. 1911년에 골턴이 유증한 4만 5000파운드로 우생학 교수좌가 만들어졌고, 피어슨이 그 자리에 임명되었다가 훗날 R. A. 피셔가 물려받았다. 우생학교육협회Eugenics Education Society―나중에 우생학협회Eugenics Society로 명칭을 줄였다―

가 1907년에 결성됐고, 『우생학 리뷰Eugenics Review』와 『바이오메트리카 Biometrika』(1901년 창간)라는 학술지도 생겨났다. 영국 우생학 운동의 정치적 성취에는 가족공제정책(올바른 유형의 가족들에게 보상을 제공하는 긍정적 우생학 조치)과 1913년 제정된 정신지체법Mental Deficiency Act이 포함됐다. 후자는 "우생학적 이유에 따른 차별을 허용"했고 1959년까지 법적 효력을 유지했다.[22]

미국에서 가장 활동적인 우생학 연구의 중심은 뉴욕주 롱아일랜드 콜드 스프링하버에 위치한 우생학기록사무국Eugenics Record Office이었다. 이곳의 소장 찰스 B. 대븐포트는 열정적인 멘델주의자였다.[23] 대븐포트는 월렛 헤이스와 함께 미국 육종가협회를 이끈 인물 중 하나이기도 했는데, 이는 20세기 초에 '좋은' 인간, 동물, 식물의 혈통 번식(내지 육종)에 관한 생각들이 하나의 덩어리로 간주되었음을 강하게 시사한다. 육종가협회는 1906년에 우생학위원회Committee on Eugenics를 만들고, 기관지 『미국육종가잡지American Breeders' Magazine』에서 우생학 프로그램을 홍보했다. 헤이스는 1912년 전미농부회의National Farmers' Congress에서 '인종의 발상지, 농장'이라는 주제로 연설을 했다. 여기서 그는 미국 중서부의 건장하고 "유전적으로 효율적인 사람들"이 더 많은 아이를 낳도록 장려하며, 이 모두가 멘델에 의거해 정당화되는 미래 전망을 제시했다.[24] 한편 대븐포트가 1911년에 발표한 『유전과 우생학의 관계Heredity in Relation to Eugenics』는 많은 정신적, 행동적 특성을 단일 유전자에 귀속시켰는데, 여기에는 정신 이상, 간질, 알코올 중독, '빈곤 상태', 범죄성, '무기력', 심지어 뱃사람 가족에게서 찾아볼 수 있는 '해양 애호'까지 포함되었다. 우생학기록사무국에서 헨리 H. 고더드가 수행한 연구에 따르면, 정신박약은 "정신 혹은 뇌의 질환"이며 "머리카락 혹은 눈의 색깔만큼이나 규칙적이고 분명하게 전달"되었다.[25] 사무국은 아울러 가족들에 대한 심층 연구를 후원했고, 가계도 전체를 가로질러 바람직하지 않은 형질이 나타나는 것을 추적했다.[26]

미국에서 우생학 연구가 끼친 정치적 영향은 광범위하고 장기간에 걸쳐 나타났다. 1907년 인디애나주를 시작으로 바람직하지 않은 혈통의 번식을 난폭하게 막는 부정적 우생학 방법인 단종법이 1920년대까지 28개 주에서 제정되었다. 1939년까지 3만 명의 사람이 "우생학적 근거에서 불임수술을" 받았는데, 그중 거의 절반은 캘리포니아에서 이뤄졌다.[27] 이러한 법률들은 도전을 받았으나 대법원 판결(벅 대 벨, 1927)에서 합헌으로 선언되었다. 이 판결에서 대법관 올리버 웬델 홈스는 "치우癡愚는 3대로 충분하다"고 선언했다. 미국은 우생학 법률을 선도했다. 미국의 많은 주들이 이미 불임시술을 시행하고 있을 때 유럽 국가들이 가세했다. 스위스의 보주(1928), 덴마크(1929), 독일(1933), 노르웨이(1934), 스웨덴과 핀란드(1935) 등이었다.[28]

1930년대까지 독일의 우생학 프로그램과 정책은 대체로 영국, 미국, 스칸디나비아의 그것과 비견할 만한 정도였다. 사실 독일 우생학자들은 다른 어느 곳보다 많은 이에게 불임시술을 한 캘리포니아주 같은 곳을 보며 영감과 선례를 얻었다. 활동의 중심에는 1918년 뮌헨에 설립된 카이저빌헬름 정신의학연구소Kaiser Wilhelm Institute for Research in Psychiatry와 1927년 베를린에 설립된 카이저빌헬름 인류학·인간유전·우생학 연구소Kaiser Wilhelm Institute for Anthropology, Human Heredity, and Eugenics가 포함되었다. 독일의 단종법은 나치가 정권을 잡은 1933년 이전에 제정되었다.

우생학의 기술관료적 호소력―기술적 전문성에 호소함으로써 사회정책을 이끌고 갈 권리를 주장할 기회―과 그에 따라올 수 있는 인정·지위·자원은 19세기 말과 20세기 초에 유전의 과학에 대해 강력한 관심이 나타난 이유를 부분적으로 설명해준다. 이는 다른 누군가와 나눠가질 수 있는 상賞이 아니었고, 권위를 가지고 발언할 권리를 확보하려는 경쟁은 핵심 용어들―특히 '유전자'와 '유전학'―이 사용된 맥락을 이뤘다. 인간 유전에 관한 발언권만 걸려 있던 것도 아니었다. 동식물 육종에 대한 권위 역시 이득을 제공했다. 그러나 경쟁과 도전의 압박에도 불구하고 1910년대에 생물측정학과 멘델주의적 유전과학 사이의 논쟁은 설사 완전히는 아닐지 몰라도 상당한 정도로 해소되었다. 두 가지 종류의 기법(통계적, 생물학적)이 거둔 승리가 논쟁 해소의 핵심을 이뤘다.

골턴의 제자였던 칼 피어슨은 다윈적 점진주의의 열렬한 지지자로 변수들 간의 상관관계를 이해하는 수학적 기법들을 개발했고, 이러한 기법들은 표준적인 통계 방법이 되었다. 예를 들어 피어슨의 카이제곱 검정 χ-squared test은 이전까지 널리 쓰이던 정규 곡선을 대체하는 용도로 1900년에 제안되었다. 사회학자 도널드 매켄지는 피어슨의 통계적 방법들이 그의 우생학적 관심에 의해 형성되었다고 생각하는 반면, 역사가 에일린 매그넬로는 피어슨의 생애에서 나타난 두 가지 중심 프로젝트 간의 영향 관계를 부인한다.[29] 그렇더라도 역사가 테드 포터에 따르면, 피어슨의 프로젝트에서는 생물측정학의 야망과 범위를 분명하게 목격할 수 있다.

그가 쓴 『과학의 문법』(1892)은 결국 과학의 범위를 모든 영역으로 확장하려는 의도를 담은 철학적 논저였다. 그는 통계학—오래전부터 유사한 야망에 젖줄을 대고 있던 분야—을 모든 과학 지식의 진정한 형태로 이상화했다. 통계학은 묘사적이고 실증주의적이며, 인과적이거나 형이상학적이지 않다. 에른스트 마흐의 의미에서 실증주의적이었던 피어슨의 철학은 통계학을 모든 과학 지식을 위한 세련된 모델로 해석했다. 통계적 방법론은 우연 혹은 적어도 불확실성이 모든 곳에 존재함을 시사한다. 피어슨은 사회적·정치적 영역에서의 불확실성이 물리학에서의 불확실성과 동일한 성격을 가졌다—비록 그 정도가 종종 더 크긴 하지만—고 믿었다. 요컨대 피어슨은 실증주의 철학과 통계적 형태하에서 지식을 통일하고 싶어했다. 생물측정학의 측정 기준은 완두 꼬투리와 새우 껍질의 크기뿐 아니라 사회학과 정치학까지도 그 속에 포괄했다.[30]

피어슨이 '유전자'를 형이상학적인 것으로 생각하고 거부한 것은 바로

'유전자'가 실증주의적 기준을 통과할 수 없었기 때문이었다. 따라서 멘델주의자와 생물측정학자 사이의 논쟁은 동시에 과학의 올바른 방법—특히 무엇을 측정할 수 있는지, 또 그러한 측정치를 어떻게 비교해야 하는지—에 관한 논쟁이자 어떤 과학적 대상이 존재하는가에 관한 논쟁이기도 했다.

유니버시티 칼리지 런던UCL의 초대 골턴 우생학 교수였던 피어슨은 논적들에 대해 입장을 굽힐 가능성이 극히 낮은 이데올로그였다. 그가 힘을 갖고 있는 동안에는 논쟁이 끝나지 않을 터였다. 그러나 UCL 교수좌를 이어받은 로널드 에일머 피셔는 입장이 좀더 유연했다. 1918년에 피셔는 「멘델 유전의 추정에 입각한 친척들 간의 상관관계」라는 논문을 발표했는데, 여기서 분산分散 개념에 강한 수학적 의미를 부여했다. 이제 분산은 표준편차의 제곱으로 정의되어 서로 다른 변수들을 편리하고 분명한 방식으로 확인하고 측정할 수 있었다.[31] 분산을 활용하면 생물측정학자들이 찾아낸 점진적으로 변화하는 자료를 멘델 유전자와 같은 다수의 불연속 변수들을 결합하는 방법으로 만들어낼 수 있다는 것이 피셔의 주장이었다. 다시 말해 멘델 유전학이 다윈적 결과를 만들어낼 수 있었다.

이러한 수학적 논증은 그 자체만으로는 논쟁을 해소하기에 충분치 못했다. 멘델 유전자가 대규모 인구집단의 형질에서 매끄러운 변화를 만들어낼 수 있었다는 것이 곧 멘델 유전자가 존재한다는 의미는 아니었기 때문이다 (멘델 유전자가 수학적 허구로서 쓸모 있음을 보였을지는 모르지만 말이다). 대신 유전자의 물질적 실재에 대한 과학적 합의가 출현하기 위해서는 부분적으로 물질적 기법이고 부분적으로 사회적 혁신인 해법이 요구되었다.

초파리 유전학의 형성과 순환

과학자들이 설사 '유전자'의 존재를 인정하는 경우에도 그것을 어떤 것으로 보는가를 놓고 상당한 의견 불일치가 있었다는 점을 떠올려보자. 요한센은 유전자를 에너지 상태라고 생각했지만, 더프리스는 물질이라고 생각했고, 수학자에게 유전자는 무엇을 가리키는지가 불분명한 조작적 변수였다. 유전자를 물질적 실체―현미경 관찰자들이 세포핵 내에서 발견한 '염색체'―와 동일시한 것은 흔히 토머스 헌트 모건의 업적으로 여겨지고 있다. 앞으로 보겠지만, 그가 이러한 주장을 할 수 있었던 것은 놀라울 정도로 풍부하고 생산적인 물질문화의 창출 덕분이었지만 말이다. 사실 염색체를 유전물질과 동일시한 것은 동식물 육종가들의 실행세계가 적어도 터전을 닦았던 유전학의 등장에 수반된 또다른 측면이었다.

1900년 이후 많은 수의 과학자들은 세포학 연구에서 관찰 가능한 염색체 쌍들이 멘델 인자의 쌍들과 연관되어 있을 수 있다고 생각했다. 특히 1902년에 두 명의 과학자가 증거를 제시했다. 신망 있는 독일의 발생학자 테오도어 보베리는 나폴리에서 성게알을 가지고 연구를 하면서 정상적 발달을 위해서는 염색체들이 완전히 갖춰져야 한다는 주장을 폈다. 한편 컬럼비아 대학에서는 젊은 박사후연구원 월터 S. 서턴이 캔자스주에서 농업 해충인 메뚜기 연구에 기반해 유사한 결론을 끌어냈다. 그렇지만 이 이론은 여전히 논쟁적이었다. 그래도 육종, 유전자, 염색체에 관한 논문은 『미국 육종가협회지Proceedings of the American Breeders' Association』에 자주 실렸다. 미국 농무부의 과학자 W. J. 스필먼이 1907년에 연관성을 주장했고, 일리노이주의 돼지 육종가 Q. I. 심프슨과 J. P. 심프슨은 열성적으로 멘델 인자들을 염색체와 연관지었다. 그런가 하면 케디비알농학회Khedivial Agricultural Society의 W. 로런스 볼스는 1909년에 면화 연구를 통해 동일한 연관성을 주장했다.[32] 육종가들의 실천적 관심사 덕분에 그러한 이론들을 '기꺼이 품을 준비'가 되어 있었다. 이는 실행세계가 어떻게 기꺼이 모건의 염색체 이론을 받아들이고 다시 이를 주장하려 했는지를 보여준다.

모건은 독일 모델을 가장 가깝게 따른 미국 대학인 존스홉킨스 대학에서 훈련을 받았는데, 이것이 나중에 도움이 되었다. 그는 1890년에 박사학위를 받았고, 1904년 컬럼비아 대학의 실험동물학 교수로 임명됐다. 컬럼비아 대학에서 그는 생물측정학 연구뿐 아니라 (독일 모델을 따르는 대학에서 무척이나 적절하게도) 연구를 통해 학생들을 가르치는 데도 이상적으로 보이는 생명체를 선택했다.[33] 드로소필라 멜라노가스터Drosophila melanogaster라는 학명의 이 초파리는 주변에 흔했고, 기르기 쉬웠으며(초파리떼는 유리병 안에 넣고 바나나를 조금 먹이로 주면 잘 번식한다), 빠른 속도로 불어났다. 초파리의 대규모 개체군은 측정에 풍부한 재료를 제공했다. 실제로 초파리는 키우는 데는 비용이 적게 들었기 때문에 학생 프로젝트에 적당한 실험 재료이기도 했다. 그래도 유전학자로서 전문직 경력을 걸 만한 생명체로는 보이지 않았다. 초파리는 실험에 흔히 쓰이는 포유류 생명체의 지위도, 관련 문헌도 갖고 있지 못했고, 길들인 것도 아니었으며, 가시적 형질 내지 돌연변이를 충분히 많이 보여줄 것 같지도 않았다.

그러나 이 선택에는 행운이 깃들어 있었다. 초파리의 침샘 세포는 물리적 크기가 어마어마한 염색체 네 개를 갖고 있었는데, 생명체 가운데서도 가장 큰 염색체에 속했다.[34] 염색체들은 형태학적으로 구분되었고, 크기 덕분에 쉽게 절개해 꺼내어 탐구할 수 있었다. 그뿐 아니라 생물측정학 연구의 규모가 커지면서 연구대상이 되는 개체군도 대단히 커져서 돌연변이가 나타나기가 더 쉬워졌다. 1908년부터 모건은 점차 초파리를 멘델주의 연구에서 모델 생명체로 사용하게 되었다(사실 탐구를 시작했을 때는 멘델주의에 대해 전적으로 회의적이었다). 그의 방법은 연구실의 구축을 촉진했다. 학생들의 훈련이 이뤄지고, 동료 연구자들은 공동으로 연구를 하면서 초파리가 든 유리병 주위에서 협력할 수 있었다. 새로운 표현형을 찾아내고 흥미로운 특성을 나타내는 별도의 개체군을 번식시키는 것은 수행 가능하면서도 생산적인 과학—쿤의 용어로는 '정상과학'—이었다. 여기에 더해 모건의 방법은 이동할 수 있었다. 초파리를 기르는 작은 유리병들은 미국 전역에서 생각이 비슷

한 동료들과 교환되었고, 나중에는 대양을 넘나들며 교환이 일어났다.[35]

한 사람이 현미경을 들여다보는 것보다는 여러 명이 들여다보는 것이 더 낫다. 1910년 모건 연구실은 보기 드문 표현형 변이와 돌연변이들을 찾아냈다. 여기에는 통상의 빨간 눈이 아닌 흰색 눈을 가진 수컷 초파리들도 포함돼 있었다. 이는 이상해보였다. 왜 눈의 색깔과 같은 특성이 하나의 성에만 국한되어야 할까? 그뿐만 아니라 성과 연관된 어떤 특성들은 함께 유전되지 않았지만, 다른 특성들은 그러했다. 모건은 이를 보고 좀더 가까이 함께 있는 유전자들은 함께 유전될 가능성이 더 클 것으로 추측했다. 이 과정에서 그는 솜씨 좋은 벨기에 세포학자인 프란스 알폰스 얀센스의 연구에 의지했다. 얀센스는 현미경을 통해 염색체들이 접근하고, 갈라지고, 재결합하는 모습을 관찰했다. 이러한 통찰로부터 앨프리드 헨리 스터티번트는 어떤 유전자들이 가까이 있고 어떤 유전자들이 멀리 떨어져 있는지를 보여주는 '염색체 지도'를 그려냈다. 그는 모건의 파리 방에서 훈련을 받았고, 흰색 눈 돌연변이를 찾아내고 분리하는 작업을 같이한 인물이었다. 스터티번트의 결과는 1913년에 발표되었다. 여기서 어떤 일이 일어나고 있었는지를 눈여겨보라. 모건과 그의 연구실이 개체군 내의 특성을 분리하고 정량화할 수 있는 능력을 얻게 된 것은 물질적 기법의 정립과 확산 덕분이었다. 이는 유전자가 물질적 실체—염색체—내의 특정한 장소와 동일시되고 그 속에서 측정 가능한 위치를 갖는 결과를 수반했다.

1915년에 모건과 제자인 스터티번트, 캘빈 블랙먼 브리지스, 허먼 멀러는 『멘델 유전의 메커니즘The Mechanism of Mendelian Heredity』이라는 책에서 자신들의 방법과 연구 결과를 발표했다. 이 종합 작업은 고전적인 유전자 이론의 요소들을 정의했다. 여기에는 다음과 같은 주장들이 포함되었다. "염색체는 유전물질의 담지자이다", "'유전자'('단위 형질'이 아니라)가 유전의 기본 단위이다", "유전자는 염색체 위에 선형으로 배열되어 있다", "유전자의 연관군의 수는…… 염색체의 수와 같다", "각각의 구분되는 유전자는 수

많은 대립형질을 가질 수는 있지만 돌연변이에 의한 경우를 빼면 변화하지 않는다", "환경적 요인(예를 들어 온도, 영양상태)은 일부 유전자의 효과에 영향을 미칠 수 있다", "일부 유전자는 다른 유전자의 효과를 때로 상당히 구체적으로 변경할 수 있다", "유전자 그 자체는 그것의 효과가 변경 유전자 modifier gene에 의해 변화할 때에도 변하지 않는다", "유전자가 관찰 가능한 특성을 만들어내려면 다수의 유전자가 협력해야 한다", "많은 돌연변이는 큰 효과를 갖지만, 그보다 훨씬 더 많은 돌연변이는 작은 효과를 갖는다" 등등. 이를 모두 합치면 "설사 유전자에서 형질로 이어지는 경로가 전적으로 미지의 영역이라 하더라도" 유전자 이론을 통해 해석된 멘델의 법칙들은 "어떤 인과적 설명에 대해서도 모든 요구조건을 충족시키는, 유전에 대한 과학적 설명"을 제공한다.[36]

20세기를 거치며 점점 더 빠른 속도로, 특정한 종류의 유전학자가 된다는 것은 초파리가 든 유리병을 유지, 교환하고, 그들의 모델 생명체의 특징들을 상호교배하고, 해부하고, 관찰하고, 상관관계를 보여주는 네트워크의 일부가 되는 것을 의미했다. 유사한 사람들—훈련된 학생들이라는 의미에서—이 모건의 파리 방과 연구실을 통과해 지나갔고, 유사한 기법과 생명체들을 가지고 갔다. 네트워크 내에서, 그리고 유사한 초파리·사람들·기법들이 갖추어진 상태에서, 염색체에 관한 진술 내지 측정은 좀더 비교 가능하고, 반복 가능하며, 안정적일 가능성이 컸다. 혹은 필요할 경우 합의되고 억제되고 생산적인 방식으로 논쟁이 이뤄질 가능성이 컸다. 유사한 존재의 증식과 수출이 모건의 성공 비결이었다. 동식물 육종에 대한 응용에서도 새로운 유전학 지식은 유사한 것들의 다른 순환에 기여할 터였다.

그뿐만 아니라 유전학이 숙달하고 있던 유전은 점차 인공세계의 한 측면이 되었다. 돌연변이는 재생산에서 선택되고 선호되었다. 초파리는 돌연변이를 찾아내고 분리할 수 있는 표준이 되었고, 그럼으로써 서로 다른 장소와 시간에서 측정치들을 얻어내고 비교할 수 있었다. 사실 초파리는 적어도 파리 방에 있는 개체군이 '야생'의 개체군과 달라졌다는 의미에서 더는 드로소필라 멜라노가스터가 아니었고, 아마도 드로소필라 라보라토리엔시스Drosophila laboratoriensis라고 부를 만한, 특정한 인공적 맥락의 산물이었다. 물리학에서와 마찬가지로, 19세기에서 20세기로 넘어가던 시점의 놀랍도록 새로운 자연과학들은, 인공 세계를 연구한 결과였다. 그리고 미국은 그런 연구가 번창했던 장소였다. 컬럼비아 대학에 있다가 1928년부터 캘리포니아 공과대학으로 자리를 옮긴 모건은 유전학의 과학을 세계적으로 선도하는 인물이 됐고, 초파리는 21세기로 접어들 때까지 유전학을 이끄는 모델 생명체로 남아 있었다. 1905년에 '유전학'이라는 단어를 만들어낸 영국인 윌리엄 베이트슨은 1921년 12월 미국 과학진흥협회American Association for the Advancement of Science에서 열린 과학자 회합에서 이러한 권력 이동에 경의를 표했다. "제가 이번 크리스마스 시즌에 여기 온 것은 서쪽에 떠오른 별들 앞에서 존경을 담아 경의를 표하기 위해서입니다."[37]

모건의 초파리 연구가 엄청난 성공을 거두면서 나타난 또 하나의 결과는 하나의 연구 프로그램으로서 멘델주의가 협소해졌다는 것이었다. 역사가 리처드 버리언과 도리스 잘렌은 이렇게 적고 있다. "멘델주의가 발달과 진화에 미친 영향은 쉽게 검증될 수 없었기 때문에, 그러한 쟁점들은 점차 추측적인 것으로 간주돼 주변으로 밀려났다."[38] 유전자 변화가 진화에서 담당하는 역할은 1930년대에 시작된 이른바 진화 종합Evolutionary Synthesis의 시기에 이르러서야 다시 연구 문제로 인정받게 되었다. 발달과 유전자 구성 사이의 관계에 관한 별개의 어렵지만 심오한 문제들은 세기말에 이르면 대단히 활발한 연구 주제로 다시 나타나게 된다.

생명과학의 실행세계

우리는 농업시험소와 농과대학이 새로운 유전학의 제도적 터전을 제공했음을 보았다. 미국 최초의 유전학과—버클리, 코넬, 위스콘신에 생긴—는 농학부 내에 있었다.[39] 대학에서 훈련받은 식물생리학자들은 미국 농무부의 식물산업국Bureau of Plant Industry에 고용되어 멘델 이론을 활용한 잡종 옥수수의 개발을 시작했다.[40] 독일에서는 베를린 농과대학이 유전학의 터전을 제공했다. 독일에서 유전학 연구자들이 육종가들과 강한 연계를 구축한 장소로는 이곳이 유일했지만 말이다.[41] 많은 초기 멘델주의자가 농업기관에서 일자리를 찾았다. 스발뢰프의 스웨덴 식물육종소에 있던 헤르만 닐슨엘, 빈 농과대학에 있던 에리히 폰 체르마크 세이세네크, 영국의 존 이니스 원예연구소John Innes Horticultural Institution에 있던 윌리엄 베이트슨, 그리고 미국의 메인주 농업시험소Maine Agricultural Station에 있던 레이먼드 펄이 그런 사람들이었다.[42] 이러한 유전학의 실행세계 맥락은 진화 종합의 시기에도 지속되었다. 이 시기에 가령 R. A. 피셔는 로섬스테드에서 일했고, 수얼 라이트는 매디슨 농업시험소에 고용되어 있었다.

그러나 유전학이 이러한 실행세계 내에서 촉진되었던 유일한 생명과학은 아니었다. 생물학사가인 조너선 하우드는 "생화학 역시 농업의 토양에 뿌리를 두고 있었다"고 지적한다.[43] 에두아르트 부흐너는 뮌헨, 킬, 튀빙겐에서 강사 생활을 거친 후 1898년 베를린 농과대학에 일반화학 교수로 임용되었다. 그의 연구는 땅에서 얻은 액체와 압착 효모세포가 당을 알코올로 발효시킴을 보여주었다. 부흐너는 이러한 무세포 발효를 발견한 공로를 인정받아 1907년 노벨 화학상을 받았고, 생화학이라는 새로운 분야의 아버지로 기억되었다. 생화학은 20세기에 꽃을 피웠지만, 미국에서는 그 정도가 덜했다. 미국에서 생화학은 의과대학에 속했는데, 이곳에서 생화학은 임상과 의료과학에 유용한 분석적 방법을 발전시키도록 장려됨과 동시에 제약을 받았다. 반면 F. 가울랜드 홉킨스가 이끌던 케임브리지와 오토 바르부르 크가 이끌던 베를린에서 생화학은 의료기관과 떨어진 곳에 위치했고 기초 생물학 문제들을 목표로 삼아 성공을 거뒀다.[44]

발효 연구는 농과대학에서뿐 아니라 베를린에 있는 발효연구소 Gärungsgewerbe에서도 수행되었다. 이곳에서 막스 델브뤼크(20세기 중엽에 물리학자에서 생물학자로 전향한 동명의 저명한 과학자의 삼촌이다) 역시 효모를 탐구하고 있었다. 델브뤼크는 이 생명체를 공학적 용어로 사고했다. 1884년 학술회의에서 발표한 논문에서 그는 첫 문장을 "효모는 기계다"라는 간단한 진술로 시작했다.[45] 베를린 외에 발효 연구가 산업체와의 긴밀한 관계 속에서 수행된 두 개의 다른 도시로 코펜하겐과 시카고가 있다. 덴마크는 전 세계에서 가장 과학적으로 형성된 농업의 본고장으로 명성을 얻은 곳이었다. 코펜하겐 공과대학Copenhagen Polytechnic School은 시구르트 올라 젠슨을 고용했는데, 그는 발효생리학 및 농화학 교수로 여러 해 동안 중앙치즈연구소Central Institute of Cheese 소장으로 재임하면서 치즈 구멍의 생산을 완벽하게 만들었다. 코펜하겐에서 칼스버그 양조장Carlsberg Brewery은 1876년 E. 한센이 이끈 연구소를 설립했고, 시카고에서는 존 이월드 시벨이 양조학교인 효모기술대학Zymotechnical College을 세웠다.[46] 효모기술zymotechnology은 이후 '생물기술biotechnology'로 다시 명명되었다.[47] 올라 젠슨의 교수좌역시 1913년에 생물기술화학 교수로 명칭이 바뀌었다.[48] 여기서 실행세계맥락은 맥주와 치즈 제조였고, 과학은 최초의 '생물기술'이었다.

마지막으로 농업이라는 실행세계와 독일 대학 사이의 상호연결은 실험실 기반 식물생리학이라는 새로운 식물학의 발전을 위한 맥락을 제공했다. 뷔르츠부르크 대학의 율리우스 작스와 스트라스부르크 대학의 안톤 드바리가 이끄는 두 개의 주요 연구실이 성장했다. 실용적인 농업 연구와 학문적 식물학이 만나는 지점은 "식물생리학의 발전에 강한 추동력을 제공[해온] 농작물의 영양 요건"에 대한 관심에 있었다.[49] 예를 들어 작스는 뷔르츠

부르크에 실험실을 만들기 전에 독일의 농과대학들에서 강의를 했다. 드바리의 제자인 러시아 출신 세르게이 비노그라드스키와 네덜란드 출신 마르티뉘스 빌럼 베이에링크 역시 농과대학에서 강의를 했는데, 이들은 각각 야생에서 미생물의 존재를 탐구하고 토양과 식물에서 새로운 유형의 미생물을 찾아내는 일을 했다. 1898년에 베이에링크는 알려진 미생물을 제거하는 미세 필터를 통과하는 담배모자이크병의 원인 물질에 '바이러스'라는 이름을 붙였다. 다른 한편으로 비노그라드스키의 기법들은 과학자들이 어떻게 농업이라는 실행세계와 관계를 맺었는지를 보여준다. 그는 토양 내 미생물 요소들을 분리하거나 자연계의 단순화된 대리물(예를 들어 박테리아 생태를 보여주기 위해 흔히 쓰이는 교육 도구인 비노그라드스키 기둥)을 가지고 작업함으로써 학문적 미생물학의 흥미를 끄는 과정(예를 들어 화학자력영양 chemoautotrophy)을 개선하고 묘사할 수 있었다. 동시에 그는 새로운 발견도 해냈는데, 가령 농업이라는 실행세계가 곧장 관심을 보이며 받아들인 철과 황 박테리아를 찾아낸 것이 여기 속한다.[50] 새로운 생명과학은 새로운 실험실, 존재('바이러스', '유전자'), 이론들과 함께 실행세계와 긴밀하게 연관돼 있었다.

제4장

새로운 자기self의 과학

20세기 과학의 역사를 기술할 때, 네 가지 사건군과 그것이 특정한 과학 분야들에 갖는 연관성을 강조하려는 유혹이 있다. 새로운 방사선의 발견 공표, 플랑크의 양자 이론과 새로운 물리학, 멘델 법칙의 재발견과 새로운 생명과학, 마음에 대한 새로운 과학과 지그문트 프로이트의 『꿈의 해석The Interpretation of Dreams』(1900) 출간이 그것이다. 하지만 이러한 시도는 잘못된 것이다. 20세기 전환기 새로운 물리학과 19세기 물리학은 불연속성을 나타내는 만큼이나 연속성도 갖고 있었다. 아울러 우리는 어떤 새로움도 오로지 서서히 인식되며, 이전의 이해 틀 속에 담긴다는 것을 보았다. 마찬가지로 1900년 이후 멘델 법칙의 의미는 가령 진화의 패턴이 매끈한 변화인지 급격한 변화인지에 관해 계속되던 19세기 논쟁의 맥락 속에서, 혹은 '좋은 혈통의 번식'을 찾아내고 향상시키는 데 대해 계속되던 강렬한 관심 속에서 만들어졌다. 그뿐만 아니라 물리과학과 생명과학은 모두 완전히 19세기적인 공간 속에서 흔히 이뤄졌다. 탐험가가 접하는 야외, 산업체 작업장이나 실험실, 독일의 모델 연구대학, 연구소, 혹은 도량형실험실 등이 그런 공간들이다. 인간과학에서 나타난 패턴도 급격한 변화였지만, 이 역시 19세기로부터 물려받은 사회적 · 지적 공간 내에서 완전히 촉발되고 구축된 변화였다.

이 장에서 나는 이렇게 계속된 유산에 비춰 몇 가지 새로운 과학을 살펴볼 것이다. 먼저 지그문트 프로이트를 19세기 '정신의 생물학자'로 간주함으로써 어떤 통찰을 얻고 또 잃을 수 있는지 검토할 것이다.[1] 심리학의 수많은 갈래는 정신병원과 병원에 수용된 이들의 분류, 통제, 아마도 치료에 대한 실행세계의 요구에 대한 응답으로 이해되어야 한다. 대화 치료법인 정신분석psychoanalysis은 이 실행세계에 대한 생물학적 기여임과 동시에 인문학의 문화적·해석적 분파였다. 하지만 다른 과학들, 가령 알프레드 비네의 측정 방법 같은 것은 이러한 실행세계에 조금 더 직접적으로 기여했다.

인류학, 아동 연구, 심리학의 특정 경향 같은 인간과학은 발달, 즉 시간에 따른 변화에 대한 관심을 공유했고, 변화의 동인이 내적인지 외적인지 아니면 둘 다인지에 대한 질문을 던졌다. 인간과학은 19세기 중엽에서 후반까지 가장 역동적인 과학 분야 중 하나였던 발생학에서 제기한 지적 질문들을 공유했다.[2] 만약 배아가 발달 과정에서 진화의 단계들을 반복한다면, 이는 인간 사회와 인간 본성이 어떻게 진보하는가—혹은 빅토리아 시대 사람들에게는 오싹한 일이었지만, 어떻게 퇴보할 수 있는가—에 대한 자연적 모델이 되지 않을까?

19세기의 또 하나의 으뜸가는 실험실 기반 과학인 생리학 역시 인간을 포함한 고등동물의 본성에 대한 폭넓은 통찰을 약속했다. 나는 찰스 셰링턴, 이반 페트로비치 파블로프, 그리고 독특한 미국적 과학을 보여준 존 왓슨의 행동주의 연구를 통해 생리학에서 영감을 얻은 행동과학의 등장을 추적할 것이다. 일견 대수롭지 않아 보일지 모르지만 행동주의는 20세기 과학의 대중적 이미지 가운데 하나를 제공했다. 미로에서 길을 찾는 생쥐를 흰색 실험복을 입은 과학자들이 주의깊게 지켜보는 모습 말이다. 사실 다양한 종류로 나타난 생리학과 행동주의는 20세기 과학에 중요한 여러 입장을 제공했다. 이는 '정신'을 객관적 과학 탐구의 주제로서 일시적으로 부정한 것에서부터 '반사작용'이라는 환원적이지만 쓸모 있게 유연한 개념을 행동의 모델로 장려한 것, 그리고 사회공학의 상상력에 이르기까지 다양했다.

마지막으로 대학의 유기화학과 염료 및 의약품을 생산하는 화학산업 사이의 놀랍도록 생산적인 19세기의 협력은 혈청요법(면역 혈청이나 항독소를 이용해 질병을 치료하는)이 상업적 사업으로 발전한 것과 함께 새로운 자기의 생물과학이 새로운 세기에 꽃을 피우는 맥락을 제공했다. 이중 가장 중요한 사례는 몸의 방어기작에 대한 과학인 면역학이었다. 서로 경쟁 관계에 있는 파스퇴르와 코흐의 미생물학 진영 간에 이미 격렬한 논쟁이 이뤄지던 주제에서, 파울 에를리히는 20세기 초에 항체의 형성에 관한 특정 이론을 중심에 둔 새로운 면역학 이론을 제공했다. 에를리히의 이른바 측쇄 이론은 그 자체로 논쟁적이었지만, 아울러 면역학을 별도의 분야로 확고하게 만들어내기도 했다.

정신분석

1870년대 말의 지그문트 프로이트는 독일의 과학 모델이 낳은, 다소 유망하긴 했지만 그리 특출나지 않은 산물이었다. 1876년에서 1882년 사이에 그는 빈의 저명한 교수 에른스트 브뤼케의 실험실에서 연구를 하고 있었다. 브뤼케는 에밀 드부아 레이몽, 헤르만 폰 헬름홀츠, 카를 루트비히와 함께 1840년대부터 물리학을 모델로 삼아 생리학을 개혁함으로써 이 분야에 혁명을 일으킨 인물로 기억되고 있다. 프로이트는 원시 어류의 신경 구조, 장어의 생식샘, 가재의 신경세포, 신경세포의 현미경 시료 준비 방법 등에 관한 과학 논문들을 쓰고 발표했다.[3] 실험실 생리학의 실천과 가치를 잘 주입받고 있었던 셈이다.

그러나 브뤼케 연구소에서 프로이트의 경력 진로는 막혀 있었다. 노려볼 만한 몇 안 되는 종신재직 자리들은 최근에 임명되어 이미 채워져 있었다. 이에 따라 브뤼케는 그에게 다른 곳을 찾아보라고 조언했다. 프로이트는 병원에서 일하는 길을 택했고, 빈 종합병원Vienna General Hospital에서 3년간 경험을 쌓았다. 이곳에서 그는 정신의학 교수 테오도어 마이네르트의 지원으로 신경병리학자를 지망하여 이내 성공을 거뒀다. 여기에 더해 브뤼케는 프로이트의 경력에 마지막으로 도움을 제공했다. 젊은 프로이트가 파리로 가서 살페트리에르의 장마르탱 샤르코 밑에서 공부하겠다는 신청을 냈을 때 열정적으로 개입해 도와준 것이다. 프로이트는 잘 다져진 경로를 따라가게 될 터였다. 80년 전 이 거대한 파리의 병원이 의학적 분석을 공부하는 학생에게 일종의 성지순례 장소였다면, 지금의 살페트리에르는 '신경학의 메카'였다. 이곳에서 방문객들은 샤르코의 화요일과 금요일 강의를 들으며 신경학적 진단의 기술을 습득했다.[4] 1870년대에 샤르코는 대담하게 새로운 방향을 개척했다. 첫째로 최면술이라는 논쟁적 기법에 의존했고, 둘째로 가장 중요한 것으로, 히스테리라는 증상을 인정함으로써 이를 어느 정도 존중받을 만한 것으로 만들었다. 최면술은 인위적으로 히스테리를 유도하는 방법인 듯 보였고, 따라서 그것의 이해를 위한 단서가 될 수 있었다(여기서도 세기 전환기에 인공적 상태가 가졌던 중요성을 엿볼 수 있다. 이는 과학적으로 직접 이해할 수 없는 자연계에 대한 실험적으로 추적 가능한 대리물로 나타났다. 최면술에 걸린 몸은 마치 전구/음극선관이 물리적 우주의 복잡성에 대한 대리물이었던 것과 마찬가지로 인체의 복잡성에 대한 대리물이었다).

프로이트는 샤르코의 방법과 범주—최면술과 히스테리—를 받아들였고, 빈으로 돌아온 후 1886년에 남성 히스테리의 드문 증례에 관한 강연을 하면서 이를 보여주었다. 프로이트에게 결정적으로 중요했던 두 사람이 등장해 그의 인생에 영향을 주었다. 먼저 요제프 브로이어는 브뤼케 밑에 같이 있었던 동료 생리학자로 빈의 지적 엘리트를 상대로 개업의로 활동하고 있었다. 브로이어의 의뢰인 중 하나가 베르타 파펜하임이라는 놀라운 환자—가명인 안나 오Anna O.로 더 잘 알려졌다—였다. 그녀는 마비, 이따금 생기는 청각상실, 경련, 공포증 등 일련의 이상하고 몸을 쇠약하게 하는 증상들을 보였다. 낮에는 증상들이 그녀를 사로잡았지만, 저녁이 되면 안나 오는 자가최면 상태에 빠질 수 있었다. 브로이어는 히스테리 진단을 내렸고, 낮 동안 안나 오가 말한 단어들을 저녁에 그녀에게 되풀이해주면 증상이 완화되는 듯 보인다고 적었다. 놀랍게도 안나 오는 이러한 '대화 치료'에서 브로이어와 협력해, 증상이 나타났던 모든 시간들을 순서대로 기억해내 이야기하는 방법을 찾아냈다. 이를 역순으로 이야기하는 과정에서 히스테리 증상은 적어도 일시적이나마 사라졌다. 브로이어는 이 증례를 놓고 신경학 동료인 지그문트 프로이트와 토론했다. 프로이트는 유사한 사례와 유사한 치유법을 찾아내 기술하기 시작했다.

오늘날에는 히스테리 진단이 매우 드물다. 그러나 1880년대 빈에서 히스테리는 맹위를 떨치고 있었다. "브로이어와 프로이트가 기록한 환자들의 병력을 읽는 것은 믿기 어렵고 종종 기이한 행동의 잃어버린 세계—오직 기록된 단어들을 통해서만 우리에게 보존돼 있는 세계—로 다시 들어가는 것과 같다." 두 사람이 쓴 『히스테리 연구Studies on Hysteria』(1895)를 두고 역사가 프랭크 설로웨이는 이렇게 적었다.[5] 19세기에서 20세기의 틀로 전환하는 과정에서 많은 모델과 제도들이 이월되었지만, 히스테리와 같은 어떤 것들은 상실되었다(혹은 아마도 해체되었다). 그러나 히스테리 문헌 속에서 정신분석이라는 하나의 이론과 일단의 실천들이 만들어졌고, 이는 제도화되고 번역되어 20세기 상당 기간을 통틀어 무시할 수 없는 힘으로 전달되었다.

개별 병력들에 더해, 『히스테리 연구』에서 프로이트의 기여는 히스테리 환자들이 자신들의 회상으로부터 고통을 받는 과정에 대한 메커니즘을 제안했다는 것이다. 과도한 '흥분excitation'—흐를 수 있는 정량화 가능한 존재로 상상되고, 이상적으로는 신경계 내에 일정한 수준에서 유지되는 정신에너지—은 정상인의 경우 예를 들어 성행위를 통해 제거될 것이다. 만약 이러한 방출이 좌절되면, 이를 대신하는 부적절한 경로를 통해 빠져나가 히스테리 증상을 일으킬 것이다. 애초 방출을 가로막았던 장애물은 환자의 과거에 정신적 외상을 안겨준 순간으로, 증상의 발생을 통해 거꾸로 대화로 풀어감으로써 회복할 수 있다. 이를 드러냄으로써 장애물을 제거할 수 있고 카타르시스의 순간 속에서 치유를 이뤄낼 수 있다.

많은 논평가가 이러한 흥분 모델이 경제적·전기적 모델에 빚진 바를 지적해왔다.[6] 1880년대에는 심리학에 전기적 모델이 널리 퍼져 있었다. 예를 들어 윌리엄 제임스는 이렇게 썼다.

최근 뇌 연구의 전체적 취지는 뇌가 항상 전체로 작동하며, 그것의 어떤 부분도 다른 모든 부분의 긴장을 변화시키지 않으면서 방출할 수는 없다는 관념에 맞춰져 있다. 뇌의 가장 좋은 상징은 전도체인 것처럼 보인다. 어떤 시점에서 전도체에 든 전하의 양은 다른 곳에 있는 전체 전하의 함수이다.[7]

나는 프로이트가 진 빚을 지적한 사람들과 의견을 같이하지만, 좀더 깊은 맥락화를 제안하고자 한다. 이러한 맥락화는 전기적·경제적 이미지의 두 가지 역사적 단계들을 구분해야 한다. 신경 흥분이 흘러서 방출될 수 있다는 관념은 전기를 무게 없는 유체로 보는 시각에서 곧바로 도출된 것으로 프로이트보다 한 세기 먼저 제시됐다. 그러나 불변성의 원칙—신경계는 흥분을 일정한 수준으로 회복시키는 것을 목표로 하며, 이와 연관해 신경계는 관리된 경로들의 네트워크로서 '총 부하total load'를 가질 수 있다는 관념—은 전력 시스템의 언어다. 네트워크를 통해 전력의 흐름을 관리하는 기법들은 에디슨과 그 외 사람들의 노력 덕분에 1880년대부터 발명되고 있었다.[8] 이러한 발명 활동에는 부하 관리load management의 정립이 핵심적인 도구로 포함됐다.[9] 『히스테리 연구』에서 주된 이론적 기여를 이뤘던 프로이트의 메커니즘은 이러한 기법을 연상시킨다. 그러나 빈에서의 프로이트는 취리히에서의 아인슈타인과 달랐다. 아인슈타인은 특허나 전기적으로 동기화된 철도 시계 같은 직접적이고 피할 수 없는 물질적 형태로 실행세계가 자신에게 나타나는 책상 앞에 앉아 있었으니 말이다. 어쨌거나 전등 및 전력은 19세기 말 대도시에서 놓칠 수 없는 공개적 장관이었다. 프로이트가 브뤼케와 함께 동물의 신경계 연구를 하고 있던 1883년에, 빈은 최초의 대규모 전기 박람회 중 하나를 개최했다(앞서 1881년에 파리, 1882년에 뮌헨에서 비슷한 행사가 열린 바 있었다).[10] 그렇다면 우리는 20세기 정신분석 이론 속에서 19세기 말의 전기 제국이라는 실행세계의 또 하나의 깜박임—비록 흐릿하게 굴절된 깜박임이긴 하지만—을 추적할 수 있다.

『히스테리 연구』의 두 저자 사이의 긴장은 점점 커졌고, 급기야 1895년이 되자 프로이트와 브로이어는 서로 말을 섞지 않는 관계가 되었다. 표면적으로 균열이 생긴 원인은 프로이트가 히스테리를 포함한 신경증의 병인학病因學이 아동 성욕의 근본적 역할을 밝혀냈다는 급진적 관점을 완고하게 변호했기 때문이었다. 설로웨이는 프로이트의 '광신이 점점 커진 것'을 이해하려면 그가 신경증의 획득에 대한 인과적 설명을 제공하기 위한 수단으로 19세기의 발달생물학 모델—특히 라마르크주의—을 신봉하고 있었음을 인지할 필요가 있다고 주장한다(앞 장에서 우리는 이러한 믿음이 1900년을 전후한 시기에 과학자 사이에서 드물지 않았음을 보았다).[11] 아울러 신경증에 대해 어떤 대안적 설명이 가능했는지도 인지할 필요가 있다. 위대한 샤르코를 포함해 신경학자 대다수는 신경증 환자를 유전적 퇴화의 증례로 보았다. 이에 반해 프로이트는 신경증이 획득—거의 항상 유년기 때—되어야 하는 것이라고 주장했다. 신경증은 획득형질이 부모에서 자식으로 전해진다는 라마르크 이론에 따라 이후 세대로 전달될 수 있지만, 어떤 개인의 유년기 때 획득될 가능성이 더 컸다. 설로웨이는 프로이트가 "정신분석에 의거해 '나쁜 유전'의 문제를 반복되는 신경증의 원인 문제—억압받고 충족되지 못한 성욕—로 바꿔놓았다"고 쓰고 있다. "그는 이를 문명의 타고난 짐으로 간주했고, 라마르크 유전에 의해 세대를 거치면서 점점 더 커진다고 생각했다."[12]

문명에는 우울한 전망이었지만, 환자들에게는 좀더 밝은 전망을 제공하는 결론이었다. 유전적 퇴화는 되돌릴 수 없는 것이었지만, 프로이트의 이론, 그리고 대화 치료와 같은 기법들은 해결의 문을 열어주었기 때문이다.

1895년에 프로이트는 신경 에너지가 어떻게 세 가지 시스템—지각, 기억, 의식—을 통해 전해지고 방향지어지고 가로막히고 방해받을 수 있는지에 대해 완전하고 상세한 설명을 집필하려는 시도로 노트를 가득 채웠다. 이는 이론의 기반을 두 종류의 생물학적 인식 틀, 즉 기계적 생리학과 진화생물학 내에 두려는 시도였다. 이 노트는 프로이트 사후에야 출간되었고, 영국 편집자인 제임스 스트레이치에 의해 『과학적 심리학 초고Project for a Scientific Psychology』라는 제목이 붙었다. 프로이트는 아동기의 성 경험 억압을 설명할 수 없는 것이 문제임을 깨닫고, 신경증이 피동적인 성적 외상의 억압에 의해 유발된다는 이른바 유혹 이론에서 능동적이고 자발적인 유아기의 성욕에 대한 인식으로 전환했다. 그는 유아 성욕의 존재를 진화의 서사에 호소하는 방식으로 설명했다.

나중에 그의 추종자들은 프로이트가 새롭고 독립적인 심리학 분야를 발명했다는 주장을 폈다. 하지만 프로이트 정신분석의 핵심에 위치한 이 이론에는 19세기의 진화적 발달주의가 담겨 있다. 여기서 핵심 인물은 독일에서 다윈의 옹호자였던 에른스트 헤켈로, 그는 발생의 순서가 진화의 연대표를 되짚어간다고 주장했다. 성장하는 배아들이 아가미 단계나 꼬리 단계를 거치는 모습을 나열함으로써 시각적으로 강력하게 제시된 이러한 주장은 '개체발생은 계통발생을 반복한다'라는 구호로 요약되었다. 1900년을 전후해 가장 가까운 친구인 빌헬름 플리스의 생각에서 영향을 받고 영감을 얻은 프로이트는, 우리의 몸이 과거 진화적 단계들의 기록을 재생하듯, 우리의 정신도 (대체로) 잠재의식 속으로 자취를 훑어 들어간다고 주장했다. 특히 문명화된 성인들은 우리 조상들을 추동하고 흥분시켰던 성적 부위, 패턴, 주기를 억압하는 반면, 유년기에는 그것들이 작용한다는 것이었다.

프로이트가 심리적 발달을 진화적 용어로 해석한 것은 전혀 특이한 일이 아니었다. 다윈 자신도 이 주제에 관해『인간과 동물의 감정 표현The Expression of Emotions in Man and Animals』(1872)에서 쓴 바 있었고, 1877년에는『정신Mind』이라는 새 학술지에「유아에 대한 전기적 개요A biographical sketch of an infant」를 발표했다. 다윈과 친밀하게 교제한 사람 중 하나였던 조지 로메인스는『인간의 정신적 진화Mental Evolution in Man』(1888)에서 이렇게 썼다. "동물의 감성적 생활은 인간―특히 어린아이들―의 감성적 생활과 너무나도 놀랍도록 유사하다. 나는 이러한 유사성을 이들 간의 유전적 연속성의 직접적 증거로 의당 받아들여야 한다고 생각한다." 로메인스는 인간의 감성적 · 지적 생애가 진화의 계보에 있는 수많은 단계를 어떻게 반복하는지 지도로 그려냈고, 미국의 진화론자이자 심리학자인 제임스 볼드윈은 프로이트가 읽은 책에서 "사회의 발생학은 유치원에서 연구할 수 있다"고 결론 내렸다.[13] 진화, 특히 발달 반복론은 인류학과 아동심리학, 신생 분야인 성과학sexology―프로이트의 빈 시절 동료인 리하르트 크라프트에빙과 그의 베를린 경쟁자인 알베르트 몰이 잘 보여줬다―을 휩쓸었고, 정신분석을 결정적으로 형성했다.[14] 프로이트는 1919년에 자신의 이론이 '계통발생학적 유년기'를 열어주었다고 썼다. "이는 인류의 발달을 그려내고 있으며, 여기서 개인의 발달은 삶의 우연적 상황들에 의해 영향을 받은 그것의 축약된 반복이다." 따라서 이 이론은 "인류의 초창기에 있었던 잘 알려지지 않은 기간의 재구성과 관련된 과학들 중에서 높은 위치를 점할" 것이다.[15]

프로이트의 후기 저작들―여기에는 제1차 세계대전 직전 출간된『토템과 터부Totem and Taboo』, 죽음 본능death instict 개념을 제안한 1920년 논문「쾌락 원칙을 넘어서Beyond the Pleasure Principle」가 포함된다―은 인간이 진화된 존재라는 기반으로부터 논증을 전개했다. 그러나 프로이트의 저작 중 가장 많이 읽힌『꿈의 해석』(1900)과『일상생활의 정신병리학 The Psychopathology of Everyday Life』(1901)에 제시된 정신분석은 진화적 사고에 진 빚을 강하게 내세우지 않았고, 과거가 현재를 이해하는 열쇠를 쥐고 있다는 공유된 믿음을 넘어선 주장을 펼쳤다. 두 권의 책 중 전자는 '꿈은 (억제되거나 억압받은) 소망의 (위장된) 실현'이라고 주장했다. 소망은 무의식에서 유년기부터 억압받으며, 대체로 '자아ego'에 의해 검열된다고 프로이트는 썼다. 그러나 잠을 자는 동안에는 자아가 느슨해지고, 소망이 출현한다. 하지만 소망은 너무나 심란한 것이기 때문에 직접 이해될 수 없으며, 이에 따라 '꿈 작업'을 거친다. 꿈 작업은 소망을 뒤섞고, 재형성하고, 전반적으로 위장한다. 그럼에도 꿈은 '무의식으로 가는 왕도'를 제공했다. 마찬가지로, 프로이트는 『일상생활의 정신병리학』에서도 소소한 실수('착오 행위 parapraxis')—깜빡 잊기, 말실수, 낙서 같은 얼룩—를 저지르는 데 면밀하게 주목함으로써 억압된 소망을 드러낼 수 있다고 주장했다.

빈의 맥락은 정신분석을 형성했다. 빈은 오스트리아-헝가리 제국의 수도였고, 대단히 보수적인 사회로 프란츠 요제프 황제를 정점으로 가부장제를 이루고 있었다. 성과 관련된 문제에서 이중잣대의 희생자였던 여성들의 제약된 삶이 히스테리의 창궐에 적어도 원인을 제공한 것은 분명하다. 프로이트는 다른 성과학자와 마찬가지로 내부고발자였다. 그의 이론은 의도적으로 빈 사회를 분석함과 동시에 도발했다. 그의 의뢰인들 역시 독특했다. 그들은 수가 적고 여유가 많은 지식 엘리트였고, 물질적 걱정을 거의 하지 않았으며, 바서만이 주장했듯 아마도 성에 관한 불안 증세를 보일 만큼 시간이 많았는지도 모른다(안나 오에 대한 분석만 보더라도 그녀와 브로이어의 시간을 굉장히 많이 잡아먹었다).[16] 이에 대한 반대는 다시 정신분석학자들이 자신을 별개의 존재—신성한 메시지를 보호하고 전수해야 하는 배타적 집단—로 생각하게끔 부추겼다. 정신분석학자들은 집단 내부에서 서로를 현미경 위에 놓고 보듯 면밀하게 관찰하는 일을 즐겼고, 이는 정신분석을 여유가 많고 도시적이고 일을 하지 않는 세계에 대한 독특한 과학으로 만들었다. 프로이트의 저작을 영어로 번역했던 A. A. 브릴은 이렇게 회고했다.

우리는 한결같은 참을성, 그리고 지칠 줄 모르는 관심과 열의를 가지고 우리에 관해 행해지거나 말해진 것들이라면 무엇이든 관찰하고 연구하고 기록했다. 예를 들어 우리는 식탁에 앉은 사람에게 왜 그가 숟가락을 올바른 방식으로 사용하지 않는지, 혹은 왜 그가 이러저러한 방식으로 이러저러한 일을 했는지를 거리낌 없이 물어보았다. 누군가가 조금이라도 주저함을 보이거나 말을 하다 갑자기 멈추면 어김없이 즉각적인 설명 요청이 뒤따랐다. ……우리는 왜 어떤 특정한 곡조를 흥얼거리거나 휘파람을 불었는지, 혹은 왜 말하는 도중에 실언을 하거나 글 쓰는 도중에 실수를 했는지 설명해야 했다. 하지만 우리는 다름 아닌 진실을 대면하는 법을 배운다는 이유 때문에 이런 일을 하면서 기뻤다.[17]

이처럼 방어적이지만 동시에 창의적인 배타적 집단이 자기 자신을 관찰하면서 분석을 만들어내지 않았다면, 정신분석은 설사 만들어졌다고 하더라도 그처럼 독특한 이론·방법론·이미지를 발전시키지 못했을 것이고, 그토록 빈틈없이 이를 보호하지도 않았을 것이다(모든 분파가 그렇듯, 특정한 버전의 메시지를 보호하기 위해 분열하기도 했지만 말이다). 프로이트는 공동 연구자였던 브로이어, 플리스와 갈라선 후, 20세기 들어 추종자들을 모아 1902년에 정기적인 수요 모임을 시작했다. 2년 후 스위스의 부르크횔즐리 병원에 있던 카를 융을 포함한 일군의 심리학자들이 연락을 취해와서 모임에 합류했다. 이와 동시에 빈의 배타적 집단은 규모를 키웠다. 영국의 어니스트 존스, 헝가리의 샨도르 페렌치, 미국의 브릴 등이 합류했고, 각각은 프로이트의 이론을 새로운 청중에게 확산시키는 데 중요한 기여를 했다.

정신분석을 신경학(진화생물학에 의해 굴절된 신경증 이론)에서 독립된 분야(완전히 새롭고 자립하는 심리학의 갈래)로 바꿔놓은 것은 추종자인 프로이트주의자들이었다. 프로이트주의자들은 정신분석이 이전에 있던 분야들과 분명하게 다른 만큼이나 자신들이 좀더 폭넓은 사회와 분명하게 다른 존재라고 보았다. 추종자들은 이러한 차이를 믿었고, 프로이트는 환상을 부추긴 것처럼 보인다. 프로이트 자신으로서도 이에 동조해 자신이 진화생물학, 그리고 물리학에서 영향을 받은 생리학이라는 원조 분야들에 지적으로 진 빚을 깎아내리며 설로웨이가 '숨은 생물학자crypto-biologist'라고 부른 것이 되어야 할 나름의 이유를 갖고 있었다.[18] 프로이트주의자들에 의해 다시 포장되자 정신분석은 빈을 벗어나 좀더 쉽게 이동할 수 있었다. 미국에서는 제1차 세계대전 이후 여러 해 동안 정신분석이 일견 자율적인 듯 보이는 형태의 심리학적 주제로 번창했다.

정신을 측정하다

"병원이라기보다 작은 도시에 가까웠던" 살페트리에르에는 다양한 심리학적 접근들을 뒷받침할 수 있는 자원이 있었다.[19] 그곳에서 샤르코와 같은 시기인 1880년대에 연구했던 사람으로 알프레드 비네가 있었다. 1889년 소르본에 새로운 심리학실험실이 설립되자, 비네는 1891년에 그곳으로 자리를 옮겼다. 이 시기는 분야를 정의하고 경계를 설정하던 기간이었다. 예를 들어 1880년에서 1903년 사이 미국의 심리학은 전문 학회(1892년 설립된 미국 심리학회American Psychological Association), 전문 학술지(1887년 창간된 『미국 심리학저널American Journal of Psychology』과 1894년 창간된 『심리학리뷰Psychological Review』), 그리고 거의 마흔 개에 달하는 심리학실험실(이중 많은 수는 박사학위의 산실이었다)을 얻었다.[20] 프랑스에서는 젊은 세대의 심리학자들이 실험적 방법을 강조함으로써 철학 지향적 접근, 최면술, 심령 연구와 자신들의 연구를 분명하게 구분했다. 이들은 또한 정치적인 주장도 내놓았다. "프랑스의 보수적 철학자들은 초월적 자아를 신봉했다. 이는 과학적 심리학의 주제가 될 수 없는 실재였다"라고 역사가 로저 스미스는 쓰고 있다. 콜레주드프랑스의 실험심리학 및 비교심리학 교수였던 피에르 자네는 "다중인격 사례들이 하나 이상의 자아가 존재할 수 있음을 입증했[을 때] 비로소 심리학이 과학적 주제로서의 지위를 얻었다고 주장했다".[21]

19세기 초에 '지능intelligence'은 하나의 능력, 즉 이해나 의사소통의 신속성을 의미했다. 이는 사물이라기보다 일종의 관계였고, 측정될 수 있는 어떤 것이 되는 일은 드물었다. 세기 중반의 골상학자들은 지능을 포함해 능력을 측정하는 한 가지 수단을 제공했다. 그러나 19세기 말부터 지능의 측정은 통계적 기법들과 결합해 알프레드 비네, 테오도르 시몽, 찰스 스피어먼, 시릴 버트의 이름과 연관되는 강력한 잡종을 제시했다. 비네는 충분히 부유해서 소르본 생리심리학연구소에서 무급으로 일할 수 있었고, 1894년 연구소 설립자인 앙리 보니스가 은퇴하자 그곳의 소장이 되었을 정도로 재빨리 안정적으로 자신의 입지를 다졌다.[22] 1890년대를 거치며 비네와 동료 연구자들은 개인의 정신적 특징을 비교하고 측정하는 기법들을 발전시켰다.

이러한 작업에는 분명한 실행세계 맥락이 깔려 있었다. 19세기 중반부터 프랑스 정부는 공통의 국가적 정체성을 촉진하기 위한 정책으로 보편적 초등교육을 지원했다. 초등교육 행정가들은 이해가 빠른 학생과 이해가 느린 학생을 구별하는 수단을 원했다. 두 부류를 분리해 능력별 편성반들을 다른 방식으로 취급하기 위해서였다.[23] 1904년에 비네는 이 문제를 다루는 정부위원회에 자문을 요청받았다. 비네는 테오도르 시몽과 함께 서른 가지 과제에서 아이들의 성취를 측정하는 검사를 제공했다. 이들은 이 검사로 아이들 각각의 '정신연령'을 알아낼 수 있다고 주장했다. 이는 행정가들이 그토록 파악하고 싶어했던 '정상' 학생과 '정상 이하' 학생의 구별 기준을 제시했다. 1905년에 그들은 이 검사를 『심리학 연보L'année psychologique』에 발표했고, 1908년과 1911년(비네가 사망한 해)에 개정판을 내놓았다.

사실 실행세계의 관심사는 교육 행정보다 더 넓게 걸쳐 있었다. 이미 1895년에 비네는 동료인 빅토르 앙리와 함께 자신들의 작업이 "교육자, 의사, 인류학자, 심지어 판사에게도⋯⋯ 중요성"을 갖는다고 썼다. "아동 관리, 정신질환자, 인종의 차이와 범죄자는 심리학에 그 주제와 함께 사회적 중요성도 함께 부여했"으며 이 모든 것은 "20세기로 접어든 후에도 한참 동안 반향을 일으켰다"고 스미스는 논평하고 있다.[24] 그리고 이는 오래된 분야와 새로운 분야들 사이에 다툼이 일어난 영역이었다. 특히 의학은 강하게 전문성을 주장했다. 이로 인해 장래의 심리학자들은 잠재적 고객에게 유용한 결과를 분명하게 제공하는 기법에 직업적으로 관심을 갖게 됐다. 이는 퇴화에 대해 널리 퍼진 우려에 응답하면서, 동시에 이러한 기법을 갖고 있고 훈련받았는지 여부를 통해 심리학자들을 경쟁 전문직 종사자들과 구별해주었다.

비네는 행정가들에게 정상인 초등학생과 정상 이하인 초등학생을 구별하는 검사를 제공했으면서도, '지능'을 단일한 실체로 정의하는 것은 피했다. 독일의 심리학자 빌리암 슈테른은 1912년 출간한 저작에서 비네-시몽 검사에 기반해 정신연령을 실제 연령으로 나눈 '지능지수Intelligence Quotient, IQ'를 창안했다. 슈테른은 부인했지만 이는 '지능'이라는 식별 가능한 실체에 대한 측정치처럼 보였다. 모두가 공유하고, 단일한 척도로 측정 가능한 실체 말이다. 1900년대에 영국의 심리학자 찰스 스피어먼은 비네와 독립적으로 '일반 지능general intelligence'이 객관적으로 측정될 수 있으며, 여기서 '일반' 내지 'g 요인'이 왜 상이한 정신 활동 전반에 걸쳐 성과가 상관관계를 갖는가를 설명해준다고 주장했다. 그는 이러한 상관관계를 통계적 방법으로 입증할 수 있다고 단언했다.[25] 유니버시티 칼리지 런던의 심리학 교수였던 스피어먼은 1920년대에 심리학의 이중요인(일반과 특수) 이론을 상세하게 제시했다. 영국의 학교들은 '일반 지능'을 초등학생을 능력별 편성반으로 나누는 수단으로 활용했다.[26] 1932년부터 UCL에서 스피어먼의 뒤를 이은 시릴 버트는 경력 초기에 런던 카운티의회London County Council를 위해 검사를 개발했다. 런던 전역에 걸쳐 정상 이하 아이들의 지도를 그려내기 위한 검사였다.[27]

이와 비슷하게, 미국에서는 알프레드 비네의 검사가 행정 업무를 맡은 전문직 종사자들의 환영을 받았다. 우생학자이자 뉴저지 정신박약아훈련소 New Jersey Training School for Feebleminded Boys and Girls의 연구심리학자로서 나중에 『캘리캑 가족—정신박약의 유전에 관한 연구The Kallikak Family: A Study in the Heredity of Feeble-Mindedness』(1912)를 저술한 헨리 허버트 고더드는 비네-시몽 검사가 자신이 속한 기관의 분류 '요구'를 충분히 충족시켜준다는 사실을 알게 됐다.[28] 20세기를 거치며 심리학의 범주와 측정치들은 점차 더 넓은 사회에 적용되었고, 이는 하나의 분야로서 심리학이 지닌 영향력이 커지는 양상을 보여주었다. 1910년대부터 스탠퍼드의 심리학자 루이스 터먼은 수정한 형태의 비네-시몽 검사를 '정상 이하' 아동뿐 아니라 '정상' 아동에 대한 검사로 홍보했다. 이는 사회의 전반적 심리학화에서 중요한 일보였다.

종합과학으로서의 심리학

고객에게 검사를 제공하는 것이 심리학이 일정한 전문직 지위를 확립할 수 있는 한 가지 방법이었다면, 또다른 방법은 기성 분야인 생리학에 아주 가깝게 밀착하는 것이었다. 생리학의 지위는 확고했는데, 이것이 의학 훈련에 기여했고 독일의 경우 이미 그 명칭을 가진 명망 있는 교수좌가 있었기 때문이었다. 19세기 중반부터 20세기 중반까지 반사작용의 생리학 연구는 이러한 전략을 잘 보여준다. 1820년대에 런던의 찰스 벨이나 파리의 프랑수아 마장디 같은 관찰자들은 신경계에서 감각 정보를 안으로 전달하는 후근신경과 동작 반응을 바깥으로 전달하는 전근신경을 구별했다. 이러한 패턴은 '반사작용reflex'으로 이름붙여졌다. 19세기 내내 신경계의 특이성에 대한 규명이 이뤄졌고, 뇌에서 그 위치를 파악할 수 있는 영역들이 특정한 운동과 연관되어 있는 정도를 두고 논쟁이 맹렬하게 전개됐다. 두 가지 중심적인 기법은 생체해부—예를 들어 개의 뇌에서 일부를 제거하는 식으로—와 뇌손상 이후의 장애 기록이었다. 연구를 통해 신경의 복잡성에 대한 지도도 그려냈다(산티아고 라몬 이 카할과 카밀로 골지가 지도의 세부사항을 두고 논쟁을 벌였다). 복잡성을 이해하기 위해 베를린의 카를 베르니케는 뇌를 마치 전선들이 들어오고 나가는 전신교환국처럼 그려냈고, 뇌의 서로 다른 장소들은 각각 운동 투사나 감각 데이터의 처리 내지 저장을 담당하는 것으로 보았다.[29]

두 번째 종합을 제시한 이는 세기 전환기 무렵의 찰스 스콧 셰링턴이었다. 1870년대 말 케임브리지 대학 학부 시절부터 두각을 나타낸 셰링턴은, 1880년대에 마이클 포스터의 생리학실험실부터 독일 스트라스부르에 있는 골츠의 실험실—이곳에서 그는 개의 대뇌 피질을 생체해부했다—까지 여러 곳을 돌아다녔다. 베네치아를 방문해 콜레라 희생자들을 연구했으며, 베를린으로 가서 루돌프 피르호와 로베르트 코흐를 만나는 등 많은 것을 배웠다. 셰링턴이 런던의 세인트토머스 병원에서 반사작용에 관해 수행한 초기 연구는 다리를 꼰 상태의 무릎 반사라는 고전적 주제를 다뤘다.[30] 셰링턴은 이후 리버풀 대학에서 개를 생체해부하면서 신경계를 여러 수준의 반사활 reflex arc이 차곡차곡 쌓인 것으로 보는 종합을 제시하게 된다. 여기서 높은 수준의 반사활은 낮은 수준의 작용을 수정한다. 이러한 종합적 성격은 셰링턴이 예일 대학에서 했던 실리먼 강좌를 책으로 출간한『신경계의 통합적 작용An Integrative Action of the Nervous System』(1906)에 나타나 있다.

셰링턴은 20세기 들어 처음으로 뇌에 대한 완전한 설명을 제시했지만, 정신에 관해서도 계속 관심이 있었다. 그는 "감각 지각에 관한 몇몇 추측"에 그치지 않고 "은퇴 후에는 특히 시와 철학적 성찰에 관해" 숙고했다.[31] 후자의 성찰을 보여주는 만년의 사례는 1937~38년 에든버러에서 이뤄진 기퍼드 강연에서 찾아볼 수 있다. 강연의 내용은 1940년『인간과 인간의 본성

Man on his Nature』으로 출간되었다. 셰링턴은 이렇게 질문을 던진다.

하지만 정신은 어떤가? 정신은 자기 자신을 알고 세계를 안다. 화학과 물리학은
대단히 많은 것을 설명해주지만 정신 그 자체를 설명해줄 것을 약속하지는 못한
다. 정신은 자연에 대한 지식을 심화시킬 수 있지만 지금까지 정신이 자연의 작
동을 지시해왔음을 보일 수는 없다. 그런 의미에서 정신과 자연은 다르다.[32]

반사작용 연구는 상트페테르부르크의 이반 페트로비치 파블로프에 의
해 계속되었다. 성직자의 아들인 파블로프는 1870년에 상트페테르부르크
의 신학대학에서 의과대학으로 전공을 바꿨다. 1890년대 초에 그는 러시
아에서 "가장 저명한 의사"였던 세르게이 보트킨과의 연줄을 통해 A. P. 올
덴부르크스키 왕자의 눈에 들게 되었다. 그는 "차르 가문의 친척이자 의
학 지향의 자선 전통을 이어받은 후계자"로, 제국 실험의학연구소Imperial
Institute of Experimental Medicine를 설립하려 하고 있었다. 파블로프는 연구
소의 생리학 부서 책임자가 되었고, "이에 따라 러시아에서 가장 규모가 크
고 시설이 잘 갖춰진 생리학실험실의 수장"을 맡게 됐다.[33] 때맞춰 차르 관
료체제는 의사들이 실험실 훈련을 받아야 한다는 칙령을 내림으로써 이 계
약에 여러 이점을 더해주었다. 파블로프는 갑자기 자신이 원하기만 하면 지
시를 내릴 수 있는 다수의 실험실 연구원을 갖게 됐다. 그는 이들에게 소화
의 신경생리학을 연구하도록 지시했다.
　1891년에서 1904년 사이 파블로프 실험실에서는 100여 명의 사람들이
일했다. 대다수는 임시로 일하는 의학도였고, 한 사람을 빼면 모두가 남성
이었다. 이러한 "견습생praktikanty(이들을 부르는 명칭)들이 수천 건의 실험을
수행했고…… 종종 한 번에 여덟 시간 내지 열 시간 동안 계속된 실험 시도
에서 다양한 자극 요인에 대한 개의 분비 반응을 공들여 수집하고, 기록하
고, 측정하고, 분석했다".[34] 파블로프는 또한 관리팀과 함께 개를 돌봐주는

조수들도 거느리고 있었다. 그는 연구 주제들을 할당했다. 전형적 실험은 인공 경로인 누관을 삽입해서 개가 수술에서 회복하는 동안 소화 과정의 특징을 계속해서 측정할 수 있게 하는 것이었다. 먹이를 가지고 개를 약올리면 위액의 분비가 일어났다. 이는 마음의 문제를 다시 방정식 속으로 돌려놓았다. 먹이에 대한 개의 생각과 그것의 생리적 결과 말이다.

역사가 대니얼 토데스에 따르면 파블로프 실험실은 공장과 흡사했다. 이전의 생리학실험실이 작업장에 가까웠고 생산 과정의 각 단계도 한 사람의 통제하에 있었다면, 실험의학연구소에서는 실행이 지휘와 분리돼 있었다. 그 결과는 고도로 규율화되고 대단히 생산적인 실험실로서, (모두 파블로프의 손을 거쳐 편집된) 논문들을 양산해내고 도전에 신속하게 대응했다. 그리고 여기서 만들어진 소화계의 상—그것이 "분명한 목적이 있고 정확하고 효율적인 공장"이라는—은 좀더 큰 전체를 반영했다.[35] 공장은 또한 파블로프의 명성도 만들어냈다. 과학자를 고독한 영웅으로 그려내는 자신들의 이상과 파블로프의 연구 활동 규모를 끼워 맞추는 난제와 씨름한 끝에, 1904년 노벨상위원회는 노벨 생리의학상을 이 러시아 과학자에게 수여했다.

이때쯤에는 파블로프가 연구원들에게 무조건반사 작용(개가 음식 냄새를 맡거나 음식을 보고 침을 흘리는 것)과 조건반사(가령 소리가 직접적 자극을 대신한 후에 침을 흘리는 것)의 차이를 연구하도록 지시를 내리고 있었다. 서구 과학자들은 1900년대에 파블로프가 노벨상을 수상한 이후 파블로프의 과학에 대해 제한적인 버전만을 알고 있었다. 그러나 1900년대부터 1930년대까지 파블로프는 조건반사 개 실험으로부터 엄청나게 야심적인 프로그램을 구축했다. 학습에 대해 탐구하고, '관념'에 관한 유심론적 진술을 조건반사 동물을 이용한 실험 절차에 관한 물리주의적 진술로 대체하는 것이었다.[36] 이를 모두 합치면 새로운 통일과학이 바로 이곳에 있었다. 그의 단행본 『조건반사—대뇌 피질의 생리적 활동에 대한 탐구Conditioned Reflexes: An Investigation of the Physiological Activity of the Cerebral Cortex』(1926)가 출간된 이후에야 서구 과학자들은 파블로프 과학의 전모를 이해하기 시작했다. "영미권 신경생리학자들이 셰링턴의 뒤를 따라 뉴런 내부 활동의 세부 사항을 연구하던 시기에, 파블로프는 고등 두뇌의 전체 구조…… 에 관한 추측을 내놓고 있었다"라고 로저 스미스는 요약한다. "서구 과학의 노동 분업은 몇 안 되는 예외를 빼면 고도로 전문화된 연구를 촉진했고, 신경생리학과 심리학 분야 사이에 장벽을 만들었다. 반면 파블로프와 그의 연구실은 적어도 원칙적으로는 인간 본성에 관한 통일과학을 성취하려는 시도를 했다."[37]

파블로프의 조건반사는 20세기 초 행동주의심리학에 무대를 마련해주었다. 역사가 앤 해링턴은 행동주의심리학이 "아이러니하게도 뇌와 생물학에 대한 고려를 실험 구상에서 완전히 제거해버린 접근법"이라고 썼다.[38] 행동주의는 미국에서 번창했는데, 여기에는 그럴 만한 맥락상 이유가 있었다. 19세기 말 미국은 빠른 속도로 변화하는 나라였다. 산업의 팽창과 이민의 유입으로 도시의 성장이 촉진됐다. 성장 일로에 있던 전문직의 일원인 심리학자들은 이미 살펴봤듯 학교와 정신병원의 행정가들에게 도움이 되는 검사를 제공했을 뿐 아니라, 스스로 개인이 현대 도시 생활의 도전에 적응할 수 있게 돕는 전문가로 내세웠다. '사람들이 하는 행동의 과학'인 행동주의는 이러한 실용성을 증명해보였기 때문에 심리학 분파 중에서 선택됐다.[39]

행동주의의 선언문은 캘리포니아 남부 출신인 존 브로더스 왓슨이 집필했다. 그는 1903년에 시카고에 있던 존 듀이의 철학과대학원에서 '동물 교육'에 대한 학위논문을 썼다. 구체적으로 말하면 뇌손상을 가한 흰쥐가 어떻게 학습하는가에 관한 논문이었다. 왓슨은 나중에 존스홉킨스 대학의 심리학 교수 겸 심리학연구소 소장으로 임용됐다. 왓슨의 선언문인 「행동주의자가 보는 심리학Psychology as the behaviorist views it」은 1913년 『심리학 리뷰』에 발표됐다. 그는 자신의 주장을 분명한 용어로 제시했다.

행동주의자가 보는 심리학은 순수하게 객관적인 자연과학의 실험적 분파 중 하나다. 심리학의 이론적 목표는 행동의 예측과 통제다. 내적 성찰은 심리학의 방법에서 핵심적인 일부를 이루지 않으며, 심리학의 데이터가 갖는 과학적 가치는 그것이 의식에 관한 해석에 얼마나 도움을 주는가에 의존하지 않는다. 행동주의자는 동물의 반응을 이해하는 단일한 틀을 얻으려 애쓰는 과정에서 인간과 짐승 사이의 구분선을 인정하지 않는다. 인간의 행동이 제아무리 세련되고 복잡하다 하더라도 이는 행동주의자의 총체적 탐구 계획에서 단지 일부를 이룰 뿐이다.[40]

'순수하게 객관적인 자연과학의 실험적 분파'가 되기 위해 행동주의자는 오직 자극과 행동 반응만을 기록해야 했고, 그럼으로써 과학을 철학에서 유래한 심리학의 실천─정신 상태에 대한 내적 성찰의 결과로부터 증거를 끌어내는 것─과 구별할 수 있었다. 왓슨은 이렇게 요약했다. "심리학은 화학이나 물리학과 마찬가지로, 내적 성찰을 필요로 하지 않는다." 그러한 과학은 자연스럽게 정신에 대한 어떤 언급도 배제하게 되었다.[41] 왓슨의 말을 빌리면 이랬다.

심리학이 의식에 대한 모든 언급을 버려야 할 때가 온 것 같다. 심리학은 정신 상태를 관찰 대상으로 삼고 있다고 생각하며 더는 자신을 기망할 필요가 없다. 우리는 정신의 요소들, 의식의 본질에 관한 추측적 질문들에 너무 뒤얽혀 있어…… 나는 실험 학도로서 우리의 전제와 그로부터 생겨난 문제의 유형에 뭔가 문제가 있다고 느끼게 됐다. 현재 심리학에서 통용되는 용어들을 쓸 때 우리 모두가 같은 것을 의미한다는 보증은 이제 존재하지 않는다.[42]

내적 성찰을 버리자 동물 실험은 인체 실험만큼의 타당성을 갖게 됐고, '인간과 짐승 사이의 구분선'은 사라졌다. 사실 동물 실험은 윤리적 제약이 더 느슨했기 때문에 잠재적 유용성이 더 컸다. 흰쥐의 행동이 인간의 마음에 대한 대리물이 될 수 있음은 분명했다. 그리고 심리학이 인간의 의식에 관해 할 수 있는 얘기와 관련해 실험적 선택을 끊임없이 정당화해야 하는 데서 자유로워지자, '반응의 예측과 통제 일반을 위한 계획'을 만들어낼 수 있는 공간이 처음으로 열렸다.[43] 예측과 통제가 부각되며 심리학은 개인들을 현대 사회에 적응시키기 위한 도구로 등장하게 되었다.

왓슨은 존스홉킨스 대학의 피프스 병원에서 제자 로잘리 레이너와 함께 리틀 앨버트로 알려진 유아의 행동을 조건반사로 바꿀 수 있음을 보여주었다. 파블로프의 개가 조건반사 소리를 듣고 침을 흘리는 것과 마찬가지로, 리틀 앨버트는 털북숭이 짐승의 출현과 요란한 굉음을 연관시킴으로써 그런 짐승들—처음에는 아마 불가피한 일이었겠지만 쥐로 시작했다—을 무서워하는 것을 학습했다. 적절한 환경은 인간을 순응하게 만들었고, 심지어 인간 본성을 결정했다.

내게 10여 명의 건강하고 사지가 멀쩡한 유아들과 그들을 키울 수 있도록 내가 구체적으로 명시한 세계를 달라. 그러면 임의로 고른 그 어떤 아이라도 훈련시켜 내가 선택한 어떤 유형의 전문가로도 만들 수 있다고 보장하겠다. 의사, 법률가, 예술가, 대大상인, 그리고 원한다면 심지어 거지나 도둑도 만들 수 있다. 아이가 가진 재능, 애호, 성향, 능력, 그리고 조상의 직업과 인종이 무엇이든 간에 말이다.[44]

왓슨은 레이너와의 불륜 관계 때문에 1920년 대학에서 쫓겨났다. 왓슨의 부인 메리는 공화당과 진보당 정치의 지도적 인사였던 해럴드 익스의 여동생이었고, 이혼 재판은 볼티모어의 신문들에서 1면을 장식했다. 왓슨은 광고회사로 자리를 옮겼고, 1924년 『행동주의Behaviorism』를 출간하며 공공적 지식인으로서 지위를 높였다. 레이너와 왓슨은 1928년에 육아 지침서인 『유아와 아동의 심리학적 양육Psychological Care of Infant and Child』이라는 책을 같이 쓰기도 했다. 앞으로 부모가 될 사람들에게는 권하고 싶지 않다.

1920년대에 스스로 '행동주의자'로 지칭한 심리학자들은 왓슨으로부터 관찰 가능한 데이터를 인정하고 조작에 의해 정의되는 개념들을 고수하는 면모를 대체로 받아들였지만, "왓슨의 극단적 환경주의(앞서 아동 학습에 대한 호언장담에서 볼 수 있는 심리학적 의미에서의)나 정신의 존재에 대한 부정은 받아들이지 않았다".[45] 버클리의 에드워드 C. 톨먼은 왓슨의 지나치게 원자론적인 자극과 반응 범주를 비틀어 목적을 유효한 범주로 다시 받아들였다. 예일 대학의 클라크 L. 헐은 마치 자신이 심리학에서 현대의 뉴턴이나 되는 것처럼 행동주의심리학을 하나의 통일된 이론적 체계로 만들고자 했다. 반면 1930년대 말부터 B. F. 스키너는 조작적 심리학을 발전시키는 과정에서 왓슨의 냉혹한 반이론적·반정신적 입장으로 일부 되돌아갔다.[46] 이 모든 작업—그중에서 특히 톨먼의 작업—을 관통하고 있었던 것이 미로 속의 쥐였다. 톨먼은 미국 심리학회의 회장 취임 연설에서 이렇게 단언했다. "나는 심리학에서 중요한 모든 것을 미로의 선택 지점에서 쥐의 행동을 결정하는 요인들에 대한 지속적인 실험적, 이론적 분석을 통해 본질적으로 탐구할 수 있다고 믿습니다. 아마도 초자아의 형성과 같은 문제는 빼고, 사회와 단어들을 포함하는 문제는 제외한 모든 것에서 말입니다."[47] 쥐가 초파리와 함께 20세기의 모델 생명체 대열에 합류한 것이다.

그러나 몇몇 행동주의자들은 실험실에서 쥐만 연구하지 않았다. 예를 들어 왓슨은 1913년의 선언문에서 진화적 설명과 행동주의적 설명의 상보성을 주장했다. 진화 이론이 왜 대물림된 적응이 환경 속에서 살아남는지를 기능적으로 설명해준다면, 행동주의 연구는 어떻게 습관이 학습되는지에 대한 설명을 제공했다. 왓슨은 '특정한 종의 새'(정확하게는 제비갈매기)에 대한 자신의 경험을 인용했다. 그는 플로리다키스 제도에 있는 드라이토르투가스를 방문하고 나서야 "동물들이 어떤 일을 하고 있다"는 사실을 깨달았다. "어떤 행동은 그러한 환경 속에서 특히 효과적인 듯했지만, 다른 행동은 동물들의 생활 유형에 부적합해보였다." 그는 이렇게 보고했다.

> 나는 먼저 집단 전체의 반응을 연구했고, 이후 개체들의 반응을 살펴봤다. 이러한 반응들에서 습관인 것과 유전적인 것 사이의 관계를 좀더 철저하게 이해하기 위해, 나는 어린 새들을 가져와 길렀다. 이런 방식으로 나는 유전적 적응의 출현 순서와 그 복잡성, 나중에는 습관 형성의 시작을 연구할 수 있었다. 그러한 적응을 일으킨 자극을 알아내기 위해 내가 기울인 노력은 다분히 조악한 것이었다. 그 결과 행동을 통제하고 반응을 마음먹은 대로 만들어내려는 시도는 그다지 성공을 거두지 못했다. 새들의 먹이와 물, 교미와 그 외 사회관계들, 빛과 기온 조건 모두 야외 연구에서 통제를 넘어선 것이었다.[48]

'통제'를 달성하기 위해 "이러한 종류의 작업은 조심스럽게 통제된 실험실에서의 실험으로 보완되어야 한다." 야외는 현상이 일어나는 필수적 원천이긴 하지만, 심리학이 개인의 적응에 유용한 도구가 되려면 실험실에 비해 부차적인 것이 되어야 한다고 왓슨은 생각했다. 그러한 교훈을 잊지 않도록 왓슨은 제비갈매기 이야기 바로 뒤에 이렇게 적었다. "오스트레일리아 부족의 원주민들을 조사해달라는 요청을 받았다 해도 같은 방식으로 임무를 수행했을 것이다."[49]

왓슨은 20세기 초에 번창한 심리학의 분파들이 단지 도구만을 제시한 것이 아니라 실행세계의 문제를 해결하는 데 열렬하게 나섰다고 주장했는데, 어쩌면 그의 말이 옳았는지도 모른다.

> 행동주의자의 입장을 옹호할 수 있다는 희망을 내가 갖게 된 것은 모체인 실험심리학으로부터 이미 부분적으로 벗어났고 그에 따라 내적 성찰에 덜 의존하는 심리학의 분파들이 오늘날 가장 번창하는 상황에 있다는 사실 덕분이다. 실험교육학, 약물심리학, 광고심리학, 법심리학, 검사심리학, 정신병리학이 모두 맹렬

하게 성장하고 있다. 이는 때로 '실용' 내지 '응용' 심리학으로 잘못 불리고 있다. 그보다 더 부적절한 호칭은 분명 없을 것이다. 미래에는 심리학을 실제로 응용하는 직업 상담소가 성장할지도 모른다. 현재 이러한 분야들은 진정으로 과학적이며, 인간 행동의 통제로 이어질 폭넓은 일반화를 탐색하고 있다.[50]

왓슨의 동료 칼 래슐리도 토르투가스를 방문했지만, 그는 흰쥐에 연구 초점을 맞추었다. 래슐리는 쥐 학습의 생리학을 추적하고자 했다. 그러나 1920년대에 그는 학습된 행동의 기억이 국소화될 수 있는 쥐 대뇌 피질 내의 특정한 장소를 파악하려는 시도에서 좌절을 맛보았다.[51] 래슐리는 국소화를 거부하고 뇌 전체가 통합적으로 작동한다는 셰링턴식의 '덩어리 작용 mass action' 이론으로 되돌아갔다. 이러한 증거는 왓슨의 학위논문 방법론을 떠올리게 했고, 쥐의 뇌 일부를 선별적으로 제거한 이후에 쥐가 여전히 학습할 수 있는 이유가 무엇인가 하는 질문을 던졌다. 래슐리는 "심리학의 질문에 이러한 유형의 실험적 접근을 취함으로써 수많은 학생들에게 영감을 주었다".[52]

면역학과 갈등

심리학이 적어도 행동주의 계열을 통해 환경 속의 개인을 설명하면서 '정신'을 거부한 20세기 과학으로 발전하는 동안, 이와 나란히 출현한 면역학은 도전적이고 심지어 공격적인 환경에 자기self가 어떻게 대처하는가에 대해 다른 언어를 정립했다. 1900년을 전후한 수십 년간은 미생물학에서 두 개의 위대한 연구 중심지 사이에 과학 논쟁이 벌어진 시기였다. 루이 파스퇴르와 그의 이름을 따서 1888년에 문을 연 연구소가 중심이 된 파리 진영과 로베르트 코흐가 중심이 된 독일 진영이 그것이었다. 논쟁은 면역, 즉 몸이 어떻게 달갑지 않은 침입자들과 맞서 싸우는가에 대한 이론을 중심으로 전개되었다. 여기서 면역학의 은유들이 어떻게 전투, 침입, 격퇴 등과 같은 군사 작전의 이미지를 띠고 있는가에 주목하기 바란다. 이러한 언어는 보불전쟁 이후에 형성되어서 그 인상을 그대로 담고 있다. 은유들은 20세기를 거치며 오히려 심화되고 확대되었다. 에밀리 마틴은 면역학을 다룬 1980년대의 대중 저술에서 나타난 은유와 (중요한 것으로) 그것의 결과 및 대안에 대한 훌륭한 인류학적 연구를 했는데, 여기서 이러한 은유의 몇몇 두드러진 사례들을 인용하고 있다.

> 면역계가 진화한 것은 우리가 미생물의 바다에서 살아가고 있기 때문이다. 인간과 마찬가지로 이러한 생명체들은 스스로 영속화하도록 프로그램되어 있다. 인간의 몸은 그들 중 많은 수에게 이상적인 서식처이며, 그들은 이곳에 침입하려 애쓴다. 이러한 미생물의 존재는 종종 해롭기 때문에, 몸에 있는 면역계는 미생물의 진입을 막거나 이에 실패할 경우 그것을 찾아 파괴하려 한다. ……면역 방어자들이 '외래' 분자를 담고 있는 세포나 생명체를 만나면, 면역 부대가 신속하게 움직여 침입자들을 제거한다.[53]

우리 자신의 몸(자기)은 외래의 비자기non-self에 맞서 전쟁('총력전')을 벌이는 국민국가로 제시되었다. 여기서 상처 그 자체는 '전장'이고, 보호책은 군대로 묘사된 몸의 면역계다. 마틴은 또다른 대중적 설명을 인용한다.

> 인간 면역계의 조직은 무기 기술과 전략 모두의 측면에서 군사적 방어를 연상시킨다. 우리 몸속의 군대는 재빠르고 고도의 이동성을 가진 연대, 특공대, 저격수, 탱크를 마음대로 부릴 수 있다. 우리가 보유한 병정 세포들은 적과 접촉하면 즉시 가공할 만한 정확도를 지닌 자동 추적 미사일을 만들어내기 시작한다. 우리의 방어 시스템은 또한 박테리아를 뚫고 들어가 터뜨려버리는 탄약, 정찰 분

대, 첩보 부대, 그리고 배치해야 하는 부대의 위치와 힘을 판단하는 방어 참모 부대를 보유하고 있다.[54]

이러한 군사적 언어 중 보불전쟁 당사국들에게 의미 있었던 것은 오직 일부에 불과했을 것이다. 고도의 이동성을 가진 연대는 그랬을지 몰라도, 자동 추적 미사일이나 탱크는 아니었을 것이다. 면역학의 은유들은 20세기의 전쟁 기술과 함께 변화했다.

파리와 베를린 사이의 논쟁에서 경합한 두 이론은 '체액 면역'과 '세포 면역'으로 명명됐다. "체액론자들은 전염병에 대한 면역은 혈청 속에서 발견되는 항독소 내지 항체라는 물질이 살균 작용을 한 결과라고 믿은" 반면, 논쟁 상대방은 포식세포라는 세포의 작용을 강조했다. 체액론자들이 보기에 이는 "체액의 화학물질에 의해 죽은 미생물의 사체를 먹어치우는 것에 불과했지만" 말이다.[55] 베를린에서는 지지 증거가 디프테리아 항독소의 놀라운 효과에 대한 관찰에서 나왔다. 1888년에 파스퇴르 연구소의 에밀 루와 알렉상드르 예르생은 디프테리아의 효과를 야기하는 화학물질인 독소를 찾아냈고, 뒤이어 2년 후 베를린에서 에밀 베링과 기타자토 시바사부로北里柴三郎는 항독소의 생산을 발견했다. 항독소를 주사하자 디프테리아로 고열에 시달리던 열 살 아이의 목숨을 구할 수 있었다. 이후 항혈청 생산은 중요한 제약 사업이 되었다. 이론의 측면에서 항독소는 면역 반응이 화학물질의 생산이라는 관념을 극적으로 뒷받침하는 듯 보였다.

하지만 파스퇴르 연구소에서 일하던 일리야 일리치 메치니코프라는 러시아 연구자는 동의하지 않았다. 메치니코프는 우크라이나의 하리코프 인근에서 태어났지만, 연구자로서 초기 기간은 독일의 기센과 괴팅겐, 그리고 헬골란트와 나폴리의 야외 관측소에서 보냈다. 그는 러시아로 돌아온 이후 오데사와 상트페테르부르크에서 두 번 결혼했다. 첫째 부인 루드밀라 페오도로비치는 결핵으로 사망했고, 둘째 부인 올가는 장티푸스로 세상을 떠났다(그때마다 비탄에 빠지고 건강도 악화된 메치니코프는 자살을 기도했다). 러시아를 떠난 후 그는 1882년 시칠리아섬에 있는 메시나에 사설 연구소를 설립했고, 이곳에서 현미경을 통해 해양생물학 연구를 계속했다. 이제 그의 관심은 생명체가 어떻게 침입한 '외래 물체'에 반응하는가 하는 것이었다. "충분히 투명해서 살아 있는 상태로 관찰이 가능한 어떤 하등동물들의 경우, 몸 가운데 움직이는 연장부가 있는 일단의 작은 세포들이 분명하게 보입니다"라고 그는 1908년 노벨상 수상 연설에서 보고했다. "이러한 동물들에서는 아주 작은 상처가 나더라도 이러한 요소들이 손상 지점에 축적됩니다. 작고 투명한 유충에서는 움직이는 세포들이 손상 지점에 다시 집결해 종종 외래 물체들 위로 닫힙니다."[56] 메치니코프는 '부유하는 불가사리 유충인 비피나리아'를 현미경 아래 놓고 집중 관찰했다. "여러 차례 수술이 가능할 정도로 충분히 큰 비피나리아는 투명해서 현미경 아래서 살아 있는 상태로 관찰할 수 있습니다." 그는 다음에 일어난 일을 이렇게 회고했다.

이러한 비피나리아의 몸에 날카로운 가시를 박은 다음 날, 나는 외래 물체를 둘러싸고 일단의 움직이는 세포들이 두꺼운 완충층을 형성한 것을 볼 수 있었습니다. 이러한 현상과 어떤 사람이 가시에 찔려 염증과 화농이 생겼을 때 일어나는 일은 놀랍도록 유사합니다. [다른] 점이 있다면 불가사리 유충에서는 움직이는 세포들이 외래 물체 주위에 축적되는 것이 혈관이나 신경계의 도움 없이 일어난다는 것입니다. 이는 이러한 동물들이 혈관도 신경계도 갖고 있지 않다는 단순한 이유 때문입니다. 세포들이 가시 주위에 모이는 것은 저절로 일어나는 행동 덕분입니다.[57]

메치니코프는 세포 면역 이론을 이렇게 요약했다. "질병은 병의 원인, 즉 외부에서 온 미생물과 생명체 그 자체의 움직이는 세포들 사이의 싸움이 될 것입니다. 치유는 세포의 승리에서 나올 것이며, 면역은 세포들이 미생물의 습격을 방지할 만큼 충분히 활동하고 있다는 징후가 될 것입니다."[58]

이러한 포식세포(침입자를 삼키거나 '먹어치우는' 세포)의 관찰에도 불구하고, 1890년대에 발표된 증거는 논쟁을 체액론자들에게 유리하게 이끌었다. 1895년 코흐의 연구소에서 리하르트 파이퍼는 콜레라균을 세포가 없는 항혈청 내에 두었을 때 분해되는 것을 관찰했고, 파스퇴르 연구소에서 일하던 벨기에 과학자 쥘 보르데는 1898년 세포가 없는 혈청이 항혈청의 작용과 놀랍도록 유사한 방식으로 적혈구의 세포막을 파괴하는 용혈 과정을 발견했다. 보르데는 미생물로 인해 만들어지는 혈청의 특이 작용을 통해 어떤 미생물인지 알아내는 방법을 개발했다. 이 연구는 20세기 초에 발표됐고, 베를린에 있는 코흐 전염병연구소에 의해 즉각 활용되었다. 1905년에 베를린 자선병원의 프리츠 샤우딘과 에리히 호프만은 매독의 병원체로 나선 모양의 미생물을 찾아냈고 이것에 스피로헤타 팔리다*Spirochaeta pallida*라는 이름을 붙였다. 얼마 후 세 명의 코흐 연구자들, 아우구스트 폰 바세르만, 카를 브루크, 알베르트 나이서는 매독의 혈청 검사법을 알아냈다. 1906년에 나온 이 진단 절차—'바세르만 검사'로 이름붙여진—는 20세기 중엽 이전에 유럽과 미국에서 성병에 맞서 전개된 대대적 공중보건 캠페인에서 중심적인 도구가 되었다.[59]

그러나 검사만으로는 충분치 않았다. 바세르만 검사의 공표 때 나타났던 흥분은 1909년 파울 에를리히가 하타 사하치로와 함께 '마법의 탄환' 화학물질을 찾았다고 발표했을 때 더욱 커졌다. 이 물질은 매독을 검사하는 데 그치지 않고 치료할 수도 있었다. 1880년대와 1890년대에 코흐 연구소를 거쳐 갔던 에를리히는 이제 프랑크푸르트에 자신의 연구소를 갖고 있었다. 매독에 걸린 토끼를 가지고 서로 다른 후보 물질들로 시험하는 일련의 장대한 실험들은, 606번 실험에서 아르스페나민으로 성공을 거두며 절정에 달했다. 역사가 앨런 브란트는 아르스페나민을 약으로 만든 형태인 "살바르산의 발견과 함께 에를리히는 현대적 화학요법을 창시했다"고 썼다.[60] 사실

살바르산은 1910년대의 미국 일반의들에게 익숙지 않은 절차였던 정맥주사를 필요로 했고, 몇몇 유독한 부작용을 일으켰기 때문에, 수은 요법—환자를 미치게 만드는 전통적 매독 치료법—에 대한 진정한 대안은 에를리히가 시험한 914번째 물질인 네오살바르산이라는 이름의 두 번째 약제가 개발된 이후에야 등장했다. 브란트는 이렇게 요약하고 있다. "효율성, 예방, 치유의 도구적 이상이 이내 성병과 관련된 전문직의 사고에 영향을 미치기 시작했"고, "성병은 과학적 해법을 가진 과학적 문제로 인식되게 되었다".

에를리히 이야기—특히 질병에 맞서는 '마법의 탄환'의 꿈—는 20세기 전반에 특히 강력했던 과학의 대중적 이미지 중 하나를 제공했다. 파울 에를리히는 '마법의 탄환'이 '혼자 힘으로 목표물을 찾아가는' 항체일 수도 있다고 말했다. 이런 식의 이타적 서사는 질병에 맞서는 인간적 투쟁에서 발견자들을 영웅으로 부각시킬 수 있는 폭넓은 여지를 갖고 있었고, 화학적 약제를 제조, 판매하고 이에 상업적으로 의존하는 성장 일로의 제약회사들에게도 대단히 안성맞춤이었다. 코흐, 파스퇴르, 메치니코프, 에를리히의 이야기는 최초의 과학사 베스트셀러 중 하나인 폴 드 크루이프의 『미생물 사냥꾼The Microbe Hunters』(1926)에서 중요하게 다뤄졌고, 살바르산 발견자의 생애는 아카데미상 후보에 오른 영화 〈에를리히 박사의 마법의 탄환Dr Ehrlich's Magic Bullet〉(1940)으로 만들어졌다(광고 문구는 이랬다. '온 세상이 조롱할 때 두 여자가 그의 편을 들었다. ……그는 세상을 구하려 하고 있었다!').

파울 에를리히의 후보 화학물질 탐색은 그가 함께 발전시키고 있었던 면역 이론—그리고 혈청학의 실천—을 염두에 두고 수행되었다. 실천의 측면에서 그는 혈청 항독소의 정량화와 표준화를 강조했다. "재능 있는 자연철학자 클럭 맥스웰은 만약 우리 시대의 학문을 상징으로 표현해야 한다면 자신은 미터 척도, 시계, 킬로그램 추를 고르겠다고 말한 바 있습니다. 그의 말은 우리가 현재 관심이 있는 탐구 분야의 진보와 관련해서도 아주 적절합니다." 에를리히는 1899년 왕립학회에서 열린 크룬 강연에서 '측쇄 이론side-chain theory'의 발표와 실천을 연결시키면서 이렇게 말했다. "그래서 나는 면역에 관한 이론적 작업을 맨 처음 시작했을 때, 첫 번째 임무로 독소와 항독소 사이의 관계에 관한 탐구 속에 척도와 수치를 집어넣었습니다."[61] 그는 '독소 단위toxic unit'를 '체중 250그램의 기니피그를 4일간에 걸쳐 죽이는 데 충분한 독성 육수의 양'으로 정의했다.[62] 이러한 계량 작업은 유사한 혈청학 절차를 실험실에서 실행세계 환경으로 수출할 때 필수적이었다. 이에 필적할 만한 업적으로 그의 항체 형성 이론의 발전이 있었다. 에를리히는 세포의 표면에 '수용기'가 있고, 이것이 대개 반응에서 특이성을 갖는다고 제안했다. 보통의 경우에는 '먹거리food-stuff' 입자와 반응하지만, 때로는 항원과 반응한다는 것이었다. 그러나 이러한 수용기 내지 '측쇄'들은 분리되어 혈청에 들어가 그곳에서 '항체'로 작용할 수도 있었다.[63]

에를리히의 '측쇄' 이론은 '체액론자들에게 이전에 결여돼 있었던 포괄적 틀을 제공했다'.[64] 측쇄 이론은 1900년대에 되풀이해서 공격을 받았지만, 면역학이 별도의 분야로 등장하는 데 기여했고, 일단의 중심적 질문들을 형성했다. 이는 항체-항원 반응의 본질과 특이성이라는 질문에 답을 제공하고 항체 형성의 메커니즘을 제시하는 동시에, 대학원 연구에 적합한 수행 가능한 연구 문제들―가령 특정한 항체 분자의 특이한 물리적 구조를 알아내는 것 같은―을 만들어냈다. 독일에서 창간된 전문 학술지들은 면역학 분야의 결과물이 발표될 수 있는 출구를 제공했다.

처음에 빈에 있다가 이후 뉴욕의 록펠러 연구소로 자리를 옮긴 카를 란트슈타이너가 제기한 일단의 비판들은 측쇄 이론을 날카롭게 가다듬는 데 특히 도움을 주었다. 란트슈타이너는 1918년에 항체의 생산을 촉발하는 데 있어 항원의 정확한 화학적 성질이 아니라 항원의 정전하의 형태가 중요하다고 주장했다.[65] 앞서 에를리히는 자신이 제안한 측쇄 각각은 서로 다른 분자이기 때문에 특이성을 갖는다고 제안한 바 있었다. 반면 란트슈타이너의 이론에서는 정전기 윤곽만이 특이성을 지녔다. 이 이론은 예컨대 왜 생명체가 자연적으로 접하지 않았을 물질에 반응해 항체가 만들어지는지를 설명해주었다. 항체-항원 반응의 특이성을 설명하는 주형 이론template theory이 발전한 것은 그로부터 수십 년 뒤의 일이었다.

면역학과 정신분석은 자기(자아)에 대한 근본적으로 다른 과학들이었지만, 둘 다 자기(자아)가 어떻게 적대적 세상에 맞서 방어적으로 형성되는지—방식은 매우 달랐지만—에 관해 이야기했다. 비네와 왓슨의 심리학은 직접적으로 실용적인 어떤 것을 제공했다. 다음 장에서 우리는 전 지구적 갈등이 어떻게 이러한 기법 중 몇몇을 폭넓게 적용할 기회를 열어주었는지 살펴볼 것이다.

제II부

갈등하는 세계 속의 과학

제5장
과학과 제1차 세계대전

제1차 세계대전 발발 당시의 다른 자원자와 마찬가지로, 많은 수의 과학자들도 전장에서 싸우고 싶어했다. 헨리 귄 제프리스 모즐리 등 몇몇은 전선으로 곧장 징집되어 병사로 복무했다.[1] 1887년에 태어난 모즐리는 맨체스터의 영향력 있는 지주 가문 출신으로 가족 중에 과학자가 여럿이었다. 친척 중 한 사람은 킹스칼리지에서 자연철학을 가르쳤으며, 아버지는 동물학자로 챌린저호 원정 때 동행했고 옥스퍼드에서 인간 및 비교 해부학을 담당하는 리네커 교수좌를 갖고 있었다.[2] 해리 모즐리*는 옥스퍼드에서 물리학을 공부해 1910년에 평범한 2등학위를 받았고 뒤이어 맨체스터에 있던 러더퍼드에게 실험 시연자로 합류했다. 그는 또다른 과학자 집안의 자제인 찰스 골턴 다윈과 협력하여 연구를 시작했고, X선 과학의 새로운 분야로 방향을 돌렸다. 돈이 많이 드는 연구였고, 러더퍼드의 주된 탐구 방향과는 약간 동떨어져 있었기에 위대한 물리학자를 설득할 필요가 있었다. 모즐리에게 보낸 러더퍼드의 신뢰는 이내 정당한 것이었음이 입증되었다. 모즐리가 리즈 대학의 윌리엄 브래그, 로렌스 브래그 부자의 연구에 입각해서 그들이

---

* 모즐리는 친구들 사이에서 '해리'라는 애칭으로 불렸다.

설계한 X선 분광계를 활용해 백금에서 나오는 다섯 개의 선명한 X선 방출선을 기록해낸 것이다.

1913년 옥스퍼드로 돌아온 이후 모즐리의 연구 계획은 명확했다. 목표물이 되는 백금을 다른 원소들로 대체했을 때의 방출선 스펙트럼을 측정하는 것이었다. 그러나 수많은 실천적 장애물이 있었다. 그는 희소한 실험실 공간뿐 아니라 실험장비까지 얻어와야 했다. 발리올과 트리니티의 공동 연구소에서 게데펌프를, 클래런던에서 분광계를 구했고, 필요로 하는 맞춤형 X선관을 만들어내기 위해 전문가인 유리 부는 직공에 의지했으며, 희토류 원소들은 유럽 물리학을 떠받치는 과학 협력 네트워크를 통해 구해야 했다. 장비를 얻어낸 후 여러 달에 걸쳐 실험실에서 고생한 끝에, 모즐리는 가벼운 원소(알루미늄)에서 무거운 원소(금)까지 다양한 원소들이 만들어내는 X선의 K 및 L 방출선의 진동수를 측정해냈다. 각각의 원소에 할당된 정수와 그 원소에 해당하는 진동수의 제곱근을 짝지어 점으로 표시하자 한눈에 알아볼 수 있는 놀라운 그래프가 만들어졌다. 원소들은 일직선상에 정렬되었고, 몇 군데에는 흥미를 자아내는 간극이 남았다.

모즐리의 해석은 다음과 같았다. 가장 가벼운 원소(알루미늄, 13)에서 가장 무거운 원소(금, 79)까지 증가하는 정수는 원자번호, 즉 원자의 양전하 개수였다. 이 수치를 평상시 원자의 궤도를 채우는 전자의 개수로 해석하면, 진동수와 원자번호 사이의 관계는 보어의 원자 구조 이론에 따를 때 의미가 통하는 듯 보였고, 이는 다시 보어 이론을 지지해주었다(옥스퍼드의 물리학자 프레데릭 린데만은 이러한 기여를 반박했다). 아울러 모즐리의 결과는 주기율표에서 '잘못된 위치의 수수께끼'를 해결하는 데 도움을 주었다. 예를 들어 요오드(53)와 텔루륨(52)의 상대적 배치나[3] 코발트(27)와 니켈(28)의 위치를 바꾸는 것에 새로운 정당화를 제공했다. 마지막으로 정수 43, 61, 75 자리에 남은 간극들은 이러한 원자번호를 가진 미발견 원소들의 존재를 시사했다(훗날 발견되어 각각 테크네슘, 프로메슘, 레늄으로 명명되었다). 모즐리의 결과를 역으로 적용하면 미지의 표본의 원소 구성을 알아내는 수단이 되었다. X 선 연구는 산업체라는 실행세계에 크게 의지했고, 그 반대급부로 재료에 대한 비파괴 X선 검사라는 중요한 분석 기법을 제공했다.

1914년 선전포고가 이뤄졌을 때 해리 모즐리는 영국 과학진흥협회 British Association for the Advancement of Science의 순회 모임차 오스트레일리아에 있었다. 모즐리는 서둘러 영국으로 돌아왔고, 육군 공병대에 장교로 임관해 이후 제1군 38여단의 통신장교가 되었다. 그는 1915년 6월에 다르다넬스해협으로 떠났는데, 그곳에서는 갈리폴리 해변을 통해 터키를 침공하려는 설익은 계획이 진행되고 있었다. 수블라만에 상륙하고 불과 며칠 후인 1915년 8월 10일에 모즐리는 자신이 속한 사단에 지시를 전파하는 도중 터키군 저격수의 총에 맞아 즉사했다.

전쟁 시인 루퍼트 브룩, 아이작 로젠버그, 윌프레드 오언의 죽음이 젊고 재능 있는 예술가에 대한 때 이른 학살을 대표했던 것처럼, 모즐리의 죽음은 동시대인들에게 가장 촉망받고 훌륭했던 과학 인재의 낭비적 희생으로 받아들여졌다. 러더퍼드는 "그런 인재를 소위로 활용하는 것"은 "경제적인 견지에서 루시타니아호를 램즈게이트에서 마게이트까지 버터 1파운드를 운반하는 데 활용하는 것이나 마찬가지"라고 탄식했다.[4] 미국의 로버트 밀리컨은 모즐리의 죽음이 "역사상 가장 흉측하고 돌이킬 수 없는 범죄행위 중 하나"라고 했다.[5] 전쟁을 피해 미국으로 이주했던 벨기에의 과학사가 조지 사턴은 모즐리의 죽음이 '천재'의 비극적 운명을 나타낸다고 썼다.

천재들이 자신의 능력을 입증하고 자신의 머릿속에 있는 보물들을 내놓기 전에 죽는 것은 어쩔 수 없이 일어나는 일임에 틀림없다. 이는 아마도 모든 사건을 통틀어 가장 비극적인 사건일 것이다. 이에 따라 인류가 겪고 있는 손실을 생각해보라. 결국에 가면 모든 위대하고 진정으로 가치 있는 것들은 천재적 개인들 덕분이다. 아울러 인간의 무대에서 예외적인 역할을 하도록 소명을 받은 다음 그것이 시작되기도 전에 휩쓸려버리는 것의 애석함도 생각해보라. 비극은 단지 젊어서 죽었다는 것이 아니라 누군가가 하도록 준비된 일을 미처 하기도 전에 죽었다는 데 있다.[6]

사턴은 이렇게 자신을 위로했다. "모즐리의 죽음"은 "충분히 비극적"이었지만, "그의 명성이 이미 확고했으며…… 그의 기억이 영원히 푸르게 남을 거라는 생각을 하면 슬픔이 다소 누그러진다. 그는 과학에서 불멸의 인물 중 하나이고…… 아름답게 죽었으며" 그의 죽음은 천재적 개인의 "봉헌식"이었다.[7] 그가 실험에 쓰기 위해 임시로 조립했던 유리 기구들은 세속적 성인聖人의 귀중한 유물이 되었다(장치 중 일부는 옥스퍼드에 있는 과학사박물관에 전시돼 있다).

그러나 제1차 세계대전에서 과학의 역할은 일차적으로 자신을 바치는 희생자로서가 아니었으며, 천재적 개인의 기여로 가장 잘 특징지을 수 있는 것도 아니었다. 대신 과학은 전략적으로 중요하게 여겨졌던 경제의 다른 모든 요인과 함께 점점 더 조직적인 방식으로, 집단적으로 동원되었다. 러더퍼드의 탄식은 모즐리의 죽음을 자원의 낭비로 보았다는 점에서 서튼의 관례적 애가哀歌보다 좀더 동시대의 태도에 가까운 면을 보여준다. 거대한 민간 증기선들을 보급선으로 징발해 가장 효율적인 방식으로 활용해야 했던 것처럼, 과학자들 역시 조직해서 일을 시켜야 했다. 모즐리는 국내에서 과학 업무를 제안받았지만 해외에서 싸우는 편을 택했고, 그러면서 1914년 그가 수많은 젊은이와 공유했던 애국적 열정에 응답했다. 불만은 병사를 전장으로 보내서 싸우다가 필요하다면 죽게 만들었다는 것이 아니라, 그의 두뇌를 터키군의 사선 앞에 두는 일은 이를 충분히 효율적이거나 효과적으로 활용하는 방법이 아니라는 점에 있었다.

전쟁을 위한 과학의 조직화

역사가들은 제1차 세계대전이 현대 세계에서 조직화의 증대로 가는 경향을 가속화했다는 데 의견을 같이한다. 신속한 승전의 희망이 사라지면서 각국은 지속적인 전쟁 준비 태세를 어떻게든 유지해야 한다는 사실을 깨달았다. 전장의 군인은 먹이고, 장비를 보급하고, 훈련하고, 치료하고, 매장해주어야 했다.[8] 이러한 상황은 대규모 제조업체에 유리한 상황을 만들었고, 각국은 그들과 관계를 맺고 계획하고 조정하는 법을 배웠다. 전쟁은 또한 보건, 식량 공급, 육아 문제에 대한 국가의 개입도 촉진했다. 여기에 더해 모든 교전국은 핵심적인 전략 물자의 부족으로 고통을 받았다. 나중에 아마도 가장 유명한 사례를 살펴볼 것이다. 영국 해군이 칠레의 질산염 광산을 봉쇄하자 독일은 하버-보슈 공정을 통한 인공 암모니아와 질산염의 대량생산에 나서게 됐다. 마찬가지로 영국, 프랑스, 미국은 고품질의 광학유리(사격 조준기에 쓴다), 합성염료(군복을 물들이는 데 사용한다), 그리고 독일의 독보적인 화학산업에서 나오는 다수의 다른 제품으로부터 단절되었다. 독일의 의약품 시장 지배—화학산업의 강세에서 유래한 또다른 측면—로 인해 전쟁 발발에 즈음해 놀랄 만한 물자 부족 사태가 빚어졌다. 예를 들어 진통제 아세트아닐리드는 파운드당 가격이 20센트에서 3달러로 치솟았고, 해열제로 쓰이던 안티피린은 파운드당 가격이 2달러에서 60달러로 올랐다.[9] 이러한 물자 부족은 다시 미국에서 산업체-대학의 연계 강화를 촉진했다.

역사가 윌리엄 맥닐에 따르면 전반적인 과정은 (종종 정부가 조율하는 국가적 카르텔의 형태로) 대규모 산업을 촉진하고 혁신을 관리하는 식이었다. 이는 두 가지 매우 중요한 결과를 낳았다. 거의 모든 물자의 대량생산과, 계획된 발명의 제도화가 그것이었다. 전반적으로 볼 때 제1차 세계대전은 조직 혁명을 심화시켰다. 이는 19세기 중반부터 말까지 눈에 띄기 시작한 규모, 조직, 효율에 대한 관심의 증가를 가리키는 표현으로 로버트 위비, 앨프리드 챈들러, 루이스 갤럼보스가 이미 설명한 바 있다.[10] 그러나 이러한 혁신의 조직 및 관리의 증가는 위로부터 과학에 강제된 것이 아니라 아래로부터 요청된 것이기도 했다. 뒤에 이어질 영국, 미국, 독일 과학자에 대한 사례연구가 이를 잘 보여줄 것이다.

과학은 실행세계와 독립해서 존재하지 않기 때문에, '선의, 후원, 협력'을 얻어내기 위해 과학자는 항상 자신의 활동을 정치 권력과 사회 제도들에 정당화해야 한다. 역사가 프랭크 터너는 이러한 정당화를 이끌었던 영국의 '공공 과학자들public scientists'에 관해 연구했는데, 그에 따르면 1870년대 이후 정당화의 수사는 "평화, 사해동포주의, 자기계발, 물질적 안락, 사회적 이동성, 지적 진보의 가치에서 집단주의, 민족주의, 군사적 대비, 애국주의, 정치적 엘리트주의, 사회적 제국주의의 가치로" 이동했다.[11] 변화의 배후에는 몇 가지 인과적 요인이 있었다. 정부의 과학교육 지원이 실패했다는 인식이나 생체해부 반대 운동이 거둔 성공에 대한 두려움도 있었지만, 아마도 가장 중요했던 요인은 독일이 산업국가이자 제국주의적 위협으로 두드러지게 발전했다는 사실일 것이다. 1905년 설립된 영국 과학협회 같은 조직들은 특히 영국에서 가장 규모가 크고 너그러운 국가 후원자인 육군과 해군[12]을 로비 대상으로 삼았다. 영국 과학협회의 목표는 다음과 같았다.

> 과학 지식의 획득뿐 아니라 그것의 가치에 대한 인식, 그리고 과학적 탐구 방법, 즉 원인과 결과에 대한 연구를 온갖 종류의 문제들…… [예를 들어] 정치인, 관리, 상인, 제조업자, 군인, 학교 선생[의 문제들]에 활용할 때의 이점에 대한 인식을 촉진하는 것…… 과학교육의 가치는 실험실에서 쓰이는 탐구의 원리들을 이해하고 이를 현대 생활이 평화시나 전시에 제기하는 문제들에 응용하는 힘을 키우는 데 있다.[13]

영국 과학협회가 1910년에 상금을 내건 문제는 영국의 재무장, 특히 해군을 위한 드레드노트급 전함 주문을 둘러싼 논쟁을 배경으로 깔고 있었다. 문제는 "국가적 사안들에서 생존투쟁을 계속하면서 적자생존을 확보하는 최선의 방법"에 관해, 가령 "정당정치 시스템은 지적 능력과 특정한 지식이 요구되는 그러한 방향으로 국가를 위해 모든 최선의 이익을 확보하는 데 충분한가……"에 관해 글을 쓰는 것이었다.[14] 『네이처Nature』의 편집인이자 영국 과학협회를 주동한 인물로서, 영국 과학진흥협회에서 '역사 속에서 지적 능력이 미친 영향'에 관해 강연한 적도 있던 노먼 로키어는 과학의 동원을 촉구했다. 1914년 10월 『네이처』는 사설에서 "이번 전쟁은 이전의 전쟁들과 대조적으로 순수과학과 응용과학이 두드러진 역할을 하는 전쟁이다"라고 주장했고, 전쟁 내내 공공 과학자들은 정부가 과학과 과학자에게 충분히 주목하고 있지 않다며 공격했다. 이렇게 보면 모즐리가 낭비의 상징으로 부각된 것은 전혀 놀랄 일이 못 된다.

하지만 수사와 비교해 실제는 어떠했는가? 영국에서는 신속한 승전의 희망이 사라졌고, 갈리폴리에서의 재난에 가까운 실패가 이를 확인해주었다. 이에 따라 공공 과학자들이 압박의 강도를 높이면서 더 큰 지도력을 요구하고(물론 자신들을 안내자로 제시하면서) 나섰다. 1915년 6월 H. G. 웰스는 『더 타임스The Times』 기고문에서 "우리가 과학자에게 아주 작은 역할만 부여하고 전쟁 수행에서 과학적 방법을 그다지 존중하지 않는" 데 항의했다. 교육 전문가인 필립 매그너스 경도 맞장구를 치며 "우리 과학자는 결코 독일 과학자보다 열등하지 않지만, 독립적으로 일하고 있고 긴밀한 협조도 이뤄지지 않고 있다"고 주장했고, 전기 엔지니어이자 열이온정류기의 발명자인 존 앰브로즈 플레밍도 이러한 정서를 반향해 "결코 능력이 부족하지는 않지만, 외부의 지도력이 전적으로 결여돼 있다"고 했다.[15] 1915년 7월에 정부는 이러한 불만들에 답해 민간인 과학자로 구성된 두 개의 자문위원회를(하나는 육군성에, 다른 하나는 해군에) 설립했다.

이러한 위원회들은 민간인 과학자가 조직화된 전쟁 노력에 기여할 수 있는 통로를 제공했다. 위원회의 설립은 대중적 압력을 달래기 위한 방어적 조치였고, 이는 그 자신 과학자 집안 출신인 해군장관 아서 밸푸어도 사적인 자리에서 시인한 바 있다("나는 그런 식의 대중 정서에 대단한 가치를 부여하고 있지는 않지만…… 위원회의 설립이…… 대중의 요구를 충족시키는 데는 큰 기여를 할 겁니다").[16] 사실 군대, 특히 해군은 군 내부에 기술적 전문성과 혁신 면에서 오랜 전통을 갖고 있었고(재키 피셔 제독이 창안한 드레드노트급 전함을 보라), 대부분의 경우 민간인 공공 과학자는 필요하지 않았다.

그렇더라도 영국 해군의 발명및연구위원회Board of Invention and Research 같은 민간인 과학 기구가 우리에게 흥미로운 것은 세 가지 이유 때문이다. 첫째, 위원회의 설립과 이를 뒷받침했던 논증들은, 제1차 세계대전을 거치며 연구의 조직화 증대나 과학과 과학자 같은 전략적 자원의 관리로 가는 경향이 심화되었다는 증거다. 마찬가지로 정부의 다양한 연구 부처가 군사적 업무를 중복해서 하고 있다는 잦은 불만들—"그들 중 몇몇 혹은 전부는…… 각기 다른 부처가 어떤 시도를 하고 있거나 어떤 성과를 거두었는지에 대해 불완전한 지식을 갖고 있거나 전혀 모르는 상태에서 동일한 문제들에 관한 연구를 하고 있다"—은 단순히 비효율성에 대한 불만 표시가 아니라 조직화와 관리의 증대로 가는 경향을 보여주는 증거로 간주해야 한다.[17] 둘째, 위원회는 그것이 거둔 성과, 특히 대잠수함 방어의 혁신적 기법 때문에 중요했다. 마지막으로 위원회를 통한 민간인 과학자의 참여는 다른 국가들에서 나타난 유사한 경향 및 긴장과 비교해보면 흥미롭다.

위원회는 해군 발명에 대단한 열정을 지닌 '재키' 피셔 제독이 위원장을 맡았고, 가장 저명한 민간인 과학자 및 엔지니어 중 여럿이 참여하고 있었다. J. J. 톰슨, 어니스트 러더퍼드, 윌리엄 H. 브래그, 레일리 경 같은 물리학자, 조지 베일비(금 추출에 필수적인 시안화물 생산 과정의 발명자), 윌리엄 크룩스, 퍼시 프랭클랜드 같은 화학자, 그리고 찰스 파슨스(증기터빈의 발명자), 전기 엔지니어 윌리엄 두델, 야금학자 헨리 카펜터 같은 엔지니어가 여기에 속했다. 그런데 해군의 문제는 아이디어가 부족하다는 것이 아니라 너무 많다는 것이었다. 군 내부 기술전문가들이 추진하는 아이디어에 더해 수많은 제안이 외부에서 밀려들어오고 있었다. 그래서 저명한 민간인 과학자를 끌어들이는 수단뿐 아니라, 대중의 제안 중에서 옥석을 가리는 용도로도 위원회는 쓸모가 있었다. 1915년 7월부터 1916년 12월 사이 위원회는 거의 2만 700건의 발명 아이디어들을 검토했고, 1917년 중반이 되자 이 수는 4만 건까지 늘어났다.[18]

위원회는 전쟁의 수많은 부문—항공기, 기구氣球, 선박 건조, 어뢰, 석유 비축, 인명 구조 등—과 관련된 발명을 검토했다. 그러나 가장 많은 아이디어가 제출된 문제는 전쟁에서 가장 큰 위협이었던 잠수함에 대한 대응이었다. 교전 양측은 국제법과 헤이그 협약을 어기며 잠수함전을 실행에 옮기고 있었다(사실 피셔는 영국의 실험적 함대를 건설하는 데 견인차 역할을 한 인물이었다). 그러나 1915년에 독일이 상선도 정당한 공격 목표라고 선언하고, 특히 1915년 5월에 대양 여객선 루시타니아호가 침몰하면서, 잠수함은 무시무시할 정도로 효과적인 전쟁 무기로 자리를 잡았다. 전례 없는 수준의 선박 상실로 인해 일부에서는 보기 드문 과학적 대응이 이뤄졌는데, 그중에는 바다사자를 마치 파블로프의 개와 비슷한 방식으로 훈련시켜서 유보트를 찾게 하는 방법도 있었다.[19] 그런가 하면 성공한 기법 역시 이상하긴 매한가지였다. HMS 버논에서 이뤄진 해군 내부 연구는 어뢰를 개발했고, 발명및연구위원회는 수중 음파를 이용해 유보트의 엔진 소리를 탐지하는 방법(수중청음기)을 개발하기 시작했다. 1916년에 물리학자 윌리엄 H. 브래그가 이끌던 이 연구는 탐지 한계를 6킬로미터까지 확장했고 잠수함이 있는 방향을 확인하는 방법을 개선하기 시작했다. 연구 인력과 자원도 늘어났다. 민간인들은 영국 해군성 전반, 그중에서도 특히 해군성의 대잠수함 부서가 수행하던 좀더 큰 규모의 연구개발에 작지만 중대한 기여를 했다.

그뿐만 아니라 과학의 조직화는 국경을 넘어섰다. 1915년 3월부터 프랑스의 폴 랑주뱅은 음파탐지를 이용해 잠수함을 찾아내는 아이디어를 발전시켰다. 그는 과거 파리에서 피에르 퀴리의 지도하에 연구했던 효과—석영 결정에 압력을 가하면 미세한 전류를 만들어내는 능력—를 여기에 활용했다.[20] 음파는 압력파이기 때문에 이러한 압전효과는 음파탐지기의 기반이 될 수 있었다. 프랑스에서는 신속하게 결과를 얻어냈다. 1917년 러더퍼드의 학생 두 사람, 캐나다인 로버트 W. 보일과 영국 음파탐지의 핵심 인물 앨버트 우드가 프랑스의 아이디어를 받아들여 초음파 반향을 측정해 잠수함을 탐지하는 방법을 실험했다. 프랑스와의 협력을 통해 이 실험은 소나의 초기 형태인 ASDIC으로 발전했다('ASDIC'은 연합군잠수함탐지조사위원회Allied Submarine Detection Investigation Committee의 줄임말이 아니다. 이 이야기는 1930년대에 사람들이 지어낸 것이었지만, 이러한 별칭에는 다소의 진실이 담겨 있다).[21]

발명및연구위원회는 영국 해군으로부터 독립된 기구였기 때문에 필연적으로 불신과 반대에 부딪힐 수밖에 없었고, 1917년이 되면 거의 해체되기에 이른다.[22] 1915년에 설립되어 해군과 무관한 군사적 발명에서 비슷한 역할을 했던 탄약발명부Munitions Inventions Department도 동일한 압력을 받았다.[23] 그러나 이러한 긴장은 과학에 대한 저항이라기보다는 흔히 볼 수 있는 조직 간의 마찰로 보는 편이 더 온당하다. 과학적 조언을 위한 통로는 계속 유지되었고, 심지어 해군성이 선호하는 해군 내 발명으로 회귀했을 때조차도 그러했다.

민간인 과학자와 영국 군대의 관계에 관한 서술은 미국에서 직접적인 유사 사례를 찾아볼 수 있다. 그뿐만 아니라 역사가 대니얼 케블스가 보여준 것처럼, 제1차 세계대전은 대단히 큰 성공을 거뒀던 예전의 혁신 전통이 새로운 과학 기반 혁신 전통에 도전을 받은 순간이 되었다. 이러한 도전은 해군자문위원회Naval Consulting Board와 국가연구위원회 사이의 대비에서 가장 잘 드러난다.[24] 제1차 세계대전 이전 미국의 군 연구소들은 '간단한 재료 및 장치 시험'과 '시행착오에 입각한 총, 대포, 엔진, 장비류 개선'

에 집중했고, 새로운 무기 개발은 민간인 발명가와 산업체들에 의존하고 있었다.[25] 예를 들어 엘머 스페리는 미국 해군이 1912년에 도입한 자이로안정 장치 기술을 제공했고, 제1차 세계대전 동안 스페리자이로스코프사Sperry Gyroscope Company와 미국 해군 사이의 연계는 더욱 강화되었다. 역사가 토머스 P. 휴즈는 그 속에서 성숙한 형태의 '군혁복합체military-innovation complex'가 작동하는 것을 감지했다.[26]

루시타니아호 침몰 이후 미국 해군장관 조지퍼스 대니얼스는 해군자문위원회의 위원 선임을 관장했다. 그의 계획은 독립 발명가의 열정과 아이디어를 끌어오는 것이었다. 엘머 스페리, 레오 H. 베이클랜드(베이클라이트 플라스틱의 발명자), 프랭크 J. 스프레이그(전차), 그리고 위대한 토머스 앨바 에디슨이 위원회의 책임을 맡았다. 영향력 있는 산업연구소가 자리 잡은 제너럴일렉트릭의 윌리스 R. 휘트니가 위원으로 포함돼 있었지만, 해군자문위원회의 위원들은 군사적 발명을 엔지니어의 전유물로 여겼고, 위원회 그 자체는 미국에서 '가장 위대한 민간인 기계 전문가들'의 집단이라고 생각했다.[27] 물리학자와 그 외 다른 전문 과학자는 배제되었는데, 에디슨의 수석 엔지니어는 위대한 발명가가 그런 결정을 내린 이유를 이렇게 설명했다. "이 위원회를 뭔가에 관해 **말하는** 것이 아니라 뭔가를 **하는** 데 익숙한 **실용적인** 사람들로 채워넣는 것이 그의 바람이었기 때문입니다."[28]

물리학자의 대응을 이끌었던 인물은 조지 엘러리 헤일이었다. 헤일은 설득의 대가였다—앞으로 이어질 장에서 그가 자선가들의 산업적 부를 미국 과학에 대한 지원으로 바꿔놓는 데 성공을 거둔 결과를 보게 될 것이다. 1916년에 헤일은 세계 최고의 천체물리학자 중 한 명이자 캘리포니아 윌슨산 천문대장이었을 뿐 아니라(제8장을 보라) 미국과학원National Academy of Sciences의 개혁을 이끄는 회장이기도 했다. "남북전쟁 때 정부에 전문적 자문을 제공하기 위해 연방정부의 인가를 받아 만들어진 민간 조직"인 미국과학원은 별나고 이례적인 기구로 활동을 거의 하고 있지 않았다. 헤일은 다른 기구들과 협력해 젊은 연구자에게 연구비를 제공함으로써 이를 좀더 의미 있는 기구로 만들고자 했지만, 이 거창한 계획에 돈을 대도록 카네기 재단을 설득하려는 그의 시도는 실패로 돌아갔다. 이제 그는 다른 후원자를 찾고 있었다.[29]

1916년 4월 우드로 윌슨이 독일에 최후통첩을 보낸 지 1주일 후에, 헤일은 백악관으로 가서 아이디어를 하나 제시했다. 국가연구위원회를 설립하자는 제안이었다. 이는 대학, 산업체, 정부에서 끌어들인 과학자들의 기구로, '국가 안보와 복지'를 위한 순수 및 응용 연구를 촉진한다는 역할을 받아, 미국과학원 산하에서 운용되면서 오래된 기관에 생명력을 불어넣을 터였다. 평화주의적 심리학자인 제임스 매킨 커텔은 이것을 '군국주의적'이라고 보았고, 미국 해군은 산하의 해군자문위원회를 지지하며 이를 무시했다. 그렇지만 1916년 6월 9일에 헤일의 주도로 설립된 국가연구위원회는 열띤 갈채를 받았다.[30]

해군자문위원회와 국가연구위원회 사이의 구성 및 가치 차이가 가장 잘 드러난 사건은 대잠수함 방어를 놓고 벌어진 관료적 세력 다툼이었다. 유보트는 대서양 교역에 엄청난 피해를 주고 있었고, 유럽에 대한 개입을 지원하는 미국의 보급에 가장 큰 위협이 되었다. 윌리엄 S. 심스 제독이 제안한 호위함 시스템을 도입하면서 잃어버리는 상선은 3분의 1 정도 줄어들었지만, 유보트는 여전히 수십만 톤의 화물을 바닷속에 가라앉히고 있었다. 해군자문위원회에는 자체 작업장이 없었기 때문에(해군 연구소 설립안은 '목적, 통제권, 위치'를 둘러싼 분쟁으로 지연되고 있었다) 서브마린시그널사Submarine Signal Company에 의뢰해 매사추세츠주 나한트에 공식 실험소를 짓게 했고, 이를 제너럴일렉트릭과 함께 썼다. 다시 한번 대학의 물리학자는 배제되었는데, 이번에는 그들이 "특허 상황을 복잡하게" 만들 거라는 이유에서였다.[31]

국가연구위원회는 영국-프랑스 연합 과학 파견단에서 전달해온 잠수함 탐지장치를 열성적으로 받아들이는 것으로 대응했다. 이 기구들은 나한트에서 개발 중인 장치보다 명백히 더 우수했다. 헤일과 로버트 밀리컨은 미국 해군을 설득해 코네티컷주 뉴런던에 두 번째 연구소를 설립했다. 이 연구소에서는 물리학자들이 프랑스-영국의 발명에 입각해 연구를 할 예정이었다. 나한트와 뉴런던의 연구개발은 모두 성공적인 대잠수함 방법을 만들어냈다. 그러나 "지속적으로 더 많은 장비와 더 많은 물리학자를 끌어들여 1918년 봄에 가면 사실상 나한트를 흡수하게 된 곳은" 뉴런던이었다. 국가연구위원회는 해군자문위원회를 "무색하게 만들고" 있었다.[32] 물리학의 주가는 오르고 있었고, 독립 발명가 엔지니어의 주가는 떨어지고 있었다.

물리학자들은 다른 분야에서도 군 후원자에 대한 자신의 유용성을 입증해보였다. 예를 들어 오거스터스 트로브리지와 시어도어 라이먼은 유럽에 파병된 미국 원정군을 위해 다양한 음향 측정 장비(적 포병대의 위치를 파악하기 위한 장비)뿐 아니라 섬광 측정 기법도 시험했다.[33] 민간 과학의 동원이 가져온 또다른 결과는 군사연구 프로젝트가 대학에 스며들기 시작했다는 것이다. 미국에서는 마흔 곳의 캠퍼스가 "미국 역사상 처음으로 빡빡한 보안 규제의 제약하에" 극비 군사연구를 유치했다.[34] 전반적으로 볼 때 에디슨 모델(작업장 연구소의 뒷받침을 받는 독립 발명)은 실패한 반면, 헤일/밀리컨 모델(산업연구소의 패턴을 따르는 방식으로 계획된 물리학자 주도의 점진적 발명)은 성공했다. 케블스는 "사려 깊은 군 관찰자들에게 이 모든 것의 의미는……분명했다"고 결론지었다. "국방기술의 진전에는 근본적인 물리적 진리와 엔지니어링 데이터"에 의존하는 "과학자 및 엔지니어의 조직화된 노력이 필요했다".

독일에서도 제1차 세계대전은 대학 연구의 군사화, 신무기 개발과 전쟁 방어에 대한 민간 과학의 중요한 기여, 그리고 산업 생산의 조직화 심화—계획된 연구가 그것의 일부를 이뤘다—를 촉진했다. 음향 탐지를 이용한 포병대의 거리 측정은 막스 보른 같은 물리학자뿐 아니라 쿠르트 코프카나 막스 베르트하이머 같은 심리학자도 끌어들였다. 이들에 대해서는 다음 장에서 1915년 이후 새로운 게슈탈트 이론의 창안자로 다시 다루게 될 것이다.[35] 그러나 학–군–산 과학의 가장 악명높은 사례는 화학전의 체계적 수행이었다. 화학전은 결코 일탈행위가 아니었다. 프리츠 하버의 삶과 경력을 추적하면 알 수 있는 것처럼, 화학전은 조직화된 과학과 관리된 혁신이 표현된 결과였다.

1899년 카를스루에 공과대학의 학장이던 카를 엥글러는 어느 연설에서 "경제적 경쟁, 기술의 추구, 산업의 진보라는 대열에서 이탈한 모든 국가는 자국의 생존 그 자체를 위험에 빠뜨리게 됩니다"라고 주장했다. 그는 이렇게 말을 이었다. "생존투쟁—국가의 운명—은 단지 처절한 전장에서뿐 아니라 산업 생산과 경제 성장의 영역에서 결정되는 것이기도 합니다."[36] 이런 식의 사회다원주의적 수사—전쟁은 국가 간 생존투쟁에서 필연적인 요소라는 것—는 1910년대에 드물지 않았다.[37] 엥글러는 앞으로 닥칠 위험을 경고하며 적절한 조치를 요구했던 영국 과학자 윌리엄 크룩스의 발언을 반향하고 있었다. 크룩스는 1898년 영국 과학진흥협회에서 화학이 대기 중 질소를 비료에 쓰이는 질산염으로 바꾸지 못한다면 세계는 기아에 허덕이게 될 것이며 서구 문명은 종말을 맞게 될 거라고 주장했다. 엥글러의 연설을 들은 사람 가운데에는 화학자 프리츠 하버도 있었는데, 그의 삶과 업적은 과학, 산업, 군대라는 실행세계들 사이의 연계를 잘 보여준다.[38]

하버는 1868년 프러시아의 도시 브레슬라우의 유대인 가정에서 태어났다. 그는 독일 대학에 만연한 반유대주의를 잘 알고 있던 아버지의 반대를 무릅쓰고 학문적 경력에 발을 들여놓았고, 베를린에서 화학을 공부했다. 이는 애국적인 선택이었는데, 화학산업의 성장이 독일의 산업경제를 엄청나게 빠른 속도로 견인하고 있었기 때문이다.[39] 물리화학을 전공한 하버는 이 분야에서 으뜸가는 과학자였던 라이프치히의 빌헬름 오스트발트와 함께 연구하려고 지원했다가 퇴짜를 맞았다. 대신 그는 일련의 산업체 일자리와 낮은 지위의 대학 직위를 전전하기 시작했다. 또한 그는 유대교를 버렸는데,

애국적 의무가 이를 요구한다는 역사가 테오도어 몸젠의 주장을 받아들인 것이었다.[40]

1894년 하버는 카를스루에 공과대학의 화학연구소에 조수로 채용되었다. 이 연구소는 바덴주 정부, 그리고 라인강을 따라 60킬로미터 북쪽에 있는 거대 화학회사 바스프BASF와 긴밀한 협력 관계를 맺고 있었다. 그는 브레슬라우 출신의 또다른 화학자 클라라 임머바르와 결혼했고, 연구에 매진했다. 그러다 1903년쯤 빈의 화학공장을 소유한 마르굴리에스 형제가 하버에게 연락해, 자문료를 줄 테니 자기네 공장에서 암모니아가 만들어지고 있다는 흥미로운 징후를 조사해달라고 요청했다. 하버는 질소와 수소를 섭씨 1000도까지 가열하면서 철 가루를 촉매로 첨가해 공장에서의 조건을 재연하려고 시도했다. 그러나 암모니아는 거의 만들어지지 않았고, 그는 마르굴리에스 형제에게 실망스러운 결과를 알려주었다. 여기에 독일 학계의 대단히 경쟁적이고 위계적인 성격이 끼어들었다. 야심만만한 하버는 자신이 선배 학자인 빌헬름 오스트발트나 발터 네른스트와 경쟁하고 있음을 이미 깨닫고 있었다. 1907년에 네른스트는 암모니아 평형점에 관한 하버의 설명을 공개적으로 맹비난했다.

하버는 실험실에서의 노력을 배가했고, 자신이 끌어모을 수 있는 모든 자원을 동원했다. 자신이 거느린 최고의 화학 엔지니어인 영국인 로버트 르 로시뇰에게 일을 맡겼고, 압력을 가능한 최대로 높일 수 있는 최고의 기체 압축기를 구했으며, 산업체를 동맹군으로 끌어들여 바스프가 연구 프로그램을 최대한으로 지원하게 했다. 마지막으로, 얼핏 보기에는 드물게 나타나는 우연의 순간처럼 보이지만 실은 전기기술 및 화학산업이라는 실행세계가 과학에 얼마나 중요한지를 보여주는 사건으로, 1908년에 베를린의 가스 및 전등 회사인 아우어사Auergesellschaft가 하버에게 전구 필라멘트용 물질로 시험해달라며 희토류 원소들을 보내왔다.[41] 하버는 이 희토류 원소 중 하나인 오스뮴을 촉매로 조합을 시도해보았고, 성공을 거뒀다. "여길 좀 봐!

암모니아야!" 하고 하버는 소리쳤다. "지금도 생생하게 기억난다"고 그의
조수는 나중에 회고했다. "암모니아가 1세제곱센티미터 정도 만들어져 있
었다. 이어 엥글러도 합류했다. 정말 환상적이었다."[42]

하버는 재빨리 바스프에 연락을 취했다. 전 세계의 오스뮴을 모두 사들
이라고 그는 조언했다. 그러나 바스프는 엄청난 압력(200기압)과 희토류 원
소를 필요로 하는 실험실 시연을 대규모로 키울 수 있을지 확신이 서지 않
았다. 여기서 바스프의 화학 엔지니어 카를 보슈의 가능성 여부에 대한 판
단이 결정적으로 중요한 역할을 했다. 1900년대 독일 실행세계의 산물인
하버-보슈 공정의 규모 확대는 주장컨대 20세기에 이뤄진 과학의 기여 중
가장 영향력이 큰 것이었다고 할 만하다.[43] 값싼 암모니아는 값싼 질산염 제
조에 쓰일 수 있다. 20세기 후반의 이른바 녹색혁명은 새로운 고수확 교잡
종 작물과 광범위한 농약 및 비료 살포(질산염과 황산암모늄을 포함하는)를 결
합한 것으로, 일부 추산에 따르면 중국과 인도에 사는 20억 명의 사람을 굶
주림에서 구해내게 될 터였다.[44] 이는 하버에 대한 막스 폰 라우에의 추도사
에 담긴 내용—그는 "공기에서 빵을 만들어"냈다—이었다. 녹색혁명은 제
14장에서 다시 다룰 것이다.

그러나 암모니아의 대량생산은 제1차 세계대전 시기 독일이 전투 능력
을 유지하는 데 더 직접적인 영향을 미쳤다. 강력한 산화제인 질산염은 화
약의 원료였고, 질산은 현대적 폭약 생산에 필수품이었다. 전쟁 이전에는
칠레의 광산이 전 세계 질산염 공급을 지배했지만, 칠레와 독일을 잇는 공
급선은 전쟁 초기에 단절되었다. 만약 전쟁이 1870~71년의 보불전쟁처럼
짧고 신속했다면 독일군 사령부는 아무것도 걱정할 일이 없을 터였다. 기존
의 재고만으로 충분했을 테니 말이다. 하지만 기동전이 소강상태에 빠지고
대규모 포격이 군대의 전진에서 적의 방어를 뚫는 무기가 되면서 탄약 보급
은 질산염 부족으로 인해 빠른 속도로 소진되고 있었다. 독일에서 으뜸가는
기술 시스템 조직가였던 발터 라테나우는 바스프를 포함한 산업체들을 애

국적 대의에 동원했다. 하버의 재촉을 받은 보슈는 바스프의 암모니아공장을 질산염공장으로 바꾸었다. 1915년 5월이 되자 바스프는 매일 150톤의 질산염을 생산해 독일의 산업화된 전쟁을 지탱하게 되었다.

독일에서 산업체, 정부, 대학 사이의 강한 연계는 1914년 이전의 여러 해 동안 더욱 강화되었다. 특히 독일에서 가장 저명한 학자 중 한 명이었던 신학자 아돌프 폰 하르나크는 1910년 빌헬름 황제에게 아이디어를 하나 제시했다. 제국주의 국가들이 서로 경쟁 관계로 맞물려 있으니, 학술 연구의 질—이는 다시 오직 풍족한 자금 지원에 의해서만 확보할 수 있었다—이 경쟁의 결과를 좌우할 거라는 주장이었다.[45] 미국에서는 제2차 산업혁명(석유, 철강 등)의 엄청난 부가 록펠러나 카네기 같은 자선가에 의해 연구기관으로 재순환되었지만, 독일의 대학 연구소는 이와 경쟁할 수 없었다. "이러한 상태가 결코 계속되어서는 안 됩니다"라고 하르나크는 결론지었다. "독일 과학과 조국—그것의 내적 힘과 외적 이미지—이 심각한 피해를 받지 않으려면 말입니다."[46] 이 말에 마음이 흔들렸지만 희소한 제국 정부의 자금을 쓰는 것은 꺼렸던 빌헬름 황제는 1910년 5월 14일에 독일의 산업가들을 베를린으로 불러모았다. 독일 산업계의 수장들은 조국을 위해 카이저빌헬름 과학진보협회Kaiser-Wilhelm-Gesellschaft zur Förderung der Wissenschaften에 자금을 지원했고, 이 협회가 새로 설립된 대규모의 카이저빌헬름 연구소들로 독일 산업의 부를 전달하는 것을 관리했다. 이 연구소들은 20세기 독일 과학에서 유력 기관이 되었다.

제1차 세계대전 이전에 설립된 연구소들—대부분 베를린 남서쪽 교외 지역인 달렘에 자리를 잡았다—에는 카이저빌헬름 생물학연구소(1912), 카이저빌헬름 생화학연구소(1912), 카이저빌헬름 뇌연구소(1914, 달렘이 아니라 도시의 반대편인 부흐 소재), 카이저빌헬름 화학연구소(1911), 카이저빌헬름 석탄연구소(1912, 루르 지방의 뮐하임 소재), 카이저빌헬름 노동생리학연구소(1912) 등이 있었다. 전쟁 동안 추가로 카이저빌헬름 연구소들이 문을 열었는데, 카이저빌헬름 실험요법연구소(1915), 카이저빌헬름 독일사연구소(1917, 베를린 소재), 카이저빌헬름 철연구소(1917, 벨기에 국경 인근 아헨 소재), 카이저빌헬름 물리학연구소(1917, 알베르트 아인슈타인이 소장 취임) 등이 포함되었다.

그러나 오늘날 우리의 직접적 관심을 끄는 연구소는 1911년 베를린 달렘에 설립된 카이저빌헬름 물리화학·전기화학연구소이다. 금융가이면서 아우어사(가스등과 전등 제조회사)를 포함한 자산을 운용하던 레오폴트 코펠이 자금을 댔는데, 아우어사는 프리츠 하버와 자문 관계를 맺고 있었다. 하버가 학계에서 좀더 명성이 높은 경쟁자 발터 네른스트를 제치고 명망 있는 카이저빌헬름 물리화학·전기화학연구소의 소장을 맡게 된 데는 코펠의 지원이 있었다.[47] 하버는 1911년 7월에 가족과 함께 카를스루에에서 베를린으로 이사했다. 그는 베를린이 제국의 불안과 애국적 흥분의 절정에 달해 있음을 알게 되었다. 독일과 프랑스는 모로코를 두고 다투고 있었고, 1911년 모로코의 아가디르 항구에 독일 전함 판테르호가 출현한 사건은 잠시였지만 새로운 유럽 전쟁의 개막인 것처럼 보였다.

실제로 전쟁이 발발했을 때, 카이저빌헬름 연구소에 기반을 둔 하버는 제국의 수도 베를린에 뻗은 연락 네트워크의 중추가 되어 있었다. 앞서 본 것처럼, 그는 발터 라테나우와 카를 보슈가 바스프의 암모니아공장을 폭약 생산을 위한 질산공장으로 바꾸는 것을 도울 수 있었다. 이러한 네트워크는 컨설턴트로 성공한, 대학의 화학자였던 프리츠 하버가 화학전의 군사적 조직가이면서 강력한 과학자―병사로서 제국 위계에서 높은 지위를 가진 인물이 될 수 있게 해주었다.

독일이 제1차 세계대전에서 화학무기를 처음으로 활용한 국가는 아니었다. 1914년에 영국, 프랑스, 독일은 각각 최루탄 무기를 연구하고 있었다. 프랑스는 1914년 8월에 최루탄을 시험했고, 독일은 1914년 10월 누브 샤펠 인근에서 재채기를 유발하는 화학물질을 사용했으며, 영국은 일명 악취탄으로 불리는 몇 가지 포탄을 발사할 준비를 했다.[48] 이러한 공격들은 모두 성과가 없었고, 심지어는 당시 적이 공격 사실을 알아채지도 못했다. 그러다 1914년 말과 1915년 초에 전쟁이 교착 상태에 빠지면서 화학전에 대한 태도가 변화하게 되었다. 1914년 12월에 새로운 전술을 필사적으로 찾던 독일군 총사령관 에리히 폰 팔켄하인은 베를린 대학 화학교수였던 에밀 피셔에게 병사들이 '영구히 전투력을 상실하게' 만들 수 있는 화학물질의 가능성에 관해 자문을 구했다. 피셔는 주저하는 태도를 보였던 것 같지만, 프리츠 하버는 열성을 보였다.[49] 그는 염소를 제안했다. 염소 기체는 공기보다 무거워 바람에 따라 움직이다 참호에 스며들 수 있었고, 폐를 공격해 희생자를 질식시켰다.

1915년 1월에 프리츠 하버는 염소를 화학무기로 개발하는 실질적 프로그램을 시작하도록 승인받았다. 하버가 이끈 과학자 집단에는 앞으로 노벨상을 받을 과학자가 셋 포함돼 있었다. 제임스 프랑크와 구스타프 헤르츠(두 사람은 1925년에 물리학상을 공동 수상했다), 그리고 훗날 핵분열을 발견할 오토 한이 바로 그들이었다.[50] 하버는 또한 수백 명의 전문 가스부대원을 모집해 훈련을 시켰고, 이들에게 염소 용기를 다루는 법과 전장에서 독가스를 활용하는 법을 가르쳤다. 1915년 3월에 개발과 훈련 과정은 끝났고, 부대원들은 이프르 돌출부로 보내졌다. 이프르는 참호로 이어진 서부전선에서 불쑥 튀어나온 부분이었다. 이프르의 독일군 지휘관은 처음에 이 새롭고 익숙지 않으며 예측 불가능한 무기를 사용하는 것을 주저했다. 이것이 잔혹 행위라는 비난을 받게 될 것을 알고 있었기 때문이다. 그러나 적의 포격으로 인한 우연한 가스 유출로 세 명의 독일 병사가 사망한 사건으로 염소의 위력을 확신하게 됐다. 1915년 4월 22일에 가스 밸브가 열렸고, 노란색 연기처럼 보이는 염소 구름이 캐나다, 프랑스, 알제리 부대 쪽으로 흘러갔다. 전혀 무방비 상태였던 병사들은 질식하거나 달아났다.

교전 양측은 염소의 최초 활용으로 연합군 방어선에 6킬로미터나 되는 틈이 생긴 것을 보고 깜짝 놀랐다. 준비만 되어 있었다면 독일군이 그 틈으로 쏟아져 들어가서 수백 킬로미터를 진군해 어쩌면 전세를 역전시킬 수도 있었다. 그러나 에리히 폰 팔켄하인 장군은 이프르 돌출부 전투를 "그저 견제 작전으로" 보았다. "이는 '부대를 갈리치아로 이동시키는 것을 은폐'해" 동부전선에 도움을 줄 터였다.[51] 실제로도 겨우 1.5킬로미터를 전진하는 데 그쳤다. 런던의 신문 편집자들은 처음에 공격을 평가절하했다. 하지만 생리학자 존 스콧 홀데인이 4월 29일 공식 보고서를 제출해 가스의 치명성을 확인하자마자 신문 사설과 투고란은 잔혹 행위에 대한 비난으로 가득 메워졌다. 『더 타임스』는 이를 "잔혹한 전쟁 방법"이라고 부르면서 이 방법의 활용은 "모든 민족에게 독일이라는 이름에 대한 새로운 공포를 안겨줄" 것이라고 썼다.[52]

실상은 다른 국가들도 연구, 개발, 생산이 허용하는 한 유사한 방식으로 대응했다. 영국은 같은 해 9월에 로스에서 염소를 활용했다. 염소는 오래가지 못하고 대기 중에 희석되어버렸고, 다른 약점들도 있었다. 이에 따라 화학자들은 재빨리 새로운 화합물들을 개발했다. 프랑스 화학자 빅토르 그리냐르가 분리해낸 포스겐은 대단히 독성이 강하고 색깔이 없으며 희미한 (건초) 냄새가 났다.[53] 방독면 같은 방어기술들이 염소와 포스겐을 부분적으로 막아주었다. 이에 독일은 1917년에 머스터드 가스로 대응했다. 액체인 머스터드 가스는 사용 후 지표면에 여러 주 동안 남아 있다가 접촉하면 피부에 수포를 일으켰고 폐에 들어가면 치명적인 출혈을 유발했다. 제1차 세계대전의 전투에서는 12만 4500톤의 독가스가 쓰였고, 연합국과 추축국이 대략 같은 양(대부분 염소와 포스겐)을 사용했다. 그리고 굳이 따지자면 화학무기는 (적어도 서부전선에서는) 연합국에 더 유리했다. 바람이 주로 그들의 등 뒤에서 불어왔기 때문이다.

교전 양측은 이러한 신무기의 개발과 생산을 위해 화학물질 생산회사, 과학자, 군대 사이에 중요한 동맹 관계를 만들어냈다. 영국, 프랑스, 미국은 각각 자국의 화학전 부서를 확장해 화학을 동원했다. 놀랍게도 미국의 경우

전쟁 말기가 되면 미국 화학자 가운데 10퍼센트가 넘는 이들이 육군의 화학전 부대Chemical Warfare Service에서 일을 돕게 되었다.[54] 당시 발간된 미국 학술지에 따르면, 독가스 프로젝트에 조력을 거부한 화학자는 단 한 사람에 불과했다.[55] 1916년부터 군에 속하게 된 프리츠 하버의 카이저빌헬름 연구소는 제국의 중심에서 1500명의 직원(과학자 150명을 포함해서)을 거느렸다.[56] 생산된 독가스는 병사의 살상과 해충(전선에 우글거리는 이 같은 곤충) 구제에 두루 쓰였다. 역사가 에드먼드 러셀이 주장한 것처럼, 화학전과 살충제 사이의 이러한 연관은 20세기 내내 계속되었다.[57] 하버는 군대 생활에 만족감을 느꼈다. 좀더 구체적으로는 화학무기를 개발한 데 대해 아무런 가책도 느끼지 않았다. 이는 독일인으로서 해야 하는 애국적 임무였고, 화학무기의 심리적 효과 그리고 포탄에 의해 갈기갈기 찢기는 것과 비교해보면 화학무기는 오히려 더 깨끗하고 현대적인 살상 형태라는 것이 그의 생각이었다(영국의 J. B. S. 홀데인 같은 다른 논평가들도 이런 인식을 공유했다). 그의 아내 클라라는 동의하지 않았고, 1915년 5월에 남편인 하버의 군용 권총으로 자살했다.

항공기와 탱크는 조직화된 과학 전문성에 크게 의지했던 두 가지 다른 기술이었고, 교착 상태에 빠진 참호전에 극적인 돌파구를 약속해주었다. 전선 위로 비행할 수 있는 항공기는 전쟁 초기만 해도 라이트 형제의 설계와 거의 다르지 않았지만, 전쟁 말기가 되면 정교하고 강력한 기술로 변모했다. 항공기가 전투에 미치는 영향에 대한 과장된 주장은 제1차 세계대전 이전에도 있었고 이후에도 계속 나왔지만, 항공기가 실제로 담당한 역할은 틈새 기능(정찰, 포격 조준, 항공사진, 적 비행기와의 전투)이었다. 항공기는 종종 추락했고, 신뢰성이 떨어졌으며, 독가스와 마찬가지로 방어기술(개선된 청음장치 같은)로 맞대응이 가능했다. 그런데도 미국의 에디 리켄배커와 독일의 만프레트 폰 리히트호펜('붉은 남작'으로 더 잘 알려졌다) 같은 공중전의 에이스들은 칭송을 받았는데, 이는 특히 산업화된 전쟁과 무명의 병사라는 현실과 대조를 이루는 그들의 개성과 용맹 때문이었다.

항공기의 안정성, 신뢰성, 속도가 증가한 것은 집약적인 개량과 발명이 여러 차례 되풀이된 결과였다. 영국에서는 항공발명위원회Air Inventions Committee가 만들어져 20세기 영국 과학에서 가장 중요한 장소 중 하나인 판버러의 왕립항공연구소Royal Aircraft Establishment를 보완했다. 야금학 같은 과학이 이러한 군사적 연구에 의해 형성되었다. 예를 들어 균열crack에 관한 연구는 전후 기간에 고체의 역학적 성질에 관한 좀더 광범한 추측을 촉발시켰다. 특히 제1차 세계대전 동안 균열의 진전을 금속 소성 변형의 한 양태로 이해한 판버러에서의 연구는 "나아가 현대적 전위dislocation 이론의 전신이 되었다".[58] X선은 새로운 물리학과 직접적 연관성을 갖는 응용법 중 하나로, 재료의 구조와 취약점을 탐색하는 데 쓰였다.

전쟁의 장기화는 지속적 발명의 제도화를 촉진했다. 전략가들은 항공기, 탱크, 내연기관 트럭, 그 외 다른 신기술을 가장 잘 활용하는 방안을 놓고 논쟁을 벌였다. 1918년 영국군의 젊은 참모 장교 J. F. C. 풀러가 소모전을 대신할 새로운 전략을 주장했다. 독일군의 본부와 보급선을 탱크로 직접 타격하고 항공기로 이를 지원하자는 내용이었다. '계획 1919'의 근간을 이룬 이 책략은 군대를 신체로 보는 은유에 의존했다. 적에게 수없이 많은 상처를 내어 피를 흘리며 서서히 죽어가게 만드는 대신, 계획 1919는 '두뇌'를 겨냥했다. 나중에 풀러는 자신의 계획을 "두뇌전"이라고 불렀고, 계획 1919는 "뇌를 관통하는 총탄"이라고 했다. 계획 1919는 군사 전략으로 변모한 신경병리학이었다. 맥닐은 강조점을 달리해 "'계획 1919'의 놀라운 특징은 그것의 실현 가능성이 하나의 무기에 의존했다"는 점에 있다고 주장했다. "계획 입안 시점에는 존재하지 않았던" 빠르고 운용성이 뛰어난 탱크가 그것이었는데,[59] 이는 '의도적이고 계획된 발명'의 전형을 잘 보여준다.

건강도 관리 대상이었다. 전선에서 예방의학은 많은 전염병을 사전에 막았다. "지금까지 전쟁에서 적의 공격보다 훨씬 더 많은 병사를 죽였던 전염병에 대해, 예방접종과 여타의 체계적 예방 조치들을 취함으로써 참호에서 장기간에 걸친 교착 상태가 가능해졌다"고 맥닐은 주장한다.[60] 그럼에도 1918~19년 인플루엔자 유행은 전 세계적으로 제1차 세계대전 전사자보다 더 많은 사망자를 냈다. 전시 사회의 관리를 지원하기 위한 의학 및 과학 전문성의 동원은 야심에 찬 몇몇 분야에서 기회를 만들어냈다. 미국의 심리학이 분명한 사례다.

우리는 앞선 장들에서 알프레드 비네, 테오도르 시몽, 루이스 M. 터먼 같은 심리학자가 어떻게 신생 분야의 지위와 자원을 확보하기 위한 수단으로 지능검사를 개발하여 다양한 고객에게 홍보했는지 살펴보았다. 그렇더라도 제1차 세계대전 이전에는 전문 학자를 제외하면 "정신 검사에 대해 노골적인 적대감까지는 아니더라도 회의적 태도를 보이는 일이 흔했다". 하지만 미국이 전쟁에 돌입하면서 심리학자에게는 '스스로를 증명할' 기회가 생겼고, 이들의 기법 또한 존중받을 수 있는 기회를 얻었다.[61] 이러한 기회주의자 중 한 사람이 미국 심리학회 회장이던 로버트 M. 여키스였다. 그는 1917년 동료들에게 이렇게 호소했다. "우리가 가진 지식과 방법은 우리 군대에 중요성을 지니고 있습니다. 우리 육군과 해군의 효율을 높이기 위해 전면적으로 즉각 협력하는 것이 우리의 의무입니다." 특히 심리학자들은 단지 정신적 무능력자를 가려내는 것에만 그치지 말고 포괄적 봉사를 제공해야 했다. "병사가 군대에서 적절하게 배치될 수 있도록 분류하는" 작업이 그것이었다.[62]

여키스는 헤일의 국가연구위원회 산하 심리학위원회의 의장을 맡았고 또다른 위원인 육군 의무감 윌리엄 C. 고거스의 지지를 얻어냈다. 고거스는 월터 리드가 쿠바에서 벌인 황열병 예방 캠페인에 참여하며 과학을 군사적 맥락에서 활용할 때 생기는 잠재력을 목격한 바 있었다. 1917년 여름 여키스는 터먼과 함께 'A시험'이라는 검사를 시험했고, 그 결과를 컬럼비아 대학에서 분석했다. 얼마 후 그는 장교 후보자를 일반 병사와 분리시키는 근거로 이 검사를 활용하자고 주장하고 나섰다. 여키스에게는 이내 경쟁자가 생겼다. 외판원 후보자를 위한 검사를 개발했던 카네기 공과대학의 월터 딜 스콧과 월터 V. 빙엄은 여키스가 호사가에 불과하다고 생각하며 좀더 일반적으로 적용 가능하고 효율적인 계획을 제시했다. 그러나 여키스와 스콧은 좀더 큰 목표를 위해 협력하게 되었다. 여키스는 이렇게 썼다. "우리는 국방을 위해서뿐 아니라 우리 과학을 위해 더 많은 일을 할 것이다."[63] 얼마 후 그들은 글을 읽고 쓸 줄 아는 신참 병사를 위한 '알파' 검사, 문맹인 병사를 위한 '베타' 검사를 고안했다. 여키스는 육군을 설득해 조지아주 오글레소프 기지에 시험관 양성을 위한 군 심리학교를 열도록 했다. 1918년 5월이 되자 시험관들은 매달 20만 건의 지능검사를 시행했다.[64]

당시 육군이 압박을 받고 있었다는 점에는 의심의 여지가 없다. 미국 육군의 규모는 1917년 3월 장교 6000명, 병사 20만 명이었던 것이 1918년 11월에는 장교 20만 명, 병사 350만 명으로 급격하게 불어났다. 전쟁부장관도 "관련이 없는 원칙이나 미덕—그것이 아무리 훌륭한 원칙이나 미덕이라 하더라도—으로부터 영향받지 않고 재능을 선별하는 모종의 시스템, 즉 되는 대로 사람들을 선택하는 것보다 더 과학적이고, 선호나 첫인상에 의존하는 것보다 더 체계적인 모종의 방법을 고안해낼 필요가 있다"고 시인했다.[65] 케블스는 군대가 심리 검사에 반대 입장을 취했음을 강조한다. "비판자들"이 보기에 "지능검사관들은 진지한 업무에 간섭하고 있었고, 육군에 의심스러운 인사 관행이라는 짐을 지우고 있었으며, 무엇보다도 전통적인 군대의 특권을 침범하고 있었다"고 케블스는 당시 상황을 요약했다.[66] 검사 결과는 경험 많은 장교들의 판단과 마찰을 빚었다. 거기에 더해 군대는 과학자들이 이때를 틈타 자신의 과학에 유용한 데이터를 수집하고 있다고 의심했고, 그러면서 전쟁으로 나아가는 육군의 소중한 시간을 낭비하고 있다고 생각했다. 존 카슨은 좀더 최근에 이뤄진 역사적 연구에서 더 미묘한 상황을 그려낸다. 그는 양측 모두가 전례 없는 대규모 동원의 순간에 직면해 양보를 한 '타협과 변화의 이야기'로 이를 다시 설명한다.[67]

객관성의 언어와 과학의 체계적 응용에도 불구하고, 검사의 고안, 실행, 분석에는 여러 가지 가정들이 전제되어 있었음이 분명하다. 케블스는 자신이 '타고난 지능'을 측정하고 있다는 여키스의 믿음에도 불구하고, "나이트엔진은 패커드, 스턴스, 로지어, 피어스애로 중 어디에 쓰이는가?" 같은 알파 검사 문항에는 암묵적 지식이 개재되어 있었다고 지적했다.[68] 알파 검사의 다른 문항들에는 이런 것들이 있었다.

4. 쇠고기가 양배추보다 더 나은 식품인 이유는 무엇인가?
   □ 맛이 더 좋기 때문에
   □ 영양소가 더 많기 때문에
   □ 구하기가 더 어렵기 때문에
6. 누군가가 당신에게 호의를 베푼다면, 당신은 어떻게 해야 하는가?
   □ 잊어버리려고 애쓴다
   □ 그 사람의 물건을 훔친다
   □ 은혜를 갚는다
10. 전신선을 고정시키는 데 유리 절연체를 쓰는 이유는 무엇인가?
   □ 유리는 전신주가 불타는 것을 막아주기 때문에
   □ 유리는 전류의 누출을 막아주기 때문에
   □ 유리는 값이 싸고 매력적이기 때문에
16. 우리는 왜 국회의원을 가져야 하는가?
   □ 국민은 지배받아야 하기 때문에

□ 그것이 진정한 대의제 정부를 보장하기 때문에

□ 국민이 너무 많아서 직접 만나 법률을 제정할 수 없기 때문에[69]

이 일화를 연구한 세 번째 역사가 프란츠 새멀슨은 "근본적 문제 [중 하나가] 자신들이 사실상 '학교 교육의 결과가 아니라 타고난 능력'을 과학적으로 측정하고 있다는 심리학자들의 믿음이었다"는 데 동의한다. "이러한 믿음에는 아무런 실질적 근거가 없었다. 이것이 그들이 하려고 했던 일이라는 인식, 그리고 지능의 본질에 관해 그들이 사전에 갖고 있었던 가정이 전부였다."[70] 동시대의 증언에 따르면, 문맹자용 베타 검사의 시험관들은 "다양한 훈련소들에서 나온 결과를 비교 가능하기 만들기 위해" "상세하고 구체적인 일련의 발레 같은 무언극으로 검사 방법을 알려주라는 명령"을 받았다. "이는 완벽하게 이해 불가능하고 정신 검사와 무관했을 뿐 아니라, 전체 실행에 대단히 혼란스럽고 집중을 방해하는 신비스러운 분위기를 제공했다."[71] 지루해하고 얼떨떨해진 신병들은 "단체로 꾸벅꾸벅 졸았다". 문맹자들의 지능 측정치는 예상대로 떨어졌다.

여키스의 프로그램은 1919년에 폐지됐다. 그러나 심리 검사는 육군 인력 관리의 특징 중 하나로 남았다. 게다가 여키스와 그 외 심리학자들은 자신의 분야가 전쟁에 애국적 기여를 했음을 열심히 알렸고, 그것이 거둔 외견상의 성공을 상찬했다. 록펠러 재단은 학교에서 활용할 검사를 개발하는 데 2만 5000달러를 내놓았고, 그 결과로 나온 국가지능검사National Intelligence Test가 1920년대 들어 700만 명의 아이들에게 시행되었다.[72] 칼 브리검은 육군의 알파 검사를 학습능력적성시험Scholarly Aptitude Tests, SATs의 근간으로 삼았다. 이는 20세기 들어 미국, 그리고 점차 다른 지역의 대학생들이 넘어야 하는 장애물이 되었다. 기업들도 관심을 가졌다. 터먼은 1923년 미국 심리학회 회장 취임 연설에서, 심리학이 "'사소한 문제의 과학'에서 '인간공학의 과학'으로" 전환되었다고 선언했다. "[앞선] 시대의 심리학자는 평균적인 일반인에게 그저 무해한 괴짜에 불과했습니다. ……오늘날에는 어떤 심리학자도 자신의 과학이 충분히 진지하게 받아들여지지 않는다고 불평할 수 없을 것입니다."[73] 이러한 차이가 생겨난 것은 심리학이 전쟁이라는 실행세계 맥락 속에서 널리 선전된 동원을 해냈기 때문이었다.

마지막으로, 제1차 세계대전기의 지능검사는 좀더 폭넓은 경향에 의해 촉진되고 또 그에 기여했다. 먼저 심리학자들이 고안해낸 지능검사는 유사한 것의 수출로 특징지어지는 세상—산업화와 도시화 과정에서 만들어진—에서 유사성을 판단하는 방법을 보여주는 또 하나의 사례였다. 지능검사의 초기 비판자 중 한 명인 뉴욕주 대법원의 존 W. 고프 판사는 "정신을 표준화하는 것은 전기를 표준화하는 것만큼이나 무익한 일이다"라고 판결했다.[74] 그러나 고프는 두 가지 사항에서 모두 틀렸다. 전기 네트워크의 확장이 협상된 전기 표준의 합의에 의지했듯이, 대중사회에서의 관리 방법도 동등한 정신의 협상된 표준에 의존하는 것으로 볼 수 있었다. 20세기의 제도—교육, 군대, 작업장—는 모두 그러한 논증에 의해 형성될 터였다.

둘째로, 차이의 감각은 유사성의 판단만큼이나 중요했다. 사실 이는 동전의 양면과 같은 존재였다. 미국에서 효율성에 대한 혁신주의 시기의 강조는 질서가 잡힌 사회의 우생학적 전망과 밀접하게 연관돼 있었다. 이러한 문화를 흡수한 장교는 심리학자의 주장을 받아들일 준비가 조금 더 잘 되어 있었다. 카슨은 이렇게 결론 내리고 있다. "적어도 혁신주의가 군대에 미친 영향으로 인해, 장교들은 전통적인 군의 해법으로 처리할 수 없는 문제에 직면했을 때 '과학적'으로 간주될 수 있는 기법들을 필요에 대한 해답으로 기대하는 성향을 갖게 됐다."[75] 지능검사의 결과는 곧바로 우생학 논쟁에 반영됐다. 널리 공표된 결과 중에는 미국 병사의 평균적인 정신연령(13세, 당시에는 '정신박약의 상한선'을 12세로 생각했다)과 흑인과 백인 병사의 상대적 성적이 포함되었다. 이 두 가지 모두 1920년대에 도전을 받아 오류와 숨은 가정들에 입각한 결과임이 밝혀졌지만, 그전까지는 과학적 '사실'로 받아들여졌다.[76]

결국, 심리학은 군대를 전장에 투입하는 것을 관리하는 데 기여하면서 존경을 얻었다. 다른 의료과학도 병사를 전선에 유지하기 위해 동원되었다. 예를 들어 정신과의사들은 꾀병 의심 사례들에서 전문가로서 판단을 내려달라는 요청을 받았다. 이들은 제1차 세계대전 때 '전투신경증shell shock'이라는 범주를 형성하는 데 결정적인 역할을 했다. 이 용어는 심리학자 찰스 S. 마이어스가 창안했는데, 그는 케임브리지에서 실험정신물리학을 확립했고 1890년대에는 토레스해협 원정대의 일원으로 여행을 했으며, 이후 전시에는 음향 잠수함탐지기를 다루는 요원을 선발하는 데 도움을 주는 검사를 고안한 인물이었다.[77] 전투신경증의 증상은 극히 다양해서 몸이 걷잡을 수 없이 떨리거나 상상 속에서 공포를 다시 체험하는 것 등이 포함됐고, 일부는 교감신경계와 관련돼 있었다. 가령 배를 칼에 찔려본 병사가 위경련을 겪거나 저격수가 시력을 잃는 것이 좋은 예다. 또한 전투신경증은 포병대의 포격을 경험하거나 심지어 최전선에서의 경험이 있는 사람에 국한되지 않았다. 흥미롭게도, 고통은 상대적 행위능력에 따라 달라졌다. 고정된 관측용 기구에 탄 사람은 이동성이 있고 스스로 방향을 정할 수 있는 비행기 조종사보다 전투신경증의 희생자가 될 가능성이 훨씬 더 컸다. 전투신경증이 신체적 증상, 즉 신경의 악화라고 보는 사람들과 정신이 망가진 결과라고 보는 사람들 사이에 치열한 논쟁이 벌어졌다. 이러한 논쟁은 오래된 분야와 신생 분야(심리학, 생리학, 정신분석)뿐 아니라, 병사를 다시 전장으로 되돌려 보내길 원하는 군 당국에도 분명하고 명백한 관련성을 갖고 있었다.

영국에서 전투신경증 진단을 받은 엄청난 수의 병사들은 전쟁 이전의 태도—특히 정신이상과 정상 사이에 그어진 확고한 구분선—를 깨뜨리는 결과를 가져왔다. 만약 '건강한 젊은 남성'들이 그토록 갑자기 신경쇠약 증상을 보일 수 있었다면, 고정된 범주들에 의문이 제기될 것이다. '전투신경증'은 이러한 '무인 지대'에 붙인 꼬리표였다.[78] 경향은 생리학적 이해에서 심리학적 이해로 넘어가고 있었다. 정신분석 기법들을 활용한 의사들—W.

H. R. 리버스(토레스해협 원정대의 또다른 일원)나 스코틀랜드에 있는 크레이그록하트 전쟁병원의 윌리엄 브라운 같은—은 휴식이나 전기충격 요법 대신 수정한 대화 치료법으로 전투신경증을 치료했다. 리버스는 1919년 『사이언스Science』에 기고한 논문에서, 전쟁이라는 특이한 조건이 "신경증을 만들어내는 데서 순수한 정신적 요인들이 갖는 중요성을 보여주었고" 아울러 "의식과 직접 연결되지 않는 정신적 경험의 중요성"을 좀더 폭넓게 인지할 수 있게 했다고 썼다.[79] 정신분석 논증에 따르면, 전쟁은 수많은 무의식적 욕망과 폭력적 바람들—억압하는 정신이 억제하려 애쓰던—을 수면 위로 떠오를 수 있게 했다. 실제로 "이전에는 금지되고 숨겨져 있던 온갖 종류의 잔인하고 가학적이고 살인적인 충동들"이 공식적으로 병사에게 허가되고 있었다.[80] 이러한 악전고투의 결과가 정신적 해체와 전투신경증이었다. 집단적 차원에서, 전쟁은 문명에서 억압받던 무의식적 공포를 노출시켰다. 제1차 세계대전은 영국의 의료라는 실행세계에 정신분석이 진입해 논쟁이 이뤄지는 계기가 되었고, 동시에 도덕성, 비겁함, 전쟁을 둘러싸고 고뇌에 찬 국가적 논쟁을 촉발시켰다.

전쟁의 래칫 효과

전쟁에는 전반적으로 어떤 일을 하는 오래된 방식과 새로운 방식 사이의 논쟁을 더욱 예리하게 만드는 경향이 있다. 과학이 논쟁의 양편 모두에 동원되었음을 이해하는 것이 중요하다. 제1차 세계대전의 무시무시한 신무기—독가스, 탱크, 개량된 항공기, 잠수함과 그에 대한 방어—중 그 어느 것도 화학자와 생물학자가 전통적 보급선을 유지하기 위해 했던 기여만큼 중요하지 않았다는 주장도 얼마든지 가능하다. 철도로 운송된 인간과 물자가 철도 종점부터는 말로 수송되어야 하는 전쟁에서, 말을 먹이고 마력을 공급하는 일은 대단히 중요했다. 막스 델브뤼크(노벨상 수상자 막스 델브뤼크의 삼촌)는 전시에 독일의 동물사료 절반 이상을 생산하는 수단으로 효모의 산업적 생산을 조직했다. 이 과정은 하버의 방법을 써서 생산한 암모니아로 영양분을 공급한 배지를 이용했다. 역사가가 '생물기술'의 초기 형태들을 엿볼 수 있었던 것도 유사한 계획 속에서였다. 특히 오스트리아-헝가리에서는 경제학자 카를 에레키가 덴마크에서 거대한 돼지 농장을 운영하는 방법을 베껴 확장했고, 『생물기술Biotechnologie』이라는 책에 이에 대한 전반적 생각을 담았다.[81] 대량 물자 생산에 대한 또다른 기여는 하임 바이츠만이 해냈다. 그는 파스퇴르 연구소에서 개발한 방법에 의지해 녹말을 무연화약 생산에 필수적인 화학물질인 아세톤과 부탄올로 바꾸는 생물기술적 방법을 찾아냈다.[82] 그러나 역사가 로버트 버드에 따르면, "팔레스타인을 유대인의 국가 건설 터전으로 제공한 영국의 밸푸어선언Balfour Declaration이 바이츠만에 대한 감사의 표시에서 나왔다는 얘기는 사실이 아니다".[83]

하지만 유동적이고 안정을 깨뜨리는 전시의 위기 상황이 평화시에는 꿈도 꿀 수 없던 정책의 입안과 도입을 가능하게 한다는 일반화—1917년의 밸푸어선언은 그중 하나의 사례에 불과하다—에는 진실이 깃들어 있을지도 모른다. 그뿐만 아니라 이미 인정받고 있는 '래칫 효과ratchet effect'도 존재한다. 종종 일시적이라는 꼬리표가 달리며 국가안보에 대한 호소로 정당화되었던 전시 도입 조치들이 전쟁이 끝난 뒤에도 계속 남아 있는 경우가 많다는 것이다.[84] 아울러 전쟁에는 국가를 확장시키는 경향이 있다. 제1차 세계대전 시기에 과학과 과학자가 동원되었을 때, 그 결과는 단지 연구 프로그램의 방향 전환이 아니라 국가와 과학 기관들 사이의 상호연결 증가로 나타났다(실제로 헤일과 밀리컨 등 공공 과학자들은 미국의 국가연구위원회 같은 기관을 과학의 외견상 자율성을 보존하면서도 과학을 군사적 의제에 맞게 조화시키는 방식으로 형성해냈다). 그러나 래칫 효과가 과학 정책에서도 나타났을까? 전쟁에 의해 촉발된 과학의 변화가 휴전 협정 이후에도 유지되었을까?

대체로 볼 때 제1차 세계대전기에 동원된 민간인 과학자는 그 뒤 민간인의 삶으로 돌아갔다. 이러한 경향이 미친 한 가지 흥미로운 효과는 여성 과학자들과 관련돼 있다. 1900년에 대학에서 직책이 있는 과학자 중 여성은 1퍼센트에도 못 미쳤다. 그러나 다른 부문과 마찬가지로, 총력전 기간의 긴급한 노동력 수요, 전시에 전형적으로 나타나는 불균등한 사회적 유동성, 그리고 오랫동안 질질 끌면서 변화를 유발한 전쟁에서의 새로운 역할 창출이 합쳐지면서, 여성을 위한 과학 일자리를 촉진하는 조건이 형성됐다. 그래서 캐나다, 오스트레일리아, 영국, 독일 같은 나라에서 '긴급한 인력 수요'가 화학과 공학 분야의 여성 일자리를 만들어냈고, 군용 X선 의학 같은 새로운 응용들이 마리 퀴리나 리제 마이트너를 포함한 여성에 의해 발명되고 실행되었다.[85]

전쟁이 끝나고 많은 과학자가 전쟁 이전의 직업으로 되돌아간 것은 사실이다. 마리 퀴리는 자신의 방사능 프로젝트로, 윌리엄 H. 브래그는 X선 결정학을 계속하기 위해 유니버시티 칼리지 런던으로, 조지 엘러리 헤일은 캘리포니아로 돌아갔다. 그러나 민간인 과학자가 민간인 직책으로 돌아간 것은 결코 놀라운 일이 아니었고, 제1차 세계대전이 과학에 지속적인 영향을 거의 미치지 않았다는 증거로 받아들여져서도 안 된다. 많은 민간인 과학자가 연계를 유지했고(가령 브래그는 영국 해군성에 대한 자문을 계속했다), 좀더 중요한 것으로 제도적 이득을 유지하기 위해 애썼다. 헤일의 국가연구위원회가 겪은 운명은 이를 잘 보여준다. 위원회가 연구 조정에 성공을 거두면서 정부와 산업체가 학문적 과학, 특히 물리학을 존중하는 태도는 더 커졌다.[86] 이전까지 주저하는 태도를 보이던 카네기 재단은 이제 기부금 제공에 더 적극성을 보였고, 이로써 위원회를 안정적이고 영구적인 재정적 기반 위에 올려놓았다. 그뿐만 아니라 정부가 연구 의제를 통제할 것을 우려해 과학에 대한 정부 지원에 깊은 의구심을 품고 있던 헤일 같은 과학자들은 자선재단의 자금 지원이라는 관념을 열성적으로 받아들였다. 그들은 국가연구위원회를 민간 독립 기관으로 유지하면서도 독특한 지위와 법률에 따른 책임을 계속 보유하는 제도적 형태에도 매우 긍정적이었다. 헤일은 우드로 윌슨을 설득해 평화시의 위원회를 이러한 형태의 영구적 기관으로 만들었다. 그의 바람은 한두 가지 수정을 거쳐 승인되었다. "우리는 이제 우리가 필요로 하는 정부와의 바로 그 연결을 갖게 되었다"고 헤일은 환호성을 질렀다.[87]

영국에서는 전쟁에 힘입어 미국과 대체로 유사한 제도적 지형도가 만들어지고 유지되었다. 1911년 국민건강보험 도입에 따라 1인당 1페니씩 징수된 금액을 지출하기 위해 1913년 의학연구위원회Medical Research Committee, MRC가 설립되었다. 위원회는 결핵처럼 '단기적인 특정 문제'를 겨냥하는 대신 장기적인 의학 연구에 자금을 지원하기로 했다.[88] 전쟁 이전, 그리고 전시 기간에 정부는 자신의 전문성이 충분히 깊이 혹은 효율적으로 활용되고 있지 못하다고 끊임없이 주장하는 공공 과학자들의 장광설에 노출돼 있었다. 이러한 과학자들은 1916년 5월에 과학무시위원회Committee for the Neglect of Science를 결성해 계속 자신들의 주장을 펼치면서 정부에 용역을 제공했다. 그러나 영국의 국가연구위원회가 되고자 했던 이 단체는 국가장치의 중심에 더 가까운 기구가 생겨나면서 힘이 약해졌다. 먼저 1915년 7월에 자문기구로 추밀원 과학산업연구위원회Privy Council on Scientific and Industrial Research가 설립됐다. 이 기구는 1916년 12월 1일에 과학산업연구부Department of Scientific and Industrial Research, DSIR로 모습을 바꾸었다. 이는 복잡하고 특이한 기구로서, 절반은 자문위원회, 절반은 작은 정부 관청의 역할을 했다. 하지만 과학산업연구부는 정부 자금을 민간 과학에 전달하면서도, 자문위원회를 통해 어느 정도는 자율성을 유지할 수 있었다.

하지만 전시에 만들어진 이 민간 기구들은 군사적 전문성을 전달하는 기관들에 비하면 중요성이 떨어졌다. 군 제도상의 수많은 혁신이 전후에도 살아남았고, 전쟁 동안 생겨나고 확장된 기술 분야들에서 특히 그러했다. 영국에서는 해군성과 육군성이 확장된 실험 기관들을 유지했다. 하리치 파크스턴퀘이의 해군성 실험소Admiralty Experimental Station나 판버러의 왕립항공연구소가 그런 사례들이었다. 미국에서는 1915년 스미소니언 협회를 본떠 국가항공학자문위원회National Advisory Committee for Aeronautics, NACA가 설립됐다. 찰스 D. 월콧이 간사로 모임을 이끌었고, 전후에 의회를 설득해 계속 유지되었다(NACA는 훗날 NASA로 변모하게 된다). 많은 기구의 예산이 전후 경제적 어려움 속에서 대폭 삭감되었지만, 그보다 중요한 점은 이 기구들이 계속 유지됐다는 사실이다.

전반적으로 볼 때, 역사가 윌리엄 맥닐은 제1차 세계대전이라는 산업화되고 장기간에 걸친 군사적 충돌이 조직화를 향한 변화, 그리고 설사 영구 동원은 아니라 하더라도 추가적인 조정과 상호연결을 향한 변화를 촉진했다고 본 점에서 옳았다. 알렉스 롤랜드는 정부-군대 혹은 과학-산업 관계의 부조화 때문에 "[협력과 증가한 후원] 활동이 그 잠재력에 턱없이 못 미쳤다"고 보았고, 이 점에서 캐럴 그루버와 의견을 같이했다. 하지만 우리는 이러한 실망의 목소리를 보기 드문 협력의 촉진이 이뤄졌음을 보여주는 증거로 아울러 받아들여야 한다.[89] 미국에서, 그리고 어느 정도는 영국과 프랑스에서도 군대는 새로운 기법과 확장된 시설에 접근했고, 과학자들은 전시 노력에 대한 기여를 인정받아 통제력을 잃지 않으면서 위신을 얻었다. 러시아에서의 상황에 대해서는 나중에 살펴볼 것이다.

과학과 민족주의

그러나 1918년에 내부로부터 무너진 이후 침략자의 오명을 뒤집어쓴 독일에서는 전혀 다른 양상이 전개됐다. 새로운 바이마르 공화국에서 과학에 미친 영향은 다음 장에서 다룰 것이다. 바이마르 과학자를 둘러싼 조건 중 하나는 1918년 이후 국제적 과학 연계가 끊어지면서 생겨난 고립이었다. 전쟁에서 처음으로 민족주의적 격정이 분출되던 1914년 10월에, 93인의 서명이 포함된 선언문이 독일 신문들에 실렸다. 부분적으로 발췌해보면 다음과 같다.

문명세계여 들어라!
우리는 독일의 과학과 예술의 대표자로서, 이 자리를 빌려 문명세계에 항변하고자 한다. 우리의 적들은 독일에게 강요되어온 험난한 생존투쟁에서 독일의 명예를 더럽히기 위해 거짓과 중상모략을 일삼고 있다.
(…)
독일이 이번 전쟁을 일으킨 데 책임이 있다는 주장은 사실이 아니다. 독일 국민도, 정부도, 황제도 전쟁을 원치 않았다. ……

그리고 벨기에서 자행된 전시 잔혹 행위—루뱅의 도서관을 불태운 것을 포함해서—를 부인한 후, 이 93인의 '진실의 사자'들은 이렇게 글을 맺었다.

우리의 전쟁이 국제법을 무시하고 있다는 주장은 사실이 아니다. 독일은 규율 잡히지 않은 잔혹 행위를 알지 못한다. 그러나 동부에서는 야만적인 러시아 군대에 의해 무자비하게 도륙된 여자와 아이들의 피로 땅이 물들고 있고, 서부에서는 덤덤탄이 우리 병사들의 가슴을 꿰뚫고 있다. ……

우리의 이른바 군국주의에 맞서는 싸움은 우리 문명에 맞서는 싸움이 아니라는 주장은 사실이 아니다. 그러나 우리의 적들은 위선적으로 마치 그런 것처럼 가장하고 있다. 독일 군국주의가 없었다면, 독일 문명은 오래전에 제거되었을 것이다. ……독일 군대와 독일 국민은 하나다. ……

우리는 거짓이라는 유독한 무기를 적들의 수중에서 떼어낼 수 없다. 우리가 할 수 있는 일은 적들이 우리에 대해 허위 증언을 하고 있음을 온 세계에 선포하는 것뿐이다. ……

우리를 믿어라! 우리가 문명국가로서 이 전쟁을 끝까지 수행할 것임을 믿어라. 우리는 괴테, 베토벤, 칸트의 유산을 우리 자신의 단란한 가정만큼이나 신성한 것으로 여긴다.

서명자 중에는 저명한 학자 및 예술가의 이름과 함께 독일 과학에서 가장 걸출한 이름 중 몇몇이 포함돼 있었다. 프리츠 하버, 막스 플랑크, 빌헬름 분트, 아돌프 폰 바이어, 파울 에를리히, 에밀 폰 베링, 에밀 피셔, 에른스트 헤켈, 필리프 레나르트, 발터 네른스트, 빌헬름 오스트발트, 빌헬름 뢴트겐 등이 그들이었다. 물리학자 게오르그 프리드리히 니콜라이가 조직한 대항 선언문인 '유럽을 위한 선언'은 알베르트 아인슈타인을 포함해 정확히 네 명의 서명자가 지지했지만, 공표가 되지 않았다.

연합국의 과학 기관들은 보복 조치를 취했다. 런던 왕립학회 회원들은 모든 독일인과 오스트리아인을 외국인 회원 명단에서 뺄 것을 요구했고, 프랑스 과학아카데미는 선언문에 서명한 사람을 회원에서 축출했다.[90] 조지 엘러리 헤일은 프랑스 쪽과 교신을 취하면서 독일 과학자 배척에 격하게 동의를 표했고, 아울러 독일의 이해에 반하는 방식으로 국제적 과학 기관을 재구성할 기회를 포착했다. 1918년 초에 헤일은 독일과 맞서 싸우는 나라들이 제각기 그가 만든 국가연구위원회와 흡사한 기구를 설립할 것을 제안했다. 이어 이러한 기구들은 연합해 연합국간연구위원회Inter-Allied Research Council가 되었다.[91] 그 결과 1919년에는 수많은 정치 공작을 거쳐 국제연구위원회International Research Council가 만들어졌다. 이 기구는 연합국과 중립국으로 구성되어 추축국을 배제하도록 특별히 설계되었다. 일본

과학자는 대단히 미묘한 위치에 있었는데, 그들의 제도적 연계는 종종 독일과 이어졌지만, 전시에 일본은 연합국 편에서 싸웠기 때문이다.

네덜란드의 천문학자 야코뷔스 C. 캅테인 같은 진정한 국제주의자들은 이처럼 과학이 "사상 처음으로 무기한 적대적인 정치 진영으로" 분열하는 것을 비난했다.[92] 기술에 의해 조직되고 과학의 특징으로 여겨진 국제주의는 니콜라이와 아인슈타인의 '유럽을 위한 선언'의 주제이기도 했다.

> 이전의 그 어떤 전쟁도 문화적 협력을 이토록 완벽하게 망가뜨리진 못했다. 이는 바로 기술과 통신의 진보가 필연적으로 보편적, 전 세계적 문명의 방향으로 움직일 국제 관계의 필요성을 깨달아야 함을 분명하게 시사하는 시점에 나타났다. ……기술은 세계를 축소시켰다. ……여행은 너무나 널리 퍼졌고, 국제적 공급과 수요는 너무나 뒤얽혀 있으며, 유럽—거의 전 세계라고 말해도 무방하다—은 심지어 이제 단일한 단위다. ……오늘날 맹위를 떨치고 있는 다툼은 거의 '승리자'를 낳을 수 없으며, 거기 참여한 모든 국가는 십중팔구 엄청나게 높은 대가를 치르게 될 것이다. 따라서 현재의 전쟁이 어떻게 귀결되든, 모든 나라의 교육받은 사람은 앞으로 전쟁의 불씨를 남기지 않을 유형의 평화조약을 체결하는 쪽으로 영향력을 발휘하는 것이 현명할 뿐 아니라 필수불가결해보인다.[93]

영향력을 행사하는 일에 착수한 '교육받은 사람' 중 하나가 영국의 천문학자 아서 S. 에딩턴이었다. 그는 아인슈타인의 일반상대성 이론에서 예견된, 일식 때 별빛이 휘는 효과를 관찰하기 위해 1919년 브라질 원정을 조직했다. "전쟁은 막 끝났고, 빅토리아 시대와 에드워드 시대의 자족적 태도는 산산조각이 났다. 사람들은 자신이 지닌 모든 가치와 이상이 방향을 잃어버렸다고 느꼈다"라고 어니스트 러더퍼드는 회고했다. "이제 갑자기 그들은 독일 과학자의 천문학적 예측이 영국 천문학자들의…… 원정에 의해 확인된 것을 알게 됐다. ……이는 공감을 불러일으켰다."[94] 그러나 원정이 당연한 결론으로 받아들여진 것은 결코 아니었다. 원정은 격렬한 반독反獨 항의에 직면했다. 퀘이커교도였던 에딩턴이 평화주의에 강한 신념을 갖고 있지 않았다면 성공하지 못했을 것이다. 그는 국제적 과학이 평화주의의 좋은 예가 된다고 생각했다. 그뿐만 아니라 "이러한 아인슈타인 이론의 시험을 정치적 갈등에 휘말린 국가들에 속한 과학자 간의 솔직하고 조화로운 협력으로 보는 집단적 기억은 여러 해 뒤까지도 확고하게 받아들여지지 못했다"라고 이 원정의 역사를 기술한 매튜 스탠리는 적고 있다. "원정이 그러한 유의성을 갖게 된 것은 이를 국제적 과학 관계의 이정표로 제시하는 에딩턴의 의도적 노력을 거친 이후의 일이었다."[95] 그래도 상징은 완벽했고, 그 결과는 아인슈타인의 위대한 명성을 더욱 높였다. "하늘의 징후를 말해줄 수 있는 예언자는 항상 신뢰를 받는다"라고 J. B. S. 홀데인은 썼다.

과학 국제주의 정신을 재천명하려는 논쟁적 시도의 일환으로, 스웨덴 과학아카데미는 전쟁 이후 처음으로 시상된 두 개의 노벨상을 대놓고 독일인에게 수여했다. 심지어 두 사람—막스 플랑크(1918년 물리학상, 에너지 양자 발견)와 프리츠 하버(1918년 화학상, 암모니아 합성)—은 모두 '93인 선언'에 서명한 이들이었다. 특히 하버는 독가스전의 아버지로 증오의 대상이었다. 이와 대조적으로, 독일과 오스트리아 과학자는 수많은 국제 회합에 참석이 금지됐다. 1922년에 회합을 가진 국제연맹의 지적협력국제위원회Commission internationale de coopération intellectuelle나 같은 해에 재개된 솔베이 회의가 그런 사례였다.[96] 마찬가지로 제5차 국제수학자대회는 이제 프랑스 도시가 된 스트라스부르에서 개최됐고, 독일 수학자를 배제했다.[97] 그러나 방사능 연구 같은 몇몇 분야에서는 전문직과 개인적 차원의 유대가 너무나 강해 진정으로 국제적인 공동체가 전쟁을 견디고 살아남았다. 예를 들어 러더퍼드는 메이어의 빈 연구소를 후원하기 위해 라듐 구입을 조직하기도 했다.[98]

미국의 철학자 존 듀이가 1916년에 쓰기를, 과학은 "전쟁의 기계들을 보다 치명적으로 만들었을 뿐 아니라, 전쟁이 도래했을 때 저항과 인내의 힘도 아울러 증가시켰다"고 했다. 그러나 듀이는 전쟁의 재앙에 대한 대응이 과학의 거부가 아니라 확대여야 한다고 주장했다.

진보에 없어서는 안 될 예비 조건은 과학적 발견을 물리적 에너지, 즉 태양, 석탄, 철 에너지를 활용하는 발명으로 전환함으로써 공급되어왔다. ……지금 우리가 직면한 문제는…… 종류는 같아도 주제가 다른 문제다. 이는 우리가 찾은 집단적 인간 본성의 필요와 역량을 발견하는 문제이며…… 이용 가능한 힘이 그러한 필요 충족을 위해 작동하도록 할 사회적 기제를 발명하는 문제이기도 하다.[99]

듀이는 초등학생에게 과학적 탐구 과정을 교육할 것을 권고했다. 이는 그가 『우리는 어떻게 사고하는가How We Think』(1910)에서 강조했던 대로, "어떤 주제에서도 유익한 것으로 밝혀진 유일한 사고 방법"이었다. 이 방법은 한번 배우고 나면 모든 것에 적용되었다. 교육은 "광택제나 세제, 표백제, 혹은 가솔린 엔진"에서 시작할 수 있었다. "과학적 정신에 입문하지 못하면 인류가 지금까지 효과적으로 방향지어진 반성을 위해 고안해온 최고의 도구들을 갖지 못하게 된다".[100] 듀이의 철학은 미국에서 전간기의 과학 교육을 형성했다.

그러나 전반적으로 볼 때, 제1차 세계대전은 서구 문명에 재앙으로 여겨졌다. 일각에서는 독가스와 여타 기술을 인용하며 과학이 현대의 산업화된 전쟁의 무시무시한 특징에 기여했다고 비난했다. 허버트 코프먼은 『보스턴 선데이 헤럴드Boston Sunday Herald』에 기고한 글에서 단 하나의 예를 들어 이렇게 썼다.

반세기 동안 우리는 과학자들에게 자유롭게 기부하고, 후원하고, 활동을 독려했다. 공동체 자금은 과학자들이 훈련받는 기관에 지불되었고 그들의 실험을 후원했다.

그러는 동안 우리는 이러한 노력이 문명의 이익을 촉진하는 것이라고 믿었다.
……

오늘날 우리는 과학의 진보를 통해 비로소 가능해진 비인간성의 증거 앞에서 공포에 질려 있다.

화학이여, 역사의 법정 앞에서 고발되고 수치를 느낄지어다! ……너는 악랄하고 귀신 같은 장치들에 너의 재능을 팔아넘겼다. ……너는 살인자로 돌변했고 승냥이떼와 함께 날뛰었다.

그러나 종국에 가면 우리는 너를 처벌할 것이다.

이러한 비판은 1916년 8월 『사이언스』에 실린 편지에서 대수롭지 않게 받아들여졌다. 한 논평가는 "전쟁의 공포에 대한 책임을 화학에 떠넘기는 것은 야간에 일어나는 범죄의 책임을 천문학에 떠넘기는 것과 다를 바 없다"고 적었다.[101] 하지만 "과학이 전쟁이 가한 고통의 양을 증가시켰다"는 좀더 폭넓은 지적은 받아들여졌다. 과학이 제1차 세계대전이라는 문명의 재앙에 너무나 밀접하게 연루돼 있었다는 사실은 전후 시기를 특징지은 전반적 위기감에 일조했다. 이는 독일에서 가장 크게 나타났다.

제6장

위기: 양자 이론과 그 외 바이마르 과학

4년에 걸쳐 두 개의 전선에서 소모전을 펼친 독일은 1918년 늦여름에 내
부로부터 무너져내렸다. 육군과 해군이 반란을 일으켰고, 공산주의 선동가
들은 베를린 장악을 위해 당국에 맞서 싸웠다. 11월에 황제 빌헬름 2세가
퇴위해 네덜란드로 망명했고, 새로운 독일 공화국이 탄생했다. 1919년부
터 나치당이 쿠데타를 일으킨 1933년까지 존속했던 바이마르 공화국은 결
코 안정되지도, 견실하지도 못했다. 어마어마한 균열이 독일 정치에 퍼져
나갔고, 취약한 중심부는 극우와 극좌로부터 끊임없는 압박을 받았다. 이
러한 불안정의 원인이자 결과였던 1920년대 초의 극심한 인플레이션은 바
이마르 문화 전반에 퍼진 위기감을 더욱 부채질했다. 정치적 위기와 경제적
위기는 도덕적 위기와 지적 위기의 감각을 키웠고, 이는 다시 '학문의 위기'
에 대한 불안을 부추겼다.[1] 1918년 초에 독일인 대다수는 예견된 승리를 확
신했지만, 그 해 12월이 되자 그들이 속한 사회는 무너지고 말았다. 위기에
대한 인식은 몰락이 가져온 충격에 비례해 깊어졌다.

위기에 대한 반응

독일 과학은 제1차 세계대전 이전의 수십 년 동안 전 세계를 선도하고 있었다. 그러나 전쟁의 참화, 내부 분란, 사실상의 경제 파탄 등이 연속으로 들이닥쳤고, 이로 인해 독일 과학의 영광이 스러졌다고 해도 그리 놀라운 일은 아니었을 것이다. 하지만 오히려 독일 과학은 놀라운 창조성의 시기로 접어들었다. 위기의 문화—그것이 과학의 조직을 완전히 망가뜨리지만 않았다면—는 바이마르 시기의 지적 산물에 독특한 맥락을 제공해주었다.

인식된 위기를 완전히 무시하는 것을 논외로 한다면, 이에 대해 몇 가지 가능한 반응들이 있다. 첫째, 기존 제도들이 질서의 오아시스를 제공할 수 있도록 이를 방어하고, 지키고, 확장할 수 있다. 기술 시스템과 거대 산업 복합체들은 이러한 제도의 사례를 제공한다. 둘째, 새롭고 더 견실한 토대의 탐색에 나설 수 있다. 수학에서는 토대를 둘러싼 한 세기에 걸친 불안이 바이마르 수학자들의 심대한 개입에서 절정에 달했다. 마찬가지로 실험심리학에서는 새로운 기본 개념들에 입각한 연구 프로그램들이 부활해 균열된 분야, 그리고 아마도 균열된 사회를 치유할 수 있는 수단을 약속했다. 전반적으로 볼 때 바이마르 문화는 역사가 피터 게이가 '전체성에 대한 갈망 hunger for wholeness'이라고 불렀던 것으로 특징지어졌다. 분할, 환원, 분석을 거부하고, 대신 전일론과 종합을 추구하려는 열망 말이다.[2] 셋째이자 마지막으로, 과학자들은 위기를 받아들이고 보다 폭넓은 문화의 분열을 반영한 과학을 발전시킬 수 있다. 역사가 폴 포먼은 문화적 위기가 물리학 이론에 강하게 각인되어 바이마르 시기 동안 물리학자들이 정립한 양자 이론의 중심적 특징들을 구축했다는 주장을 펼쳤다. 이에 대해 다른 역사가들은 이견을 제시했다. 그의 주장—'포먼 명제'—은 활기 넘치는 논쟁의 주제가 되었고, 바이마르 과학에 대한 역사가들의 해석에서, 그리고 더 나아가 과학지식의 사회사 일반에서도 매우 중심적인 위치를 차지하고 있다. 이 장에서는 포먼 논쟁의 양측이 어떤 주장을 펼쳤던지 살펴보기 전에 먼저 양자 이론의 놀라운 발전을 개관한 후, 수학, 심리학, 화학공학을 차례로 검토할 것이다.

양자물리학

양자물리학의 출현에 관해 앞서 다뤘던 내용을 되새기는 것으로 시작해보자.[3] 1900년에 막스 플랑크는 양자화된 공진자로 해석 가능한 수학적 항을 자신의 방정식에 집어넣었다. 베를린의 제국물리기술연구소에서 이뤄진 스펙트럼에 대한 경험적 측정치를 이해하기 위해서였다. 1905년에 알베르트 아인슈타인은 이러한 공진자를 양자화된 항으로 해석하는 데서 그치지 않고, 빛의 불연속적 꾸러미, 즉 빛 '양자'의 개념을 변칙적인 물리 현상—광전효과가 진동수에 의존하는 현상이나 저온에서 비열이 감소하는 현상 등—을 설명하는 데 적용했다.[4] 아인슈타인의 개입은 물리학자들을 둘로 갈라놓았다. 중요 이론가 중에는 빛 양자를 받아들인 사람이 아무도 없었지만, 독일의 요하네스 슈타르크나 영국의 W. H. 브래그 같은 몇몇 실험가는 이를 받아들였다. 물리 세계가 어떤 근본적이면서도 더 줄일 수 없는 덩어리성 혹은 불연속성을 갖는다는 관념은 1900년대에 널리 퍼져 있었다. 1911년 솔베이 회의에 모인 엘리트 과학자들조차도 적어도 사적인 자리에서는 판단을 보류하고 있었다.

1913년 닐스 보어가 빛 양자 이론을 활용해 자신이 내놓은 원자의 양자 모델의 안정성을 설명하자 관심이 커지고 추가적인 연구가 이어졌다. 해리 모즐리는 전장으로 떠나기 전날 밤에 보어의 모델을 강력하게 뒷받침하는 듯 보이는 X선 결과를 얻어냈다. 아인슈타인 역시 전쟁 동안 베를린에서 보어의 이론에 의지해 물질과 전자기 복사 사이의 열역학적 평형이 일어나는 과정을 논의했다.[5] 그러나 전쟁이 터지면서 유럽의 일부 물리학자는 정신적 외상을 입어 과학 연구에 집중할 수 없게 됐다. 다른 한편으로 그들이 가진 기술을 다른 이들을 위해 애국적으로 응용할 수 있는 기회가 되기도 했지만 말이다.

1916년에 닐스 보어는 코펜하겐 대학에서 종신교수직을 얻었고, 이내 두 가지 일로 바빠졌다. 하나는 이론물리연구소의 설립을 조직하는 것이었고(1921년에 성공적으로 문을 열었다), 다른 하나는 자신의 양자 이론의 종합을 심화시키는 것이었다. 그는 양자화된 수소 원자에 대한 이론적 분석을 통해 수소 방출 공식을 유도해 사람들을 깜짝 놀라게 했는데, 이제 이러한 분석은 더욱 확장되었다. 첫째, 뮌헨의 이론물리연구소 소장 아르놀트 조머펠트는 제2의 양자수를 도입해 수소 원자의 스펙트럼이 왜 미세한 구조적 세부사항을 나타내 보이는지를 설명했다. 보어는 이 숫자를 4만 번 회전에 1번꼴로 나타나는 전자 궤도의 세차운동과 관련된 것으로 해석했다.[6] 둘째, 이러한 결과에 곧장 뒤이어 동부전선에서 글을 써보낸 카를 슈바르츠실트와 러시아 태생으로 독일 당국에 의해 억류되어 뮌헨에 머물고 있던 파울 엡스타인은 왜 수소 스펙트럼이 전기장에 의해 미세하게 변형되는지—이러한 현상은 요하네스 슈타르크에 의해 정확하게 측정되었다—에 대한 설명을 제공했다. 셋째, 1917년에 조머펠트와 그의 예전 학생 피터 디바이는 보어의 이론을 활용해 제만 효과(스펙트럼선이 자기장에 의해 여러 개로 갈라지는 현상)에 대한 설명을 발표했다.

하지만 고전적 상과 양자적 상의 관계는 무엇일까? 이러한 결과들을 접하고 대담해진 보어는 "양자 이론과 고전 전기역학 사이의 연관성이 갖는 특징을 추적하는 과정에서" 이제 자신의 "대응 원리correspondence principle"를 제시했다. 그는 1922년 노벨상 수상 강연에서 이렇게 말했다.

[대응 원리에 따르면] 복사의 방출에 수반해 일어나는 정상 상태들 사이의 전이

는 조화 성분들로 거슬러올라갑니다. 원자의 운동은 이러한 성분들로 분해할 수 있으며, 고전 이론에 따르면 이러한 성분들은 입자의 운동이 일으키는 복사의 성질을 결정합니다.[7]

결과적으로 이러한 일견 대단히 명확한 '원리'는 고전 전기역학의 방식으로 이뤄진 기술記述에서 양자 이론의 방식으로 이뤄진 기술로 넘어가는 능력을 말해준다. 보어는 네덜란드인 제자 한스 크라메르스와 함께 궤도상에 더 많은 전자들을 추가하는 식으로 좀더 큰 원자들을 이해할 수 있음을 보이고자 열성적으로 작업했다. 궤도상의 전자들에 대해서는 이제 대응 원리에 따른 해석이 가능했다. 전자들은 연속적인 껍질들을 채웠다. 안쪽 껍질에 두 개, 두 개의 2단계 껍질에 각각 네 개씩 하는 식이었다. 사실상 그들은 고전 원자와 양자 원자 사이를 번역하는 언어를 만들어내고 있었는데, 이 언어에는 여전히 궤도나 섭동 같은 예전 논의의 어휘들이 다수 남아 있었다. 그럼에도 보어와 크라메르스의 계산에서 유도된 주기율표는 물리학계에 매우 강한 인상을 남겼다. 멘델레예프의 주기율표가 보여준 규칙성을 이제 양자역학을 통해 부분적으로 설명할 수 있었다. 보어는 1922년에 노벨상을 받았다. 그는 스웨덴 청중에게 주기율표를 보여주며 이렇게 말했다. "이러한 원자 구조의 상은 앞선 탐구들에서 개진되었던 많은 특징을 포함하고 있습니다." 이러한 탐구들에는 전자의 배치에 대한 단서를 찾으려는 J. J. 톰슨, 어빙 랭뮤어, G. N. 루이스의 아이디어에서 원자번호에 따라 원소를 분류하려는 헨리 모즐리의 시도까지 다양한 노력이 포함되었다. 보어와 크라메르스는 낡은 것과 새로운 것의 종합을 제시하고 있었다.

하지만 이러한 성공의 핵심에는 수수께끼가 놓여 있었다. 양자란 대체 무엇인가? 빛 양자(광자) 같은 양자는 실재하는 존재인가, 아니면 유용한 수학적 허구인가? 덩어리, 입자, 광자가 어떻게 간섭 같은 파동 현상을 만들어낼 수 있는가? 보어의 구 양자 이론Old Quantum Theory이 거둔 온갖 경험적 성공에도 불구하고, 아직 답변되지 못한 골치 아픈 문제들이 있었다. 그 뿐만 아니라 그에 대해 나온 답변들도 너무나 이상해서 물리학이 아직 완전히 받아들이지 못했다.

양자 이론은 그 나름의 지리적 분포를 갖고 있었다. 보어와 크라메르스의 복잡한 궤도, 섭동, 조화 방법을 이해하고자 하는 사람들은 누구든 코펜하겐으로의 여정에 나서야 했다. 대가의 옆을 지키고 있어야만 대응 규칙의 올바른 적용이 가능한 듯 보였다. 그러나 대안도 있었다. 뮌헨에서 아르놀트 조머펠트는 베르너 하이젠베르크, 볼프강 파울리를 포함한 엄청나게 재능 있는 학생들과 공동 연구를 했다. 이들은 힘을 합쳐 궤도 논의에 덜 의존하고 추상적인 양자 규칙에 더 의존하는 원자 구조에 대한 설명을 확립했다. 이들은 수학적 형식주의의 바다 속에 더더욱 빠져들면서 안도감을 주는 익숙한 물리학의 해안을 벗어나고 있었다. 그러나 조머펠트의 설명은 "명확하고 쉽게 수출 가능"—보어의 설명과 비교하면 분명 그랬다—했고, 이러한 미덕들은 이론물리학의 다른 장소들로 옮겨가는 데 도움을 주었다.[8]

1922년부터 1925년까지는 이동과 고조되는 위기의 기간이었다. 파울리는 뮌헨에서 괴팅겐으로 옮기면서 조머펠트 대신 막스 보른 밑으로 들어갔다. 하이젠베르크 역시 괴팅겐으로 향했고, 그곳에서 보어가 1922년에 여러 차례 초청 강연을 하는 것을 들었다. 보른은 재능이 넘치는 파울리와 하이젠베르크의 도움을 얻어 보어와 크라메르스의 원자 궤도 수학에서 직관적 임시방편들을 제1원리에서 유도해낸 결과로 대체함으로써 이론을 최대한 견고하게 만들었다. 그러나 이제 이론에서 나온 예측—가령 헬륨 원자에 관한—은 "보어와 크라메르스의 기술과 명백하게 모순되었고 그에 따라 화학 주기에 대한 보어의 설명을 위협했다".[9] 구 양자물리학은 망가지고 있는 듯 보였다.

근본적인 단절을 이뤄낸 이는 파울리였다. 원자 구조의 상이 유지되려면 (동일한 '양자수'를 가지고) 동일한 상태에 있는 전자들이 가령 동일한 원자 내에 공존해서는 안되었다. 이러한 '배타 원리exclusion principle'가 실제로 작동하는 것처럼 보인다는 점 외에는 이를 믿어야 할 아무런 역학적 이유도 없었다. 파울리는 이렇게 썼다. "이 규칙에 더 면밀한 토대를 제시할 수는 없다. 하지만 이 규칙은 매우 자연스러운 방식으로 존재감을 드러내는 듯 보인다."[10] 파울리는 궤도에 대한 논의를 중단해야 한다고 역설했다. 만약 전자가 움직이면서 운동 법칙을 따른다면 이를 통상적인 방식으로 시각화하는 것은 불가능했다.

한편 보어는 빛 양자를 최종적으로 폐기하려 시도하는 과정에서 크라메르스, 미국인 존 슬레이터와 함께 원자와 전자기장의 상호작용에 대한 새로운 설명을 제시했다. 이는 광자에 대한 논의를 배제하는 대신 엄격한 에너지 보존을 포기하는 내용을 담고 있었다. 일명 B-K-S 이론은 1924년 『철학회보Philosophical Magazine』에 발표되었다. 물리학자들이 빛은 전자기파의 일종이라는 고전적 상을 유지하기 위해 물리학의 소중한 원리 중 하나를 기꺼이 희생하고자 했다는 사실은 과학이 위기에 빠졌음을 말해준다. B-K-S 또한 이내 나름의 문제에 봉착했다. 빛이 산란될 때의 에너지 보존 측정치와 같은 경험적 증거, 그리고 체계를 허무는 것에 대한 이론적 의구심이 그것이었다. 보어 자신은 고전물리학에서 익숙했던 시각화 가능한 길잡이를 버리고, 양자 규칙, 수, 추상적 유추를 탐색하는 전략을 선호하기 시작했다.

추상수학에 숙달된 이들이 즉각 유리한 입장에 섰다. 그리고 수학은 아무리 추상적이라도 때때로 지역적 사안이 될 수 있다. 이 사례에서는 다비드 힐베르트의 수학 학파와 막스 보른의 수리물리학 본산이었던 괴팅겐 대학이 새로운 양자 이론의 발상지가 되었다. 베르너 하이젠베르크는 1923년에서 1925년 사이에 뮌헨에서 박사학위를 받았고, 괴팅겐으로 옮겨 보른 밑에서 독일 대학원 훈련의 마지막 단계인 교수자격 취득과정Habilitation을 마쳤으며, 코펜하겐으로 가서 보어와 공동 연구의 기회를 얻었다.[11] 다시 한번 괴팅겐으로 돌아온 하이젠베르크는 역학적 표현과 결별한 양자 이론에 대한 보어의 요청을 뛰어넘어, 익숙한 운동과 역학의 관념들을 훨씬 더 추상적인 무언가로 대체한 논문을 썼다. 논문은 1925년 7월에 완성되었다. 하이젠베르크가 논문을 보른과 젊은 학생 파스쿠알 요르단에게 보여주자, 두 사람은 순수수학의 행렬이론에 의거해 하이젠베르크의 수학을 우아한 방식으로 표현할 수 있음을 깨달았다. 보른과 요르단은 이내 하이젠베르크의 통찰을 새롭고 한층 더 추상적인 표시법으로 작성하는 작업에 착수했다. 이들이 새로운 이론을 완성하고 있을 때쯤 케임브리지에 있던 젊은 수학자 폴 디랙은 하이젠베르크의 첫 번째 논문을 면밀하게 독해한 후 역시 수학적 대수를 이용해 새로운 양자 규칙들을 작성했다.

새로운 양자 이론은 서로 뚜렷이 구별되고, 일견 모순적으로 보이는 두 가지 연구 흐름이 합쳐지면서 등장하게 되었다. 이미 본 것처럼 첫째는 하이젠베르크, 보른, 요르단, 디랙이 만든 추상적 행렬이론이었다. 이는 익숙하고 시각화 가능한 역학에서 벗어난 도약이었다. 파동역학으로 알려져 있고 종종 에르빈 슈뢰딩거의 이름과 결부되는 둘째는 기체의 통계적 열역학과 복사의 세심한 측정치에 관한 지속적인 실험 연구에 대한 반성이었다. 파동역학의 출현을 추적할 수 있는 좋은 출발점은 제1차 세계대전 말기에 귀족인 모리스 드 브로이가 호화로운 X선분광학실험실을 차렸던 파리이다. 모리스의 동생 루이—정식 이름은 루이 빅토르 드 브로이 공작—는 형을 따라 물리학에 입문했다. 1922년에 두 사람은 X선이 때로는 입자처럼 보이고 때로는 파동처럼 보이는 것에 관해 논쟁을 벌이고 있었다. 귀족적 여가시간이 주는 독립성을 누리던 루이는 이 논쟁을 극한까지 밀어붙였다. 그는 물질 '미립자'들을 기술하는 방정식들을 작성한 후 파동과 같은 요소를 발견했고, 이를 이론적 허구로 무시하는 대신, 만약 물질이 수학적으로 정확하게 파동으로 표현된다면 물질 역시 파동일 수 있다고 주장했다. 하지만 '물질파'는 분명 정신 나간 생각이 아닐까?

1924년 베를린에서 아인슈타인은 인도의 물리학자 사티엔드라 나스 보스에게 쓰도록 권고한 논문을 놓고 곰곰이 생각하다가 물질을 파동처럼 기술하는 더 많은 항들을 알아챘다(이 논문은 오늘날 물리학자들이 보스-아인슈타인 통계라고 부르는 것을 처음으로 기술한 논문이었다). 아인슈타인은 이를 드브로이의 놀라운 제안과 연결시켰고, 공개적으로 지지하며 널리 알렸다. 다른 물리학자들도 주목했다. 그중 한 사람이 에르빈 슈뢰딩거였다. 오스트리아인과 영국인 부모에게서 태어난 슈뢰딩거 역시 독일어권 학계 이곳저곳—아마도 하이젠베르크 정도의 엘리트 코스는 못 되었겠지만—을 돌아다니며 경력을 쌓았다. 그는 빈에서 방사능과 색각色覺의 생리학을 연구했고, 예나와 브레슬라우에 각각 잠시 머무른 후 취리히로 가서 1921년 이론물리학교수직을 얻었다. 1925년 말 슈뢰딩거는 루이 드 브로이의 연구를 발견했고, 아인슈타인에게 자신이 "엄청나게 흥분되는" 연구를 찾았다고 썼다. 1926년 초 슈뢰딩거는 자신의 '파동방정식'을 작성했다.

슈뢰딩거의 파동방정식은 가령 전자 같은 물질을 파동과 같은 항으로 표현했고, 그것이 예를 들어 핵의 양전하를 나타내는 전기장 안에 놓였을 때 시간에 따라 어떻게 변화하는지를 보여주었다. 슈뢰딩거가 1926년에 발표한 첫 번째 논문은 수소 원자의 파동방정식을 풀었고(핵은 전위 우물, 즉 가장자리가 가파른 전기장으로 표현되었다) 수소 방출 스펙트럼의 정확한 예측을 유도해냈다. 이는 놀랍도록 일반적이면서도 깔끔한 방정식이었다. 독일의 많은 물리학자들은 열광적인 반응을 보였다. 플랑크는 논문 증쇄본을 받고 "마치 오랫동안 자신을 괴롭힌 수수께끼의 해답을 듣는 열성적인 아이처럼" 탐독했다고 썼고, 나중에는 "획기적인 연구"로 치켜세웠다. 아인슈타인은 플랑크에게서 논문들을 받고 "당신의 연구 아이디어는 진정한 천재성의 발로입니다!"라고 슈뢰딩거에게 써서 보냈고, 열흘 후에는 "나는 당신이 양자 조건의 공식화에서 결정적인 진전을 이뤄냈다고 확신합니다. 하이젠베르크-보른 방법은 잘못된 방향을 가리키고 있다는 확신이 듭니다"라고 썼다. 라이덴에 있던 파울 에렌페스트는 1926년 5월에 자신과 동료들이 경이로운 느낌을 받았다고 적었다. "나는 그…… 이론과 그것이 가져다준 새롭고 멋진 관점들에 완전히 매혹됐습니다. 지난 2주 동안 우리 작은 모임은 매일 한 번에 몇 시간씩 칠판 앞에 서서 거기서 파생되는 온갖 멋진 결과들을 따져보고 있습니다."[12]

두 가지 질문이 즉각 제기됐다. 첫째, 슈뢰딩거의 이론과 아인슈타인이 '하이젠베르크-보른 방법'이라고 이름붙인 행렬수학 사이의 관계는 무엇인가? 파동역학은 양자역학의 대체물인가? 많은 물리학자들이 그러기를 바랐을지 모른다. 행렬 공식화는 강력하긴 했지만 많은 물리학자들이 이해할 수 없는 것이었던 반면, 슈뢰딩거의 파동역학은 익숙해보였다. 물질파는 상식에 충격을 주었을지 모르지만 어떤 식으로든 시각화가 가능했고, 파동방정식은 광학과 통상의 역학에서 흔히 쓰이는 것이었다. 그러나 난해한 행렬 방법으로 기술된 불연속적 양자는 그들을 질리게 만들었다. 슈뢰딩거는 개인적으로 두 가지 공식화를 호환 가능한 것으로 간주했지만, 많은 물리학자들에게는 오직 하나의 표현만이 옳아야 하는 것처럼 보였다. 그러나 디렉, 요르단, 하이젠베르크, 헤르만 바일, 그리고 빈의 젊은 수학 신동 존 폰 노이만은 두 개의 표현이 실제로 호환 가능한 것임을 증명했다. 한쪽의 수학적 언어로 표현 가능한 것은 무엇이든 다른 쪽 언어로 번역 가능했다. 이러한 해답은 많은 물리학자들을 만족시켰다. 특히 자신에게 맞는 수학적 형태로 작업하는 것을 선택할 수 있다는 점에서 그러했다. 그러나 일단의 둘째 질문들이 남았다. 파동방정식의 파동은 정확히 무엇인가? 무엇의 파동인가? 만약 계산 결과가 확률이라면, 그것을 많은 사건에 관한 사실로 이해해야 하는가, 아니면 단일한 사건에 관한 사실로 이해해야 하는가? 그리고 양자란 대체 무엇인가? 만약 그것이 실재한다면, 자연은 근본적으로 불연속적임을 의미하는 것인가?

양자적 단절에 대한 설명

양자 이론에 연루된 세계관의 변화는 너무나 갑작스럽고 이상한 것이어서, 몇몇 역사가는 오직 특이하고 극단적인 역사적 환경만이 이를 상상할 수 있는 조건들을 만들어낼 수 있었을 것이라고 주장해왔다. 특히 미국의 역사가 폴 포먼은 1971년에 발표된 기념비적 논문 「바이마르 문화, 인과성, 양자 이론, 1918~1927: 적대적인 지적 환경에 대한 독일 물리학자들의 적응」에서 이러한 주장을 개진했다. 포먼은 새로운 양자 이론의 한 가지 특이하면서도 뚜렷한 측면, 즉 엄격한 인과성—가령 질량을 가진 물체가 힘을 받는 뉴턴적 세계에서 찾아볼 수 있는—의 거부에 초점을 맞춘다. 포먼의 명제는 다음과 같다.

> 제1차 세계대전이 끝난 이후부터 비인과론적 양자역학이 발전하기 이전까지, '사상적 조류'의 영향 아래 놓인 다수의 독일 물리학자들은 그들이 속한 분야의 발전과 오직 우연으로만 연관된 이유들로 인해 물리학에서의 인과율과 거리를 두거나 이를 드러내놓고 거부했다.[13]

포먼의 논증은 세 단계를 거친다. 첫째, 그는 자신이 '지적 환경'이라고 부른 것의 특징을 제시한다. '지적 환경'이란 물리학자와 수학자가 그 속에서 작업해야 하는 주변 사회와 문화를 말한다. 역사가들은 가령 프리츠 링거의 『독일 관료의 몰락The Decline of German Mandarins』 같은 저작에서 이러한 환경의 특징들을 추적해왔다. 특히 다음과 같은 주장이 제기되었다.

> 바이마르 학계의 지배적인 지적 경향은 신낭만주의적 실존주의의 '생의 철학'— 위기를 마음껏 즐기는 풍조, 그리고 분석적 합리성에 대한 일반적 반감, 특히 정밀과학과 기술적 응용에 대한 적대감으로 특징지을 수 있다—이었다. 명시적으

로든 은연중에든 과학자는 영적 갱생을 추구해야 한다는 끊임없는 훈계의 대상이었으며, '인과성'이라는 개념, 혹은 그 단어 자체가 과학 활동에서 혐오스러운 모든 것을 상징했다.[14]

바이마르 독일의 문화적 분위기는 제1차 세계대전 말미에 출간돼 수백만 명의 독자가 탐독했던 오스발트 슈펭글러의 『서구의 몰락Decline of the West』을 읽어보면 감을 잡을 수 있다. 슈펭글러는 서구 문명의 부상과 쇠락을 거대한 계절의 전환과 흡사하게 그려냈고, 때는 이미 겨울이었다. 근대 과학—탐구 대상을 작은 부분들로 쪼개서 분석하는 협소한 학문 분야—은 겨울이라는 몰락의 징후였다. 그는 자신의 베스트셀러에서 "인과성의 원리"가 "뒤늦게 나타난 유별난" 것이며, 그 결과 "영혼을 파괴하는" 것이라고 썼다. 슈펭글러의 적대감은 널리 퍼져나갔고, 물리학자와 수학자는 카페, 맥주홀, 대중논쟁마다 그런 정서가 표현되는 것을 들었을 것이다. 과학자들이 적대적 환경을 느꼈다는 데 대해 포먼이 제시하는 가장 좋은 증거는 동시대 과학자들 자신의 기록에서 볼 수 있다. 예를 들어 1920년대 중반 원로 화학자 빌헬름 오스트발트는 "오늘날 독일에서 우리는 광신적 신비주의로 고통받고 있다. [나폴레옹에게 패배했던 시기]에 과학과 이성을 가장 위험한 적으로 배척했던 것처럼 말이다"라고 보고했다. 양자 이론의 설계자 중 하나인 아르놀트 조머펠트는 "천문학에 종사하는 이보다 점성술로 생계를 유지하는 이가 더 많은" 독일의 상황에 관해 숙고한 후, "합리적 세계질서에 대한 믿음은 전쟁이 끝나고 평화가 정착된 방식으로 말미암아 뒤흔들렸고, 그 결과 사람들은 비합리적 세계질서에서 구원을 갈구하고 있다"고 결론지었다.[15]

논증의 둘째 단계에서 포먼은 위기의 문화에 대한 과학자들의 대응을 추적한다. 그는 "독일의 물리학자와 수학자 사이에 자신의 이데올로기를 그런 환경의 가치와 분위기에 조화되도록 재형성하려는 강한 경향"이 있었다고 주장한다.[16] 적대감에 직면한 독일의 물리학자와 수학자는 지배적 분위기에 부합하는 과학의 이미지를 대중 논쟁에서 제시했다. 물론 이러한 분위기의 핵심적인 특징은 과학자들이 이제 공유하기 시작한 수사인 위기 담화였다. 위기 담화는 "과학자와 청중 사이의 친밀한 관계를 확립하기 위한 입구이자 즉각적 '연관성'을 획득하는 책략"을 제공했다고 포먼은 적고 있다. "과학자는 '위기'라는 단어를 자신의 분야에 적용함으로써 청중과 접점을 만들었고, 더 나아가 자신의 분야(그리고 자기 자신)가 시대정신을 공유하면서 '위기를 함께 겪고' 있음을 보여주었다."[17] 이를 보여주는 증거로 포먼은 물리학자 빌헬름 빈, 리하르트 폰 미제스, 조머펠트의 대중 연설과 저작을 인용하고 있으며, 여기에 더해 새로운 양자 이론의 여명기인 1921년에서 1922년 사이에 저술된 책들의 제목도 꼽고 있다. 『역학의 현재 위기에 관하여On the Present Crisis in Mechanics』(폰 미제스), 『독일 물리학의 현재 위기The Present Crisis in German Physics』(요하네스 슈타르크), 『인과성 개념의 위기에 관하여Concerning the Crisis of the Causality Concept』(요제프 페촐트), 『이론물리학의 현재 위기에 관하여On the Present Crisis in Theoretical Crisis』(알베르트 아인슈타인) 등이 그런 예이다.

마지막으로 포먼은 이러한 "적응의 경향"이 "과학 그 자체의 실질적이고 학문적인 내용에까지" 미쳤는지 묻고 있다. 사회적 맥락이 과학의 내용을 구성하는 데 일조했음을 보이는 이 셋째 단계가 만약 사실이라면 가장 심오한 의미를 담고 있다. 전통적인 인과성 개념의 파기가 양자적 단절의 일부를 이룬다는 점에는 의심의 여지가 없다. 베르너 하이젠베르크의 말을 빌리면, "원자물리학의 모순 해소는 오랜 소중한 관념들을 조금 더 포기함으로써만 달성될 수 있다. 이중 가장 중요한 것은 자연현상이 정확한 법칙을 따른다는 관념, 즉 인과성의 원리다."[18]

포먼은 비인과성의 수용이 이뤄진 경로를 그려낸다. 첫째, 그는 통계물리학자 프란츠 엑스너와 수학자 헤르만 바일 같은 인물들이 양자물리학을 언급하지 않은 채 인과성의 거부—혹은 적어도 인과성에 대한 요구의 '완화'

―가 필요하다고 선언하는 모습을 보여준다. 바일의 새로운 신념은 "현재 상태의 물리학은 물질적 자연이 엄격하게 정확한 법칙에 의지하는 폐쇄적 인과성에 대한 믿음을 더는 지탱할 수 없다"는 것이었다.[19] 포먼의 경로에서 다음 기착점은 중량급 물리학자인 리하르트 폰 미제스, 발터 쇼트키, 발터 네른스트가 자신들의 저작에서 인과성을 포기―각각 정도의 차이는 있지만 ―하는 것이었다. 그들이 쓴 단어들은 슈펭글러의 그것을 반향하고 있다(예를 들어 인과성을 '경직된' 것으로 묘사하는 대목이 반복해서 나온다). 에르빈 슈뢰딩거도 1921년 가을에 뒤를 따랐다. 슬레이터는 자신이 독일에 소개했고 1924년 보어-크라메르스-슬레이터 논문에 쓰인 새로운 아이디어에 대해 논의하면서 이렇게 썼다. "[나는] 입자설을 거부함으로써 얻을 수 있는 메커니즘의 단순성이 에너지 보존과 합리적 인과성을 포기할 때 생기는 손실을 만회하고도 남는다고 믿게 되었고, 그 논문을…… 작성했다."[20] 이를 모두 합쳐 보면 "비인과성으로의 전향의 물결"을 보여주는 증거를 찾을 수 있다고 포먼은 쓰고 있다. 참가자들이 "유사종교적 체험, 갱생, 과거에 저지른 죄악에 대한 회개―한마디로 말해 개종"으로 느낀 "항복"의 증거가 드러나 있다는 것이다.[21]

일부 물리학자는 이에 저항했고, 그중에는 독일 물리학에서 가장 영향력 있는 인물 두 사람, 즉 나이 든 막스 플랑크와 그보다 젊은 알베르트 아인슈타인도 포함돼 있었다. 두 사람은 새로운 물결에 반대하는 과정에서 서로 가까워졌다.[22] 그럼에도 양자 이론의 종합―슈뢰딩거와 하이젠베르크의 서로 다른 양자 이론 기술이 제시되고 화해된 것을 포함해서―이 이뤄진 1925년과 1926년경이 되면, 독일 물리학자들은 자신들이 좀더 폭넓은 문화의 정서와 함께 움직이고 있다는 확신 하에 인과성을 버릴 수 있었다. 이들은 "우호적인 대중적 이미지를 회복하기 위해 자신의 이데올로기, 심지어 과학의 내용까지도 바꿔야 한다는 압박"을 받았다.[23] 요약하자면 포먼의 3단계 논증은 전후 바이마르 시기의 위기 문화가 전통적인 과학적 가치를 거부하는 새로운 철학의 수용을 촉진했다는 것이다. 이러한 적대감에 직면한 과학자들은 먼저 대중적 담화에서 새로운 가치들을 수용했고, 이어 그것을 자신의 과학적 사고에 도입했다. 그 결과는 물리 세계에 대한 법칙적, 인과적, 역학적 설명이라는 전통적인 과학적 가치와의 단절을 가능케 한 맥락이 되었다. 바이마르 문화는 양자역학의 탄생에서 산파 구실을 했다.

포먼의 사회학적 명제는 발표 이후 줄곧 반발을 불러왔다. 두 명의 학자 P. 크라프트와 P. 크뢰스는 과학자들이 유행하는 경향—비록 적대적이긴 했지만—에 동조하는 척하며 그저 '가짜 순응성'을 나타내고 있던 것은 아닌지 의심을 품었다.[24] 존 헨드리는 포먼 명제를 '증명되지 않은 주장'으로 간주한다.[25] 헨드리가 파악한 약점은 제법 긴 목록을 이루지만, 모든 반박이 설득력이 있는 것은 아니다. 예를 들어 과학자들이 내내 공리주의에 반하는 가치들을 가지고 있었고 문화적 경향의 변화가 적응이 아니라 해방을 의미했을 가능성은 포먼의 전체 논증에 영향을 미치지 않는다. 여전히 환경이 대중적으로, 또 연구 과정에서 전통적인 과학적 가치의 거부를 촉진하고 있기 때문이다. 마찬가지로 헨드리는 문화적 특이성의 문제를 올바르게 지적하고 있다. 포먼의 명제는 바이마르 문화에 대한 호소에 의지하는데, 이것이 어떻게 독일인이 아닌 물리학자에게 영향을 줄 수 있는가?[26] 크라프트와 크뢰스는 "인과성을 거부하려는 최초의 진지한 시도는 독일 문화권에 거주하던 과학자들이 아니라 그 바깥에서 나왔다. ……B-K-S 논문은 덴마크인, 네덜란드인, 미국인이 같이 썼다"고 지적한다.[27] 그러나 내가 생각하기에 이에 대한 답변은 두 가지 방식으로 제시할 수 있다. 하나는 독일이 이 시기 모든 이론물리학이 그것을 중심으로 도는 태양 같은 존재였음을 인정하는 것이다. 이에 따라 독일 문화는 특별한 중요성을 띠었고, 심지어 전후의 외견상 국제적으로 고립된 시기에 덴마크, 네덜란드, 미국에서 온 방문객에 대해서도 그러했다는 것이다. 다른 하나는 다른 문화들에 특이한 논증을 만들어냄으로써 포먼과 같은 방식의 논증을 병렬적으로 구축할 수 있다는 것이다.

헨드리의 반박 중에서 좀더 나아 보이는 것은 "인과성의 거부에는 강한 내적 이유들"이 있었다는 지적이다. 다시 말해 물리학에서 제기된 지적 쟁점들만으로도 에너지 보존과 인과성 같은 핵심 원리들에 대한 거부를 촉발하기에 충분했다는 의미다.[28] 이에 대한 사회학자들의 답변은, 물리 이론이 빠른 속도로 변화하고 있는 상황, 혹은 일단의 경험적 증거가 견실한지 그렇지 않은지 확실하게 답할 수 있는 길잡이가 없는 상황에서는, 핵심 원리들을 그에 견주어 판단할 수 있는 규칙도 없다─또한 '내적 이유들'도 존재하지 않는다─는 것일 터이다. 이러한 순간에는 사회적 요인들이 우위를 차지할 수 있다. 그러나 바이마르 문화는 이러한 혼합체의 전부가 아니라 일부였다.[29]

물론 포먼 명제가 논쟁적이었던 이유는 사회적 내지 문화적 요인들이 20세기 물리과학의 빛나는 업적 중 하나를 형성했음을 시사한 데 있다. 이는 단지 과학 지식의 사회사에서 잘 꾸며진 하나의 사례연구가 아니라, 가장 견고하고 확실해보이는 사례 중 하나를 건드린 것이기도 하다. 만약 현대 물리이론의 중핵이 사회적으로 형성되었음을 보일 수 있다면, 분명 모든 과학이 그럴 수 있지 않겠는가? 여기서 과학 지식사회학 일반에 대해 논쟁을 벌이는 것은 적절치 않을 것이다. 그러나 포먼 명제가 포먼에게 독창적인 것이 아니었다는 점은 중요하게 짚고 넘어갈 대목이다. 그가 기꺼이 시인하는 바와 같이, 환경과 지식 사이의 관계에 관한 추측들은 그가 다룬 1920년대의 주인공들이 제기한 것이었다.[30] 바이마르 독일은 지식사회학의 강력한 이론들이 정립된 무대였다. 여기에는 하이델베르크의 사회학자 카를 만하임의 『이데올로기와 유토피아Ideology and Utopia』에서 슈펭글러의 『서구의 몰락』까지 다양한 정치적 입장들이 혼재해 있었다. 두 저작 모두에서 지식─심지어 슈펭글러의 책에서는 수학지식까지─은 사회 혹은 문화와 관련이 있는 것으로 여겨졌다. 지식사회학은 전간기 독일과 1960년대 및 1970년대 서구에서 번성했는데, 두 문화는 모두 '위기 담화'를 특징으로 했다.

불확정성과 상보성

그러나 포먼에 대한 헨드리의 공격 중 가장 훌륭한 것은 포먼이 위대한 양자 혁명에서 대수롭지 않은 측면을 건드렸다는 논증이다. 비인과성이 양자 이론의 핵심에 위치한다는 하이젠베르크의 평가를 잠시 접어둔다면, 이에 대해 다른 후보들이 존재한다. 물리 이론이 시각화 가능한 과정에 의지해야 하는가—특히 보어의 태양계 모델이 1925년을 전후해 무너진 이후로—가 한 가지 논쟁 사항이었다.[31] 한편에서 하이젠베르크는 시각화 가능한 이미지가 아닌 수학을 길잡이로 삼아야 한다고 주장했다. 반면 다른 한편에서 슈뢰딩거는 "자신에게는 대단히 어려워 보였던 초월대수의 방법, 그리고 시각화 가능성의 결여에 대해 거부감까지는 아니더라도 낙담하고" 있었다. 하이젠베르크는 이런 감상을 "쓰레기 같은 것"이라고 생각했다.[32] 헨드리는 이렇게 썼다. "양자 이론과 상대성 이론이 제기한 근본적인 문제들에 관심이 있던 사람들 대부분에게", 인과성을 받아들여야 한다는 요구는 "통상의 시공간에서 현상을 일관되게 기술해야 한다는 기준이나 객관적인(관찰자가 개입되지 않는) 이론에 대한 기준에 비하면 명백히 부차적인" 것이었다. "이는 파울리, 하이젠베르크, 보어 등 새로운 양자역학의 발전에 가장 긴밀하게 관여했던 물리학자들에게 특히 그러했다."[33]

우리는 1925년 볼프강 파울리가 보어의 원자에서 전자 배치를 이해하기 위한 수단으로 배타 원리를 제안하게 된 경위를 이미 살펴봤다. 하이젠베르크도 보어와 긴밀하게 공동 작업을 하던 1926년에, 한 쌍의 관찰 가능한 존재인 위치와 운동량 모두를 임의의 정확도로 측정할 수 없는 이유에 대해 정성적이고 수학적인 논증을 제시하기 시작했다. 만약 위치가 정확하게 알려져 있다면 운동량은 불확실해지고, 그 역도 마찬가지이다. 이러한 효과가 나타나는 정도는 플랑크 상수의 크기와 연관돼 있었다. 만약 h가 크면 이처럼 한 쌍을 이루는 양자 불확정성은 커지며, h가 작으면 불확정성은 작아진다. 만약 h가 0인 가상의 우주가 존재한다면 양자 불확정성은 존재하지 않게 될 것이다. 하이젠베르크의 논증은 '불확정성 원리uncertainty principle'로 이름붙여졌다. h를 무시할 수 있을 때의 물리 이론이 고전적 물리 이론처럼 보여야 한다는 관념은 보어의 '대응 원리'를 떠받치고 있었다.

위치와 운동량은 이런 식으로 쌍을 이루는 유일하게 관찰 가능한 존재들이 아니었다. 예를 들어 에너지와 시간도 마찬가지였다. 그뿐만 아니라 가령 빛이 근본적으로 입자인가 파동인가 하는 문제를 해결하는 대신, 두 가지 상태를 동일한 존재에 대한 상보적 시각으로 볼 수 있었다. 보어는 그러한 쌍의 존재를 양자 이론을 (적어도 일부나마) 이해하는 새로운 철학적 틀의 일차적 단서로 삼았다. 그는 '상보성complementarity' 개념을 1927년 코모에서 처음으로 제시했다. 이를 합친 하이젠베르크와 보어의 철학은 일명 코펜하겐 해석Copenhagen Interpretation을 이뤘다(1955년에 하이젠베르크가 이렇게 명명했다). 후대의 논평가들이 코펜하겐 해석에 정확히 무엇을 포함시켜야 하는지에 대해 의견 차이를 보이곤 하지만, 핵심 요소는 대응 원리와 상보성이다.[34] 또다른 요소인 관찰자의 강한 역할은 1950년대에 보어가 아닌 하이젠베르크가 내세웠다.

1935년에 (나치당이 권력을 장악한 후 독일로 돌아가지 않고) 프린스턴에 자리를 잡은 알베르트 아인슈타인은 고등연구소Institute of Advanced Study 소속의 동료 두 사람—러시아 태생의 보리스 포돌스키와 네이선 로젠—과 함께 양자역학을 완전한 이론으로 간주할 수 있는지에 의문을 제기하는 'EPR' 사고실험을 발표했다.[35] 이들은 물리 이론이 어떻게 물리적 실재와 관계 맺어야 하는가에 관한 몇 가지 가정들로 시작했다. 특히 저자들은 "완전한" 이론이라면 반드시 "물리적 실재의 모든 요소가 물리 이론 내에 그것의 대응물을 갖고 있어야 한다"고 썼다. 이러한 정의에 따라 이들은 양자 불확정성의 적용을 받는 두 개의 물리량—위치와 운동량 같은—의 측정에 대해 생각해보았다. 이들이 내린 결론은 양자역학이 제공하는 "실재의 기술"은 완전하지 않으며, "그러한 [완전한] 기술이 존재하는가 하는 문제를 열린 채로" 남겨둔다는 것이었다. 1935년 슈뢰딩거는 아인슈타인과 서신을 주고받으며 보어의 코펜하겐 해석에 내재한 난점을 논의하는 과정에서, 관찰되기 전까지는 살아 있는 것도, 죽은 것도(혹은 둘 다) 아닌 고양이의 모순에 찬 상황을 그려냈다. EPR 논쟁에 대한 보어의 대응은 자신의 언어를 날카롭게 다듬는 것이었다. 그가 불확정성을 논의할 때, 이는 입자들이 본래 분명한 양을 갖고 있는데 이것이 어떤 식으로든 흐려졌기 때문이 아니라(다시 말해 입자들은 그 본질에 있어 고전적 물체로 남아 있다), 그러한 양들이 근본적으로 불분명하기 때문이었다(양자적 물체는 고전적 물체가 아니다).

역사가들은 양자역학의 코펜하겐 해석이 왜 대안적 해석들을 누르고 승리를 거뒀는지에 대해 맥락을 중시하는 논증을 추구해왔다. 가령 아인슈타인의 조수로 일했던 데이비드 봄이 제시한 숨은 변수hidden variables 해석에서는, 미결정성처럼 보이는 것이 좀더 깊은 전일론적 수준에서는 사실 결정성에 해당한다고 본다. 제임스 쿠싱은 코펜하겐 해석이 가장 먼저 정립되었다는 점에서 우연히 엄청난 우위를 누렸다고 주장한다.[36] 데이비드 봄의 해석은 1952년이 되어서야 빛을 볼 수 있었는데, 이때쯤에는 코펜하겐 해석이 이미 자리를 잡은 뒤였다. 마라 벨러는 보어가 갖고 있던 상당한 권위 덕분에 코펜하겐 해석이 일관성 결여와 모호한 사고로 점철된 상황에서도 받아들여질 수 있었다고 주장한다.[37] 이러한 독해에 따르면 오직 명망이 높고 존경받는 보어만이 이를 성공으로 이끌 수 있었다. 만약 코펜하겐 해석이 실은 1950년대까지도 결코 통일된 입장이 못 되었다면, 이러한 주장들은 수정이 불가피할 것이다.

위기와 토대: 수학, 철학, 심리학

물리학은 낡은 토대가 붕괴하고 새로운 토대가 건설되는 위기의 기간을 경험한 유일한 주제가 아니었다. 수학, 그리고 그보다 덜한 정도로 심리학에서는 19세기 말에 축적되기 시작했던 토대에 관한 질문들이 주제에 대한 심대한 재검토를 촉발시켰다. 이를 둘러싼 논쟁은 유럽, 그중에서도 특히 바이마르 독일에서 가장 격렬하게 진행되었다.

수학에서는 고대 그리스 사람인 유클리드의 『원론』이 수 세기 동안 연역 추론의 모델을 제공해왔다. 다섯 개의 공준—직선과 점의 성질에 관한 진술로 그 참이 자명해보이는 것—에서 시작해 조금씩 더 복잡한 기하학적 명제들이 증명되었다. 공준의 확실성은 (외견상) 확고부동했기 때문에 그로부터 유도된 정리들이 참이라는 것에 대해서도 동일한 확신을 가질 수 있었다. 『원론』에서 절대 실패하는 법이 없는 연역적 논증의 연쇄는 '직각삼각형의 빗변의 제곱은 다른 두 변의 제곱의 합과 같다'는 피타고라스 정리에서 정점에 달했다. 연역의 마법은 너무나 완벽했기 때문에 이 수학적 진술은 공준이 참인 한 보편적 진리—얼핏 봐서는 완전히 이해할 수 없다는 사실에도 불구하고—여야 했다.

대다수의 공준은 간단해보이며 의문을 품기가 매우 어렵다. 그러나 다섯째 공준은 다르다. 진술이 더 길며, 즉각적으로 자명한 정도가 덜하다. 일명 평행선 공준은 다음과 같다. '하나의 직선이 다른 두 직선과 만나 이루는 두 동측내각의 합이 두 직각보다 작다면, 이 두 직선을 무한히 연장할 때, 두 동측내각의 합이 두 직각보다 작은 쪽에서 만난다.' 근대 초 유럽에서 이 공준을 첫 네 개의 공준들로부터 증명해내려는 수많은 시도가 이뤄졌지만 아무도 성공을 거두지 못했다. 이후 19세기 초에 그리 널리 알려지지 않은 두 명의 수학자 야노시 보여이와 니콜라이 이바노비치 로바쳅스키, 그리고 수학의 거장 중 한 명인 카를 프리드리히 가우스가 질문을 던졌다. 만약 다섯째 공준을 다른 것으로 선택한다면 어떤 수학이 나타나겠는가 하는 질문이었다. 그 결과 나타난 수학은 분명 달랐지만, 의미심장하게도 자기모순적이지는 않은 것으로 드러났다.

이러한 시도가 미친 파급효과는 궁극적으로 엄청난 충격을 몰고왔다. 유클리드의 과학인 기하학은 확실성의 모델이었다. 귀납적 과학이 범접할 수 없는 방식으로 진리를 보증했을 뿐 아니라, 물리 세계에 관해 가장 분명하게 진리를 말해주는 수학의 한 분야이기도 했기 때문이다. 엔지니어링과 건축은 삼각형과 직사각형에 관해 참인 연역에 의존했다. 광학 역시 마찬가지였고, 이에 따라 망원경과 조준경에 대한 신뢰는 선과 점에 관해 참인 지식에 의존했다. 그러나 19세기 중반이 되자 수학자들은 수많은 기하학을 고안해냈다. 토대가 흔들리기 시작하고 있었다.

19세기 말, 특히 독일에서는 기하학 공리들이 계속해서 연구 대상이 되었다. 1882년에 모리츠 파쉬가 추가적인 공리들이 필요함을 증명했고, 1888년 토리노에서 주세페 페아노는 새로운 공리화에 착수했다.[38] 1900년 8월에 열린 국제철학자대회International Congress of Philosophy에서 페아노는 자기 학생들을 거느리고 나타나 수학이 압축된 논리의 언어로 기술될 수 있음을 의기양양하게 증명했다. 이를 본 청중 가운데 한 사람이 젊은 영국 철학자 버트런드 러셀이었다. 그는 페아노의 프로그램 속에서 불안정한 토대에 대한 해법을 찾았다. 수학의 다양한 갈래들은 논리적 관계와 기수법의 확실성에 뿌리를 둘 수 있다는 것이었다('논리주의'). 아울러 그는 이러한 프로그램의 추종자들을 기다리고 있던 중대한 역설을 이내 찾아냈다. 자기 자신을 포함하는 집합을 어떻게 이해할 것인가와 관련된 역설이었다(1901년에 제시된 '러셀의 역설'은 2년 전 에른스트 제르멜로에 의해 이미 발견된 것이었다).[39] 그럼에도 러셀 자신은 논리가 수학의 기반을 구축할 수 있음을 보여주기 위해 앨프리드 노스 화이트헤드와 함께 방대한 『수학 원리Principia Mathematica』(1910~1913)의 집필에 착수했다. 제1차 세계대전 직전에 출간된 이 책의 복잡성과 절충들은 러셀이 품었던 뉴턴적 규모의 야심에 못 미쳤음을 분명하게 드러냈다. 앙리 푸앵카레는 이러한 접근 전체를 '헛된' 것이라며 기각했다.

회의적 태도를 보인 또다른 인물은 네덜란드의 수학자 라위천 에흐베르튀스 얀 브라우어르였다. L. E. J. 브라우어르는 집합 이론 위상수학에 관한 놀랍도록 창의적인 아이디어들을 뒤로하고 수학의 토대를 점점 더 파고 들어갔다. 그는 논리주의에 대한 대안을 밀고 나갔다. 브라우어르가 '직관주의intuitionism'라 불렀고 후대의 논평가들이 '구성주의constructivism'라고 명명한 그의 프로그램은 몇 안 되는 출발점만 남기고 모든 것을 엄격하게 거부하는 것이었다. 그는 무한집합의 원소를 선택할 수 있는 능력을 의미하는 선택 공리를 거부했다. 또한 1907년에 그는 논리학의 배중률(排中律, 수학적 진술은 참이거나 거짓이거나 둘 중 하나라는 원리)을 거부했다.

1899년 괴팅겐에서 다비드 힐베르트는 저서『기하학의 기초Grundlagen der Geometrie』의 첫 번째 판본을 발표했다. 이 기하학의 토대는 21개 공리에 의지했지만, 여기서 중요했던 것은 공리의 수가 아니라 공리에 대한 힐베르트의 접근법이었다. 힐베르트는 공리에 대한 태도에서 이를 게임의 규칙과 같은 것으로 취급하는 '형식주의자'였다. 다른 규칙을 선택해 다른 게임을 할 수 있지만, 이때 중요한 것은 게임이 실제로 기능하는가였고, 단 하나뿐인 최선의 게임(혹은 논리주의에서 말하는 하나뿐인 참된 기하학, 혹은 하나뿐인 견실한 토대)이 있는지를 걱정하는 것이 아니었다. 어떤 의미에서 보면 수학이 무엇에 관한 것인지는 중요하지 않다고 그는 썼다. 어떤 형식의 게임이 도출되는지가 중요할 뿐이다. 점, 선, 면을 '테이블, 나이프, 맥주컵'이라고 부를 수도 있다. 그래도 게임은 동일할 것이다.

힐베르트는 수학의 형식에 가장 많은 관심을 보였지만, 아울러 그렇게 이해된 수학에 제기되는 그 어떤 도전에도 대처할 수 있다는 크나큰 확신을 갖고 있었다. 실제로 그는 1900년 파리에서 열린 수학자대회(철학자대회를 본떠서 열렸다)에서 일련의 미해결 문제들을 제시했고 나중에 추가로 문제들을 덧붙였는데, 이것이 그러한 도전을 이뤘다. 그의 확신은 유명한 선언에서 분명하게 드러났다.

> 문제들이…… 아무리 접근 불가능하게 보이고, 우리가 그것 앞에서 아무리 무력하게 느껴지더라도, 우리는 그것의 해법이 한정된 수의 순수하게 논리적인 과정에 의해 도출되어야 한다는 굳은 확신을 갖고 있다. 모든 문제의 해결 가능성이라는 이러한 공리는 수학적 사고만의 독특한 특징인가, 아니면 정신의 본질에 내재한 일반 법칙—정신이 묻는 모든 질문은 답변 가능해야 한다는 법칙—인가? ……모든 수학적 문제의 해결 가능성에 대한 확신은 일하는 사람에게 강력한 유인이 된다. 우리는 내면에서 울려 퍼지는 끝없는 외침을 듣는다. 저기 문제가 있다. 그것의 해법을 추구하라. 당신은 순수한 이성에 의해 해법을 찾을 수 있다. 왜냐하면 수학에서 불가지ignorabimus란 존재하지 않기 때문이다.[40]

이러한 낙관주의는 바이마르 시기에 약해지기 시작했다. 1921년에 헤르만 바일은 「수학에서 나타난 토대의 위기에 관하여」라는 논문에서 당시 수학의 불안정성과 정치의 불안정성을 서로 비교했다. 양자 모두에서 '체제의 위협적인 파탄'이 있었다. "브라우어르는 혁명이다!"라고 바일은 썼다. "아니 브라우어르는…… 혁명이 아니다"라고 1년 후에 힐베르트는 비꼬듯 논평했다. "그저 낡은 수단을 이용한 쿠데타 시도의 재연일 뿐이다."[41] 1928년에 힐베르트와 브라우어르 사이에 엄청난 말다툼이 벌어졌다. 힐베르트는 브라우어르가 암스테르담 대학에 자리를 잡을 수 있도록 돕고 1914년에는 『수학연보Mathematische Annalen』의 편집위원회에 위촉하는 등 브라우어르의 경력을 지원해왔다. 이제 두 사람은 마치 수학 역시 바이마르 시기의 위기를 겪을 수 있음을 보여주기라도 하듯 서로 사이가 나빠졌고, 아인슈타인 같은 사람들과 함께 논쟁을 벌였다.[42]

그러나 이러한 정치적, 제도적 위기는 3년 후에 나타난 지적 경악에 비하면 왜소해보였다. 힐베르트가 제시한 문제 중 하나는 수학의 완전성에 관한 것이었다. 충분한 수의 공리가 주어지면 모든 합당한 수학적 진술이 참 혹은 거짓으로 증명될 수 있는가? 1931년 빈의 수학자 쿠르트 괴델은 『수학 원리』 및 관련 체계에서 형식적으로 결정될 수 없는 명제에 관하여라는 논문을 발표했다. 괴델의 결과는 러셀의 논리주의 프로그램에 치명타를 날렸을 뿐 아니라 형식주의자들까지 깜짝 놀라게 했다. 이는 산술을 포함할 만큼 충분히 정교한 모든 수학 체계—공리 체계를 정의하는 충분히 합당한 최소한의 조건—는 완벽하게 합리적이지만 증명은 불가능한 수학적 진술들을 여전히 남겨두게 됨을 보여주었다(엄밀하게 얘기하면 괴델은 이것이 참이거나 수학은 일관성이 결여돼 있거나 둘 중 하나임을 보였는데, 후자가 훨씬 더 경악스러웠다). 결국 힐베르트가 희망했던 형태의 수학은 불완전했다. 흥미로운 수학은 결코 공리로부터의 연역으로 환원될 수 없었다.

얼마 후 영국의 논리학자 앨런 튜링과 미국의 앨론조 처치는 단 하나뿐인 최선의 토대를 찾으려는 희망에 결정타를 날린 이러한 시도에 남아 있던 중요한 구멍을 메웠다. 1935~6년에 두 사람은 엉터리 명제가 참인지 거짓인지를 결정하는 방법은 존재하지 않음을 서로 독립적으로 보여주었다. 튜링은 자신의 증명을 구축하기 위해 주목할 만한 가상의 장치—기계적 계산 방법을 따를 수 있는 '보편적 기계universal machine'—를 도입했고, 이는 나중에 프로그램 내장형 컴퓨터로 실현되었다.[43]

그럼에도 불구하고, 토대의 위기에 대한 대응 중 하나는 조심스럽게 처음부터 다시 만드는 것이다. 수학, 과학철학, 그리고 주장컨대 심리학에서 이러한 대응은 세 집단의 프로젝트에서 찾아볼 수 있다. '부르바키Bourbaki' 수학자, 빈 학파('비엔나 서클') 철학자, 게슈탈트 심리학자가 바로 그들이다. 부르바키 수학자들은 앙리 카르탕, 클로드 슈발레, 장 델사르트, 장 디외도네, 르네 드 포셀, 앙드레 베유를 포함한 젊은 프랑스 학자들로서, 파리고 등사범학교École Normale Supérieur와 카페 카풀라드Café Capoulade에서 만났다.[44] 1935년부터 이들은 가장 일반적인 것에서부터 가장 구체적인 것으로 옮겨가는 논리적 구성의 형태로 수학 저술을 발표하는 엄청난 프로젝트에 착수했다. 예를 들어 집합론이 실수實數보다 먼저 나왔는데, 전자가 후자보다 좀더 일반적이기 때문이었다. 이들은 익명으로 활동하는 길을 택했고, 자신들의 출판물을 '니콜라 부르바키'라는 가공의 인물에게 돌렸다. 최초의 저술은 1939년에 나왔고, 프로젝트는 수십 년 동안 계속되었다.

비엔나 서클은 1920년대 오스트리아 수도에서 만났던 지식인의 모임으로, 사회학자 오토 노이라트와 철학자 루돌프 카르납 등이 포함돼 있었고, 초기에는 귀족 물리학자 모리츠 슐리크가 모임을 이끌었다. 쿠르트 괴델 등 다른 이들도 모임에 때때로 참석했다. 비엔나 서클은 에른스트 마흐 협회Ernst Mach Society라 불리던 초기에는 국외자들의 모임이었지만, 논리실증주의의 옹호자로서 20세기 중반 과학철학에서 가장 영향력 있는 학파가 되었다. 구성원은 루트비히 비트겐슈타인이 1921년 발표한 『논리철학 논고Tractatus Logico-Philosophicus』의 프로젝트를 받아들였다. 이들은 1920년대 중반에 함께 모여 이 책을 문장 하나하나 새겨가며 두 차례 읽으면서, 가령 '어떤 문장의 의미는 그것을 검증하는 방법에 있다'와 같은 주장에 고개를 끄덕였다.[45] 비엔나 서클의 프로젝트는 신화적이고 민족주의적이며 보수적인 나치 우파의 공격에 맞서 '과학적 세계상'을 재구축하는 것이었고, 그중 일부는 자신의 철학이 현대과학에 기반을 두고 있다고 주장했지만 다른 이들은 이런 입장을 반박했다. 이 프로젝트는 1929년 발표된 선언에 잘 표현돼 있었다.

첫째, [과학적 세계상]은 경험적이고 실증적이다. 지식은 오직 경험으로부터 나오며, 이는 즉각적으로 주어지는 것에 의지한다. 이는 정당한 과학의 내용에 제한을 둔다. 둘째, 과학적 세계상은 특정한 방법, 즉 논리적 분석의 적용으로 특징지어진다.[46]

새로운 안정적 구조는 경험에 관해 검증된 과학적 진술이라는 굳건한 토대 위에 건설될 것이었다. 사물들은 허물어지지 않을 터였는데, 중심이 계속 유지될 것이기 때문이었다. 역사가 피터 갤리슨은 비엔나 서클의 프로젝트에 대한 카르납 자신의 진술에 건설과 건축의 이미지가 얼마나 스며들어 있는지 지적하고 있다. "오랫동안 지식을 차곡차곡 쌓은 계획된 구조Aufbau"나 "미래세대가 그 위에 건설할 수 있는 견고한 건물을 조심스럽게 돌멩이를 하나하나 쌓아올려 세우는 것" 같은 문구들은 이를 잘 보여준다.[47] 핵심 프로젝트는 국제 통일과학 백과사전International Encyclopedia of Unified Science의 집필이었다. 그뿐만 아니라 이처럼 합리적이고 세속적인 프로젝트, 이러한 통일과학은, 경험의 굳건한 토대로부터 차곡차곡 쌓아올림으로써 이와 경합하는 우파의 존재들―국민, 국가, 신―에 맞섰다.

　비엔나 서클은 자신의 전망을 바우하우스의 건축가들과 공유했다. "두 기획은 모두 간단한 요소들로부터 모든 상위의 형태들을 건설[함으로써] 근대주의를 예시하고자 했다"고 갤리슨은 썼다. "이는 체계적인 건설 프로그램 그 자체에 힘입어 장식적, 신화적, 혹은 형이상학적 요소를 확실히 배제했다. ……그들은 간단하고 접근 가능한 단위들에 기반을 둠으로써 민족주의적이거나 역사적인 특징들이 끼어드는 것을 배격하고자 했다."[48] 이 둘은 모두 나치의 박해로 해산했지만, 수출된 유사성의 땅인 미국에서 다시금 번창했다.

　비엔나 서클은 건축가뿐 아니라 심리학자의 경로와도 교차점이 있었다. '아하!' 하는 갑작스러운 통찰의 순간에 관심을 가졌던 심리학자 카를 뷜러는 붉은 빈* 시절의 비엔나 서클 모임에 참석해볼 것을 제자와 조수들에게 권유했고, 미국의 심리학자들은 비엔나 서클이 국외로 이주한 시기에 그

---

* Red Vienna. 1918~1934년 사이의 빈을 가리키는 말이다. 사회민주당이 다수당이 되어 도시에서 최초로 민주적 통치가 이뤄졌던 시기다.

들의 과학철학—길들여지고 행동주의적인 형태이긴 했지만—을 받아들였다.[49] "미국 심리학이 유럽 철학에서 가져온 것은 내용이 아니라 권위였다"라고 역사가 로저 스미스는 썼다. 아울러 스스로를 구획짓는 귀중한 규칙을 가져오기도 했다. "두 집단 모두에게⋯⋯ 경험적으로 검증 가능한 진술의 형태로 지식을 제시하지 않는 사람은 한마디로 말해 과학자가 아니었다. 이는 심리학이라는 과학 주변에 경계선을 그리는 것을 가능케 해주었다."[50]

심리학의 경계와 토대에 관한 이러한 질문들이 바로 20세기 첫 삼분기 동안 독일 학계에서 뜨겁게 달아올랐던 논쟁의 중심에 놓여 있었다. 이로부터 정신을 연구하는 새로운 접근법인 게슈탈트 심리학Gestalt psychology이 생겨났다. 웅장한 제국 연구소를 갖춘 물리학이나 생리학과 달리, 실험심리학은 19세기 말에 변변한 지원을 받지 못했다. 그뿐만 아니라 심리학은 철학의 일부로 분류되었고, 이 때문에 실험실 방법을 사용하고자 하는 모든 심리학자는 철학자들이 내보이는 견고한 회의적 태도에 직면했다. 교수좌가 공석이 될 때마다 철학자들과 자연과학자들 사이에 치열한 다툼이 불붙었다. 1870년대 라이프치히에서 빌헬름 분트가, 1890년대 베를린에서 카를 슈툼프가 실험심리학 분야의 국지적 제국을 만들긴 했지만, 철학자들은 계속해서 과학의 침입에 반대했다. 가령 에드문트 후설은 1911년에 쓴 글에서 '실험 광신자들'의 '사실 추종'을 비난했다.[51]

그 결과 1910년대에 새로운 세대의 실험심리학자들이 주위를 둘러보며 경력을 어떻게 쌓을지 고심하고 있을 때, 이들이 발견한 것은 '철학적 관심사들로 가득차' 있음을 입증해야 하는 학문 분야였다. 앞서 제4장에서 본 것처럼 행동주의자들이 실천적 이득(심지어 사회적 통제)을 약속할 수 있었던 미국과 대조적으로, 독일의 심리학자들은 도덕적·형이상학적 담론에 대한 관여를 약속해야 했다.[52] 철학적 연관성을 약속했던 영역 중 하나는 의식의 근본적 본질이었다. 의식을 구성요소들로 분해해 원자론적으로 분석할수 있는가? 아니면 의식은 하나의 흐름 내지 과정이며, 분해될 수 없는 전체로서 작동하는 어떤 것인가? 과정 관점을 주장한 이는 윌리엄 제임스, 앙리 베르그송, 빌헬름 딜타이, 후설 같은 심리학자와 철학자였다. 그러나 전체—'게슈탈트'—가 의심의 여지 없이 철학적 관심사였고 다소의 실험적 주목을 끌었음에도 불구하고, 게슈탈트 문제는 실험심리학이 다룰 수 있는 역량 너머에 있는 것처럼 보였다.[53]

역사가 미첼 애시는 새로운 세대의 심리학자 세 사람이 이러한 도전에 어떻게 맞섰는지를 보여주었다. 막스 베르트하이머, 쿠르트 코프카, 볼프강 쾰러 모두 카를 슈툼프의 제자였다. 셋 중 가장 나이가 많은 베르트하이머는 단어들에 대한 반응을 보고 범죄자를 가려내는 방법—연상주의 심리학에 곧장 기반을 둔—의 발명자로 1900년대에 이미 이름을 날렸다. 그러나 1910년이 되면 그는 선율에 관해 사고하며 저술을 하고 있었다. 여기서 유사한 것들의 수출이 갖는 중요성을 말해주는 훌륭한 사례를 볼 수 있는데, 특히 그는 베를린에 있는 녹음기록보관소Phonogramm-Archiv에서 일하면서 실론섬에 거주하는 베다 부족의 음악—전체로서 녹음되고, 전체로서 이전되고, 전체로서 청취된—을 들었고, "선율은 개별적으로 결정된 특정한 간격과 리듬에 의해 주어지는 것이 아니라 하나의 게슈탈트이며 그것의 개개 부분들은 특징적인 한계 내에서 자유롭게 변화 가능하다"는 결론에 도달했다.[54] 전화와 축음기는 심리-음향학에 대한 쾰러의 연구에서도 배경을 이뤘다.

20세기의 새로운 과학 중 얼마나 많은 것이 적어도 처음에는 19세기 말의 실행세계에 대한 논평에 의해 촉발되었는지 다시 한번 눈여겨보기 바란다. 양자역학과 전구, 특수상대성 이론과 전기 시계, 게슈탈트 심리학과 축음기 녹음이 그런 사례들이다. 어떻게 보면 게슈탈트 심리학은 철도 시스템에 대한 논평으로도 볼 수 있다. 베르트하이머는 휴일에 빈과 프랑크푸르트 사이를 여행하다가 번갈아 바뀌는 철도 신호가 만들어내는 겉보기 운동을 보고 강한 인상을 받았다. 프랑크푸르트에 온 베르트하이머는 이곳에 근무하던 쾰러에게 연락을 했고, 동일한 효과를 만들어내는 장난감 스트로보스코프를 가지고 코프카와 함께 고전적인 게슈탈트 실험을 시작했다. 애시는 '개념적 발전이 먼저였다'고 주장하지만, 그보다 폭넓은 논점은 게슈탈트 심리학이 좀더 상위의 철학적 논쟁에 응답할 수 있도록 설계되었음에도 실행세계의 맥락에 뿌리를 두고 있었다는 것이다.

게슈탈트 심리학의 기본 주장은 구조화된 전체가 정신생활의 일차적 단위라는 것이었다. 전체는 단편적인 감각들로부터 조립된 것이 아니라 전체로서 이해되었다. 번갈아 깜박이는 불빛의 겉보기 운동의 경우, 사람들은 운동을 하나의 전체로 이해했다. 베르트하이머가 제작한 실험 장치 중에는 관찰자들이 진짜 운동과 겉보기 운동을 어떻게 구별하는지(혹은 의미심장하게도 구별하지 못하는지)를 알아내고자 하는 순간노출기tachistoscope도 있었다. 관찰자들은 때때로 움직이는 물체가 전혀 없는데도 운동을 목격했다(이러한 환영에는 '파이phi' 현상이라는 이름이 붙여졌다). 베르트하이머는 1912년과 1913년에 한 실험을 기록했다. 여기에는 새로운 토대에 대한 약속이 있었다. 만약 실험실 탐구를 통해 접근 가능한 지각적 전체가 감각에 선행한다면, 새로운 시각하에서는 생리학과 철학 모두가 수정될 수도 있었다.

제1차 세계대전 이전, 실험적 게슈탈트 과학은 젊은 주변적 학자 소수의 전유물이었다. 그럼에도 그들은 광활하고 야심적인 전망을 발전시켰다. 코프카는 지각뿐 아니라 행동도 게슈탈트를 특징으로 한다고 주장했다. 전쟁 동안 쾰러는 테네리페섬에 고립된 채로 생산적인 활동을 수행했다. 이곳에서 그는 프로이센 과학아카데미 영장류연구소의 부소장직을 맡았다.[55] 그는 면밀하고 지속적인 관찰을 통해 침팬지가 행동—가령 높이 매달린 음식에 도달하기 위해 상자를 쌓아올리는 것 같은—을 완전한 해법으로, 즉 전체로 이해한다고 결론지었다. 전쟁 말기에 침팬지들과 쾰러는 모두 독일로 이동했다. 유인원들은 베를린 동물원의 춥고 습한 환경을 견뎌내지 못했다. 쾰러는 장기간의 친밀한 접촉 이후 자신이 '침팬지화'된 듯한 느낌을 떨쳐버리기 위해 물리세계에서의 게슈탈트에 관한 저술로 눈을 돌렸다. 물리계 역

시 고립된 사건들이 아니라 게슈탈트의 측면에서 분석되어야 했다.[56]

철학에 응답할 필요성에 의해 출현한 게슈탈트 심리학은 위기로 인해 찢긴 바이마르 독일에서 크게 호소력을 갖는 개념과 논증을 제공했다. 반대로 당혹한 중산층과 중상류층이 주변에서 파편화를 목도하고 이에 따라 '전체성에 대한 갈망'을 느꼈던 바이마르라는 맥락 덕분에 게슈탈트 과학이 번창할 수 있었다. 1924년 막스 베르트하이머가 베를린의 칸트 학회Kant Society에서 「게슈탈트 이론에 관하여」라는 강연을 했을 때, 그는 과학을 무미건조하고 죽은 분석의 실천으로서가 아니라 흐름 속에서 전체를 이해할 수 있는 생생한 활동으로서 옹호했다. "누가 감히 쏟아지는 급류를 과학적으로 이해하려는 시도를 하겠습니까?"라고 그는 청중에게 물었다. "하지만 물리학은 이런 일을 언제나 하고 있습니다."[57] 이제 심리학도 그럴 수 있었다. 베르트하이머는 심리학, 교육학, 음악에서 게슈탈트가 무엇인지를 설명했고, 더 나아가 '우리 시대의 문제'에 대한 응답으로서 자신의 접근법을 제시했다. 애시는 베르트하이머가 '사람들이 [개인으로서] 서로에게 반대하기보다 공통의 목표를 위해 협력하는 것이 더 자연스럽다'는 결론을 내렸다고 해석한다.[58] 베르트하이머는 진보적 인사로 아인슈타인의 친구였다. 그럼에도 게슈탈트 '전체'는 우파와 좌파뿐 아니라 불안정한 중도파의 정치적 프로젝트를 뒷받침하는 데 동원될 수 있었고 실제로도 그러했다.

형성체와 조직

'전체성에 대한 갈망'은 다른 과학도 형성했다. 예를 들어 프라이부르크 대학의 위대한 병리학자 루트비히 아쇼프는 조직 및 세포병리학과 연관된 원자화를 거부하고 질병에 대한 전일론적 시각을 촉구했다.[59] 역으로 생명과학은 정치적 함의를 가진 것으로 해석되었다. 예를 들어 투레 폰 우엑스퀼은 환경과 상호작용하는 생명체에 대한 이론, 그리고 이와 유사한 국가에 대한 이론을 결합시키려 애를 썼다. 1920년에 출간한 『국가생물학—국가의 해부학, 생리학, 병리학Biology of the State: Anatomy, Physiology, Pathology of States』에서 그는 가족을 자연스러운 세포 단위로 간주했다. 서로 다른 직업들은 기능적으로 장기와 흡사했다. 그는 "모든 [건강한] 국가가 보여준 유일한 조직 형태는 필연적으로 군주제"라고 결론지었다.[60] 반면 바이마르 독일의 새로운 의회 시스템은 "고귀한 군마를 죽이고서 자신이 군마의 역할을 하려고 애쓰는 촌충"에 비유되었다.[61] 기생충은 외부(영국의 의회민주주의)에 있거나 내부에 있거나 둘 중 하나였는데, 후자의 경우 표준적인 완곡어법을 이해하고 있던 우엑스퀼의 독자들은 기생충이 독일 내 유대인을 가리킨다는 점을 읽어냈을 것이 분명하다.[62]

독일의 유전학은 사회적, 문화적 맥락에 의해 결정적으로 형성되었고, 이는 세포를 어떻게 해석할 것인가에 곧장 영향을 미쳤다. 게슈탈트 심리학자들과 마찬가지로, 유전학자들이 폭넓은 주제를 다루면서 좀더 상위의 가치를 함양하려 한다면 전통적 대학에서만 안정적인 제도적 지위를 찾을 수 있었다. 이처럼 두루두루 많이 아는 학자들(역사가 조너선 하우드는 이들을 '포괄주의자'라고 불렀다), 즉 리처드 골드슈미트나 리하르트 쿤 같은 학자는 모건 연구실에 속한 미국의 협소한 초파리 유전학자들과 크게 달랐다.[63] 그러나 독일 유전학에서 앞서갈 수 있는 또다른 방법도 있었다. 바로 '실용성'을 지향하며 실용적 과학을 추구하는 것이었다. 전문화된 분야로서 유전학은 농업, 산업, 사회공학에 도움을 줄 수 있었다. 가령 에르빈 바우어는 이러한 경로를 택해 베를린 농업대학에서 뮌히베르크에 있는 카이저빌헬름 육종학 연구소로 자리를 옮겼다. 포괄주의자들은 자신이 정치를 넘어서 있다고 생각했지만, 근대화에 직면한 위기의 감각을 다른 관료들과 공유했다. 실용주의자들은 좌우 모두에서 정치적으로 상당히 적극적이었다. 하우드가 보여주는 것처럼, 과학적 해석은 과학자가 품고 있는 정치적 가치를 뒷받침했고, 그 역도 마찬가지였다. 예를 들어 세포질과 핵의 관계에 대한 이해는 학계와 정치질서 사이의 올바른 관계에 대한 시각과 연관돼 있었다. 한편에서는 힘의 공유를 보았지만, 다른 편에서는 핵의 통제를 보았다.

생물학에서 나온 또다른 강력한 메시지는 발생학 연구에서 나왔다. 아쇼프가 있던 프라이부르크 대학의 캠퍼스 건너편에서는 한스 슈페만이 연구를 하고 있었다. 그의 연구실은 정밀한 유리 기구를 써서 양서류 배아를 조작하고 재배열할 수 있는 미세수술 기법을 발전시켰다.[64] 학생 중 하나였던 힐데 프뢰숄트는 도롱뇽 배아 초기 낭배기의 일부인 '배순背脣'을 다른 숙주 배아에 이식했다. 이러한 배아들은 배순 물질에 의해 관장되거나 조직되는 것처럼 반응해, 가령 두 번째 중앙 신경계를 포함한 두 번째 신체 축을 발전시켰다. 슈페만은 자연적 '형성체organizer'를 발견했다고 주장해 과학계뿐 아니라 좀더 폭넓은 세계까지도 깜짝 놀라게 했다. 이러한 '형성체'는 "사회질서의 회복에 대한 은유"였다고 역사가 닉 홉우드는 적고 있다.

은유가 실행세계에 반드시 고정된 적용 대상을 갖는 것은 아니다. 사실 바이마르 독일에서 가장 중요했던 조직의 사례는 생물학과 국가가 아니라 화학과 산업에 관련돼 있었다. 우리는 이미 19세기 독일 염료 및 제약기업들의 중요성에 대해 논의한 바 있다. 20세기에 이러한 회사들은 계속해서 성장했다. 어느 정도 전문화의 길을 걸었지만, 동시에 국내에서, 또 국제적으로 서로 경쟁하기도 했다. 1925년 크리스마스에 이미 강력했던 세 개의 화학회사—바스프, 바이엘Bayer, 회흐스트Hoechst—와 그보다 작은 세 개의 기업들—아그파AGFA, 그리샤임-일렉트론 화학공장Chemische Fabrik Griesheim-Elektron, 구 베일러 테르 미어 화학공장Chemische Fabrik vorm Weiler Ter Meer—이 합병해 이게파르벤(IG Farben. 'Interessen-Gemeinschaft Farbenindustrie AG'의 약칭)을 형성했다. 이게파르벤은 10만 명의 직원을 거느렸다. 영국과 프랑스 회사들은 경쟁을 위해 독일의 거대기업을 따라해야 했다. 영국염료회사British Diestuffs, 브루너몬드Brunner Mond, 노벨산업

Nobel Industries, 유나이티드알칼리사United Alkali Company가 1926년 합병해 제국화학산업Imperial Chemical Industries, ICI을 설립했고, 2년 뒤에는 롱프랑Rhône-Poulenc이 생겨났다. 둘 다 화학 연구와 산업 생산의 선두주자였던 이게파르벤에 미치지는 못했다. 이어질 장들에서 우리는 이게파르벤의 혁신적 제품의 여러 사례들—최초의 항생제 술폰아미드, 가소성을 갖는 중합체 폴리우레탄, 합성석유—을 만나게 될 것이다.

제7장

과학과 제국의 질서

제국 행정이라는 실행세계에서 근본적인 문제는 건설과 질서 유지다. 제국에 아무런 질서가 없다면 이를 다스리는 황제는 속 빈 강정 같은 존재가 되고 만다. 제국의 질서는 알려지고 유지되어야 하며, 역사가 제임스 스콧이 보여준 것처럼 복잡하고 어지러운 세상에 대해 단순화된 대리물을 만들어내는 것에 의존한다.[1] 20세기가 되기 훨씬 전에 제국의 신민과 사물을 분류하고 헤아리는 강력한 기법들이 개발되었다. 프랑스와 네덜란드 행정가들은 센서스를 실시했다. 동인도회사의 행정가들, 그리고 1858년 이후 영국의 인도 통치는 인도 인구를 나타내는 지표를 찾는 문제를 놓고 반복해서 씨름했고, 이는 완전하고 일률적으로 이뤄졌다고들 했던 1881년 센서스에서 절정에 달했다. 그뿐만 아니라 신민들을 헤아리는 기법은 인구를 어림하기 위해 개발된 기법과 자연 세계에 대한 단순화된 대리물을 만드는 데 쓰인 기법 사이를 오갔다. 인구 센서스는 인구의 자연사로 볼 수 있었고, 이 과정에서 어떤 유형의 인구가 어디에, 얼마나 많이 있는가 하는 질문에 답했다. 또한 센서스는 엄청나게 복잡하고 지리적으로 퍼져 있는 현상—이동하는 인구—을 하나의 장소, 아마도 식민성의 선반 위에 보관될 수 있는 어떤 것으로 환원시켰다. 이러한 환원은 여러 가지 의미에서 센서스가 갖는 힘에 있어 대단히 중요했다. 제국의 눈은 인구가 있을지 모를 모든 장소에 더는 있지 않아도 되었다(이는 물론 애초에 불가능한 임무였다). 이제 책과 표를 조사해 명령을 내릴 수 있는 하나의 장소에만 제국의 힘이 있으면 되었다. 물론 실제로도 행정가는 황제를 대신해 지식과 지시에서 황제와 동일한 힘을 넘겨받을 수 있었다.

자연사는 비축물을 착취할 수 있는 수단이다. 제국이라는 실행세계는 특정 항목에 가치를 두면서 다른 항목은 무가치하거나 심지어 제국의 질서를 파괴하는 것으로 분류한다. 예를 들어 자연사를 통해 묘사된 질서는 그것이 제국의 목표에 봉사하려면 드러내 보여져야 한다. 가령 자연사박물관은 제국에 유용한 생명체, 장식용 생명체, 위협적이거나 파괴적인 생명체들을 체계적으로 배열해 전시했다. 마찬가지로 식물원은 제국의 식물계를 눈으로 볼 수 있게 제시했다. 식물이 심어진 화단은 센서스 표와 직접적 유사성을 갖고 있었다.

질서가 일단 확인되고 나면 유지되어야 한다. 유지는 체계화된 제국 지식에서 이중의 지형도가 특히 강력해지는 지점이다. 첫 번째 지형도는 제국 전체의 지형도이고, 두 번째 지형도는 박물관, 식물원, 센서스국, 실험실에 보관된 제국의 대리물에 대한 지형도이다. 첫 번째 지형도의 어지럽고 어마어마한 복잡성은 두 번째 지형도를 만들기 위해 환원되고, 단순화되고, 재정리되었다. 환원, 단순화, 재정리에는 시간과 비용이 많이 들어간다. 이런 노고를 되풀이할 만한 재원이 있는 곳은 거의 없었다. 두 번째 지형도는 오직 제국의 허가에 의해서만 이해 가능해지고, 좀더 조작 가능, 측정 가능, 접근 가능해지는 것이다.

질서는 두 번째 지형도에서 유지되어야 한다. 박물관 표본을 보존·목록화하고, 식물이 심어진 화단에는 잡초를 뽑고 표식을 붙이고, 센서스 보고서는 충해를 입지 않게 보호하고, 실험실에는 장비와 인력을 갖추어야 한다. 잘 유지된 두 번째 지형도는 첫 번째 지형도에 있는 존재들을 분류할 때 적어도 참고가 될 수 있었다. 그러나 실험실은 한층 더 능동적인 역할을 할 수 있었다. 열대병 같은 제국의 질서에 대한 위협은 그저 따로 떼어내 분류할 것이 아니라 조작하고 격퇴해야 했다.

열대의학

이 과정을 보여주기 위해서는 군대와 식민지 배경에서의 예방의학이라는 주제가 좋은 출발점이 될 수 있다. 인간 질병의 원인이 되는 원생 기생충의 복잡한 생활사를 묘사한 곳은 대학의 생물학실험실이 아니라 식민지와 군대의 의학실험실이었다.[2] 예를 들어 실험실 방법은 말라리아의 병인을 밝혀내는 데 결정적으로 중요했다. 알퐁스 라브랑은 군 질병 및 유행병 교수로서 1878년 알제리의 본에 부임해 말라리아 연구를 시작했다. 알제리—그리고 나중에는 이탈리아—에서 라브랑은 말라리아 환자의 혈액에서 기생충을 발견했다고 주장했다. 이는 놀라우면서도 논쟁적인 발견이었고, 1880년대 들어 결국 받아들여지기 전까지 비판과 논박의 대상이 되었다. 말라리아의 완전한 병인론—어떻게 질병에 걸리는지에 대한 인과적 설명—은 또다른 군의관 로널드 로스에 의해 완성되었다. 그는 인도의 육군 가정에서 태어나 1880년대부터 인도 의료부대Indian Medical Service 마드라스 지부에서 일하다가 패트릭 맨슨이라는 의사를 통해 라브랑의 기생충에 관해 알게 됐다. 로스는 모기가 말라리아 전파에서 역할을 한다는 데서 맨슨과 인식을 같이했다. 인도의 다양한 야외 관측소—일부는 말라리아 지역에 있었지만, 개중에는 말라리아가 없는 지역도 있었다—에서 로스는 인도인 조수들과 함께 모기를 해부해 특이한 세포들을 찾아내고 분리할 수 있었다. 1898년이 되자 그는 기생충이 모기가 물 때 전파된다는 확신을 갖게 됐고, 이러한 사실을 맨슨에게 전했다. 그 결과는 말라리아의 병인론에 관한 지식이 되었다.

하지만 거기에 도달하기 위해서는 복잡한 말라리아 세계가 조작 가능하고 분리 가능한 구성요소들로 간소화되어야 했다.

1900년 이후에 기생충–매개체 모델은 다른 질병들에도 적용되는 것으로 밝혀졌다.[3] 1902~3년에 또다른 스코틀랜드 사람 데이비드 브루스는 수면병에서 트리파노소마가 기생충이고 체체파리가 매개체임을 알아냈다. 이 질병은 아프리카 남부의 농업 지형도를 형성한 중대한 요인이었다. 수면병이 기승을 부리는 곳에서는 축산업을 할 수 없었기 때문이다. 마찬가지로 미 육군 군의관 월터 리드는 모기가 황열병의 매개체라는 쿠바 의사 카를로스 핀라이의 이론을 확인했다. 이로써 황열병 유행을 모기 박멸 프로그램으로 통제할 수 있는 가능성이 열렸다. 1905년에서 1914년 사이에 파나마 운하를 건설할 때 윌리엄 고르가스 장군은 운하 지역에서 말라리아와 황열병을 퇴치하기 위해 군 엔지니어링과 기생충–매개체 모델의 지식에 의지했다. 두 질병은 앞서 프랑스의 파나마 프로젝트에서 일하던 노동자들에게 궤멸적인 피해를 입힌 적이 있었다.

또 한 명의 스코틀랜드 사람이자 군의관인 윌리엄 부그 리슈만은 '칼라아자르kala azar'의 희생자들에게서 추출한 비장 표본에서 기생충을 찾아냈다. 다시 한번 단순화, 분리, 확인의 과정이 결정적으로 중요했다. 리슈만은 이 질병의 추출물 중 하나—비장 표본—를 연구용으로 준비했을 뿐 아니라, 자신이 직접 고안해낸 염색 방법도 사용했다. 이 과정에서 1900년대 초부터 새로운 명칭이 붙여졌다. 칼라아자르는 '리슈만편모충증'이 되었고 새로운 원인 인자는 '리슈만편모충', 염색은 '리슈만염색'이 되었다. 매개체는 모래파리로 밝혀졌다. 일부 기생충의 생활사는 대단히 복잡했다. 예를 들어 브라질 의사 마누엘 아우구스토 피라야 다 실바는 1900년대에 주혈흡충이 민물달팽이에서 인간으로, 다시 물로 돌아가는 생활사를 추적했다. 인간에게서 주혈흡충은 빌하르츠 주혈흡충증을 일으킨다.

이러한 성공은 새로운 전문분야의 성장을 뒷받침했다. 의학 내에서 열대의학은 말라리아, 수면병, 황열병, 그 외 다른 기생충-매개체 질병들에 대한 실험실 연구에 집중했다. 리버풀 열대의학대학Liverpool School of Tropical Medicine과 런던 열대의학대학London School of Tropical Medicine이 모두 1899년에 설립됐다. 함부르크의 해양열대질병연구소는 1901년에 생겨났다. 생물학 내에서는 곤충학, 기생충학, 원충학, 연충학(흡충 같은 편형동물을 포함한 벌레에 대한 연구)이 제국의 직접적인 관심과 제도적 후원을 끌어들였다. 곤충학은 아마추어 과학에서 전문 과학으로 변화했는데, 여기에는 제국의 후한 투자가 미친 영향이 크게 작용했다.[4]

생태학과 제국

20세기에 새로이 주요 분야로 성장한 또다른 전문분야는 생태학이었다. 이 역시 부분적으로 제국이라는 실행세계에 의해 형성됐다. 생태학은 자연이 어떻게 자원을 절약하는가에 관한 연구로서, 인간 및 비인간 자원의 관리 시스템에 대한 주장을 자연화하는 과학적 언어로 언제나 매우 큰 호소력을 갖고 있었다. 생태학의 오랜 역사는 이러한 연결을 보여주었다.[5] 19세기의 연구는 생명체의 군집 패턴을 탐구하면서 여러 용어들을 창안했다. 폰 훔볼트의 남아메리카 식물지리학, 아우구스트 하인리히 루돌프 그리스바흐의 '식물지리 군계phytogeographical formation', 카를 아우구스트 뫼비우스의 '생물군집biocoenosis', 스티븐 앨프리드 포브스의 '미소생태계microcosm'—호수나 연못의 '자신 속에 있는 작은 세계'— 등이 그것이다.[6] 1887년에 포브스는 생태를 경제의 틀로, 또 경제를 생태의 틀로 이해했다. "자신의 수입 내에서 생활하는, 절약하는 사업가가 결코 빚을 되갚을 수 없는, 꿈도 희망도 없는 경쟁자를 결국에 가면 거의 확실히 몰아내는 것과 마찬가지로⋯⋯ 잘 적응한 수생 동물은 시간이 지나면 식량과 다양한 생활 물품들을 놓고 잘 적응하지 못한 경쟁자들을 수적으로 압도할 것이다."[7]

19세기 말에 헨리 챈들러 코울스는 '미시건호 모래언덕 위 식생의 생태학적 관계'에 관한 논문을 쓰면서 박사학위를 마무리하고 있었다. 식물 군집의 동역학에 관한 통찰을 얻기 위해 모래언덕—그 위에서 식물의 생활이 일시적이고, 변화하고, 변이를 겪는다—에 초점을 맞춘다는 아이디어는 덴마크의 위대한 식물학자 에우게니우스 바르밍에게서 나온 것이었지만, 코울스는 '천이succession'라는 특정 과정을 강조했다. 코울스는 호숫가에서 내륙으로 걸어 들어가면서 모래알에서 키작은 속씨식물, 제법 큰 목본식물, 미루나무와 소나무, 참나무와 히코리나무 삼림 지대를 차례로 거쳐 마지막으로 너도밤나무와 단풍나무로 변천이 일어난다고 썼다. 그는 시간에 따른 식물 형태의 자연적 천이는 물리적 공간 속을 움직여봄으로써 추적할 수 있다고 주장했다.[8] 서로 다른 경관에서 천이의 추적은 대학원에 적합한 생산적 활동을 제공했고, 코울스 연구실은 번창해서 미국생태학회Ecological Society of America의 설립으로 이어졌다.

쾌활하고 우애가 넘쳤던 코울스는 오만하고 융통성이 없으며 대체로 사람들의 반감을 샀던 미네소타의 생태학자 프레더릭 E. 클레멘츠와 경쟁 구도를 형성했다.[9] 두 사람은 모두 식물 군집이 시간의 흐름에 따라 천이의 단계들을 거쳐 진행한다고 보았고, 모든 장소는 식별 가능한 '극상climax'을 갖는다고 주장했다. 자연은 질서를 드러냈다. 환경사가 도널드 워스터는 클레멘츠의 견해를 이렇게 요약하고 있다. "자연의 경로는 목적 없이 오락가락 배회하는 것이 아니라 과학자에 의해 정확히 표시될 수 있는 안정성을 향해 지속적으로 흘러가는 것[이다]."[10] 이러한 점진주의는 생태학적 존재에 대한 유기체설의 관점과 뒤섞였다. 식물 군집은 마치 하나의 생명체처럼 발달하고, 구조를 가지고, 재생산을 했다. 클레멘츠는 자신의 영향력 있는 책 『식물 천이Plant Succession』(1916)에서 "군계群系는 하나의 생명체로서 출현하고 성장하고 성숙하고 죽는다"고 썼다.[11] 천이는 식물학을 발생학으로 쓴 것이었다. 또한 식물 군집은 마치 하나의 생명체처럼 생리학적 과정을 가졌다. 실제로 클레멘츠는 식물 군집이 어떻게 환경에, 또 서로 간에 반응하는지 설명하기 위해 당대의 자극-반응 생리학에 호소했다.[12]

1910년대에 생태학은 대체로 식물 군집에 대한 연구로 한정된 과학이었다. 그러나 1930년대가 되자 동물, 심지어 인간도 포함하는 시스템의 과학으로 확대되었다. 그뿐만 아니라 클레멘츠의 유기체설에 반대하는 것으로 정의된 '생태계ecosystem'라는 핵심 용어가 고안되어 지지자를 모으고 있었다. 역사가 페이더 앵커는 이러한 역사적 변화가 영 제국의 행정 및 정치라는 실행세계에 의해 틀지어졌다고 주장한다.[13] 변화의 중심에 있었던 주역은 영국의 식물학자 아서 조지 탠슬리, 옥스퍼드의 생태학자 찰스 엘턴, 그리고 남아프리카 연방의 지도자 얀 스뮈츠를 중심으로 모여든 생태학자들이었다.

1910년대 영국에서 생태학은 두 개의 축, 즉 런던과 스코틀랜드를 중심으로 돌아가고 있었다. 스코틀랜드의 대학에서 과학과 정치는 대체로 보수적이었다(다만 분류가 불가능한 패트릭 게디스의 경우는 이런 일반화에서 예외로 두어야 한다). 유니버시티 칼리지 런던에서는 에드윈 레이 랭커스터를 따르는 사람들이 식물지리학 연구에서 생태와 경제의 상호작용과 유사성에 민감한 연구실을 발전시켰다. 그들은 남학생뿐 아니라 여학생도 지원하는 진보적이고 약간은 대항문화적인 분위기 속에서 활동했다. 케임브리지에서 UCL 사람들의 동맹군 노릇을 하고 있던 탠슬리는 1912년에 진보적 성향 학술지 『뉴 파이톨로지스트New Phytologist』를 창간했고, 이는 이내 멘델주의를 대변하는 매체로 자리를 잡았다. 탠슬리는 영국식생조사중앙위원회 Central Committee for the Survey of British Vegetation에도 참여했는데, 1911년 이 위원회의 탄생은 '영국의 현대 식물생태학을 형성한 사건'으로 묘사되어 왔다.[14] 아마 가장 중요했던 것은 이 위원회가 영국이라는 국가를 위한 전문직 기능의 수행(식물 유형의 분류)을 겸비했다는 점일 터이다. 이는 영 제국을 위한 전문직 기능으로 확대될 수 있는 종류의 것이었다. 게다가 이와 같은 봉사는 기관을 설립하는 데 쓰일 자원이 전달될 수 있는 통로를 만들어 냈다. 영국 생태학회는 1913년에 설립되었다.

영국 생태학을 둘러싼 정치적 지뢰밭 같은 상황은 옥스퍼드의 셰라디언 식물학교수로 임명받고 싶어했던 탠슬리의 희망을 좌절시켰다. 크게 낙담한 탠슬리는 내면으로 파고들었다. 그는 프로이트를 읽었고, 1922년에는 빈에 가서 프로이트를 만나기도 했다. 그는 케임브리지 강사직을 사임하고 그자신이 정신분석학자로 활동하기 시작했다. 이는 식물학자로서 그에게 짧지만 심오한 막간을 이뤘다. 결정적으로 중요했던 점은 탠슬리가 인간 심리학의 체계 이론을 흡수했고, 인간의 정신을 본능, 자극, 반응, 그리고 프로이트적인 평형의 힘이 뒤섞인 것으로 그려냈다는 것이다. 그는 이러한 상을 다시 생태학으로 가지고 왔다. 1924년에 식물학으로 복귀한 탠슬리는 그해 열린 제국 식물학회의Imperial Botanical Conference에서 영 제국 식생위원회British Empire Vegetation Committee 의장을 맡아 제국 전체에 대한 식물학 조사 계획을 관장했다. 식물생태학자들은 영국이 마치 '수중에 있는 재고의 양'을 모르는 잡화점 주인이나 다름없다고 주장했다. 여기에 더해 전문 생태학자들은 식민지 행정가들의 손을 이끌어 영국 정부에 이익이 되도록 환경에 변화를 일으킬 수 있었다.[15] 탠슬리는 T. F. 칩과 같이 편집한 『식생 연구의 목표와 방법Aims and Methods in the Study of Vegetation』에서 조사가 어떻게 이뤄져야 하는지를 상세하게 기술했다. 이 책은 1926년에 영 제국 식생위원회와 식민지 재무담당관실Crown Agents for the Colonies에 의해 출간되었다.

그러나 제국 식물학회의에서 영국의 생태학자들은 놀랍게도 남아프리카 연방이 제출한 경쟁 제안을 접하게 됐다. 남아프리카 연방의 프로젝트가 영국의 그것과 어긋나게 된 데는 그럴 만한 이유가 있었다. 행정과 효율적 수탈을 실행세계의 목표로 하는, 기존 제국에 의해 틀이 정해진 자원 조사 활동에 참여하는 대신, 남아프리카의 생태학자들은 그들 주변의 자연계에 대한 설명을 만들어내고 있었다. 이는 '남아프리카'가 새로운 전체로 빚어지고 있던 것과 시기적으로 일치했다. 남아프리카 연방의 프로젝트에는 이를 후원했던 정치 지도자이자 철학자인 얀 크리스티안 스뮈츠의 아이디어와 개성이 각인돼 있었다. 스뮈츠의 비범한 생애는 1870년 대영 제국 국경일—빅토리아 여왕의 생일—에 시작됐다. 1910년까지 그는 시인 월트 휘트먼에 관해 탁월한 논문을 써서 케임브리지를 졸업했을 뿐 아니라 보어 전쟁에 장군으로 참전했고, 루이스 보타와 함께 남아프리카를 새로운 정치적 단위로 통일시켰다. 스뮈츠는 자신의 통일 프로젝트를 뒷받침하는 철학으로 전일론을 내세웠다. 그의 전일론은 물질계와 생물계를 진화하는 전체로 보았고, 그중 일부(백인 정치철학자)를 다른 일부(흑인, 여성)보다 더 상위 단계에 두었다. 1910년대에 스뮈츠의 철학은 개인들 사이에서 전파되었다. 그러나 1923년에 그는 산상수훈—이 사례에서는 케이프타운 외곽에 있는 테이블산에서의 연설—을 통해 전일론을 세상에 내놓았다. 연설에 담긴 정서, 즉 만물은 살아 있고, 진화하며, 부분이 조화로운 전체에 봉사한다는 생각은 그의 책『전일론과 진화Holism and Evolution』(1926)에서도 공표되었다.

> 세포 내에는 조화로운 협동, 이타적인 상호 봉사, 각각이 모두에 대해 보이는 충성과 의무라는 이상이 내포돼 있다. 이는 시간이 흘러 좀더 고등하게 진화한 인간 결사체에서 우리가 오직 열망하고 갈구하는 바와 다르지 않다. 원자 내에서 전기 단위들의 놀라우면서도 수수께끼 같고 안정적인 배열이 성취되었을 때, 물질세계를 완전한 혼란과 변화로부터 구해준 기적이 일어났다.[16]

상찬받는 정치가였던 스뮈츠는 매력적인 후원자가 되었고, 생태학은 인간 사회를 포함한 자연계를 전체로 묘사하는 수단을 제공함으로써 후의를 되갚았다. 존 윌리엄 뷰스는 1909년에 나탈 유니버시티 칼리지로 자리를 옮기면서 스코틀랜드 생태학을 남아프리카로 가져다주었다. 뷰스는 클레멘츠의 천이 이야기를 스뮈츠에게 전달했다. 두 번째 식물학자인 존 필립스는 남아프리카에서 에든버러로 옮기면서 숲 생태에 대한 연구로 되돌아갔다. 뷰스와 필립스가 쓴 『남아메리카 식물 조사Botanical Survey of South Africa』는 생태학적 상호관계에 대한 연구를 포함해 '신생 국가의 모든 종을 담은 웅대한 목록'이자 통일된 남아프리카 연방을 보여주는 상이었고, 이는 스뮈츠로부터 크게 영향을 받았다.[17]

1934년과 1935년에 필립스는 『생태학 저널Journal of Ecology』에 생태학의 개념에 대한 분석으로 「천이」, 「발달과 극상」, 「복잡한 유기체」를 제목으로 하는 3부작 논문을 발표했다. 그는 스뮈츠의 철학에 폭넓게 호소했다. 이제 꿈꾸던 셰라디언 교수 자리를 얻은 탠슬리는 이를 보고 아연실색했다. 그는 옥스퍼드에서 완전히 편안함을 느끼지 못하고 있었다. 그의 비판자, 더 나아가 적수들은 관념론자들이었고, 그중에는 알렉산더 스미스, 과학철학자 R. G. 콜링우드, C. S. 루이스, J. R. R. 톨킨, 존 프레더릭 울펜든, 토머스 듀어 웰든이 있었다. 이러한 관념론자들은 1929년 스뮈츠가 옥스퍼드를 방문했을 때 그를 초빙하고 환대했다. 스뮈츠는 전일론을 설파하며 생태학에 호소해 흑인과 백인의 정착지를 분리시키는 로즈의 차별 정책을 정당화했다.[18] 필립스는 이러한 분리주의 주장을 뒷받침하는 생태학 현장연구를 일부 수행했다. 앞서 발표한 논문에서 그는 생물군집에서 자신의 위치를 아는 인간의 '전일론적 길'과, 기계론적 과학이 물질적 부, 무기, 환경 파괴를 위해 자연에 대한 통제를 추구하는 '기계론적 길'을 대비시켰다.

온갖 종류의 식물을 파괴하는 무절제하고 집약적인 화전농업, 대초원, 관목, 덤불, 숲에서의 무분별한 벌목, 원시적 농업 관행과 좀더 발전했지만 낭비적인 농업 관행, 무분별한 대량 가축 방목에 따른 토지 황폐화, 식물의 파괴와 동물의 떼죽음 내지 멸종, 때때로 가장 큰 경제적 중요성을 갖는 생물학적 서식지 문제를 만들어내는 외래종 동식물 도입, 불필요한 물 고갈 가속화와 그에 따른 토양 침식을 일으키는 잘못 설계된 공공사업(도로, 철도, 배수로, 관개 계획 등). 한마디로 인간에 의한 [환경] 교란이 결국 인간을 해치는 결과로 이어진다는 것이다.[19]

이러한 설명에 따르면, 남아프리카 연방의 흑인들이 유럽인들의 생활방식을 받아들이도록 허용할 경우 파괴를 초래하는 반면, 현명하고 전일론적이며 생태학 지식을 갖춘 정부가 분리된 생물군집을 보존할 경우 모든 인종이 번창할 터였다(필립스의 글을 읽으면서 스뮈츠가 옥스퍼드로 초빙을 받은 맥락을 생각하다 보면, 톨킨이 『반지의 제왕Lord of the Rings』에서 사루만의 군대에 의해 숲이 파괴되는 것을 묘사한 장면이 자연스럽게 떠오른다). 탠슬리는 관념론자에 맞선 실재론자이자 전일론적 보존 운동에 반대하는 좌파의 유물론적 인물이었고, 국지적 중요성뿐 아니라 제국의 맥락도 있는 싸움에 나설 준비가되어 있었다. "필립스의 논문을 보면 하나의 신조, 그러니까 종교적 혹은 철학적 독단의 닫힌 체계를 상세하게 설명하고 있는 것 같은 느낌을 절로 받게 된다." 1935년 탠슬리는 학술지 『생태학Ecology』에 기고한 논문에서 이렇게 썼다. "클레멘츠는 중요한 예언자이고, 필립스는 으뜸가는 사도인 것처럼 보인다." 이를 합치면 스뮈츠에 대한 설교였다.[20] 이에 따라 '생물군집 biotic community'이라는 전일론적이고 유기체적인 개념—이는 탠슬리의 적수들이 추구하는 생태학의 기본 단위였다—에 맞서기 위해 탠슬리는 대안을 제시했다. 바로 '생태계'라는 개념이었다.

나는 생물군집이라는 개념을 받아들일 수 없다. 하지만 이를 거부한다 해서 내가 다양한 '생물군계biome', 즉 환경적 요인들의 특정한 복합체에 적응한 생명의 그물 전체가 진정한 '전체'—물리학자의 감각으로 보면 살아 있는 시스템의 핵인 종종 고도로 통합된 전체—임을 인식하지 못했다는 뜻은 결코 아니다. 단지 그것을 '생명체'로 묘사하는 것이 적절치 않다고 생각하는 것뿐이다. ……나는 연관된 효과적인 물리적 요인들의 전체와 함께 이를 시스템으로 간주하는 편을 선호한다.[21]

생태계는 살아 있는 생명체들(생물군계)과 함께 '무생물 요인inorganic factor'들도 포함했다. 인간의 활동은 생태계의 평형이 존재하는 곳에서 급격한 변화를 일으킬 수 있었다. 탠슬리의 논문은 단어들의 한계에 위치해 있었고, 그는 자신이 제안한 생태계를 '생명체'로 묘사하는 것은 '생명체'라는 단어를 지나치게 잡아늘이는 것이라고 생각했다. 그뿐만 아니라 화학자라면 물의 성질이 그 원리상 수소와 산소의 성질에서 연역 가능한 것임을 인정할 것이고, 발명가라면 새로운 기계의 성질이 그것의 구성 물질을 뛰어넘는다고 주장하지 않는 것과 마찬가지로, 생태계는 과학적으로 분석 가능한 그 부분들의 합에 불과했고 그 이상은 아니었다. '생태계'는 조심스럽게 제약을 둔 용어로 발명되었다. 자원 조사에 유용하고, 미래의 연구를 끌어들이지만, 초생명체로서의 자연에 대한 '환상에 불과한' 신념은 제거한 용어로 말이다.

1920년대와 1930년대에는 인간이 생태학 모델 속에 포함되었다. "인간의 활동은 기존 생태계의 평형을 점차 교란시키고 결국에는 이를 파괴하는 동시에, 대단히 다른 자연의 새로운 생태계를 형성하는 예외적으로 강력한 생물 요인으로 간주되어 생태학 속에 적절한 위치를 갖게 된다"라고 탠슬리는 썼다.[22] 동물 및 인간 생태학의 정립에서 결정적 역할을 한 인물이 옥스퍼드에서 새롭게 활력을 얻은 동물학의 젊은 구성원이었던 찰스 엘턴이었다. 그의 동료로는 생물학자 줄리언 헉슬리와 J. B. S. 홀데인, 경제사가 알렉산더 모리스 카손더스가 있었다. 헉슬리와 카손더스는 우생학에 대한 열렬한 관심을 공유했는데, 예컨대 카손더스는 『인구문제—인간 진화에 대한 연구The Population Problem: A Study in Human Evolution』(1922)에서 인구과잉은 정신 능력이 낮은 인종이 자식을 지나치게 많이 낳은 결과라고 주장했다.

엘턴의 경력은 극지의 스발바르 제도—스피츠베르겐과 비에르뇌위아 섬을 포함해서—라는 예상 밖의 배경에 근거를 두었다.[23] 제1차 세계대전 이후 스피츠베르겐섬의 국가적 지위는 특이한 방식으로 해결되었다. 영국,

노르웨이, 그리고 조금 뒤에는 소련과 독일을 포함한 여러 나라가 서명한 1920년 조약은 노르웨이에 완전한 통치권을 부여하는 대신 모든 서명국과 그 국민이 탐험, 채굴, 정착의 권리를 갖는다는 조건을 내걸었다. 이러한 합의는 소소한 제국주의 경쟁의 창을 열어놓았고, 미래 극지방의 부富에 대한 적극적 권리 주장을 위해 과학의 수행이 장려되었다. 1921년 여름, 조지 비니가 조직하고 헉슬리와 카슨더스가 이끈 첫 번째 옥스퍼드 스피츠베르겐 원정대가 출발했다. 엘턴과 빅터 새뮤얼 서머헤이스는 원정대에 속한 두 명의 학생이었다.

물질적 환경 속에 있는 동식물 군집은 남쪽의 온대 혹은 열대 지방보다 북극 지방에서 훨씬 더 단순했다. 생명체들의 거의 완전한 목록을 파악하고 묘사하는 일이 가능할 정도였다. 박테리아가 흡수한 질소는 식물에 전달되었고, 이는 다시 벌레와 나그네쥐(레밍), 거위, 파리에게 먹을거리를 제공했다. 작은 곤충과 거미는 뇌조, 흰멧새, 주홍도요의 먹이가 되었다. 그와 병행하는 경로를 통해 질산염이 바닷말에, 이어 작은 수생생물에 전달되었고, 이것이 다시 세가락갈매기, 바다오리, 바다쇠오리, 잠수하는 물새, 오리, 바다제비의 먹이가 되었다. 마지막으로 몇 안 되는 육식동물들—육상에 있는 북극여우와 북극곰—이 다른 동물들에 정제돼 있는 형태의 질소를 섭취했다. 그러는 동안 동물의 똥과 부패는 질소를 환경 속으로 되돌려놓았다. 이러한 과정을 완전하게 담은 엘턴과 서머헤이스의 도식—이들이 학생일 때 그려서 1923년에 발표되었다—은 생태학의 기본 과정인 질소 순환을 세상에 제시했다.

엘턴은 1923년의 두 번째 옥스퍼드 스피츠베르겐 원정대에 동행—이번에는 수석 과학자로 동행했다—했을 뿐 아니라 1924년의 세 번째 원정대에도 참여했다.[24] 이러한 연구로부터 나그네쥐의 행동에 대한 설명이 도출됐는데, 이는 이후 흥미로운 방식으로 대중적 지식으로 계속 살아남았다. 나그네쥐에게 절벽에서 뛰어내리려는 자살 충동이 있다는 관념은 작은 생명체들이 '엄청난 속도와 투지를 가지고 바다로' 행진한다고 썼던 엘턴의 저작으로 거슬러올라갈 수 있다.[25] 나그네쥐의 도약은 훗날 디즈니에 의해 애니메이션으로 제작되어 수백만 명이 극장에서 관람했다. 그러나 이는 신화이다. 나그네쥐는 실제로 개체 수의 급증을 경험하며, 나그네쥐의 굴을 덮고 있던 눈이 녹으면 갑자기 어디에나 있는 것처럼 보일 수 있다. 이러한 급증기 동안 나그네쥐는 온갖 곳을 쏘다니는 것처럼 보일 수 있지만, 절벽에서 뛰어내리지는 않는다.

사실 엘턴의 나그네쥐 개체군 연구와 그 외 옥스퍼드의 포괄적 생태 자원 조사는 후원자 두 부류의 이해관계와 연관지을 때 의미를 갖는다. 영 제국의 행정 부처들과 수익을 위해 북극 지방을 채굴하는 민간 기업이 그것이다. 먼저 옥스퍼드의 과학자들은 영국 식민지 기구들을 위해 지역 천연자원의 포괄적 도표를 만들어낼 수 있는 기법을 제공했다. 여기에는 엘턴이 묘사한 순환뿐 아니라 생태학 연구의 도구로 비행기를 활용하는 것도 포함되었다. 비행기는 관리 대상인 토지에 대해 말 그대로 '웅장한 개관'을 제공했다.[26] 두 번째 후원자인 민간 기업은 북극 지방에서 작업하는 불확실성과 위험에 직면해 있었고 새로운 기후 예측 방법이라면 뭐든 관심을 보였다. 예를 들어 나그네쥐 개체군에 대한 엘턴의 서술은 브리티시페트롤리움의 관심을 끌었다. 마찬가지로 허드슨베이사는 모피 같은 온갖 종류의 천연 재료를 수출했기 때문에 북극 지역의 생태 자원에 대한 훌륭한 분석에 직접적인 관심이 있었고, 1926년부터 1931년 사이에 엘턴을 재정적으로 지원했다.

이처럼 후원 이해집단과 북극 연구가 결합하면서 엘턴은 새로운 종류의 생태학을 종합할 수 있었다. 동물생태학은 늘 식물생태학보다 어려운 과제였다. 동물은 이리저리 돌아다니며, 찾기가 어려울 수 있다. 식물생태학에는 이미 천이의 탐구라는 모범적 연구 프로그램이 있었지만, 동물생태학에는 천이에 비견할 만한 프로그램이 없었다. 그러나 엘턴은 허드슨베이사를 위해 개체군을 숫자의 피라미드 속에서 나타내는 도식을 만들어냈다. 물고기 수천 마리가 바다표범 수십 마리를 먹여살리고 이것이 다시 북극곰 한 마리를 먹여살릴 수 있었다. 먹이사슬, 순환, 피라미드는 야심만만한 생태학자에게 구미가 당기는 전망을 제공했다. 이제 엘턴은 산업화된 영국의 경기 순환과 갈등에 대한 경제사가 카손더스의 설명에서 도움을 얻어, 스피츠베르겐의 피라미드 시각을 동물계 전체에 투사했다. 그가 1927년에 '모든 이를 위한 과학Science for All' 운동의 일환으로 출간한 『동물생태학Animal Ecology』은 먹이사슬에 관한 연구를 동물생태학이라는 새로운 전문분야의 중심으로 삼았다. 엘턴은 또한 생태적 지위ecological niche 개념을 도입해 인간 사회의 전문화된 기능들에서 직접 유추를 끌어오기도 했다. 엘턴은 이렇게 썼다. "생태학자가 '저기 오소리가 지나가네'라고 말할 때, 그는 머릿속에서 그 동물이 그것이 속한 군집 내에서 차지하는 위치에 대해 분명한 관념을 갖고 있어야 한다. 그가 '저기 교구목사가 지나가네'라고 말할 때 그런 것처럼 말이다."[27] 인간 사회는 동물생태학에 대해 영감을 제공했고, 더 나아가 생태학은 인간을 그 혼합의 일부로 포함하기 시작했다. 앵커는 바다표범 사냥꾼, 북극곰, 바다표범을 보여주는 엘턴의 도식 중 하나가 "아마도 인간을 포함하는 것으로는 처음 발표된 생태학 도해"일 거라고 말하고 있다.[28]

이후 엘턴은 동물생태학에서 그치지 않고 인간뿐 아니라 자연계의 다른 부분도 그것이 묘사하는 순환에 포함시키는 인간생태학을 추구했다. 1920년대에는 일군의 사회학자들이 사람들 간의 상호작용에 대한 과학을 묘사하기 위해 '인간생태학'이라는 용어를 사용하고 있었는데, 이후 엘턴은 그들이 사용하던 용어를 바로잡았다. 이렇게 생각한 사람은 엘턴만이 아니었다. 1920년대 소련 생태학자들도 비슷한 견해를 공유했다. 1930년대와 1940년대에 생태학자들은 인간의 활동을 고찰하면서 방법론적이고 때로 도덕적인 결론을 이끌어냈다. 인간의 노동에 의해 지속적으로 재형성되는 영국의 경관 속에서 작업하던 탠슬리는 인간의 활동을 수많은 통상의 생태학적 과정 중 하나로 간주해야 한다고 주장했다. 폴 시어스는 『전진하는 사막Deserts on the March』(1935)이라는 책에서 오클라호마와 텍사스의 더스트 볼Dust Bowl로 귀결된 대초원의 파괴를 개관하면서 자연의 견제와 균형을 파괴한 인간의 개입이 원인이라고 주장했다. 프레더릭 클레멘츠도 이에 동의했고, 토지 사용에 길잡이를 제공하려면 새로운 '생태학적 종합'이 요구된다고 주장했다. 시어스는 전문가 토지 자문위원을 영구적으로 임명하는 안을 지지했고, 영 제국을 전문성 활용의 모델로 지목했다.[29] 마지막으로 알도 레오폴드는 1949년에 발표한 『모래군의 열두 달Sand County Almanac』에 수록된 아름다운 에세이에서 생태학적 사고방식을 대중적 필치로 제시했다.

먹이사슬과 동물 개체군에 초점을 맞추는 경향이 자리를 잡자, 다른 과학자들—그리고 수학자들—이 분석을 위한 강력한 기법들을 개발했다. 엘턴의 스피츠베르겐이 개체군 구조와 동역학의 단순화된 모범사례를 제공한 것과 마찬가지로, 수학적 모델은 개체군에서 관찰된 변화의 특징들을 단순화된 형태로 재현할 수 있었다. 미국의 생물학자이자 우생학자인 레이먼드 펄은 1920년에 로지스틱 곡선logistic curve을 재발견했다. 로지스틱 곡선에서 개체군은 대략 지수함수적으로 증가하다가 상한선에 가까워지면 증가세가 둔화되며 안정된다. 이는 맬서스에 대한 새로운 수학적 해석이었다. 미국의 물리학자 앨프리드 제임스 로트카는 포식자와 먹이라는 두 개체군의 성장률을 연결하는 미분방정식을 알아냈다. 이를 풀었을 때 나오는 상승과 하강 그래프는 가령 나그네쥐와 흰올빼미 개체군 사이의 관계와 비슷하게 보였다. 로트카는 화학자로 활동하거나 보험업에서 일하기도 하는 등 특이하게 다양한 배경을 갖고 있었는데, 아마도 이 때문에 새로운 길을 찾아나서도록 자극을 받았는지 모른다.[30] 그러나 아드리아해의 어업에 관심이 있던 이탈리아의 비토 볼테라 역시 비슷한 경향을 따라 로트카의 수학적 모델을 발전시켰다.[31] 결국, 이러한 과학의 실행세계 맥락은 개체군을 자원으로 관리하는 것이었다.

식민지 경영, 질병, 비타민

마찬가지로, 열대의학의 연구 프로그램은 종종 특정한 식민지 문제의 경영 요구에 의해 추동되었다.[32] 중앙아프리카에서 모집해서 트란스발의 금광에 고용된 광산 노동자의 대단히 높은 사망률은 부분적으로 폐렴 때문이었다. 무자비한 비용-편익 계산을 통해 폐렴 백신을 개발하는 데 드는 비용이 최소한의 생활공간을 늘려주는 비용보다 저렴하다는 계산이 나왔다. 세균학 실험실을 짓는 데는 4만 파운드면 충분했지만, 광부들에게 새로운 공간을 제공하는 데는 25만 파운드가 들었기 때문이다.[33] 광산의 노동 조건은 결핵이나 규폐증 등 많은 다른 폐질환의 원인이 됐고, 이는 식민지 본국에서 그에 필적할 만한 연구 프로그램을 만들어냈다.[34] 수의과학 역시 이러한 패턴을 따랐다. 지역 행정을 위해서는 말을 타고 여행을 해야 했다. 그러나 아프리카 남부에서 말은 아프리카말병에 시달렸다. 말을 타고다니는 관리들이라는 실행세계를 유지해야 했기 때문에 아프리카말병에 대한 면역 연구가 시작되었다. 1900년대 이후 프리토리아 인근 온데스터포르트 수의학연구소Onderstepoort Veterinary Institute에서 이뤄진 연구가 좋은 예다. 그러나 면역은 세심한 표준화의 방법이 수출된 1930년대가 되어서야 성공을 거뒀다.[35] 성공 이전에 유사성의 수출이 먼저였다.

식민지 실행세계에 의해 촉발된 연구는 기존 이론들을 깨뜨릴 수 있었다. 네덜란드령 동인도제도의 식민지 행정가들은 각기병이라는 쇠약성 질병에 대해 잘 알고 있었고, 다리의 부기가 어떻게 노동력을 약화시킬 수 있는지도 알고 있었다. 질병의 세균 이론이 인기를 얻고 있던 19세기 말에는 박테리아가 그 원인으로 의심받았다.[36] 그러나 가금류의 다발신경염을 동물 모델로 활용한 크리스티안 에이크만은 1890년대에 각기병이 백미 가루를 식사로 너무 많이 섭취해 유발된 영양 장애라고 주장했다. 1910년 마닐라에서 극동열대의학협회Far Eastern Association of Tropical Medicine의 회합이 열릴 때쯤이 되면 대다수 식민지 당국자들이 영양학적 관점을 받아들였다. 이러한 제국 실행세계가 후원하는 연구 프로그램들은 티아민(비타민 B_1)이라는 특정한 화학물질을 지목했고, 1930년대가 되자 화학적 합성법이 알려졌다. '비타민'은 새롭고 전도유망한 아이디어였다. 연구 프로그램들이 꽃을 피우면서 공로 인정도 뒤따랐다. 에이크만은 동료 '비타민' 연구자 프레더릭 가울랜드 홉킨스와 함께 1929년 노벨 의학상을 공동 수상했다.

식민지 경영은 보존주의적 사고의 주된 원천 중 하나였고 토지 일부를 천연자원 보존을 위해 따로 떼어두는 결정에 영향을 주었다. 이는 자연을 보는 특정한 시각, 즉 고갈시킬 수 있고 이에 따라 책임을 져야 하는 자원으로 보는 시각에 의존했다. 역사가 리처드 그로브는 이러한 정책들이 18세기의 섬 행정에서 유래했다고 주장한다.[37] 식민지에서 목재와 물 공급을 보존해야 했기 때문에 모리셔스나 토바고섬의 고지대 숲은 보호 대상이 되었다. 19세기에 이러한 정책들은 더 큰 규모의 행정으로 이전되었다. 예를 들어 19세기 말 나탈의 숲 규정은 모리셔스에서 수입되었다.[38] 트란스발 공화국은 1890년대에 사냥 금지구역을 설정했다. 20세기에 줄리언 헉슬리 같은 동물학자들은 아프리카의 대형 육상동물을 위해 거대한 보호구역을 따로 떼어두는 방안을 옹호했다. 생태학자 존 필립스는 1930년대에 보존을 옹호한 또다른 중요 인물이었다.

식민지 과학의 실험실과 야외 관측소는 20세기 첫 3분의 2 기간 동안 훈련받은 과학자가 고용된 주요 장소였다. 존 하우드에 따르면 과학 전공 졸업생 가운데 4분의 1이 식민지에서 일했다.[39] 그러나 제국 프로젝트 내부의 긴장이 커지면서 양식의 변화가 나타났고 이는 탈식민주의 세계를 가리키고 있었다.

과학과 제국의 모델

과학사가들은 과학이 어떻게 식민지와 제국이라는 지정학적 세계와 부합했는지 모델을 만들려는 시도를 되풀이해왔다. 1차적 설명으로 분명한 것은 지정학적 지도가 고도로 불균등했다는 점이다. 주변부 지역에 비해 특권을 가진 중심부, 특히 식민지 모국—파리, 런던, 도쿄, 베를린, 암스테르담—이 있었다. 중심부와 주변부라는 언어를 무분별하게 쓰는 것은 문제가 있지만, 이는 제국에서의 과학에 대한 최초의 영향력 있는 모델의 언어다. 텍사스주 오스틴에서 활동하던 젊은 역사가 조지 바살라는 1967년 학술지 『사이언스』에 발표한 글에서 식민지 과학 발전에 대한 3단계 모델을 제안했다.[40] 바살라의 모델은 '확산' 모델이다. 과학이 중심부에서 만들어져서 형태의 변화 없이 바깥으로 이동한다고 가정하는 것이다. 바살라의 첫 번째 단계는 "[서]유럽인들이 지역을 방문해 동식물상을 조사, 수집하고 그것의 물리적 특징들을 연구한 후 그 결과를 다시 유럽으로 가져가는 것으로 특징지어진다." 이 단계는 예를 들어 16세기 이후 남아메리카, 17세기 이후 북아메리카, 18세기 이후 태평양에서 있었던 유럽인들의 활동을 묘사한다. 또한 19세기 말 독일이 새로 획득한 식민지들과 맺은 과학적 관계도 포착하고 있다.

바살라의 두 번째 단계는 '식민지 과학'의 단계다. 주변부에서 활동하는 과학자가 다수 있지만, 이들이 여전히 중심부에 의존하는 상황을 가리킨다. 식민지 과학자는 중심부에서 훈련을 받을 것이고, 주변부에서 활동하면서도 중심부의 학술지에 논문을 발표하고, 중심부의 기관에 가입하고, 중심부에 있는 동료들에 의해 연구를 승인받는 것을 추구할 것이다. 사실 이 단계의 명칭은 잘못 붙여진 것이다. 식민지 과학이 반드시 식민지에서 일어나는 것은 아니라고 바살라가 명시적으로 진술하고 있기 때문이다. 결정적으로 중요한 것은 의존 관계다. 이에 따라 바살라의 모델에서 미국은 정치적 독립을 이루고 한참 뒤까지도 식민지 과학의 상태에 남아 있었다. 마찬가지로 독립한 메이지明治 일본도 '식민지 과학'의 특징을 보였다. 1868년에서 1912년 사이에 "600명이 넘는 학생들이 미국과 유럽의 과학기술 중심부에서 특별한 훈련을 받도록 해외로 파견되었다."[41]

바살라의 세 번째 단계에서는 식민지 과학자들이 중심부에 대한 의존 관계에 만족하지 못하고 독립을 추구하게 된다. 바살라에 따르면, "이상적인 경우에" 세 번째 단계의 과학자는 다음과 같은 행동을 보인다.

(i) 대부분의 훈련을 자국에서 받을 것이고, (ii) 자국에서 자신의 소명에 대해 어느 정도의 존중을 얻거나 아마도 과학자로서 생계를 유지할 것이며, (iii) 자국의 점차 확대되는 과학자 공동체 내에서 지적 자극을 발견할 것이고, (iv) 자국과 해외의 동료 과학자들에게 자신의 아이디어를 손쉽게 전달할 수 있을 것이며, (v) 새로운 과학 분야를 열어젖힐 더 나은 기회를 가질 것이고, (vi) 그가 우수한 연구를 해냈을 때 국가적 영예라는 보상—자국의 과학 단체 혹은 정부가 제공하는—을 기대할 것이다.[42]

바살라가 보기에 "비유럽 국가들은 오랜 준비 기간을 거친 끝에 오직 최근에 와서야 과학에서 서유럽의 패권에 근접했다." 특히 미국은 양차대전 사이 기간에 이르면 유전학과 광학천문학 분야에서 명백히 독립했고, 물리학이 그 뒤를 따랐다. 바살라는 소련에 대해서도 조금은 마지못한 듯이 동등성을 인정했다. 중국은 1980년대 이후 120만 명의 학생과 학자를 해외로 보냈지만, 돌아온 이는 그중 4분의 1에 그쳤기 때문에 이는 중대한 두뇌 유출에 기여했다. 바살라가 이를 봤다면 세 번째 단계에 있는 것으로 분류했을 것이다.[43]

바살라의 모델은 그것이 등장한 시대에 의해 형성되었다. 이를 확인하기 위해 몇 가지 다른 특징들을 지적해보자. 이는 보편적으로 응용 가능한 3단계 모델이다. 바살라는 이렇게 적고 있다. "예비적 문헌 조사를 하는 [동안] 나는 반복되는 사건의 패턴을 발견했고 이를 모델로 일반화했다. 이는 서구 과학이 어떻게 동유럽, 남북아메리카, 인도, 오스트레일리아, 중국, 일본, 아프리카에 도입되고 그곳에서 확립되었는지를 기술한다." 이 모델이 적용되지 않는 곳을 찾기가 쉽지 않다. 국제적 사회변화에 대한 그러한 '범용one size fits all' 모델은 1945년 이후 첫 20년간의 특징이었다. 예를 들어 미국의 경제학자 월트 로스토는 모든 산업국가가 경유하게 될 단일한 발전 모델을 제안했다. 로스토의 이론이 전후 '발전' 분야에서 정책결정자들의 손에 쥐어진 처방이 된 것—당신네 나라가 경제적 도약을 이루려면 이런 일을 해야 하고, 그다음에는 저런 일, 다시 그다음에는 저런 일을 해야 한다는 식으로—과 꼭 마찬가지로 바살라의 모델은 과학정책에서의 처방을 불러왔다. "1970년대에 쌍방 원조정책과 국제 원조정책을 공부하는 학생들에게 익숙했던 과학 발전 프로그램" 말이다.[44]

그러나 바살라의 모델이 애초에 정립될 수 있었다는 사실도 중요하다. 바살라는 서로 다른 국가적 배경에서의 과학 발전에 대한 비교 연구가 부재한 이유를 "과학은 절대적으로 국제적인 노력이라는 널리 퍼진 믿음" 때문으로 돌렸다.[45] 다시 말해 과학이 모든 장소에서 동일하다면, 과학사회학은 시시한 활동이 될 수밖에 없다는 것이다. 반면 바살라는 이와는 다른 과학사회학을 신봉했다. 지역적 배경이 "과학의 개념적 성장을 결정적으로 형성할 수는 없"지만, "'적어도 과학의 내적 발전에 자유롭게 참여하는 개인의 수와 유형에는 영향을 미칠 수 있"음을 인정하는 과학사회학 말이다.

바살라 이후 과학과 제국주의 연구는 이와는 다른 제국의 관념과 과학사회학에서 출발했다. '제국'은 근래의 사회적·문화적 역사기술에서 복잡한 용어가 되었고, 과학사가들은 이러한 경향을 반영했다. 매클라우드는 1982년 처음 발표한 논문에서 바살라 모델에 대한 일련의 불만을 털어놓았다.

1. 이는 문화적 맥락과 무관하게 모든 사회를 단일한 틀로 일반화한다.

2. 이 틀은 단선적이고 동질적이며, 균일하게 전파되는 단일한 서구 과학 이데올로기가 있다고 가정한다. 이는 식민지 사이의 이동, 혹은 한 국가의 식민지와 다른 유럽 국가들 사이의 이동은 고려하지 않는다.
3. 이는 '식민지' 내부에서 변화에 기여하고, 단계 1과 단계 2, 혹은 단계 2와 단계 3 사이의 그늘진 영역을 채우는 정치적 · 경제적 동역학을 암시하지만 이를 설명하지는 않는다.
4. 이는 기술적 · 사회적 · 경제적 발전과 다른 영역에서의 발전을 막을 수 있는 정치적 힘 사이의 관계를 설명하지 못한다.
5. 이는 공식적인 식민지의 정치적 연계가 엷어지거나 단절된 이후에도 오랫동안 남아 있는 문화적 의존성을 고려하지 않는다.
6. 이는 제국 이후 제3세계가 처한 곤경에 기여해온 좀더 폭넓은 경제적 상호의존성—이에 대해 과학만으로는 좀처럼 위안을 제공할 수 없는—을 고려하지 않는다.[46]

다른 역사가들은 이러한 불만을 뒷받침하는 추가적인 증거를 보태었다. 예를 들어 잉스터는 5번 불만을 뒷받침하는 증거로, 오스트레일리아 과학자들이 바살라의 세 번째 단계에 도달했을 때도(1916년쯤이 되면 분명히 그랬다) 모국에 대한 문화적 의존성은 줄어들지 않았다고 지적한다.[47]

그러나 바살라의 비판자들이 그의 모델을 문제 삼는 근원에는 비판자들이 신봉하는 과학사회학이 있다. "경제적, 정치적 진화의 패턴과 다양한 과학에서 지적 발전의 패턴 사이에는 [어떤] 연관성을 찾아볼 수 있는가?"라고 매클라우드는 묻고 있다. 바살라와 달리, 이러한 역사가들은 제국이라는 배경이 어떻게 '과학의 개념적 성장을 형성할' 수 있었는지 진정으로 알고 싶어 한다. 실제로 어떤 과학사회학을 신봉하는가는 과학과 제국에 관한 문헌의 틀을 형성한다. 1980년대와 1990년대에 과학사가 루이스 파이엔슨은 독일, 네덜란드, 프랑스 제국의 영향권에 있었던 정밀과학(천문학, 수학,

물리학)을 탐구하는 중요한 연구 프로그램을 수행했다.[48] 파이엔슨은 정밀과학이 맥락에 의해 형성되지 않는다고 주장했고, 자신이 쓴 제국의 역사가 이런 사실을 보여주었다고 했다. 파올로 팔라디노와 마이클 워보이스는 이에 동의하지 않았다. 이들은 맥락을 중시하는 과학사에서 출발해, 서로 다른 제국의 맥락에서 정밀과학이 일견 안정성을 보이는 것으로부터 다른 결론을 이끌어낼 수 있다고 주장했다. 이는 정밀과학이 사회적 맥락에서 독립적이어서 생겨난 결과가 아니었다.

> 이처럼 물리학자와 천문학자가 정치적 압력에서 상대적으로 면제된 것은……
> 사회적 협상을 통해 확립된 제도적 위치의 결과였다. ……식민지 물리학자와 천
> 문학자가 제국의 시대 일상적 정치에 상대적으로 면제된 것은 모국의 물리학과
> 천문학의 사회적·정치적 위치를 그저 반영한 것일 수 있다. 그러한 면제는 과
> 학의 사회사나 사회학을 부정하는 증거로 유효하지 않다.[49]

마찬가지로 역사가 로이 매클라우드가 제시한 과학과 제국에 대한 5단계 설명은 각각의 단계가 다른 단계들을 어떻게 뒷받침하고, 형성하고, 변화시키는지를 강조한다. 처음 세 단계는 중심부(예를 들어 오스트레일리아 과학의 경우에는 런던)로부터의 지시에서 어느 정도의 식민지 자율성을 거쳐 역동적 관계가 출현하는 방향으로 이동한다. 네 번째 단계에서 제국의 통일성은 한층 더 촉진되었다. 영 제국의 경우 이 단계는 보어 전쟁의 충격에 의해 심화되었다. 백인 아프리카너*와 벌인 이 전쟁이 치러진 방식을 비판한 영국인들은 기술관료적 해법으로 국가적 효율성을 증진하기 위한 조치들을 제시했다. 과학은 제국의 행정에서 정치적으로 중립적이고 효율적인 길잡

---

* Afrikaner. 남아프리카 지역으로 이민해 아프리카에 정착한 네덜란드계 사람들과 그 후손으로 '보어인'이라 불리기도 했다.

이가 될 터였다. 과학적 방법은 "커즌이 통치하는 인도와 로른이 다스리는 캐나다에서 스뮈츠가 이끄는 남아프리카 연방까지 진리, 전통, 지도력의 통일성 속에서 제국을 결속"시킬 터였다.[50] 과학은 행정의 모델이 될 뿐 아니라, 기법의 발견은 제국을 물질적으로 변화—특히 열대의학을 통해서—시킬 터였다. 조지프 체임벌린은 1898년에 이렇게 썼다.

> 이러한 인류의 적과 성공적으로 맞서 싸우며 말라리아에 대한, 그리고 많은 열대 국가에서 우리 식민지와 속령들을 황폐화시킨 열병들에 대한 치료법을 찾아내는 사람, 그럼으로써 열대 지방을 백인이 살 수 있는 곳으로 만드는 사람은…… 여왕의 넓은 영토에 새로운 지방을 더하는 사람보다 세계를 위해, 영 제국을 위해 더 많은 일을 하는 것이다.[51]

매클라우드의 다섯 번째 단계는 제1차 세계대전에서 제2차 세계대전 이후까지에 해당하며, 고도 제국주의high imperialism에서 전형적이었던 제국과 과학의 통일성에 대한 강조가 과학자들과 제국의 과학 기관들 사이의 좀 더 유기적인 조정과 협력에 자리를 내주는 것을 특징으로 했다.

지금까지 과학이 어떻게 제국이라는 지정학적 세계에 부합하는지에 관한 두 가지 모델을 요약해보았다. 바살라의 3단계 모델은 확산주의적이었다. 과학은 (서유럽에 있는) 중심부에서 시작해 주변부의 식민지로 이식되었고, 시간이 흐르면서 식민지는 점차 그 나름의 중심부로 성장했다. 여기서 맥락—정치권력의 중심부와 식민지 활동의 주변부라는 지정학적 지도—은 과학의 이동 방향을 지시할 뿐이며 과학 지식의 내용을 형성하지는 않는다. 반면 바살라를 비판하는 자들은 과학이 제국을 위한 모델이 될 수 있다는 점을 강조했다. 제국이 과학의 방향을 지시할 뿐 아니라 생산되는 과학의 내용까지 형성할 수 있는 것과 꼭 마찬가지로 말이다. 과학과 인도에 관해 썼던 디팍 쿠마르나 데이비드 아널드, 스페인어권 카리브해 국가들에서의 과학을 연구하면서 '크레올 과학creole science'이라는 범주를 제안했던 스튜어트 매쿡 등 다른 역사가들은 식민지 과학과 제국 과학에서 중심부와 주변부를 재평가하고 재설정하는 추가적인 틀을 제공한다.[52] 바살라의 모델에서 중심부와 주변부는 당연한 것으로 받아들여진 반면(중심부는 과학이 유래하는 모국이고 주변부는 과학이 당도할 수 있는 식민지라는 식으로), 매클라우드의 모델에서 중심부/모국과 주변부/식민지라는 용어는 문제를 내포한 것이 되고 있다.

제국 과학이라는 역동적 개념은 제국 역사에 대한 연구에 신선한 전망을 제공한다. 정적인 혹은 단선적인 아이디어의 외삽은 존재하지 않는다. 복수의 자생적인 발전이 반향을 일으키는 효과를 미친다. ……단일한 지점에서 빛을 내뿜는 고정된 중심지라는 관념은 적절치 못하다. 대신 이동하는 중심지가 있고, 지적, 경제적 변경을 선택하고 교화하는 제국의 기능이 있다. 돌이켜보면 주변부에서 오는 아이디어를 동화시키고, 지도력이나 추종자들을 희생시키지 않고 제국 공동체 내에서 충성심을 불러일으킨 것은 영 제국의 독특한 천재성의 발로였다.[53]

최근의 학자들은 그러한 상호성이 갖는 복잡성과 정도를 지적하면서 '중심부'와 '주변부'의 상을 완전히 새로 그려냈다. 중심부는 주변부를 변화시키고, 주변부는 중심부를 변화시킨다. 이러한 역사기술적 반성, 그리고 그보다 앞선 열대의학과 생태학의 역사에 담긴 핵심은 양자 모두의 실행세계가 과학을 창출한다는 것이다.

제8장

팽창하는 우주: 민간의 부와 미국 과학

19세기의 미국은 광활한 면적, 정력적인 개발, 이동성이 크고 성장하는 인구, 새로운 마을, 마을의 도시 변모로 대표되는 땅이었다. 제2차 산업혁명의 시스템 기술—화학물질과 석유, 전등 및 전력, 전화 등—을 건설한 발명가와 기업가는 신대륙뿐 아니라 구대륙인 유럽에서도 찾아볼 수 있었다. 그러나 미국은 시장과 기술 시스템을 통합할 수 있는 사람이라면 그 누구에게든 더 큰 시장을 약속했고, 부를 축적할 기회와 혁신의 원동력도 미국에서 특히 강했다.

이 장에서는 이러한 부가 20세기 과학에 미친 영향을 살펴본다. 이 장은 세 부분으로 이뤄져 있다. 첫째, 19세기에 몇몇 개인의 수중에 집중된 엄청난 재산은 20세기로 접어들어 여러 가지 이유—그 모든 이유가 자선과 관련된 것은 아니었다—에서 후원의 원천이 되어 과학 연구에 자금을 제공했다. 앤드루 카네기나 록펠러 재단 이사들이 내린 선택은 미국 과학에 직접 미친 영향과 대서양 건너편에 촉발한 정책 대응 모두에서 20세기 과학을 독특하게 형성했다. 둘째, 민간 기업은 자신의 이익을 위해 과학에 대한 직접적 후원자로 계속 남았고, 이는 다시 일견 좀더 순수한 종류의 과학 이론 구축을 뒷받침했다. 내가 제시하는 핵심적인 사례연구—20세기를 이해하는 데 있어 석유가 갖는 중심성 때문에 선택했다——는 석유과학이다. 나는 이 실행세계가 부차적인 방식으로 뒷받침한 이론 구축의 사례로 대륙이동설을 들 것이다. 마지막으로 산업이라는 실행세계 그 자체는 20세기에 새롭고 심화된 방식으로 과학적 탐구의 주제가 되었다. 민간의 부와 미국 과학에 대한 세 번째 시각은 산업에 대한 과학 연구가 될 것이다. 위에서 제시한 경향 및 주제들에 수반되는 것처럼 보이는 과학적 가치의 확산에 반대와 논란이 없었던 것은 아니었다. 나는 유명한 스콥스 재판에 대해 간략하게 살펴볼 것이다. 이 재판에서 진화론 교육은 도전을 받았고, 재판은 미국에서 새로운 가치와 낡은 가치가 충돌하는 것으로 해석되었다.

부와 자선

산업의 부는 이미 미국 과학에서 개인들의 경력을 뒷받침하고 있었다. 윌리엄 헨리 오스본은 일리노이센트럴철도Illinois Central Railroad를 경영하면서 재산을 축적했다. 아들인 헨리 페어차일드 오스본은 미국자연사박물관American Museum of Natural History의 척추고생물학 부서를 이끌며 와이오밍주와 그 외 다른 곳에 원정을 떠나 공룡 화석을 수집해 유명해졌다. 이런 식으로 석탄에서 얻어진 부가 뼈 화석, 명망 높은 기관, 훌륭한 경력으로 번역됐다.[1] 그러나 오스본 가족의 부는 재계의 거물인 앤드루 카네기와 존 D. 록펠러의 부에 비하면 보잘것없는 수준이었다.

카네기의 부는 철강에서 나왔다. 스코틀랜드에서 태어난 앤드루 카네기는 어렸을 때 미국으로 이민을 왔고, 이후 (에디슨처럼) 전신기사로 일하다가 철도 관리자 지위로 승진했다. 남는 수입은 모두 투자했는데, 결과적으로 대단히 현명한 행동이었다. 카네기는 서른 살이 되기 전에 부와 독립을 얻게 됐다. 그러나 그가 어마어마한 재산을 벌어들인 것은 1870년대에 자신의 부를 베세머 철강 제조법을 수입하는 데 투자한 결과였다. 그의 회사는 혁신적이었다. 영국에서 최고의 기법을 수입하는 데 그치지 않고 이를 더욱 향상시켰다는 점에서 그랬다. 1889년에 설립된 카네기철강회사Carnegie Steel Company는 거대한 미국 시장에 의해 가능해진 규모의 경제를 활용했고, 철광상鐵鑛床을 사들여 이뤄낸 수직적 통합과 효율 제고도 도움을 주었다. 1890년이 되자 미국의 철강 생산량은 영국을 추월했다. 후일 경제 강국은 과학 강국으로 번역될 터였다.

1901년 카네기의 회사는 J. P. 모건의 유나이티드스테이츠철강회사United States Steel Company에 2억 5000만 달러에 팔렸다. 앤드루 카네기는 1889년에 쓴 「부의 복음」이라는 글에서 부자가 갖는 이상, 기회, 의무에 관한 자신의 생각을 설파한 적이 있었다. 그는 큰 부를 축적한 사람에게는 인류를 이롭게 하고 더 낫게 만드는 프로젝트에 부를 지출할 평생의 의무가 있다고 썼다. 그는 이것을 프로테스탄트 노동 윤리에 입각한 철학이라고 보았다. 돈은 선행에 주어지는 보상이라는 것이다. 따라서 부자는 선을 엄청나게 축적한 사람으로서 자신의 자선 활동을 어떤 방향으로 할지 결정하는 데 특히 좋은 위치에 있었다. 카네기는 평생 3억 5000만 달러를 여러 곳에 기부했는데, 그중 일부는 영 제국으로 갔지만(한때 스코틀랜드에는 마을마다 카네기 도서관이 있는 것처럼 보였다) 가장 큰 부분(정확히 2억 8800만 달러)은 미국에서 지출됐다. 카네기가 기부한 돈의 수혜자들에는 완전히 새로운 기관들— 워싱턴 카네기 연구소Carnegie Institution(1902)와 뉴욕 카네기 재단Carnegie Corporation(1911) 같은—이 포함됐고, 아래에서 보겠지만 인기 있고 언변 좋은 개인들의 프로젝트도 지원을 받았다. 워싱턴 카네기 연구소에 주어진 기부금만 1000만 달러가량 되었는데, 이는 당시 모든 미국 대학에서 연구에 지출되던 총액수보다 많은 돈이었다.

반면 록펠러의 부는 석유에서 나왔다. "신앙심이 깊고, 성실하고, 완고할 뿐 아니라 철두철미했고, 세심한 분별력을 지녔으며, 특히 돈과 관련된 수치를 파악하는 능력이 탁월했던" 록펠러의 성격은 석유사업뿐 아니라 그러한 사례를 통해 현대 산업 및 현대 기업도 형성했다.[2] 1865년에 록펠러는 많은 상품―밀, 소금, 돼지고기―을 취급하던 회사에서 동업자가 갖고 있던 주식을 모두 사들였다. 이 회사는 오하이오주 클리블랜드에 정유공장도 갖고 있었다. 록펠러는 서서히, 그러나 확실하게 석유사업을 확장했고, 항상 비용을 예의 주시하고 있었다. 이러는 와중에도 록펠러는 수송에 관한 더 나은 거래 조건을 협상했다. 주식을 모두 사들일 수 없는 경쟁 정유회사들에게는 협박을 했다. 록펠러는 자신이 아무런 잘못도 저지르지 않았으며, 적어도 부자연스러운 일을 저지르지는 않은 것으로 간주되어야 한다고 주장했다. 자연이 흉포한 약육강식의 장이라면 사업 역시 마찬가지였다. 적자適者 내지 최고만이 살아남았다. "보는 이의 기운을 북돋워주는 멋과 향을 가진 미국의 아름다운 장미는 처음에 그 주위에 자란 싹들을 솎아내버려야만 만들어낼 수 있습니다"라고 록펠러는 주일학교 설교에서 단언했다. 그는 청중이 사회다윈주의적 논점을 놓치지 않도록 이렇게 덧붙였다. "경제 생활 역시 마찬가지입니다. 자연의 법칙을 재연하는 것에 불과하죠."[3]

스탠더드오일Standard Oil의 천재성은 석유의 채굴을 부차적인 의존적 생산자들에게 맡겨두고 석유의 정제와 수송을 거의 완벽하게 통제한 데 있었다. 토머스 휴즈가 우리에게 일깨워준 것처럼, 미국의 산업자본주의를 특징짓는 성취는 흐름의 혁신적 관리였다.[4] 게다가 석유 사업은 붐을 이루고 있었다. 펜실베이니아와 오하이오주에서의 석유 발견은 연기가 많이 나는 수지와 고래기름을 대체하는 '새로운 조명'에 대한 요구와 우연히 일치했을 뿐 아니라, 전등이 석유등을 대체하려 드는 시점에 내연기관의 연료로서 석유에 대해 나타난 뜻밖의 새로운 수요와도 시기적으로 겹쳤다.

경제 전체에서 차지하는 비중이 역사상 가장 컸던 기업인 스탠더드오일의 지배력은 격렬한 비판을 불러왔다. 1890년에 제정된 셔먼 반독점법은 독점체들을 겨냥한 것이었다. 록펠러의 적들이 스탠더드오일의 해체를 이뤄낸 1911년에 록펠러의 개인 재산은 9억 달러에 달했다. 그때쯤에는 록펠러가 자선을 베풀기 시작한 후였다. 19세기에는 자금 대부분이 침례교회에 기부됐고, 록펠러 자신이 생각하기에도 상당한 금액이 침례교 대학을 설립하는 데 들어갔다.[5] 1889년에 이뤄진 이 기부를 통해 시카고 대학이 생겨났다. 독일 연구대학의 이상이 최고조로 유행할 때 설립된 시카고 대학은 그 자체로 중요한 20세기의 과학 기관이 되었다. 1901년에 프랑스와 독일의 연구소 모델을 미국에 복제한 록펠러 의학연구소Rockefeller Institute of Medical Research가 뉴욕에서 설립됐다. 이듬해에 록펠러는 일반교육위원회 General Education Board에 기금을 제공했다. 기금은 처음에 5000만 달러로 시작해 나중에 1억 8000만 달러까지 증액됐다. 일반교육위원회는 미국 남부에 있는 학교(특히 흑인 아동을 위한 학교)와 농업 근대화에 자금을 지원했다. 그러나 과학에 가장 크게 영향을 미친 것은 스탠더드오일의 해체로 얻어진 부를 쏟아붓기 위해 1913년 설립한 록펠러 재단Rockefeller Foundation을 통한 기부였다. 모두 합쳐 록펠러는 총 5억 5000만 달러를 기부했다.[6]

자선의 동기는 다양했다. 박애, 혹은 돈을 충분히 투자한 취미와 흡사한 관심사 추구에서부터 조세 회피, 죄책감 완화, 혹은 사후에라도 친절하다는 평판을 만들어두고자 하는 자기 이해관계의 추구에까지 걸쳐 있었다. 이렇듯 많은 이유 때문에 자선의 수혜자는 공개적으로 눈에 잘 띄어야만 했다. 그래서 과학사가 마이클 데니스는 카네기와 록펠러의 경쟁적 자선 활동을 일종의 과시적 소비로 그려낸다. 바꿔 말하면 자선은 대중적 평판을 만들기 위해 부를 지출하는 방식이었다.[7] 천문학과 생의학은 이러한 경쟁에서 가장 큰 승리를 거둔 분야들이었다.

부를 망원경으로 바꾸다

20세기 천문학을 연구한 역사가들은 조지 엘러리 헤일이 "아마 순수연구의 후원자로서 새로운 자선재단들이 갖는 중요성을 이해한 최초의 지도적 미국 과학자"일 거라는 데 동의한다.[8] 그는 "미국의 천문학자들이 천문대를 운영하고 거대한 기구들을 계획, 건설, 운영하는 방식을 바꿔놓는 데 중추적인 역할을 한 인물"이었다.[9] 헤일은 MIT를 졸업한 후 1892년에 새로 설립된 시카고 대학에 합류했다. 중서부와 서부에 새로 만들어진 대학들은 새로운 과학을 건설하고 궁극적으로는 아이비리그의 기성 체제에 도전할 기회를 제공했다. 헤일은 지역의 전차 및 철도 사업의 거물인 찰스 T. 여키스가 새로운 천문대에 자금을 대도록 설득했다. 이곳은 전통적인 천문학 프로그램인 항성 탐사가 아니라 새로운 전문적, 간학문적 분야인 천체물리학에 집중했다. 바로 사진술과 분광학 같은 물리학 기구들을 천체에 적용하는 것이었다. 여키스 천문대는 일찍이 만들어진 굴절망원경 중 가장 거대한 40인치 구경의 굴절망원경을 보유했다. 생태학과 마찬가지로 천체물리학도 새로운 대학들에서 번창했다. 헤일은 새로운 전문분야를 이끈 중요 인물이었다. 1890년에서 1894년 사이에 새로운 기구인 태양분광계를 고안해 태양을 좁은 스펙트럼선을 통해 볼 수 있게 하고 1895년에는 『천체물리학 저널 Astrophysical Journal』을 창간하는 등 크게 기여했다.

20세기 들어 헤일은 서쪽으로 이동해 캘리포니아에 자리를 잡았다. 그는 천체물리학뿐 아니라 과학에 재정적 지원을 제공할 후원자를 확보하는 훌륭한 기술을 캘리포니아로 가져갔다. 시각적으로 인상적이면서 천문학에서 지도적 지위로 가는 가장 확실한 길이자 고결한 열망의 이미지를 담은 세계에서 가장 큰 망원경들은 자선가들에게 호소력이 컸다. 샌프란시스코에서 부동산업으로 큰돈을 번 제임스 릭은 설득에 넘어가 1870년대에 캘리포니아의 해밀턴산에 망원경을 짓는 데 자금을 댔다. 헤일 역시 미국 서부의 산들이 훌륭한 천문학 관측을 위해 필요한 청정한 대기를 갖추고 있다고 확신했고, 로스앤젤레스 인근 윌슨산에 천문대를 짓는 자신의 계획을 후원해달라고 워싱턴 카네기 연구소와 앤드루 카네기 본인에게 로비를 했다. 1904년에 카네기 재단은 천문대 건설에 드는 자금을 기부했다. 조지 리치는 엄청나게 큰 망원경—60인치 반사망원경—을 거대한 카메라로 설계했다. 이 망원경의 첫 번째 목표는 맨눈으로 하는 관측이 아니라 우주를 사진으로 기록하는 것이었다. 1908년 60인치 망원경이 완성되면서 천문학에서 새로운 천체물리학의 시대가 열렸다. 여기서 한 걸음 더 나아가 헤일은 그보다 더 큰 기구 제작을 위한 로비를 성공적으로 펼쳤다. 세계에서 가장 거대한 100인치 반사망원경은 1917년에 완성됐다. 거울 제작에는 캘리포니아의 사업가 존 D. 후커가 돈을 댔지만, 전체 비용의 10분의 9를 카네기가 지원했다. 카네기는 워싱턴 카네기 연구소 이사진에게 보낸 편지에서 자신의 희망을 분명하게 밝혔다.

> 연구소가 대성공을 거둔 것을 보고 나는 이율 5퍼센트 채권으로 1000만 달러의 자산을 추가로 투입하기로 했습니다. 여기에는 1150만 달러의 값어치가 있고, 결과적으로 연간 수익을 50만 달러 늘려줄 겁니다. ……윌슨산에서의 작업이 정력적으로 추진되었으면 합니다. 그로부터 기대되는 결과를 정말 듣고 싶군요. 내가 세상을 떠나기 전에 이 유서 깊은 땅에 새로운 하늘을 그 어느 때보다도 더 선명하게 드러내는 식으로 그간 진 빚을 조금이나마 갚게 되어 만족스럽게 생각합니다.

실제로 유럽에 있는 과학의 전통적 지지자들은 새로운 하늘을 볼 수 있었다. 미국의 산업적 부를 재활용해 세계에서 가장 크고 정교한 망원경을 보유하게 됨으로써 미국이 '유서 깊은 땅'을 앞지를 수 있었기 때문이다. 100인치 윌슨산 망원경이 완성된 시점부터 20세기의 모든 주요한 천문학 논쟁은 무엇보다도 미국의 기구들로 얻어진 데이터를 이용해 해결될 터였다. 천문학은 미국의 지도적 지위를 보여준 첫 번째 과학이었다. 다른 분야들도 그 뒤를 따랐다.

섬우주의 수수께끼를 풀다

1910년대와 1920년대의 놀라운 천문학적 발견을 둘러싼 논쟁이 해결되는 과정이 이를 잘 보여준다. 19세기에 은하수는 모든 면에서 우주로 간주되었다. '섬우주island universe'란 존재하지 않았다. 1890년 애그니스 클라크는 성운 천문학에서 합의된 견해를 요약해 이렇게 썼다. "이제 유능한 사상가라면 자기 앞에 놓인 온갖 증거들을 보면서 그 어떤 성운도 은하수와 동급의 항성 체계라고 주장할 수는 없다고 말해도 무방할 것이다." 그러나 한 세대가 채 못되어 천문학자들은 눈에 보이는 우주의 상을 세 가지 방식으로 다시 그려야 한다는 현실을 받아들이게 됐다. 은하수의 크기가 예전에 생각했던 것보다 열 배나 컸고, 외부 은하의 존재가 받아들여졌으며, 가장 놀라운 것으로 은하들의 움직임으로부터 우주 그 자체가 팽창하고 있음이 분명하다는 사실이 드러난 것이다.[10]

　새로운 천체물리학적 천문학이 일차적으로 초점을 맞춘 것은 별의 진화 과정에 대한 이해였다. 이는 다시 형성 중인 별처럼 보였던 나선성운을 자세히 조사해야 한다는 것을 시사했다. 역시 캘리포니아에 있는 릭 천문대 Lick Observatory의 제임스 킬러는 35인치 굴절망원경을 이용해 나선성운을 수천 개나 찾을 수 있음을 보여주었다. 독일에서 율리우스 샤이너의 연구는 안드로메다 성운의 스펙트럼이 태양 스펙트럼과 비슷함을 보였고, 하이델베르크에서 막스 볼프의 관측은 나선성운이 항성계라는 암시를 뒷받침했다. 역사가 로버트 W. 스미스에 따르면 볼프의 연구는 "섬우주 논쟁에서 미국 바깥에서 활동하는 천문학자가 제공한 최후의 중요한 관측상의 기여"였다.[11] 스펙트럼선의 청색이동 혹은 적색이동을 측정하는 천체물리학적 기법으로 가능해진 성운의 시선속도 측정 역시 1910년대에 섬우주 이론의 부활에 일조했다. 애리조나주 플래그스태프에 있는 로웰 천문대Lowell Observatory의 베스토 M. 슬라이퍼는 안드로메다 성운의 청색이동을 측정했고, 이 성운이 지구를 향해 초속 300킬로미터 속도로 다가오고 있다는 결론을 내렸다. 제1차 세계대전이 발발했을 무렵에는 성운의 빛에서 볼 수 있는 적색이동으로부터 매우 빠른 후퇴—초속 1000킬로미터 수준의—가 일어나고 있다는 것을 추론해냈다. 이 속도는 별의 시선 속도보다 훨씬 더 빨랐다. 어쩌면 나선성운은 은하수에서 멀어지고 있는 것이 아닐까, 하고 슬라이퍼는 질문을 던졌다.

한편 윌슨산 천문대의 천체사진술은 나선성운의 선명한 사진을 찍을 수 있을 정도로 정교화됐다. M33 나선성운을 찍은 1910년 리치의 사진은 이것이 별들로 이뤄져 있다는 것을 보여주었다. 게다가 1914년에 도착한 할로 섀플리가 60인치 반사망원경을 이용해 구상성단들의 색과 크기를 조심스럽게 측정했고, 여러 다른 방법을 통해 이것이 은하수보다 훨씬 바깥에 있는, 멀리 떨어진 존재임이 분명하다고 주장했다. 그중 한 가지 방법을 제시한 사람이 헨리에타 스윈 리비트였다. 그녀는 하버드 대학 천문대에서 '컴퓨터計算員'로 일하던 시절에 대마젤란 성운의 변광성들은 광도와 변광주기 사이의 관계를 따른다고 지적했다. 일단 가장 가까운 변광성까지 거리를 덴마크의 아이나르 헤르츠스프룽이 측정하자 나선성운과 구상성단까지 거리는 이러한 세페이드 변광성들을 표준 '촉광'으로 써서 계산할 수 있었다.[12]

이제 섀플리는 멀리 떨어진 수많은 구상성단이 중앙에 있는 거대한 은하수 주위를 도는 것으로 우주를 보아야 한다고 주장했다. 그러나 그가 제시한 상은 1920년 4월 26일에 벌어진 '대논쟁'에서 릭 천문대의 히버 D. 커티스에 의해 반박됐다. 커티스는 신성에 대한 관측, 그리고 나선성운의 거리와 비교한 은하수의 크기에 관한 추론에 근거해 나선성운은 섬우주임에 분명하다고 주장했다(하지만 그는 이 과정에서 세페이드 측정법의 신뢰성을 부정했다). 미국에서의 이러한 논쟁에 윌슨산 천문대의 젊은 천문학자가 개입했다. 에드윈 허블은 100인치 반사망원경의 힘과 헨리에타 리비트의 세페이드 측정법을 체계적으로 활용했고, 1925년에 나선성운은 실제로 아주 멀리 떨어진 천체라고 발표했다. 계산에 따르면 안드로메다 성운—이제 안드로메다 은하라고 해야 하겠지만—은 100만 광년이나 떨어져 있었다.

그러나 1910년대 내내 나선성운의 본질은 여전히 논쟁적이었다고 해야 할 것이다. 그와 동등한 정도로 견실한 증거가 섬우주 이론과는 다른 방향을 가리키고 있었다. 예를 들어 역시 윌슨산 천문대에 있던 아드리안 반 마넨은 반짝입체비교정blink stereocomparator을 활용했다. 이 기구는 서로 다른 일시에 촬영된 나선성운의 사진들 사이를 왔다갔다하며 별의 운동을 식별해냈다. 1915년에 그는 M101 나선성운이 8만 5000년을 주기로 자전한다고 발표했다. 이러한 천체는 그리 멀리 떨어져 있을 수 없었고, 은하수 내에 있는 것이 분명했다. 유럽에 있던 제임스 진스 같은 탁상천문학자들은 새로운 증거를 가지고 직접 경쟁에 뛰어들 수는 없었지만, 그러한 데이터에 대해 논평을 발표할 수는 있었다. 진스는 1919년에 출간한 『우주기원론과 항성역학의 문제들Problems of Cosmogony and Stellar Dynamics』에서 반 마넨의 데이터를 이용해 나선성운은 원시 구상성단이라는 해석을 지지했다.[13] 반면 영국 케임브리지의 아서 스탠리 에딩턴은 반 마넨이 관찰한 별의 운동은 실재하지 않는다고 주장했다. 이처럼 불확실한 상황에서는 데이터가 믿음을 결정하지 못했다. 데이터가 섬우주에 대한 믿음을 결정하지 못했을 뿐 아니라, 섬우주 이론에 대한 지지가 세페이드 주기-광도 법칙에서 나온 증거보다 먼저 나왔다.[14] 어떤 천문학자가 섬우주를 받아들이는지 여부는 경험적 데이터에 의해 추동되는 결정이기도 했지만, 아울러 지지자 자신의 '과학적 취향' 문제이기도 했다.[15]

그렇더라도 데이터를 생산할 수단이 없는 이들은 상대적으로 힘이 없었다. 세계대전 탓에 연락이 끊겨 상황이 더욱 악화되었던 시기에는 훌륭한 연구를 위한 기준—명시적이든 암묵적이든—을 알려면 미국에서 선택된 소수의 장소들에 참석해야 했다. "누구든 간에 1910년대 말의 섬우주 논쟁에 완전하게 참여하기 위해서는 미국, 그중에서도 특히 윌슨산, 로웰, 릭 천문대에서 어떤 생각과 발견이 이뤄지고 있는지 알아야 했다"라고 로버트 스미스는 결론짓고 있다. 다른 곳에 있는 천문학자는 "스스로 고립돼 있다고 느끼고, 뒤떨어진 기구로 수행된 낡은 연구를 한다며 무시당할 공산이 컸다. 이론에 대한 인식 역시 혼란에 빠질 가능성이 높았다. 천문학자들이 다른 천문학자와 그의 결과에 대해 내리는 가치판단에 대해 무지했고, 손꼽히는 나선성운 연구자들의 이론 기준과 방법 선택에서의 변화를 알지 못했기 때문이다."[16]

허블과 팽창하는 우주

윌슨산 천문대에서 얻은 허블의 데이터는 가장 규모가 크고 근본적인 의미에서 우주 전체의 형태와 동역학에 관한 심오한 논쟁과도 연관돼 있었다. 이는 우주론이라는 경계과학borderline science의 주제다. 1915년 아인슈타인의 일반상대성 장방정식은 에너지와 물질의 분포를 한편에, 공간과 시간의 형태를 다른 한편에 두고 둘 사이의 관계를 수학적으로 기술했다. 아인슈타인은 상수항(람다Λ항)을 덧붙임—이는 방정식 유도 과정에서 전적으로 타당했다—으로써 단순화된 모델 우주를 나타내는 방정식에 대한 한 가지 해를 찾아냈다. 이는 정적이고 닫힌 우주였다(그러한 우주에 있는 관찰자는 은하들이 자신으로부터 멀어지는 것은 보지 못할 테지만, 충분히 빨리 여행한다면 자신이 출발한 원점으로 되돌아갈 수 있었다).[17] 1917년에 네덜란드의 이론가 빌럼 드 지터는 두 번째 해를 찾았다. 방정식을 다루기 쉽도록 우주가 텅비었다고 가정하고 람다항을 버리자 열려 있으면서 영원히 팽창하는 우주가 나타났다. 사제 훈련을 받은 벨기에의 가톨릭 성직자 조르주 르메트르는 1927년에 세 번째 해집합을 제안했다. 태초에 압축되고 극도로 조밀한 상태를 갖는, 팽창하는 우주의 개념이 그것이다. 1931년에 르메트르는 이 상태를 '원시 원자primeval atom'라고 칭했다. 이는 신의 창조처럼 보이고 읽히는 우주론이었다. 러시아의 알렉산드르 프리드만도 유사한 수학적 결과를 발표했다. 그러나 당시 이 논문들은 거의 주목을 받지 못했다. 우주론의 역사를 연구한 헬게 크라호는 "프리드만이나 르메트르의 연구 중 어느 것도 아무런 영향을 주지 못했다는 것은 놀라운 일이다"라고 논평하고 있다. "무시된 이유가 그리 확실하지는 않지만, 우주의 정적 본질에 대한 뿌리 깊은 믿음이 중요한 사회심리적 요인이었음에는 의심의 여지가 없다."[18]

1920년대에 허블은 은하들의 적색이동을 측정하는 작업에 착수했다. 이제 은하들은 우리가 속한 은하수와 흡사한, 멀리 떨어진 섬우주로 간주되고 있었다. 그는 재능 있는 관측가이자 테크니션인 밀턴 휴메이슨의 도움을 받았다(휴메이슨은 호텔 사환과 노새몰이꾼으로 윌슨산에서 일을 시작했고, 수석 전기 기술자의 딸과 결혼한 후 청소부에서 야간 관측 보조로, 다시 허블의 오른팔로 승진했다). 1929년에 발표한 논문에서 허블과 휴메이슨의 적색이동 측정 결과가 제시됐다. 성운이 멀면 멀수록 우리로부터 빠른 속도로 멀어진다는 것이었다. 거리가 두 배가 되면 속도도 두 배가 되었다. 다른 이들이 보기에 (처음에 허블은 조심스러운 태도를 취했다) 우주는 팽창하고 있는 것처럼 보였다. 얼핏 생각하면 이 결과는 섬우주 이론보다 더 놀랍게 보였음에도 별다른 논쟁 없이 받아들여졌다. 관측의 권위는 세계에서 가장 큰 망원경을 보유한 것에 의존했다. 낙수효과에 따라 권위의 일부는 이론가들에게 다시 전달됐다. 르메트르의 논문은 역으로 소급해서 '탁월한' 논문이라는 평가를 받았다. 그러나 역사가인 크라호는 이러한 인정의 연쇄를 역전시켜야 한다고 주장한다. 이론적 추측과 허블의 데이터가 함께 우주론에서의 패러다임 전환을 만들어냈다는 것이다. "세 명의 주요 후보 중 르메트르는 우주가 팽창하고 있다고 분명하게 주장했고 이론적 논증과 관측적 논증 모두에 의지했던 유일한 인물이었다."[19]

엘리트: 자선기관의 지원과 간학문적 팀 연구

100인치 망원경은 우주의 형태와 구조를 재해석하는 기반이 된 데이터를 제공하는 데 중요했을 뿐 아니라, 과학 연구를 조직하는 새로운 방식을 향한 경향에도 아울러 기여했다. 100인치 망원경에 대한 자금 지원은 과학 기관이 후원을 얻어내는 효과적인 수단—헤일과 그 외 다른 곳의 과학자들이 응용했다—을 전형적으로 보여주었다. 자선기관과 지역의 기업가를 순수과학과 응용과학을 위한 후원으로 연결하는 방식이었다. 예를 들어 무명 대학이던 트룹칼리지는 록펠러 재단과 카네기 자금에 더해 지역의 기업 엘리트로부터 얻은 기부금을 이용해 1920년에 역동적인 캘리포니아 공과대학(칼텍)으로 변모했다. 그 결과 칼텍은 캘리포니아의 송전 프로젝트(예컨대 로스앤젤레스는 전등으로 밝혀진 최초의 도시 중 하나였다)뿐 아니라 유전, 조선, 댐과 송수로 건설에 꼭 필요한 엔지니어들을 공급할 수 있었다.[20] 연방정부에 자금 지원을 요청하지는 않았다. 헤일은 중앙정부에 대해 많은 미국인이 품고 있는 의심을 공유하고 있었다(헤일이 제1차 세계대전 때 국가연구위원회를 제안하고 설계한 이유 중 하나는 정부가 과학에서 손을 떼게 하는 것이었음을 되새겨보라).[21] 그러나 모두가 이처럼 아늑하고 생산적인 지역적 합의에 만족한 것은 아니었다. 심리학자 제임스 매킨 캐텔은 헤일을 비판하며 이렇게 썼다. "당신은 귀족 정치와 후원이 과학에 유리할 거라고 믿고 있죠. 나는 이를 버리고 조금은 더 거칠면서도 더욱 엄격한 방식의 만연한 민주주의를 택해야 한다고 믿습니다."[22] 미국 과학이 "과학 기반 대학의 도래와 과학자 공동체의 전문직화[로] 전반적으로" 특징지어지던 시기에, 헤일은 칼텍을 설립하고 윌슨산 천문대에서 명망 높은 일단의 전문 천문학자들을 키우면서 양자 모두를 촉진하는 데 자선기관의 자금을 활용했다.[23] 과학의 세력 균형은 유럽에서 미국으로 이동했을 뿐 아니라 미국 내에서도 동부에서 서부 연안으로 이동했다.

크고 값비싼 기구들은 건설하고 유지하는 데 다른 종류의 숙련을 필요로 했다. 이를 보호하는 천문대들은 또한 점점 더 세분화된 노동분업을 수용했다. 19세기에 조지 비델 에어리의 왕립 그리니치 천문대Royal Greenwich Observatory에 있던 계산소로 거슬러올라갈 수 있는 경향을 좇아, 캘리포니아의 릭 천문대와 윌리엄 헨리 피커링이 이끌던 하버드 대학 천문대는 데이터처리공장이 되었다. 새로운 기관들은 또한 간학문적 팀 연구라는 독특한 연구 방식을 지지했다. 예를 들어 천체물리학은 물리실험실의 기법과 천문대의 조직 및 목표를 결합했다. 생명과학에서도 20세기 전반기에 분야들의 상이한 조합이 연구 프로그램의 목표 재설정으로 이어졌다. 이러한 경향은 자선재단, 특히 록펠러 재단에 의해 결정적으로 촉진되었다. 이를 보여주는 가장 중요한 사례—이후의 장에서 상세하게 다뤄진다—가 1930년대 '분자생물학'의 출현이었다. 이는 살아 있는 생명체의 과정이 분자 규모에 대한 분석에서 가장 분명하게 드러난다는 확신에 기반을 둔 연구였다.

릴리 케이가 후원과 '생명에 대한 분자적 전망' 사이의 관계를 다룬 역사 서술에서 보여준 것처럼, 록펠러 재단은 기대받았던 것보다 훨씬 더 큰 역할을 해내려 했다.[24] 1929년에서 1959년 사이에 록펠러 재단은 분자생물학에 2500만 달러를 지출했다. 굉장히 많아 보이지만, 사실 이 시기 연방정부가 과학 연구개발에 지출한 예산의 2퍼센트에 불과했다. 록펠러 재단의 지원이 가진 강점은 무엇보다 연방 지출이 방치한 영역들—따라서 국방도 아니고, 농업과도 상관이 없다—에 지원이 집중됐다는 데 있었다. 둘째, 그것이 가진 "효과성은 광범한 지원금과 특별연구원 제도를 통해 간학문적 협력의 제도적 메커니즘을 만들어내고 촉진한 점, 그리고 프로젝트 지향의 기술 기반 생물학을 체계적으로 발전시킨 점에 있었다".[25] 마지막으로 이처럼 서로 맞물린 자금 지원의 그물망은 사회적 지위와 세계관을 공유하는 이사, 행정가, 과학계 지도자들에 의해 촉진되었다. 이러한 합의는 패권과 다름없었다고 케이는 주장한다.

과학계 지도자들의 태도를 특징지은 것은 일차적으로 연방정부의 통제에 대한 의심이었고, 이는 중앙정부의 자금 지원을 꺼리는 경향을 의미했다. 그러나 제1차 세계대전 시기 연구 동원을 거치며 확고해진 믿음 역시 그들의 태도에 영향을 주었다. 바로 성공적인 과학은 과학과 산업의 긴밀한 결합을 필요로 하며, 종종 간학문적 성격을 띤다는 믿음이었다. "한편으로 과학의 대규모 동원과 그것이 낳은 다양한 협력적 전시 프로젝트—무선통신, 잠수함 탐지장치, 화학전, 의약품, 혈액은행, 지능검사—를 통해, 과학은 전쟁의 성격을 영영 바꿔놓았고 그것에 필수불가결한 것으로 성장했다"라고 릴리 케이는 요약한다. "다른 한편으로 이러한 프로젝트는 간학문적 협력을 장려하고 산업체 및 기업과의 관계를 중시함으로써 과학 지식의 조직을 형성했다."[26] 과학계 지도자에는 칼텍의 삼총사 헤일, 물리학자 로버트 밀리컨, 화학자 아서 에이머스 노이스와 유전학자 토머스 모건(나중에 삼총사에 합류했다), 물리학자 맥스 메이슨, 심리학자 루이스 터먼과 로버트 여키스, 그리고 형제인 사이먼 플렉스너와 에이브러햄 플렉스너 등이 포함됐다. 케이는 이렇게 말한다. "이데올로기적으로 정부 통제에 우호적이지 않았던 미국 과학의 지도자들은 과학에 대한 민간 부문—특히 카네기 재단과 록펠러 재단—의 재정 후원을 크게 늘리기 위한 로비를 펼쳐 성공을 거뒀다."[27]

19세기에 철도와 그 외 산업체라는 실행세계는 현대적 기업의 형성을 촉발했다. 이는 비인격적인 관리의 위계와 세분화된 노동분업을 특징으로 했다.[28] 과학계 지도자들과 재단의 이사들은 산업체의 기업 모델이 번창하는 현대과학을 위한 올바른 모델이라는 데 뜻을 같이했다. 케이는 록펠러 재단이 촉진한 연구 방식이 단순한 협력을 넘어서는 것이었다는 주장을 뒷받침하기 위해 이렇게 쓰고 있다. "복수의 단위로 이뤄진 기업 구조가 팀 플레이어와 조정 담당 관리자에게 의지한 것처럼, 새로운 과학은 간학문적 협력을 향해 방향지어진 관리와 집단 프로젝트에 의지했다."[29] 집단연구—팀 연구—를 향한 움직임은 20세기 과학의 두드러진 경향 중 하나였고, 20세기 전반기에 자선재단이 미국 과학에서 가졌던 보기 드문 영향력은 그것에 대한 설명의 일부를 이룬다.

과학계 지도자들은 기업 조직의 모델뿐 아니라 사회적 엘리트의 편견과 세계관까지 물려받았다. 특히 19세기에 빠른 산업화를 거친 미국은 부와 권력의 불평등, 그리고 지속적인 외부적·내부적 이주로 특징지어지는 사회였다. 승리자—부자, 프로테스탄트, 백인—는 자신의 성공을 열심히 일한 결과로 돌렸고, 정당한 보상으로 간주했다. 이들은 다른 사람—남부와 동유럽에서 온 이민자, 흑인, 빈민—을 사회 불안의 원천으로 보았다. 1890년대와 1900년대에 '사회 통제' 이론은 그러한 사회에서 갈등은 피할 수 없으며, 개개인의 행동 교정을 통해 순응을 확보함으로써 완화되어야 한다고 주장했다. 사회 통제는 사회화 과정에 대한 권위에 의거해 통치하는 과학 전문가들의 역할을 만들어냈고, 이는 1920년대에 특히 사회학, 심리학, 일부 정치학, 그리고 일부 생명과학 등 인간과학에서 정점에 달했다. 사회 통제는 기술관료적 약속을 제공했다.[30]

록펠러 재단의 이사들, 다시 말해 연구에 대한 자금 지원을 인도할 선택을 하는 사람들은 사회 통제라는 의제를 받아들였다. 이는 두 가지 중요한 결과를 낳았다. 첫째, 사회 통제에 기여할 것을 약속하는 인간과학 분야들이 지원을 받았다. 가장 영향력 있는 이사 중 한 명이었던 시카고 대학 총장 해리 프랫 저드슨은 자신의 동료 의사결정자들이 두 가지 폭넓은 정책 사이에서 선택에 직면했다고 썼다. 인간의 욕구를 충족시키는, 논란의 여지가 적은 선택(의료나 교육의 향상 같은)과 '인간의 욕망과 갈등을 빚는 도전적 선택'이 그것이었다. 이중 후자의 경우 "궁극적인 안전의 진정한 희망은 국가의 경찰력을 강화하는 데 있다. 이는 도덕적 성품을 대단히 공들여 광범위하게 훈련시킴으로써 이러한 반사회적 욕구를 억제하고 이를 합리적인 자기 통제로 대체함으로써 이뤄진다".[31] 1913년부터 록펠러 사회위생국 Rockefeller Bureau of Social Hygiene의 우생학 연구에 자금을 댄 것이 바로 이런 종류의 정서였다. 1902년부터 워싱턴 카네기 연구소가 롱아일랜드 콜드스프링하버에 있던 찰스 대븐포트의 우생학 사무소를 후원한 것 역시 마찬가지였다.

두 번째 결과는 '꼭대기를 더 높이는making the peaks higher' 정책의 도입이었다. 록펠러 재단은 탁월한 연구가 이뤄지고 있다고 판단한 장소들을 찾아내 더 많은 지원을 했다. 민주주의 내지 부의 재분배는 분명 목표가 아니었다. "민주주의는 진부함의 절정이다"라고 록펠러 재단 이사이자 나중에 이사장이 된 레이먼드 B. 포스딕은 썼다. 이는 "신이 주신 평균을 찬미하는 것"이었다.[32] 여러 대학이 '꼭대기'로 간주되어 혜택을 보았다. 시카고, 스탠퍼드, 컬럼비아, 하버드, 위스콘신 등이 그런 예들이었지만, 가장 큰 수혜자는 칼텍이었다.

시카고에서의 상황과 달리, 칼텍의 생명과학 교수들은 대형 의과대학의 요구에 호응할 필요가 없었다. 팀 연구에 대한 강조, 그리고 자선재단과 지역 기업에서 나온 풍족한 후원은 영향력 있는 집단들의 성장을 촉진했다. 토머스 헌트 모건은 1928년에 초파리 유전학의 본거지를 컬럼비아에서 옮겨와 칼텍의 생물학과장이 되었다. 얼마 후 시어도시우스 도브잔스키가 합류했고, 라이너스 폴링, 조지 비들, 보리스 에프루시, 에드워드 테이텀, 막스 델브뤼크 등이 그 뒤를 따랐다. 폴링이 이끄는 화학자 그룹은 중요한 연구실이 되었다. 다른 팀들도 모델 생명체에 관한 연구를 중심으로 형성되었는데, 붉은빵곰팡이(비들 등)나 박테리오파지(델브뤼크)가 그런 사례였다. 그뿐만 아니라 과학계 지도자들은 칼텍에 기업 구조를 의도적으로 주입했다. 역사가 존 서보스는 노이스의 화학에 관한 연구에서 칼텍 전체를 가리켜 '지식 기업'이라고 불렀다.[33]

자선재단들은 20세기 전반기에 과학을 강하게 형성했다. 이는 지도력—'꼭대기'를 지목하고 이를 더 높게 만드는 것—과 이사들의 사회적 이해관계를 따르는 결과를 통해 일어났다. 록펠러 재단은 실험실 전문분야—유전학, 발생학, 생리학 일반, 생식생물학, 생화학, 생물물리학—에 자금을 지원해 확장하게 도왔다. 의학이나 농학 교수의 요구로부터 거리를 두었던 몇몇 연구소—록펠러 의학연구소가 가장 좋은 사례지만 파리의 파스퇴르 연구소 역시 같은 패턴을 따랐다—가 새로운 연구 프로그램을 발족시켰고, 이에 대한 과학적 인정, 특히 노벨상이 빗발치듯 쇄도했다.[34] 다른 전문분야—진화론, 분류학, 생태학—는 "훨씬 더 적은 지원을 받았"고, 드물게 대상을 특정해 주어지는 후원에 의지하거나 농업이나 의료라는 실행세계에 융화되어 살아남았(고 종종 성장했)다. 생물학사가 조너선 하우드는 이렇게 결론짓는다. "결국 후원의 패턴—그것이 자금의 공급이든 전문성에 대한 요구든 간에—은 주어진 시기에 왜 어떤 학문 분야가 번창하고 다른 분야가 약화되었는지 설명할 수 있다."[35] 다른 국가들은 미국의 자선재단들이 제공하는 연구 지원을 부러워하며 지켜보았다. 우리는 카이저빌헬름 연구소들을 설립한 독일의 정책이 부분적으로 카네기와 록펠러의 자금 지원이 제공하는 경쟁에 대한 대응이었음을 이미 살펴본 바 있다.

산업이라는 실행세계를 *위한* 과학: 석유

자선재단들은 제2차 산업혁명에서 미국 기업이 놀라운 성장을 이룬 기간에 쌓아둔 돈을 지출했다. 그러나 과학은 이러한 부의 재분배에서 혜택을 보기만 한 것이 아니라 부의 창출에 깊숙이 기여하기도 했다. 석유의 역사가 이점을 가장 잘 보여준다. 지질학자들은 가능성이 높은 석유 매장지를 찾아내는 기술을 갖고 있었고, 이는 석유지질학이라는 새로운 전문분야에서 전문직으로 탈바꿈한 새로운 역할이었다. 역사가 폴 루시어는 이렇게 주장한다. "19세기 말의 수십 년 동안 지질학자들은 석유의 이론적, 실천적 과학을 만들어냈고, 이는 19세기에 미국인이 이룬 주요한 지적 기여 중 하나였다."[36] 이러한 기여에는 석유 매장지의 구조에 대한 이론도 포함됐다. 이 이론에서는 석유 매장지를 지표면 아래의 웅덩이로 보는 단순한 상 대신 배사 구조의 덮개 형태로 보았다. 화학자들은 넘치는 원유를 한층 더 가치 있는 정제 상품으로 바꾸는 새로운 방법을 알아냈다. 20세기 후반기가 되면 이러한 노력을 통해 플라스틱에서 연료까지 엄청나게 다양한 제품이 만들어졌다. 마지막으로 지질학으로부터 지구물리학이라는 새로운 분야가 탄생하게 된 것도 빠른 속도로 성장하던 석유라는 실행세계 덕분에 가능했다.

과학사가들은 1859년을 다윈의 『종의 기원』이 출간된 해로 기억한다. 그러나 펜실베이니아에서 석유가 발견된 것이 현대 세계에 그에 비견할 만한 영향을 미쳤다는 주장도 충분히 가능하다. 1850년대에 예일 대학 화학과를 졸업한 벤저민 실리만 2세와 동업자인 법률가 조지 비셀, 은행가 제임스 타운센드는 에드윈 J. 드레이크 '대령'을 고용해 염정 시추(혹은 염정 굴착) 기법을 응용한 석유 시굴을 맡겼다.[37] 1859년 8월 석유 발견은 '새로운 빛'에 대한 수요를 충족시켰다. 등유를 동물 지방에 대한 대체품으로 쓸 수 있게 된 것이다. 앞서 살펴본 것처럼, 1870년대가 되면 록펠러의 스탠더드오일이 새로운 산업을 통제했고, 정제와 수송에서 강력한 지배력을 행사했다. 펜실베이니아에서의 생산이 감소하자 스탠더드오일은 오하이오와 인디애나 경계에 있는 리마 유전 같은 다른 원천을 찾아나섰다. 그러나 리마 유전의 석유에서는 썩은 달걀 냄새가 났기 때문에 가정용 조명으로 쓰기에는 상업적 전망이 좋지 않았다. 화학이 답을 제공했다. 1888년과 1889년에 스탠더드오일에 고용된 독일 화학자 헤르만 프라쉬는 리마 석유를 산화구리로 정제하면 악취가 제거된다는 사실을 발견했다.[38] 이제 리마 석유에서 얻은 등유를 팔아 상당한 수익을 거둘 수 있었다.

록펠러의 경쟁자들 역시 과학 전문성을 활용했다. 임마누엘 노벨의 아들 중에서 다이너마이트의 발명자인 알프레드는 그의 이름을 따서 수여되는 노벨상을 통해 과학과 동의어가 되었다. 알프레드의 형제인 루드비그와 로베르트 노벨은 다른 길을 택했다. 그들은 차르 치하의 러시아에 어마어마한 석유 제국을 건설했다. 겨울이 되면 어둑어둑해지는 상트페테르부르크는 등유의 '새로운 빛'을 특히 필요로 했고, 러시아 제국 최남단에 위치한 바쿠에서는 땅에서 석유가 배어나왔다. "루드비그 노벨은 뛰어난 산업 지도자이기도 했고, 록펠러에 필적할 만한 규모의 계획을 구상할 수 있었다"라고 대니얼 예긴은 쓰고 있다. "그는 석유 사업의 모든 단계를 분석하는 작업에 착수했다. 미국 석유산업의 경험에서 얻을 수 있는 것을 모두 습득했고, 과학, 혁신, 사업 계획을 통해 효율성과 수익성을 이뤄냈으며, 자신의 힘으로 사업 전체를 주시하며 이끌었다."[39] 노벨형제석유회사는 바쿠 유전을 손으로 파던 구덩이에서 "세계 제일의 과학적[정유공장]이자 석유지질학자를 상임 직책으로 고용한 최초의 석유회사"로 바꿔놓았다.[40] 1880년대에 로스차일드 가문이 바쿠를 시발점으로 하는 철도를 건설하고, 1890년대에 마커스 새뮤얼의 쉘Shell 유조선들이 바쿠와 동쪽의 아시아를 연결하자 러시아산 석유가 세계 시장에 쏟아져 들어왔다.

1888년 루드비그 노벨이 사망하자 유럽의 몇몇 신문은 이 사건을 그의 유명한 동생의 죽음으로 잘못 보도했다. 알프레드 노벨은 '다이너마이트의 왕'을 죽음의 상인으로 비난하는 자기 자신의 부음 기사를 읽고 크게 괴로워했다.[41] 그는 유언장을 다시 작성했고, 재산의 많은 부분을 평화와 과학의 촉진을 위해 따로 떼어놓았다. 노벨상은 1901년부터 매년—세계대전 기간에 시상을 연기한 경우는 빼고—수여되어왔다.

과학은 석유산업을 융통성 있게 만들었다. 에디슨의 작업장과 제너럴일렉트릭 산업연구소의 제품—전등 및 전력 시스템—이 석유의 '새로운 빛'을 꺼뜨릴 조짐을 보이자, 새로운 석유 제품 수요가 자동차에서 나타났다. 유니언오일Union Oil 같은 캘리포니아의 창업회사들은 석유지질학자들을 체계적으로 활용했고, 샌프란시스코 인근 대학인 스탠퍼드나 버클리의 졸업생들을 고용했다.[42] 이 회사들은 1890년대에 빠른 속도로 성장했다. 20세기로 접어들 무렵부터 새로운 대기업들이 여기 합류했다. 1899년 휴고 루돈은 전문 지질학자들의 결정적 도움을 얻어 수마트라에서 새로운 유정을 찾아냈고, 이는 나중에 로열더치Royal Dutch/쉘이 경영했다. 1901년 1월에는 스핀들탑 분유정 발견을 시작으로 텍사스산 석유가 등장했다. 1911년 이후 스탠더드오일은 서로 다른 지역 회사들로 분할됐다. 이처럼 새로운 경쟁 패턴, 그리고 등유가 아닌 가솔린(자동차용 휘발유)에 대한 새로운 수요는 과학의 더 많은 응용을 촉진했다.

열분해thermal cracking 공정을 개발한 인디애나 스탠더드오일에서의 과학 연구는 20세기에 과학이 낳은 가장 수지맞는 결과라고 하기에 전혀 손색이 없다. 윌리엄 버튼은 볼티모어에 있는 모델 연구대학인 존스홉킨스 대학에서 화학박사 학위를 받았다. 그는 1889년 스탠더드오일에 합류해 리마 석유의 이산화황 악취에 관한 연구를 했다. 1909년에 버튼은 존스홉킨스 대학에서 학위를 받은 동료들을 모아 원유 정제를 조사하기 위한 연구팀을 꾸렸다.[43] 원유는 서로 다른 탄화수소들의 혼합물이었고, 이중 가솔린은 기껏해야 전체의 5분의 1에 불과했다. 20세기에 자동차 문화가 성장하면서 이처럼 낮은 가솔린 비율은 점차 중요해졌다. 버튼 연구팀은 서로 다른 '분해', 즉 더 무거운 탄화수소를 더 작은 조각들로 바꾸는 방법들을 시도했다. 가장 유망해보였던 연구 방향은 고온(650℃)과 고압을 활용한 '열분해'였는데, 이는 가장 위험한 방법이기도 했다(여기에는 같은 시기에 개발되고 있던—그리고 앞서 제5장에서 다룬—하버-보슈 공정과 흥미로운 유사성이 존재한다.

두 공정 모두 고압 화학공학에서 대단히 중요한 성취들이었다). "정유업에 종사해 온 사람들도 겁을 먹었다"라고 석유 역사가 대니얼 예긴은 쓰고 있다. "실험 이 진척됨에 따라 과학자들은 상당한 개인적 위험을 무릅쓰고 끓고 있는 증 류장치 주변을 기어다니며 누출되는 부분을 틀어막아야 했다. 보일러 기사 들이 실험을 기피했기 때문이다."[44] 그러나 성공—원유 1배럴에서 생산되는 가솔린 양을 두 배 이상 늘렸다—은 부로 이어졌다. 1913년이 되자 열분해 증류장치가 가동되기 시작했다. 주된 수혜자는 인디애나 스탠더드오일이었 지만, 다른 회사들도 사용 허가를 얻어 이 공정을 활용했다.

새로운 유전이 쏟아지고(텍사스, 수마트라, 보르네오, 페르시아) 생산성의 놀라운 향상이 이뤄졌음에도(열분해), 1910년대 말에서 1920년대 초에 이르 면 석유 제품의 수요 증가로 전 지구적 석유 자원의 고갈이 임박했다는 우려 가 급등했다. 우려가 커지자 영국 같은 몇몇 국가는 석탄 액화와 오늘날 바이 오연료라고 불리는 것—심지어 돼지감자도 가능한 연료원 중 하나로 여겨 졌다—에 대한 연구에 나섰다.[45] 또한 이를 계기로 해서 석유지질학자들은 지표지질학surface geology에서 벗어나 물리학으로부터 끌어온 기법들을 활 용해 지하 깊은 곳을 들여다보게 되었다. "많은 지구물리학의 혁신이 제1차 세계대전 때 사용된 기술을 응용한 것이다"라고 예긴은 적고 있다.[46]

예를 들어 1900년대에 헝가리의 물리학자 로란드 폰 외트뵈시 남작은 관성질량과 중력질량이 동등한 정도를 측정하기 위해 비틀림 저울torsion balance이라는 매우 정교한 기구를 개발했다. 이 기구는 독일 엔지니어들 이 전시에 큰 피해를 입었지만 전략적으로 긴요했던 루마니아 유전을 평가 하는 데 쓰였다.[47] 중력장의 차이에 대한 전후의 조사는 지표면 아래의 지 질 구조에 관한 단서를 제공했고, 이로부터 새로운 유전의 가능성을 알아볼 수 있었다. 이는 고급 과학이었다. 지질학사가 모트 그린의 평가에 따르면, 1930년 이전에 구할 수 있었던 가장 좋은 진자 중력계는 "걸프오일사Gulf Oil Company에서 일하는 과학자들이 발명한" 것이었다.[48]

음원의 삼각측량으로 위치를 찾는 기법은 전시에 교전 양측 모두 적 포병대의 위치 파악을 위해 활용했다. 이제 이러한 기법과 19세기 지진측정학을 결합해, 땅속을 조사하는 데 음파가 활용되었다. 동유럽 유전을 위해 개발된 독일의 기법은 다이너마이트를 폭발시킨 후 반사되고 굴절된 음향이 암석을 통해 전달되는 것을 추적해 지하 암염 돔―석유를 찾을 가능성이 높은 장소―에 관한 결론을 끌어냈다. "이렇게 해서 지표에 나타나는 징후와 상관없는, 완전히 새로운 석유탐사법의 세계가 열리게 되었다"고 예긴은 결론짓는다.[49] 제1차 세계대전 시기에 성장한 또다른 기술인 항공기는 항공감시를 가능케 함으로써 기여했다. 1930년대 이후 감도가 극히 우수한 경량의 중력계와 자력계―텍사스의 물리학자 루시엔 J. B. 라코스테의 설계에 근거했다―를 비행기에 싣고 비행하는(그리고 광산을 따라 내려보내는) 것이 가능해지면서 탐사의 범위와 경제성은 변화를 겪었다. 라코스테가 대학 동료 아널드 롬버그와 함께 설립한 회사는 제2차 세계대전 이후 중력 측정 장치의 세계를 지배했다.[50]

19세기에서 20세기로 접어들면서 지질학자들은 전형적인 독립 컨설턴트나 주 지질조사국 직원에서 고용된 전문가로 변모했다. 석유산업은 20세기에 지질학자의 최대 고용주가 되었다.[51] 이에 대해 석유회사들은 새로운 유전, 높아진 생산성, 늘어난 부로 보상받았다(여기에는 한 가지 중대한 예외가 있었다. 1930년대 아랍 석유는 석유지질학자의 도움 없이 발견되었다. 사실 아랍에서 유전이 발견된 것은 전문가의 합의된 견해에 어긋난 결과였다). 광산회사들도 몬태나주 뷰트에 있는 아나콘다 구리 광산회사Anaconda Copper가 제공한 모델을 따라 지질학 부서를 설립했다. 지구물리학적 기법들―자력계, 중력계, 지진계, 미微고생물학―이 중심을 이뤘다. 새로운 전문분야―경제고생물학economic paleontology, 미微암석학, 물리탐사exploration geophysics, 퇴적학―가 형성되어 학생들을 이 기법에 끌어들였고, 경제지질학회Society of Economic Geologists(1920), 미국 석유지질학자협회American Association of

Petroleum Geologists(1918) 같은 새로운 단체가 생겨 전문직의 이해관계를 대변했다[52](미국의 무척추동물 고생물학은 석유기업들의 지원에서 힘을 얻어 후일 진화과학에서 큰 발언권을 갖게 됐다).[53] 그러나 이러한 학문적, 전문직업적 가치치기에 질서를 부여한 것은 지질산업이라는 실행세계에 의해 설정된 공통의 요구였다. 폴 루시어는 이렇게 요약하고 있다. "20세기 지질산업들의 전략과 구조는 그것에 봉사해온 지구과학의 성격을 많은 부분 결정했다."[54]

대륙이동설

지구 내부의 성질에 관한 19세기의 논쟁이 20세기 전반기에 되살아난 것은 바로 이런 맥락에서였다. 지구는 켈빈경 같은 19세기 물리학자가 믿었던 것처럼 대체로 단단한가, 아니면 몇몇 지질학자의 주장대로 유동적인가? 1910년대에 독일 학자 알프레트 베게너는 화석의 분포와 대륙이 취하는 형태를 설명할 수 있는 거대 이론을 제안했다.[55] 예전 이론에서는 생물이 바다를 가로지르는 육교를 통해 이동했고, 그 뒤 육교가 바닷속으로 사라져버린 거라고 생명체들의 분포를 설명했다. 반면 베게너가 내놓은 제안은 대륙 그 자체가 이동했을지도 모른다는 설명이었다. 그는 오래전 지구에는 오직 하나뿐인 대륙 '판게아'가 존재했다고 추측했다. 이후 판게아는 쪼개졌고, 그 조각들이 서서히 현재의 위치로 이동했다. 아메리카와 아프리카 대륙의 윤곽이 지구 크기의 직소 퍼즐처럼 서로 들어맞는다는 사실이 시사하는 바가 하나의 큰 증거였다. 베게너의 대륙이동설은 1915년에 독일어로 출간되었고 1920년대에 『대륙과 해양의 기원The Origin of Continents and Oceans』이라는 제목으로 영어로 번역됐다. 예전에도 대륙의 이동을 주장한 사람들은 있었지만, 베게너만큼 정력적으로, 이를 뒷받침하는 다양한 논증들을 가지고 주장했던 사람은 아무도 없었다.

대륙이동설은 대다수 지구과학자, 특히 지구물리학자로부터 격렬한 혹평을 받았다.[56] 지구물리학과 지구화학은 20세기 전반기 미국에서 세 가지 이유로 번창했다(연관된 분야인 기상학과 해양학 역시 번창했다). 첫째, 이 과학들은 전통적 지질학보다 자선가들이 더 크게 선호했다. 예를 들어 워싱턴 카네기 연구소는 1907년부터 지구물리실험실을 두었다. 워런 위버와 맥스 메이슨 휘하의 록펠러 재단은 "통제된 실험실 연구의 지적 우수성을 강조했다". 두 사람 "모두 물리과학에서 훈련을 받았고, 의식적으로 지질학을 주요 지원으로부터 배제하면서…… 이 분야의 '근본'이 충분치 못하다고 선언했다".[57] 대신 록펠러 재단은 지구물리학을 지원했는데, 지원의 배경에는 실험실 가치—'엄밀성, 정밀성, 통제력'—에 부여된 높은 문화적 가치가 있었다고 지구물리학의 역사를 쓴 나오미 오레스케스와 론 도엘은 적고 있다. 이러한 가치는 훌륭한 야외 과학과 연관된 가치—'진본성, 정확성, 완전성'—와 대비되었다.[58] 셋째, 미국의 엄청난 규모 탓에 이러한 분야들에서 미국이 두각을 나타냈는지도 모른다고 이들은 덧붙이고 있다. 미국에는 지질학적으로 흥미로운 장소들이 멀리 떨어져 있고 널리 흩어져 있었다. 지질학자들이 으레 하듯 이러한 장소들을 직접 조사하기가 어려웠기 때문에 실험실 접근이 매력적인 대안이었다는 얘기다.

때때로 대륙이동설의 역사는 이런 식으로 요약되곤 한다. 베게너의 이론은 처음부터 끝까지 아주 훌륭했지만, 그가 살던 시대에는 대륙이동의 효과를 만들어낼 수 있는 물리적 메커니즘이 알려져 있지 않았다. 그러다 1950년대에 새로운 지구물리학적 조사로 이 이론—판구조론으로 다시 명명됐다—을 뒷받침하는 새로운 증거가 밝혀졌고 현실적 메커니즘도 제시됐다. 그러나 베게너는 메커니즘의 문제를 인정하면서도, 가능한 메커니즘을 여러 가지 제시하기도 했다. '이극력離極力, 조석력, 자오선 방향의 힘, 세차운동의 힘, 극이동, 혹은 이들의 결합'이 그런 예들이었다.[59] 그 외에도 수많은 메커니즘이 제안됐다. 예컨대 학계에 돌아오기 전 버마에서 석유 사업에 종사했던 영국의 지질학자 아서 홈즈는 1920년대에 대규모의 대류를 제시했다. 이 모든 가능한 메커니즘은 전간기 수십 년 동안 논의됐다. 그럼에도 베게너가 제시한 증거들은 모두 논박됐고, 『지구The Earth』(1924)라는 책을 쓴 해럴드 제프리스나 미국의 제임스 매클웨인 같은 지구물리학자들은 지구가 단단하기 때문에 대부분의 메커니즘이 불가능하다고 주장했다.[60]

베게너 이론의 운명은 제2차 세계대전 이후에 이르러서야 비로소 결정되었다. 이즈음에 지구물리학적 증거의 관련성이 재평가되었고, 이는 나중에 충분히 다룰 것이다. 그러나 1920년대 베게너 이론의 수용에서 대학의 지질학자들이 드러낸 회의적 태도와 석유지질학자들이 상업적 측면에서 보여준 관심 사이에 예리한 분할이 나타났다는 점은 흥미롭다. 만약 대륙이동설이 옳은 것으로 증명된다면, 이는 석유 매장지의 위치에 대해 실용적인 단서를 제공할 터였다. 예를 들어 서아프리카에서 석유가 나온다면 브라질 해안도 조사해볼 만한 가치가 있을 수도 있었다. 네덜란드 출신 지질학자이면서 말랜드석유회사Marland Oil Company 부회장이던 빌럼 A. J. M. 바테르스호트 판데르 흐라흐트는 흥미가 동한 나머지 1926년 뉴욕에서 미국 석유지질학자협회 회합을 조직했다.[61] 이는 "대륙이동설에 관해 일찍이 열린 가장 유명한 심포지움"이었고, 베게너의 이론이 진지하게 받아들여졌음을 보여주는 증거다.[62]

산업이라는 실행세계에 *대한* 과학: 테일러주의와 그 외 인간과학

우리는 산업적 부가 어떻게 미국 과학에 대한 후원으로 번역되었는지를 여러 재단의 사례를 통해 확인했고, 과학자들이 어떻게 산업체에 전문가로 고용될 수 있었는지도 살펴봤다. 그러나 산업 그 자체도 과학적 탐구의 주제가 될 수 있었다. 역사가 앤슨 라빈바흐는 제1차 세계대전 이전 산업에서 인간의 몸에 대한 두 가지 다른 과학이 있었음을 보여주었다.[63] 유럽에서 일의 과학은 불편부당한 연구를 표방했다. 프랑스와 독일 과학자들은 인간의 몸을 실험실에서 측정했고, 이를 일종의 원동기motor와 같은 것으로 이론화했다. 이들은 자신의 결론을 대중이 이해할 수 있는 방식으로 제시했다. 결론에 내포된 주당근무시간 축소, 사고 감소, 효율적 훈련 및 생산 등을 국가가 활용해 법령의 틀을 정할 수 있으리라 가정했기 때문이다. 그러나 유럽에서 수행된 일의 과학은 작업장을 다룬 또다른 과학에 비해 훨씬 더 영향력이 떨어졌다. 산업이라는 실행세계에 훨씬 더 가까이 다가갔던 그 과학의 이름은 테일러주의Taylerism였다.

프레더릭 윈슬로 테일러는 블루칼라 지위보다 훨씬 더 유복한 집안 출신이었음에도 1870년대 말 필라델피아의 철강회사에서 작업반장으로 일을 시작했다.[64] 관리상의 위계를 따라 올라가면서 그는 자신이 '태업soldiering'—숙련노동자가 의도적으로 일을 느리게 하는 것—이라고 본 행태를 끝장내고자 했다. 반면 노동자들은 자신에게 맞는 속도로 숙련을 활용하는 것을 자신의 권리라고 생각했다.[65] 테일러는 산업적 과업을 수행하는 '단 하나의 최선의 방법one best way'—노동을 하는 최선의 속도와 조직을 포함해서—을 찾아내는 일을 시작했다. 이를 위해 그는 과업을 측정과 과학적 정밀 조사의 주제로 변모시켰다. 1911년에 출간된 『과학적 관리의 원칙 Principles of Scientific Management』과 같은 해 열린 일련의 철도요금 결정 공청회에서 그의 아이디어가 논의된 것을 계기로 그가 주장한 산업의 과학은 이름을 널리 알리게 됐다. 관리를 시스템으로 만드는 방법을 추구했던 다른 이들도 있었지만, 테일러의 '과학적 관리' 혹은 간단히 '테일러주의'는 그러한 추구에 명칭을 붙여주었고 일단의 고전적 모범사례들을 제공했다. 핵심을 이루는 측정 기술은 스톱워치였다. 역사가 토머스 휴즈는 이렇게 적고 있다.

시간을 재는 것이 새로운 방법은 아니었지만, 테일러는 단순히 사람들이 일하는 방식에 대해 시간을 측정하는 데서 그치지 않았다. 그는 복잡한 일련의 동작들을 자신이 기초적인 단위라고 믿었던 것들로 나눈 뒤, 효율적인 동작을 보인다고 생각되는 노동자들이 이를 수행할 때 걸리는 시간을 측정했다. 이 분석이 끝난 후 그는 효율적으로 수행된 구성요소 동작을 그가 표준이 되어야 한다고 주장한 새로운 일단의 복잡한 작업순서 속에 종합했다. ……그 결과 노동자들을 위한 자세한 일단의 지시사항이 나왔고 노동을 효율적으로 수행하는 데 걸리는 시간이 결정되었다. 이는 다시 도급률을 결정했다. 이보다 더 빨리 일을 하는 사람에게는 보너스가 지급되었고, 더 늦게 일을 하는 사람에게는 벌칙이 부과되었다. 결국 그는 개별 노동자가 자신의 신체와 공구를 자신이 선택한 방식대로 활용할 수 있는 자유를 박탈한 셈이었다.[66]

테일러주의는 산업 관계에 대한 개입으로서 논쟁을 불러일으켰다. 이는 도입 기간 내내 열광과 증오를 동시에 불러일으켰다. 1911년 워터타운 병기창Watertown Arsenal에서 일어난 유명한 파업이 좋은 사례다.[67] 이후 역사가들은 이것이 미친 영향력을 두고 논쟁을 벌여왔다. 테일러주의가 20세기 과학사에 갖는 중요성은 세 가지로 볼 수 있다. 첫째, 이는 실행세계에 대한 연구가 어떻게 새로운 과학을 위한 공간, 기법, 데이터를 창출했는지 예시한다. 노동자들의 동작 측정으로 성취된 숙련의 추출—위에서 휴즈가 묘사했다—은 어렵게 얻어낸 지식의 이전이기도 했다. 노동자들의 체화한 숙련에서 계획 부서의 명시적 지식으로 이전된 것이다. 이 과정에서 노동은 격하되고 탈숙련화되었다고 해리 브레이버맨은 주장한다.[68] 반면 계획 부서의 과학적 관리자들은 숙련을 부여받아 힘을 갖게 됐다. 독특한 일의 과학이 생겨났다. 일의 측정치를 수집하고, 계획 부서에서 추상화된 일의 단순화된 대리물을 연구하고, 이러한 분석과 종합에 근거해 일을 재조직하는 것이다. 그러나 이는 동시에 현대과학에서는 익숙한 패턴인 실행세계의 과학이기도 했다.

더 나아가 과학적 관리는 계급갈등에서 벗어나는 수단으로 홍보되었다. 테일러와 그 추종자들은 잉여의 분배가 아니라 효율성에 주목해야 한다고 역설하면서, 증가된 생산의 부가 노동자와 소유주 모두에게 이익을 줄 거라고 주장했다. 이들은 20세기 후반의 지식사회 이론을 예견케 하는 언어를 구사했다. 이에 따르면 중립적 전문가들이 지식을 수집하고 통제함에 따라 산업 갈등은 쇠퇴할 터였다. 테일러의 제자 헨리 갠트는 이렇게 주장했다. "우리가 필요로 하는 것은 더 많은 법률이 아니라 더 많은 사실이다. [산업 관계라는] 문제 전체는 저절로 풀릴 것이다." "힘의 시대는 지식의 시대에 자리를 내줘야만 한다."[69]

제1차 세계대전 이후 테일러주의와 과학적 관리 일반은 미국의 심장부에서 수출되어 재해석되었다. "미국에서는 기술적 효율성과 생산성에 대한 믿음이 거의 문화 전반에 퍼졌던 반면, 유럽에서는 이것이 좀더 선별적으로 나타났다"라고 역사가 찰스 마이어는 적고 있다. 그는 이렇게 덧붙인다. "이에 열광한 사람과 무관심 내지 적대적이었던 사람 사이의 이데올로기적 분열이 단순한 좌우 대립을 따르지 않았다는 점은 주목할 만하다. ……[과학적 관리는] 좀더 새롭고, 좀더 절충적이고, 때로는 좀더 극단적인 유럽 정치의 조류들에 호소력을 가졌다."[70] 이러한 조류에는 이탈리아 파시스트, 독일의 초기 나치, 자유주의자, 발터 라테나우 같은 산업 계획가, 그리고 신생 소련의 지도자 등이 포함되었다.

과학적 관리는 인간공학에 대한 20세기 초의 더 폭넓은 관심의 일부였다. 이는 몇몇 연관된 과학을 형성하고 촉진했다. '인간공학human engineering'은 1910년대에 널리 통용되는 용어가 되었다.[71] 이를 지탱한 두 개의 지주는 테일러주의와 엔지니어링 방식의 생물학이었다. 이중 후자는 시카고와 캘리포니아의 연구대학과 록펠러 의학연구소에서 일했던 독일 출신 생물학자 자크 로엡과 가장 자주 연관되었다.[72] 로버트 여키스는 록펠러 재단의 후원을 받아 영장류에서 '성격personality'의 정신생물학을 탐구하면서 인간공학 의제를 추구했다. 이러한 탐구는 작업장에서 성격의 관리로 이어질 하나의 단계로 여겨졌다. 마찬가지로 "'행동의 예측과 통제를…… 이론적 목표로 하는' 새로운 심리학"을 내세운 존 B. 왓슨의 행동주의는 관리와 사회적 통제라는 실행세계의 과학이었다.[73]

심지어 테일러의 '노골적인 인간공학'이 비판받은 곳에서도, 이에 대한 반응은 일견 좀더 정교한 형태의 인간과학을 발전시키는 것으로 나타났다. 가령 유럽에서 이뤄진 일과 피로에 대한 생리학적 연구나 하버드 대학의 휴고 뮌스터버그가 내세운 정신기술psychotechnics이 그런 사례다.[74] 뮌스터버그는 1913년 출간된 『심리학과 산업효율성Psychology and Industrial Efficiency』에서 자신의 아이디어를 개진했다. 이러한 과학들에는 그것에 몰두하는 새로운 연구 장소들이 있었다. 베를린의 카이저빌헬름 노동생리학연구소나 하버드의 피로연구소Fatigue Laboratory가 대표적이다.[75] 산업심리학은 인력관리의 수단으로 번창했다. 미국에서 제임스 매킨 캐텔은 1921년에 사이콜로지컬사Psychological Corporation의 설립을 주도했다. 이 회사는 심리학과 심리학자를 기업과 정부라는 실행세계와 연결시켰다. 대학의 프로그램도 붐을 이뤘다. 일본에는 노동과학연구소가 생겼고, 영국에는 사이콜로지컬사와 같은 해에 산업심리학연구소National Institute for Industrial Psychology가 설립됐다. 그보다 한 해 전에는 소련에도 비슷한 연구소가 생겼다. 반면 오스트리아에서는 심리기술자가 업무를 담당하는 특별 열차가 인력 검사를 하며 철로 위를 누볐다.[76]

실행세계에 대한 과학 연구 중 가장 상찬받는—그리고 가장 논쟁적인—것 중 하나는 일명 호손 실험이었다. 이는 1924년부터 1933년 사이 시카고 호손에 있는 웨스턴 일렉트릭Western Electric 공장에서 진행됐다.[77] 이 작업장은 일종의 실험실로 간주됐고, 다양한 작업 환경(예컨대 조명의 광도)하에서 나타난 노동자들의 성과와 '태도'를 심리학자들이 측정했다. 그 결과를 열성적으로 해석했던 하버드 대학의 엘튼 메이요 같은 이들은 이 실험이 관리에 대한 산업심리학의 실천적이고 비범한 기여를 보여주었다고 주장했다. 특히 그들은 전문가들이 인간관계에 주목하면서 생산성이 높아졌음을 보였다. 메이요는 1933년 출간된 『산업문명에서의 인간 문제Human Problems of an Industrial Civilization』같은 책에서 그런 결론을 제시했다.

새로운 과학들은 남성뿐 아니라 여성에게도 기회를 제공했다. 심리학박사 릴리언 길브레스는 남편 프랭크 길브레스와 함께 영화카메라라는 새로운 도구에 의지해 시간-동작 연구time-and-motion studies를 수행하는 과학적 관리 형태를 제시했다.[78] "빠른 속도로 산업화되고 있던 유럽과 미국의 작업장들이 노동자, 기업, 국가, 전문가 사이에 상호작용이 일어나는 새로운 영역이 되"면서, 19세기 말에는 다른 연구 영역들도 촉진됐다.[79] 독일과 미국에서 의료과학 훈련을 받은 앨리스 해밀턴은 '산업위생' 과학의 선구자였다.[80] 1908년에 그녀는 일리노이주에서 직업병을 조사하는 감독관으로 임명됐다. 이 조사는 그녀가 이후 1910년대에 연방정부를 위해, 그리고 1919년부터는 하버드 대학 최초의 여교수로서 수행한 작업의 결정적 도구가 됐다. 조사를 통해 19세기 말과 20세기 초의 과학 기반 산업들에서 사용 내지 생산되고 있던 많은 물질에서 독성 효과가 확인됐다. 아닐린 염료, 라듐(손목시계의 다이얼을 채색하는 용도로 쓰였다), 벤젠, 새로운 축전지에 쓰이는 화학물질들, 레이온 제조에서 부산물로 나오는 기체들(이황화탄소, 황화수소) 등이 여기 속했다. 그녀가 벌인 가장 유명한 활동은 납에 대한 문제 제기였다. 납은 백연(페인트에 들어간다)의 형태나 테트라에틸납(석유 첨가물로 들어간다)으로 쓰였다. 이후 일어난 산업 관행의 변화로 수많은 생명을 구할 수 있었다.

미국 사회의 가치들

미국에서는 효율성의 유행이 "문화 전반에 스며들어 있었"고 유럽에 비해 더 강했지만, 전문가들을 불편하게 만들 수 있는 긴장도 여전히 남아 있었다.[81] 1925년 발표된 싱클레어 루이스의 소설 『애로스미스Arrowsmith』는 소설의 제목과 같은 이름의 주인공이 의료과학에서 훈련을 받고, 미국에서 생물학 및 의학 연구가 이뤄지는 온갖 일터—의과대학, 개업의 활동, 의학연구소(록펠러 연구소를 가까운 모델로 삼았다) 등—를 거쳐가는 여정을 좇는다. 모든 장소에는 방해 요인들이 있고, 우리의 주인공이 인류에게 도움을 줄 연구에 몰두하지 못하게 만든다. 자크 로엡이 강의 부담 때문에 방해를 받는 애로스미스의 스승 맥스 고틀리브라는 인물로 등장한다. 『애로스미스』에서 싱클레어 루이스는 미국의 실행세계를 생산적 과학에 대한 장애물로 그려내고 있다. 하지만 현실은 정반대였다.

심지어 미국 사회 내에는 과학의 도시적이고 조직화된 가치에 반감을 가진 세계도 있었다. 이는 1925년 스콥스 재판이 던진 메시지였다. 테네시주에는 성서의 천지창조 이야기에 반하는 '어떤 이론'도 가르치는 것을 금지하는 버틀러법Butler Act이 있었다. 존 스콥스라는 교사는 자신이 법을 어기고 있다는 사실을 분명히 알면서도 자연선택에 의한 진화라는 다윈의 이론을 가르쳤다. 재판에서 기소를 맡은 이는 '위대한 보통 사람'으로 알려진 정치인 윌리엄 제닝스 브라이언이었다. 스콥스의 변호는 클래런스 대로가 맡았는데, 그는 "브라이언이 예수를 믿었던 것처럼 과학을 믿었고, 자신의 적수를 '모든 노둔자들의 우상'이라고 불렀던" 인물이었다[82](이 험담 속에 '노둔moron'이라는 우생학적—다시 말해 전문가적—범주가 쓰인 것에 주목하라). 스콥스는 유죄 판결을 받았고, 이를 보고 놀란 사람은 아무도 없었다.

하지만 이는 과학 대 종교의 재판이었다기보다 신중하게 선택된 전장에 가까웠다. 한편에는 "자신이 낸 세금으로 자신들이 가장 소중히 여기는 믿음들이 약화되고 있는 데 화가 난 평범한 미국인들"이 있었다. 그들은 "인간을 야수로 만들고, 인간의 불평등을 가르치며, 우생학을 학교 교과서에 집어넣고, 삶을 신이 없는 피투성이의 투쟁으로 그려내는 교육 체제에 분개했다".[83] 그러나 다른 한편에는 전문가에 반대하는 항의에 결연하게 맞서는 조직화된 운동이 있었다. 스콥스는 전미시민자유연맹National Civil Liberties Union의 재정 지원을 받았다. 우리에게 더 중요한 것은 스콥스 재판이 조직화된 과학언론에서 하나의 이정표가 되었다는 점이다. 새로 생겨난 사이언스 서비스Science Service가 이 사건을 보도했고, 사진가-기자들이 사진을 찍었으며, H. L. 멘켄이라는 기자가 '원숭이 재판'이라는 프레임을 덧씌운 악명높은 꼬리표를 제공했다.[84]

스콥스 재판은 다윈주의 과학이 위험에 빠진 신호가 아니라, 실은 다윈의 설명이 한층 더 큰 힘을 갖고 밀어붙이던 시기가 시작될 때 일어났다. 이러한 전 지구적 변화를 이해하려면 미국과 이데올로기적으로 극과 극을 이루던 땅 소련에 대해 살펴볼 필요가 있다.

제9장
혁명과 유물론

과학이 러시아에 당도한 것은 표트르 1세가 서구 전문성의 수입을 장려했던 18세기의 일이었다. 그때 이후 러시아라는 국가는 과학 및 관리 전문가들과 폭풍 같은 관계를 맺어왔다. 러시아의 역사는 열정과 의심이 번갈아 나타나는 패턴을 보여준다. 전문가들이 득세했던 시기는 표트르 1세와 예카테리나 2세의 계몽주의 체제, 19세기의 차르 알렉산드르 1세와 2세 집권기, 제1차 세계대전 이후 스탈린 집권 이전의 1920년대, 개방기인 1980년대 등이 있다. 반동의 시기로는 19세기 차르 니콜라이 1세와 2세 집권기와 스탈린 공포정치 기간을 꼽을 수 있다. 그러나 러시아 과학 이야기는 이러한 일차적 묘사가 제시하는 것보다 훨씬 더 복잡하고 흥미롭다. 예를 들어 가능한 이차적 일반화 중 하나는 러시아 과학이 자원의 흐름이 강했던 정치적 억압기에 번성했지만, 돈줄이 말라버린 상대적 자유의 시기에는 쇠퇴했다는 것이다.[1]

러시아 과학은 20세기 과학의 역사를 매우 특별한 것으로 만드는 주제 중 하나다. 18세기에 서유럽으로부터 수입된 과학을 가지고 비슷한 초기 조건에서 시작했음에도 불구하고, 이후 정치 및 사회생활에서 일어난 어마어마한 변화로 인해 러시아는 과학과 국가라는 실행세계 사이의 관계를 탐구할 수 있는 이상적인 실험실로 변모했다. 사실 바로 이런 식으로 역사적 질문을 던지는 방식은 러시아에 일부 기원을 두고 있다. 과학사가 하나의 분야로 제안된 것은 일찍이 1890년대에 위대한 체계화 이론가 블라디미르 베르나츠키에 의해서였다. 소련의 과학사는 1920년대에 국가의 지원을 받다가 1930년대에 숙청되었지만, 그 전에 과학을 노동, 돈, 권력, 기술 같은 좀더 폭넓은 외부 세계와 긴밀하게 연결된 것으로 보는 시각을 정립했다. 대숙청 이후의 소련 과학사는 협소하고 비정치적이었고, 당연한 일이겠지만 움츠러든 모습을 보였다. 이 장에서 서술할 20세기 소련과 러시아 과학의 역사는 냉전 시기 미국 역사가의 연구, 그중에서도 특히 로런 그레이엄의 걸출한 작업과 폐쇄된 문서고에 접근해 새로운 이야기를 들려준 탈냉전 세대 역사가들의 연구에 의지하고 있다.[2]

과학, 전문성, 소비에트 국가

과학자와 엔지니어 중 압도적으로 많은 이들이 서구식 자유주의 정부를 도입한 1917년 2월의 첫 번째 혁명을 지지했지만, 그해 10월 권력을 장악한 볼셰비키에 대해서는 전혀 열성을 보이지 않았다.[3] 새로운 소비에트 정부는 일부 영역—수학, 토양학, 천문학, 생리학, 발생학, 구조화학—에서 강점이 있지만 다른 영역—산업 연구 같은 중요한 영역이나 대학의 열악한 과학 구조를 포함하는—에서는 약점을 보이는 과학 체제를 물려받았다.[4] 가장 중요하면서도 보수적인 기관은 과학아카데미였다. 다른 나라들에서는 이미 다양한 일련의 기구에 지도력을 넘겨줬지만, 러시아에서 과학아카데미는 과학적 사안에 대해 여전히 중앙집중적 지도력을 유지하고 있었다. 아카데미는 차르 시기에 지위와 영향력을 구축한 사람으로 채워져 있었고, 혁명 이후 평등화의 직접적 공격 대상이 될 것처럼 보였다. 그러니 그레이엄이 지적한 것처럼, 아카데미와 소비에트 국가가 이내 공동 작업을 하는 방법을 찾아낸 것은 일견 모순처럼 보일지 모른다.

이제 우리는 혁명의 열정이 가장 고조됐던 시기인 혁명과 내전 종식 사이에 아카데미의 미래가 어떤 방향으로도 열려 있었음을 알고 있다. 제시된 안은 세 가지였다.[5] 북부 코뮌의 급진적 농부 혁명가들은 '프롤레타리아를 위한 과학을 쟁취하기' 위한 행동의 일환으로 아카데미의 지향을 완전히 바꿔야 한다고 주장했다. 지시된 과학이 혁명 국가의 필요에 맞춰 긴밀하게 활용되고, 응용이 이른바 '순수과학의 물신화'를 대신하며, 연구가 아닌 교육에 높은 우선순위가 부여되는 식으로 말이다. 둘째로 교육인민위원회는 소비에트식 해법을 제안했다. 과학자가 지역별, 분야별 단위로 조직되어 피라미드의 기반을 이루고, 새로운 '과학협회'가 인민위원회의 확고한 통제하에 피라미드의 꼭대기에 위치하는 방식이었다. 이러한 제안에서 자율성은 종말을 맞을 터였다. 마지막으로 아카데미 회원, 그중에서도 아카데미의 종신 서기인 S. F. 올덴부르크와 지질학자 A. E. 페르스만은 개혁의 대상이 되어 소멸하는 미래를 수동적으로 기다릴 생각이 없었다. 이들은 자신만의 대안적 계획을 내놓았다. 이에 따르면 아카데미는 그대로 유지하고 국가를 위해 일—예컨대 자금을 전달하는 등—하지만 계획가들에게 통제권을 양도하지는 않았다. (어느 정도의) 자율성은 남겨두었고, 이와 별도의 공산주의 아카데미도 설립될 터였다.

실제로는 이 세 안 중 어느 것도 채택되지 않았다. 왜 그랬는지에는 여러 가지 이유가 있었다. 먼저 절박한 전시공산주의 시기에 아카데미의 운명은 우선순위에서 밀릴 수밖에 없었다. 그리고 1921년 시작된 신경제계획New Economic Plan으로 소비에트 국가가 재건을 시작했을 때는 국가가 전문성에 너무 크게 의존하고 있어서 개혁을 시도할 엄두를 내지 못했다. 그레이엄은 이렇게 요약하고 있다. "군사적 상황의 압박을 받은 소비에트 지도자들은 종종 새로운 질서에 정치적으로 부합하지는 않았지만 그럼에도 극히 유능했던 전문가들에게 손을 내밀었다."[6] 1922년 가을 이러한 긴장은 『프라우다Pravda』

지면에서 '대논쟁'을 빚어냈다. 논쟁의 주제는 소비에트 러시아가 노동자 국가로서 프롤레타리아에 의해 운영되어야 하는지, 아니면 다른 종류의 사회주의로서 전문가들에 의해 관리되어야 하는지였다. 프롤레타리아의 대의를 내세운 사람은 블라디미르 플레트뇨프였다. 그는 소련이 물려받은 세대의 과학자, 엔지니어, 관리자를 제거하고 새로운 과학과 엔지니어링을 구축할 새로운 세대의 프롤레타리아 전문가로 대체해야 한다고 주장했다. 남편(레닌)의 전폭적 지지를 받은 나데즈다 콘스탄티노브나 크룹스카야는 과학은 보존되어야 하는 사실의 축적이라며 플레트뇨프의 주장을 일축했다. 야코프 야코블레프는 그녀를 지지하며 플레트뇨프를 무책임한 인물로 조롱했고, 젊은 소비에트 국가는 전문가들에게 지시를 내릴 것이 아니라 그들로부터 배워야 한다고 주장했다. "소비에트 권력이 존속할 수 있을지 여부는 바로 교수, 엔지니어, 공립학교 교사의 발치에서 공부하는 문제에 달려 있다."[7]

실제로 많은 전문가가 자신의 의심을 접고 소비에트 국가와 긴밀하게 협력했다. 역사가 제임스 앤드루스는 과학의 대중화를 담당한 사람들이 국가적 캠페인과 궤를 같이하며 일을 잘 해냈다고 주장한다.[8] 그레이엄은 엔지니어 표트르 아키모비치 팔친스키의 비범한 생애를 서술하면서 전문가와 국가 간의 긴장을 보여주는 상세한 사례연구를 제시했다.[9] 러시아 카잔에서 "사회적으로 저명하지만 궁핍한 귀족 가문"에 태어난 팔친스키는 1890년대 상트페테르부르크에서 광산 엔지니어로 훌륭하게 훈련을 받았다. 그는 1901년 돈바스 석탄 생산에 관한 연구를 하면서 엔지니어링 프로젝트를 사회적 차원에서 완전하게 분석하는 것이 얼마나 필요한지를 분명하게 깨달았다. 광부들의 생활 조건에 대한 탄광 소유주들의 무지에 깜짝 놀란 팔친스키가 이 문제에 관한 통계자료를 수집해 발표하자마자, 그는 조사위원회에서 쫓겨나 시베리아로 보내졌다.

국내 유배 과정에서 팔친스키는 급진화되었고 사회주의와 크로포트킨의 상호부조 아나키즘에 이끌렸다. 이후 그는 제정 러시아를 탈출해 유럽으로 갔고, 1908년에서 1913년까지 5년 동안 산업 컨설턴트로 성공적인 경력을 쌓았다. 팔친스키의 전문성은 더 넓어지고 깊어졌다. 그는 유럽의 항구들에 대한 네 권짜리 연구를 출간했다. 1913년에 러시아로 돌아온 이후 그는 지구표면및심부연구소Institute of the Surface and Depths of the Earth를 설립했다. 이 시기에 그는 러시아 사회주의의 진보적, 민주적 분파를 이루는 일원이었고, 1917년 2월 혁명으로 수립된 임시정부의 열렬한 지지자이기도 했다. 실제로 팔친스키는 10월 혁명에서도 일정한 역할을 했다. 그는 동궁Winter Palace 방어를 조직할 책임을 맡은 세 명의 관리 중 하나였고, 남아 있던 경비병들에게 발포하지 말라는 명령을 내렸다. 이듬해 대부분을 감옥에서 보낸 후 팔친스키는 석방되었고, 자원해서 소비에트 계획 기구들에서 일했다. 그는 드네프르강 댐프로젝트에 자문을 했고, 나중에는 국가계획위원회Gosplan 상임위원 자리에 올랐다. 소련은 엔지니어가 필요했고, 팔친스키는 많은 다른 전문가와 마찬가지로 기여하는 길을 선택했다.

차르 치하의 전문성을 활용하는 것에 관한 논쟁은 서로 다른 정치적 조건이 다른 종류의 지식을 요구하는가 하는 문제를 제기했다. 흥미롭게도 양측 모두 요점을 놓쳤다. 프롤레타리아 운동은 미래의 프롤레타리아 과학—다른 종류이지만 아직 도래하지 않은—을 학수고대했다. 과학자, 엔지니어, 의사들은 구체제와 동일시되며 괴롭힘을 당했다. "전문가 공격specialist-baiting"이 만연했다.[10] 로런 그레이엄은 이렇게 쓰고 있다. "각각의 사례에서 전제된 가정은 구체제 지식인들이 다소의 필요한 지식과 함께 대량의 위험한 이데올로기적 꾸러미를 전달하고 있다는 것이었다. 구체제 지식인들이 영향력 있는 지위에서 제거될 때까지 이러한 위험은 사라지지 않을 터였다."[11] 이를 비판하는 사람들은 과학은 과학일 뿐이며, 그것을 둘러싼 정치적 고치로부터 분리될 수 있고, 실제로 분리되어야 한다고 주장했다. 그러나 공산주의 실험은 이미 새로운 형태의 과학이 정립되고 있는 맥락을 창조해내고 있었다. 주장컨대 독특한 소비에트 과학은 이미 도래해 있었다.

새로운 소비에트 과학?

이 새로운 과학의 역사 역시 그레이엄의 책에서 주로 빌려왔다. 그레이엄의 주장은 두 단계로 이뤄져 있다. 첫째, 러시아 혁명은 그 중심부에 변증법적 유물론이라는 일종의 과학철학이 있었다는 점에서 독특했다. 둘째, 변증법적 유물론은 적어도 1920년대에 살았던 사람 일부에게는 유용한 사고 도구였고, "학술적 도그마가…… 아니라 혁신적 선택지"였다.[12] 변증법적 유물론은 "모든 자연이 물질과 에너지 측면에서 설명될 수 있으며" 그 외 다른 것은 아무것도 없다고 보았다. 또한 그것 외에 설명을 필요로 하는 것도 없었다. 이 철학을 그저 유물론에 그치지 않게 만들어주는 것은 환원주의에 대한 반대 입장이었다.[13] 사회를 생물학으로, 생물학을 화학으로, 화학을 물리학으로 환원해서 설명하는 대신, 각각의 층위는 그 나름의 법칙을 가졌다.

변증법적 유물론은 엥겔스(1870년대에 쓴 『반뒤링론Anti-Dühring』)와 레닌(1908년에 출간한 『유물론과 경험비판론Materialism and Empirico-Criticism』)의 마르크스주의 이론에서 그 논증을 가져왔다. 그러나 여전히 재량을 발휘할 만한 여지가 많았다. 소련에서는 서로 대립하는 두 집단, 데보린주의자Deborinite와 기계론자Mechanist가 아인슈타인의 상대성 이론과 양자역학에 대한 해석을 놓고 충돌했다.[14] 양측은 모두 자기네 입장이 마르크스주의이며 변증법적 유물론에서 나왔다고 주장했다. 상대성 이론은 아인슈타인이 오스트리아 철학자 에른스트 마흐로부터 영향을 받았음을 시인함으로써 (치명적이지는 않더라도) 결함을 내포했다. 마흐는 레닌이 특정해 비판했던 인물이었다.[15] 기계론자들이 상대성 이론을 의심스럽게 본 이유에는 적어도 영국 과학자 아서 에딩턴과 제임스 진스의 아인슈타인 해석에서는 이것이 유물론에 대한 예외를 제시한다는 점도 있었다.[16] 기계론자들은 양자역학이 인과성을 거부하며, 따라서 유물론이 요구하는 전적으로 결정론적인 설명을 제공할 수 없다고 공격했다. 그뿐만 아니라 양자역학이 관찰자에게 결정적 역할을 할당하는 듯 보이는 점에서는 관념론의 낌새가 있었다. 1920년 대 중반에 이러한 논쟁은 주로 지적, 사회적 위신의 문제였지만, 몇 년 후에 이 충돌은 치명적인 파급효과를 갖게 됐다.

그러나 한편으로 과학은 초기 소비에트 시스템에 의해 형성되고 있었 다. 비고츠키의 심리학이나 오파린의 생물학 같은 경우는 새롭게 생겨났고, 베르나츠키의 생지화학이나 바빌로프의 식물유전학 같은 경우는 소비에트 의 요구에 의해 흥미롭고 종종 모순되는 방식으로 영향을 받았다. 전체적인 결과는 "러시아 과학과 볼셰비키 국가 사이의 [일시적] 공생"이었다.[17] 여기 서 만들어진 과학은 세계 무대에서도 중요했다. 가령 오파린이 영국 과학자 J. B. S. 홀데인에게 미친 영향이나 도브잔스키가 미국에 이식한 러시아 유 전학이 진화 종합에서 한 역할처럼 단기적 중요성을 가졌던 것도 있고, 비 고츠키가 서방에 미친 영향이 1980년대와 1990년대에 정점에 달한 것이나 냉전 종식 이후에 베르나츠키의 저작 또한 재발견된 것처럼 장기적으로 중 요했던 것도 있다.

블라디미르 이바노비치 베르나츠키는 혁명 이전에 광물학을 전문분야로 하는 지질학자로 교육을 받았고, 이탈리아, 독일, 스위스 등 서구를 여행하면 서 19세기 말의 좀더 폭넓은 과학자 공동체 내에서 형성될 수 있었다.[18] 차르 집권 말기에 베르나츠키는 천연자원연구위원회Commission for the Study of Natural Resources 위원으로 국가에 봉사하면서, 핵심 원자재의 광상을 찾고 측량하며 화학전을 포함한 사안들에 자문하는 역할을 했다.[19] 스위스에서 베 르나츠키는 '생물권biosphere'이라는 용어를 제안했던 지질학자 에두아르드 쥐스를 만났다. 그러나 베르나츠키가 살아 있는 지구 시스템과 그렇지 않은 지구 시스템의 상호관계에 대한 아이디어를 발전시킬 수 있었던 데는 더 가 까운 원천도 있었다. 그의 스승이자 위대한 토양과학자 V. V. 도쿠차예프는 1898년에 이렇게 주장했다. "러시아적 의미에서 토양과학은 생명체들과 생명 이 없는 물질 사이, 또 인간과 나머지 세상(즉, 그것의 유기물 부분과 무기물 부분) 사이의 상호관계 이론에서 중심에 위치해야 한다."[20] 이러한 러시아의 토양에서 베르나츠키는 지구가 어떻게 '지권geosphere'에서 '생물권'을 통과해 '정신권noosphere'에 도달하는지에 대한 방대한 설명을 발전시켰다. 지권에서는 생명이 없는 지질학적 과정이 지배했고, 생물권에서는 살아 있는 힘과 그렇지 않은 힘들이 서로를 형성했다면, 정신권에서는 인간의 사고와 행동이 생물과 무생물 사이의 상호작용에 대한 상에 반드시 추가되어야 했다. 그뿐만 아니라 이러한 논증에 직접적으로 영감을 준 실행세계가 있었다. 지구온난화의 역사를 쓴 스펜서 웨어트는 이렇게 지적하고 있다. "제1차 세계대전 시기에 산업 생산을 동원하는 연구를 하면서" 베르나츠키는 "산업에서 만들어진 다량의 물질이 지질학적 과정의 규모에 근접하고 있다는 점을 인식했"고, 지구의 역사, 현재, 미래에 대한 우리 이해에 심오한 함의를 갖는 결론에 도달했다. 바로 지구 대기를 구성하는 산소, 질소, 이산화탄소가 "대부분 생물에 의해 만들어진" 것이라는 결론이었다.[21] 베르나츠키는 1920년대 초에 이러한 논증을 기록해두었고, 1926년에 『생물권The Biosphere』을 출간했다.

베르나츠키의 저술은 그가 죽고 나서 오랜 시간이 지난 후에, 마치 그가 모든 것의 상호연결을 설파하는 선구적 뉴에이지 사상가이기라도 했던 양 되살아날 터였다. 이는 생태학 역시 마찬가지였다. 제7장에서 다루었던 것처럼, 20세기 초의 수십 년 동안에는 과학적 생태학에 대한 호소로 정당화된 보존주의 주장이 꽃을 피웠다.[22] 1890년대와 1900년대에는 스텝 지대 동물─흑담비나 타팬(야생마) 같은─의 개체수가 파국적으로 줄어든 것이 많은 보존협회의 설립에 기폭제가 되었다. 1908년에 동물학박물관 관장이자 모스크바 대학 무척추동물학교수를 맡고 있던 그리고리 알렉산드로비치 코제프니코프는 "자연에 대한 과학적 연구만이 [보존을 위한] 확고한 근거를 제공할 수 있다"고 주장했다. 자연 그대로의 보호 구역인 에탈론etalon을 만들어 그에 비춰 환경 악화를 측정할 수 있는 표준으로 활용해야 했다. 1917년에 새로 수립된 임시정부는 중심이 되는 과학적 생태학에 대한 이러한 제안에 '완전한 공감'을 표시했다. 농민들의 토지 요구가 소비에트의 주목을 받으며 스텝 처녀지를 포함한 차르 영지가 황폐화되는 결과가 초래되었지만, 과학적 생태학은 레닌 치하에서 번창했다. 핵심 인물은 블라디미르 블라디미로비치 스탄친스키였는데, 그가 지도한 학생들은 우크라이나 남부 스텝 지대의 생물군집에 대한 연구를 만들어냈다. 스탄친스키는 스텝 지대에서 볼 수 있는 먹이사슬의 에너지학을 상세하게 기술함으로써 초기의 생태계 논쟁에 기여할 수 있었다.

심리학은 소비에트 초기에 지적 창조성이 발휘된 또 하나의 과학 분야였다. 레프 세묘노비치 비고츠키는 1896년에 태어났다. 혁명이 일어난 1917년에 학교를 졸업했고 모스크바에서 직장 생활을 했다. 그는 상대적으로 젊은 나이인 38세에 동생에게서 전염된 결핵으로 사망했다. 아이들이 어떻게 언어 능력을 발달시키는지에 관한 그의 연구는 장 피아제의 견해와 충돌했다. 1920년대 초 제네바 소재 장자크루소 연구소Jean-Jacques Rousseau Institute에서 일하던 스위스의 심리학자 피아제는 아동 발달을 일련의 고정된 단계들로 보는 이론을 제안했다. 이는 아동이 자기중심적 사고에서 마술적 사고, 구체적 사고를 거쳐 결국에는 (11세 이후에) 추상적 사고로 옮겨가는 단계들을 제시했다. 그 결과는 『아동의 언어와 사고Le Langage et la pensée chez l'enfant』(1923)와 『아동의 도덕 판단Le Jugement moral chez l'enfant』(1932)으로 출간되어 널리 알려지고 번역되었다. 피아제는 이를 '유전인식론genetic epistemology'이라는 한층 더 거창한 프로젝트의 일부로 보았다. 이는 "진화발달심리학이라는 과학의 내용을 지식이 가능한 조건과 동일한 것으로 만들려는" 시도였다.[23]

비고츠키 역시 더 폭넓은 틀 내에서 아동심리학을 추구했다. 그의 연구와 저술은 마르크스주의 사상, 특히 변증법적 유물론과 궤를 같이하는 심리학을 만드는 것을 목표로 했다.[24] 피아제와 논쟁을 벌인 한 가지 구체적인 문제는 아이가 단어와 사물을 연결하기 시작할 때 어떤 일이 일어나는가에 관한 것이었다. 피아제는 아이가 먼저 홀로 '자폐적인' 단계에서 사고를 발달시키고 자기중심적 사고가 이어지며, 그런 후에야 사회화가 이루어진다고 가정했다. 반면 비고츠키는 영향관계를 뒤집었다. "언어의 일차적 기능은…… 의사소통이자 사회적 접촉이다. 따라서 아이가 처음으로 하는 말은 본질적으로 사회적이다." 그 후에 사회적 언어가 사고로 내면화되는 것이다. "내적 언어는 사회화와 함께 외부에서 가지고 들어오는 어떤 것이다."[25] 여기 덧붙여 비고츠키는 이렇게 썼다.

> 발달의 성격 그 자체는 생물학적인 것에서 사회역사적인 것으로 변화한다. 언어적 사고는 타고난 형태의 행동이 아니라 역사–문화적 과정에 의해 결정되며, 사고와 언어의 자연적 형태에서 찾아볼 수 없는 특정한 성질과 법칙들을 갖는다. 일단 언어적 사고의 역사적 특성을 인정하게 되면 이는 역사적 유물론의 전제 모두의 적용을 받는 것으로 간주해야 한다. 역사적 유물론은 인간 사회의 역사적 현상에 대해 유효하기 때문이다.[26]

따라서 아이의 전언어적 사고가 생물학적 기원을 가질지 모르지만, 그것이 사회적이고 역사적인 존재인 언어와 교차하면 이 둘—사고와 언어—은 변증법적으로 발달한다. 여기서 마르크스주의 과학철학—변증법적 유물론—은 새로운 과학, 새로운 사회심리학을 위한 긍정적 자극제였다. 이는 대단히 생산적인 연구 프로그램의 기반이었고, 이로부터 영향을 받은 영역은 교육학, '손상학defectology', IQ 검사에 대한 식견 있는 비판, 동물심리학과 '원시'심리학 등에 폭넓게 걸쳐 있었다. 그러나 비고츠키가 남긴 가장 영향력 있는 저작인 『사고와 언어Thought and Language』(1934)가 1962년 영어로 처음 번역됐을 때, 담당 출판사는 마르크스주의에 대한 언급을 체계적으로 제거해버렸다.[27] 아마도 책의 본문이 냉전 시기 미국 독자의 구미에 더 맞도록 만들기 위해서였을 것이다.

생명의 기원

생명의 물질적 기원에 대한 과학 연구의 맥락으로 마르크스주의가 갖는 중요성을 논하는 작업에는 여전히 상당한 긴장감이 남아 있다. 1920년대에 이 연구에 힘을 불어넣은 이는 소련의 생화학자 알렉산드르 이바노비치 오파린과 영국의 J. B. S. 홀데인으로, 두 사람 모두 공산주의자였다. 직설적 화법을 흔히 구사하는 역사가 마이클 루스는 너무 강한 항변을 남기고 있다.

> 사실 1920년대에는 오파린도, 홀데인도 아직 마르크스주의자가 아니었고, 따라서 가능한 가장 강력한 연결고리는 아직 거기 존재하지 않았다. 1930년대에 오파린이 마르크스주의 용어를 구사하기 시작했을 때는…… 그가 말한 많은 내용이 즉각 비이론적 언어로 번역될 수 있었다.[28]

루스는 "이러한 이데올로기적 훼방 요인을 제거한" 데서 매우 큰 안도감을 느끼는 듯 보인다. 그는 그러한 추정상의 연결고리가 "복음주의 기독교에서 생명의 기원에 대한 모든 과학적 접근에 반대할 때 즐겨 인용하는 지점"이었다고 적고 있다.[29] 그러나 이는 너무 많이 양보한 것이다. 이는 생명의 출현에 대한 물질적 설명이 가능하다고 제안한 두 명의 과학자가 정치적으로 좌파이기도 했다는 사실에서 눈을 돌리게 함으로써 훌륭한 역사를 손상시킨다. 그저 근본주의적 논증을 약화시키겠다는 이유에서 말이다. 그레이엄은 이렇게 썼다. "1920년대 소련 공산주의는 '생명이란 무엇인가?'라는 질문에 유물론적 답변을 제시하는 것이 자연스럽게 여겨지는 일종의 분위기를 제공했다."[30] 홀데인은 생명의 기원 연구를 하던 시점(1929)에 '미지근한' 노동당 지지자였고 1937~38년 이전에는 자신이 공산주의로 전향했다고 말하지 않았지만, 그 이전 케임브리지에 있을 때 이미 마르크스주의 문헌을 읽고 있었다.[31] 홀데인은 생명이 당과 간단한 유기 분자들로 이뤄진 '묽은 수프' 내에서 만들어질 수 있다고 주장했다. 오파린은 생명이 없는 세계에서 생명이 있는 세계로의 이동은 단계적으로 일어난 것이 분명하며, 각각의 단계는 그 나름의 과학 법칙을 따랐다고 주장했다. 이러한 모델과 변증법적 유물론의 유사성은 결코 우연이 아니라고 그레이엄은 주장한다. "변증법적 유물론은 그가 제시한 분석의 구조 그 자체와 그가 쓴 책의 구성 틀에 크게 영향을 주었다." 비록 이 사실이 책의 개정판들이 나오면서 점점 더 분명해지긴 했지만 말이다(오파린은 장수하며 생산적인 삶을 살았다. 그의 책 『생명의 기원Origins of Life』의 중요한 개정판은 1924년, 1938년, 1966년에 나왔다).[32]

홀데인의 과학에는 그가 공산주의로 전향하기 오래전부터 발랄한 유물론이 깃들어 있었다. 1923년 이른 봄에 홀데인은 대학의 소모임인 이단자들Heretics에서 논문을 발표했다. '과학과 미래'라는 부제가 붙은 「다이달로스」는 '진지한 예언'을 담은 저작이었지만, 아울러 발명이 어디에서 유래하며 과학이 어떻게 도덕, 윤리, 정치에 도전하는지를 도발적으로 개관하고 있기도 했다. 이 논문은 같은 해에 얇은 책자로 출간되었다.[33] 그는 자신의 예측이 불러일으킬 것으로 예상되는 혐오감을 한껏 즐겼고, 객관적으로 볼 때 우유와 맥주도 한때 똑같은 반응을 불러일으켰으리라는 것을 독자들에게 상기시켰다. 그는 '과학적 관심의 중심'이 물리학과 화학에서 생물학으로 넘어가는 일대 지각변동이 일어났다고 주장했다. 물론 오래된 물리학과 화학에서는 새로운 발명들이 나왔다. 너무 값이 싸서 "우리 도시에 더는 밤이 존재하지 않게 만들" 조명, 지구 위 어디에 있는 두 사람 사이에 거의 즉각적으로 이뤄지는 통신, 우리의 후각을 재교육시킬 "향수의 대규모 생산", 풍차와 수소 저장소를 이용한 무공해 동력 공급 시스템 등이 그런 것들이다. 산업의 탈집중화가 뒤이어 나타날 터였다. 산업 갈등은 자본가들이 실용적인 이유—생산의 연속성이 단순한 이윤보다 더 높은 가치를 갖는다—에서 통제권을 노동자들에게 넘겨줌으로써 해결될 터였다. 2143년이 오면 우리는 셀룰로스에서 얻은 당과 석탄 혹은 대기 중 질소로 만든 인조 단백질 혼합물을 먹고 살게 될 것이며, 도시화가 완성될 터였다.

그러나 이보다 더 중요하고 더 큰 충격을 자아낼 것은 '생물학적 발명들'이라고 홀데인은 썼다. 논문에 포함된 짧은 에세이는 장난스럽게도 "지금으로부터 150년 후 상당히 우둔한 학부 신입생이 첫 학기에 지도교수에게 제출한" 것 같은 문체로 쓰였는데, 여기서는 실험생물학의 발전으로 "최초의 체외발생 아기"가 1951년에 태어날 것으로 내다봤다. 가상의 과학자 듀폰과 슈워츠가 "비행기 사고로 사망한 여성에게서 신선한 난소를 적출해 이를 5년간 배양액 속에서 보존했다". 그러한 체외발생은 가톨릭 교회의 반대에도 불구하고 "오늘날 보편적으로 쓰이고" 있다고 학부생은 지도교수에게 보고했다. 맞춤아기를 키우는 것은 "최고 수준의 음악 생산이 늘어나는 것에서 절도죄에 대한 유죄 판결이 줄어드는 것까지" 분명한 우생학적 이득을 지닐 터였다. 홀데인의 입장은 전통적 우생학이 틀렸다기보다 상상력이 결여됐고 비효율적이며 가치 있는 목표를 달성하기 위한 수단으로 형편없다는 데 있었다. 다시 한번 그러한 발명들로부터 심오한 사회적 효과들이 등장할 거라는 상상이 이어졌다. "재생산이…… 성애와 완전히 분리되면서 인류는 완전히 새로운 감각 속에서 자유를 얻게 될 것"이며, 다른 한편으로 새로운 의료과학이 "우리의 열정을 통제"하고 "새로운 악덕"을 만들어내며 암을 관리하고 "죽음을 잠과 같은 생리적 현상으로 만들" 터였다.

홀데인의 예언은 실험생물학과 생의학을 둘러싼 흥분에 원천을 두고 있었다. 20세기 초 자크 로엡이 제시한 생명의 엔지니어링이라는 전망을 실현하는 듯 보이는 기법들이 개발되고 있었다. 생명의 조작 가능성을 보여주는 한 가지 사례는 암을 겨냥한 동물유전학 연구에서 나왔다. 종양을 생쥐들 사이에서 이식하는 한편, 생쥐를 근친교배시켜 정규 실험 시스템으로 쓰일 수 있는 동일한 생쥐 계통을 만들어냈다.[34] 여기서 얻어진 한 가지 결과는 암이 유전적 기반을 갖는다는 확신이었다. 또다른 결과는 유사하고 관리 가능한 형태의 암—종양 세포주와 근친교배한 생쥐 계통—을 하나의 실험실에서 다른 실험실로 수출한 것이었다. 통제 가능한 실험실 기반의 재생산을 증명하는 듯한 또다른 일련의 흥분되는 실험들은 앞서 논의한 한스 슈페만의 발생학 실험이었다. 이 실험에서는 발달을 인도하는 화학적 '형성체'들이 발견되었다.

『다이달로스Daedalus』를 보고 자극받아 그에 답변하는 두 개의 논문이 즉각 등장했다. 버트런드 러셀의 『이카루스Icarus』(1924)와 로버트 그레이브스의 『시를 위한 또다른 미래Another Future for Poetry』(1926)였다.[35] 『다이달로스』는 홀데인의 친구인 줄리언 헉슬리와 올더스 헉슬리 형제의 소설을 통해서도 반향을 일으켰다.[36] 홀데인은 올더스 헉슬리의 『어릿광대의 춤Antic Hay』(1923)에 나오는 주인공의 모델이었다. 홀데인이 제시한 합성 식품, 산업화된 출산, 기술관료적인 우생학 엔지니어링은 모두 동일한 저자의 『멋진 신세계Brave New World』(1932)에 등장했다. 소설 속 우생학적 미래에서 성행위는 재생산과 분리되고, 아기들은 병 속에서 자라며, 1920년대의 과학, 엔지니어링, 정치 사이의 연결고리가 등장인물들의 이름을 통해 되풀이해 강조된다. 버나드 마르크스(클로드 베르나르와 카를 마르크스에서 가져온), 헬름홀츠 왓슨(헤르만 헬름홀츠와 존 B. 왓슨에서 가져온), 레니나 크라운, 무스타파 몬드(앨프리드 몬드는 영국 화학산업의 거물이었고, 홀데인의 가상 인물 듀폰을 연상케 한다) 등의 이름이 그렇다. 우생학적 계급에는 학생 논문을 채점하는 것 같은 명칭이 붙었다. 알파, 베타, 감마, 델타, 엡실론에 플러스 혹은 마이너스가 붙는 식이었다. 『멋진 신세계』에서 생물학적 발명의 결과는 정상화되었다. 독자와 부적응자 주인공들은 이를 혐오스럽게 여길지 모르지만, 사회는 적응했고 그 나름의 방식으로 행복을 누리고 있었다. 이곳은 유토피아였다. 홀데인이 쓴 것처럼 생물학적 발명들에는 "일종의 왜곡으로 시작해 의심받지 않는 믿음과 편견에 의해 뒷받침되는 의례로 끝나는" 경향이 있었다.[37]

J. B. S. 홀데인이라는 인물을 1930년대와 그 너머로 추적하는 것은 매혹적인 일이다. 그의 정치적, 과학적 전환점들이 혁명을 지속하는 두 가지

전혀 다른 방식을 보여주기 때문이다. 1930년대에 그는 소련 공산주의가 피에 물든 스탈린주의로 변형되는 와중이었음에도 골수 마르크스주의자가 되었다. 그리고 소련에서 스탈린의 후원이 리센코를 부추기고 리센코의 적수들을 숙청하던 바로 그 시기에 생명과학에서 다윈주의와 멘델주의의 폭넓은 적용을 옹호하는 대표적 인사가 되었다. 결국 다윈 혁명, 멘델 혁명, 러시아 혁명이 모두 걸려 있었다.

20세기 초에는 완전한 다윈주의자라고 부를 만한 과학자가 소수에 불과했다.[38] 진화는 널리 사실로 받아들여졌지만, 자연선택에는 더 널리 수용된 경쟁 이론이 많았다. 게다가 멘델 유전학은 연속적 변이에 대한 다윈의 묘사와 양립할 수 없는 것처럼 보였다. 고생물학자 같은 여타 전문가들 또한 증거에서 매끄러운 변화를 보지 못했다. 그러나 1930년대 중반에 시작되어 1947년 프린스턴에서 열린 학술회의에서 명료한 이해—완전한 종결까지는 아니더라도—에 도달한 역사적 과정을 거치면서, 다윈 이론은 멘델 유전학과 성공적으로 통합되었다. 이는 많은 과학자에게 만족스러운 방식으로 생명의 광대한 영역을 설명해주었다. 이 과정은 현대적 진화 종합으로 일컬어졌다.[39] 이는 비록 지역에 따라 독특하게 다른 방식을 취하긴 했지만 국제적 성취였고, 소비에트의 아이디어가 수출—아마도 축출—되어 기폭제 역할을 한 사례이기도 했다.

대숙청

'진화 종합' 얘기로 넘어가기 전에 이 시기 소련에서 일어났던 격렬하고 잔혹한 사건을 먼저 추적해볼 필요가 있다. 이 사건은 소련 유전학의 운명을 결정지었을 뿐 아니라 다른 과학과 전문분야에도 영향을 줬다. 유전학은 소비에트 과학에서 활기가 넘쳤던 분야 중 하나였다. 유전학의 성공은 소비에트의 지원 덕분이기도 했지만, 그에 못지않게 그러한 지원에도 불구하고 이뤄질 수 있었다고도 말해야 할 것이다. 그레이엄은 마르크스주의 과학철학이 어떻게 흥미롭고 새로운 과학의 틀을 형성했는지에 대한 증거를 제시했지만, 다른 역사가들은 혁명의 격변에도 불구하고 과학의 자율성이 지속되었음을 강조한다. 급성장한 일군의 연구소에 대해 후원자들은 "연구 방향, 내용, 지속 기간, 인력 혹은 장비의 선택, 혹은 기관의 구조에 거의 간섭하지 않았다. 이는 대체로 과학자 자신에 의해 결정됐다. ……과학 연구 그 자체에 대한 국가의 영향력은 미미한 수준이었다"고 크레멘트소프는 쓰고 있다.[40] 종종 후하게 주어진 재정과 연구에 대한 최소한의 간섭(하지만 과학교육은 예외였는데, 여기서는 진정한 공산주의 과학을 담당할 미래 세대를 준비하기 위해 간섭이 '엄격하고 공격적으로' 이뤄졌다)은 지도적 연구자들이 계속 머물며 성과를 거둘 수 있도록 도왔다. 그런 지도자에는 니콜라이 콜초프, 세르게이 체트베리코프, 식물유전학자인 니콜라이 이바노비치 바빌로프가 있었다.

바빌로프(그리고 동생인 물리학자 세르게이)는 "부유한 상인 가문"에 태어났다. 그는 "세련되고 훌륭한 교육을 받았고, 여러 언어를 구사했으며, 유서 깊은 러시아 교수의 복장인 타이와 빳빳한 칼라를 갖춰 입었다."[41] 그는 모스크바 농업대학Moscow Agricultural Institute을 졸업한 후 유럽을 여행했고, 1914년에는 윌리엄 베이트슨과 함께 연구를 했다. 이러한 궤적이 보여주는 것처럼, 바빌로프의 과학은 실용적인 농업 연구와 이론적 정교화를 결합한 것이었다. 1920년대에 그가 몸담은 응용생물학연구소Institute of Applied Biology는 전 세계의 수많은 장소로부터 얻어온 작물의 유전적 다양성을 수집, 비교하는 중심지가 되었다. 바빌로프는 『재배 식물의 기원 중심지The Centres of Origin of Cultivated Plants』(1926)에서 유전적 다양성이 가장 큰 곳이 작물이 기원한 장소를 나타낸다고 주장했다. 이러한 결론은 인류의 과거와 앞으로의 식물 육종 모두를 이해하는 데 영향을 주었다. 역사가 유진 시타디노는 내가 실행세계라고 부른 것에 대해 이렇게 언급하고 있다. "실용적 응용의 약속은 종종 유전의 본질과 진화의 과정에 관한 근본적 통찰로 이어졌다.”[42]

1920년대 초에 바빌로프는 트로핌 데니소비치 리센코라는 젊고 실용적인 농학자를 만났고, 그가 과학자로서 경력을 쌓도록 격려했다. 바빌로프의 후배가 된 리센코는 처음에 우크라이나와 아제르바이잔에서 연구를 하면서 혹독한 겨울에 완두콩과 밀을 재배하는 데 어려움을 겪었다. 때때로 그는 성공을 거뒀고, 그의 업적은 『프라우다』에 실려 상찬을 받았다. 두 사람의 경력은 요제프 스탈린이 부상하면서 변화—한 사람은 급부상하고 다른 한 사람은 경력을 마감하는 변화—를 겪게 된다.

스탈린의 권력 장악은 1920년대 말에 더 강력해졌고, 마침내 그는 확고한 권좌에 올랐다. 반체제 생물학자 조레스 메드베데프는 소련 과학사를 집필하면서 1922년부터 1928년까지 기간을 ‘황금기’로 규정했다.[43] 이는 스탈린주의가 지배한 암흑기와 역사 서술에서 분명한 대조를 이뤘다. 소련은 네 가지 상호 연관된 정책이 추구되면서 변화를 겪었다. 첫째, 식량 공급이 새로운 집산화 정책에 의해 현대화됐다. 낡은 영지들은 분할되어 집단농장으로 대체됐다. 집단농장은 쫓겨난 농부들로 채워졌고, 이론상으로는 새로운 기계류들이 갖춰졌다. 농부들은 이 정책을 싫어했고, 자신이 경작하던 땅뙈기를 넘겨주느니 차라리 농장을 불태우고 가축들을 도살하는 쪽을 택했다. 그러나 집산화가 작동하기 위해서는 엔지니어와 농업과학자를 동원할 필요가 있었다. 그 결과 자신이 농업 전문가임을 당의 후원자들에게 설득할 수 있는 사람은 후원을 받을 수 있는 가능성이 열렸다. 둘째, 산업은 일련의 5개년 계획들에 의해 추진하는 계획이었다. 첫 번째 계획은 1928년부터 1932년까지 운영됐고, 의사결정은 중앙에 집중됐다. 중공업의 빠른 확장에 높은 우선순위가 주어졌지만, 성공 여부는 생산에서 전문성을 어떻게 활용하는가에 달려 있었다. 거대하고 낭비적인 계획들이 추진되었다. 가령 마그니토고르스크시는 허허벌판에 건설되어 영국보다 더 많은 강철을 생산했지만, 인근에는 석탄도 운송수단도 노동력도 없었다. 백해-발트해 운하White Sea Canal는 작업 속도를 두 배로 올려 죄수노동을 이용해 거의 수작업으로 준설됐지만, 너무 얕아서 배가 다닐 수 없었다.[44]

권위의 중앙집중화는 과학의 조직에도 영향을 미쳤다. 러시아뿐 아니라 소련에서도 최고의 과학 조직이 된 아카데미는 국가로부터의 일정한 자율성을 어렵사리 유지할 수 있었지만, 공산당의 공격을 받고 유린당했다. 베르나츠키 같은 몇몇 과학자는 이러한 움직임에 저항했다. 항의에 가담한 다른 과학자들은 공격 대상이 됐다. 이에 따라 셋째, 변화의 속도와 수많은 긴장 관계들—농부와 국가 사이의 긴장, 계급 사이의 긴장, 당 권력과 전문가 자율성 사이의 긴장—이 폭발해 여러 차례에 걸친 비난과 숙청이 이어졌다. 앞으로 살펴볼 바와 같이, 과학자와 엔지니어가 이 과정에서 고통을 겪었다. 마지막으로, 국가 과학철학인 변증법적 유물론은 새로운 아이디어를 위한 유연한 자극제가 아니라 "화석화되고 독단적인 시스템", "과학을 방해하고" 질식시키는 언어로 점차 변해갔다.[45]

1928년 청년공산주의자동맹 제8차 전체회의에서 스탈린은 이렇게 연설했다.

우리 앞에 요새가 버티고 서 있습니다. 수많은 지식의 분야들을 거느린 과학이라는 요새입니다. 우리는 어떤 희생을 치르더라도 이 요새를 장악해야 합니다. 청년들이 새로운 삶을 건설하고자 한다면, 구 질서의 수호자들을 진정으로 대체하려 한다면, 반드시 이 요새를 장악해야 할 것입니다. ……과학에 대한 혁명 청년들의 총공격이야말로 지금 우리에게 필요한 것입니다, 동무들.[46]

1920년대 말의 대전환Great Break이 1930년대의 대공포Great Terror 정치로 바뀌면서 거의 모든 전문가와 과학 분야가 고통을 겪었다. 익명의 고발자(종종 피고발자에 못지않게 공포에 질린 동료)에 의해 은밀하게 비난을 당한 과학자는 공개 재판 시스템 속으로 사라졌고 국내 유배나 사형에 처해졌다(둘 다 죽음에 이른다는 점은 차이가 없었다). 수용소 군도gulag archipelago에는 과학 도시들이 통째로 들어섰는데, 이는 알렉산드르 솔제니친이 『제1환 The First Circle』(1968) 같은 소설에서 증언한 바 있다. 대전환은 또한 아리아 물리학 운동의 공산주의 버전에 힘을 불어넣었다. 반유대주의자이면서 모스크바의 물리학 교수였던 아르카디 티미랴체프는 동료 물리학자, 특히 레오니드 만델스탐, 야포프 프렌켈, 레프 란다우 같은 유대인 이론가를 상대로 음모를 꾸몄다. 그들이 물리학에 대해 수학적 접근을 취하며 에테르에 반대한다는 이유에서였다.[47]

소련의 정치적, 지적 격동이 서방에 미친 파문은 뜻밖에 큰 영향을 미칠 수 있었고, 이는 과학사 분야에서도 나타났다. 1931년 런던에서는 제2차 국제과학사대회International Congress of the History of Science가 열렸다. 이는 프랑스의 국제과학사위원회Comité international des sciences historiques, 뉴커먼 공학기술사연구회Newcomen Society for the Study of the History of Engineering and Technology, 과학사학회History of Science Society가 공동으로 마련한 행사였다. 흥분을 자아낸 것은 소련 역사가들로 구성된 대표단이었다. 여기에는 권력의 핵심이었던 니콜라이 부하린과 물리학사가이자 데보린주의 지식인 보리스 헤센이 포함돼 있었다. 당시 서방의 과학사는 사상사와 위인에 초점을 맞추되 사회적 맥락은 거의 다루지 않는 '내적 접근'으로 경도되어 있었다. 아이작 뉴턴의 과학을 잉글랜드 부르주아 자본주의의 출현과 직접 관련지은 헤센의 논문은 청중을 흥분시켰다. 그때 이후로 헤센의 논문은 지난 과학을 분석하는 이른바 외적 접근 방식의 모델로 제시돼왔다. 그러나 냉전이 끝나갈 무렵 로런 그레이엄은 조금 더 복잡한 사연을 전해듣게 되었다.[48] 자국인 소련에서 헤센은 현대물리학, 그중에서도 특히 아인슈타인의 연구가 마르크스주의 유물론과 양립 불가능하다는 공격에 맞서 이를 변호하고 있었다. 헤센은 런던 학술대회 직전인 1930년에 문화혁명가들로부터 비난을 받았다. 그는 정통 노선이 어디 있는지 직접 전해들었다. 스탈린은 "현 단계의 기술이 모든 것을 결정한다"라고 쓴 바 있었다. 그레이엄이 서방으로 망명한 조언자에게 들은 얘기에 따르면, 헤센은 "자신의 정치적 정통성에 대한 시험"으로 런던에 파견되었다.[49] 헤센의 논문은 아슬아슬한 줄타기였다. 뉴턴의 관념이 실천(당대의 기술)과 연관돼 있음을 보임으로써 그는 자신의 충성을 입증했고, 그 와중에도 자신의 지적 진실성을 지킬 수 있었다. 뉴턴이 아인슈타인의 대역이었던 셈이다. 런던의 청중은 17세기에 관한 논문 발표를 들었고, 과학사가 어떤 연구를 할 수 있는지에 시선을 집중했다. 반면 모스크바의 청중은 현재에 관한 논문 발표를 들었다. 헤센은 시험을 통과했다. 그는 숙청되기 전까지 7년을 더 살았다.

소련에 있던 엔지니어 1만 명 중 대략 3분의 1이 투옥되거나 그보다 험한 꼴을 겪었다. 표트르 팔친스키는 1928년에 체포됐다. 그는 1920년대 초중반에 엔지니어링을 산업에 대한 맥락적 연구로 보는 폭넓은 전망을 개진했고, 기술관료적 정서를 표현하기도 했다. 가령 편지 초안에서 그는 이런 주장을 펼쳤다. "과학과 기술은 사회를 형성하는 데 있어 공산주의보다 더 중요한 요소다. 20세기는…… 국제 공산주의의 세기가 아니라 국제적 기술의 세기다. 우리는 코민테른이 아니라 '테힌테른Tekhintern'의 필요성을 인식해야 한다."[50] 이러한 정서는 당에 대한 직접적 도전으로 비쳤을 것이다. 이는 또한 팔친스키를 당시 스탈린의 정적이던 니콜라이 부하린 같은 기술관료주의자들—스탈린이 산업당Industrial Party이라는 낙인을 찍었다—과 같은 노선에 포함시켰다. 스탈린의 견해는 1934년 소련을 방문한 H. G. 웰스에게 그가 한 논평에서 유추할 수 있다. "생산의 조직가인 엔지니어는 그가 하고 싶은 대로 일하는 것이 아니라 지시받은 대로 일합니다. ……기술 인텔리겐차가 독립적인 역할을 할 수 있다고 생각해서는 안 됩니다."[51] 팔친스키는 1928년 4월에 체포되었고, 반공주의 음모(이른바 산업당)의 수괴라는 죄목으로 고발돼 반역죄로 유죄 판결을 받았다. 그는 1929년 총살형에 처해졌다.

비고츠키는 스탈린과 훨씬 더 직접적으로 맞닥뜨렸다. 소련 지도자는 "자신이 지식인이라는 자만에 빠져 있었고 수많은 과학적 사고에 대해 주저 없이 논평을 던졌다"고 그레이엄은 적고 있다. 이 경우에는 전언어적 사고에 관한 비고츠키의 관념이 그 대상이었다.[52] 스탈린은 자기 아들이 비고츠키의 연구에 기반을 둔 심리학 시험에 불합격한 것에 화가 났는지도 모른다. 교육학은 숙청되었다. 그러나 비고츠키는 체포되기 전에 결핵으로 사망했다. 다른 과학 분야들에서는 그 중요성이 덜한 인물들에 의해 재판과 숙청 작업이 진행됐다. 코제프니코프와 스탄친스키의 보존 정책과 생태학 연구는 1932년 '젊은 급진파young Turks'의 공격을 받았다. 공산주의 아카데미 레닌그라드 지부의 생물진열실 책임자였던 이사이 이스라일로비치 프레젠트는 생태에너지학에 관한 스탄친스키의 연구를 '부르주아 형식주의'로 비난하면서 소련 동물상 재건을 위한 일반 계획General Plan for the Reconstruction of Fauna in USSR을 대신 제시했다.[53] 스탄친스키는 하르키우 대학의 직책에서 쫓겨났고, 그의 출판물은 분쇄되었다(문자 그대로 분쇄되었다—그의 책을 찍은 활자판의 주형을 압수해 부숴버렸다).

이러한 이데올로기적 정화 작업에서 프레젠트와 협력했던 인물이 바빌로프의 격려를 받았던 젊은 농학자 트로핌 데니소비치 리센코였다. 집산화로 시골 지역이 갈기갈기 찢어지고 수백만의 사람들이 기아에 허덕이자 리센코는 두 가지를 제안했다. 기술적 해결책과 희생양이었다.[54] 리센코에게 지원과 보호를 제공한 후원자들은 이를 너그럽게 받아들였다. 리센코는 밀 같은 작물이 소련의 추운 환경에서 더 일찍, 더 강인하게 성장하도록 만들 수 있는 여러 가지 방법을 약속했다. 그는 이러한 기법들을 '춘화vernalization'라고 불렀다. 이 기법들이 효과가 있었는지는 말하기 어려운데, 리센코가 제대로 된 통계적 평가를 제시하지 않았기 때문이다. 예를 들어 그는 1937년에 겨울밀 종자를 봄밀 종자로 바꾸는 데 성공했다고 주장했는데, 이는 겨우 두 그루의 식물에 근거한 것이었고 그중 하나는 1년에 걸친 실험 과정에서 죽어버렸다.[55] 리센코의 많은 기법은 모종의 획득형질을 가정했다. 예를 들어 밀을 춥고 습한 환경에서 재배하면 추위에 대한 내성을 물려주게 만들 수 있다는 것이었다. 결국 리센코는 멘델주의 유전학자들을 비난하는 데 이중의 유인을 갖고 있었다. 경쟁 주장들을 제거함으로써 후원과 과학의 권위를 모두 얻었기 때문이다. 식량 생산이라는 중대한 문제를 해결할 수 있다는 약속은 그의 후원자 중 농업 관료들에게 확신을 심어주었다. 역사가 데이비드 조라브스키의 주장에 따르면, 리센코의 부상에서 중요했던 것은 대안적 설명(마르크스-레닌주의와의 연관성이나 '소비에트형 신인간New Soviet Man' 창조를 위한 지적 뒷받침)이 아니라 이런 식의 약속된 유용성이었다.

대공포 직전인 1935년에 리센코는 어느 학술회의에 참석해 연설을 했다. "동무들, 파괴자와 부농은 집단농장에만 있는 게 아닙니다. ……그들은 과학에서도 그에 못지않게 위험하고 결연합니다. ……학계에 있든 그렇지 않든 간에 계급의 적은 항상 계급의 적입니다." 회의를 주재하던 스탈린은 박수갈채를 보냈다. "브라보, 리센코 동무, 브라보."[56] 그해 말에 리센코는 학계의 '파괴자'들을 적시해 스탈린의 비밀경찰에 고발했다. 바빌로프의 이름이 언급됐다. 바빌로프의 친구와 동료가 사라지기 시작했고, 몇몇은 자기 목숨을 구하기 위해 추가 고발에 나섰다. 다른 선택지가 막힌 바빌로프는 공세에 나섰고 리센코의 과학을 공격했다. 1940년 8월에 바빌로프는 체포되어 투옥되었다. 그는 3년 후 영양실조로 사망했다.

대숙청 기간은 무시무시했지만 아울러 제멋대로이기도 했다. 고발과 그에 맞선 고발이 난무하면서 유전학자뿐 아니라 리센코의 지지자도 희생양이 되었다.[57] 어쨌거나 네 가지 결말이 가능했다. 첫째, 운 좋게 당국의 이목을 끌지 않았거나 협력한 몇몇 과학자와 엔지니어는 자리를 보전할 수 있었다. 둘째, 평화시와 전시를 막론하고 소련의 생존에 결정적으로 중요한 전문성을 지닌 선택된 소수는 풍족한 후원을 받았다. 성공을 담보할 수 없는 경우 처벌이 있을 수 있다는 위협도 받았지만 말이다. 1940년대와 1950년대의 핵 과학자와 로켓 엔지니어가 그런 집단의 사례이며 나중에 다뤄질 것이다. 그러나 리센코의 기나긴 경력은 그러한 처벌이 거의 무한정 연기될 수 있음을 보여준다. 셋째, 덜 유용하고 덜 운이 좋았던 과학자와 엔지니어는 수용소에서 목숨을 잃었다. 증인들이 목격한 몇몇 사례가 있지만, 그 외에도 훨씬 더 많은 피해자가 있었다. 마지막으로 탈출과 망명의 가능성이 있었다. 20세기 과학사에서는 이 집단이 아마도 가장 흥미로울 것이다. 특히 초기 소비에트 유전학의 성취와 특유의 통찰이 서방으로 넘어오면서 생명과학의 통합 혁명에서 핵심을 이뤘다.

소비에트 유전학의 부침

이러한 중요성을 이해하려면 시간을 약간 되돌려 소비에트 유전학 연구실의 부침을 따라가볼 필요가 있다. 역사가 마크 B. 애덤스는 그들의 방향성을 형성한 네 가지 요인을 지적한다.[58] 첫째, 볼셰비키 정부는 이데올로기적인 이유와 실용적 이유에서 과학을 지원했다. 예를 들어 모스크바에서 백계 러시아인의 저항을 조직하는 데 도움을 주었던 생물학자 니콜라이 콘스탄티노비치 콜초프는 사형을 면할 수 있었다. 콜초프는 실험생물학연구소 Institute of Experimental Biology의 책임을 맡고 있었는데, 이곳은 혁명 전에 주로 민간 자선기관의 후원을 받아 운영되던 곳이었다. 볼셰비키 혁명 이후 그는 국가의 후원을 받게 됐고, 그중에는 소련 과학아카데미 자연생산력 연구위원회Academy of Sciences Commission for the Study of Natural Productive Forces of the USSR, 농업인민위원회Commissariat of Agriculture, 공중보건인민위원회Commissariat of Public Health가 포함됐다. 둘째, 지배적 이데올로기와 부합한다는 이유로 다윈주의가 장려되었다고 애덤스는 지적한다. "혁명 이후에 공공연하게 무신론과 유물론을 내세운 이데올로기가 도래하면서 종교

적 반대는 대체로 침묵했고 다윈주의는 전례 없는 전성기를 누렸다."[59] 그렇
지만 여기서 선호된 다윈주의는 특유의 러시아식 발상을 포함한 다윈주의
였다. 혁명 이전에 다윈의 해석으로 영향력이 컸던 K. A. 티미랴체프 같은
과학자는 다윈이 강조한 '생존경쟁' 개념을 거부했다.[60]

그러나 전반적으로는 애덤스가 깔끔하게 대비시킨 바와 같이, "다윈주
의는 생물계에 대한 '유물론적' 이론으로 유독 선호되는 경향이 있었"던 반
면 "비다윈주의나 반다윈주의 저작은 처음으로 선택받지 못하게 하는 요인
이 강했다."[61] 아니면 역시 애덤스가 주장한 것처럼, 세 번째 요인인 변증법
적 유물론이 과학철학으로서 갖는 영향력이 '종합'을 촉진했다. 예를 들어
유전학자 콜초프의 제자였던 알렉산드르 세레브롭스키가 자신의 주제를 이
데올로기적 공격에서 변호하며 바이스만의 '명제thesis'—경성 유전—와 라
마르크의 '반명제antithesis'의 '합명제synthesis'를 언급한 것처럼 말이다. 애
덤스가 보기에 "1920년대에 변증법의 강조는 종합 활동을 촉진하고…… 과
학적 결과를 '종합의' 언어로 표현하는 경향을 보였다."[62]

마지막으로 1920년대의 어려운 여건하에서 이러한 종합 연구는 연구
프로그램을 구축할 자원이 있는 곳에서만 이뤄질 수 있었다. 그리고 유전
학은 특히 좋은 위치에 있었다. 값비싸거나 복잡한 장비를 필요로 하지 않
았고, 향상된 동식물 육종을 통해 직접적인 응용도 약속했기 때문이다. 세
개의 유전학 연구실이 번성했다. 위에서 다룬 바빌로프와 그가 이끈 응용
생물학연구소 및 레닌그라드 소재 소련 농업과학원All-union Institute of
Agricultural Sciences이 있었고, 유리 필립첸코 역시 레닌그라드에 또다른 연
구실을 만들었다. 마지막으로 콜초프의 실험생물학연구소는 모스크바 북
동쪽에 있던 아니코보 유전학시험소를 중심으로 성장했고 인근 즈베니고로
드에 수생생물학분소를 만들었다. 비용이 저렴하고 유망한 연구 방향 중 하
나가 초파리 연구였다. 컬럼비아 대학의 파리 연구실이 거둔 성취의 소식이
1910년대 말에 러시아에 도착하기 시작했다. 이어 1922년 허먼 멀러가 방

문하면서 '귀중한 선물'을 가지고 왔다. 바로 초파리가 든 병이었는데, 그 속에는 서른두 마리의 살아 있는 드로소필라 멜라노가스터 변이체도 들어 있었다.[63] 그들과 공동 연구를 하기 위해 콜초프는 세르게이 체트베리코프라는 젊은 동료가 있는 그룹에 자료를 넘겼다. 체트베리코프는 나비 수집에 열정을 보였는데, 만약 그가 생물측정학도 강의하지 않았다면 시대에 뒤떨어진 박물학자naturalist로 간주되었을지도 모른다.

체트베리코프가 박물학자로서 가진 방대한 경험이 생물측정학과 실험실 유전학의 엄격함과 결합하면서 새로운 종합을 위한 모델이 되었다. 체트베리코프는 야생 군집에 열성 유전자들이 널리 퍼져 있으며, 이렇듯 숨겨진 유전적 변이에 자연선택이 작용해 진화를 만들어낸다고 주장했다.[64] 1925년 봄에 기온이 오르자 체트베리코프 그룹은 모스크바 인근 장소들에서 찾을 수 있는 야생 초파리 개체군—드로소필라 팔레라타, 드로소필라 트랜스버사, 드로소필라 비브리시나, 드로소필라 옵스큐라 같은—의 연구에 착수했다. "다윈주의와 자연 개체군으로 되돌아가야 했던 유전학자나 실험생물학자와 달리, 체트베리코프 그룹은 유전학을 배워야 했던 다윈주의 박물학자들이었다"라고 애덤스는 결론짓는다.[65]

1929년에 체트베리코프는 체포되어 스베르들롭스크로 유배되었다. 애덤스는 체포의 직접적 원인으로 세 가지 시나리오를 제시한다. 신라마르크주의자인 파울 캄머러가 자살하면서 남긴 노트에서 그가 지목되었을 수도 있고, 학생들의 적대감이 표현된 결과일 수도 있으며, 문을 닫은 초파리 세미나가 반대와 음모를 위한 공간이었다는 관리들의 의심이 낳은 산물일 수도 있다.[66] 거의 모든 그룹이 해체됐지만, 콜초프는 고아 출신인 니콜라이 두비닌에게 책임을 맡겨 유전학을 다시 발족시킬 수 있었다. 두비닌은 닭의 유전학으로 시작했지만, 미국의 슈얼 라이트의 작업과 나란히 유전자 부동genetic drift의 아이디어를 발전시켰고, 야생 초파리에서 유전자 부동을 탐구하기도 했다.

그러나 소비에트 유전학은 세 가지 경로를 따라 러시아 바깥으로 수출되었다.[67] 체트베리코프 그룹의 일원이었던 부부 니콜라이 블라디미로비치와 헬레나 알렉산드로브나 티모피프레소프스키는 공식 교환 프로그램의 일환으로 1925년 소련을 떠나 베를린의 카이저빌헬름 뇌연구소로 갔다. 둘째, 체트베리코프는 1927년 베를린에서 J. B. S. 홀데인을 만났다. 이 영국 생물학자는 체트베리코프의 연구가 번역될 수 있도록 기회를 마련해주었다. 마지막으로 같은 해에 필립첸코 연구실의 일원이었던 시어도시우스 도브잔스키가 미국의 T. H. 모건과 공동 연구를 하기 위해 레닌그라드를 떠났다. 도브잔스키는 그가 체트베리코프를 "여러 차례 방문하는 특권"을 누렸고, 체트베리코프가 "아낌없이 시간을 할애하며 조언을 통해 격려해"주었다고 썼다.[68] 결정적으로 중요했던 것은 소비에트 유전학이 자연사에서 영향을 받은 야생 개체군에 대한 연구였고, 그 결과 진화 종합에서 '가교를 놓는 사람'이 될 수 있었다는 점이다.[69]

진화 종합

19세기 말과 20세기 초 생명과학은 분야별 전문화가 점차 심화하는 양상을 배경으로 해서, 두 가지 연구 전통 사이의 차이가 더 넓어지는 모습도 아울러 보였다.[70] 한편에는 생명체 전체의 진화생물학을 연구하는 학자들이 있었다. 그중에는 다수의 '박물학자', 고생물학자, 분류학 전문가 등이 포함돼 있었다. 다른 한편에는 '실험생물학' 옹호자들이 있었고, 더프리스식 도약진화를 신봉하는 멘델주의자들과 초파리 염색체에 대한 실험실 탐구가 여기 포함되었다. "의사소통의 간극"이 양 진영을 갈라놓았다.[71] 그들은 서로 다른 언어를 말했고, 상대방의 논문에 대해 읽을 때는 더 많은 관계맺기의 의욕을 떨어뜨리는 두드러진 오해들을 발견했다. 예를 들어 진화생물학자들은 실험가들이 종을 집단이 아니라 유형으로 간주하는 단순한 개념을 고수하고 있음을 알게 됐다. 역으로 실험생물학자들은 진화생물학을 "추측에 근거하며 믿을 수 없는" 것으로 간주했다.[72] 실험생물학자들은 이러한 가치들을 물리과학자들과 공유했다.[73] 멘델주의자들은 진화에 관해 쓸 때 인자들의 유전에서 나타나는 불연속성이 불연속적 진화를 의미한다고 보았다. 어떤 면에서 양 진영은 상대방을 바라볼 때 수십 년 전의 모습으로 보고 있었다. 최근 연구는 읽지 않았다. 1929년에 튀빙겐에서 열린 학술회의처럼 양 진영이 한자리에 모일 때는 "대화가 전혀 없었다".[74]

그럼에도 불구하고 이러한 전통들의 종합이 1930년대와 1940년대에 일어났다. 진화 종합은 다윈의 자연선택이 진화의 메커니즘으로 널리 수용된 것이었고, 이는 다시 분류군—특히 종뿐 아니라 그보다 상위의 분류군까지도—을 다양한 개체들로 구성된 집단으로 해석하는 것을 널리 받아들인 것에 의존했다. 다윈주의의 메커니즘인 자연선택은 20세기 초의 수십 년 동안 인기가 전혀 없었다. 예를 들어 고생물학자들은 정향진화 메커니즘(내부적으로 정해진 경로를 따라 진화가 전개되는 것)이나 도약진화(거대한 돌연변이에 의해 개체가 도약해 새로운 종이 되는 것)를 선호했다. 이들에게 다윈주의는 논박된 이론이었다. 토머스 모건은 1932년까지도 "자연선택은 진화에서 창조적 원리의 역할을 담당하지 않는다"고 쓰고 있었다.[75] 그러나 프린스턴 학술회의가 열린 1947년이 되면 자연선택에 의한 진화가 거의 모든 사람이 만족하는 방식으로 지구상에서 생명의 형태를 설명했다.

흔히 진화 종합은 잇따라 출간된 일련의 책들로 제시된다. 도브잔스키의 『유전학과 종의 기원Genetics and the Origin of Species』(1937)에서 시작해 줄리언 헉슬리의 『진화—현대적 종합Evolution: The Modern Synthesis』(1942), 에른스트 마이어의 『동물학자의 관점에서 본 분류학과 종의 기원Systematics and the Origin of Species from the Viewpoint of a Zoologist』(1942), 조지 게이로드 심슨의 『진화의 속도와 방식Tempo and Mode in Evolution』(1944), 베른

하르트 렌슈의 『계보학의 최근 문제Neuere Probleme der Abstammungslehre』 (1947, 『종 수준을 넘어선 진화Evolution above the Species Level』[1959]로 영역되었다), G. 레드야드 스테빈스의 『식물에서 변이와 진화Variation and Evolution in Plants』(1950)까지 이어지는 계보다. 각각의 저작은 그 자체로 중요한 종합이었다. 예를 들어 도브잔스키는 1927년 모건의 세포유전학 연구실에 합류하기 전에 소련에서 야생 개체군의 실험유전학을 연구했는데, 이는 록펠러 재단의 국제교육위원회International Education Board에서 나온 장학금 덕분이었다. 도브잔스키는 실험실 기반의 통찰을 야생 개체군의 다양성에 대한 연구와 한데 합쳤다. 가령 세기 전환기에 프리드리히 하인케의 청어 측정, 헨리 크램튼의 하와이 파르툴라 달팽이 연구, 리 다이스의 흰발생쥐 연구, 앨프리드 킨제이의 어리상수리혹벌 연구, 체트베리코프와 티모피프 레소프스키의 야생 초파리 연구, 그리고 도브잔스키 자신의 러시아 무당벌레 연구 등이 여기 속했다. 그러나 그는 아울러 세 번째와 네 번째 가닥도 종합 속에 집어넣었다. '적응 지형adaptive landscape' 내에서 '유전자 부동'에 관한 슈얼 라이트의 이론적 논증과 로널드 피셔의 수리적 집단유전학이 그것이었다.[76] 그는 "[자연]선택을 그저 하나의 이론이 아닌, 실험으로 입증할 수 있는 과정으로 간주했다."[77] 역사가 조너선 호지는 도브잔스키의 책이 "그 세대, 어쩌면 20세기 전체를 통틀어서도 가장 영향력 있는 단일 저술"이었다고 주장한다.[78] 『유전학과 종의 기원』은 여러 판을 거듭했고, 이내 고전의 지위에 올랐다.

줄리언 헉슬리의 『진화—현대적 종합』(1942)은 종합 운동을 독특한 프로젝트로 규정짓고 여기에 명칭을 붙여주었다.

진화는 생물학의 문제 중 가장 중심적이고 중요한 문제라고 주장할 수 있다. 이를 공략하려면 생태학, 유전학, 고생물학, 지리적 분포, 발생학, 분류학, 비교해부학 등 과학의 온갖 분야에서 나온 사실과 방법들이 필요하다. 여기에 더해 지질학, 지리학, 수학 같은 다른 분야의 도움이 요구된다는 것은 굳이 언급할 필요도 없다. 현시대의 생물학은 새로운 분야들이 차례로 등장해 상대적 고립 속에서 활동했던 기간을 지나 종합의 단계로 접어들고 있다. 통일을 향한 이러한 운동은 진화라는 다면적 주제에서 가치를 가질 가능성이 가장 크다. 우리는 이미 다윈주의의 부활에서 최초의 성과를 보고 있다.[79]

"내가 피셔의 저작에 진 빚은 분명하다"라고 헉슬리는 썼다. "피셔는 돌연변이의 효과가 새로운 조합과 다른 유전자의 돌연변이에 의해 어떻게 변경될 수 있는지 지적함으로써…… 우리의 전망을 근본적으로 바꿔놓았다." 그는 이렇게 덧붙였다. "이 책이 가질지 모를 모든 독창성은 이러한 아이디어를 좀더 일반화하려는 시도에 부분적으로 놓여 있다."[80] 도브잔스키와 마찬가지로 헉슬리는 실험실 유전학의 통찰과 피셔의 수리적 집단유전학이 자연사에서 기술된 다양성과 전적으로 양립 가능함을 보였다. 초파리는 아드리아 도마뱀 난초와 코알라, 흰매와 조팝나물, 큰멧참새와 초크힐 파랑나비에 이르는 수많은 동물상과 식물상에 추가되었다. 헉슬리의 열정을 반영해 새들이 특히 두각을 나타냈다.

헉슬리는 두 가지 의미에서 그의 출신 덕에 종합을 이뤄낼 수 있었다. 첫째, 그는 엘리트 과학 내에서 대단히 훌륭한 연줄을 갖고 있었다. 그는 T. H. 헉슬리의 손자였을 뿐 아니라, 초기 경력을 거치면서 나폴리의 해양 발생학이나 모건의 파리 연구실에서 이뤄지는 초파리 연구 같은 전 지구적 과학의 네트워킹 중심지들을 경유했다. 동료 중에는 옥스퍼드에서 헉슬리의 지도하에 '생태유전학' 연구를 시작한 E. B. 포드, 그리고 1927년 줄리언과 공저로 옥스퍼드의 클래런든 출판사에서 『동물학Animal Biology』을 출간하고 초기의 종합 연구인 『진화의 원인The Causes of Evolution』(1932)을 통해 헉슬리의 작업에 영향을 미친 J. B. S. 홀데인이 있었다. 옥스퍼드 과학의 역사를 서술한 잭 모렐은 옥스퍼드 교수들이 교육 시스템 덕분에 두루두루 많이 아는 학자가 될 수 있었다고 주장한다(세부적 전문가들에 의해 교육받는 것은 '지독하게 편협한' 것으로 여겨졌다). 이러한 지적 양식은 다시 줄리언 헉슬리의 종합에서 드러났다.[81]

그러나 헉슬리는 아울러 대중 과학의 계획적 조직과 전달에도 평생 동안 관심을 갖고 있었다. 그는 1927년에 학술 연구를 포기하고 H. G. 웰스(그리고 아들인 G. P. 웰스)와 협력해 백과사전 형식의『생명의 과학The Science of Life』을 집필했다. 생물학사가 로버트 올비는 헉슬리의 종합 논증을 담은 첫 번째 원고를 그가 웰스의 대중서를 위해 집필한 '진화'라는 항목에서 찾아볼 수 있다고 주장한다.[82] 그는 아카데미상을 받은 자연 다큐멘터리 〈북방가마우지의 사생활The Private Life of Gannets〉(1934)에 나오는 새의 행동을 해석했다.『진화─현대적 종합』을 집필하던 시기에 그는 런던동물학회 서기로서 런던 동물원의 원장을 맡고 있었다. 백과사전 항목, 동물원 설계, 영화는 모두 과학 지식을 일반 청중에게 전달하는 수단이었다. 그러나 정보의 흐름은 쌍방향적이었다. 줄리언 헉슬리는 가령 영국 조류협회British Trust of Ornithology(1932년 설립)에서 보듯 대중 박물학자의 인기가 다시 늘어난 것과 아마추어 과학 보도를 활용했다. 1910년대부터 미국과 영국에서 헉슬리는 아마추어 조류학자들이 "과학적 중요성을 갖는 문제들에 새로 등장한 관찰 네트워크의 방향을 맞추도록" 격려해왔다.[83] 그의 종합은 이처럼 급성장한 시민과학으로부터 도움을 받았다.

아울러 줄리언 헉슬리는 인구집단의 생산성을 이와 연관된 또다른 의미에서 조직하고 전달하려 애썼다. 그는 로널드 피셔처럼 우생학의 충실한 지지자였다.『진화─새로운 종합』은 '진화적 진보evolutionary progress'에 대한 토론으로 끝을 맺는다. J. B. S. 홀데인은『진화의 원인』에서 '진보' 논의, 특히 인류에서 정점에 도달하는 진화적 진보의 논의가 '인간의 자화자찬 경향'을 나타낸다고 썼다. "진화에서의 진보를 말할 때 우리는 과학적 객관성이라는 상대적으로 확고한 기반을 떠나 변하기 쉬운 인간적 가치의 늪에 이미 빠져들고 있음을 기억해야 한다." 이에 대해 헉슬리는 "나는 이것을 사실이 아니라고 말하고자 한다"라며 이렇게 답했다.

> 홀데인은 인간이 자연을 통제하는 더 큰 힘을 갖고 있고, 원숭이에 비해 환경으로부터 더 독립해 살고 있다는 관찰을 무시해왔다. ······진화적 사실을 개관한 결과 우리가 이름붙일 수 있는 진보의 정의는, 비록 아주 일반적인 것이긴 하지만, 그 성격에서 주관적이 아니라 객관적인 것이다. 진보의 관념이 의인화가 아니라는 점은 철학하는 촌충이나 해파리가 어떤 견해를 취할 것인지 생각해보면 금방 알 수 있다. ······인간은 진화된 최신의 지배적 유형이며, 그렇기 때문에 인간의 발달로 이어진 경향을 진보적이라고 부르는 것이 정당화된다.[84]

인류의 진보를 이렇게 옹호한 후에, 헉슬리는 눈을 돌려 미래를 내다본다. "진보적 진화의 미래는 인간의 미래다"라고 그는 결론지었다. "인간의 미래는 그것이 진보가 되고 그저 정체나 퇴화가 되지 않으려면 의도적 목적에 의해 인도되어야 한다." 엄청난 '진화적 사실의 개관'에 대한 특권적 해석자로서, 『진화─현대적 종합』의 저자는 '인간의 진보'를 이론적으로 정의했다. 현실에서 이러한 길잡이가 의미한 것은 부적자의 '자발적' 불임수술이었다. 이는 헉슬리가 〈인간에서의 유전Heredity in Man〉(1937) 같은 우생학 영화에서 주장했던 바와 같다.

다른 종합 저술들은 제각기 생명과학의 또다른 분야들을 끌고 들어왔다. 에른스트 마이어는 『동물학자의 관점에서 본 분류학과 종의 기원』에서 생물 분류의 과학인 분류학을 종합 논증의 견지에서 어떻게 다시 세울 수 있는지를 보였다.[85] 마이어는 1931년 미국 자연사박물관American Museum of Natural History에 고용되었다. 종합에 대한 그의 기여, 그리고 좀더 일반적으로 분류학자들의 기여는 박물관 기반의 수집품이 갖는 지속적 중요성을 증언해준다.[86] 조지 게이로드 심슨은 『진화의 속도와 방식』에서 고생물학을 현대적 진화 종합에 끌어들였다. 그는 에오히푸스에서 에쿠스로 이어지는 말의 대진화macro-evolution—예전에는 정향진화orthogenesis의 모범사례로 간주됐다—가 어떻게 초파리에서 관찰되는 자연선택 및 인공선택에 의한 소진화micro-evolution와 동일한 과정에 의해 일어났는지에 대한 강력한 설명을 제시했다. "진화 관련 분야로서 고생물학의 지위는 존경할 만한 수준을 훌쩍 넘어서까지 상승했다"라고 스티븐 제이 굴드는 자신의 평가에서 적었다. "우리는 심슨에게 감사를 표해야 한다."[87] 통계적 분석과 집단유전학에 대한 이해가 결합하면서 『진화의 속도와 방식』은 생물학자들을 설득할 수 있었다. 예전 세대의 고생물학자들은 논의에서 배제되었다.[88]

독일어로 쓰인 렌슈의 책, 『계보학의 최근 문제』는 인도네시아에서 이뤄진 현장 연구에 기반한 것으로, 대진화와 소진화가 동일한 결과를 가져온다는 견해를 재확인했다(그럼에도 불구하고 독일에서는 오토 쉰더볼프가 진화 종합에 도전하며 급격한 진화적 변화를 주장한 '형격변typostrophe' 이론이 1970년대까지 영향력을 발휘했다).[89] 스테빈스는 『식물에서 변이와 진화』에서 식물학을 개관하며 자연선택이 식물의 진화를 설명해준다는 사실을 보여주었다(도브잔스키는 식물 세포에서 흔히 염색체가 여러 벌 존재하는 현상인 배수성倍數性에 대해 이미 하나의 장을 할애한 바 있었다). 이러한 책 중 몇몇—렌슈, 심슨, 마이어의 책—은 헉슬리의 책과 같은 시기에 쓰였지만, 세계대전으로 인해 출간이 늦어졌다. '의사소통의 간극'이 점차 메워졌다. 성공한 전략 중 하나는 새로운 전문용어를 고안해 해묵은 함정과 뻔한 반응을 피하는 것이었다. "새로운 종합의 설계자 거의 모두가 용어상의 혁신에 기여했다"라고 마이어는 적고 있다.[90]

그러나 우리가 진화 종합을 단지 저작들의 출간과 수용의 결과로 이해한다면 대단히 중요한 뭔가를 놓치게 된다. 실제로 생물학사가 조 케인은 우리가 진화 종합의 개념을 아예 포기할 것을 제안한다.

종합의 시기에 진화 연구에는 종합 이론만 있었던 것이 아니었다. 종합 프로젝트에는 멘델 유전학과 수학적 이론을 경유한 선택 이론의 '융합'을 이뤄낸 이른바 설계자들이 이뤄낸 작업만 있었던 것이 아니었다. 부활한 컬럼비아 생물학 시리즈Columbia Biological Series의 진화 관련 도서들은 종합의 역사기술에서 지나치게 지배적인 위치를 부여받아왔다.[91]

그 책들은 중요한 통찰을 담고 있긴 하지만, 크리스마스트리의 장식용 전구 같은 존재에 가깝다. 그것들을 떠받치는 것은 과학 조직, 현장 연구, 그리고 특히 육종이라는 실행세계로 이뤄진 크리스마스트리다. 농업시험소는 유전학의 실험 연구를 지원했고,[92] 이러한 실행세계의 추상화된 수학적 대리물이 종합에 곧바로 반영됐다. 핵심 인물의 예를 들면 영국의 로덤스테드 농업시험소에 근무하는 주재 통계학자였던 로널드 피셔, 매디슨 농업시험소의 슈얼 라이트, 그리고 케임브리지와 유니버시티 칼리지 런던 등 대학에서의 경력과 존 이니스 원예연구소에서의 활동을 병행했던 J. B. S. 홀데인이 있다.[93] 1896년 일리노이에서 시작된 실험은 매년 지방과 단백질 함량이 많거나 적은 옥수수 식물을 선택하는 것이었는데, 여기서 얻어진 측정치를 다시 피셔가 분석해 헉슬리가 선택의 '특히 인상적인' 증거로 보고했다[94](일리노이 장기 선택 실험Illinois Long-Term Selection Experiment은 현재까지도 진행되고 있으며, 전 세계에서 가장 오랫동안 진행된 식물 유전학 실험으로 남아 있다. 작물과학 실험에서는 로덤스테드가 그보다 더 앞섰지만 말이다). 많은 점에서 이는 다윈이 당대의 육종가들에게 진 빚을 계속 이어간 것이었다.

그리고 다른 실행세계 맥락들도 있었다. 피셔는 처음에 기체의 운동학 이론을 연구했는데, 이는 산업의 요구 때문에 생겨난 업무였다.[95] 그는 기체 분자 집단에 대한 통계적 분석을 유전학으로 이전시켰고, 인간유전학 분석에 기반을 둔 우생학 프로그램을 추진했다. 나는 그의 태도가 전형적인 것이었다고 본다. 그의 과학은 실행세계와 연관돼 있었다. 정치나 경제, 산업, 혹은 상업 하나로만 환원될 수 있는 것이 아니라 이 모두를 합친 것의 과학이었다.

크리스마스트리의 전구를 떠받치는 두 번째 구조는 과학 연구의 사회적 조직, 특히 간학문성을 장려한 조직이었다. 종합의 초기 단계는 각각의 분야들 내에서 이뤄졌다. 자연선택과 멘델주의가 양립 불가능하지 않다는 논증은 유전학 내에서 먼저 나왔고, 생물학적 종 개념의 정립은 분류학 내에서 이뤄졌다.[96] 분야성과 간학문성은 모두 사회적 제도다. 그러나 학문 분야들 바깥에서 종합 운동을 가능케 하고 실로 전면적인 종합이 될 수 있게 했던 것은 가교를 놓은 제도들이었다. 가령 러시아의 '박물학자–유전학자' 연구실[97]이나 두루두루 많이 아는 학자들을 키워낸 영국의 엘리트 전통[98]이 지탱했던 간학문적 공동체들이 여기 속한다(여기서 한 가지 주의해야 할 점을 지적해두고자 한다. 20세기 말에 간학문성에 높은 가치가 부여된 것은 실행세계에서 일어난 심원한 변화 때문이었다. 진화 종합의 역사는 이 시기에 쓰여지기 시작했고, 동시대의 가치를 과거에서 찾으려는 경향을 갖고 있다.)

진화 종합의 중심에는 다윈의 자연선택에 의한 진화 이론이 옳고, 학문 분야들을 가로질러 폭넓게 적용 가능하다는 공통의 주장을 둘러싸고 이뤄진 연구 전통들의 융합이 있다. 혁명과 유물론에 관해 다룬 이 장에서 나는 러시아에서의 발전을 추적하는 것으로 시작했다. 그러나 20세기에 유물론이 거둔 가장 놀라운 진전—우리가 세계를 이해하는 방식에서 혁명이 정착된 것—은 통일된 생물학이 거둔 승리였다.

제10장
나치 과학

제2차 세계대전 이후 첫 30년 동안 집필된 과학사에서는 나치즘을 훌륭한 과학에 일어난 재앙 같은 존재로 그려냈다. 예를 들어 르네 타통은 1964년 프랑스어로 출간된 백과사전적 현대과학사 개설―『20세기의 과학Science in the Twentieth Century』이라는 제목으로 영어로 번역돼 나왔다―에서 이렇게 썼다.

바이마르 과학의 멋진 부활은 1933년에 완전히 역전됐다. 나치즘이 승리를 거둔 후 학문의 자유에 대한 공격을 가하자 불과 몇 달만에 독일의 지도적 물리학자 중 3분의 1 이상이 다른 나라로 이주했고 외국인 학생 수가 크게 감소했다. 그 직후 수많은 연구의 길이 공식적으로 막혀버렸고 독창적 연구가 심각하게 쇠퇴하기 시작했다.

히틀러주의는 제2차 세계대전 때 절정에 달했다. 전쟁이 끝날 무렵에는 독일 연구소 대다수가 파괴되거나 심각한 피해를 입었고, 지도적 물리학자 대부분은 강요에 의해 혹은 자발적으로 유배 상태에 들어갔으며, 새로운 첨단 분야들은 지적 의견교환에 점점 더 우호적이지 않은 것으로 보였다. 그러나 심각한 손상을 안긴 이 모든 불리한 조건에도 불구하고, 독일 과학은 상당히 빠르게 부활했다.[1]

이러한 역사 서술에서 나치 시기는 대단히 예외적인 일화로 간주되었다. 근대와 반근대, 합리와 반합리, 진보 혹은 민주와 보수 혹은 반동을 서로 대조시킬 때, 파시즘 일반, 특히 독일의 나치즘은 확고하게 후자에 속했다. 나치즘은 또한 산업적 가치에 대한 거부로 간주됐다. 그래서 가령 프리츠 스턴 같은 역사가는 '국민Volk'의 가치를 선호하며 근대적, 산업적 가치를 거부하는 것을 대단히 빠른 산업화가 입힌 정신적 외상과 연결시킬 수 있었다.[2] 나치 이데올로기에서 국민은 사람들이 혈통 및 영토와 맺는 관계에 의해 정의되는 자연스러운 단위였다. 지도자—'총통Führer'—는 국민을 체현한 존재였고, 그러한 지위로부터 총통의 권위, 다른 민주적 정당화의 부적절성이 모두 도출됐다.

그러나 지난 수십 년간의 역사 연구는 극단적 이분법의 활용에 문제를 제기했고, 아울러 몇몇 부문에서 나치 독일이 그랬던 것처럼 기술적으로 비범한 문화가 어떻게 반근대주의와 나란히 번성할 수 있었는가를 설명하려 애썼다. 예를 들어 제프리 허프는 『반동적 근대주의Reactionary Modernism』에서 나치 독일이 비합리적인 기술 수용을 나타내보였다고 주장했다. 역설적이게도 일부 나치들은 반유대주의, 반합리주의, 반근대적이면서 동시에 친기계적이었다.[3] 제1차 세계대전 시기 전선戰線의 경험은 이러한 태도를 일부 설명해준다. 반동적 근대주의는 아우토반, 로켓, 대량살상기술, 정교한 선전과 같은 기술 프로젝트에서 표현되었다. 물론 이는 기술의 발전이 특정한 나치 이해관계를 따르는 곳에서 도움을 주었다. 예를 들어 아우토반은 독일을 통일시켜주었을 뿐 아니라 국경의 윤곽선을 따라 움직임으로써 독일 영토에 대한 직접적 인상을 심어주었다.

새로운 역사 서술은 또한 과학과 나치즘의 관계에 대해 훨씬 더 복잡하고 도덕적으로 양가적인 이야기를 들려주었다. 베노 뮐러 힐이 쓴 선구적 저작—제거될 사람들을 '선별하는' 데 활용된 과학에 대한 연구로 1984년에 독일어로 출간됐다—의 영어판 제목인 『살인적 과학Murderous Science』은 양가성의 여지를 거의 남겨주지 않는다. 이 주제를 연구한 아마도 가장 중요한 역사가일 로버트 프록터는 좀더 미묘하고 일반적인 지점 세 가지를 보여주었다.[4] 첫째, 나치즘이 그저 과학을 파괴하기만 했다고 볼 수는 없다. 나치즘하에서도 많은 과학이 지속되었을 뿐 아니라, 과학은 나치즘이 상상된 방식에도 기여했다. 둘째, 강제수용소 과학의 끔찍한 잔혹 행위가 우리에게 잘 알려져 있긴 하지만, 나치의 가치는 또한 오늘날 많은 사람들이 진보적 가치와 연관시키는, 덜 잘 알려진 과학적 발전을 지원하기도 했다. 예를 들어 흡연과 폐암의 연결고리에 대한 나치의 연구나 그 결과 나타난 환경 규제가 그런 사례들이다.[5]

셋째, 프록터는 나치즘과 과학이 어떻게 협력할 수 있었는지에 대해 얘기하기를 꺼리는 것, 그럼으로써 '나치 과학'은 일종의 모순어법이라는 '신화'를 만드는 것이 네 가지 집단의 이해관계에 부합한다고 지적한다.[6] 나치 시대를 살았던 독일 과학자들은 "억압된 과학이라는 신화"를 "자신의 나치 이력으로부터 거리를 두는" 방편으로 활용해, 1930년대와 1940년대에 있었던 자신들의 활동을 조사하려는 움직임을 막으려 했다. 유대인 망명 과학자들은 "자신을 그토록 부당하게 대했던 체제가 계속해서 훌륭한 과학을 만들어냈다는 것을 믿지" 않으려 했다. 그러는 동안 전후 독일의 책임을 맡은 정치 당국자들—특히 미 군정—은 그들 자신의 프로젝트에 활용하기 위해 "나치의 재능을 끌어들이려 분주하게 노력을 기울였다". 실제로 1940년대 말 페이퍼클립 프로젝트Project Paperclip의 일환으로 1600명이 넘는 과학자가 독일에서 미국으로 이주했다. 마지막으로 프록터가 쓰기를, "이 신화는 나치 시대에 있었던 것 같은 과학의 오용이 자유민주주의하에서는 결코 일어날 수 없다고 미국 대중을 안심시키는 데 기여했다". 아마 다른 서구 국가의 대중에 대해서도 마찬가지였을 것이다.

이어지는 내용에서는 새로운 역사와 예전 역사에 의지해 나치즘과 과학의 관계를 개관해볼 것이다. 일부 사례에서는 영향이 매우 미약하게 나타난다. 예를 들어 토머스 융커와 우베 호스펠트는 진화 종합에 기여한 독일 생물학자 중—한스 바우어, 티모피프 레소프스키, 베른하르트 렌슈 등이 포함된다—에서 많은 수가 우생학적 입장을 드러냈지만, '과학적 다원주의와 나치 이데올로기' 사이에 특별한 상관관계는 없었다고 주장했다.[7] 다른 사례들, 가령 앨런 베이어첸이 『히틀러 치하의 과학자들Scientists under Hitler』에서 그려낸 것 같은 사례들에서는 이데올로기적으로 굴절된 나치 과학—아래에서 논의할 아리아 물리학 프로젝트—과 반대자들의 과학 사이에 균열이 커졌다.[8] 그러나 과학과 나치즘 사이의 관계는 강력하고 서로가 서로를 구축하는 것이 될 수도 있었다. 예를 들어 인간유전학, 인류학, 의학은 과학이 특정한 방향으로 발전하는 것을 나치즘이 촉진했던 다수의 사례를 제공할 뿐 아니라, 나치 이데올로기를 창출하고 나치의 행동을 인도하는 데 도움을 준 언어, 예시, 증거, 이론들을 과학이 만들어냈다는 점도 보여준다.

나치 법률과 과학자들의 고용

1933년 4월에 신생 나치 정부는 전문공무회복에관한법Law for the Re-establishment of the Professional Civil Service을 통과시켰다. 이 법은 '비아리아인이고' '신뢰할 수 없는' 공무원을 공직에서 배제해야 한다고 규정했다. 독일에서 대학교수는 공무원 신분이었기 때문에 이 법은 학문적 과학에 즉각적이고 심대한 영향을 끼쳤다. 몇몇 전문분야는 거의 완전히 파탄을 맞았다. 일부 분야가 말살됐다는 예전 시각은 너무 단순한 것으로 밝혀졌지만 말이다. 게슈탈트 심리학이 하나의 예시가 될 수 있다. 이 분야의 토대를 세운 세 명의 인물 중에서 자유주의 좌파 유대인인 막스 베르트하이머가 프랑크푸르트에서 강의를 했고, 비유대인인 볼프강 쾰러가 베를린에서 연구를 이끌었던 반면, 쿠르트 코프카는 1927년에 미국으로 이주했다. 공무법이 통과될 당시 심장질환으로 마리앵바드에서 의학적 처치를 받고 있었던 베르트하이머는 프랑크푸르트 대학으로부터 정직 처분을 받았다. 그러나 그는 1933년 한 해에 직위를 잃은 52명의 교수 중 한 사람에 불과했다.[9]

쾰러는 입장이 오락가락했다. 1933년에 그는 동료인 쿠르트 레빈이 쫓겨나는 것을 보았다. 쾰러가 당국에 개인적으로 항의했는데도 말이다. 레빈은 베를린으로 돌아가 가족을 데리고 코넬 대학으로 떠났다. 물리학자 제임스 프랑크가 유대인 동료들의 해고에 항의해 사임하자, 쾰러는 절충적 방식으로나마 공개 행동에 나섰다.[10] 그는 대체 불가능한 '전문성'과 '성격'을 지닌 비아리아 독일인 애국자들을 해고하는 것은 터무니없는 일이라고 불만을 제기하는 글을 저명한 신문에 투고했다. 그는 "독일인이 인구의 조성을 통제할 권리, 그리고 국민의 모든 핵심적 관심사를 이끄는 지도자 중에서 유대인의 비율을 줄일 권리를 갖고 있다"고 주장했지만, 취해야만 하는 조치에 관해서는 다음과 같이 이야기했다.

> 독일에 간접적으로 해를 끼쳐서는 안 되고, 무고한 사람들의 존재를 돌연 파탄에 빠뜨려서도 안 되며, 독일 유대인 중에서 중요하고 우수한 사람들을 심하게 해쳐서도 안 된다. 내 친구들[쾰러가 그들의 편에 서서 글을 쓴 사람들]은 모든 유대인이 단지 유대인이라는 이유로 저열하고 열등한 인간 형태에 속한다는 명제에 동의하기를 원치 않는다.[11]

자신의 연구소를 지키기 위해 '중도적 입장을 취하려는' 쾰러의 시도는 나치 학생들의 괴롭힘이 점점 심해지는 가운데 2년 동안 계속됐다. 그러다 결국 1935년에 사임하고 미국 스와드모어 대학에서 제안한 교수직을 받아들였다. 이는 록펠러 재단과 난민외국학자구제비상위원회Emergency Committee in Aid of Displaced Foreign Scholars에서 나온 자금의 도움을 받았다. 그럼에도 독일에서 심리학—심지어 게슈탈트 심리학도—은 살아

남았다. 심리학자들은 연구 관심을 인지에 대한 실험 연구에서 '성격학 characterology'으로 바꿨고, 나치 행정가들에게 실용적으로 도움을 주는 성격 분석표를 만들었다.[12] 게슈탈트—국민이 그렇듯 하나의 전체인—는 나치즘을 위한 것으로 선언됐다. 예나의 심리학 교수 프리드리히 산데르는 1937년 대중 강연에서 이렇게 상찬했다.

> 믿고자 하는 마음과 사려 깊은 감각을 가지고 나치즘을 추동하는 관념을 그 근원까지 되짚어 직관적으로 이해하는 사람은 어디서든 독일 운동의 거대한 투쟁 배후에 있는 두 가지 근본적 동기를 재발견할 것입니다. 바로 전체성에 대한 갈망과 게슈탈트를 향한 의지입니다. ……독일 운동을 지배하는 관념인 전체성과 게슈탈트는 독일 심리학의 중심적 개념이 되었습니다. ……동시에 과학적 심리학은 나치즘의 목표를 실현시킬 유용한 도구가 이제 막 되려 합니다.[13]

'중요하고 우수한' 유대인과 그 외 사람들을 구분하는 것이 가능할 뿐 아니라 필수적이라는 실용적 근거를 들어 정치 당국에 호소하려는 쾰러의 시도는 실패로 돌아갔다. 이는 물리학 내에서 막스 플랑크가 시도한 전술이기도 했다. 1933년 5월 16일에 노물리학자는 총통과 회견을 가졌다. 플랑크는 총통에게 촉구했다. "유대인에는 여러 종류가 있습니다. 인류에게 가치 있는 유대인과 가치 없는 유대인이 있고, 전자 중에는 최고의 독일 문화를 지닌 오래된 가문들도 있습니다. 이는 반드시 구별해야 합니다." 이에 대한 히틀러의 답변은 간단했다. "그건 틀린 말입니다. 유대인은 유대인입니다. 모든 유대인은 마치 사슬처럼 일사불란하게 조직돼 있습니다. ……그래서 나는 모든 유대인에 대해 동일한 방식으로 행동해야만 합니다."[14]

아리아 과학

역사가 폴 조지프슨은 "독일 물리학자 중 다수가 생물학자와 마찬가지로 나치의 지배를 환영했"지만 "독일 물리학자 중 아마 4분의 1 정도는 일자리에서 쫓겨났을 것이고, 그 대부분이 유대인을 공직에서 배제한 법률의 영향을 받았다"고 썼다.[15] 새로운 분야들은 상대적으로 불리한 조건에 처한 사회집단의 구성원이 과학에 진입할 기회를 제공한다. 이러한 사회현상은 유대인이 물리학, 특히 이론물리학에서 상대적으로 두각을 나타낸 현실을 부분적으로 설명해준다.[16] 역으로 더 오래된 연구 전통, 특히 고전적 성격을 지닌 실험물리학에는 양자역학과 상대성 이론이라는 이론물리학의 혁명적 성공에 떨떠름한 태도를 보였던 독일 물리학자들이 포진해 있었다. 필리프 레나르트와 요하네스 슈타르크 같은 사람들—모두 뉴턴주의 전통에서의 정교한 실험 연구를 인정받아 20세기 초에 노벨상을 받았다—은 새로운 물리학을 매우 싫어했다.[17] 두 사람 모두 새로운 물리학에 속한 이론가들이 자신의 경력을 가로막았다고 생각했고, 둘 다 격렬한 반유대주의자였다. 이들은 국제주의자이고 이론가이며 에테르 개념을 타파한 인물이자 유대인이었던 아인슈타인을 혐오했다.

　여기서 나치 이데올로기와 일치하는 독특한 아리아 과학이 발달했다. 조지프슨은 이렇게 적고 있다. "모든 과학(그리고 모든 도덕성과 진리)"은 "국민의 이익과 보존에 부합하는가에 따라 판단되어야" 했다. 이는 "유기적 순수성을 지닌 중추적 독일 국민과 세계 문명을 통제해야 하는 그들의 역사적 사명에 대한 형이상학적 믿음"이었다.[18] 레나르트와 슈타르크는 대안적 물리학을 내세웠다. 전통적인 동시에 실험적이고, 인종적 근거에서 양자 이론과 상대성 이론을 거부하는 아리아 물리학이었다. 두 사람 모두 아돌프 히틀러가 권좌에 오른 것을 환영했다. 1933년에 레나르트는 노벨상을 수상한 동료들을 모아 공개적인 지지 선언에 참여시키려 했다. 슈타르크는 동의했지만, 하이젠베르크, 막스 폰 라우에, 발터 네른스트는 슬쩍 빠져나갔다. 레나르트는 1936년과 1937년에 출간한 네 권짜리 『독일 물리학Deutsche Physik』에서 아리아 물리학을 설파했다. 아리아 물리학은 추상적인 것을 거부함으로써 구체적인 것과 밀착하고, 산업에 더 큰 이득이 되며, 그 결과 경제적 자족성이라는 나치의 목표에 봉사할 것을 약속했다.[19]

아리아 물리학 프로젝트는 1930년대 중반에 교육부장관 베른하르트 루스트, 교사연맹, 학생연맹 등 나치 체제의 기둥을 이루는 여러 기관으로부터 후원을 받으면서 번창했다. 1936년에 아리아 물리학 운동은 독일에 남아 있던 위대한 이론가 베르너 하이젠베르크를 공격했고, 그를 포함한 물리학자들을 아인슈타인의 물리학을 계속 옹호하는 '백인 유대인white Jews'이라고 불렀다. 그러나 하이젠베르크에게는 레나르트와 슈타르크보다 더 강력한 후원자가 있었다. 1938년 여름 나치 친위대장 하인리히 히믈러에게 자신의 명예를 변호한 것이 결국 성공을 거뒀다. 히믈러는 괴팅겐의 응용수학자 루트비히 프란틀의 조언을 부분적으로 받아들여, 비아리아인인 아인슈타인을 지지하지 않으면서 아인슈타인 물리학을 유익하게 활용할 수 있다고 생각하게 됐다.[20] 전쟁에 대비하는 과정에서 응용 가능성이 인종적 순수성에 우위를 점한 셈이었다. 하이젠베르크와 '백인 유대인'들에게는 다행스럽게도, 나치 당국은 이 논쟁을 "정치적 논쟁이 아닌 학내 분쟁"으로 간주했고, "양쪽 집단 모두 체제에 충성스러운 것으로 판단했다. 이는 나치 독일에서 새로운 물리학을 구원해준 것으로 판명되었다."[21]

과학과 나치 가치의 상호 뒷받침

레나르트와 슈타르크가 표방했던 아리아 물리학 이야기는 리센코의 생물학이 밟은 경로와 함께 과학이 전체주의 이데올로기와 뒤섞일 때 나타나는 처참한 결과를 보여주는 20세기의 대표적 사례연구로 인용돼왔다. 불행히도 과학과 정치의 관계는 그렇게 단순하지 않았다. 항공학, 로켓공학(나중에 다시 다룬다), 그리고 파스쿠알 요르단의 양자 이론을 사례로 살펴보도록 하자.

독일의 항공학은 제1차 세계대전 이전에 괴팅겐과 베를린 같은 장소에서 이미 제도화된 과학이 되었으나, 베르사유 조약으로 군용 항공에 제약이 가해지면서 깊은 침체에 빠졌다. 바이마르 공화국 역시 할애할 자금이 거의 없었고, 지출을 최소한도로 줄였다. 그래서 "나치가 집권하면서 민주적 의회 기구들이 해체된 일을 항공학 연구에 종사하던 사람들은 대체로 좋게 평가했다".[22] 얼마 안 되는 자금으로 근근이 유지하던 항공학 연구에 자금이 쏟아지기 시작했다. "무한한 가능성이 열린 것처럼 보였다"고 기술사가 헬무트 트리슬러는 쓰고 있다. "높은 비용 때문에 이전에는 상상도 할 수 없던" 연구가 "갑자기 두말없이 승인되었다". 베를린-아들러쇼프에 위치한 항공실험센터Experimental Centre for Aviation, DVL는 1939년에 2000명의 인력을 고용하게 됐다. 또한 항공학은 이제 학교에도 도입되었는데, 부분적으로는 아이들에게 호전적 가치를 길러주기 위해서였다. 항공학 아카데미—기술과학 분야에서는 독일에서 가장 먼저 생겨난 곳이었다—가 1936년에 문을 열었다. 넉넉한 후원은 항공과학의 진보와 이를 추구하기 위해 쓰이는 도구의 발전으로 이어졌다. 거대하고 혁신적인 풍동들이 건설됐다.[23] 최초의 전기기계식 컴퓨터 중 하나인 콘라트 추제의 Z1 기계는 1930년대 중반에 기체의 뼈대에 가해지는 장력 분석에서 생성되는 수많은 변수의 연립방정식을 풀기 위해 만들어졌다.[24]

파스쿠알 요르단은 괴팅겐의 물리학자로, 막스 보른, 베르너 하이젠베르크와 함께 양자역학의 수학에 관한 '3인 업적Drei-männer Arbeit' 논문들을 1925년과 1926년에 발표한 것으로 유명하다. 요르단은 양자 이론에서 나치 관념의 정당화와 원천을 모두 발견했다. 예를 들어 그가 '총통'이라는 이름으로 불렀던 지도적 물리학자들—특히 보어를 지칭했지만 아인슈타인도 여기 해당됐다―은 혁명적이고 인정사정없는 지도자 역할에 잘 들어맞았다. 1935년에 요르단이 예견하길, 물리학은 "나이아가라 발전소를 시시한 것으로 보이게" 만들 "기술적 에너지원"과 "그에 비하면 현재의 모든 폭약은 무해한 장난감이" 될 "폭발성 물질"의 원천이 될 것이며, 물리학의 총통들에 의해 그러한 세상으로 접어들게 될 거라고 했다.

가장 강력한 권력의 힘만이 서로 경쟁하는 개별 이해관계의 다양성을 좀더 고등의 통일성으로 강제할 것이고, 파괴 시도에 맞서 보호를 제공할 것이다. 따라서 미래의 넓은 공간에서 물리학은 거대한 발전을 위한 긍정적이고 건설적인 수단도…… 아울러 제공할 것이다.[25]

다시 말해 이러한 물리학은 총통 원리를 뒷받침했다. 요르단이 아리아 물리학을 거부했다는 사실에 주목하기 바란다. 아리아 물리학은 나치즘의 다른 주요 이데올로기적 버팀목인 혈통 및 영토, 그리고 국민에 근거한 것이었다. 요르단의 양자 이론은 그의 나치즘과 나란히 정교하게 가다듬어졌고, 새로운 수리물리학을 뒷받침했다. 그는 이로부터 영향을 받아 생물학과 심리학의 양자 이론을 제안하기도 했다. 역사가 노턴 와이즈는 요르단의 "나치 가치"들이 "수리물리학에서 그의 기초 작업에 중요했다"고 결론내리면서, 논점의 불쾌함을 혹여나 놓칠까 싶어 이렇게 덧붙이고 있다.

요르단의 우아한 변환 이론과 2차 양자화에 관한 작업은 자연 및 사회 질서의 위계적, 유기적 구조에 관한 그의 견해를 직접적으로 표현했다. 이 점을 명시적으로 지적할 필요가 있다. 왜냐하면 우리는 과학자들이 히틀러를 받아들였을 때 기초지식의 획득은 중단되어야 했다는 끈질긴 신화 속에서 살고 있기 때문이다.[26]

이와 유사하면서 사실상 더 큰 영향을 미친 기여는 생명과학에서 찾아볼 수 있다. 우테 다이히만의 주장에 따르면, 이론생물학자 루트비히 폰 버틀란피는 나치즘을 뒷받침하는 생물학을 추구함과 동시에 그 역도 추구했다. "원자화된 국가 및 사회 개념을 대신해 생명과 국민의 전일론적 성격을 인정하는 생물학적 개념이 나타날" 거라는 희망을 품고, "유기체적 시대"를 "유기체적 생물학"에 부합시키는 것이 그것이었다.[27] 로버트 프로터는 나치 치하의 의학에 관한 연구인 『인종위생Racial Hygiene』에서 "생의학자들이 나치 인종주의 프로그램의 시작, 관리, 실행에서 적극적이고 심지어 주도적인 역할을 했다"고 주장한다. "과학자들이 나치 인종주의 정책의 중심적 측면들을 적극적으로 설계하고 관리했다는 강력한 증거가 있다."[28] 그는 어떻게 논거를 제시하는가? 그는 생명과학자와 의사 집단들이 자신의 사회적 상황에 따라 다윈주의와 유전학을 해석한 결과, 나치 정책과 이데올로기의 창출에 도움을 줄 도구를 갖게 되었다고 주장한다.

앞서 살펴본 것처럼, 진화 이론 일반, 그중에서도 특히 다윈의 진화 이론은 어느 국가에서든 인간 사회의 변화에 관한 메시지를 담고 있는 것으로 읽혔다. 예를 들어 미국에서는 사회다윈주의가 흉포한 약육강식의 장으로서 자본주의를 정당화했다. 그러나 19세기 후반 독일에서는 정치적 불안정, 산업화, 그리고 제국의 야심에 도달하는 데 실패할지 모른다는 불안감이 바탕에 깔려 있었기 때문에, 사회다윈주의는 자유방임 자유시장에 대한 거부와 연관되었고, 독일 혈통의 퇴화를 막으려는 국가의 개입을 정당화했다.[29] 이러한 해석은 독일 우생학에 독특한 굴곡을 제공했다. 알프레트 플로에츠가 이 운동을 이끌었다. 독일은 다른 산업 국가와 마찬가지로 중간계급 전문직 종사자를 회원으로 끌어들여 우생학협회들을 만들었다. 의사였던 플로에츠는 정신과의사, 법률가, 인류학자와 힘을 합쳐 1905년에 인종위생협회Gesellschaft für Rassenhygiene를 설립했다. 얼마 안 가 독일 대도시들에 지부가 생겨났고, "저명한 학자, 의사, 산업가, 그 외 전문직 대표자"가 참여한

베를린 지부가 플로에츠와 유전학자 에르빈 바우어의 활동 기반이 되었다.[30]

인종위생협회는 그와 흡사한 다른 국가의 협회들과 규모가 거의 같았다. 1930년에 회원 수가 1300명이었는데,[31] 같은 해 영국의 우생학협회는 1200명이었다.[32] 강연 주제, 정책 캠페인, 표현된 불안들도 비슷했다. 인종의 퇴화, 그리고 빈민과 범죄자, 좀더 일반적으로는 부적자들의 더 높은 출산율이 그것이었다. 심지어 프록터는 독일의 인종위생 운동이 1920년대 중반 이전에는 "하나의 인종을 다른 인종과 비교하는 것보다 인류 일반—혹은 적어도 서구의 '교화된 인종들'—을 향상시키는 원리를 찾아내는 것에 더 관심이 컸다"고 쓰고 있다.[33]

그뿐만 아니라 1920년대 중반 이전의 인종위생협회는 폭넓은 정치적 스펙트럼에 걸친 회원을 끌어들였다. 바이마르 독일에서 그러한 스펙트럼이 자유주의자와 반동주의자, 좌파와 우파까지 포괄할 정도로 엄청나게 넓었음은 두말할 나위도 없다.[34] 그러나 중요한 것은 우익이 인종위생 운동의 '제도적 중심지'들을 장악하고 있었다는 점이었다. 그런 중심지에는 의학 출판사들이 포함되었다. 예를 들어 나치 명예황금기장을 처음 수여받은 출판업자 율리우스 프리드리히 레만은 인종위생 운동에서 으뜸가는 학술지의 통제권을 장악하고 있었다.[35] 이러한 우익 인종위생론자들과 게르만 운동—일종의 백인 전용 사회주의로 나치즘의 지류 중 하나였다—사이의 상호연결이 점차 커졌다. 생물학의 이론과 실천이 점차 인종주의와 반유대주의 논증을 뒷받침하게 됐다.

인종위생에 대한 관심이 고조되는 가운데 인간유전학을 연구하는 기관들에 자원이 쏟아졌다. 뮌헨에는 인종위생 교수좌가 생겼고, 1923년에 프리츠 렌츠가 그 자리에 취임했다. 1927년에는 베를린-달렘에 카이저빌헬름 인류학·인간유전·우생학연구소가 생겼다. 유전학자 오이겐 피셔가 소장으로 선임됐는데, 그는 아프리카 남서부 흑인과 독일 이주민 사이 자녀에 대해 멘델주의를 적용한 연구로 유명했고, 인종위생협회 프라이부르크 지부장을 지낸 인물이었다.[36] 초기에 받은 비판 때문에 기분이 상한 피셔는 폭과 깊이, 넉넉한 자금으로 무장한 연구소 연구 프로그램을 "나치의 생물학적 목표와 부합하는 영역"으로 방향을 맞추었다.[37] 연구소는 인간유전학의 방법론으로서 쌍둥이 연구를 개척했다. 북해 연안에 쌍둥이들을 수용해 연구할 수 있는 수용소 두 곳이 문을 열었다. 연구소에서는 150쌍의 '범죄자 쌍둥이'들을 조사해 범죄성의 유전적 원인을 찾고자 했다. 다른 연구로는 다운증후군, 당뇨병, 결핵, 구루병, 근위축증의 인간유전학, 그리고 인종 간 혼혈 연구 등이 있었다. 1930년대 중반 카이저빌헬름 인류학 · 인간유전 · 우생학연구소에 지원된 자금은 물리학과 화학연구소 들에 주어진 돈을 합친 것보다 더 많았다.[38]

영향력 있는 책 역시 제도에 속한다. 렌츠와 피셔는 유전학자 에르빈 바우어와 함께 1921년 두 권으로 처음 출간된 『인간유전학과 인종위생 개설 Outline of Human Genetics and Racial Hygiene』을 공동으로 집필했다. 이러한 제도들—교수좌, 연구소, 학술지, 책—은 나치 이데올로기의 발전에 자양분이 된 지식을 공급했다. 반대급부로 나치는 1933년에 정권을 장악하자 추가적인 지원을 제공했다. 예를 들어 피셔, 렌츠, 바우어의 『개설』은 인종적 위계(오스트레일리아 원주민에서 '니그로', 몽골 인종, 지중해 인종, 알프스 인종을 거쳐 최종적으로 게르만 유형까지), 남성과 여성의 역할("남성은 자연을 통제하고, 전쟁에서 성공하고, 여성들을 추적해 쟁취하는 쪽으로 특별히 선택된 반면, 여성은 동식물을 사육, 재배하고 자녀를 기르는 쪽으로 특별히 선택됐다"), 그리고 하나의 '인종'으로서 유대인의 성격에 대해 자연선택에 입각한 설명을 제공했다.[39] 로버트 프록터는 렌츠의 기여를 이렇게 요약한다. "유대인은 조숙하고 재치 있지만 진정으로 창조적인 재능은 결여하고 있다." "유대인은 지식의 생산자로서보다 해석가로서 더 성공적이다." 유대인은 "자연을 통제하고 활용하기 위해서가 아니라 다른 인간을 통제하고 활용하는 쪽으로 선택됐다." 하나의 유형으로서 유대인은 기생적이었다. "그것은 사실이다." 렌츠는 이렇게 적었다. "게르만 민족은 유대인 없이도 일을 상당히 잘 해나갈 수 있지만, 유대인은 게르만 민족 없이 살아나갈 수 없다."[40]

히틀러는 뮌헨 맥주홀 폭동으로 란츠베르크 교도소에 수감중일 때 『개설』을 읽고 『나의 투쟁Mein Kampf』을 썼다.[41] 1933년 나치가 권력을 장악한 이후 "나치 정신을 가진 생물학자들과 생물학 정신을 가진 나치들이 '나치의 세계관이 독일을 정복했고, 이 세계관의 중심부는 생물학이다'(1933년 생물학자 에른스트 레만이 쓴 글이다)라고 주장할 수 있었던" 것은 피셔, 렌츠, 바우어의 저서와 같은 책들 덕분이었다.[42] "나치즘은 우리가 가진 생물학 지식의 정치적 표현"은 『주간 나치즘National Socialist Weekly』에서 알프레트 플로에츠의 생애와 연구에 찬사를 바칠 때 썼던 구호였다. 여기서 아우구스트 바이스만과 연관된 '경성 유전학hard genetics'과 라마르크와 연관된 환경적 형성을 구분하는 것은 나치즘과 마르크스주의적 사회주의 사이에 분명한 선을 긋는 방법 중 하나였다.[43] 후자는 인간이 생물학적으로 동등하다고 가정한다. 반면 나치즘은 "특정 개인, 인종, 혼혈의 유전적 특징은 다르"며 유전형질은 바꿀 수 없다는 관찰에서 출발했다. 나치당이 『히틀러 청년 편람Handbook for the Hitler Youth』을 펴낸 1937년이 되면 이런 식으로 나치즘을 과학적으로 정당화하는 것은 흔히 볼 수 있는 일이 되었다.

[우리가] 이러한 [바이스만의] 실험에서 얻어야 하는 교훈은 이렇다. 환경적 영향이 새로운 인종의 형성을 초래한 것으로 알려진 사례는 없다. 이는 독일에 있든 다른 어떤 나라에 있든 간에 유대인은 계속 유대인일 거라고 우리가 믿는 또 하나의 이유다. 유대인은 결코 자신의 인종을 바꿀 수 없으며, 설사 여러 세기에 걸쳐 다른 나라에 거주한다 해도 마찬가지다.[44]

유전의 연구와 나치 이데올로기 사이의 연결이 인간유전학을 통해서만 이뤄진 것도 아니다. "유전학의 과학 지식을 결여한 나치즘은 토대의 중요한 부분을 결여한 집과 같다"고 헤르만 뵘은 썼다. 그는 의사에게 유전학을 가르치는 알트레제 유전학연구소Institute for Genetics at Alt-Rehse를 설립했다. "기초적 과학 지식은 유전자와 인종을 관리하는 영역에서 일하고자 하는 누구에게나 필수적이며, 실험유전학은 그러한 관리에 토대를 제공해야 한다."[45] "젊은 신예 나치 의사들은 알트레제에 있는 친위대 의사 총통 학교에서 초파리 교배실험을 하면서 실험유전학을 처음 배운 경우가 많았다"고 프록터는 적었다.[46] 돌연변이 초파리는 티모피프 레소프스키가 제공했다.

이러한 주장은 나치 이데올로기를 과학에 부과해 이를 왜곡시킨 것이 아니었다. 이는 독일 과학 내에 정립돼 있었고, 나치가 권좌에 오르기 전에 유통되고 있었다. 따라서 여러 가지 버전의 인간유전학은 나치즘의 일부를 구성하는 요소였다. 과학은 경성 유전에 따른 인종의 불변성 같은 아이디어 뿐 아니라 객관성의 언어도 가져다주었다. 이는 나치즘의 희생자들이 전문가들의 편견을 논박하는 일을 사실상 불가능하게 했다.[47]

의사들, 과학, '유대인 문제'

생의학이 나치 정책을 형성했던 두 번째 경로는 의사들의 믿음과 행동을 통한 경로였다. 독일 의사들은 자신이 견딜 수 없는 부담을 안고 있다고 여겼다. 많은 의사들이 보험회사의 요구—보험회사들은 비스마르크가 만든 복지 시스템하에서 보건의료에 대한 접근을 관리할 책임을 지고 있었다—와 정치적 좌파가 제기한 의료의 추가적 사회화 요구 사이에 끼어 꼼짝도 못한 채 붙잡혀 있다고 느꼈다. 그들은 또 의료보험회사들이 실험실을 갖추고 규모가 큰, 상대적으로 비인격적인 병원을 장려하면서 나타난 의료의 과학화 경향에 대해서도 불만을 토로했다.[48] 그들은 자신의 노동 생활의 질이 악화되고, 탈숙련화되는 것을 목도했다. 일부 의사는 앞서 살펴본 바이마르 문화의 전형적인 반응인 '의료의 위기'를 진단하기도 했다. 많은 의사들이 희생양을 찾았다. 유대인은 전통적으로 의료전문직에서 두각을 나타냈다. 19세기 말 베를린에서 의사 중 3분의 1 이상이 유대인이었을 정도였다. 그러다 세기 전환기를 전후해 제정 러시아에서 일어난 집단 학살을 피해 유대인이 서쪽으로 이주하면서 일자리를 놓고 경쟁이 벌어졌다. 피상적으로 처음 보면 놀랍게 느껴질지 모르지만, 사실 많은 의사들이 초기부터 열성적인 파시즘의 지지자였고, 이는 다른 전문직 구성원에 비해 더 많았다. 1933년에 나치당이 권력을 장악하기 전에 2500명이 넘는 의사들이 나치당에 가입해 있었고, 전체적으로는 의사 전문직 중 45퍼센트가 나치당 당원이었다.[49]

기존의 다양했던 의학 전문지는 나치의 통제하에 들어갔다. 유대인은 편집위원회에서 축출됐고, 이데올로기적 논평이 통상의 의학 연구논문에 첨부됐다.[50] 새로운 대중잡지들—병원 대기실에 비치하기에 좋은 잡지들—은 나치와 의사가 어떻게 상보적인지를 설명했다. 이러한 저술의 사례로 슈투트가르트의 어느 의사가 쓴 글은 인간의 내부를 담당하는 과학 전문가들이 어떻게 이데올로기에 대한 자연주의적 기반을 제공함으로써 그들의 정치적 주인에게 봉사할 수 있는지를 보여준다. "다양한 인종을 묘사함에 있어 우리는 몸의 외면적 형태에서 멈춰서는 안 되며, 심지어 정신적 특성에 그쳐서도 안 된다. ……우리는 이를 넘어서 나아가야 하며, 몸의 내부 장기에 나타나는 그에 못지않게 중요한 차이, 인종 간의 좀더 심오하고 생리적인 차이를 반영하는 차이를 탐구해야 한다."[51] 반유대주의 정책들이 가속화되기 시작했다. 유대인은 의사 개업이 금지됐다.

의사들은 우생학 정책이 제안되거나 심지어 실행되기 전에 요청받기를 기다리지 않았다. 의사와 인종위생론자들은 1933년 6월에 새로 설립된 인구와 인종정책 문제에 관한 전문가위원회Expert Committee on Questions of Population and Racial Policy에 참석했다. 다음 달에는 단종법이 뒤를 이었다. 이 법은 "유전적 결함이 있다고 생각되는 이들의 한 세대 전체를 제거하는"

데 착수했다.[52] 이제 유전건강법원이 부적자로 판단할 경우 환자에 대한 불임시술이 이뤄졌다. 남성의 경우 정관절제술, 여성의 경우 난관결찰술이 쓰였다. 선천적 정신박약, 정신분열증, 조울증, 간질, 유전적 시각장애 혹은 청각장애, 알코올 중독, 헌팅턴무도병 환자는 부적자로 판단될 가능성이 매우 컸다. 1934년에 내려진 6만 4499건의 판결 중 5만 6244건에서 불임시술에 찬성했고, 그중 절반 이상은 '정신박약'이 이유였다.[53] 역사가 기셀라 보크는 불임시술을 당한 사람의 전체 수를 40만 명 내외로 추정한다. 이처럼 엄청난 수치가 달성되려면 독일 의료 전문직의 전폭적이고 열성적인 기여가 필요했다고 프록터는 적고 있다. "의사들은 불임시술 할당량을 채우기 위해 경쟁을 벌였다. 불임시술 연구 및 공학은 빠른 속도로 가장 거대한 의료산업 중 하나가 되었다." 그러는 동안 의과대학 학생들은 "불임시술의 기준, 방법, 결과를 탐구하는 최소 183편 이상의 박사학위 논문을 썼다."[54] 요컨대 "모든 의사는 유전자의사가 되어야 했다".

1935년 가을에 제정된 뉘른베르크법—혈통보호법 포함—은 가계에 근거해 유대인의 등급을 엄격하게 정의했고, 결혼을 규제했다. 예를 들어 유대인 조부모를 한 명 둔 남자는 역시 유대인 조부모를 한 명 둔 여자와 결혼할 수 없었다. '유전적 병자'끼리의 결혼은 금지됐다.[55] 이러한 법들은 의료 전문직에 의해 요청됐고, 의사들이 법의 설계와 집행에 참여했다. 귓불의 생김새나 혈액형 같은 생물측정학 데이터에서 유대인 등급을 판정하는 새롭고 효과적인 검사를 찾아내기 위해 연구 프로그램들이 발족됐다.

나아가 의료 전문직은 한층 더 극단적인 우생학 및 반유대주의 정책의 도입에도 앞장섰다. 나치의 안락사 프로그램은 1935년부터 개발되었고, 1939년 전쟁을 위한 최종 동원의 일부로 도입되었다(주된 정당화 근거는 전쟁에 대한 호소였다. 건강하지 않은 사람이 목숨을 내놓지 않는데 왜 건강한 사람이 그렇게 해야 하는가? 20세기 초에 인종위생론자 알프레트 플로에츠는 전쟁이 반우생학적이라는 주장—원기왕성한 게르만 남성은 싸울 준비가 더 잘 되어 있을 것이기 때문에—을 폈고, 1935년에 히틀러는 플로에츠의 주장을 다시 써먹었다).
안락사는 과학 연구로 제시됐다. 상세한 절차는 중증 유전질환에 대한 과
학적 치료위원회Committee for the Scientific Treatment of Severe, Genetically
Determined Illnesses가 만들어 1939년 8월에 공표했다. 일의 순서는 이런 식
이었다. 산파와 의사가 잠재적 환자를 지역 보건 사무소에 보고하면(산파들
은 정해진 양식을 하나 채울 때마다 몇 마르크를 보상으로 받았다) 중앙에 있는 베
를린 사무소에서 양식들을 취합했고, 세 명의 교수가 이름 옆에 + 혹은 −
기호를 써넣었다. + 기호가 붙은 아이들은 보호 시설(병원 포함)로 보내졌
고, 그곳에 안락사 시설이 있었다. 얼마 후 성인 안락사도 시작됐다.

　"의사들은 정신병 환자나 장애가 있는 아이들을 살해하라는 명령을 한
번도 받지 않았다"고 로버트 프록터는 결론내린다. "그들에게는 그런 일을
할 수 있는 권한이 주어졌고, 아무런 항변 없이, 종종 자발적으로 자신의 과
업을 완수했다."[56] 예를 들어 한 의사는 초기 가스실 중 하나를 설계하고 운
영했다. 실상 나치 정치 당국은 종종 조정자 역할만을 맡았다. 의학은 유대
인을 병에 걸린 인종, 즉 그들의 전문성이 발휘될 수 있는 적절한 대상으로
틀짓는 방식으로 기여했다. "결국 과학은 유대인 문제에 대한 해법을 공모
했다"라고 프록터는 쓰고 있다. "1920년대 말에 독일 의학은 정신질환, 도
덕적 타락, 범죄성, 인종적 불순성을 동일시하는 정교한 세계관을 구축했
다."[57] 우생학적 불임시술에서 안락사를 거쳐 홀로코스트에 이르는 경로는
연속적이었다. 예를 들어 동일한 의사·장비·기법의 조합이 안락사병원에
서 강제수용소로 이동했다. "유럽의 유대인을 강제수용소의 가스실로 보내
말살하겠다는 결정은 정신질환자를 제거하는 기술적 장치가 이미 존재했다
는 현실에서 도출됐다"고 프록터는 주장한다.[58]

　결과적으로 역사가들은 나치가 과학을 타락시켰다거나 오용했을 뿐이
라는 주장이 틀렸음을 보여줬다. 의학자들의 행동은 "과학자 자신이 나치
인종 정책의 구축에 참여했"음을 보여준다고 프록터는 적고 있다.[59] 노턴 와

이즈가 해석한 파스쿠알 요르단이나 우테 다이히만이 해석한 루트비히 폰 버틀란피와 같은 사례들은 과학자들이 나치즘에서 영감을 찾을 수 있었고, 이데올로기에 자연주의적 근거를 제공함으로써 은혜를 갚았음을 보여준다. 그러한 과학은 나치즘이라는 실행세계를 반영하면서 그로부터 구축됐다. 또한 과학자는 좀더 직접적인 실용주의적 방식으로 나치의 목표를 진전시키는 데 기여할 수 있었다. 이는 이해관계가 서로 맞아떨어진 전형적인 그림이었다. 기술사가 토머스 P. 휴즈는 수소첨가를 통한 합성석유 생산 프로젝트의 지속이 이러한 기여의 사례를 보여준다고 주장한다.[60]

1920년대에 화학기업 바스프는 고온·고압에서의 촉매 화학공학에 대해 가진 지식—하버-보슈 공정의 규모를 키우는 과정에서 학습한—을 응용해 최초의 합성 메탄올, 그리고 뒤이어 합성석유의 대규모 생산에 성공했다. 1920년대 중반에 이런 결정을 내린 데는 당시 신기술에 대한 국제적 경쟁이 치열했고, 천연 원자재 공급에서 만약의 사태가 벌어질지 모른다는 우려가 작용했다. 산업가와 정치인은 독일이 '내연 혁명'에서 뒤처져 있는 것을 보고 깜짝 놀랐지만, 예비금을 써서 석유를 수입하는 일은 꺼렸다. 새로 만들어진 이게파르벤 합병체의 일부가 된 바스프는 히틀러가 권좌에 오르기 전에 1억 마르크를 썼다. 대공황이 도래하자 세계 석유 가격은 급락했고, 이게파르벤은 돈만 많이 들고 쓸모는 없어진 합성석유공장을 떠안게 됐다. 미래의 총통과의 협상이 1932년에 시작됐고, 1933년 12월에 타결된 합의는 이게파르벤의 제품에 대한 생산 목표, 가격, 시장을 보장해주었다. 화학 합병체의 이해관계는 경제적 자급자족autarky에 대한 히틀러 자신의 관심과 부합했다.

합성석유의 화학에 특별한 나치의 각인이 찍혀 있었다고 할 수는 없다. 그러나 앞서 살펴본 대로 인종위생, 인류학, 물리학 같은 과학에서 나치 이데올로기는 새로운 과학적 내용을 창출하는 데 쓰인 밑천을 제공했다. 이러한 과학 중 일부는 (동시대인과 후대의 논평가들에 의해) 편견에 사로잡혀 있고 편향돼 있다는 평가를 받았다. 그러나 아리아 물리학을 형편없는 과학으로 만든 것이 단지 나치 이데올로기를 밑천으로 썼다는 것만은 아니었다. 파스쿠알 요르단의 물리학 역시 마찬가지였으니 말이다. 아리아 물리학이 형편없는 과학이었던 이유는 추상적 과학—이론—이 실행세계의 과학이 될 수 없다는 가정이 틀렸기 때문이었다.

마지막으로, 최근 역사가들은 나치즘과 과학 사이 관계를 일차적으로 정치권력이 과학에 압력을 가한 관계로 보아서는 안 된다고 강조해왔다. 그보다는 프록터가 주장하듯, "비과학적인 정치적 힘이 비정치적인 과학자 공동체에 자신의 의지를 강제한 것이 아니라, 과학자 공동체의 한 부분이 다른 부분을 억압한 형태"였다.[61] 이러한 억압은 하나의 연구소, 대학, 분야 혹은 전문직 단체에 국지적으로 나타날 수 있었다. 역사가 윌리엄 S. 앨런이 한 도시에 대한 미시연구에서 분명하게 보여준 것처럼, 나치의 권력 장악은 위로부터 이뤄진 것만큼이나 아래로부터 성취된 것이기도 했고, 공동체 내에서 활동하는 시민사회단체 중 상당수가 나치화되면서 나타난 결과였다.[62] 과학자 공동체에 대해서도 비슷한 이야기가 들어맞는다는 것을 알 수 있다. 그뿐만 아니라 앨런이 연구한 도시에서 보인 것처럼, 나치화는 결코 완결되지 않았다. 나치즘에 대해 과학자들이 보인 반응의 스펙트럼은 엄청난 열광에서부터, 직업적 기회주의나, 자신들이 정치 세계 위에 얹혀 있다는 느낌을 거쳐, 혐오와 경멸에 이르기까지 그야말로 다양했다.

망명 과학자들

유럽에 파시즘이 득세하면서 많은 사람이 이주를 택했다. 엘리트 과학자들은 종종 이주하는 데 필요한 자원—돈, 국제적 연줄, 명성—에서 상대적으로 운 좋은 지위에 있었다. 독일, 오스트리아, 이탈리아, 헝가리를 떠난 과학자 집단은 20세기 과학의 경로에 심대한 영향을 미쳤다. 이동의 패턴은 원인, 출발 장소, 분야, 사회적 지위, 이주의 경로와 종착지에 따라 엄청나게 다양했다. 이주 시점은 파시스트 억압의 특정한 역사를 반영했다. 독일에서 중요했던 시점은 공직에서의 추방(1933), 뉘른베르크법 통과(1935), 그리고 유대인 집단 학살과 수정의 밤(1938)이었다. 이탈리아의 파시스트 정부는 1922년에 시작됐다. 이탈리아는 독일보다 늦게(1938) 반유대주의법을 도입했지만, 이탈리아 통일 전쟁까지 거슬러올라가는 한 세기에 걸친 이주의 역사를 이미 경험했다. 해군 제독에서 섭정에 오른 미클로시 호르티는 20년 넘게 헝가리를 지배하며 정치적 좌파를 괴롭히고 유대인의 대학교수 취임을 제한했다. 헝가리에서 완전한 파시스트 체제는 1944년에 잠시 선을 보였다.

역사가 미첼 애시와 알폰스 죌너는 독일을 탈출한 50만 명의 망명자 가운데 대략 2000명이 과학자 혹은 그 외 학자였다고 적고 있다. 그중에서 1100~1500명이 대학교수였고, 나머지는 대학에 속하지 않은 연구 과학자(카이저빌헬름 연구소에 고용된 과학자처럼)와 좀더 젊은 학자였다.[63] 몇몇 분야는 심한 타격을 입었다. 물리학자와 심리학자 중 15퍼센트가 독일을 떠났다. 저명한 물리학자 망명객 중에는 막스 보른, 한스 베테, 제임스 프랑크, 스위스 태생의 펠릭스 블로흐, 리제 마이트너, 볼프강 파울리, 루돌프 파이얼스가 있었다. 그중 가장 유명한 물리학자인 알베르트 아인슈타인은 1933년에 미국을 방문했다가 독일로 돌아가지 않기로 결심했다. 1920년대에 작은 르네상스를 경험했던 이탈리아 물리학은 이주로 인해 극심한 혼란을 겪었다. 1938년 반유대주의법 통과를 계기로 이탈리아를 떠난 중견 물리학자들에는 브루노 로시, 에밀리오 세그레, 줄리오 라카, 엔리코 페르미(부인이 유대인이었다)가 포함돼 있었다. 여기에 브루노 폰테코르보처럼 좀더 젊은 학자들도 합류했다. (종종 파시즘이 도래하기 전에) 고국을 떠났던 헝가리 수학자들과 이론물리학자들은 특히 재능이 넘치는 무리를 이뤘다. 수학자 존 폰 노이만, 물리학자 테오도어 폰 카르만, 레오 실라르드, 유진 위그너, 화학자 마이클 폴라니가 여기 포함돼 있었다. 중부 유럽에서 100명이 넘는 물리학자들이 1941년 이전에 미국의 대학에 자리를 찾았다.[64] 네 사람의 망명 과학자—물리학자 세 명(독일의 막스 델브뤼크와 에르빈 슈뢰딩거, 헝가리의 레오 실라르드)과 생물학자 한 명(이탈리아의 살바도르 루리아)—가 생물학을 결정적으로 바꿔놓았다는 도널드 플레밍의 주장은 나중에 검토해볼 것이다.

기독교로 개종했고 과학이 독일 국가에 봉사하게 하는 것을 자신의 소명으로 여겼던 프리츠 하버도 예외가 되지 못했다. 그는 독일군을 위해 독가스를 개발했고, 가스 부대를 지휘하며 충직하게 복무했다. 심지어 그는 베르사유 조약으로 바이마르 독일이 도저히 감당할 수 없는 배상금을 짊어지게 되자 바닷물에서 금을 추출해 빚을 갚으려는 계획을 추진하기도 했다. 나치의 법은 유대인을 가계에 따라 정의했고, 이는 하버의 복무 이력과 기독교 개종보다 더 우선했다. 1933년 봄 하버는 자신의 연구소에서 젊은 유대인 과학자들을 해고하라는 명령을 받았다. 그는 대신 두 명의 중견 과학자 헤르베르트 프로인틀리히와 마이클 폴라니를 해고했는데, 그들이 해외에서 안전한 피난처를 확보할 가능성이 더 클 거라는 생각에서였다.[65] 그 직후 하버는 사임했다. 중견 유대인 과학자들의 편에 서서 중재에 나선 막스 플랑크의 시도—처음에는 프러시아 과학예술교육부장관 베른하르트 루스트, 이어서 히틀러 본인을 상대로—도 실패로 돌아갔다. 하버는 네덜란드, 프랑스, 영국 등지를 전전했다. 아인슈타인은 하버에게 보낸 편지에서, "금발의 야수에 대해 당신이 예전에 품었던 애정이 다소 식었다는 말을 들으니 매우 기쁘군요"라고 썼다.[66] 병든 하버는 1934년에 스위스에 있는 요양원으로 떠났다. 그는 바젤에 도착한 지 이틀 후에 사망했다.

개인들의 삶은 깊은 상처를 입었고, 그보다 더 나쁜 경우도 있었다. 몇몇 특정 기관 역시 화를 피하지 못했다. 괴팅겐의 물리학과 수학연구소 들은 거의 텅 비다시피 했다. 이후 리하르트 쿠란트는 뉴욕 대학에 완전히 새로운 응용수학연구소를 설립했다. 오스트리아에서는 비엔나 서클이 해체됐다. 모리츠 슐리크는 1936년에 반유대주의 학생의 총에 맞아 숨졌다. 루돌프 카르납은 그 전해에 미국으로 떠났다. 유대인 조상을 둔 사회주의자 오토 노이라트는 독일이 오스트리아를 합병하면서 즉각 위험에 처했다. 그는 먼저 네덜란드로 탈출했고 이어서 영국으로 향했다.

다른 분야들은 상대적으로 영향을 받지 않았다. 어떤 이들이 해고와 망명을 겪는 동안 다른 이들에게는 개인적, 직업적 기회가 생겨났다. 1942년에는 나치가 권력을 잡기 전 해보다 심리학 교수가 더 많았다.[67] 다이히만은 1932년에 활동 중이던 생물학자 가운데 13퍼센트가 해고됐고 10퍼센트가 이주했다고 결론 내린다.[68] 망명 과학자들은 인용 수로 측정해볼 때 뒤에 남은 생물학자들보다 훨씬 더 생산적이었다. 그러나 그러한 상실에도 불구하고 과학자들의 강제 이주가 "연구 분야 전체가 사라지는 결과로 이어지진 않았다"고 다이히만은 쓰고 있다. 실제로 "기초 생물학 연구에 대한 자금 지원은 1933년부터 전쟁이 끝날 때까지 꾸준히 증가했다."[69] 카이저빌헬름 협회들은 특히 혜택을 입었다. 생물학자들이 나치당 당원이 되는 것에 특별한 이득이 없다고 생각했을 정도였다. 다이히만은 나치 독일에서 생물학의 전체적인 상이 후한 지원과 연구의 '연속성'에 있었다고 본다. 대학과 연구소에서는 생물학자들이 인종위생 정책을 정당화하는 것과 동시에 '훌륭한 기초연구'가 이뤄지고 있었다. 물리학과 생물학 모두에서 '절충과 협력'의 모습이 나타났다.[70]

전반적으로 보면 역사가들이 "현대 학문 활동의 역사에서 전례가 없는 대규모 현상[으로서] 과학자와 학자들의 이주"를 연구하는 데 이끌리는 것은 충분히 그럴 만한 일이고, 망명자들이 중부 유럽을 벗어난 곳에서 과학에 영향을 미친 것도 사실이다. 그러나 미첼 애시와 알폰스 죌너는 이 주제를 너무 단순하게 다루는 것에 경고의 메시지를 던지고 있다. 특히 강제 이주의 역사를 마치 망명 과학자들이 "일종의 인적 내지 지적 자본, 혹은……

고급 물건이나 되는 양" 그저 득실의 측면으로만 봐서는 안 된다.[71] 여정에 나선 과학자들이 새로운 아이디어와 숙련을 새로운 땅에 가져다준 것은 사실이다. 망명 과학자 마이클 폴라니는 다른 방식으로는 잘 이전되지 못하는 신체적 숙련·지식·실천을 일컫는 분석 용어—'암묵적 지식'—를 제공했다. 망명 과학자들은 암묵적 지식을 가지고 갔다.[72] 심지어 독일 연구 양식의 수출이 국가별 양식의 차이를 감소시켰는지도 모른다. 과학의 '탈국적화' 과정이 강제 이주에 의해 촉진되었을 수도 있다.[73] 그러나 지식은 새로운 맥락에 이식될 때—그저 득실이 생기는 것이 아니라—종종 변화를 겪는다. 강제 이주는 "중부 유럽의 좀더 규모가 작고 제한적인 대학과 과학 시스템에서는 일어날 수 없었던 경력을 가능하게 했다"라고 애시와 죌너는 적고 있다. "새로운 환경에 대응해야 한다는 압박은 상황이 달랐다면 같은 방식으로 일어나지 않았을지도 모를 혁신으로 이어졌는지 모른다." 어쩌면 새로운 맥락 역시 척박한 것으로 드러날 수도 있었다. 유대인 학자들은 독일을 탈출한 이후에도 반유대주의에 직면했다. 노벨상 수상자인 물리학자 제임스 프랑크는 1933년 존스홉킨스 대학에 도착했지만, 대학 총장 아이재이아 보우먼의 편견 때문에 얼마 후 쫓겨났다.[74]

제11장

규모 확장과 축소

.

이 장은, 전적으로는 아니지만 주로 1920년대와 1930년대 미국 과학을 다룬다. 여기에는 서로 연결되는 일곱 개의 주제가 있다. 첫 번째 주제는 과학 관측 및 실험 기기들이 점차 거대해졌다는 것이다. 가령 망원경의 예를 들어보면 반사망원경의 성능을 측정하는 척도는 거울, 즉 주반사경의 지름이다. 윌슨산 천문대의 60인치 망원경은 1908년에 완성되었고, 1917년에 100인치 망원경이 건설되었다. 1928년에는 록펠러 재단 국제교육위원회International Education Board가 종전의 두 배 크기로 망원경을 건설할 기금을 내놓았다. 1949년, 팔로마산 천문대에 200인치 망원경이 건설되었다. 최초의 빛을 보기까지 20년이라는 시간이 걸렸지만, 이 망원경은 허블 우주망원경이 등장하기 전까지 가장 우수한 광학 망원경이었다. 이후 핵물리학에서 가장 중요한 실험 장치가 된 사이클로트론cyclotron이 강력한 자석을 이용해서 하전荷電 입자를 원형 트랙에 돌렸다. 사이클로트론은 크기가 클수록 더 많은 에너지를 얻을 수 있어 더 강력해졌다. 1930년대에 사이클로트론은 직경이 수 인치에서 수 미터로 커졌다. 사이클로트론 말고도 대규모 실험 장치들이 물리실험실에 더해졌다. 밴더그래프 정전靜電발전기, 질량분석계, 선형가속기 등이 그런 장치들이었다. 대규모라는 경향은 물리과학에 국한되지 않았다. 생물학에서는 관심을 가지는 서로 다른 크기의 물체들을 분리하기 위해 엄청나게 빠른 회전 속도를 이용하는 초원심超遠心분리기와, 물질을 파동으로 이해하는 양자적 관점에서 세계를 아주 작은 척도로 탐지해 그 상을 포착하는 전자현미경과 같은 크고 값비싼 장치들이 20세기 중엽부터 생명과학 연구를 크게 바꾸어놓았다.

대규모 장치들은 값이 무척 비쌌다. 게다가 이런 장치들은 세기 전환기 실험실 밀실의 기술자들이 흔히 가졌을 법한 것과는 다른 부류의 기량*을 필요로 했다. 특히 빌딩 크기만 한 사이클로트론에 들어가는 거대한 전자석을 만드는 것과 같은 기량이 산업에서 요구되었다. 따라서 두 번째와 세 번째 주제는 후원자와 산업의 역할 증대다. 1930년대에 대규모 과학 장치를 만드는 데 필요한 돈을 어떻게 확보할 수 있었을까? 이런 장치를 통해 수행되는 과학에는 어떤 종류의 산업 협력이 전형적일까? 결정적으로 1930년대의 대부분 기간에 과학, 특히 물리과학의 맥락은 산업 성장이었다. 전파산업, 전자공학, 그리고 전파물리학이 한 묶음을 이루었으며, 핵동위원소산업과 핵물리학이 또다른 패키지가 되었다.

상호연결도 진행되었다. 더 큰 가속기를 만들려면 전기와 전파에 대한 산업계의 기량이 필요했다. 케임브리지 캐번디시 연구소의 물리학자들과 그들의 경쟁자인 비엔나 그룹의 과학자들이 방사성 붕괴의 본성을 놓고 벌인 논쟁을 해결하기 위해서는, 입자를 검출하고 그 수를 세는 새로운 전기 장치가 필요했다. 또한 이러한 실험 장치를 제작하려면 당시 급성장하던 전파산업계의 "신뢰성 높고 값비싼 전자부품"과 기량이 필요했다.[1] 전화 통신에서 분리되어 나온 전파산업계는 독자적인 연구실을 여럿 설립했다. 가령 미국전화전신회사의 벨 연구소는 1925년에 설립되었다. 정부와 전파 사

---

* skill을 기량으로 번역했다. 이것은 교과서나 매뉴얼로 정리할 수 없는 종류의 암묵지tacit knowledge라는 의미를 가진다.

업체들은 전파가 확산되는 방식을 놓고 이해관계를 함께했다. 해군에는 통신이 필요했고, 방송에는 무선망이 필요했다. 이해관계의 공유 덕분에 상층대기권 연구에 자금이 몰려들었다. 구름층보다 훨씬 높은 곳에 '이온층ionosphere'이라는 이름이 붙여졌고, 탐구가 이루어졌다. 1924년부터 영국의 과학자 에드워드 애플턴은 이온층에서 전파가 반사되는 층들의 높이를 측정하기 위해 BBC 방송 송신을 이용했다. 그는 1947년에 노벨상을 받았다. 부분적으로는 상호연결된 영국의 기술들이 레이더의 초기 개발에 결정적이었다는 사실을 인정받았기 때문이기도 했다.

그렇더라도 이 장에서 다루는 역사는 압도적으로 미국, 사실상 대부분이 캘리포니아의 역사다. 실험 장치의 크기, 후원자의 경제 규모, 그리고 산업적 기량과 지식은 네 번째 주제인 과학적 리더십의 소재지 및 그 지리학과 어떻게 연관될까? 20세기 초 대서양 연안(그리고 중서부) 지역의 거대 과학기관들—존스홉킨스와 시카고 대학 같은 연구대학들, 전통적인 강세를 유지하는 하버드와 MIT, 록펠러와 카네기 재단의 지원을 받는 연구소들—은 구세계의 유사한 기관들과 어깨를 나란히 했다. 서부 해안에 우후죽순처럼 생겨난 과학 단지들—윌슨산과 팔로마산 천문대, 로렌스 사이클로트론연구소, 라이너스 폴링과 테오도르 폰 카르만, 그리고 T. H. 모건이 속한 캘리포니아 공과대학(칼텍), 로버트 오펜하이머가 재직했던 버클리 대학—은 전 세계에 영향력을 발휘했다. 1930년대는 과학 분야에서의 미국의 지도력이 확연해진 10년간이었다. 『뉴스위크』는 1936년 기사에서 "미국이 물리학에서 세계를 선도하고 있다"라고 썼다. 대니얼 케블스는 "실제로 그러했다"라고 자신의 평을 더했다.[2] 생명과학 분야도 마찬가지였다. 게다가 이러한 지도력은 서방 세계에 대한 것이라는 점이 강조되었다. 그렇다면 역사가들이 20세기 중반 과학의 미국화, 나아가 캘리포니아화Californification에 대해 이야기하는 것에는 과연 의미가 있을까? 의미가 있다면 무엇일까?

1930년대 초에 활발한 진전을 보인 분야가 과학만은 아니었다. 인문학의 흐름도 미국 중서부 텍사스와 오클라호마의 더스트볼 지대를 벗어나 태평양 연안에서 새로운 출발을 했다. 1929년 월스트리트 주가 대폭락과 뒤이은 대공황은 과학 연구를 포함해 1930년대의 연구 전반에 불가피한 경제적 맥락을 제공했다. 실제로 몇몇 학자들은 대공황이 일어난 데는 과학에도 얼마간 책임이 있다고 보았다. 1920년대 인문학에서는 과학의 두드러진 성공에 불만을 제기하는 대항적인 전통이 얼마간 형성되었다. 1927년 영국 성공회 리폰 교구의 주교는 반쯤은 농담조로 향후 10년 동안 과학 연구를 중단하자며 모라토리엄을 요청했다. 그러자 몇몇 문학 교수와 인문학자, 작가, 그리고 시인이 그의 주장에 호응하고 나섰다.[3] 케블스는 대공황 이후, "앞서 인문학자들의 비판 이외에도, 생각이 깊은 미국인들은 자연스럽게 과학이 기계 문명의 실패에 최소한 부분적으로라도 책임이 있는지 의문을 제기했다"고 말했다.[4]

반면 어떤 사람들은 과학을 해결책 중 일부로 보았다. 영국 경제학자 존 메이너드 케인스가 1936년 그의 대작『고용, 이자 및 화폐의 일반 이론The General Theory of Employment, Interest and Money』에서 개괄했던 경제적 틀은 대공황이라는 실행세계에 대한 분석과 치유책이었다. 미국 과학자 몇몇은 소련의 실험을 본보기로 삼아야 한다고까지 생각했다.[5] 대공황과 반나치라는 유사한 대의에 의해 촉발된 급진 정치의 대두로, 생리학자 월터 B. 캐넌, 인류학자 프란츠 보아스와 같은 소수의 미국 과학자들이 좌익의 대의를 지지하고 조직했다. 1920년대에 텍사스 대학에 재직했던 허먼 멀러는 1926년에 초파리 돌연변이를 일으킨 혁신적 실험의 결과를 발표했지만 1933년에 소련으로 이주했다.

대체로 대공황에 대한 반응은 대규모 조직과 전문가의 계획 수립이 위기를 벗어나는 해법이라는 기존의 경향성을 촉구하고 심화시키는 쪽이었다. 이 강조점은 이 장에서 다루어질 다섯 번째 주제다. 20세기의 첫 25년 동안, 진보적인 공학자들은 자신의 전문성이 미국의 질병을 치유하는 데 활용될 수 있기를 희망했다. 이들은 허버트 후버를 굳게 믿었지만, 이러한 움직임은 활력을 잃었다.[6] 1929년 이후, 기술관료적technocratic 관념이 되살아나서 힘을 얻었다. 실제로 하워드 스콧의 영향력하에서 기술관료 진영은 전문가에 의한 중앙집권적 경제 계획을 요구했고, 상품의 가치가 시장에 의해 수립된 가격뿐 아니라 생산에 들어간 에너지의 총량에 의해서도 결정되어야 한다고 주장했다.[7] 1933년과 1934년에 시카고에서 개최되었던 '혁신의 세기, 시카고 국제 박람회'는 "과학이 발견하고, 산업이 적용하고, 인간이 따른다"는 기치를 내세웠다.

루스벨트의 뉴딜정책하에 수립된 체계에서 계획화는 진정한 의미의 황금기를 맞이했다. 이 시기에 사회과학이 번성했다. 제1차 세계대전 당시 불어닥쳤던 산업 계획을 제외하면, 연방정부가 군사라는 실행세계 바깥에서도 기술 변화를 일으키는 합법적인 행위자로 간주된 시기는 대공황 이후였다.[8] 기술비평가인 루이스 멈포드의 격려 덕분에, 1920년대에는 지역개발 계획에 대한 열광주의가 높아졌다. 멈포드는 에든버러의 생물학자인 패트릭 게데스의 사상을 읽었다. 루스벨트에 의해, 지역 개발의 가능성이 현실화되었다. 1933년에 설립된 테네시강유역개발공사TVA는 하천의 수계 전체를 재설계해서 지역 전체를 경제개발한다는 계획을 수립했다. 수력발전소를 먼저 건설해서 전기를 공급하고, 홍수를 통제하며, 토양을 보존하는 계획이었다. TVA 지도자 중 한 사람인 데이비드 릴리엔탈은 자신들의 사업을 자화자찬했다. "역사상 최초로 강의 모든 자원이 '총체적으로 구상'되었을 뿐 아니라 자연 스스로가 자신의 자원으로 간주하는 것들의 통일성—물, 땅, 그리고 삼림 모두가 '하나의 이음매도 없는 연결망'—으로 개발될 것이다."[9] TVA는 전전戰前 테크노크라시의 최고 수위선을 기록했다. 앞으로 살펴보겠지만, 테네시강유역개발사업으로 발전된 엄청난 양의 전기뿐 아니라 계획화된 정부 활동의 모델은 20세기 과학기술 프로젝트의 분수령을 이루는 획기적 사건이었다.

TVA는 대공황에서 벗어나는 길을 조직하려는 시도의 사례였다. 야심찬 규모의 계획과 조직은 1930년대에 이루어진, 자선재단을 비롯한 미국의 또 다른 프로젝트들에서도 같은 특징을 나타냈다. 1930년대 이전에 미국의 암 통제협회는 암에 대한 교육을 늘리고, 자기 분석을 통해 조기 진단을 장려하는 활동을 조용히 수행했다. 그러나 뉴딜 기간에 이 조직은 미국 암협회 American Cancer Society로 개명했고, 자금을 모으기 위해 여성자원봉사단 Women's Field Army을 설립했다. 암 예방을 위한 교육과 모금을 목적으로 메리 래스커가 이끈 이 단체는 큰 성공을 거두어서 1939년에는 회원 수가 10만 명을 넘었고, 나중에는 미국에서도 '선도적인 의학 연구 사업'으로 성장했다.[10] 마찬가지로 마치오브다임스(소아마비 모금을 위한 전국 재단으로 1938년에 설립되었다)도 당시 미국 대통령을 비롯해 많은 사람이 고통받던 소아마비 퇴치 연구 기금을 모으기 위해 전국 조직을 이용했다. 마침내, 이 장에서 자세히 다루어질 사례에서 록펠러 재단은 1933년 인간의 과학 Science of Man이라는 주요 연구 프로그램을 출범시켰다. 이 프로그램은 생명과학의 핵심적인 요소들을 조정하여 새로운 방향으로 발전시켰다.

다섯 번째 주제가 대규모 조직과 전문가 계획이라면, 여섯 번째는 추가 조항에 해당한다. 스케일링 업, 즉 규모 확장은 사소한 문제가 아니며 상당한 추가 실험과 개발을 통해서만 가능하다. 규모 확장에 대해 학습한 기량은 소실되지 않으며, 1930년대 이후 대규모 과학 프로젝트, 특히 미국의 프로젝트들이 성공을 거두는 데 결정적인 역할을 했다. 관리와 생산에 대한 지식이 연구 분야들과 결합되었다. 규모 확장의 문제는 일곱 번째이자 마지막 주제인 간학문성interdisciplinarity의 여러 사례와 관련된다. 그 밖의 사례들은 설계, 대규모 실험 장치의 건설과 사용의 문제들(첫 번째 주제), 그리고 록펠러 재단의 인간의 과학과 같은 프로젝트에서 발견되는 연구 분야들의 조직화된 재편성(다섯 번째 주제)에서 발견된다. 간학문적 연구는 1930년대 미국 대학 특히, 최소한 가령 독일의 대학과 비교했을 때, 칼텍와 버클리와 같은 캘리포니아 지역의 대학에서 번성했다.[11] 여기서 새로운 물음이 제기된다. 간학문성은 20세기 중엽에 미국이 과학의 주도권을 잡게 한 중요한 요인이었는가?

지금까지 다루어질 주제를 소개했으니, 이제 구체적인 서술을 할 차례다. 우리는 캘리포니아의 과학자 셋, 즉 어니스트 O. 로렌스, J. 로버트 오펜하이머, 그리고 라이너스 폴링으로 논의를 시작할 것이다. 이들에 대한 논의는 각각 입자물리학과 핵물리학, 이론물리학, 그리고 화학이라는 이들의 연구 분야와 연관해서 이루어질 것이다. 폴링은 다음에 다룰 주제에서 핵심적인 역할을 맡았다. 나치를 피해 망명한 물리학자들의 아이디어로 촉발되고, 록펠러 재단이 기획했던 거대분자과학과 '분자생물학'이 그것이다. 실험 장치에 대한 의존instrumentation도 이러한 생명과학의 형태와 방향에서 중요했다. 실험실 과학을 산업 생산으로 확장하기 위해 무엇이 필요했는지 밝혀내기 위해 라듐, 인슐린, 나일론 세 가지 사례가 검토될 것이다. 마지막으로, 과학을 지원하기 위해 공적 사업과 사적 기업을 결합하는 서로 다른, 그리고 얼마간 새로운 몇 가지 방법을 다루고, 과학이 어떻게 실행세계와 연관되어야 하는지 모델을 제시했던 세 가지 서로 대비되는 사례들을 간략하게 논하면서 이 장을 끝맺을 것이다. 각각 존 메이너드 케인스와 J. D. 버널의 대규모 계획, 보스턴에서 이루어진 모험자본에 의한 최초의 실험, 그리고 1939년 뉴욕 박람회에서 표현된 기업의 전망이다.

새로운 양식의 창시자들, 캘리포니아 과학자들과 캐번디시

우리는 이미 앞에서 캘리포니아의 송전 프로젝트를 위한 전문성 제공과 민간의 기여에 대한 보상으로 록펠러, 카네기, 그리고 지역 기업들의 후원을 받아 캘리포니아 공과대학(칼텍)이 설립되었다는 것을 살펴보았다. 칼텍의 물리학자인 로버트 밀리컨은 서던캘리포니아에디슨사가 그를 위해 지어준 100만 볼트의 전압을 얻을 수 있는 대규모 실험실 덕을 톡톡히 보았다. 변압기만으로도 50피트 높이에 면적이 300제곱피트나 되는 건물을 가득 채울 정도였다.[12] 고압 전류는 입자들을 충분히 빠른 속도로 가속시켜서 원자핵이나 다른 입자들과 충돌할 수 있게 해주었다. 투입 에너지가 높을수록, 물리학의 사실이 더 많이 밝혀졌다. 에너지를 높이기 위한 접근방식 중 하나는 한 차례 가속으로 아주 높은 전위차를 만들어내는 것이었다. 워싱턴카네기 연구소의 메릴 터브와 케임브리지 캐번디시 연구소의 어니스트 월턴이 이런 방식에 로버트 밴더그래프가 개발했던 고압발전기를 이용했다. 노르웨이인 롤프 비더뢰가 제안했듯이, 이 원리를 직선으로 작동시키면 선형 가속기를 건설할 수 있었다. 그런데 문제는 그만한 공간이 없다는 것이었다. 캘리포니아 버클리 대학의 어니스트 로렌스가 자석을 이용해서 경로를 휘게 만든 나선형 궤도에 대전된 입자를 가두어두고 그 입자들을 조금씩 가속시키는 개념을 제기했다. 이것이 사이클로트론, 즉 하전 입자 가속의 원리였다. 전기장을 맥동시키는 기법은 무선공학에서 가져왔다. 실제로 로렌스가 사용했던 전자석 84톤은 대륙 간 무선통신에 이용되었던 팰로앨토市의 아크발생장치 가운데 일부였다.[13]

따라서 사이클로트론 건설에 필수적이었던 로렌스의 기량과 연줄은 캘리포니아의 전기공학과 무선공학이라는 실행세계에 속하는 셈이었다. 1930년부터 로렌스와 그의 제자 스탠리 리빙스턴은 이 개념을 입증하기 위한 장치로 직경 4와 2분의 1인치 사이클로트론을 만들었다. 이 장치는 수소이온을 80만 전자볼트eV의 에너지로 가속시켰다. 그 후 1931년에 이들은 100만 전자볼트에 도달한 11인치 사이클로트론을 제작했다. 사이클로트론들의 크기가 커지면서, 이 장치를 설치할 더 큰 시설과 자금을 조달하고 연구를 지원할 새로운 방법이 필요해졌다. 그다음에 제작된 직경 27인치 사이클로트론에는 무려 84톤의 전자석이 들어갔다. 이 장치가 설치된 건물은 방사연구소Radiation Laboratory라 불렸다. 1937년에는 37인치 사이클로트론이 완성되었고, 1939년에는 60인치, 그리고 전쟁 동안에 184인치 사이클로트론이 제작되었다. 자선 기관뿐 아니라 캘리포니아주에서도 자금을 지원했다. 대학이 자체 설립한 재단인 리서치코포레이션Research Corporation은 화학자 프레드릭 가드너 코트렐이 개발한 전기집진기集塵機 특허로 생긴 이익으로 27인치 사이클로트론을 건설했고, 나중에 록펠러 재단이 115만 달러를 기부했다.[14] 로렌스는 기부를 장려하기 위해 사이클로트론을 고에너지 X선과 중성자를 발생시켜 암을 치료하는 의료기기로 재해석했지만 효과는 의심스러웠다. 로렌스는 1935년 보어에게 이렇게 털어놓았다. "나는 우리가 이런 생물학적 연구를 수행한 이유 중 하나가 연구소에서 이루어지는 모든 연구에 대한 재정적 지원을 얻기 위해서라는 점을 고백하지 않을 수 없습니다. 당신도 알다시피, 의학 연구로 돈을 얻기가 훨씬 더 쉽기 때문이지요."[15]

그래도 치료라는 역할은 연방정부를 설득해서 국립암자문위원회 National Advisory Cancer Council를 통해 로렌스의 연구를 지원하게 했다.[16] 여기에는 뉴딜정책도 한몫했다. 방사연구소는 공공산업진흥국과 국립청소년청을 통해 전기기사, 기계제작자, 목수를 비롯해 많은 기술자를 고용했다. 비용은 전액 정부가 지원했다.[17] 로버트 세이델은 로렌스 방사연구소에 지원된 전체 연구비가 "1900년에 새로운 공장 건설을 제외하고 모든 학문적 물리학에 지원했던 연구비 총액과 맞먹었다"고 평가했다.[18] 더구나 당시는 대공황이 한창이던 시기였는데도 이러한 지원이 이루어졌다.

실험 장치의 규모 확장과 유례를 찾을 수 없을 만큼 다변화된 후원 말고도, 역사학자 로버트 세이델은 로렌스 방사연구소가 20세기 과학의 양식과 지도력에서 나타난 여러 가지 변화를 예고했다고 지적했다. 첫째, 과학과 기술의 구분이 거의 불가능해졌다. 사이클로트론을 제작하고 사용한 사람은 물리학자인가 공학자인가, 아니면 둘 다인가? 사이클로트론 건설뿐 아니라 운영, 유지, 그리고 장치에서 나온 결과의 해석에도 기계공학과 전기공학의 기량은 분명 필수적이었다. 그러나 19세기와 20세기 물리학의 상당 부분, 심지어 이론물리학까지도 당시 실행세계의 일부로 간주해야 한다는 점을 상기하면, 이러한 기술적 측면은 새로운 것이 아니라 오히려 로렌스 방사연구소에서 표면화되었다고 볼 수 있다. 둘째, 사이클로트론 과학은 간학문적인 과학이었고, 핵물리학자, 방사화학자, 방사생물학자, 그리고 치료연구를 위한 의학자, 기기실험을 위한 공학자와 물리학자 팀의 조합이었다. 거기에 조직적 복잡성을 관리하기 위해 위계적 관리 체계가 마련되었다.

이 모든 점을 합쳐서, 역사학자 존 크리그와 도미니크 페스트레는 새로운 양식의 과학이 출현했다고 주장했다.

기초과학에서 과거에는 알려지지 않았던 깊은 수준의 공생, '순수' 과학과 기술, 그리고 공학의 융합이 이루어졌다. 그것은 새로운 실행, 새로운 물리학의 수행방식, 새로운 유형의 연구자의 출현이었다. 새로운 연구자는 이러한 분과 학문과 그 핵심적인 이론적, 실험적 주제들의 진화를 접하게 된 물리학자이자 새로운 장치들을 상상하는 공학자, 가장 진보한 기법(당시 전자공학과 같은)에 능통하고 혁신적이며 그러한 기술을 잘 활용할 수 있는 사람이면서, 많은 돈을 끌어들이고 서로 다른 전문성을 가진 사람들을 모으고 전문적인 자원을 동원할 수 있는 혁신적인 기업가이기도 하다.[19]

이들은 로렌스가 새로운 유형의 첫 번째 사례였다고 주장한다. 그와 비슷한 다른 과학자들—루이스 W. 앨버레즈, 에드워드 로프그렌, 에드윈 맥밀리언, 볼프강 파노프스키, 그리고 로버트 윌슨—은 "새로운 물리학의 대가가 되었고, 전 세계의 과학에 그들의 리듬을 부과했다".[20] 세이델은 이렇게 말했다. "집단 과학group science에 대한 개인의 예속과 같은 하드웨어에 대한 매료가 가속기실험실에서 물리학의 다른 분야들로, 그리고 미국에서 나머지 세계로 확산되었고, 과학과 기술을 하나로 만들었다."[21]

중요한 것은, 캘리포니아 대학 캐번디시 연구소와 같이 양차 대전 사이 전간기에 가장 생산적이었던 물리실험실들은 연구 규모를 확대시킨 연구소였다는 점이었다. 우리는 앞 장에서 어니스트 러더퍼드가 자신의 실험물리학을 케임브리지에 어떻게 도입했는지와, 원자핵 모형이 닐스 보어 같은 이론가들과의 대화를 통해 명확하게 수립되었다는 현실을 살펴보았다. 제1차 세계대전 이후 러더퍼드의 캐번디시 연구소는 괴팅겐 및 코펜하겐과 함께 학구열에 불타는 물리학자라면 반드시 거쳐야 할 필수 연구소 중 하나가 되었다. 연구자 수가 늘어나면서 캐번디시는 연구 집단으로 조직되기 시작했다. 핵에 대한 연구는 계속되었다. 러시아인 표트르 카피차가 1921년에 캐번디시에 왔고, 사실상 러더퍼드의 이인자가 되었으며, 이후 독자적으로 새로운 연구 라인을 만들었다. 1930년대 초에 수행했던 저온低溫 연구가 그런 예에 해당한다. 카피차는 1934년에 잠시 러시아로 돌아갔다. 아마 소련에 계속 머물라는 스탈린의 지시를 받았을 것이다.

　실험 기기의 발달과 함께 핵 이론이 정립되고 실험이 계속되었다. 화학자인 프랜시스 애스턴은 동위원소 문제를 해결할 방법을 찾고 있었다. 제1차 세계대전이 끝난 후 1919년에 애스턴은 질량분광기를 만들었다. 이온의 경로가 자기장에 의해 휘어지는 정도를 측정해서 이온의 질량을 측정하는 장치로, 무거운 이온이 가벼운 이온보다 덜 굴절된다는 점을 이용했다. 질량분광기는 20세기 물리학에서 필수적인 실험 장치가 되었다. 그 밖에도 영상을 얻거나 측정을 위한 장치들이 고안되었다. C. T. R 윌슨이 1900년대와 1910년대에 발명한 안개상자cloud chamber는 해군 생도였던 시미즈 다케오淸水武雄와 패트릭 M. S 블래킷 같은 다른 캐번디시 물리학자들에 의해 개작改作되었다.

　블래킷이 캐번디시에서 했던 연구는 당시 연구의 규모를 잘 보여준다. 러더퍼드는 질소의 원자핵에 알파 입자로 충격을 주어서 자신이 생각했던 원자핵의 붕괴를 관찰했다. 이 현상은 유화아연 스크린에 비치는 희미한 녹색 형광 섬광으로 나타났다. 매번 나타나는 섬광은 육안으로 관찰해서 일일이 수작업으로 기록했다. 러더퍼드는 블래킷에게 시미즈의 연구 프로젝트를 접수해서 이 현상들의 기록을 만들어달라고 요청했다. 그는 안개상자를 인수한 뒤, 기존 장치에서 상자를 확장시키고 카메라 셔터를 누르는 스프링 장치를 추가했다.[22] 개량 안개상자는 1922년에 완성되었다. 1924년 여름에 블래킷은 2만 3000장의 사진으로 41만 5000건의 이온 궤적들을 수집했다. 그중에서 여덟 개의 궤적이 주된 관심을 끌었다. 이 궤적들은 알파 입자가 질소 원자핵에 충돌해서 양성자 하나와 산소 가스를 생성한다는 것을 보여주었다. 러더퍼드의 가설과 달리, 이것은 핵의 분열이 아니라 알파 입자의 융합―필경 일종의 '핵'력에 기인한―이었다.[23] 이 현상은 물리학에 중요한 물음을 제기했으며, 결정적으로 입자의 사진 촬영과 등록을 자동화시켜야만 실질적으로 증거 수집이 가능했다. 자동화는 물리 실험의 규모 증가에 대처하는 또 하나의 학습 과정이었다.

캐번디시가 했던 연구 중 일부는 상대적으로 작은 규모에 머물렀다. 러더퍼드의 질소 붕괴 실험에서 오른팔 격이었던 제임스 채드윅은 원소 변환 연구를 계속했다. 그는 독일의 발터 보테와 그 밖의 물리학자들의 연구를 통해서 고에너지 알파 입자가 특정한 가벼운 원소와 충돌하면 이 원소를 관통하는 복사輻射가 생성된다는 것을 알았다. 그 복사는 감마선으로 추정되었다. 파리의 이렌 졸리오 퀴리와 프레더릭 졸리오는 감마선으로 추정한 이 복사가 파라핀을 타깃으로 했을 때 양성자를 생성한다는 사실을 입증했다. 채드윅은 감마선의 가능성을 배제하고, 그 대신 1932년 『네이처』에서 가벼운 원소를 관통하는 복사가 새로운 입자인 중성자라고 주장했다. 주장은 새로웠지만, 친숙하고 전통적인 방법에 의존했다. 그러나 상대적으로 작은 크기의 장치에 직접 의존했던 캐번디시 연구소의 발견들은 대부분 이런 식의 비례 축적scaling 기법을 간접적으로 사용했다. 1933년에 주세페 오키알리니와 함께 연구했던 블래킷은 자동화 방법을 적용―가이거계수기를 이용해 우주선이 지나가면 안개상자가 자동으로 사진을 찍도록 하는 식으로—해서 양전자를 발견하는 데 기여한 궤적을 찾아냈다. 이 발견은 전년에 칼텍의 밀리컨의 제자 중 한 명이었던 칼 D. 앤더슨 박사가 했던 관찰을 확인해주었다. 양전자의 이론적 가능성은 1928년 폴 디랙이 전기역학의 상대성 이론에서 처음 제기했다. 그래도 최소한 실험물리학에서는 캘리포니아 과학이 선두를 달리고 있었다는 점에 주목할 필요가 있다.

캐번디시 연구소의 마지막 사례는 규모 확장 현상을 잘 예증한다. 아일랜드 사람 어니스트 월턴과 랭커스터 출신 존 코크로프트는 1920년대에 캐번디시에 합류한 두 연구자였다. 이들의 임무는 리튬 원자핵에 양성자를 충돌시키는 것이었다. 이 연구계획은 조지 가모브가 했던 일련의 계산 결과에 의해 촉발되었다. 오데사 출신의 이 이론가는 레닌그라드를 떠나 괴팅겐과 코펜하겐을 거쳐 다시 동쪽으로 돌아가기 전에 케임브리지에 머물고 있었다(그는 1934년 미국에 망명했다). 그러나 리튬 원자 충돌은 러더퍼드의 캐번디시 연구소 실험실 연구전통에 속한, 전적으로 주류에 해당하는 연구계획이기도 했다. 임무를 완수하기 위해서 월턴과 코크로프트는 산업적 규모로 장치를 만들기 시작했다. 과거 코크로프트는 맨체스터의 전문 엔지니어링 회사인 메트로폴리탄비커스사에 근무했던 경력이 있었고, 그는 이러한 산업용 기계 제작의 기량, 연줄, 그리고 그 산물을 캐번디시 연구소에 도입했다.[24] 방 크기만 한 실험 장치는 엄청난 잠재력의 차이를 불러왔다. 코크로프트와 월턴은 약 70만 볼트로 양성자를 가속시켜서 리튬 원자핵을 깨뜨렸다. 그것은 인공적인 분열이었다. 케임브리지의 유능한 기자 J. G. 크로더가 전국지와 접촉한 덕분에 이 사건은 언론의 조명 세례를 받았다. 1932년은 캐번디시의 "기적의 해"로 널리 알려졌고, 신문들은 핵과학nuclear science을 "현대 과학에서 가장 흥분을 자아내는 분야"로 치켜세웠다.[25] 로렌스의 사이클로트론과 마찬가지로 이 기계들의 규모와 엄청난 비용은 연구의 산업화뿐 아니라 과학에 대한 대중적 이미지 관리 또한 부추겼다.

로렌스는 캐번디시에서 이루어진 발견들—1934년 프레더릭 졸리오와 이렌 퀴리가 인위적으로 만들었던 방사성 동위원소와 함께—을 잃어버린 기회로 간주했다. 피터 웨스트윅은 방사연구소에 있었던 기계들의 규모 확장에 대한 "강박이 실험 결과라는 비용을 치르고 이루어졌다"라고 지적했다. "만약 로렌스가 가속기를 개선하는 데 쏟은 관심을 일부라도 거기에서 생성되는 입자와 그것들을 검출하는 수단으로 돌렸다면", 그 발견 중 일부는 "버클리에서 이루어질 수 있었으리라는" 것이다.[26]

　　그렇더라도, 로렌스의 전략은 보상을 얻기 시작했다. 방사연구소는 새로운 동위원소의 공장이 되었다. 이탈리아인 에밀리오 세그레는 새로운 인공 원소를 발견했다. 첫 번째는 테크네튬(원소번호 43)으로 로렌스의 사이클로트론 중 하나에서 표적으로 사용된 몰리브덴 표본에서 발견되었다(세그레는 무솔리니가 1938년 반유대인법률을 승인했을 때 이탈리아를 떠나 로렌스 연구소에 합류했다). 에드윈 맥밀런과 필립 에이블슨은 1940년에 최초의 초超우라늄 원소인 넵투늄(원소번호 93)을 발견했다. 곧이어, 훨씬 더 중요한 원소인 플루토늄이 글렌 T. 시보그에 의해 추가되었다. 플루토늄에 대해서는 나중에 다시 다룰 것이다. 약관의 루이스 앨버레즈는 나이가 많은 펠릭스 블로흐와 함께 세심하게 중성자의 자기 모멘트를 측정했다. 이 근본적인 연구는 훗날 핵자기공명이 개발되는 초석이 되었다.

　　특히 일련의 실험들이 로렌스 실험실에서 이루어진 연구의 간학문적 전망을 잘 보여주었다. 생명 현상에서 탄소화학이 중심이라는 데 착안해서 1930년대 말 컬럼비아 대학의 해럴드 유리 연구팀과 로렌스 그룹은 생물학적 추적자로 탄소 동위원소에 대한 관심을 높였다. 탄소-12는 친숙하고 안정적인 "정상" 동위원소였다. 또 하나의 동위원소인 탄소-11도 알려졌는데, 반감기가 21분에 불과해서 유용성이 떨어졌다. 1939년에 로렌스는 시카고 대학에서 훈련받은 두 젊은 연구자 마틴 D. 케이먼과 화학자 새뮤얼 루벤에게 더 무겁고 반감기가 긴 동위원소를 찾으라는 과제를 주었다.

1940년 2월, 케이먼은 37인치 사이클로트론에서 사흘 동안 실험을 계속해서 흑연에 중양자重陽子를 충돌시켰다(중양자는 양성자와 중성자의 결합물로 1931년에 유리가 발견했다). 조지 카우프먼은 이 과정을 이렇게 썼다.

케이먼이 사흘 밤을 꼬박 새우면서 실험을 계속한 덕분에 표적 탐지기가 [긴 노출을] 축적할 수 있었다. ……1940년 2월 19일 새벽이 밝기 직전에, 그는 탐지기를 끄고 흑연의 표면을 긁어서 무게 측정용 병에 넣은뒤 루벤의 책상 위에 올려놓았다. 집에 돌아가는 길에는 폭풍우가 몰아쳤다. 그는 "잠을 자지 못해 두 눈이 충혈되고, 사흘 동안 자라난 수염이 덥수룩하고, 피로에 녹초가 되어 비틀거리며 걸었다". 그리고 몇 시간 전 이스트베이의 어딘가에서 벌어진 대량살인 사건의 용의자로 간주되어 경찰에 체포되었다. 다행히도 범죄 피해자가 그를 알아보지 못해서 방면되었다. 자신의 원룸 아파트로 돌아가자 그는 쓰러져서 열두 시간 동안 잠을 잤다.[27]

루벤은 오염된 부분을 조심스럽게 제거했다. 그리고 탄소-12의 일부가 중양자에서 중성자를 흡수해서, 반감기가 1000년이 넘는 것으로 추정되는 새로운 동위원소 탄소-14를 생성했다는 사실을 발견했다. 윌러드 리비는 이 동위원소 측정을 고고학과 인류학 같은 다양한 연구 분야에 쓰일 혁명적 도구로 바꾸어냈다. 이것이 후술하게 될 방사성 연대측정이라는 도구다. 그 뒤 케이먼 자신, 그리고 역시 제15장에서 다루어질 이야기에 등장하는 다른 사람들도 탄소-12를 지구상의 생명에 중심적인 생화학적 과정, 즉 광합성의 비밀을 풀어내는 생물학적 추적자로 사용했다. 그 밖의 신진대사 경로에 대한 지식이 연이어 밝혀졌다. 로렌스 실험실의 수많은 연구계획 중 하나에 불과했지만, 탄소-12는 중요하고 새로운 간학문적 과학에서 핵심이 되었다.

간학문적 역사라는 관점에서 보았을 때, 얼핏 보기에 역설이 나타난다. 연구의 간학문적인 계통들이 나타난 것과 같은 시기에 핵물리학이 그 자체로 안정성과 정체성을 가진 학문 분야로 출현했다. 휴즈는 엔리코 페르미의 1931년 로마 회의Congresso Internazionale di Fisica Nucleare를 초기 지표로 삼아, 이 시기를 1932년에서 1940년 사이로 추정했다.[28] 로렌스의 방사연구소는 핵물리학이 미국의 서부해안 지역에서 번성할 수 있었다는 점을 보여주었다. 오펜하이머의 경력은 여기에 이론물리학도 뿌리를 내릴 수 있었다는 사실을 시사한다.

J. 로버트 오펜하이머는 1904년에 "민족적으로나 문화적으로는 유대인에 속했지만, 결코 유대교 회당에는 가지 않았던" 가정에서 태어났다. 양친은 그를 윤리문화학파에 속하는 학교에 보냈다. 이 학교는 그에게 합리론, 세속적 인문학, 사회 정의, 그리고 진보에 대한 신념을 불어넣었다.[29] 이런 양육과정이 그를 압박했고, 오펜하이머는 지적 과시욕을 갖게 되었다. 그는 자신의 능력을 뽐냈다. "내게 라틴어로 질문해봐. 그러면 그리스어로 답할 테니까."[30] 그는 하버드에 입학해서 퍼시 브리지먼에게 물리학을 배웠다. 졸업 후, 오펜하이머는 야심 있는 물리학자라면 누구나 그렇듯이 유럽의 주요 연구센터에서 공부를 마치기를 원했다. 브리지먼은 케임브리지의 러더퍼드에게 쓴 편지에서 이렇게 말했다.

> 오펜하이머가 완벽할 만큼 놀라운 동화력을 갖고 있지만…… 그의 약점은 실험적인 면에 있습니다. 그의 정신 유형은 물리적이라기보다 분석적이고, 그는 실험실의 조작에 익숙지 않습니다. ……제가 보기에 오펜하이머가 중요한 역할에 어떤 식으로든 실질적으로 기여할지 기대한다는 것은 약간의 도박이지만, 만약 잘 해낸다면 그가 엄청난 성공을 거둘 것이라고 믿습니다.

그는 이렇게 덧붙였다. "이름을 보면 알 수 있듯이, 오펜하이머는 유대인입니다. 그렇지만 일반적인 유대인의 기질은 전혀 없습니다."[31] 이처럼 미적지근한 추천에도 오펜하이머는 1925년에 캐번디시 연구소에 들어갔다.

케임브리지에서 오펜하이머는 원숙한 실험가이자 사회주의자였던 블래킷을 만났다. 이 만남이 감정적으로 깨지기 쉬운 젊은 이론가가 무너진 계기가 된 것으로 보인다. 오펜하이머는 "자신의 부족함을 느끼고 격렬한 질투심에 불타서" 블래킷의 책상에 독이 든 사과를 놓아두었다고 고백했다.[32] 블래킷은 무사했다. 그러나 오펜하이머는 지독한 감정적 위기를 겪었다. 이 위기는 1926년 절정에 달했다가 갑자기 사라졌다. 그는 유럽 투어의 다음번 기착지인 괴팅겐으로 갔다. 이곳에서 그의 이론적 재능이 빛을 발했고, 미국인이라는 자산이 그를 사교의 중심 허브로 만들어주었다. 그는 자신감을 되찾았고, 분자양자역학('보른-오펜하이머 근사')과 1927년의 양자 터널링 현상 효과를 비롯한 여러 주제로 영향력 있는 논문을 잇달아 발표했다.

캘리포니아에서는 흔치 않게 칼텍와 버클리에서 동시에 물리학 교수 제의를 받기 전에, 오펜하이머는 라이덴에서 폴 에렌페스트, 그리고 새로운 친구 이지도어 라비와 여행하면서 취리히에 갔고, (코펜하겐에서 보어에게 사사하는 대신) 취리히에서 볼프강 파울리와 함께 일정 기간을 보내면서 박사후과정을 마쳤다. 서부해안에 정착하자, 그는 버클리에서 수많은 이론물리학자들을 끌어모았다. 이들은 로렌스의 기계들이 쏟아내는 데이터에도 매료되었다. 오펜하이머에게는 카리스마가 있었다. 학생들은 그의 스타일, 옷차림, 자세와 몸짓을 흉내 냈고, 심지어는 그가 피우는 담배 브랜드까지 따라 피웠다(체스터필즈가 오펜하이머의 전기작가 카리 버드와 마틴 셔윈에게 해준 이야기다).[33] 오펜하이머와 로렌스는 절친이었지만, 1930년대에 정치적 견해 차이 때문에 갈라졌다. 학창시절에 받았던 윤리문화학교의 수업에 뒤늦게 부응하면서, 이 이론가는 1930년대 중엽에 자유주의적 좌파로 기울었다. 반면 사이클로트론 건설자는 자신과 한담을 나누던 후원자들의 보수적인 반-뉴딜정책의 관점을 받아들였다.[34] 마찬가지로 중요한 점은, 오펜하이머와 로렌스의 연구 양식이 같았다는 점이었다. 로렌스의 목표가 우아한 설계보다는 실제로 작동하는 사이클로트론이었듯이, 동료인 로버트 서버가 셔원에게 이야기했듯 오펜하이머도 비슷했다.

> 오피(오펜하이머)는 물리학을 직관적으로 이해하고, 봉투 뒷면에 계산을 하면서
> 핵심적인 요인을 모두 알아내는 데 능했습니다. ……디랙처럼 우아하게 연구하
> 고 끝내는 것은 오피의 방식이 아니었지요. 미국식 기계 제작처럼, [그는] 빠르
> 고 투박하게 연구를 하는 스타일이었습니다.[35]

1930년대 말엽, 오펜하이머는 그의 학생들과 함께 우주선宇宙線, 감마
선, 전기역학, 핵물리학(멜바 필립스와 함께), 중성자별(서버와 조지 볼코프와
함께) 같은 천체물리학 주제들, 그리고 중력 붕괴에서 블랙홀에 이르기까지
(하틀랜드 스나이더와 함께) 엄청난 물리학 주제들에 대해 몰아치듯 논문을 썼
다. 특히 마지막 두 주제는 20세기 후반 천문학의 전체 관측 프로그램에서
핵심에 해당하는 것이었다.

1930년대 말에 진행된 오펜하이머의 연구는 독특했다. 물리학의 넓은 범
위를 끌어들였고, 종합적이었으며, 곧바로 본론으로 쳐들어갔고, 천체물리학
적이거나 실험적 주제를 밝히기 위해 이론을 추적해갔다. 그의 연구는 유럽
에서 이루어진 일련의 성취들을 기반으로 했다. 1930년에 볼프강 파울리가
베타 붕괴에서 에너지를 보존하는 급진적인 단계를 제안했다. 그것은 새로운
중성 입자—오늘날 우리가 뉴트리노(중성미자)라고 부르는—를 예견하고 기
술했던 "체념적인 해결책"이었다. 1933년에 엔리코 페르미는 양자장quantum
field 이론을 제안했다. 이 이론에서 "전자는 빛의 양자와 마찬가지 방식으로
방출되는 순간 그 존재를 획득한다. 이 이론에서 전자와 중성미자의 전체 수
는…… 일정하지 않을 것이다. 이들 가벼운 입자들의 창조와 붕괴 과정들이
일어날 수 있기 때문이다."[36] 이것은 전자기력을 입자의 창조와 붕괴라는 관
점에서 기술하는 새로운 모형이었다. 양자전기역학QED이라 불리게 된 이 모
형의 고전적인 형태는 제2차 세계대전 이후 확실한 꼴을 갖추게 되었다.

핵력核力의 새로운 상도 1930년대 말엽에 출현해서, 이론과 관찰, 그리고 실험 사이의 상호작용과 물리학의 변화하는 전 지구적 지형도를 동시에 보여주었다. 1932년 베르너 하이젠베르크는 중성자와 광자에 아이소스핀 isotopic spin이라는 새로운 물리량을 도입했다. 역사가 샘 슈베버는 이것을 "입자들을 분류하는 데 두 종류의 내부 양자수가 사용된…… [첫 번째로] 전하, 기묘도, 중입자와 경입자 수 등의 [보존된] 부가적인 양자수가 사용되고, [두 번째로] 입자족에 이름을 붙이는 아이소스핀과 같은 '비-아벨리안 non-abelian' 양자수가 사용된 최초의 사례였다"고 지적했다.[37] 다시 말해 페르미가 전자를 다룬 방식과 마찬가지로, 하이젠베르크의 방식이 전후 물리학의 모델이 되었다. 하이젠베르크는 전자(나중에는 에너지를 보존하기 위해 전자-뉴트리노 쌍)의 교환이라는 관점에서 핵력에 대한 설명을 제공했다. 1935년에 오사카 대학의 일본 물리학자 유카와 히데키湯川秀樹가 『일본수학물리학회지』에 「소립자의 상호작용에 대하여」라는 영어 논문을 발표했다.[38] 유카와는 핵력의 장이론을 제안했고, U-양자(U-quantum, 나중에 중간자meson라 불리게 되었다)라는 새로운 입자의 존재를 예견했다. 후일, 핵력이 짧은 범위에만 힘을 미치는 이유는 중간자가 질량을 가진다는 사실로 설명되었다.

역사가 헬무트 레쉔베르크와 로리 브라운은 논문이 발표된 후 "일본에서도 사실상 아무런 반응이 없었다. 영어로 쓴 논문이고, 유명 학술지에 실렸는데도 거의 2년이 지나도록 외국에서 아무런 언급이 없었다"고 말했다.[39] 일본에서 이론물리학과 실험물리학은 상대적으로 분리되었고(니시나 요시오仁科芳雄의 이화학연구소[理研, RIKEN]를 제외하고), 어쨌거나 유카와의 이론은 아무도 보지 못한 입자를 기반으로 했다. 반면 계수기로 제어되는 안개상자를 사용하는 우주선연구가 런던(홀본 지하철역의 버려진 플랫폼에서 블래킷에 의해)과 캘리포니아에서 진행되었다.[40] 칼 앤더슨과 세스 네더마이어는 캘리포니아에 있는 파이크스피크와 패서디나에서 우주선의 궤적을 찾아냈다. 그중 일부는 전자에 대한 양자전기역학의 예측과 일치했지만, 다른 것들은 특이하게 보였다(실제로, 1933년 이래 변칙적인 우주선 궤적들이 포착되었지만, 발견에 대한 어떤 주장도 제기되지 않았다). 앤더슨은 그의 결과를 칼텍의 내부 콜로키움과 1936년의 노벨상 수상 연설 말미(이 노벨상은 그가 앞서 발견한 우주선 궤적에서 양전자를 찾아낸 공적으로 받은 것이었다)에서 다루었고, 새로운 "고도로 투과성이 높은 입자"의 최신 발견을 선언했다.

같은 달, 북쪽으로 수백 마일 떨어진 버클리에서 오펜하이머와 그의 학생 프랭클린 카슨은 『피지컬 리뷰』에 우주선 궤적을 전자로 보지 않는 "급진적 대안"을 제안했다. "만약 그 우주선들이 전자가 아니라면, 그것들은 이전까지 물리학에 알려지지 않은 입자들이다."[41] 앤더스의 선언에 이어 일본에서 유카와는 『네이처』에 서한을 보내 U-양자가 투과성 입자일 수 있다고 주장했다. 『네이처』는 그의 서한을 채택하지 않았다.[42] 한편, 니시나 팀의 일원이었던 일본 실험물리학자들은 잠시 요코스카 해군조선소로 옮겨가서, 통상 잠수함 배터리 충전에 사용하던 발전기를 빌려 안개상자 실험을 했다. 그 결과, 입자의 질량을 대략 양성자의 10분의 1로 추정했다(그런데 연구 결과의 출간이 늦어지면서, 미국의 어느 팀이 최초의 질량 확인을 자신들의 공적이라고 주장하기도 했다). 1937년 중반에 물리학 학술지들에 여러 서한이 실렸고, 특히 오펜하이머와 서버의 서한은 유카와의 U-양자를 중간 무게의 관통력을 가지는 우주선 입자로 확인했다. 학술지들은 유카와의 이론을 무시했지만,[43] 이 발견이 일본 이론가와 연결된다는 점은 점차 확실해졌다.

그러나 유카와의 이야기가 갖는 더 포괄적인 의미는 단지 일본 과학이 20세기에 거둔 성취를 인정하지 못하게 훼방했던 정황과 그에 얽힌 부수적인 사건들을 밝히는 데 그치지 않는다. 그보다 더 중요하게는 1930년대 물리학의 주도권이 이론물리학과 실험물리학을 발전시키면서 동시에 서로 연결짓는 센터들의 존재 여부에 달려 있음을 강조한다는 것이다. 니시나 그룹이 보여주었듯 일본 물리학은 이러한 연결을 구축하고 있었다. 그러나 이러한 성장과 연결이 가장 강했던 곳은 캘리포니아의 칼텍와 버클리였다.

20세기 캘리포니아의 과학에서 중요하면서 이러한 특징에 부합하는 세 번째 인물은 라이너스 폴링이었다. 폴링은 거의 한 세기를 살았다. 1901년에 오레곤주 포틀랜드에서 태어나서 1994년에 세상을 떠났고, 두 차례나 노벨상을 받았다. 첫 번째는 1954년에 화학으로, 그리고 두 번째는 1962년으로 평화상이었다. 1910년에 아버지가 일찍 세상을 떠난 일은 어린 폴링에게 트라우마가 되었고, 그 후 가족이 경제적인 어려움을 겪으면서 몸소 생활비를 벌어야 했다.[44] 그렇지만 1922년에는 오레곤 농업대학의 화학공학과를 졸업했고, 남쪽으로 이주해서 칼텍에 들어갔다. 당시 칼텍에서는 헤일, 밀리컨, 그리고 화학자인 A. A. 노예스가 대학을 연구의 이상과 남캘리포니아 산업이라는 실행세계 모두에 봉사하는 간학문적인 발전소로 재발명하고 확장시키고 있었다. 폴링은 짧은 시간에 능력을 발휘해서 1925년에 'X선을 통한 결정 구조 확인'을 주제로 박사 논문을 끝마쳤다(그 무렵 그는 결혼도 했다. 아내인 아바 헬렌 밀러는 오레곤 농업대학의 학우였다. 좌익이었던 부친과 여성 참정권론자였던 모친의 딸로 태어난 그녀는 열렬한 평화주의자로 훗날 폴링의 정치적 캠페인에 크게 영향을 미쳤다). 노예스는 "총애하는 제자"를 안정적인 구겐하임 장학생으로 유럽에 보내 뮌헨에서 아르놀트 조머펠트와 함께 연구할 수 있게 해주었다.[45] 그것은 얼마간 신혼여행을 겸하기도 했다. 덕분에 그는 적당한 시기(1926)에 적절한 장소에서(독일) 양자역학을 둘러싼 위대한 세 과학자의 지적 논쟁을 직접 목격할 수 있었다. 당시 하이젠베르크와 파울리는 양자 원자의 오래된 보어-조머펠트 모형과 씨름하고 있었고, 슈뢰딩거는 그에 대한 탁월한 대안으로 파동역학을 제공했다.

폴링은 양자역학을 이용해서 원자의 가장 바깥쪽 전자들의 거동을 설명하는 방식으로 원자의 모양과 크기를 설명하는 논문을 쓰기 시작했다. 또한 그는 불확정성 원리uncertainty principle에 대한 하이젠베르크의 1927년 논문 교정쇄도 읽고 있었다. 중요한 점은, 후일 다음과 같이 술회했듯이 그로 인해 야기된 철학적 물음들에 전혀 흔들리지 않았다는 것이다. "이것이 고

전적인 세계라 해도, 우리가 실험으로 우주의 입자들 모두의 위치와 운동량을 결정하기란 불가능할 것이다. 설령 우리가 모든 입자를 안다고 해도, 어떻게 그 계산을 할 수 있겠는가? ……나는 불확정성 원리와 완전히 별개인, 결정론 대 자유의지 같은 논쟁은 전혀 쓸모없다고 생각한다." 그리고 그는 이렇게 덧붙였다. "나는 양자역학의 해석에 대한 상세하고 날카로운 물음들로 골치를 썩인 적이 한 번도 없었다."[46] 폴링에게는 실용적인 성공이 철학적 고상함보다 훨씬 더 중요했다.

폴링은 코펜하겐을 거쳐(보어에게서 배우기 위해), 괴팅겐을 경유해서(디랙, 조던과 보른을 만나고, 하이젠베르크와 재회하고 오펜하이머와 마주쳤다), 취리히로 갔다(슈뢰딩거에게). 취리히에서 그는 두 젊은 연구자 발터 하이틀러와 프리츠 런던에게서 그들이 하이젠베르크의 '공명resonance' 개념뿐 아니라 파동역학까지 적용해서 원자들이 결합을 이루는 방식에 대한 급진적으로 새로운 설명을 했다는 이야기를 들었다.[47] 두 개의 수소 원자가 전자를 교환해서 원자들이 서로 끌리는 효과를 얻게 되어 결합을 생성할 수 있다는 것이다. 이 설명은 미국의 화학자 길버트 N. 루이스가 제안했던 공유-전자 결합에 대한 양자 이론에 기반을 두고 있었다. 이 이야기를 들은 폴링은 하이틀러와 런던이 하나의 사례를 통해 새로운 물리학—양자역학—이 화학에 새로운 토대를 제공해줄 수 있다는 사실을 입증했음을 즉시 간파했다.

1927년 말 칼텍으로 돌아왔을 때 폴링은 화학에서 평생 수행할 연구 프로그램에 대한 지식과 기량과 전망을 모두 갖추고 있었다. 1928년에 그는 공명 개념을 적용해서 탄소 사면체 결합에 대해 함축적인 설명을 제시했지만 견고하지는 않았다. 또한 그는 X선 회절 패턴에 단서가 되는 결정 구조의 해를 제공하는 효율적이고 실용적인 규칙들을 개발했다. 그런데 일반적인 문제는 X선 회절 패턴에서 되짚어 들어가서 그 패턴을 형성하는 결정의 모양을 결정하기 위한 계산 작업이 방대하고, 결정이 크고 복잡하면 엄청나게 늘어난다는 것이었다. 따라서 정확한 해를 얻기 위해 몇 시간, 며칠, 심지어 몇 달이 걸리는 계산을 할지, 아니면 있을 법하지 않은 해들을 제거하고 계산을 단순화시켜서 속도를 높이든지 선택해야 했다. 로렌스가 곧바로 본론으로 들어가서 작동하는 사이클로트론을 제작했듯이, 폴링도 빠르고 효율적인 해를 찾기를 원했다. 거기에는 공학적인 감이 필요했다. 전기작가 토머스 헤이거는 이렇게 썼다. "다른 사람들이 X선 데이터의 늪에 빠져 헤매고 있을 때, 폴링은 자신이 물리학과 화학에 대해 알고 있는 모든 것을 끌어모아서 해결책으로 도약할 수 있었다."[48] 자신이 제기한 법칙들이 제자리를 잡아가자, 폴링은 뛰어난 통찰력을 발휘해서 잇달아 이를 운모, 활석, 제올라이트 등의 화학적 구조에 적용시켰다. 1930년대 초에 그는 다섯 주에 한 편씩 중요한 논문을 쏟아냈다.[49]

폴링은 1931년에 자신의 양자역학 화학 법칙들을 『아메리칸 케미컬 소사이어티』에 요약해 게재했다. 그것은 '화학 결합의 본성'이라는 제목이 붙은 일련의 논문들이었다. 그가 제기했던 착상 중 하나는 화학 결합이 이온과 공유 극성covalent extreme, 또는 둘을 결합하는 공명 형태의 스펙트럼상에 놓일 수 있다는 개념이었다. 폴링의 접근방식은 테크닉에 기초한 것이었지만, 동시에 수학적이고(양자역학), 실험 장치에 기반하기도 했다(X선결정학). 이러한 접근은 20세기 전반기의 대부분 화학자들과는 동떨어진 것이었지만, 그럼에도 불구하고 파악할 수 있는 형태로 표현할 수 있었다. 일례로, 그의 양식은 시카고의 화학자 로버트 멀리컨의 모호한 "반反직관적" 접근과는 완전히 대비되는 것이었다. 멀리컨은 화학 결합에 대한 경쟁 이론이었던 분자 궤도 함수이론molecular orbital theory의 창시자였다.[50] 1935년의 상황을 폴링은 이렇게 회상했다. "나는 내가 화학 결합에 대해 본질적으로 완전한 이해를 얻었다고 생각했다."[51] 이러한 이해의 정수는 1939년에 발간된 『화학 결합과 분자 및 결정 구조의 본성: 현대 구조 화학 입문』이라는 매우 영향력 있는 교과서에 실렸다. 여기에서 화학은 물리학이었다. 막스 페루츠는 그것을 "암기가 아니라 이해할 수 있는 화학"이라고 표현했다.[52]

거대분자에서 분자생물학으로

당시 그는 생명과학을 개혁할 잠재력 또한 가지고 있었다. 1930년에 폴링은 마침내 탄소의 사면체 결합을 설명하는 데 성공하는 개가를 올렸다. 폴링의 손에서 양자역학은 생명의 기본 요소에 대한 화학을 이해할 도구가 되었다. 물리학이 화학을 거쳐 생물학까지 연결된 것이다. 1932년과 1933년 폴링은 제자 조지 휘랜드와 함께 공명의 관점에서 벤젠 고리의 구조를 분석했다. 유기화학이 저물고 그보다 큰 분자가 손짓을 했다.

그 후 일어난 일을 이해하려면, 첫째로 우리는 조금 거슬러올라가 거대분자 연구를 일으킨 실행세계에 대해 생각해볼 필요가 있고, 둘째 1930년대 초 경제 대공황의 먹구름이 몰려들던 시기 과학 투자에서 자선기관들의 역관계 변화를 고찰할 필요가 있다. 그것은 우리가 단순한 잠재력을 넘어서서 발견하게 될 두 가지 요소의 합류 지점, 즉 생명과학을 개혁하는 계획이다.

첫째, 거대분자에 대해 살펴보자. 20세기 초에 논쟁의 중심은 셀룰로스, 고무, 탄수화물, 단백질 그리고 수지와 같은 물질의 분자를 해석하는 데 있었다. 화학의 서로 다른, 종종 상반되는 분야들이 이루어낸 합의는 그와 연관된 분자들이 작다는 것이었다.[53] 예를 들어 집합론aggregate theory이라 불리는 분야는 이런 물질들이 분자를 물리적으로 응집해서 형성된다고 주장했다. 그렇게 명망 높은 과학은 아니었고, 아돌프 폰 바이어가 '기름의 화학chemistry of grease'이라는 경멸적인 이름표를 붙였던 분야였다. 칼스루에와 취리히의 공과대학에 근무하는 헤르만 슈타우딩거는 이 작은 분자 이론을 받아들이지 않았다. 대신에 그는 다른 화학자들이 감히 상상했던 것보다 더 큰 분자가 존재하며, 이를 통해 고무나 셀룰로스 같은 물질의 특이한 성질을 설명할 수 있다고 주장했다. 그는 1922년에 '거대분자macromolecule'라는 용어를 창안했다.[54] 베를린-달렘에 있는 카이저빌헬름 섬유화학연구소에서 X선결정학을 이용해 진행된 비단과 셀룰로스에 대한 분석과 같은 연구가 처음에는 작은 분자 가설을 뒷받침했다. 역사가 후루카와 야스古川安는 "물리화학을 무시했고 물리적 방법을 믿지 않았던 보수적인 유기화학자" 슈타우딩거가 이러한 증거를 받아들이지 않았다고 지적했다.[55]

그런데 1920년대에 새로운 실험장비가 무대에 등장했다. 웁살라 대학의 화학자 테오도어 스베드베리는 콜로이드, 즉 액체 속을 부유하는 작은 입자들의 성질을 연구했다. 1903년에 발명된 한외限外 현미경을 이용해서, 콜로이드 화학자들은 브라운 운동을 보여주는 흔들리는 입자를 관찰했다. 이 운동에 대한 신중하고 끈질긴 측정을 통해 입자 크기의 범위를 연역할 수 있었다. 스베드베리는 더 빠른 기법을 찾고 있었다.[56] 처음에 그는 중력을 이용해서 콜로이드 물질을 천천히 침전시켰다—미세한 입자일수록 떨어지는 데 시간이 더 오래 걸렸기 때문에 입자 크기와 침전물이 쌓이는 층을 연관지을 수 있었다. 그런 다음 1922년에 스베드베리는 중력 대신 회전력을 이용할 수 있다는 사실을 알아냈다. 콜로이드 용액을 원심분리기에 넣어두고 최대한 빨리 회전시키면 중력을 이용할 때보다 훨씬 빨리 침전 패턴이 형성되었다. 스베드베리가 1924년부터 작동시켰던 초원심분리기에 사용했던 원리가 이것이었다. 그는 미세한 금 입자들을 부유시켜서 이 기계를 시험했으며, 그 후에는 단백질 연구를 시작했다. 1924년 8월 16일 밤 스베드베리는 조수의 전화벨 소리에 잠을 깼다. 초원심분리기에서 말의 헤모글로빈이 빠르게 단일 밴드를 형성했다는 소식이었다. 따라서 말의 헤모글로빈은 커다란 단일 분자로 보였다. 그들은 이 분자의 질량을 6만 6800단위로 측정했다.[57]

이 발견은 거대분자의 존재에 대한 슈타우딩거의 주장을 뒷받침하는 근거가 되었다. 다른 계통의 증거들도 이 이론을 지지하는 것처럼 보였다. 나중에 다루게 될 듀폰의 월리스 H. 캐러더스는 단순한 분자형태를 반복하는 분자, 즉 합성고분자synthetic polymer를 만들 수 있다는 것을 입증했다. 분자 크기의 상한上限이 제거되면서, 화학의 건축 가능성은 끝이 없는 것처럼 보였다. 슈타우딩거는 자서전에서 이렇게 썼다.

거대분자뿐 아니라 분자도 본질적으로 몇 가지 종류의 건축 석재를 쌓아올린 건물에 비유할 수 있다. ……열두 개나 백 개의 건축 단위들만 사용할 수 있다면, 상대적으로 원시적인 건물을 구축할 수 있을 것이다. 반면 만이나 십만 단위를 쓸 수 있다면, 아파트, 공장, 마천루, 궁전 등 무한히 다양한 건축물을 만들 수 있을 것이다.[58]

합성고분자, 고무, 셀룰로스, 단백질, 비단, 그리고 녹말 같은 '기름'의 화학은 분명 실행세계에 봉사했던 과학이었다. 예를 들어 에밀 피셔는 무두질을 위해 이끼에서 추출한 물질처럼 산업과 직접적 이해관계가 걸린 물질들을 연구했다. 1900년대와 1910년대에 그는 훨씬 큰 폴리펩타이드를 합성했고, 단백질도 분석했다. 거대분자 가설은 결정적으로 독일의 염료 트러스트 이게파르벤의 헤르만 F. 마르크와 쿠르트 H. 마이어 같은 과학자에 의해 고무 연구, 합성고무 대량생산, 그리고 폴리스티렌과 같은 새로운 플라스틱 개발을 위한 산업 프로젝트의 일환으로 개발되었다. 뿔과 양털을 이루는 케라틴과 같은 섬유 단백질에 대한 이해는 섬유산업에서 매우 중요했다. 따라서 카이저빌헬름 섬유화학학회와 리즈 대학의 윌리엄 애스트버리 같은 사람들이 연구를 수행했다. 이러한 실행세계의 연결망은 X선결정학 실험장치와 초원심분리기와 같은 고가의 장비에 충당할 자금을 제공하면서 동시에 이러한 과학에 대한 동기도 불어넣었다.

이 실행세계는 과학자들을 생명 과정의 도구적 관점—생명의 구성요소 building block라는 관점—으로 밀어붙였다. 1930년에 라이너스 폴링은 이게파르벤의 헤르만 마르크를 방문했다. 마르크는 이 미국인에게 X선결정학 기법을 시연해주고, 고무의 대규모 '탄성'과 나선형 거대분자 구조를 연결짓는 접근방식을 가르쳐주었다. 또한 마르크는 폴링에게 같은 기법을 단백질에 적용할 수 있다는 사실을 알려주었다.[59] 하나의 연구 프로그램이 독일에서 미국으로 전이된 셈이었다.

1932년에 폴링은 책상에 앉아서 록펠러 재단과 카네기 공과대학에 연구비를 중복 요청하는 지원서를 작성하고 있었다. 그는 1년에 1만 5000달러씩 5년 동안 "이론과 실험 연구를 포함해서, 유기 물질과 무기 물질 구조에 대한 일련의 통일적 연구"를 지원해달라고 요청했다.

나는 단순한 유기 결정과 분자들을 위한 파동방정식을 풀고, 원자 간 거리와 모든 분자의 정상적인 전자 상태, 그리고 다른 분자들에 대한 상대적 안정성 등을 포함해서 원자의 배열을 확실하게 예견할 수 있게 해주는 구조 원리와 일련의 원자 반지름을 알아낼 수 있기를 바랍니다. 이러한 지식은 생화학에 엄청난 중요성을 가지며, 단백질과 헤모글로빈, 그리고 그 밖의 복잡한 유기 물질의 구조를 밝힐 수도 있을 것입니다.[60]

여기에서 언급된 '단백질'이라는 말이 곧바로 록펠러 재단의 관심을 끌었다. 이제 섬유산업이 케라틴 연구를 지원해준 이유는 쉽게 이해할 수 있게 되었지만, 왜 록펠러 재단이 단백질의 형태에 관심을 보이는지는 잘 납득이 가지 않는다. 그 답은 1920년대 말과 1930년대에 일어났던 사회적·경제적 격변에 대한 록펠러 재단 경영자와 이사진의 대응에서 찾을 수 있다.

1920년대 말 이후 록펠러 재단 연구 프로그램의 방향에 가장 큰 영향을 미쳤던 두 사람은 맥스 메이슨과 워런 위버였다. 메이슨은 괴팅겐에서 힐베르트의 지도로 박사 논문을 쓰기 위해 독일에 유학했다. 미국에 돌아온 후에는 MIT, 예일, 위스콘신 대학에서 학생을 가르쳤으며, 1925년에서 1928년 사이에 시카고 대학 총장을 지냈다. 자선기관의 후원으로 설립된 연구대학에서 총장을 지냈고, 전쟁 동안 잠수함 음향탐지장치를 개발[61]하면서 다양한 분야의 과학자, 공학자와 함께 연구하는 귀중한 경험을 했으며, 이 경력을 기반으로 록펠러 재단 자연과학 분야 책임자로 임명되었다. 이듬해인 1929년에는 재단 이사장이 되었고, 과거 자신이 맡았던 자연과학 책임자로

워런 위버를 임명했다. 위버는 메이슨과 같은 위스콘신 출신이었고, 메이슨보다 거의 20년이나 어렸지만 제1차 세계대전 초에 미국 공군으로 참전한 경험이 있었다. 위버의 학문적 경력은 1920년대에 칼텍에서 이루어졌다. 두 사람은 1929년에 『전자기장The Electromagnetic Field』이라는 책을 함께 썼다.

메이슨이 위버를 선임한 이유는 이 젊은이가 대규모 연구라는 새로운 의제를 이끌어갈 이상적인 지도자였기 때문이었다. 역사가 릴리 케이가 록펠러 재단의 인간의 과학 프로그램이라고 불렀던 이 연구 프로그램은 "인간 과학을 자연과학, 의학, 그리고 사회과학에 기반한 사회 통제라는 포괄적이고 설명적인 적용 틀로 개발하려는 시도"로 1933년에 출범했다.[62] 이러한 기술관료적 전망을 공유한 사람들은 또 있었다. 예를 들어 H. G. 웰스와 그의 아들인 G. P. 웰스, 그리고 줄리언 헉슬리는 1929년에 발간된 유명한 백과사전 『생명의 과학, 생명과 그 가능성에 대한 현대 지식 편람』에서 "생명과학이…… 오늘날 우리가 상상할 수 있는 모든 것을 넘어서는, 입증되고 적용 가능한 많은 지식으로 무장되어 있으며 인간의 운명에 대한 궁극적이고 집단적인 통제가 [가능할 것이다]"라고 주장했다. 이와 비슷하게, 록펠러 재단은 '인간의 과학'의 전망을 이렇게 기술했다.

> 그동안 과학은 무생물의 힘을 분석하고 제어하는 데 중대한 진전을 이루었지만, 그보다 미묘하고 더 복잡하고 훨씬 중요한, 생물의 힘을 분석하고 제어하는 데는 큰 진전을 이루지 못했다. 이것은 생물학과 심리학, 그리고 그 자체가 생물학과 심리학의 토대인 수학, 물리학, 그리고 화학의 특별한 발전을 크게 강조하는 것이 바람직함을 시사한다.[63]

이러한 동기로 록펠러 재단은 물리과학을 기반으로 인간의 과학을 새로운 방향으로 이끌기 위해 엄청난 연구비를 쏟아부었다. 환원주의 프로그램이 이익을 가져다줄 전망은 밝은 것처럼 보였다.

이러한 상황이 제기하는 도전은 명백하다. 인간이 자신의 힘을 지적으로 통제할 수 있을까? 우리는 견실하고 포괄적인 유전학을 발전시켜서 미래에 우월한 인류superior men를 길러내는 희망을 가질 수 있을까? 심리학과 성性심리생물학에 대한 충분한 지식을 얻어서, 생명에 퍼져 있는 고도로 중요하고, 위험한 측면을 이성적인 통제하에 둘 수 있을까? 내분비선의 복잡한 문제들을 풀고, 너무 늦기 전에 내분비선 장애로 인한 모든 정신적, 신체적 이상에 대한 치료법을 개발할 수 있을까? 여러 가지 비타민의 수수께끼를 풀어서 충분히 건강하고 저항력을 가진 인종을 길러낼 수 있을까? 현재의 혼란과 비효율성에서 심리학을 벗어나게 해서, 모든 사람이 일상적으로 사용할 수 있는 도구로 다시 만들 수 있을까? 우리는 자신의 생명 과정에 대한 충분한 지식을 얻어서 인간 행동을 합리화시키는 희망을 품을 수 있을까? 요약하자면, 우리는 새로운 인간의 과학new science of man을 창조할 수 있을까?[64]

이제 우리는 왜 록펠러 재단이 단백질의 구조에 대해 알고자 했는지 이해할 수 있다. 그것은 사회를 아래에서부터 위로 다시 설계하려는 대담한 희망 중 일부였다. 단백질의 형태는 장차 일어날 일의 형국에 대한 첫인상이었던 셈이다.

릴리 케이는 사회적 통제에 대한 관심을 록펠러 재단의 초기 이사진들이 가지고 있던 사회적 이해관계—본질적으로 백인, 앵글로색슨, 신교 산업 엘리트의 세계관과 편견—의 발로로 간주했다. 초기에 록펠러 재단이 지원했던 과학 프로그램들은 이러한 이해관계를 추구했다. 우생학도 마찬가지였다. 인간의 과학 프로그램은 이러한 경로를 완화시킨 세련된, 후기의, 관대한 버전에 해당했다. 또한 비틀거리는 낡은 우생학의 과학적 위신을 대체하는 대안이기도 했다.[65] 통제의 결여에 대한 합리적인 대응은 유관한 과학 센터들에 대한 지원 확대를 뜻했다. 대학 중 다수가 록펠러 재단의 "정상을 더 높게 쌓기making the peaks higher" 정책의 혜택을 받았다. 시카고, 스탠퍼드, 컬럼비아, 하버드, 그리고 위스콘신 등이 그런 대학들이었다. 그래도 칼텍만큼 아낌없는 지원을 받은 곳은 없었다. 위버와 메이슨이 지향하는 가치는 칼텍의 양식과 완전히 일치했다. 간학문적 연구에 대한 지원, 협동, 기업의 그것과 판박이인 관리 조직 양식 등이 한결같았다. 실제로 역사학자 존 서보스는 칼텍의 발전을 "지식 기업knowledge corporation"의 발명이라고 기술했다.[66] 케이는 칼텍를 설명하기 위해서 프런티어 테제의 독특한 버전을 가정했다. 헤일, 노예스, 그리고 밀리컨이 새로운 유형의 대학을 설립할 수 있었던 이유가 "앞선 과학 전통의 지적, 정치적 잔재들로 인해 저해받지 않았기" 때문이라는 것이었다.[67]

폴링도 지원을 받았다. 첫해나 이듬해까지 워런 위버는 폴링의 연구가 훌륭했지만 '인간의 과학' 프로젝트와 부합하지 않는다는 우려를 품었다. 그는 연구비가 중단될 수 있다고 넌지시 알렸다. 이에 자극받은 폴링은 혈액 단백질의 헤모글로빈 구조를 밝히기 위한 진지한 연구를 시작했다. 후일, 1949년에 폴링은 젊은 동료 하비 이타노와 존 싱어와 함께 겸상적혈구 빈혈증 환자의 혈액 헤모글로빈이 "정상" 헤모글로빈과 물리적으로 차이가 난다는 것을 밝혀냈다. 그들이 쓴 논문 「겸상적혈구 빈혈증, 분자의 질병」은 질병이 단순하고 식별 가능한 분자적 원인에서 비롯될 수 있다는 대담한 주장을 제기했다.

록펠러의 돈은 칼텍의 패서디나 캠퍼스 전체에 뿌려졌다. 토머스 모건은 1928년에 자신의 초파리실험실을 그곳으로 옮겼다. 지역의 자선 우생학자들도 그의 이전을 반겼다(캘리포니아가 우생학적 단종斷種에서 세계를 선도했다는 점을 기억할 필요가 있다).[68] 또다른 지역 자선주의자, 수력발전왕 윌러엄 G. 커크호프의 미망인은 모건의 실험실을 의학적 적용이 이루어질 때까지 오랫동안 지원했다. 또한 모건은 그 밖의 실용적인 적용례를 상세히 설명했다.

먼저 유전자의 성장과 그 복제(또는 우리가 '분열'이라고 부르는)와 관련된 물리적, 생리적 과정은 전체 과정이 기반하고 있는 현상이다. 둘째, 염색체 접합이 진행되는 동안이나 그 이후에 일어나는 변화에 대한 물리적 관점의 해석이다. 셋째, 유전자와 특성 사이의 관계. 넷째, 돌연변이 과정의 본성, 이것은 하나의 유전자가 새로운 유전자로 변화할 때 관여하는 물리화학적 변화들을 이야기할 것이다. 다섯째, 유전학의 원예와 낙농에 대한 적용.[69]

모건의 새로운 실험실은 유전학자, 생물유기화학자, 생화학자, 그리고 생리학자의 간학문적인 작업장이 되었다. 케이는 "칼텍의 생물학은 그 모호한 역할 설정 때문에 한편으로는 제약되고 다른 한편으로는 해방되었으며, 제2차 세계대전까지 의학이라는 스킬라 바위와 우생학[좀더 일반적으로는 품종개량]이라는 소용돌이 사이를 위태롭게 항행했다"라고 썼다.* 그녀는 계속해서 이렇게 말했다. 지도자들이 "두 가지 사업에 대한 막연한 기대를 내세워 충분한 지원을 모으는 데 성공했지만", 확실한 몰입은 피했으며 "이러한 개방적 태도가 과거와 다른 생물학의 독자성을 발전시킬 수 있는 지적 공간을 창조했다. 록펠러 재단의 후원으로 이 새로운 생물학은 눈앞의 관심사보다는 장기적인 전망에 초점을 맞출 수 있었다."[70]

구체적으로, 자선기관의 지원은 케이 같은 역사가들이 '단백질 패러다임protein paradigm'이라고 부른 현상을 공고히 했다. 1910년대부터 1940년대까지 과학자들은 단백질을 유전물질이라고 널리 확신했다. 모건이 이 입장을 견지했고, 록펠러 재단에서 값비싼 장비를 후원하게 만든 스베드베리도 마찬가지였다. 1929년에서 1930년까지 뉴욕의 록펠러 연구소에서 일했던 존 노스럽은 효소인 펜신과 크라이신을 결정화했고, 그것들이 단백질이라는

---

* 스킬라Skylla는 그리스신화에 나오는 바다의 괴물이 변한 암초다. 맞은편에는 카리브디스라는 소용돌이가 있어서 지나가는 배들을 위협했다고 한다. 따라서 두 개의 위험한 장애물 사이를 위태롭게 지나간다는 뜻이다.

사실을 확인해서 단백질이 생화학의 중심이라는 관점을 고취했다. 1935년에는, 역시 록펠러에서 연구했던 웬델 M. 스탠리도 담배모자이크 바이러스 TMV의 결정을 형성하고, 그것 역시 단백성蛋白性이라는 것을 밝히는 데 성공했다. 이러한 관점에서는 바이러스도 스스로 재생산할 수 있는 "자가촉매 단백질"이었다.[71] 케이는 "이러한 세계상", 즉 단백질 패러다임이 "핵산의 화학 구조와 생리적 역할에 대해 관심을 쏟지 못하게 막았다"라고 썼다.[72]

칼텍 파리연구소에서 근무하던 모건의 두 젊은 연구자로 조지 비들과 에드워드 테이텀이 있었다. 두 사람은 새로운 모델 생물인 붉은빵곰팡이 뉴로스포라에 초점을 맞추기로 결정했다. 뉴로스포라는 초파리보다 생화학에 대해 더 많은 것을 밝혀줄 가능성이 컸다. 붉은빵곰팡이는 당분 같은 영양분을 적당히 섞은 혼합물에 넣어두면 빠른 속도로 증식했다. 아미노산과 그 밖의 생명에 필수적인 물질들을 생성하는 데는 이런 단순한 영양분이면 충분했다. 1937년부터 스탠퍼드 대학에서, 비들과 테이텀은 붉은빵곰팡이에 X선을 쪼여서, 초파리 연구에서 즉각 예상되었던 것과 같은 폭넓은 돌연변이를 일으켰다. 돌연변이는 양분을 받아들이고 사용하는 방식에 따라 다양했다. 예를 들어 일부 돌연변이는 스무 개 아미노산 중 하나를 생성하지 않았다. 비들과 테이텀은 기본 영양소만 들어 있는 배양기에서 일어나는 돌연변이의 성장과 기본 영양소에 관심 있는 물질(성장)이 더해진 배양기를 비교하는 방식으로 이 사실을 입증했다. 1941년 이들은 『국립과학아카데미 회보Proceedings of the National Academy of Sciences』에 세 개의 돌연변이가 피리독신(비타민 B_6), 티아졸(비타민 B_1의 일부), 파라아미노벤조산(비타민 B 복합체의 일종)을 합성하지 못한다는 사실을 발견했다고 보고했다. 이들은 이 돌연변이들이 단일 유전자에서 나타난다고 주장했다. 이 발견은 생물학 교과서들에서 '1-유전자-1-효소' 가설(이 명칭은 1948년에 붙여졌다)과 신진대사 경로를 밝혀낸 기원으로 기억되었다. 그러나 단백질 패러다임에서, 이 가설은 '1 유전자≡1 효소'라는 개념으로 더 잘 표현된다. 비들과 테이텀은 양다리를 걸쳤다.

생리유전학의 관점에서, 한 생물체의 발생과 기능은 본질적으로 유전자에 의해 얼마간 제어되는 화학반응의 통합 시스템으로 이루어진다. 그 자체가 시스템의 일부인 이들 유전자가 효소로서 직접 활동하거나 또는 효소의 특이성을 결정함으로써 특정 반응들을 제어하거나 규율한다고 가정하는 것은 전적으로 타당하다.[73]

폴링의 설득으로 조지 비들은 제2차 세계대전 이후 칼텍으로 돌아왔고, 생물학의 분자적 관점에 몰두했던 생물학과를 이끌었다.[74] 경제권을 쥐고 있었던 록펠러 재단의 워런 위버는 1938년에 이러한 종류의 과학에 '분자생물학molecular biology'이라는 이름을 붙였다.

분자생물학은 처음부터 간학문적인 분야로 의도되었다. 후루카와 야스는 분자생물학을 유기화학, 고분자화학, 생화학, 물리화학, X선결정학, 유전학, 그리고 세균학의 방법, 기법, 거기에 더해 개념들의 거대한 융합 grand fusion이라고 불렀다.[75] 릴리 케이는 분자생물학이 임의적으로 분포된 학문 분야의 변이들 사이에서 이루어진 자연선택의 결과는 아니었고, 순전히 그 개념과 지도자들의 압도적인 힘으로 솟아오른 것도 아니라고 말한다. "오히려 이 새로운 생물학의 등장은 미국의 과학 체제, 즉 과학자와 그들의 후원자들이 생명 현상에 대한 연구를 선택된 경로를 따라 과학과 사회에 대한 공유된 전망을 향해 나아가게 만들려는 체계적인 협동 노력의 발로였다."[76]

분자생물학은 대체로 미국, 실제로는 캘리포니아의 창조물이라고 할 수 있지만, 다른 한편으로는 유럽, 주로 독일의 개념과 실행practice의 수입에 의존했다. 이러한 지식의 일부는 루트비히샤펜 이게파르벤 연구소의 폴링과 마크처럼 여행을 하다가 우연히 이루어진 만남에서 얻어지기도 했다. 또다른 중요한 경로는 파시즘을 피해서 온 망명자들의 궤적이었다. 역사가 도널드 플레밍은 망명객, 특히 에르빈 슈뢰딩거, 레오 실라르드, 막스 델브뤼크, 그리고 살바도르 루리아라는 네 명의 망명 물리학자가 제공한 신선한,

외부자적 관점 덕분에 생물학이 분자 과학으로 재규격화될 수 있었다고 주장한다.[77] 플레밍의 주장은 DNA에 대한 이야기에서 부분적으로 다시 등장하기 때문에 추후에 다루겠지만, 델브뤼크의 전쟁 전 경력에 대한 그의 설명은 이 장과 밀접하게 연관된다.

막스 델브뤼크는 1906년에 베를린에서 태어났다. 그는 과학계의 귀족이었다. 어머니는 화학자인 유스투스 폰 리비히의 증손녀였다. 그는 괴팅겐에서 이론물리학을 공부했고, 처음에는 영국에서 그리고 나중에는 취리히와 코펜하겐에서 박사후연구과정을 거쳤다. 그는 때맞추어 덴마크 수도에 도착해서 1932년에 닐스 보어의 유명한 〈빛과 생명Light and life〉 강연을 들을 수 있었다. 강연에서 이 위대한 덴마크 과학자는 그의 상보성 개념이 생물학에서 가지는 함축과 유사성에 대해 이야기했다. 이 강연을 듣고 델브뤼크가 생명과학으로 방향을 바꾼 것으로 보인다. 그는 베를린의 리사 마이트너 밑에서 물리학을 연구했지만, 생물학에 대해 논의할 방도를 찾았다. 비슷한 생각을 하는 과학자들과 가진 비공식적인 세미나를 통해 1935년 논문이 나왔다. 논문의 저자는 N. W. 티모페프 레소프스키, 칼 짐머, 그리고 델브뤼크였고, 주제는 유전자 돌연변이였다(이 논문은 3인 저작Dreimännerarbeit이라고도 불리며, 보른-하이젠베르크-조단이 양자역학에 대해 쓴 3인 저작에 비견할 만큼 중요한 업적으로 인정받는다). 1937년에 델브뤼크는 록펠러 연구원이 되어 나치 독일을 떠날 수 있게 되었다. 그는 곧장 칼텍으로 갔다. 그는 첫해에 '생물학의 원자atoms of biology', 즉 기본적인 생물을 찾기 위해 노력했고, 에모리 엘리스의 박테리오파지로 결정했다. 박테리오파지는 박테리아를 감염시키는 바이러스로, 줄여서 '파지phages'라 부른다.[78]

파지가 가장 미세한 필터를 통과해서 박테리아를 파괴한다는 사실은 제1차 세계대전 중에 처음 밝혀졌다(프랑스 미생물학자 펠릭스 데렐이 기갑부대에 퍼진 이질을 연구하다가 발견했다). 파지가 연구의 핵심이 될 가능성을 1921년에 정확히 알아차린 사람은 허먼 멀러였다. "데렐의 물질(파지)"이 유전자라면, 그리고 "파지를 걸러내서 어느 정도까지 분리시켜서 시험관 안에서 다룰 수 있다면", 박테리아를 파괴하는 능력에서 밝혀졌듯이, "그 특성을 처리 후에 연구할 수 있을 것이고, 어쩌면 유전자를 절구로 갈아 비커 속에서 조리할 수 있을지도 모른다. 그렇다면 우리 유전학자는 미생물학자, 생리화학자, 물리학자, 그리고 동시에 동물학자와 식물학자가 되어야 하지 않을까? 그렇게 되기를 희망해보자."[79]

델브뤼크는 반더빌트 대학에서 파지 연구를 계속했다. 1940년대에 이탈리아 출신 망명 미생물학자인 살바도르 루리아와 뉴욕 롱아일랜드에 있는 콜드스프링하버 연구소의 여름 학교에 함께 참여하면서 가장 큰 영향을 받았다. 그곳에서 학생들은 파지를 다루는 방법뿐 아니라 비교적 고급 통계 기법들—표본 추출, 푸아송 분포, 이항 분포—을 배웠다. 그 후 이 학생들이 다른 지역에 가면서 "생물학의 원자" 탐색을 시작할 기법과 열정을 퍼뜨렸다. 플레밍은 망명 과학자들의 안식처였던 이 심포지엄을 "20세기에 유일한 진짜 유토피아를 만들어낸, 지적 목적과 흥분이 가득한 작은 공동체 중 하나"였다고 회고했다.[80] 그 학생들이 이곳저곳을 다니면서 유토피아에 대한 소식을 전파시켰다.

케이는 1930년대의 분자생물학이 대체로 여덟 가지 특징을 나타냈다고 지적한다.[81] 첫째, 분자생물학은 다양성보다 생명의 통일성을 강조했으며, 따라서 호흡이나 생식처럼 모든 생물체에 공통된 현상을 연구하는 경향을 따랐다. 둘째, 이러한 이유로 "가장 작은 수준에서 근본적인 생명 현상을 연구하는 것이 가장 편리해졌다". 델브뤼크는 자신의 "생물학의 원자"를 탐색했고, 다른 사람들은 바이러스나 대장균과 같은 박테리아를 연구했다. 셋째, "생명 현상을 지배하는 일반적인 물리화학적 법칙"을 찾는 것이 목적이며, 더 높은 수준, 상호작용적 과정들, 또는 역사적 설명은 괄호 안에 넣어놓고bracketing out 오로지 위쪽을 향한 인과적 설명만을 장려했다. 넷째, 분자생물학은 다른 모든 과학 분야에서 방법론을 빌려왔다. 즉, 의도된 간학문적 접근방식이었다. 다섯째, 거대분자, 특히 단백질이 "초점"이 되었다. 여섯째, 관심이 되는 척도가 이러한 대상의 크기 척도가 되었으며, 대략 10^{-8}에서 10^{-9}미터였다(분자생물학은, 말하자면, 최초의 나노과학이었다). 일곱째, 분자생물학은 복잡하고 값비싼 장치의 설계, 공급, 그리고 유지관리를 기반으로 했다. 그런 장치에는 X선 회절장치, 초원심분리기, 신형 현미경뿐 아니라 전자현미경, 전기영동기, 분광기에 방사성 동위원소와 같은 물질, 그리고 섬광계수기와 같은 장비들이 포함되었다. 마지막으로 "분자적 수준의 인식적 초점은 연구의 사회적 구조 또한 형성시켰다". 간학문적인 과학은 협동 작업을 뜻했고, 효율적인 협동 작업은 협력에 대한 포상을 요구했다.

작은 것을 진짜로 만들기—바이러스학, 세포학, 그리고 유기화학

실행세계의 연관성, 자선기관들의 전망, 그리고 값비싼 실험장비를 향한 경향 등이 한데 어우러져서, 여러 학문 분야들이 당시 막 출현하던 분자생물학과 비슷해졌다. 한편 화학에서는 20세기 중반에 실험 장치의 혁명이 일어났다. 이 점에 대해서는 나중에 개괄하겠다.

1911년에 페이턴 라우스는 관찰을 통해 닭의 백혈병이 여과기를 거친 닭의 혈액 추출물을 통과해서 전파될 수 있다는 사실을 알아냈다. 그것이 무엇이든 간에 무척 작은 것이 분명했고, 바이러스라고 정의되었다. 닭의 암이 바이러스에 의해 일어날 수 있다는 생각은 1930년대 주류 과학에서는 괴상한 이론으로 여겨졌다.[82] 이 이론은 가장 작은 크기에서 생명 현상을 이해하고 개입함으로써 당시 사람들을 황폐화시키는 파괴적인 천형天刑으로 여겨졌던 질병을 정복한다는 록펠러 재단의 꿈과 잘 부합했다. 곧 토끼의 유두종乳頭腫 바이러스가 록펠러 연구소의 집중 연구 대상이 되었다. 작은 연구 대상은 큰 장치를 필요로 했다. 1929년부터 록펠러 연구소의 알베르 클로드는 세포를 원심분리기에 넣어 잘게 부수었고, 1930년대에 전자현미경을 이용해서 그 내용물을 연구했다. 클로드의 프로젝트는 닭의 종양을 일으킨 원인을 밝히려는 것이었다. 그러나 정작 발견된 것은 닭의 배아에서 흔히 찾아볼 수 있지만 질병과 관련되지 않은 미립체微粒體 마이크로솜이었다. 세포분획細胞分劃, 전자현미경, 생화학적 특성화 등의 방법을 적용해서, 클로드는 미토콘드리아, 핵사核絲, 소포체小胞體 같은 세포 내부 구조의 많은 부분들을 분리했다.[83] 규모가 확대되면서, 클로드는 20세기 세포 상 세부 사항의 상당 부분을 제공했다. 그러나 그 배후에는 바람직한 과학에 대한 자선기관들의 전망이 있었고, 암과 그 밖의 질병에 대한 의학의 실행세계가 작동하고 있었다.

1920년대와 1930년대 사이에, 분석화학이나 유기화학에 몰두하던 화학실험실들에 변화가 일어났다.[84] 그 과정은 1920년대에 시작되었고, 합성고무 생산과 같은 전시 프로젝트들에 의해 가속되어 1950년대에 성숙해졌다. 여기에 적외선 분광광도계, 폴라로그래피, 질량분광계와 같은 많은 실험장비가 소요되었다. 이 장치들은 물리학의 실험 장치에 비하면 규모가 훨씬 작았지만, 전 세계 화학실험실 수를 감안하면 물리학과 맞먹는 수준의 자본 투자를 가져왔다. 철학자인 데이비스 베어드는 분석화학의 변화를 이렇게 설명했다. "1920년대 이전에 분석화학자들은 알려지지 않은 화학적 조성을 알아내기 위해서 이미 알려진 일련의 화합물들을 가한 다음 나타나는 반응을 관찰하는 방법을 사용했다." "1950년 이후에 분석화학자들은 모르는 화학적 조성을 밝혀내기 위해 다양한 장비들을 사용해서 서로 다른 화학물질을 비교했다."[85] 그리고 협동 작업을 하는 경우가 늘어났다. 이때 화학자들은 훈련된 일반 화학자라기보다는 제각기 전문분야가 다른 "분석가"였다.[86]

실험실에서 대량생산으로 규모확장: 라듐, 인슐린, 나일론

클로드를 비롯해서 자신들의 장치로 특정 화학물질을 식별하는 '분석가들'은 작은 대상의 큰 표상들을 생산하고 있었다. 이것은 또다른 부류의 규모 확장, 즉 이미 확인될 것들에 부가되는 확장이었다. 희귀물질의 대량생산, 그리고 실험실 조제에서 대량생산으로 이전 가능한 기법의 개발은 양차 대전 사이 생화학산업과 합성섬유산업의 특징이었다. 예를 들어 퀴리재단과 라듐연구소는 로렌스 방사연구소에 필적하는 일종의 "거대의학big medicine"을 창안했다. 파리의 '라듐 폭탄'은 엄청난 양의 값비싼 원소들을 포함하고 있었고, 심부 종양 치료에 사용된 방사선을 만들어냈다. 콩고의 라듐 채굴량을 늘린 후에야 수요를 충족시킬 수 있을 정도였다. 1920년대 파리 암 클리닉에 대해 장 폴 고딜리에르는 라듐 폭탄이 등장하면서 암에 대한 국소적 관점이 바뀌었고, 점증하는 비율로 치료 효율성을 기계와 연결시키게 되었다고 썼다. 그는 여기에서 "거대의학"이 발명되었고, 곧 의료의 다른 영역들에 영향을 주게 될 것이라고 덧붙였다.[87] 이 과정에서, 라듐은 퀴리의 실험실에서 미량으로 다루어지던 물질에서 산업적 규모로 제조되는 무엇으로 변화했다.

인슐린 이야기도 실험실에서 대량생산으로 규모 확장이 이루어진 과정의 좋은 예이다. 첫째, 이 이야기에는 영웅이 등장한다. 프레더릭 밴팅은 당뇨병에 관심이 깊은 캐나다의 외과의였다. 밴팅은 1921년 토론토에서 그의 학생이었던 찰스 베스트와 함께 개를 대상으로 췌장관을 묶어 그곳에서 나오는 분비물을 추출하는 실험을 했다. 당뇨병에 걸린 다른 개들에게 그 분비물을 투여하자 죽지 않고 생명을 유지했다. 그의 연구팀은 순수 추출물, 즉 인슐린이 당뇨병 환자들을 살렸다는 것을 알았다. 수십만의 사람들을 시각 장애와 조기 사망에 이르게 만들었던 질병이 관리 가능하게 된 것이었다. 밴팅은 1923년에 노벨상을 받았다. 생리학은 종종 의학에 과학적 겉치

레를 하는 데 이용되곤 했지만, 이번에는 주요 질병에 치료법을 제공하는 임상생리학이었다.[88] 인슐린이 가지는 이미지는 생체해부 반대 운동을 반박하는 소재로 활용되었다.[89] 어쨌든 소수의 개들의 죽음으로 수천 명의 목숨을 살린 과학이 탄생했다. 그러나 밴팅의 작은 생리학자 팀에게는 결정적으로 중요했던(이들은 특허를 내서 토론토 대학에 양도했다) 이러한 설명과 달리, 일라이 릴리사도 그들만큼 중요한 역할을 했다. 이 회사는 1년 동안 미국 시장을 독점하는 대가로 인슐린 생산의 규모를 확장시켰다.[90]

타이어, 칫솔, 카펫, 그리고 무엇보다 스타킹과 같은 상품에 적용된 당대의 경이로운 합성 물질인 나일론의 사례도 마찬가지였다.[91] 원래 폭발물 제조 회사였던 듀폰은 제1차 세계대전이 끝나자 염료로 생산 다각화를 결정했고, 해당 분야의 독일 특허를 장악하기 위해 새로운 실험실들을 세웠다.[92] 1921년까지 2100만 달러가 투자되었고, 실질적인 진전을 이루기까지 다시 비슷한 정도의 투자가 예상되었다. 그 후 이 회사의 경영진들은 밑바닥에서부터 시작하는 것보다 연구와 제조 전문가들을 사들이는 쪽으로 결정하게 된다. 1920년대에 듀폰은 레이온(인조견), 셀로판, 합성 암모니아, 테트라에틸납, 그리고 프레온 냉매 등의 제작에 뛰어들었다.[93] 그 결과 열 개 산업 부문을 망라하는 다각화 기업이 되었고, 각각의 분야마다 연구소가 하나씩 들어서게 되었다.

1926년에 듀폰은 자사의 여러 연구 분야의 공통 영역에서 장기적으로 효율성을 높이기 위해 중앙 연구소에서 '기초fundamental' 연구를 강화하기로 결정했다.[94] 공통되는 영역은 촉매, 고압 화학공학과 중합重合 반응이었다.[95] 이러한 확장, 그리고 기초 영역 내지는 '순수한pure' 연구가 주는 외견상 자유로움이 하버드 대학의 화학자 월리스 H. 캐러더스를 매료시켰다. 듀폰의 아낌없는 지원을 받은 캐러더스는 이론적 연구―예를 들어, 폴리머重合體의 실체를 단순한 집합체가 아니라 거대분자라고 주장했다―를 했을 뿐 아니라 1930년에 합성고무의 일종인 네오프렌 같은 실용적인 화학물질을 합성하기도 했다. 1934년과 1935년에 캐러더스는 폴리아마이드를 발견했다. 폴리아마이드로는 매혹적인 특성이 있는 나일론 섬유를 만들 수 있었다.

그러나 실험실에서 폴리아마이드 중합체를 만드는 것과 나일론 섬유를 대량생산하는 것 사이에는 큰 차이가 있었다. 역사가인 데이비드 하운셸은 캐러더스의 연구에 들어간 비용을 고작 7만 5000달러 정도라고 추정했다.[96] 반면 대량생산에 성공하기까지 이 회사가 연구개발에 들인 비용은 수백만 달러에 달했다. 규모 확장은 단순하지 않았다. 효율적으로 규모를 확장하는 방법들이 발명되었다. 최고의 방법을 결정하느라 시간을 허비하는 대신 한때 훌륭한 중합체였던 것에 대한 냉동 연구freezing research를 발견해냈고, 연속적인 과정(이 방법은 위험부담이 따르지만 성공할 경우 시간을 크게 줄일 수 있다)이 아니라 병렬적인 과정에 해당하는 부분들이 개발되었으며, 여성을 위한 스타킹 같은 상업적 목표에 초점을 맞추었다.[97] 나일론이 실험실에서 실험적인 공장을 거쳐 상업 생산으로 옮아가자, 이 과정 자체가 연구 대상이 되었고 연관 데이터는 향상을 위해 활용되었다.[98] 구체적인 목표를 지향하면서 병렬적으로 조직되고 과학적으로 관리된 연구는 미래에, 최소한 원자폭탄에서, 미국이 거두게 될 성공의 비밀이었다.

과학이 조직된 세 장소와 그 방식들

궁핍했던 1930년대의 과학에 대한 이 논의를 과학이 조직될 수 있었던 네 군데 장소를 찾아가면서 마무리하기로 하자. 우리는 이미 듀폰의 '퓨리티 홀'을 방문했다. 그곳은 델라워어주 델밍턴 근처에 있는 이 회사의 핵심 연구소다. 과학의 조직에서 얻는 교훈은 실험실에서 그 자체의 실행세계에 해당하는 생산으로 이전하고 과학을 관리하는 관리 과학을 개발하는 과정을 다루는 것이다.

1939년에 뉴욕주 플러싱 메도우 북쪽에서 세계 박람회가 열리고 있었다. 이 박람회에는 미국의 내로라하는 대기업들이 출품한 작품들이 전시 중이었다. 둥그런 구球 안에 미래의 마을 풍경이 묘사되어 있었다. 루이스 멈포드는 이 구를 "문명이 탄생한 커다란 알"이라고 불렀다.[99] 가까운 곳에 제너럴모터스의 미래관 전시물이 있었다. 노먼 벨 게데스가 설계한 이 전시물은 기후적 신세계 창조로 이어지는 '과학 순례'를 개념으로 한 것이었다. 관람객들—이들은 '내가 미래를 보았노라'라고 적힌 핀을 받았다—에게 기업 연구소의 산물들이, 정부의 간섭을 효과적으로 막아낸다면, 신세계를 만들수 있을 것이라는 약속을 했다.[100]

좀더 북쪽, 매사추세츠주 보스턴으로 가면, 과학을 조직하는 새로운 방식에 대한 어렴풋한 지식을 얻을 수 있다. 1930년대에 MIT의 테리 신은 여기에서 대학의 과학 전문가들과 '지역의 사업가 전문가' 사이에 일종의 파트너십이 형성되었다고 말했다. 그것은 과학을 지원하는 모험자본의 탄생이었다.[101] 미국의 연구개발 기업은 1946년 매사추세츠주 케임브리지에서 건립되었다. 이러한 기업의 탄생은 1970년대부터 이루어진 새로운 생명공학의 발전에 특히 중요한 의미를 가지게 된다.

마지막으로 비행기로 대서양을 가로질러 영국 케임브리지로 가면, 과학조직의 경쟁적 전망을 발견하게 된다. 킹스칼리지에서 이 대학 장학생이자 얼굴에 홍조를 띤 경제학자 존 메이너드 케인스는 대공황이라는 실행세계에서 경제 모형과 이론을 추출해내고 있었다.[102] 그는 1936년에 자신의 저서 『고용 이자 및 화폐에 대한 일반 이론』에서 전체로서의 경제는 단순한 시장 교환과 다른 방식으로 이해되어야 한다고 주장했다. 그리하여 거시 경제가 미시 경제와 구분되었다. 케인스는 경기 후퇴기에 지출을 늘려서 완전고용을 위해 거시 경제를 관리할 수 있다고 보았다. 루스벨트는 1930년대 말에 케인스주의적 지출 확대를 채택했고, 이것은 정부가 기꺼이 경제에 개입하겠다는 신호였다. 세계 박람회가 이러한 움직임을 출발시켰다.

또한 1930년대 케임브리지에는 아일랜드 출신으로 풍부한 경력의 결정학자 존 데스먼드 버널이 있었다.[103] 그의 연구팀은 생명 과정에 관여하는 거대분자의 구조를 밝히는 연구를 하고 있었다. 그런 분자에는 비타민(B₁, D₂), 효소(펩신과 같은)와 그 밖의 단백질, 그리고 담배모자이크 바이러스 등이 포함되었다. 그는 사회주의자 중에서도 극좌파였다. 버널에게 과학이란 기업이나 사적 부문으로 갈 수 있는 사업이 아니라 사회가 안고 있는 모든 문제에 대한 해결책을 제공해야 하는 무엇이었다. 다시 말해서 과학은 계획화되어야 했다. 그의 주장은 전쟁 직전인 1939년에 발간된 『과학의 사회적 기능The Social Function of Science』이라는 저서에서 과학 조직의 대안적 전망으로 개진되었다.

제2차 세계대전과 냉전

제12장
과학과 제2차 세계대전

제2차 세계대전은 20세기 과학의 흐름에서 연속적이었는가, 아니면 불연속성의 자국을 남겼는가? 그것은 전환점이었는가? 단절인가? 아니면 언제나처럼 똑같았는가? 분명 제2차 세계대전은 새로운 물리학보다는 과거의 화학에 의존해서 치러진 전쟁이었다. 역사가 에드먼드 러셀은 이렇게 썼다. "물리학이 제2차 세계대전에서 인기 있는 과학이었을 수 있지만, 화학은 도시를 파괴시키는 데 짐말과도 같은 역할을 했다."[1] 알렉스 롤랜드는, 그럼에도 불구하고, 과거의 전쟁들과 비교했을 때 제2차 세계대전이 이전에 치렀던 그 어떤 전쟁과도 다른 형태였다고 지적했다.

단순히 대량생산을 넘어서 제2차 세계대전은 무기의 질을 체계적으로 향상시켰다. 실제로, 제2차 세계대전은 완전히 새로운 범주의 무기들을 도입시켰다. 제트엔진, 액체연료 로켓, 근접신관, 그리고 원자폭탄이 상상에서 현실로 실현되었다. ……역사상 최초로, 전투원들의 실질적인 재무장이 이루어졌으며[이것은 전투가 진행되는 와중에 일어났다], 이 전쟁의 승자는 처음 전쟁이 발발했던 때와는 사뭇 다른 병기고를 갖추고 새로운 모습으로 태어났다.[2]

따라서 군사기술의 관점에서 볼 때, 제2차 세계대전은 갑작스러운 질적 변화를 보여주는 듯하다. 그러나 롤랜드의 규정은 새로움을 강조하는 반면, 제2차 세계대전에서 과학이 맡았던 역할을 이해하기 위해서는, 좀더 과거에 이루어진 발전과 경향에 눈길을 돌려야 할 것이다. 앞 장에서 나는 과학의 규모를 어떻게 키울 것인가에 대한 교훈이 다양한 배경에서 학습된 방식이라는 측면에서 1920년대와 1930년대가 주목할 만한 시대였다고 썼다. '과학의 규모 확장이 어떻게 계획되고 관리될 수 있는가?'라는 같은 질문은 여러 가지 이유로 서로 다른 맥락에서 제기될 수 있다. 이 장에서 나는 이러한 전전戰前 경향의 연속으로 볼 때, 제2차 세계대전에 이루어진 성공적인 과학 이용을 제대로 이해할 수 있다는 주장을 펼칠 것이다.

실제로, 양차 대전 사이 이루어진 과학(그리고 과학자의 수)의 규모 확대 scaling up는 이러한 갈등의 특성을 빚어냈다. 과학사가 마이클 데니스는 "기업 실험실이 늘어나면서, 과학은 대량생산/대량소비 문화의 일부가 되었다"라고 지적했다. 그는 많은 것을 시사하는 다음과 같은 물음을 던졌다. "전간기에 이루어진 과학자 '대량생산' 정책이 오직 군부만 이용할 수 있는 공급을 창출하게 된 것이 과연 예상치 못한 결과였다고 주장할 수 있겠는가?"[3]

전쟁을 위한 과학의 조직

제1차 세계대전 기간에 과학자들은 전쟁에 기여하고, 정부와 산업의 협동을 강화하기 위해 노력했고, 그 방법을 조직했다. 1930년대에 이러한 군사적 결탁은 재발명되거나 심화되었다. 독일에서는 군사 연구와 개발이 확장된 데 그치지 않고, 과학 연구의 새로운 중앙 조직이 설립되었다. 당시 장관이었던 베른하르트 루스트는 새로운독일연구위원회Reich Research Council의 설립을 선언하면서 이렇게 천명했다. "독일 과학에 주어진 위대한 과제들은, 이러한 과제 달성에 기여하는 연구 분야의 모든 자원이 통합되고 실행될 것을 요구한다."[4] 프랑스에서는 전쟁 준비로 1938년에 국립응용과학연구소Centre national de la recherche scientifique appliquee가 설립되었다. 이듬해에 명칭에서 'appliquee(응용)'이라는 말이 빠졌고, 이후 국립과학연구소CNRS는 프랑스에서 가장 중요한 연구기관이 되었다.[5] 영국에서는 연구가 일차적으로 군 관련 부서들과 조율되었다. 해군본부, 육군성, 공군성, 그리고 과학 및 산업연구성 등의 연구위원회들이 그런 부서들이었다. 그리고 여러 자문위원회가 이러한 조직들을 추가로 보완했다. 자문위원회들은 정부에 대한 일상적인 과학 자문을 매개하고 형식화하는 역할을 했다.[6]

미국에서, 과학자와 군부를 강력하게 연결해준 견인차 역할을 한 이들은 대서양 연안 지역의 과학 명사들이었다. MIT의 전기공학자 바네버 부시, MIT 총장 칼 콤프턴, 뉴욕 벨 연구소장 프랭크 주잇, 그리고 하버드 대학 총장이자 화학자였던 제임스 브라이언트 코넌트 등이 그 무리에 속했다. 부시는 1919년 이래 MIT 전기공학 교수로 재직했고, 특허로 얻은 재산으로 레이시온사를 세운 부자였다. 부시는 여러모로 천문학자 조지 엘러리 헤일에 비견되고 대비될 수 있었다. 역사학자 대니얼 케블스는 두 사람 모두 '조직의 사업가' 역할을 떠맡았지만,[7] 헤일이 연방의 과학 개입을 신뢰하지 않고 저항한 반면, 부시는 그보다 훨씬 유연한 입장이었다는 점에서 차이가 났다고 지적했다. 부시는 미국에서 과학과 군부 사이의 조직적 관계의 경험을 평하면서, 헤일의 국가연구위원회 불간섭주의는 실패로 간주했고, 반면 국가항공자문위원회NACA를 성공 사례이자 미래 모델로 추켜세웠다.[8]

과학 명사 집단의 지지를 받은 부시는 루스벨트를 설득해서 1940년 6월 새로운 조직인 미국 국방연구위원회NDRC를 설립했다. 유럽에서 전쟁이 발발한 후였지만, 미국이 전쟁에 직접 개입하기 훨씬 전이었다. 부시는 이렇게 회상했다. "NDRC 설립이 일종의 우회 전략, 그러니까 기존 채널 바깥에 있는 과학자와 공학자 들의 작은 회사가 무기 개발 프로그램의 권력과 자금을 가로채는 수단이라고 이의를 제기하는 사람들이 있었습니다." 케블스는 이렇게 썼다. "실제로 그러했다.[9] [NDRC는] 일차적으로 군사적 목적을 위해 기업 및 대학과 계약을 체결하는 방식으로 국방 연구를 하는 데 동의했다. ……[그리고] NDRC는 NACA와 마찬가지로 대규모 프로젝트와 개별 연구를 모두 진행했고, 이러한 결합을 항공연구를 넘어 모든 군사 관련 과학에 대한 연방 지원으로 확장했다. 이것은 미래에 큰 함축을 갖는 결정이었다."[10] 공군 역사학자 마이클 셰리는 NACA가 제2차 세계대전 과정에서 "기업과 대학 과학 동원의 본보기"였다는 데 동의했다.[11] 역사가 헌터 듀프레는 이 순간을 두 번째 "대부흥"이라고 불렀다. 그것은 프랜시스 베이컨의 17세기 과학혁명 계획에 필적할 만큼 중요했다는 의미였다.[12] 부시는 남아도는 지원금을 과학적 협동 작업과 결부시켜서 계획된 결과를 달성하는 방법을 아는 과학행정가들—특히 록펠러 재단의 워런 위버—을 끌어들였다.[13]

1941년에 이러한 시스템은 한층 강화되었다. 과학연구개발국OSRD이 설립되었다. OSRD는 민간의 통제하에 있었지만, 엄청난 자금을 군사 연구개발로 돌렸고, 루스벨트 대통령과 직통 회선을 가지고 있었다. 바네버 부시는 이렇게 회상했다. "나는 그들이 대통령의 비호 아래 조직되지 않으면, 그 빌어먹을 동네[워싱턴]에서 아무것도 할 수 없다는 사실을 알고 있었습니다."[14] OSRD는 의학연구위원회를 포함하여 소관 범위를 확장했다.

전쟁에 참여했던 모든 나라가 제2차 세계대전을 준비하면서, 그리고 전쟁을 치르는 와중에 과학과 군 사이의 조직적 결합을 강화했다. 이러한 노력 가운데 많은 부분이 연구 프로젝트를 확장하고 실험실과 시범 프로젝트들을 실제 작동하는 시스템으로 바꾸는 데 집중되었다. 그렇지만 과연 이러한 조직 방식이 모두 효율적이었을까? 물론 유명한 전시 과학 사례의 상당수는 지난 수십 년 동안 학습된 기술을 전략적으로 배치해서 실제 생산으로 확장시킨 성과로 이해될 수 있다. 페니실린, 레이더, 그리고 원자폭탄이 이러한 주제를 살펴보는 데 가장 좋은 길잡이가 될 것이다.

페니실린

1928년에 알렉산더 플레밍이 항세균제 '페니실린'을 발견한 이야기는 과학에서 일어난 우연한 발견의 사례로 자주 거론되었다. 런던 성마리아 병원에서 일하던 이 스코틀랜드 의학자는 포도상구균 배양액에 우연히 피어난 곰팡이가 균을 죽이고 있는 모습을 보았다. 곧 플레밍은 이 "곰팡이 주스"가 다른 곰팡이도 죽일 수 있다는 사실을 알게 되었다. 그러나 그는 페니실린이 너무 쉽게 분해되고 의학적으로 유용한 정도의 양을 만들기 어려워 불안정한 물질이라고 결론지었다.[15] 1930년대 말, 오스트레일리아인 하워드 플로리와 망명한 독일 생화학자 언스트 체인이 이끄는 두 번째 그룹이 옥스퍼드 대학 윌리엄 던경의 생리학교실에서 이 문제를 재검토했다. 체인은 페니실린의 구조로 가능한 모델들을 제안했고, 버널의 케임브리지 팀에서 나와 옥스퍼드로 옮겨 실험실을 만든 도로시 호지킨이 체인이 제기한 구조의 유효성을 1945년에 확인했다. 1930년대 말부터, 의학연구회의와 록펠러 재단은 동물과 인간 환자를 대상으로 한 플로리 팀의 후속 실험에 연구비를 지원했다. 역사가 가이 하트컵은 페니실린 곰팡이를 배양하는 데 쓰인 두 가지 방법을 다음과 같이 기술했다.

> 플로리가 사용한 첫 번째 방법은 표면 배양, 또는 정지 배양이라고 불리며, 균류가 배양기 표면에 매트를 이루어 성장한다. ……열흘쯤 지나면, 페니실린 내용물 중에서 맑은 용액을 따라내고, 페니실린을 추출해서 정제한다. 액침 배양 또는 담액 배양의 경우, 균류가 1만 갤런이나 그 이상 되는 커다란 발효조 안에서 배양된다. 이 과정은 수백 마력의 동력으로 작동하며, 무균 공기를 계속 공급하고 강력한 교반기로 휘젓는다.[16]

거대한 발효조의 성공적인 작동은 이렇듯 약학과 화학공학, 그리고 생명공학 기업들의 지식과 기술에 좌우되었다.[17] 규모 확장이라는 과제를 푸는 데는 미국도 힘을 보탰다. 플로리 연구팀과 접촉한 후, 일리노이주 피오리아 북부연구소의 A. J. 모이어가 산출량을 늘리는 방법을 고안했다. 그렇지만 대량생산은 많은 사람과 기업들의 집합적, 조직적인 성취였다. 이 과정은 매 단계마다 해결해야 할 새롭고 어려운 문제들을 안고 있었다. 기업 사학자 존 스완은 "미국과 영국의 20여 개 제약회사가 페니실린 제조에 가담"했으며, 그 외에도 자선기관들, 대학과 정부의 과학자들이 참여했다고 보고했다. 이 전체적인 과정은 협동, 조직적인 기업가 정신, 그리고 지식의 축적을 필요로 했다.[18] 생명공학사가 로버트 버드는 OSRD의 의학연구위원회와 의학연구회의를 염두에 두면서, 이들 기관의 조정에 의한 학제적 성취를 이렇게 표현했다. "영국과 미국의 대학과 정부 출연 연구소, 그리고 제약회사들의 대규모 네트워크들은 두 나라의 정부 기관들에 의해 조정되었다."[19]

대량생산된 페니실린은 즉각적이고도 장기적인 영향을 미쳤다. 미국의 엄청난 페니실린 생산량—1943년 말엽에 매달 1조 5천억 정[20]—덕분에 북아프리카와 노르망디 상륙작전 이후 유럽에서 전쟁 중 최다 사망 원인이었던 상처 감염을 제때 방지할 수 있었다. 페니실린은 1930년대에 독일에서 개발되었던 기적의 약 술폰아미드를 대체했다. 그러나 항균약제만큼이나 생산방식 또한 귀중한 성과였다. 거대한 발효조를 건조하고 작동하는 기술은 전후에 새로운 항생물질, 그리고 피임약에 사용될 스테로이드의 산업적 생산에 없어서는 안 될 중요한 기술이었다.[21] 바네버 부시는 1945년 새로운 대통령에게 이렇게 보고했다. "우리 모두는 새로운 약 페니실린이 이 전쟁의 냉혹한 전장에서 고통스러운 상처를 입은 병사들에게 얼마나 중요—그약은 수많은 생명을 구했습니다—했는지를, 그리고 이 약 덕분에 극심한 고통을 덜 수 있었다는 사실을 잘 알고 있습니다. 과학과 이 나라의 천재들이 이러한 성취를 가능하게 해주었습니다."

마찬가지로, 19세기에 가장 많은 사망자를 낸 결핵을 최초로 직접 치료할 수 있는 항생물질 스트렙토마이신이 1943년에 러트거스 대학에서 발견되었다. 이 약의 개발에는 산업 자원과 머크사Merck & Company의 지식이 필요했다. 그런데 비슷한 항생물질 그라미시딘에 관한 이야기는 상대적으로 덜 알려져 있다.[22] 소련 생태학자 게오르기 프란체비치 가우세는 매우 유사한 생태학적 지위에 적응한 생물들은 경쟁을 벌여 서로를 없앨 수 있다고 주장했다. 초원의 대형 포유류에 작동하는 원리가 페트리 접시 위 곰팡이에도 마찬가지로 통한다는 것이다. 연구 결과를 과시해서 소련의 정치권력자들로부터 좋은 평판을 얻으려던 리센코와 마찬가지로, 가우세도 자신의 생태학 이론이 소비에트의 열망에 부응할 수 있다는 것을 보여주려 했다. 이러한 동기로 가우세는 항생 효과를 놓고 경합하는 여러 곰팡이들을 적극 검토했고, 1942년 바실루스 박테리아가 생성하는 화학적 방어물질 그라미시딘 S(S는 소비에트를 뜻한다)를 찾아냈다. 이번에도 대량생산을 통해 군병원에서 활용되기까지 중요하고 어려운 연구(X선결정학 연구를 위해 서양의 연합국들에 표본을 보내는 과정을 포함해서)와 개발 과정을 거쳐야 했다.

레이더

레이더의 특징 하나는 규모 확장 과학으로, 대서양을 사이에 두고 효율적·간학문적 협력이 이루어졌다는 점이다.[23] 제1차 세계대전 때 체펠린 비행선이 런던에 폭탄을 떨어뜨리자, 당시 이 도시는 정보를 보고하는 체계를 조직하는 방식으로 대응했다. 이것이 레이더의 전국적인 정보 보고 시스템의 청사진이었다.[24] 전선에 가까울수록, 항공기들은 정찰 같은 여러 가지 틈새 역할을 찾아내서 발전했다. 그러나 폭격기 같은 항공기는 1920년대와 1930년대에 이론으로도 실제로도 개발되었다. 이탈리아 전략가 줄리오 두헤는 『제공권The Command of the Air』(1921)에서, 전쟁터에서 적군의 머리 위로 날아올라 중심부를 공중 폭격해 신속한 승리를 거둘 수 있다는 주장을 폈는데, 이 이론은 많은 사람에게 공감을 얻었다. 영국의 전 수상 스탠리 볼드윈은 1932년에 "지상의 사람들은 폭격기로부터 자신을 보호해줄 아무 수단도 없다는 것을 깨달아야 한다. 폭격기는 어떻게든 항상 뚫고 들어올 것이다"라고 주장했다. 1937년 독일 콘도르 군단 폭격편대가 바스크 지방 게르니카를 쑥대밭으로 만든 사건은 이러한 숙명론을 확증해주는 것 같았다.

당시 조기 경보는 시각적 관측과 청각적 탐지에 의존했다. 1930년대의 유물인 거대한 콘크리트 파라볼릭 집음集音 반사경은 지금도 런던 남쪽 해안 절벽에서 찾아볼 수 있다. 그러나 소리가 아닌 전파를 이용하면 흩어진 반향을 측정하는 방식으로 멀리 떨어진 물체를 탐지할 수 있다는 사실이 알려져서 20세기 초반에 널리 확산되었다. 독일인 크리스티안 휠스마이어는 1904년에 이 장치의 특허를 얻었다. 미 해군을 위해 연구하던 전기공학자 앨버트 호이 테일러와 레오 C. 영은 1920년대에 연속파 무선 탐지를 실험했다. 빠른 속도로 발전하던 무선산업 덕분에, 값싼 부품과 숙달된 기술자들이 많이 배출되었다. 레이더의 가능성은 누구에게나 열려 있었다. 그러나 효율적인 도구로서 레이더는 일차적으로 영국의 발명품이었다. 그 이유는 레이더가 20세기 후반의 과학, 기술, 그리고 산업의 결과물이기 때문이다.

1934년 영국 공군이 여름 훈련을 하는 동안, 폭격기들은 반나절 동안 전투기들의 방어 없이 마음대로 목표를 유린할 수 있었다. 긴급 대응으로 대공 방어를 위한 과학연구위원회가 설립되었고, 항공학의 지식과 경험을 겸비한 정부 화학자인 헨리 티저드가 위원장을 맡았다. 위원회 테이블에 둘러앉은 사람들은 근육생리학자 A. V. 힐, 전 해군 대위이자 캐번디시 연구소 물리학자인 패트릭 블래킷, 항공성 과학자 H. E. 윔페리스, 그리고 그의 후배인 A. P. 로였다. 윔페리스는 새로운 군사기술 제안서들을 심의했다. 항공성은 200야드 거리에 있는 함선을 격침할 수 있는 '살인 광선'을 만드는 사람에게 1000파운드의 현상금을 걸었다. 윔페리스는 힐에게 그런 장치에 어느 정도 에너지가 필요한지 물었다. 힐의 계산 결과는 스코틀랜드 기상학자 로버트 왓슨와트에게 전달되었다. 왓슨와트는 무선 잡음의 방출 방향을 탐지하고 삼각측량으로 뇌우雷雨의 위치를 확인하는 방법을 연구했었다. 그는 힐과 윔페리스에게 에너지 계산 결과 살인 광선은 불가능하다고 확인해 주었다. 그 대신, 전파를 이용해서 항공기를 파괴하는 것이 아니라 위치를 찾아내는 아이디어를 제안했다. 그것은 뇌우의 위치 탐지에서 폭격기의 위치 확인으로 대상을 바꾸는 간단한 작업이었다. 왓슨와트와 아널드 F. 윌킨스는 전파를 보내서 송신 시간과 반향이 되돌아오는 시간을 측정하면 목표물의 방향과 분포 구역을 동시에 알아낼 수 있다고 주장했다.

1935년 2월 26일, 왓슨와트는 한가지 실험을 지휘했다. 비행기 한 대가 대번트리에 있는 BBC 무선 송출기를 앞뒤로 지나가는 동안, 지상 요원이 산란된 전파를 찾아내서 측정하는 실험이었는데, 성공이었다. 비행기는 8마일 거리에서 탐지되었다. 항공성은 서퍽 해안에서도 외진 지점인 보드시와 오포드니스라는 곳에 실험 기지를 세웠다. 그 후 수년 동안, 대부분 물리학자인 명석한 젊은 과학자들이 통신연구소Telecommunications Research Establishment, TRE로 보내졌고, 그곳에서 '무선 방향 탐지'('레이더'는 1940년에 미 해군이 붙인 이름이었다) 연구에 종사했다. 최초의 주 시스템은 1936년에서 1937년 사이에 개발된 체인 홈Chain Home이었다. 100미터 높이의 나무로 된 탑들이 네트워크를 이루었고, 뒤편에 수신 기지를 갖춘 각각의 탑에는 하늘로 펄스 전파를 쏟아내는 송신기가 달려 있었다. 1937년이 되자, 체인 홈은 100마일 떨어진 곳에서 접근하는 항공기를 탐지할 수 있었다. 이 정도 거리면 전투기들이 긴급 발진해서 적을 차단하기에 충분했다.

그러나 송신기와 수신기는 레이더의 구성 부분에 불과했다. 정말 중요한 혁신은 기술 체계의 일부인 '정보' 처리였다.[25] 효율을 높이려면, 입력된 첩보intelligence를 모아 그 질을 평가해서, 중앙으로 보내 빠르고 정확한 전술적 결정이 내려져야 했다. 그런 다음, 결정이 구체적인 전술적 메시지로 나누어져 전투기, 대공포대, 방공기구 조작자 등 여러 방어체계에 하달되어야 했다. 그래야만 한정된 방어력을 효율적으로 정렬해서 압도적인 적 폭격기의 위협에 대응할 수 있었다. 따라서 펄스 전파송신기와 수신기만큼이나 중요했던 것이 '필터 룸filter rooms'의 발명이었다. 필터 룸은 방대한 양의 입력 데이터를 보다 단순하고 명료한 형태로 줄인 뒤 중앙 '연산 룸'으로 보내 정보가 배열되고 결정이 내려지게 하는 장소였다. 1940년 여름 영국 남부에서 제공권을 겨룬 공중전에서 영국에 결정적 승리를 안겨준 것은 총체적인 '정보 체계information system'—실제로 이 용어는 여기에서 비롯되었다—였다.

레이더 시스템은 새로운 위협이 등장하거나 신기술이 출현해 적용 가능해질 때마다 끊임없이 발전했다. 한 가지 문제는 체인 홈이 부정확했다는 점인데, 그 부분적인 이유는 장파長波를 사용했기 때문이었다. 체인 홈은 전투기들을 침입하는 폭격기 근처로 이끌 수 있었지만, 직접 마주치게 하지는 못했다. 1940년대 중반에 평면위치표시기Plan Position Indicator—우리에게 친숙한 레이더 계기판—가 개발되면서 레이더 정보의 시각적 재현이 향상되었다. 이제 지상 레이더 관제사는 폭격기와 전투기 위치를 눈으로 확인하면서 전투기들을 적의 폭격기로 인도할 수 있었다. 이 기법은 지상관제요격Ground Controlled Interception이라 불렸고, 1941년 초부터 사용되었다. 실제로 이 기법은 조종사와 항공기를 폭넓은 시스템의 일부로 만들었다. 또한 공중요격 Air Interception, AI 레이더를 전투기에 장착해서 체인 홈이 실패했던 위치 탐지의 마지막 단계를 조종사가 완성할 수 있게 하려는 시도도 이루어졌다. 그러나 이 시도는 실패로 돌아갔는데, AI 레이더 장치가 너무 컸기 때문이다.

1940년에서 1941년 사이 레이더가 안고 있던 기술적 장애는 관련 장비의 크기와 무게(대부분 항공기에 싣기에는 너무 무거웠다), 그리고 레이더에 사용된 전파가 장파라는 한계였다. 파장이 더 짧아지면 레이더의 정확성이 높아지고 장비의 무게가 가벼워질 수 있었지만, 설계자들은 1930년대 시점으로 전자공학의 최첨단에서 연구하고 있었다. 체인 홈의 파장은 10미터가량이었는데, 이상적인 파장은 10센티미터 정도였다. 주로 대학에서 동원되어 산업계의 동료와 군부 후원자들과 밀접한 관계하에서 연구하던 과학자들이 단파短波를 만들어내고 조작하는 방법을 찾아내는 데 결정적 기여를 했다. 노동 분업도 이루어졌는데, 무엇보다 영국과 미국 사이에서 연구와 생산의 분담이 이루어졌다는 점이 중요했다.

잠수함 탐지라는 화급한 요구에 직면했던 해군본부도 항공성만큼이나 단파 레이더에 비상한 관심을 가졌다. U보트가 수면으로 부상하는 짧지만 중요한 순간에 전망탑이나 잠망경을 탐지할 수 있기 때문이다. 따라서 해군본부는 고주파로 전파를 만들어낼 수 있도록 연구를 지원했다. 임시로 버밍햄 대학에 파견 근무됐던 산업체 물리학자 존 랜달과 그의 동료 해리 부트가 이러한 후원의 수혜자들이었다. 1940년 봄, 랜달과 부트는 짧은 파장의 전파를 만들어내는 혁신적인 새 방법을 개발했다. 그들의 '공동자전관空洞磁電管'은 강철에 뚫은 구멍들의 단순한 패턴으로 이루어졌다. 여기에서 공명하는 장場들이 짧은 파장—그들은 그것을 극초단파microwave라고 불렀다—을 생성했다. 이 전자기파의 세기는 전례를 찾을 수 없을 정도였는데, 진공관을 이용한 가장 근접한 경쟁자인 스탠퍼드 대학 속도변조관의 9.8센티미터 전파보다 100배나 강했다. 1940년 8월에 통신연구소에서 자전관을 이용한 레이더가 잠망경 크기의 물체, 즉 자전거를 추적하는 데 사용되었다. 실험실의 공동자전관을 대량생산하는 임무는 랜달이 속한 제너럴일렉트릭이 맡았다. 강력하고 긴밀했던 군산학軍産學 연계가 공동자전관의 성공을 가져온 결정적 요인이었다.

잠재력이 큰 센티미터 레이더 개발에는 시간, 돈, 그리고 공학적 기술이 필요했지만, 임박한 독일 침공의 위협을 받고 있던 1940년대 영국은 어느 것 하나 갖추지 못했다. 1940년 9월, 헨리 티저드가 임무를 띠고 대서양을 건너왔다. 그는 캐번디시 핵 과학자 존 콕크로프트와 레이더 과학자 에드워드 G. 보웬을 대동했다. 미국이 티저드에게 부여한 임무는 U보트를 피해 가장 소중한 화물을 대서양 건너편으로 나르는 것이었다. 트렁크 하나에 모두 들어가는 티저드의 소지품에는 대공對空 조준 산정기算定機 설계, 중요한 핵반응 계산, 프랭크 휘틀의 제트엔진 계획, 그리고 공동자전관 설계 등이 포함되었다.[26] 그 미국인들을 잘 알던 콕크로프트는 자전관을 전달하고, 영국 레이더의 그 밖의 측면들에 대해 바네버 부시와 NDRC 극초단파위원회 의장이자 이 비밀 그룹의 일원이었던 알프레드 루미스와 논의했다. 미국 기업이 단파장 레이더 모델을 대량생산하기 위해, 즉각 방사연구소Rad Lab가 MIT에 설립되었다. 전쟁이 끝나기 전까지 연구원이 수십 명에서 수천 명으로 늘어나면서, 방사연구소는 레이더 과학과 기술의 경계를 계속 확장시키고, 점점 더 짧은 파장(3센티미터)을 생성하는 방법을 개발했을 뿐 아니라 대공 정확도를 향상시키기 위해서 대공포 조준과 전략 폭격을 유도하는 장거리무선항법시스템GEE까지 개발했다.

미국이 참전하고(1941년 12월 7일 일본이 진주만을 공습했다) 1942년 겨울 독일군이 스탈린그라드에서 퇴각한 이후, 유럽에서 연합군의 방어가 공세로 전환되면서 독일 내 목표물을 향한 전략 폭격이 점차 격렬해졌다. GEE, 오보에*, 레베카† 등의 무선항법 시스템들이 폭격기를 독일 도시 상공으로 인도했다. 1943년이 되자 센티미터 레이더 덕분에 연합군 조종사들은 도시의 윤곽을 '볼' 수 있게 되었다. 홈 스위트 홈H2S 레이더는 항법사의 눈앞에 상像을 만들어주었다. H2S는 TRE에 파견되었던 대학 소속 물리학자 버너드 러벨이 제안한 것이었고, 무선회사 엘릭트리컬앤뮤지컬인더스트리EMI

---

* Oboe. 영국의 폭격 유도 시스템. 지상에 설치한 한 쌍의 송신기가 항공기의 수신기에 전파를 보내고 되받는 방식을 이용했다. 1941년 독일 루르 지방 폭격에 처음 사용되었다.

† 원래 명칭은 Rebecca/Eureka transponding radar이며, 레베카는 항공기에 탑재하는 수신기, 유레카는 지상 송신기이다. 영국에서 개발된 단거리 무선 항법장치이며, 1943년에 처음 생산되었고 주로 점령지의 저항군들에게 항공기로 물자를 공급하는 용도로 사용되었다.

출신의 재능 있는 전문가 앨런 블룸레인에 의해 개발되었다. 이번에도 대학-산업-군부의 강력하고 긴밀한 연결이 전쟁의 혁신을 성공으로 이끈 결정적 요인이었다. 해군 용도로 해석된 대공 해상 레이더ASV는 독일의 U보트에 맞선 대서양 전투에서 연합군의 승리를 이끌어내는 데 주요하게 기여했다. 수뢰水雷에 의해 워낙 많은 함선이 침몰했기 때문에, 레이더를 수뢰 탐지에 활용한 사례는 제2차 세계대전에서 기술이 승리의 주역이었다는 가장 강력한 주장을 뒷받침했다.

독일도 제2차 세계대전 동안 (전투에 참여했던 다른 나라들처럼) 레이더를 보유했다. 1930년대 말엽, GEMA(Gesellschaft für elektroakustische und mechanische Apparate)는 독일 해군을 위해 조기경보 레이더 프레야Freya를 개발했다. 프레야는 체인 홈 송수신기보다 작은 이동식 버전과 흡사했다. 1940년에는 훨씬 유연한 뷔르츠부르그 레이더 접시가 도입되었다. 프레야는 75마일 거리에서 진입하는 항공기를 식별할 수 있었는데, 뷔르츠부르그는 탐지거리가 짧은 대신 정확도가 높았고 설계가 세련되었다. 대포 조준 레이더, 공중요격 그리고 그 밖의 모든 형태의 레이더들도 개발되었다. 영국과 독일 레이더의 차이는 송신기나 수신기와 같은 장치—그런 면에서는 독일 공학이 더 뛰어났다—가 아니라 정보를 수집, 여과, 표상하는 시스템에 있었다.[27] 필터(여과)와 작전실의 효율성은 기밀이었다. 스물한 살로 약관의 나이였던 TRE의 E. C. 윌리엄스가 체인 홈 필터 룸의 개발을 이끌었다.

TRE와 방사연구소 같은 연구기관들은 수천 명의 연구자를 고용했다. 그중에는 생물학자, 수학자, 전기공학자, 생리학자 등 여러 분야에 걸친 과학자 수백 명이 포함되었고 특히 물리학자가 많았다. 대부분 젊었고, 대학을 갓 졸업한 사람들이었다. 그들은 여러 팀으로 조직되어 임무가 주어졌다. 작동하는 장치를 만들면 임무 성공이었다. 팀워크, 목표 지향 연구, 성공에 대한 도구주의적 정의 등은 그와 연관된 가치들과 함께, 훗날 전후 시기에 위세 높은 과학의 대부분을 수행하고 정의하는 중요한 경험이 되었다.

또한 젊은 세대는 후원자들과 함께, 그리고 그들의 요구에 따라 연구를 수행하는 법을 배웠다.[28] 대학 과학자들은 기업과 군사 과학이 흡사하다는 점을 학습했다. 그들은 아이디어를 파는 법을 배웠고, 낭비할 시간이 없는 후원자에게 복잡하고 값비싼 시스템을 강매하는 법을 터득했다. 예를 들어, 러벨은 포털 경과 같은 군부 후원자들에게 복잡하고 극적인 시뮬레이션을 보여주면서 H2S의 잠재력을 설득했다. TRE 소장이었던 A. P. 로웨는 1948년에 출간된 레이더의 역사에 대한 저서에서 '우리의 마법의 홀'을 방문한 거물들에 대해 이렇게 회고했다.

우리는 항상 무언가를 원했다. 더 많은 실무자, 더 많은 건물을 원할 수도 있고, RAF의 고위 관료들에게 새로운 레이더 장치의 필요성이나 기존 장치가 더 유익하게 사용될 수 있는 방법을 설명하기 원했다. 한번은 런던에서 '에어 마셜이 TRE 근처에 오게만 하면, 그들은 그에게 무엇이든 팔 수 있을 것이다'라는 말이 돌 정도였다.[29]

요약하자면, 전쟁 연구를 통해 성장한 세대는 일을 성사시키는 기술을 습득하게 되었다.

레이더 과학

군사 레이더의 실행세계는 그 자체의 과학도 만들어냈다. 오퍼레이셔널 리처치operational research와 커뮤니케이션 이론(그리고, 1940년대 후반부터 등장한 사이버네틱스)은 새로운 과학으로 간주되었고, 제2차 세계대전 조직이라는 실행세계의 과학을 가장 잘 이해하게 해준다.

전쟁 과학이라는 개념은 아주 오래된 것이다. 1920년대에 전략가인 버질 리델 하트는 영국군에게 도움을 주기 위해, 통계 분석 같은 과학 기법의 체계적 적용을 요청했다.[30] 1940년 6월, 대부분 저명한 과학자들(줄리언 헉슬리, J. D. 버널, 솔리 주커만, C. H. 워딩턴)로 이루어진 한 집단이 비공식 동호회 토츠앤쿼츠Tots and Quots를 결성했고, 영국 정부가 각성해서 과학자들을 더 많이 활용하게 하기 위해 『전시 과학Science in War』이라는 펭귄판 페이퍼백을 발간했다(전시에 배급된, 휴지처럼 얇은 종이에 인쇄된 이 책은 아주 잘 팔려서, 지금도 웬만한 중고서점에서 찾아볼 수 있을 정도다). 그렇지만 이 책의 제목은 이미 진행 중인 새로운 진전과정을 살짝 놓치고 있다. 전쟁 관료의 관점에서 과학의 실질적인 존재 의의는 전시 과학이 아니라 전쟁 과학이었기 때문이다.

오퍼레이셔널 리서치는 오퍼레이션 룸에서 나온 정보의 산물들을 검토했다. 적의 위치, 전투의 패턴과 효율성, 레이더와 공중 수색에서 나온 정보를 이 시스템에서 걸러낸 정보 등이 그것이었다. 패트릭 블래킷은 1941년 12월 정치와 군사의 대가들에게 회람했던 자신의 비망록 『오퍼레이셔널 차원에서의 과학자들』에서 이렇게 말했다.

오퍼레이셔널 실무자들은 과학자들에게 오퍼레이셔널에 대한 조망과 데이터를 제공한다. 과학자들은 이러한 데이터에 과학적 분석 방법을 적용하고, 따라서 유용한 조언을 줄 수 있게 된다.

이러한 활동의 주요 분야는 분명 실제 작전 분석이다. 그 분석에는 오퍼레이션 룸에서 발견되는 자료, 가령 신호, 항적도, 전투 보고, 기상학적 정보 등의 데이터가 이용된다.

이러한 데이터가 비밀이라는 점에서, 일반적으로, 전문 기관에서 사용될 수 없으리라는 점이 지적될 것이다. 따라서 이러한 과학적 분석이 실행된다면, 그것은 오퍼레이션 룸이나 그 근처에서 이루어져야 한다.[31]

오퍼레이셔널 리서치는 전쟁이라는 실행세계의 축도縮圖—신호, 항적도, 전투 보고—에 해당하는 과학이었고, 그 덕분에 담당자들은 위계체계의 꼭대기에서 권위적으로 말을 할 수 있었다. 예를 들어, 블래킷은 총사령관의 귀를 가진 셈이어서 모든 정보를 받을 수 있었다. 공식적인 과학 자문역의 자리는 늘어났다. 과학자들은 지식을 만들어냈고, 그 대가로 권력을 얻었다.

오퍼레이셔널 리서치 실무팀은 영국의 모든 군사 지휘체계에 배속되었다. 연안방위대 오퍼레이셔널 리서치 부서의 임무는 대U보트 전략 평가였는데, 전형적인 간학문적 구성으로 세 명의 물리학자, 한 명의 물리화학자, 세 명의 레이더공학자, 네 명의 수학자, 두 명의 천문학자, 그리고 여덟 명의 생리학자와 생물학자로 이루어졌다.[32] 호송대의 규모, 폭뢰를 폭발시키는 깊이나 대U보트 항공기의 비행과 비교해서 호송대를 유지하는 데 소요되는 상대적인 일수日數 등의 변수를 조정하는 방법을 적용하면서 작전의 효율성은 서서히 향상되었다. 세실 고든은 연안방위대를 '마치 초파리……군집처럼' 다루면서 효율적인 노동력 관리의 부족이 U보트에 대항하는 전쟁의 병목이었음을 입증했고, 버널은 방공호의 효율성을 분석했다.[33] 이러한 향상이 전파되면서, 오퍼레이셔널 리서치는 미군 전체로 확산되었고, 좀 더 정확한 명칭인 오퍼레이션 리서치로 불리게 되었다.[34]

그럼에도 불구하고, 이처럼 일견 증거에 기반한 전쟁 수행은 양측 모두 과학 자문가가 있는 경우 심각한 문제에 부딪힐 수 있었다. 유럽의 전쟁 수행 과정에서 가장 논쟁적인 측면은 전략적 폭격의 도덕성과 실제성이었다. 당시 민간인 밀집 지역을 포함하는 도시들에 대한 융단 폭격은 적 노동력의 사기를 떨어뜨리는 공격이라며 정당화되었다. 실제로 융단 폭격은 가능하기만 하면 실행에 옮겨졌다. 예를 들어, 1942년 3월 18일에 초토화된 뤼베크는 군사적으로든 산업적으로든 아무런 가치도 없는 곳이었지만, 단지 폭격기들의 출격 가능 거리에 있다는 이유만으로 융단 폭격을 받았다. 폭격이 있은 후 1942년 4월에, 버널과 주커만은 독일이 산업도시 버밍엄과 헐 항구에 가한 폭격을 분석한 결과 1톤의 폭탄을 퍼부어 고작 4명을 죽였다는 계산 결과를 내놓으며, 고성능 폭약이 소이탄보다 효율성이 떨어졌고 상대방의 사기를 떨어뜨린다는 데도 아무런 근거도 없다고 분석했다.[35] 그러나 처칠 수상에게도 과학 자문위원이 있었다. 옥스퍼드 대학 물리학자인 처웰 경 프레드릭 린데만은 독일군의 사기가 떨어졌으며, 따라서 전략 폭격이 유효했다고 주장했다. 블래킷과 티저드도 논쟁에 가담해서 버널과 주커만의 편을 들었다. 그 후 논쟁은 점차 가열되었고, 흐름은 처웰경에게 불리한 형국으로 바뀌었다. 그러나 누가 '옳은가'가 쟁점은 아니었다. 오히려 오퍼레이셔널 리서치가 군사 작전이라는 실행세계의 과학이면서도, 정반대의 전략적 관점들이 견고하게 구축된 쟁점을 해소하지 못했다는 점이 문제였다.

커뮤니케이션 이론도 전쟁이라는 실행세계의 또 하나의 과학이었다. 이이론은 오퍼레이션 리서치에 비해서 더 세련되고, 수학적이고, 전쟁과는 거리가 있었다. 커뮤니케이션 이론이 발명된 곳이 전쟁과 멀리 떨어져 있었기 때문이다. 미국에서 개발 과정은 방사연구소에서 웨스턴일렉트릭과 같은 장비 제조업체에 이르기까지 실험실과 공장들의 연결망을 포괄했다. 이 연결망에서 핵심적인 교점交點은 벨 연구소였고, 이 연구소가 AT&T 벨 시스템의 연구 말단에 해당했다. 전쟁 연구는 벨 연구소가 전후에 신속하게 트랜지스터를 개발할 수 있는 조건을 창출하는 데 그치지 않고 전자 연구개발의 선두주자가 되는 마중물 역할을 했다. 그러나 그 밖의 연구는 좀더 이론적이었다. 클로드 섀넌은 MIT에서 경력을 쌓은 수학자였다. 벨 연구소에서 그가 맡았던 음성 암호화 시스템 향상 임무, 프로젝트 X는 디지털 방식이었기 때문에 새로웠다. 이 시스템은 단지 음성 메시지를 왜곡시켜서 감청을 훼방하는 데 그치지 않고, 음성을 디지털화해서 디지털 키와 섞으려고 시도했다.[36] 그는 이 시스템이 거둔 향상을 「비밀 시스템의 커뮤니케이션 이론」(1945)이라는 비밀보고서에서 밝혔다. 비밀 취급 분야 이외의 외부 독자들에게, 이 개념은 단지 실행세계를 분석하는 것이었고, 좀더 추상적인 '커뮤니케이션의 수학 이론'이었으며, 전후에는 정보 과학의 기초가 되었다.

화학무기와 생물학무기

전략폭격기를 이용한 고성능 폭탄 투하의 도덕성과 효율성을 둘러싸고 격렬한 논쟁이 있었지만, 이러한 무기는 수백만 톤이나 아무렇지도 않게 사용되었다. 화학무기나 생물학무기가 사용되지 않은 것이 더 이상했다. 왜냐하면 제2차 세계대전 동안 이런 무기를 개발하기 위해 엄청난 시간, 돈, 그리고 전문성이 들어갔기 때문이다. 1918년 6월, 미국은 가스전 담당 부서들을 하나로 묶어서 단일한 화학전부대Chemical Warfare Service, CWS 아래 집결시켰다. 이 부대에는 모두 일곱 개 분과가 있었다. 방독분과: 뉴욕에서 방독면을 제작했다. 가스공격분과: 메릴랜드주 에지우드 병기창에서 화학작용제와 무기를 제조했다. 화학전 수행분과와 훈련분과: 뉴저지주 레이크러스트에서 둘 모두 담당했다. 개발분과: 머스터드 가스를 제조했다. 의료분과와 연구분과: 워싱턴주 아메리칸 대학에서 연구를 수행했다.[37] 전쟁이 끝난 후, CWS 부대장 윌리엄 L. 시버트 장군은 자신의 조직이 지속될 수밖에 없었던 정황을 이렇게 변호했다.

> 효율성과 인도적 측면을 기반으로, [화학전은] 국제협약으로 그 사용이 금지되지 않는 한 미래에 벌어질 모든 전쟁에서 틀림없이 중요한 요소가 될 것이다. 그 가능성에 대해서는 감히 의견을 제기할 수 없다.[38]

실제로 CWS는 1920년에 항구적 기관이 되었고, 워싱턴 조약(1922)과 제네바 의정서(1925)에도 불구하고 해체되지 않았다. 미국 상원은 전시에

"질식가스, 독가스, 그리고 그와 유사한 모든 액체, 물질, 또는 장치들"의 사용을 금하는 워싱턴 조약의 비준에 동의했지만, 프랑스는 잠수함 관련 조항에 반대해서 합의를 지연시켰다. 제네바 의정서는 이 조약을 기반으로 화학무기를 금했으며, 그 범위를 한층 확대해 "전쟁에 세균을 이용하려는 모든 시도"를 명시적으로 배제했다. 제네바 의정서는 1925년 7월에 조인되었고, 1928년 2월 8일자로 효력을 발휘했다. 미국은 의정서에 서명했지만 다음과 같은 세 집단의 반대에 부딪혀서 비준에까지 이르지는 못했다. 고립주의자(국제협약에 반대), 미국 재향군인회(퇴역군인들의 이익에 반하는 입법 우려), 그리고 미국 화학산업의 로비가 그것이었다.[39]

1920년대와 1930년대에 CWS는 제1차 세계대전 당시 제조되었던 화학무기의 비축량을 유지했고, 새로운 방독면을 개발했으며, 목화바구미 방제防除처럼 평화시에 유용한 몇 가지 특별 프로젝트를 수행했다.[40] 본격적 동원은 1939년에 시작되었다. 1941년이 되자 CWS는 부분적으로 일본의 화학무기 개발에 맞서, 미군의 수요에 맞추기 위해 급속히 성장했다. 1940년에서 1945년 사이 미국에서 14만 6000톤의 화학무기가 정부 공장들(에지우드 병기창, 헌츠빌 병기창)과 화학기업의 공장들(테네시주에 있는 몬산토사의 덕리버 공장, 뉴욕주와 캘리포니아에 있는 아메리칸사이안아미드사의 생산설비, 그리고 듀폰사의 여러 시설들)에서 생산되었다. 대부분은 머스터드 가스였고, 포스겐 가스, 루이사이트(질식성 독가스), 그리고 염화시안도 일부 포함되었다.[41] 독가스 이외에도, 여러 공장에서 박격포, 포탄, 방독면과 탐지기 등이 생산되었다. 수천 명의 과학자가 동원되었고, 그중 일부는 생명을 잃기도 했다. 예를 들어, 앞 장에서 소개했던 카본-14의 공동 발명자 새뮤얼 루벤은 1943년에 있었던 포스겐 가스 사고로 사망했다.

다른 나라들도 착실하게 준비를 갖추었다. 독일의 경우, 화학무기 프로그램으로 제1차 세계대전의 독가스뿐 아니라 더욱 파괴적인 새로운 무기들을 개발했다.[42] 이게파르벤에서 유기인산염을 살충제로 개발하던 화학자 게르하르트 슈레이더가 새로운 물질을 합성했다. 1936년에 그는 독일 군당국에 '타분tabun'이라는 물질을 보고했다. 군부는 이 화학물질의 맹독성에 주목했다. 1938년에 슈레이더는 다섯 배나 독성이 더 강한 '사린'이라는 두 번째 물질을 보고했다. 타분과 사린을 신경가스 화학무기로 개발하는 임무는 독일 화학산업의 대규모 개발사업이 되었다. 전쟁 동안 7만 8000톤의 화학무기가 생산되었으며, 그중에서 타분은 1만 2000톤, 사린은 그보다 훨씬 적은 양이 만들어졌다.[43]

생물학무기의 경우에도 비슷한 준비 태세가 이루어졌다. 독일과 러시아의 생물학무기에 대한 두려움을 빌미로, 프랑스는 1921년에 생물학무기 연구 프로그램을 출범시켰다.[44] 해군화학연구소장 오귀스트 트릴라의 주도하에, 세균이 너무 약해서 폭발적 충격 이후 숙주인 동물의 몸에서 벗어나 건조한 공기에 들어갔을 때 살아남을 수 없을 것이라는 기존의 관념이 뒤집혔다. 이 발견 덕분에 생물학무기를 실제로 응용할 수 있게 되었다. 트릴라는 항공기로 투하된 폭탄 형태로, 생물학적 무기가 폭발해서 액체 배양액이 '세균 구름'을 형성하는 방식을 선호했다. 나치의 생물학무기 개발을 두려워한 나머지, 프랑스 생물학무기 프로그램은 1935년부터 독일이 침공한 1940년 사이에 속도를 높였다. 연구된 병원체는 야토병(野兎病, 야생토끼에서 나타나는 병으로 폐의 침범 동반), 브루셀라병(가축 질병이나 사람에게도 무기력증을 유발), 멜리오이도시스병(말의 전염병인 비저병鼻疽病과 비슷한 질병), 페스트, 탄저병, 보툴리눔독(신경독소) 등과 관련된 미생물이 포함되었다. 역사학자 장 기유맹은 프랑스가 이러한 병원체들을 선택하면서 "훗날 국가 프로그램에 대한 과학자들의 접근방식을 예시했다"고 지적했다.[45] 천연두에는 백신이 있었기 때문에, 그리고 디프테리아와 소아마비와 결핵은 희생자들을 너무 느리게 감염시키기 때문에 배제되었다. 이후 프랑스의 생물학무기 프로그램은 독일의 수중에 들어가는 것을 막기 위해 해체되었고, 문서는 소각되었다.

1934년, 기자인 헨리 위캠 스티드는 미심쩍은 근거를 기반으로 독일 당국이 항공기를 활용한 생물학무기 투하를 활발하게 연구하고 있으며, 런던 지하와 파리 지하철에 병균을 살포했다고 보도했다.[46] 소련은 독자적인 생물학무기 프로그램을 시작해야 한다는 위캠 스티드의 보도로 충분히 경고를 받았다. 비록 결과는 숙청으로 끝났지만 말이다. 영국에서는 영향력 있는 공무원 모리스 행키가 구체적으로는 위캠 스티드의 주장에 대해, 그리고 일반적으로는 실전 동원 가능한 생물학무기의 가능성에 대해 영국 고위 과학자들의 의견을 구했다. 리스터 연구소의 존 레딩턴, 런던 위생열대의학대학원의 윌리엄 토플리, 국립의학연구소의 스티워드 더글러스는 회의적인 입장이었고, 의학연구위원회 위원장이었던 에드워드 멜란비 역시 그러했다. 일상적인 공중보건을 강화하는 것이 최선의 대응이었다. 생물학전은 일반적인 역병과 마찬가지로 다루어졌다. 그러나 행키는 좌절하지 않았다.

행키는 예상치 않았던 진영에서 지원을 받았다. 1938년, 인슐린으로 유명한 캐나다 임상생리학자 프레더릭 밴팅은 대영 제국이 생물학전에 대한 막강한 보복능력을 갖추어야 한다고 주장하는 논문을 썼다. 그는 생물학무기를 실험하기 위해 캐나다 앨버타주 서프필드에 실험장을 만들었다. 캐나다의 기업 자선가들이 그의 연구를 지원했다. 1939년 밴팅은 런던에 도착해서 자신의 주장을 피력했고, 자신의 조직을 제공했다. 그의 주장은 행키를 설득해서 실행에 옮기게 했다. 기유맹은 정무장관이 된 행키가 융통성에 더해서 정치 권력까지 얻었고, "너무 바빠서 생물학전까지 고려할 시간이 없었던[행키의 생각으로] 전시내각이나 처칠 수상과 상의도 하지 않고" 영국의 생물학전 프로그램을 시작했다고 지적했다.[47] "극도의 보안을 요하는 사안이라는 견지에서······ 내각의 결정 없이 어느 정도는 일을 진행시키는 쪽을 선호했다."[48] 1940년 솔즈베리 평원에 있는 포튼다운Porton Down에 연구시설이 세워졌다. 미생물학자 폴 필데스가 책임자였으며, 그는 "자신의 임무가 예고 없이 곧바로 사용할 수 있는 다량의 공격 무기를 갖추는 것"이라고 믿었다. 곧 탄저균 케이크가 만들어졌다. 그러나 공식적인 승인은 1942년까지도 나지 않았다. 그 까닭에 영국은 (그리고 세계는) "고위 관료들이 새로운 유형의 무기 연구가 승인되었다는 사실을 인지하지 못하는 상태에서", "의도치 않은 단계적 확대"라는 상태로 비몽사몽간에 빠져들어갔다.[49] 대체로 생물학전 프로그램들은 열성적인 과학자들과 공무원들에 의해 추동되었다.

밴팅은 1941년 2월 항공기 사고로 세상을 떠났지만, 영국-캐나다 생물학무기 프로그램은 계속 확장되었다. 바네버 부시를 통해 미국과 연결이 이루어졌다. 미국은 연구자금 일부를 캐나다 연구로 돌렸다. 영국에서 동물 실험이 시작되었다. 1943년 7월, 포튼다운의 과학자 올리버 그레이엄 서튼이 이끄는 팀이 탄저균 무기의 대규모 실험을 수행했다.[50] 그들은 스코틀랜드 해안의 무인도 그뤼나드섬에 양들을 데려가서 묶어놓았다. 양들의 무리 한가운데에 교수대 모양으로 대가 설치되었다. 그 대에는 3리터의 탄저균이 든 폭탄이 매달려 있었다. 원격조종으로 이 폭탄이 터지자 탄저균 포자 구름이 양들을 감염시켰고, 1주일 동안 400야드 범위의 양들이 죽었다. 웰링턴 폭격기들이 탄저균 무기를 투하하는 후속 실험도 이루어졌다.

그뤼나드섬을 비롯한 그 밖의 실험 결과는 생물학무기의 효율성을 시사했다. 전쟁의 다른 측면과 마찬가지로, 생물학무기를 투하하는 폭격기의 효율성은 그 자체로 분석과 논의 주제였다. 1944년 초에 격렬한 논쟁이 벌어졌다. 전략폭격기의 가치에 회의적인 이들은 탄저균 폭탄에 대해서도 마찬가지로 의구심을 나타냈고, 그 역도 성립했다. 전략폭격기 논쟁과 마찬가지로 처칠의 개인적인 과학 자문역 처웰경이 가장 영향력 있는 목소리를 냈다. 필데스가 처웰에게 확신을 불어넣었고, 처웰이 수상을 설득했다.

여섯 대의 랭커스터[폭격기]만 출격해서, 균일하게 확산시키면, 1제곱마일 안에 있는 모든 사람을 죽이고, 그 이후에 아무도 살 수 없는 지역으로 만들기 충분한 양[탄저무기]을 실을 수 있을 것이다. ……이것은 놀라운 잠재력을 가지는 무기로 보인다. 합금튜브[즉, 원자폭탄]와 비교할 수 없을 만큼 제조가 용이하기 때문이다. 지금 가장 시급한 것은 대응조치를, 그런 조치가 있다면, 찾아서 준비하는 일이다. 그러나 현재로서는 우리 무기고에 N[탄저무기]을 들여놓는 것 이외에 다른 방도가 없는 것처럼 보인다.[51]

필데스는 구체적인 계획을 수립했다. 독일의 여섯 개 도시(베를린, 함부르크, 스튜트가르트, 프랑크푸르트, 빌헬름샤펜, 그리고 아헨)를 표적으로 삼아 300만 명의 민간인을 죽이는 계획이었다. 필데스에게 생물학무기는 다른 무기와 다를 바 없었으며, "골치 아픈 예비 과정도 필요없었다".[52] 그러나 다른 사람들은 우려의 시각을 보였다.

나는 과학자들, 특히, 물론 그에게만 국한되지는 않지만, 필데스 박사의 열광주의가 정책 통제에서 벗어나는 경향이 있으며, 그 문제에 대해 전시 내각 전체가 가지고 있는 지식을 벗어나서 결정이 이루어지고 행동에 옮겨진다는 느낌을 떨칠 수 없다[어느 공군 중장이 이렇게 표현했다]. 나는 발명가로서 그들의 과학적 열정이 그들의 책임감을 비뚤어지게 만드는 것이 아닌지 확신할 수 없으며, 이러한 발명품을 인류에게 적용했을 때 발생하는 결과를 충분히 세심하게 저울질하지 않는 경향에 우려한다.[53]

그럼에도 불구하고, 처칠과 전시내각은 충분한 정보를 제공받은 후, 전쟁 부담으로 허덕이고 있는 영국에서 대량생산이 불가능하다는 결론을 내렸다. 그 과제는 대서양 건너편으로 넘겨졌다. 메릴랜드주 캠프 데트릭에 있는 CWS의 특수 프로젝트 분과가 영국의 시도를 반복하고 확장시켜서 대량생산이 가능한 탄저균 폭탄을 개발했다. 생물학무기 연구는 하버드와 같은 미국 대학들에서 시작되었다. 인디애나주 비고에 공장이 세워졌고, 탄저균의 대량생산 채비를 갖추었다. 전쟁이 끝날 때까지 이 과정에 4억 달러가 지출되었다. 이것은 "역사상 전례가 없는" 규모였고, 원자폭탄을 만드는 데 들어간 비용의 5분의 1에 달했다.[54]

따라서 화학무기와 생물학무기는 제2차 세계대전 동안 과학과 산업의 자원 투자 중에서 큰 부분을 차지했으며, 결코 지엽적인 사안이 아니었다. 기회비용의 문제도 있었다. 실험을 하고 공장을 짓는 데 많은 기금이 필요했고, 과학자들이 배치되었다. 이러한 인적·물적 자원은 전쟁 경제의 다른 어딘가에서 모두 필요로 했다. 이처럼 많은 투자가 이루어졌는데도 실제로 무기가 사용되지 않았다—가장 많은 투자가 이루어진 나라들에서—는 사실에는 설명이 필요하다. 화학무기와 생물학무기는 다른 나라들이 이미 개발에 앞서 있다는 공포에서 시작되었다. 에티오피아와 중국에서 일어난 사건들은, 전부는 아니더라도, 공포의 일부를 입증해주었다. 1935년에, 베니토 무솔리니의 파시스트 이탈리아가 하일레 셀라시에 황제 치하의 에티오피아를 침공했다. 초기 공격이 실패로 돌아가고, 무솔리니가 파시스트의 우월함을 빨리 입증하라고 다그치자 이탈리아 사령관 피에트로 바돌리오는 머스터드 가스 사용을 명령했다. 여기에는 항공기를 이용한 폭탄 투하와 스프레이 살포 방법이 사용되었다(이탈리아와 에티오피아는 모두 제네바 의정서에 비준했었다). 셀라시에 황제는 국제연맹에 이렇게 보고했다.

1936년 1월 말에 군인, 여성, 아이, 가축, 강, 호수, 그리고 목장이 모두 이 죽음의 비를 연속적으로 뒤집어썼습니다. ……이탈리아 사령관은 항공기를 이용해서 여러 차례 반복해서 살포했습니다. 이 끔찍한 전략은 성공했습니다. 사람과 동물 모두 굴복했습니다. 항공기에서 쏟아진 죽음의 비에 접촉한 모든 생물은 고통으로 비명을 질렀습니다. 이탈리아의 머스터드 가스 공격으로 수만 명의 희생자가 발생했습니다.[55]

이러한 사건들을 볼 때, 전쟁에 독가스를 사용하는 데 대한 금기가 있다는 식의 단순한 주장은 부적절한 설명이다. 맨발로 다닌다고 비하된 에티오피아인들을 상대로 머스터드 가스 공격을 허용하는 데 기여한 것은, 파시즘의 중요한 지주支柱가 된, 인종적 열등함이라는 식민주의 이데올로기였다. 역사가 리처드 프라이스는 다른 설명을 제기했다. 그는 화학무기 사용 금지가 20세기에 이루어진 정치적 합의라고 주장했다.[56] 금기를 깨뜨리는 나라는 화학무기가 그저 유용한 정도가 아닌 결정적 수단이라는 확신을 주어야 했다는 것이다. 제2차 세계대전 당시, 결정적인 효과를 증명해야 한다는 이처럼 부담스러운 책임—재래식 신병기라면 요구받지 않았을—은 독일, 프랑스, 미국, 러시아, 그리고 영국의 화학무기 사용을 막기에는 충분했다. 그러나 이른바 금기라는 것조차도 광범위하고 실질적인 준비 작업을 막지는 못했다는 점에 주목할 필요가 있다. 또한 화학물질을 이용한 강제수용소의 대량살상을 막지도 못했다. 치클론 B는 시판되는 사이안화수소이며, 데게슈(번역하자면, 독일 해충방제 기업이라는 뜻)라는 기업이 생산했다. 이 회사는 독일 과학기반 산업의 전형인 이게파르벤에 42.5퍼센트의 지분이 있었다.[57]

금지조약은 일본이 중국과의 전쟁에서 화학무기를 배치하는 것도 막지 못했다. 일본이 지역 패권을 장악하기 위해 벌인 전쟁은 독일의 유럽 전쟁과 발맞추어 시작되었다. 1941년 12월 7일, 하와이 제도의 진주만 미 해군기지에 대한 일본의 기습 공격으로 미국이 참전하게 되었다. 남부 태평양 전역에서 벌어진 치열한 전투 끝에 일본은 밀려났다. 다시 전열을 갖춘 중국군도 본토에서 일본군에 대한 공격을 벌였다. 1943년 봄, 절망적인 상황에 놓인 일본 사령관은 후난성의 창더 전투에서 화학무기 사용을 승인했다.

일본의 생물학무기 연구, 개발, 그리고 사용은 훨씬 더 포괄적이었다.[58] 1927년에 일본군 장교 이시이 시로石井四郎는 이렇게 주장했다. 일본이 제네바 의정서에 조인하긴 했어도, 2년 전에 서명했고 아직 정식 당사국이 아니기 때문에 유리한 입장에 있다는 것이다. 대부분의 국가에게 어느 한 종류의 무기가 금지된다는 상황은, 그렇지 않은 나라에게는 기회를 주는 것이나 다름없었다(이것은, 칭찬할 수는 없어도, 전지구적 규제에 대한 전적으로 합리적인 대응이었다. 훗날 전후 소련의 화학 및 생물학전 사례에서 동일한 사례를 다시 목격하게 된다). 기유맹은 이렇게 지적했다. "이미 일본의 대학과 의학부에서 서구 생명과학이 장려되고 있었기 때문에, 일본의 병기고에 현대적 효율성이 더해지는 것은 예정된 일이었다."[59] 시로는 만주에서 벌어졌던 불안정하고 잔인한 상황을 십분 활용해서, 핑팡平房에 훗날 731부대라 불리게 될 생물학 연구 단지를 조성했다. 와카마쓰 유지로若松有次郎가 또 하나의 연구 센터인 100부대를 설립했다. 731부대와 100부대에는 실험실, 생산설비, 그리고 화장장이 포함되어 있었다. 시로는 인간을 대상으로 실험을 했다. 예를 들어 중국인 죄수들을 고의로 탄저균에 감염시켰고, 살아 있는 사람의 사지를 얼렸다가 녹이는 과정을 반복해서 동상의 진전 과정을 연구했다.[60] 제2차 세계대전 중에, 시로 장군은 생물학무기를 사용했다. 처음에는 러시아군, 나중에는 중국 군인과 민간인이 대상이었다. 가령 병사들에게 적 후방에서 뭉그적거리면서 페스트 벼룩을 살포하라거나, 식수에 콜레라와 장티푸스균을 풀어 오염시키도록 명령하는 식이었다.

시로는 1942년에 있었던 저장성浙江省 전투에서 콜레라, 이질, 탄저병, 페스트균, 그리고 그 밖의 생물학무기 사용으로 큰 성공을 거두었다고 주장했다. 기유맹은 틀림없이 일본군 내에서도 자가감염을 통해, 즉 생물학적 오인사격 때문에 아군 병사들이 죽어간 '참사'가 있었을 것이라고 지적했다.[61] 게다가 생물학무기는 결정적 수단이 되지 못했다. 그 후 일본 군부는 시로의 프로그램을 대폭 축소했다. 이것은 금기시된 무기의 사용 여부 판단에서 결정력에 대한 평가가 핵심이었다는 프라이스의 주장을 뒷받침해준다. 양 진영에 시로와 같은 생각을 했던 과학자들이 다수 있었던 것은 분명하다. 민간인 집단, 특히 그 집단의 사기가 군사 공격의 가치 있는 목표였던 총력전의 시대에는 이러한 무기가 효과적일 수 있다고 생각하는 자들 말이다. 그런 주창자 중 한 명의 말을 길게 인용하면서 밴팅은 이렇게 주장했다.

과거에, 전쟁은 대부분 제복을 입은 남자들에게 국한된 일이었다. 그러나 군이 점차 기계화되고 공군력이 도입되면서 고국에 대한 의존이 점점 늘어났다. 전선에서 싸우는 한 사람을 위해 후방에서 여덟 명 내지 열 명의 사람이 일을 하는 형국이 되었다. 이러한 상황은 전쟁의 양상을 바꾸었다. 말 그대로 나라 하나가 다른 나라 하나와 싸우는 것이나 매한가지가 되었다. 따라서 비무장한 민간인 노동자 열 명을 죽이거나 불구로 만들면 병사 한 명이 전선에서 전투를 벌이지 못하게 하는 것과 같았다. 심지어 적은 위험으로도 그런 일이 가능하다면, 모든 수단을 동원해서 그 목적을 달성하는 것이 이익이 될 것이다.[62]

총력전이라는 20세기의 교의는 "민간인 집단civilian population"을, 증식하고 확장되는 실행세계 과학의 주제로 삼게 했다. 그리고 화학무기와 생물학무기를 지지하는 사람들, 거기에 물론 전략 폭격 주창자들도 이러한 주제를 그들의 목표로 삼았다. 오퍼레이션 리서치는 폭격의 정확도와 함께 '사기士氣'도 측정 대상으로 삼았다. 영양학자들은 전국적인 먹거리를 조사 대상으로 삼았다. 종종 막대한 군대가 그보다 큰 민간 집단을 대표했다. 예를 들어 조지 비들은 군대 급식에 도움이 될 방법을 찾는 과정에서 붉은빵곰팡이 돌연변이 변종 중 일부를 개발했다.[63] 페니실린 개발이나 맨해튼 프로젝트와[64] 마찬가지로, 이러한 집단 과학population science은 제2차 세계대전의 특징적인 과학이었다.

원자폭탄

원자폭탄 제조 계획은 제2차 세계대전에 과학과 기술 인재들을 동원했던 다른 사례들과 비슷했다. 특히 실험실에서 폭탄으로 가기 위해서, 전쟁 이전 수십 년 동안 학습했던 훌륭한 관리 기술을 제대로 이해해야 할뿐더러 규모 확장에 대한 교훈들을 받아들일 필요가 있었다. 원자폭탄을 다룬 종전의 역사는, 이 무기를 20세기 전반 물리과학에서 이루어낸 뛰어난 발전을 형편없이 적용한 사례로 다룬다. 물론 새로운 물리학은 이 이야기에서 결정적인 부분이다. 우리는 앞 장들에서 원자핵 입자와 그 현상을 밝혀내고 연구하기 위해 점차 산업적 규모의 기기들에 의존하게 되었다는 점을 살펴보았다. 1932년에 존 코크로프트와 어니스트 월턴은 인위적으로 가벼운 원소를 붕괴시켰다. 1934년에 이탈리아의 엔리코 페르미는 느린 중성자로 우라늄 핵에 충격을 가해서 인공적으로 방사능을 만들 수 있다는 사실을 확인했다. 페르미는 자신이 초우라늄 원소를 만들고 있다고 생각했다.

1938년 12월, 베를린의 오토 한(그는 오래전 하버와 함께 독가스를 연구한 적이 있었다)과 프리츠 슈트라스만은 이 매혹적인 우라늄 실험들을 변형시켜서 수행했다. 그러자 놀랍게도 에너지가 방출되었다. 한의 신기한 결과를 해석한 사람은 리제 마이트너였다. 마이트너는 한의 전 직장 동료였던 유대계 오스트리아인으로 독일을 떠나 스톡홀름에 있었다(가까운 코펜하겐에 보어가 있었기 때문에 물리학자 연결망에 들어갈 수 있었다). 마이트너와 그녀의 조카인 오토 프리슈는 한과 슈트라스만이 '핵분열fission', 즉 우라늄 원자가 대체로 비슷한 중량의 두 부분으로 쪼개지는 현상을 일으켰다고 주장했다. 1938년에 핵 과학은 공개적이고 학문적인 과학이 되었다. 한과 슈트라스만의 실험은 논문으로 작성되어 독일의 학술 저널에 실렸다. 이 논문은 널리 퍼져 많은 사람에게 읽혔다. 1939년 1월까지 많은 실험실이 그들의 실험을 재연했다. 우라늄 원자의 분열로 방출된 중성자들이 다시 분열을 일으키게 만들어서 방출 에너지를 크게 증대시킨다는 '연쇄반응chain reaction' 개념 역시 널리 확산되었다.

영국에서 이처럼 점차 관심과 우려가 고조되던 공개적인 학문적 논의를 따라가던 두 과학자가 있었다. 히틀러가 정권을 잡은 이후 영국에서 경력을 쌓기로 결정했던 독일의 유대계 물리학자 루돌프 파이얼스와 짧은 여행 도중 전쟁이 발발하는 바람에 오갈 데가 없어진 오토 프리슈였다. 독일인과 오스트리아인인 파이얼스와 프리슈는 영국에서 물리학자 대부분을 빨아들였던 레이더 프로젝트에서 배제되었다. 역설적이게도, 이러한 배제 조치 덕분에 파이얼스와 프리슈는 자유롭게 좀더 비밀스러운 프로젝트를 시작할 수 있었다. 이들은 "임계 크기"—"약 1 파운드"의 우라늄 235—즉 "슈퍼 폭탄"을 만들 수 있는 폭발적인 연쇄반응에 필요한 임계 질량을 계산했다. 그들은 이렇게 썼다. "무기라는 면에서 이 슈퍼 폭탄은 사실상 거부할 수 없을 만큼 매력적일 것이다." 방출되는 방사능으로 인한 살상이 수일동안 계속될 것이며, "폭발력에 맞설 수 있는 물질이나 구조물은 어디에도 없을 것이다."

계속해서 그들은 이렇게 썼다. "우리는 다른 과학자들도 같은 데이터를 얻었는지 정보를 갖고 있지 않지만, 이 문제에 대한 모든 이론적 데이터가 공개되었기 때문에 독일이 실제로 이 무기를 개발하고 있을 가능성이 크다고 생각한다." 따라서, 이미 나치 침략을 피해온 망명 과학자들이 가장 예민하게 느꼈던, 독일의 무기 개발에 대한 공포에 기인하여, 파이얼스와 프리슈는 1940년 영국 정부에 독일의 개발 가능성을 경고하는 긴급 비망록을 썼다.[65] 이들은 "첨부된 상세한 보고서는"이라는 말로 비망록을 시작했다.

> 원자핵에 에너지원으로 저장된 에너지를 이용하는 '슈퍼 폭탄' 제조 가능성을 우려하는 내용입니다. 슈퍼 폭탄 폭발로 방출되는 에너지는 다이너마이트 1000톤의 폭발로 생성되는 에너지에 해당합니다. 작은 공간에서 이 에너지가 방출되면, 순간적으로 태양 내부의 온도에 필적하는 온도를 만듭니다. 폭발로 인한 충격파는 광범위한 지역의 생명을 파괴할 것입니다. 그 넓이가 어느 정도일지 추정하기 힘들지만, 대도시 중심부는 모두 포함될 것입니다.

이 비망록은 원자폭탄을 제조하려면 얼마나 많은 양의 우라늄 235 동위원소를 분리해서 추출해야 하는지 상세히 밝히고 있으며, 분리를 위한 연구를 즉시 시작하라고 권고했다. 프리슈와 파이얼스는 열적 확산에 의한 분리가 뮌헨 대학의 클루시우스 교수에 의해 이미 이루어졌다고 지적했다. 심지어 이들은, 스프링을 활용해 우라늄 반구半球를 빠른 속도로 합체하는 방식을 적용한 그럴듯한 폭탄 설계까지도 추론했다.

영국 정부는 전통적인 방식으로 파이얼스-프리슈 비망록에 대응했다. 위원회를 만드는 방식이었다. MAUD위원회는 1940년 4월에서 1941년 7월까지 지속되었고, 증거를 검토하고 프리슈와 파이얼스가 했던 주장의 논리를 단계별로 검증했으며, 가능한 분리전략을 검토해서 보고서를 작성했다. 위원회를 구성한 사람은 티저드였으며, 이 위원회가 이끌어낸 레이더 개발의 영향력은 위원들의 면면에서 찾아볼 수 있다. 구성원은 임페리얼 칼리지의 핵물리학자 조지 패짓 톰슨, 버밍햄 대학 물리학자 마크 올리펀트(프리슈와 파이얼스가 그의 실험실에서 연구했다), 올리펀트의 동료인 필립 문, 중성자 전문가 제임스 채드윅, 그의 케임브리지 동료이며 실험실 교류의 전문가이자 산업 물리학자인 존 코크로프트, 그리고 전쟁과학의 떠오르는 별 패트릭 블래킷이었다. MAUD위원회는 프리슈와 파이얼스가 제시한 슈퍼폭탄이 실제로 가능하다고 보고했다.

이러한 계산을 지지하면서 영국은 원자폭탄 제조 프로젝트를 시작했다. 이 프로젝트는 "실현 확률이 높았기" 때문에 일부러 정체를 숨기기 위해 모호한 이름을 붙여서 "합금 튜브tube alloys"라 불렸다.[66] 합금 튜브 프로젝트는 분리 방법에 초점을 맞추었다. 가장 선호된 후보는 가스확산이었다. 무거운 분자는 가벼운 분자보다 확산에 더 많은 시간이 걸린다. 따라서 우라늄 가스를 만들 수 있다면, 일반적인 표본의 1퍼센트 이하인 가벼운 우라늄 235를 그보다 무겁고 쓸모없는 우라늄 238로부터 분리할 수 있었다. 이것은 실험화학과 화학공학이 모두 연관된 문제였다. 우라늄 헥사플루오

라이드 가스는 영국의 화학기업 연합인 ICI에 의해 대량으로 제조되었다. MAUD의 1941년 3월 보고서는 다음과 같은 결론을 내렸다. 첫째, "우라늄 폭탄 계획은 실현 가능하며, 전쟁에 결정적인 결과를 가져올 수 있다". 둘째, "이 연구는 최우선 순위로 계속되어야 하며, 가능한 짧은 시간 안에 무기를 얻기 위해서는 그 규모를 늘려야 한다". 그리고 마지막으로, "현재 미국과 이루어지고 있는 협력은 지속해야 하며, 특히 실험적 연구 영역에서 확대할 필요가 있다".

MAUD위원회의 보고서는 미국에 전달되었다. 티저드 미션은 이미 핵 연구에 대한 정보를 교환했다. 처음에는 원자폭탄에 대한 미국의 관심이 높지 않았다. 1939년 8월, 레오 실라르드가 동료인 망명 과학자 알베르트 아인슈타인을 채근해서 자신이 초안을 작성한 서한에 서명을 하도록 설득했고, 루스벨트 대통령에게 전달했다. 이 편지는 핵분열의 발견이 가지는 함의를 명확하게 설명했다. 아인슈타인은 "우라늄이 가까운 미래에 새로운, 중요한 에너지원이 될 수 있다"고 보고한 후, 이렇게 썼다.

이 새로운 현상은, 아직 확실치 않지만, 새로운 유형의 극히 강력한 폭탄의 제조로 이어질 수 있습니다. 이런 유형의 폭탄 하나를 선박에 실어서 항구에서 폭발시킨다면, 항구 전체는 물론 주변 지역 일부까지 파괴할 수 있을 정도입니다. 그러나 이런 폭탄은 항공기로 나르기에는 너무 무거울 수 있습니다.

아인슈타인은 "경계심"을 촉구했으며, 동시에 우라늄 원광(미국 매장량은 아주 적었고, 곧 독일의 지배하에 들어갈 체코슬로바키아의 보헤미아 지역과 벨기에령 콩고에서 대부분 채굴되었다) 공급량을 확보하고, 학문적 연구를 확장할 연구비를 지원하고, "필수 설비를 갖추고 있는 기업 연구소들과의 협력"을 맺기 위해 즉시 행동을 취할 것을 요구했다. 아인슈타인은 독일이 체코슬로바키아 우라늄 광산의 우라늄 판매를 중단시켰고 핵 합성 전문가인 칼 프리드리히 폰 바이스체커가 나치 정치가 에른스트 폰 바이스체커의 아들이라는 사실을 지적하면서, 어두운 암시로 글을 맺었다.

아인슈타인과 실라르드의 경고에 대한 대응으로, 우라늄위원회가 설치되었고, 8000달러라는 소액이 연구에 배정되었다. 주된 프로젝트는 시카고에서 엔리코 페르미가 뒷받침했다. 페르미는 1920년대와 1930년대에 로마에서 창조적인 물리학자 그룹의 지도자로 명성을 쌓았다. 1938년에 노벨상을 받으면서 그의 지위는 한층 확고해졌고, 유대인이었던 아내 로라가 파시스트 반유대주의 법률의 표적이 되자 같은 해에 미국으로 망명했다. 페르미는 미국에 제때 도착해서 컬럼비아 대학에서 이루어졌던 핵분열 실험 재연再演에 합류할 수 있었다. 1940년에 그는 규모 확장 프로젝트의 책임을 맡았다. 작동하는 원자로를 만들어서 제어 가능한 핵분열 연쇄반응을 일으키는 프로젝트였다.

1941년 10월, MAUD 보고서가 제임스 코넌트와 바네버 부시를 중심으로 한 OSRD 과학 행정가들 무리의 수중에 들어갔다. 그들은 MAUD 보고서의 함의—원자폭탄이 실현 가능하고 결정적인 무기라는—를 제대로 이해해야 한다고 강력하게 밀어붙였다. 1941년에 미국은 본격적으로 원자폭탄 연구에 착수했다. 1942년, 실라르드가 포함된 페르미 연구팀이 원자로를 완성했다. 우라늄 벽돌을 쌓아올린 것으로, 벽돌들은 흑연 블록으로 서로 분리되어 있었다. 흑연 블록은 중성자를 흡수해서 핵분열이 폭주하는 것을 막아주는 역할을 했다. 이 원자로는 대학의 미식축구장 한쪽 익면翼面 아래쪽에 설치되었는데, 시카고 교외 지역 한가운데 위치했다. 12월 2일, 조금씩 흑연을 제거했다. 그러자 에너지가 급증하기 시작했다. 최초의 제어된 핵 연쇄반응이 달성되자 흑연 블록을 다시 제자리에 끼워넣었다. 안도와 함께 축하가 이어졌다.

1942년, 육군공병단에 '맨해튼 공병대'라는 부대명으로 시급한 과제가 주어졌다. 그 후 이 계획은 '맨해튼 프로젝트'라 불리게 되었다. 책임자는 레슬리 그로브스 대령(곧 장성이 된다)이었다. 그는 군사 조직가로 당시 가장 규모가 크고 복잡한 토목 공사였던 미 국방부 건물 건설 과정을 총괄하면서 새롭게 부상했다. 부시와 코넌트는 국방장관 헨리 스팀슨, 루스벨트의 핵심 참모였던 조지 C. 마셜, 그리고 부통령 헨리 월러스와 함께 최고위원회인 S-1 그룹의 핵심 구성원이 되었다. 1942년 1월, S-1 그룹은 어니스트 로렌스의 권고로 로버트 오펜하이머를 끌어들였다. 오펜하이머는 즉시 원자폭탄을 제작하는 데 필요한 과학 지식을 계발하고 평가할 수 있는 능력이 있는 최고 수준의 물리학자 팀을 모았다.[67]

20세기에서 가장 중요한 과학자 모임이라 할 수 있는 이 특별한 여름 학교에는 많은 망명 과학자가 포함되었다. 코넬 대학으로 간 독일 물리학자 한스 베테, 조지워싱턴 대학으로 간 에드워드 텔러, 그리고 스위스 물리학자 펠릭스 블로흐 등이 그런 인물들이었다. 이 모임은 원자폭탄을 만드는 것이 히틀러를 패퇴시키는 가장 확실한 수단이라는 믿음으로 똘똘 뭉쳤다. 이들은 여러 가지 폭탄의 설계를 밑그림으로 그렸다. 에드워드 텔러는 무거운 원자를 분열시키는 것보다 수소를 융합하는 방식이 더 나은 방법이라고 주장하면서, 향후 중요한 함의를 갖게 될 외로운 길을 걷기 시작했다. 그러나 당시에는 텔러의 주장이 받아들여지지 않았다. 베테는 우발적으로 대기에 불이 붙게 될 가능성이 "거의 제로"라는 계산을 내놓았다.[68] 전반적으로, 오펜하이머의 물리학자들은 수 킬로그램의 우라늄 235면 폭탄을 만들 수 있을 거라 확신했고, 후속 연구가 필요하며, 우라늄 238에서 우라늄 235를 분리하기 위해서는 매우 많은 비용이 들어가는 산업 규모의 공장이 필요하다고 결론지었다.

따라서 맨해튼 프로젝트에는 로버트 오펜하이머가 이끈 소규모, 민간, 과학적 측면과 그로브스 장군이 이끈 대규모, 군사, 조직적 측면이 있었다. 양 측면은 이 프로젝트의 중심 과제를 해결해야만 했다. 그것은 화학실험실과 핵물리실험실에서 발견된 과정들을 실제 폭탄에 사용할 수 있는 크기로 확대하고, 동위원소를 분리하는 것이었다. 이 과제의 맨 꼭대기에서, 실시설계實施設計가 이루어져야 했다. 이 설계는 다시 후속 연구(중성자들이 정확히 어떻게 흩어져서 우라늄을 통과하는지 측정하는 작업과 같은), 그리고 힘들고 많은 시간이 들어가는 계산을 기반으로 했다. 맨해튼 프로젝트는 주로 세 곳에서 이루어졌다. 모두 처음부터 새로 만들어진 소규모 과학-공학 도시들이었다. 테네시주의 오크리지, 워싱턴주의 핸퍼드, 그리고 뉴멕시코주의 로스앨러모스가 그곳이었다. 그 외에도 서로 연결된 두 시설이 중요한 역할을 했다. 하나는 캐나다 온타리오주 초크리버에 건설되었다. 영국과 캐나다의 원자폭탄 계획은 결국 미국의 프로젝트에 완전히 흡수되었다. 두 번째 시설은 시카고 대학에 설립되었다. 닐스 보어는 미국 물리학자들에게 "폭탄을 만드는 데 필요한 핵분열 가능한 물질을 얻으려면…… 나라 전체를 온통 공장으로 바꾸어야 할 판"이라고 말했는데, 과장이기는 했어도 전혀 터무니없는 말은 아니었다.[69]

맨해튼 프로젝트의 중심 과제는 우라늄 동위원소를 분리하는 것이었으며, 여러 가지 방법이 고려되었다. 가스확산은 이미 언급했고, 열확산은 무거운 동위원소가 가벼운 원소보다 더 느리게 이동한다는 비슷한 원리를 이용한 것이었다. 그 밖에도 원심분리기를 이용해 무거운 동위원소에서 가벼운 원소를 분리하는 방법이 고려되었다. 마지막으로, 전자기 분리법도 있었다. 이것은 실제로 산업 규모의 대규모 분광계를 건설하는 방법이었는데, 이온화된 우라늄을 원자 하나씩 분리하고 선별하는 방법이었다. 전자기 분리법의 전문가들은 로렌스 실험실에서 찾을 수 있었다. 따라서 오크리지는 로렌스에서 이루어졌던 연구의 규모 확장이 훨씬 큰 규모로 계속된 장소로 해석되어야 할 것이다.[70] 오크리지 연구소의 크기는 5만 4000에이커에 달했다. 가스확산공장뿐 아니라 변형된 사이클로트론인 칼루트론*도 우라

---

* Calutron. 캘리포니아 대학의 전자기방식에 의한 동위원소분리 사이클로트론.

늄 235를 분리하는 동안 테네시강유역개발공사 덕분에 테네시강에서 엄청
난 수력 전력을 끌어쓸 수 있었다.[71] 칼루트론의 산물을 향상시키려는 목표
는 봄확산[72]* 현상과 같은 새로운 물리학을 낳았지만, 더 중요한 것은 공학의
문제였다. 정전기와 가스확산이 결정적 단계에서 진전을 이루지 못하고 있
을 때, 열확산이 시도되었다. 이것은 사실상 공학이 거둔 승리로, 이 세 가지
방식 모두 우라늄 농축 생산라인에 총동원되었다.[73] 핸퍼드에서 전개된 이야
기는 규모 확장 면에서 훨씬 더 주목할 만하다. 1940년 말에서 1941년 초까
지, 로렌스 연구소의 글렌 T. 시보그가 이끄는 연구팀이 새로운 초 우라늄
원소인 '플루토늄'에 대해 기술했다. 60인치 사이클론에서 우라늄에 입자들
을 충돌시키자 극미량의 플루토늄이 발견되었다. 이 인공적인 원소의 화학
적 성질이나 그 밖의 특성은 당시 전혀 알려지지 않았다. 시카고 대학에서,
아서 콤프턴의 야금연구소(Metallurgical Laboratory, 정체를 숨기기 위해 일부
러 지어낸 이름의 또다른 사례)는 플루토늄의 성질과 두 번째 유형의 핵분열
폭탄에서 할 수 있는 잠재적인 역할을 연구했다. 이 연구소의 과학자, 공학
자, 그리고 행정가의 수는 곧 2000명에 달하게 되었다.

  얼마 지나지 않아 야금연구소 과학자들의 학문적이고 민주적인 문화
와 그로브스 장군 휘하의 군사적, 공학적, 산업적 관리 사이에서 갈등이 빚
어지기 시작했다.[74] 실라르드와 유진 위그너 같은 과학자들은 그로브스의
조직을 권위적이라고 보았다. 반면 그로브스는 과학자들을 상아탑에서 벗
어나지 못하는 책상물림이자 심지어 골칫거리로 간주했다. 그러나 근본적
인 차이는 규모 확장을 위해 필요한 것이 무엇인가에 대한 이해에서 나타
났다. 그로브스는 실험실 연구를 규모 확장하는 결정적인 경험—나일론을
통해서, 이제는 플로토늄이지만—을 가진 기업인 듀폰을 끌어들였다. 듀

---

* Bohm diffusion. 자기장을 가로지르는 플라즈마의 확산에 대해 미국의 물리학자 데이비드 봄
  David Bohm이 했던 예측을 말한다.

폰은 나일론 생산 과정에서, 지금 그레이브스가 선호하는 위험하지만 반드시 필요한 접근방식을 채택했었다.[75] 그로브스는 후속 단계를 설계하는 데 초기 단계 생산을 위한 계산을 기다릴 여유가 미국에 없다고 주장했다. 듀폰은 나일론 생산에서 이 전략을 채택해서 성공을 거두었다. 그로브스는 시보그의 설계를 기반으로 작업을 시작했고, 이후 많은 소동을 거친 끝에 야금연구소의 전문성에 의지했고, 핸퍼드의 거대한 원자로들을 건설하는 과정을 감독했다. 원자로 하나를 냉각시키는 데 컬럼비아강에서 1분에 3만 갤런의 물을 끌어들여야 했다.[76] 이번에도 규모 확장 과정에서, 해결을 위해 상당한 천재성을 요하는 새로운 문제들이 드러났다. 예를 들어 처음에는 원자로들이 천천히 멈추는 현상을 설명할 수 없었다. 야금연구소 과학자인 존 휠러는 문제의 원인이 제논-135의 존재 때문이라고 분석했다.[77] 곧 핸포드의 공병대가 육안으로 볼 수 있는 정도로 충분한 양의 플루토늄을 생산해내기 시작했다.

세 번째, 그리고 가장 중요한 장소는 로스앨러모스였다.[78] 로버트 오펜하이머는 1922년에 뉴멕시코주의 이 외진 메사 지대*를 친구인 캐서린 페이지와 함께 말을 타고 둘러본 적이 있었다. 1942년 11월에, 오펜하이머와 플루토늄 팀의 에드윈 맥밀런, 그리고 그로브스 장군은 새로운 연구소 부지를 물색하려고 인근 지역을 탐색하고 있었다. 그러나 이들이 탐사한 지역은 적합하지 않았다. 오펜하이머가 이렇게 제안했다. "협곡을 올라가면 메사 꼭대기에 도달하는데, 거기에 남학교가 하나 있습니다. 그곳이 쓸 만한 부지일 겁니다." 그곳을 보자마자, 그로브스는 마음을 결정했다. "여기가 바로 찾던 곳이다."[79] 1943년 3월, 로스앨러모스가 공식적으로 문을 열었을 때, 100명이 넘는 과학자, 공학자, 그리고 그 밖의 실무자들이 이미 그곳에 와있었다. 얼마 지나지 않아 인원은 수천 명으로 늘어났고, 그중에는 한스

---

* Mesa. 미국 남서부에 흔한 지형으로 꼭대기가 평평하고 등성이가 벼랑으로 이루어졌다.

베테, 리처드 파인먼 같은 유명인사도 포함되었다. 그 외 몇몇 과학자들, 특히 이시도르 라비와 닐스 보어는 계속 거리를 두었고, 자문역에 그쳤다. 리제 마이트너 같은 극소수 과학자들은 참여를 거부했다.[80] 로스앨러모스는 한 곳이면서 동시에 여러 곳이었다. 즉 무기실험실이자 '군사 캠프'였고, 동시에 과학의 '이상적 공화국', 소설 속 마魔의 산, 샹그릴라이기도 했다.[81] 신참자들은 학교로 가서 오펜하이머의 제자 로버트 서버로부터 그들이 맡은 임무의 성격, 즉 작동하는 원자폭탄을 설계하고 제작하는 임무에 대한 교육을 받았다.

1943년과 1944년 초, 맨해튼 프로젝트는 전속력으로 가동되었고, 두 종류의 분열 가능한 물질, 즉 폭탄의 뇌관 설계에 이용할 우라늄 235와 플루토늄을 엄청난 양으로 생산하고 있었다. 이 물질들은 임계 질량을 만들어내기 위해 한 물질을 다른 것으로 발화시키려는 목적을 가지고 있었다. 그러나 1944년 봄, 세스 네더마이어의 연구가 플루토늄 폭탄에 결함이 있음을 밝혀냈다. 발사했을 때 실패하리라는 것이었다. 7월까지 이 문제가 큰 위기가 되었다. 그 결과 임시방편으로 대안적 설계가 마련되었다. 플루토늄으로 된 속이 빈 구球가 충분히 빨리 내파內破하면, 폭탄이 불발하기 전에 폭발할 수 있다는 것이었다. 그러나 이러한 내파 설계는 사실상 다룰 수 없을 만큼 많은 미지수를 포함하고 있었다. 어떻게 플루토늄을 정확한 모양으로 만들 수 있을까? 연쇄반응은 어떻게 상세하게 진행되는가? 이처럼 엄청나게 복잡한 문제들이 헝가리 출신 천재 존 폰 노이만에게 맡겨졌다.

1945년 5월 7일, 독일이 항복했다. 이날이 오기 1년 전부터, 원자폭탄 프로젝트는 나치즘을 격파하는 것에서 일본에게 승리를 거두는 쪽으로, 거기에만 한정되지는 않았지만, 미묘하게 방향이 바뀌기 시작했다. 심지어 망명 과학자들을 하나로 묶어놓았던 목표는 나치와의 싸움이었다. 이러한 목표 변화로 맨해튼 프로젝트를 떠난 사람은 단 한 사람, 폴란드에서 망명한 조지프 로트블랫이었다. 그는 영국의 폭탄 제조계획에 참여하고 있었고,

1944년 3월에 제임스 채드윅의 집에서 그로브스 장군과 저녁을 함께하고 있었다. 그로브스는 지나가는 말로 이렇게 언급했다. "물론 당신도 알고 있겠지만, 이 프로젝트의 주 목적은 러시아를 굴복시키는 것입니다."[82] 이 말이 로트블랫의 마음을 상하게 했다. 독일의 패망이 거의 확실해진 1944년 12월, 로트블랫은 프로젝트를 떠났다. 남은 과학자들은 그럭저럭 버텨냈고, 그들의 군사적 임무에 진력했다. 이러한 정황은 오펜하이머가 그로브스에게 했던 말에서 잘 드러난다.

대부분의 경우, 이 사람들은 이곳에서 자신들이 하는 연구를 과학적인 것이 아니라, 실험실 단계에서 중단될 경우 실패하게 될 책임 있는 임무로 간주하고 있다. 따라서 내가 알기로 우리 과학자들의 압도적인 다수의 공통된 열망인 무언가를 보증하기 위해 영웅적인 조치를 취할 필요가 없다.

이 실험실에서 하는 작업의 절정을 통제된 실험으로 [간주하는 것은] 잘못된 생각[일 것이다]. 이 실험실은 폭탄을 만든다는 명령 아래에서 운영되고 있다. 지금까지 그러했듯이 앞으로도 이 명령은 준엄하게 고수될 것이다.[83]

1945년 7월 16일, 로스앨러모스 최초의 폭탄에 대한 실험 준비가 끝났다. 내파 장치가 뉴멕시코 앨러모고도 인근 호르나다 델 무에르토('죽은 자의 여행'이라는 뜻)라는 곳에 설치된 비계에 매달렸다. 장치의 중심에는 섬세하게 설계된 플로토늄 셸shell이 있었다. 이 원소는 독일이 폴란드를 침공했던 1939년까지도 발견되지 않았었다. 물리학자 새뮤얼 앨리슨이 카운트다운을 했다. 제로가 되자, 최초의 원자폭탄 폭발 실험인 트리니티Trinity 실험이 실행되었고, 하늘을 환하게 밝혔다. 실험 직후 기록된 반응들은 많은 것을 드러내주었다. "아직도 살아 있다, 대기가 불붙지는 않았다."(앨리슨) "이제 우리는 모두 개자식이다."(물리학자 케네스 베인브리지) "전쟁은 끝났다."(그로브스) 가장 전형적인 반응은 이런 것이었다. "그것이 정말 작동했다."(오펜하이머, 그의 동생 프랭크의 회고에서)[84] 목표 기간 동안, 정교하게 관리된 연구는 인류가 고안한 가장 파괴적인 무기를 기술적으로 매력적이고 도구적으로 평가된 문제로 축소시켰다. 일시적으로 도덕적 의구심이 지워졌지만, 앞으로 보게 되듯이 도덕적 물음은 기억과 실천으로 다시 돌아왔다.

1945년 8월 6일, 우라늄 포신형gun-type 원자폭탄인 '리틀 보이'가 히로시마 항구에 투하되었다. 그로 인해 7만 8000명의 일본인이 즉사했다. 사흘 후, 플루토늄 내파 원자폭탄인 '팻 맨'이 나가사키를 황폐화시켰다. 일본은 항복했다. 1945년 초에 왜, 그리고 누구를 대상으로 원자폭탄을 사용할지를 둘러싼 논의가 진지하게 시작되었고, 논쟁은 계속 이어졌다. 1945년 6월, 시카고 야금연구소 과학자들이 이른바 '프랑크 보고서'를 작성했다. 임시위원회 의장 제임스 프랑크 명의로 작성된 이 보고서는 국제적인 증인들의 눈앞에서 이 장치를 실연할 것을 촉구하는 내용이었다. 그러나 보고서는 워싱턴에 전달되던 도중 차단되었고, 고위 정치 집단들은 이 보고서를 읽지 못했다.[85] 야금연구소의 과학자들은 오펜하이머도 비슷한 생각을 하리라는 착각을 하고 있었다. 그동안 잠자코 목표를 위해 연구에만 매진했던 과학자들이, 이제 자신들이 만든 장치를 전쟁 무기로 보았다. 시위를 위한 원자폭탄 시험이 효과를 발휘하지 못할 수도 있었다.

두 도시의 파괴는 이를 지켜본, 적어도 결정적인 세 관객의 마음을 하나로 결집시켰다.[86] 첫 번째는 일본 지도자들이다. 연합국 지도자들은 만약 원폭 투하가 없었다면, 문화적으로 항복을 싫어하는 일본의 지도자들이 본토 침략에 대해 저항을 명령했을 것이며, 그 결과 많은 미군 병사가 희생되었을 것이라는 데 의견을 같이했다. 두 번째는 스탈린이다. 그의 붉은군대는 중앙아시아를 통해 일본을 향하고 있었다. 원자폭탄은 소련이 상륙해서 일본을 분할 통치하기 이전에 태평양 전쟁을 끝낼 방법을 제공했다. 이러한 견해를 취하는 역사가들에 따르면, 히로시마는 냉전의 신호탄이었다. 마지막으로, 그리고 가장 냉소적으로, 미국 의회의 입장에서는, 많은 희생을 치러야 하는 혼란스러운 상황보다는 설령 비용이 많이 들더라도 결정적으로 전쟁을 끝내는 비밀스러운 프로젝트를 수용하는 편이 훨씬 쉬웠을 것이다.

학습된 교훈

맨해튼 프로젝트에는 1940년대에 20억 달러가 넘는 비용이 들어갔다. 잊혀지지 않는 한 가지 교훈은 정부가 지원하고, 목표 지향적이고, 과학에 기반하는 임무는 단지 성공에 그치지 않고, 전 지구에 영향을 주는 문제를 결정한다는 것이다. 따라서 맨해튼 프로젝트의 규모와 조직 같은 다른 문제들을 살펴볼 필요가 있다. 레이더나 재래식 무기 개발과 마찬가지로, 원자폭탄 프로젝트도 많은 기업, 즉 듀폰, 스톤&웹스터, 몬산토, 그리고 그보다 작은 규모의 계약자 다수와의 연계에 기반을 두었다. 참여한 인력도 엄청났으며, 여러 곳에서 작은 도시를 이루었다. 오크리지에 7만 5000명, 핸퍼드에는 4만 5000명의 노동자들이 있었다. 중요한 세 지역, 오크리지와 핸퍼드와 로스앨러모스에는 실험실과 공장뿐 아니라 영화관, 교회, 병원, 그리고 학교까지 세워졌다. 대규모로 세밀하고 복잡한 노동 분업이 이루어졌고, 관리 업무 자체가 군대와 산업 전문가들이 해결해야 할 또 하나의 영역이 되었다. 그것은 전쟁 이전 자선재단들의 자금을 받았던 사람들과 산업 연구자들에게는 익숙했고 지금은 일반화된, 팀워크teamwork와 관리된 협동managed cooperation이라는 관리 양식이었다.

맨해튼 프로젝트는 임시변통으로 급조되었지만, 네 곳의 핵심적인 장소에서 이전에 학습되었던 교훈들을 이끌어왔다. 로렌스 연구소와[87] 듀폰의[88] 규모 확장, 펜타곤을 건설하는 데 필요했던 대규모 시스템 관리[89], 그리고 지역적 규모로 이루어진 테네시강유역개발공사[90]가 그것이었다. 그로브스는 조직과 체계 전반에 비밀을 구축하는 방법을 배웠다. 맨해튼 프로젝트는 이러한 교훈을 과학자들에게 불어넣었다. 핵 과학의 군사화로, 원자폭탄을 설계하고 제작하는 인력은 분리되었을 뿐 아니라 구획되었다. 즉, 각 팀은 각자 달성 가능한 임무를 맡지만, 그 임무가 전체 계획에서 어떤 부분에 해당하는지 반드시 알 필요는 없었다. 구획화는 보안을 위한 조치였다. 이러한 조치에 대해 과학자들은 분개했고 이따금 반기를 들기도 했지만(리처드 파인먼), 결국 수용되어 트리니티에서 드러난 도구적 윤리를 장려하는 정도에까지 이르렀다. 따라서 구획화는 부주의한 기밀 누설을 막을 뿐 아니라 도덕적 우려를 억누르는 데도 기여했다.[91]

팀워크도 맨해튼 프로젝트의 간학문적 성격에 의해 장려되었다. 물리학자들이 화학자, 화학공학자, 수학자, 의학박사, 컴퓨터計算員, 토목공학자, 전기공학자, 신관信管과 사진 전문가, 기업 연구 관리자, 민간과 군 행정가, 보안 책임자, 그리고 그 밖의 수많은 전문가, 책임자, 지원 실무자들과 함께 작업했다. 그러나 원자폭탄은 1945년 이후 계속 물리학의 승리, '물리학자들의 전쟁Physicists' War'의 전형으로 표상되었다. 이처럼 물리학자들에게 공적을 돌린 것은 보안에 대한 우려로 의도된 것이었다. 1945년, 더 많은 정보에 대한 끊임없는 요구에 대한 대응으로, 그로브스는 원자폭탄 제작 과정에 대한 공식 보고서를 물리학자이자 NDRC 우라늄위원회 위원인 헨리 디울프 스미스에게 위임했다. '군사 목적을 위한 원자 에너지Atomic Energy for Military Purposes'라는 제목의 스미스 보고서는 나가사키에 원자폭탄이 투하된 지 사흘 후에 발간되어 대중에게 공개되었는데, 물리학을 강조한 반면 작동하는 폭탄을 제작하는 데 마찬가지로 필수적인 역할을 했던 공학과 그 밖의 전문분야들을 과소평가했다. 예를 들어, 스미스 보고서에 의해 아인슈타인의 방정식 '$E=mc^2$'이 결정적으로 공표되었다. 그 이후, 원자폭탄은 물리학의 성취로 간주되었다.

역사의 렌즈를 확대해서 원자무기를 화학무기와 생물학무기 프로젝트들과 함께 고찰하면, 그 밖의 여러 가지 경향이 드러난다. 첫째, 여러 군사 프로젝트가 영국에서 미국으로 전이하게 된 사실은 리더십과 권력에서 나타난 서향西向 편이를 예증한다. 레이더 역시 같은 양상을 나타냈다. 그리고 이러한 전이 과정에서 과학 또한 변화했다. 규모-확장, 목표-지향적, 관리자-조직, 미국-주도의 프로젝트들은, 결코 패권적이지 않았지만, 전후 세계에서 두드러진 특징이 되었다.

둘째, 20세기의 거의 모든 과학-기반 군사 프로젝트들은 공군력의 발전과 긴밀하게 연관되었다. 레이더의 경우가 두드러지는데, 공군력은 화학무기와 생물학무기에 대한 사고思考에 강한 영향을 미쳤다. 1942년, 컬럼비아 의과대학의 의학자인 시오도어 로즈버리와 엘빈 캐벗이 생물학무기의 현황과 전망에 대한 포괄적인 보고서를 작성했고, 1947년 이 주제가 잠깐 공개적으로 논의되는 틈을 타서 출간되었다. 이들은 "확실히 항공기가 감염 인자를 살포하는 데 가장 유용한 수단"이라고 결론지었다.[92] 이탈리아군이 전쟁에서 에티오피아를 황폐화시켰던 것도 화학무기와 공군력의 조합이었다. 가장 중요한 사실은 전략 폭격이 수용 가능한 전쟁의 한 형태로 수립되면서 원자폭탄 투하를 상상하고 정당화하는 길을 열었다는 점이었다. 이 두 가지 사고는 이후에도 지속되었다.

역사가들은 뤼베크, 함부르크, 드레스덴, 그리고 도쿄에 가해진 폭격의 실상을 낱낱이 들춰냈다. 리처드 오버리는 전략 폭격이 연합군의 승리에 결정적인 역할을 했다고 평가했다.[93] 그와 달리 마이클 셰리는 이들 도시는 요충지라서 타깃이 된 것이 아니라 폭격이 가능한 곳이어서 중요한 타깃이었다고 주장했다.[94] 미 공군력의 향상에 대한 셰리의 분석은 20세기에 대한 우리의 이해를 틀지을 수 있다. 그는 단순한 해안 방어에서 전략 폭격, 그리고 도쿄를(그리고 히로시마와 나가사키를) 불바다로 만들 수 있는 능력과 의지로의 '우발적' 전환이, 당시 막 설립되어 자신의 역할을 찾고 있던 미 공군이 얻은 조직적 모멘텀에 의해 추동되었다고 주장한다. 그것은 조직적이고 도덕적인 추진력이라는 놀라운 주제다. 더 깊은 곳에 있는 힘들이 이러한 우발성을 뒷받침해주었다. 셰리는 이렇게 썼다. "공군력은 미국 문화에서 반反국가주의와 반군사주의라는 더 깊은 긴장에 호소했다. 왜냐하면 공군력은 전문적인 기술 엘리트들에게 의존해서 징병, 과세, 그리고 죽음이라는 부담을 피할 수 있게 해주기 때문이다."[95] 게다가 공군력은 여러 가지 상호 보완적인 방식─기술적, 수사적, 도덕적─으로 살인자와 피살자 사이의 거리를 떼어놓을 수 있었다. 여기에서 기술은 단지 인간 목표물보다 훨씬 위에서 작전을 수행하는 폭격기라는 명백한 기술들뿐 아니라, 가령 비용효율의 관점에서 도쿄에 투하된 소이탄이 일으키는 항거 불능의 효과로 대표되는 정량적 기술들까지 포함된다(그 증거로 에롤 모리스의 2004년 영화 〈전장의 안개The Fog of War〉에서 로버트 맥나마라가 소이탄에 대해 했던 이야기를 예로 들 수 있다).[96]

공군력은 군사라는 실행세계의 부분집합이었고, 그 자체의 과학을 가지고 있었다. 원거리 기술은 온갖 종류의 전문가들─'공군의 선각자', 오퍼레이션 과학자, 통계학자─과, 셰리의 용어를 쓰자면 '민간 군국주의자'인 과학자들을 필요로 했다.[97] 새로운 역할들이 창출되었고, 그 역할들이 갖는 호소력이 전문 기관들의 존재를 정당화했다. 비밀과 결부되면서, 그 결과는 종종 반민주적인 것으로 귀결되었고, 공식적인 정치적 승인을 거치지 않은 연합군의 대규모 생물학전의 시작을 목격하게 되었다. 헨리 스팀슨이 '더러운 사업dirty business'이라고 불렀듯이[98] 루스벨트는 후속 개발 과정에 대해 거의 보고를 받지 못했고, 맨해튼 프로젝트의 연구비도 장부상의 금액을 상회했다.

따라서 20세기 전쟁의 성격은 민간 전문가들에 의해 강력하게 형성되었다. 예를 들어 오베리는 전략 폭격이 "군부의 강력한 반대에도 불구하고 민간인에 의해 민간인을 대상으로" 선택되었다고 주장했다.[99] 마찬가지로 무기로써 연합군의 생물학전을 기획하고, 민간인을 생물학무기의 적법한 대상으로 삼아야 한다고 주장한 사람들도, 앞에서 다루었던 '인슐린의 영웅'

프레더릭 밴팅과 같은 민간인 군국주의 과학자들이었다. 제2차 세계대전 당시 일본에서 생물학전을 촉구한 곳은 군부에 국한되었고, 그들의 주장 동기도 경쟁 국가들이 생물학무기를 개발하고 있다는 두려움 때문이었다(따라서 연합국과 정반대였다). 프랑스는 1920년대에 생물학적 프로그램을 시작했다. 그 이유는 독일 제약공장들에 대한 사찰 결과가 우려를 촉발시켰기 때문이었다.[100] 폴 필데스는 자신이 1940년대에 개발을 촉구했던 것과 '똑같은' 탄저균 무기를 독일이 가지고 있었다고 '굳게 믿었다'.[101] 두려움, 소문, 근거 없는 주장과 의심스러운 첩보 등은 대량살상무기 개발의 역사에서 반복적으로 등장하는 모티프다.

독일의 슈퍼 무기들

영국과 미국이 원자폭탄 프로젝트를 시작한 일차적인 동기는 물론 독일의 원자폭탄에 대한 두려움이었다. 그렇다면 이러한 우려에는 실체가 있었는가? 나치 치하 아리아 과학 운동의 광풍에도 불구하고 독일 물리학자들은 여전히 질적으로나 양적으로나 세계 어느 경쟁국에도 필적할 수준이었다. 이론물리학의 경우, 필경 베르너 하이젠베르크 같은 뛰어난 인재 덕분에 독일이 우세를 유지할 수 있었을 것이다. 베를린의 핵분열 실험이 알려진 후, 핵에너지의 실용성을 연구개발했던 프로젝트가 1939년에 군부의 통제하에 시작되었다. 관련된 과학자의 수(60에서 70명), 기술의 초점(동위원소를 분리하기 위한 원심분리 연구) 등은 1939년에서 1942년 사이 영국과 미국에서 이루어졌던 전개 과정과 비슷했다. 그럼에도 연합군 과학자들이 스스로 부과한 검열 조치는 핵분열에 대한 논문의 부족으로 이어졌고, 그것이 한 가지 중요한 결과를 끌어냈다. 독일은 중수重水로 연쇄반응을 조절하기 위해 애썼고, 흑연을 이용하는 훨씬 더 쉬운 방법을 찾아내지 못했던 것이다.[102]

1941년 9월, 코펜하겐에서 하이젠베르크와 닐스 보어 사이에 의견 교환이 있었다. 이 만남의 위상이나 중요성을 놓고 두 주인공(하이젠베르크와 보어)뿐 아니라 역사가들(폴 로렌스 로즈, 마크 워커, 데이비드 캐시디) 사이에서도 논쟁이 벌어졌고, 극작가들(마이클 프레인)이 이 만남을 연극으로 만들기도 했다. 하이젠베르크는 자신이 보어에게 독일의 원자폭탄 계획을 넌지시 언급했고, 다른 나라들에 경고를 전달하려 시도했다고 주장했다. 또한 하이젠베르크는 그가 자신의 중요한 지위—나치 상관들과의 관계에서 권위 있는 전문가로서—를 이용해서 핵무기 개발을 지연시켰다고 암시했다.[103] 보어는 하이젠베르크가 그에게 정보를 준 것은 맞지만, 하이젠베르크는 계속 친나치로 남았다고 주장했다. 역사학자 로즈는 하이젠베르크가 보어를 포섭하려 했거나 최소한 유용한 정보를 얻으려고 시도했다고 주장한다.[104] 프레인은 이 에피소드가 무엇이라고 단순화하거나 판단할 수 없는 성격이라고 결론지었다. 워커는 이 이상 단순화할 수 없는 의구심이 코펜하겐의 만남을 실제보다 더 중요한 것처럼 여겨지게 했고, 신화화神話化에 기여했다고 주장했다.[105] 그것은 사실이다. 그러나 신화는 우리에게 어떤 집단이 믿으려 하는 것이 무엇인지 많은 이야기를 해준다. 이 경우, 그 신화는 나치 독일에서 활동했던 과학자들의 책임에 대한 이야기를 해준다.

좀더 결정적인 역할을 했던 것은 1942년 독일 고위 사령부가 전쟁의 진전 과정에 비추어 부족한 자원의 사용에 대해 내렸던 평가였다. 그 결과 전적으로 합리적인 결정이 내려졌다. 전쟁이 끝나기 전까지 사용할 준비가 될 가능성이 크지 않은 계획들에 대한 지원이 대폭 감소했으며, 실현 가능성이 큰 무기에 자원이 할당되었다. 따라서 원자폭탄 계획은 취소되었고, 다른 계획들, 특히 액체연료 로켓공학과 무인 항공기에 대한 계획이 선호받았다. 연합국 정부들은 이러한 전략 변화를 곧바로 알아차리지 못했고, 그래서 맨해튼 프로젝트는 흔들리지 않고 계속되었다. 알소스 작전Operation Alsos의 군사첩보팀은 독일의 원자폭탄 계획을 밝혀내기 위해 독일 지배에서 벗어난 유럽 지역을 조사했고, 포로가 된 핵과학자들과 면담도 했다(도청도 이루어졌다). 그리고 1945년 당시 독일의 원자폭탄 제조가 임박하지 않았다고 결론지었다. 물리학자이자 알소스 작전 책임자였던 사무엘 하우슈미트는 독일이 원자폭탄 제작에 실패한 이유가 전체주의라는 체제가 과학-기반 혁신과 잘 맞지 않기 때문이라고 결론내렸다.[106] 그러나 그가 내린 일반적인 결론은 내가 다루는 다음 사례와 모순을 빚는다.

1920년대에 아마추어 로켓 협회들이 미국, 소련, 그리고 독일에서 활발하게 활동했다. 이들 협회는 로켓공학 이론을 개발하고, 우주비행 개념을 실현 가능한 것으로 만들어 공론화했다. 또한 이들은 소형 로켓들(고체 연료와 액체 연료 로켓)을 발사했고, 훗날 20세기 우주계획의 기초가 될 로켓공학에 대한 실제적 경험을 쌓고 훈련을 제공했다. 그러나 아마추어 그룹들에는 로켓을 본격적으로 개발할 자원이 없었다. 반면 국가라는 후원자에게는 그런 자원이 있었다. 베르사유 조약으로 재래식 무기 기술의 재무장을 제약받았기 때문에 독일 군 당국은 로켓에 특별한 관심을 기울였다. 1932년에 독일군 고위 장교들이 독일 로켓협회(Verein für Raumschiffahrt, 즉 '우주선 비행협회')를 찾아갔고, 군을 위해 일할 엔지니어로 베르너 폰 브라운을 영입했다.

역사가 마이클 뉴펠드는 이렇게 썼다. "독일 로켓 프로그램은 국가가 급진적이고 새로운 군사 기술의 발명을 강요하기 위해 공학과 과학의 자원을 대규모로 동원한 최초의 사례 중 하나였다." 그리고 그는 독일의 프로그램이 "훨씬 더 혁명적이었던 맨해튼 프로젝트보다 10년이나 먼저 시작되었고, 규모 면에서도 크게 뒤지지 않았다"라고 덧붙였다.[107] 폰 브라운은 발트해 연안에서 가까운 마을 페네뮌데에서 진행된 나치 로켓 프로그램의 기술 책임자가 되었다. 그는 거대한 액체 연료 로켓인 A4―훗날 V-2Vergeltungswaffe 2로 이름이 바뀌었다―를 설계했다. 발터 도른베르거 대령은 V-2를 설계 단계에서 대량생산에 이르게 만든 '핵심 시스템 구축자'였다. 이러한 규모 확장을 위해서는 연구와 제조 방법 등에 많은 투자가 필요했다.[108] 1942년의 전략 변화 이후 자원의 흐름이 바뀌면서, 대량생산된 로켓은 네덜란드에서 발사되어 고도 100킬로미터에 도달한 후 멈추지 않고 영국 남부의 표적을 타격했다.[109] 그러나 유럽에서 제2차 세계대전의 판도를 바꾸기에는 이미 너무 늦었다.

V-2의 일부는 부헨발트 강제수용소에 속하는 도라-미텔바우 강제노동 수용소의 피수용자들에 의해 제작되었다. 스미소니언 박물관 큐레이터인 톰 D. 크라우치는 이렇게 말했다. "V-2는 현대 전쟁사에서 매우 특별하다. 로켓을 제작하는 과정에서 사망한 사람이 2만 명이 넘는데, 그 수가 정작 로켓 공격의 목표지에서 목숨을 잃은 사람들보다 더 많았기 때문이다."[110] 또한 강제수용소는 인체 실험을 위해 신체—살아 있는 사람과 시체 모두—를 제공했다. 사실 독일은 의학 논쟁의 대응 과정에서, 인체 실험에 대해 가장 엄격한 규율을 갖추고 있었다. 브레슬라우의 매춘부들을 대상으로 19세기 말엽 독일 세균학자 알베르트 나이서가 실시한 매독 혈청 실험으로 인해 당시 프러시아 정부는 어린이와 노약자에 대한 실험을 금지했고, 그 밖의 피실험자에 대해서도 동의를 받도록 했다.[111] 1939년에는 뤼베크의 의사들이 오염된 BCG 백신을 주사해서 76명의 어린이가 목숨을 잃는 사건이 발생했고, 이 뤼베크 참사 이후 동의를 받고, 일부 인체 대상 실험을 동물 실험으로 대체하며, 취약자들에 대한 추가 보호조치를 취하는 등의 규제 정책이 마련되었다.[112] 그러나 이렇듯 강력한 규제도 나치 치하에서는 힘을 잃었다. 제2차 세계대전 동안, 강제수용소는 일련의 끔찍한 실험에 수용자들을 내주었다. 그 실험 중 많은 부분이 군사적 계획과 설계를 돕기 위해 기획된 것이었다. 다하우 수용소의 피수용자들은 차가운 소금물 속에 강제로 빠뜨려졌는데, 그것은 바다에 추락한 조종사들이 얼마나 오랫동안 생존할 수 있는지 데이터를 얻기 위해서였다. 다른 피수용자들은 고고도高高度 조종사들의 상황을 모의실험하기 위해 기압이 낮은 방에 갇혔다.[113] 악명 높았던 의사 요제프 멩겔레는 아우슈비츠에서 살해당한 쌍둥이들을 해부했

다.[114] 이들 실험은 실행세계의 단순화된 표상들에 대한 통제와 조작이었으며, 강제수용소에 주어진 거의 전적인 통제 권한으로 이처럼 끔찍한 실험들이 한층 더 강하게 촉진되었다.

결과: 윤리와 전리품

1946년과 1947년에 23명의 독일인이 뉘른베르크에서 열린 미국의 전범 군사재판에 회부되었다. 이 도시는 1930년대에 악명높은 인종 법안들이 통과되면서 유명해졌다. 히틀러의 주치의였던 카를 브란트, 부헨발트 강제수용소의 의사였던 발데마르 호펜, 인체계측학 연구를 위해 유대인 죄수의 두개골 수집을 조직했던 볼프람 지퍼스를 비롯한 7명은 1948년 교수형에 처해졌다. 당시 진행된 의사재판Doctors' Trial의 평결은 뉘른베르크 강령(1949)의 토대가 되었다. 이 강령은 사람을 대상으로 한 실험의 윤리 지침을 10개 항목으로 제시하였다.

1. 실험 대상이 되는 사람의 자발적인 동의voluntary consent는 절대 필수적이다. 즉, 관련 당사자는 동의할 수 있는 법적 능력이 있어야 하고, 강압, 사기, 기망, 강박, 기만, 기타 이면의 강제나 강압의 개입 없이 자유로이 선택권을 행사할 수 있는 상황에서 관련 사안의 주된 요소를 충분히 숙지하고 이해하여 이에 근거한 사리에 합당한 결정을 할 수 있어야 한다. 마지막 요건을 만족시키기 위해서는 실험 대상자가 긍정적인 결정을 승낙하기에 앞서 그에게 당해 실험의 성격, 기간 및 목적, 당해 실험을 행하는 방법 및 수단, 예상되는 모든 불편 및 위험 사항, 그리고 실험에 참여함으로써 야기될지 모르는 건강 또는 신상의 영향에 대하여 고지받아야 한다. 동의의 적정성을

확인할 의무와 책임은 실험을 주도, 지시, 관장하는 각 개인에게 있다. 이는 타인에게 위임할 수 없는 일신전속적 의무이며 책임이다.

2. 실험은 다른 연구방법·수단에 의해서는 얻을 수 없는 사회적 이익을 위해 유익한 결과를 낳을 수 있어야 하며, 성질상 무작위로 행해지거나 불필요한 것이어서는 아니 된다.

3. 실험은 그로 인하여 기대되는 결과가 당해 실험의 실행을 정당화할 수 있도록 동물 실험의 결과와 연구 대상이 되는 질병의 자연발생사 및 기타 문제에 관한 지식에 근거하여 계획해야 한다.

4. 실험을 할 때는 모든 불필요한 신체적·정신적 고통과 침해를 피해야 한다.

5. 사망 또는 불구의 장해가 발생할 수 있으리라고 추측할 만한 이유가 있는 경우에는 실험을 행할 수 없다. 단, 실험을 하는 의료진도 그 대상이 되는 실험의 경우는 예외로 한다.

6. 실험으로 인하여 감수해야 하는 위험의 정도나 그로 인하여 해결되는 문제의 인도주의적 중요성 정도를 초과하여서는 아니 된다.

7. 상해, 불구, 사망의 어떠한 일말의 가능성으로부터도 실험 대상자를 보호하기 위하여 적절한 준비와 적당한 시설을 갖추어야 한다.

8. 실험은 과학적으로 자격을 갖춘 자에 의해서만 행해져야 한다. 실험을 시행하고 이에 참여하는 사람에게는 실험의 모든 단계를 통하여 최고도의 기술과 주의가 요구된다.

9. 실험이 진행되는 동안 실험 대상자는 실험의 계속이 불가능하다고 보이는 신체적·정신적 상태에 이르게 된 경우 실험을 자유로이 종료시킬 수 있어야 한다.

10. 실험이 진행되는 동안 당해 과학자는 그에게 요구되는 선의, 고도의 기술 및 주의력으로 판단해볼 때, 실험의 계속이 실험 대상자에게 상해, 장애 또는 죽음을 야기하리라고 믿을 만한 상당한 이유가 있는

경우에는 어느 단계에서든 실험을 중지할 준비가 되어 있어야 한다.

의사재판과 뉘른베르크 강령은 미국 의학협회 앤드루 아이비의 윤리 자문으로 그 틀이 마련되었다. 그러나 정작 제2차 세계대전 중 미국의 의학연구는 이러한 원칙을 따르지 않았다. 역사학자 수전 레더러는 "미국 연구자들이 일상적으로 어린아이와 정신질환자를 포함해서 자발적 동의를 할 수 없는 집단을 대상으로 연구를 수행했으며", OSRD가 "죄수, 정신병원 입원자, 고아원 아동" 등에 대한 연구비를 지원했다고 결론지었다.[115] 양심적인 거부자들이 또 하나의 증거를 제공했다.

일본의 인체 실험 데이터에 대한 미국의 반응은 전형적인 이중 잣대였다. 이시이 시로 장군은 미군에 체포된 후 전범으로 기소되는 것을 면하는 조건으로 자신의 실험 데이터와 문헌들을 제공했다. 미군 첩보대는 1947년 3월에 이 거래를 할 권한을 얻었다. 장 기유맹은 세 가지 이유를 들었다.[116] 당시 일본에 주둔한 미국 기관의 일차적 우려는 질서 확보였다. 특히, 일본 사회의 위계 구조를 대부분 손대지 않고 그대로 둔다는 결정이었다. 생물학전 프로그램의 후원자가 곧바로 최고위층으로 연결되어 있다는 일부 주장이 있었기 때문에, "면책 흥정은 곧 일왕의 보호를 뜻했다". 둘째, 인체 실험 데이터가 유용한 것으로 판단되었다. 이시이를 심문했던 노버트 펠 박사는 "인간 대상 실험 데이터는 우리와 연합국이 동물을 대상으로 했던 데이터와 연관시키면 가치를 헤아릴 수 없을 만큼 귀중할 수 있으며, 사람의 질병에 대한 병리학적 연구와 그 밖의 정보들은 실제로 효과적인 백신을 개발하려는 우리의 의도에 크게 도움이 될 수 있다"고 지적했다. 이러한 매력이 '금단의 열매'에 대한 추가적인 유혹을 일으켰다.[117] 셋째, 이 결정은 미국이 과거를 어떻게 다루는가뿐 아니라 미래를 어떻게 보고 있는지의 관점에서도 이해되어야 한다. 구체적으로 말하자면, 냉전에 대한 초기 암시를 통해, 일본의 안정성을 위협하는 시도는 내적으로는 공산주의자의 선동, 외적으로는 소비에트의 영향으로 간주되었다.

과학전쟁이었던 제2차 세계대전의 전리품을 둘러싼 미국, 영국, 그리고 소련의 경쟁 또한 전후 독일 전문가에 대한 처리 문제의 기초가 되었다.[118] 알소스 작전이 독일의 핵과학자들을 색출해서 면담하여 미국이 그들로부터 배울 것이 별로 없다는 결론을 내린 반면, 소련은 그와 유사한 수색과 급습으로 니콜라우스 리엘과 구스타프 헤르츠 등 소련의 핵폭탄 프로그램에 유용할 만한 과학자를 여럿 붙잡아갔다. 미국은 좀더 전면적으로 독일의 과학자와 엔지니어를 찾아내 서방으로 데려가는 페이퍼클립 작전Operation Paperclip을 실시했다. 역사가 안드레아스 하이네만 그루더는 독일 전문가에 대한 미국과 소련의 정책이 "놀랄 만큼 흡사하다"고 지적했다. 둘 다 "자국의 경제적 이익을 추구"했고, 두 나라 모두 과학자를 "대개 힘으로 위협해서" 빼내갔으며, 나치 전력이나 공과를 문제 삼지 않았고, 대체로 상대에게 빼앗기지 않으려 했다.[119]

독일의 병기 기술자, 특히 로켓 과학자는 두 나라 모두에 초미의 관심사였다. 따라서 그들은 전시 활동에 대한 책임을 면할 수 있었다. 독일의 로켓 프로그램은 서로 다른 여러 구성요소—최고 과학자와 행정가, 기술자, 노동자, 청사진, 공장과 기계—로 이루어졌다. 중요한 점은 그중 일부가 다른 것보다 이동이 더 용이하다는 점이었다. 엘리트 과학자들은 여행할 수 있는 통행권을 가지고 있어서 서방으로 이동했다. 튀링겐 지역을 점령했던 미군은 1300명의 미사일 노동자를 획득했고, 하르츠 산맥에서 설계도를 발견해서 노획했다. 그 뒤 소련이 그 지역을 넘겨받았을 때, 그들에게 돌아온 것은 하급 노동자, 기술자, 원료, 예비 부품, 미완성 상태의 비행폭탄 V-1과 V-2 미사일 등 이동이 힘들거나 처치 곤란한 구성요소들뿐이었다.[120] 이러한 전리품의 불균등 배분이 전후 냉전 세계를 형성했다.

제13장

원자시대, 시험대에 오른 과학

제2차 세계대전이 끝나기 훨씬 전부터 미국과 소련 사이의 대동맹Grand Alliance은 깊은 불신에 사로잡혔다. 러시아를 방어하는 과정에서, 붉은군대는 전쟁을 통틀어 다른 어느 나라 군대보다도 많은 사망자를 냈다. 스탈린은 미국과 영국이 프랑스에 상륙해 제2전선을 형성해서 독일과 싸우고 있는 러시아의 큰 부담을 덜어주기를 원했지만, 바람이 실현되지 않자 의도적으로 지연 전략을 펴는 것이 아닌지 의심했다.[1] 연합군이 유럽에 진군할 때쯤 이 의구심은 서로에 대한 비협조로 바뀌었다. 붉은군대는 이탈리아에 들어가지 않았고, 영국과 미국의 군대는 루마니아, 불가리아, 헝가리로 진군하지 않았다. 이미 유럽의 전후 지도가 점령을 기반으로 형성되고 있었으며, 비협조는 독일의 자원과 전문가들을 누가 차지하느냐를 둘러싼 경쟁으로 비화했다.

불신의 두 번째 원천은 소련 지도자들이 원자폭탄에 대한 소식을 듣는 방식에서 나왔다.[2] 1945년 7월 16일, 최초의 핵실험인 트리니티 실험이 앨러모고도에서 이루어졌다. 그날 대동맹의 지도자 셋, 즉 새로 미국 대통령에 선출된 해리 S. 트루먼과 윈스턴 처칠, 그리고 이오시프 스탈린은 전후 세계에 대한 계획을 논의하기 위해 점령지 독일의 포츠담에 막 도착했다.

그동안 루스벨트에 의해 원자폭탄 계획에서 배제되었던 트루먼은 얼마 전에야 폭탄에 대한 개요를 보고받은 상태였고, 스탈린에게 미국이 원자폭탄을 가지게 되었다고 알려주었다. 스탈린은 소련이 약하다는 것을 들키지 않아야 한다고 판단해서 무관심한 듯 포커페이스를 유지했다. 그러나 그는 원자폭탄의 섬광으로 소련의 군사적 지원 필요성이 사라졌다는 현실을 제대로 알아채고 있었다. 전후 협상의 기반―전장에서 흘린 피의 균형―이 새로운 힘 때문에 한순간에 사라진 셈이었다. 트루먼은 알지 못했지만, 로스앨러모스에는 소련의 스파이가 각각 세 차례나 침투에 성공한 적이 있었다. 따라서 스탈린은 뒤늦은 원자폭탄 발표를 친구 사이의 정보 교환이 아니라 포츠담 협상에서 소련을 위협하려는 시도, 즉 힘에 의한 강압적 외교 책략으로 받아들였다. 스탈린의 불신은 더욱 깊어졌다.

전시 긴장은 냉전으로 얼어붙었고, 세계는 양극에서 비롯된 경쟁 이데올로기와 기술 시스템을 중심으로 체계화되었다. 동구권에 대한 서방세계의 시각에 큰 영향을 준 것은 모스크바의 미국 대사 조지 F. 케넌이 1946년 2월 22일에 보낸 한 장의 전문이었다. 약관의 외교관 케넌은 '장문의 전문'에서 소련이 외적으로 표방하는 적대적 태도는 스탈린 체제의 잔혹한 속성을 정당화하려는 내적 요구에서 비롯된 것이라고 주장했다. 따라서 서방세계가 이 적대감을 해소하기 위해 직접 할 수 있는 일은 없으며, "장기적으로 인내심을 가지되 방심해서는 안 되며, 러시아의 팽창 경향을 확고하게 봉쇄하는" 정책이 필요하다고 역설했다.[3] 이 봉쇄 정책이 냉전의 성격을 규정했고, 그로 인해 냉전은 오래 지속되었다. 봉쇄를 견고히 하기 위해 민주주의와 자유를 추구하는 동구권 이외의 국가들에 대해 풍부한 원조가 이루어졌다. 그 경제적 결과가 1947년에 서유럽을 재건했던 마셜 플랜이었다. 그 정치적, 군사적 결과는 1949년에 설립된 서구의 군사 동맹 북대서양 조약기구NATO였다. 이 두 가지 움직임에 대해 동구권에서도 경쟁적 조치가 이루어졌다. 과학에서도 마찬가지로 근본적인 재건이 이루어졌다.

이 장과 다음 장에서 나는 여러 가지 제목으로 냉전 시기 과학의 재건 과정을 개괄할 것이다. 과학, 특히 군사 체제에 기여했던 과학에 대한 지원 증가, 원자폭탄 프로그램의 경쟁적인 확장, 국가안보로서의 과학의 기밀 유지와 개방성으로 인한 결과 등이 최우선적인 관심사였다. 과학 조직의 모델이 된 맨해튼 프로젝트로 촉발된 대규모 연구의 경향, 그리고 전 지구적 제도로서의 냉전이 과학과 기술의 전 지구적 정치를 틀지었다. 냉전 시기 '군산학 복합체military-industrial-academic complex'는 훨씬 중요한 냉전 과학을 위한 새로운 실행세계가 되었다. 이 장과 다음 장은 주로 원자폭탄의 공간과 장소에 초점을 맞추면서 이들 실행세계를 이해하기 위한 노력을 시작할 것이다. 제15장에서는 거대과학을 개괄하고, 제16장에서는 냉전으로 제2차 세계대전의 레이더 과학이 변형을 겪는 과정을 탐구할 것이다.

항구적인 과학의 동원

장거리 폭격기로 투하가 가능한 형태—히로시마와 나가사키에서 두 차례나 입증되었듯이—로 핵무기가 제작되자 전쟁 준비의 성격 자체가 바뀌었다. 순식간에 핵무기로 초토화될 수 있다는 가능성이 현실화되면서, 핵무기를 가진 군대 사이에 전쟁이 벌어지기 전에 모든 준비를 마쳐야 했다. 제2차 세계대전 당시에 신병기는 임시변통으로 제작되었고, 기존의 무기들은 전쟁 도중에 꾸준히 개량되었다. 역사학자 알렉스 롤랜드는 1945년 이후에는 '항구적 준비태세'의 요구가 사전 연구개발을 뜻하게 되었다고 말했다. "다음 전쟁을 위한 병기들…… 오늘 발명되고, 개발과 배치까지 마쳐야 하기" 때문이다.[4] 그 결과가 과학과 기술의 항구적 동원이었다.

제2차 세계대전 때는 과학에 대한 지출이 열 배 이상 증가했었다. 이 추세는 냉전 시기에도 유지되었고, 실제로는 그보다 더 증가했다. 따라서

20세기 중엽에 과학 연구비 지원에서 큰 변화가 일어났다. 새로운 군사 연구에 할당된 연구비는 값비싼 신기술로 번역되었고, 그로 인해 냉전의 지정학적 질서가 구현하고 창출되었다. 그 밖에도 여러 가지 고려 사항이 이러한 경향성을 강화시켰다. 서구에서는 대규모 병력을 유지하려는 정치적 의지가 없었다. 그래서 택한 대안적 경로가 이전보다 적은 인력으로 더 파괴적인 무력을 운용하는 기술—자동화, 전자공학, 컴퓨팅 등—에 대한 투자였다.

이처럼 늘어난 연구비로 인한 영향은 여러 가지이며, 다음 장들에서 살펴볼 것이다. 아낌없는 연구비가 주어진, 항구적인 과학의 동원은 그 조직, 통제, 연구비 지원 통로, 목표가 되는 특정 과학 분야, 이러한 지원이 해당 과학 분야에 미치는 영향 등에 대한 물음을 불러일으켰다. 게다가 기회비용의 문제도 있었다. 군사 체제에 쏟아붓느라 다른 연구에 자금이 제공되지 않는 문제였다. 실제로 1960년대에 미국의 군부와 민간 사이의 연구 경쟁—하인드사이트 프로젝트와 트레이스 프로젝트—은 호기심에 의해 추동되는 연구의 기여, 즉 지나친 군사 분야 투자로 인해 순수과학 분야가 굶주리게 되었다는 주장에 대해 서로 완전히 다른 결론을 내놓았다(우리는 앞으로 냉전 시기에 이러한 범주의 과학과 그에 대한 지원이 이처럼 단순하게 기술될 수 없다는 현실을 살펴보게 될 것이다). 롤랜드는 이러한 기회비용을 분리해서 논할 수 없다고 결론지었다. 국방 연구에 대한 투자가 이루어지지 않았다면 "정부가 과학자들의 의제에 그와 맞먹는 연구비를 지출하기로 결정했을지 불분명하다"는 것이다.[5] 그렇지만 이런 결론에 모두가 동의하는 것은 아니다. 1950년대 이래로 전반적인 국방 연구 지원, 특히 군사 연구개발에 대한 지원이 경제 성장에 해로운 결과를 낳았는지 여부에 대한 활발한 토론이 이루어졌다.[6]

프런티어 논쟁

신세계의 주요한 선동가였지만, 바네버 부시와 그의 미국 엘리트 학자 동료들은 후원자들의 돈줄이 흘러들어갈 새로운 조직의 꼴을 규정하는 후방 싸움에서 전쟁 이전의 가치들을 보존하려고 애썼다.[7] 1944년 11월 루스벨트 대통령은 OSRD 책임자 부시에게 편지를 써서 "기존 과학 지식을 전쟁에서 가장 중요한 기술적 문제 해결에 적용하고, 과학 연구를 조정하는 팀워크와 협동의 독특한 실험"을 제기했고, 이 "실험을 통해 얻을 수 있는 교훈이……평화시에 유익하게 활용될 수 있는" 방안을 마련해달라고 요청했다. 특히 그는 다음과 같은 네 가지 점에 대해 자문을 구했다.

> 첫째, 군부의 사전 승인을 통해 군사안보를 지키면서, 전쟁 기간 우리가 과학 지식에 기여한 바를 가능한 한 빨리 전 세계에 알릴 방안은 무엇인가?
>
> (…)
>
> 둘째, 특히 과학이 질병 퇴치를 위해 벌인 전쟁과 관련해서, 의학과 관련 과학에서 이루어진 연구를 미래에 지속시키기 위해 어떤 프로그램을 조직할 수 있는가?
>
> (…)
>
> 셋째, 정부는 현재와 미래에 공적 조직과 사적 조직의 연구 활동을 어떻게 지원할 수 있는가? 공적 연구와 사적 연구의 적절한 역할과 상호 관계는 신중하게 고려되어야 할 것이다.
>
> 넷째, 미국 과학연구의 미래가 전쟁 기간에 이루어진 것과 필적할 만한 수준으로 지속 가능해지기 위해 미국 젊은이들의 과학적 재능을 발견하고 계발하는 효율적인 프로그램을 제안할 수 있겠는가?

편지의 끝에서, 루스벨트는 미국의 역사에 길이 남을 비유를 들었다. "정신의 새로운 프런티어들이 우리 앞에 펼쳐져 있습니다. 같은 비전과 대담함으로 그 프런티어들을 개척해나간다면, 그리고 이번 전쟁에서 우리가 이룩했던 것처럼 해낸다면, 우리는 높은 소득의 완전고용을 창출하고, 더욱 풍요로운 삶을 누릴 수 있게 될 것입니다." 부시는 1945년 7월 25일 대통령에게 제출한 보고서인 「과학: 끝없는 프런티어Science: The Endless Frontier」에 이 인용문을 경구警句로 넣었다.[8] 부시의 보고서는 여러 가지 내용을 담고 있었다. 새로운 기구의 설립 요구, 과학이 전쟁에 미친 영향에 대한 성찰, 미국의 미래상에 대한 제시, 그리고 부시가 '기초연구'라 불렀던 것과 실행세계 사이의 관계에 대한 함축적인 이론 등이 그것이었다. 루스벨트가 생각했던 실행세계는 의학, 국방, 그리고 산업이었다. 부시는 이들 각 분야에서 발전의 원인을 기초연구에서 찾았다. 예를 들어 부시는 "전쟁 기간 의학의 놀라운 발전은 오로지 기초연구를 통해 축적한 방대한 과학 데이터 덕분에 가능했다"라고 말했고, "새로운 과학 지식"이 "새로운 산물"의 궁극적인 원천이라고 주장했다. 또한 부시는 "사적 및 공적 사업이라는 수차를 돌리려면 반드시 새로운 과학 지식이라는 강물이 필요하다"라고 주장했다. 그리고 강의 비유를 다시 경제적 비유로 바꾸어서, "기초연구"를 "과학 자본 scientific capital"이라고 표현했다. 이익을 얻기 위해서는 기초과학에 대한 투자를 확대해야 한다는 논리다.

기초연구는 새로운 지식으로 이어진다. 그것은 과학 자본을 제공한다. 기초연구는 자금을 창출해서 이를 통해 지식의 실제적 적용이 가능하게 만든다. 새로운 산물과 공정이 갑자기 하늘에서 떨어지지는 않는다. 그것들은 새로운 원리와 개념을 기초로 탄생하며, 과학의 가장 순수한 영역에서 이루어지는 연구를 통해 힘들게 개발되는 것이다.

그러나 부시는 현재 과학이 처한 상황에 여러 가지 문제가 있다고 지적했다. 전쟁이 과학자들을 새로운 과학 자본 개발에서 벗어나게 했으며, 오히려 그 자본이 소비되고, 지식의 창고는 고갈되었고, 그 결과 "우리는 지금까지 밑천을 까먹으면서 살아왔다"는 것이다. 그렇다면 새로운 자본, 즉 기초연구는 어디에서 올 수 있는가? "이제부터는 전쟁으로 황폐해진 유럽을 기초지식의 원천으로 삼을 수 없다." 유럽은 끝났다. 국내의 전통적인 원천들에도 더는 의존할 수 없다. 기부금 수입, 자선재단들의 연구비, 사적 기부 등은 하향 추세다. 기업들은 "일반적으로 사전에 주어진 목표(즉, 이익), 독자적으로 명확하게 정의된 기준들, 그리고 상업적 필요라는 항상적인 압력으로 인해서 제약을 받는다." 이것은 "기초과학의 만족스러운 진보가 통상적인 기업 실험실의 조건 속에서는 거의 일어나기 힘들다"는 것을 뜻한다. 따라서 기업은 신뢰할 만한 원천이 아니었다. 부시는 기초연구를 진보의 원천으로 인식하고, 정당한 대상에 풍부한 연구비를 지원하는 것이 정부의 역할이 되어야 한다고 역설했다. "과학"은 "정부의 당연한 관심사"였다.

미국의 기본 정책은 정부가 새로운 프런티어 개척을 육성하는 것이다. 지금까지 미국의 정책은 쾌속 무역선에게 바다를 열어주고, 개척자들에게 땅을 제공해왔다. 이들 프런티어가 얼마간 사라졌지만, 과학이라는 프런티어가 남아 있다. 새로운 프런티어들을 모든 미국 시민이 개척할 수 있도록 열어주는 정책—그것이 지금까지 미국을 위대하게 만들었다—은 미국의 전통을 지키는 것이다.

부시는 이렇게 말했다. "지금까지 과학은 옆으로 비켜나 대기하고 있었다. 이제는 무대 중앙으로 나서야 한다. 미래에 대한 우리의 희망이 과학에 있기 때문이다." 그런데 그가 가장 힘주어 강조했던 대목은 기초연구에 대한 지원에 아무런 제약이 없어야 한다는 점이었다. 그는 "정부는 국가적으로 중요한 문제들에 대해 폭넓은 프로그램을 지원하고 조정하는 것 같은 특정 기능을 수행하는 데 특히 적합하다"라고 썼다. 틀림없이 맨해튼 프로젝트를 염두에 두었을 것이다.

그러나 전시에 썼던 방법을 평화시의 전혀 다른 조건에 적용할 때는 신중해야 한다. 전시에 부과했던 엄격한 통제를 배제하고, 연구의 자유와 과학 지식의 프런티어를 확장하는 데 그토록 필수적인, 건강하고 경쟁적인 과학 정신을 복원시켜야 한다.

자유로운 지성들이 연구주제를 스스로 선택하고, 자신의 호기심에 따라 미지를 탐구하는 방식으로 자유롭게 연구할 때 비로소 폭넓은 영역에서 과학의 진보를 이룰 수 있다.

따라서 부시는 시민들("오로지 자신들의 관심과 그 기구의 연구를 진행시킬 능력만을 기반으로 선발된")에 의해 관리되는 단일한 기구의 설립을 요청했다. 그 기구는 칼리지, 대학, 그리고 연구소 들의 기초연구를 위해 정부 연구비를 지원하는 통로 역할을 맡게 될 것이다. 기관들은 지원받은 연구비를 전적으로 자신의 판단에 따라 사용하며, 전반적인 정책, 인원, 그리고 연구방법과 범위도 스스로 결정할 수 있었다. 부시는 "이러한" 자유야말로 "가장 중요하다"라고 주장했다. 연구비 지원은 후하고 자유로워야 하며, "연구의 안정성"을 위해 장기간 지원이 보장되어야 한다.

새롭게 연구의 봄—그 밖에도 전시 데이터의 공개적 전파, 과학교육의 혁신과 확대(특히 학교 교육에서) 등 여러 가지 호조건이 맞물리면서—을 맞이하면서 하류로의 전파 효과가 나타나면, 국민 보건의 향상과 국방력 강화, 그리고 완전고용의 전망이 높아질 것이라는 예상이었다. 따라서 부시가 제안한 새로운 기구, 즉 국립연구재단National Research Foundation은 의학, 신무기와 새로운 상품 등을 개발하는 데 필요한 사실상 모든 기초연구를 지원하는 셈이었다. 게다가 이 기초연구는 자유로운 탐구자들에 의해 수행될 계획이었다. 이 '민간 그룹'은 "군사 문제에 대한 장기 과학 연구"를 수행하는 "민간-주도 민간-통제 군사 연구"를 포괄하는 방향으로 확장될 계획이었다. 그렇게 되면 민간기구가 군부와의 "연락"을 담당하게 되는 셈이다.

보고서 「과학: 끝없는 프런티어」는 레이더와 맨해튼 프로젝트로 예증된 정부-지시 프로젝트들의 괄목할 만한 성공 모델을 전파하면서, 동시에 과학의 자율성을 보호하려는 시도였다. 이 목적을 위해 그는 '기초연구basic research'라는 개념을 창안했다. 바네버 부시와 같은 선배 과학자들이 과학 연구계획에 대한 정부의 지시가 위협이 된다는 현실을 직접 목격하지 않았다면, 기초과학이라는 범주는 결코 발명되지 못했을 것이다. 이 과정에서 그는 미묘하게, 그러나 결정적으로 일반 과학과 실행세계 사이의 관계를 잘못 표상했다. 부시가 정의했듯 "기초연구는" 때로 "실제적인 목적을 생각하지 않고 수행될 수도 있지만", 지금까지 실제 세계와 연결되지 않은 적은 없었다. 제16장에서 다루어질 사이버네틱스와 같은 전쟁 시기 사례는 이러한 연결에 대해 분명하고도 훌륭한 예시가 될 것이다.

또한 「과학: 끝없는 프런티어」는 정책 수립에 대한 개입에도 실패했다. 부시의 보수적인 비전은 훨씬 더 급진적인 비전에 도전받았다. 웨스트버지니아주 상원의원 할리 킬고어가 기초연구에 대한 정부 지원뿐 아니라 사회적 공익을 위한 모든 정부 연구도 국립연구재단이 지원하는 계획을 제시했다.[9] 킬고어의 안에 따르면, 국가 연구비로 진행된 과학 연구에서 획득된 특허를 정부가 무료로 사용할 수 있었다. 그러자 기업들이 '사회주의!'라며 비명을 질렀다. 대니얼 케블스는 부시 보고서가 "킬고어로부터 주도권을 빼앗기 위해" 작성되었다고 주장했다.[10] 부시 대 킬고어의 힘겨루기에 워런 위버와 『뉴욕타임스』 과학 기자 월더머 캠퍼트의 입씨름이 가세했다. 『뉴욕타임스』에 보낸 서한에서 위버는 원자폭탄이 정부 과학의 산물이 아니라 "기초과학 지식이 실제로 적용"되도록 조정한 OSRD의 작품이라고 썼다. 이러한 지식은 "오직 과학자들, 즉 그들의 상상력, 호기심, 직감, 특별한 편견, 이유 없는 호불호 같은 자유로운 활동에 의해서만" 나올 수 있다는 것이다.[11]

그러나 현실에서 부시와 킬고어의 비전은 제한적인 영향력을 미쳤을 뿐이었다. 국립연구재단은 실제로 설립되었고, 연방 자금은 대체로 대학 연구에 지원되었다. 그러나 설립 시기가 너무 늦었고(1950), 그보다 훨씬 많은 지원금을 가진 새롭고 전문화된 후원자들에 포위되는 바람에 "돌이킬 수 없을 만큼 성장이 저해되었다".[12] 그 대신 미국의 과학정책은 원자에너지위원회, 국방성, 해군연구소, 그리고 국립보건원과 같이 종전 직후 설립된 여러 기구에 의해 결정되었다. 국방성의 설립은 냉전에 의해 정당화되었고, 이후 과학 전반의 주도적인 후원자가 되었으며, 대학 과학연구를 포함해서 기초연구를 담당하게 되었다.[13] 제2차 세계대전 동안 국방 연구개발비는 50배나 늘어났지만, 냉전 시기에도 개발비는 그 수준을 유지하거나 오히려 능가했다. 국방성은 정부 연구개발비 가운데 80퍼센트를 제공했는데, 이것은 기업 전체 연구비의 3분의 1, 전자공학과 항공우주 분야 연구비의 4분의 3에 달했다.[14] 1930년대에 '국립보건원'은 과거 정부가 하던 위생실험실과 같은 의학 연구를 떠맡았고, 메릴랜드주 베데스다 지역의 자선 토지 기부 혜택을 받았다. 루스벨트는 국립보건원의 연구를 확대시켰다. 1940년대부터 버섯처럼 솟아나기 시작한 이 기관은 전후 의학연구의 중요한 후원자이자 실행자가 되었다. 래리 오웬스는 이렇게 요약했다. "두 차례의 세계대전 사이에 대부분의 연구개발은 기업연구소에서 사기업이나 자선재단의 연구비를 받아 이루어졌다. [1950년대 초에] 급증한 연구개발의 총량은 여전히 기업과 대학 실험실에서 압도적 비율로 수행되었지만, 연방정부의 연구비로 지원되었으며 대부분(약 83퍼센트)은 표면상 국방 연구였다."[15]

냉전의 연구비가 냉전 과학을 만들어냈는가?

역사가 폴 포먼은 밀려드는 군사 연구비가 20세기 중엽의 과학을 형성했다고 주장했다(독자들은 포먼이 바이마르 정치환경이 물리학의 방향을 정하고 형성했다고 주장했던 것을 기억할 것이다. 바이마르 독일에서 전후 미국을 읽을 수 있다는 것이다. 그것이 냉전 시기 문헌의 특징이다. 외양으로는 속기 십상이며, 연구의 표면적 주제는 보다 깊은 목표를 가리기 위한 가림막일 수 있다). 포먼의 새로운 주장은 점차 중요도를 더해가는 세 가지 단계로 이루어지는데, 증거를 통한 뒷받침은 점차 약해진다는 점을 지적해둘 필요가 있다. 첫 번째 단계에서, 그는 미국의 국방 기관들이 실제로 물리과학의 중요한 후원자들이었다는 점을 입증했다. 사적인 재단들은 과거에 미국 연구를 선도했지만, 이제는 원자에너지위원회와 국방성만큼 연구비를 줄 수 없게 되면서 일부는 자연과학에서 물러났다.[16] 미래의 해군력을 강화하고, 국가안보를 보장하는 것과 연관된 최고의 중요성을 인식하면서 과학연구를 강화하고 촉진하기 위해 1946년에 설립된 해군연구국은 이러한 영향력 변화를 상징하는 행동으로 록펠러 재단이 버린 프린스턴 대학 내 800에이커의 엄청난 토지와 수십 동의 실험 건물을 인수했다.[17]

이러한 후원이 군사 체제의 개발 및 생산과 마찬가지로 넘치도록 풍부하게 '기초'연구를 지원했다. 포먼은 이렇게 쓰고 있다. "1950년대 미국의 물리 연구에서 유일하게 의미 있는 연구비 원천은 국방부와 원자에너지위원회였다. 이 기관들의 임무는 사실상 압도적으로 군사적이었다." 이 두 기관이 "대학 물리학과에서 기밀로 분류되지 않은 기초연구의 대략 절반가량을 지원했다".[18] 그리고 기초과학은 전체 군사 연구개발 지원금 중 5퍼센트에 불과했다—그 5퍼센트도 특정 목적에만 쓰도록 용도가 지정되었지만 말이다.[19] 따라서 기업 연구에 비하면 훨씬 적었지만, 대학 과학은 의존적이 될 수밖에 없었다. 또한 대학은 전략적으로 중요했다. 스튜어트 레슬리는 이렇게 썼다. "대학만이 지식을 창조하고 복제할 수 있으며, 그 과정에서 새로운 세대의 과학자와 공학자들을 훈련시킬 수 있다." 결국 "대학이 대부분의 기초연구를 제공했고, 산업을 보호하기 위한 모든 인력을 제공했다".[20]

그가 주장한 두 번째 단계에서, 포먼은 연구비를 주는 원천이 과학의 방향을 바꾸었다고 말한다. 후원자와 물리과학자 사이에는 이해관계의 상호 지향이 있었다. 그 과정에서 선택된 문제는 군사적 이해관계였다. 기밀, 즉 비밀정보에 대한 군사적 필요성이 촉구되고 강요되었다. 포먼은 양자전자공학, 특히 찰스 타운스와 고든 굴드의 메이저와 레이저 개발을 주된 연구 사례로 삼았다. 메이저와 레이저는 전후 미국 대기업인 AT&T의 벨 연구소와 TRG(Technical Research Group)사에서 발명한 뒤 다른 실험실들에서 개발 및 보완된 사례였다. 레이저 연구는 물리학자, 전기공학자, 화학자, 재료과학자 등을 포괄하는 간학문적인 연구라는 새로운 구성을 기반으로 삼았다.[21] 다양한 기업과 전문가 덕분에 20세기 말엽까지 CD플레이어와 슈퍼마켓 계산대 기술에서 군사 무기와 항행장치, 심지어 기초과학 연구에 이르기까지 수많은 용도에 레이저가 적용되기에 이르렀다. 그러나 포먼에게 '양자전자공학' 즉 메이저와 레이저과학은 군사적 창조물이었다. 그는 이렇게 요약했다. "이 모두가 함께, 군사 지원 기관들은…… 지식 진보의 방향을 설정하고, 과학과 공학을 군사적 응용과 하드웨어로 수렴시키는 강력한 동인이었다."[22]

포먼의 세 번째, 마지막 단계는 이러한 물리학의 방향 재설정이 물리 지식의 성격을 틀었다는 주장이다. 이런 주장은 물리학의 사회적 조직과 물리 연구의 특징적 대상 사이의 유추에서 비롯했다. 군부의 후원하에서, 전자 즉 사회 조직은 대규모이고 위계적인 팀워크였다. 1953년의 대학 행정가의 말을 통해 보자면, 그것은 다음과 같다.

과학 투자가 대체로 개별 기업의 문제였던 시절이 있었다. 그러나 전쟁은 과학자에게 그룹을 이루어 함께 연구하라고 가르쳤다. 그들은 공통의 프로젝트라는 관점에서 사고하는 것을 배웠고, 통합된 행동으로 이루어진 진보에 감명을 받았다. 이러한 정신은 상당 부분 대규모 대학의 생활 속에 스며들었다. ……연구의 규모와 기술의 복잡성은 수십 년 전만 해도 상상할 수 없을 정도로 늘어났다. ……실험실 연구 정신과 연구 방법에 중요한 혁명을 일으키는 데 가장 크게 기여한 것은 전쟁이었다.[23]

냉전은 지시된 팀워크라는 물리과학의 패턴을 고착시켰고, 물리학자의 집단을 관리했다. 미국의 냉전 물리과학 양식은 공리적이고, 실용적이며, 도구주의적이었다. 그런 다음 포먼은 사회 조직과 과학의 대상 사이에 있는 놀라운 형태적 유사성으로 우리의 관심을 돌렸다. 샘 슈베버와 앤디 피커링 같은 학자들의 과거 연구를 한데 모아서, 그는 "물리학의 핵심 분야들—입자물리학, 핵물리학, 고체 물리학 등—을 관통하는 널리 확산된 특징으로…… 집단 재분배population redistribution에 대한 새롭고 폭넓은 집착—핵스핀의 재배열이 뚜렷한 예이다—이 있으며" "그것은 고도의 기교에 의한 조작이라는 일종의 실험 장치 물리학이고…… 이러한 물리학에서는 정교하고 거대한 기술이 월계관을 차지한다"고 지적했다.[24] 집단 조작과 관리 기법, "그것이 군부의 지원을 받는 기관들이 소망해왔던 바로 그러한 물리학이다."

따라서 포먼은 전후 물리학의 가장 큰 성취는 냉전의 연구비로 가능해졌을 뿐 아니라 더 나아가 군사적 관심이라는 도장이 찍힌 지식이 되었다—군사적 적용이라는 경로에 놓인 발견들에 그치는 것이 아니라—고 주장한다. 다른 역사가들은 냉전 시기의 연구비가 전후 물리학의 양量과 방향[25]에까지 결정적인 영향을 주었다는 데까지는 동의했지만, 물리 지식 자체를 깊이 형성시켰다는 포먼의 급진적인 설명은 받아들이지 않았다.[26]

원자를 통제하다

구체적으로 문제가 된 냉전 프로젝트들은 전자적 방식의 첩보 수집, 미사일과 항공기, 조기경보체제, 그리고 무엇보다도 원자폭탄의 제작과 유지 관리였다. 1944년에서 1946년 사이에 전후 원자폭탄을 어느 정도까지 국제적인 통제하에 두어야 하는지를 둘러싸고 논쟁이 벌어졌다. 닐스 보어가 1943년에서 1944년으로 넘어가는 겨울에 맨해튼 프로젝트를 찾아왔고, 유일하게 안전한 세계는 "열린 세계"이며, 국제적인 감시로 모든 나라가 다른 나라의 핵 야망을 재확인하는 것이 방법이라고 주장했다.[27] 보어의 "열린 세계"는 이상적인 과학자 공동체, 즉 초국적이고 공유된 정보를 기반으로 진보가 이루어지는 공동체를 모델로 삼았다. 보어의 국제주의적 전망은 과학자들에게, 다양한 편차에서 즉각 영향을 주었다. 영향을 받은 과학자 중에는 그것이 소련을 위한 스파이 활동을 정당화해준다고 생각한 젊은 물리학자 테드 홀, 그리고 "세계가 원자폭탄에 대해 알지 못하는 한 전쟁이 끝날 수 없으며 최악의 결과는 원자폭탄이 군사기밀로 남는 것"이라고 결론지었던 오펜하이머도 포함되었다.[28] 따라서 히로시마 원폭 투하에 대한 부차적인 정당화는 과학의 공개성이었다. 많은 과학자가 원자무기와 원자력 문제를 통제하는 권한을 새로 결성된 국제연합UN이 가져야 한다고 생각했다.

원자폭탄이 기정사실이 되면서, 1945년 5월에 잠정위원회The Interim Committee가 열렸고 보어의 열린 세계 논변이 탁자 위에 올랐다. 이 위원회는 헨리 L. 스팀슨이 이끄는 최고위 정부 관리와 정치가들(대통령은 제임스 번스가 대리로 참석), 그리고 바네버 부시와 칼 콤프턴, 엔리코 페르미, 제임스 코넌트, 어니스트 로렌스, 오펜하이머 같은 엘리트 과학자들의 만남이었다. 잠정위원회는 공개성을 지지하는 사람들—오펜하이머는 "정보의 자유로운 교환"을 주장했고, 스팀슨은 사람들의 심중을 떠보기 위해 '국제 관리 기구'의 아이디어를 제안했다—과 여전히 소련은 믿을 수 없다는 주장을 펴는 사람들로 나뉘었다. 로렌스는 "우위를 지키기 위해서" 충분한 자금으로 "상당량의 폭탄과 원료를 비축해야 한다"고 주장했고, 제임스 번스는 "[미국이] 우위를 유지하기 위해 가능한 한 빨리 생산과 연구를 가속해야 하며, 동시에 러시아와의 정치적 관계를 개선하기 위해 모든 노력을 기울여야 한다"는 입장이었다.[29] 잠정위원회는 번스의 손을 들어주었다.

전쟁이 끝나자마자 과학자 운동은 공개를 시도했다.[30] 로스앨러모스 과학자연합Association of Los Alamos Scientists은 원자 에너지에 대한 국제적 관리를 요청하는 초안을 제출했다. 놀랍게도 오펜하이머는 관련 서류를 은폐하는 데 동의했다.[31] 로버트 윌슨이 문건을 재작성했고, 결국 『뉴욕타임스』에 발표되었다. 한편 원자폭탄 생산 확장과 핵 비밀을 주장하는 닫힌 세계는 권력과 그 범위가 성장하고 있었다. 잠정위원회의 다수 결론이 입법의 기반이 되었다. 그것이 1945년 8월 상정된 메이-존슨법안may-johnson bill이었다. 이 법안은 원자무기 개발에 대한 군부의 관리를 인정했고, 비밀을 누설할 경우 징역 10년과 엄청난 벌금을 부과하도록 했다. 군부와 정치 지도자들과 어니스트 로렌스는 이 법안에 찬성했고, 오펜하이머는 주저했다.

그러나 과학자 운동은 메이-존슨법안으로 야기될 제약에 반대하는 로비를 하는 데 성공했다. 법안이 파기되자, 과학자 운동은 상원의원 브리엔 맥마흔이 제안한 다른 법안에 힘을 실어주었다. 1946년 원자력법Atomic Energy Act의 기초를 닦았던 맥마흔법안은 미국에서 원자 에너지를 민간의 통제하에 두었다. 원자력위원회는 핵에 대한 독점적 권한을 위임받은 기구였고, 이 법에 따라 핸퍼드, 오크리지, 시카고와 로스앨러모스에 있는 아르곤연구소(옛 야금연구소)의 연구와 버클리, 시카고, 컬럼비아 대학의 연구 계약을 인계받았다. 원자력위원회는, 앞에서 포먼이 지적했듯 냉전 시기 핵무기 개발의 전략적 중심이었기 때문에, 민간 기구였지만 실질적으로 군사 기구였다. 군사연락위원회Military Liaison Committee가 이러한 영향력을 확실하게 해주었다. 그럼에도 불구하고, 테네시강유역개발공사(미국에서 정부가 대규모 기술 시스템에 연구비를 지원하고 운용하는 데 개입하는 선례를 남긴 정부기관)의 이사였던, 민간인 데이비드 릴리엔탈이 원자력위원회의 책임을 맡았다.[32] 또한 맥마흔법안은 영국을 핵 리그에서 탈락시키는 부수적인 결과를 낳기도 했다. 맨해튼 프로젝트는 영국의 합금 튜브 프로젝트를 이어받은 것이지만, 갚아야 할 빚은 없었고 가장 가까운 동맹국이었던 영국과도 원자력에 대한 지식을 나누지 않았다.[33]

원자력의 국제적 통제 문제도 동시에 진행되었다. UN에 원자력기구를 만든다는 계획은 대체로 큰 틀에서는 지지를 받고 있었다. 트루먼은 국무성 차관 딘 애치슨에게 상세한 계획을 세우라는 지시를 내렸다. 그러자 애치슨은 릴리엔탈과 오펜하이머에게 조언을 구했다. 1946년 3월에 작성된 애치슨–릴리엔탈 보고서는 모든 국민국가가 원자력 문제에 대한 주권을 포기하고 국제 원자력개발기구Atomic Development Authority에 그것을 위임해야 한다고 주장했다. 앞으로는 이 기구가 우라늄광산, 원자력발전소, 원자력연구소들을 통제하고, 원자력의 평화적 이용을 허용하며, 원자무기 제조를 금하는 역할을 맡을 터였다.[34] 애치슨–릴리엔탈 보고서는, 오펜하이머의 해석을 거쳐, 보어의 열린 세계를 세계 정부의 모델로 삼은 것이었다.

트루먼과 그의 자문역들은 자신들이 세상에 풀어놓은 위험을 인식했다. 트루먼은 제임스 번스의 친구인 버나드 바루크에게 UN에 제출할 제안서를 작성할 책임을 맡겼다. 의도적으로 파행을 유도하려는 전술적 책략이었다. 바루크는 원자력의 국제적 통제에 대한 제안서의 세부 사항들(예를 들자면 위반에 대한 처벌이 유엔안전보장이사회의 거부권 행사 대상이 아니라는 점)을 소련이 수용할 수 없을 것이라고 확신했다. 마찬가지로 소련이 원자무기를 금지하기 위해 내놓은 제안 역시 미국이 받아들일 수 없는 것이었다. 그래서 바루크의 계획은, 애초에 의도했던 대로 교착 상태에 빠졌다. 기회는 사라졌다. 공개가 아닌 봉쇄와 폐쇄가 선택되었다. 원자력 프로그램에 대한 강력한 국제적 통제라는 의제는 막후의 입김에 휘둘렸다. 그 결과, 원자력의 비밀이 심각하게 받아들여졌던 냉전 시기 양극화된 닫힌 세계에서조차, 핵확산을 막을 수 있는 효율적인 UN 기구는 탄생하지 못했다.

그 뒤 미국에서는 신속한 핵무장이라는 냉전 정책이 이어졌다. 1946년 7월 마셜제도의 비키니 환초에서 핵실험이 재개되었다. 핵무기의 대량생산에 필요한 새로운 설계, 실험, 개발 책임이 국립연구소에 떨어졌다. 로스앨러모스와 시카고 근처 아르곤연구소가 그곳이었다. 이들 특화된 연구소들에 대한 지원과 함께 좀더 일반적인 물리 연구소들에도 지원이 이루어졌다.

고에너지물리학은 새로운 세대의 물리학자들을 양성했고, 이들은 훗날 직접적인 국방 연구로 이전하거나 전략적으로 유용한 전문가 풀을 형성했다. 아니면 물질과 에너지의 본성에 대한 더 근본적인 연구에서 핵 연구개발을 뒷받침했다. 버클리 로렌스 연구소는 직접적인 혜택을 받았다. 그리하여 입자가속기의 크기와 에너지가 점차 증가하는 추세는 전후 세계에서도 계속되었다. 대서양 연안의 대학 물리학자들도 이와 비슷한 시설을 설립해달라고 로비를 벌였다. 이해관계를 함께하는 대학—컬럼비아, 코넬, 하버드, 존스홉킨스, MIT, 펜실베이니아, 프린스턴, 로체스터, 예일—이 십시일반 돈을 모았다. 이들 로비 그룹은 연합대학법인이라는 관리기구로 전환했고, 새로운 고에너지물리학연구소—롱아일랜드에 건립되어 1947년에 문을 열었다—인 브룩헤이븐 연구소를 운영할 책임을 맡았다. 이 연구소의 설비, 가령 양성자를 10억 전자볼트보다 큰 에너지로(1953년에 3.3GeV가 최대치였다) 가속하는 코스모트론 같은 장치는 원자력위원회의 지원을 받은 것이었고, 브룩헤이븐 연구소를 냉전 이후 물리학의 발전소로 만들었다. 냉전 시기 연구비는 전략적으로 중심적인 과학에서 미국의 지배를 공고히 만들었다.

소련의 원자폭탄

소련에는 1930년대까지 어느 나라보다도 더 많은 핵 과학자가 있었다. 레닌그라드에 있는 아브람 요페 연구소 같은 곳이 다수의 핵 과학자를 배출했다. 독일, 영국, 프랑스, 미국 물리학자와 마찬가지로, 그들도 핵분열이라는 새롭고 흥분되는 현상을 탐구했다. 그러나 군사적 적용에 관한 연구는 진척을 이루지 못했다. 부분적으로는 독소 불가침조약으로 독일을 상대로 한 원자무기 개발이 억제되었기 때문이기도 했다.[35] 실제로 원자폭탄 프로젝트는 철저히 소련의 과학적 맥락에서 틀지어졌다. 소련에서 과학은 높은 정치적 관심을 받았다. 마르크스-레닌주의가 과학, 실제로 모든 것의 토대에 해당하는 과학이었는데, 어떻게 그렇지 않을 수 있겠는가? 그러나 공식적인 이념과 과학 사이에, 특히 후자가 권력에 대해 경쟁자로 작용할 때에는, 단층선斷層線이 생겼다. 소련의 정치 체계에서 냉혹한 현실, 특히 스탈린을 비롯한 지도자들이 휘둘렀던 엄청난 권력에 의해, 권력자가 선호하는 프로젝트들은 국가의 자원, 그리고 국가의 폭력에 의해 놀라운 속도로 진행되었다.

스탈린은 영국의 합금 튜브 프로젝트와 미국의 맨해튼 프로젝트에 대한 소련 첩보원의 보고서를 읽었다. 존 케언크로스는 MAUD 보고서를 제공했고, 클라우스 푹스가 그 밖의 상세한 정보를 주었다. 공개된 자료, 가령 『뉴욕타임스』에 실린 기사—당시 예일 대학에 있던 블라디미르 베르나츠키의 아들에 의해 전달되었다[36]—와 물리학 학술지에 게재되어 무심결에 핵분열과 관련된 사실들을 누설하는 논문들을 토대로 추론하기도 했다. 그러나 스탈린은 첩보와 권력의 경쟁자인 과학자들을 모두 불신했다. 1943년에 붉은 군대가 스탈린그라드에서 전쟁의 형세를 바꾸어놓자, 스탈린은 소련의 원자폭탄 프로그램 출범을 승인했다. 요페 연구소의 핵물리학자였던 이고르 쿠르차코프가 책임을 맡았다. 그렇지만 소련 지도층은 히로시마와 나가사키가 원폭 투하로 초토화된 직후까지 이 프로젝트를 밀어붙이지 않았다. 이념적인 논쟁이 중단되고, 자원이 쏟아부어졌다. 소련 지도자들이 1946년 크리스마스를 축하한 것은 종교적 이유에서가 아니었다. 그해의 크리스마스는 소련의 정치 권력과 과학 권력 모두에 여러 가지로 의미 있는 날이었다. 페르미가 성공을 거둔 지 불과 4년 만에 모스크바에서 최초의 원자로가 임계 상태에 도달했기 때문이었다. 이러한 진전 과정은 바루크의 계획 이전부터 국제적 통제를 위한 프로젝트들에 암울한 그림자를 드리웠다. 소련 외교관들이 원자무기 계획의 금지를 주장했음에도 소련은 원자폭탄을 소유하는 방향으로 이미 나아가고 있었다.[37]

맨해튼 프로젝트와 비슷하게, 원자폭탄 프로그램을 유치하면서 갑자기 핵 도시들이 조성되었다. 키시팀 첼랴빈스크-40의 플루토늄 분리공장은 규모 면에서 핸퍼드와 맞먹었으며, 아리자마스-16의 원자무기실험실은 로스앨러모스의 그것과 흡사했다. 핵 정보원들이 제공한 정보가 어느 정도 시간을 벌어주었다. 미국의 우라늄 분리공장과 플루토늄 폭탄 설계도를 복사해왔기 때문이다. 그러나 역사가 데이비드 홀로웨이는 이처럼 빠른 개발이 가능했던 가장 큰 이유가 1945년 이후 동독과 체코슬로바키아의 광산에서 우라늄 원광을 가져다 쓸 수 있었기 때문이라고 주장했다.[38] 이 모든 과정을 전문적으로 조직한 사람은 천재적인 시스템 구축가 쿠르차토프였다.

1949년 10월 29일, 카자흐스탄의 세미팔라틴스크-21에서 최초의 소련 원자폭탄이 폭발했다. 미국 플루토늄 폭탄을 거의 그대로 복제한 것이었다. 공개 발표는 없었지만, 며칠 후 검출된 대기 중 방사성 낙진이 숨길 수 없는 증거였다. 서구의 반응은 말 그대로 충격과 당혹이었다. 1952년까지는 지속하리라 예상했던 서구의 독점이 끝났기 때문이었다. 트루먼 대통령은 "아시아 것들"이 원자폭탄을 만들 수 있다는 현실을 결코 믿을 수 없었다.[39]

전부는 아니지만 많은 역사가가 무기 설계에서 물리학의 대체 불가능한 전문성이, 적어도 생물학자들의 운명과는 달리, 물리학자들을 보호했다는 데 동의한다. 물리학자를 향한 이념적 탄핵은 제2차 세계대전 동안 중단되었다. 위대한 물리학자 레프 란다우에 따르면 "살아남은 소련 물리학이 핵 억제의 최초 사례"였다.[40] 유대인의 이론에 대한 아카디 티미랴체프의 반대 캠페인은 일시적으로 잦아들었다.* 그러나 당의 폭력은 또다른 문제였다. 특히 소련 물리학자들은 스탈린의 비밀경찰 국장이자 소련 원자폭탄 계획을 감독했던 정치국 위원장이었던 라브렌티 베리야와 직접 담판을 지어야 했다. 1930년대 초, 나이 지긋한 파블로프가 물리학자 표트르 카피차에게 이렇게

---

* 아카디 티미랴체프는 뉴턴 물리학의 옹호자로 아인슈타인의 상대성 이론을 격렬하게 공격했다. 또한 볼셰비키 이론을 근거로 아브람 요페를 비롯한 소련 물리학자들도 비판했다.

말했다. "나는 이곳에서 자신이 생각하는 것을 이야기하는 유일한 사람이네. 나는 곧 죽게 될 것이니, 자네가 반드시 내 자리를 맡아주게."[41] 카피차는 용감하게도, 어쩌면 무모하게도, 1945년 8월에 그 제안을 받아들였다. 소련의 원자폭탄 프로젝트가 급물살을 타자 그는 스탈린에게 이런 편지를 썼다.

이 나라에서 시민의 지위는 오로지 그의 정치적 비중으로 결정됩니까? 황제 곁에 주교가 서 있던 시절이 있었습니다. 그때 교회는 문화의 전달자였습니다. 이제 교회는 폐물이 되고 있고, 주교들의 시대는 끝났습니다. 그렇지만 이 나라는 이념의 영역에서 지도자가 없으면 헤쳐나갈 수 없습니다.

과학과 과학자들만이 우리의 기술, 경제, 그리고 국가 질서를 발전시킬 수 있습니다. ······조만간 우리는 과학자를 주교의 지위로 올려놓아야 합니다. 그렇게 하지 않고는 과학자들이 항상 열성적으로 나라를 위해 봉사하게 만들 수 없기 때문입니다. ······베이컨이 그의 저서 『새로운 아틀란티스』에서 지적했듯이 과학자를 주교의 지위로 상승시키지 않으면, 이 나라는 문화적으로 스스로 성장할 수 없습니다. 따라서 베리야 동무와 같은 정치국 동무들은 과학자에 대한 존경을 배우기 시작할 필요가 있습니다.[42]

공무公務로서 베리야는 적들의 숙청, 죄수들의 대량학살(카틴 숲에서 폴란드 장교들을 학살했듯이)을 감독했고, 강제노동수용소gulag를 운영했다. 개인적으로는, 고문과 강간을 자행했다. 카피차는 물리학자들이 자신들의 목적을 위해 열심히 일해왔다고 확신하며 스탈린에게 이렇게 불만을 털어놓았다. "베리야가 지휘봉을 손에 쥐고 있는 것은 사실입니다. 그것은 좋습니다. 그렇다 해도 과학자가 항상 먼저 바이올린을 연주해야 합니다. 바이올린이 전체 오케스트라의 음조를 잡아주기 때문입니다. 베리야 동무의 근본적인 결점은 이겁니다. 지휘자는 지휘봉을 흔들 뿐 아니라 악보도 이해할 수 있어야 합니다."[43] 베리야와 물리학자들에 얽힌 많은 이야기—가령 베리야가 원자폭탄은 이론가들의 상대성 이론에 대한 이해가 없이는 제작될 수 없다는 이야기를 들었고,[44] 공포에 질린 물리학자들이 비밀경찰국장을 달래기 위해 임기응변으로 가짜 '중성자' 물리 실험을 했다는 등—는 그 출처가 불명확하지만, 폭압적인 정치 권력의 전횡과 그에 경쟁하는 권위 사이에 실제로 긴장이 있었음을 이야기해주고 있다.

소련에서 생물학과 물리학의 대조적 운명

제2차 세계대전이 끝난 후, 이념적 제약이 다시 시작되었다. 러시아 우선주의가 득세했고(필요한 곳에서는 새로 발명되었고), 반면 '사해동포주의 (cosmopolitanism, 반유대주의의 완곡 어구)'는 공격받았으며, 국제주의에 대한 호소는 의심받았다. 티미랴체프는 물리학의 관념론에 대한 공격을 재개했다. 모든 핵심적인 과학은 고위급 회의에서 이념 심사를 받아야 했다. 이러한 지침에는 스탈린의 직접적 개입 의도가 들어 있었다.[45] 트로핌 리센코는 자신의 과학을 정치적 영향력을 얻기 위한 술책과 교묘히 섞는 뛰어난 재능이 있었으며, 결정적으로 농업 과학회의를 이용해서 자신의 권력을 공고히 했다. 1948년 7월과 8월에, 개인적으로 스탈린의 지원을 확인한 리센코는 '레닌전소-연방농업과학아카데미VASKhNIL' 회의 석상에서 연설을 했고, 멘델 유전학을 마르크스-레닌주의와 모순되는 '반동적', '관념론적' 과학이라고 비판했다. 그리고 미추린 생물학*이 인민의 요구와 유물론에 부응하며 실제적이라고 칭송했다. 회의 마지막 날, 리센코는 짧은 선언으로 연설을 시작했다.

---

* Michurinist biology. 이반 블라디미로비치 미추린은 러시아의 과수 원예가이자 생물학자로 유전적 성질이 환경과 상호작용을 통해 방향성을 갖고 발전한다는 이론을 수립했다. 리센코는 미추린 생물학을 토대로 멘델 유전학을 비판했고, 이후 스탈린의 지지를 받아 공인된 학설로 인정받았다.

내게 전달된 쪽지 중 하나에 이런 질문이 있습니다. 내 보고서에 대한 당 중앙위원회의 입장은 무엇입니까? 나의 답은 이렇습니다. 당 중앙위원회는 내 보고서를 검토했고, 승인했습니다. (우레와 같은 박수, 한층 더 열렬한 박수, 전원 기립.)[46]

리센코는 연출된 논쟁에서 '승리'했다. 경쟁자들은 전격적인 공격을 받았다. 역사가 데이비드 조라프스키는 식량 생산 위기를 해결하겠다는 리센코의 계속된 약속이 그에 대한 지지를 이끌어냈다고 주장했다.[47] 1차 사료에 대한 최근 연구에서 니콜라이 크레멘트소프는 리센코가 1948년에 거둔 성공이 압도적이었던 이유는 냉전이 점차 심화되는 결정적 순간에 그의 성공이 무대에 올려졌기 때문이라고 주장한다. "리센코가 했던 연설의 핵심은 생물학에서 서로 상반되는 두 가지 경향을 대비시킨 것이다. 그것은 비과학적이고, 관념론적이며, 스콜라철학적이고, 비생산적이며, 반동적이고, 반다윈적인 바이스만주의, 멘델주의, 모건주의 대對 과학적, 유물론적, 창조적, 생산적, 진보적, 다윈주의인 미추린 생물학이라는 대비다." 크레멘트소프는 냉전으로 오염된 연설을 이렇게 묘사했다. "서로에게 붙여진 상반되는 이름표들은 당시의 사회정치적인 상황을 뚜렷하게 투영했다. 그것은 소련과 서구 사이의 대립, 또는 리센코가 말했듯 '두 세계, 생물학의 두 이념'의 대립이 날로 격화되는 상황이었다".[48]

크레멘트소프는 이렇게 결론지었다. "최고 권력자의 지지가 없었다면 리센코가 그처럼 확실한 승리를 거둘 수 없었을 것이다. 그리고 스탈린이 리센코의 손을 들어주기로 결정한 가장 중요한 요인은…… 날로 격화되는 냉전이었다. 스탈린은 유전학자와 리센코주의자 사이의 경쟁을 국내외 정책의 새로운 당 노선, 즉 소비에트와 서구라는 서로 대립하는 두 진영의 궁극적인 고착을 선언하기 위한 편리한 구실로 삼았다."[49] 반면 폴락은 이러한 해석에 회의적이었고 "리센코의 연설이 새로운 정책을 선언하기에는 서

투른 방식이었다"고 지적했다.[50] 그러나 폴락 스스로 이후 연구에서 "과거에 비해 이념에 더 관심을 기울였고", "항상 학문적 논쟁의 세부 내용에 시간을 소비했던" 스탈린이 생물학에 개입한 것은 동시에 냉전이라는 체스판에서 졸을 움직이는 것이었다는 크레멘트소프의 주장에 지지를 보냈다.[51]

1948년의 생물학/농업 회의는 수치스러운 것이었지만, 그 밖의 비슷한 회의들은 언어학(스탈린이 다시 곧바로 개입했다), 생리학(파블로프를 찬양), 철학과 정치경제학 등에서 이념적으로 올바른 해석을 확인했다.[52] 1949년은 물리학의 차례였지만, 회의는 연기되었다. 흥미롭게도, 여러 다른 근거를 기초로 연구한 역사학자들은 그 원인에 대해 일치된 견해에 도달하지 못했다. 당사자들의 기억을 바탕으로 연구했던 한 견해에 따르면, 이고르 쿠르차코프가 베리야 또는 스탈린에게 그 회의가 소련의 원자폭탄 개발에 방해가 될 수 있다고 말했다고 한다. 아마도 스탈린은 베리야에게 이렇게 말했을 것이다. "그들을 그냥 놔둬라. 나중에 언제든 총살할 수 있으니까."[53] 반면 냉전이 끝난 뒤 열람이 가능해진 많은 문서를 조사했던 역사학자들의 연구를 종합한 다른 견해는, 회의가 취소된 이유가 관료 사이의 내분으로 회의 목적에 합의점을 도출하지 못했기 때문이라고 주장했다. 이 두 견해는 서로 모순되지 않는다. 자신의 팀이 원자무기 개발로 나아가는 데 방해받지 않기를 원하는 쿠르차토프의 바람과 스탈린이나 베리야의 회의 취소는 이미 문제가 많았던 회의에 최후의 일격을 가한 셈이었다.[54]

소련에서 생물학과 물리학은 계속 대조적인 운명을 겪었다. 식량과 목재 생산 증대에서 사실상 실패하면서 리센코에게 도전이 제기된 시기는 스탈린 사후인 1953년이었고, 그 결과는 리센코에게 치명적이었다. 스탈린의 궁극적인 후계자였던 니키타 흐루쇼프 역시 리센코를 지지했지만, 소련 생물학에 대한 리센코의 장악력은 점차 줄어들었고, 프로젝트들은 실패를 거듭했다. 유전학은 입자물리학, 컴퓨터과학, 환경공학, 그리고 그 밖의 전문분야들과 함께 시베리아의 과학도시 아카뎀고로도크Akademgorodok

에서 보금자리를 찾았다. 이 과학도시 건설은 수학자 미카일 라브렌테프의 기획이었는데, 1950년대에 시작되어서 최종적으로 30개가 넘는 연구소에 6만 5000명 이상의 과학자들을 유치했다. 로스앨러모스는 아카뎀고로도크를 예시하는 곳이었고, 아카뎀고로도크는 그 축소판에 해당했다.[55] 물리학에서는 원자폭탄 제작에 성공했고, 그 대가로 풍족한 지원과 그 밖의 혜택을 얻어냈다(그 혜택 중 하나가 상당한 자율성의 유지였다. 가장 저명한 소련 반체제 인사 중 한 명인 안드레이 사하로프가 핵무기를 연구하던 과학자였다는 사실은 결코 우연의 일치가 아니다). 이러한 지원은 더욱 큰 파괴력을 가진 무기를 개발하려는 냉전 시기 경쟁으로 유지되었다.

영국의 원자폭탄

소련이 핵실험에 성공했던 해인 1949년까지 그 밖의 어떤 나라도 독자적으로 원자폭탄을 가질 수 있을 만큼 진전을 이루지 못했다. 영국 핵무기 연구는 대부분 미국의 프로젝트 속에 포함되어 있었다. 1945년에 합금 튜브 연구를 계속하고, 영국의 원자폭탄 전망을 평가하기 위해 내각위원회 'GEN 75'가 만들어졌다. 1946년에 맥마흔법안으로 미국과 영국 사이의 협력을 포함한 핵무기 비밀 공유가 끝나면서 이 위원회의 논의는 급박하게 돌아갔다. 클레멘트 애틀리의 전후 노동당 내각에서 저명한 일원이었던 스태퍼드 크립스와 휴 돌턴은 영국 원자폭탄에 들어갈 막대한 경비와 그 함의에 반대했다. 그러나 그들의 주장은, 낮술을 곁들인 늦은 점심으로 GEN 75 회의에 뒤늦게 참석한 외무장관 어니스트 베빈에 의해 묵살되었다. 그는 (크립스와 돌턴의 주장에 대해) "그런 일은 결코 벌어지지 못할 것입니다"라 단언하며 의견을 개진했다.

우리는 이것을 반드시 가져야 합니다. 나 자신은 개의치 않습니다. 그렇지만 앞으로 이 나라의 후임 외무장관이 미국 국무장관에 의해 내가 방금 번스 씨와 나눴던 말을 듣게 하는 것은 원치 않습니다. 아무리 많은 비용이 들더라도, 우리는 그것을 가져야 합니다. 그리고 맨 꼭대기에 피 묻은 유니언잭을 걸어야 합니다.[56]

크립스와 돌턴을 제외하고, GEN 75보다 더 비밀스러운 소위원회가 설립되었고, 이 위원회는 1947년 1월에 영국의 독자적인 원자폭탄 계획을 승인했다. 의회는 1948년 5월까지 이 사실을 알지 못했다.[57] 따라서 영국이 원자폭탄을 만든 이유로 가장 가까운 것은 대영 제국의 지위를 유지하는 (시도를 하는) 것이었고, 그 대가는 민주 헌법이 입은 타격이었다.

맨해튼 프로젝트에 깊이 관여했던 영국 물리학자 윌리엄 페니가 무기 계획에서 책임자가 되었고, 민간 부문은 존 코크로프트가 담당했다. 원자폭탄 실험실과 공장들이 건설되었다. 무기실험실은 올더마스턴에, 원자력연구소는 하웰 인근에 있는 오래된 공군 비행장에 세워졌으며(둘 다 옥스퍼드와 런던에서 멀지 않은 거리였다), 그와 함께 멀리 떨어진 컴브리아 지방에 두 개의 보완 시설이 세워졌다. 윈드스케일 공장과 원자력 발전소의 원형에 해당하는 콜더 홀이 그것이었다. 당시에는 민간 프로젝트—원자력 에너지—와 군사 프로젝트를 별개로 생각했었지만, 오늘날에는 이 둘이 철저히 연결되어 있었다는 사실이 분명하게 드러났다. 1956년 세계 최초의 민간 원자력 발전소로 등장했던 콜더 홀 원자력 발전소는 군사적 이용이 가능한 등급의 플루토늄을 생산하도록 설계되었다.[58]

영국은 1952년 10월 오스트레일리아 북서 해안에 있는 몬테벨로제도에서 최초의 원자폭탄 실험을 할 수 있었다. 그러나 그 이전에, 원자폭탄에 관해서 미국과 영국 사이에는 긴장 관계가 있었다. 맨해튼 프로젝트의 일환으로 로스앨러모스에서 연구했고 당시에 하웰의 이론물리학연구소에서 근무하던 클라우스 푹스가 소련의 스파이였다는 사실이 1950년에 밝혀졌기 때문이었다. 푹스의 정체가 드러나면서, 줄리어스와 에셀 로젠버그 부부처럼 그보다 훨씬 가담 정도가 약했던 맨해튼 프로젝트의 원자폭탄 정보원들에 대한 고발이 이어졌다. 이들 부부는 분명 적극적 공산주의자들이었지만, 정작 로젠버그 부부가 1953년에 전기의자에서 처형당한 이후에는 그들의 행위가 그 정도로 심각한 것이었는지를 둘러싸고 많은 논쟁이 벌어졌다.

과학 재판

1949년에서 1950년 사이에 일어났던 사건들—소련의 원자폭탄 실험 성공, 원자폭탄 스파이들의 발각, 중국 내전에서 거둔 공산당의 승리—의 충격은 미국의 정치 분위기에 나쁜 영향을 끼쳤다. 이러한 맥락에서 세 가지 결정이 이루어졌고, 그 결정들이 냉전 과학의 역사를 형성했다. 첫째는 공산주의에 동조한다고 고발당한 과학자들에 대한 가혹한 조사였고, 둘째는 수소폭탄 개발, 그리고 세 번째는 한국전쟁이었다.

미국에서 공산당에 가입한 사람의 수는 항상 얼마 되지 않아서, 1940년대 초반의 5만 명이 가장 많은 정도였다. 냉전 시기에 공산당에 동조한다고 의심을 받은 사람들은 정부와 민간위원회의 조사 대상이 되었으며, 종종 의심스러운 근거를 기반으로 때로는 익명의 고발자들에 의해 피소되었다. 민간위원회에 의해 고발된 경우에는 변호사를 선임할 권리조차 인정되지 않았다. 일단 의심을 받으면 그들의 삶은 망가졌다. 고발만으로도, 의심스러운 사고방식을 가진 사람이라며 유죄판결을 받은 것과 매한가지였다. 부적합은 의심의 대상이었다. 실제 행동으로 이어지지 않은 단순한 결사結社나 견해만으로도 유죄가 입증될 수 있었다. 트루먼 대통령은 연방정부 고용인들에 대한 충성심 심사를 도입했다. 그러자 주정부와 사기업들이 뒤를 이었다. 1958년까지 고용인 다섯 명 중 한 명은 심사를 받았다. 에드거 후버의 연방수사국FBI이 국내 첩보 수집 작전의 핵심이었다. 그 밖에 조지프 매카시 상원의원과 '하원 비미非美활동조사위원회'가 있었다. 이 위원회의 역사는 전쟁 이전까지 거슬러올라가며, 처음에는 미국인 파시스트를 색출하기 위해 설립되었다. 냉전 초기에 이 위원회는 그 대상을 공산주의자들로 바꾸었고, 앨저 히스를 간첩으로 고발했다. 그 후 할리우드 사회주의자들을 추적했다. 선동가였던 매카시는 1950년 2월 웨스트버지니아주 공화당 여성회의 서민 청중을 대상으로 한 연설에서, 정부에 영향력을 행사하는 것으로 알려진 205명의 공산주의자 명단을 가지고 있다고 선언했다. 이 발언으로 의심과 고발이 불꽃을 튀기며 횡행했고, 17세기 매사추세츠주 세일럼에서 있었던 마녀사냥에 버금가는 색출과 대조가 벌어졌다.

매카시즘은 교사, 영화 각본가, 군 요원뿐 아니라 과학자에게도 영향을 끼쳤다. 매카시 자신이 5만 명의 미국 과학자 중에서 500명이 공산주의자라고 말했다. 소련에서와 마찬가지로 과학의 국제주의는 의심스러운 주장으로 여겨졌다. 자유여행은 제약되었고, 최소한 마녀사냥의 표적이 되었다. 화학교수 랠프 스피처는 1950년에 유럽에서 체포되었는데, 그 이유는 프라하에서 학문의 자유에 대한 논문을 읽었다는 것이었다.[59] 탄소-14의 공동 발견자였던 마틴 케이멘은 단지 유명한 공산주의자와 저녁을 먹었을 뿐이었지만, 이 회합만으로도 해고를 당했고 여권을 발급받기 위해 법정에 가야 했다.[60] 라이너스 폴링은 알베르트 아인슈타인이나 로버트 오펜하이머만큼 유명한 과학자였지만 1952년 1월에 여권 발급이 거부되었다. 사유는 '그가 계획한 여행이 미국의 이익에 최선이 아니다'라는 것이었다.[61] 비자 거부도 활용되어, 미국으로 들어오려는 과학자들의 흐름을 옥죄었다. 노벨상을 받았던 이렌 졸리오 퀴리는 공산주의자라는 이유로 미국 화학회의 회원 가입을 거부당했다.[62] 주의를 요하는 기관에는 특별한 규제가 가해졌다. 가령 로렌스 버클리 연구소에는 1년에 단 3명의 국제 방문자만 허용되었다. 곧 살펴보게 될 오펜하이머(그리고 아인슈타인)의 제자인 데이비드 봄과 같은 몇몇 과학자들은 다른 나라로 이주를 강요받았다.

반공주의의 표적으로 가장 이목을 끈 두 사람의 과학자는 에드워드 콘돈과 로버트 오펜하이머였다. 콘돈은 레이더에 들어가는 마그네트론을 연구했던 뛰어난 양자물리학자였으며, 제2차 세계대전 때 맨해튼 프로젝트에서 잠깐 연구를 한 경력도 있었다. 1945년 이후 그는 국립표준국 국장 겸 코닝글래스사의 연구 책임자를 맡았다. 사회주의자였던 콘돈은 그가 국가안보에 위협이 된다고 확신했던 반공주의자들의 공격을 받았다. 때로 그는 그런 공격을 재치 있는 유머로 받아넘기기도 했다. 그의 학생 중 한 명은 그가 충성심 심사위원회 앞에서 받았던 심문 중 하나를 이렇게 회상했다.

"콘돈 박사, 당신이 물리학에서 일어났던", 이 대목에서 심문자는 다음 단어를 아주 천천히, 그리고 신중하게 읽었다. "양자역학이라는 혁명적 운동의 선두에 섰다는 이야기가 있습니다. 본 심사위원회는 만약 당신이 한 가지 혁명 운동의 선두에 섰다면…… 다른 운동에서도 선두가 될 수 있겠다는 생각을 했습니다."[63]

그러나 하원 비미활동조사위원회가 했던 콘돈에 대한 근거 없는 비방은 실제로 효력을 발휘했다. 국립표준국 국장이라는 지위는 "약화되었고", 당시 부통령이었던 리처드 닉슨의 부추김으로 비밀취급 인가가 박탈되면서 코닝글래스사의 연구 책임자 지위도 잃게 되었다.[64] 과학자 단체들은 콘돈에 대한 처리에 반발해서 맞서 싸웠다. 미국 과학진흥협회AAAS는 항의의 뜻으로 1953년에 그를 회장으로 선출했다.[65]

그러나 과학자에 대한 반공 운동에서 가장 큰 표적은 오펜하이머였다.[66] 이른바 오펜하이머 재판은 수소폭탄을 둘러싼 쟁점들을 다뤘을 뿐 아니라 안보 위협을 주제로 했다. 로버트 오펜하이머는 대공황 시기까지는 대체로 정치에 관심이 없었던 것 같다. 대공황기에 그는 버클리 대학 영문과 교수의 딸이자 공산주의자였던 여성과 데이트를 했다. 그는 당의 대의에 기부—미국의 반파시스트들 사이에서는 특별한 일이 아니었다—했지만 당원이 된 적은(그의 아내 키티, 형제 프랭크, 그리고 처제와 달리) 없었다. FBI는 1941년 가을에 로버트 오펜하이머에 대한 수사기록을 공개했다. 그가 맨해튼 프로젝트에 관여하기 전이었다. FBI의 감시는 1943년까지 계속되었고, 그 이후 군이 책임을 맡았다. 그로브스 장군은 FBI 보고서를 충분히 인지한 상태에서 그를 책임자로 임명해서 로스앨러모스를 이끌게 했다.

1943년 버클리 대학 프랑스어 조교수이자 친구인 하콘 슈발리에가 오펜하이머에게 소련에 동조하는 조지 엘튼턴이라는 사람이 미국의 동맹국인 소련에게 전달할 수 있는 정보를 요청했다고 알려주었다. 오펜하이머는 당장은 아무것도 하지 않았다. 그 후 8월에, 로스앨러모스의 군 보안국에 걸어가서 슈발리에 사건을 보고했다. 그때 프랑스어 교수의 이름은 언급하지 않고 엘튼턴과 세 명의 과학자를 연결했던 "중간책"에 대해서만 말했다. 오펜하이머에 대한 군의 감시는 중단되었다. 그로브스의 질문을 받았을 때, 1943년 말에 오펜하이머는 슈발리에가 중간책이었고, 한 사람의 과학자와만 접촉했다고 답했다. 여기에서 문헌들은 그 과학자가 오펜하이머였는지, 아니면 그의 동생 프랭크였는지 의견이 일치하지 않는다. 또한 오펜하이머는 그의 제자였던 로시 로마니츠, 데이비드 봄, 그리고 버나드 페터스 세 명의 학생이 공산주의 활동을 했다고 밀고했다.

전쟁이 끝난 후, FBI는 오펜하이머에 대한 조사를 재개했다. 그의 가족이 공산주의와 관련되었는지 여부에 대한 보고서를 작성했고, 그의 전화를 도청했다. 1946년 인터뷰에서 오펜하이머는 슈발리에 사건에 대한 관점을 바꾸어서 세 명의 과학자에 대한 설명을 "복잡하고 황당무계한 이야기"라고 진술했다. 당시 그는 원자력위원회 최고자문위원회 위원으로 임명되었으며, FBI의 우려에도 불구하고 위원회의 그의 친구와 지지자들—어니스트 로렌스, 바네버 부시, 엔리코 페르미, 버나드 바루크, 그로브스와 제임스 코넌트—은 그에게 완전한 비밀취급 인가를 허용했다.

1949년 6월, 오펜하이머는 하원 비미활동조사위원회의 비공개 청문회에서 이렇게 증언했다. "슈발리에 박사는 무척 당황했고 혼란스러운 상태였습니다. 나는 격렬한 어휘로 그에게 정신을 차리라고, 그 일에서 손을 떼라고 말해주었습니다. 그는 내게 정보를 요구하지 않았습니다."[67] 오펜하이머는 그 사건을 털어내려 시도했다. 그는 자신의 학생이었던, 당시 로체스터 대학 교수 버나드 피터스에 불리한 증거를 늘어놓았다. 피터스에게 불리한 증언을 했다는 소식이 흘러나오자, 미국의 원로 물리학자들이 오펜하이머를 꾸짖었다. 빅터 바이스코프는 "우리 중 많은 사람이 당신을, 그 말의 가장 고상한 의미에서, 대표로 간주했기 때문에" 오펜하이머의 행동이 정말 끔찍한 것이었다고 썼다. 한편 1948년에 오펜하이머가 그에 대한 지지를 철회했던 콘돈은 그를 통렬하게 비판했다. "당신은 밀고자가 되면 자신의 면죄부를 살 수 있다고 생각할 만큼 어리석었다."[68] 오펜하이머는 공개적으로 피터스에 대한 자신의 발언을 철회했다.

그러나 오펜하이머는 열핵熱核무기를 둘러싼 논쟁에서 가장 치명적인 적들을 만들었다. 열핵무기란 수소와 같은 가벼운 원소의 융합으로 발생하는 에너지를 이용하는 무기를 뜻한다. 열핵무기와 원자폭탄의 위력 차이는 원자폭탄과 재래식 폭탄의 차이와 비슷했다. 에드워드 텔러는 이미 1942년 7월 회의에서부터 이 원자무기의 최초 설계를 스케치했었지만, 당시 오펜하이머는 이 헝가리인 과학자의 주장을 받아들이지 않고 핵분열 폭탄을 진행시켰다. 그러나 텔러는 그 일을 잊지 않았다.[69] 오펜하이머는 1945년에 수소폭탄에 대한 반대 입장을 확실히 했고, 아서 콤프턴이 오펜하이머, 로렌스, 페르미를 대표해서 헨리 월러스에게 편지를 썼을 때 동조했다. "우리는 이 개발이 착수되어서는 안 된다고 생각합니다. 가장 큰 이유는 이 무기의 단호한 사용으로 야기될 엄청난 인명 피해를 대가로 전쟁의 승리를 얻느니 차라리 패배 쪽을 선택해야 하기 때문입니다."[70]

1946년에도 오펜하이머가 의장을 맡은 원자력위원회 최고자문위원회는 우라늄과 플루토늄 폭탄의 생산과 개선을 선호한 반면, 수소폭탄 계획은 우선순위에서 아래쪽으로 밀어냈다. 날카로운 대립이 이어졌다. 수소폭탄 제조를 지지하는 사람은 텔러, 로렌스(입장을 바꾸었다), 합동참모본부의 공군 지도자 윌리엄 L. 보든, 그리고 원자력위원회 위원이었던 루이스 스트라우스 해군 대장이었다. 반대 진영에는 제임스 코넌트, 바네버 부시, 한스 베테, 로버트 바커, 그리고 오펜하이머가 있었다.

소련의 원자폭탄 실험이 성공한 뒤에야 트루먼 대통령은 '슈퍼'폭탄, 즉 텔러의 수소폭탄의 가능성을 논했다. 원자력위원회 최고자문위원회는 1949년 10월에 이 문제를 논의했다. 오펜하이머와 최고자문위원회는 이번에도 수소폭탄의 "사용은 원자폭탄보다 훨씬 더 많은 민간인을 몰살시키는 정책"이라는 이유로 그 무기의 개발을 기각했다. 게다가 수소폭탄 개발이 냉전 시기 무기 경쟁을 더 격화시킬 것이라는 견해를 덧붙였다.[71] 오펜하이머는 전술 핵무기에 초점을 맞추는 쪽을 선호했고, 따라서 공군력에 반대하게 되었다(전후 공군의 영향력은 전략핵무기 운용에 좌우되었다). 그러나 원자력위원회 위원장 데이비드 릴리엔탈을 통해 대통령에게 전달된 권고안은 받아들여지지 않았다. 릴리엔탈이 보고를 시작한 지 얼마 안 되어서 트루먼이 말을 끊었다. "러시아 친구들이 수소폭탄을 만들 수 있다고요?" 릴리엔탈이 고개를 끄덕이자, 트루먼은 이렇게 덧붙였다. "그렇다면 선택의 여지가 없군요. 우리가 선수를 쳐야지요."[72] 텔러의 승리였다.

오펜하이머는 미심쩍은 배경으로 수소폭탄에 반대했던 많은 사람 중 한 명에 불과했다. 무엇보다 그 의구심을 부채질했던 것은 수소폭탄에 대한 오펜하이머의 관점이었다.[73] 푹스의 간첩행위가 밝혀진 후인 1950년에 공산주의자이자 유급 정보원이었던 폴 크라우치는 오펜하이머가 1941년에 자신의 버클리 자택에서 공산당 모임을 열었다고 고발했다. 도덕, 종교, 정치 등 복합적인 이유로 오펜하이머를 극도로 싫어했던 루이스 스트라우스는 오펜하이머가 수소폭탄에 반대했던 이유를 훨씬 사악한 의도로 해석했다.

원자력위원회의 한 동료 위원은 이렇게 말했다. "무슨 사안이든 당신이 루이스의 견해에 동의하지 않으면, 그는 처음에는 당신이 바보라고 생각합니다. 그렇지만 계속 반대하면, 그는 당신이 틀림없는 반역자라고 결론내리겠지요."[74] 미 공군과 루이스 스트라우스는 오펜하이머가 축출되어야 한다는데 동의했다. 1953년까지 오펜하이머가 소련 첩자였다고 확신했던 보든은 열심히 발품을 팔았다.

1953년 5월, 조지프 매카시가 이 사건의 냄새를 맡았다. 1953년 11월보든은 "1929년에서 1942년 중반까지 로버트 오펜하이머가 확고한 공산주의자였으며 자발적으로 소련에 정보를 제공했거나 정보 제공 요청을 수락했을 가능성이 농후하다"고 FBI에 고발했다. 아이젠하워 대통령은 1953년12월에 이 고발 건을 들었다. 에드거 후버는 매카시가 이 사건을 공표하겠지만 "행정부에서 적절한 조치를 취하면 제어가 가능할 것"이라고 암시했다.[75] 아이젠하워는 오펜하이머의 비밀취급 인가를 취소했다.

오펜하이머의 비밀취급 인가 취소는 1954년 원자력위원회의 두 패널에서 다루어졌다. 먼저 스트라우스가 위원을 선정했던 개인보안위원회Personal Security Board는 다음과 같은 텔러의 증언을 포함해 여러 진술을 청취했다.

내가 목격했던 무척 많은 사례에서, 오펜하이머 박사는…… 나로서는 매우 이해하기 힘든 방식으로 행동했습니다. 나는 숱한 쟁점에서 그와 완전히 견해가 달랐고, 솔직히 그의 행동은 내게 혼란스럽고 난해하게 비쳐졌습니다. 이 나라의 중요한 이익이 내가 더 잘 이해하고, 그보다 더 믿을 수 있는 사람의 손에 맡겨지기 바랍니다.[76]

텔러는 회고록에서, "그 자신의 교회에서…… 오펜하이머의 성직을 박탈하는" 바람을 밝혔다.[77] 그러나 많은 과학자가 오펜하이머에게 유리한 증언을 했다. 개인보안위원회가 보기에는 그런 과학자의 수가 너무 많았다.

위원회는 많은 수의 과학자가, 부당한 공격을 받고 있다고 여기는 한 과학자를 변호하기 위해서 나섰다는 사실에 감동받았고, 여러모로 용기를 얻었다. 우리 사회의 활력을 고려할 때, 이것은 중요하고 고무적인 일이었다. 그러나 위원회는 이러한 연대감에 일반적으로는 과학을, 특수하게는 오펜하이머를 지지하는 완고한 태도가 깔려 있고, 일부 증인들이 자신의 기억에서 합리적으로 여겨지는 것들보다 이러한 확신을 우선시한다는 우려를 표현하지 않을 수 없었다.[78]

오펜하이머는 첫 번째 라운드에서 2-1로 패했다. 유일하게 견해를 달리한 한 명의 과학자는 자신이 오펜하이머에게 유죄를 선고하고 시카고로 돌아갈 수는 없다고 생각했다.[79] 그런 다음, 5인으로 구성된 원자력위원회로 판단이 넘겨졌다. 두 차례의 투표가 이루어졌다. 위원회는 4대 1로 오펜하이머가 '충성스럽다loyal'고 판결했다. 그러나 동시에 4대 1로 오펜하이머가 안보에 위협이 된다고 판단했다.

오펜하이머 재판은 길게 다룰 만한 가치가 있다. 그 까닭은 그것이 냉전 시기 미국 과학과 과학자의 지위에 관한 여러 가지 특징을 보여주기 때문이다. 첫째, 이 재판은 고위 과학자들이 반공주의의 광풍에 휩쓸려 쓰러질 수 있다는 것을 보여주었다. 이 경우, '매카시즘—정작 매카시 자신은 관여하지 않았지만—의 승리'였다.[80] 번스타인은 당시 법 앞에 모두가 평등했고, 오펜하이머는 "보통 사람들에게 적용된 것과 같은 충성심 심사 기준에 의해 공식적으로 다루어졌다"고 말했다.[81] 둘째, 버드와 셔윈이 결론짓듯이, 오펜하이머의 "비밀취급 인가 박탈"은 전후 새롭게 출현했던 운동, 즉 "과학자가 새로운 부류의 지식인, 즉 단지 과학자로서만이 아니라 공적인 철학자로서 정당하게 전문성을 제공할 수 있는 공익 질서의 사제"로 간주되던 운동에 제약을 가했다. 그 후 "과학자들은 미래에 자신들이 좁은 과학적 주제에 대해서만 국가에 기여할 수 있다는 것을 깨달았고…… 미국 과학자들이 자신의 조국에 기여할 수 있는 방법 중에서 가장 편협한 관점이 승리를 거두었다."[82]

개인보안위원회의 평결에서 가장 두드러지게 나타났듯이, 과학자들은 오펜하이머를 도덕적인 사람으로 지지했다는 점에서 비판받았다. 반면 위원회의 관점에서 적절한 태도는 "개인적인 판단을 억누르고…… 적합한 과정에 따라 명확하게 수립된 기준과 절차라는 견지에서, 전문적 판단에 복속되어야 했다. 그것을 위해서는 보안체계의 보전을 위해 혼신을 다해 전념할 필요가 있었다." 냉전 시기 과학자들은 보안 절차에 지배되는 법을 배워야 했다. 위원회의 판결은 "오펜하이머를 대중의 뜻을 받들어 실행에 옮겨야 할 사명을 가진 국가에 속한 관료이며, 관료란 정부가 어떤 목적을 추구해야 하는가에 대해 독자적 판단을 내릴 권한이 없다는 관점을 기반으로 했다".[83] 찰스 토프는 이렇게 말했다. "따라서 오펜하이머에 대한 심문과 판결은 동시에 과학의 역할, 그리고 과학과 국가의 관계에 대한 평가이기도 했으며, 이러한 관계는 제2차 세계대전부터 비롯되었다."[84]

결국, 오펜하이머 재판에 근본적으로 내재되었던 냉혹한 정치는 수소폭탄 개발 문제였다. 이 편협한 이해관계—전략핵무기라는—가 그 밖의 모든 변명거리들을 꾸며냈다. 에드워드 텔러는 실현 가능한 융합폭탄을 설계하기 위해 분투했지만, 1950년에 수학자 스태니슬라브 울람도 일조했던 설계들을 새로이 검토하는 과정에서 획기적인 진전이 이루어졌다. 1차로 핵분열 폭탄을 폭발시켜서 얻어낸 압력으로 2차 융합장치를 폭발시키는 방법이었다. 1952년 11월, 텔러—울람 폭탄—무게가 약 60톤—의 실험이 태평양 마셜제도의 애니위톡 환초에서 실행되었고, 메가톤급 폭발이 이루어졌다. 그로부터 9개월도 채 안 되어서 소련이 열핵폭탄이라고 불릴 수 있는 폭탄을 실험하면서 응수했다. 이 폭탄은 안드레이 사하로프가 설계했다.

평화 또는 전쟁을 위한 원자력

소련의 수소폭탄 실험이 이루어진 1953년에 원자폭탄의 비밀은 완전히 공개되었다는 인식이 팽배했다. 아이젠하워 대통령은 다른 외교적 방침으로 대응했다. 1953년 12월, UN 총회에서 아이젠하워는 "원자 거인들"이 함께 노력해서 "파괴적이 아닌 건설적인 길"을 찾고, "원자력을 평화적으로 이용"하는 방안을 모색할 때가 되었다고 선언했다. '원자력의 평화적 이용Atoms for Peace' 운동에는 여러 가지 목적이 있었다. 원자무기의 대량 확산으로부터 주의를 다른 곳으로 돌리려는 목적으로 시작되었고, 냉전 시기 "사람들의 의지와 마음을 얻기 위한 싸움"의 일환이었으며, 수소폭탄 실험 이후 유럽이 미국에 제기했던 군국주의에 대한 비난을 빗겨가려는 셈법이었고, 그로 인해 민간 핵산업의 발전을 조장했다.[85] 존 크리그가 지적했듯, 1952년만 해도 원자로는 "여전히 군사 기밀(가장 두드러진 사례가 해군의 핵잠수함이었다)이었으며, 정부가 독점했다".[86] 원자력위원회가 발견했듯이, 비밀과 독점은 제네럴일렉트릭과 웨스팅하우스 같은 기업들이 민간 원자력발전을 개발하는 데 걸림돌이 되었다. '원자력의 평화적 이용' 계획은 이러한 규제 가운데 일부를 해제하겠다고 약속했다. 결국 원자력의 평화적 이용은 국제적 과학을 지지하는 홍보였다. 미국은 선의의 상징으로 방사성 동위원소를 나누어주었다. 한 과학자는 이렇게 지적했다. "심지어 우리가 내버리는 병 씻은 물도 수개월 동안 연구에 이용될 수 있었다".[87] 1955년 '원자력의 평화적 이용' 컨퍼런스가 제네바에서 성황리에 열렸고, 그 중심에는 미국의 원자로가 있었다. 이 원자로는 그 후 특별 수송으로 스위스에 팔렸다. 크리그는 이렇게 썼다. "제네바에서 있었던 원자로 시연은…… 마케팅의 걸작이었다. 그것은 원자력을 탈신비화시키고 누구든, 어느 나라든 안전하게 이용할 수 있으며 사회적으로 이롭다는 것을 보여주었다. 소련도 상품을 전시할 기회를 얻었다. 냉전은 기술 과시라는 의식儀式으로 해소되는 것처럼 보였다."[88]

1958년의 '원자력의 평화적 이용' 컨퍼런스는 미국에 제어된 핵융합 프로그램이 존재한다는 것을 알리는 장을 제공했다.[89] 원자력 에너지를 민간 에너지 수요에 이용한다는 착상은 영국, 미국, 그리고 소련에서 연구되었고, 알래스카에 인공 항구를 조성하거나 시베리아에 새로운 내해를 만드는 데 수소폭탄을 이용한다는 식의 극단적인 계획도 있었다. 1951년에는 아르헨티나 독재자 후안 페론이 "섬의 비밀 연구소에서 핵융합"을 실험했다는 가짜 보고서가 신문에 나돌기도 했다. 이 가짜 뉴스는 미국이 핵융합발전 프로그램을 시작하게 한 '근접 원인'이었다. 그로 인해 원자력위원회 셔우드 프로젝트에서 자금을 지원받은 프린스턴 대학의 리먼 스피처 2세가 스텔러레이터(핵융합반응연구용 실험 장치) 개발에 박차를 가했다.[90] 실제로는 1956년 시작되었던 소련의 토카막(핵융합용 플라스마 발생 장치) 설계가 훨씬 더 큰 영향력을 줬다는 것이 밝혀졌다.

수소폭탄 개발을 강요했던 배경은 실제 전쟁으로, 한국에서 일어난 무력 전쟁이었다. 역설적으로 이 전쟁은 핵융합폭탄은 차치하고 핵분열무기조차 전쟁에 사용하는 데 많은 제약이 따른다는 점을 입증했다. 한국전쟁은 군사 체계 안에서 과학을 한층 더 강화시켰다. 한국은 1910년 이후 일본의 식민지가 되었다. 1945년에 일본이 갑자기 패망하자, 전후 38선을 사이에 놓고 소련의 붉은군대와 미군이 분할 점령했다. 북한 지도자 김일성은 소련 지도자에게 한반도 통일을 위한 침략을 승인해줄 것을 계속해서 요청했으며, 스탈린이 딘 애치슨의 선언을 잘못 해석해서 북한이 침략해도 미국이 좌시할 것이라고 판단했던 1950년 1월에야 승낙을 얻었다.[91] 북한은 전쟁이 시작된 후 몇 달 만에 빠른 속도로 남하했다. 그러나 더글러스 맥아더 장군이 대담한 육해공 합동 작전으로 인천에 상륙하면서 북한군의 보급선을 차단시켰다. 얼마 후 북한군은 포위되어 거의 무너지기 직전까지 몰렸다. 그러나 스탈린에게 감명을 주고 싶었던 중공이 내전에서 승리한 실전 경험이 풍부한 군대로 참전했다.

이 시점에서 원자폭탄 사용 문제가 제기되었다. 위험천만했던 초기 국면에서, 트루먼 대통령은 전쟁에서 어떤 무기를 사용할지 여부는 야전 사령관의 결정에 달려 있다고 주장하는 것처럼 보였다. 그러나 이 결정은 황급히 뒤집혔고, 맥아더는 결정 철회에 공공연히 반대하면서 명령 불복종으로 총사령관 지위를 박탈당했다. 원자폭탄을 사용하지 않는 데는 충분한 전술적 이유들—중국군이 넓게 산포散布되어 있었고, 유럽 동맹국들이 질겁을 했다[92]—이 있었지만 실제로는 그 결정이 원자무기를 무기의 한 단계로 공인한다는 뜻이 되기 때문이었다. 역사가 존 개디스는 이러한 인식을 "혁명적"[93]이라고 불렀다. "우리는 원자폭탄을 소총이나 대포, 또는 그와 비슷한 일반 무기와는 다르게 다루어야 한다." 따라서 한국전쟁은 국지전이 되었으며, 제1차 세계대전을 연상시키는 지리한 참호전 전투로 마무리됐다.

한국전쟁은 미국에서 과학과 국가 사이를 더욱 깊고 확고하게 만들었다.[94] 평화롭던 1950년에 과학의 초기 군사화는 안정기에 도달하는 것처럼 보였다. 실제로 연방 연구개발 예산은 5억 3000만 달러에서 5억 1000만 달러로 조금 줄어들 예정이었다.[95] 남침하기 두 달 전인 1950년 4월, 폴 니츠가 기안한 「NSC-68: 미국 국가안보의 목적과 프로그램」이라는 문서가 트루먼의 책상에 올라왔다. 냉전을 규정했던 또다른 문서였다. 이 문서는 "두 개의 중심", 즉 "자유 국가" 대 "노예 국가"에 대해 쓰고 있었다.[96] "국제 공산주의는 비非소련 국가들을 완전히 전복하거나, 정부 기구와 사회 구조를 파괴하여 크렘린에 복종하고 통제를 받는 구조와 기구로 대체하는 계획을 진행하고 있다"는 내용이었다. 「NSC-68」을 작성한 사람들은 핵무기를 이용한 '기습공격'을 두려워했다. 요컨대 "철의 장막 뒤편에 있는 경찰국가police state는 필수적인 보안 유지와, 이러한 이점을 활용하는 데 필요한 결정의 중앙집중화를 가지고 있다는 점에서 훨씬 유리하다는 것이었다". 「NSC-68」은 단순한 봉쇄를 넘어서는 "은밀하고" 동시에 "명백한" 행동을 촉구했다. 보고서 작성자들은 이렇게 썼다. "원자폭탄을 이용한 초기 기습공격에서 자유

진영이 생존할 수 있는 합당한 보장을 위해서는…… 대폭 확충된 공군, 육군, 해군 전력과 증강된 공군 방어력, 민방위 프로그램이 필수적이다."

한국전쟁은 「NSC-68」에서 제기했던 분석을 확인해주었다. 소련은 대리전쟁을 수행함으로써 보다 넓은 계획을 구상해야 했다. 늘어난 국방비 지출─세 배로 증가했다[97]─로 1951년에 미국의 "국방 연구개발 예산은 전체 국방 예산 증가에 힘입어 최고조로 늘어나서 두 배가 되어 13억 달러를 조금 넘어섰으며", 그 해에 국방부와 원자력위원회가 계약한 금액은 산업과 대학 연구비 총액의 5분의 2에 해당했다.[98] 이렇듯 팽창한 과학의 관리를 돕기 위해 대통령 과학자문위원회가 설립되었다. 역사가 대니얼 케블스는 이렇게 요약했다. "제2차 세계대전과 달리, 한국전쟁 동안 동원된 과학은 신기한 무기를 만들어내지는 않았지만" 소련에 의해 강화되었고, "「NSC-68」의 정서가 만연했다. 부분적 동원에서 전면적 동원으로…… 언제든 가동할 수 있는 기술력 확장에 대한 집착, 그리고 이러한 목적을 위해서라면 어떤 거대과학이라도 필요하다는 믿음이 팽배했다."[99]

제14장

냉전 우주

거대과학과 "거대과학"

"거대과학Big Science"은 20세기 역사가들이 선호하는 범주였다. 그러나 새롭게 출현한 조직 양식으로서의 거대과학과 우려의 대상으로 명명한 "거대과학"을 구별하는 편이 편리하고 유용할 것이다.* 수십 년, 또는 수 세기 이전에 그 선례를 찾을 수 있겠지만, 조직 양식으로서의 거대과학 현상은 제2차 세계대전과 특히 냉전 시기의 대규모 과학기술 프로젝트들의 특징을 가리킨다. 반면 명칭으로서의 "거대과학"은 장기 1960년대(제17장에서 다룬다)라는 전환시대의 산물이었다. "거대과학"과 거대과학의 관계는 문장과 문맥 사이의 관계와도 같다.

조직 양식으로서 거대과학 현상의 기본적인 모델은 다섯 개의 'M', 즉 돈money, 인력manpower, 기계machines, 언론 매체media, 그리고 군부military로 요약할 수 있을 것이다.[1] 이 'M'들은 종종 상호 연결되어 있다. 기

---

* 이 책에서는 저자의 구분에 따라 조직 양식으로서의 거대과학과 명칭으로서의 "거대과학"을 구분해서 표기했다.

계는 값비싸고, 기계를 운용하는 인건비도 많이 들어간다. 냉전 기간에 군부의 후원은 이러한 돈의 중요한, 또는 결정적인 원천이었으며, 한때는 과학에 지출되는 비용의 규모가 세인의 이목에는 다른 프로젝트들과 비슷할 정도여서 대중적인 정당화와 이미지 관리가 필수가 되기까지 했다. 맨해튼 프로젝트를 예로 들자면, 많은 돈(22억 달러)이 들어갔고, 수천 명의 인력이 관여했고, 거대한 기계(칼루트론[전자 방식에 의한 동위원소 분리 장치], 원자로, 폭탄 조립 부속품)를 중심으로 조직되었고, 대중에게 비치는 모습을 관리(한편으로는 대중에게 알려지는 지식을 제한하고, 동시에 존 허시의 1945년 저서 『히로시마』처럼 그 결과를 대중에게 보도해야 했다)할 필요가 있었고, 또한 철저하게 군사적 계획이었다.

다섯 개의 'M' 모델은 미국 전후 물리과학에 대한 묘사에 특히 잘 들어맞는다. 칼텍의 제트추진연구소 같은 우주과학연구소나 스탠퍼드 선형가속기SLAC나 브룩헤이븐 같은 입자가속기연구소가 그런 경우다. 초점을 넓히면 이 체크리스트는 덜 만족스러워진다. 예를 들어 전후 유럽의 핵과학 프로젝트인 CERN은 분명 우리가 거대과학이라고 부를 법한 계획이다. 값비싼 대규모 입자가속기에서 엄청난 규모의 연구자들이 수행하는 연구는 언론 매체에 많이 보도되었다. 그러나 이 연구에는 뚜렷한 군사적 이해관계가 없었다(이 프로젝트가 잠재적으로 군사적 응용 능력을 갖춘 물리학자의 고용을 유지한다는 점에서 '예비군'과 같다는 주장을 제외하면). 마찬가지로 이후 장에서 살펴보겠지만, 20세기 중반의 수많은 생명공학 프로젝트는 거대과학이라 이름 붙일 만큼 규모가 컸어도 값비싸고 단일한 기계 설비를 중심으로 이루어진 것이 아니었다. 그래서 역사가 제임스 캡슈와 카렌 레이더는 규모가 큰 과학(중앙집중화된 대규모 단일 설비를 중심으로 조직된 과학)과 범위가 큰 과학(반드시 그렇지는 않지만, 과학적 탐구와 같은)을 유용하게 구분했다.[2]

그러나 거대과학의 다섯 개 'M' 모델은 유용한 체크리스트일 뿐 그 특징과 조직적 특성에 대해서는 많은 것을 이야기해주지 않는다. 여기에는 네

가지 특성이 있다. 첫째, 거대과학은 목표지향적인 과학이다. 목표가 없고, 확실하고 측정 가능한 결과가 없으면 큰돈이 투자될 수 없다. 조직적이고 목표지향적이었던 맨해튼 프로젝트의 성공은 다른 과학기술 프로젝트들의 모델이 되었다. 둘째, 거대과학에 소요되는 막대한 비용은 자원의 집중으로 이어지며, 그로 인해 특수 설비를 중심으로 설립되는 주요 연구센터 수는 줄어들게 된다. 19세기에는 많은 나라가 천문 관측소를 두었기 때문에, 이들 사이에서 상당한 경쟁이 벌어졌다. 그러다 20세기 중엽 값비싼 대구경 반사망원경이 대세가 되면서, 윌슨산(나중에는 팔로마산) 망원경이 의심의 여지 없이 압도적 우위를 누렸다. 마찬가지로 전후 입자물리학에서 이어진 발견들(그리고 상賞들)은 일반적으로 고에너지 연구팀들의 몫이었다. 유럽과 일본은 많은 설비를 이용할 수 있는 미국과 경쟁을 벌이느라 고군분투했다.

연구진 수가 늘어나고 실험 설비들이 점점 복잡해지면서 분화된 전문가와 그들의 효율적인 조정 작업에 대한 요구가 늘어났다. 따라서 세 번째로 거대과학은 세밀한 연구 분화, 그룹 (또는 그보다 상위) 관리자를 가진 여러 그룹으로 조직된 위계 체계라는 특징을 나타냈다. 과학자와 공학자 사이에는 전문분야에 따른 구분이 있었다. 브룩헤이븐이나 CERN과 같은 입자가속기연구소에는 이론, 설비 구축, 실험 등 여러 팀이 있었다. 이런 그룹들을 엮어내는 것―심지어 각 그룹의 하위문화를 이해하는 것―이 거대과학 프로젝트 책임자와 관리자들이 직면한 가장 큰 문제였다. 예를 들어 역사가 피터 갤리슨은, 함께 작업을 하기 위해, 각각의 하위문화들이 접촉하는 지점에서 마치 해상 무역업자들이 크리올어*를 고안했듯이 서로의 전문 용어들을 번역하는 방법을 찾아야 했다고 주장한다.[3] 세밀한 연구 분화의 경향은 군사화를 향한 경향에 의해서도 강화되었다. 이유는 달랐지만, 두 경향

---

* Creole language. 서로의 언어를 모르는 상황에서 해상 무역 업자들이 교역을 위해 자연스럽게 고안한 언어를 뜻한다.

모두 연구와 지식의 구획화를 선호했기 때문이다.

　마지막으로, 많은 비용이 들어가는 목표지향적인 프로젝트에는 고도로 정치적인 의미—국민 건강, 군사력, 산업 잠재력, 국가의 위신 등—가 부여되었다. 정치적인 의미와 함께 언론의 관리가 이루어졌다. 냉전 시기에 정치적인 의미가 과학이나 기술의 성취를 사회 형태가 거둔 승리로 표현했다는 것은 놀라운 일이 아니다. 냉전이 실제 전쟁이 아니라(한국, 베트남, 아프가니스탄, 니카라과 등 대리전은 예외—물론 이 목록은 아주 길다) 상징의 전쟁이라는 사실은 국가의 자원이 과학이 무기 제조와 국방에 직접 기여함으로써 정당화되는 투자 수준을 훨씬 넘어서는 정도로 거대과학으로 돌려진다는 것을 뜻한다. 우주 과학이 대체로 이러한 분석에 포함된다.

과학교육

냉전 시기 거대과학의 정치적 중요성이 높아지면서, 전후 과학과 기술 교육을 확장시키려는 정치적 의지와 기금이 형성되었다. 영국 같은 나라에서는 대학이 정원을 늘리도록 장려되었고, 새로운 대학들이 설립되었다. 다른 나라에서도 비슷한 패턴이 나타났다. 미국에서는 제대군인원호법 덕분에 많은 제대 군인이 고등교육을 받았다. 그중에는 전쟁 이전이라면 입학이 어려웠을 사회적, 인종적 배경에 놓인 사람들도 많았다. 역사가 데이비드 홀링거는 "유대인들에 의해 학원에서 인종종교적 변화가 일어났지만", 냉전으로 인한 인재 동원은 부분적인 원인만을 제공했을 뿐이라고 썼다.[4] 그 영향은 중등학교 수준의 과학교육에까지 미쳤다. 존 듀이로부터 내려온 미국의 과학교육 철학은 1950년대에 조셉 슈왑 같은 지도자들에 의해 교과목별로 구체적인 지식 내용과 방법을 반복 학습하는 것에 대한 요청으로 바뀌었다. 역사가 존 루돌프는 슈왑에게 "교과목의 맥락을 벗어난 과학적 방법의 사용을 말하는 것이 이제부터는 전혀 과학을 논하는 것이 아니었다"라고 말했다.[5] 이러한 교육체계는 특정 분야에만 정통하고 해당 분야를 벗어난 문제에 대해 이야기하기를 꺼리는 과학자들을 대량생산했다. 지식은 이른 시기부터 구획화되었다.

보안

전후 거대과학의 군사적 성격 때문에 관리자들은 국가 안보라는 이름으로 비밀을 강화해야 했다. 리처드 파인먼 같은 과학자들은 지식의 제약으로 빚어지는 어처구니없는 일들을 소재로 농담을 하며 즐기기도 했지만, 구획화compartmentalization는 맨해튼 프로젝트 과학자들 사이에서 대체로 전시戰時의 한 방안으로 받아들여졌다.[6] 불가해한 지식을 비밀에 부치는 일은 20세기에 새로운 일이 아니었다.[7] 실제로, 지난 세기에 동료 심사의 익명화나 이중맹검二重盲檢 테스트에서 볼 수 있는 지식의 규제는 올바른 과학적 절차의 핵심으로 간주되었다. 실제로 과학자들은 경쟁자들로부터 자신이 하고 있는 연구를 보호하기 위해 비밀을 지킬 수 있으며, 자신에게 불리한 결과를 숨기거나 비밀을 거래할 수 있고, 다른 창조적 작업과 마찬가지로, 끝날 때까지 자신이 하고 있는 프로젝트를 숨길 수 있다.[8] 그러나 이러한 비밀주의가 낳을 부정적 결과가 우려되었고, 20세기 중반부터 논의가 이루어졌다. 칼텍 총장이자 아이젠하워와 닉슨 대통령 자문역을 지낸 리 듀브리지 같은 사람조차도 1949년에 냉전 시기 거대과학을 군사적으로 후원하는 결과에 대해 경고할 정도였다.

> 과학이 단지 무기개발 프로그램에서 떨어진 빵부스러기로 존립한다면, 과학은 '동원된 비밀'이라는 질식할 것 같은 분위기로 치닫게 되며, 그 빵부스러기가 적

절한 영양분보다 더 많은 것을 제공하더라도, 틀림없이 파멸할 수밖에 없다.[9]

복잡한 보안 등급 체계가 마련되어 냉전 시기 과학이 생산한 비밀 지식에 등급을 매기고 관리하게 되었다. 정보의 양은 엄청나게 늘어났다. 비밀 문서라는 닫힌 세계가 우리의 위대한 도서관들이라는 열린 세계를 저해했다. 냉전이 끝나면서 일시적으로 그 장막이 걷혔지만 이러한 상황은 지속되고 있다.[10] 피터 갤리슨은 이러한 보안의 장막이 종내 과학을 질식시키고, 혁신을 제약하고, 돈을 낭비하고, 심지어는 보안을 강화하기는커녕 오히려 약화시킬 것이라고 주장한다.

과학과 서구의 가치

냉전이라는 맥락에서는 좋은 과학의 성격과 덕목들을 확실하게 정해두고, 그러한 과학이 특정한 사회—'자유주의'이거나 사회주의—에서만 번성했고 다른 사회에서는 그렇지 않았음을 입증하는 일이 필수였다. 우리는 제9장에서 과학이 소련 국가철학과 부합했다는 주장을 살펴보았다. 그와 대칭적으로, 이제 우리는 자유민주주의적 변형판을 살펴볼 수 있다. 이러한 국면은 제2차 세계대전이 한창 벌어지던 와중에 시작됐다. 예를 들어 1941년에 공습이 잠깐 멎은 사이 런던의 왕립연구소에서 『네이처』 편집자이자 영국과학진흥협회BAAS 회장이었던 리처드 그레고리가 과학이 지적 자유와 독립이라는 상황에서 번성했다는 점을 분명하게 표현한 '과학 펠로우십scientific fellowship'의 일곱 가지 원칙을 선언했다.[11] 과학의 가치는 파시즘과의 투쟁의 일부이기 때문에 명백해졌다. 파시즘의 위협이 있기 전에는 보호받아야 할 필요가 있는 것을 명확히 언명할 필요가 없었다. 그러나 1941년에 제기된 이 관점은 과도적인 것이었으며, 부분적으로 과학자 사회의 자율성을 주장하면서 다른 부분에서는 '인류의 진보적 요구'를 위해 과학을 계획할 필요성을 둘러싼 전전戰前의 논쟁을 되짚어보고 있었다.

냉전 시기에 과학의 가치를 명료하게 할 필요는 줄곧 있었지만, 그 표현 형식은 시대에 따라 미묘하게, 그러나 결정적으로 바뀌었다. 가장 중요한 전례가 과학사회학자 로버트 K. 머튼이 제기한 과학의 '규범들'이다. 그 규범들은 다음과 같다.

> 보편주의Universalism…… 진리 주장은 그 원천이 무엇이든 간에 확립된 비인격적인 기준으로 판단되어야 하며, 과거에 확증된 지식과 관찰에 부합해야 한다. 특정 지식 주장을 기각하는 경우…… 당사자의 인격적 혹은 사회적 귀속에 의존해서는 안 된다. 그의 인종, 국적, 종교, 계급, 그리고 인격적 특성은 이러한 판단과 무관하며. ……
>
> 공유주의는Communism…… 과학이 이룬 중요한 발견들은 사회적 협동의 산물이며, 공동체에 귀속된다. ……
>
> 탈이해관계Disinterestedness는…… [그리고]
>
> 조직된 회의주의Organized Skepticism는…… 자연과 사회의 모든 면에 관련된 사실과 그 가능성에 물음을 제기하는 과학은 다른 제도에 의해 구체화되고 의례화될 수 있는 이러한 데이터들에 대한 다른 태도들과 갈등을 빚을 수 있다. 과학 연구자는 종교와 세속, 무비판적 존중과 객관적인 분석을 요구하는 것들 사이에 차별을 두지 않는다.[12]

규범에 대한 머튼의 논문은 파시즘에 반대하고 민주주의를 수호하기 위해 작성되었고,[13] 1942년 '민주 질서 속의 과학과 기술'이라는 제목으로 학술지에 초판이 발표되었다. 냉전 시기에 과학을 자유로운 서구 사회에서만 번성할 수 있는(국방 연구비 지원 기관이라는 형태로 국가가 주된 후원자를 맡고 있긴 하지만) 제도로 표현하려는, 이와 비슷하면서 훨씬 급박한 요구가 제기되었다. 머튼 논문의 냉전판版들은 소련이 이러한 규범을 어기고 있음을 상세히 기술한 방대한 주석을 달고 있다(그 때문에 공유주의는 'Communism' 대신 종종 'Communalism'으로 표현되었다). 머튼의 '규범들'은 과학이 어떻게 그리고 왜 자유민주주의 사회에서 번성했는지, 그리고 과거 나치와 소비에트 러시아와 같은 전체주의 사회에서는 발전할 수 없었는지 보여주었다.

그렇더라도, 과학에 대한 일부 윤리적인 기대는 바뀌었다. 리처드 그레고리의 과학 펠로우십 원칙과 머튼의 규범들은 상당한 차이를 보여준다. 머튼의 규범들은 대외적 책임이 아니라 내적 가치에 대한 기술이다. 거기에는 '진보적 요구'에 대한 아무런 언급도 없다. 오히려 머튼에 따르면, 과학은 자기 규찰policing itself을 통해 자유와 자율성을 허용받음으로써 자유 국가에서 번성할 수 있다. "과학이 외부의 영향이나 요구에 대해 자율성을 가져야 한다는 주장이 제기되고 옹호되면서…… 표면상 과학이 그 수단이었던 도덕적 특성들이 과학에서 본질적인 무엇으로 간주되었다는 점이 더욱 중요해졌다." 데이비드 홀링거는 머튼 규범의 장기적 전망을 받아들이면서 이렇게 주장했다. "만약 승인된 특정한 명령들imperatives이 과학이라는 활동 자체에 고유한 것으로 이해된다면, 사회는 더욱 편안하게 과학의 확장에 의존할 수 있게 된다."[14]

많은 냉전 평론가가 과학이 민주 사회를 촉진하고 그 속에서 번성했음을 보여주는 것을 자신의 임무로 삼았다.[15] 헝가리에서 망명한 화학자 마이클 폴라니는 자신의 논문 「과학 공화국The republic of science」에서 "독립적인 과학자들의 자유로운 협동에서, 우리는 자유 사회의 고도로 단순화된 모델을 발견해야 한다"라고 주장했다.[16] 그는 중앙의 지시를 받는 과학자들과 독립적으로 활동하는 과학자들 사이에서 퍼즐 풀이puzzle-solving의 효율성을 비교했고, "자기조정적이고 독립적이고 자기주도적인 과학 추구가 진보가 가능한 가장 효율적인 과학 조직을 보증해준다"는 것을 발견했다. 폴라니에 따르면 보이지 않는 손이 독립적인 교역자들의 시장을 이끌듯이, 계획주의자들(소련이나 버널 스타일의 사회주의 유형)을 멀리하면 과학이 발전할 수 있다는 것이다. "과학 연구를 그 자체가 아닌 다른 목적으로 이끌려는 모든 시도는 과학의 진보를 비껴나게 하려는 시도다." 폴라니가 논문을 게재한 『미네르바』는 CIA가 문화적 냉전의 일환으로 자금을 댔던 저널이다.[17] 돈 프라이스의 『과학의 영토』(1965)나 하비 브룩스의 『과학의 통치』(1968) 같은 글도 과학과 서구 민주주의 사회가 잘 부합한다는 또다른 논변을 제공해주었다. 과학의 가치를 분명히 하는 다짐은, 이렇듯 명백한 선언이 취하는 형식과 마찬가지로, 냉전이 만들어낸 인위적 산물이었다. 그것은 조지 케넌이 자신의 '장문의 전문'에서 했던 요구에 대한 답변이라고 할 수 있다. "우리는 다른 나라들에 우리가 과거에 보여주었던 것보다 미래에 가지고자 하는 훨씬 더 긍정적으로 건설적인 종류의 세계상을 제기하고 정식화해야 한다."

냉전 문화는 양극화되었다. 단지 동구와 서구 사이에서만이 아니라 대외적인 것과 대내적인 측면에서도 그러했다. 과학이 오직 민주주의에만 적합하다는 주장은 대외적인 투사投射였다. 그러나 과학자 공동체의 본원적인 덕목에 대한 칭송은 내부 청중을 대상으로 한 것이었다. 실제로 과학자 '공동체community'의 강조는 그 자체로 새로운 현상이었다. 데이비드 홀링거는 '과학자 공동체'라는 개념이 1960년대에 널리 쓰였고, 그보다 개인주의적인 '과학자'나 '과학자들'이라는 개념을 대체했다고 지적한다. 과학이 개인적 추구에서 공동체적 추구로 전환하게 된 것은 제2차 세계대전 이후 "물리과학의 정치경제학이 근본적으로 변혁되고 냉전에 의해 지탱되면서부터"였다.[18] 다시 말해 서구 과학이 거대과학의 군사 후원자들에 종속되면서 과학자 공동체의 본질적인 덕목으로 칭송되던 과학의 자율성에 대해 의문이 제기되었다. 결국 공공 연구비는 공공의 회계감사를 요구했다. 그리고 점차 더 많은 연구비가 들어가게 되면서 더 정밀한 조사가 이루어졌다. 그러나 자기규찰이 인정되면 과학은 이러한 압력에 부분적으로 저항할 수 있었다. 홀링거는 이러한 전략을 "자유방임 공동체주의"라고 불렀다. "과학 공동체

를 그냥 내버려두라"는 것이다.[19]

　그러나 다른 이들은 과학과 사회가 냉전으로 상처를 입지 않고 유지될 수 있을지 여부에 그다지 확신을 갖지 못했다. 가장 위협적인 선언은 전시에는 최고사령관이었고 당시 미국 대통령이었던 드와이트 아이젠하워의 1961년 1월 17일 대통령 퇴임사에서 나왔다. 그는 이렇게 경고했다. "그 범위에서 전 세계적이고, 그 성격상 무신론적이고, 그 목적에서 무자비하고 방법적으로 교활한 적대적 이념"에 맞서기 위해서 필요한 동원은 항구적인 재무장으로 이어지고, 이러한 재무장이 깊이 뿌리내린 제도화된 권력이 되고 있다. 그는 다음과 같은 유명한 선언을 했다. "우리가 추구했든 그렇지 않든 간에, 우리는 공인되지 않은 영향력에 맞서야 합니다." 잘 알려졌듯이 그는 그 실체를 "군산복합체military-industrial complex"라고 불렀다. 이러한 위험에 "가장 가깝고 큰 책임은 최근 수십 년 동안 이루어진 기술 혁신"이었고, 거기에서 두 번째 위협이 출현했다. "이러한 혁신으로, 연구는 중앙집중화되었고, 더 공식화, 복잡화되었으며, 더 많은 비용이 들어가게 되었습니다. 끊임없이 늘어나는 출자금은 연방정부에 의해, 연방정부를 위해, 그리고 연방정부를 향해 수행되었습니다." 아이젠하워는 계속해서 이렇게 말했다.

　오늘날, 자신의 작업장에서 기계장치를 만지작거리는 외로운 발명가는 실험실과 시험장 과학자들의 태스크포스팀의 그늘에 가려져 있습니다. 같은 방식으로, 역사적으로 자유로운 사상과 과학적 발견의 원천이었던 자유로운 대학은 연구 수행에서 혁명을 경험했습니다. 부분적으로 거기에 들어가는 엄청난 비용 때문에, 정부와 맺은 계약이 지적 호기심을 사실상 대체했습니다. 과거에 낡은 칠판이 있던 자리에 지금은 수백 대의 새로운 전자식 컴퓨터가 들어섰습니다. 이 나라의 학자들이 연방의 고용, 프로젝트 할당, 그리고 돈의 힘에 의해 지배당할 전망이 상존하고, 그에 대한 깊은 우려가 있습니다.

　과학 연구와 발견에 대한 존중을 계속하면서, 동시에 우리는 공공정책 자체가 과학-기술 엘리트의 포로가 될 수 있는 위험에 경계를 늦추지 말아야 합니다.

이러저러한 힘들, 새롭고 오래된 세력들을, 항상 우리의 자유 사회라는 최고의 목적을 지향하면서 우리의 민주적 체계라는 원칙 안에서 통합하고 균형을 유지하고 빚어내는 것은 정치가들의 임무입니다.

만약 과학 자문위원 제임스 킬리언의 증언이 받아들여졌다면, 아이젠하워는 훗날 자신이 했던 경고를 철회했을 것이다.[20] 그러나 그가 이름 붙였던 군산복합체는 실재했다. 상시 동원체제를 통해 국방산업과 정부가 밀접하게 상호침투했고, 여기에 의존하면서 이해관계를 가진 정당들, 그리고 대학과 자문역들을 포함하는 그림자가 이 군산복합체를 긴밀하게 지원했다.

시스템 사고

'군산학복합체'(military-industrial-academic complex, 상원의원 윌리엄 풀브라이트가 1967년에 군산복합체를, 더 정확하게, 확장해서 붙인 명칭)는, 특히 시스템을 강조하는 연구 양식을 촉진시켰다. 시스템 사고는 계몽주의 시대의 분석과 철도, 전신, 전등, 전력 같은 19세기 기술 프로젝트에서 기원했으며, 역사가 오래되었다.[21] 그러나 그와 뚜렷이 구분되는 시스템 관리과학은 제2차 세계대전 기간에 출현했다.[22] 역사가 데이비드 민델은 시스템 관리과학의 기원을 미국의 MIT 방사연구소와 벨 연구소의 사격관제레이더 프로젝트에서 찾는다.[23] 나는 앞 장에서 이러한 시스템, 특히 같은 시기 영국의 레이더에서 '정보 시스템information systems'을 찾는 것이 합당함을 입증했다.[24] 애거서 휴즈와 토머스 휴즈는 20세기 중엽에 나타난 시스템적 접근에서 네 가지 형태를 구분했다. 그것은 오퍼레이션 리서치, 시스템 엔지니어링, 시스템 분석, 그리고 시스템 역학이다.

예를 들어 장거리 폭격기의 전개와 대륙간탄도미사일을 비교하는 데 사용하는 시스템 분석은 군 후원자들과 긴밀하게 작업했던 자문 싱크탱크들의 특별한 관리 과학이었다. 가장 두드러진 사례와 원형은 RAND였다.[25] 1946년 미 공군사령관 해프 아놀드 장군은 MIT의 에드워드 보울스의 자문을 받아 더글러스 항공사와 협력하여 RAND 프로젝트를 설립했다. 더글러스는 1948년에 빠졌지만, RAND는 랜드 연구소RAND Corporation가 되어 지속되었고 새로운 미 공군(1947년에 독립된 군 편제가 되었다)과 관계를 더욱 심화시켰다. 미 공군은 RAND에 연구비와 함께 의사결정에 미치는 영향력을 제공했다. 그 대신 RAND는 미 공군에 '독립적이고 객관적인 분석'을 제공해서, 공군력으로 소련을 타격할 수 있는 전략적 능력을 제공한 결과로 신설된 국방성 내에서 미 공군이 세력을 키울 수 있게 도와주었다. 미 공군은 RAND의 전쟁과학을 위한 실행세계였다.

RAND의 전문가들은 다양한 수학적 기법—선형 프로그래밍, 게임 이론—에 의존했고, 최적화라는 목적을 위해 공군의 작전을 하나의 시스템으로 분석하기 위해 컴퓨터의 힘을 이용했다. RAND는 수학적 혁신가가 되었다. 조지 댄치그는 '단체법'*을 제공했고, RAND에 오기 위해 스탠퍼드 대학을 떠났던 리처드 벨맨은 선형 프로그래밍을 동역학적 프로그래밍dynamic programming으로 발전시켰다. 이것은 공군처럼 변화하는 냉전 전력들의 배치를 최적화시키고, 미니맥스법† 같은 일반화 가능한 도구들을 제공했다는 점에서 이상적이었다. 게임 이론은 또 하나의 날선 도구였다. 핵심 교과서인 존 폰 노이만과 오스카 모르겐스테른의 공저 『게임 이론과 경제행동』(1944)은 전쟁 중에 출간되었다. 바야흐로, 특히 폰 노이만이 했던 지속적인

---

* Simplex method. 심플렉스법이라고도 하며 선형 프로그래밍에서 문제를 계수적으로 푸는 방법이다.

† Minimax method. 추정되는 최대의 손실을 최소화하는 기법이다.

군사 자문을 통해, 게임 이론은 냉전에 대해 사고하는 하나의 수단으로 채택되었다. 역사가 데이비드 하운셸은 이렇게 말했다. "소련이 '적'으로 출현했고, 소련과 미국이 핵무기를 이용해서 싸운다면 그런 전쟁은 단 한 차례밖에 일어날 수 없다는 개념은 게임 이론을 구성하는 단순한 요소와 유사한 특징들—제로섬, 비非반복적, 2자 게임이라는—을 거의 완벽하게 제공해 주었다."[26]

일찍부터 RAND의 목적은 너무 일반적이어서 현실적인 반대에 부딪혔다. 최초의 대규모 시스템 분석은 소련에 대한 미 공군의 전략 폭격을 최적화하는 계획이었다. 그런데 조종사들은 그 결론을 싫어했다.[27] 그다음으로 이루어진 대규모 방공防空 연구 역시 거의 효과를 거두지 못했다. 그러나, 특히 앨버트 홀스테터가 실시한, 기지 위치에 대한 좀더 제한적인 시스템 분석은 곧바로 설득력을 얻었다. 마찬가지로, 허먼 칸은 몬테카를로 방법(대개 전자식 컴퓨터를 필요로 하는)을 이용해서 시나리오들을 모델링하는 기법을 RAND의 전문 영역으로 끌어들였다. 칸은 1950년대 핵전략에서 강력한 목소리를 냈고, "이길 수 있는" 핵전쟁과 나중에 다시 설명하게 될 "확전의 사다리ladder of escalation" 같은 개념들을 수립하는 데 기여했다.[28] RAND는 민간 전문가들이 냉전 정책을 수립하고 원자폭탄으로 제3차 세계대전을 일으켜 전 세계를 파멸시키는 것을 합리적으로 여기는 길을 열어주었다.

RAND는 "시스템 분석의 개발로…… 전후 사회과학의 정량화를 강화하는 데 도움을 주는" 것으로써 "냉전 시기 가장 중요한 싱크탱크"였다.[29] RAND는 자신이 받는 후원과 영향력만큼이나 자신이 수행하는 연구의 독립성을 높이 평가했다. 실제로, '기초과학'이 사적 부문에 남겨져서는 안 되고, 반드시 국가가 지원해야 하지만 국가의 영향력으로부터는 독립적이어야 한다고 주장하는 리처드 넬슨(1959)과 케네스 애로우(1962)의 가장 영향력 있는 두 가지 경제적 분석 모두 RAND에서 이루어졌다.[30] 그러나 폴 포먼의 주장을 통해 예상할 수 있듯이, 공군의 이해관계와 RAND의 분석 사이에는 상당한 공통점이 있었다.

트랜지스터; 미사일, 시장, 그리고 극소화

제2차 세계대전의 3대 기술은 냉전에서 중심이 되었다. 그중 하나인 전자식 컴퓨터는 제16장에서 상세히 다루어질 것이다. 다른 두 가지 기술은 원자폭탄과 로켓이다. 로켓에는 냉전 시기에 사용될 만한 잠재력이 여럿 존재했다. 무엇보다 소형 유도탄으로써, 로켓은 대공무기나 원격조종 비행폭탄에 사용될 수 있었다. 군 항공기(그리고 해군 함정)에 대한 수요와 마찬가지로, 미사일은 유도체제를 구성하는 작고 가벼운 전자장비를 필요로 했다. 그것은 로켓을 유도 무기로 전환시키는 데 필수적이었다. 소형화에 대한 요구가 냉전의 가장 중요한 경향 중 하나를 만들어냈고, 그 결과 복잡한 전자장비로 가득찬 군항공기뿐 아니라, 트랜지스터에서 집적회로IC, 그리고 컴퓨터 칩에 이르는 국방기술의 민간 파급효과를 낳았다.

결정적인 과학적 혁신─트랜지스터의 발명─은 벨 연구소라는 기업에서 이루어진 기초연구의 승리로 표현되었지만, 그것이 전후 반도체 전자공학의 값싸고 핵심적인 구성 부품으로 개발되어 20세기 후반을 탈바꿈시킨 데는 소비자의 수요만큼이나 냉전의 역할도 컸다.[31] 1938년에 벨 연구소장 머빈 켈리는 전화교환대에서 볼 수 있는 전자기계적인 스위치를 그보다 작고 빠르고 신뢰도 높은 스위치로 바꾼다는 생각으로 "반도체에 기반한 기초연구"를 위한 과학자팀을 꾸렸다.[32] 이 물리학자 팀에는 칼텍과 MIT에서 훈련받은 윌리엄 쇼클리와 1929년부터 벨 연구소에서 근무했던 월터 브래튼이 참가하고 있었다. 여기에 뛰어난 재능을 가진 존 바딘이 결합했고, 그 후 많은 시간이 흐른 다음에 마리 퀴리, 그리고 단독으로 두 차례나 노벨상을 수상한 유일한 과학자인 라이너스 폴링이 가세했다. 트랜지스터 발명은 '간학문적인 팀워크'를 통해서만 가능했다.[33]

쇼클리는 1939년에서 1940년 사이에 증폭이라는 개념을 제안했지만, 실제로 작동하지는 않았다. 벨 연구소의 동료과학자 러셀 올이 1940년에 밝혀냈던 실리콘 광전지 효과를 연구하면서, 브래튼은 '상업용' 실리콘과 '정화된' 실리콘 사이에서 '장벽'을 밝혀내어 최초로 P형과 N형 반도체의 표지를 찾아냈다.[34] 브래튼과 바딘은 실리콘과 비슷한 원소인 게르마늄을 연구하면서, 증폭장치로 이용할 수 있는 점접촉 반도체 증폭기를 개발했다. 쇼클리는 자신도 공동 개발자로 인정받기를 원했다. 그러나 거절당하자, 트랜지스터를 만드는 괄목할 만한 두 번째 방식, 즉 N-P-N 샌드위치 반도체 소자를 즉석에서 만들어냈다. 1947년에 벨 연구소는 이 놀랍고 새로운 전자소자를 언론과 군부에 발표했고, 특허를 출원했다. 과학소설 작가이자 벨 연구소 직원이었던 존 피어스가 이 소자에 '트랜지스터'라는 이름을 붙였다.[35] 벨은 트랜지스터를 팀워크가 거둔 개가로 묘사했다. 상징이 된 사진에서는 세 사람이 함께 연구하는 모습을 연출했지만, 당시 바딘과 브래튼은 쇼클리와 거의 말도 섞지 않았다.

어쨌거나, 튼튼하고 대량생산이 가능하다면 트랜지스터는 증폭과 스위칭 회로의 핵심 부품으로 3극진공관을 대체할 잠재력을 가지고 있었다. 1940년대 말엽까지 군부는 "벨 연구소 재정 가운데 약 15퍼센트를 제공했다".[36] 한국전쟁이 한창이던 1951년, 접합 트랜지스터는 거의 군사기밀로 분류되었다.[37] 그러나 벨 연구소는 반독점 고소를 우려해서 관계 당국에 대량생산권리를 인가하는 편이 국익에 도움이 된다고 설득할 수 있었다. 그러나 개발을 추동했던 시장은 군부였다. 쇼클리는 박격포를 위한 전자 근접신관(트랜지스터를 이용)을 고안했다. 트랜지스터의 최초 이용 사례 중 하나는 레이더 제어시스템의 일부였던 AN/TSQ 유닛으로, 마이크-아작스 유도 미사일에 들어간 것이었다.[38] 최초의 완전한 트랜지스터화化 전자식 컴퓨터인

TRADIC은 미 공군을 위해 제작되었다. 냉전 시기, 군부는 기꺼이 이러한 비용을 지불했다. 벨 연구소의 모기업인 미국전화전신회사도 트랜지스터 전환 적용이라는 전속 시장을 제공했다.

첫 번째 트랜지스터 라디오는 군사적 개발 덕에 가격이 내려간 부품을 이용해서 한국전쟁이 끝나갈 무렵에 등장했다. 놀랍게도 이부카 마사루井深大와 모리타 아키오盛田昭夫가 소유한 작은 일본 기업이 트랜지스터 제작 라이선스를 2만 5000달러에 사들였다. 이들은 실험을 거쳐 반도체 제작 공정을 개선했고, 1954년에 상업 시장을 확실한 겨냥한 트랜지스터 라디오 상품을 출범시켰다. 이부카와 모리타는 미국 시장을 겨냥해서 소니Sony라는 아주 단순한 회사명을 선택했다. 소니사 직원이었던 레오나 '레오' 에사키는 1957년에 양자 터널효과를 발견했고, 1973년에 노벨상을 공동 수상했다. 이것은 일본 반도체 제조업이라는 실행세계가 독자적인 과학을 일으켰음을 보여준다.

새롭게 피어나는 상업 시장이 군사 목적의 더 많은 투자를 지탱하기 시작했다. 쇼클리는 자기 회사를 설립하기로 결정했다. "결국", 그는 미래의 아내(그의 첫 번째 아내는 암으로 죽어가고 있었다)에게 이렇게 말했다. "내가 사람들 대부분보다 더 똑똑하고, 더 에너지에 넘치고, 더 사람들을 잘 이해한다는 것이 분명하다."[39] 쇼클리 반도체연구소는 스탠퍼드 대학 근처에 설립되었고, 로버트 노이스와 고든 무어 같은 전자공학 인재들을 영입했다. 그러나 쇼클리에게는 사람들을 관리하는 재주가 없었고, 직원들의 사기는 급락했다. 1957년에는 여덟 명이 회사를 떠나 페어차일드반도체를 설립했다. 이것이 실리콘 밸리의 출발이었으며, 이후 전자공학과 컴퓨팅 회사들이 크게 늘어나서 서부해안 지역 군산학복합체의 일부가 되었다. 페어차일드가 거둔 집적회로—가벼운 반도체 조각에 작은 부품들을 식각蝕刻한 소자—의 혁신은 소형 컴퓨터뿐 아니라 미사일, 항공기 전자공학, 그리고 스파이 인공위성에 완벽하게 들어맞는 혁신이었다.

상층대기에서 바깥 우주로

1945년에, 특히 핵탄두와 결합할 경우 로켓이 가까운 미래에 중요한 군사적 수단이 될 것이 자명해졌다. 앞에서 다루었듯이, 미국과 소련 사이에서 나치의 로켓 프로그램을 손에 넣으려는 치열한 경쟁이 벌어졌다. 베르너 폰 브라운의 팀이 뉴멕시코주 화이트샌즈 미사일시험장, 텍사스주 포트블리스 유도무기연구소, 앨라배마주 헌츠빌에 있는 레드스톤 조병창에서 군사 계약을 맺고 연구를 시작하자, 그의 나치 경력에 대한 모든 우려는 일소되었다. 레드스톤 미사일은 V-2의 개량판이었다. RAND의 지휘로, 전략미사일을 전략폭격기의 확장으로 보고 자신의 영역으로 간주했던 미 공군은 로켓 연구에서 경쟁 프로그램을 시작했다.

엄청난 속도로 상층대기로 진입했다가 다시 지상으로 낙하하는 대형 로켓은 사실상 방어수단이 없는 전략무기였다. 고작 수백 마일을 날아갔던 독일의 V-2가 공포의 대상이었던 것도 그 때문이었다. 로켓 기술이 도달거리 수천 마일까지 향상되자, 이 무기는 지구상 모든 곳을 타격할 수 있게 되었다. 그것이 대륙간탄도미사일intercontinental ballistic missiles, ICBMs이었다. 미국(아틀라스)과 소련(R-7 또는 SS-6) 모두 1945년 직후부터 ICBM 계획을 시작했다. 소련의 ICBM 계획은 1954년 5월에 크게 진전되었다. 설계 책임을 맡은 사람은 1930년대에 아마추어로켓협회의 실력자였던 세르게이 파블로비치 코롤료프로, 1940년대에 강제노동수용소에서 연구를 계속했던 사람이었다. 그의 복권은 소련의 계획에 기술전문가가 필수불가결했다는 또 하나의 지표였다. ICBM의 위협과 가능성은 냉전 초기에 상층대기 과학에 강력한 군사적 관심이 있었음을 뜻한다.

마침내, 지구 주위를 한 바퀴 돌 수 있는 미사일이 지구 궤도를 선회할 수도 있게 되었다. 냉전의 기획자들—RAND와 같은 조직, 과학소설가 아서 C. 클라크와 같은 개인들—은 1945년 이후 새로운 종류의 인공위성 계획 초안을 작성했다. 이들이 상상한 용도는 상업적 적용(해저 케이블과 비슷한 서비스를 제공할 수 있는 통신위성과 같은), 과학 연구(위로는 천체를 관측하고, 아래로는 지구를 관찰하거나 단순히 저궤도 우주를 관측하는), 그리고 군사적 정찰이나 감시 등이었다. 이렇듯 여러 용도가 조합되는 경우는 드물지 않았다. 미국의 육해공군은 각기 인공위성 계획을 세웠고, 지지와 자원을 얻기 위해 다툼을 벌였다. 소련에서는 포로로 잡힌 독일인 기술자들의 명시적, 암묵적 지식을 기초로, 동독의 시설에서 신중한 연구를 하면서 미사일 개발이 빠른 속도로 계속되었다. 1954년 5월, ICBM의 청신호와 함께, 코롤료프는 친한 동료 마하일 클라프디예비치 티콘라보프가 작성한 '지구 인공위성에 대한 보고서'를 소련 지도자들에게 제출했다.

냉전 시기에 미국이 직면한 가장 시급한 전략적 문제는 소련 군사 능력의 상태와 배치 현황에 대한 지식이었다. 여기에는 분명한 비대칭이 있었다. 미국은 소련보다 개방적이었기 때문에 감시에 대한 요구는 필경 워싱턴보다 모스크바가 덜했을 것이다. 확실한 비교는 거의 불가능하지만, 소련에 침투한 간첩들의 그물망 조직은 서구에 비해 덜 효율적이었던 것으로 보인다. 양질의 정보는 좋은 정책의 기반이 되었지만, 여러 결정적인 물음—소련의 전략무기는 어디에 배치되어 있는가? 얼마나 많은가?—에 대해서는 아무것도 알 수 없었다. 1952년부터, 개량한 B-47 폭격기들이 시베리아 상공에서 장거리 감시 비행을 했다. 1956년부터는 특수 U-2 첩보기가 고고도 기구氣球(프로젝트 GENETRIX)를 보완해서 정보를 제공했다. 그러나 이러한 기술에는 심각한 문제가 있었다. 첩보 비행은 소련 영공을 침범했고, 소련이 대응책으로 방공 체계를 개발하도록 부추겼기 때문에 격추될 위험을 무릅써야 했다(실제로 1960년 U-2 첩보기 한 대가 러시아에 추락했고, 조종사 게리 파워스가 포로로 잡히는 곤혹스러운 외교적 사건이 일어났다). 미사일 기지의 투명한 공개와 그 점검을 위한 항공 정찰의 자유를 내용으로 하는 외교적 제안, '오픈 스카이스Open Skies'는 거부되었다.[40]

이 문제를 해결하기 위해 아이젠하워의 자문위원들은 1955년에 전보다 더 영리한 계획을 세웠다.[41] 무단으로 다른 나라 영공을 비행하는 불법성은 자명했지만, 지구 궤도를 선회하는 인공위성의 법적 지위는 사정이 달랐다. 어쨌거나 인공위성은 지정학이 아닌 중력에 의해 결정되는 경로를 따른다고 주장할 수 있었다. 인공위성을 발사함으로써, '우주공간의 자유freedom of space' 원칙을 수립할 수 있었다. 냉전 시기 투명성 문제의 해결책으로, 첩보위성은 이러한 과학적 경로를 따를 수 있었다. 지정학적 다툼을 초월하는 국제적인 과학의 이미지는 이러한 구도를 성공시키는 데 필수적이었다.

미국에 과학위성 계획을 발표할 절호의 기회가 왔다. 5000명의 과학자가 참여하고 주로 남극과 상층대기에 초점을 맞춘, 지구물리연구 프로그램들의 협력 행사인 국제지구물리관측년IGY이 1957년과 1958년에 조직되었다.[42] IGY는 과학의 국제 협력이라는 대중적 과시의 일환으로 과학위성을 발표할 이상적인 배경을 제공해주었다. 1955년 7월, 아이젠하워의 언론 담당 비서관 제임스 해저티는 미국이 IGY 기간에 과학위성을 발사한다고 선언했다. 이 선언은 상당한 흥분을 자아냈고, 언론 보도가 엄청나게 이어졌다. 즉각적인 반응으로, 당시 코펜하겐에서 열린 제6차 국제우주비행학회에 우연히 참석하고 있던 소련 과학자 대표단은 소련도 IGY 기간에 인공위성을 발사할 예정이라고 선언했다(당시 사진은 과학자와 당기관원이 교외 저택의 거실 비슷한 곳에 가득차 있는 모습처럼 보였지만, 실제로는 덴마크 수도에 있는 소련 대사관 안이었다). 그들의 선언은 거의 보도가 되지 않았다. 코룔로프가 소련의 계획을 완수할 책임을 맡았다. 그러나 미국이 우주에 진출하는 최초의 국가가 되리라는 것이 확고한 예상이었다.

미국 정부는 육해공군의 인공위성 계획 중에서 결정을 내려야 했다. 이 문제를 해결하기 위해 위원회가 설립되었고, 위원장은 칼텍 제트추진연구소의 호머 스튜어트가 맡았다. 베르너 폰 브라운이 개발한 레드스톤 미사일을 이용한 값싸고 기본적인 인공위성 발사 계획이었던 육군의 '프로젝트 오비티', 공군의 아틀라스 탄도미사일로 발사할 예정인 무거운 위성, 그리고 해군연구소의 과학적으로 정교한 뱅가드 위성 중에서 하나를 선택해야 했다. 뱅가드는 아직 설계되지 않은 관측로켓을 개조해서 발사할 계획이었다. 아틀라스 ICBM은 손을 대기에 정치적으로 너무 민감해서 공군의 계획은 탈락했다. 뱅가드 위성과 개량된 레드스톤 로켓(주피터 C)의 조합은 당시 입증된 발사 기술로 과학적 정교함을 보여주었지만, 군부 간 경쟁이 복잡하게 전개되면서 탈락했다. 스튜어트위원회는 해군의 계획을 택했다. 따라서 미국이 우주에서 성공을 거둘 수 있는지 여부는 종이 위에만 존재했던 로켓에 의존하게 되었다. 반면 소련에서는 에너지와 초점이 흩어지지 않았다. 코롤로프는 니키타 흐루쇼프에게 인공위성 발사로 ICBM 개발이 방해를 받지 않을 것이라고 장담했다.

국제지구물리관측년의 중간쯤이었던 1957년 10월 4일, 소련의 스푸트니크 인공위성이 카자흐스탄 소비에트사회주의공화국 발사기지에서 지구 궤도로 올려졌다. 그것은 금속으로 된 구球였다. 코롤로프는 이렇게 회상했다. "첫 번째 스푸트니크는 단순하고 인상적인 형태를 가져야만 했으며, 자연의 천체와 비슷한 형상이어야 했다."[43] 그런데 더 인상적인 것은 무선 신호였다. 스푸트니크는 규칙적으로 "삑" 하는 소리를 냈는데, 이 소리는 아마추어 무선사들에 의해 금방 수신되었다(코롤로프가 그렇게 설계했다). 서구는 큰 충격에 휩싸였다. "미국이 진주만보다 더 중요한 싸움에서 졌다"는 에드워드 텔러의 생각이 진부할 정도였다.[44] 불과 한 달 후, 첫 번째 인공위성보다 훨씬 큰 스푸트니크 2호가 최초로 생물인 라이카 품종의 개를 태우고 우주 공간으로 발사되자 경고의 수위는 한층 더해졌다. 스푸트니크 2호는 그 무게와 크기가 핵무기와 맞먹었다. 스푸트니크는 소련이 ICBM을 가졌을 뿐 아니라 서구의 어떤 도시든 핵폭탄 공습에 무방비상태로 만들 수 있다는 사실을 가장 극적인 방식으로 선언했다.

스푸트니크는 소련이 기술적 진보에서 서구를 추월했음을 보여주었다.

워싱턴은 제3세계 지도자들이 자본주의와 사회주의의 상대적 장점에 대해 어떤 결론을 이끌어낼지 우려했다. 이러한 불안감은 서구 최초의 인공위성 발사 시도가 맞은 운명으로 한층 고조되었다. 1957년 12월 해군의 뱅가드가 발사대에서 폭발했고, 1958년 3월이 되어서야 궤도에 올라가는 데 성공했다. 그 사이에, 제트추진연구소와 합동으로 급히 추진한 '익스플로러'가 주피터 로켓에 탑재되어 1958년 1월에 케이프 커내버럴에서 발사되었다.

공훈을 세운 사람과 희생양을 찾으려는 시도가 이어졌다. 코룔로프의 신원은 죽을 때까지 철저한 비밀에 부쳐졌다. 서구의 암살자로부터 그를 보호하려는 의도였을 것이다. 실제로 공적도 코룔로프가 아니라 시스템에 돌아갔다. 인재 개인에 대한 이야기가 없자, 몇몇 서구 기자는 케임브리지에서 훈련을 받고 러시아에서 활동했던 물리학자 표트르 카피차가 승리의 배후에 있었던 것이 분명하다고 추측했다. 한편 미국에서는 아이젠하워에 대한 조롱이 고조되었다. 아이젠하워는 사태 파악을 못 하는 사람으로 묘사되었다. 실제로 역사가 립 벌켈리는 이전 트루먼 행정부의 책임이 더 크다고 주장했으며, 오늘날 학자들은 아이젠하워가 '우주공간의 자유'라는 전략적 원칙이 확고해졌다는 점에서 개인적으로 만족했다는 데 의견의 일치를 보이고 있다.[45] 영국에서는 스푸트니크에 대한 반응으로 중등 교육 실패를 원인으로 돌리는 견해를 놓고 전국적 논쟁이 벌어졌다.[46]

그렇지만 스푸트니크 충격은 냉전에 따른 비밀의 결과라기보다는 고도의 정치적 가치를 가진 기술 영역에서 소련의 능력을 과소평가한 결과였다. 소련은 스푸트니크 프로그램을 공개적으로 선언했고, 발사 수개월 전에 열린 학술회의에서 인공위성에 대한 기술적 발표를 했다. 그것은 이미 알려진 사실이었다. 실제로 1957년 7월에 소련은 자국 인공위성에 미국의 '무선주파수 질량분석계'를 장착해달라고 제안하면서 해군연구소에 접근했었다. 이러한 제안은 국제지구물리관측년의 협력 정신에 따라 이루어졌지만, '기술적' 이유로 거부되었다.[47]

1958년에 스푸트니크는 이후 1960년대에 기술 변화를 추동하게 될 두 기관의 설립을 촉진했다. 첫째는 그해 4월 펜타곤에 설립된 새로운 정부기구인 고등연구계획국ARPA이었다. 이 기관은 기존의 연구를 합리화시키고, 새로운 다중 서비스 군사기술로 이어지게 될 초기 단계의 고위험 연구개발을 지원해서 육해공군 간 경쟁에 종지부를 찍는 것을 목적으로 삼았다.[48] ARPA는 탄도미사일 방어, 핵실험 탐지, 재료과학 등 폭넓은 연구 분야를 포괄했지만, 특히 정보 기술에 초점을 두었다. 자체 연구소는 두지 않았지만, 연구비를 통해 MIT, 미시건, 스탠퍼드 등 대학들과 주위의 방산 업체들 사이의 연결을 강화시켰다. ARPA의 정보처리기술국IPTO은 기초컴퓨터과학, 네트워크 개념, 지휘통제 '시험대', 그리고 새로운 세대의 컴퓨터에 필수적인 더 빠른 부품 연구 등에 연구비를 지원한 점에서 특히 중요한 역할을 했다.[49] 여기에서 탄생한 가장 유명한 산물인 아파넷ARPANET은 다음 장에서 살펴볼 것이다.

두 번째 기관은 거대한 규모의 민간 주도 기관으로 우주 경쟁에서 소련과 경쟁했으며, 소련이 거둔 성공과 비교하면 상당한 대비를 이룬다. 미국 항공우주국NASA은 1958년 7월에 설립되었고 전신인 국가항공자문위원회NACA의 명칭을 흉내 냈을 수도 있다. 그러나 NASA는 전혀 다른 기관이었다. 1960년 마련된 첫 10개년계획에는 궤도위성을 포함한 발사 260차례, 달과 행성들에 대한 탐사선, 몇 차례의 달 선회 비행—착륙은 아니지만—을 포함한 유인우주비행 등이 포함되었다.[50] 스푸트니크 이후 붐을 이룬 우주 기반 행성천문학을 "일부 지상 기반 천문학자들은 적대적 시각으로 보았다".[51] 태양계 천문학은 1950년대에 이미 간학문적 분야로 번성하고 있었고, 행성천문학, 기상학, 지구화학, 지질학, 지구물리학, 그리고 일부 대규모 대학 기반 프로젝트들이 "뒤섞여 짜여진 직물"과도 같았다.[52] 스푸트니크 이후 이 분야는 NASA의 후원으로 등장한 엄청난 연구 기회와 유인 우주비행이라는 서로 경쟁하는, 많은 비용이 들어가는 요구 사이의 긴장을 해소해야 했다.

1960년 대통령 선거는 우주가 지배했다. 민주당 후보 존 F. 케네디는 처음에 우주 프로그램의 열광적 지지가가 아니었지만, 공화당 경쟁자들이 약하게 비쳐질 수 있는 주제로 우주를 선택했다. 또 하나의 큰 주제인 시민권 문제는 보수적인 남부 민주당원들의 고집스러운 태도로 전망이 흐려졌다. 선거의 결정적인 국면은 아이젠하워가 허용했다고 여겨진 '미사일 격차' 문제였다. U-2 첩보 비행으로 밝혀진 사실에 따르면, 소련은 1959년 말까지 미사일 발사기지가 단 여섯 곳에 불과했고, 이 기지들도 공격에 취약했으며, 미사일을 발사하려면 20시간 동안 연료를 주입해야 했다.[53] NASA가 최초의 주요 우주 프로그램인 '머큐리 계획'에 막대한 자원을 쏟아부었지만, 정작 최초로 우주에 나간 사람은 러시아의 유리 가가린이었다. 가가린은 1961년 4월 12일 지구 궤도를 선회했다. 그에 대한 대응으로 케네디 대통령은 1961년 5월에 NASA의 아폴로 계획을 선언했다. 케네디는 이렇게 말했다. "우리가 60년대가 끝나기 전에 달에 가고 그 밖의 여러 가지 일을 하기로 결정한 것은 그런 일들이 쉬워서가 아니라 힘든 일이기 때문입니다."

남극 지역

우주 공간은 국제 경쟁에서 중립 지역으로 규정되고 있었고, 냉전의 맞수들에 의해 동결되었다. 이러한 동결은 국제과학의 가치에 대한 호소로 정당화되었다. 흥미로운 사실은 우주와 남극 지역에 대한 정의 사이에 밀접한 유사성이 있다는 것이다. 19세기 말부터 1950년대까지 남극의 과학 연구는 여러 나라의 영토 주장을 뒷받침하려고 계획된 탐험 중 일부로 수행되었다. 많은 나라가 남극 대륙 일부를 자국 영토라고 주장했다. 영국(1908년과 1917년), 프랑스(1924), 뉴질랜드를 대신해서 영국(1925), 오스트레일리아(1933), 독일(1924), 노르웨이(1939년, 특히 독일의 주장을 반박해서), 아르헨티나(1940), 칠레(1942) 등이 이런 주장을 폈다. 아르헨티나와 칠레의 주장은 독일이 전쟁에서 승리한다는 예상을 기반으로 한 것이었다. 전후에 과학기구로 추정되는 영국의 '포클랜드제도보호령탐사국FIDS'이 남극 기지에 설립되었다. 1952년에 한 공무원은 이렇게 설명했다. "이 보호령에서 수행한 과학적 현지 연구는 식민지 주민의 이익을 위한 연구가 아니다."

> 그것은 영국의 이익을 유지하기 위해 수행되었다. ……남아메리카의 경쟁자들을 충분히 물리칠 수 있을 정도의 활동이 이루어져야 한다는 것은 FIDS의 관점이 아니라 영국의 관점이다. 불가피하게, 기지의 조사 결과의 수령, 조정, 가공, 그리고 출간은 이런 활동에 필수적인 것으로 간주되었다.[54]

냉전 시기 가장 추운 이 극장에서, 미국의 전략은 남극 지도의 재구획에서 소련의 주권이 허용되는 지역을 완전히 배제하는 것이었다. 남극 지역의 자유는 국제적 중립성으로 가장 잘 지켜질 수 있었고, 과학이 그것을 정당화해주었다.

국제지구물리관측년은 좋은 기회를 제공했다. 우주와 상층대기와 함께, 남극은 IGY 활동이 이루어진 주된 무대였다. IGY 12개국에는 남극 영토에 대한 권리를 주장해온 7개국이 들어 있었고, 나머지는 미국, 소련, 벨기에, 일본, 그리고 남아프리카였다. 55개의 과학기지가 세워졌다. 런던 왕립학회는 남극 해안에 핼리 베이를 세웠다. 미국은 남극에 기지를 배치해서, 극점極點에 집중되는 분할 요구를 상징적으로 부정했다. 뒤질세라, 소련도 남극 해안에서 가장 멀리 떨어진 지점인 '도달불능극'에 과학기지를 세웠다. 과학자들은 새로운 전천全天 카메라로 남극광 사진을 촬영했고, 우주선宇宙線 샤워를 기록했으며(우주선을 통해 상층대기를 추론할 수 있었다), 빙하를 시추해서 남극 빙하 깊은 영역의 지진 활동을 연구했다.

국제지구물리관측년의 협력 연구는 1959년에 조인되어 1961년에 효력을 발휘한 '남극 조약Antarctic Treaty'의 기초를 닦았다.[55] 이 조약에서 중요한 조항은 제1조(남극 대륙의 탈군사화와 핵폐기물 투기 금지), 제2조(과학 탐구의 자유와 그 목적을 위한 협력), 그리고 제4조(생물학 및 광물 자원 개발을 포함해서, 모든 영유권 주장의 동결)였으며, 제9조에는 이 조약으로 향후 투표권을 행사할 수 있는 국가는 오직 "그곳에서 과학 연구 활동을 수행해서 남극에 대한 관심을 표현하는" 나라로 한정한다고 되어 있다. 다시 말해 남극 대륙에서 과학을 연구하는 국가만이 남극 정치에서 발언권을 가질 수 있다는 뜻이다.

과학과 남극 정치는 세 가지 이유로 긴밀하게 연결되었다. 과학은 남극의 의사결정(남극 조약)을 통제하는 체제를 규정하는 데 핵심적인 역할을 했다. 과학은 편협한 이해관계라는 동기들을 은폐하고 수사적으로 정당화시켜주었다. 그리고 과학은 자원 관리와 환경 보호 조약에 이어 규율을 설계하고 실행에 옮기는 데 필수적이었다. 결론적으로, 우주 공간과 남극 지역 모두 냉전이라는 맥락에서 법적 조약을 통해 추상적인 국제적인 공간으로 정의되었다(우주공간 조약은 1967년에 조인되었다). 그리고 이렇게 과학이 이용되면서, 과학은 특권화되었다.

전 지구적 프로젝트들과 냉전

때로 냉전의 대립으로 유지되고, 때로는 그로 인해 심한 상처를 입었던 국제주의가 전후 세계의 특징이었다. UN 세계보건기구WHO는 '질병과의 전쟁'을 벌였다. 1955년부터 시작된 말라리아 퇴치 캠페인은 처음에는 아주 성공적이었다. 그러나 약과 살충제 내성, 튼튼하고 지속 가능한 지역 조직 수립 실패 등으로 말라리아는 한때 근절되었던 지역을 다시 휩쓸었다.[56] 말라리아는 20세기의 주요 사망원인으로 남았다. 그러나 1967년 1월 1일에 시작된 또 하나의 WHO 캠페인인 천연두 백신은 엄청난 성공을 거두었다. '천연두 근절 집중캠페인'으로 대규모 백신 접종이 이루어졌으며, 일본, 서유럽, 미국에서 큰 성공을 거두었고, 지구 다른 지역으로 확산되었다. 나이지리아와 인도의 창궐에 맞서기 위해서는 빠른 대응이 필요했다. 이러한 캠페인은 지역 인구집단을 조사하고 기록하는 방법을 학습해야 하고, 백신의 동결건조와 대량생산 여부에 의존했기 때문에 느린 과정이 될 수밖에 없었다. 1977년 이후 천연두는 높은 보안이 요구되는 실험실에만 존재했다. 전지구적 차원에서 천연두를 근절하기 위한 1965년 '세계보건총회' 결의안은, 이 세계가 치명적인 질병에서 벗어날 수 있는 기술적 기회로서만 성사된 것이 아니었다. 미국이 이러한 방향으로 특별히 강력한 냉전 메시지를 주는 쪽으로 에너지를 돌렸기 때문이기도 했다. 여행 증가가 전염병 위험을 고조시켰기 때문에, 항공여행이 증가한 것도 하나의 요인이었다.[57] 냉전의 정치는 천연두가 근절된 후에까지 천연두에 영향을 끼쳤다. 소수의 실험실이 생물무기로 쓰일 가능성을 위해 천연두 균을 배양하기로 결정했기 때문이다.

냉전은 전 지구적 관점을 촉구했다. 대기권 내 핵실험으로 발생한 방사성 낙진은 최초의 전 지구적 환경 위험으로 받아들여졌다.[58] 냉전 시기에 대기, 해양, 그리고 빙하의 핵에서 얻은 데이터는 전 지구적 차원에서 인간 활동에 의한 기후변화를 인식하는 데 결정적이었다.[59] 이 두 가지 주제는 추후 상세히 다루어질 것이다. 그러나 냉전은 그 밖의 전 지구적 쟁점들, 즉 이른바 인구과잉과 그로 인한 식량 공급 문제가 규정되고 다루어지는 방식을 틀지었다. 이러한 틀은 다수확 곡물 개발, 특히 녹색혁명이라 알려진 과학-기반 전 지구적 계획의 역사에서 찾아볼 수 있다.[60]

록펠러 재단은 중국에 적극적으로 개입했지만, 1949년 중국 내전에서 공산주의자들이 장제스의 국민당 세력에 승리를 거두면서 손을 뗐다. 그 대신 이 재단의 해외 원조에 대한 관심은 멕시코로 옮아갔다. 1941년, 농업과학 전문가로 구성된 조사팀이 밀의 녹병과 옥수수에 대한 중요한 연구 결과가 입증되었다고 보고했다. 식물병리학자 노먼 E. 볼로그를 포함한 연구팀이 급파되어 멕시코 정부 내에 반半독립적인 멕시코 농업 프로그램Mexican Agricultural Program을 수립했다. 연구비는 록펠러 재단이 제공했다.[61] 이 프로그램은 앞선 멕시코 정권들이 선호했던 급진적인 농지 개혁과 달리, 농업 산업화를 옹호했던 정치가와 과학자에 의해 멕시코 내에서 정치적 지지를 받았다. 신임 온건주의 대통령 아빌라 카마초 역시 새롭게 열린 야키계곡지역개발을 지원하면서 각별한 희망을 품었다. 특정 중산층의 편견이 한데 결합했다는 이러한 우연성은 멕시코 노동자의 전통적 식량인 옥수수와 콩이 아니라 밀이 연구의 초점이 된 이유를 설명해준다. 야키 계곡에서 문제가 된 것은 밀에 곰팡이가 스는 녹병이었다. 밀은 수출용 곡물 또한 제공했다.[62] 멕시코 농업 프로그램은 일본과 미국 농업연구소를 통해 줄기가 짧은 일본 품종 밀을 도입했다. 볼로그와 다른 학자들은 멘델 유전학에 기초해서 이종교배를 실험하면서 품종 개량에 많은 노력을 기울였다. 이 과정에서 록펠러 재단은 다른 나라들의 농업 산업화를 위해 대규모 연구를 지원할 수 있다는 것을 배웠다.

따라서 록펠러 재단은 1949년 1월 취임 연설에서 트루먼 대통령이 제기했던 요청에 응답할 준비가 되어 있었다. 트루먼은 네 가지 항목을 제안했다. 제3항은 서구의 군사 조직이 공산주의의 "그릇된 철학"을 반박할 필요성을 제기했다. 그 결과가 북대서양 조약기구NATO였다. 제4항도 냉전이라는 틀에서 나온 것으로, 식량과 과학을 언급했다.

세계에서 절반 이상의 사람들이 사실상 비참한 수준에서 살고 있습니다. 그들은 식량이 부족합니다. ……그들의 빈곤은 그들 자신과 그들보다 부유한 지역의 사람들 모두에게 어려움이자 위협입니다. ……미국은 산업과 과학의 발전에서 어느 나라보다도 탁월합니다. ……우리의 기술지식이라는 계량할 수 없는 자원은 계속 증가하고 있으며 소진되지 않습니다. 나는 우리가 평화를 사랑하는 사람들에게 우리가 비축하고 있는 기술지식의 이익을 더 잘 활용해서 그들이 보다 나은 삶을 열망할 수 있게 도와주어야 한다고 믿습니다.[63]

그 결과, 록펠러 재단은 멕시코에서 벌이던 노력을 배가하게 되었다. 멕시코 농업 프로그램 과학자들과 협력하던 워런 위버는 1951년 이사회에 제출한 「세계 식량 문제」라는 보고서에서 자신들의 입장을 다음과 같이 요약했다. 글에서 그는 트루먼의 생각에 공명했다.

식량 문제는 세계의 가장 심각하고 시급한 문제 중 하나가 되었다. 직접적이든 간접적이든 그것은 오늘날 세계가 겪는 긴장과 불안의 상당한 원인이다. ······공산주의 국가 선동가들은 이러한 상황을 최대한 활용하고 있다. 이제 우리의 기술지식 중 일부를 이들 나라 사람들과 나눌 때가 왔다. 일부 지역에서는 이미 때를 놓쳤을 수도 있다. 적절한 행동을 취한다면, 그렇지 않았으면 혁명으로 치달을 수 있었을 그들이 농업의 발전을 포함해서 진보를 통해 상황을 개선하도록 도움을 줄 수 있을 것이다.[64]

역사가 존 퍼킨스는 이러한 추론의 연쇄를 "인구-국가안보 이론 population-national security theory"이라고 불렀다. 그것은 인구과잉이 자원 고갈, 빈곤, 정치적 불안정, 공산주의 반란, 그리고 서구의 이익에 끔찍한 결과로 이어진다는 냉전 논리다.[65] 이사회는 위버의 주장에 동의했다. 이사 중 한 명인 MIT 총장 칼 T. 콤프턴은 이렇게 썼다. "나는 인도가 이러한 활동을 위한 비옥한 토양이 될지 의심스럽다."[66]

1947년 인도가 영국으로부터 독립을 쟁취한 직후, 이슬람 지역들이 떨어져나가 파키스탄으로 독립하면서 몸살을 앓았다. 초대 수상 자와할랄 네루는 인도의 지도자로서 적어도 첫 10년 동안은 산업화를 장려했지만, 사회적 평등이라는 목적을 희생하면서까지 산업화를 추진하지는 않았다. 그럼에도 불구하고 부분적으로는 식량재단의 지원을 받아서 농업의 강화가 시작되었다. 그러나 1950년대 말엽에 상호연결된 여러 요인의 조합—낮은 수확량, 선거에서 공산주의의 승리—으로 농업 강화와 산업화의 방향으로 국면이 전환되었다. 1964년 네루가 사망하자, 그의 후계자인 랄 바하두르 샤스트리가 나라 전체를 녹색혁명으로 몰아넣었다. 멕시코에서 도입된 짧은 줄기 밀 품종은 벤자민 페리 팔과 몬콤부 사마시반 스와미나탄 같은 인도 농업과학자들에 의해 한층 개량되어 넓은 지역에 심어졌고, 화학기업들이 제조한 비료를 주었다. 소출이 급증하자 급격한 인구 증가가 이어졌다. 공산주의 반란은 피할 수 있었지만 가난한 농부들의 희생을 업고 엘리트 권력이 증진되었다.[67]

봉쇄의 한계

따라서 냉전이라는 맥락에서, 지구 전역에 걸친 다양한 프로젝트들의 성공 여부는 쉽게 대답하기 힘든 질문이 되었다. 우리는 다음 장들에서 어떻게 포괄적인 감시 조사 기법들—해저 탐사에서 대기 최상층부에서 일어나는 현상에 대한 구분까지—이 독특한 냉전 과학으로 이어졌는지 살펴볼 것이다. 역사가 폴 에드워즈는 전 지구적 조사, 봉쇄, 그리고 통제의 상태를 '닫힌 세계closed world'라고 불렀다. 이 개념은 다시 다루게 될 것이다.[68] 그러나 종내에는 이러한 감시와 통제의 한계가 지적되어야 했다. 1962년 쿠바 미사일 위기와 핵 확산 과정이 그 한계를 잘 보여줄 것이다.

1962년 니키타 흐루쇼프는 중거리 미사일의 쿠바 배치를 지시했다. 그것은 '미사일 격차' 논변을 반박하고, 상대적으로 빈약한 소련의 미사일 위력의 실상이 드러난 후 핵 지렛대의 평형을 되찾을 한 수로 생각되었다. 흐루쇼프는 허세를 부렸고(그는 소련의 핵미사일 수와 정확도도 과장했다), 내깃

돈을 올렸다. 좀더 최근의 해석은, 당시 흐루쇼프의 정당화에 맞장구를 치는 해석인데, 쿠바 미사일 배치가 쿠바 혁명을 보호, 유지하려는 시도였다고 보는 것이다. 쿠바 혁명의 성공은 워싱턴뿐 아니라 모스크바까지 놀래켰다.[69] 전 해에 쿠바를 침공하려던 미국의 시도는 피그스만에서 좌절되었다. 일부는 단거리이고 전술핵이었던 핵미사일들은 침공에 대한 대응이었다. 서구에는 알려지지 않았지만, 몇몇 핵미사일은 현장통제하에 배치되었다. 잠수함에 실려 있는 미사일도 마찬가지였다.

쿠바 미사일 기지는 U-2 첩보기가 촬영한 감시 사진을 정밀 조사하는 과정에서 드러났다. 이후 14일 동안 미사일의 심각성에 대한 논쟁이 벌어졌고, 대응 전략이 토의되었다. 동서 간 세계 전쟁이 극히 임박했다는 것이 분명해졌다. 최근에야 한 소련 잠수함의 함장과 두 고위 장교들 사이에서 핵무기 발사를 놓고 심각한 논쟁이 벌어졌으며, 한 장교가 던진 단 한 표 차이로 간신히 발사를 면했다는 사실이 밝혀졌다(세계는 그 장교 바실리 아르키포프에게 매우 감사해야 할 것이다). 쿠바 미사일 위기는 미국이 결코 쿠바를 침공하지 않을 것이라고 케네디가 공개 약속을 한 후에야 완화되었다. 또한 미국은 비밀리에 터키의 중거리 미사일 기지를 곧 해체하겠다고 약속했다.[70]

쿠바 미사일 위기는 핵 전략의 극적인 역전을 나타냈다. 그동안 아이젠하워의 전략은 도발을 받으면 대규모 보복을 한다는 일차원적인 전략이었다. 1960년에 세워진 단일통합작전계획은 소련, 중국과 그 동맹 지역 등 1060곳의 소련 목표를 타격할 3200기의 핵무기를 필요로 했다. 각각 핵 기지, 군사령부, 센터, 항만과 도시들을 겨냥했고, 미 육해공군이 단일한 연합 공격을 한다는 계획이었다.[71] 민간 전략 자문역들의 이야기를 듣고 있던 케네디는 대규모 보복 계획을 폐기하고 허먼 칸의 저작에서 예시되었던 '합리적인' 확전 사다리 접근방식을 받아들였다. 핵 대결이 유연한 대응으로 합리적으로 관리될 수 있다는 것이다. 그러나 합리적 관리는 합리적 게임 참가자들을 필요로 했다. 확실한 신호를 주고받아야 하고, 그 신호가 이해될 수 있어야 했다. 쿠바 미사일 위기라는 무시무시한 사건은 이 모델을 결정적으로 무너뜨렸다. 존 개디스는 이렇게 결론짓는다. "전쟁 발발을 억제한 것은, 양편 모두의, 순전한 공포에 의한 비합리성이었다."[72] 그 후 전략 자문가들이 주장했던 기술관료적 합리성에는 뚜렷한 한계가 노정되었다. 그 누구보다도 이러한 합리성을 구현했던 로버트 맥나마라도 제도화된 비합리적 전략의 설계사였다. 그것은 상호확증파괴MAD 정책, 즉 아이젠하워의 대규모 보복 전략의 귀환이었다.

냉전의 지정학이 동과 서라는 두 극점뿐이었다면, 핵확산의 억제가 가능했을지도 모른다. 그러나 실제 지정학은 양극화된 틀 안에서 많은 이해관계를 가진 국민국가들 사이의 줄타기였다. 미국은 소련의 핵폭탄과 수소폭탄 개발을 막지 못했다. 핵무기의 보유가 지위와 영향력을 부여해주었다. 초강대국도 결국 다른 나라들이 핵 클럽에 가입하는 것을 막지 못했다. 영국(1952년에 첫 핵실험), 프랑스(1960), 이스라엘(1967년에 준비되었을 것으로 추정), 인도(1974년 핵실험), 남아프리카공화국(1980년대에 보유), 파키스탄(1998), 그리고 북한(2006)이 차례로 핵 클럽에 가입했다.

새로운 핵 보유국들은 냉전의 봉쇄에도 불구하고 핵 지식, 기술, 물질이나 인력 등의 이전移轉으로 혜택을 입었다. 영국은 맨해튼 프로젝트에 참여한 경험이 있었고, 미국인들로부터 받은 거래 비밀을 지키면서도 1954년에서 1955년에 걸쳐 결정적 정보를(그리고 플루토늄 견본을) 제공해서 프랑스의 핵무기 계획을 도왔다. 탈식민지 시대 이후 디엔비엔푸 전투(1954)에서 겪은 굴욕과 1956년 수에즈 위기의 패주로 (영국과 프랑스의) 강대국 지위가 상징적으로 무너진 후, 영국과 마찬가지로 프랑스 정치인들도 원자폭탄을 지위의 기표記標로 원했다. 알제리 폭동에 직면하고 있던 프랑스는 이스라엘이 원자폭탄을 개발하는 것을 도와서 소련이 지원하는 아랍 국가들에 맞서는 억제력으로 삼으려 했다.[73] 프랑스는 이러한 결정을 영국과 미국에 비밀로 했다. 그와 독립적으로, 영국의 한 공무원은 장관에게 알리지 않고 이스라엘에 매우 희귀한 중수重水—노르웨이 유령 회사를 통해서 100만 파운드에—를 팔았다. 중수는 디모나에 있던 이스라엘의 비밀 원자로를 제어하는데 필요했다. 이스라엘의 핵폭탄을 실체로 인정하지 않는 것이 모든 나라의이익에 부합했으며, 역사가 애브너 코헨이 '핵 불투명성nuclear opacity'의 위험스러운 상태라고 부른 상황을 낳았다.[74] 때로는 적극적인 핵무기 계획이아니라 단지 자원과 지식만으로도 충분했다. 남아프리카공화국에 수출된서독의 기술은 이 인종차별주의apartheid의 나라에 원자폭탄 제작을 허용했다.[75]

제15장

냉전 과학(1): 원자폭탄 계획이라는 실행세계에서 이루어진 과학들

과학은 제2차 세계대전이 벼려낸 사고방식과 계약의 연결망, 그리고 자원과 함께 작동했다. 냉전이 빚어낸 실행세계는 이러한 과학을 지속시켰을 뿐 아니라 냉전이 수행되는 방식에도 기여했으며, 다시 냉전의 가치들에 의해 굴절되었다. 이 장과 다음 장은 이러한 냉전 과학을 상세히 고찰한다.

방사선학

원자폭탄 계획이라는 실행세계에서 행해진 과학을 개괄하면서 논의를 시작해보자. 히로시마와 나가사키라는 황폐해진 도시를 찾은 서구인 중에는 과학자도 있었다. 다른 이들은 일본 사회를 냉전기 서구의 동맹으로 재건하기 위해 노력했지만, 과학자들은 도시와 주민을 연구 대상으로 삼았다. 첫번째 팀은 폭발로 인한 방사선이 생존자들에게 어떤 증상을 일으켰는지 조사했으며, 잔류 방사능이 즉각 해를 입히지는 않는다는 사실도 보고했다. 1947년 국립과학아카데미는 방사능으로 인한 장기적 유전자 손상에 특히 방점을 두고 조사를 계속하기 위해 원자력위원회의 기금을 받아 원폭상해

조사위원회ABCC를 설립했다. 1927년 방사능 유발 돌연변이를 발견했던 허먼 멀러는 1946년에 이렇게 경고했다. "만약 그들이 결과를 미리 예견할 수 있었다면…… 지금부터 1000년 후에 차라리 그 폭탄이 자신들을 죽였던 편이 더 나았다고 생각할 수도 있다."[1] 훗날 당시 진행되었던 생검生檢과 신체 일부의 저장과 연구를 둘러싸고 많은 논쟁이 벌어졌다. 역사학자 수전 린디는 이것을 전리품, 즉 승리의 물질적 체화와 흡사한 무엇으로 기술했다.[2] 공산주의에 맞서는 보루로 강력한 민주주의 국가 일본을 세운다는 당면한 맥락에서, 역사가 존 비티는 원폭상해조사위원회에서 일본 과학자들이 미국인들에게 협력하게 되었던 까닭을 다음과 같은 냉전 외교의 세 가지 요인에서 찾았다.

> 일본과의 협력으로 이루어진 원폭 피해 장기 연구는 가장 높은 유형의 국제 관계를 촉진할 수 있는 가장 괄목할 만한 기회를 허용했다. ……지금 일본은 무엇으로도 될 수 있는 가소적可塑的인 상태이며, 점령자에 대해 큰 존경을 나타내고 있다. 새로운 정책이 수립되는 향후 수년 동안 우리가 일본을 영리하게 다룬다면, 일본은 우리의 친구가 되고 앞으로 오랫동안 우방이 될 것이다. 반면 우리가 일본을 어리석게 다룬다면, 일본은 다른 이데올로기에 빠져들 것이다. ABCC는…… 이런 면에서 역할을 할 수 있을 것이다.[3]

따라서 냉전이라는 실행세계는 방사능이 인간 유전체에 끼치는 장기적 손상에 대한 연구를 지속시켰고, 그 결과 또한 냉전이라는 맥락에서 형성되었다. 핵심 조사자인 초파리 유전학자 제임스 닐은 결론에까지 이르지 못했고, 가설적인 예비 추론을 이끌어냈을 뿐이었다. 그러나 1954년 '브라보' 수소폭탄 실험의 낙진으로 일본 어부들이 치명적인 피폭을 당한 다이고후쿠류마루第五福龍丸호 사건의 비극 이후, 과학 기자들의 손을 거치면서 이 조사 결과는 확고한 것으로 바뀌었고 "원폭 생존자에게서 태어난 아이

들은 정상이고, 건강하며 행복하다"는 잘못된 안도감을 만들어냈다.[4]

　방사선학에서 새로운 방법, 치료법, 그리고 과학적 대상이 나왔다. 골수 이식에 대한 역사가 앨리슨 크래프트의 설명은 훌륭한 사례를 제시해준다.[5] 혈액이 방사능에 극히 민감하다는 사실은 전쟁 이전 연구자에게도 잘 알려졌지만, 원자폭탄 개발로 시급한 연구 주제가 되었다. 맨해튼 프로젝트가 진행되는 동안, 내과의인 레온 오리스 제이콥슨은 스트론튬-89를 주입받은 쥐는 빈혈을 일으키지 않는 반면, 비장脾臟이 없는 쥐는 빈혈을 일으킨다는 사실을 발견했다. 방사성 스트론튬이 뼛속에 침착되는데(칼슘과 화학적으로 친화적이기 때문에), 그럴 때 쥐의 비장에서 나온 무언가가 혈액을 보호하기 때문이었다. 1945년 이후, 이런 종류의 방사선학 연구가 늘어났다. 제이콥슨은 쥐를 대상으로 비장 차폐실험을 했고, 쥐에게 치명적인 방사능을 전신에 쪼인 후 골수에서 조혈造血이 재개된 원인을 '회복 인자recovery factor'가 존재하기 때문이라고 주장했다. 그로 인한 결과 중 하나는 방사능 조사照射 연구를 위한 새로운 실험 방법의 등장이었고, 실험 동물의 몸속에 골수를 넣자 상당한 효과를 나타냈다. 또 하나의 결과는 치료법이었다. 백혈병 환자의 경우, 전신에 방사능을 쪼이는 엄청나게 고통스러운 과정이 따르지만, 암에 걸린 혈액을 파괴하고 골수를 이식해서 환자에게 건강한 혈액을 새로 만드는 능력을 복원시켜줄 수 있었다. 세 번째 결과는 과학적 연구 대상의 구체화였다. 회복 인자가 호르몬인지 세포인지를 둘러싸고 격렬한 논쟁이 벌어졌다. 정설은 (그리고 제이콥슨은) 호르몬설을 선호했다. 그러나 하웰 원자력연구소에서 개발된 염색체 표시 세포 유전학 기법을 포함한 새로운 기법들이 '회복 인자'를 세포로 확인했다. 실제로 이 세포는 19세기 말엽에 처음으로 등장했던 이론적 존재자theoretical entity였다. 이제 그 세포는 '줄기세포stem cell'로 확인되었다.

추적 과학: 방사성탄소 연대추정, 대사 경로, 그리고 시스템 생태학

원자무기 개발에 필요한 농축 우라늄과 플로토늄을 만들 원자로를 포함하는 확장된 핵프로그램은 부산물로 엄청난 양의 방사성 동위원소를 만들어냈다. 20세기 초 이래 이 방사성 동위원소는 임상학뿐 아니라 화학, 생화학, 그리고 생태학 등 여러 과학 분야에서 도구로 사용되었다. 예를 들어 1930년대에 게오르크 드 헤베시는 식물이 흡수하는 칼륨의 양을 조사하기 위해 방사성 동위원소를 이용했다. 특정 원자들뿐 아니라 훨씬 값싼 물질의 사용이 가능해지면서 과거보다 훨씬 다양한 용도로 활용이 이어졌다. 두 가지 쉬운 사례—방사성탄소 연대측정과 대사 경로 추적—가 그 점을 잘 보여준다.

1940년에 마틴 케이멘과 새뮤얼 루벤이 새로운 탄소 동위원소 탄소-14를 발견했다는 사실은 이미 로렌스 연구소를 다룬 제11장에서 다루었다. 방사성탄소 연대측정은 다음과 같은 방식으로 이루어진다. 공기 중 질소는 우주선 샤워에서 생성된 중성자를 흡수해서 탄소-14로 붕괴한다. 맨해튼 프로젝트에서 우라늄 농축을 연구했던 시카고 대학의 화학자 윌러드 F. 리비는 대기중 탄소-14가 이산화탄소 형태로 살아 있는 식물 조직에 예측 가능한 속도로 흡수되고, 그 식물이 죽으면 흡수가 중단되기 때문에, 탄소-12에 대한 탄소-14의 비율을 측정하면 연대를 추정할 수 있다고 주장했다. 탄소-14의 반감기가 약 6000년이기 때문에 이 방사성 연대측정 방법은 선사시대를 다루는 학문에 일대 변혁을 가져와 역사를 다루는 분야에 도전을 제기하는 핵심적인 기술이 되었다.

대사 경로, 또는 주기라는 개념은 20세기 생화학과 생의학 분야의 중심 개념 중 하나다. 1920년대에 오토 바르부르크 생화학실험실의 독일 과학자 한스 크렙스는 조직의 얇은 박막에서 호흡 속도를 측정하기 위해 나노미터를 사용하는 법을 알아냈다.[6] 크렙스는 1930년에 이 기법으로 요소尿素에 이르는 생화학적 경로를 밝혀냈다. 나치의 유대인 학살을 피해 독일을 탈출해 영국으로 건너간 그는 호기성 호흡의 핵심에 구연산 회로(또는 트렙스 회로), 즉 지방과 당을 에너지와 이산화탄소로 전환하는 회로가 있다는 것을 발견했다.

방사성 동위원소를 통해, 대사 순환과 경로의 상세한 내용이 가이거계수기 같은 장비로 방사능을 추적하는 방식으로 밝혀질 수 있다. 그 방법에 전시에 이루어진 또 하나의 혁신을 결합해서, 아처 마틴과 리처드 신지의 분배 크로마토그래피가 영국 리즈의 양모연구협회에서 개발되었다. 이 방법에서는 광합성의 대사 경로를 밝히는 데 방사성 동위원소 추적자가 결정적 도구로 사용되었다. 20세기 첫 10년대에 광합성이 명明 반응과 암暗 반응이라는 두 단계로 진행된다는 것과, 각각의 단계에 관여하는 화학물질 중 일부, 즉 엽록소와 그 밖의 색소들의 종류가 밝혀졌다. 오토 바르부르크 팀은 양자역학을 적용해 클로렐라에서 이산화탄소 분자 하나를 분해하는 데 빛 양자量子 네 개가 들어간다는 것을 계산했다. 1941년 로렌스 연구소에서는 루벤, 케이멘, 그리고 그 밖의 학자들이 식물이 물의 형태로 흡수한 산소-18이 산소로 다시 방출되기 전까지의 과정을 방사성 동위원소를 이용해 추적했다. 전후 1945년에서 1950년 사이 버클리에서는 물리학자, 화학자, 식물학자, 그리고 생물학자로 구성된 대규모 간학문적팀이 멜빈 캘빈의 지도하에 탄소-14를 추적자로 삼아 광합성 '캘빈' 회로에서 많은 매개물질을 찾아냈다.

따라서 방사성 동위원소는 세포 수준에서 생물학적 과정을 이해하는 데 유용한 도구였다. 이 원소는 생태학적 수준에서도 응용되었다. 다이고후쿠류마루호 사건이 보여주었듯, 원자폭탄 계획, 특히 대기권 핵실험은 인간의 건강과 환경에 위해를 가한다는 점에서 전 지구적 우려를 낳았다. 이러한 우려는 제17장에서 다루어질 것이다. 여기에서는 역사가 조엘 헤이건이 원자폭탄 계획이라는 실행세계가 생태학자들에게 주었던 "흥분되는 새로운 도구, 기법, 그리고 연구 기회의 일습"이라고 기술했던 것에 초점을 맞추고자 한다.[7] 그가 탐구한 주요 사례는 유진과 하워드 오덤 형제의 연구였다.

형인 유진은 폭넓은 연구 영역을 종합하고 대중화하는 능력이 있는 생리학자였다. 하워드는 세계를 공학자의 관점에서 보았던 물리과학자였지만, 비정통적인 관점에 좀더 관심을 기울였다.

오덤 형제가 세운 가장 중요한 업적은 냉전의 후원에 힘입어 시스템 연구를 생태학의 표준적 도구로 수립했다는 것이었다. 해군연구국은 플로리다에 있는 따뜻한 광천수 샘인 실버스프링스에 대한 하워드 오덤의 '기념비적' 연구에 거금 2만 달러를 지원했다.[8] 실버스프링스는 생태학 교과서에 실리는 고전적 사례가 되었다. 나아가 이 연구는 형제의 괄목할 만한 원자 사주砂洲 연구에 방법론적 도구를 제공했다. 비키니 환초에 대한 생태학적 연구는 1946년 이래 진행되었다. 원자력위원회는 에니위톡 환초의 산호초에 대한 유진과 하워드 오덤 형제의 1954년 연구를 "핵분열의 산물들로 인한 방사능의 영향이 개체군과 전체 생태계에 끼치는 영향을 알 수 있는 중요한 분석"으로 지원했다.[9] 원폭 실험으로 인한 조사照射로 사주 생태계에는 인위적인 방사능 트레이서들이 넘쳐났고, 그 움직임은 추적이 가능했다. 사주 전체는 하나의 시스템으로 간주되었고, 시스템을 구성하는 각 부분은 일정한 에너지 입력과 출력을 갖고 있었다.

그 결과가 사주라는 전체 생태계의 '에너지 수지(收支, energy budget)' 작성이다. 이런 방법으로, 자연사의 특정 물음들에 대한 답을 얻었다. 산호의 조류藻類는 기생생물이 아니라 공생자로 간주되며, 사주 전체는 해양의 양분에 크게 의존하기보다는 자립적인 것으로 인식되었다.[10] 그러나 이 연구계획의 중요성은 거기에서 끝나지 않았다. 실버스프링스와 에니위톡 환초 사례는 특히 오덤 형제가 쓴 교과서 『생태학의 기초』를 통해 널리 읽혔다. 육수학자陸水學子 레이먼드 린데만이 1940년대에 영양 주기라는 관점에서 해석했던 트랜슬리의 '생태계'라는 개념이 오덤 형제에 의해 에너지 순환의 관점에서 재기술되어, 결국 자연의 상호 연결성이라는 경쟁적인 개념들을 누르고 승리를 거두었다.[11] 에너지 수지는 생태계를 분석하는 표준 언어가 되었다. 에너지 수지가 연구비를 대준 원자력위원회의 관심사였고, 시스템 사고가 냉전의 후원으로 장려되었다는 점은 우연이 아니었다.

결국 지구화학적 주기들은 같은 시기인 냉전 초기에 그 모습을 갖추게 되었다. 흥미롭게도, 생태계와 지구화학적 체계들 모두 전전戰前 소련 생태학과 연결고리가 있었다. 1920년대 중반 러시아어로 출간된 블라디미르 베르나츠키의 생물권biosphere 개념은 20세기 중반 영국 생화학자 이블린 허친슨에게 영향을 주었다(베르나츠키의 아들이 허친슨이 연구하던 예일 대학으로 옮겼다―제13장을 다시 떠올리면, 이렇게 생긴 연결이 핵에 대한 소식이 미국에서 소련으로 전달되는 경로를 제공했다). 당시 린데만과 오덤은 허친슨의 학생이었고, 역사학자 파스칼 애코트는 허친슨이 베르나츠키의 연구와 생태계 생태학 사이의 '잃어버린 고리'였다는 평가를 확인해주었다.[12] 지구화학 주기들은 1950년대에서 1970년대 사이 로버트 개럴스 같은 연구자들에 의해 상세하게 짜여졌다. 그들의 손에 의해 "암석권-수권-대기권 속의 운동이" 마치 "공장 속에서처럼 한 용기에서 다른 용기로 여러 원소들이 '파이프를' 타고 이동하고, 이 전체가 지구의 방사성 발열과 태양 에너지에 의해 구동되는 것처럼" 그려졌다.[13] 이러한 지구의 상은 한치의 오차도 없이 맞물려 있는 시스템이었다. 이 지구 시스템의 일부에서 물질들의 운동이 수백만 년에 걸쳐 일어났다―방사성 연대측정을 직접 적용하기에 너무 긴 기간이다. 그러나 유출된 방사능이 지구의 육지, 바다, 그리고 대기 중에서 어떻게 이동하는지 알고 싶은 냉전 시기의 관심이 보다 일반적인 시스템 방식의 이해를 촉진했다.

양자전기역학

그러면 이제 전 지구적 크기에서 미시물리학적 크기로 옮겨가보자. 핵 계획이 계속되면서, 차세대 핵 과학자들을 계속 훈련시킬 명분이 생겼다. 사이클로트론, 선형가속기, 건물을 세울 자금, 월급, 회의 등 고에너지물리학을 연구할 자원이 제공되면서, 전략적으로 중요한 능력을 가진 과학자 풀이 지금까지 고안된 가장 성공적인 물리 이론 중 하나를 만들어냈다. 그것이 양자전기역학quantum electrodynamics이다. 또한 그들은 새롭고 진기한 기본입자들이 들어찬 진짜배기 입자 동물원을 기술했다. 이 입자들은 다시 이론적 해석과 설명을 요구했다.

1930년대까지 페르미의 베타 붕괴 이론과 유카와의 핵력 이론은 근본적인 과정에 대한 기술을 제공했지만, 상대론적 양자장 이론을 기술하려는 시도는 수학적 문제, 특히 발산發散 문제에 부딪혔다.[14] 제2차 세계대전 기간에 원자 계획과 레이더 계획을 위해 이론가들이 동원되었다. 1945년 이후, 그들은 냉전 시기 물리학 조기육성의 덕을 보면서 번성했다. 프린스턴 대학 물리학자 존 휠러는 맨해튼 프로젝트에서 연구하고 텔러의 수소폭탄 개발에 참여하는 동안 네 가지 기본력―전자기력, 약한 핵력, 강한 핵력, 그리고 중력―의 전체상을 제공했고, 이것이 '흥미롭고 자극적인 연구 영역'임을 밝혔다. 가속기 실험으로 확인된 우주선 샤워에 대한 연구는 새로운 유형의 중간 크기 입자인 파이π-중간자, 또는 파이온의 존재를 제기했으며, 이 중간자는 유카와의 중간자, 즉 오늘날 뮤μ입자, 또는 뮤온이라 불리는 것과 구별되었다. 오늘날 소립자들에 대한 분류체계는 '하드론'(강입자強粒子, 중성자, 양성자, 파이 중간자)과 '렙톤'(경입자輕粒子. 전자, 뮤입자, 중성미자)으로 나뉘었다.

이론 발전은 하드론 원자 속 전자 수준의 미세 구조에 초점이 맞추어진 관심에 의해 촉발되었다. 윌리스 램과 이시도르 라비는 전시 레이더 연구에서 개발된 극초단파 기술을 이용해서 수소 원자가 자기장 속에 놓여 있을 때 전자 수준electron level을 세심하게 측정했고, 디랙의 공식을 이용한 예측과 자신들이 얻은 데이터가 일치하지 않는다는 것을 발견했다.[15] 한스 베테는 이러한 '램 이동Lamb shift'―램이 두 전자 레벨 사이에서 밝혀내고, 측정하고 입증한 차이―을 '질량 정규화mass normalization'라는 수학적 도구를 이용해서 해석했다. 베테의 접근방식은 줄리언 슈윙거와 리처드 파인먼에 의해 개념화되었다. 프리먼 다이슨은 이러한 '재정규화' 가능성이 좋은 이론을 가려내는 방법이라고 주장했다.[16] 다이슨은 그의 주장을 익숙한 수학 이론 형태로 표현한 반면, 파인먼은 거기에 덧붙여서 일련의 도형으로 된 스케치들을 제시했다. 이 '파인먼 다이어그램'은 물리학자들에 의해 채택되기 시작했고, 각기 관심에 따라 개작되었다. 서서히 새로운 방식으로 이론을 묘사하는 세대가 나타났다.[17] 그러나 좀더 직접적인 결과로 1950년대 초에 양자역학과 특수상대성 이론을 결합한 이론—양자전기역학QED—이 등장했다. 이 이론은 매우 특별한 예측력으로 성공을 거두었고, 이후 수립된 이론들의 모델로 기여했다.[18]

역사학자 샘 슈베버는 "대칭성, 게이지 이론, 그리고 자발적 대칭성 붕괴가 근대 입자물리학을 지탱하는 세 개의 말뚝"이라고 썼다.[19] 게이지 이론은 에너지에 대한 수학적 기술記述이 특정 변환에서 바뀌지 않는 이론들이다(약간의 비유가 도움이 될 것이다. 해저에 솟은 산의 높이는 해수면 높이가 바뀌어도 변하지 않는다. 이때 산의 전체 높이를 해수면 위쪽으로 솟은 산꼭대기의 높이에서 해수면 아래쪽 기부의 깊이를 빼서 얻을 수 있다는 '이론'은 해수면이 낮아지든 높아지든, 즉 높이의 어떤 척도가 선택되든 무관하므로 척도-불변이다). QED는 대칭 그룹 U(1)이라고 알려진 변환하의 게이지 이론이다. 대칭성 이론은 여러 종류의 변환이다—거울을 보면 위와 아래는 그대로이지만, 좌우는 뒤바뀐다. 이것이 거울 대칭이다. 게이지 이론의 수립으로 이론물리학자들은 자신들의 방정식과 물리 세계가 어떻게 서로 다른 변환하에서 똑같이 유지되거나 변화하는지 면밀히 살피게 되었다. 양자가 동일할 때, 그들은 대칭성이 보존된다고 말한다. 바뀌었을 때, 즉 다시 말해서 대칭성이 보존되지 않았을 때, 그들은 대칭성이 붕괴했다고 말한다.

리정다오李政道와 양첸닝楊振寧은 중국에서 태어나 1955년 미국 대서양 연안 지역에서 활동한 물리학자들이다. 각기 상하이 화학기업가와 수학자의 아들로 태어난 리와 양은 비슷한 교육을 받았고, 중일전쟁 시기에 물리학자 우다유吳大猷의 제자가 되었다. 중국 내전에서 공산당이 승리를 거두기 이전에 안정된 연구 환경을 찾아 미국으로 건너간 리와 양은 패리티가 보존—물리학자들이 거울을 볼 때 바뀌지 않는다고 말했던 대칭성—되는지 질문을 던졌다. 그들은 강한 상호작용과 전자기 상호작용에서는 패리티 보존이 의심되지 않지만, 약한 상호작용에서는 입증되지 않았다는 것을 보여주었다. 중국 태생의 세 번째 물리학자인 국립표준국의 우젠슝의 도움을 받아, 리와 양은 자신들의 추론이 적중했음을 밝혔다. 패리티는 약한 상호작용에서 보존되지 않았다.

양과 브룩헤이븐의 동료인 로버트 밀즈는 대칭성의 요건을 이론적으로 일반화해서 질량이 없는 정수스핀의 입자를 예측했다(정수스핀의 입자는 '보손'이라는 이름으로 알려졌다).그러나 대칭성이 붕괴하면, 예측된 입자는 질량을 가졌다. 이러한 계통의 논변은 1950년대 말부터 수십 년 동안 많은 이론 물리학자를 거쳐 발전했다.[20] 예를 들어 1967년 미국인 스티븐 와인버그와 1968년 파키스탄인 압두스 살람은 전자기력과 약한 핵력이 같은 이론적 틀로 이해될 수 있다고 주장했다. 이 두 기본력을 '통합'하는 이론이 가능하다는 것이다.

쿼크와 입자 동물원

대칭성을 이용해서 우주선과 입자가속기 실험에서 나타난 입자들의 동물원을 분류하는 여러 가지 방법을 제안하는 또다른 이론 모델들이 나왔다. 두 이론물리학자가 각기 독립적으로 1961년에 하드론의 분류를 제안했다.[21] 이들은 전후 물리학에서 가장 개성 넘치는 두 사람이었다. 첫 번째는 뉴요커인 머레이 겔만으로 유대인 이민자의 아들이자 천재였다. 두 번째는 이스라엘 군인 출신 유발 니만이었다. 그는 육군 무관으로 임페리얼 칼리지 런던에서 압두스 살람에게 박사학위를 받았으며 이스라엘로 돌아와 원자폭탄 설계에 일조했다. 겔만이 명명했던 SU(3) 대칭성을 기반으로 한 분류는 기발하게도 '8방향'의 하드론 아亞입자들의 구성요소를 필요로 했다. 겔만은 이러한 이론적 존재자를 '쿼크'라고 불렀다. 처음 세 개의 쿼크에는 업, 다운, 그리고 스트레인지라는 이름이 붙여졌다. 쿼크는 세 가지 색色을 가졌는데, 이 물리량은 관찰 가능한 하드론들에 의해 합쳐졌을 때 상쇄된다. 이들은 조합에 따라 다른 이론에서는 다른 입자가 되었다.

이론적 모델의 증가는 실험과학자들과의 소통 과정에서 억제되었고, 실험가들은 다시 세 번째 집단인 실험 장치 제작자들과 소통을 해야 했다.[22] 1947년, 맨체스터 대학 패트릭 블래킷 팀에 속한 물리학자 조지 D. 로체스터와 클리퍼드 C. 버틀러는 안개상자에서 특이한 우주선의 궤적을 찾아내서 논문을 발표했다. 캘리포니아의 안개상자 사진들에서도 이러한 'V입자들'(궤적이 V자 모양이어서 붙은 명칭이며, 오늘날에는 K-중간자라 불린다)이 더 많이 발견되었다. 그 후 다른 입자들의 발견이 뒤를 이었다. 겔만과 니만의 분류는 이러한 입자들에 체계를 부여하려는 작업이었다. 점차 더 높은 에너지를 얻고, 더 많은 상호작용을 기록하기 위한 노력이 거듭되면서, 연구는 자연적인 원천(우주선)에서 멀어져 인공적인 원천(입자가속기)으로 방향을 돌렸다. 게다가 브룩헤이븐과 스탠퍼드에 있는 미국의 설비들은 전쟁의 피해를 복구한 유럽인들이 CERN에서 함께 연구하는 법을 배우면서 경쟁자를 만나게 되었다. 1967년 미국에서 새로운 경쟁자가 추가되었는데, 원자력위원회 기금을 받아 시카고 외곽에서 연구를 시작한 국립입자가속기연구소였다. 1974년부터 이곳은 '페르미 국립가속기연구소'라 불렸다. 국내와 국제의 경쟁으로 입자가속기의 에너지는 점점 더 높아졌다.

1968년에 스탠퍼드 선형가속기SLAC는 20GeV에서 실험을 했다. 양성자와 중성자 속으로 들어가서 그 구성성분이 무엇인지 알아낼 수 있는 정도의 에너지였다. 그것은 20세기 초 러더퍼드가 캐번디시 연구소에서 원자 안에서 단단한 원자핵을 발견했던 실험들에 비견되었다.[23] 다시 단단한 구성요소들의 증거가 축적되었고, 이번에는 양성자를 구성하는 요소들을 밝히는 것이 목표였다. 파인먼은 '파톤'이라는 가상 입자를 제안했고, 곧 이러한 실험적 현상(SLAC 측정에서 나타난 통계적 규칙성)과 겔만의 '쿼크'(수학적 대칭 그룹의 구성요소)가 같다는 것이 밝혀졌다. 과정이 역전되고, 쿼크는 실재하는 것으로 선언되었다. 물론 직접 관찰은 불가능했지만 말이다.

1974년 11월 11일, SLAC와 브룩헤이븐의 연구자들은 동시에 새로운 입자의 발견을 선언했다. SLAC 팀은 그것을 프사이ψ 입자라고 불렀고, 브룩헤이븐 팀은 제이J라고 불렀다. 따라서 오늘날에는 두 이름을 합쳐서 제이프사이J/ψ라는 특이한 이름으로 불린다. 이번에도 많은 이론적 모델 중에서 관찰이 선택을 촉구했고, 이 경우에는 전약electroweak 이론이 정교화되어 쿼크를 품게 되었다. 가장 타당한 이론이 4번째 쿼크인 '참charm' 쿼크를 제안했다. 이번에는 이론과 관찰의 순서가 바뀌어서, 참 쿼크의 '발견'을 선언했다. 이론을 정리하면서 두 개의 쿼크가 더 예견되었고, 1977년(보텀bottom 쿼크)과 1994년(톱top 쿼크)에 모두 페르미 연구소에서 '발견'되었다.

그렇지만 입자물리학의 모든 업적이 미국의 입자가속기에 돌아간 것은 아니었다. 유럽에서 전전戰前 물리학을 이끈 나라는 대략 독일, 소련, 영국과 프랑스의 순서였을 것이다. 소련은 철의 장막에 가려져 있었고, 독일은 황폐해졌으며, 프랑스는 재건 중이었다. 영국 물리학자들은 상대적으로 좋은 조건, 위신, 연줄, 그리고 높아진 기대 등을 즐겼다.[24] 정부가 진 빚은 엄청났지만, 핵물리학 설비 공급 프로그램이 가속기 건설을 위해 대학들에 대규모 자본 지원금을 제공했다. 예를 들어 올리펀트의 버밍험 대학은 1.3GeV 양성자 가속기를 건설했고, 채드윅의 리버풀 대학은 400MeV 프로톤 싱크로톤을 제작했다. 케임브리지, 글래스고, 옥스퍼드, 맨체스터 대학에도 줄줄이 가속기가 세워졌다.[25] 하웰의 정부 연구소들에도 더 많은 설비가 제공되었다. 그래서 영국 물리학자들은 유럽 물리학을 재건하는 데 주도적인 역할을 떠맡는 것을 달가워하지 않았다. 미국의 공동 설비들이 이미 단일 대학 연구소들의 경쟁력을 떨어뜨렸지만 말이다. 영국은 대륙의 유럽 나라들이 내놓은 1949년에서 1950년의 공동 프로젝트 제안에 '헌신 없는 협력'이라는 미지근한 태도로 응했다.[26]

1951년, 새로운 거대 가속기를 원하는 프랑스, 이탈리아, 그리고 벨기에 물리학자들과 영국의 중견 물리학자들을 비롯한 다른 나라 물리학자들은 갈라서기 일보 직전이었다. 후자의 입장은 전통적인 조직을 선호했는데, 코펜하겐에서 새로운 연구소를 맡은 닐스 보어의 리더십을 토대로 리버풀의 사이클로트론을 중심 설비로 삼으려는 것이었다. 1952년 중엽, 영국 재무부가 유럽 프로젝트에 대한 전면적인 참여를 반대하면서 영국의 관여가 의심스러워보였다.

일련의 인상적일만큼 큰 가속기들이 CERN 중앙연구소에 건설되었고, 마침내 로잔 인근 프랑스-스위스 접경지역에 걸쳐앉게 되었다. 1957년에 건설된 600MeV 싱크로사이클로톤은 리버풀의 설비보다 훨씬 더 강력했다. 2년 후에는 28GeV 양성자 싱크로톤이 건설되었다. 이후 건설된 입자 충돌기들의 규모는 더욱 놀라웠다. 1976년에는 300GeV 슈퍼 포트론 싱크로트론에서 입자들이 7킬로미터의 터널을 회전했고, 100GeV 대형 전자-양전자 충돌기(1989)에서는 전자와 양전자가 반대 방향에서 충돌했다. 그보다 큰 양성자들을 가속 충돌시켜 훨씬 높은 에너지에 도달하는 14TeV 대형 하드론입자충돌기가 2008년부터 가동되었다. 이 충돌기는 심각한 고장을 일으켰지만, 2009년에 재가동되었다. 설비들에는 천문학적 비용이 들어갔다. 비용 충당은 전후 경제 붐으로 가능했지만, 그 정당화의 근거는 다음과 같은 두 가지였다. 첫째는 예측되는 미래 기술들에서 기초물리학이 가지는 중요성, 둘째는 전쟁으로 파괴된 과거와 단절하여 강력하고 협동적인 초국가적 통일체로 유럽을 건설하려는 신념이었다.

입자물리학 이론 개발로 돌아가보자. 양자전기역학QED의 성공은 QED가, 오늘날 쿼크들 사이에 작용하는 힘으로 이해되는, 강한 핵력에 대한 성공적인 설명을 따르는 모형이 되어야 함을 시사했다. 쿼크는 페르미온, 즉 반정수半整數의 스핀을 가지는 입자로 이해되었다. 쿼크는 파울리의 배타원리Pauli Exclusion Principle를 따르기 때문에, 두 개의 전자(전자도 페르미온이다)가 같은 장소를 점할 수 없으며, 따라서 둘 또는 그 이상의 같은 종류의 쿼크들은 한자리에 있을 수 없다. 그러나 전후 입자가속기들이 바로 그런 입자들을 만들어냈다(가령 3개의 스트레인지 쿼크, A++, 3개의 업 쿼크로 이해된 Ω-). 새로운 양자 값, 즉 색色이 발명되었다는 것은 이들 입자로 파울리 배타원리를 피해갈 수 있음을 뜻했다. 양자색역학QCD은 글루온으로 매개되는 쿼크들 사이의 핵력 이론으로 수립되었으며, 이론가들에 의해 여러 가지 특성들이 밝혀졌다. 한 가지 기묘한 특징은 가둠confinement으로, 단일한 쿼크는 관측되지 않는다. 데이브드 그로스, 프랭크 윌첵, 그리고 데이비드 폴리처는 1973년에 또 하나의 특징인 점근자유성(漸近自由性, asymptotic freedom)에 대한 논문을 썼다. 이 두 가지 특징이 합쳐져서 강한 핵력은 쿼크들 사이에 마치 거의 늘어나지 않는 끈처럼 작용하게 된다. 핵력은 작은 크기에서는 느슨해서 거의 사라질 정도이지만, 커지면 아주 단단하게 쿼크들을 하나로 묶어준다. QCD의 증거는 CERN, SLAC, 그리고 독일 함부르크 도이체스엘렉트로넨싱크로트론DESY에서 나온 충돌 데이터로 면밀히 밝혀졌다.

입자가속기는 사람과 장비의 복잡하고 끊임없이 변화하는 아상블라주, 즉 복합체다. 거대 입자가속기에서 최고의 결과를 얻는 것은 팀워크, 관리, 그리고 끊임없이, 때로 극적으로 증가하는 개량의 문제다. 예를 들어 카를로 루비아는 다른 사람들에게 CERN의 슈퍼 프로톤 싱크로트론이 프로톤-반反프로톤 충돌기로 변환될 수 있다고 설득했다. 그 밖의 혁신으로는 운용을 좀더 효율화시킨 새로운 기법들이 있다. 우리는 나중에 조르주 샤르파크가 컴퓨터화의 영향으로 검출에서 이룩한 혁신을 살펴볼 것이다. 그러나 루비아가 개조한 입자충돌기에 적용된, 시몬 판 데르 메이르의 확률론적 냉각의 발명은 CERN의 가장 큰 성공에 크게 기여했다. 1983년에 발견된 무거운 입자들, 대전된 W입자와 중성 Z입자가 그에 해당한다.

표준 모형들

전약 이론이 QCD와 합쳐지면서 물리학자들이 표준 모형이라고 부르는 것이 탄생했다. 이 모형은 세 가지 기본력(약한 핵력, 강한 핵력, 전자기력)을 설명하지만, 네 번째 힘(중력)은 설명하지 못한다. 중력은 다른 종류의 이론인 아인슈타인의 상대성 이론이 가장 잘 설명했다. 표준 모형은 시험 가능한 예측들을 제공했다. 특히 아주 무거운 소립자인 힉스 입자는 계획되었던 대형하드론입자충돌기LHC의 주된 타깃이었고, 과학적 정당화였다. 역사가 샘 슈베버는 이렇게 썼다. "표준 모형은 인간 지성이 이룬 위대한 업적 중 하나다. 일반상대성 이론, 양자역학, 그리고 유전 암호의 발견과 함께 20세기의 걸출한 지적 업적 중 하나로 기억될 것이다."[27] 그러나 슈베버가 상기해주었듯이, 표준 모형은 완전하지 않았다. 왜 쿼크가 특정한 질량을 가지는지, 또는 왜 물리 상수들이 그런 값을 가지는지 명확하게 설명하지 못했다. 표준 모형의 한계를 넘어서기 위해서는 지구에 한정된 크기의 가속기가 만드는 수준을 넘어서는 에너지에 대한 조사가 필요했다. 그러나 이런 에너지를 능가하는 일은 멀리 떨어진 천체나 우주 초기 순간에서만 가능했다. 몇몇 대학 물리학자들의 갈망 덕분에 전쟁이 개발한 분석 도구들을 멀리 동떨어진 주제—물질적으로나 문화적 의미 모두에서—에 적용시키면서, 우주론은 1945년 이후 괜찮은, 주류의, 활기찬 전문분야가 되었다. 조지 가모브, 랠프 알퍼, 허먼 본디, 토마스 골드 같은 물리학자들과 프레드 호일 같은 천문학자들이 일반상대성 이론과 허블이 관찰한 후퇴하는 은하들에서 비롯된 우주론 모델들을 계승했다. 우크라이나 오데사에서 태어난 조지 가모브는 20세기 초 물리학의 위대한 중심지였던 괴팅겐, 카벤디시, 코펜하겐, 리브란다우 연구소 등을 두루 거쳤고, 1933년 솔베이 회의에서 물리학자인 아내와 함께 서구로 망명했다. 가모브는 필경 그의 소련 출신 배경 때문에, 맨해튼 프로젝트에서 일하기 위한 비밀취급 인가를 받지 못했다. 대신 그는 미 해군에서 고성능 폭약 개발을 자문했다.[28] 1930년대 말엽 시작된 가모브의 프로젝트는 핵물리학을 알렉산드르 프리드만의 상대성 이론 모형과 결합하는 것이었다.[29] 1945년 이후 가모브와 특히 랠프 알퍼 같은 동료들은 뜨거운 빅뱅big bang을 가벼운 원소들—수소와 헬륨—을 요리하는 핵 오븐으로 묘사했고, 그로 인해 최초의 항성들이 불타기 시작했다고 설명했다.

그러나 빅뱅 이론에는 여러 가지 문제가 있었다. 허블의 데이터에 따르면 우주는 가능하게 여겨진 것보다 더 젊었다(예를 들어 지질학자들이 지구의 연령으로 추정한 것보다 더 젊었다). 또한 무거운 원소들의 형성을 설명해주는 메커니즘도 없었다. 곧 빅뱅 이론은 본디, 골드, 그리고 호일 등이 제기한 경쟁 이론을 만나게 되었다. 그것은 정상상태 우주론steady state universe이다. 본디는 오스트리아인으로 제2차 세계대전 동안 적국 국민으로 억류되어서 군대에 가지 않았다. 따라서 재능 있는 젊은 물리학자들이 핵 계획이나 레이더, 또는 민군 전용 과정에 참여하는 경로를 따르지 않았다. 역시 오스트리아인이었던 토미 골드는 영국의 수용 캠프에서 본디를 만났다. 본디와 골드는 1948년에 우주의 어느 지점에서든 동일하게 보일 뿐 아니라 어느 시점에서도 동일한 우주를 주장하는 논문을 발표했다. 그 결과는 시작도 끝도 없이 지속적으로 팽창하는 우주였다(그것은 허블의 관찰이 요구하는 우주이다). 두 달 후, 무신론자인 요크셔 출신 프레드 호일이 비슷한 우주상을 스케치했고, 지속적인 창조라는 현상을 덧붙였다. 팽창으로 남겨진 공간을 채우기 위해서는 미세 척도에서 물질이 계속 만들어질 필요가 있었다.[30] 호일은 르메트르 신부의 기독교 과학, 즉 모든 물질이 단일하고 창조적인 기원을 가진다는 개념보다 연속적인 창조 개념을 더 선호했다. 소련에서 연속 창조론은 "이념적으로 정당하지 않을 뿐 아니라 비과학적"으로 간주되었고, 두 가지 우주론 모두 배격되었다.[31]

그 문화의 가장 소중한 가치들이 자연화되어 우주의 기원 스토리로 써진 것이 우주론의 특징으로 널리 이해되었다. 따라서 20세기 중엽에 고안된 우주론들이 그 핵심에 핵 계획이라는 실행세계의 과학적 가치를 품고 있었다는 점은 놀랍지 않다. 1950년대에 제공된 과학적 우주론들 중 무엇을 선택할지는 또 하나의 중요한 전시 프로젝트인 레이더라는 실행세계에서 직접 성장한 과학에서 이루어진 관찰에 의존하게 되었다. 그것이 전파천문학이었다.

제16장

냉전 과학⑵: 정보체계에서 비롯된 과학들

레이더가 포괄적인 정보 체계로 건설되었다는 점을 상기해보자, 송신기는 무선 빔을 송출하고 수신기가 그 반향을 수집한다. 그러나 그것은 전체 과정의 시작일 뿐이다. 수신국에서 여과실을 거쳐 작전실로 갈 때까지, 수집된 데이터는 반복적으로 걸러져서 유용한 정보가 분리되고 추출된다. 최종적으로는 작전실에서, 이 세계의 대폭 축소된 표상을 조사한 후에 군사적 결정이 이루어진다. 이 과정에는 수많은 기술이 필요하다. 영국의 텔레커뮤니케이션연구소Telecommunications Research Establishment에서, 물리학자와 공학자 들이 무선 송신기와 수신 장치를 고안하고 설계하고, 어떻게 데이터를 축소하고 표상하는지 알아냈다. 군 관계자들과 밀접한 관계를 갖고 연구했던 다른 이들은 장비를 기존의 군사 하드웨어들과 부합시키는 작업을 수행했다. 이미 살펴보았듯이, 이 실행세계는 이미 그 자신의 과학, 즉 오퍼레이션 리서치라는 분야를 만들어냈다. 이 장에서 나는 그 밖의 레이더와 정보, 그리고 전 지구적 과학을 개괄하겠다.

전파천문학

또 하나의 새로운 과학은 하늘에 대한 레이더의 감시가 천문학적 우주 공간으로 확장되면서 실질적으로 막을 올렸다. 제2차 세계대전이 발발하기 이전에 미국에서 독립적으로 소규모 전파천문학 프로젝트들이 시작되었다. 벨 연구소에서 간섭원sources of interference을 조사하던 전기공학자 칼 잰스키가 1930년대 초에 우주에서 무선 잡음을 일으키는 원인을 발견했다. 그 중 하나가 우리 은하의 중심인 궁수자리에서 확인되었다.[1] 아마추어 천문학자였던 그로트 레버는 직접 만든 접시 망원경으로 잰스키가 발견한 간섭원을 확인했고, 카시오페이아자리와 백조자리, 그리고 태양에서도 그 밖의 전파원들을 찾아냈다. 그러나 잰스키와 레버의 선구적인 연구는 전시 레이더 연구가 끝난 후 학문적 연구로 돌아온 과학자들이 발명한 전파천문학이라는 호적수를 만나 이내 흡수되었다. 전후에 전파천문학은 실험물리학, 전기공학, 그리고 광학천문학에서 분화된 자율적인 전문 영역이 되었으며, 영국, 오스트레일리아, 네덜란드, 그리고 미국에서 고도로 조직된 거대과학 프로젝트로 진행되었다.

네덜란드에서 얀 핸드릭 오르트는 1945년에 독일의 훌륭한 잉여군수품인 레이더 접시를 이용해서 천문학 연구를 시작했다. 오스트레일리아에서는 영국 텔레커뮤니케이션연구소TRE와 MIT 방사연구소에 재직했던 물리학자 에드워드 G. 보웰과 조지프 L. 포시가 이끄는 정부 기관 연방과학및산업연구기구 전파천문학실험실CSIRO에서 레이더천문학을 전파천문학으로 발전시켰다. 영국에서는 통신연구소를 떠난 물리학자들이 장비, 계약, 그리고 레이더를 이용해서 하늘을 조사하는 경험까지 함께 가지고 나왔다. 케임브리지 대학에서는 캐번디시 실험실의 교외 부지가 전 TRE 물리학자 마틴 라일에 의해 시 외곽에 마련되었다. 맨체스터 대학의 경우, 역시 전 TRE 물리학자 버너드 러벨이 시 남쪽 조드럴뱅크에 있는 과거 이 대학의 식물원자리에 패트릭블래킷이 이끄는 물리학과의 전초 기지를 건설했다. 두 곳 모두 잉여 군수물자 전파장비의 임대(또는 증여) 계약을 얻어냈다. 그들은 전시에 주목했던 현상, 즉 항공기로부터 오는 반향을 전파 '잡음'源으로부터 분리시키는 연구를 시작했다. 케임브리지 대학은 처음에 태양 잡음에 초점을 맞추었다. 맨체스터 대학의 경우, 유성 또는 유성이 지나가면서 남는 이온화된 가스의 항적에 대한 레이더 연구에 집중했다. 그 흔적은 수 분 동안 전파를 반사했다(제2차 세계대전 동안, TRE에 본부를 둔 육군오퍼레이션리서치 그룹Army Operational Research Group은 유성 항적에서 나오는 반사를 V-2 로켓에서 나오는 신호와 구분하려고 시도했었다). 그들의 연구는 얼마 지나지 않아 과거에는 알려지지 않았던 주간 유성우流星雨를 밝혀냈다. 전파천문학은 광학천문학의 지식 축적에 이미 많은 기여를 하고 있었다.

시드니, 케임브리지, 그리고 맨체스터 그룹 간 경쟁 덕분에 그들은 저마다 미지의 전파 우주를 탐색하는 서로 다른 전문적 전략을 추구하게 되었다. 이것은 데이비드 에지와 마이클 멀케이가 과학 전문분야의 형성과 성장의 사회적 성격을 드러낸다고 주장하는 과정이다.[2] 케임브리지에서 마틴 라일의 팀은 간섭계를 만드는 데 주력했다. 이 장치의 해상도는 여러 개의 작은 안테나에서 얻은 측정 자료를 결합해서 대규모 전파망원경에 필적했다. 라일 그룹은 1950년대와 1960년대에 일련의 간섭계 망원경을 제작했다. 간섭계는 전파원의 지도를 작성하고 그 분포에 대한 정보를 밝혀내는 데 특히 유효했다. 처음에 이들 전파원은, 나름 그럴듯하게, '전파 항성'으로 기술되었다. 태양도 전파원으로 잘 알려져 있었기 때문이다. 그러나 일부 전파 항성들만이 은하면을 따라 모여 있어서, 많은 전파 항성들은 은하계 바깥에 있는 천체임을 시사했다. 두 번째와 세 번째 케임브리지 전파원 목록인 '2C'와 '3C'는 각기 1955년과 1959년에 발간되었다. 라일은 탐사에서 얻은 데이터, 특히 전파원의 수와 밝기 사이의 상관관계에 대한 데이터를 이용해서 그들이 우주의 정상상태 모형에 맞지 않는다고 주장했다. 정상우주론자들과 격렬한 논쟁이 이어졌고, 양편 모두 서로의 데이터를 비판했으며, 억지로 짜맞춘 모델이라고 주장했다.

조드럴뱅크 연구기지에서, 러벨의 팀은 단일한 대형 '다목적' 원반 안테나로 효율적으로 수행 가능한 연구에 집중했다.[3] 이들이 1940년대에 만든 첫 번째 원반은 직경이 218피트나 되는 전선으로 된 사발 모양이었는데 지상에 설치되어 장대에 장착된 수신기에 무선 전파를 반사하는 구조였다. 이 안테나는 블래킷의 연구 관심이었던 우주선線 반향을 탐색하기 위해 설계되었다. 로버트 핸버리브라운은 이렇게 회상했다. "행복한 우연으로, 그들은 우주에서 오는 전파 방출을 연구하기 위한…… 강력한 장치를 건설했다." 이 자오선의儀는 대형 접시 전파망원경의 개념을 검증해준 증거였다.

그런 다음 러벨의 팀은 강력한 수집 능력을 갖추고 하늘의 어느 지점이든 겨냥할 수 있는 접시가 달린, 완전히 조종 가능한 버전의 전파망원경을 상상했다. 250개의 망을 가진 강철망 사발과 전기 모터로 구동되는 좌대로 구성된 이 전파망원경은 거대하고 돈 많이 드는 계획이었다. 이 팀은 정부에 "은하와 태양의 전파 방출, 유성현상, 오로라, 달과 행성의 반향 등을 연구하기 위한 대형 전파망원경 건설을 위해 15만 4800파운드의 비용을 요청했다".[4] 다른 거대과학 프로젝트와 마찬가지로, 조드럴뱅크 전파망원경 계획도 충분한 후원을 받을 수 있었는데, 그것이 훌륭한 과학설비뿐 아니라 다른 이들의 문제에 대한 해결책을 제공해주었기 때문이다. 영국의 광학천문학자들, 특히 엘리트 전문집단인 왕립천문학회는 영국 천문학의 재기에 불을 붙일 수 있는, 혹독한 기상조건에도 제약받지 않는 장비라는 착상에 열광했다. 정부의 의사결정 책임자들은 '굉장한 대중적 구경거리', 가시적인 성과물, '국위 선양'의 상징, 그렇지 않으면 전후 변화의 바람과 맞서 싸웠어야 했을 영국에 안성맞춤인 명망 있는 국가적 과학 프로젝트를 칭송했다.

1954년에 전파망원경 계획이 진행되자, 전파천문학자들은 설계 변경을 요청했다. 거기에는 여러 가지 이유가 있었다. 하버드 대학 천문학자들이 중성수소에서 21센티미터 대역 전파 방출을 검출할 수 있다는 것을 발견했다. 곧 오르트를 비롯한 네덜란드 천문학자들은 우주에서 가장 흔한 원소인 수소를 사상寫像해서 은하계 구조를 극히 상세하게 밝혀낼 수 있다는 것을 입증했다. 1950년대에 작성된 오르트의 지도들은 최초로 은하계의 나선팔들을 또렷하게 보여주었다(21센티미터라는 짧은 파장을 조사할 수 있었던 것은 전시에 이루어진 혁신의 직접적 결과였다. 극초단파에 가까운 파장을 생성하고 측정할 수 있는 능력은 정확히 러벨의 '홈 스위트 홈' 같은 레이더 시스템을 위해 개발된 것이었다). 전파망원경이 짧은 파장에서 운용되려면, 더 밀도가 높은, 따라서 더 빽빽한 그물망이 필요했다. 그러므로 이에 따라 설계를 바꾸려면 더 많은 돈이 필요했다.

비용이 치솟자, 전파망원경을 정당화하기 위한 다른 주장이 제시되었다.[5] 러벨은 이 망원경을 조기경보체제로 사용하거나 전파 항성들이 천문 항법의 형태로 미사일에 사용될 수 있다는 주장으로 군 당국에 로비를 벌였다. 1957년 10월, 여러모로 빚을 진 망원경이 완성된 후 겨우 두 달 만에, 이 장비는 소련의 인공위성 스푸트니크를 추적하는 데 배치되어 널리 알려졌다. 당시에는 인공위성이나 ICBM 같은 로켓과 그 궤도를 추적할 수 있는 장비가 극히 적었을 뿐더러, 소련의 스푸트니크 성공으로 미국이 공황상태에 빠져 있을 때 영국이 소련 인공위성의 위치를 추적했다는 사실은 정치적으로 유용한 메시지를 전했다. 빚을 모두 갚게 된 것은 자선가이자 열렬한 반공주의자 너필드경 덕분이었다. 그는 자신이 이전에 이 망원경에 재정적 지원을 했던 이유를 "언젠가 러시아의 스텝지대를 겨냥할 필요가 있을 때 사용할 수 있을 것"이라고 설명했다.[6]

따라서 전파천문학자들은 냉전 시대의 우려를 적극 활용해서, 냉전이 아니었다면 불가능했을 규모로 과학 설비를 확보할 수 있었다. 조드럴뱅크의 망원경마저 난쟁이로 보이게 만들었던 미 해군의 프로젝트는 또다른 사례를 제공한다. 웨스트버지니아의 슈거그루브 기지를 위해 설계된 망원경은 설계 지름이 600피트였고, 무게가 3만 6000톤에 달했다. 스푸트니크로 안달이 난 미 의회가 7900만 달러를 지급했고, 건설이 시작되었다. 그러나 이 계획은 1962년에 취소되었다. 치솟는 건설 비용은 원인 중 하나에 불과했다. 다른 원인은 공식적으로는 전파망원경이었던 슈거그루브가 비밀리에 감청 설비, 즉 러시아에서 나온 무선 송신이 달에 반사되어 되돌아오는 신호를 기록하는 장치로 설계되었기 때문이었다. 스파이 위성의 성공으로 이러한 비밀 설비의 존재 이유가 사라졌다.

'검은'(비밀) 과학과 '흰'(공공) 과학의 조합은 냉전 프로젝트의 전형적 특징이었다. 이 색깔 용어를 사용했던 역사가 데이비드 반 큐렌은 이러한 조합을 보여주는 또 하나의 훌륭한 사례를 기술했다.[7] 은하배경복사GRAB 위성은 1960년 6월 22일에 발사되었다. GRAB은 부분적으로는 최초의 천체 관측 위성이면서 부분적으로는 최초의 첩보 위성으로 유명한 코로나 시리즈의 선구자 격이었다. 반 큐렌은 은폐 필요성이 과학자들에게 기대했던 것보다 더 큰 권력을 주었다는 점을 강조했다(가령 포면이 이야기했던 이해관계의 '상호 지향'에서 나타나듯이). 그는 GRAB 천문학자 허버트 프리드맨의 말을 인용했다. "우리에게는 기회가 빈곤하지 않았다. 그러나 첩보부 사람들이 자신들의 활동을 은폐할 수 있어서 기뻐했다는 사실은 우리가 그곳으로 진입할 수 있는 기회를 주었다."

천문학자들은 GRAB이 내놓은 결과에 만족했다. 태양 표면에서 일어난 폭발이 X선을 생성했고, 그것이 상층대기를 이온화해서 레이더의 송신을 가로막았다는 것을 입증함으로써 모두에게 유용했고, 기초과학에도 도움이 되었다. 첩보부 사람들은 GRAB 위성을 소련 레이더의 수와 특성에 대한 정보(소련이 탄도탄 요격미사일 레이더를 갖추고 있다는 사실을 포함해서)를 제공해준 혁명으로 간주했다. 전략공군사령부는 이 정보를 바로 활용해서 소련 공격 비행 경로를 작성했다. 과학자들은 그렇지 않았으면 불가능했을 자원과 데이터를 손에 넣었다. 이 사실은 냉전이 끝난 1998년에야 비밀이 해제되어 사람들에게 알려졌다. 돌이켜보면, 'GRAB'이라는 명칭*에 진즉 의구심을 품었어야 했다!

빛과 마찬가지로 전파도 지구 대기를 투과한다. 따라서 광학천문학과 전파천문학은 지상 기반 계획이 가능했다. 대기는 전자기 스펙트럼의 다른 부분들은 통과시키지 않았다. 따라서 자외선, X선, 그리고 감마선 천문학은 우주 기술에 의존했다. 이번에도 국가 안보와의 연결이 잦았다. 예를 들어 1970년에 발사된 최초의 X선 천체관측 위성 우후루Uhuru는 보스턴에 있는 미국과학공학사의 리카르도 지아코니 팀이 설계했다. 과거 지아코니와 그의 팀은 1960년대 초 대기권 핵실험에서 방출되는 X선을 검출하기 위해 인공위성에 X선 장비를 설치하는 작업을 했다.[8] 실제로 우주에 있는 최초의 X선원源은 은밀한 핵실험을 찾아내기 위한 이 연구를 통해 발견되었다.

따라서 전파천문학은 레이더라는 실행세계에서 자라났고, 냉전 기간 가능했던 원천들에 의해 거대과학이라는 형태로 유지되었다. 그 과학적 보상은 특별했다. 여전히 자신들의 시스템으로 전파 간섭에 관심을 기울이며, 위성 통신에 대한 관심을 키워가던 벨 전화연구소는 에코와 텔스타 인공위성 프로그램에 사용하기 위해 특이한 뿔 모양의 대형 전파 안테나를 건설했다. 1964년, 벨 연구소의 두 직원 아르노 펜지아스와 로버트 W. 윌슨이 이 극도로 민감한 전파 안테나를 이용해서 희미하지만 어디든 편재하는 잔여 전파 잡음을 측정했다. 이들은 이 전파원을 찾아낼 수도, 제거할 수도 없었다. 이 이야기가 프린스턴 천체물리학자들의 귀에 들어갔다. 그중 한 명인 로버트 디키는 1940년대에, 어디에나 편재하는 극초단파 잡음으로 빅뱅의 흔적을 검출 가능할 것이라고 예견했다. 관측과 해석이 이어져서, 3K 우주 극초단파 배경복사의 발견으로 인정되었다. 이것은 빅뱅의 핵심 증거였으며, 정상상태 이론이 경험적으로 더욱 입증되기 힘들다는 현실을 보여주었다.

---

* GRAB은 '움켜쥐다', '기회를 잡다'라는 뜻을 가진 단어이기도 하다.

또한 전파천문학은 새로운 천체들을 찾아냈다. 1950년대에 케임브리지 탐사 목록에 오른 많은 전파원들의 직경이 작다는 사실이 알려졌다(조드럴 뱅크 전파망원경이 이 발견에 기여했다). 일부 전파원들은 광학적 천체와 일치했다. 1963년에 전파원이 달에 가려지는 동안 오스트레일리아의 대형 파크스 망원경으로 관측된 결과를 이용해서, 팔로마산 천문대의 네덜란드계 미국인 천문학자 마르틴 슈미트는 전파원 3C273을 기이한 푸른 빛을 띤 항성으로 확인했다. 슈미트는 3C273의 스펙트럼을 조사해서 대단히 큰 적색이동을 밝혀냈다. 이것은 그 전파원이 아주 멀리 떨어져 있다는 것을 의미했다. 전파원3C273은 새로운 부류의 천체에 속했다. 그것은 아주 멀고, 식별 가능하며, 본질적으로 매우 밝은 종류의 천체였다. 천문학자들은 이 '퀘이사', 즉 항성상恒星狀 천체가 우주에서 가장 격렬한 활동을 하는 천체에 속한다고 결론지었다.

1967년 7월, 케임브리지의 젊은 전파천문학자 조슬린 벨은 여우자리의 작은 성운 속에 있는 전파원의 기록에서 뭔가 '덜미'를 잡았다. 영리하게도 그 미세 구조를 확인해야겠다고 생각한 그녀는 매우 빠른 속도로 반복되는 전파 펄스를 발견했다. 벨의 팀 리더인 앤서니 휴이시는 그 전파원을 우주의 기원이라고 결론지었다(그러나 외계인의 가능성은 배제했다). 개인적으로 많은 점검을 거친 끝에, '펄사'의 발견이 1967년 말엽에 발표되었다. 펄사의 속도는 전파를 방출하는 천체의 크기에 대한 단서—빠를수록 그 크기는 작다—를 주었다. 그리고 이 펄사의 회전 속도는 매우 빨랐다. 1968년에 토머스 골드는 펄사가 회전하는 중성자별이라고 주장했다. 중성자별은 극도로 응축되어 원자구조가 붕괴해서 상상할 수 없을 만큼 밀도가 높은 중성자들의 바다가 된 가상의 천체였다. 전시의 레이더에서 자라나 20년이 지난 1960년대 말엽에 이르러, 전파천문학은 과학자들에게 빅뱅의 강력한 증거뿐 아니라 새로운 천체들로 가득 찬 우주를 제공해주었다.

사이버네틱스

또 하나의 새로운 과학, 사이버네틱스cybernetics는 대공對空 레이더 연구라는 실행세계의 직접적인 투영의 소산이었다. 고속으로 접근하는 폭격기들은 인간 대공포병들에게 목표의 위치를 등록하여 발포를 지시할 시간을 거의 주지 않았다. 이렇듯 긴급한 문제가 기술 혁신을 위한 명백한 초점이었고, 그중 일부는 워런 위버가 NRDC를 위해서 실제로 연구를 했다.[9] 얼핏보기에 그것은 새로운 과학의 기반이 될 것처럼 보이지 않았다. 어린 시절신동이었고 열여덟 살에 하버드에서 수학으로 박사학위를 받은 노버트 위너는 1940년에 대공 기술을 혁신적으로 향상시키라는 과제가 주어졌을 때이미 뛰어난 중년의 MIT 수학자였다.[10] 전기공학자인 줄리언 비글로의 도움을 받아서 위너는 대공화기를 자동화시키는 방안으로, 접근하는 항공기위치에 대한 레이더의 반향 데이터를 피드백하는 문제를 고려했다. 그는 자신의 장치를 '대공 조준 산정기anti-aircraft predictor'라고 불렀다. 주어진 과제는 대포알의 매끄러운 궤적처럼 항공기의 경로를 외삽하는 식으로 단순하지 않았다(어쨌든 위너는 탄도학을 알고 있었다). 오히려, 의식적이고 무의식적인 조종사의 행동이 끊임없이 비행경로를 요동하게 했다. 위너와 비글로는 그들의 획기적인 통찰을 이렇게 보고했다.

> 우리는 항공기 경로의 '임의성', 또는 불규칙성이 조종사에 의해 입력된다는 점을 깨달았다. 동역학적 기체가 직선 비행이나 180도 방향전환과 같은 유용한 동작을 하게 만들기 위해서, 조종사는 서보-메커니즘처럼 움직인다.[11]

조종사의 의식은 대공 장비의 움직임에 표상될 수 있으며, 이 전체가 음의 피드백, 수정 루프에 초점을 두고 일반화될 수 있다. 이미 미래를 내다보고 있던 위너는 대공 조준 산정기가 조종사의 정신을 포획했다는 점이 '생리학자, 신경병리학자, 적성 검사 전문가들의 관심을 끌 수 있을 것'이라고 보고했다. 피터 갤리슨은 당시 시급하게 주어졌던 직접적인 과제를 상기시키면서 이렇게 지적했다. "사실 더 중요한 것은, 좀더 향상된 대공 산정기가 개발된다면 조종사 고유의 특징적인 비행 패턴을 이용하여 다음 움직임을 계산해서 적을 죽일 수 있게 될 것이라는 점이다."[12]

위너는 이렇게 회고했다. "적의 행동에서 나타나는 것 같은 인간적 요소를 제거하는 일이 먼 미래에조차 가능해보이지 않았다. 따라서 전체적인 통제 문제가 가능해질 만큼 완전한 수학적 처리를 이루기 위해서, 인간이든 기계든, 시스템의 여러 부분을 단일한 기반을 토대로 일치시킬 필요가 있었다."[13] 대공 설비에 대한 숙고를 통해 위너는 기초 계획 수립으로 나아갔다. 그것은 자연, 인간, 그리고 물리과학 사이에 놓인 학문분과의 경계를 해소하고, 피드백이라는 관점에서 '사이버네틱스'라는 새로운 과학을 고쳐서 다시 만드는 것이었다. 멕시코의 신경생리학자 아르투로 로젠블러드와 함께, 위너와 비글로는 '행동, 목적, 그리고 목적론Behavior, purpose, and teleology'이라는 제목의 1943년 논문에서 이 체계에 대한 민간 진영의 관심을 끌었다. 또한 위너는 두 명의 컴퓨터 선구자인 하워드 에이켄과 존 폰 노이만과 함께 연구를 시작했다. 그리고 이 그룹이 목적론 학회Teleological Society를 설립했다. 학회의 어느 구성원은 이렇게 회상했다. "우리는 공학과 신경학의 측면들을 모두 포괄하는 이 주제가 본질적으로 하나라고 확신하고 있었다."[14] 조시아메이시주니어Josiah Macy Macy Jr. 재단이 일련의 사이버네틱스 회의를 위한 자금을 제공했다. 1948년에 위너는 그의 저서 『사이버네틱스』(Cybernetics라는 이 신조어는 그리스어로 '조타수'를 뜻하는 말에 기반을 두었다)를 발간했다. 책의 부제인 '동물과 기계의 통제와 커뮤니케이션'은 그가 목표로 하던 계획을 그대로 담고 있었다.

핵심적인 전범典範, 주요 교과서, 그리고 토대를 이루는 회의가 새로운 학문분과의 핵심을 형성한다. 사이버네틱스는 새롭고 '보편적인 학문분과'

를 위한 기획—다른 분과들, 특히 심리학과 공학을 포괄하고 재해석하려는—이었다.[15] 또한 사이버네틱스는 생물 체계와 무생물 체계 사이의 경계를 불분명하게 만들었다. "우리는 과학적 관점에서 보았을 때 사람을 비롯한 동물들이 기계와 비슷하다고 믿는다. 왜냐하면 인간과 동물 행동을 연구하는 유일하고 효과적인 방법이 기계적인 대상의 행동에도 적용될 수 있는 방법이라고 믿기 때문이다." 로젠블러드와 위너는 1950년에 이렇게 말했다. "따라서, 문제가 된 사이버네틱스라는 용어를 쓰기로 한 주된 이유는 과학적 탐구 대상으로 인간이 기계와 다르지 않다는 점을 강조하려는 것이었습니다."[16] 이처럼 두드러진 야망이 조장되고 지속된 곳은 냉전이라는 실행세계였다. 냉전 시기 군사적 체계에서 인간과 기계의 통합은 중심적인 문제였다.

사이버네틱스는 나라마다 다른 방식으로 받아들여졌다. 영국에서 전시에 레이더를 연구했던 신경생리학자 W. 그레이 월터는 먹이를 찾을 수 있고, 상호작용이 가능하고, 심지어 '애정'까지 나타낼 수 있는 로봇 거북을 만들었다.[17] 월터는 뇌를 레이더와 크게 다르지 않은 전자 스캐닝 장치로 규정했다. 사이버네틱스에 매료된 소련 과학자들은 자신이 선택한 주제가 이념적 지도자들에 의해 비난받는 문제에 직면했다. 1950년대 중반 소련에서 나온 어느 사전은 사이버네틱스를 이렇게 정의했다. "사이버네틱스: 제2차 세계대전 이후 미국에서 등장한 반동적인 사이비 과학이며 다른 자본주의 국가들에 폭넓게 전파되고 있음. 사이버네틱스는 부르주아적 세계관—몰인정한 잔학행위, 노동자를 기계의 부속품, 생산 수단, 그리고 전쟁 도구로 변형시키려는 노력—을 분명하게 투영하고 있다."[18] 1953년 스탈린이 세상을 떠난 후 소련의 사이버네틱스가 이념 공세를 버텨낼 수 있었던 이유는 부분적으로 적절한 수사적 형태로 사이버네틱스를 표현하는 법을 배웠기 때문이기도 하지만, 대부분은 일반적으로 사이버네틱스, 그리고 특수하게는 컴퓨터가 소련의 냉전 방어 계획에 필수적이었기 때문이다.[19]

컴퓨터와 냉전

역사가 폴 에드워즈는 컴퓨터가 냉전의 핵심적인 도구이자 상징이었다고 주장한다. 그의 주장은 컴퓨터가 전후 미국 조기경보체제에서 핵심에 위치한다는 점에서 잘 나타난다. 어떻게 그런 일이 일어나게 되었는지의 스토리도 냉전 프로젝트들의 우연성을 조금쯤 보여준다. 1944년, MIT 자동제어연구소의 전기공학자 제이 포레스터는 아날로그 방식 모의비행장치의 디지털 버전을 개발하고 있었다. 이것이 중앙집중화된 제어시스템의 한 구성요소로 디지털 컴퓨터를 상상했던, 월윈드 프로젝트Project Whirlwind가 되었다. 비용이 늘어나면서 첫 번째 후원자였던 해군연구국이 겁을 먹자, 포레스터는 이 프로젝트를 사줄 다른 후원자들을 찾아나섰다. 그때마다 이 프로젝트는 병참 계획 문제 해결, 항공관제, 생명보험 계산, 그리고 미사일 테스트 등으로 주제가 변경되었다. 마침내 포레스터는 공군을 후원자로 얻었다. MIT의 다른 교수 조지 밸리의 제안을 신중히 고려하던 공군은 월윈드 프로젝트를 방공 시스템의 중심으로 보았다.

포레스터의 월윈드는 반자동식방공관제조직SAGE의 중심이 되는 전자식 컴퓨터가 되었다. SAGE는 전국을 포괄하는 컴퓨터 제어 방공 시스템이었으며, 입력되는 레이더 정보가 전투 센터로 전달된 뒤 다시 관제 지시 센터들로 하달되는 방식이었다. 에드워즈는 이렇게 썼다. "SAGE가 만들어지는 과정은 기술적이면서 전략적이고, 동시에 정치적이었다."[20] 기술적으로, SAGE는 전자 데이터와 실시간 계산이라는 온라인 표상에서의 혁신을 요구했다(당시 존재했던 프로그램 내장식 컴퓨터는 실시간으로 작동하지 않았고, 계산 과제들은 여러 묶음으로 완성되었다). SAGE는 비디오와 그래픽 디스플레이뿐 아니라 데이터 전송과 수신의 새로운 기술(모뎀과 같은) 또한 요구했다. 과거 윌리엄스 진공관과 지연선遲延線 기억장치를 넘어서는 중요한 진보였던, 자기 코어 기억장치가 월윈드를 위해 개발되었다. 기업의 관점에서 보면 가장 큰 수혜자는 IBM이었다. IBM은 정부로부터 컴퓨터를 생산하는 계약을 많이 수주했고, 정부 지원 첨단 군사기술을 접한 이득으로 전후 컴퓨터 시장을 지배했다.

전략적으로, SAGE의 채택은 군대에 조직과 가치의 변화를 요구했다. SAGE는 전쟁의 자동화, 중앙집중화, 컴퓨터화된 제어를 지향했다. SAGE는 인간이 지시를 내리고 명령 완수 방법의 해석 책임을 위임하는 것 같은 전통적인 군사적 가치들에 반대했다.[21] 또한 SAGE 프로젝트는 군사 후원자와 대학 실험실 사이의, 표면의 용어로 상호지향을 확실히 다지는 중요한 단계였다. 공군은 포레스터의 컴퓨터화된 관제라는 비전을 따라 변화했고, MIT는 기능적으로 미 공군의 연구개발 부서로 변화했다. 정치적으로, SAGE는 에드워즈의 더 포괄적인 주장을 예증했다. 즉 컴퓨터가 냉전 시스템들의 중심에서 도구로 쓰였을 뿐 아니라, 자족적인 '닫힌 세계closed world' 속에서 이루어지는 제어라는 은유를 제공하기도 했다.[22]

군부는 컴퓨터의 가장 중요하고 넉넉한 후원자였다. 1948년에 최초의 전자식 프로그램 내장 컴퓨터가 맨체스터 대학에서 과거 레이더를 연구했던 과학자들에 의해 제작되었을 때, 가장 많은 돈을 낸 기관은 영국 원자폭탄 계획을 이끌었던 군수성Ministry of Supply이었다. 세르게이 레베데프가 1951년에 만든 MESM에서 시작된 소련 최초의 프로그램 내장식 컴퓨터는 탄도미사일, 원자무기, 그리고 미사일 방어 계획 같은 군사적 수요에 부응해야 했다.[23] 그러나 20세기 후반 컴퓨팅에서 세계를 바꾸어놓은 발전을 이룬 미국의 경우, 군사적 수요와 산업 혁신이 결합을 이루었다. 일반적으로, 계속되는 냉전으로 유지되고 새롭게 싹트는 상업적 적용으로 한층 활성화되어, 컴퓨터는 더 작아졌고, 값싸게 제조하고 운용할 수 있게 되었다.

이 과정에서 과학은 변화했다. 에드워즈의 주장과 마찬가지로, 이러한 변화에는 이중적 성격이 있다고 말할 수 있다. 컴퓨터는 과학 연구에서 혁명적 도구가 되었을 뿐 아니라 새로운 학제적 프로그램들을 이끄는 지배적인 은유가 되었다. 도구로서 컴퓨터의 사례는 전파천문학, X선결정학, 기상학,[24] 고에너지물리학, 그리고 20세기 말이 되기 전까지 모든 과학에서 찾아볼 수 있었다. 컴퓨터를 연구 프로그램을 이끄는 은유로 채택한 과학의 사례는 인공지능, 인지심리학, 면역학, 그리고 잘 드러나지 않지만 심오한 방식으로, 유전학을 암호 과학으로 재해석하는 과정 등에서 찾아볼 수 있다.

과학혁명의 도구로서의 컴퓨터

입자가속기연구소와 천문관측소는 그곳에 설치된 복잡하고 값비싼 장비들이 생성한 엄청난 데이터를 단순화하고 재배열해서 자연 세계의 표상을 만들어내는 장소였다. 이러한 표상은 자연을 대신하는 과학 연구의 주제였다. 팔로마산 천문대의 200인치 망원경과 같은 대규모 광학 망원경은 측정하고 비교하고 결합할 수 있는 사진들을 제공했다. 1980년대가 되자 화학적 사진은 전하결합소자CCDs의 디지털 판독으로 대체되었다. 이 무렵 컴퓨터는 이미 데이터 처리 수단일 뿐 아니라 대형 망원경의 움직임을 제어하는 도구가 되었다.

광학천문학은 전파천문학에 주도권을 내주었다. 조드럴뱅크 마크II 망원경에서는 페란티 아르고스 같은 컴퓨터가 1960년대 초부터 망원경의 움직임을 제어하는 데 사용되었다. 망원경에서 생성된 엄청난 양의 정보를 처리하는 데 컴퓨터를 이용하면서 망원경의 성능은 비약적으로 개선되었다. 케임브리지의 마틴 라일 팀이 최초로 개발했던 개구합성 기법*은 가장 놀라운 사례다. 이 기법으로 넓게 배치된 작은 망원경들에서 나온 데이터들

---

* Aperture synthesis. 복수의 작은 안테나가 받은 수신 신호를 합성하여 대구경 안테나와 똑같은 분해 능력을 갖게 하는 기술.

을 대구경 망원경의 능력을 흉내 내는 방식으로 결합할 수 있게 되었다. 실제로 지구의 자전으로 망원경들이 하늘의 같은 구획을 관찰하면서 지나가기를 기다리면, 최소한 해상도의 측면에서 이 망원경들의 성능은 수천 마일 구경 망원경에 맞먹을 수 있다. 그러나 이런 데이터를 손으로 정리하려면, 설령 기계식 계산기를 사용하더라도 사람의 노동 시간으로는 너무 많은 비용이 들어갔다. 따라서 전파천문학의 미래는 컴퓨터에 달려 있었다.

핵무기과학, X선결정학, 고에너지물리학에서는 훨씬 일찍부터 컴퓨터가 이용되었다. 원자폭탄 개발에는 에너지 방출량 측정 같은 중요한 문제들이 따랐다. 직접 실험을 통한 조사는 배제되었는데, 어떤 측정 기구도 결과를 보고할 때까지 원자폭탄의 폭발을 견딜 수 없었기 때문이었다. 이론은 해결책을 제공해주지 못했다. 산출된 방정식들은 다루기가 힘들었다. 열핵폭탄의 경우, 존 폰 노이만과 스타니스와프 울람이 인위적인 해결책을 내놓았다. 그것은 수치 계산법을 통한 모의실험이었는데, 공동 연구자였던 니콜라스 메트로폴리스가 '몬테카를로 기법'이라고 이름 붙였다.[25] 그들은 1940년대 말엽에 빠르고 유연했던 전시 계산기 에니악ENIAC을 통해 모의실험을 했다. 그러나 몬테카를로 기법은 로스앨러모스에 건설된 매니악MANIAC 같은 초기 프로그램 내장식 컴퓨터에 와서야 비로소 완전히 활용되었다.

X선결정학의 경우, 우선 X선 회절 패턴의 사진에서 발견된 검은 점들의 위치와 면적을 세심하게 측정하는 작업과 연관된 데이터 처리 과정이 있고, 두 번째로 퓨리에 변환, 즉 삼각급수의 큰 수치들을 더하여 계산하는 데 따르는 수학적 절차들이 있다.[26] 1930년대에 A. 린도 패터슨이 기술했던 이 계산은 아주 단순한 결정상狀 분자들을 다루는 경우에조차 쉽지 않았다. 큰 분자들에 대한 관심이 높아지자, 계산 작업에 훨씬 더 많은 시간이 들어갔다. 두 차례의 세계대전 사이에 맨체스터에 있는 로렌스 브래그의 X선결정학실험실에서 연구하던 두 물리학자들은 연구를 보조하기 위해 맞춤형 도구, 비버스-립슨 스트립을 개발했다. 이것은 사인과 코사인의 관련 값들이

들어 있는 카드였다. 적당한 카드들을 같이 놓으면, 그 합을 더 쉽게 계산할 수 있었다. 또한 X선결정학자들은 분자 안에 있는 무거운 원소가 마치 카지노의 페그(딜러의 위치를 표시하는 마커)처럼 사용되어 그 주위의 구조를 쉽게 결정할 수 있다는 것도 알았다. X선결정학자들은 반복적인 작업을 했다. 회절 사진을 얻고, 구조의 부분적인 징후를 끌어내고, 결론을 도출하고, 새로운 각도로 시도하고, 이 과정을 반복했다.

점차 큰 분자에 도전하게 되면서 비버스-립슨법은 처음에는 천공카드로, 나중에는 전자식 프로그램 내장 컴퓨터로 번역되었다. 칼텍의 라이너스 폴링과 브래그의 팀은 천공카드를 이용했다. 옥스퍼드 X선결정학자 도로시 호지킨은 페니실린 구조를 유도한 후 천공카드 방법을 채택했다.[27] 그러나 새로운 프로젝트인 비타민 B_{12}의 3차원 구조 연구에서, 그녀는 1950년대 초에 전자식 컴퓨터로 선회했다. 해군연구국과 민간 자선단체의 기금으로 제작된 레이 페핀스키의 X-RAC 같은 아날로그 장치, 맨체스터의 페란티 마크1 같은 디지털 프로그램 내장식 컴퓨터, 그리고 로스앤젤레스 캘리포니아 대학에서 국립표준국을 위해 제작된 SWAC 같은 컴퓨터가 사용되었다. 마찬가지로 케임브리지의 막스 페루츠와 존 켄드루도 각기 헤모글로빈과 미오글로빈의 구조를 알아내기 위해서 케임브리지의 EDSAC을(그리고 기업과 군 컴퓨터들을 빌려서) 사용했다.[28] 이 분자들은 생명과학자들이 큰 관심을 가지는 거대분자들이었다. 나노미터의 10분의 1 수준에서 구조를 분석하기 위해 데이터를 처리하려면 컴퓨터 시간으로 수백 시간이 필요했다. 수작업이었다면 훨씬 더 오래 걸렸을 터였다. 페루츠, 켄드루, 그리고 호지킨은 컴퓨터를 분자생물학 도구로 사용할 수 있다는 것을 밝혀낸 공로로 모두 노벨상을 받았다.

고에너지물리학 분야에서는 컴퓨터의 적절한 사용을 둘러싸고 이견이 있었다. 갤리슨은 미시 물리학에서 두 가지 대별되는 전통을 찾을 수 있다고 주장한다.[29] '이미지' 전통에서는 가장 이상적으로 '최고의 순간'이라 불릴 법한 모방 표상을 생성하는 화상畵像 기술을 추구했다. 예를 들어 한 장의 안개상자 사진으로 입자가 붕괴하는 모습을 촬영하는 경우다. 두 번째는 '논리적' 전통인데, 계산 기법을 선호했다. 가령 가이거-뮐러계수기의 딸깍 소리를 측정해서 통계적으로 분석할 수 있는 데이터를 얻는 것이다. 1940년 대 이후 물리학의 규모가 커지면서 두 가지 전통 모두 컴퓨터를 재조직 작업 수단으로 받아들였지만, 그 방식은 서로 달랐다. 이미지 전통의 경우 버클리의 루이스 앨버레즈 같은 물리학자는 사람의(최소한 전문적인 물리학자의) 판단이 계속 개입해야 한다고 주장한 반면, 논리적 전통에 선 루 코와르스키 같은 물리학자는 철저한 자동화를 주장했다. 거대과학 프로젝트에서 개인 물리학자의 역할이 단순한 기계 관리인인지 아니면 창조적인 파트너인지 여부가 시급한 쟁점이었다. 그럼에도 불구하고, 1960년대 이후 갤리슨은 두 전통이 융합되었다고 주장한다. SLAC-SBL 솔레노이드 자기 검파기와 같은 장비의 경우, 컴퓨터화가 다른 복잡한 시스템의 부분들을 매개하는 데 중심적이었다는 것이다.[30] CERN에서, 1968년에 개발된 조르주 샤르파크의 다중선 비례함은 입자 검출을 전자적 사건으로 만들어서 사진을 대체했고, 한층 진전된 컴퓨터화된 제어와 분석을 낳았으며, 실험 기법을 변화시켰다.

컴퓨터는 핵반응을 단순화시켜서 접근 가능하고 조작 가능한 표상으로 만들기 때문에 핵무기 과학자에게는 필수적인 도구였다. 컴퓨터는 빠른 계산 속도로 전파망원경의 개구합성과 대형 단백질의 3차원 모델링을 가능하게 해주었다. 컴퓨터는 입자검출기를 제어해서 수백만에 달하는 사건을 계산할 수 있었다. 이런 의미에서 컴퓨터는 천문학, 분자생물학, 입자물리학에서 혁명적인 도구였다. 컴퓨터는 그 밖에도 많은 데이터를 처리하는 분야에서 질적인 변화, 즉 '상변화相變化'를 일으킬 수 있었다.[31] 실제로 더글라스 로버트슨의 관점에서, 20세기 후반에 컴퓨터는 "천문학에서 망원경보다 중요하고", "생물학에서는 현미경보다도 중요하고", "고에너지물리학에서 입자가속기보다 중요하고", "수학에서는 뉴턴 미적분학보다 중요하고", "지구

물리학에서는 지진계보다 중요한" 과학의 가장 중요한 도구가 되었다.[32]

이런 주장에는 옳은 부분도 있지만 잘못된 부분도 있다. 가령 로버트슨은 천문학이 대체로 망원경에 의해 기입―사진이든, 펜 기록이든, CCD의 결과이든―되는 과학이었다고 봤다는 점에서 틀렸다. 또한 명백한 질적 변화가 있다는 그의 주장도 잘못이다. 컴퓨터화는 과거 기계적이고 인간적인 노동 과정이었던 계산 방법을 자동화시킨 것이었으며, 그 전환은 비교적 매끄러웠다.[33] 그러나 컴퓨터에 의해 어떤 도구가 가능하고, 어떤 환원과 분석이 달성 가능한지 정의될 수 있다고 주장한 부분은 옳다. 그로 인해 20세기 말과 21세기 초 과학 분야들은 과거에 비해 놀랄 만큼―디지털 실행세계의 과학 분야들로―서로 닮아갔다.

로버트슨은 과학자가 보는 능력을 컴퓨터가 크게 확장시켰다고 주장한다. 과학에서 새로운 시각화 방법들은 극적으로 변화되었다. 예를 들어 1960년대 중반에 MIT 컴퓨터과학자들이 분자를 3차원으로 표시하는 방법을 개발했고, 이러한 표상들과 화학자들이 상호작용할 수 있게 해주었다.[34] 처음에는 이런 방법들이 보완적인 수준이었지만, 나중에는 분자를 모형화하는 다른 방법들을 대체했다. 의학의 화상 기술들은 훨씬 더 놀라운 사례들을 제공한다. 1960년대 중반에, 레이더공학자 출신으로 EMI사에서 연구하던 고드프리 하운스필드는 X선 빔을 모아서 데이터를 디지털 방식으로 기록하는 방법을 개발했다.[35] 뇌의 아주 얇은 절편에서 데이터를 취합하고, 컴퓨터를 이용해서 그 데이터를 다시 모으는 방식으로, 하운스필드와 그의 동료 A. J. 앰브로즈는 뇌 안쪽의 영상을 작성하는 실험을 했다. 지역 푸줏간에서 얻은 암소의 뇌를 이용한 초기 실험에서는 좋은 영상을 얻는 데 실패했다. 그러나 곤봉으로 가격하는 대신 피를 빼서 죽음에 이르게 하는 유대교 푸줏간에서 얻은 두 번째 암소의 뇌 영상을 접하고 두 사람은 매우 기뻐했다. 비틀즈의 성공으로 큰돈을 번 EMI사는 이 컴퓨터 단층촬영법CT에 투자했고, CT를 의학에 직접 이용할 수 있다는 사실이 밝혀졌다. 1971년

10월에는 최초로 환자를 스캔해서 뇌 종양을 찾아냈다. 하운스필드와 독립 과학자 앨버트 코맥은 이 공로로 1979년에 노벨상을 받았다.

CT와 비슷한 시기에 다른 의학 화상 기법들이 등장했다. X선이 필요하지 않다는 이점이 있는 핵자기공명영상MRI 방법의 뿌리는 이지도어 라비와 펠릭스 블로흐 같은 물리학자들이 냉전 초기에 개발했던 양성자와 중성자 자기 모멘트의 정확한 측정으로 거슬러올라간다. 그 후 MRI는 1950년대에 와서 무기화학자들의 도구가 되었고, 1960년대에는 유기화학자들에게 사용되었으며, 1970년대에 와서야 영국과 미국의 그룹들 사이의 경쟁을 통해 의학적 영상 촬영 방법으로 개발되었다.[36] CT와 마찬가지로, MRI도 컴퓨터 성능에 의존하는 (최초의 CT 촬영도 2만 8000번의 판독이 필요했다) 값비싼 기술이었으며, 서구 병원의학의 규모 확장을 나타냈다.

피터 갤리슨은 이렇게 말했다. "처음에 컴퓨터는 기계, 대상, 방정식을 조작하는 도구로 출발했지만, 나중에는 컴퓨터가 도구가 아니라 자연을 대표하게 되면서, 컴퓨터 설계자들은 '비트(바이트) 단위로' 도구라는 개념 자체를 해체시켰다."[37] 아주 일찍이, 몬테카를로 시뮬레이션은 어떻게 컴퓨터 모형이 자연을 '대신할' 수 있는지 보여주었다. 다른 과학 분야에서, 컴퓨터는 지배적인 조직 은유가 되었다. 뇌와 마음의 과학들이 그런 사례에 해당한다. CT와 MRI가 컴퓨터를 화상 처리 도구로 사용했다면, 인공지능과 인지심리학에서 컴퓨터는 본성을 대리했다.

마음으로서의 컴퓨터

20세기 중반 이후 사람의 뇌와 마음을 모델화하려는 시도에는, 종종 경쟁적이었던 두 가지 접근방식이 있었다. 첫째는 상향식bottom-up 접근으로, 뇌의 구조를 대폭 환원시키는 형태로 하드웨어에 직접 모형화하려는 방식이었다. 워런 맥컬럭와 젊고 불안정한 천재 월터 피츠는 1943년에 신경세포를 스위치로 다룬 논문을 발표했고, 정신 현상이 (예를 들어 기억과 같은) 뉴런들의 연결망 속에 있는 피드백 회로에서 발견될 수 있으며, 이 연결망들이 논리 회로와 비슷하게 작동할 수 있다고 주장했다. 맥컬럭와 피츠는 자신들이 구상한 뉴런-스위치 연결망이 튜링의 보편적 기계와 완전히 같다는 것을 입증했다. 폰 노이만과 위너는 비상한 관심으로 이 논문을 읽었다.[38] 전쟁이 끝난 후, 그들의 뒤를 따라 젊은 하버드 학생 마빈 민스키가 전자공학도 딘 에드워즈와 심리학자 조지 밀러와 함께 잉여 전쟁물자와 해군연구국Office of Naval Research에서 얻은 소규모 연구비로 신경망컴퓨터 neural network machine, 'Snarc'를 조립했다. 이 신경망컴퓨터는 미로찾기를 학습하는 쥐를 흉내 낸 것으로, 자극과 보상에 대한 행동주의 이론을 실체화하면서 동시에 뇌의 사이버네틱스 이론들을 적용한 것이었다.

코넬 대학에 있었던 프랭크 로젠블럿은 한걸음 더 나아가 학습 장치로서의 신경망을 그가 '퍼셉트론perceptron'이라고 불렀던 것의 이론과 실천으로 발전시켰다. 1958년에 로젠블럿은 그들이 얻은 연구 업적에 대해 대담한 주장을 폈다. 그는 『뉴요커』에 이렇게 썼다.

[퍼셉트론은] 고양이와 개의 차이를 이야기할 수 있지만, 아직까지 우리의 계산에 의하면, 그 개가 고양이의 오른쪽이나 왼쪽에 있는지는 말할 수 없다. 지각이나 판단의 세련됨을 더 깊이 가르쳐야 할 것이다.[39]

그러나 상향식 접근방식에는 마찬가지로 중요하고 오만한 경쟁자가 이미 존재했다. 컴퓨터가, 최소한 유리한 조건에서 사람의 마음과 구별할 수 없다는 생각은 이미 1950년에 앨런 튜링이 『마인드Mind』라는 철학 저널에 실은 논문에서 치밀하고 재치 있게 다루었다. 그 글에서 튜링은 기계는 생각을 할 수 없다는 주장을 일축하고 여러 가지 반론을 제기했다. 그 후

1950년대 초에 냉전의 조류에 편승하고 자선기관들의 후원에 힘입은 미국 과학자들의 손에 의해, '튜링 기계가 생각할 수 있는가?'라는 질문은 '기계는 생각할 수 있다'라는 의심스러운 주장으로 한걸음 더 나아가게 되었다. 단순화된 뇌를 상향식으로 구축하려던 시도와 달리, 두 번째 접근방식은 마음의 작동에 상징조작 소프트웨어라는 명칭을 붙였다. 이 흐름을 주창한 사람들은 존 매카시, 허버트 사이먼, 앨런 뉴얼, 그리고 민스키였다. 이들은 1955년에 신경망 연구에서 이 분야로 뛰어들었다.

존 매카시는 마르크스주의자 가정 출신이었는데, 마르크스주의가 관념을 물질의 산물로 간주한다는 점에서 무척 고무적인 양육환경이었던 셈이다. 그는 수학자로 훈련받았고, 1953년 민스키와 함께 클로드 섀넌 밑에서 일했다. 그는 뉴햄프셔에 있는 다트머스 대학에서 교편을 잡은 후, 1955년 여름에 IBM에서 일하는 동안 프로그램 저장식 컴퓨터를 직접 다루는 경험을 얻었다. 민스키와 매카시는 록펠러 재단을 설득해서 1956년 다트머스 대학에서 열린 여름 워크숍 비용을 충당하게 만들었다. 워크숍의 토론 제안서에는 이런 내용이 들어 있었다. "학습의 모든 측면을 비롯해서 지능의 모든 특징은, 이론상, 기계가 그것을 모의실험할 수 있도록 정확히 기술될 수 있다." 이 워크숍에는 민스키, 매카시, 섀넌, 노버트 위너의 조수였던 IBM의 너새니얼 로체스터, 올리버 셀프리지, 트렌처드 모어, 아서 새뮤얼, 허버트 사이먼 그리고 앨런 뉴얼 등 야심만만한 인물들이 대거 참석했다. 이들은 새로운 학문분과의 존재를 선언했고, '인공지능artificial intelligence'이라는 새로운 명칭을 만들었다.

많은 참석자가 1956년 회의를 대체로 실패작이었다고 생각했지만, 그 회의에서 표출된 열망은 무척 높았다. 회의에서 발표된 유일한 구체적 결과는 '논리 이론가Logic Theorist'라는 프로그램으로, 사이먼, 뉴얼, 그리고 J. C 쇼가 만든 것이었다. 허버트 사이먼은 마셜 플랜 관리와 포드 재단 프로젝트들을 실제로 경험했던 냉전 시기 정치적 과학자였다.[40] 그는 『관리행동

Administrative Behavior』 같은 저서에서 조직 속 사람들이 가능한 모든 선택지를 고려해서 자신의 이익을 극대화시키는(신고전주의 경제이론이 가정했던) 선택을 하는 것이 아니라, 먼저 기준을 받아들인 다음 몇 가지 가능성을 평가하고, 종종 그 기준을 통과한 첫 번째 가능성을 선택하는 방식으로 결정을 내린다는 '제한된 합리성bounded rationality' 이론을 제기했다. 나아가 사이먼은 사람의 마음도 규칙에 근거한 발견적 문제 해결heuristic rule-bound problem-solving과 비슷한 방식으로 작동할 것이라고 추측했다.

'논리 이론가'는 뉴얼이 일하던 랜드사의 조니악JOHNNIAC 컴퓨터에서 운용되었다. 그것은 수학적 연역을 모형화한 것이었는데, 버트런드 러셀과 앨프리드 노스 화이트헤드의 『수학원리Principia Mathematica』의 정리와 공리들을 출발점으로 삼았다. 그것은 발견적 학습법heuristics을 따른다는 점에서 '사이먼이 제기한 제한된 합리성 원칙의 분명한 후손'이었다.[41] "우리 이론은 문제해결에 포함된 정보 과정에 대한 이론이다"라고 프로그래머들은 주장했다. 그들은 상향식 접근방식을 명시적으로 배격했다. 그것은 "정보 처리를 위한 뉴런이나 전자 메커니즘에 대한 이론이 아니었다". 그들은 상징조작이 마음이 작동하는 방식이며, 따라서 상징조작 기계는 마음과 흡사할 것이라고 추론했다. 후일 사이먼은 논리 이론가의 중요성에 대한 자신의 관점이 탈데카르트post-Descartes 철학이라는 고르디아스의 매듭을 끊은 결정적 일격이었다고 회상했다. "우리는 비수치적으로 사고할 수 있는 컴퓨터 프로그램을 발명했고, 그로 인해 해묵은 심신 문제mind/body problem를 해결했으며, 어떻게 물질로 이루어진 시스템이 정신의 특성을 가질 수 있는지 설명했다."[42]

튜링은 1950년 『마인드』에 쓴 논문에서 앞으로 50년 안에 컴퓨터가 자신의 흉내 내기 시험을 통과할 수 있을 것이라 내다봤다. 뉴얼과 사이먼은 1958년에 한걸음 더 나아가 이렇게 주장했다.

1. ……10년 이내에, 법규로 컴퓨터가 경쟁에 나서지 못하게 막지만 않는다면, 디지털 컴퓨터가 체스 세계챔피언이 될 것이다.
2. ……10년 이내에, 디지털 컴퓨터가 중요한 새로운 수학 정리를 발견하고 풀게 될 것이다.
3. ……10년 이내에, 디지털 컴퓨터가 비평가들이 상당한 미적 가치를 가졌다고 인정할 만한 음악을 작곡할 것이다.
4. ……10년 이내에 대부분의 심리학 이론들은 컴퓨터 프로그램이나 컴퓨터 프로그램의 특성에 대한 질적 진술의 형태를 띠게 될 것이다.[43]

인공지능이 내놓은 약속은 학계 일부에서 회의론을 불러일으켰다. 허버트 드레퓌스는 1964년에 나온 RAND의 팸플릿 「연금술과 AI Alchemy and AI」에서 '인공지식계급artificial intelligentsia'을 공격했고, 후일 자신의 저서 『컴퓨터가 할 수 없는 것What Computers Can't Do』(1972)에서 장문의 비판을 제기했다. 지적으로 대화를 나누는 것처럼 보이지만 실상은 순전한 속임수에 불과한 재미있는 프로그램인 엘리자ELIZA를 만든 요제프 바이젠바움은 『컴퓨터의 힘과 인간의 이성Computer Power and Human Reason』(1976)에서 AI의 한계를 논했다. 그러나 냉전 시기 전체에 걸쳐 단기간에 인공지능을 달성할 수 있을 것이라는 낙관주의가 마치 해안에 밀려오는 파도처럼 주기적으로 되풀이되었다. 자연어 이용이나 지적 패턴 인식과 같은 업적은 10년이면 이루어질 것으로 여겨졌다.

가까운 미래에 인공지능이 성공하리라는 낙관론이 유지될 수 있었던 것은 냉전 효과였다. 미국에서 인공지능 연구에 들어간 '사실상 모든' 연구비는 국방성고등프로젝트연구국의 정보처리기술국Information Processing Techniques Office, IPTO에서 나왔다.[44] 자동화된 명령과 통제라는 이데올로기는 AI 프로젝트를 선호했다. IPTO 책임자였던 몽상적인 컴퓨터과학자 J. C. R. 릭라이더는 1960년 영향력 있는 에세이 『인간, 컴퓨터 공생Man.

computer symbiosis』에서 이렇게 썼다.

> 군 지휘관은…… 짧은 시간 안에 중대한 결정을 내려야 할 점차 높아지는 가능
> 성에 직면하고 있다. 10분전쟁이라는 개념은 지나친 과장의 위험이 있지만, 중
> 요한 결정을 내리는데 10분 이상 걸린다면 위험해질 수 있다. 군사체계가 환경
> 에 좌우되고, 통제 센터들의 능력과 복잡성이 증대하면서, 컴퓨터를 통한 자동
> 화된 담화 생성speech production과 인지에 대한 현실적인 요구가 점차 높아질
> 것으로 보인다.[45]

인공지능은 군사적 결정을 자동화함으로써 고위험 고이득high-risk
high-gain 해법을 약속했다. 자연어의 생성, 번역, 이해에 대한 자동화 요구
는 군 지휘관들뿐 아니라 소련의 통신을 비밀감청하는 사람들로부터도 제
기되었다. 수많은 냉전 후원자가 AI에 매료되었다. RAND는 뉴엘과 사이
먼의 연구가 '인간 지능과 의사결정에 대한 이론을 개발 및 검증하고, [자체
적인] 컴퓨터 프로그래밍 능력을 구축하는 데 중요하다'고 보았고, 얼마 지
나지 않아 인간-기계 시스템이 스트레스하에서 어떻게 실행되는지 조사하
고, SAGE의 여러 부분을 모의실험하기 위해 시스템연구소Systems Research
Laboratory를 설립했다.[46] 이번에는 MIT, 스탠퍼드, 카네기멜론 같은 미국
최고의 기술 대학들이 냉전의 이해관계와 한 단계 더 깊이 제휴했다. 그와
대조적으로, 상징조작자들에 의해 격렬하게 공격당했던 상향식 신경망 접
근방식들은 연구비를 얻으려고 애를 썼다.

그런 가운데, 인공지능은 비판에 직면하면서 변화했다. 그중 한 접근방
식은 다루기 쉽도록 가능한 한 실행세계의 표상들을 단순화시키는 방식이
었다. 1968년에서 1970년 사이 MIT의 테리 위노그래드 교수가 제안한 슈
드루SHRDLU가 가장 좋은 사례다. 슈드루는 기계가 이리저리 돌아다니면서
추론할 수 있는 단순한 형상들로 이루어진 '마이크로월드'였다. 다른 접근방

식은, 좁지만 깊이 있는 과학적 전문성을 본 따려는 시도였다. 1965년부터 스탠퍼드 대학에서 구축했던 덴드럴Dendral이 그러한 사례였다. 덴드럴은 컴퓨터과학자 에드워드 파이겐바움과 분자생물학자 조슈아 레더버그, 화학자 칼 제라시가 협력한 작업의 산물이었다. 가장 큰 목적은 질량분광계의 결과로부터 분자에 대한 결론을 이끌어내는 유기화학자의 능력을 자동화하려는 데 있었다. 레더버그에게는 '생물학의 기기사용instrumentation 위기'에 대처하기 위한 여러 가지 대응 중 하나였다. 즉 "엄청난 양의 정보가 스펙트럼 속에 갇혀 있고…… 그것은 적절한 해결을 위한 '인간-컴퓨터 공생'의 집중 개발을 요구했다."[47] 진단 전문가를 길러내고 양산하는 데는 적지 않은 비용이 들기 때문에, 이 접근방식에는 상당한 상업적 이해관계가 따랐다. 예를 들어 감염증 치료에 대한 의사의 진단을 흉내 내는 전문가 시스템인 마이신Mycin은 1970년대 초에 덴드랄에 뒤이어 개발되었다.

컴퓨터로서의 마음

인공지능은 컴퓨터를 마음으로 보았다. 인지심리학자는 마음을 컴퓨터로 보았고, 그 이전 시기의 심리학 규칙들을 깨뜨렸다. 허버트 사이먼은 행동주의의 지배를 이렇게 평했다. "이제 심리학 저널에서 마음 같은 말을 쓸 수 없게 되었다. 입을 비누로 씻어야 할 판이다."[48] 그러나 조지 밀러의 『언어와 커뮤니케이션Language and Communication』(1951), 그리고 특히 밀러, 유진 갤런터, 그리고 칼 프라이범의 『행동의 계획과 구조Plans and the Structure of Behavior』(1960) 같은 책들에서 인지주의 선언이 이루어졌다.[49] 폴 에드워즈는 후자를 '본능, 운동 능력, 기억, 언어, 가치, 성격, 그리고 문제해결 능력을 포함해 인간 심리학의 사실상 모든 측면을 컴퓨터에 유추하여 검토한 최초의 책'이었다고 평했다.[50] 인지심리학은 MIT에서 서섹스에 이르는 미국 서부 대학에서 번성했다. 이러한 연구프로그램과 밀접하게 연결된 것이 1950년대 중엽부터 MIT에서 노엄 촘스키가 추동했던 언어학 혁명이었다. 자연어 능력은 깊이 내재한 발견적 학습법, 즉 모든 사람에게 공통된 보편 문법의 업적이었다. 정보처리의 근대적 탄생은 레이더라는 실행세계의 과학에서 고작 10년 전에 이루어졌다. 이 모델이 정착한 때는 1955년 무렵이었다. 로스토의 경제학이든, 튜링 기계나 촘스키의 문법이든 보편주의는 냉전 프로젝트에서 두드러지게 공유된 특성이었다.

컴퓨팅 작업

그러나 해묵은 철학적 문제들을 해결하겠노라는 웅대한 선언, 그리고 가장 뛰어난 인간 업적에 필적하는 유망한 기계들과 함께 인공지능은 1950년대 이래 이루어진 컴퓨터과학의 성장 중 일부에 불과했다. 애스프레이는 컴퓨터과학을 네 가지 지적 전통의 '합성물'로 보았다. 수학이나 논리학(대체로 대물림된 학자들의 상태에 기반해서 발전했다), 하드웨어공학(1960년대까지 대학들이 컴퓨터의 원형을 제공한 주된 원천이었다), 소프트웨어공학(토목공학에서 연속성을 보았다), 그리고 실험적인 '인공의 과학science of the artificial'이 그 전통들이었다.[51] 과거에 여러 과학 분야가 그러했듯이, 컴퓨터과학은 실행세계 문제들의 인공적 표상들을 구축하고 실험했다. 사이먼, 앨런 펠리스, 뉴엘이 1967년 『사이언스』에 썼던 '컴퓨터과학'은 '컴퓨터들에 대한 연구'였다.[52] 그리고 그 컴퓨터는 인간 노동 편제의 물질화materialization였다.[53] 『인공의 과학The Sciences of the Artificial』(1968)에서 사이먼은, 내가 일반화하려고 시도했던 과학과 세계의 관계에 대해 이런 식의 설명을 옹호했다.

'프로그래머'가 1950년대에 새로운 직업이 되었다. 1950년대 말엽 이후 등장한 컴퓨터과학 교수들이 여러 세대의 대학생들을 가르쳤다.[54] 기술자들은 가장 기초적인 수준, 즉 0과 1로 이루어진 긴 열을 쳐넣는 방식으로 최초의 컴퓨터들을 프로그램할 수밖에 없었다. 이후 프로그래밍의 편의를 위해 고급 컴퓨터 언어가 개발되었다. 중요한 언어들에는 포트란(과학자들을 위해 개발된 언어로 FORTRAN이라는 이름은 '공식 번역formula translation'의 약어다. 1957년부터 IBM 컴퓨터에 사용되었다)과 코볼(COBOL, 1959, 'Common Business Oriented Language'에서 머리글자를 땄고, 미국 정부는 코볼과 호환되는 컴퓨터만 구입해야 한다는 국방성의 고집 덕분에 성공했다) 등이 있다.[55] 비공식적이고 개인적 특성을 가진 프로그래밍 기법은 도널드 크누스의 『컴퓨터 프로그래밍의 기술The Art of Computer Programming』(1968) 같은 교과서에서 알고리듬에 초점을 맞추면서 명시적으로 정의되었다. 산업이 급속히 팽창하면서, 많은 수의 프로그래머가 일을 통해 훈련받았고, 이러한 환경 덕분에 여성이 프로그래머가 되기 쉬웠다.

1950년대의 프로그램 저장식 컴퓨터에는 대형 메인프레임 컴퓨터가 많았다. 이런 컴퓨터들은 한 묶음의 카드를 천공해서 메인프레임에 프로그램을 입력시키는 방식을 사용했다. 프로그래머들은 나중에 다시 와서 자신이 만든 프로그램이 제대로 작동하는지 살펴보곤 했다. 1950년대 말엽이 되자 컴퓨터는 중간 규모 기업, 대규모 연구소, 또는 비교적 작은 규모의 정부 부서들이 소유할 수 있을 만큼 가격이 떨어졌다. 그러나 컴퓨터는 여전히 동일한 메인프레임 패턴을 따랐다. 계산 업무의 규모가 위기점crisis point에 도달하게 된 1960년대가 되자, 이러한 양식이 바뀌게 되었다.

암호 과학: DNA와 분자생물학 다시 쓰기

정보기술이 증식되고, 냉전 기간을 통해 그 지위가 높아지면서, '정보'와 '암호code'에 대한 논의가 고무되었다. 이러한 수사적 전환의 가장 괄목할 만한 사례는 분자생물학과 유전학의 개념과 기법들에서 나타난 변화였다. 1940년대에, 유전학에는 해결되지 않은 세 가지 문제가 있었다.[56] 우리는 이미 그중 하나를 살펴보았다. 1930년대에서 1950년대 사이에 진화 종합 Evolutionary Synthesis에서 유전학과 진화의 관계가 명확해진 것이 그것이다. 둘째, 넓은 의미에서 유전학과 발생 사이의 관계가 20세기 대부분 기간에 미심쩍은 상태로 남아 있었다. 20세기 중엽까지도 분명, 발생학자 대부분은 유전자 염색체 이론으로 생물의 전체 역사를 설명할 수 있을지에 대해 회의적이었다.

세 번째 두드러진 문제는 유전자의 화학적 조성에 대한 것이었다. 허먼 멀러의 말에 따르면, 유전자는 스스로 복제할 수 있다는 점에서 '자가촉매 autocatalytic'이고, 생물에서 발견되는 다른 물질의 형성을 제어할 수 있다는 측면에서 '이성질 촉매heterocatalytic'다. 염색체에는 소량의 핵산이 있지만 대부분 단백질로 이루어져 있다. 처음에 디옥시리보핵산DNA은 전혀 유전자의 후보 물망에 오르지 않았다. DNA를 핵산이 균일하게 반복되는 비활성적인 구조로 여겼기 때문이다. 사람들은 DNA가 진짜 유전물질을 지탱해주는 공사장 비계 정도의 역할을 한다고 생각했다. 반면 단백질은 구조가 놀랄 만큼 다양하다. 우리는 앞에서 전쟁 이전의 자선기관 프로그램들이 '단백질 패러다임protein paradigm'을 장려했다는 것을 살펴보았다. 그것은 아직 구성방식은 알려지지 않았지만, 유전자가 단백질로 이루어져 있다는 가정이었다.[57]

과학자들이 복잡한 방식으로 미생물을 대상으로 실험하고 조작하는 작업에 초점을 맞추면서 진전이 이루어졌다. 미생물은 놀라운 속도로 증식할 수 있으며, 먹이도 단순해서 유용한 실험 대상이었다. 우리는 이미 조지 비들과 그 밖의 연구자들이 영양에 관여하는 유전자의 효소 형성 제어를 입증하기 위해 붉은빵곰팡이를 연구했음을 살펴보았다. 또한 1940년대에 뉴욕 록펠러 연구소의 오스왈드 에이버리는 폐렴연쇄구균 또는 폐렴쌍구균을 연구하고 있었다. 이 박테리아는 매끈한 모양(S형)과 거친 모양(R형)의 두 가지 형태를 띠었다.[58] S형은 유독했고, R형은 그렇지 않았다. 박테리아는 배양기에서 배양해서 쥐에게 주입할 수 있었다. 1920년대에 런던 병리학실험실에서 프레더릭 그리피스에 의해 이루어진 연구를 통해, 살아 있는 R형 박테리아와 죽은 S형 박테리아를 함께 주입한 쥐는 죽는다는 사실이 밝혀졌다. 더구나 그 쥐의 혈액에서 살아 있는 S형 균이 발견되었다. 어떤 식으로든 박테리아의 독성이 전환되어 전달된 것이다. 에이버리는 이런 물음을 제기했다. 이 형질전환을 일으킨 물질은 무엇인가? 에이버리 연구팀은 이 '형질전환 원리transformative principle'의 사례를 추출하기 위해 열심히 노력했다. 폐렴쌍구균을 고깃국물이 들어 있는 통 안에서 배양하고, 원심분리기에 넣고 휘젓고, 섬유질로 만들기 위해 당과 대부분의 단백질을 제거하려고 소금과 효소로 처리했다. 이들은 이 물질의 화학적 성질에 대한 단서를 얻기 위해 실험에 실험을 거듭했다. 그렇게 얻은 모든 결과가 DNA를 가리켰다.

　이들이 수행한 연구를 요약한 1944년 논문에서 에이버리는 매우 신중했다. 그러나 동생에게 쓴 사적인 편지에서 그는 이렇게 말했다.

> 만약 우리가 옳다면, 물론 아직 증명되지 않았지만, 그것은 핵산이 구조적으로만 중요하지 않으며, 기능적으로 세포의 생화학 활동과 구체적인 특성을 결정하는 데 중요한 의미를 가진다는 것을 뜻해. 그리고 지금까지 알려진 화학적 성질에 의거하면, 세포 안에서 예측 가능하고 대물림될 수 있는 변화를 유도하는 것이 가능하지. 이건 오랫동안 유전학자들이 꿈꿔왔던 것이야. ……바이러스 같은데, 유전자일 수도 있어.[59]

　에이버리는 유전학자가 아니었다. 그는 "전공으로는 의사"였고, "정확히 생화학자는 아니고, 면역학자이자 미생물학자였다".[60] 살바도르 루리아와 막스 델브뤼크의 파지 그룹 역시 여러 분야를 넘나들었다. 1939년부터 미국에서 RCA가 수입한 설계로 제작한 전자현미경을 통해 파지의 모양이

드러나기 시작했다(저드슨이 인용했듯이, 어느 교수는 이렇게 외쳤다. "맙소사, 꼬리가 있어!").[61] 파지그룹은 1944년 사람의 장에 있는 박테리아인 *E. coli*의 일곱 가지 특수한 박테리오파지에 초점을 맞추기로 동의했고, T1에서 T7까지 이름을 붙였다. 전자현미경은 T2, T4, 그리고 T6가 상자처럼 생긴 머리에 껑충한 다리들이 달려 있어 마치 작은 망루처럼 생겼다는 것을 보여주었다. 1943년에 이루어진 훌륭한 실험에서, 루리아와 델브뤼크는 일부 *E. coli* 배지가 파지에 대해 내성을 보인 반면 다른 것들은 그렇지 않다는 사실을 보여주었고, 박테리아 돌연변이가 일어났다고 결론지었다. 1940년대 말엽과 1950년대 초에 파지그룹은 돌연변이를 다룰 수 있는 기술(파지는 도구였고, *E. coli*가 연구주제였다)을 가지고 있었으며, 파지의 활동에 대해서여러 가지 추론을 했다. 그중 한 사람은 이렇게 말했다. "나는 계속 바이러스가 그 속은 형질전환 원리로 가득차 있는 작은 주삿바늘처럼 작동한다고 생각해왔다."[62]

그러나 파지그룹은 계속해서 단백질이 유전물질이라고 확신했다. 1952년에 이 그룹의 일원인 앨프리드 허시와 마사 체이스는 T2 파지의 형질전환 원리가 DNA라는 것을 입증하기 위해서 방사성 동위원소—방사성 황의 표지를 단 파지 단백질—추적장치를 이용했다. 한 젊은 파지 그룹 연구자가옥스퍼드에서 이루어진 이 실험을 기술한 허시의 편지를 읽고 있었다. 그의 스승이었던 루리아는 전쟁 이전에 마르크스주의자였으며, 미국으로부터 여행비자를 거부당했다.[63] 이 젊은이가 바로 제임스 D. 왓슨이었다.

1930년대와 1940년대에 걸쳐 일어났던 전 지구적 대격변으로 여러 분야의 과학자들이, 얼마간 예상치 못한 방식으로 모여 DNA 이야기에서 배역을 맡았다. 이미 앞에서 다루었듯, 그 결과 중 하나는 위대한 양자물리학자들이 중앙유럽을 떠나 뿔뿔이 흩어지게 되었다는 것이다. 델브뤼크는 미국으로 가서 또다른 망명 과학자인 루리아와 의기투합했다. 에르빈 슈뢰딩거의 여정은 훨씬 더 특이했다. 그는 나치즘을 혐오했기 때문에 독일을 떠나 아일랜드까지 표류했고, 그곳에서 아내와 애인까지 함께 한 집에서 셋이 살았다. 더블린에서 그는 『생명이란 무엇인가What is Life?』(1944)라는 대담한 제목의 책을 썼다. 책에서 그는 단순한 분자들이 어떻게 대물림된 생명의 질서를 만들어낼 수 있는지에 대해 양자물리학자의 방식으로 분석을 수행했다. 그는 모스 부호와 비슷한 개념으로, '암호-문자code-script'를 제안했다. 그 문자에 의해 한 분자의 재배열이 "고도로 복잡하고 특화된 발생 계획에 상응하고, 얼마간 그 계획을 실행시키는 수단들을 포함하는 축소 암호를" 제공할 수 있다는 것이다. 그는 어쩌면 그것이 '비주기적 결정aperiodic crystal'일 수도 있다고 썼다.[64] 슈뢰딩거의 책이 분자생물학에 미친 영향이 정확히 무엇인지는 역사가 사이에서 논란의 대상이다.[65] 그러나 물리학자들이 그 책을 읽었고, 일부가 생물학으로 방향을 바꾸었다는 데는 의심의 여지가 없다.

도널드 플레밍은 에이버리 같은 생물학자들의 신중함과 물리학에서 전향한 생물학자들의 야망과 적극성을 비교하고, 생명을 이루는 분자 중심을 곧장 공략한 후자의 적극성이 망명 물리학자들의 지적 문화에서 비롯된 것이라고 결론지었다.[66] 이러한 경향은 마치 숙주 속으로 들어가는 T2처럼 파지그룹에서 왓슨으로 전이되었다. DNA 이야기에 등장하는 다른 핵심 인물인 프랜시스 크릭(그는 해군본부에서 기뢰 연구를 했다)과 모리스 윌킨스(맨해튼 계획에 참여했다)도 생물학자로 전향한 물리학자였다. 플레밍은 이들이 생물학으로 분야를 바꾸게 된 데는 두 가지 요인이 있었다고 말했다. 하나는 죽음의 과학에서 생명의 과학으로 옮겨가려는 열망, 다른 하나는, 그보다 덜 거창하지만, 사이클로트론의 시대에 '손수 만들어가는 물리학do-it-yourself physics'의 쇠퇴를 한탄하는 고립적 학자나 소규모 연구팀'의 이동이었다.[67] 파지그룹은 보어의 코펜하겐 그룹이 가졌던 일부 특성, 즉 사회적(공개성), 지적(특히 상보성 개념), 그리고 문화적(최소한 과학혁명의 생생한 경험) 특성을 얼마간 이어받았다.

1950년대 초에 DNA가 유전물질임을 보여주는 실험들이 이루어지면서, DNA의 정확한 구조에 대한 관심이 점차 높아졌다(그러나 오늘날 우리가 명백한 연관성으로 보는 것은 사후적 관점의 인위적 산물이다. 당시에는 공식 유전학으로도 족한 것처럼 보였고, 유전자의 물질적 구조에 대한 지식을 필요로 하지도 않았다). 이 관심을 좇은 세 그룹이 있었다. 킹스칼리지런던에서는 로잘린드 프랭클린이 재주와 끈기—DNA 결정의 표본을 준비하고, 선명한 X선 회절사진을 만들어냈다—로 선두에서 길을 열었다.[68] 프랭클린의 상사는 모리스 윌킨스였지만, 그녀는 둘의 관계를 그렇게 보지 않았다. 캘리포니아에서는 라이너스 폴링이 몇몇 단백질의 알파 나선 형태를 밝히는 데 성공하면서 사기가 높았지만, 매카시주의자들의 추적을 받았고, 1951년 여름에 DNA 구조로 관심을 전환했다.[69] 마지막으로, 파지그룹에서 경력을 쌓은 후 유럽에서 박사후과정을 밟게 된 제임스 왓슨이 런던의 캐번디시 실험실에서 크릭과 함께 DNA에 대한 열정을 키워나갔다. 왓슨과 크릭은 DNA가 반드시 이중나선 구조를 이룬다고 확신했다. 프랭클린은 그녀의 실험실 노트에서 그 생각을 기각했다. 하지만 프랭클린의 X선 회절사진은 무엇보다 훌륭한 데이터 원천이었고, 케임브리지의 2인조는 비열한 방식으로 윌킨스와 접촉해서 최신 사진들을 몰래 훔쳐보았다. 만약 왓슨의 자서전(1968)을 믿을 수 있다면, 그는 과학을 승자에게 상이 돌아가고 약삭빠른 행동이 공정한 게임이 되는 경주로 보았다.[70] 반면 자신의 회고록에서 증언했듯이, 윌킨스는 과학의 본성에 대해 정반대 견해를 품었다. 선명한 회절사진이라는 '가치 있는 결과'를 낳은 것은 킹스칼리지의 '위대한 공동체 정신과 협동'이었다.[71] 윌킨스에게 협동은 생산적 과학 공동체를 나타내는 징표였다. 그는 이렇게 회상했다.

프랜시스와 짐이 내게 자신들이 모형을 다시 만들기 시작해도 괜찮겠냐고 물었다. 나는 그 질문이 지독하게 싫었다. 나는 과학을 경주로 간주하는 것을 좋아하지 않았다. 특히 나와 경쟁을 하고 있다는 생각이 싫었다. 나는 과학 공동체라는

관념에 강하게 집착하고 있었다.[72]

월킨스에게 협동적인 과학은 지식의 축적, 즉 사진의 공유를 뜻했다. 반면 프랭클린에게는 그 사진들이 자신의 연구결과였고, 그녀가 이용해야 할 무엇이라고 생각했다. 이 DNA 이야기에서 공적을 누구에게 돌려야 하는가를 둘러싼 논쟁은 그 뿌리에 과학의 적절한 사회적 성격을 둘러싼 의견 차이가 있었다.

크릭과 왓슨은 모형 만들기를 재개했고, 킹스칼리지의 데이터를 이용해서 그 특징을 잡아나갔다. 이들은 DNA가 구아닌(G), 시토신(C), 아데닌(A), 그리고 티민(T)이라는 핵산 염기를 가지고 있다는 것을 알았다. 이들은 이 염기들의 정확한 모양을 카드로 잘라서 G와 C, 그리고 A와 T를 짝지어 배열했다(얼마 지나지 않아서 어윈 샤가프가 이런 결합의 단서를 제공해주었다. 그는 DNA에 G와 C, 그리고 A와 T가 같은 비율로 있다는 생화학적 발견을 이루었다. 크릭은 샤가프의 연구결과를 알고 있었지만, 그 의미를 곧바로 알아차리지는 못했던 것 같다. 생화학과 분자생물학은 적대적이었고, 서로 상대방과 이야기를 한다기보다는 혼자말을 하는 셈이었다). 크릭과 왓슨은 염기쌍이 안쪽에 있는 이중나선 구조로 결론지었다. 이 결과는 1953년 4월 25일 『네이처』에 발표되었다. X선 회절사진을 기술하는 논문도 함께 발표되었다. 기자이자 노련한 캐번디시 공보 담당자인 리치 칼더가 신문에 이 이야기를 썼다.

왓슨과 크릭은 다음과 같은 말로 짧은 논문을 시작했다. "우리는 디옥시리보핵산D.N.A의 핵심에 해당하는 구조를 제시하고자 한다. 이 구조는 상당한 생물학적 관심을 끄는 새로운 특징을 가지고 있다."[73] 두 사람은 말미에서 이렇게 주장했다. "우리가 가정했던 특별한 결합이 유전물질의 복제 메커니즘을 시사한다는 점을 우리는 놓치지 않았다." 그것은 자가촉매작용에 대한 구조적 설명이었다. 이중나선은 지퍼가 열리듯 풀릴 수 있고, 그런 다음 각각의 절반에서 두 개의 복제가 다시 만들어질 수 있다.

DNA의 구조가 밝혀졌다는 사실은 오늘날 20세기 과학에서 가장 뛰어난 성과 중 하나로 꼽힌다. 그러나 일찌감치 보도되었음에도 불구하고, 그 명성은 1953년 이래 줄곧 밝게 빛나기보다는 점차 그 강도가 높아졌다고 할 수 있다. 명성이 점점 높아진 데는 동심원 구조를 이루며 서로 얽힌 세 가지 요인이 있다. 첫째, 유전자의 화학적 요소인 DNA와 세포, 그리고 그것이 영향을 미치는 몸 사이의 관계가 밝혀져야 했고, 그러기까지 시간이 걸렸기 때문이다. 예를 들어 유전학의 재료인 DNA는 몸의 재료인 단백질과 어떤 관계가 있는가? 둘째, 더 넓은 세계가 이러한 관계, 그리고 분자생물학이라는 과학에 관심을 가질 필요가 있었다. 1970년대에 시작되어 21세기까지 이루어진 기대와 전망이 사후적으로 왓슨과 크릭의 발견을 빛나게 한 것이다. 마지막으로, 그 과정에서, 전술적으로 유용한 오래된 용어를 사용하자면, 생식질과 체세포 사이의 관계가 강력하고 새로운 학문 분야에서 다시 기술되었다. 그것은 특정 사고 방식을 촉진하는 반면 다른 방식들을 종료시킨 주제에 대해 이야기하는 방식이다. 독자들은 왜 DNA 구조 발견이라는 유명한 이야기가 냉전 과학을 다루는 장에 들어 있는지 의아해할지도 모른다. 그것은 냉전의 직접적인 정치가 이 이야기를 조금쯤 빚어냈기 때문이다. 예를 들어 반공주의자들이 여행 허가를 반려하지 않았다면 라이너스 폴링이 킹스칼리지의 사진들을 볼 수 있었을지도 모른다. 그러나 이것은 비교적 시시한 역사의 우연에 불과하다. 오히려 우리가 관심을 가지는 냉전의 영향은 '정보 담론information discourse'의 관점,[74] 즉 냉전의 언어로 생명이 다시 기술되었다는 점이다.

왓슨과 크릭의 논문을 읽은 사람 중에는 조지 가모브도 있었다. 그는 두 사람에게 이렇게 편지를 썼다. "나는 생물학자가 아니라 물리학자입니다. 하지만 나는 당신들 논문에 크게 흥분했습니다. ……그리고 [그 발견이] 생물학을 엄밀 과학 그룹에 포함시켰다고 생각합니다."[75] 특히 가모브는 4개의 염기가 각기 다른 조합으로 20가지 단백질을 조성하는 데 어떻게 관여하는지를 암호해석의 문제로 풀어내는 데 관심을 가졌다. 게다가 가모브는 그 과제를 최초로 시도해볼 적절한 사람을 알고 있었다.

당시 나는 해군에서 자문역을 맡고 있었고, 해군본부 지하실에서 일급 기밀에 해당하는 일본군 암호를 해독하는 것 같은 일을 맡고 있던 사람들을 몇 알았다. 그래서 나는 병기국장을 맡고 있던 제독에게 이야기를 했다. ……나는 그들에게 해결해야 할 문제가 무엇인지 알려주고, 단백질 문제[20개의 아미노산]를 주었다. 그들은 그 문제를 해독기계에 입력시켰고, 2주일이 지난 후 답을 얻지 못했다고 알려왔다. 허![76]

2주일 동안의 시도가 없었다면 가모브는 더 힘들게 연구해야 했을 것이다. 그는 AGC나 TGA와 같은 3개 1조의 조합이 20개의 아미노산을 충분히 포괄할 수 있을만큼 많다고($4 \times 4 \times 4 = 64$) 제안했다. 그는 이 내용을 논문으로 썼고, 생물학자 사이에서 논란을 일으켰다. 논문은 DNA-단백질 특이성 문제를 '정보 전달, 암호해석, 언어학'의 관점으로 제안한 것이었다.[77] 그는 이제 '부호화coding' 문제로 간주된 것에 도전하기 위해서 비슷한 생각을 하는 과학자를 모았다. 그의 협력자는 러시아에서 망명해 미군에서 일하는 마르티나스 이차스라는 과학자였고, 부호화 문제를 '정보의 저장, 전달, 그리고 복제'로 규정했다[78](가모브의 연줄망에는 프랜시스 크릭도 포함되었다. 그들은 자기들만의 특별한 넥타이를 만들어서 맸고 스스로 'RNA 타이 클럽'이라고 불렀다). 로스앨러모스의 동료였던 니콜라스 메트로폴리스의 도움으로, 가모브는 매니악 컴퓨터를 이용해 여러 가지 다른 부호화 접근방식들을 적용하는 몬테카를로 시뮬레이션을 할 수 있었다. 이 연구는 부호화 문제를 냉전의 안보국가가 가지고 있는 자원으로 해결해야 할 암호분석 과제로 보았던 셈이다. 이 과정은 블랙박스화되었고, 오로지 입력(4문자 염기)과 출력(20개의 아미노산)만이 고려대상이었다. 부호화 문제의 이론적 공략은 대체로 실패로 돌아갔지만, 그 과정은 유전학을 정보의 관점으로 재서술하는rephrasing 결과를 낳았다. 이러한 재서술의 가장 유명한 사례는 1958년 프랜시스 크릭의 '염기서열 가설sequence hypothesis'과 '중심원리Central Dogma'로 나타났다.

염기서열 가설은 "핵산 절편의 특이성은 전적으로 그 염기들의 서열에 의해 표현되며, 이 서열이 특정 단백질의 아미노산 서열을 정하는 (단순한) 부호이다"라고 말한다. 한편 중심원리는 다음과 같은 내용이다.

> 일단 '정보'가 단백질로 전달되면, 다시 나올 수 없다. 좀더 구체적으로 말하자면, 핵에서 핵산으로 또는 핵산에서 단백질로의 정보 이동은 가능하지만, 단백질에서 단백질로, 또는 단백질에서 핵산으로의 이동은 불가능하다. 여기에서 정보는 단백질 속에 있는 아미노산 잔기(殘基, residue)나 핵산 속에 있는 염기서열의 정확한 순서의 결정을 뜻한다.[79]

다른 사람들, 심지어 생화학자들도 정보라는 동일한 언어로 말하는 법을 배우게 되었다.

1960년에 버클리 웬델스탠리 바이러스실험실의 하인츠 프렝켈콘라트를 비롯한 생화학자들은 담배모자이크 바이러스를 구성하는 RNA 핵과 단백질 외막을 재구성—언론은 이 성공을 인공생명의 창조로 반겼다—했을 뿐 아니라 단백질을 만드는 158개 아미노산의 서열을 밝혀냈다(RNA는 또다른 핵산이다. RNA와 DNA의 차이는 DNA의 티민[T]이 RNA에서는 우라실[U]로 바뀐다는 점이다). 스탠리는 이 업적을 "생명이라는 언어의 로제타석"이라고 묘사했다.[80] 1950년대 초에 프레더릭 생어가 단백질의 하나인 인슐린 아미노산 잔기의 염기서열을 처음 밝혀내면서, 이 프로젝트는 그 산물인 정보를 연구할 수 있게 되었다.[81] 생어는 폭넓은 기법들을 적용했다. 첫째, 인슐린 분자의 말단에 있는 아미노산을 떼어내고 식별하기 위해 전통적인 화학 기법들이 사용되었다. 둘째, 특정 위치에서 단백질 분자를 분리하기 위해 효소가 이용되었다. 셋째, 조각들을 확산시키기 위해 색층분석이 채택되었고, 그런 다음 그 단편들에 이름표를 붙이고 위치를 찾아내기 위해 방사성 추적자가 사용되었다.[82] 1949년에 발표된 결과는 인슐린 분자의 아미노산 서열에 대한 지식뿐 아니라 단백질의 아미노산 서열이 특이하다는 주장이었다.

1950년대에 과학자들은 단백질 합성의 생화학을 추적하기 시작했다. 가모브의 블랙박스를 열려고 한 것이다. 또한 그들은 정보, 사이버네틱스, 명령과 통제 같은 말들을 사용했다. 파리의 파스퇴르 연구소는 분명한 사례를 제공해준다. 이 연구소는 전후 분자생물학이 성장하는 데 결정적인 역할을 한 두 실험실의 발상지였다. 자크 모노의 세포생화학실험실과 앙드레 르보프의 박테리아 생리학과에 속해 있던 프랑수아 자코브의 미생물실험실이 그곳이었다.[83] 모노와 자코브는 단백질 합성에 대한 유전자의 통제를 사이버네틱스의 관점에서 이해하기 시작했고, 앞에서 살펴보았듯 생명과학을 대공對空 작전 분석에서 비롯되었던 관점에서 다시 써나갔다. 레오 실라르드는 이러한 영향력의 연쇄에서 결정적으로 중요한 고리 역할을 했던 것으로 보인다. 그는 노버트 위너와 클로드 섀넌의 개념들에 대해 모노와 상세히 논의했다.

특히 모노와 자코브는 '전령 RNA messenger RNA'라는 개념을 제안했다. 그들의 표현에 따르면, 이 단명短命의 RNA는 핵산에서 단백질로 정보를 전달하는 역할을 했다. 모노는 많은 대장균(E. coli) 돌연변이를 만들었는데, 일부는 젖당을 발효할 수 있었지만('lac+') 일부는 그렇지 않다('lac-'). 자코브는 '접합자 기술zygotic technology'을 개발했다. 박테리아의 성적 접합의 서로 다른 순간에 박테리아를 떼어낼 수 있는 기법이었다. 이 기법은 유전자가 '웅성'에서 '자성' 박테리아로 차례로 전달되었다는 것을 밝혀냈고, 유전자 지도 작성 방법에 도달했다. 자신들의 자원을 한데 모으고, 당시 그곳에 방문연구원으로 와 있던 버클리 대학의 아서 B. 파디와의 공동 연구를 통해 자코브와 모노는 새로 발간된『분자생물학 저널Journal of Molecular Biology』에 이른바 파자마PaJaMa* 논문을 실었다. 논문에서 그들은 대장균 실험을 통해, 첫째, 유전자에서 세포질로 전달하는 화학적 전령이 있는 것이 분명하고, 둘째, '억제자' 분자가 젖당을 먹는 효소의 합성을 막는다는 것을 입증했다고 주장했다. 자코브의 회상에서는 그들이 사이버네틱스에 빚지고 있다는 사실이 역력히 드러난다.

> 우리는 이 회로가 두 개의 유전자로 이루어진다고 보았다. 그것은 세포질 신호의 송신자와 수신자, 그리고 억제자다. 유도자가 없을 때, 이 회로는 젖당 분해 효소의 합성을 막는다. 이들 유전자 중 하나를 비활성화시킨 모든 돌연변이들이 합성을 했다. 그것은 지상의 송신자가 폭격기에 '폭탄을 투하하지 말라, 폭탄을 투하하지 말라'라는 신호를 보내는 것과 흡사하다. 송신기나 수신기가 망가지면, 폭격기는 폭탄을 투하한다.[84]

파스퇴르 연구소의 과학자들은 시드니 브레너, 프랜시스 크릭, 그리고 그 밖의 사람들과 이 화학적 전령을 밝혀내기 위해 협력하면서 동시에 경쟁을 벌였다. 대장균 속의 전령은 핵산 RNA의 단명한 가닥으로 밝혀졌다. 그리고 자크 모노가 말했듯이, 박테리아에게 사실인 것은 코끼리에게도 사실이다.[85] 공동 논문은 이 발견을 1961년 5월『네이처』에 발표했다.

1950년대 말엽부터, 국립보건원National Institutes of Health은 수많은 생화학자를 넉넉한 연구비가 제공되는 실험실들로 끌어들였다. 1961년에 마셜 W. 니렌버그와 베데스다에서 연구하고 있던 그의 박사후과정 연구자 하인리히 마테이는 파리의 기법과 폴 자메크닉의 무세포cell-free 접근방식에

---

* Pardee, Jacob and Monod의 이름 앞부분을 딴 별명이다.

서 영감을 받아 *E. coli* 무세포계, 즉 *E. coli*의 초원심분리기 절편을 이용해서 이미 알려진 핵산 서열을 통해 단백질을 합성했다. 합성 RNA의 서열은 UUU였고, 그 단백질은 폴리페닐알라닌이었다. 그 후 나머지 유전 암호를 발견하기 위해 독창적인 생화학 실험들이 쏟아졌다. 이 실험들은 핵산을 구축하거나 분해하는 특수한 일련의 기법들에 의존했다. DNA와 RNA 폴리메라제나 DNA 리가아제, 그리고 그것들을 다시 파괴하는 DNA 분해효소나 RNA 분해효소 같은 효소들이 거기에 포함되었다. 누구보다도 이러한 화학적 도구들을 만드는 데 중요한 역할을 한 과학자는 인도 출신으로 위스콘신 대학에서 연구하던 생화학자 하르 고빈드 코라나였다.

암호가 완성된 시기, 즉 니렌버그의 1961년 선언에서 마테이의 1967년 선언 사이 기간에 암호에 대한 논의가 무성해졌고, 대중적 소비를 위한 묶음으로 꾸려졌다. 칼 우스는 『유전 암호The Genetic Code』(1967)에서 '정보 분자들informational molecules'에 대해 이야기했고, DNA와 RNA를 '테이프'와 '테이프 해독기'에 비유했다. 로버트 신세이머는 『생명의 책The Book of Life』(1967)에서 사람의 염색체를 '인간을 만드는 기이하고 멋진 암호라는 명령을' 담고 있는 '생명의 책'으로 기술했다. 이것은 냉전 초기 로스앨러모스, 칼텍, 케임브리지, 그리고 파리에서 고안되었고 오늘날 세계의 언어가 된 정보 담론이었다.[86] 그리고 만약 생명을 읽고, 쓰고, 복제할 수 있다면, 생명의 재편집도 가능할 터였다. 이처럼 생물학적 특이성을 정보로 바꾸어 쓰는 분자생물학의 어법은 20세기 후반 생명공학기업들에게 상상력을 불러일으켰다.

유전암호의 해독은 캘리포니아, 케임브리지, 그리고 파리의 여러 연구센터에 속한 과학자들 간 국제적 연결망의 업적이었다. 그것은 분자생물학의 두 번째 물결이 거둔 최고의 업적이었다. 이제 분자생물학자들은 이론적 축에서, 유전자가 DNA로 구성되었으며, DNA가 복제와 단백질 합성을 결정하는 정보를 지시한다고 주장했다. 그 세포 기구는 복제, 발현 등의 생화학적 경로를 통해 상세하게 기술되었고, 단백질 촉매인 효소들은 분리되어 염기서열과 연관되었다.[87] 기술적 축에서, DNA를 조작하는 새로운 방법이 고안되었다. 1970년에 하르 고빈드 코라나는 처음으로 유전자의 완전한 화학적 분석에 성공했다.

전지구적 과학(1): 판 구조론

1950년대와 1960년대의 또 하나의 혁명은 지구물리학에서 판구조론이 수용되었다는 것이다. 이것은 뿔뿔이 흩어져 있는 과학자들의 네트워크가 거둔 성과이기도 하다. 판구조론 또한 냉전에 의해 틀지어졌다.[88] 나아가 냉전으로 정당화된 데이터 수집이 훗날 전 지구적 기후변화를 밝혀내는 데 필수적인 전 지구적 과학에 기여했다. 나는 이 장을 마지막 냉전 과학의 검토로 끝내려 한다.

앞선 장들에서 나는 1910년대부터 알프레드 베게너의 대륙이동설이 냉대받았다는 이야기를 했다. 제2차 세계대전 이후, 지각의 대규모 이동을 이론화하는 맥락이 달라졌다. 그 원인은 우선 대부분 군부의 지원으로 확보된 새로운 증거였고, 두 번째로는 1945년 이후 물리학이 얻은 위세 덕분에 현장 기반 지질학에 비해 지구물리학이 큰 영향력을 얻으면서 이루어진 학문 분야의 재편성이었다.[89] 새로운 지구물리학적 증거의 초기 원천은 육지의 고자기古磁氣 연구, 즉 서로 다른 연대의 암석 속에 저장된 자기장의 방향 탐색이었다.[90] 맨체스터 대학에서 임페리얼 칼리지 런던으로 자리를 옮긴 패트릭 블래킷 그룹이 이 분야에 중요한 기여를 했고, 과거 레이더과학자였고 케임브리지에서 뉴캐슬 대학으로 옮긴 키스 런콘 그룹도 그러했다. 고자기 연구는 지구의 자극磁極이 계속 바뀌었고, 심지어는 역전되기까지 했다고 주장했다. 이러한 정보의 의미를 밝히는 것은 힘든 일이었지만, 그 과정에서 지구 암석들의 과거 위치를 알아내는 단서를 얻을 수 있었다.

그러나 결정적인 데이터는 해양학에서 나왔다. 해저의 지형과 경도硬度에 대한 상세한 지식은 핵 억제력을 지닌 잠수함에 필수적이었다. 그러나 역사학자 나오미 오레스케스와 로널드 도일은 군부-지구물리학의 관계를 "단순히 실제적인 적용이 늘어난 것뿐 아니라, 지구물리와 지구화학 연구비의 대폭 증가로 제도적 기반이 확충되고, 이들 분야의 연구 우선순위가 결정된 것"으로 보아야 한다고 말한다.[91] 해군연구국 같은 기관들은 해양학에 엄청난 자원을 퍼부었고, 컬럼비아 대학의 레이먼트-도허티 지질학연구소, 대서양 연안의 우즈홀 연구소, 서부 해안의 스크립스 연구소 등을 지원했다. 이러한 해양학 연구는 해저 산맥의 전 세계적 연결망을 추적했다. 이 연구로 고정 지각과 이동 지각에 대한 가정을 기반으로 한 설명을 할 수 있기 때문이었다.[92] 이동 지각 이론은 두 가지 검증 가능한 예측을 내놓았다. 첫째, 프레드 바인과 드루먼드 매슈스가 각기 독립적으로 내놓은 예측은 해저 산맥과 나란히 띠를 이루는 암석의 자극 교차가 지각이 북극과 남극이 역전되는 조건에서 확장될 때 나타난다는 것이다. J. 투조 윌슨의 두 번째 예측은 지진학으로 찾아낼 수 있는 단층 형성이었다.[93] 1960년대에 전 세계적으로 지진 기록이 크게 늘었고, 그 과정에서 국제표준지진관측망World-Wide Standardized Seismograph Network이 구축되었다. 이것은 전 세계적으로 핵실험을 검출하려는 냉전의 요구 사항이기도 했다.[94] 이러한 데이터는 이동 지각으로 야기되는 것으로 이론화된 미진微震의 위치 파악을 가능하게 했다.

해저 산맥 근처의 해저의 자극성에 대한 해양학의 샘플링과 지진 측정을 통해 이러한 예측들이 나오자, 지구의 지각에 움직이는 구성요소들이 있다는 생각이 고려할 만한 근거를 얻었다. 이 개념이 지구물리학자인 프린스턴의 제이슨 모건과 케임브리지의 댄 매켄지에 의해 '판구조론plate tectonics'이라는 완숙된 이론으로 발전했다. 이 이론은 움직이는 지각이 구형의 지구상에서 어떻게 거동하는지 설명했다. 판구조론은 맨틀 속에 거대하고 느린 대류對流가 존재해서 판板들을 밀어내고, 판들이 다른 판 위로 올라가거나 아래로 내려가면서 조산 운동造山運動이나 지진을 일으켜서 수천 년에 걸쳐 우리 행성의 표면을 바꾼다는 지구 모형을 제공했다.

판구조론이 이처럼 다양한 지식을 '응집'시키는 데 성공하면서,[95] 지구물리학의 지위는 전통적인 지질학을 능가하게 되었다. 광물학, 역사 지질학, 고생물학과 같은 과목이 지질학의 커리큘럼에서 퇴출되고, 좀더 물리학에 의해 영감을 받은 교수법에 자리를 내주게 되었다.[96] 다른 한편, 1960년대 이후 달을 비롯해 태양계의 다른 천체들을 탐사하면서 상당한 데이터가 모이면서 지질학에서 '지구과학'으로의 변화도 이루어졌다. 역사가 모트 그린은 "지구과학이 기껏해야 행성학의 하위분과로 여겨지게 되었다"라고 썼다.[97]

전지구적 과학(2): 지구온난화

냉전이 20세기(그리고 그 이후까지) 과학에 미친 가장 중요한 영향은 데이터 기록의 세계화 촉구였다. 이미 우리는 해양학과 지진학의 사례를 살펴보았다. 또다른 사례는 대기과학과 해양학에서 이루어진 과거와 현재의 기후변화 기록이다.

온실효과나 지구 대기라는 담요가 온기를 가두어둔다는 생각은 최소한 19세기 존 틴들에까지 거슬러올라간다. 스웨덴 화학자 스반테 아레니우스는 1896년에 산업 활동으로 발생한 이산화탄소로 지구온난화를 예측하는 계산을 했다. 그는 그 결과에 대해 낙관적이었다.

> 종종 우리는 미래 세대에 대한 아무런 배려도 없이 현세대에 의해 지하에 저장된 석탄이 고갈되고 있다는 한탄을 듣곤 한다. ……[그러나] 대기중 탄산 비율이 증가하면서 우리는, 특히 지구의 추운 지역에서, 좀더 균일하고 알맞은 기후를 향유할 수 있게 될 것으로 기대한다. 그렇게 되면 지금보다 더 많은 곡식을 수확

하게 되어 빠르게 늘어나는 인구를 먹여살리는 데 도움이 될 것이다.[98]

1938년에, 전문 증기공학자이지만 기상학자로는 아마추어인 가이 스튜어트 캘런더가 왕립기상학회에서 '이산화탄소 증가가 지구 온도의 작지만 무시할 수 없는 상승을 야기했다'고 주장하는 논문을 발표했다. 이듬해에 그는 인류가 벌이고 있는 엄청난 실험에 대해 경고했고, 1960년대 초까지 이산화탄소와 기온 상승의 연관성에 대한 연구를 계속 책으로 냈다. 역사가 마크 핸델과 제임스 리스비는 제2차 세계대전의 여파로 캘런더의 주장이 묻혔다고 주장했다. 스펜서 위어트는 그가 간과된 이유를 아마추어였기 때문이라고 말했고, 캘런더의 연구를 전문 기상학자의 그것으로 인용했던 제임스 플레밍은 그가 전혀 무시되지 않았다고 주장한다.[99]

지구온난화의 증거로 간주되려면 전 지구적 범위에 걸친 그럴듯한 주장이 필요하다는 것은 분명하다. 냉전이 중요한 역할을 한 것이 바로 그 대목이었다. 네 가지 차원으로 살펴보자. 첫째, 냉전은 시카고 대학에서 칼 구스타프 로스비 그룹이 추구했던 것 같은 정교한 수학적 기상학이나 프린스턴의 고등학문연구소에서 미래의 기후 패턴을 계산하기 위해 컴퓨터를 사용한 것 같은 방식을 장려했다. 부분적으로, 이것은 군부가 역사적으로 기상학을 후원했던 과정의 연속이었다. 그 결과, 해군연구국 같은 기구의 지원으로 기상 모델링과 예측에 컴퓨터 자원이 집중되었다. 일반대순환모델(GCMs, 오늘날에는 흔히 지구기후모델이라 불린다)은 1950년대 중반 프린스턴의 노먼 필립스에 의해 처음 시도되었다.[100]

둘째, 대기중의 적외선 복사 흡수 문제는 국방 연구와 직접적으로 연관되었다. 열추적 미사일이나 그 밖의 연소 온도를 통한 미사일 추적 연구는 적외선이 대기 중에서 어떻게 이동하고 흡수되는지 이해해야 했다. 해군연구국의 지원으로 존스홉킨스 대학과 공동으로 연구했던 록히드사의 길버트 플래스는 밤낮으로 이런 미사일을 연구했고, 같은 데이터를 이용해서 인간 활동으로 야기된 지구온난화를 계산했다. 1956년에 플래스는 1세기에 1.1도씩 온도가 높아진다고 추정했다.[101]

셋째, 해군연구국과 원자력위원회는 지구 대양이 얼마나 빨리 순환하는지(이 주제는 낙진 확산 연구에 함의가 있었다) 연구했던 스크립스 연구소 로저 르벨의 해양학 연구를 지원했다. 르벨은 느리게 순환하는 대양이 대기중으로 방출되는 이산화탄소를 흡수하지 못한다는 계산을 했다. 따라서 이산화탄소가 대기중에 오래 머문다는 것이었다. 그는 캘런더의 주장에 공명하면서도 그보다 강한 입장으로 이렇게 썼다. "인류는 대규모 지구물리학적 실험을 수행하고 있다. 그것은 과거에도 없었고, 미래에도 다시 되풀이될 수 없는 종류의 실험이다."[102]

넷째, 국제지구물리관측년은 러시아의 스푸트니크 충격과 연관될 수 있지만, 일차적으로는 간학문적인 남극과 대기 연구 프로그램이었다. 여기에는 1956년에, 이산화탄소 발생원에서 멀리 떨어진 미국의 남극탐험기지 리틀아메리카에서 이 가스의 대기중 기준선 수준을 측정한 연구가 포함되었다. 국제지구물리관측년이 끝나갈 무렵, 찰스 데이비드 킬링은 자신의 측정 장비를 또다른 거의 오염되지 않은 지역인 하와이섬의 마우나로아산 정상으로 옮겼다. 킬링의 연구는 처음에 국제지구물리관측년의 지원을 받았고, 그 뒤 짧은 휴지기를 거친 다음 국립과학재단의 지원을 받았다. 그래프로 그려진(오늘날 유명한) 킬링의 데이터는 대기중 이산화탄소 수준이 계속해서 확실하게 증가한다는 사실을 보여주었다.

역사가 스펜서 위어트는 이렇게 썼다. "냉전이 없었다면 이산화탄소 온실효과를 입증했던 연구에 대한 지원은 없었을 것이며, 아무도 이 주제를 실질적인 문제와 연결짓지 않았을 것이다. 미 해군은 지금껏 전혀 제기되지 않았던 물음에 대한 답을 내놓았다."[103] 나는 그의 주장보다 한 걸음 더 나가서 이렇게 말하겠다. 전 지구적 분쟁이 지구온난화를 전 지구적 현상으로 밝혀낸 특정 조건들을 창출했다고.

우리 세계의 과학

제17장

전환, 장기 1960년대의 상전벽해

대략 1950년대 중반에서 1970년대 중반에 이르는 장기 1960년대는 변천의 시기였다. 한편으로 제2차 세계대전 이후 엄청난 과학적 성장이 계속되었다, 많은 연구비가 투자되었고, 고등 교육이 빠르게 확장되었다. 이러한 경향은 기술이나 물리과학에 그치지 않고, 막 싹트기 시작했던 민간과 군부의 실행세계와 연관된 전문가에 대한 요구에 부응해서 화학공장 건설, 신약, 새로운 식품의 모색과 검사부터 신형 미사일, 레이더, 원자로와 핵탄두 등 냉전 프로젝트에 이르기까지 폭넓게 나타났다.[1] 서구 전역에서 온갖 유형의 전문가를 양성하기 위해 새로운 대학이 설립되고, 오래된 대학들은 개혁되고 확장되었다. 다른 한편, 불만의 목소리도 높아갔다. 냉전의 한기가 상대적인 해빙기 속으로 스며들었다. 전문가들은 공공연하게 충돌했고, 캠퍼스는 시위의 무대가 되었으며, 과학은 폭넓은 사회문화적 변화의 움직임에 휩쓸려 들어갔다. 어느 역사가는 이 시기의 특징을 '모순의 시기age of contradiction'라고 불렀는데, 이러한 규정은 꽤 유용했다.[2] 이 시기에는 숱한 대비와 역설을 찾을 수 있다.

이 장에서 나는 이러한 몇 가지 전환과 대비를 짚어보려 한다. 첫째, 나는 여러 사회운동이 어떻게 각기 다른 방식으로 과학과 연관되었는지를 특히 시민권, 핵무기 반대 운동, 그리고 환경운동의 영역에서 살펴볼 것이다. 또한 격렬한 견해 충돌이 어떻게 대학의 저항으로 귀결되었는지 분석할 것이다. 그런 다음, 나는 과학에서 이러한 긴장들이 어떻게 표현되었는지 검토할 것이다. 예를 들어 과학이 추구되고 조직되는 방식을 둘러싸고 대비되었던 이념형들이 그런 예에 해당한다. 나는 새로운 생의학 지식의 두 가지 사례, 즉 경구피임약과 정신병약을 분석할 것이다. 이 둘은 도입된 이래 상반된 평가를 받았다. 즉 해방을 위한 도구인가 아니면 통제를 위한 도구인가? 이 모든 논쟁에서 권위 문제가 제기되었고, 논쟁을 통해 의문시되거나 다시 새롭게 정당화되었다. 더 큰 대비는 사이버네틱스의 경우에 나타났다. 냉전의 도구였던 사이버네틱스는 환경에 경고를 던지거나 특수한 사회공학social engineering을 정당화하는 데 모두 적용될 수 있었다. 중국의 한가족한자녀 정책이 후자의 사례에 해당한다. 마지막으로 나는 장기 1960년대의 분위기가 사그라들면서, 과학에서 발견할 수 있는 기이한 신격변설neo-catastrophism에 주의를 기울일 것이다. 이러한 경향은 여러 과학 분야에서 나타났지만, 공적 차원을 공유했다.

과학과 사회운동

사회운동은 장기 1960년대의 정치와 문화에서 매우 두드러진 특징이며, 이 주제를 다룬 문헌은 무척 많다. 이들 2차 문헌과 1차적 설명은 사회운동의 여러 특징을 보여준다. 첫째, 사회운동은 유동적이고 연결망적인 형태라는 특징을 나타냈다. 저명한 대변인, 영웅, 그리고 존경받는 선조들이 있지만, 각각의 사회운동은 때로 단명했던 조직과 운동이 얽힌 조각모음과도 같았다. 어떤 사회운동이 응집력을 가질 수 있었던 까닭은 인종적 편견의 극복이나 핵 비무장과 같은 궁극적인 목표에 대한 대략적인 합의가 있었기 때문이다. 이처럼 저마다 목표가 있었기 때문에, 수많은 문헌, 강연, 행동, 그리고 운동의 정체성을 구조화했던 문화의 분극화가 크게 조장되었다. 따라서 사회운동들은 적대적인 색조를 공유했다. 둘째, 사회운동은 서로 학습하고, 구성원과 이념과 기법을 교환하고 전파했다.[3] 시민권 운동, 반핵 운동, 베트남전 반대 운동, 엄브렐러 그룹(민주사회를위한대학생Students for a Democratic Society 같은)이 그 전형인 정치적 행동주의, 새로운 환경운동과 페미니즘 등이 그런 사례에 해당한다. 그렇지만 사회운동이 이런 운동에 국한되는 것은 아니다. 각각의 운동, 특히 1950년대의 시민권 운동은 훗날 운동의 모델이 되었다. 그 운동이 18세기와 19세기 노예제도 폐지 운동과 같은 이전 시기 운동에서 영감을 받고, 기법과 그 밖의 교훈을 얻었던 것과 마찬가지로 말이다.

이런 용어들에 대한 이해를 토대로, 이제 우리는 과학이 두 번째 물결에서 어떤 모습을 하게 되었는지 알 수 있다. 과학자의 사회운동과 과학 사이 관계는 세 가지 모습으로 나타났다. 첫째, 특정 과학자와 과학은 비판의 대상이었다. 사회운동의 관점에서 그들은 운동의 적敵이 사용하는 도구로 간주되었기 때문이다. 둘째, 그 과학이 수행되는 장소는 사회운동의 시위가 이루어지는 무대가 되었다. 셋째, 운동가로서의 과학자는 사회운동에 기여하는 사람이었다. 이 세 번째 관계는 두 가지 형태를 띠었다. 그들의 과학은 그들이 관여하는 운동에 부수적일수도 있고, 또는 운동의 대의, 도구, 객체와 주체일 수도 있다. 아래에서 다루어지는 사례들은 이러한 세 가지 관계를 모두 포괄한다.

시민권 운동과 반핵 운동은 과학이 비판의 대상이 된 경우다. 시민권 운동에서, 전문가들은 인종차별 법안을 지지하거나 비판하는 양 진영에 모두 관여했다.[4] 환경-유전 논쟁은 시민권법률이 제정된 이후에도 계속되었다. 아서 젠센과 트랜지스터 발견의 선구자였던 윌리엄 쇼클리는 1960년대와 1970년대에 대중의 반동적인 정서에 호소했다. 그런데 그 호소는 비판자들

에 의해 역시 공공연하게 반박되었다. 이런 유형의 대립이 낳은 최종 결과
는 '사회적으로 뚜렷한' 불일치였다. 과학철학자이자 정치철학자인 야론 에
즈라히는 "이러한 논쟁에서 일차적인 청중은 과학자 공동체 자체라기보다
는 일반 대중이었다"고 말했다. 논쟁을 벌인 당사자들은 자연스레 대중에게
자신의 견해가 경쟁자들에 비해 진정한 과학적 합의를 대표한다고 설득하
기 위해 과학이 사회적으로 더 가시화될 수 있는 간접적인 증거를 축적하는
데 많은 노력을 경주했다.[5]

반핵 운동은 사회운동의 비판 타깃이 된 과학 활동에 대한 사례 연구
를 제공해준다. 영국의 핵 군축 캠페인Campaign for Nuclear Disarmament,
CND은 부활절 행진의 최종 목적지를 영국 핵무기연구소인 앨더매스턴
Aldermaston으로 선택했다. 맨해튼 프로젝트가 진행되던 당시부터 과학자들
은 "핵폭탄 사용에 누구보다 진지하게 저항"했지만, 그들의 비판은 과학 그
자체가 아닌 과학의 오용誤用에 대한 비판이었다.[6] 그럼에도 불구하고, 반
핵 논쟁에서 이러한 선용善用/오용 식의 도구주의에 대한 비판의 씨앗이 영
글었다. 일부에게 과학은 잘 사용되지 않고 오용된 중립적 도구로 인식되었
지만, CND의 관점에서 핵과학은 차라리 세상에 태어나지 말았어야 할 도구
였다. 그 후 레오 실라르드를 시작으로, 핵무기 통제나 군축 캠페인은 과학의
중립성에 의문을 제기하는 하나의 원천이었다. 나아가 과학자들의 주장은 그
보다 일반적인 비판으로 전용되거나 재해석되었다. 예를 들어 세인트루이스
핵정보위원회Greater St Louis Committee for Nuclear Information는 방사능 낙
진이 해롭지 않다는 에드워드 텔러 주장의 배후에 기득권이 깔려 있다고 주
장했고, 그에 대해 텔러는 낙진이 위험하다는 CND 구성원 에드워드 U. 콘
돈의 주장에는 그 자체로 정치적 동기가 있다고 응수했다.[7] 이 논쟁은 과학
이 이해관계를 따른다는 대중의 비난을 불러일으켰다.

그러나 CND와 비슷한 단체들의 도덕 개혁 운동의 수사가 과학자들이
주도했던, 보완적인 핵무기 정책에 대한 비판을 대체했다. 1958년 이전까

지 두드러진 개입은 주로 과학자들이 주도했다. 히로시마 투하 작전 이전에 핵무기 사용을 반대했던 시카고 과학자들, 『원자과학자 회보Bulletin of Atomic Scientists』의 발간, 1955년의 러셀-아인슈타인 선언, 그리고 뒤이어 1957년에 열린 첫 번째 퍼그워시 회의 등이 그런 사례이다. 러셀-아인슈타인 선언은 수소폭탄을 비난했고, 청중들에게 그리고 그 과정을 통해 전 세계 과학자와 일반 대중에게 다음과 같은 해결책을 승인하라고 요청했다.

미래에 발발할 세계대전에서는 핵무기가 틀림없이 사용될 것이며 이러한 무기가 인류의 지속적인 존속을 위협할 것이라는 사실에 비추어, 우리는 전 세계의 정부들이 자신의 목적이 세계전쟁으로 인해 달성될 수 없음을 이해하고 그것을 공개적으로 인정하고, 국가 간의 모든 분쟁을 해결할 평화적인 수단을 찾는 데 노력을 경주할 것을 촉구한다.

이 선언에는 저명한 과학자들의 서명이 이어졌다. 막스 보른, 퍼시 W. 브리지먼, 알베르트 아인슈타인, 레오폴드 인펠드(폴란드 물리학자, 전쟁 전 아인슈타인의 동료였으며, 캐나다에서 반공주의자들에게 박해를 받았다), 프레더릭 졸리오 퀴리, 허먼 멀러, 라이너스 폴링, 세실 F. 파웰, 조지프 로트블랫, 유카와 히데키 그리고 버트런드 러셀 등이 그들이었다. 1957년에서 1958년 사이에 라이너스 폴링이 조직했던 청원서에는 49개국 1만 1038명의 과학자가 서명했고, 그중에는 노벨상 수상자가 37명이나 들어 있었다.[8] 그러나 1958년 이후에는 과학자의 움직임이 두드러지지 않았다.

사회운동 진영들은 서로를 통해 학습했다. 환경운동가들은 행동주의 핵과학자들의 역할과 주장을 여러 가지 방식으로 끌어다 썼다. 예를 들어 레이첼 카슨은 『침묵의 봄Silent Spring』(1962)에서 방사능과 살충제를 대비시켰다. 그녀는 낙진으로 방사능에 피폭된 일본의 어선 '다이고후쿠류마루호'에 대한 언급이 독자에게 친숙하리라고 확신할 수 있었다. 카슨은 독자들이 쿠바 미사일 위기로 두려움에 사로잡혀 있었기 때문에, 모르는 사이에 스며들고 눈에 보이지 않지만 이미 알려진 오염(낙진)의 효과를 통해 알려지지 않은 또다른 위험(살충제 오염)을 심각한 우려의 대상으로 번역할 수 있다는 사실을 알고 있었다. 그녀는 어떻게 유력한 개인이 전문가 사이의 공공연하고 명백한 의견 불일치를 조정할 수 있는지 보여주는 본보기였다. 어떻게 그녀가 그처럼 강력한 역할과 지위를 얻을 수 있었는지 알아보려면 그녀의 일대기를 꼼꼼히 살필 필요가 있다.

레이첼 카슨은 1907년에 태어났다. 아버지는 순회 세일즈맨이었고, 어머니는 자연 탐구에 관심이 많았다.[9] 그녀는 펜실베이니아 여자대학에 다녔고, 지도교수였던 메리 스콧 스킨커의 영향으로 생물학을 전공했다. 그 후 1929년에 존스홉킨스 대학에 진학했고, 코드곶 우즈홀에 있는 해양생물학 연구소에서 연구를 할 수 있었다. 그녀는 이렇게 썼다. "주위가 온통 바다여서 어느 쪽으로든 멀리 걸으면 바다에 빠질 수밖에 없었다." 석사 논문 주제는 메기의 신장 발생학이었다. 그 무렵 그녀는 주로 가난해진 가족의 생계를 위해 책을 쓰기 시작했다. 1941년에 발간된 『해풍 아래에서Under the Sea-Wind』는 좋은 평을 받았지만, 충격적인 진주만 공습이 있었던 해여서 판매는 신통치 않았다. 다음 책인 『우리를 둘러싼 바다The Sea around Us』는 나오자마자 성공을 거두었고, 대중 과학서로 대단한 기록을 세웠다. 이 책은 여러 차례 상을 받았고, 『뉴요커』에 연재되었으며, 그로 인해 카슨에게 확고한 명성을 안겨주었다.

1950년대 초, 어류및야생생물국Fish and Wildlife Service, FWS에 근무하던 카슨은 세 개의 연결망의 중심에 있을 수 있었다. 첫째, 해양학자, 해양생물학자, 조류학자와 생태학자와 같은 서로 다른 분야의 전문가들이 그녀의 책상을 오갔다. 그녀는 FWS 심사 과정에서 반드시 거쳐야 할 필수통과지점이었다. 둘째, 오듀번 협회와 야생생물학회 등과 접촉하면서, 카슨은 자연학자와 자연저술가들과 교류했다. 마지막으로, 능력 있는 대리인을 둔 덕분에 카슨은 출판계로부터 돈을 끌어들일 수 있었다. 그녀 자신의 뛰어난 표현력과 더불어, 이러한 유리한 위치 덕분에 카슨은 『우리를 둘러싼 바다』와 『침묵의 봄』을 출간해서 성공을 거둘 수 있는 기반을 확보했다. 더 중요한 점은, 카슨이 공공연하게 표출된 전문가들의 이견을 조정하기에 이상적인 위치에 있었다는 점이다. 사회학자인 앤드루 재미슨과 론 아이맨은 이렇게 말했다. "그녀가 썼던 화학적, 생물학적 곤충 방제 사이의 특수한 갈등보다 더 중요한 것은 갈등 자체의 제시였다."[10] 이처럼 전문가 사이의 불일치를 무대에 올려 적나라하게 보여준 것이 『침묵의 봄』의 핵심이다.

자신의 연결망으로부터 수집한 증거를 통해, 카슨은 모든 것을 황폐하게 만드는(당시 매미나방을 구제하기 위해 롱아일랜드의 넓은 지역에 항공 살포가 이루어졌다) DDT와 같은 살충제의 무차별적 영향을 기술할 수 있었다. DDT의 유독성은 이미 1946년에 전문가 사이에 알려져 있었지만, 이러한 평가와 주장은 전문가 내부에서만 이루어졌을 뿐 바깥으로는 알려지지 않았다.[11] 카슨은 전문가 사이 논쟁에 대중의 관심을 이끌었다. 해로운 곤충의 죽음을 대중적 관심사로 만든 것은 그녀의 탁월한 수사적 능력을 보여주는 증거다(예를 들어 그녀의 책에는 새에 대한 내용이 많지 않다. 하지만 책은 봄이 되었어도 노래하는 새들이 굶어죽어서 새들의 울음소리가 없고 적막한 침묵만이 감도는 오싹한 가상의 이야기로 시작한다. 여기에서 강력한 공감의 연결이 이루어진다). 실제로 그녀의 주장을 입증할 만큼 많은 화학물질이 사용되었다. 카슨은 화학 살충제 사용을 절제하고, 그 대안으로 생물학적 방제를 하자고 주장했다.

카슨은 화학산업으로부터 지속적이고 조직적인 공격을 받았다. 벨시콜 Veliscol이라는 화학회사는 출판을 저지하기 위해 그녀를 법원에 고소하기도 했다.[12] 업체 측 평자들은 극도로 악의적인 서평을 쏟아냈다(그중 하나는 "입 다물라, 미스 카슨!"*이라는 제목이었다). 몬산토사는 『침묵의 봄』 서문을 교묘

* 'Silence, Miss Carson!', 이 제목은 결혼도 하지 않은 카슨이 후대의 생명에 대해 논할 자격이 없

하게 패러디한 「황폐해진 한 해」라는 글을 배포해서, 독자에게 다음과 같은 사태를 상상해보라고 요청했다. "상상해보라. ……어떤 이해할 수 없는 환경 변화로 미국이 살충제가 전혀 없는 한 해를 보내게 되었다면 어떻게 되겠는가." 그들은 그 결과가 곤충들이 미국을 몽땅 먹어치우는 B급 공포 영화와 흡사할 것이라고 말한다.

속屬에 이어 속, 종에 이어 종, 그리고 무수한 아종亞種에 이르기까지 수많은 곤충이 태어났다. 남부의 주들에서 시작해서 곤충들은 기고, 날고, 꾸물거리면서 북쪽으로 밀고 올라갔다. 물어뜯는 놈, 구멍을 뚫는 놈, 기식하는 종류, 빨아먹는 종, 씹고 핥아대는 놈, 그리고 이 모든 종류의 새끼들이 깨물고, 쓸고, 갉고, 쏘아대는 구더기, 벌레, 그리고 유충들이다. 그중 일부는 쏘이면 얼얼하고, 일부는 독이 있고, 일부는 사람을 죽일 수도 있다.[13]

서구 세계의 여론 주도자들은 통렬한 반박의 폭격을 받았다(내가 인용한 이 서평은 런던 국립문서보관소에서 찾아낸 것인데, 원래 화학기업이 에든버러 공작에게 로비를 하려고 보낸 문헌이었다. 공작은 우려를 담아 이 문헌을 관련 정부 부서에 보냈다). 그럼에도 불구하고, 카슨은 혼자 힘으로 정치적 영향력을 발휘할 수 있었고, 암으로 요절하기 전에 살충제의 위험에 대해 의회 청문회에서 증언을 할 수 있었다. 결국, 그 청문회가 살충제의 규율을 바꾸어놓았다. 『침묵의 봄』의 영향은 화학적 발암 현상을 둘러싼 논쟁에서 '전환점'을 이루었고, 이후 기업의 생산물들을 포괄적인 위협과 위험으로 정식화하는 계기가 되었다.[14]

카슨은 내부사정에 정통했다. 그녀는 과학자로 훈련을 받았고, 과학을 존중했으며, 과학의 권위를 옹호했다. 그러나 동시에 전문가들에 대해 비판

다는 주장을 담고 있다.

적이었고, 과학을 속박에서 벗어나게 했다. 1952년에 했던 다음과 같은 강연 발췌문은 그 점을 잘 보여준다.

과학책이 그처럼 많이 팔릴 수 있다는 사실에 많은 이들이 놀라움을 표시했다. 그러나 과학이 일상생활에서 동떨어져서 그들만의 고립된 구획에 속해 있는 무언가라는 식의 관념이야말로 내가 기꺼이 도전하려는 발상이다.

우리는 과학의 시대에 살고 있다. 그럼에도 우리는 과학 지식이 자신들의 실험실에 고립된, 마치 사제와도 같은 소수의 특권이라고 가정한다. 그것은 사실이 아니다. 사실일 수 없다. 과학은 삶 자체의 중요한 일부다. 과학은 삶의 실재하는 한 부분이며, 우리가 존재하는 모든 것이자 그 존재 방식이며 존재의 이유다. 사람을 둘러싼 환경과 사람을 물리적, 정신적으로 빚어낸 힘들에 대한 이해 없이 사람을 이해한다는 것은 불가능하다.[15]

카슨의 말에는 전문가가 민주적으로 대응해야 한다는 새로운 과학의 정치가 함축적으로, 그리고 점차 명시적으로 표현되고 있었다. 즉 살충제 이용은 "흔히 기업의 영향을 받기 쉬운 전문가들의 장에서 결정되어 대중의 눈에서 가려지는 전문적인 주제가 아니라 공공적 주제"가 되어야 한다.[16] 『침묵의 봄』에서 카슨은 살충제의 영향을 받는 대중에게는 알 권리가 있으며, 행동에 나설 의무가 있다고 주장했다. 그렇지만 1962년 6월『뉴요커』에 실린 다음과 같은 편지에서 볼 수 있듯이 이러한 견해에 격렬하게 반발하는 독자도 일부 있었다.

살충제 제조업자들의 이기심에 대한 레이첼 카슨 양의 언급은 그녀가, 최근 미국의 많은 작가와 마찬가지로, 공산주의에 동조하고 있을 수 있다는 점을 보여준다. 우리는 새와 동물 없이는 살 수 없다. 그러나 현재의 시장 침체에서 알 수 있듯이, 우리는 기업이 없이도 살 수 없다. 곤충이라면, 여자들은 작은 벌레 몇 마리만으로도 무서워 죽을 듯 호들갑을 떨지 않는가! 우리가 수소폭탄을 가지고 있는 한, 아무런 문제도 없다. 추신. 그녀는 틀림없이 평화광狂일 것이다.[17]

그러나 다른 많은 이들은 카슨의 책에 감복했다. 사회운동 구성원, 이 경우에는 1960년대와 1970년대의 환경운동가들이 카슨의 대중 결집에서 핵심 독자층이자 청중을 이루고 있었다. 게다가 새로운 독자들이 경쟁 전문가들의 주장에 당황하고, 우려를 품고, 종내에는 호기심을 갖게 될 새로운 잠재적 구성원, 청중이 되었다.

사회운동은 전문성에 대해 좀더 일반적인 조사를 지속하는 데 필수적인 자원을 제공해준 제도였다. 과학자에서 환경운동가로 전향한 배리 커모너는 저서 『과학과 생존Science and Survival』에서 이 순간을 다음과 같이 분명하게 표현했다. "주창자 두 사람 모두 자신이 과학자로서, 즉 과학적 방법이라는 장점을 통해 알고 있다고 말하면서, 한 사람은 핵실험이 국가 이익을 위해 필수적이라고 주장하고, 다른 한 사람은 그것이 국익을 해친다고 말한다면, 과연 진실은 어디에 있는가?"[18] "사려 깊은 시민"이라면 "어느 과학자가 진실을 말하고 있는지 어떻게 아는가?"라고 물어야 한다는 말은 대중이 더는 과학자—모든 과학자—가 "진리를 말한다"고 확신하지 못한다는 현실을 말해준다. 전문가들이 의견일치를 보지 못하는 우스꽝스러운 광경을 우려하며 지켜보는 상황이 빈번히 반복되었다. 그중 어느 한쪽을 고르라고 하면 사람들은 저마다 "과학자로서 알고 있다"고 주장하는 두 전문가 중에서 누구를 고를지 힘든 선택에 직면하게 된다. 이러한 상황으로 인해, 커모너가 이야기한 미끄러운 경사길, 즉 몇몇 과학자에 대한 도전에서 과학 전체("모든 과학자")에 대한 의구심으로 미끄러지는 현상이 빚어진다. 그것은 다시 더 많은 전문가, 심지어 과학사회학의 전문가까지 요청하게 되는 상황이다.[19]

카슨과 커모너의 캠페인들은 과학자들이 과학을 비판적으로 성찰하게

끔 세심하게 조직된 기획이었다. 제리 라베츠는 이 순간을 산업화된 과학이 정반대의 "비판적인 과학", 즉 "자기의식적이고 통일된 힘"을 유발시키는 순간으로 포착했다.[20] 새로운 부류의 과학 기자들, 그중에서도 다니엘 S. 그린버그는 과학을 그 밖의 정치적으로 관심 있는 경제 분야들과 마찬가지로 취급해서 다른 사람들이 과학을 분석하는 데 도움을 주었다.

캠퍼스의 저항

두 번째 경사길은 사회운동의 공통된 특징이었다. 관심과 시간과 자원을 끌기 위한 행동주의자 사이의 경쟁이 운동의 느슨한 조직 구조와 결합해서 운동들 사이의 이동을 촉진시켰다. 예를 들어 베트남전 반대 운동이 군비축소 운동을 약화시켰다는 몇몇 증거가 있다.[21] 반면 다른 그룹들 사이에서 행동을 조율할 수 있을 만큼 타깃이 유연할 경우, 사회운동의 여러 영역이 함께할 수 있었다. 철학자 앤드루 핀버그의 1968년 5월 사건에 대한 설명은 다음과 같이 번역될 수 있을 것이다. 그는 "1960년대에 일어난 기술에 대한 극적인 태도 변화"를 폭넓게 살펴보면, 대중적인 적대감을 유발한 것은 기술보다는 오히려 부상하는 테크노크라시(technocracy, 기술지배사회)였다고 지적한다.[22] 특히, 파리에서 학생들은 대학을 테크노크라시 사회의 축소판으로 해석했으며, 이러한 인식이 노동운동과 프랑스 중간계층 운동에서 공통된 대의를 이룬 토대가 되었다.

1968년 5월, 학생 시위로 대학이 문을 닫았고, 1000만 명이 파업으로 학생들에게 동조했다. 거기에서 그치지 않고 "교사, 기자, '문화산업' 종사자, 사회복지 노동자와 공무원, 그리고 중소기업 경영자 사이에서도 기존 제도에 대한 저항이 폭발했다".[23] 자치autonomy에 대한 적극적 관념들이 그들을 이어주는 공통의 끈 구실을 했다. 자치에 대한 요구는 사회로부터의 분리가 아니라 테크노크라시 주도자들에 대항하는 '인민'으로서의 일체화였다. 핀버그는 이렇게 요약했다. "5월 사건은 국가를 전복하는 데 성공하지 못했다." 그러나 프랑스 대학들에서 시작된 뜨거운 소요는 그 외에도 "또 다른 중요한 것을 달성했는데, 그것은 진보 사상을 반反테크노크라시적으로 재정의한 것으로, 오늘날까지 다양한 형태로 계속 살아남았다."[24] 혁명적 이상이 온건하고 실현 가능한 목표들로 축소되자, 성공적이며 새로운 기술의 미시微視 정치가 출현했다.

파리의 거리와 마찬가지로, 미국 대학들도 반테크노크라시 저항의 공연장이 되었다. 버클리에서 1964년에 시작되어 시민권 운동으로 성장한 자유발언운동free speech movement은 학생운동의 도도한 흐름을 출범시켰다. 이듬해 버클리 캠퍼스는 베트남 전쟁 반대와 그 조직들의 중심지가 되었다. 핀버그는 "미국 정부는 베트남 전쟁을 자국의 뛰어난 능력으로 신속하게 해결할 수 있는 문제로 인식했고, 그런 식으로 대중에게 선전했다"고 지적한다.[25] 대학은 사회 권력(최소한 군부)이 마음대로 지식을 획득할 수 있는 '멀티버시티multiversities'가 되어야 한다는 버클리 대학 총장의 주장을 반박하면서 에드거 프리덴버그는 오히려 대학이 "사회에서 자기성찰을 하는 특화된 기관"이 되어야 한다고 말했다.[26] 마리오 사비오는 직접 행동을 주창했다. "당신은 당신 몸을 기어 위, 바퀴 위, 레버 위에 올려놓아야 한다. …… 그리고 그것을 멈추어야 한다."

이처럼 테크노크라시에 대한 일반적이고 무정형적인 불만들이 터져나오는 와중에, 여러 대학에서 전쟁 연구에 반대하는 날카롭고 구체적인 주장들이 대두했다. 프린스턴 대학에서는 1967년부터 군부의 지원을 받는 연구에 대한 격렬한 논쟁이 벌어졌다. 행동주의 공학자인 스티브 슬레이비는 학생운동단체인 '민주사회를위한대학생Students for a Democratic Society, SDS'의 활동을 나치 청년단에 비유한 냉전 과학자 유진 위그너에 맞섰다. 그러나 학생들의 저항은 1970년 여름의 마지막 동맹 휴학을 끝으로 사그라들었다. 한 위원회(토머스 쿤이 위원장을 맡았다)는 프린스턴 대학에는 군부의 지원을 받는 연구가 상대적으로 적었다고 보고했다.[27] 스탠퍼드에서는 비밀 계약과 비밀 연구에 대한 학생과 교수의 저항이 1966년부터 시작되었다. 역사가 스튜어트 레슬리는 응용전자공학연구소와 스탠퍼드 연구소가 중심이었던 "스탠퍼드의 비밀 연구 프로그램의 폭넓은 범위가 공학자 사이에서는 공공연한 사실이었음에도 불구하고, 여전히 베트남 전쟁을 받아들이는 법을 배우고 있던 학계에 충격을 주었다."[28] 1967년에 스탠퍼드 대학생들이 운영하던 대안대학인 '실험대학The Experiment'이 대학 관계자들과 이사들을 전쟁 범죄로 기소하라고 요청했다. 실험대학과 SDS 지부는 반전 운동과 행진을 조직했다.[29] 1969년 4월, 시위자들은 응용공학연구소를 점거했다.

또한 SDS는 1967년 11월 MIT에서 다우케미컬사에 항의하는 소규모 연좌시위를 조직했다. 그러나 격렬한 저항을 촉발한 것은 이 대학에서 이루어진 연방 국방계약이었다.[30] MIT는 다른 대학보다도 많은 국방 연구개발비를 받았다. 각기 전자공학과 미사일 유도를 전문으로 연구했던 이 대학 부설 링컨 연구소와 기계연구소, 그리고 독립적이었지만 인접했던 MITRE 연구소는 냉전 '방어 제1선'에서 대부분을 담당하고 있었다.[31]

그런 가운데, MIT에서 1967년에 유체역학연구소가 미사일과 제트엔진, 그리고 재진입에 관한 물리학 연구에서 환경과 의학 연구로 전환한 일은 시위자들에게 하나의 전범을 제공해주었다. 물론 연구소 노동자 입장에서 그 과정은 그보다 실용적인 이유로 이루어진 것이었지만 말이다.[32] 1969년 1월 MIT의 교수들이 "현 단계 미국의 삶에서 과학과 기술이 수행하는 역할과 관련해서 그 위험과 문제점에 대한 대중 토론을 촉발하기 위해" 의도적으로 동맹 휴학을 요청했다.[33] 시위자들의 3월 4일 선언은 "연구의 응용을 군사 기술에 역점을 두는 현재의 방식에서 벗어나, 연구의 적용을 더 시급한 환경과 사회 문제로 전환"할 것을 촉구했다.[34] 시위자와 기계연구소장 찰스 스타크 드레이퍼 사이에 유지되던 팽팽한 교착상태는 1969년 11월 경찰견과 최루가스로 크게 사회문제화되었던 소요로 깨졌다. MIT와 스탠퍼드 두 대학 사례 모두에서, 온건파 시위자가 승리를 거두었다. 기계연구소는 1970년에 MIT에서 축출되어 독립적인 찰스스타크드레이퍼 연구소Charles Stark Draper Laboratory가 되었고, 스탠퍼드 연구소 역시 분리되어 항의시위의 무대가 되었던 장소도 폐쇄되었다. 그러나 급진주의자들이 원했던 것은 전환이었다. 학교에서 쫓겨난 냉전 연구소들은 모두 국방 후원자들의 계속된 지원과 인접한, 이제는 공식적으로는 독립적인 대학들과 지속되는 유대를 통해 번영을 구가했다.[35]

대학과 연구소 광장은 말 그대로 시위의 무대가 되었다. 게다가 새로운 단체들의 설립은 그 밖에도 많은 문제가 있음을 보여주었다. 1969년 설립된 과학의사회적책임을위한영국협회The British Society for Social Responsibility in Science는 조지프 니덤 같은 1930년대의 나이 든 급진주의 세대의 잔존자들과 중심에서 벗어난 급진적인 대학 과학자라는 젊은 세대를 한데 결합시켰다.[36] 1969년에 MIT 학생과 교수들이 '우려하는 과학자 연맹Union of Concerned Scientists, UCS'을 출범시켰다. 베트남 전쟁 반대에서 군비축소에 이르는 연결에서, 처음에는 동남아에서의 전쟁에 대한 대학의 기여에 대한 우려로 시작되었던 운동이 1970년대에는 핵 안전 문제에 대한 비판으로 바뀌었다.[37] UCS는 1980년대의 두 번째 냉전기에 특히 활발한 활동을 벌이며 다양한 방식으로 보고를 조직했는데, 그것은 여러 측면에서 폴링의 1957년 8월 청원 운동에 대한 공명이었다.[38] 사회학자 켈리 무어는 '공개정보를위한과학자협회Scientists' Institute for Public Information, SIPI', 그리고 '민중을위한과학(SftP, 1969년에 베트남전 반대를 위한 사회적 및 정치적 행동을 위한 방안 모색으로 결성된 단체)'과 함께 UCS를 연구했는데, 흥미로운 일반론을 제기했다. 무어는 UCS, SIPI 그리고 SftP와 같은 '공익과학 단체들public interest science organizations'이 정치적 행동주의와 과학의 혼합으로 빚어진 심각한 곤경을 해결하려는 제도적 대응이었다고 주장한다.

행동주의 과학자들은 과학 지식의 내용이 비과학적 가치에 의해 더럽혀질 수 있다는 점을 시사하지 않으면서 과학을 정치적으로 비판해야 했다. ……좀더 구체적으로, 그들은 두 가지 서로 연결된 문제에 직면했다. 첫째, 그들의 활동과 주장은 '순수' 과학과 과학자들 사이의 통일성을 나타냈던 전문적인 단체들을 와해시킬 위협이 되었다. 둘째, 일단 토론이 공개되면서, 연구 문제의 선택, 연구 방법, 그리고 해석 등의 주관적 성격이 폭로될 위험이 있었다. 그들의 활동이 과학의 후원자들과 과학 지식 사이의 관계에 초점을 맞추었기 때문이다.[39]

무어는 이러한 긴장이 공익과학 단체의 결성을 통해 해소되었다고 주장한다. 그들은 "상대적으로 항구적이고 지속적인 공익에 봉사함으로써, 정치적 이해관계가 어떻게 과학 지식에 영향을 미치는지 모호하게 하고, 과학적 통일성의 조직적 대표, 즉 전문적인 과학 조직들을 보존하도록 도왔다"는 것이다. 다시 말해 UCS, SIPI 그리고 SftP는 각각 MIT, 미국 과학진흥협회, 그리고 미국물리학회와 같은 단체의 순수성을 훼손시키지 않고 보전하는 기능을 수행했다는 것이다. 또한 무어의 연구를 통해 "과학적 증거에 복수複數의 해석이 이루어진다는 점에 대한 관심 증가가…… 다른 어떤 분야보다도 규칙, 방법, 그리고 해석의 합의에 더 크게 의존하는 전문분야로서 분명 바람직하지 않은 상황"이라는 문제로 인해 이러한 제도적 대응이 이루어졌다는 점이 확실해졌다.[40]

자기-비판

전후 베이비 붐 세대가 부모 세대와 반대되는 태도를 보인다는 현실은 진부한 이야기이다. 그보다 중요한 것은 베이비 붐 세대가 자신을 다르게 확인하고 분석했다는 점이다.[41] 부분적으로, 엘리트 지식인들의 사고에서 이러한 자의식은 압도적인 체계화에 대한 반작용으로 나타났다. 당시 지배적인 사회과학은 방법적인 측면에서 정량적이자 과학적이었으며 그 정신에서는, 데이비드 홀링거의 말을 빌리자면, "근대화론과 이데올로기의 종말이라는 전문적 유행어들을 특징"으로 하는 "승리론적triumphalist" 정신이었다.[42] 그러나 대니엘 벨과 월트 로스토의 책들이 정책을 좌우하기는 했지만, 장기 1960년대 사회운동 구성원에게 영향력을 미치지는 못했다. 영향력 있는 저자와 문헌은 구조의 압도적인 결정력과 개인의 대응의 한계라는 공통된 주제를 다루었다. 헤르베르트 마르쿠제의 『일차원적 인간One-Dimensional Man』(1964), 급진적 개인주의와 근대사회의 출현을 역사적으로 검토한 마셜 버만의 『정당성의 정치The Politics of Authenticity』(1971), 그리고 『기술사회The Technological Society』(1964)라는 제목으로 번역 출간된 자크 엘륄의 『라 테크니끄La Technique』 등이 대표적인 예이다. 엘륄은 과학이 기술의 도구가 되었다고 주장했다. "과학은 점점 더 기술적 응용의 추구에 종속되고 있다." 다른 모든 인간사와 마찬가지로 과학 역시 '노예화'에 동화되었는데, 그 노예화가 고착된 것은 20세기에 들어선 뒤의 일이었다.[43]

그러나 압도적인 통제에 비관론을 편 책들과 함께, 과학에서 이루어진 개인적 성공을 찬양하는 책들도 나왔다. 여기에서 파악해야 할 요점은 과학에 대한 이러한 두 가지 해석이 서로를 유발했다는 점이다.

개인적인 혁신가 정신과 공동체적 이상 사이의 긴장

제임스 왓슨이 크릭과 함께 DNA 구조를 발견하는 과정을 서술한 베스트셀러 『이중나선』(1968)에서, 독자들은 높은 도덕적 규범을 따르는 사람이 아니라 평범한 사람처럼 행동하는 주인공들을 발견했다. 제이콥 브로노프스키가 재빨리 파악했듯이 『이중나선』은 단순히 '실제' 일어난 일에 대한 설명으로 읽을 수 없다. 이야기의 구조는 영웅들과의 경쟁, 보물을 찾는 원정 여행, 사악한 마녀들 등으로 가득차 있어서 동화와 흡사했다. 왓슨이 '실제 생활' 속 과학자의 모습을 그렸다는 점에서 신빙성이 있지만, 그 밖에도 우리는 그 아래쪽에서 무엇이 옹호되고 있는지를 파헤쳐야 한다.

왓슨의 책에 등장하는 주인공들은 개인적이고 기업가적이며, 출세를 위해서 기꺼이 규칙을 악용하고 동료들을 무시한다. 이러한 동인은 장기 1960년대의 다른 곳에서도 찾아볼 수 있다. 역사가 아서 마윅은 개인적이고 문화적인 기업가정신이 장기 1960년대의 두드러진 특징이었다고 주장했다.[44] 실제로 이러한 기업가정신은 왜 신사회운동, 특히 대항문화counterculture가 그러한 형태를 띠었는지 설명해준다. 왓슨이 쓴 책의 주인공들도 같은 틀에서 나왔다. 그리고 그들의 영향력은 오랫동안 계속되었다. 사적 기금으로 이루어진 생명공학의 대표적 인물인 크레이크 벤터는 20대 초반 캘리포니아에서 지내던 무렵 『이중나선』을 처음 읽었다. 최근에 나온 자전적 스케치에서 그는 이렇게 말했다. "수년 후, 벤터는 자신에게 멘토가 없었다는 사실을 한탄했다. ……한 사람이 있었다면 『이중나선』을 쓴 왓슨이었다고 말했다."[45] 여기에서 요점은 왓슨의 페르소나가 장기 1960년대 문화적 주동자들의 그것과 대비된다는 것이 아니다. 오히려 그는 "자신의 일을 한다"는 점에서 그들과 비슷하다. 왓슨의 주인공들은 1970년대 생명과학의 상업화에 꼭 필요한 행동 모형, 즉 "영웅들"을 제공해주었다. 이 주제는 다음 장들에서 다루겠다.

더 정확하게 말하자면, 개인주의적 기업가정신과 과학 조직이라는 좀더 공동체적communal 이상이 장기 1960년대에 불안하게 공존했다고 할 수 있다. 후자를 대표하는 사례는 모리스 윌킨스에게서 찾아볼 수 있다.[46] 냉전 초기에, 공동체의 모형은 머튼의 CUDOS 규범에서 잘 나타난다. 이러한 규범은 거대과학Big Science이 조직원리로 출현하면서 그 관리 형식으로 발현되었다. "거대과학"이라는 용어는 1960년대에 처음 만들어졌지만, 당시에는 잘못 사용된 용어였다. 자기비판적인 용어로 거대과학은 냉전 시기 핵심 실험실이었던 오크리지 실험실의 장을 맡았던 앨빈 와인버그의 1960년대에 대한 반성, 그리고 데렉 드 솔라 프라이스의 1960년대 과학학science of science에서 처음 등장했다.[47] 이 용어는 20세기에서 좀더 이른 시기에 등장할 수도 있었다. 위대한 발견을 이룬 개인들에 대한 왓슨의 서술이 인기를 얻었던 까닭은 그의 묘사가 대규모로 조직된 과학, 대체로 비인격화된 활동으로서의 과학과 대비되었기 때문이다. 따라서 왓슨의 등장인물들은 유용한 허구, 즉 개인적 추구의 특징과는 거리가 먼 거대과학 속에서 짐짓 개인주의를 시늉하는 셈이었다.[48] 과학은 브릭이 이름 붙였듯이 "새로운 대규모 대학들mass universities에 나타나는 지식 사회화"의 충실한 일부이면서, 동시에 거대과학이라는 체계의 일부이기도 했다.[49] 왓슨의 개인주의적 자화상은 긴장을 완화하기 위한 수단으로 출현한다. 나는 이미 제14장에서 거대과학의 등장이 과학자 사회에 대한 담론을 조장한 것이, 단지 과학이 더 공공적이었기 때문이 아니라 그렇게 함으로써 불확실한 자율성을 더 잘 지킬 수 있었기 때문이었다는 점을 지적했다.[50] 마찬가지로 브릭은 지식사회화의 조건과 공적 자금에 의존하고 공공정책 형성과 연관된 공식 기관들에서의 지적 삶의 조직이 지식사회화의 결과에 대해 의문을 제기했다고 주장한다.[51] 그러나 과학이 공동체였다면, 공동의 책임이 있지 않았는가?

위기와 혁명의 담론

나아가, 과학자 사회 담론은 그 사회의 위기에 대한 담론과 함께 나타났다. 철학자 토머스 쿤은 『과학혁명의 구조The Structure of Scientific Revolutions』(1962)에서 위기의 구체적 의미를 제공했다. 쿤의 저서는 과학을 다룬 20세기 책 중 인용빈도와 논의 측면에서 단연 최고였다. 쿤은 제2차 세계대전이 끝난 직후 몇 년 동안 제임스 코넌트의 초대로 하버드 대학에서 1차 사료의 면밀한 검토를 통해 과학사의 '사례 연구'를 가르쳤다.[52] 『코페르니쿠스 혁명The Copernican Revolution』(1957)에서 그는 이러한 접근방식을 따랐다. 그러나 『과학혁명의 구조』에서는 일반화를 시도했다. 그의 모형에 따르면, 과학자는 '패러다임paradigm'에 따라서 연구를 수행했다. 패러다임은 과학 문제를 어떻게 풀어야 하는지에 대한 본보기뿐 아니라 승인된 방법론까지 제공해주었다. 그러나 몇몇 변칙적인 현상들은 하나의 패러다임하에서 설명될 수가 없다. 그리고 이런 변칙 사례들이 공격을 견뎌내면, 만개한 '위기들'의 발전이 촉발된다. 그러면 패러다임의 깊은 함축적 가정들이 수면 위로 끌어올려져서 명백해지고, 비판을 받게 된다. 그 결과로 새로운 패러다임이 탄생할 수 있다. 새로운 패러다임은 무엇이 수용 가능한 과학으로 간주되는지에 대한 새로운 규칙들을 갖기 때문에, 낡은 패러다임과 새로운 패러다임은 양립할 수 없다. 엄밀하게 이야기하자면, 둘은 '공약 불가능incommensurable'하다. '정상 과학', 즉 특정 패러다임하에서 수행된 과학은 사회 공동체의 성취이다. 따라서 위기는 과학자 사회의 경험이다. 잘 알려져 있듯이. 쿤은 자신이 사용했던 패러다임과 혁명이라는 용어가 과학철학 이외 분야의 많은 독자에 의해 전용되거나, 그가 보기에, 남용되는 것을 몹시 싫어했다.

그럼에도 불구하고, 장기 1960년대에 과학과 기술에서 좀더 일반적인 '위기'에 대한 진단이 자주 이루어졌다는 점은 놀랍다. 대학에서 68혁명이 일어났던 같은 해(1968)에 컴퓨터 프로그래밍에서도 '위기'가 있었다.[53] 심지어 '사회학의 위기'에 대한 자기 진단도 있었다.[54] 1970년에 있었던 '현대 생물학의 사회적 영향'에 대한 회의에서, 모리스 윌킨스는 청중에게 "오늘날 과학의 위기는 우리 생존의 문제와 직접 관련될 뿐 아니라, 우리의 가치 판단과 근본적인 신념과 관련된 깊은 의미가 있다"는 점을 상기시켰다.

주된 원인은 원자폭탄이었을 것이다. 과학자들은 더이상 과학의 가치에 대해 그동안 견지했던 거의 오만에 가까운 자신감을 유지하지 못하게 되었다. 동시에 비과학자들은 점점 더, 그리고 공공연하게 과학의 가치에 의문을 제기했다. 한발 더 나아가 합리적인 사고 전체에 문제를 제기하는 극단주의자들도 있었다.[55]

월킨스는 이처럼 점증하는 '이성에 대한 자신감 상실'에 대응하는 과정에서 과학자 사회가 보여준 심각한 분열상을 묘사했다. 선용-오용 모형에 따라, 월킨스는 과도한 반응을 하지 않는 것이 중요하다고 결론지었다. 그렇지 않으면 "과학 전체에 유죄 선고"를 내릴 위험이 있기 때문이다. 오히려 그는 청중에게 과학의 사회적 책임과 과학의 추구를 선택할 것을 역설했고, 피터 메다워의 말을 빌려서 "상상력의 앙양", 그리고 좀더 중요하게, "우리의 가치에 큰 영향을 미칠 자기인식"을 강조했고, "과학이 가치 있는 까닭은 자기인식을 주기 때문"이라고 역설했다.

그 밖의 엘리트 '좌파' 과학자들도 같은 모임에서 비슷한 주장을 했다. 널리 알려졌듯이 파리 68혁명에 공개적으로 참여했다가 막 돌아온 자크 모노는 "가치 판단을 무시해야 하는…… 우주의 분석과 해석에 대한 엄격하게 객관적인 과학이" 모든 "전통적인 가치체계"를 파괴하고 있다고 주장했다.[56]

과학의 기술적인 성취들에 경제적으로나 심리적으로 모두 의존해서 살아가고 있는 현대 사회는 자신의 가치체계를 떠받칠 모든 견고하고, 일관되고, 수용 가능한 '신념'을 과학 자체에 의해 빼앗기고 있다. 필경 이것은 지금까지 인류 문명에서 일어났던 가장 큰 혁명일 것이다. 다시 강조하지만 내 주장은 과학, 즉 객관적 지식에 대한 체계적 추구에 의해, 원시적이든 고도로 세련되었든 간에 지난 수천 년 동안 도덕적 규범과 사회 구조를 정당화하는 데 필수적 기능을 해왔던 모든 신념체계가 완전히 파괴되었다는 것이다.

모노는 이 혁명이 현대의 세기병世紀病, 특히 '젊은이' 사이에 유행하는 염세주의의 뿌리라고 주장했다. 모노가 파스퇴르 연구소에서 나와 68년에 '혁명'을 보기 위해 가두로 나갔을 때, 우리는 그가 그 사건을 과학에 의해 야기되었다고 생각한다고 상상하지 않을 수 없다.

당대의 평자 중에서 '위기'를 확인해낸 사람이 윌킨스만은 아니었다. 예를 들어 배리 커모너는 자신의 저서 『과학과 생존』(1966)에서 현대 생물학의 위기에 관해 썼다. 그것은 자연학에서 유래한 전통적인 유기적 과학과 공격적인 새로운 분자생물학 사이의 갈등으로 과학이 분열되었다는 뜻에서의 위기였다. 과학의 역사에서, 앞에서 언급했던 바이마르 시대 독일 과학에서 나타난 '위기'에 대한 폴 포먼의 발견과 설명(1971)은 이 시기에서 비롯된 것이며, 부분적으로 당시 상황의 투영으로 간주될 수도 있다. 포먼은 1967년에 캘리포니아 버클리 대학에서 박사학위를 마쳤고, '적대적인 지적 환경' 속에서 과학자들의 대응을 직접 목격했다.

그러나 윌킨스의 경우, 그가 조금 더 넓은 맥락에서 과학을 괴롭히는 중요한 조건으로 '위기'를 묘사했다는 점에서 흥미롭다. 여기에서 중요한 것은 그의 진단이 옳았는지 여부가 아니다. 가령, 정량적인 증거는 미심쩍다. 사회학자 아미타이 에치오니와 클라이드 Z. 눈은 루이스해리스 여론조사기관에서 했던 조사 결과를 보고했다. 그것은 "과학을 하는" 사람들에게 "큰 신뢰"를 보이는 대중의 비율이 56퍼센트(1966)에서 37퍼센트(1972)로 떨어졌다는 내용이었다(물론 과학에 대한 신뢰를 직접 측정한 것은 아니었다).[57] 에치오니와 눈은 "과학으로부터의 이탈"이 "반과학적인 정서의 비등이라기보다는 미국 당국과 제도에 대한 신뢰의 전반적인 약화의 일부이며…… 종교에서 군대, 언론에서 미국의 주요 기업들에 이르기까지, 예외 없이 그들 모두에 대한 평가가 하락했다"고 주장했다.

경구피임약, 그리고 일상의 생의학화

위기는 특정 분야의 전문가들에 의해 발명되기도 한다. 또한 위기는 실행세계 문제들을 제공해서, 다시 그 문제들이 새로운 과학과 기술을 낳게 했다. 인구 위기는 인구학자들이 만들어낸 말이었고(나중에야 1968년 폴 에를리히의 베스트셀러 『인구 폭탄』과 같은 연구로 간행되었다), '경구피임약'은 가족계획자들에게 기술 중심적 해결책을 제공해주었다. 실제로 경구피임약 이야기는 이 장에서 변화해가는 주제들을 잘 보여준다. 1910년대만 해도 미국에서 산아제한 클리닉은 불법이었고, 1936년까지도 내과의들은 피임 관련 부서로 배치되는 일을 '끔찍한' 일로 치부했다. 1960년에도 미국 내 30개 주가 피임약 판매를 금했다.[58] 그러나 1955년에는 미국에서 40세 이하 기혼 백인 여성 중 70퍼센트가 페서리, 콘돔이나 주기週期 피임법 등 어떤 형태로든 피임을 했다.[59] 경구피임약은 이미 꽉 들어찬 시장에 진입하는 격이었다. 그렇지만, 경구피임약은 기존의 피임법과 결정적 차이가 있었다. 그것은 환자가 아닌 건강한 개인에게 판매된 최초의 약물 치료제였고, 페서리처럼 상스러운 관심을 끌지 않고 여성이 자신의 출산력을 통제할 수 있게 해주었다. 제약회사들은 홀로 경구피임약을 개발해서 영향력이 상당한 로마 가톨릭 시장을 자극하는 사태를 내켜하지 않았다. 따라서 그 밖의 관심 있는 진영에서 재정과 경영 기술을 끌어들일 필요가 있었다.

가장 중요한 두 진영은 독립적이고 부유한 산아제한의 대표주자 마거릿 생어와 산아제한에 관심을 가진 엘리트 그룹 미국인구협회Population Council였다. 1910년대에 뉴욕시 빈민가에서 간호사로 일했던 생어는 모성과 가난이 결합해서 가해지는 압력을 직접 목격했고, 그 결과 신뢰할 만한 피임약을 필요로 했다. 역사가인 시겔 왓킨스는 "성행위와 무관하게 한 번에 간편하게 복용할 수 있어서 피임을 여성의 통제하에, 당연히 그리고 온전히 둘 수 있기 때문에", 그녀가 "경구피임약을 마음속에 그리고 있었다"

고 썼다.[60] 남성용 경구피임약은 고려되지 않았다. 기술적으로 어려웠고(불가능하지는 않았다), 연구 대상이 될 피험자도 부족했으며, "피임은 임신이나 육아와 마찬가지로······ 여성의 책임"으로 간주되는 "사회 통념"에 어긋났기 때문이다.[61] 중요한 점으로, 생어는 과학과 조직화된 의학이 그녀의 기대를 충족시켜서 경구피임약을 제공해줄 것이라고 믿었다.

또한 생어는 1920년대에 일본, 중국, 한국을 여행하면서 목격했던 극동 지방 도시의 두드러진 인구과잉 현상도 우려했다.[62] 따라서 그녀는 제3세계의 '인구과잉'을 심각한 문제로 간주했던 전후 인구학자들의 핵심적인 우려에 폭넓게 공감했다. 존 D. 록펠러 3세는 1952년부터 사람의 생식력을 감소시키는 방안을 검토하기 위해 미국 인구협회에 연구 기금을 지원했다. 연구진은 당시 과학 엘리트층으로 구성되었고, 데틀레브 브롱크(록펠러 연구소 소장이자 국립과학아카데미 회장), 칼 T. 콤프턴(MIT 총장), 프레더릭 오스본(미국우생학회장), 그리고 루이스 스트로스(원자에너지위원회에서 오펜하이머의 논적) 등이 포함되었다.

생어는 스테로이드 호르몬과 생식생리학을 전공하는 과학자를 찾았고, 메사추세츠주 슈루즈버리에 있는 우스터 실험생물학재단에서 연구하던 그레고리 구드윈 핀커스가 눈에 들어왔다. 핀커스는 G. D. 설G. D. Searle사를 위해 스테로이드 코티손 제조법을 연구해왔다. 이 물질은 1940년대 말부터 기적의 관절염 치료제로 알려졌다. 게다가 그는 과거에 포유류의 성性생리학에 대한 연구를 한 적도 있었다.[63] 생어와 핀커스는 황체호르몬의 일종인 프로게스테론progesterone의 효과를 이용하는 방법에 대해 토론했다. 이 호르몬은 난소가 난자를 방출하지 못하게 막는 역할을 했다. 프로게스테론은 동물의 기관에서 추출할 수 있었지만, 1그램을 얻기 위해 동물의 기관이 1톤이나 필요했기 때문에 값이 엄청나게 비쌌다. 두 회사의 화학자들은 천연 프로게스테론을 값싼 합성물질로 대체할 방법을 찾으려 애썼다. 멕시코 얌의 추출물로 첫 시도를 했고, 신텍스사의 칼 제라시 팀과 G. D. 설사의 프랭크 콜턴이 각기 1951년과 1952년에 성공을 거두었다. 이 기업들은 부인과질환 치료라는 제한된 시장—이들은 논쟁의 여지가 많은 피임약에는 거의 관심이 없었다—을 예견했다.

생어는 수확용 기계 회사 집안과 혼인해서 큰돈이 생긴 그녀의 동료 캐서린 덱스터 매코믹을 설득해서, 합성 호르몬을 '경구피임약'으로 전환할 수 있도록 핀커스에게 연구비를 대폭 지원하게 했다. MIT를 졸업한 매코믹 역시 과학이 문제를 해결해줄 것이라는 믿음을 가지고 있었다.[64] 의학적 시험을 위해서, 핀커스는 하버드 의과대학 가톨릭 산부인과 의사인 존 록을 찾아냈다. 임상시험은 미국(워세스터 주립병원 정신병 환자들도 포함되었다)과 푸에르토리코에서 이루어졌으며, 피임 효과에 대한 주요 실증 검사는 푸에르토리코에서 1956년에 시행되었다. 1958년까지 푸에르토리코의 우마카오와 아이티의 포르토프랭스에서 830명의 여성에게 배란억제제 에노비드 Enovid 경구피임약이 주어졌다. 미국식품의약국FDA은 1960년 5월에 에노비드의 피임약 처방을 승인했다. 에노비드는 건강한 여성이 규칙적으로 사용하는 것을 목적으로 처방된 최초의 약품이었다.[65] 따라서 이 피임약의 승인은 일상생활의 생의학화를 향한 첫걸음인 셈이었다.[66]

경구피임약 역사의 첫 단계는 전문가에 대한 높은 수준의 신뢰가 그 특징이었다. 긍정적인 언론 보도에 힘입은 환자들이 의사에게 경구피임약을 요구했고, 뒤이어 피임약 사용을 부추기는 제약회사 마케팅 담당자들의 권고와 광고가 봇물을 이루었다. 경구피임약 사용은 소외계층 사이에서 크게 늘어났다. 대중 매체들은 경구피임약의 혁명을 이른바 '성性 혁명'과 같은 사회적 변화, 그리고 특히 미혼 젊은이의 행동에서 나타나는 도덕적 공황恐慌 상태와 결부시켰다. 소설가 펄 벅은 『리더스 다이제스트』에 쓴 글("경구피임약과 10대 소녀"[1968]라는 제목)에서 다음과 같이 경고했다.[67] "누구나 경구피임약이 무엇인지 안다. 그것은 작은 알약에 불과하지만, 우리 사회에 주는 잠재적 영향은 원자폭탄보다도 더 파괴적이다." 그러나 실제로는 1940년대와 1950년대 앨프리드 킨제이의 성과학性學 연구들이 잘 보여주었듯이, 경구피임약이 등장하기 전에도 혼전 성관계는 다반사였기 때문에, 1960년대 이후 경구피임약이 이러한 변화의 원인이었다는 증거는 어디에도 없었다.[68]

변화가 일어난 것은 의학-과학적 권위와 대중 사이의 관계였다. 경구피임약의 사용과 혈관에 핏덩이가 생기는 색전증塞栓症, 그리고 암 발병 사이의 연관성에 대한 이야기가 떠돌다가 연구 주장으로 퍼지게 된 시기가 1960년대 중반이었다. 그러나 이러한 논쟁은 학문적 출판과 의학 저널처럼 상대적으로 닫힌 벽 속으로 국한되었다. 카슨의『침묵의 봄』같은 저자와 책의 관계가, 이 사례에서는 바버라 시맨의『의사의 경구피임약 사용 반대론』(1969)에 해당했다. 이 책은 전문가 사이 논쟁을 대중적 논쟁으로 확산시켰다. 상원의원 게이로드 넬슨은 이 문제로 의회 청문회를 이끌어냈다. 그러나 청문회에서는 남성 전문가의 발언이 이어졌을 뿐, 여성 이용자의 발언은 거부되었다. 논쟁의 색조는 이제 극도로 비판적이었다. 과거에는 후원자, 과학자, 제약회사 그리고 의사 사이에서 작용했던 신뢰 관계가 이제는 이해관계에 얽힌 더러운 관계로 여겨졌다. 이 과정에서 결정적인 것은 대중 논쟁의 조직이었다. 대중 논쟁은 당시 신장하던 언론매체의 부수를 늘렸고, 그로 인해 다시 독자층이 늘어났다. 이렇게 늘어난 독자층 중에는, 이 경우 특히 D. C 여성해방D. C. Women's Liberation이 포함되었다. 이 단체는 대의명분을 찾았다. 어느 저명한 회원은 이렇게 회상했다.

우리는 국회의사당에서 경구피임약에 대한 청문회가 열린다는 이야기를 들었지요. 그래서 우리 중 일곱 명이 갔습니다. ……그곳에서 우리는 두 가지 사실 즉, 그 내용과 청문회에 나온 상원위원들[과] 증언을 하는 사람들이 전부 남자라는 점에 모두 놀랐습니다. 정말 경악했지요. 우리는 피임약의 위험성에 대해 무미건조한 과학적 증거를 청취했습니다. ……우리 모두 피임약을 사용했었기 때문에, 우리는 그곳에 행동주의자이자 동시에 우려하는 여성으로 참가했다는 점을 기억하

세요. ……따라서 증언을 듣는 동안 우리는 갑자기 "세상에 맙소사"라고 말하고 는, 손을 들고 질문을 했어요—그 당시에는 그런 식으로 질문을 했으니까요.[69]

여성운동 진영이 권력기관에 자진해서 물음을 제기하는 빈도가 늘면서 구체적인 변화가 이어졌다. 더 많은 정보를 제공하려는 법규가 마련된 것이 다. 그것은 "의사-환자 관계에서 중요한 전환점"[70]이었으며, 좀더 일반적으 로는 전문가-대중 사이의 폭넓은 관계 변화를 시사했다. 엘리자베스 시겔 왓킨스는 이렇게 요약했다. "한 세대 전만 해도, 마거릿 생어와 캐서린 매 코믹은 과학자와 의사에게 도움을 청하고 이 전문가들이 산아제한 문제에 대한 해결책을 내놓도록 격려한 끝에야 [자신들의 목표를 이룰 수 있었다]. ……그리고 경구피임약을 여성을 위한 과학의 승리라고 칭송했으며, 의사 의 손에 기꺼이 피임을 맡겼다. ……그에 비해 여성보건운동은 의료-의약 복합체medical-pharmaceutical complex의 헤게모니를 거부했고, 공공의료 서비스 제공에 대한 일반인들의 통제를 주장했다. ……그리고 경구피임약 을 여성의 삶에 대한 가부장적 통제의 전형으로 [해석했다]."[71]

화학적 혁신, 권위에 대한 도전, 그리고 사회운동 사이의 복잡한 상호작 용을 잘 보여주는 두 번째 진전은 중증 정신질환자의 탈脫시설화와 정신병학 전문가 사이에서 전후 기간에 나타난 변화였다. 과거 유럽과 미국에서는 엄 청난 수의 중증 정신질환자가 정신병원에 갇혀 있었다. 20세기 중엽 정신병 원에서, 정신병학자들은 인슐린 혼수 요법(급성정신분열 환자에게 인슐린을 주 사해 쇼크 상태에 빠지게 해서 좀더 유순하게 만들기 위한 시도)이나 전기충격 요 법, 또는 뇌전두엽 절제술(전기적 방법이나 외과 처치를 통해 비슷한 결과를 얻 었다)로 환자를 치료하려 했다. 1950년대에 새로운 정신약리 물질이 나와서 정신병학의 변화에 기여했다.[72] 1940년대에, 열대감염증 분야에서 세계를 선도하는 제약회사였던 프랑스의 론풀랑크사가 처음으로 염료 메틸렌블루 를 구충제 후보로 쓰려고 시도했고, 다음에는 그것의 페노티아진 핵을 항히스타민제로 이용했다. 일부 항히스타민제에는 진정효과가 있는 것으로 알려졌다. 폴 샤르팡티에는 1950년 12월에 새로운 계열의 페노티아진 화합물을 생산했다. 그중에는 염소화합물인 클로르프로마진도 포함되었다. 괄목할 만한 일로, 쥐에게 새로운 화학물질을 투여하자 줄을 기어오르지 않았는데(진정작용 검사), 그것은 쥐들이 진정된 것이 아니라 관심을 잃었기 때문이었다.[73]

파리지앵 의사인 앙리 라보리는 수술을 하는 동안 인간 환자도 무관심해지는지 알기 위해서 진정제로 항히스타민제를 실험했다. 1952년 초, 클로르프로마진에 대한 소식이 파리에서 가장 큰 정신병원인 생앤 병원에까지 퍼졌다. 이곳은 파리 대학의 정신병학과 부설 병원이었다. 장 딜레이와 피에르 드니케르가 클로르프로마진을 정신병 환자들에게 시험했다. 신속하게 논문으로 보고된 이 치료법의 효과는 거의 믿을 수 없을 정도였다.[74] 나이 든 세대의 정신병학자들은 의구심을 품었지만(일부는 정신병의 완전한 치료가 불가능하다고 믿었다), 젊은 세대는 항정신병약을 처방하기 시작했다. 클로르프로마진이 사용된 데에는 특별히 기업들의 바람이 개입하지 않았다. 롱프랑사는 정신병을 무가치한 시장으로 보았고, 미국에 이 약을 도입한 스미스클라인앤프렌치사는 구토억제제로 사용허가를 얻었다.[75] 그럼에도 불구하고, 스미스클라인앤프렌치의 '소라진(클로르프로마진)'은 1955년 출시 첫해에 월러스래보라토리의 밀타운, 시바의 레세르핀 진정제와 경쟁을 벌여 7500만 달러의 매출을 기록했다.

클로르프로마진과 레세르핀을 통해 측정되고 평가된 용량에 대한 반응으로(화학적 정신의학자들은, 정신분석가들이 그들의 분야를 지배했기 때문에, 특히 통제되고 공개된 평가 시험을 통해 효과를 증명할 필요가 있었다) 정신약리학이라는 신과학이 가능해진 것처럼 보였다. 샌도즈제약회사의 LSD(앨버트 호프먼의 1938년 발견은 1943년에 재발견될 때까지 묻혀 있었다) 같은 그 밖의 물질들이 정신이상을 일으킬 수 있다는 뉴스는, 처음 두 약이 이러한 이상을 제거할 수 있다는 점에서 통제와 측정이라는 새로운 의미를 확인해주는 것처럼 보였다.[76] 정신병을 통제했던 약의 효용성은 보호시설의 개방을 시작했던 사회적 요법을 강력하게 뒷받침해주었다. 제도적 신경증을 유발했던 권위주의적 구조로 간주되었던 병원의 대규모 수용시설은 1940년대 후반부터 비판을 받았다. 역사가 데이비드 힐리는 이런 시설이 "약물요법의 출현을 위한 완벽한 조건"을 창출했다고 썼다. 클로르프로마진의 사용은 사회적 환경 접근이 상정하지 않았던 문제들과 씨름을 벌였다. 그것은 "약으로 정신병을 치료할 수 있다"는 문제였다.[77]

낡아버린 정신병 치료에 대한 더 급진적인 비판은 반反정신의학anti-psychiatrists에서 나왔다. 스코틀랜드 사람 R. D. 레잉과 헝가리 출신 미국인 토머스 사즈 같은 사뭇 다른 인물들이 주도했던 운동이었다. 사즈는 정신의학자가 과학자인 듯 가장하는 현실을 비난했고, 특히 정부-주도 정신의학에 의구심을 제기했다. 사즈에 의하면 정신병자를 시설에 입원시키는 것은 개인의 권리를 집단적으로 무시하는 처사였다. 『분열된 자아, 온전함과 광기에 대한 실존적 연구』(1960), 『자아와 타인』(1961), 그리고 『경험의 정치』(1967) 같은 책에서, 로널드 레잉은 광기가 사회적으로 유도된 조건이며, 반드시 부정적이지는 않다고 주장했다. 1965년부터 레잉은 런던 동부 킹슬리홀의 치료공동체를 이끌었다. 이 공동체에서는 치료사가 환자와 함께 살았다. 환자는 클로르프로마진과 같은 약에 대해 제약을 받지도 않았고, 약에 대해 무관심하지도 않았다. 의사와 환자 사이의 권위주의적 위계가 급격하게 도전받고 있었다.

장기 1960년대에 반정신의학 운동의 메시지는 반향을 일으켰다. 힐리는 이렇게 기록했다. "1969년 사즈가 일본을 방문한 후에 레잉과 그 밖의 반정신의학 활동가, 그리고 일본 대학생이 도쿄 대학교의 정신병학과를 점거했다."

그것은 생물학적 정신의학에 반대하고, 일본의 계층구조에서 도쿄 대학이 가지던 지배력에 반대하며, 나아가 권위 전반에 대한 반항이었다. 이 대학의 정신의학 교수였던 우테나 히로시臺弘는 학생들이 그가 1950년대에 했던 생물학 연구에 반대하면서 학교를 떠나도록 강요받았다. 이 대학의 학과는 10년 동안 학생들에 의해 점거되었고, 모든 연구는 중단되었다.[78]

1968년 파리에서는 학생들에게 위계적인 사회의 상징적인 인물로 간주받았던 장 딜레이가 화학적 전두엽 절제술 비판자들의 주의를 끌었다.[79] 역사가 데이비드 힐리는 이렇게 썼다.

그에게 클로르프로마진은 세계 질서를 복원시키는 정신의학의 능력을 나타내는 상징이었다. 그러나 위계와 복종에 기반한 낡은 세계 질서는 새로운 세계에 자리를 내주고 있었다. 신세계의 탄생 과정에서 클로르프로마진은 큰 역할을 했다. 그리고 그가 새로운 세계를 전혀 이해할 수 없었다는 점에서, 신세계는 그를 동정하지 않았다. 클로르프로마진이 무관심을 야기했다는 라보리의 견해를 받아들여서, 학생들은 그것이 광기를 유발하는 사회질서를 떠받치는 수단이라고 주장했다. 16년 전에는 클로르프로마진이 광인을 사슬에서 해방시키는 약물로 환영받았다. 그러나 이제는 끔찍한 화학적 구속복으로 간주되었고, 자칭 창조자들은 혁명의 타깃이 되었다.[80]

이 사례에서 항의자들은 보상을 얻었다. 일반적으로 정신약리학, 즉 처방된 약품을 통해 정신질환을 관리하는 것이 오늘날 우리가 사는 세계다. 힐리는 이렇게 결론지었다. "합리주의 정신의학과 낭만적 반정신의학의 충돌은 어느 쪽의 승리로도 이어지지 않았으며, 오히려 둘 다 향정신약품복합체psycho-pharmaceutical complex에 흡수되고 말았다."[81]

의학-과학 논쟁에 대한 한 가지 대응이 전문가로부터 통제권을 빼앗는 것이었다면, 두 번째 대응은 전문성을 변화시키는 것이었고, 세 번째는 새로운 유형의 전문성을 구축하는 것이었다. 생의학과 증거기반의학은 의학-과학 논쟁이라는 실행세계의 과학인 셈이다. 1972년에 터스키기 실험실의 매독 연구가 어떤 조건에서 이루어졌는지 폭로되었다.[82] 1932년부터 40년 동안, 앨라배마주 동부 터스키기라는 도시의 흑인 환자들이 치료받지 못한 채 방치되었다. 매독의 후기 단계를 연구하려는 의도에서였다. 이러한 행태는 페니실린으로 효과적인 치료가 가능해졌던 1940년대 이후에도 계속되었다. 이 충격적인 폭로는 인간을 대상으로 한 의심쩍은 그 밖의 실험들에 관한 내용이 출간된 직후에 이루어졌다. 가령 영국에서 있었던 사례들에 대한 모리스 패프워스의 「인간 기니피그」(1967) 보고, 그리고 정신병 환자를 위한 윌로우브룩 주립학교에서 환자들에게 의도적으로 간염을 감염시킨 사례와 유대인 만성질환 병원에서 나이 든 환자들에게 암세포를 주입한 사례에 대한 헨리 K. 비처의 1996년 폭로 등이 그런 예에 해당했다.[83] 비처의 논문이 나온 후, 미국 국립보건원과 식품의약국 같은 조직은 "동의 형식을 마련하고 기관윤리평가위원회를 설치해야 할" 필요성을 느꼈다.[84] 터스키기 사건에 대한 대응으로 1974년에 제정된 국가연구법National Research Act에 따라, 정부의 지원을 받는 연구 기관은 고지된 동의informed consent 원칙을 실행에 옮겨야 하고, 인간을 대상으로 한 실험을 감시할 윤리위원회를 설립해야 했다. 이러한 기구들이 만들어지면서 생명윤리를 훈련받은 사람에 대한 수요가 창출되었다. 또한 학문 분야로서의 생명윤리는 서구 의학의 날로 증가하는 비용, 즉 투석透析기계(1960년 이후) 같은 의료기기의 혁신과 콩팥 이식(1967)이나 심장 이식(1960) 같은 의료 절차에 의해 고무된 측면도 있다. 생명윤리학자는 삶과 죽음의 문제에 전문적인 답을 제공해주었다.

좀더 최근 개념인 증거기반의학은 스코틀랜드 의사 아치 코크란이 주창했다. 카디프 대학의 결핵 역학 전문가인 코크란은 1972년 발간된 『효율성, 보건에 대한 임의적인 성찰Effectiveness and Efficiency: Random Reflections on

Health Services』이라는 책에서, 여러 가지 의학적 처치 중 어느 것을 선택할지 알려주는 필수 지침으로 무작위 임상시험의 체계적 사용을 옹호했다(코크란은 1948년에 최초의 무작위 임상시험을 조직했던 브래드퍼드 힐에게 통계 방법론을 배웠다). 코크란의 주장은 캐나다 맥마스터 대학의 데이비드 새캣을 비롯한 여러 사람에 의해 채택되어 더 발전했다.[85] 이러한 자기-분석은 장기 1960년대의 현상인 내성內省의 한 변형이었다.

사이버네틱스와 인구 조절

냉전은 기술 개발을 북돋우며 장기 1960년대를 빚어냈다. 이러한 기술은, 스스로를 돌아보게 되었을 때 비판의 도구가 되었다. 냉전 시기 해양학 자료가 판구조론 혁명에 무기를 제공했던 것처럼, 때로는 이런 비판이 과학 내부에 그치기도 했다. 그리고 때로는 비판이 좀더 전통적인 정치 무대에서 제기되기도 했다. 때로는 어떤 기술이 비판의 도구가 되었고, 때로는 같은 기술이 통제의 도구였다. 예를 들어 사이버네틱스는 로마 클럽이 성장의 한계를 밝히기 위해 사용한 모형에 피드백루프분석이라는 핵심 기법으로 기여했다.[86] 로마 클럽은 이탈리아 실업가 아우렐리오 페체이가 기업가, 과학자, 정치가를 모아서 만든 그룹이다. 월윈드 프로젝트를 설계했던 MIT 컴퓨터과학자 제이 포레스터는 '세계 1World 1'이라 불린 다섯 개 전 지구적 시스템의 컴퓨터 시뮬레이션을 제공했다. 포레스터의 제자인 데니스 메도스가 후속 모형인 세계 2와 3을 개발했다. 각각의 모형에서, 세계는 자원이 고갈되고 시스템이 붕괴했다. 1972년에 『성장의 한계』라는 제목으로 발간된 로마 클럽의 결론은 전 지구적 환경 붕괴를 정치적인 이슈로 만들었다. 이 모형들은 당시는 물론이고 그 이후에도 크게 비판받았다. 모형이 의존했던 입력 데이터의 질이 의심스럽고 요인들 사이의 관계에 대해 많은 가정을 함으로써, 이 정량적 컴퓨터 모형들은 정확성에 대해 잘못된 인식을 주었다.

그 밖의 환경적 개입들 역시 시스템 과학을 기반으로 이루어졌다. 하워드 오덤은 생태학자였던 동생과 함께 원자 과학이라는 시스템 접근의 날인을 직접 남겼고, 『환경, 권력 그리고 사회』(1971)라는 저서에서 산업 성장의 한계를 인식할 필요성을 피력하면서 환경뿐 아니라 전쟁과 종교 문제까지 다루어 주장의 범위를 확장시켰다.[87] 영국에서 『작은 것이 아름답다』를 저술한 E. F. 슈마허는 시스템 분석가로 전국석탄청에서 일하기 전에 J. K 갤브레이스의 미국의 독일 폭격에 대한 분석에 참여했던 훈련된 경제학자였다.[88] 은행업과 호텔업으로 큰 재산을 상속했던 에드워드 골드스미스는 영국에 머물면서, 시스템 이론을 통해 과학의 개혁을 모색했다. 역사가 메리디스 펠트만은 이렇게 썼다. "골드스미스의 관점에 따르면, 근대과학은 산업사회의 임박한 시스템 붕괴 문제를 다룰 수 없다. 왜냐하면, 근대과학 자체가 산업사회의 산물이기 때문이다."[89] 골드스미스는 로마 클럽의 정신을 따르는 문헌인 『생존을 위한 청사진』이라는 책의 발간 비용을 제공했다. 그는 출간에 앞서 줄리언 헉슬리와 C. H. 워딩턴 등 과학자와 학자 36명의 서명을 확보할 만큼 신중했다.[90]

과학의 본성에 대한 골드스미스의 관점은 오늘날 우리가 인류학자 수전 그린핼프의 연구를 통해 과학이 중국에 미친 영향에 대해 알고 있는 것을 감안하면 특히 역설적이다.[91] 혁명 이전 중국에서 서양 과학은 상당한 지적 특권을 누렸다. 마오쩌둥毛澤東 치하에서 중화인민공화국은 과학적 태도를 견지했다. 마르크스-레닌-마오쩌둥 사상의 지도적 철학이 과학이었는데, 그렇지 않을 수 있었겠는가? 실제로, 일시적으로, 당시 중국의 과학에 대한 태도에는 상당한 일관성이 있었다. 역사학자 벤자민 엘먼은 "19세기 중엽 이후 중국에서 변하지 않은 것이 있다면, 그것은 제국의 개혁주의자, 초기 공화주의자, 그리고 중국 공산주의자 모두 근대과학과 기술을 가장 우선시했다는 점이다"라고 결론지었다.[92] 그럼에도 불구하고, 사회과학자 그리고 자연과학자 대부분은 1950년대에 중국 공산당을 추종했다.[93] 1920년대에 북경 근처에서 발견되었다가 제2차 세계대전 중 분실되었던 유명한 베이징원인의 두개골 윗부분과 그 밖의 뼈와 같은 과학적 대상은 원숭이에서 인간으로 인류 진화를 해석한 프리드리히 엥겔스의 사회주의적 설명이 옳다는 증거로 재해석되었다.[94] 문화혁명(1966~69) 시기에는 반과학적, 반이성적, 반서구적 공격이 극에 달했고, 젊은 홍위병들이 권위에 대한 격렬한 비판 운동을 벌였다(그런데 당시에는 권위에 대한 도전이 전 세계적인 물결이었음을 인식할 필요가 있다). 그린헬프는 많은 과학자와 대학교수가 공격받고 모욕을 당했으며, 가두행진을 강요당하고 물리적인 피해를 입었으며 때로는 죽음에 이르기까지 했다고 말했다. "강의와 연구는 크게 줄었고, 전문 학술지 발간도 중단되었다. 학술적 원고와 파일, 그리고 도서관의 장서가 파괴되었으며, 외부 세계와의 연결은 완전히 끊어졌다."[95] 지질학자에서 유전학자에 이르기까지 전문가들은 농부로부터 배움을 얻기 위해 하방下方되었다. 이것은 매우 특이한 현상으로, 표면적으로는 20세기 후반 서구에서 주창되었던 '시민과학citizen science'과 흡사했다. 1930년대 소련에서와 마찬가지로 1970년대 중국에서도 아인슈타인의 시공 이론은 관념론이며 레닌과 마오의 사상과 부합하지 않는다는 이유로 공격받았다.[96]

유일한 예외는 군사 과학이었다. 몇몇 국방 과학자는 중화인민공화국에 로켓, 핵무기, 잠수함, 그리고 그 밖의 군사체계를 공급함으로써, 보호받았을뿐더러 크게 성공했다. 첸싼창錢三强은 1948년 중국으로 돌아오기 전인 1930년대와 40년대에 파리의 졸리오 퀴리 밑에서 연구했다. 그는 파리에서 중국 공산당에 가입했고, 중국의 핵무기 프로그램을 관할했다. 첸쉐썬錢學森은 미국 MIT에 유학을 가서 매우 성공적인 경력을 쌓았다. 1940년대 말엽과 1950년대 초에 그는 칼텍 제트추진연구소의 고더드 교수로 임용되었고, 제트추진연구소 소장이 되었다. 그 후 그는 매카시 선동의 표적이 되었으며, 1955년에 미국을 떠나 중국으로 가는 것을 허용받았다. 중국에 돌아온 후 그는 마오와 저우언라이周恩來의 최고 군사 자문위원으로 활동했고, 얼마 지나지 않아 중국 최고의 과학자가 되었다.[97]

그는 자신이 보호하고 있던 미사일 시스템 과학자 쑹젠宋健을 보호했고, 그가 경력을 쌓게 도와주었다. 쑹젠은 1949년 중국 공산혁명이 성공을 거두기 전인 1948년 공산당에 입당했으며, 그 덕분에 정치적으로 확실한 자격 증명을 얻은 셈이었다. 1953년에는 소련에 파견되어 제어이론control theory의 대가인 A. A. 펠트바움에게 사사했고, 박사학위를 받았다.[98] 1960년에 중소 분쟁이 일어나자 그는 중국으로 돌아와서, 중국의 미사일제어 과학의 본산인 제7기계공업부에서 철저한 보호와 아낌없는 연구비를 제공받으며 연구했다.

1976년에 마오가 세상을 떠나자 내분의 시기가 이어졌고, 온건한 덩샤오핑이 과격 노선의 4인방에 승리를 거두었다. 덩샤오핑은 중국의 번영을 되살리기 위해 농업, 산업, 과학, 그리고 기술의 4대 근대화라는 새로운 정책을 도입했다. 결정적으로, 그는 정통성 문제에 직면했다. 근대과학은 정통성이 새로운 원천을 제공할 잠재적 가능성을 줄 수 있었다. 마오의 체제로부터 거리를 두면서, 동시에 면면히 이어져온 중국 문화의 과학적 가치들에서 이득을 볼 수 있었다.[99] 상징적 행위로, 1979년 아인슈타인 탄생 100주년을 기념한 '성대한 행사'는 근대 물리학의 복권을 알리는 신호탄이었다.[100] 나아가 인구문제―마오 시대에 시작되었던 문제로, 이 시기 인구 성장은 계급의 적인 맬서스와 맞먹는 악으로 간주되었다―가 분명해졌다.

1978년에서 1980년에 이르는 중국 통치의 실행세계는 인구문제에 대한 해결책을 과학에서 찾을 수 있다고 여겼다. 이 중차대한 시기에, 유지될 수 있는 유일한 과학은 국방과학이었다. 20세기 과학에서 가장 중요한 결과를 낳은 우연 중 하나로, 쑹젠은 1978년 중반 헬싱키에서 열린 제7차 국제자동제어연맹 회의에 참석했다. 이 회의는 3년에 한 번씩 열렸다. 그곳에서 쑹젠은 네덜란드의 두 제어이론가인 G. J. 올스터와 휴이버트 콰커나크를 만났다. 두 사람은 로마 클럽 스타일의 사이버네틱스기반인구과학을 개발한 인물이었다.[101] 그는 중국으로 돌아가기까지 2주일 동안 네덜란드에 머물면서 그들과 대화를 계속했고『성장의 한계Limits for Growth』에 들어 있던 핵심 개념을 흡수했다(그전까지 쑹젠은 그 책을 읽어보지도 않았다). 이 짧은 만남을 기반으로, 쑹젠은 사이버네틱 제어과학이야말로 중국 인구문제를 모델링할 수 있는 과학적 도구를 제공해준다고 확신했다. 당시 그는 골드스미스의『생존을 위한 청사진』도 한 권 가져갔던 것 같다. 훗날 그가 이 책의 내용을 일부 차용했기 때문이다.

쑹젠은 전술미사일공업부에 팀을 꾸렸는데, 거기에는 제어이론가이자 시스템공학자인 유징위안于景元과 프로그래밍 전문가 리광유안李廣元이 포함되었다.[102] 이들은 함께 중국의 인구 증가의 양적 변화를 보여주는 모델을 만들었다. 그것은 중국의 부모들에게 인구문제를 한 자녀만 허용하는 정책으로만 해결할 수 있는 '위기' 상황으로 부각시켰다. 1978년에서 1980년 사이 이루어진 중요한 정책 회의에서, 쑹젠은 두 경쟁자, 즉 그의 한자녀정책one-child policy에 반대한 마르크스주의 인구통계학자와 마르크스주의 인문학자의 주장에 맞서서 그가 제안한 중국화된 인구 사이버네틱스를 '과학적'인 정책으로 부각시킬 수 있었다.[103]

그리하여 처음에는 로마 클럽 스타일의 논변에서 비롯되어, 우연히 강력한 미사일 과학자들에 의해 해석되면서, 한자녀정책이 중국에 도입되었다. 이는 특히 농촌 지역에서 비극적인 결과를 낳았다. 농사를 짓는 가족은 생존을 위해 두 자녀가 필요했다. 그 밖에 강압적인 정책, 불임 프로그램, 여아女兒에 대한 폭력, 인구 노령화, 남아 120 대 여아 100의 남초 현상과 같은 결과를 불러왔다.[104] 한자녀정책은 1980년대에서 현재에 이르기까지 중국에서 큰 영향력을 발휘했던 기술관료주의의 재유행을 뜻했다. 그것은 그동안 영향력을 발휘했던 인문학을 홀대하고 과학을 숭앙하는 태도였다.

냉전체제의 수립과 환경주의 사상 사이에는 또다른 기이한 연결이 있었다. 제임스 러브록은 많은 환경론자로부터 지구를 생명체로 간주하는 이론으로 받아들여졌던 가이아 이론을 설파하기 이전에, 기체색층분석의 이온화 검출기 개발에 대한 전문성으로 NASA의 후원을 끌어냈다. DDT 농도를 1조 분의 1개까지 검출할 수 있는 러브록의 전자포획검출기는 카슨의 주장을 뒷받침하는 근거를 제공해주는 데 결정적인 역할을 했다.[105] 냉전은 새로운 환경운동에 중요한 도구와 증거를 제공해주었다. 이번에도 관계가 전도되었다. RAND의 연구개발 관리 평가 기법이 하향식의 위계적 중앙집중 권력을 비판하는 데 기여했기 때문이다.[106] 오퍼레이션 리서치와 같은 기술관료적 도구들의 급진적 변형판들이 제안되었다.

따라서 냉전의 기존체제 내에서 부분적으로 비판적인 목소리가 나왔다. 여러 평자가 이 점을 지나가는 투로 언급했다. 과학, 사회운동, 그리고 장기 1960년대의 관계에 대한 평가에서, 에버렛 멘델슨은 서로 적대적이었던 문화를 만들어내고 동시에 넘나들었던 이러한 기이한 결합과 공감들을 강조했다.[107] 루이스 멈포드의 절망적인 저서 『권력의 펜타콘The Pentagon of Power』(1970)은 제럴드 홀턴과 같은 보수적인 과학사가에게 비판을 받기도 했지만, 멈포드의 한탄은 1961년 1월 아이젠하워가 대통령 퇴임식에서 했던 군산복합체 연설에서 표출되었던 우려에 공감했다. C. 라이트 밀즈의 『파워 엘리트』(1956)도 이러한 우려에 공명했다(밀즈는 아이젠하워와 정치적으로 전혀 관계가 없는 인물이었다). 역사가 에드 러셀은 아이젠하워와 카슨의 분석 사이의 놀라운 유사성에 주목했다.[108]

1960년대에 자라난 세대에게 과학기술의 이미지는 모순적이었다. 이 세대는 과학과 기술의 혜택을 마음껏 누렸지만(가사 기술, '하이테크 음악', 합성 약품 등), 동시에 비판적인 책들을 읽었고(쿤, 파이어아벤트, 카슨, 에를리히, 커모너, 일리치, 슈마허 등) 핵전쟁과 베트남전 반대 운동으로 너무도 분명해진 과학의 '순수성 상실'을 인식했다. 하워드 브릭은 이러한 모순이 장기 1960년대의 가장 두드러진 특징이었다고 강조했다. 이 시기는 짧은 소요, 심원한 변화의 느낌, 실패감, 그리고 몇 가지 소소한 성공으로 특징지어진다.[109]

신격변설

1960년대의 음침한 분위기와 함께, 격변을 특징으로 하는 기이한 유행이 과학이론에서 나타났다. 특히 대중적인 논쟁이 자주 벌어졌던 과학 분야에서 이러한 현상이 빚어졌다. 진화생물학, 고생물학, 천문학과 기후과학 등이 그런 예에 해당한다. 라이엘의 동일과정설uniformitarianism이 당시 폭넓게 확산되었던 정치적 가치들과 공명했듯이(그의 경우, 개혁은 급진적인 변화와 보수적인 안정 사이의 중용에 해당했다), 우리는 어떤 대중적 가치가 1960년대와 1970년대의 대중 과학에서 나타난 신격변설과 공명했는지 물음을 던질 수 있다. 실제로 1965년에 라이엘의 동일과정설은 젊은 진화생물학자 스티븐 제이 굴드의 직접적인 공격 대상이었다.[110] 굴드의 개입은 신다윈주의 관점에서 화석 기록을 이해하기 위해 계속되었던 진화 종합이라는 프로젝트의 일환이었지만, 동시에 그 프로젝트에 비판적인 움직임이었다. 닐스 엘드리지와 굴드(둘 다 노먼 뉴웰의 제자였고, 조지 게일로드 심슨과 함께 연구했다)는 1971년에 화석 기록이 보여주는 것은 점진적인 진화가 아니라 특이하게 빠른 변화의 삽입挿入들이라고 주장했다. 그들은 자신들의 주장을 '단속평형설(punctuated equilibrium, 斷續平衡說)'이라고 불렀다. 캐나다에 있는 캄브리아기 암석에 특이하게 잘 보존되었고, 20세기 초 찰스 월콧에 의해 처음 기술된 '버제스 혈암' 동물군이 재해석의 전장戰場이 되었다.[111]

굴드는 20세기 가장 유명한 과학 저술가 중 한 명이 되었다. 마찬가지로 집단 유전학을 확장해서 인간 사회에 대한 결론을 이끌어낼 수 있는지를 둘러싼 격렬한 논쟁이 대중적으로 벌어졌다. 매력적인 삽화를 포함한 에드워드 O. 윌슨의 저서 『사회생물학: 새로운 종합Sociobiology: The New Synthesis』(1975)에서 사람을 다룬 장은 마지막 한 장에 불과했다. 그러나 그 영향은 대부분 정치적으로 좌파였던 비판자들로부터 엄청난 반격을 불러일으켰다. 굴드, 그리고 윌슨의 하버드 대학 동료 생물학자인 리처드 르원틴 같은 비판자는 사회생물학을 사회적 불평등을 자연적인 것으로 설명하려는 시도로 간주했다.[112] 이러한 대중 논쟁의 한 가지 결과로 리처드 도킨스의 『이기적 유전자』(1976) 같은 저서를 통해, 그렇지 않았으면 유전자 집단과 행동 패턴들의 관계에 대한 모호한 주장에 불과했을 주장들에 대한 대중적 관심이 급등하게 되었다. 윌리엄 도널드 해밀턴 같은 수리유전학자들이 수립했던 '이타주의'가 그런 예에 해당한다. 이러한 물질주의적 설명을 한층 더 확장시키려는 시도가 장기 1960년대의 사회운동—이 경우에는, 페미니스트와 좌파의 사회생물학에 대한 비판을 통해—으로 활력을 얻었고, 그 후 개인주의적인 성향이 강했던 수십 년 동안 계속 번창했다는 점은 흥미롭다.

한편 고생물학에서 항상 대중적으로 인기가 높았던 공룡 멸종이라는 주제가 신격변설의 관점에서 다시 조명되었다.[113] 버클리 대학의 핵물리학자인 루이스 앨버레즈와 지질학자인 월터 알바레스는 1980년 다른 학자들과 함께 백악기와 제3기 사이 암석들에 대한 화학분석을 한 결과 운석 충돌로 전 지구적인 황폐화가 일어났다는 증거를 얻었다고 주장했다. 특히, 운석에서 발견된 희귀 금속인 이리듐 이른바 K-T 경계면에서 발견되었다. 이 시나리오에 따르면, 대격변과 그로 인해 대기 중에 확산된 분진으로 전 지구적 기후 냉각화가 일어나면서 공룡들이 모두 사라졌다는 것이다. 이러한 상상은 1970년대 중반 여러 평자가 전 세계에 핵전쟁이 일어날 때 빚어질 결과로 예견했던 환경적 대격변 '핵겨울nuclear winter'에 대한 서술에서 직접적으로 유래했다.

1969년에 과학 기자 리치 칼더의 아들인 니겔 칼더가 〈난폭한 우주 Violent Universe〉라는 제목의 BBC 텔레비전 시리즈 대본을 썼다. 이 시리즈는 특히 펄사, 퀘이사, 우주배경복사와 같은 전파천문학이 이룬 발견들을 '팽창하는 항성들', '팽창하는 은하들', 그리고 '팽창 우주'의 증거로 제시했다.[114] 칼더는 이렇게 썼다. "중요한 것은 천문학자가 일상적으로 하늘에서 격변을 조사하듯이 우리가 사는 우주의 새롭고 좀더 생생한 상을 그려내는 것이다. 우리는 많은 항성으로 이루어진 조용한 은하의 상대적으로 평화로운 변두리에 위치하고 있지만, 우리를 둘러싼 먼 우주에서는 상상할 수 없는 폭발적인 사건들이 벌어지고 있다는 점이 밝혀졌다."[115] 현대 천문학은 교외의 안락한 거실에서 텔레비전을 통해 베트남 전쟁을 지켜보는 것과 비슷한 셈이다.

1960년대 중반에 대중적인 과학잡지 『뉴 사이언티스트New Scientist』 편집을 맡았던 니겔 칼더는 기후과학이 신격변설로 이행하는 과정에도 관여했다. 이 이행은 여러 갈래의 증거에 의해 이루어졌다. 첫째, 해럴드 유리의 제자인 시카고 대학의 체사레 에밀리아니는 작은 해양 패각동물 유공충有孔蟲의 산소 동위원소를 연구해서 30만 년 전 과거의 바다 온도를 알 수 있는 지표를 만들었다.[116] 그 자료를 가지고 에밀리아니는 빙하기가 오로지 점진적으로 서서히 나타나고 사라졌다는 지질학자들의 주장을 반박했다. 둘째, 컴퓨터 모형들도 급격한 기후변화의 가능성을 나타냈다. 1961년, MIT의 기상모델 연구자인 에드워드 로렌츠는 기후 모델이 초기 조건에 극도로 민감할 뿐 아니라 똑같은 일부 단순한 기후 방정식들이 하나의 상태에서 다른 상태로 갑작스럽게 전환될 수 있다는 점을 보여주었다(한참 후인 1979년에 로렌츠는 이러한 민감성을 다음과 같은 유명한 물음으로 제기했다. "브라질에서 나비 한 마리가 날갯짓을 하면 텍사스에 토네이도가 발생할 수 있을까?")[117]

셋째, 1970년에 발간된 남극 측정 결과는 서남극 빙하판이 가장자리가 상대적으로 무른 빙붕으로 이루어져 있음을 보여주었다. 또다시 갑작스러운 변화의 가능성이 제기된 셈이었다. 행성과학에서도 1960년대와 1970년대에 소련의 무인 금성탐사 계획 베네라에서 촬영한 사진을 통해 금성에서

일어난 온실효과 폭주 현상이 밝혀지고, 화성의 대기가 두 가지 안정된 상
태(1971년 마리너 9호가 보여주었듯이, 맑은 하늘과 먼지 낀 하늘이라는 두 상태)
로 전환된다는 사실이 알려지면서, 지구의 상황과 대비되었다. 1970년대
중반에, 급격한 기후변화라는 개념이 대중적인 표현을 발견했다. 예를 들
어 니겔 칼더는 1974년에 새로운 빙하시대를 유발하게 될 '스노우블리츠
(snowblitz, 强雪)'가 임박했다고 경고했다.[118] 그 후 스티븐 슈나이더의 『창
세기 전략, 기후와 전 지구적 생존The Genesis Strategy: Climate and Global
Survival』(1976) 같은 기후학자의 대중서 출간이 줄을 이었다.[119] 앞에서 논했
듯이, 1960년대에 과학자들은 19세기의 온실효과와 빙하시대 이론을 계승
했을 뿐 아니라, 이산화탄소가 계속해서 축적되었다는 증거 또한 수집했다.
1970년대 초, 과학자들은 격변적인 기후변화의 모형과 사례들을 가지고 있
었다. 이러한 모형과 사례들을 한데 결합해서, 과학자들은 점차 높아지는
인간이 환경에 끼치는 영향이 격변적인 기후변화를 촉발할 수 있는가라는
물음을 제기했다.

그런데 기이하게도, 격변의 가능성은 동서 관계가 안정되고, 영속적으
로 바뀌고, 심지어 어느 정도 해빙된 시기에 이러한 대중 과학의 영역에
서 제기되었다. 쿠바 미사일 위기가 지나간 후, 스파이 위성들의 수색 정찰
이 용인되리라는 암묵적 이해가 이루어졌다.[120] 1963년에 미국과 소련은 부
분적 핵실험금지조약에 동의했다. 이 조약에 따르면 대기중, 수중, 그리고
대기권 바깥 우주에서의 핵실험이 모두 금지된다. 이로 인해 신뢰가 쌓여,
1968년 핵확산금지조약이 체결되었다. 이 조약으로 핵무기 보유국―소련,
미국, 영국, 그리고 프랑스가 인정되었고, 나중에 중국이 추가되었다―은
핵기술을 다른 나라에 주지 않고, 시간표는 확정되지 않았지만 핵군축을 향
해 노력할 의무를 지게 되었다. 그 밖의 조약 가맹국들은 민간 핵에너지 개
발을 위한 도움을 기대했다. 반면 인도, 이스라엘, 그리고 북한은 조약에 가
입하지 않았다. 그 외에도 미국과 소련 사이에서는 추가로 전략무기제한 회

담(1972), 탄도미사일방어(ABM)조약(1972), 그리고 제2차 전략무기제한회담(SALT II, 1979) 등의 협약이 이루어졌다.

개디스는 탄도미사일방어조약이 "미·소 양국이 최초로…… 즉각적인 절멸 가능성에 대한 취약성이 안정적이고 장기적인 소련-미국 관계의 기반이 되었다는 사실을 공식적으로 인정한 것이었다"고 지적했다.[121] 그러나 1972년에 조인된 생물학무기협약의 결과는 덜 낙관적인 해석을 시사했다. 이 조약으로 가맹국들은 "어떤 상황에서도" 생물학적 작용제나 독물을 "무기로 개발하거나, 저장하거나, 그 밖의 방식으로 획득하거나 보유하는 것"이 금지되었다. 그렇지만 의무적인 검증 조항은 없었다. 이듬해, 소련은 거대한 생물학전 프로그램을 개발하기 위한 민간 연구기관 네트워크 바이오프레파라트Biopreparat를 출범시켰다. 여기에는 9000명의 과학자와 기술자들이 참여했고, 스베르들로프스키와 같은 과학도시 개발도 포함되었다. 이처럼 겉 다르고 속 다른 재무장의 원인으로는 미국의 동기에 대해 소련이 오랫동안 품고 있던 의구심, 군부를 선호하는 크렘린 내의 권력 이동, 미국의 군비축소를 의도적으로 활용하려는 결정, 그리고 유리 오브친니코프 같은 생화학자가 당시 공산당 서기장이었던 레오니트 브레주네프에게 미친 특별한 영향력도 포함되었다.[122] 장기 1960년대의 특징으로는 전환뿐 아니라 연속성도 있었다.

제18장
네트워크들

학문의 절대량이 증가하면서, 일부 주제에 관심이 쏠리는 반면 다른 중요한 주제들은 연구를 기다리는 식으로 1970년 이후 과학에 대한 역사적 서술이 누더기가 된 데는 의문의 여지가 없다. 그렇기는 해도, 이러한 주제들을 다룬 이들은 기자, 사회학자, 인류학자 등 동시대의 논평자들이다. 가장 영향력 있는 분석 중 여럿은 연속성보다는 변화, 심지어는 급격한 단절을 강조했다. 독일 녹색당의 베테랑 활동가이기도 했던 울리히 벡은 현대 기술사회를 과거와 단절된 '위험 사회risk society'로 규정하면서 사회학을 다시 부흥시켰다.[1] 벡에 따르면, 과거에는 위험이 사회 바깥에 있었고 이론상 계산 가능했지만(보험회사가 선박의 해상 손실 위험을 어떻게 산정하는지 생각해보라) 현재는 위험이 사회 안에서 생성되고 종종 계산까지 불가능해졌다는 것이다.

그는 한때 문제를 해결하는 수단이었던 과학과 기술이 이제는 문제의 일부가 되었고, 여전히 위험을 관리하는 데 없어서는 안 되지만 그 과정에서 더 많은 위험을 발생시킨다고 주장한다. 에너지 위기를 해결하기 위한 핵 프로젝트, 지구온난화를 해결하려는 지구공학geo-engineering, 식량문제를 극복하기 위한 유전공학, 시장의 불확실성을 해소하기 위해 컴퓨터화된 구매와 판매 등이 현재 작동하고 있는 위험 사회의 사례로 제기되었다. 한때는 어떻게 상품을 생산하는가로 그 특징이 제일 부각되었던 산업사회가 이제는 어떻게 위험, 즉 대규모로 늘어난 불확실성을 만들어내는가에 의해 가장 잘 설명되었다. 이 책에서 쓰는 용어로 표현하자면, 위험 사회는 위험을 반성하고 관리하려 모색하는(종내 성공하지 못하는) 새로운 과학을 생성하는 실행세계인 것이다. 예를 들어 질병에 대한 통계적 연구인 역학疫學은 20세기 중반부터 번성했다. 오스틴 브래드퍼드 힐과 리처드 돌이 1950년대와 1960년대 연구를 통해 흡연과 폐암 사이의 관계를 밝혀내는 획기적 업적을 이루었다. 담배회사들로부터 풍족한 연구비를 지원받은 대항역학counter-epidemiology은 불확실성을 조장하는 과학에 연구비를 대는 방식으로 역학의 확실성을 훼손하는 전략을 추진했으며,[2] 위기라는 실행세계에서 생겨난 이러한 과학들의 발생 과정에 섬뜩한 뒤틀림을 선사했다. 성찰적 과학이 급증하면서 "사회는 실험실이 되었고, 그 실험 결과에 책임지는 사람은 아무도 없었다".[3]

마이클 기번스, 헬가 노보트니, 그리고 동료 사회학자들은 20세기의 마지막 수십 년간 과학이 생성되는 방식이 변화했다고 말한다.[4] 첫째, 그들이 '양식 1mode 1'이라고 부른 전前 단계에서는, 과학이 풀어야 할 문제가 학계에서 주어져 (위계적인 학문 제도들 속에서 이루어진 연구에 의해) 학문 분과 내에서 해결되었으며, 자율적인 과학의 (동료심사와 같은) 규범과 절차에 의해 관리되었다. 그러나 그 뒤 과학은 점차 두 번째 방식, 즉 '양식 2'에 의해 이루어졌다. 이 방식에서 문제는 (학계에 의해 통제되지 않는) 적용의 맥락에서 설정되며, 일반적으로 학계 바깥의 다양한 분야에 종사하는 전문가로 이루어진, 흔히 일시적인, 초학제적 조합에 의해 해결된다. 그리고 사회적, 정치적, 그리고 상업적 이해관계에 호소하기 위해 자율성을 포기한다.

그런데 벡과 '양식 2' 사회학자들은, 현대의 과학, 기술, 그리고 사회의 미시적이고 미묘한 역사와 비교해볼 때, 지속 가능하지 않은 갑작스러운 단절이라는 몰역사적인 상을 제공한다고 비판받았다.[5] 그러니까 내적으로 만들어졌고 양화量化하기 힘든 위험은 위험 사회 이전부터 있었다. 마찬가지로 브누아 고댕은 과거에 과학이 학문적으로 통제되었고, 자율적이었으며 대체로 학문 분과 내에 국한되었다는 관념 또한 "부분적으로만 실재"하며, "더 중요한 것"은 "이러한 관념이 자신의 사회적 지위를 정당화하려고 안달했던 과학자들의 수사적 창작물이었다"고 주장했다.[6] 과학은 결코 "순수"했던 적이 없으며, 다만 과학의 일부가 그런 것처럼 보였을 뿐이다.

의사결정자들에게 자문해주는 위치에서 연구비를 받는 사회학자들이 역사적 미묘함을 희생하는 대가로 명확한 분석을 내놓기 위해 뚜렷한 대비를 부각시킨다는 점은 이해함 직하다. 실행세계 안에 위치한 과학은 항상, 전형적으로, '양식 1'보다는 '양식 2'였다.[7] 그래도 의문은 남는다. 급작스러운 단절의 담론은 더 복잡하고 연속적인 역사를 과장한 것으로 치부하더라도, 21세기로 나아가는 20세기 마지막 25년 동안 과학에 어떤 변화가 일어났는가?

다섯 가지 동향

나는 다섯 가지의 큰 움직임이 있었다고 생각한다. 첫 번째, 1970년대 초에 새로운 분자생물학의 붐이 시작되면서 생명을 공학의 대상으로 삼겠다는 오래된 꿈이 구체적이고 특수한 꼴을 갖추게 되었다. 이중 일부는 새로운 것이었다. 유전자를 편집하는 도구들, 생명체 특허, 위기와 위험에 대한 자기주장적인 언어, 그리고 1970년대에 호황을 구가한 석유산업의 부富와 외환 시장 자유화로 범람하던 엄청난 양의 투자 자본을 끌어들이는 능력 등이 그런 새로움이었다. 새로운 과학은 새로운 경제와 짝을 이루는 것처럼 보였다. 그러나 다른 일부는 오래된 것이었다. 실제로 새로운 생명과학에서 상당 부분은 오래된 화학과 비슷했다. 또한 자문회사, 기업가적 교수, 산업과의 밀접한 관계, 연구를 위한 자본 육성 등도 그러했다.

두 번째 동향은 첫 번째와 긴밀하게 연결된 것이었다. 기업, 자선기관, 그리고 국립연구소의 생의학 연구비 지원이 엄청난 규모로 늘어났다. 이것은 병에 걸린 몸(그리고 결정적으로, 건강한 몸)의 실행세계가 20세기 마지막 30년 동안 군사체계의 실행세계와 마찬가지로 과학이 만들어낸 산물이라는 뜻이다. 예를 들어 미국에서 NASA와 국립과학재단뿐 아니라 국립보건원을 통해 지원되는 연구비가 늘어나면서 1970년대에 군사 프로젝트에 들어가던 연방 지원금은 냉전 시대의 20퍼센트까지 줄어들었다.[8] 단 하나의 질병을 다루는 데 미국 전역의 암연구소에 들어가는 연구비 규모는 고작 수십만 달러에서 시작해 1970년대 닉슨의 '암과의 전쟁'을 거치면서 수십억 달러 이상으로 늘어났다.[9] 내가 앞에서 병에 걸린 몸뿐 아니라 건강한 몸까지 언급한 것은 이러한 동향 가운데 일부가 일상생활의 생의학화biomedicalization를 훨씬 심화시켰기 때문이다. 신문에 연일 유전자 발견 기사가 실리고, 전 세계에서 생물 탐사가 이루어지고, 생명의 나무의 새로운 상이 등장하고, 게놈 전체가 발표되는 등 새로운 생명과학의 결과는 도처에 넘쳤다.

세 번째 동향은 작고 네트워크로 연결된 컴퓨터의 힘이 어디서든 활용 가능한 과학의 도구이자 조직 방법이 되었을 뿐 아니라, 첫째, 네트워크가 과학 이론의 반복되는 모티프가 되었고, 둘째, 네트워크가 새로운 과학을 위한 연구 주제가 된 방식과 관련된 것이었다. 과학 연구의 자동화는 물리과학, 생명과학 모두의 특징이었다. 이것은 네 번째 동향으로 이어진다. 과학의 규모 확대가 계속되었고, 그 과정에서 데이터 처리에 대한 엄청난 수요를 낳은 것이다. 유럽입자물리연구소와 지구 궤도에 올려진 허블 우주망원경, 또는 인간유전체계획과 그 상업적 경쟁자들이 그런 예에 해당할 것이다.

이러한 경향을 끊어낸 몇 가지 사건이 있다. 냉전 종식, 그리고 '테러와의 전쟁'의 확산은 과학자, 특히 물리과학자의 실행세계가 바뀌었음을 의미했다(그러나 이 실행세계에 대한 제도적인 투자가 너무 커서, 일종의 제도적 타성이 프로젝트들을 계속 밀고 나갔다. 그리고 그로 인한 응력은 논쟁적 순간들에 종종 파국적으로 드러났다. 초전도 초대형 입자가속기 계획 철회가 그에 해당한다). 그 밖에 단속적 사건은, 특히 1980년대의 AIDS 같은 새로운 질병의 창궐이다.

다섯 번째 동향은 과학과 과학을 기반으로 한 사업을 둘러싼 의사결정 과정에 대한 대중참여와 관련된다. 심지어 공식적이고 신임받은 전문성이 절정에 달했던 20세기 중반에조차, 실행세계에 대해 타당한 일반 전문성lay expertise과 일반지lay knowledge가 항상 존재해왔다.[10] 그런데 1970년대 이래 걱정스럽고, 논쟁이 빈발하고, 불완전한 과정 속에서, 이러한 일반 전문성이 공식적인 의사결정에 사용되고 충당될 수 있으리라는 기대가 점차 높아졌다. 전문가와 일반 전문성 사이에서 벌어진 논쟁, 타협, 그리고 협동은 그 전형이다. 1990년대와 2000년대에 최소한 영국에서 이러한 기대는 '대중참여public engagement'라는 이름으로 진행되었다. 이러한 경향을 추동한 것은 서로 상충하는 갈망들이었다. 하나는 민주적 통제에 대한 갈망이었고, 다른 하나는 전통적인 버팀목이 실패했을 때 합법화의 방식에 대한 바람이었다. 그렇지만 어느 소원도 충족되지 못했다. 그러나 그 유산으로, 나노 테크놀로지와 과학기술의 새로운 진전이 대중적 위협이라는 언어로 틀 지어졌다.

생명공학 붐

정보처리, 암호, 프로그래밍 같은 전후 분자생물학의 중심적인 은유가 생물이 재프로그래밍되거나 재설계될 수 있다는 생각을 북돋웠다. 1967년에 유전암호가 완전히 밝혀지자 곧 유전공학의 예측들이 나왔다.[11] 1970년대 초에 과거보다 훨씬 간편하게 DNA를 조작—자르고, 접합하고, 편집하는—하는 기술적 돌파구가 마련되었다. 이런 진전은 유전공학의 발전을 위한 필요조건이기는 했지만, 충분조건은 아니었다. 연구는 거의 전적으로 미국의 대학이라는 배경에서 일어났다. 그러나 많은 연구비를 댄 곳은 국립보건원이었다. 이 기관은 기술의 실용성이 입증되어 궁극적으로 실제로 적용되기를 기대했다.[12] 초기 유전공학 기법은 의학이라는 실행세계의 과학이었다.

첫 번째 결정적인 기법들은 스탠퍼드 의대에서 나왔다. 그곳에서 폴 버그는 두 명의 박사후연구원과 함께 외부 DNA 절편을 세포 안으로 운반하기 위해 박테리아 바이러스를 이용하는 방법을 시도하고 있었다(같은 대학의 세 번째 연구원인 대학원생 피터 로번도 같은 시기에 아주 비슷한 프로젝트를 시도하고 있었던 것 같다).[13] 1971년에 버그의 연구팀은 샌프란시스코 캘리포니아 대학 허버트 보이어의 실험실에서 가져온 제한효소 Eco RI를 이용해서 람다 바이러스와 SV40이라 불리는 원숭이 종양 바이러스의 DNA 고리를 자르는 데 성공했다. 그런 다음 버그는 잘린 절편에 새로운 상보적相補的 말단을 붙였다. 양쪽 끝을 하나로 붙이자 새로운 잡종 DNA의 고리가 만들어졌다. 버그는 람다 파지를 벡터로 이용해서 외래 DNA를 대장균E. coli에 삽입시킬 작정이었다. 그런데 E. coli는 분자생물학이 즐겨 부리는 역축役畜 모델 생물체이기도 하지만, 사람의 장 속에 서식하는 대장균과 같은 것이었다. 버그는 자신의 실험 소식이 알려진 후 우려와 경고의 목소리가 높아지자 스스로 연구를 중단했다.[14]

1972년, '제한효소(restriction enzyme, Eco RI처럼 박테리아가 사용하는 단백질로 바람직하지 않은 유전물질을 잘라서 파괴하는 데 사용한다)'로 잘리는 DNA 말단末端의 정확한 성격이 이해되면서, DNA를 이어붙이는 더 효율적인 방법이 알려졌다. 그런데 그 끝이 깔끔하게 잘리지 않고 울퉁불퉁해서, 볼록하게 나온 뉴클레오티드의 작은 서열을 남겨놓는다. 이 서열들이 상보적 서열의 뉴클레오티드들을 끌어당기게 된다. 따라서 이 말단들은 '점착성을 가지는' 셈이며, '접합'이 가능해진다. 다음에 이루어진 중요한 진전이 이 새로운 접합 방법을 사용했다. 1972년에 허버트 보이어(로버트 헬링과 함께)와 스텐리 코헨(스탠퍼드 의대의 그의 조수 애니 창과 함께)은 pSC101라 불리는 플라스미드(DNA 고리)를 이용해서 항생물질에 대한 저항성을 갖게 하는 유전자와 접합시켰다. 그리고 대장균이 이 잡종 플라스미드를 받아들이는 것이 확인되었다. 유전공학으로 만들어진 이 새로운 대장균은 최초의 유전자조작 생물이었고, 항생물질에 대한 내성을 가졌다. 이듬해 이 연구팀은 같은 방법으로 발톱두꺼비에서 얻은 DNA를 대장균에 넣었다.

이 실험은 세 가지 넓은 측면에서 의미심장했다. 그것은 생물학적, 상업적, 그리고 윤리적 측면이다. 생물학적으로, 보이어와 코헨은 완전히 다른 종에 속하는 유전물질을 결합시켰다. 케임브리지 대학의 분자생물학자 시드니 브레너는 이렇게 말했다. "역사상 최초로, 아주 높은 진화적 장벽을 넘어 유전적으로 전혀 접촉한 적이 없던 생물체 사이에서 유전자를 이동시킬 방법을 얻게 되었다."[15] 이제 새로운 생물의 게놈을 조합할 수 있게 되었다. 생명의 재설계가 가능해진 것이다. 상업적으로, 이 실험은 절호의 기회를 낳았다. 적절한 환경이 주어지면, 박테리아는 놀라운 속도로 증식한다. 사람과 같은 고등동물의 유전자를 박테리아에 도입할 수 있다면, 유용한 단백질을 합성하는 데 그 박테리아를 이용할 수 있게 된다. 돈을 쓸어담는 엄청난 규모로 말이다. 박테리아가 공장이 되는 셈이다. 프랑수아 자콥은 『생명의 논리Logic of Life』에서 이렇게 썼다.

세포는 전적으로 사이버네틱 피드백 시스템이다. ……그리고 사실상 에너지 소비가 필요 없이 작동한다. 예를 들어 현대 산업에서 화학공장을 작동시키는 계전繼電 방식에서는 공장이 수행하는 주된 화학적 변환에 엄청난 양의 에너지가 들어가는 데 비해 거의 에너지를 소비하지 않는다. 이들 둘, 공장과 세포 사이에는 정확한 논리적 등치가 이루어진다.[16]

스탠퍼드 대학은 코헨과 보이어를 대신해서 이 방법과 연관된 특정 플라스미드에 대해 특허를 신청했다.

윤리적으로, 재조합 DNA 기술에 대한 대응은 순회 토론, 잠깐의 휴지기, 그리고 실험에 대한 몇 가지 제한으로 이루어졌다. 국립과학아카데미는 과학자들이 생물재해biohazards에 대한 토론을 위한 모임을 열 것을 권고했다. 1975년에 폴 버그가 조직한 재조합 DNA에 대한 아실로마 회의The Asilomar Conference가 캘리포니아주 몬터레이 인근에서 열렸다. 회의 참석자들은 자율 제한을 결정했다. 실험 유형에 따라 다른 수준의 봉쇄를 적용하고, 일부 실험은 완전히 배제하자는 내용이었다. 폴 버그, 데이비드 볼티모어, 시드니 브레너, 리처드 O. 로블린 3세, 그리고 맥신 F. 싱어 등이 작성한 요약 성명이 1975년 6월에 발표되었다. 이처럼 자율 규제가 이루어지지 않았다면, 필경 정부로부터 직접 훨씬 심한 규제를 받았을 것이다. 어윈 샤가프는 "방화범이 스스로 소방대를 부른 역사상 최초의 사건이었다"고 지적했고, "아실로마의 주교들은 최초로, 자신도 그 속에 포함된, 이단을 비난했다"고 덧붙였다.[17]

그렇더라도, 초기에 유전공학에 대한 상업적 반응은 조심스러운 편이었다.[18] 1971년 설립된 세투스Cetus라는 작은 전문기업은 조슈아 레더버그의 자문을 받았고, 나중에 스탠리 코헨이 가담했다. 1975년에 기술이 비약적으로 발전하자, 세투스는 미래를 낙관했다.

우리는 산업적 미생물의 DNA 연구로 한 걸음 내딛을 것을 제안한다. 그 연구로 미생물을 이용해서 꼭 필요한 사람의 단백질을 대량 생산할 수 있게 될 것이다. ……세투스는 이러한 단백질을 산업 발효조 속에서 사실상 무제한으로 생산할 것을 제안한다. ……우리는 산업적 미생물을 이용해서 방대하고 중요한 스펙트럼의 완전히 새로운 미생물 생산품을 제조하는 야심찬 목적으로 전적으로 새로운 산업의 창출을 제안하고 있다.[19]

보이어-코헨 특허를 활용하기 위해, 보이어는 벤처 자본가인 로버트 스완슨과 손을 잡고 1976년에 또 하나의 새로운 회사인 제넨테크Genentech를 설립했다. 그 뒤 메릴랜드의 제넥스와 바이오젠 같은 소규모 창업회사가 뒤를 이었다. 이 작은 회사들은 살아남고 성장하기 위해 분투했다.

그러나 생명공학에 대한 투자는 주로 다국적 기업, 특히 제약회사와 화학기업, 그리고 석유회사에서 이루어졌다. 유전공학으로 생산될 대체물로 위협받을 수 있는 산물을 만드는 기업들이었다. 따라서 기존의 시장지배를 유지하기 위해, 과학자에게 접근하고, 이사 자리를 얻어 빠르게 출현하는 신흥 기술을 살펴볼 수 있는 '창문'을 얻는 식으로, 방어적으로 투자했다.[20] 일라이 릴리사는 인슐린을 얻기 위해 제넨테크와 계약을 맺었다. 인디애나 스탠더드오일과 캘리포니아 스탠더드오일은 세투스사의 주식에 투자한 최초의 큰손들이었다. 스위스의 거대제약회사인 호프만라로슈와 영국의 화학 카르텔인 ICI는 대학이나 대학 바깥의 재조합 DNA 과학에 돈을 댄 초기 투자자였다. 인슐린 공급은 당뇨병 환자가 생명을 유지하는 데 필수적이었고, 밴팅이 처음 인슐린을 발견한 이래 동물의 장기를 수 톤 가공해야 극소량을 추출할 수 있었다. 유전공학 미생물을 이용해서 만든 인슐린은 시장성 높은 이 물질을 얻을 수 있는 매우 수익성 높은 두 번째 원천에 대한 기대를 부풀렸다. 따라서 다국적 기업들은 투자에 끌려들어왔을 뿐 아니라 밀고 나갔다. 전통적인 제조업은 개발도상국보다 미국에서 더 쇠퇴하기 시작했고, 연구 집약적인 산물이 새로 발견된다면 전통적인 제조업 상품에서 나타난 무역수지 붕괴를 상쇄시킬 수 있었다. 서구 경제의 인플레이션뿐 아니라 1973~74년의 석유 위기도 이러한 문제를 더욱 악화시켰다. 따라서 제약회사와 화학회사, 그리고 석유기업들이 새로운 전략으로 재조합 DNA 회사에 돈을 쏟아부었다(그런데 일본도 석유 위기 때문에 연구개발 투자를 크게 늘렸다는 사실은 흥미롭다).

과학 분야에서 유전자 발현과 게놈의 본성이 지금까지 생각했던 것보다 더 복잡하다는 사실이 밝혀지고 있었지만, 투자자들의 자신감과 풍부한 자원은 재조합 DNA의 상업화를 지속시키기에 충분했다. 예를 들어 1977년에 필 샤프(MIT)와 리처드 로버츠(콜드스프링하버 연구소)의 연구를 통해, 진핵세포 유전자들의 염기서열이 종종 연속적이지 않고 불연속적이며, 아미노산을 암호화하는 유전자의 뉴클레오티드인 '엑손exon'들 사이의 공간에 그 정체를 알 수 없는 비암호화 영역인 '인트론intron'이 있다는 사실이 알려졌다. 인트론의 존재는 진핵세포의 유전자를 잘라서 원핵생물인 박테리아에 접합시켜 발현된 단백질에서 원하는 결과를 얻을 수 있다는 생각을 어리석은 것으로 만들었다. 게다가 게놈 안에서 자신을 여러 차례 복제할 수 있는 유전자군인 트랜스포존transposon이 널리 발견되면서, 게놈은 많은 이들이 생각했던 것보다 더 역동적인 실체임이 분명해졌다. '유전자 도약jumping gene' 현상은 옥수수를 연구한 바버라 매클린톡이 1940년대 말엽에 처음 발견했는데, 1970년대에 이루어진 연구를 통해 매클린톡의 주장이 입증되었다. 남성이 과학을 주도하던 상황에서 그녀가 제기한 급진적인 과학이론은 40년 동안이나 무시되었다.[21] 만약 사적 투자라는 견인牽引과 정부의 탈규제라는 유인誘引이 없었다면, 이처럼 복잡한 지적 도전들이 대중의 안전에 대한 우려와 함께 "개발에 대한 제동장치로 작동했을 수 있었다"고 역사가인 수전 라이트는 결론지었다.[22]

그 결과는 처음에 재조합 DNA 과학에서 시작되었지만 이후 분자생물학 전반에 걸쳐 지속되었던, 공적 지원을 받은 학문적 연구가 사적 지원을 받는 과학으로 대체되는 모습이었다. 정부 정책이 이러한 전환을 촉진시켰다. 자본이득 세금 인하 조치는 모험자본을 격려하고, 탈규제를 더 일반적으로 확장시켰다. 1980년 제정된 베이돌법안(Bayh-Dole Act, 정식 명칭은 '특허와무역수정법안'이다)은 연방정부의 지원으로 발생한 특허를 대학, 소규모 기업, 그리고 비영리조직에 넘겨주도록 명시했다.[23] 1979년 무렵 투자자 사이에서 '생명공학'은 우선주 개념으로 통했다.[24] 정점을 찍었던 1982년에 1억 1100만 달러가 생명공학 주식에 몰렸다. 마틴 케니는 1984년까지 생명공학에 대한 누적 투자액이 30억 달러를 넘을 것으로 추정했다.[25] 1979년 제넨테크는 펩티드 호르몬인 소마토스타틴somatostatin을 생산했고, 같은 해 일라이 릴리사와 함께 유전공학으로 만든 인간 인슐린에 대한 동물실험을 시작했다. 1982년 8월에 인슐린은 미국이 유전공학으로 만든 최초의 산물이 되었다.[26] 인터페론이라는 작은 단백질 생산을 둘러싸고 유별나게 치솟았던 상업적 흥분은 감기에서 암에 이르는 질병에 대한 치료법에서 생명공학이 담당하게 될 역할을 약속했다.

지식 사유화의 영향

수전 라이트는 재조합 DNA 분야가 공적 영역에서 사적 영역으로 넘어가면서 이 분야에서 연구하는 과학자의 에토스, 즉 기풍 자체가 바뀌었다고 주장한다. "유전공학이 유망한 투자 분야로 간주되자마자 전통적인 과학 실행에서 근본적인 일탈이 발생했고, 기업 표준을 향한 움직임이 일어났다."[27] 이렇듯 변화하는 기풍은 연구결과가 어떻게 소통되는가, 지적재산권이 어떻게 확보되는가, 그리고 대학 캠퍼스에서 상업화가 어떻게 진행되는가라는 세 영역에서 찾아볼 수 있었다.

연구결과가 동료심사와 학문적 저널이라는 과학계 내의 정상적인 통로 바깥에서 발표되기 시작했다. 소마토스타틴의 성공적인 생산 소식은 규제 철폐를 가속해야 한다는 주장의 일환으로 의회 청문회에서 공표되었다. 인간 인슐린의 성공적인 발현 선언은 1978년에 기자회견으로 발표되었다. 바이오젠은 1980년에 인터페론의 상업적 생산을 요란하게 선전했지만, 정작 생산된 양이 거의 무의미할 정도라는 사실을 은폐했다. 더구나 그 인터페론은 순수하지 않았으며, 생물학적으로 활성이라는 사실이 입증되지도 않았다. 생산 방법 또한 전혀 독창적이지 않았다.[28]

머튼 규범에 따르면, 자산의 관점에서 지식과 아이디어는 과학 공동체의 소유로 공유되는 것으로 간주되었다. 이론만큼이나 지적재산의 한 형태인 연구 대상과 도구 또한 과학 공동체에서 연구를 설명하는 방식으로 두루나누어졌다. 콜러가 초파리의 사례를 들어 논했듯이, 실제로 이러한 교환과 우의友誼의 연결망은 생물학 연구 공동체들을 단단하게 엮어주는 질긴 힘줄이었다.[29] 재조합 DNA 연구에서도, 최소한 초기 몇 년 동안 공동으로 지원하고 공동체가 규정하는 공급의 연결망이 존재했다. 리처드 로버츠는 노벨상 수상자 자전自傳에서 이렇게 회상했다.

내가 제한효소 연구에 성공할 수 있었던 핵심 요인은 탁월한 재능을 가진 테크니션 필리스 마이어스가 1973년에 내게 합류했던 점이다. 그녀는 우리의 효소 컬렉션을 관리했는데, 그것은 전 세계 과학자에게 가치 있는 자원이었다. 우리는 끊이지 않고 다른 연구자들에게 우리 견본을 보내주었고, 연구소는 방문자들로 붐볐다. 콜드스프링하버에서 열린 모든 회의마다 몇 사람씩 우리가 가진 효소로 그것을 자를 수 있는지 알아보기 위해 DNA 튜브를 가지고 왔다. 세계 최초의 제한효소 중에서 4분의 3은 내 실험실에서 발견되거나 그 특성이 밝혀졌다. 당시 내게는 친구가 많았다!

그러나 그 시절에도 이윤이라는 동기는 그리 멀리 떨어져 있지 않았다. 로버츠는 이렇게 회상했다. "1974년에 나는 짐 왓슨에게 콜드스프링하버가 제한효소를 제조하고 판매할 기업을 창업해야 한다고 설득하려 했지만, 성공하지 못했다. 그는 돈이 안 될 거라는 생각에 내 제안을 거부했다." 이처럼 1970년대 초까지만 해도 상업적 측면은 주변적이었다. 그러나 불과 수년 후에는 상업적 가치가 중심이 되었다. 그 점을 잘 보여주는 예가 KG-1 세포주를 둘러싼 논쟁이었다. 전통적인 공유 규범에 따라 캘리포니아 대학은 그 세포주를 국립암연구소, 호프만라로슈사의 로슈 분자생물학연구소,

그리고 제넨테크에 나누어주었다. 그런데 KG-1을 상품으로 본 호프만라로슈사는 특허를 출원해서 그 세포주를 소유하려 들었다. 그로 인해 소동이 벌어졌고, 낡은 규범과 새로운 규범 사이에서 전쟁이 일어났다.[30] 결국 이 쟁점은 1983년 법정에서 판가름났다.

지적재산권은 공유되지 않고, 특허를 출원해 이윤을 추구하는 개인이나 회사가 갖게 되었다. 1974년의 보이어-코헨 특허가 전환점이었다. 1980년에, 다이아몬드와 샤크라바티 소송 사건에 대한 대법원 판결이 나왔다. 이 소송은 새로운 생물체에 대해 특허를 받을 수 있다는 선례를 남겼다. 제네럴일렉트릭의 생화학자 아난다 샤크라바티는 생명공학으로 석유를 먹도록 박테리아를 조작해서 유출된 원유를 청소할 수 있을 것으로 기대했지만, 재조합 기법을 사용하지는 않았다. 그러나 이 판결은 일반적으로 적용되었다.[31] 살아 있는 동물에 대한 최초의 특허는 1988년에 하버드 대학이 획득했다. 필립 레더와 티모시 스튜어트는 암에 잘 걸리도록 유전자를 조작한 형질전환 쥐로 특허를 얻었다.[32] 이후 특허 출원이 줄을 이었고, 심지어 당연하게 여겨졌다.

사적 소유권이 강조되면서 비밀, 즉 영업 비밀을 강조하는 흐름이 이어졌다. 머튼의 공개성 규범은 과학자들이 지식의 자유로운 흐름을 허용해야 한다고 주장했다. 그러나 폴 버그는 1979년에 이렇게 불만을 털어놓았다. "당신들은 더는 이러한 아이디어의 자유로운 흐름을 지속할 수 없다. 당신들은 과학 회의에 참석해서 서로 자기네 회사의 제품에 대해 소근거린다. 마치 비밀 결사처럼 보인다."[33]

마지막으로 마틴 헨리가 개괄했듯이, 많은 대학이 변화를 겪었다. 생물학 교수는 기업가로 변신하거나, 최소한 상업적 활동에 깊이 연루되었다. 대학원생은 기업으로 발길을 돌렸고, 상업적 가치가 번성했다.[34] 엄청난 규모의 상업적 계약으로 대학의 생물학자와 학과들이 기업과 짝을 맺었다. 하버드 의대와 몬산토 및 듀폰, 매사추세츠 병원과 회흐스트 AG, 그리고 MIT와 화이트헤드 재단(에드윈 화이트헤드는 임상실험실에 정밀기기를 공급하는, 엄청난 재력의 기업인 테크니콘사의 설립자다) 등이 그런 사례다. 물론 화학과 전기공학의 경우, 이러한 상업 계약은 일상적이다. 실제로 자문 형태의 관계는 극히 관례적인 것으로 볼 수 있다. 그러나 그런 경우와는 차이가 있다. 생명공학의 기업가교수들entrepreneur-professors은 대개 교수직을 그대로 유지했고, 이중 직업을 가졌으며, 그로 인해 젊은 연구자를 계속 공급받고 새로운 연구결과를 곧바로 활용할 수 있었다.[35] 연구 의제는 포먼이 기술했던 시대처럼 군부나 공익을 위해서가 아니라 사적 이익을 위해 상호 재조정되었다. 생명공학 캠퍼스의 사례는 다른 학문 분야, 그리고 다른 나라들에 그대로 복제되었다. 그 결과 고등교육 연구 기풍에서 전 세계적으로 변화가 나타났다.

거대제약회사

생명공학이 신문 1면의 머리기사를 장식했지만, 전통적인 화학과 생명공학 기반 제약산업은 신약이든 오래된 약이든 전 세계에서 사용되는 약을 생산한다는 측면에서 훨씬 더 중요한 지위를 유지했다. 실제로 1980년대와 1990년대의 유명한 신약인 프로작, 로섹, 비아그라, 레트로비어, AZT 가운데 생명공학 기업에서 생산된 제품은 하나도 없었다.[36] 과거 간전기에 밀어닥친 합병의 물결이 독일의 이게파르벤사와 바슬러 IG를 낳았듯, 산도스와 치바, 그리고 가이기가 합쳐졌다. 1970년대부터 현기증이 날 정도로 정신없이 벌어진 합병의 새 물결은 전 세계의 제약 부문을 새롭고 거대한 다국적 조합으로 합쳐놓았다. 치바와 가이기사가 1970년에 합병했다. 그리고 1996년에는 치바-가이기가 산도스와 합쳐 노바티스가 되었다. 그러자 그에 대한 대응으로 신젠타Syngenta가 탄생했다. 신젠타는 노바티스의 농업 부문과 아스트라제네카AstraZeneca가 합쳐진 농화학 및 생명공학 다국적 기업이다. 그런데 아스트라제네카도 1999년에 영국의 ICI와 스웨덴의 아스트라가 합쳐져서 만들어진 다국적기업의 일부이다. 흡수 합병이 절정을 이룬 시기는 1989년이었는데, 한 해 동안 스미스클라인 비첨, 브리스틀-마이어스 스퀴브, 그리고 매리언 머렐 다우가 모두 설립되었다.[37] 마지막에 언급된 기업은 1994년에서 1999년 사이에 회흐스트, 루셀, 론풀랑크와 합병해서 아벤티스 파마가 되었다. 2000년에 글락소웰컴(그 자체가 1995년 합병의 산물)은 스미스클라인 비첨과 합쳐서 글락소스미스클라인GlaxoSmithKline이 되었다. 과정은 복잡하지만, 종착점은 소수의 대규모 초국적 기업들이었고, 그들은 약품 개발, 임상전시험, 여러 단계의 임상시험(안전, 효과, 그리고 용량에 대한), 그리고 규제 승인에 이르는 개발 파이프라인을 거쳐 처방된 상품으로까지 만들어내기 위해 엄청난 돈을 쏟아부었다.

제약회사들, 나아가 화학산업의 합병을 추동한 원인은 연구개발 비용의 증가였다. 따라서, 대규모 다국적기업만이 발명이 이루어졌을 때 그것을 포착할 여지가 있고, 약을 파이프라인에 올려놓을 자원을 가지고 있으며, 전 세계 다양한 시장에서 이익을 얻어낼 규모를 갖추고 있다. 제조에서 소비로 이어지는 파이프라인에 많은 비용이 들어가는 이유 중 하나는 약품에 대한 규제의 변화였다. 미국의 경우 1951년 이전에는 특정 약품(습관성 약물)만 처방이 필요했다. 그런데 1938년의 식품·의약및화장품법안Food, Drug and Cosmetic Act에 대한 더햄-험프리Durham-Humphrey수정법안이 1951년에 통과되면서 처방약(거의 모든 신규 약품을 포괄한다)과 처방전 없이 살 수 있는 일반의약품이 구분되었다. 그래도 아직은 빠져나갈 구멍이 많았다. 그런데 탈리도마이드 사태가 벌어지면서 1962년에 1938년 법안이 재수정되었다. 탈리도마이드는 1950년대에 독일에서 개발된 신경안정제였고, 독일과 영국을 비롯한 여러 나라에서 임산부의 입덧을 줄여주는 용도로 처방되었다(미국의 경우, 규제에 따른 결과라기보다는 개인의 자유재량에 맡긴 결과, 탈리도마이드의 승인이 거부되었다). 탈리도마이드를 복용한 산모가 낳은 아기는 종종 선천성 결손증을 나타냈다. 탈리도마이드 사태에 대한 직접적인 반응으로, "약물요법이 갑자기, 과거와 달리 '위험'해졌고", 그래서 무작위 임상시험이 신약의 효능을 입증할 뿐 아니라 안전도 검증하는 방법이라는 데 완전한 동의가 이루어졌다.[38] 시험에 들어가는 비용이 많았기 때문에, 대규모 기업만 감당할 수 있었다. 데이비드 힐리는 개혁주의자들이 종종 자신이 달성하려는 목표와 정반대의 결과를 낳는 아이러니를 이렇게 지적했다. "1962년 수정조항은 규제되지 않은 자본주의의 힘으로부터 사람들을 보호하기 위한 노력의 일환으로 통과되었다. 그렇지만 오히려 그 개혁이, 오늘날 시장 진입 능력이 거의 무한한 향정신성약품 복합체의 힘을 키워주는 결과를 낳았는지 여부에는 논의의 여지가 있다."[39]

그러면 20세기 말엽 몇몇 블록버스터 약품의 역사를 개괄해보자. 제약 회사의 관점에서 가장 이상적인 약은 부유한 서구 사회에 널리 퍼진 질병을 관리하고, 규칙적으로 복용해야 하는 약이다. 20세기 후반에 이런 종류의 약은 고혈압과 콜레스테롤, 심장 질환, 일부 암, 일부 감염증, 우울증, 당뇨병과 위궤양과 관련된 경구 약품이다. 드물지만 덴마크 정신과의사 모겐스 쇼우가 선전했던 우울증 치료제로, 특허를 내는 게 불가능한 리튬염처럼, 강력한 개인적 주장으로 널리 사용된 약제도 있다.[40]

더 빈번하게, 약물 치료는 정교한 생화학적 이해와 기업 투자의 산물이 되었다. 제임스 W. 블랙은 1950년대 말엽 ICI(심장 질환과 고혈압 치료에 쓰이는 베타 수용체 길항제, 또는 '베타 차단제' 프로프라놀롤을 개발했다)와 1960년대 중엽에 스미스, 클라인 & 프렌치(위장의 히스타민-유도 산 분비를 막은 물질을 찾아냈다)에서 약품을 개발한 공로로 노벨상을 받았다. 스웨덴 기업 아스트라는 다른 경로를 택하기로 결정하기 전에 블랙의 항궤양 물질을 개선하는 연구에 다시 초점을 맞추는 방향을 고려했다(글락소는 이 전략으로 엄청난 이익을 안겨준 약품 잔탁을 개발했다). 위궤양은 염산이 위 내벽을 공격해서 일어나는 것으로 간주되었다. 1960년대 중엽 스웨덴 연구자들은 생성된 위산을 중화시키는 기존의 약에 의존하는 대신 위산 분비를 중지시키는 물질을 찾기로 결정했다. 많은 화합물의 변형들이 생성되고, 위에 구멍을 뚫은 누관漏管 개와 쥐를 대상으로 실험을 했고, 결국 가장 유력한 후보 물질을 찾아냈다. 스웨덴 기업 아스트라 AB가 로섹이라는 이름으로 개발한 궤양치료제 오메프라졸은 1990년대에 가장 많이 팔린 약이었다.

블랙의 연구와 그로부터 개발된 블록버스터 약품들은 인체의 화학적 경로들에 대한 분석적 이해에 의존했다. 비슷한 방식으로, 세로토닌 기능과 작용처럼 신경전달물질의 좀더 상세하고 구체적인 상이 그 밖에 수익성 높은 약품으로 이어졌다. 특히 가장 많이 알려지고 널리 처방되었던 선택적 세로토닌 재흡수 억제제SSRI 플루옥세틴이 1970년 일라이 릴리사에 의해 개발되었고, 1987년 미국에서 프로작이라는 이름으로 판매되었다.

수용체 결합 이론도 제약산업과 정신병학 사이의 관계 재조정을 촉구했다. 예를 들어 20세기 중엽에서 말엽까지 정신분열증의 지배적인 모형은 1950년대와 1960년대에 숱한 논쟁을 낳았던 정신분석학적 설명에서 엄격한 생화학적 '메틸기 전이 가설'(체내에서 신경전달물질의 화학적 변화가 정신병을 일으킨다는 주장)로 바뀌었지만, 경쟁 이론인 도파민 가설이 확산되면서 일축되었다. 수용체 이론이 약제로 개발되는 과정은 두 가지 측면에서 전쟁의 덕을 입었다. 우선 LSD 연구를 유행에 뒤떨어진 것으로 만들었고, 두 번째로는 연구비를 방사성 표지 기술로 돌릴 수 있었다. 가령 존스홉킨스 대학의 솔로몬 스나이더가 D-2(도파민) 수용체를 위해 개발한 기법이 그런 예에 해당했다. 데이비드 힐리는 이렇게 썼다. "도파민 가설을 둘러싼 설전이 벌어지자, 최신 기술들이 등장해서 정신병의 실체를 멋지게 확인했다. 그것은 메틸기 전이 가설과 대항문화의 뒤얽힘에서 탈주했던 가설을 통해 가능했다. 게다가 방사성 표지와 진공분리법에 접근할 수 없었던 비판자들은 이 논쟁에 끼어들지도 못했다."[41] 힐리는 그 밖에 두 가지 이점을 지적했다. 그 이론이 상업적 이해관계와 일치할 수 있었던 이유는, 첫째 "수용체 결합 기법이 정신병과 제약산업의 공통 언어를 낳았고, 기업의 막강한 광고력이 주류 정신병학을 뒷받침했으며", 둘째 수용체 접근방식으로 약품의 동물 모델 실험(느리고, 동물들의 희생이 따랐다)을 수용체 결합 분석(빠르고, 수천 가지 후보 약품을 동시에 실험할 수 있었다)으로 바꿀 수 있었다. 반反-정신병학*의 비판 이후에 수세에 몰린 정신병학계 역시 수용체 이론을 받아들였다.

비판에 대응해서 정신병학 내부에서 비슷한 반응이 나타났다. 사회적 설명이나 치료법을 배제하고 구체적이고 측정 가능한 화학 요법을 채택하려는 움직임은 1980년 정신질환편람 DSM-III으로 귀결되었고, "미국과 전 세계 정신병학에서 널리 하나의 혁명으로 간주되었다."[42] 최초의 『정신질환 진단 및 통계 편람Diagnostic and Statistical Manual of Mental Disorders』 (DSM)은 미국정신병학회가 1952년에 발행했고, 두 번째 편람은 1968년에 나왔다. 동성애를 질병으로 분류한 것을 제외하면(1973년에 개정된 DSM-II에서 철회되었다), 초기에 나온 편람들은 상대적으로 논란이 적었다. 그러나 DSM-III는 훨씬 많은 논쟁을 야기했고, 당시 분류에서 무엇이 첨예한 쟁점인지 보여주는 척도와 같은 역할을 했다. 특히 정신 생활에서 정상과 비정상의 경계와 그런 현상이 실재하는지 여부가 경합을 벌일 때 그러했다.[43] DSM-III는 서로 다른 이해관계 집단, 특히 정신분석가(신경증이 포함되기를 원했다), 정신분석의 접근방식에 회의적인 사람(정신분석가의 범주를 의심했다), 보험과 제약회사(서로 다른 원인에 따른 정신질환 분류가 인정되기를 원했다), 그리고 규제 책임자들(규제할 책임 있는 대상이 필요했다) 사이에서 벌어진 격렬한 논쟁의 산물이었다. 이러한 타협의 결과, 명칭으로는 정신분석가에게 친숙한 신경증이 포함되었지만, 그 정의는 운용 기준에 따라 내려졌

---

* 1960년대에 미국과 유럽에서 정신병원의 강제수용과 전기 충격 요법 등 반인권적 조치에 대해 반대했던 일련의 움직임. 당시 반전운동과 대항문화의 흐름 속에서 기존 사회제도에 대한 비판과 새로운 가치 모색이 진행되던 와중에서 이러한 비판은 단지 정신병원의 처치뿐 아니라 정신병의 실재 여부와 정신병학이라는 학문 자체의 토대에도 크게 위협이 되었다.

다. 그것은 다시 정신질환의 생화학 이론과 해결책들을 장려했고, 정신질환 검사를 위한 무작위 통제된 실험을 조장했다. 두 가지 경향 모두 사적 부문인 제약회사들이 우리의 정신적 삶을 정의하고 관리하는 데 큰 영향을 미치게 했다. 힐리는 1990년대를 "바이오-소동이 정신분석-소동을 대체한 시대"라고 말한다.[44]

암과학

유전자 조작 기법은 눈부시게 새로운 생의학 발전들에 적용되었다. 나는 그 중에서 암과학과 계통생물학systematic biology, 두 가지 사례를 설명하겠다. 재조합 DNA 기술의 발전은 암의 발병 이론, 즉 종양 형성 이론에서 일어나는 변화를 함축했다.[45] 암은 세포의 성장이 통제되지 않는 현상을 포함하는 다양한 질병의 집합으로 두루 이해되었다. 이러한 설명은 모노와 자코브의 유전자 발현 조절 이론에서 나왔다. 즉 세포는 성장 저지 브레이크를 풀어놓을 수 있는 요인들을 암호화한 구조 유전자들을 가지고 있으며, 정상적으로는 억제를 지시하는 조절 유전자에 의해 이러한 유전자들의 세포 성장이 억제되지만, 조절이 실패하거나 발현되지 않으면 통제되지 않은 성장이 일어난다는 것이다.[46] 왜 이러한 실패가 나타나는지는 불분명했다. 닉슨이 주창한 암과의 전쟁은, 과거 국방이라는 실행세계에서 매우 성공적이었던, 거대과학의 목표지향적이고 후한 지원을 의학이라는 실행세계에 적용시켰고, 바이러스 감염이 주된 원인일 수 있다는 생각을 배제시켰다. 1980년대 초, 조절의 관점은 역사가 미셸 모랑주가 '종양 패러다임oncogene paradigm'이라고 불렀던 일련의 새로운 이론들, 작업 방식과 가정들에 의해 대체되었다. 그것은 암이 적은 수의 유전자, 종양 유전자, 돌연변이 유전자에 의해 발생한다고 주장했다. 원原종양 형성 유전자—암을 일으키는 바이러스 속에 들어 있는 유전자와 매우 흡사하게 보이는 인체 유전자—가 발견되었다. 최초의 인체 종양 유전자는 샌프란시스코 캘리포니아 대학의 마이클 비숍과 해럴드 바머스가 발견했다. 핵심 도구는 트랜스펙션 어레이 transfection array, 즉 정상 세포 무리에 종양 DNA의 추출물을 도입시켜 감염시키는 방법이었다.

암 연구의 다른 핵심 도구는 생쥐와 그 세포주cell-line였다. 여러 가지 암 종양에 민감하도록 양육된 생쥐의 몸이 인체를 대신하는 역할을 했다. 인체보다는 훨씬 덜 복잡한 쥐의 신체는 과학의 이름으로 인체에 가할 수 있는 정도를 훨씬 넘어서는 방식으로 조작 가능하고 통제 가능했다. 쥐에게 이식된 종양의 거부반응에 대한 연구가 20세기 초 면역학을 빚어냈다면, 쥐의 근친계 실험은 "종양(그리고 더 일반적으로 이식 가능성)의 숙명이 오로지 공여자와 숙주의 유전적 구성에 달려 있다는 관념을 받아들이도록" 강요했다.[47] 1930년대까지 암 연구는 쥐 그리고 배양액 속에서 무한히 유지되며 연구자 사이에서 교환되었던 종양 세포주 계통에 초점을 맞추었다. 1940년대에는 조직적 합성—서로 다른 개인들의 조직 사이의 항원 유사도를 뜻하며, 따라서 이식 수용 가능성의 척도가 된다—에 관여하는 유전자가 고도로 근친교배된 생쥐에게서 발견되었다. 이러한 유전자 무리는 주요조직적합성 복합체Major Histocompatibility Complex, MHC라 불렸다. 1970년대에 MHC에 대한 사람의 상동체가 7번 염색체에서 발견되었다. 사람의 MHC 유전자는 면역 반응에 결정적인 역할을 하는 항원 단백질에 관여했다. 이 유전자는 사람의 백혈구항원HLA 유전자라 불렸고, 인체가 자신과 타자를 구분하는 유전적 기반이라고 주장되었다.[48] HLA에 대한 이해는 사람의 조직 이식 성공률을 크게 높였고, 새로운 생명공학 기업들의 초기 타깃 상품이었던 가용성 단백질 인자(1957년에 발견된 인터페론과 1960년대 중반에 발견된 인터루킨 2와 같은)의 발견을 촉진했다.

계통생물학

유전 기법의 범위와 효능이 향상되면서 1950년대와 1960년대, 그리고 1970년대까지 계속되었던 계통분류학 논쟁이 효과적으로 종식되었다. 이 논쟁의 중심에 있었던 것은 가장 큰 분류 단위인 계界에서 문門, 강綱, 과科를 거쳐 종種과 아종에 이르기까지 어떻게 생물을 분류할 것인가라는 물음이었다. 대략 이야기하면, 접근방식 중 하나인 표형분류학phenetics은 다수의 측정을 통해 이 측정의 수치적 근사를 기반으로 같은 분류군에 생물을 위치시키는 것을 정당화했다.[49] 독일의 계통생물학자 빌리 헤니히가 강력하게 주장했던 다른 접근방식인 분기학分岐學은 오로지 공통의 계통만이 중요하다고 주장했다. 진화 계통수에서 같은 가지에 속한 모든 생물은 공통 조상에서 유래했고, 단계통군 또는 '분기군分岐群'을 이룬다는 것이다. 바람직한 분류군은 분기군이었다. 둘 다 오랫동안 대물림된 분류체계, 즉 개정된 린네 체계와 같이 작동해야 했다. 린네 체계는 생명과학 연구를 조정하는 데 필수적인 명명命名 작업을 수행해왔다. 논쟁은 오히려 사태를 악화시켰다. 철학자 데이비드 헐은 논쟁을 이용해서, 부분적으로 사회적 과정으로 남아 있어도 과학 자체는 진보했다고 말할 수 있어야 한다고 주장했다.[50]

생물학자 더글러스 후투이마는 "분류법을 정립하기 위한 엄격하고, 정량적인 방법들"의 발전을 "20세기 마지막 3분기에 계통발생 연구가 부활"하는 데 "가장 중요한" 원인으로 간주했다(또한 그는 만약 비非계통주의자들이 다른 계통 교의를 신봉하는 자들과의 "전쟁"에서 패퇴하지 않았다면, "계통분류학과 진화 연구의 다른 분야들의 통합이 훨씬 빨리 일어났을 것"이라는 헐의 주장에 동의했다).[51] 그 밖에 세 가지 원인으로는, 새로운 종류의 데이터, 특히 분자 데이터(이 데이터 덕분에 전통적인 분류군 계통학에 몰두하느라 많은 시간을 들일 필요가 없다), '대진화에 대한 관심의 부활'(단속평형설 같은 이론이 대표적이다), 그리고 새로운 종합의 개인적 주창이었다.

분기학은 계통발생이 생물계의 분류 지침이 되어야 한다고 주장했다(헤니히는 그것을 계통분류학Phylogenetic Systematics이라고 불렀다. 그것은 1966년에 발간된 영향력 있는 그의 영어 저서 제목이기도 했다). 새로운 분자적 기법, 특히 프레더릭 생어의 염기서열 분석 기법이 개발되어 증대된 컴퓨터 성능과 결합하면서 계통발생을 새롭고 정확한 방식으로 추적할 수 있게 되었다. 특히 돌연변이가 이미 알려진 일정한 속도로 DNA를 변화시킨다고 가정하면, 두 생물의 DNA의 뉴클레오티드 염기서열에서 나타난 차이를 통해 그들의 마지막 공통조상이 얼마나 오래전에 살았는지 측정할 수 있다. 이런 식의 분자 진화 시계 개념은 라이너스 폴링과 그의 박사후과정 동료였던 프랑스인 에밀 즈커캔들에 의해 1960년대에 처음 제기되었다.[52]

20세기 과학에서 가장 놀라운 발견 중 하나인 고세균류의 발견은 이 개념을 토대로 이루어졌다. 모든 생물이 단백질로 이루어져 있기 때문에, 단백질을 만드는 과정에 공통된 분자들을 비교하면 모든 생물의 선조 관계를 그린 지도, 이른바 보편적인 생명의 나무에 대한 단서를 얻을 수 있을 것이다. 구체적으로, 단백질은 리보솜에 의해 세포 안에서 만들어지며, 리보솜은 크고(대단위체, LSU), 작은(소단위체, SSU) 두 가지 특징적인 구조를 가진다. 각각의 단위체에 RNA 분자(리보솜 RNA, 또는 'rRNA')가 있다. LSU와 SSU rRNA는 모든 세포에서 발견되는 큰 세포인데, 진화적 시간 척도에 걸쳐 느린 속도로 변화한다. 따라서 SSU rRNA의 염기서열은 보편적인 생명의 나무를 구축하는 데 훌륭한 증거의 원천으로 판단되었다.

1970년대 중반에, 일리노이 대학 유전학및발생생물학과의 칼 우스와 조지 폭스는 힘겹게 수작업으로 생쥐의 육종肉腫 세포주, 효모, 좀개구리밥, 대장균, 특이한 메탄 발효 미생물, 그리고 엽록체와 같은 세포체 등 다양한 생물에서 나온 세포에서 추출한 리보솜 RNA의 염기서열 데이터를 모았다. 워즈의 입장에서는 충분치 않았지만, 자금은 NASA와 국립과학재단이 지원했다.[53] 그들은 계통생물학에서 큰 분화의 역사를 이렇게 지적했다.

고전적으로, 식물이 아닌 것은 동물이었다. 처음에는 식물로 간주되었던 박테리아와 동식물의 유연관계가 동물과 식물의 그것보다 멀다는 사실이 발견되면서, 좀더 근본적인 이분법의 관점에서 이 주제를 다시 정식화하게 되었다. 그것은 진핵생물과 원핵생물이라는 구분이었다. 진핵세포와 원핵세포의 놀라운 차이는 오늘날 끝없는 분자적 세부사항으로 정리되었다. 그 결과, 대체로 현존하는 모든 생물이 이 두 가지 유형에 속하는 것으로 간주되었다.[54]

1937년에 허버트 코플랜드는 박테리아를 독자적인 계에 위치시켰고,[55] 후속 연구를 통해 그 거리를 한층 넓혔다. 그러나 염기서열 차이를 기반으로, 우스는 원핵세포(핵이 없다)와 진핵세포(핵이 있다)의 구분을 일차적이고 가장 근본적인 계통발생 구획으로 삼는 발상을 배격했다. 그 대신, 분자 배열에서 생명의 기본 유형으로 둘이 아니라 "세 가지 유형"을 지지했다. 진핵세포생물―동물, 식물, 균류菌類―이 하나의 유형이었고, 두 번째는 친숙한 박테리아 대부분이며, 세 번째는 기이한 메탄생성 박테리아였다. 메탄생성 박테리아와 일반 박테리아의 차이는 박테리아와 인간의 차이만큼이나 크다. 우스는 세 개의 원계(原界, urkingdom)로 진핵생물(진핵세포생물), 진정세균(박테리아), 그리고 고세균을 구분했다. 원계는 나중에 '영역domain'으로 불리게 되었다. 이처럼 보편적인 생명의 나무를 세 영역으로 나누는 큰 그림은 혁명적이었고, 그에 따라 격렬한 논쟁을 불렀다. 많은 학자들은 1977년 논문이 기자회견, 보도자료, 언론 보도를 거치면서 "세 번째 생명 형태"의 발견이라는 우스의 말이 오도된 점에 분개했다. 우스에게 결정적인 메탄생성 박테리아 배양액을 제공했던 동료인 랠프 울프의 견해에 따르면, "돌이켜보면, 언론 보도로 과학자 사회가 둘로 나뉘었다. 다수가 그 문헌을 읽기를 거부했고, [고세균의] 인정을…… 필경 10년 동안…… 지연시켰다."[56] 에른스트 마이어 같은 저명한 기성 계통생물학자들의 공격을 받았지만, 이후 분자적 증거가 고세균의 존재를 뒷받침했고, 따라서 생명을 세 가지 범주로 나누는 방식은 지지를 받았다. 한편 우스의 방법은 염기서열 데이터를 수작업으로 비교해야 했던 한계를 극복했다. 이후 등장한 방법들은 훨씬 자주 컴퓨터를 사용했다. 또한 전자식 디지털 네트워크를 통해 데이터를 얻을 수 있게 되었다.

네트워크, 컴퓨터, 그리고 과학

우리 세계를 구축했던 네트워크 뒤편에는 항상 과학이 따라왔다. 이러한 네트워크 중 일부는 중앙집중화된, 위계적 형식을 취했다. 우편 서비스, 정부의 행정체계, 전기공급 체계, 전신과 전화 통신 체계 등이 그런 사례다. 다른 네트워크들은 좀더 분권적이었다. 도로 체계와 금융거래에 의한 교역 네트워크가 그런 예이다. 중앙집권화된 위계적 모형에서 분권적인 네트워크로 변천되었다고 말하는 것은 분명 잘못이지만, 전자에서 후자로, 특히 1960년대 이후로 계속해서 강조점의 변화가 있었다. 이러한 변화와 원인, 그리고 그 결과는 숱한 논평을 낳았다.[57] 변화를 일으킨 특별히 중요한 요인은 패킷-교환 방식의 컴퓨터 네트워크 구축과 그 이용이었다. 아파넷—1966년부터 군사적 블루스카이연구(특별한 목적 없이 호기심에 기반한 연구) 기관인 ARPA의 지원을 받았다—에서 인터넷에 이르기까지, 이러한 네트워크는 사회적 변화에 휩쓸렸다. 그중에는 과학자들이 연구를 조직하고 인식하는 방식에서 나타난 변화도 있었다. 그러나 두 방향으로 진행된 영향으로, 그 함축은 복잡했다.

처음 구축된 아파넷ARPANET의 4 노드는 학문 기관인 로스앤젤레스 캘리포니아 대학, 산타바바라 캘리포니아 대학, 유타 대학, 그리고 스탠퍼드 연구소였고, 소프트웨어 계약은 볼트, 베라넥 앤 뉴먼사와 맺었다. 1968년에서 1970년 사이에, 네트워크는 운용할 채비를 갖추었다. 뒤이어 더 많은 연결이 이루어졌고, 특히 국방부 연구비를 많이 받던 대학이나 RAND, RAND의 컴퓨터 프로그래밍 자회사 SDCSystem Development Corporation, 에임즈 연구센터, 그리고 매사추세츠의 MITRE 같은 냉전의 핵심 연구센터들과 연결되었다. 아파넷의 초기 이용자는 학계의 과학자들로, 특히 1972년에 워싱턴에서 1000여 명의 각계 대표에게 어떻게 컴퓨터 전원과 파리처럼 멀리 떨어진 곳의 디지털 데이터가 접속될 수 있는지를 보여준 시연 뒤로 이용자가 늘어났다.[58] 1971년 말에, 설계자들이 예상하지 못했던 방식으로, 아파넷을 통한 패킷 교환 방식의 메시지 전송—이메일—이 발명되었다. 1982년에는 아파넷을 민간과 군대가 뒤섞여 사용하는 데 신경이 곤두선 군부가 군용 밀넷Milnet을 분리시켰다.

아파넷의 초기 사용자는 주로 컴퓨터과학자들이었지만,[59] 처음에 네트워크가 의도했던 강력한 컴퓨터에 대한 접근 공유라는 목적에 매료된 다른 과학자들도 1970년대 초에 이용자 대열에 합류했다. 역사가 재닛 어베이트는 UCLA의 IBM 360/91를 이용한 대학 물리학자들, 샌디에이고 캘리포니아 대학의 분자역학 시스템에 접근한 화학자들, 그리고 시카고 대학과 라이트-패터슨 공군기지 사이에 형성된 컴퓨터 화학의 협력관계 등을 지적했지만, ARPA는 독자적으로 지진학과 기후학 프로젝트를 진행했다.[60] 그럼에도 불구하고, 1970년대에 걸쳐 아파넷은 그다지 많이 이용되지 못했다. 자원 공유에서 커뮤니케이션으로 모형이 바뀐 한 가지 요인은 과학자들이 충분히 이용되지 않은 이 기반시설을 활용한 방식에 있었다.

아파넷에 대한 접근 제한도 과학자들의 다른 네트워크 활용을 부추겼다. 중요한 하나의 네트워크는 1981년 IBM의 시스템 관리자들이 뉴욕의 시티 대학과 예일 대학에서 개발했던 BITNET이었다.[61] 20세기의 마지막 3분기에 과학자의 공동연구가 늘어났다. 논문당 평균 저자 수는 두 명 이하에서 네 명 이상으로 늘었고, 기관 사이의 협력도 증가했다.[62] 예를 들어 국립연구재단의 지원을 받은 과학자와 공학자 사이의 기관간 협력은 1975년까지는 드물었지만, 2005년에는 전체 프로젝트의 40퍼센트에 달했다.[63] 부분적으로 이러한 경향은 거대과학의 간학문적 연구와 협동작업의 성격에서 기인했다. 그러나 과학자들이 좀더 적은 비용으로 의사소통할 수 있게 해주었던 이메일의 이용 증가도 한몫했다.[64] 전형적으로 혼자 연구하는 분야였던 수학에서도, 인터넷과 함께 새로운 협력 연구 패턴이 공진화하면서, 전통적인 연구 풍토를 침식해간 것으로 보인다.[65]

그러나 협력 연구의 양상도, 함께 연구하고 자료를 공유하는, 연구 분야별로 특유한 역사적 문화에 의해 형성되었다. 지진학과 해양학 같은 일부 전문분야는 자연스럽게 지리적으로 넓게 분포했다. 냉전과 같은 특정 조건에서, 핵폭발의 탐지가 국제표준지진관측망의 설립을 촉진하자 이 자연적 경향은 데이터 수집의 전 지구적 네트워크를 번성하게 했다.

대물림된 공유 문화의 가장 두드러진 사례 중 몇 가지는 특정 모델 생물체를 중심으로 무리를 이룬 유전학 연구 공동체에서 찾아볼 수 있다. 우리는 앞에서 초파리 돌연변이와 같은 연구 재료의 교환이 20세기 연구 공동체를 하나로 묶는 접착제 역할을 하는 모습을 살펴보았다. 옥수수Zea mays를 연구하는 유전학자 사이에서, 1929년부터 R. A. 에머슨과 조지 비들을 포함한 그의 코넬 대학 학생들이 개발한 모델에 대한 재료와 미발간 데이터들이 공유되었다. 그 후『옥수수유전학협력소식지』가 발간되었다. 다시 이 소식지는 전전戰前에 나온『초파리 정보 서비스』와 전후 예쁜꼬마선충 연구 공동체의『선충연구자신문Worm Breeders Gazette』의 모델이 되었다. 1980년대 중반에, 예를 들어 선충 연구자는 BITNET을 통해 토론하고 염기서열 데이터를 공유했다.[66] 저렴하게 컴퓨터화된 커뮤니케이션 네트워크의 등장은 종이-기반 매체에서 전자 매체로 공유 문화를 전환할 기회를 제공했다. 저렴하게 이용가능한 커뮤니케이션이 이런 흐름을 견인했다면, 20세기 마지막 3분기에 과학에서 생성된 엄청난 양의 데이터를 관리하고 접근하기 쉽게 만들어야 하는 요구가 과학자들이 네트워크화된 컴퓨터를 이용하도록 떠밀어댔다.

생명과학에서 컴퓨터의 힘을 더 많이 활용해야 한다는 생각을 잘 보여주는 문헌은 조슈아 레더버그가 스턴퍼드 대학의 관리자들을 설득하기 위해 1963년에 썼던 「생물학의 기기 사용 위기」라는 글이었다. 생화학적 방법으로 생명의 징후를 검출하는 방법을 개발하려는 NASA의 초기 시도에 참여했던 레더버그는 분자생물학자들이 "실험기기의 표준 측면에서 (물리학의 정밀측정 기기나 심지어 생리학에 비해서도) 놀랄 만큼 원시적인" 도구를 사용하고 있다는 "생물학의 가장 심각한 문제에 직면해서" 대량 데이터 처리를 거의 하지 못하고 있으며, 따라서 "인간-컴퓨터 공생共生"의 접근방식을 배워야 한다고 썼다.[67] J.C.R 릭라이더의 자동화를 위한 냉전 선언을 연상시키는 이 글은 분자생물학의 '정보적' 전환을 떠올리게 할 뿐 아니라 앞으로 다가올 중요한 경향을 예견했다. 그것은 대규모 데이터 처리가 규모 확장 과정을 관리할 기법을 제공해주리라고 기대했던 대규모 프로젝트에 대한 예견이었다.

(유전학의 규모를 확장하려는 주요 프로젝트들이 모두 최신 자동화 기법의 채택에 의존하지는 않았다. 크리스티아네 뉘슬라인 폴하르트와 에릭 위샤우스 팀은 초파리가 배아에서 성체로 발생하는 과정에서 수천 개의 유전자가 어떻게 발현하는지 추적했는데, 비교적 전통적인 기법을 초인적으로 확장해서 놀라운 결과를 얻었다. 그들은 개인의 손과 눈의 숙련된 솜씨로 표본을 준비하고 돌연변이 계통을 찾아냈다. 뉘슬라인 폴하르트는 노벨상 수상자 자전에서 이렇게 회고했다. 생산성은 "100배"[68]나 높아졌지만, "당시 EMBL[유럽분자생물학연구소, 하이델베르크] 전체는 값비싼 첨단기법을 이용한 실험 설비를 갖추는 데 역점을 두고 있었기 때문에 우리에게는 적절한 장소가 아니었으며, 동시에 우리 연구소는 차치하고 연구소 전체에 그것을 제대로 이해할 수 있는 사람이 단 한 명도 없었다는 사실을 깨닫고 때로는 무척 기이하다는 생각이 들었다".)

염기서열 해석과 증폭: 생의학의 규모 확장

자동화를 향한 경향과 그 함의는 특정 염기서열을 기입하려는 노력의 규모 확장에서 가장 잘 드러날 수 있다. 프레더릭 생어는 인슐린 단백질의 아미노산 배열을 확인하는 데 성공한 후 핵산의 염기서열 해독 작업으로 전환했다.[69] 첫 시도 대상은 바이러스의 외가닥 RNA였다. 새로운 기법을 획득하자 그는 특히 ΦX174로 알려진 박테리오파지의 DNA로 대상을 바꾸었다. 1975년에는 단지 DNA를 여러 부분으로 분해하는 데 그치지 않고, DNA 폴리메라제를 이용해서 차례로 A, C, G, T 네 가지 염기 중 하나가 없는 새로운 DNA 가닥들을 결합시키는 기법을 개발했다. 각각의 가닥은 DNA의 길이에서 결손된 염기만큼 차이가 날 것이다. 다음 과제는 각각의 가닥을 길이 순서로 정렬시키는 것이었다. 생어는 젤 전기영동법泳動法이라 불리는 색층色層분석의 변형 기법으로 이 작업을 했다. 학교에서 실험하는 색잉크를 이용한 색층분석은 크기에 따라 분자를 분류한다. 작은 분자들이 압지를 통해 확산된 액체에 큰 분자들보다 더 빨리 끌려가기 때문이다. 젤 전기영동법도 같은 원리를 이용하는데, 차이는 압지를 젤라틴으로 바꾸고 끌어가는 힘을 전류로 얻는다는 점에 있다. 생어는 DNA 가닥에 방사성 표지를 붙였다. 방사능 검출장치로 젤라틴을 판독하면, DNA 염기서열을 "읽어낼" 수 있었다.

생어는 1977년에 ΦX174의 5375개 염기서열을 읽었다. 사람의 미토콘드리아(1만 7000염기)와 박테리오파지 람다(5만 염기)도 각기 1981년과 1982년에 케임브리지 대학에서 개별 염기서열 정보를 확인하고 결합하는 수작업으로 염기서열이 밝혀졌다. 생어가 디디옥시 염기서열법(dideoxy sequencing, DNA 가닥 끝에 표지를 붙이는 영리한 방법으로 이런 명칭이 붙었다)을 수립한 후 곧 하버드 대학의 월터 길버트와 앨런 M. 맥삼이 효소 대신 화학물질을 이용해 비슷한 방법을 개발해서 1977년에 발표했다. 호레이스 저드슨은 그 과정을 이렇게 요약했다. "그 후, 두 가지 방법이 표준화되었다. 속도가 향상되고, 대부분 자동화되었다."[70]

이와 연관된, 또 한 가지 유형의 규모 확장은 단순한 생물에서 더 복잡한 생물로 유전학의 대상이 전이된 것이었다. 바이러스가 가장 단순했고, 많은 분자생물학의 모델 생물이었던 원핵생물, 박테리아인 대장균은 좀더 복잡했다. 그러나 핵이 있는 큰 세포를 가진 생물인 진핵생물은 훨씬 더 복잡했다. 유전자 연관 현상으로, 20세기 초 초파리 지도처럼 진핵세포의 유전자 지도를 만들 수 있는 수단이 주어졌다. 1936년 J.B.S 홀데인과 줄리아 벨이 가계에서 혈우병과 색맹 사이의 상관관계를 발견했지만, 사람의 연관은 추적하기가 까다로웠다.[71] 이유는 간단한데, 사람의 번식은 초파리보다 조작이나 통제가 훨씬 어렵기 때문이다. 1967년까지, 사람의 경우 고작 9개의 유전자 연관이 밝혀졌다.[72] 인간의 질병이라는 실행세계에 기반을 두고 있었지만, 유전학 연구는 추적이 더 용이한 모델 생물에 초점을 맞추었다. 1960년대 중엽, 파리에 이어 선충이 가세했다. 프랜시스 크릭과 함께 케임브리지 대학 의학연구회 분자생물학실험실LMB의 공동 책임자였던 시드니 브레너는 선충류인 예쁜꼬마선충을 선택했다. 이 생물은 번식이 빠르고, 해부학적 구조가 단순하고 가시적이며(현미경으로 모든 세포를 관찰할 수 있다), 관리가 용이하고, 실험실에서 기를 수 있었다. 브레너는 발생유전학을 연구하고 싶었기 때문에 다세포 생물이면서(효모는 모델 생물에서 배제되었다) 파리보다 단순한 생물을 원했다. 브레너 그룹은 선충의 돌연변이를 찾기 시작했다.

캘리포니아에 있는 솔크 연구소에서 박사후연구과정을 거치면서 핵산 합성을 훈련받았던 영국 화학자 존 설스턴이 1969년 브레너 팀에 합류했다. 처음에 그는 선충의 신경계 화학을 연구했다.[73] 곧이어 그의 연구는 선충의 성장을 좇으면서 발생과정에 좀더 집중하게 되었고 개별 세포 단위까지 기본 신경계를 조사했다. 이 연구는 새로운 시각화 기법의 채택과 밀접하게 연관되었다. 외부에서 도입된 기법은 살아 있는 조직 속에 있는 세포의 개별 염기를 착색 없이 확인할 수 있는 노마스키 미분간섭대조현미경을 사용하는 기법이었다. 나중에 LMB에서 개발한 공초점共焦點 현미경은 외부로 수출되었다. 선충의 발생과정도 레이저 절제(생명 초기 단계에서 개별 세포를 제거한 후 그 결과를 지켜보는 방법)와 유전학(비정상적인 세포들의 수를 통해 돌연변이를 조사하는 방법)을 통해 추적되었다.

1970년대 말엽, 브레너의 실험실을 거쳐간 이들이 독자적으로 선충실험실을 만들었다. 이들은 MIT의 밥 호르비츠, 세인트루이스 워싱턴 대학의 밥 워터슨, 위스콘신-매디슨 대학의 주디스 킴블이었다. 연구 소통과 조정을 위해 매년 콜드스프링하버에서 연례 모임이 열렸다. 연구 재료는 공유되었다. 앞에서 살펴보았듯이, 선충 연구자의 분산 협력 네트워크는 BITNET 같은 새로운 분산 커뮤니케이션 수단을 사용해서 연락했다. 1983년에 초파리 유전자 지도 연구에 자극을 받은 설스턴은 LMB를 설득해서 예쁜꼬마선충 전체 게놈의 물리적 지도를 작성하는 연구를 수행했다. 이 작업은 생체 내에서 클론을 만드는 방법, 즉 박테리아에 DNA 절편을 삽입해서 증식시켜 비교 저장하는 방법에 의존했다. 설스턴은 그 과정을 이렇게 회상했다.

나는 [클론의 염기서열] 정보를 수치화하면 컴퓨터에서 자동으로 중복되는 부분의 탐색이 가능하다는 것을 알았다. 게놈 전체를 클론 하나씩 느리게 확인하는 대신, 전체를 한 번에 지도화할 수 있는 것이다. 나는 혼자 힘으로 유전체학의 힘을 발견했다. 방금 나는 배아의 계통을 끝냈고, 다른 연구 대상을 찾고 있다. 그때 나는 선충의 게놈을 지도로 만드는 것이 옳은 선택이라는 생각에 사로잡혔다. 당시 그 계통이 발생생물학자들에게 좋은 재료로 사용되었기 때문에, 게놈 지도는 유전자를 찾는 선충 생물학자에게 하늘이 준 선물과도 같았다.[74]

조수로서 생어의 염기서열 분석을 도와줬던 앨런 콜슨, 그리고 컴퓨터 전문가인 리처드 더빈과 함께 설스턴은 클론의 염기서열을 판독하고 대조하는 자동화 기법을 개발했다.

그러나 그렇다 해도 선충 유전자 클론의 라이브러리를 만드는 계획, 즉 선충 게놈의 지도화와 1억 개의 전체 염기서열을 알아내는 계획은 규모에서 차이가 났다. 선충의 게놈 염기서열 프로젝트는 1980년대 중반 인간 게놈을 읽어내려는 야심찬 움직임에 편승할 필요가 있었다.

이번에도 여러 가지 새로운 기법들이 이런 움직임을 밀어주었다—그러나 이것은 20세기의 마지막 몇십 년 동안 진행될 인간유전체계획을 설명하는 데 필요조건이기는 하지만 충분조건은 아니었다. 첫째, 인간 게놈의 더 작은 부분들을 연구하는 방법이 개발되었다. 1967년에 보리스 에프뤼시와 함께 연구했던 메리 바이스는 뉴욕 대학의 하워드 그린과 함께 인간 염색체의 일부를 생쥐 세포에 도입하는 데 종양 바이러스를 사용했다고 발표했다. 도리스 잘렌과 리처드 버리언은 이렇게 결론지었다. "몇 개의 인간 염색체를 새로운 세포 유형에 효과적으로 이식해서 탄생한 생쥐/인간 잡종hybrid은 인간 염색체에서 유전자의 조직을 상세하게 연구할 수 있게 해주었고, 인체 유전학 연구—과거에는 사람을 연구 대상으로 삼는다는 어려움으로 방해받았다—를 크게 진작시켰다."[75] 마찬가지로 후속 연구를 위해 잡종 세포 속 염색체를 분해하는 데 X선이 사용되었다.[76] 1970년 스톡홀름 근처 카롤린스카 연구소의 토르비에른 카스페르손과 그의 동료들이 성취해낸 포유류 염색체의 형광 염색과 결합해서, 체세포 잡종화를 통한 인간 염색체 지도 작성은 다루기 쉽고 빠르게 커가는 프로젝트가 되었다. 두 차례의 세계 대전 사이에 파리 연구계에서 이룬 성과들이 이제는 인간 대상 연구와 필적하는 수준이 되었다.

제한효소가 개인에 따라 DNA의 다른 지점을 자른다는 사실을 알게 되면서 또다른 방법이 등장했다. 이러한 길이 차이—제한효소 단편 다형성 RFLPs이라 불렸다—가 인간 개체와 가족들의 유전적 변이에 대한 통찰을 주었다. 그 밖의 방법들은 적은 양의 유전물질을 다루는 문제 해결에 도전했다. 1980년 메리 하퍼의 제자리in situ부합법은 방사성 표지를 추적해서

단 한 벌의 게놈에 들어 있는 유전자들을 찾아낼 수 있게 해주었다.[77]

　폴리메라제 연쇄 반응PCR은 매우 귀중한 또 하나의 새로운 방법이었다. 1969년, 인디애나 대학의 토머스 브록과 허드슨 프리즈는 옐로스톤 국립공원 온천에서 발견한 새로운 종의 박테리아 테르무스 아쿠아티쿠스*Thermus aquaticus*를 동정했다. 온천의 뜨거운 열에서 살아남기 위해 진화한 T. 아쿠아티쿠스는 대부분의 세포가 살 수 없는 온도에서도 작동 가능한 DNA 중합효소('Taq')를 포함하는 세포 기구를 가졌다. 샌프란시스코에 있는 생명공학 회사인 세투스사의 연구자 캐리 멀리스는 DNA 절편을 복제할 수 있는 이 능력을 활용해서 DNA를 지수함수적으로 증식시키는 방법을 착안해냈다. 대중선동가였던 멀리스에게 새로운 생명공학산업으로 창출된 공간에서 미래의 이익을 안겨줄 계통들에 대한 실험 공간이 주어졌다. 그러나 착상을 실제 작동하는 실험 체계로 전환하는 것은, 실험실 바깥에서도 작동하는 도구는 차치하고도 복잡한 일이었고, 혼자였던 멀리스보다 훨씬 많은 사람을 필요로 했다.[78] 세투스사는 PCR 특허를 얻었고(듀폰의 변호사가 이 방법의 모든 단계가 이미 알려진 것이라며 문제를 제기하자 그에 대한 대응으로 이렇게 했다), 호프만라로슈는 그 지적재산권을 3억 달러에 사들였다. PCR은 DNA를 쉽게 손에 넣을 수 있게 만든 혁명적 도구였다. 이 기법은 "DNA 염기서열을 민주화"시켰고, (어원 샤가프의 용어를 빌리자면) "분자생물학의 실행을 무제한으로" 확장시켰다.[79]

　세 번째 방법은 염기서열 해독의 자동화를 한층 진전시켰다. 칼텍과 인근의 휴렛패커드 자회사인 응용생물시스템사에서 "다수의 과학자와 기술자들"과 함께 일했던 리로이 후드는 형광 염색을 통한 자동 염기서열 확인 방법을 알아냈다. 향상된 겔 전기영동법—맥동하는 전자기장을 이용하는 방법으로, 더 긴 DNA 절편을 효과적으로 분류할 수 있다—과 결합해서, 강력한 염기서열 분석법이 1980년대 중엽에 사용 가능해졌다. 자동화된 염기서열 분석 기법은 일본에서도 독자적인 전문기술로 빠르게 개발되었다. 도쿄 대학의 생물물리학자 와다 아키요시和田昭允의 주도하에, 단위 비용을 낮추고 질을 높이는 기술을 만들 수 있는 확실한 능력을 보유한 기업들에서 노력이 경주되었다. 후지 필름, 히다치, 미츠이, 세이코 같은 기업들이 나섰다. 1986년에 와다는 이러한 자동화가 "생물학과 생화학실험실들에서 산업혁명에 필적할 만했다"고 회고했다.[80]

공익 대 사익? 인간유전체계획

새롭고 세련된 기법들만이 게놈 전체의 염기서열을 해독할 수 있었다. 1980년대의 변화하는 과학의 실행세계는 또다른 강력한 정당화를 제공했다. 첫째, 날로 늘어나는 기업가적 대학 사이에서 저마다 우위를 점하려는 경쟁이 벌어졌다. 캘리포니아 산타크루즈 대학은 비교적 신생 대학이었는데, 자력으로 유력한 과학 프로젝트를 만들어내려는 야심이 있었다. 그곳의 총장이자 유명한 분자생물학자였던 로버트 신세이머(그는 생어가 염기서열을 분석했던 박테리오파지 ΦX174의 지도를 작성했다)는 대규모 신형 망원경을 위해 자선기관의 자금을 얻으려는 경쟁에서 캘리포니아 산타크루즈 대학이 칼텍에 패하자 크게 실망했다.[81] 칼텍의 승리(하와이에 새로운 세대의 망원경을 건설하기 위해 켁 재단이 제공한 7000만 달러라는 엄청난 연구비)로 인해 호프만 재단은 캘리포니아 산타크루즈 대학이 신청한 비슷한 천문학 사업에 대한 지원을 취소했다.[82] 1984년에 신세이머는, 이번에는 생명과학 분야에서 야심찬 프로젝트로 자선재단의 관심을 다시 끌 수 있을 것이라고 계산했다. 그는 1985년 5월 인간 게놈의 기술적 측면에 대한 워크숍을 조직했다. 신세이머의 인간유전체계획에 대한 전망은 "내부 정치로 훼방을 받아" 캘리포니아 산타크루즈 대학에서는 수용되지 않았다. 그러나 그의 보고서는 널리 회람되었고, 아이디어는 확산되었다.

둘째, 대학과 나란히, 원자력위원회의 후신으로 대규모 국립핵연구소의 네트워크를 엄청난 돈을 들여 부리는 데 능했던 에너지성도 이 분야를 조직하려고 애썼다. 핵연구소 과학자들이 방사선의 유전적 영향을 연구하는 데 숙련된 경험을 가지고 있었을 뿐 아니라, 에너지성 자체도 냉전이 절정을 구가하다가 차츰 저물기 시작하자 전략적으로 좀더 강력한 지위를 얻기 위해 연구 프로그램의 다변화를 원했기 때문이다.[83] 물리학자이자 에너지성 환경보건국장이었던 찰스 딜리시는 1986년 3월에 로스앨러모스에서 워크숍을 조직했다.

로스앨러모스 워크숍에서 하버드 과학자 월터 길버트는 인간 게놈의 염기서열을 해독하는 계획을 성배聖杯 찾기에 비유했다.[84] 이제 미 의회를 열광시킬 수 있는 의학적 이해관계가 두드러지고 있었다. 레나토 둘베코는 1986년 3월 『사이언스』에 쓴 기사에서 인간 게놈의 완전한 해독으로 암 연구가 촉진될 수 있을 것이라고 선언했다. 브루스 앨버츠가 위원장인 국립과학아카데미의 국립연구위원회는 1988년 2월에 발간된 「인간 게놈의 염기서열 해독과 지도 작성」이라는 보고서를 후원했다. 미국 과학기구의 신중한 관점을 보여주는 이 보고서는 인간유전체해독계획을 극찬했다. 국립보건연구소도 팔을 걷고 나섰고, 제임스 왓슨을 설득해서 콜드스프링하버 연구소장이라는 쾌적한 생활양식에 작별을 고하고 훨씬 정치적인 국립인간유전체연구센터를 맡게 했다. 왓슨은 동료들에게 이렇게 말했다. "내가 이중나선에서 인간 게놈이라는 30억 개의 계단을 오르는 과학의 여정을 달성할 기회는 단 한 번밖에 없을 것이다."[85]

마찬가지로 영국에서도 웰컴 트러스트가 재정적 지원에 나설 적극적 태세를 취하고 있었다. 그동안 분자생물학은 정부 기구인 의학연구위원회의 지원을 받았다. 대처 행정부는 영국 인간유전체지도작성계획을 지원해달라는 설득을 받았지만, 완전한 염기서열 해독에는 별반 관심이 없었다. 그러나 웰컴 트러스트는 독립적인 이사회의 결정으로 운영되는 자선기구였으며,

시세가 거의 절정에 달했을 때 웰컴 보유 주식을 대량 매각(1986년과 1992년 두 차례)했기 때문에 생의학 연구에 투자할 엄청난 재원을 보유하고 있었다. 1990년에 미국의 인간유전체계획은 채비를 갖추었고, 단순한 생물에서 시작해서 2005년에는 인간 유전체의 염기서열을 해독하는 것을 목표로 삼는 연구 방법을 개발할 연구비를 확보했다. 1992년에 웰컴 트러스트는 지원을 늘렸고, 새로운 주력 연구소인 생어 센터를 케임브리지 외곽에 설립했다. 의학연구위원회는 앞에 나서지 않고 뒤를 지켰다. 인간유전체계획은 제각기 역할과 계획이 다른 연구소 여럿의 연결망으로 출현했다. 추정된 계산서는 대략 30억 달러였다.

사람의 게놈을 완전히 해독하는 계획은 뜨거운 논쟁을 불렀다. 많은 과학자가 염기분석에 돈이 모두 들어가면 더 값싸고 효율적인 다른 연구가 희생될 수 있다고 우려했다. 국립보건원의 지원을 받는 학자를 포함해서, 생의학 연구자들은 에너지성의 개입이 자칫 게놈 연구가 과학자의 통제를 벗어난 관료주의적이고 목표지향적인, "영혼 없는 거대과학의 염기분석"으로 전락해서 과학자에게 영감을 주기는커녕 질식시키는 결과를 낳지 않을까 우려했다. 다른 학자들은 전장全長 염기서열 분석이 소모적이라고 보았다. 게놈 전체를 해독하는 경우, 연구자들이 관심을 가지는 유전자-부호화 gene-coding 영역들 사이를 채우고 있는 일견 의미 없는, 반복적인 '인트론'까지 모두 찾아내야 하기 때문이다.

인간유전체계획의 첫 번째 수혜자 중에는 선충류 염기서열을 해독하는 이들도 포함되었다. 이 작업은 생어 센터의 존 설스턴 팀과 세인트루이스에 있는 워싱턴 대학의 밥 워터스턴 그룹의 분업으로 이루어졌다. 그들은 자체적으로 응용생물시스템사의 자동 염기분석 장치를 갖추고 있었고, 염기 데이터를 해독하고 있었다. 설스턴은 이렇게 회고했다. "과학을 추동하는 가장 좋은 방법은 자동 염기서열 분석 기계를 통해 더 값싸고 빠르게 데이터를 얻어서 전 세계의 모든 이론가가 그 해석을 토대로 연구할 수 있게 하는 것이었다."[86] 이것은 (예를 들어 소프트웨어 자물쇠를 풀어서) 응용생물시스템사가 데이터를 독점하려는 시도에 저항하는 것을 뜻했다. 선충류 염기서열의 완전한 해독 결과는 1998년에 발표되었다.

이제 인간 유전체의 풍부한 정보에 대한 상업적 관심, 특히 질병의 유전적 표지를 판매 가능한 검사법으로 활용하려는 관심이 강력하게 표출되었다. 관심이 표출되는 경로는 다양했다. 그중 일부는 정부였다. 조지 H. W. 부시가 새로 국립보건원장으로 임명한 버나딘 힐리는 당시 NIH 연구원이었던 크레이그 벤터가 생성했던 발현서열꼬리표expressed sequence tags, ESTs라는 유전자의 작은 절편에 대한 특허 출원을 강력히 원했다. 그러나 제임스 왓슨이 특허에 반대했고, 폴 버그가 위원장이었던 인간유전체계획의 과학자문위원회도 같은 입장이었다.[87] 그 여파로 왓슨은 1982년 4월에 사임했다. 두 번째 경로는 연관된 자선단체 중 일부를 통하는 것이었다. 웰컴 트러스트의 관리자들, 특히 이사장이었던 브리짓 오글비는 연구자들보다 특허 출원에 훨씬 더 열성적이었다.[88] 세 번째 경로는 연구자들 자신이었다. 종종 인간유전체계획이 공적 이익과 사적 이익 사이의 경주로 그려지곤 한다. 그러나 이런 묘사는 지나친 단순화다. 심지어, 대개 학문적인 열린 과학을 옹호한 전형적 인물로 표현되는 존 설스턴도 선충의 염기서열 연구를 사적으로 활용하자는 투자자 프레드릭 부르케의 제안을 고려했었다.[89]

그렇더라도, 이윤 추구를 위해 염기서열을 분석하려고 설립된 사기업들이 결국 인간유전체계획의 상당 부분을 이끌어나갔다. EST 사건의 처리 과정에 실망한 크레이그 벤터는 NIH 체제를 떠나 자신의 사업을 꾸렸다. 그의 사업은 두 부분으로 이루어졌는데, 하나는 메릴랜드주 로크빌에 있는 연구센터인 게놈연구소Institute for Genomic Research, TIGR로 기본적으로 비영리 연구소였다. 다른 한편, 건강관리 투자자인 월리스 스타인버그는 그의 새로운 회사 휴먼게놈사이언스사가 TIGR에서 나오는 상품화 가능한 모든 결과를 사용하는 권리를 가지는 조건으로 TIGR에 7000만 달러를 투자했다. TIGR은 1995년에 전장 유전체 샷건 방법을 사용해서 독립생활 생물체인 박테리아 헤모필루스 인플루엔자의 염기서열을 완전하게 작성하는 인상적인 출발을 이루었다. 벤터는 DNA 정보의 단편斷片인 ESTs를 사람의 유전체를 지도화하는 더 빠른 방법으로 간주했다. 1997년에 벤터는 휴먼게놈 사이언스와 사이가 틀어졌고, 자동 염기분석 기업인 응용생물시스템사(좀더 정확하게는 모기업인 퍼킨-엘머사)에서 새로운 후원자를 찾아서 새로운 기업인 셀레라 게노믹스를 설립했다.

유전자 특허의 함의를 보여주는 한 가지 사례는 영국과 미국에서 수행된 유방암 연구에서 나왔다. 1990년 버클리의 어느 유전학자가 *BRACA1*이라고 알려진, 유방암 발병의 높은 위험을 알려주는 유전자를 발견했다. 1994년에 런던 남부에 있는 암연구소의 마이크 스트래턴은 유타 대학의 연구자인 마크 스콜닉과 함께 인근 몰몬 교회에 저장되어 있던 전 세계의 가계 자료에 접근해서 두 번째 유방암 유전자인 *BRACA2*를 찾아냈다. 스트래턴과 스콜닉의 관계는 연구결과를 발표하기 수개월 전에, 스콜닉과 월터 길버트가 창업회사인 미리어드 제네틱스를 설립하는 문제를 둘러싸고 파탄을 맞이했다. 스트래턴은 생어 센터를 설득해서 문제의 유전자 주변 영역의 염기를 분석해서 모든 돌연변이의 정확한 위치를 찾는 데 자원을 집중하게 했다. 이 시도는 성공했고, 이들은 『네이처』에 논문을 발표했다. 그러나 이미 스콜닉이 특허를 신청한 후였다.[90] 그 결과 미리어드사는 *BRACA2* 돌연변이 검사를 한 번에 수백 달러로 판매할 수 있게 되었다. 암 연구를 위해 모았던 돈은 미리어드사의 주장을 반박하기 위해 특허변호사들의 호주머니에 들어가게 되었다. 역사가 장 폴 고딜리에르는 인간유전체계획이 암의 유전적 설명의 부활에 불을 붙였다고 판단했다.[91]

BRACA2 유전자 사례의 경험을 토대로, 비영리 단체에서 연구비를 받은 인간유전체 과학자들이 염기 데이터를 완전한 공유재산으로 남겨두려고 노력했다. 그렇지만 실제 그들의 신념에는 상당한 편차가 있었다. 기업 과

학의 모형이 가장 우세했던 미국에서, 공적 기금의 지원을 받은 과학자 다수는 사적 이익을 선호했고, 심지어는 기대하기까지 했다. 영국에서, 존 설스턴의 관점은 전통적으로 진보적이었다. 그는 이렇게 물었다. "그 연구를 기업에 주는 것이 왜 잘못인가? 이유는 간단하다. 그 데이터가 근본적이고 중요한 만큼, 모든 사람이 동일한 조건으로 활용할 수 있어야 하기 때문이다."[92] 1996년 공적 인간유전체계획의 참여자들은, 회의가 열린 장소의 이름을 딴 이른바 버뮤다 원칙Bermuda Principles에 동의했다. 이 원칙은 원래 염기서열뿐 아니라 게놈에 대한 주석(데이터에 생물학적, 특히 의학적 의미를 덧붙인 자료)까지, 모든 데이터를 공적 영역에 신속하게 공개할 것을 약속했다. 버뮤다 원칙은 게놈 데이터를 공적인 데이터베이스, 특히 가장 큰 세 곳(미국의 젠뱅크, 하이델베르크에 있는 유럽분자생물학실험실 데이터 라이브러리, 그리고 일본의 DNA데이터뱅크)에 공탁한다는 모델을 확인하고 그 입장을 강화했다. 일부 과학 분야(예를 들어, 단백질 생화학 분야의 단백질데이터뱅크는 1971년에 설립되었다)에서는 공개적인 공탁이 전형적이었지만, 다른 분야에서는 사정이 달랐다(일례로, 많은 데이터를 보유했지만 환자의 비밀유지 문제가 있는 역학의 경우가 그러하다).[93]

직관에는 어긋나지만, 사적 이해관계가 공적 과학을 촉진시킬 수도 있다. 예를 들어 대규모 제약회사인 머크사는 EST데이터베이스 설립에 자금을 지원해서 미래의 잠재적인 경쟁사인 소규모 유전체 회사들을 견제하는 보호 수단으로 삼았다. 이러한 대중 공개는 특허를, 불가능까지는 아니더라도 훨씬 어렵게 만들었다. 반면 벤터의 사적 인간유전체계획은 200~300개의 유전자 특허를 목표로 했다. 주주들이 게놈 정보로 이익을 극대화하라는 압력을 행사했기 때문에, 미래에는 그 수가 더 늘어날 수도 있었다. 그에 대한 대응으로, 게놈을 공적 영역에 두어야 한다고 확신했던 웰컴 트러스트는 지원을 늘렸고, 그 결과 국립보건원처럼 인간유전체계획에 연구비를 지원하는 연방 기관들의 결의를 강화했다.

이제 기자들은 두 인간유전체계획 사이의 관계를 경주로 묘사했다. 양쪽 모두에게 언론 관리가 중요해졌지만, 특히 성취의 직접적 증거를 보여주는 성공적인 염기서열의 공적 데이터베이스가 없었고 주식 시장 상장을 모색하고 있던 셀레라 게노믹스에게는 특히 그러했다. 표면적으로, 벤터의 계획은 이 경주에서 일찌감치 승리를 약속하는 것처럼 보였다. 그러나 그의 전략—전장 유전체 샷건 방법—에는 중대한 결함이 있었다. 초기에는 빠르지만, 마지막 단계에서 예상 가능한 주요 계산문제로 인해 불가피하게 완성이 어렵다는 것이었다.

그럼에도 불구하고, 허세로 가득찬 벤터의 보도자료 때문에 공적 인간유전체계획은 전략을 바꿀 수밖에 없었다. 완전한 해독을 목표로 하나씩 염기서열을 체계적으로 조합하는 방식 대신, 사적 프로젝트의 비슷한 계획과 경쟁해야 하는 조건에서 '초안'을 먼저 만들기 위해 빠르게 돌진하는 전략이 채택되었다. 이러한 전략 변화는 거북스러운 결과들을 낳았다. 공적 인간유전체계획에 포함되었던 작은 센터들이 속도를 맞추지 못하고 이탈하면서, 다섯 개의 큰 센터에 집중하게 되었던 것이다. (다섯 곳의 센터는 캘리포니아 월넛 크릭에 있는 에너지성의 합동게놈연구소, 휴스턴에 있는 베일러 의과대학, 세인트루이스에 있는 워싱턴 대학, 매사추세츠 케임브리지의 화이트헤드 연구소, 그리고 영국의 케임브리지 외곽에 있는 생어 센터다.) 국제 협력도 희생물이 되었다. 독일과 일본의 염기분석은 배제되었다. 인간유전체계획에서 국가적 차이로 인한 긴장은 사실상 전혀 없었다.[94] 실제로 전체적인 결과는 미국의 일방적 독주였다. 미국 본토를 방문한 인상을 적은 설스턴의 글에는 역사적인 울림이 있다.

중앙에 탁자가 놓여 있고 그 주위에 실무자들이 정렬해 있는 커다란 방에서 나는 평소답지 않게 불안감을 느꼈다. 나는 소환당했고, 거기에 복종해야 했다. 마치 한 세기 전에 식민지 지도자들이 런던에 소환당해서 거기에 복종했듯이 말이다. 지극히 실무적인 정부 청사의 덩그런 방에는 카펫이나 깃발은 물론, 어떤 장식도 없었다. 그러나 이것은 오늘날 지상 최대의 제국에서 벌어지는 힘의 과시였다.[95]

인간유전체계획의 가속화로 인한 가장 큰 수혜자는 자동 염기분석 기계 제조업자인 응용생물시스템사였다. 양편 모두 훨씬 더 자동화된 신형 고속 모세관 겔 기계를 구입할 수밖에 없었다. 모두 3700대나 되었고, 총 구입 비용으로 각기 30만 달러가 들어갔다. 기계는 양쪽 모두 가졌을지 모르지만, 2000년에 양편의 극단적인 인물들은 서로에 대해 극도로 적대적이었다. 어느 기자는 그들 사이의 대화를 이렇게 묘사했다.

벤터는 워싱턴 인근의 그의 록빌 본사 사무실 의자에 기대앉아서 이렇게 말했다. "웰컴 트러스트에서 온 사람들은 그들이 하는 엿 같은 소리를 믿지 않아요. 우리를 악마로 묘사하는 것은 쉬울지 모르지만, 그들이 지금까지 허비한 수백만 달러를 정당화하기는 훨씬 어려울 겁니다. 그들에게는 내가 상당 기간 가시와 같은 존재였습니다. 왜냐하면 내가 계속 획기적인 진전을 이루었기 때문이지요. 어떤 의미에서든 경쟁자를 가진다는 것은 그들로서는 받아들이기 힘들 겁니다. 우리는 존 설스턴이나 웰컴 트러스트가 나쁘게 보는 식으로 인간 게놈의 염기 해독을 시작하지 않았습니다. 도대체 셀레라에 대해 이러쿵저러쿵하는 이유가 뭡니까? 그런 이야기는 모두 멈추어야 합니다. 우리는 암을 치료하고 질병에 대한 치료법을 찾으려 노력하고 있으니까요."

대서양 건너편에서, 케임브리지 인근의 반짝거리는 생어 센터의 그의 휑뎅그렁한 사무실에서, 설스턴은 그의 적에 대해 마음속 깊이 적대감을 드러냈다. "전 지구적 자본주의가 지구를 강간하고 있습니다. 우리 역시 강간당하고 있지요. 전 지구적 자본주의가 인간 게놈에 대한 완전한 통제권을 거머쥔다면, 그것은 실로 끔찍한 소식이 될 겁니다. 우리는 그에 맞서 싸워야 합니다. 우리의 근원적인 정보, 우리의 소프트웨어는 모든 사람이 자유롭게 연구하고, 경쟁하고, 그것을 통해 산물을 만들어내려고 시도할 수 있도록 공개되어야 합니다. 나는 그것이 어느 한 사람의 통제하에 들어가야 한다고 믿지 않습니다. 그런데 셀레라가 온 힘을 다해 시도하는 것이 그것입니다. 그들은 사람의 염기에 대해 독점적 지위를 확보하기를 원합니다. 크레이그는 도덕적으로 글러먹었습니다."[96]

그런데 이러한 의견 교환이 있은 지 몇 달 만에, 대서양 양편에서 미국의 빌 클린턴 대통령과 영국의 토니 블레어 수상이 세심하게 연출된 기자회견을 통해 '초안'의 완성을 선언했다. 2000년 6월 26일이 선택된 이유는 두 정상의 일정에서 비어 있는 날이었기 때문이었다. 아직 불완전한 염기서열 데이터를 발표한 것은 훨씬 우려스러운 일이었다. 양편 모두 동시에 결과를 발표하는 데 동의할 수밖에 없었지만, 『사이언스』에 나란히 싣기로 한 첫 번째 안은 셀레라가 데이터 전체가 아닌 그보다 적은 내용을 발표하자고 주장하면서 틀어졌다. 유럽생물정보학연구소 공동소장이자 두 유전체계획으로부터 독립적이었던 마이클 애시버너는 과학자 공동체에『사이언스』가 선택한 행보를 비판하는 서한을 회람시켰다.[97] 공적 인간유전체계획은 경쟁 저널인 『네이처』에 논문을 싣기로 결정했다. 두 논문은 2001년 2월에 발표되었다.[98] 덕망 있는 과학 기자인 데이비드 딕슨은 공적 유전체프로젝트가 사기업인 출판사(맥밀런)가 소유한 『네이처』에 발표된 반면, 사기업이 지원한 게놈 결과는 미국 과학진흥협회AAAS의 비영리 과학저널인 『사이언스』에 발표되었다는 역설을 꼬집었다. 설스턴을 비롯한 공적 프로젝트의 지도자들은 셀레라가 공적으로 기탁된 염기서열 데이터를 이용해서 무임승차를 했다고 강하게 확신했다.[99] 공적 프로젝트가 분석한 염기가 없었다면 2001년 2월에 사적 프로젝트가 발표한 염기서열이 존재할 수 없었지만, 그 역의 경우가 성립하지 않는다는 점은 자명했다.

자연학의 황금기?

우리가 인간 유전체에 관심을 가지는 이유는 우리가 인간이기 때문이다. 그리고 우리가 병에 걸리면 값비싼 약을 먹어야 하기 때문에, 인간 유전체 정보가 주는 잠재적 이익이 있는 셈이다. 그러나 더 넓은 과학사의 관점에서 볼 때, 유전체 염기분석은 지구상의 전체 생명에 대한 전체적인 범위에 대한 우리의 지식에 변화가 일어날 만큼 중대한 의미가 있다. 염기분석 비용이 저렴해지고 염기 데이터를 비교하고 이해하는 소프트웨어가 정교해지면서, 더 많은 생물을 비교할 수 있게 되었다. 1980년대 이후 계통발생에 대한 주장은 진화생물학 저널에서 사실상 보이지 않았지만, 20년 뒤에는 도처에서 눈에 띄었다.[100] 이러한 계통발생적 증거를 기반으로 한 여러 가지 구체적인 주장이 제기되었다. 아프리카 고대 인류 개체군의 크기, 종 형성과 다양화의 원인, 바이러스와 숙주의 공진화, 그동안 과소평가되었던 수평적 유전자 전이가 널리 나타났다는 점 등이 그런 예에 해당하지만, 특히 생명의 나무의 가지들 사이 관계에 대한 논의가 많이 제기되었다. 계통발생의 주장은, 리보솜의 염기나 엽록체 속에 있는 rbcL처럼 잘 보존된 유전자를 기반으로, 모든 주요 분기군과 그보다 작은 계통분기에 대해 제기되었다. 훌륭한 세부적 주장도 많이 발표되었다. 예를 들어 스컹크는 족제비와 별개의 과로 분류되어야 했다. 이런 새로운 사실이 밝혀지는 과정에서, 가령 씨앗을 맺을 수 있는 식물의 새로운 계통발생을 주장하는 저자들과[101] 아르메니아 소비에트 사회주의 공화국의 아르멘 타카얀 같은 전통적인 분류학자 사이에서 갈등이 빚어지기도 했다.

그러나 가장 큰 놀라움은 PCR의 적용 과정에서 나타났다. PCR 기법은 미량의 DNA를 선택해서 증폭할 수 있는 능력 덕분에 이로운 결과를 낳을 수 있는 적용 영역이 많았고, 표준적이고 자동화된 연구 절차로 자리 잡았다. 이제 대학의 생물학 전공 학생들은 PCR을 일상적으로 다루게 되었다. 그러나 도구로서 PCR은 다양한 맞춤형 적용법을 찾게 되었다. 특히, 핵산을 제자리에서in situ 직접 증폭하는 데 이용할 수 있게 되면서, 존재하는 모든 생물을 샘플링할 수 있게 되었다. 이처럼 배양에 의존하지 않는 PCR(ciPCR) 기법을 이용해서, 완전히 새로운 생물계가 발견되었다.[102] 지각의 깊은 곳을 포함해 거의 모든 극단적 환경에서 생명이 발견되었다. 나아가 해수와 토양에도 지금까지 생각한 것보다 더 많은 생물, 특히 작은 미생물이 있다는 사실이 확인되었다. 이런 방법을 통해서 지구상에서 가장 흔한 생물 형태들(가령, 펠라기박테르 유비쿠에Pelagibacter ubique라 불리는 미세 해양 박테리아 SAR11)이 20세기 말엽에야 발견되었다. 1970년대에야 발견된 근본적인 생물계인 고세균류는 박테리아보다 많을 수도 있다. 20세기 말엽(그리고 21세기 초)은 미생물학뿐 아니라 자연학 전반의 황금기였다. 이러한 발견들은 과학이 스스로 표상할 수 있는 것보다 더 많은 것을 알고 있다는 놀라운 증명이기도 했다. ciPCR 기법이 등장하기 전에, 과학이 연구했던 생물은 당시의 실험실 기법으로 배양할 수 있는 종류에 국한되었다. 그러나 모든 미생물이 배양액 속에서 잘 성장하는 것은 아니다. ciPCR 이후에 지구상 생물체는 다른 방식으로 확인되었다. 증폭, 조작, 그리고 표상의 다른 기법들이 제자리를 잡았기 때문이다.

제19장
목표를 연결하다

인간유전체계획의 여러 특징—초거대과학의 정치, 국가 간 및 국제 프로젝트 간의 긴장, 규모 확장과 연관된 주제들, 과학과 정보기술의 밀접한 얽힘—은 거대입자가속기연구소, 국제우주정거장과 허블 망원경 같은 우주 프로젝트를 비롯한 가장 큰 규모의 20세기 물리과학 프로젝트에서도 찾아볼 수 있다. 그러나 차이도 있었다. 화학에 오랫동안 배어 있었고, 새로 등장한 분자생물학이 적극적으로 옹호했던 기업가정신이 물리학에서는 그보다 덜 두드러졌다. 게다가 물리과학과 관련된 실행세계에는 군사와 민간 기술 시스템의 활기가 남아 있었던 반면, 생명과학의 실행세계는 사람의 건강 유지였다.

냉전이 끝나면서 군사적 실행세계는 변모했다. 그렇지만 네 가지 요인이 대규모 물리학 연구를 지원했다. 첫째, 과학의 통념인 위계체계에서 물리학은 과학에서 가장 '근본적인' 지위를 차지했고, 화학, 생물학, 그리고 인문학이 뒤를 이었다. 반反환원주의, 학문 분야의 전체론disciplinary holism, 인문주의 등의 이름으로 자주 도전을 받았지만, 이 위계체계는 과학 프로젝트에 자원을 배분하는 판단에서 여전히 중요한 근거로 작용했다. 둘째, 물리학에서 이루어진 근본적인 발견이 혁신의 주요 원천이라는 첫 번째 요인에서 기술을 응용과학으로 보는 함축적인(하지만 종종 명시적인) 모델이 도출되었다. 개발의 시간표는 길어질 수 있지만, 레이저와 고체 전자공학이 20세기 전반 양자물리학의 발견에서 탄생했듯이, 물리학의 최신 발견을 토대로 해서 새로운 경제가 이루어질 것으로 여겨졌다. 셋째, 국제적 경쟁과 협동이 물리과학 프로젝트 사이의 선택을 이끌어냈다. 경쟁자들의 세부사항―20세기 초에는 독일, 프랑스, 영국, 또는 냉전의 축이었던 미국과 소련 사이에 경쟁이 벌어졌지만, 21세기에는 유럽, 일본, 미국, 또는 미국과 중국 사이의 경쟁을 예견할 수 있다―은 바뀔 수 있었지만, 경쟁의 동학은 계속 유지되었다. 마지막으로, 현대 사회의 변화가 점차 가속되면서 항구적인 동원이 정당화되었다. 20세기의 전쟁과 경제는 너무 빠른 속도로 변화해서 나중을 위한 채비를 하지 못했다. 과학자를 훈련시키고 물리과학을 위해 값비싼 연구 설비를 마련하는 일이 우선적으로 진행되어야 했다.

변화하는 세계 속의 거대입자가속기: CERN과 SSC

이러한 고려를 토대로 1960년대 일본 쓰쿠바筑波 과학도시의 일부로 설립된 KEK(국립고에너지물리학연구소),* 미국의 페르미 연구소와 스탠퍼드 선형가속기, 그리고 프랑스와 스위스 접경지역에 세워진 CERN이 정당화되었다. CERN의 대형 전자-양전자LEP 입자충돌기는 1989년에 가동을 시작해서 지름이 27킬로미터에 달하는 터널에 입자를 방출했다. 이러한 대형 설비들은 수천 명이 작업을 조정하고, 서로 다른 수많은 역할을 부여할 필요가 있었다. 나아가 CERN은 유럽 협력의 시험장이었으며, 상호 조정과 의사

---

* 문부성고에너지물리학연구소: 1997년 '대학공동운영기관법인 고에너지가속기연구기구'로 통합되었다-편집자.

소통이라는 부수적인 문제들이 부가되었다.

CERN의 거대입자가속기들은 엄청난 양의 데이터를 생성했다. 이러한 정보를 처리하고, 입자 빔을 에워싸는 수많은 물리 장치의 작동을 제어하려면 컴퓨터가 필요했다. 컴퓨터들이 CERN 전역에 걸쳐 넓게 퍼져 있었기 때문에, 이 연구소는 네트워크 기법을 개발하기에 유망한 장소가 되었다. 1970년대까지 이러한 기법은 조직 내에서만 요구되었지만, 1980년대에는 어떻게 외부 세계와 연결할 것인가라는 문제가 야기되었다. 1989년에, 어떤 형태의 네트워킹 프로토콜을 채택할 것인지에 대한 얼마간의 숙고 끝에, CERN은 TCP/IP를 이용해서 인터넷에 연결하는 방식을 선택했다. 1990년에 "CERN은 정보 소통량의 측면에서 유럽 최대의 인터넷 사이트가 되었다". IBM이 미국−유럽 인터넷 연결에 자금을 지원하면서 이러한 과정이 촉진되었고, "인터넷이라는 밴드왜건에 올라타고 싶어하는 다른 조직들에 의해 실험실의 전문성이 폭넓게 요청되었다".[1] 1980년대가 끝나갈 무렵, CERN은 새로운 네트워크로 연결된 하이퍼텍스트 프로젝트가 시작될 좋은 장소가 되었다.

팀 버너스리는 CERN에 가기 전부터 비범했다. 부모인 메리 리와 콘웨이 버너스리가 1950년대에 페란티사에서 일했기 때문에 그는 2세 컴퓨터 과학자로 키워졌다. 팀은 자신이 어린 시절에 분명히 페란티의 메인프레임 컴퓨터를 보았었고, 그 후 마분지로 모형을 만들었다고 회상했다. "중요한 특징으로는, 한쪽으로 종이테이프를 넣고 다른 쪽으로 빼낼 수 있었고, 가운데에 시계가 있었지요. 그건 아주 훌륭한 컴퓨터 모형이었습니다."[2] 그는 런던의 에마뉴엘 학교와 옥스퍼드 대학 퀸스칼리지에서 공부했다. 그곳에서도 어린 시절의 작업을 계속해서, 낡은 텔레비전과 버려진 계산기에서 얻은 키보드를 결합해 작동하는 컴퓨터를 만들었다. 1980년, 스물다섯 살이 된 버너스리는 사우샘프턴 외곽에 있는 작은 스타트업에서 일하면서, CERN에 취업신청서를 내서 임시직 자리를 얻었다. 그는 엄청난 규모의 연구소와 제각기 독립적으로 서류 작업을 하며 움직이는 물리학자들의 부대와 맞닥뜨렸다. 1980년대까지도 서류는 전통적인 위계적 방식으로 'CERNDOC'이라는 시스템을 통해 수집되었다. 버너스리는 자작 프로그램 '인콰이어'를 이용해서 독자적으로 다른 기록보관 구조를 만들었고, 임의적이고 위계적이지 않은 방식으로 문서들을 연결시켰다. 인콰이어라는 명칭은 빅토리아 시대 가정편람인 『무엇이든 물어보세요Enquire Within upon Everything』에서 따온 것이었다.

처음에 CERN의 문서 처리 문제를 해결하려는 버너스리의 해결책에서 시작된 월드와이드웹World Wide Web에는 인콰이어의 특징이 역력했다. 즉 인터넷을 통해 전송 가능한 하이퍼텍스트 페이지들의 임의적인 구조가 그것이었다. 하이퍼텍스트 개념은 요령 있는 컴퓨터과학자들에게 친숙했다. 버너스리는 하이퍼텍스트 개념이 수립된 데에는 1960년대의 컴퓨터 몽상가 더그 엥겔바트와 테드 넬슨뿐 아니라 바네버 부시가 제시한 메멕스 시스템 개념도 기여했다고 평가했다.[3] 1989년 3월, 버너스리는 「정보 관리: 하나의 제안」이라는 제목의 메모에서 자신의 착상을 개괄했다. 메모에서 그는 이렇게 말했다. "CERN에서 정보 손실의 문제가 특히 심각하지만…… CERN은 나머지 세계의 축소판으로 하나의 모델이 된다. ……현재 CERN은 나머지 세계가 곧 당면하게 될 문제들에 봉착해 있다."[4]

버너스리가 이러한 주장을 한 것은 그의 심오한 통찰력 때문이었을까, 아니면 운이었을까? 그의 정확한 예견처럼 웹이 전 세계로 확산되었기 때문이다. 그의 말이 사실이라면, 극도의 노동분업이 이루어지고, 여러 나라 언어를 능숙하게 구사하고 첨단 기술을 다루는 CERN과 같은 연구소들이 앞으로 다가올 사회의 모델을 제공했다는 생각을 받아들여야 할 것이다. 좀 더 나아가, 우리는 대규모 첨단물리학연구소들에 대한 자금 지원을 다섯 번째 요소로 추가해야 할 수도 있다. 이 연구소들은 가능한 미래 사회의 축도를 보여주고, 이러한 모델들에서 발생하는 문제들을 해결하기 위해 성찰적이고 창의적인 공간을 제공하는 기능적 역할을 수행했다.

그러나 1989년에는 분명 이러한 역할을 폭넓게 기대하는 분위기가 아니었다. 처음에 버너스리의 제안은 당혹스럽다는 반응에 부딪혔다. 그의 상사가 보인 반응은 "모호하지만, 재미있군"(손으로 휘갈겨 쓴 글귀)이었다.[5] 그러나 더 많은 CERN의 관리자가 연구소의 차기 확장, 즉 대형하드론입자 충돌기 건설 문제에 직면해 있었고, 정보 관리는 우선순위 목록에서 거의 맨 위에 올라 있었다. 시기가 적절했던 덕분에 버너스리의 제안은 제한적이나마 지원을 받을 수 있었다. '정보 광산Mine of Information', '정보 그물Information Mesh' 등 여러 이름이 후보로 거론되었지만, 버너스리와 동료인 로베르 카이오는 결국 '월드와이드웹'으로 낙착을 보았다.[6]

역설적이게도, CERN 경영진의 미적지근한 지원이 웹의 성공에 기여했다. 그로 인해 버너스리가 더 넓은 프로그래밍 커뮤니티의 풍부한 자원과 열정을 이끌어내려고 노력할 수밖에 없었기 때문이다. 조직 내에서 소프트웨어를 개발할 수 없었기 때문에, 그는 툴킷을 배포해서 열광주의자들이 상당 부분 작업을 담당하게 만들었다. CERN의 서버(http://info.cern.ch)는 1990년에 공개되었고, 그 후 이용자들이 웹의 잠재력을 발견하고 그 내용을 보기 위해 소프트웨어를 만들면서 전유와 확산의 과정을 거치게 되었다. 이것이 결정적으로 웹을 형성시킨 과정이었다. 실제로 그 '발명'의 공은 버너스리, CERN과 나란히 수많은 개발자에게도 돌아가야 한다. 최초의 브라우저를 만든 사람은 레스터 폴리테크닉에서 일정 기간 현장 실습을 하는 샌드위치 과정 중인 수학과 대학생 니콜라 펠로였다. 10년 내에, 펠로가 개발했던 것과 별반 다르지 않은 브라우저 소프트웨어를 파는 회사들의 가치가 수십억 달러로 치솟았다. 1993년에 웹은 350퍼센트 성장했고, 이 성장은 대부분 미국에서 이루어졌다. 이해당사자들의 월드와이드웹 컨소시엄W3C이라는 색다른 양식의 거버넌스가 나타났다. 이 과정에서 CERN은 빠졌다. 이 연구소는 입자물리학이라는 핵심 관심사에서 다른 주제로 관심을 바꾸었다.

CERN은 전쟁으로 황폐해진 유럽 물리학 공동체들을 재건하고 전후 미국의 연구소들과 상징적으로나 현실적으로나 경쟁하게 만들기 위해 유럽의 협력을 과시하는 의미로 건립되었다. 1950년대에, 그리고 이후 수십 년 동안 간헐적으로, 과학자들은 훨씬 더 유토피아적인 초대형 입자가속기에 대해 논의했다. 그것은 (국제주의의) 상징이자 실제적인 도구로, 가능한 강력한 입자가속기를 건설하기 위해 모든 나라의 기여를 이끌어내려는 시도였다.[7] 1980년대에는 초대형 입자가속기 논의가, 이번에는 국제주의가 아니라 미국의 국가주의적 프로젝트로 다시 부활했다. 거기에는 두 가지 사건이 촉매로 작용했다. 첫째, 그동안 전약電弱이론으로 예견되었던 W+, W-, 그리고 Z입자의 대 발견이 1983년 CERN에 있는 유럽 입자가속기가 생성한 충돌 데이터를 통해 이루어졌다. 둘째, 같은 해 미국에서 진행 중이던 200GeV 영역의 차세대 이사벨 양성자-양성자 입자충돌기 건설이 취소되었다. CERN의 성공으로 동력을 잃은 것이 그 원인이었다. 미국 물리학자들은 훨씬 더 큰 초전도 초대형 입자가속기Superconducting Supercollider, SSC의 건설을 통해서만 미국이 우위를 되찾을 수 있다고 주장했다.

1986년 로렌스 버클리 연구소의 물리학자 모리 타이그너가 SSC의 설계를 맡았다.[8] 초전도 자석을 이용하는 방식으로 제안된 이 입자가속기의 에너지는 계획대로라면 최대 40TeV였다(비교하자면, 당시 계획 최초 단계였던, CERN의 대형하드론입자충돌기 에너지는 14TeV가 예상치였다). 타이그너 계획의 비용은 30억 달러로 추정되었지만, 곧 44억 달러로 상승했다. 거대과학 물리학 설비의 규모와 비용이 늘어나면서, 누가 그 설비를 운용할 것인가라는 물음이 반복적으로 제기되었다. 맨해튼 프로젝트에서 그로브스 장군은 로버트 오펜하이머의 상사였다. 전후 연구소에서, 원자력위원회의 권위는 도전받았고, 물리학자들은 스탠퍼드 선형가속기SLAC 같은 연구소에 대한 통제권을 계속 유지했다. SSC 계획이 제출되면서, 마찬가지로 관리 책임 문제가 불거졌다.[9] 대학연구협의회의 견해는, 브룩헤이븐 연구소를 관리하는 합동—대학위원회의 모델을 따라, 대학 과학자들이 그 책임을 맡아야 한다는 것이었다. 에너지성(원자에너지위원회의 후신)은 물리학자에게 최신형 항공모함만큼이나 비싼 프로젝트를 관리할 만한 전문성이 없다고 주장했다. 나아가 에너지성은 물리학자에게 통제권을 넘겨준다면 의회가 발칵 뒤집힐 것을 알고 있었다. 실제로 의회의 이해관계가 SSC가 설치될 위치를 결정했다. 로비를 통해 소재지는 과학과 아무런 관련도 없는 텍사스주 웍서해치로 결정되었다.

에너지성은 1988년에 입찰경쟁에 뛰어들었다. 승자는 타협을 시도했다. 대학연구협회는 대규모 국방 프로젝트 경력이 있는 두 기업 스베드럽(교량, 로켓, 우주왕복선 검사 설비 등의 전문 업체)과 EG&G(탐지 장비, 다수의 국방 관련 계약을 한 업체)와 팀을 이루었다. 그럼에도, 국방 관리자와 좀더 학문적인 물리학자의 서로 다른 두 조직 문화가 빠르게 형성되었다. 타이그너는 이 프로젝트에 가담하지 않았기 때문에 그의 뛰어난 설계는 빛을 보지 못했다. 예산은 눈덩이처럼 늘어나 1991년에는 82억 5000만 달러에 이르렀다. 그렇지만 SSC는 조지 H. W. 부시 대통령을 위시한 정치권의 지지를 계속 받았다.

그러나 초대규모 물리연구소를 지원하는 일차적 요인 중 하나가 바뀌고 있었다. 로널드 레이건의 1차 집권 시기(1980~1984)는 동맹인 영국 마거릿 대처 수상의 첫 번째 재임 기간과 같아서 냉전에 대해 훨씬 공격적인 입장을 취했다(일부 학자들은 1980년대 초를 제2차 냉전이라고 불렀다. 제1차 냉전은 1940년대부터 1960년대 초에 해당한다). 레이건은 국방비 지출을 늘렸고, 1983년에 수립한 지나치게 야심찬 우주-기반 미사일 방어체제인 전략 방위 구상(SDI, 또는 '스타워즈') 같은 프로젝트들을 통해서 군산복합체를 재구축했다. SDI에는 순전히 이론적 설계로만 존재했던 새로운 레이저와 그 밖의 장비들이 필요했다. 그 결과 군사연구개발연구소로 자금이 쏠렸다. 비교의 측면에서, 냉전 과학 역사가 스튜어트 레슬리는 이렇게 지적했다.

"1980년대의 국방력 강화로 실제 군사 R&D 지출이 (고정 달러로) 1960년대 중반의 기록적 수준을 넘어섰다."[10] (그에 대한 대응으로, 1985년에 프랑스의 미테랑 대통령은 상징적으로 민간 기구인 '유럽첨단기술개발공동기구Eureka'를 추진했다.)

또한 1980년대 초는 핵전쟁의 가능성에 대한 현실적 우려가 절정에 달했던 시기였다. 서구에서는 핵무기 반대 시위가 되살아나고 〈스레즈 Threads〉(1984), 〈그날 이후The Day After〉(1983) 같은 종말론 주제의 영화가 제작되었다. 동구에서도 공포가 만연했다. 최근 밝혀진 사실에 따르면, 실제로 1983년 11월의 세계에는 핵전쟁이 임박해 있었다. 1983년 3월 레이건 대통령은 (복음주의전국협회에서 한 연설에서) 소련을 "악의 제국"이라 불렀다. 그로부터 15일 후에는 SDI 계획의 개요를 발표하고, 상호확증파괴 전략을 파기했으며, 소련의 컴퓨터 기술이 낙후되어 소련의 미사일을 완벽하게 방어하는 것이 가능해졌고, 핵무기가 쓸모없어졌다고 주장했다. 그러자 모스크바는 공황상태에 빠졌다. 역사가 존 개디스는 그 기술이 공상적인 것이었지만 "레이건의 연설이 잔뜩 겁을 먹은 소련 지도자들에게 [미사일 방어기] 곧 실현될 것이라는 사실을 점차 납득시켰다"라고 썼다. 소련 지도자들은 "미국의 엄청난 기술적 잠재력이 다시 개가를 올렸다"고 확신했고, "레이건의 선언을 실질적인 위협으로 간주했다".[11] 그해 11월, NATO 연합국들은 방어 훈련인 '에이블아처83'을 실시했다. 첩보기관을 통해 병력이 집결하고 있다는 보고를 받은 소련 지도자 유리 안드로포프와 그의 측근들은 잠깐 사이에 "핵공격이 임박했다고 결론지었다".[12] 한 첩보원이 일촉즉발의 전쟁 소동을 런던을 통해 워싱턴에 보고했다. 필경 충격을 받았을 레이건은 어조를 바꾸었고, 1984년 1월에 "짐과 샐리" 그리고 "이반과 아냐"*는

---

* 로널드 레이건 대통령이 텔레비전 담화에서 거론했던 가상의 두 커플. 레이건의 담화 속에서 미국인 커플인 짐과 샐리는 소련인 커플 이반과 아냐를 우연히 만나 서로에게서 많은 공통점을 발견한다.

서로 잘 지낼 수 있을 것이라는 담화를 발표했다.

　냉전의 끝이 가까워지고 있었다. 소비에트 체제의 내막을 잘 알고 그 취약성을 확신했던 미하일 고르바초프가 1985년에 소련 공산당 서기장이 되었다. 1989년 베를린 장벽이 무너졌다. 고르바초프는 병사들에게 막사에 머물 것을 지시했다. 헝가리(1956)나 체코(1968) 때와는 달리 거리에 소련 탱크는 나타나지 않았다. 독일은 1990년에 재통일되었고, 소련은 1991년에 붕괴되었다. 승리주의 사관 역사가들은 레이건의 강경한 자세, 특히 SDI 계획에 대한 타협 거부로 이후 소련 지도자들이 소비에트가 미국에 대적할 수 없다는 점을 깨달아서 소련의 정책에 일대 변화가 일어나게 되었다고 주장했다. 거기에 과학과 기술에 대한 많은 투자가 냉전을 종식시켰다는 주장이 이어진다. 그러나 다른 설명은 냉전 종식이 내적 변화 시도로 인한 대체로 예상치 못한 결과였다고 본다. 흔히 "일반적으로 나쁜 정부의 가장 위험한 순간은 개혁이 시작되는 순간"이라는 알렉시스 드 토크빌의 주장을 떠올리게 하는 관점이다. 예를 들어 레이먼드 가토프는 자신들의 체제가 완전히 실패했고 안으로부터 붕괴하고 있다는 소련 지도자들의 인식이 냉전을 끝냈다고 주장했다.[13] 이 분석에 따르면, 증가된 국방 예산이 오히려 냉전을 오래 끌게 했다.

　동구권의 급격한 붕괴가 일어나던 정신 없던 시기에는 평화배당금에 대한 추측, 심지어는 기대까지 나타나고 있었다. 그동안 냉전에 의해 정당화되었던 것들이 설득력을 잃어버렸다. 1992년 6월, 의회에서 기습적으로 SSC 건설을 취소하는 투표가 이루어져서 232명 중 181명이 찬성했다. 2차 투표에서는 건설 계속을 지지하는 표결이 이루어졌지만, SSC의 취약성이 표출되었다. 선거 순환의 일환으로 1992년에 클린턴 대통령이 당선되면서, 의회는 예산을 삭감해 적자를 줄이기 위해 다시 SSC를 공격했다. 1993년 10월의 중대한 투표에서 패하면서, 결국 SSC는 취소되었다. 역사가 대니얼 케블스는 SSC의 운명을 인간유전체계획과 비교했다. 둘 다 엄청난 비용이

들어간 계획이었지만, 전자는 물리과학의 주력 프로젝트였고, 후자는 생명과학이었다.[14] 둘의 대조적 운명은 물리과학에서 생명과학으로 전후에 이루어진 방향전환뿐 아니라 각각의 실행세계에서 일어난 더 큰 변화를 투영했다. 그것은 사람의 건강이라는 새롭게 싹트고 있는 실행세계와 냉전 종식으로 변화하는 실행세계 사이의 엇갈린 운명이었다.

SSC가 백지화되면서, 세계에서 가장 큰 입자가속기는 일리노이주 바타비아에 있는 페르미 연구소의 테바트론과 당시 계획 중이었던 CERN의 대형하드론입자충돌기였다. 테바트론은 1983년에 가동되었다. 일련의 업그레이드가 진행되면서 양성자와 반양성자를 2TeV에 가까운 에너지로 가속해서 충돌시킬 수 있었고, CERN의 대형하드론입자충돌기가 운영을 시작하면 폐기될 예정이었다. 그러나 대형하드론입자충돌기 건설이 늦어지면서, 테바트론은 계속 유지되었다.

CERN에서 27킬로미터의 터널을 가진 대형 전자-양전자 입자충돌기 Large Electron Positron collider, LEP가 1989년에 가동되었다. 그 후 20년 동안, LEP를 이용한 실험—ALEPH, DELPHI, L3, 그리고 OPAL의 4개 입자검출기를 이용한—은 표준 모형의 정확성을 탐사했다. 2000년에 LEP는 가동이 중단되었고, 터널은 대형하드론입자충돌기에 양도되었다. 대형하드론입자충돌기의 과학적 정당화는, 표준 모형의 확장으로 예측되었지만 아직은 미발견 입자인 힉스 보손이 검출될 수 있는 에너지에 도달할 수 있다는 것이었다. 그 외에도, 천문학적 관찰과 우주론 이론으로 추론된 잃어버린 질량인 암흑물질의 수수께끼를 풀 수 있는 단서를 찾을 수도 있는, 예상치 못한 발견이 이루어질 가능성도 있었다. 대형하드론입자충돌기의 예상 비용은, 최소한 문제가 생기기 전까지는 30억 달러로,[15] 대략 SSC에 필적했다.

스펙터클 과학: 우주망원경과 행성탐사선

허블 우주망원경 같은 우주과학 프로젝트들도 "가장 큰 유형의 거대과학"이었다.[16] 광학 반사망원경을 우주 공간에 설치하는 계획은 과학적 관찰이 우주론에 기여할 것이라는 점에서 정당화되었다. 우주망원경의 해상도는 지상 기반 망원경의 수준을 훨씬 상회했으며, 우주에는 관측을 방해하는 대기도 없기 때문에, 자외선에서 적외선, 심지어는 밀리미터 이하 파장까지 모든 스펙트럼에 걸친 관측을 할 수 있다. 1960년대 말에 처음 진지한 논의가 이루어졌을 때, 10억 달러라는 가격표는 분명 자선기관이 감당할 수 있는 액수를 넘어서 있었다. 전후에는 카네기나 록펠러 같은 자선 기관의 지원을 기대하기 어려웠다. 그래서 연방정부의 지원을 받아야 했다.

우주망원경의 설계와 자금 지원은 모든 종류의 부서와 정치적 이해관계를 동원하는 "임시방편"이고 "무질서한" 과정이었다. 역사가 로버트 스미스는 이렇게 말했다. "우주망원경은 여러 가지 면에서 그 프로그램을 지원하는 이해관계의 구체적 실현으로, 특히 그 프로그램의 주창자들이 목표를 이루기 위해 연합했던 방식으로 이해해야 한다."[17] 예를 들어, 1960년대의 광학 천문학자는 우주망원경을 좋아하지 않았다. 그들은 (X선천문학자와 달리) 굳이 우주 공간으로 나갈 필요가 없었으며, 자기네 시설에 대한 통제권을 NASA와 같은 관리자들에게 내주기를 바라지 않았다. 그에 대한 대응으로, 리먼 스피처 2세의 주도로 "모든 사람에게 모든 것을" 제공한다는 접근방식이 추구되었다. 그는 "가능한 한 많은 이해관계를 제안된 설비에 끌어모으고, 천문학 공동체에 전도하려는" 노력을 펼쳤다.[18]

그럼에도 불구하고 우주망원경은 1972년 우선순위에서 차상으로 밀려났다. 재정 긴축의 시기에 이 프로젝트는 이미 폐기된 것이나 다름없었다. 정치적 승인을 놓고 1974년에서 1977년 사이에 벌어진 싸움의 특징은 관련 기업 계약자들의 "강력한 로비"였으며, 스피처와 존 바콜도 로비에 가세했다.

두 사람은 프린스턴 대학에 속했지만, 더 넓은 천문학 공동체를 대표했다. 우주망원경 프로젝트를 지원하기 위해 전통적인 천문학과 대규모 기업의 이해관계가 결합한 동맹으로, 천문학–산업 복합체라 불릴 만했다. 결국 타협이 이루어졌고, 정치적 협상이 값비싼 과학 프로젝트를 빚어낼 수 있다는 사실을 보여주었다. 협상 결과 반사경은 더 작아졌고(가볍고, 비용이 적게 들어간다), 발사는 뒤로 미뤄졌으며, 국제적 협력의 형태로 진행되었다(실제로 유럽우주기구가 보조 협력자로 참여했다). 건설은 1977년에 시작되었다.

그동안 NASA는 태양계 행성에 일련의 특별 과학 탐사선들을 보내는 데 성공했다. 1972년에 발사된 파이어니어 10호는 소행성대를 지나간 뒤 1973년 12월에는 목성을 근접 통과하면서 최초로 목성의 근접 촬영 사진들을 보내왔다. 자매 탐사선인 파이어니어 11호는 1973년에 발사되었고, 1974년과 1979년에 각각 목성과 토성을 방문했으며, 토성의 고리들을 통과했다. NASA의 또다른 한 쌍의 탐사선 바이킹 1호와 2호는 각각 궤도선과 착륙선으로 구성되었으며, 1976년에 화성을 찾았다. 화성 탐사에 대한 특별한 관심은 혹한의 화성 '토양'에서 생명의 징후를 찾을 수 있을지 여부였다. 기체 색층분석 결과는 유기분자의 징후를 발견했고, 희박한 영양분은 화성 생물체가 그것을 이용해 신진대사를 할 가능성을 더해주었다. 이러한 실험을 준비하면서 NASA는 명확한 목표를 지향한 지원금으로 우주생물학이라는 새로운 분야를, 무에서 유를 창조하듯 만들어냈다(우스의 고세균 발견은 이런 집중적인 연구비 지원으로 이루어진 사건이었다). 그 결과는 화성 생물체의 존재를 뒷받침하지 않았다(후일 NASA는 화성의 미생물 화석이 들어 있을 수 있다고 주장하면서 운석 ALH 84001을 공개해서 논란을 자초했다).

파이어니어에 이어서 후속 프로젝트가 계속되었다. 보이저 1호와 2호는 모두 1977년에 발사되었다. 파이어니어 2호와 마찬가지로 보이저 1호도 목성과 토성을 지나갔다. 1979년의 근접비행으로 목성의 위성 이오에서 과거 화산활동의 흔적이 발견되었다. 보이저 2호는 목성과 토성을 방문했을 뿐 아니라 인간이 만들어 천왕성과 해왕성에 도달한 최초의 탐사선이었다. 이오의 화산활동은 여전히 활발해서 분화로 인한 물질들이 구름처럼 우주 공간으로 분출되는 모습이 촬영되었다. 거대 행성의 위성들을 찍은 아름다운 사진이 지구로 전송되었다. 파이어니어와 보이저는 토성 주위를 도는, 태양계에서 가장 큰 위성인 타이탄에 두꺼운 대기가 있다는 사실을 밝혀냈다. 2004년에 토성에 도달한 카시니 호이겐스는 대기층을 뚫고 탐사선(호이겐스)을 내려보냈고 그 과정에서 메탄과 에탄으로 이루어진 바다의 사진을 촬영했다.

그 후 이루어진 또 하나의 미션은 갈릴레오 탐사선이었고, 1995년에 목성에 도달했다. 갈릴레오는 1977년에 우주망원경과 정확히 같은 시기에 승인을 얻었다. 천문학자와 NASA 관계자들은 두 프로젝트를 상호보완적인 것으로 제시하기 위해 많은 노력을 기울였다. 우주망원경은 승인되었지만, 갈릴레오 프로젝트는 일시적으로 기각되었다. 결국 허블 우주망원경이라고 명명된 우주망원경은 1990년 4월에 발사되었다(허블이라는 이름은 1983년에 붙여졌다). 20억 달러가 들어간 이 우주망원경은 (최소한 당시로서는) "가장 많은 자금이 들어간 과학 장비"였다.[19] 이러한 평가는 물론 대형하드론입자충돌기와 같은 프로젝트들이 단일한 장비가 아니라는 판단을 전제로 깔고 있다.

그런데 허블이 보내온 최초의 영상은 2.4미터 직경 반사경이 부정확하게 연마되었다는 사실을 보여줌으로써 이 프로젝트에 관여한 이들을 경악시켰다. 제작사인 퍼킨-엘머사(덧붙여서 제18장의 내용을 상기하자면, 이 회사는 응용생물시스템사의 모기업이다)가 반사경을 연마하는 과정에서 구면수차球面收差가 발생하는 실수를 저지른 것이다. 처음에는 NASA의 입장에서 당황스러운 사고였지만, 이 문제는 혁신을 통해 오히려 창조적인 해결책을(우주비행사가 우주망원경에 직접 가서 보정 렌즈를 장착하면서 유인 우주비행을 정당화했다) 낳았으며, 새로운 영상 기술의 발전으로 이어졌다. 훗날 이 기술은 유방 X선 영상을 향상시키는 용도로 전환되었다. "허블 반사경의 결함이 암의 조기 진단을 가능하게 해준 기회의 창이 되었다."[20] 실제로 베트얀 케블스는 이러한 전환을 더 넓은 변화의 상징으로 보았다. "20세기 중엽의 수십 년 동안 물리과학 작동 방식의 특징이었던 학문 분과들의 분리가 마지막 10년대에는 무의미해졌다."

허블 우주망원경이 보내온 영상은 아름다웠으며, 그중 상당수는 광시야 및 행성 카메라2Wide Field and Planetary Camera 2, WFPC2로 촬영되어 미학적으로 화려한 색상으로 처리되었다. 그중 일부—1995년 11월에 공개된, 이른바 독수리 성운의 기둥이라 불린 가스와 먼지, 그리고 항성 형성 영역을 보여준 사진들—는 과학을 상징하는 이미지가 되었다. 민주국가의 거대 과학 프로젝트들은, 정치가들이 그들을 지원해주려면 폭넓은 대중과 연결될 필요가 있었다. 아폴로 계획 이후 NASA는 교묘한 줄타기를 하면서 천문학자들에게 예상 밖의 기회를 제공했고, 대중이 좋아하고 소비할 만한 뉴스 스토리를 (아름다운 영상을 포함해서) 전달했으며, 빠듯한 예산을 운용하면서 계약 기업들을 조정하고 지나치게 많은 약속을 하지 않도록 자제했다. 이러한 맥락이 NASA의 성공과 실패를 동시에 낳았다. 거기에는 1986년과 2003년의 우주왕복선 사고도 포함되었다.

과학 보도

미국에서 1960년대에서 1980년대 사이의 과학 보도는 섀런 던우디가 "이너 클럽inner club"이라 지칭했던 "신문, 잡지, 그리고 통신 기자 들의 작은 그룹"이 지배했다. 이들은 "25명에서 30명을 넘지 않는 기자로 이루어진…… 긴밀하게 결합한, 비공식적인 사회적 연결망"으로, 대체로 이들이 "대중이 중요한 과학적 사건에 대해 무엇을 읽을지 결정했다".[21] 다른 민주국가에서도 미국보다는 작지만 '이너 클럽'과 비슷한 그룹이 발견되었다. 던

우디가 기술한 '이너 클럽'은 초기 우주경쟁 보도 즈음에 형성되었다. 과학을 전공하지 않은 기자도 있었기 때문에, 케이프커내버럴이나 휴스턴에서 회합을 가지면서 정보를 공유했다. 함께 일하고 모임을 가지며 이 클럽이 진화해가는 과정에서 "주된 강조점은 협동이었다". 이너 클럽은 집단적으로 과학정보를 좀더 정확하게 평가할 수 있었다. 또한 "편집자들은 기자가 작성한 기사의 질을 다른 기자들의 기사와 연관해서 평가했다"(결국 편집자도 전혀 과학적 훈련을 받지 않았다). 따라서 "기자가 편집장을 만족시키는 길은 동료 과학저술가보다 앞서 특종을 터뜨리는 것이 아니라 매일 똑같은 이야기를 쓰는 것이었다".[22] 이런 식의 협동작업은 기자 사이에서는 드문 일이었고, 이들이 다루는 주제가 특별히 전문적인 성격을 띠기 때문에, 사회적 반응이 생겨났다. 이로 인한 부작용은 두 가지 측면에서 나타났다. 하나는 보도가 균일해지는 경향이 있다는 점이었고(하나의 과학적 주제가 여러 신문에서 같은 방식으로 보도되었다), 다른 하나는 선택적 보도의 문제였다(집단적으로 선택된 주제만이 다루어졌다).[23] 과학자가 아닌 사람이 과학에 대해 읽을 수 있는 일차적인 수단이 인쇄 매체였기 때문에, 보도에 미치는 이러한 영향은 과학과 대중 사이의 관계를 형성시켰다.

특히 1960년대 이후 과학 커뮤니케이션은 거대과학의 정치와 이너 클럽이라는 사회 현상 이외에도 다른 요인들의 영향을 받았다. 그것은, 여러 가지 이유로 매체의 수가 늘어나고 다양화되었다는 점이었다. 소규모 지역 신문은 파산했지만 잡지는 늘어났고, 특히 인터넷과 웹에서 새로운 매체가 등장했다. 20세기 후반과 21세기 초에 과학은 과거 어느 때보다도 언론의 주목을 받았다. 이러한 매체 중 상당수에는 전문가 독자가 있었지만, 구독자나 시청자를 확보하려면 어느 매체든 독자층의 관심을 충족시켜야 했다. 주요 신문은 거의 항상 광고 수입에 의존했고, 광고 수입은 독자 수에 영향을 받았다. 때문에 주요 신문의 과학 기자는 자신이 지면을 놓고 비과학 분야 기자들과 경쟁하고 있다는 사실을 염두에 두고, 편집장의 결정도 독자의 관심에 따라 좌우된다는 점을 의식하며, 읽힐 만한 기사를 썼다. 이러한 상황으로 인해 몇 가지 주제가 과학 보도를 지배하게 되었다. 건강 관련 기사가 가장 많았고, 우주, 공룡, 그리고 '발견'이나 '획기적 진전'과 같은 주제가 뒤를 이었다. 박물관도 비슷한 압력을 받았다. 필라델피아의 자연과학아카데미는 1980년대 중반에 새로운 공룡 전시를 기획해서 관람객의 수를 급격히 끌어올렸다. 그러자 다른 박물관들도 이러한 접근방식을 흉내 냈다.[24]

과학 학술 출판과 일반 언론의 관계는 대중의 관심에 따라 흥미로운 방식으로 발전했다. 야심 있는 기자에게 '건강'은 편집장의 데스크를 통과하기 쉬운 최상의 주제였다. 새로운 관계를 주도한 곳은 의학 관련 학문 출판 분야였다. 1967년 위장병학자인 프란츠 잉겔핑거가 『뉴잉글랜드 의학저널 New England Journal of Medicine』의 편집장이 되었다. 2년 뒤, 그는 이른바 '잉겔핑거 규칙'이라는 새로운 편집 정책을 선언했다. 다른 매체에서 보도된 발견은 출판을 용인하지 않는다는 원칙이었다.[25] 잉겔핑거 규칙의 선언은 과학 커뮤니케이션에서 나타난 두 가지 변화에 대한 대응이었다. 첫째, 잉겔핑거는 저널 수의 증가, 자유 출판에 따른 사전 출판의 증가, 그리고 [전후] 언론에서의 전반적인 과학 보도 증가로 인해 [그의] 저널이 독창적인 내용을 소개할 수 있는 여력이 위협을 받고 있다고 느꼈다. 둘째, 장기 1960년대의 비판적인 목소리들이 의학의 공공적 지식을 요구했다. 따라서 잉겔핑거는 규칙을 통해 저널의 공적 책임을 표현한 셈이었다.[26] 제니퍼 토이는 이렇게 결론지었다. "그 규칙이 일반 언론이 의학 문헌에 정보를 의존해야 한다는 점을 공식화했고, 의학 저널에서 동료심사를 통과해 출간된 의학 정보만이 대중에게 전달되어야 한다는 개념을 수립했다."

이러한 움직임은 부분적으로 성공을 거두었다. 1970년대 이후 많은 기사가 『뉴잉글랜드 의학저널』, 『랜싯』, 『브리티시 의학저널』, 『네이처』, 『사이언스』 같은 일반 과학저널과 의학 학술저널에서 발표 제한(엠바고)을 조건으로 출간된 내용을 기반으로 삼았다. 그렇지만 이러한 통제는 물론 완전하지 않았다. 과학 출판 부문, 그중에서도 저널은 두 가지 방향에서 점증하는 압력을 받고 있었다. 특히 약품에 관한 상업 마케팅이 날로 정교화되었고, 인터넷이 제공하는 외견상 무료로 보이는 정보 교류가 골칫거리였다. 회사에 고용된 무명 저자의 기사에 유명 교수들이 이름을 빌려주는 '대필 저자'가 2010년대에 큰 문제가 되었다. 신약을 다루는 이런 기사는 마치 과학 논문처럼 작성되었지만 실제로는 광고였다.[27]

2000년에 세 명의 과학자, 패트릭 O. 브라운, B. 아이젠, 그리고 NIH 원장을 지낸 해럴드 E. 바머스가 "기출간된 연구 기록과 자유롭게 접근 가능하고 완전히 검색 가능한 상호연결된 형식으로 의학과 생명과학에 대한 학문적 담론 내용을 완전히 제공하는 온라인 공공도서관 건립을 촉구하는" 공개서한을 작성했다. 이들은 이 도서관 건립이 "과학 문헌의 유용성과 접근 가능성을 크게 높이고, 과학 생산성을 증진하고, 서로 괴리된 연구 공동체 사이에서 생의학 지식과 아이디어의 통합을 촉진시킬" 수 있을 것이라고 주장했다. 특히 이들은 저널 내용의 상업화에 불만을 드러냈다. 이들은 이렇게 썼다. "우리는 항구적으로 보관된 과학 연구와 개념들이 출판업자에 의해 소유되거나 통제되어서는 결코 안 되며, 국제적인 온라인 공공도서관을 통해 누구나 무료로 이용할 수 있어야 한다고 믿는다." 그래서 세 사람은 "자신이 출간한 모든 독창적인 연구 보고서를 첫 출간 후 6개월 이내에 펍메드 센트럴PubMed Central과 유사한 온라인 공공 데이터베이스에 무제한 자유 접근권을 허용하는 학술저널이나 과학저널에만 논문을 싣고, 편집인으로 참여하고, 평론을 게재하겠다"라고 서약했다. 이들의 선언에 3만 4000명의 과학자가 동참해 공개서한에 서명했다. 2003년에 고든앤베티무어 재단(인텔의 재력으로 자선기관으로 탈바꿈했다)의 후원으로, 새로운 저널 『퍼블릭 라이브러리 오브 사이언스Public Library of Science』(PLoS)가 출범했다. 2010년대 말이 되자, 『플로스원PLoS One』은 전문가 냄새를 풍기는 이름과 함께 『네이처』와 『사이언스』의 아성을 위협하는 경쟁지로 부상했다.

상온핵융합

그럼에도 불구하고 '보도자료 과학'에 대한 비난이 종종 제기되었고, 이러한 활동을 과학적 행동 규범으로 인정하려는 시도가 두드러졌다. 이미 생명공학과 인간유전체계획의 전개 과정을 다루면서, 이러한 여러 가지 사례를 다루었다. 그중 가장 두드러진 사례는 화학과 핵과학 사이의 모호한 경계 영역에서 나왔다. 1989년 3월 23일, 유타 대학의 두 화학자 스탠리 폰스와 마틴 플라이슈만이 기자회견을 열어서 '상온핵융합cold fusion'을 달성했다고 발표했다.[28] 고온핵융합—가벼운 두 원소의 융합으로 에너지를 방출하는 현상—은 1950년대부터 잠재적인 동력원으로 간주되었다. 그렇지만 핵융합을 일으키는 비용이 엄청나게 많이 들고, 플라스마를 제어하려면 거대한 장치가 필요해서 후원자들에게 계속 실망을 안겼다. 그런데 두 화학자가 중수와 팔라듐 전극을 넣은 시험관 안에서 '엄청난 열'을 발생시켰다고 주장하고 나선 것이다. 기자회견을 준비하던 도중에 폰스와 플라이슈만은 또다른 지방 대학 과학자인 브리검영 대학의 스티브 존스가 비슷한 결과를 얻었다는 이야기를 들었다. 유타 대학 당국과 특허변호사들은 노벨상을 내다보고 폰스와 플라이슈만에게 서둘러서 결과를 내라고 재촉했다. 두 화학자도 여기에 동의했다. 기자회견과 신문의 대서특필 기사가 나간 뒤, 전 세계의 과학자들이 하던 연구를 멈추고 상온핵융합을 재연하려고 시도했다. 몇몇은 이상한 현상을 발견했고, 다수는 아무것도 발견하지 못했다. 결과는 무척 황당했지만, 이런 극단적 상황에 이르게 된 일련의 사건은 종종 기업가적 대학에서 수행되는 과학의 유형과 별다르지 않았다. 대학 관리자들의 압력, 비밀 유지, 특허변호사들의 개입, 그리고 기자회견을 통한 발표라는 전형적인 과정이었다.[29] 학문 분야 사이의 정치도 엄청난 반발을 부르는 데 한몫을 했다. 결국, 엄청난 연구비를 받았음에도 가장 큰 거대과학의 물리실험실들은 기대에 부응하지 못한 반면, 작은 대학의 두 화학자는 성취를 이뤘다.

카오스

상온핵융합의 경우, 그 현상은 (유타 대학에서만 작동하는 것 외에는) 과학자 공동체를 만족시킬 수 있을 만큼 입증되거나 통제되지 못했고, 재현에도 실패한 일종의 도깨비불이었다. 이와 비슷하게 특이한 수준의 과장 광고가 다른 현상에서도 기대의 거품을 부풀렸다. '카오스' 사례는 상온초전도 소동과 정확히 같은 시기에 일어났다. 수학자들은 족히 한 세기 전부터 비선형 방정식의 기이한 해를 탐구해왔다. 비선형 방정식은 직접 풀리지 않는 경우가 종종 있었고, 따라서 수치계산법으로 근사치의 해를 구했다. 수치계산법은 수작업으로 하면 반복적이고 시간이 많이 걸렸다. 그래서 전자식 계산의 속도가 빨라지고 기억 용량과 영상 소프트웨어가 발달하자, 수치계산법 모델링이 점차 매력적이고 강력한 기법이 되었다. 1960년대부터 1980년대 사이에, 미첼 파이겐바움(로스앨러모스)과 브누아 맨델브로(IBM)는 반복방법(수치계산법과 같다)을 연구했고, 수학자들의 발견에 그림이라는 차원을 더했다.

변수를 바꾸자, 비선형 방정식의 일부 해는 질서에서 무질서, 또는 '카오스'로 옮아갔다. 이런 해들의 지도를 그림으로 나타내자, 모든 해의 수준에서 가장자리가 깔쭉깔쭉해졌다. 수학자들은 이것을 '프랙탈fractal'이라고 불렀다. 1980년대 말엽, 컴퓨터 그래픽이 발전하면서 적절한 색깔을 입히자 이 지도는 매우 생생한 모습을 띠었다.[30] (사실 나는 맨델브로가 처음 컴퓨터를 이용해서 만든 그림들을 더 좋아한다. 당시 컴퓨터 출력의 조악한 품질 덕분에 맨델브로 집합의 조각들이 마치 안개 속에 어렴풋이 보이는 신대륙과 흡사해보였기 때문이다.)

1987년에 과학저술가 제임스 글릭은 『카오스』라는 책을 써서 베스트셀러 저술가가 되었고, 근본적으로 새로운 과학이 태동하고 있다는 생각을 조장했다. 보편적인 전망, 근본적인 수사, 대중적 인기와 열광주의는 전쟁이 끝난 직후 사이버네틱스를 연상하게 했다. 그것은 기존의 여러 전문 영역들의 묶음이었다—난류亂流 연구(항공학의 실행세계에서 왔다), 소위 격변이론, 비선형 분석의 수학 등. 이렇듯 근본적인 순간에 하나의 학문 분야를 수립하려는 시도는 크게 휘청거렸다. 일례로 복잡성 이론complexity theory에는 예언자들과 개종자들—그에 걸맞게 사막에 있는 산타페 연구소가 본거지였다—이 있었지만, 이 이론은 기존 학문체계의 도그마라기보다는 비주류의 열광주의에 해당했다.

그렇더라도, 전문 과학자에서 대중 해설자까지 뜨거운 관심을 모은 카오스적 현상은 20세기 과학이라는 실행세계에서 비롯된 것이었다. 대표적인 사례가 제7장에서 소개했던 에드워드 로렌츠의 1960년대 연구다. 그의 연구는 컴퓨터 기반 수치 계산법—기상학의 비선형 방정식, 기이한 끌개strange attractor와 기상 예측에 대한 함축—에 토대를 두었다. 후일 로렌츠는 브라질에서 날개를 친 나비가 텍사스에 토네이도를 일으키는가라는 유명한 물음을 제기했다(1979). 이는 카오스에 대한 유명한 글에 자주 등장하는 문구이자, 환경 문제의 해설자들이 예측 불가능한 결과를 이야기하는 비유가 되었다.

전 지구적 기후변화의 과학과 정치

1960년대 말엽과 1970년대 초 인간의 영향에 의한 기후변화 증거는 대기중 온실효과가스 증가에 대한 지식, 폭넓은 연구(빙하 코어 시료, 깊은 호수의 화분花粉 시료, 지질학 자료, 행성 과학)에서 나온 급격한 기후변화 근거, 그리고 온실효과 모델링을 포함한 전 지구적 기후 순환의 컴퓨터 모형 등으로 이루어졌다. 조사 과정에서 서남극 빙상의 잠재적 불안정성(1970년 J.H 머서), 먼지와 연기, 심지어 항공기 비행운 증가로 인한 영향 등에 대한 의문이 제기되었다. 스펜서 위어트는 이렇게 결론지었다. "설득력 있는 증거는 어느 한 영역에서 나온 것이 아니라, 서로 다른 독립적인 분야로부터 나온 증거들이 축적된 것이다."[31] 확실히 전문 과학자 공동체 내에서 의견일치가 이루어지고 있었다. 1977년 미국 국립과학아카데미NAS는 증거를 조사하고 모형들의 신빙성을 판단하라는 요청을 받았다. NAS 산하 기후변화위원회는 다음 세기에 전 지구 온도가 1.5도에서 4.5도까지 높아질 것이라는 추정치를 보고했다. 흥미롭게도 이 추정 범위는 바탕이 된 모형이 크게 달라졌어도 거의 변함없이 유지되었다.[32]

인간 활동의 결과로 인한 기후변화는 과학적 합의를 국제적인 정치 행동으로 옮기는 힘겨운 과제를 안겨주었다. 앞에서 다루었듯이, 냉전은 전 지구적인 데이터 수집의 심화를 촉구했고, 이 데이터를 처리하는 데 필요한 빠른 컴퓨팅 도구의 제공을 가속화시켰다. 과학자 역시 세계기상기구 산하 세계기상감시계획(1963년 출범), WMO/국제과학자연합 산하 전 지구적 기상연구 프로그램(1967년 출범) 같은 연구계획들을 통해 이미 전 지구적 수준에서 조직화되었다. 1985년에 전문가들이 오스트리아 필라흐에 모여서, 2000년에서 2050년 사이에 "지구 평균기온이…… 인류 역사상 가장 큰 폭으로 상승할 것"이라는 국제합의 결과를 발표했다. 위어트는 필라흐 회의를 "전환점"으로 불렀다.[33]

1987년까지 지구온난화에 맞서기 위한 전 지구적 행동을 촉구하는 움직임들이 향후 나아갈 방향을 보여주는 본보기가 되었다. 1985년에 영국 남극탐사계획에서 연구하던 과학자들이 상층대기의 오존이 감소했다는 사실을 밝혀냈다. 성층권의 오존층은 자외선 복사를 흡수해서 지구상의 생명체를 차폐해준다. 냉장고 냉매나 스프레이 캔 압축가스로 전 세계에서 널리 사용되는 가스인 클로로플루오르카본CFCs의 화학 작용이 '오존 구멍' 발생의 원인으로 추론되었다. 산업적 관성과 광범위한 사용에도 불구하고, 각국이 정치적 의지를 모아서 1987년 몬트리올 의정서에 서명을 했고, 그 결과 CFCs를 효과적으로 퇴출시킬 수 있었다.[34]

CFCs는 효과적인 대체물이 있었다. 그렇지만 지구상 모든 식물뿐 아니라 발전소, 내연기관, 그리고 수많은 산업 활동으로 생성되는 가장 중요한 온실효과 가스인 이산화탄소 배출은 간단히 해결하기 힘들다. 그래도 오존 구멍 문제를 해결하는 과정을 모델로 삼아서, 1988년 WMO와 그 밖의 UN 기구들이 정부간기후변화패널Intergovernmental Panel on Climate Change, IPCC을 설립했다. IPCC는 적절한 의정서에 대한 국제적 합의를 위한 준비 작업으로 과학적 합의를 선언하는 수단이었다. IPCC 의장 버트 볼린은 IPCC가 과학자와 정치가의 책임 분리를 나타냈다고 주장했다. 볼린은 "오직 과학자만이⋯⋯ 지구 환경이라는 복잡한 상호작용을 이해할 수 있다"고 선언했다. 따라서 그들의 역할은 "IPCC와 [그들 자신의] 가치 판단에 따라 제공된 사실에 입각한 과학적 정보의 조합에 기반해서 [정치적 결정을 내릴 책임이 있는 정책 결정자들에게] 가용한 지식을 객관적으로 제공하는 것"이었다.[35]

IPCC는 절충형이었고, 합의 선언을 이끌어내기에는 최악의 조직이었다. 각국 정부가 의제를 설정하고, 과정을 맡고, 논의를 진전시키는 역할을 했고, 과학자들은 동료심사를 통해 신뢰를 확보하는 저자였다. 과학자와 정치적으로 지명받은 사람들 사이의 분업은 볼린이 제안했던 것보다 훨씬 복잡했다. 공동 선언은 평가 보고서의 형식을 띠었고, 과학자와 정치 대리인 간의 엄청난 조정 작업의 소산이었다. IPCC 자체가 정치 기구로서 전체적인 윤곽을 승인했고, 각국 정부는 전문가를 임명해서 네 개의 작업 그룹에 배치했다. IPCC 사무국은 각 작업 그룹의 보고서를 작성할 전문가를 선별했으며, 보고서는 초안이 완성되면 동료심사를 거쳤다. 2차 초안이 나오면 전문가와 정부의 합동 심사를 거쳐 작업 그룹과 IPCC에 의해 최종 승인을 받은 후 출간되었다. 핵심 문장의 표현─예를 들어 '할 것 같다' 식의 단어 사용─을 둘러싸고 수개월 동안 토론이 벌어지곤 했다.

최초의 IPCC 평가 보고서는 1990년에 발간되었다. 보고서에 담긴 결론은 비교적 온건했다. 세계적으로 온난화가 진행되고 있으며, 온난화의 원인이 온실효과의 인위적 증폭인지 여부를 확실히 하려면 10년은 걸릴 것이라는 내용이었다. 1992년 리우 정상회담을 준비하는 과정에서, 산업적 이해관계로 인해 IPCC에 대한 합동 공격이 이루어졌다. 이 공격에 자금을 댄 세계기후연합Global Climate Coalition의 회원은 거대 석유회사(로열더치/쉘, 텍사코, 브리티시페트롤리움, 그리고 엑손)와 자동차 제조업체(포드, 다임러크라이슬러), 그리고 듀폰이나 알루미늄 연합 같은 이해당사자들이었다. 리우에서 열린 UN환경개발회의에서 '기후변화에 대한 기본협약'이 합의되었다. 협약이 강한 구속력을 갖지는 못했다. 일례로 문헌에는 온실가스 배출 감축에 대한 구속력 있는 서약을 포함하지 않았다. 그렇지만 향후 나아가야 할 길을 열었다.

1995년, IPCC의 두 번째 평가 보고서가 준비되었다. 이번에도 결론에는 타협의 흔적이 두드러졌다. "모든 증거를 고려했을 때 세계 기후에 끼치는 인간의 영향을 식별할 수 있다." 다시 정치가들이 모였다. 그 결과가 교토 의정서(Kyoto Protocol, 1997)였다. 의정서 제3항은 다음과 같다.

> 부록 1에 포함된 당사국들은, 개별적으로든 공동으로든, 부록 A에 열거된 온실가스 배출에 상응하는 인간 활동에 의한 이산화탄소 총계가 약속한 총량을 넘지 않아야 한다. 총량은 부록 B에 적시된 방출 제한과 감축 약속에 따라 계산한 것이며, 약속한 기간인 2008년에서 2012년 사이에 이들 가스를 1990년 수준 아래 최소 5퍼센트까지 감축한다는 이 조항의 규정에 따른 것이다.

교토 의정서가 효력을 발휘하려면 충분한 수의 개별 정부가 비준할 필요가 있었다. 그러나 첨예한 의견 차이가 나타났다. 교토에서 미국은 1990년 수준으로 점진적인 감축을 인정하는 데 그친 데 비해, 유럽 정부들은 더 빠른 행동을 원했으며, 중국은 방관적 자세로 일관했다. 미국 상원은 95대 0으로 교토 의정서를 거부했고, 개발도상국들의 온실가스 배출에 아무 제약도 부과하지 않는 협정을 비준할 수 없다고 주장했다. 조지 W. 부시는 2001년에 교토 의정서를 탈퇴했다. IPCC의 3번째(2001)와 4번째(2007) 평가 보고서는 지구온난화의 존재와 위험에 대해 훨씬 더 확고한 동의와 합의를 선언했다.

21세기 초에, 그 결과는 국제적인 과학적 합의의 함축을 인식하는 것과 그것을 실행할 정치적 의지 사이의 괴리와 교착이었다. 그러나 IPCC에서 나타난 과학적 사실의 형성 과정이 IPCC의 잡종적 구성 때문만은 아니었다. 지리학자 데이비드 디메리트는 IPCC 작업 그룹들이 (기후변화를 평가하는 다른 방식이 아닌) 모형 시뮬레이션을 신뢰했고, 이들 모델에 사용된 변수들에도 인정되지 않았거나 명확하지 않은 가정들에 지배된 선택이 투영되었다고 주장했다. 그는 사실이 만들어지고, 기후변화 거버넌스가 그 뒤를 따랐다고 주장하며, 이렇게 결론지었다. "이런 식으로, 사회적으로 우연한 형태의 과학 지식이 새롭게 출현한 국제 정치 체제에 의해 형성되었고, 그것은 다시 같은 과학 지식에 의해 구성되고 정당화되었다."[36] 반면 스펜서 위어트는 훨씬 더 긍정적인 평가를 했다. 지구온난화가 눈에 보이지 않고, 미래 변화에 대한 예측이고, "과학자만이 이해할 수 있는 데이터와 복잡한 추론을 기반으로 한다"는 점을 감안하면, 이 문제가 "정치적 문제가 된 것은 무척 새롭다". "지구온난화가 폭넓고 격렬한 토론의 주제가 될 수 있다는 것은 인류의 괄목할 만한 진보다." 그는 그렇게 될 수 있었던 요인을 이렇게 분석했다. "전 세계적인 민주주의의 발전…… 국제 정치의 민주화가 IPCC가 그런 입장을 취할 수 있었던 보이지 않는 토대였다."[37]

전 지구적 변화는 20세기 말과 21세기 초에 지배적인 실행세계로 출현했다. 기후변화 현상을 이해하고 기후변화를 완화하고 적응하는 정책을 수립하기 위해서는 간학문적 과학이 필요했다. 그 밖에, 전 지구적 변화의 상호연관된 유형들도 마찬가지로 복잡하다는 사실이 밝혀졌다. 하나의 예로, 리타 콜웰은 자신의 연구를 이렇게 설명했다.

콜레라를 이해하려는 나의 과학적 노력은…… 1970년대에 시작되었다. 당시 동료들과 나는 콜레라를 일으키는 비브리오 콜레라Vibrio cholerae 박테리아를 체서피크만에서 찾아내서 바다 자체가 이 박테리아의 저장소라는 사실을 밝혀냈다. 염수나 담함수淡鹹水에 서식하는 새우의 아주 작은 친척뻘인 요각류橈脚類가 이 콜레라균의 숙주다. 그들은 창자 속에 이 박테리아를 담고 해류와 조수에 따라 이동한다. 오늘날 우리는 환경, 계절, 그리고 기후와 같은 요인이 요각류 집단, 그리고 간접적으로 콜레라에 영향을 준다는 사실을 알고 있다. 방글라데시에서, 우리는 해수면 온도와 높이가 최고조에 달한 직후 콜레라가 창궐했다는 것을 발견했다. 이런 일은 1년에 두 차례, 봄과 가을에 일어나는데, 그때 요각류의 개체군이 가장 커진다. 궁극적으로, 우리는 콜레라 발생과 주요한 기후 변동을 연관지을 수 있다. 1991년 엘니뇨가 일어났을 때, 페루에서 콜레라가 크게 창궐했고 이후 남아메리카로 확산되었다. 콜레라를 엘니뇨/남방진동El Nino-Southern Oscillation과 연관지으면 언제 콜레라가 대규모로 발발할지 예측할 수 있는 조기경보 체제를 마련할 수 있을 것이다.[38]

이 경우 콜레라를 관리할 수 있는 단서는 미생물학(비브리오 콜레라), 해양생물학(요각류), 광범위한 현장 연구(체서피크만, 방글라데시, 페루), 해양학(해수 온도, 엘니뇨), 천문학(조수), 지구기후학(엘니뇨/남방 진동), 그리고 의학(콜레라) 분야의 결합에서 나왔다.

엘니뇨는 동태평양에서 일어나는 해류와 온도의 주기적 변화에 붙여진 이름으로 지구 전체의 기후에 영향을 미친다. 인도와 오스트레일리아 가뭄과의 상관관계에 관심이 제기된 시기는 1890년대였고, 한 세기에 걸친 데이터 축적과 모델링이 결합해서 여러 가지 연관성과 그 영향을 추적하는 데 사용되었다. 엘니뇨는 20세기 말엽에 빈도가 증가했고, 과학자들은 그 원인을 지구온난화와 결부시켰다. 위에서 거론한 사례에서의 콜레라 예측은, 지구온난화 과학에도 의존하고 있다.

생물다양성과 생물 수집

또한 전 지구적 기후변화는 대량멸종을 가속화시켰다. 페름기와 백악기 말에 진행된 멸종 사태에 필적할 만한 수준이지만, 고생물학자들은 이번에는 인간 활동으로 기인한 것이라고 전 세계에 고했다. 1979년에 노먼 마이어스는 열대우림이 사라지는 속도에 대한 놀라운 추정치를 발표했다. 이 데이터로 인해 에드워드 O. 윌슨, 마이어스, 미주리 식물원의 피터 레이븐, 제레드 다이아몬드, 폴 에를리히, 토머스 러브조이 같은 원로 생물학자들이 열대우림 파괴에 반대하는 움직임을 조직했다.[39] 20세기 후반은 자원 보존이라는 제국적 모형(제7장에서 다루었다)에서 '생물다양성' 관리라는 전 지구적 관료 모형으로 옮아간 시기였다. 에드워드 O. 윌슨은 1985년에 '생물다양성 위기'에 대한 정책 논문을 썼고, 1986년에 '생물다양성 전국 포럼'에서 기조 강연을 했으며, 회보 『바이오다이버시티』를 편집했다. 이 무렵 생물다양성이라는 용어는 "자연보호 관련 문헌에서 가장 빈번하게 쓰이는 단어 중 하나"였다.[40]

윌슨이 정의한 생물다양성은 "생물학적 조직의 모든 수준에 걸친, 생명 형태에서 유전적 변이의 총체"를 뜻했으며, 모든 수준의 인간 관료 조직—전 지구적 수준(생물다양성 협약Convention on Biological Diversity은 1992년 리우 정상회의에서 채택되었다), 지역(예를 들어, '유럽공동체생물다양성전략'이 1998년에 채택되었다), 국가(예를 들어, 영국 생물다양성 행동 계획은 1994년에 시작되었다), 그리고 지방(가령 내가 사는 런던은 자치구인 '해크니 생물다양성 액션 플랜'에서 볼 수 있듯이, 독자적인 생물다양성 행동계획을 가지고 있다)에 모두 적용된다—에도 똑같이 적용 가능했다.

지구상의 생명에 대한 제국주의적 자원관리에서 전 지구적 관료적 관리로의 이행과 병행해서, 식민지와 제국주의적 자원 수탈에서 탈식민주의적인 생물-수집bio-collecting으로의 이행도 함께 일어났다.[41] 탈식민주의 초기에 독립 국가들은 식민지 연구 설비들을 국유화했다. 이들 국가는 국가 수입 중 상대적으로 큰 부분을 교육에 투자했다. 교육에는 과학자와 기술자 훈련이 포함되었다. 전형적인 경제 정책—수입 대체—은 과학의 적용을 통한 혁신으로 토착 기술자에게 거의 기회를 주지 않았다. 나아가 이 규칙에서 예외였던 농업도 녹색혁명을 거치면서 "외국 기술 고문과 [외국] 기업 투자에 대한 의존성을 강화하는" 방향으로 변화되었다.[42] 그리고 세계은행과 국제통화기금IMF 정책의 영향으로 이들 국가는 원료 자원의 공급자라는 식민주의적 역할을 계속 맡았다.

1970년대에 상품가격과 인구성장세가 하락한 반면 수입 공산품 가격이 상승하면서 나라빚이 늘어나자, 예를 들어 과학에 대한 지원이 삭감되었고 숲을 대규모 플랜테이션 농장으로 대체하는 단기 정책들로 이어지게 되었다. 쇠고기(브라질)와 야자유(인도네시아)의 플랜테이션 생산이 대표적인 경우다.[43] 1992년 리우에서 생물다양성 협약이 조인된 것은 이런 맥락이었다. 생물 자원은 더는 전 지구적 공유재로 간주되지 않았다. 개발도상국은 국경 안에 있는 생물 자원에 대한 재산권을 할당받았다. 숲이 미래의 상업적 가치의 저장고로 지적재산권에 의해 보호되면서, 개간과 플랜테이션에서 보존, 통제된 추출, 그리고 지역의 이익 쪽으로 균형추가 기울어졌다. 게다가 리우 협약 직후인 1993년에 세계시장을 열기 위해 설계된 논의인 관세및무역에관한일반협정General Agreement on Tariffs and Trade, GATT의 일부로 무역관련지적재산권협정Trade-Related Aspects of Intellectual Property Rights, TRIPS이 체결되었다. 화이자와 같은 기업들의 강력한 로비로, TRIPS는 모든 나라가 선진국의 전형적인 특허제도를 채택하도록 강요받았다.[44]

이처럼 변화하는 규제 세계 속에서 생물 수집이 자행되었다. 대형 제약 회사 브리스톨-마이어스 스큅Bristol-Myers Squibb사는 주목朱木의 일종인 탁수스 브레비폴리아Taxus brevifolia에서 유래한 항암제 '택솔taxol'의 권리를 얻기 위해 필사적인 싸움을 벌였다. 택솔의 경우 보건과 환경보전이라는 실행세계가 정반대 방향으로 작용했다. 언론매체에 이러한 갈등은 '환경론자' 대 '암 환자'의 대립이라는 식으로 표현되었다.[45] 흥미로운 화학적 특성이 있는 또다른 나무 님Neem의 사례를 들어보자.[46] 『침묵의 봄』이 출간된 이후 새로운 생물분해성 살충제에 대한 요구가 제기되었다. 미국의 목재 수입업자인 로버트 라센은 인도에서 예로부터 님 열매의 유액을 항균제, 피임약, 살균제와 살충제 등으로 널리 사용해왔다는 사실을 알게 되었고, 1971년에 표본을 자신의 위스콘신 실험실로 보냈다. 그는 1985년에 님 추출물 아자디라크틴의 특허를 얻었고, 1988년에 이 재산권을 그레이스앤컴퍼니W. R. Grace & Co사에 팔았다. 이 회사는 님 추출물로 '바이오-님', 또는 '마고산-O'라는 이름의 상품을 개발했고, 인도에 님 열매를 가공하는 회사를 설립했다. TRIPS에 의거해서, 인도는 그레이스앤컴퍼니의 특허를 존중해야 했다. 그에 비해 전통적인 지식은 대체로 인정이나 보상을 받지 못했다. 활동가이자 학자인 반다나 시바는 이러한 관계를 "생물-해적질bio-piracy"이라고 불렀다.[47]

생물 자원 원천국의 재산권을 존중하라는 생물다양성 협약에 따른 의무조항에 대해 농화학기업과 제약회사는 다양한 전략으로 맞섰다. 몇몇 기업은 여러 나라와 제휴 협정을 맺었다. 예를 들어 1991년에 머크Merck사는 국제결재國際決濟를 예상하고, 코스타리카 국립생물다양성및보전연구소 Instituto Nacional de Biodiversidad, INBio와 협력관계를 맺었다. 이 협정으로 코스타리카는 판매액의 일정 부분, 머크사의 기술에 대한 접근권, 그리고 지역 과학자와 기술자, 식견 있는 마을 주민들이 지역 탐사자로 훈련을 받을 권리 등을 얻었다.[48] 그 대가로 머크사는 INBio가 보유하고 있던 250만 개 표본에 접근할 수 있는 권리를 얻었고, 언제든 들판에서 더 많은 표본을 얻을 수 있게 되었다. 생물다양성 협약 이후에 다른 기업들도 비슷한 거래를 성사시켜서 부족 공동체와 직접 협정을 맺거나 토착 생물-탐사자의 발견을 중개하는 거간꾼이 되었다. 1990년대에 오스트레일리아 작가 브로닌

패리는 이렇게 썼다. "대부분의 사람에게 알려지지 않은 채, 대중의 눈길이 닿지 않는 중역실, 실험실, 그리고 창고 안에서 기업 간부, 과학자 그리고 기술자가 식민지 시대 이래 전례 없는 규모로 전 세계적인 수집 프로젝트에 가담해왔다."[49]

또다른 대응은 국가들과의 협상을 아예 피하려는 시도였다. 나아가 생물 자원을 추출하는 과제와 그것을 조작하는 능력은 재조합 DNA 기술의 적용으로 크게 증가했다. 패리는 이렇게 말했다. "유전자 자원은 계속 다양한 무형 자산으로 바뀌어서, 점차 정보의 형태를 띠게 될 것이다. 가령 극저온으로 보관되는 조직, 세포주, 추출된 DNA, 또는 심지어 데이터베이스에 저장된 유전자 서열 등으로 그 모습이 바뀔 것이다. 그리고 이러한 새로운 인위적인 형태를 통해, 유전자 자원은 무한히 이동 가능하고 따라서 더욱 전달 가능해질 것이다."[50] 일례로, 생명공학 기업인 피테라Phytera사는 식물 표본실에서 표본을 채굴하는 권리를 얻기 위해 유럽 식물원 일곱 곳에 비용을 지불했다.[51] 이러한 최종 전략은 1920년대에 바빌로프가 처음 개발했던 접근방식의 확장판인 셈이었다. 20세기의 마지막 10년대에, 국소 변형과 변이를 보존하기 위해 핵심적인 곡물의 종자를 국제적으로 수집하려는 시도는 '유전자은행gene banks' 설립으로 이어졌다. 무료로 이들 유전자은행에 대한 접근권을 원했던 사람들과 접근에 요금을 부과하려는 사람들(개발도상국의 이익을 대변하는 NGO들이 이런 입장이었다) 사이에 첨예한 긴장이 형성되었다.[52]

앞에서 우리는 어떻게 전 지구적 거버넌스라는 실행세계가 다수의 간학문적 연구를 발생시켰는지 살펴보았다. 간학문성은 20세기 후반부에 과학의 주제로 자주 언급되었다. 나는 여러 가지 사례를 논했다(예를 들어 컴퓨터 과학, 분자생물학, 그리고 화학의 공동 연구였던 인공지능의 전문가 체계, 요각류橈脚類 조사를 기반으로 한 콜레라 예측 연구 등을 상기하라). 또한 간학문성은 대학 경영자들이 기업가적 활동을 촉구하면서 활성화되었던 혁신 모형의 일환으로도 장려되었다. 이 모형은 급진적 새로움이 학문 분야의 경계와 중첩 부분에서 나타날 가능성이 가장 크다고 주장했다. 그렇지만 20세기 중엽에 등장한 간학문성—1930년대의 분자생물학이나 1940년대의 전파천문학, 1960년대의 신경과학—은 이 세기 말엽에 나타난 간학문적 시도들만큼 이익을 위해 노골적으로 장려되지는 않았다.

참여과학과 대중의 개입: AIDS와 광우병

20세기 후반기에 제기되었던 주제들에 대응하기 위해 적절한 전문성의 범위가 어디까지인가라는 물음에 대한 고찰이 촉구되었다. 스티븐 엡스타인은 "AIDS 연구 실행에서 가장 놀라운 측면 중 하나는 신뢰할 만한 지식 생산에 참여했던 행위자의 다양성이었다"라고 지적했다.[53]

1981년에 뉴욕과 캘리포니아의 의사들은 희소 암의 특이한 증례인 카포시 육종과 동성애자 남성 사이에 나타나는 희귀한 형태의 폐렴을 보고했다. 같은 해에 정맥주사 마약 투약자, 혈우병 환자, 아이티인의 일부 집단에서도 비슷한 증상이 나타났다. 아프리카에서는 특히 우간다에서 '슬림slim'* 이라는 소모성 질환이 보고되었다. 이 질병에는 게이-연관 면역결핍증Gay-Related Immune Deficiency, GRID, 동성애를 두려워하는 대중적 용어인 '게이 역병gay plague' 등 여러 가지 명칭이 붙었고, 1982년에 와서야 후천성면역결핍증Acquired Immune Deficiency Syndrome, AIDS이라고 불리게 되었다. 현지 보고는 두려움과 공포에 불을 지폈다. 프랑스와 미국 과학자들이 이 질병의 원인을 규명하기 위해 경쟁을 벌였다. 1984년 4월 같은 날에 파스퇴르 연구소의 과학자들과 미 국립암연구소의 로버트 갈로는 각기 독립적으

---

* 체중 감소, 설사 등이 수반되어 해당 지역에서 이런 이름이 붙었다.

로 이 병의 바이러스를 분리했다고 발표했다. 이 바이러스를 프랑스 팀은 LAV(림프절장애연관바이러스), 미국인들은 HTLV-III(사람T세포림프친화바이러스 III)라고 각기 불렀다.

AIDS와 HIV에 대한 연구는 여러 방향으로 다양하게 진행되었다. 역학자들은 시기를 확정할 수는 없지만 이 역병의 기원을 아프리카로 추적했다. 제약회사와 의학연구소가 백신과 약물 치료법을 찾기 위해 노력했다. 버로스 웰컴은 화학물질 분류 목록을 조사하다가 1960년대에 처음 합성되어 당시 항암제로 잠깐 시험되었던, 아지도타이미딘AZT을 우연히 발견했다. 그는 1986년에 AZT가 AIDS의 발병을 늦춘다고 발표했다. 실제로 임상시험 결과는 상당한 가능성을 보여주었다. AZT를 투약한 그룹에서 한 명의 사망자만 나온 데 비해 위약偽藥을 받은 대조군에서는 열아홉 명이 사망했다. 시험 결과가 워낙 뛰어났기 때문에, 모든 환자에게 혜택을 주기 위해 시험이 종결되었다. FDA는 1987년 3월에 AZT를 승인했다. 그러나 비싼 약값 때문에 투약자는 한정되었고, 모든 이에게 완전한 효과가 나타나지도 않았다.

당국에 비판적으로 돌아설 채비가 되어 있던 사회운동의 맥락에서 위기가 나타났다. 특히 비교적 교육수준이 높고 도움을 얻을 수 있는 자원이 풍부했던 미국 동성애자 집단의 구성원 사이에서 불만이 팽배했다. 이런 정황에서 동성애 커뮤니티는 과학적 의사결정을 자격증 있는 전문가에게만 허용하는 전통적인 제약에 도전할 수 있었다. 엡스타인은 면역학자, 바이러스학자, 분자생물학자, 역학자, 화학자와 의사 등 연구에 가담한 다양한 전문가에 대해 이렇게 말했다. "과학적 관점에서 AIDS의 복잡성, 그리고 이 역병의 심대하고 차별화된 영향으로 폭넓은 분야의 과학자가 참여할 수 있었다. 저마다 전문성을 갖춘 이들이었고, 종종 신뢰를 얻기 위해 경합을 벌였다. (그러나) AIDS에서 놀라운 사실은 이 질병이 정치화되면서 신뢰 획득으로 가는 성공적인 경로가 훨씬 늘어났다는 점이다."[54] 특히 "AIDS 운동은 이 역병의 많은 '희생자들'을 행동주의자–전문가로 개종시킨 최초의 사회운동이었다."[55] ACT UP*과 같은 AIDS 단체는 캠페인과 시위를 하고, 연구를 위한 기금을 모았을 뿐 아니라 직접 과학을 공부했고, 방법론을 둘러싼 논쟁에 참여해서 결국 "일반인 전문가"로 과학에 기여했으며, 임상 관행을 바꾸어냈다. 예를 들어 그들의 운동은 임상시험 설계를 둘러싼 논쟁을 "까다로운" 접근에서 좀더 "실용적인" 접근으로 전환시키는 논의를 촉발했다.[56]

이런 현상은 AIDS 연구에 개입한 집단에 한정되지 않았다. 엡스타인은 그와 비슷한 참여과학participatory science, 즉 전통적으로 공인된 전문가와 사회운동에 속한 일반 전문가가 모두 기여한 결과로 이루어진 과학의 사례들을 라임병†과 유방암에서 만성질환에 이르는 다른 의학적 영역에서 찾아냈다.[57] 참여과학의 잠재성은 보건과 생의학이라는 실행세계에 국한되지 않았다. 1986년 소련의 체르노빌 핵발전소는 세계 역사상 최악의(당시까지는) 핵발전소 사고를 겪었다. 방사능 낙진은 처음에 북쪽으로 핀란드와 스칸디나비아에 퍼져나갔고, 나중에는 서쪽으로 영국까지 날아갔다. 비가 내리자 핵 오염물질이 하늘에서 떨어져 토양에 스며들었다. 특히 영국 레이크주의 비가 잦은 고지대인 컴브리아 지방은 세슘 137 낙진으로 큰 피해를 입었다. 과학자뿐 아니라 지역 목양농을 인터뷰한 사회학적 연구 프로젝트를 수행한 브라이언 윈은 컴브리아의 목양농이 이 위기에 대응할 수 있는 최선의 정책 수립을 이끌어내는 데 직접적으로 연관된 일반인 전문성을 가지고 있었다고 주장했다.[58] 목양농은 목양의 주기뿐 아니라 토양의 지역적 변이에 대해 꿰고 있었지만, 공인된 전문가인 과학자는 그렇지 못했다는 것이다. 더구나 목양농은 셀라필드 핵재처리공장 인근에 살고 있었는데, 그 공장은 1957년 영국 최악의 핵 사고였던 윈드스케일 화재 사건이 일어났던 곳이었다.

엡스타인의 AIDS 행동주의와 윈의 컴브리아 목양농 같은 사례는 과학과

---

* Aids Coalition To Unleash Power의 약자이다.
† Lyme disease, 진드기에 의해 전파되는 세균성 전염병.

대중 사이 관계를 묘사하는 방식에서 변화를 촉구하는 하나의 요인을 제공했다. 과거에 과학자는 모든 유관 지식의 소유자로 간주되었던 반면, 대중의 구성원은 기껏해야 과학자의 지식보다 한 차원 낮은 얕은 지식을 가지고 있는 것으로 여겨졌다. 따라서 대중이 제기하는 우려는 과학 대중화를 통한 지식의 결핍을 채워주거나 권위 있는 보증을 통해 해소될 수 있다고 생각되었다. 1980년대에 이러한 '결핍 모형deficit model' 가정에 기반한 대중의 과학 이해 프로그램들이 영국과 같은 나라들에서 진행되고 있었다. 그러나 종종 식품과 관련해 여러 차례 위기가 닥쳐서 소비자의 태도가 변화하기 시작했다. 쇠고기에 들어 있는 성장호르몬(1970년대), 달걀의 살모넬라균(1980년대), 흔히 '광우병'이라 불리는 '소의해면상뇌질환Bovine Spongiform Encephalopathy, BSE'과 그와 연관된 사람의 질병인 변형크로이츠펠트야곱병(vCJD, 1980년대와 1990년대), 그리고 유전자조작식품(1990년대) 등이 그런 사례들이었다. 스탠리 프루시너와 같은 과학자들은 소의 BSE, 양의 스크래피병, 그리고 사람에게 나타나는 vCJD와 구루병(파푸아뉴기니) 등이 프리온prion에 의해 일어나는 질병의 사례라고 주장했다. 프리온은 단백질의 일종으로 20세기에 처음 확인된 새로운 과학적 질병 유발 물질이었다.[59] 한편 유전자조작GM식품을 둘러싼 우려는 시장을 확장하려는 몬산토 같은 회사의 야망에 의해 촉발되었다. 특히 최초의 GM식품 '플레이버세이버Flav Savr' 토마토(오랫동안 보관이 가능하도록 유전자가 조작된 토마토로, 1994년에 미국에서 판매되었다)의 뒤를 이어 유럽에서 '라운드업레디' 콩(제초제 라운드업에 내성을 가지도록 유전자가 조작된 콩)이 들어간 식품을 둘러싸고 많은 논란이 일어났다.

그 후 1990년대에 신기술의 규율을 둘러싼 정치적 위기가 있었고, 해결책을 모색하는 정치가들과 그들의 자문역인 공인된 전문가들 모두에 대해 대중적으로 회의론이 크게 일었다. 이 두 번째 요인은 일반인 전문성의 존재와 그 유효성에 대한 주장을 더 확고하게 뒷받침했다. 그러자 과학기술에 대한 대중참여와 대중 소통이 크게 유행했다. 사회학자이자 블레어 정부 자문역을 맡고 있던 앤서니 기든스는 1998년에 이렇게 말했다. "현재 우리에게는 기술 변화를 감시할 수 있는 기관이 없다." 그리고 이렇게 덧붙였다. "만약 기술 변화와 그 미심쩍은 영향에 대해 대중과 소통할 수 있는 제도가 마련되었다면, 우리는 BSE라는 엄청난 실패를 사전에 예방할 수 있었을지도 모른다."[60] 과학에 대한 대중참여, 심지어 과학이 아직 실험실을 떠나기 전인 '상류upstream' 단계의 참여에 대한 주장이 싱크탱크에 국한되지 않고 폭넓게 제기되었다.[61]

윈이나 엡스타인 등의 학자를 비롯해서 데모스* 같은 싱크탱크에게, 일반인 전문성은 아래로부터의 민주주의 개혁으로 인식될 필요가 있었고, 대화를 통한 의사결정 참여 확대를 도덕적으로 정당화시켜주는 것이었다. 과학기반 기업이나 과학 기관의 정치가와 지도자에게 대화는 혁신의 흐름을 방해했던 대중의 불안을 잠재우는 하나의 방편이었다. 이러한 후자의 입장은 1990년대와 2000년대에 엄청난 기대의 거품을 불러일으켰던 나노과학과 나노기술에 채택되었던 정책들에서 찾아볼 수 있다.

나노과학

1959년에 리처드 파인먼은 미국물리학회 캘리포니아 지회에서 '바닥 세계에는 충분한 공간이 있다'는 제목으로 대중강연을 했다. 이 물리학자는 핀의 머리에 브리태니커 백과사전 내용을 모두 적어넣을 수 있는 가능성을 생각했다. 만약 정보가 충분히 압축될 수 있다면 이러한 정보로 작동하는 기계들을 상상할 수 있고, 심지어는 마이크로컴퓨터도 가능할 것이다. 그 후

---

* Demos. 1993년에 설립되어 영국을 기반으로 활동하는 싱크탱크. 교육, 보건, 주택 등 다양한 주제에 대한 사회정책을 개발하고 있다. 단순한 싱크탱크를 넘어 대중참여를 기반으로 한 공익 추구를 위한 정책 개발에 힘쓰고 있다.

극소기계에 대한 파인먼의 흥미로운 강연은 거의 잊혀졌다. 그의 공헌은 20세기 후반 여러 세력에 의해 하나로 통합된 현대 간학문적 프로젝트에 유명한 선구자를 갖다 붙이는 방식으로 '창조 설화'의 한 부분이 되었다.[62]

나노과학이나 나노기술이 있어야 할 필연적인 이유는 없다. 이들은 사뭇 다른 실행세계에 속하는 과학—합성화학, 생명공학, 교질膠質 과학—이 전자소재 제조업과 엔터테인먼트 등과 중첩되면서 태어났다. 대중 과학 저술이 성공하려면 과학자 공동체보다는 대중을 만족시켜야 한다. 1970년대에 MIT 학생이었던 에릭 드렉슬러는 극소기계에 대한 공상적인 생각을 책으로 썼다. 특히 1986년 저서 『창조의 엔진The Engines of Creation』에서 그는 어셈블러, 즉 자기복제 기계와 이 기계의 긍정적 측면(극소 수준에서 점차 확장해서 다른 구조물을 만들 가능성)과 사악한 측면(미친 듯이 날뛰어서 이 세계가 '그레이 구*로 바뀔 가능성)을 이야기했다. 1970년대의 생명공학 논쟁들은 혁신을 선과 악의 이분법적 대립으로 보는 마니교식 접근의 자가발전적 효과를 잘 보여주었다. 신기술이 새로운 위험을 낳는다는 것은 이제 진부한 이야기였기 때문에, 위험의 잠재성을 크게 떠드는 편(이래야 결국 더 많은 언론의 관심을 받을 수 있다)이 그 기술의 잠재력에 대해, 비논리적으로, 강력한 관심을 불러일으켰다. 드렉슬러가 상상한 기계들은 나노기술의 상을 지배했지만, 결코 주류 과학은 아니었다. 그 후 드렉슬러는 거의 무시되었다. 이따금 리처드 스몰리와 같은 과학자가 잠깐 짬을 내 진짜 과학과 사이비 과학 사이의 경계를 긋기 위해 『사이언티픽 아메리칸』에 왜 드렉슬러의 어셈블러가 작동할 수 없는지 설명하는 기사를 실을 정도였다.

스몰리는 1980년대에 새로운 형태의 탄소를 발견한 공으로 노벨상을 받았다. 탄소 원자는 서로 결합해서 두 가지 친숙한 구조를 형성한다. 반복

---

* 드렉슬러는 분자 크기의 자기복제 기능을 가진 나노 기계가 지구를 뒤덮으면 세상이 통제불가능한 '잿빛 덩어리grey goo'로 변할 수 있다는 가능성을 제기했다.

된 사면체(다이아몬드)와 반복된 육면체(흑연)가 그것이다. 서섹스 대학의 화학자 해럴드 크로토는 '암흑물질'의 부족 문제를 설명하려는 시도로 오래된 항성들의 탄소화학을 탐구하고 있었다. 그는 스몰리 그룹이 레이저분광기법을 개발했기 때문에 그들과 접촉했다. 항성들의 탄소화학을 모의실험하는 과정에서, 이들은 협동 연구를 통해 60개의 탄소 원자가 마치 미국의 건축가 벅민스터 풀러가 1960년대에 건설한 초현대적인 돔을 연상하게 하는 공 모양으로 일렬로 배열된 새로운 형태를 발견했다. 이들은 이 C60을 '버크민스터풀러렌buckminsterfullerene'이라고 불렀고, 대중 과학 언론은 이름을 줄여서 '버키 볼'이라는 별명을 붙여주었다.

화학원소 중에서 가장 놀라운 탄소의 거대한 새로운 분자들이 탄생했다. 그 유용성과 응용 가능성은 컸다. 그러나 1990년대에 "나노기술"이라는 이름으로 합쳐진 이 분야는 다른 형태의 탄소에서 훨씬 큰 잠재력을 발견했다. 그것은 '나노튜브nanotube'라고 알려진, 흑연 판이 둥글게 말린 튜브 형상이었다. 섬유纖維, 즉 필라멘트 모양의 탄소 구조가 존재한다는 증거는 20세기 내내 쌓여왔으며, 소련 과학자들은 1950년대에 전자현미경을 이용해서 그 모습을 그려냈다. 이러한 관찰은 1990년대까지 여러 차례 반복되었지만, 거의 관심을 끌지 못했다. 그 까닭은 이런 필라멘트가 처음 그것을 이해했던 실행세계에 무의미한 것으로 여겨졌기 때문이었다. "그것을 연구했던 재료 과학자들의 주된 목표는 성장 메커니즘을 이해해서 석탄이나 철강산업의 처리 과정이나 원자로의 냉각 수로에서 탄소가 생성되지 않도록 막는 일에 쓰는 것이었다."[63]

1991년 일본 NEC사의 고체물리학자 이이지마 스미오飯島澄男는 필라멘트의 증거를 검토하는 논문을『네이처』에 실었다. 논문은 "탄소 나노튜브"의 "발견"으로 인용되었지만, 사실은 발견이 아니었다. 구체적인 "발견자"에 대한 갑작스러운 요구는 나노 영역에서 점차 그 중요성이 쌓여가고 있다는 증거였다.『카본』이라는 저널의 초빙 편집인은 이렇게 말했다. "이이지

마의 1991년 논문이 의심의 여지 없이 큰 영향을 가져오게 된 것은 많은 요인이 제대로 들어맞았기 때문에 나타난 결과였다. 수준 높은 논문, 기초연구와 근본적인 물리학 분야에 속한 사람을 비롯해 모든 과학자가 읽는 최고 수준의 학술지, 그보다 앞선 세계적인 연구가 남긴 강한 인상(풀러렌), 그리고 '나노'라는 파도에 올라 서핑을 할 채비가 되어 있던 완전히 성숙한 과학자 청중이라는 요인이었다."[64]

나노과학과 나노기술을 함께 견인했던 세 번째 주요 세력은 전자업계라는 실행세계 안에서 이루어진 새로운 기술 발전이었다. 특히 IBM의 취리히 연구소는 개별 원자를 검출하고 그 움직임을 식별할 수 있는 극도로 민감한 장치인 주사형터널현미경을 1981년에 제작했다. 니켈 표면 위에 네온 원자를 배열해서 'IBM'이라는 글자를 쓴 1989년의 유명한 사진은 기술적 성취였을 뿐 아니라 원자 수준까지 조작할 수 있는 능력을 대대적으로 선전해서 'IBM'이라는 도장을 그 기술 위에 찍은 셈이었다. 그 외에도 20세기 하반기에 기술 변화의 중심적 동인이 될 새로운 기술이 출현했다. 전자 소자들을 실리콘 칩 위에 훨씬 미세한 크기로 새겨넣는 기술이었다. 1971년에 출시된 최초의 마이크로칩인 인텔 4004에는 2300개의 트랜지스터가 집적되었지만, 같은 회사의 2003년 인텔 제온Xeon에는 무려 1억 800만 개의 트랜지스터가 들어 있었다. 인텔과 같은 칩 제조업자들은 물질을 나노 수준에서 조작할 수 있는 특별한 기술의 목록들을 축적했다. 왕립학회와 왕립공학아카데미의 2004년 보고서는 "경제 부문에서 정보와 커뮤니케이션 기술이 나노과학의 큰 부분을 효과적으로 이끌어갔다는 데 의문의 여지가 없다"라고 썼다.[65]

나노 수준은 큰 분자에서 세포의 작은 구성성분에 이르기까지 넓은 범위를 포괄한다. DNA를 조작하기 위한 도구의 묶음과 함께 생명공학 역시 나노기술로 간주되었고, 나노기술은 '밑에서 위'로의 합성과 '위에서 아래'로의 제조가 수렴된 것으로 포장되었다. 실제로 나노과학과 나노기술 분야들이 응집하게 된 마지막 요인은 숱한 기대의 도입, 기업주의, 그리고 생명공학에서 '나노'로 이어지면서 스스로 부풀린 과대 선전이었다. 덕분에 오늘날 나노과학은 다음 파도에 올라탈 의향이 있는 각국 정부와 사기업의 투기자에게 1순위 투자 기회로 간주되고 있다.

나노기술 역사가인 패트릭 매크레이는 "유토피아적 상상과 정책 근거가 재정 현실과 맞닥뜨리게 된" 시기가 1990년대 말이었다고 지적한다.[66] 나노과학과 나노기술의 응집을 이끌었던 핵심 기관 중 하나가 국립과학재단National Science Foundation, NSF이었다. 1980년 루마니아에서 미국으로 온 기계공학자 미하일 C. 로코는 이곳에서 나노기술을 지원할 야심찬 프로그램을 추진했다. 매크레이가 지적하듯이, 로코의 프로젝트는 '좋은 시기'에 출발했다. 냉전이 종식되면서 기초과학에 대한 지원이 소련의 위협에 대한 대응에서 벗어나 국제 경쟁력 강화에 역점을 두게 되었다.[67] 1991년에 일본의 통상산업성은 나노기술에 2억 2500만 달러를 투자하기로 약속하며 전자 제조업의 실행세계에 나노기술을 위치시켰다. 의회와 폭넓은 공공 이해당사자를 대상으로 활발한 로비가 벌어졌다. 이러한 로비에는 예를 들어 『나노기술: 원자를 하나씩 배열해 세계를 빚어내다』라는 화려한 팸플릿이 이용되었다. "파인먼의 1959년 강연에서 나온 전망, 즉 전자현미경을 이용한 개별 원자의 조작, 나노 크기의 전자 소자들을 제작할 수 있는 잠재력, 크세논 원자들로 쓴 유명한 IBM 로고, 그리고 나노기술에 대한 투자로……엄청난 상업적, 사회적 이익의 가능성이 열릴 것이라는 나노 유토피아적인 수사가 빠르게 확산되었다."[68] 2000년에 설립된 국가나노기술주도전략National Nanotechnology Initiative에 미국 정부는 무려 4억 6500만 달러를 쏟아부었다.

인간유전체계획의 모델을 따라서, 나노기술 연구기금 가운데 1퍼센트는 사회 및 윤리적 쟁점의 연구에 배정되었다. 로코와 윌리엄 심스 베인브리지가 편집한 『국립과학재단의 나노과학 및 나노기술의 사회적 함의』는

2001년 3월에 발간되었다. 이 보고서는 당시 문제되는 경향이 미래에도 확대될 것이라고 예측하면서 나노를 하나의 해결책으로 제시했다. 가령 '정년 도달 인구 비율의 증가'와 같은 문제는 나노를 이용해서 신체적 독립성을 유지할 수 있는 보조 수단과 인지 능력을 뒷받침하는 도구를 개발하는 방식으로 지원할 수 있다는 것이다.[69] 그보다 중요한 점으로, 보고서는 나노가 기존의 문제들을 해결하는 방식을 증가시켜서, 근본적인 원인을 해결하려는 시도에 관심을 돌릴 우려가 있다는 점을 들었다. 예를 들어보자.

가령 "고감도와 높은 선별 능력으로 의학적으로 유의미한 신호들을 찾아낼 수 있는 의료용 센서들은[2000년 정책 보고서에서 인용]…… 질병 진단과 치료에 도움을 줄 뿐 아니라 개인의 예방적 건강 프로파일을 개발할 가능성을 주고 있다. 오늘날 건강과 생명 보험사들은 종종 보험 적용을 거부하거나 담보 범위를 제한하는 근거로 기존의 질병을 활용하곤 한다. 나노 검출 능력의 출현은 보험 회사가 보험 담보 범위를 결정하는 데 사용할 수 있는 정보를 크게 확장시켜줄 것이다. 따라서 이 새로운 세대의 정보는 이전보다 넓은 인구층이 사회적 혜택을 평등하게 받을 수 있게 해주는 위험 분산의 접근방식을 위태롭게 할 수 있다. 사회는 이러한 문제에 어떻게 대응할 것인가?[70]

여기에서 사회는 의료에 대한 접근의 불평등이 빚어지는 근본적인 원인을 고찰하도록 요구받지 않았다. 마찬가지로, 이 보고서는 군부가 새로운 과학기술의 중요한 고객이 될 것이라고 제대로 지적하고 있지만, 이러한 갈등의 근본 원인은 논의에서 배제하고 있다.

나노기술은 군사적 적용에서 현기증이 날 만큼 많은 잠재적 가능성을 제공한다. 최근 역사는 나노기술의 최초 적용례 중 일부가 군사적 영역에서 이루어지리라는 것을 시사하고 있다. 구체적인 수요들이 잘 드러나 있고, 고객—국방성—은 이미 존재한다. 바람직한 나노 혁신의 한 영역은 "자동화와 로봇공학을 강화해 군 인력을 감축시켜서 군병력에 대한 위험을 줄이고 야전 차량의 성능을 높이는 것이다"[앞에서 인용한 같은 보고서]. ……이러한 영역에서 이루어진 발전이 전 세계의 무력 분쟁에서 민간인 사상자의 증가(절대 수치와 군 사상자와의 상대 비율에서)라는 현재의 경향에 어떤 영향을 줄 것인가? 전장에서 로봇의 능력 증대가 실현되었을 때, 전시에 민간인보다 군인이 되는 편이 더 안전한 시대가 시작될까?[71]

설령 사회가 나노과학과 나노기술로부터 혜택을 얻었다고 해도, 21세기의 처음 10년 동안 여러 가지 심각한 장애물이 뚜렷하게 나타났다. 첫째, 서로 다른 실험실에서 사용할 수 있는 비교 가능한 척도를 정하기가 특히 어려웠다. 전 세계에 비슷한 '나노미터nanometer'가 최소한 확실한 방식으로 수출되지 않았다. 독일의 연방물리기술연구소(과거 독일제국연구소의 전후 명칭)는 "외견상 원자현미경의 능숙한 사용자들이라도 같은 인공물의 측정에서 큰 편차를 나타낼 수 있다"는 사실을 발견했다. 왕립학회의 왕립공학회는 다음과 같은 결론을 내렸다.

합의된 표준이 없으면, 도구나 기계는 나노미터 척도로 조정할 수 없다. 따라서 실험실과 제조공장들이 데이터나 물리적 구성부품을 교환하거나 공유할 수도 없다. 또한 보건과 안전 기준도 법적 요건으로 마련할 수 없다.[72]

설령 도량형 문제가 해결되더라도, 나노 상품에 대한 미래 대중의 반응은 불확실했다. 영국에서, 당국은 상류 개입의 전략을 채택해서, 나노와 관련된 주제들을 조기에 토론에 붙여 훗날 발생할 수 있는 예상치 못한 사태를 미리 대비할 수 있는 근거에 대해 논했다.

그럼에도 불구하고 랭던 위너 같은 기술정치 철학자는 2003년에 열린

미 하원 과학위원회에서 이렇게 말했다. "나노기술에 대한 문헌들에서 다음과 같은 물음은 거의 제기되지 않는 것처럼 보인다. 현재 사회의 기본적인 요구는 무엇인가? ……그 대신 우리가 발견하는 것은 '목적을 위한 수단'이라는 일종의 기회주의적인 논리뿐이다." 위너의 주장은 옳았지만, 그의 불평은 요점을 놓쳤다. 요구에 대한 대응이 이루어지지 않은 것은 아니었다. 그보다 중요한 것은, 20세기와 그 이후의 과학에서 좀더 일반적으로 그 요구는 특별한 실행세계의 요구일 뿐 전체 사회의 요구와 일치하지 않았다는 점이었다.

제 V 부

결론

제20장

20세기 과학과 그 이후

책에서 나는 대체로 연대기 순으로 이야기를 전개했다. 우리는 19세기 과학의 연속선상에서 20세기 초에 물리학, 생명과학, 그리고 인문학이 새롭게 발전하는 과정을 살펴보았다. 20세기 삶을 할퀴고 변화시켰던 갈등은 20세기 과학도 새로운 모습으로 변모시켰다. 20세기 후반기에는 더 극적인 사건들과 경향이 목격됐다. 나는 '실행세계', 즉 해결해야 할 문제들을 만들어내는 인간 프로젝트들의 투기장이 20세기 과학사 대부분을 이해하는 배경이라고 주장했다. 대부분의 좋은 과학은 실행세계 상황을 표상하는 추상적이고 단순화된 모형들을 측정하고, 비교하고, 경합시키는 방식으로 수행되었다.

결론을 맺으면서, 나는 한발 물러서서 두 가지를 개관할 것이다. 미래를 내다보는 두 번째 개관은 21세기 과학에 대한 나의 전망이다. 첫 번째는 과거를 돌아보고 지금까지 내가 이야기했던 역사를 다시 읽으면서 주목할 만한 네 가지, 서로 교차하는 중요한 주제들을 좀더 깊이 분석하는 것이다. 그것은 과학을 빚어낸 전쟁이라는 실행세계의 특별하고도 명백한 중요성, 미국이라는 지배적인 과학 권력의 출현, 누락된 이야기들, 그리고 20세기 후반 물리과학에서 생명과학으로의 전환이다.

전쟁에 대해서

과학과 창의성은 20세기 이전의 아주 오래된 과거부터 전쟁에 동원되었다. 그러나 20세기를 통해, 그 관계는 심화되었다. 여러 가지 요인이 이러한 경향을 촉진했다. 오랜 전쟁 기간, 제1차 세계대전이 속전속결로 끝나리라는 터무니없는 예견, 제2차 세계대전의 엄청난 규모, 그리고 냉전의 얼어붙은 조건들이 과학의 항구적인 동원을 부채질했다. 속도에 대한 점증하는 강조도 중요했는데, 그것은 과학과 기술 변화의 원인이면서 동시에 결과였다. 속도는 전쟁이라는 실행세계가 내놓은 모범 문제였다. 과학자들은 다양한 동기로 이러한 동원에 응했다. 많은 이유 중에서 애국심에 따른 의무감, 기술적으로 멋진 해결책을 성공적으로 제시하는 즐거움, 고향의 대학을 지키려는 열망 등이 작용했다. 또한 전쟁은 꾸준히 한 방향으로 진행하는 사회적 래칫ratchet과도 같아서, 있을 법하지 않은 일을 가능하게 만들었고, 불가능한 일을 사회적으로, 정치적으로 가능하게 했다. 제1차 세계대전에서 미국의 심리학처럼, 하나의 과학 분야가 송두리째 동원되어 전쟁에 의해 항구적으로 변화할 수도 있었다.

나아가 전쟁의 실행세계가 20세기 과학의 모습을 바꾸었다는 점뿐 아니라 다른 실행세계와의 관계 변화 역시 중요하다. 인간 질병이라는 실행세계에서 태어난 세균학과 보건정책 전문가인 장 기유맹은 이렇게 말했다. "서구 국가들이 역병이라는 집단적 파국으로부터 거리를 두고 있었지만, 몇몇 정부는 전쟁에서 우위에 서기 위한 수단으로 생물 무기를 발명했다."[1] 고국에서의 질병 통제는 다른 나라에 사용하기 위해 설계된 무기 개발을 위한 조건이자, 심지어는 촉진 요인이기도 했다.

미국에 대해서

과학에서 어느 나라가 더 발전했고 쇠퇴했는가라는 판단을 포함해서, 국가 지도력을 가늠하는 일에는 워낙 많은 위험이 수반되기 때문에 오늘날 과학사가 대부분이 이런 판단을 기피하곤 한다. 역사학자 메리 조 나이는 이렇게 지적한다. "과학은, 국가별로 상대적인 성취를 판단하기가 불가능한 미술이나 문학과는 다르다. 하지만 과학적 성취에서 나라에 따른 변동의 미세한 특징들은 문화적 애호, 그리고 경제력 및 군사력의 국제 위계에서의 순위에 대한 혼란스러운 평가에 의해 영향을 받을 수도 있다는 점에서 미술이나 문학과 상당히 비슷하다."[2] 그녀는 특히 19세기 과학에서 프랑스가 쇠퇴했다는 평가를 염두에 두고 있었다. 그녀는 역사적 행위자에 의한 것이든 또는 후세의 분석가(선구적인 과학사회학자 조지프 벤다비드와 폴 포먼, 존 하일브론, 스펜서 위어트, 그리고 테리 신과 같은 세련된 과학사가의 연구를 포함해서)에 의한 것이든, 정성적 평가와 정량적 평가 모두가 신뢰할 만한 지표를 만들지 못했음을 보여주었다. 20세기 분석가들은 과학자의 수를 세고, 그들의 생산성(가령 일인당 연구논문 수), 수상 경력 등을 정량화했다. 그러나 이러한 지표들은 그 밑에 내재하는 가정들이 탐구되면서 의문시되었다.

　군사와 행정의 실행세계가 20세기 과학의 지표를 만들기 위해 많은 투자를 했음에도 불구하고 이러한 회의적인 입장은 계속되었다. 1920년대에 소련에서 야심차게 대규모로 진행되었던 정량적인 과학 연구 나우코베데니 Naukovedenie, 경제협력 개발기구OECD가 수행했던 비교 통계의 국제 대조를 포함하는 1960년대 정보계량학scientometrics의 재유행, 데렉 드 솔라 프라이스 같은 서구 개인 연구자의 프로젝트, 그리고 소련이 다시 착수했던 나우코베데니 등이 그런 사례에 해당한다.[3] 실제로 정보계량학이라는 전후 과학은 그 자체가 실행세계의 요구에 대한 응답이었다. 항구적으로 동원된 과학은 군사적 기대 덕분에 후한 지원을 받았고, 그로 인해 관리가 필요해졌으며, 관리 감독이라는 문제를 해결할 필요가 있었다—1960년대에 이러한 문제의 큰 부분이 '거대과학Big Science'의 병리적 결과였다.[4] 그들의 주된 발견은 성장이었다. 그것이 과학자의 수든, 논문이나 특허와 같은 그들의 산물이든, 또는 연구비의 규모든 간에, 중요한 것은 성장이었다.[5] 국제적 비교 지표는 21세기 초에도 여전히 과학정책 개입의 필수적인 도구였다. 가령 미국에서 정치가들에게 다가오는 중국과 인도와의 경쟁을 경고하기 위해 작성된 2007년 보고서『몰려오는 폭풍우 위로 솟아오르기Rising Above the Gathering Storm』를 흘끗 들여다보기만 해도 그것을 알 수 있다.[6]

국가의 우위는, 비록 미심쩍기는 하지만, 인정될 수 있다. 그러나 그것을 설명하고, 그 설명을 입증할 필요 또한 인정된다. 과학에서, 특히 20세기 후반부 미국의 리더십은 역사적인 인물이나 분석가에 의해 때로는 명시적으로 그리고 그보다 자주 암시적으로 언급되었다. 물리학자 이시도르 I. 라비는 1950년대 오펜하이머 재판의 심리 과정을 이렇게 회상했다. "우리가 1929년에 처음 만났을 때, 미국 물리학은 그다지 높은 수준이 아니었고, 당시 미국이라는 나라의 크기나 부에 합당하지 않았습니다. 우리는 미국 물리학의 수준을 높이는 문제에 대해 깊이 우려했습니다. 유럽에 배우러 가는 데는 신물이 났으니까요. 우리는 독립을 원했지요." 그리고 의미심장하게 이렇게 덧붙였다. "이 말을 꼭 해야겠습니다. 나는 우리 세대가…… 해야 할 일을 했다고 생각합니다. 10년 후 우리는 세계 정상의 자리에 섰습니다."[7] 다른 분야, 특히 생물학이 물리학의 뒤를 따랐다.[8]

그러나 2차 문헌에는 역설이 있다. 한편으로 미국의 우위(그런 현상이 있었다면)에 대한 확실한 설명을 찾는 일에 따르는 어려움이 드물지만 분명하게 표명되었다. 다른 한편, 끌어올 수 있는 다른 설명의 후보가 풍부하게 존재했다. 그중 일부는 미국의 예외주의 논변의 변형판들이다. 다른 일부는 그렇지 않거나, 또는 최소한 예외주의를 강하게 주장하지는 않았다. 예를 들어 과학이 돈이 많이 들어가고 자원집약적인 활동인데, 미국은 20세기에 부유하고 인구가 많았기 때문에 과학이 발달할 수 있었다는 주장이 약한 논변이었다. 많은 주장은 저자들이 미국 과학의 특징을 설명하려는 시도에서 이루어졌다. 이런 주장들은 그 특징들이 단독으로든, 또는 좀더 설득력있게 여러 특징의 조합으로든, 일반적인 견인력을 가진다는 점을 보여줄 수 있을 때만 미국의 우위에 대한 설명의 후보가 될 수 있다. 그럼에도 불구하고, 다음과 같은 특징을 기반으로 한 일곱 가지 주장을 구분할 수 있다. (1) 19세기 말엽에 시장에 대한 기업과 발명의 반응이 제대로 이루어졌다. (2) 프런티어 테제의 한 갈래. (3) 역시 19세기 말엽에 갖추어진, 유럽의 경쟁국들과 대비한 미국의 상대적인 제도적 이질성. (4) 프래그머티즘. (5) 18세기 이래 변화하는 구조적 역학으로, 정치구조와 과학 사이의 특별한 관계 (6) 부. (7) 군사력. 이러한 유형 중 일부는 다른 유형들을 뒷받침해줄 수 있으며, 일부는 다른 방향으로 견인할 수 있다.

예를 들어 기술사가인 토머스 휴즈는 『현대 미국의 기원American Genesis』(1989)에서, 유형 (1)을 뒷받침하는 사례들을 제공했다. 정치와 경제 민주주의를 위한 미국의 기획이 가져온 결과 중 하나는 "대중을 위해 대량 생산된 제품과 서비스를 위한, 전례를 찾을 수 없는 규모의 새로운 시장" 형성이었다.[9] 유럽이 호화로운 사치품 판매를 통해 적은 거래액으로 높은 단위 수익을 기대한 반면, 미국의 기업가와 발명가는 값싼 상품의 대량 판매를 통한 박리다매를 목표로 삼았다. 더 특수한 점으로, 에디슨과 포드 같은 미국의 시스템 건설자, 그리고 새뮤얼 인설과 프레더릭 윈슬로 테일러처럼 시스템 전략을 확장했던 이들은 생산의 지속적 흐름을 달성하기 위한 발명의 재능에 초점을 맞추었다.[10] 역사가 앨프리드 챈들러는 대규모 시장의 수요로부터 수익성을 지키기 위해 기업이 설립되었다고 주장한다. 기업은 발명을 기업 내로 포괄하고 기업 실험실을 만들어서 지식과 생산을 수직적으로 통합시키는 방식으로 예측 불가능성—시장 변동과 독립 발명의 예측 불가능성을 포함하는—을 통제하려고 시도했다.[11] 그 결과 기업 내 실험실 연구에 국한되지 않는, 기업의 창의성이 결정적인 역할을 수행하는 세상이 시작되었다. 석유 정유와 이용, 장거리 통신, 자동차, 전등과 전력, 그리고 그밖의 많은 산업이 20세기의 하부구조를 제공했고, 이러한 실행세계가 21세기 과학을 불러일으켰다.

북아메리카 대륙의 크기 또한 프레더릭 잭슨 터너의 프런티어 테제를 뒷받침했다. 프런티어 테제는 1890년대에 두드러졌던 미국의 특징과 발전에 대한 악명높은 설명이다. 아직 경작되지 않은 엄청난 면적의 땅이 있다는 사실이 개척자에게 억세고 튼튼한 자신감을 북돋는 도전이 되었다는 것이다. 그러나 터너는 1890년대의 인구조사 결과, 뚜렷한 미국적 가치를 뒷받침하는 함의를 가지는 프런티어는 이미 닫혔다고 주장했다. 터너 테제는 그 주장이 제기된 이래 수용, 수정, 반박, 그리고 재고再考를 되풀이했다. 과학사에서 프런티어 사료학은 명시적이라기보다는 묵시적이었다(미국 기업들이 안으로 파고들어서 창의적인 지식, 즉 원재료를 수직적으로 통합했음에도, 프런티어가 닫히면서 그 후 대체로 나타난 수평적인 시장 통합이 느려졌다). 그럼에도 불구하고, 미국 대통령에게 전시戰時 경험에서 얻은 교훈을 기반으로 전후 세계를 위해 과학을 적극 활용해야 한다고 권고했던 바네버 부시의 보고서 「과학: 끝없는 프런티어Science: The Endless Frontier」(1945)에서는 지식에 기반한 리더십이라는 터너의 주장에 강하게 동조하는 분위기가 풍긴다.

역사가 테리 신은 미국이 과학에서 거둔 예외적인 성취가 교육, 산업, 그리고 연구를, 때로는 느슨하게, 한데 결합시킨 폭넓은 관계에서 기인한다고 주장했다.[12] 19세기 이래 프랑스와 독일은 박물관 모형, 병원 모형, 연구대학 모형 등 이러한 관계에 대해 서로 대조적인 모형들을 제공했다. 독일은 여러 유형의 기술 교육(유명 공과대학Technische Hochschulen에 국한되지 않는), 대학과 산업에 대한 주州 수준의 지원, 그리고 선구적인 표준과 물리기술연구소 같은 실험실 등의 국가 제도를 폭넓게 연결한 "이질성의 패러다임"을 제공했다.[13] 반면 프랑스는 교육기관과 기업의 특징인 구조적 엄격함과 위계체계를 기반으로 "동질성의 패러다임"을 나타냈다.[14] 미국은 의도적으로, 그리고 또 우연히 독일의 모형을 따랐고, 교육기관이 이로운 연결을 향유하면서도 필요하면 기업의 요구에 따라 자율성을 갖기도 하는 제도적 다형성polymorphism을 창출했다.[15](MIT와 캘리포니아 공과대학은 이러한 균형 잡기의 명수였다.)

미국에서 실행세계의 문제를 해결하는 일에 과학 연구가 기여할 수 있었던 데에는 기업의 헌신이 있었지만, 다른 한편 연구비 지원의 다양성(일례로 자선재단을 통해서), 그리고 연구 정책에서 유연성을 지키려는 전문 기구들의 고집스러움도 작용했다.[16] 경제사가 네이선 로젠버그와 리처드 R. 넬슨의 결론을 따르면서, 테리 신 역시 서로에게 도움이 되는 일시적인 층화層化를 지적했다(어쩌면, 다중 동시성?). 미국에서는 학계가 장기 연구에 끌리고 기업이 단기 연구로 특화했지만, 둘 다 지배적 가치로 유용성을 중시하는 데 동의하면서, 응용학문 대 반反응용학문의 분화뿐 아니라 단기적 문제 해결 대 장기적 문제 해결 사이의 분업도 찾아볼 수 있다.[17]

프래그머티즘에 대한 호소는 미국적 특징의 뿌리인 급진적 이질성에 대한 제도적 주장의 철학적 변형판이다. 미국 과학에 대한 저술에서 발견되는 프래그머티즘에 대한 비공식적인 호소가 과연 찰스 샌더스 퍼스, 윌리엄 제임스, 그리고 존 듀이가 이끌었던 공식적인 철학적 움직임에 얼마나 많은 빚을 졌는지는 좀더 깊이 있는 연구를 통해서만 답할 수 있는 흥미로운 물음이다.[18] 여기에서 내가 지적하려는 것은 20세기의 첫 몇십 년 동안 양자역학에 맞닥뜨렸을 때 미국과 유럽의 물리학자들이 정확한 계산보다 개략적인 근사치, 최초의 양자역학 원리들에서 나오는 논리적 도출보다 과학적으로 다루기 쉬움tractability, "철학적 함의를 둘러싼 과열된 논쟁과 끝없는 토론보다 실용적인 적용"을 선호했던 태도에 대한 것이다.[19]

돈 K. 프라이스의 저서 『통치와 과학Government and Science』은 워싱턴의 내부자였던 프라이스가 포드 재단 부회장이 되었던 1954년에 발간되었고, 과학과 정치구조 사이의 특수한 관계가 미국적 특징의 배후에 있는 주된 요인이라는 주장을 뒷받침하는 강력한 사례를 제공한다. 여기에서 프라이스의 주장을 조금 상세하게 다룰 필요가 있다. 독립전쟁 이후 미국의 정치 제도는 복잡했지만, 이 복잡성이 활력을 불러일으켰다. 프라이스는 트리니티 핵실험의 반향이 울리는 단어들을 구사하면서 이렇게 말했다. "그것은 활력이다. 왜냐하면 근대 사회에서 가장 폭발력 있는 힘이었던 과학이 미국 정부의 발전에 영향을 주었기 때문이다."[20] 구체적으로 프라이스는 두 단계를 강조했다. 첫 번째 단계에서, 분열된 권력의 취약성이 과학을 미국 정부라는 실행세계의 문제 해결사로 밀어올렸다.[21] 두 번째 단계로, 19세기 초에 처음 시작되어 세기 전환기에 테크노크라시의 보수주의 유행을 거쳐 20세기 중엽에 극적으로 확립된 연방정부의 과학 지원은 권력에 대한 민주적 불신에 반직관적으로 기반하는 역동성을 흔들지 않았다(다른 역사 연구들이 정치권력의 취약성과 양적 객관성에 대한 지원 사이의 이러한 반직관적인 연결을 뒷받침해주었다).[22] 프라이스는 이렇게 말했다.

> 미국의 정치 제도에서, 프래그머틱하고 실험적인 방법이 우세했다. 이것은 모든 쟁점이 실험적 기반에서 다루어지고, 정당 강령이나 정치적 관점보다 이해관계가 있는 전문 집단의 견해에 기반해서 다루어지는 방식이다. 이것이 연구, 그리고 과학자에게 더 큰 가중치를 주고, 좀더 질서정연하고 권위적인 접근에서 팽배했던 것보다 더 역동적인 경제와 정치 제도를 창조한 방법이었다. ……따라서 과학과 공화주의 혁명의 동맹이 먼저 파괴되고, 그런 다음에 다른 패턴, 즉 근대 국가에서 실제로 작동하는 권력을 결정하는 사람들의 제도와 조직 형태를 기반으로 재구축되었다.[23]

이러한 힘이 "서구 사회 전체에서 작용했다"고 할 수 있지만, "미국에서 가장 영향력이 컸다". 미국의 정치력이 커지면서 이러한 역동성은 세계 과학을 이끄는 견인차가 되었다. 분명 이 유형 (5)의 주장은 유형 (3)의 다양성 주장과 유형 (4)의 프래그머티즘 주장과 명백하게 연관된다.

프라이스는 과학에 대한 군부(연방)의 후원이 많은 사람에게 과학의 자율성이라는 문제를 야기했다고 쓰고 있다. 그의 주장은 현상의 옹호, 또는 그 본질의 정확한 이해에 대한 촉구였다. 원자에너지위원회와 국립과학재단 설립을 위한 입법을 도왔고, 국방성 연구개발국 부국장이었던 프라이스는 이렇게 썼다. "과학이 군사력의 중요한 동맹자가 되어가는 상황에서, 앞으로 우리는 미국에서 과학과 정부의 관계를 이끌어온 원칙들을 잘 이해해야 할 것이다."[24]

물론 20세기에 부와 군사력, 그리고 과학의 방향과 연관된 보다 단순한 주장들이 있다. 제2차 세계대전 동안 과학에 대한 지원이 늘어났다. 결정적으로 냉전 기간에 증가세가 유지되었고, 이러한 지원 규모 자체가 과학을 형성하는 가장 중요한 요인이었다는 것이다. 많은 역사가와 그 밖의 평자가 이 견해를 받아들였다. 과학사가 폴 포먼의 주장이 그 전형에 해당한다. 포먼은 냉전의 후원자들이 이른바 순수과학, 즉 기초과학이라는 물리 과학에서 응용과학에 이르는 폭넓은 분야의 과학을 지원했지만, 아울러 그들이 지원한 연구 방향이 편향되었으며, 과학 지식 내용 자체에 냉전의 이해관계라는 도장이 찍혀 있다고 주장한다.[25]

포먼은 냉전의 두 번째 국면에서 절정기였던 레이건 시대에 연구를 했다. 냉전 이후의 분석에서도 폭넓은 주장을 계속했지만, 특정한 군사적 이해관계의 비중을 낮추어 잡기 시작했다. 예를 하나 들자면, 워싱턴을 숱하게 겪은 과학자들이 작성해서 하원이 채택한 2007년 보고서 『몰려오는 폭풍우 위로 솟아오르기』는 미국 과학의 성공을 부유한 후원자들의 지원과 연관시키면서, 거기에 더해 결정적으로 그리고 상투적으로, 순환고리를 완성시키고 있다.

제2차 세계대전 이래, 미국은 과학과 기술 분야에서 세계를 선도해왔으며, 연구와 교육에 대한 우리의 귀중한 투자는 안보에서 보건, 경제적 경쟁력에서 직업 창출에 이르기까지 많은 이익으로 돌아왔다. ……지난 50년 동안 번영을 가져온 핵심은 과학과 기술에 대한 대규모 투자였다.[26]

보고서를 작성한 이들에 따르면, "미국의 세기American Century"를 가져온 것은 과학과 기술에 대한 투자와 부가 한데 이어진 원圓의 순환고리였다. 미국의 세기가 언제 시작되었는가 하는 것은 좋은 물음이다. 그러나 앞으로 다루어질 불안한 양상들에도 불구하고 미국의 세기는 분명 아직 끝나지 않았다. 제2차 세계대전 이후 미국의 노벨상 수상자 수가 압도적이라는 사실은, 문제가 많기는 해도, 미국이 거둔 성취를 대략적이나마 보여준다.[27] OECD 주요과학기술지표Main Science and Technology Indicators, MSTI에 따르면, 연구개발에 지출된 국내 총지원액에서도 미국은 압도적 우위를 나타냈다. 2008년에 연구개발 지원금은 일본이 1470억 달러, 중국이 1020억 달러, 독일 710억 달러, 프랑스 430억 달러, 한국 410억 달러, 영국 380억 달러인데 비해 미국은 3680억 달러에 달했다. 그럼에도 보고서의 저자들은 여전히 이렇게 경고했다. "그러나 21세기에 들어서면서, 미국의 리더십은 도전받고 있다."

여기에서 요점은 미국이 20세기에 지배적인 과학 권력으로 부상하게 된 이유에 대해 우리가 몇 가지 답을 얻었다는 것이다. 유형 (1)에서 (7)까지의 주장은 분명히 상호의존적이고, 더 심층적인 분석을 요한다. 앞에서 나는 직설적인 저자 몇 사람만을 언급했다. 그렇지만 미묘하고 구체적인 주장을 제기한 평자도 많다. 이들의 주장에 대해 추가적인 설명과 분석이 필요할 것이다. 지금까지 이러한 설명은 함축적이거나, 다른 역사적 현상이나 당대의 현상에 대한 설명의 형태로 제공되었다. 그러나 이 물음을 직접적으로 제기할 필요가 있다. 과학사를 큰 화폭에 그릴 때—말하자면, 축소도보다는 풍경화를 그릴 때―에만 이러한 물음의 제기가 불가피해질 것이다. 나는 실행세계라는 접근방식을 가능한 답을 얻기 위한 탐구의 방법으로 제시한다.

누락된 이야기들

과학의 역사기록historiography이라는 사례 연구 양식은 많은 틈을 남긴다. 여러 논제가 다루어져도, 궤변적인 역사기록은 그 논제들의 분리를 부추길 수 있다. 2차 문헌에 많이 의존하고 있는 이 책『20세기, 그 너머의 과학사』도 그런 잘못을 저지르고 있다. 나는 연결을 짓기 위해 무척 애썼지만, 결국 실패했다는 것을 알고 있다. 첫째, 이 책은 실제로 작동하고 살아남고 번성한 사상, 이론, 실행, 그리고 장치에 강조점을 맞추고 있다. 과학사가는 "참과 거짓, 합리성과 비합리성, 성공이나 실패에 대해 공평해야" 하고, 나중에 이러한 이항二項 중 어느 쪽으로 판가름이 나더라도 모두에 같은 종류의 설명과 주장을 적용해야 한다는 점에서 대칭적이어야 한다는 방법론적 조언을 마음에 새기고 있음에도 불구하고, 이런 식의 선호를 멈출 수는 없다.[28] 20세기에 사멸한 사상의 목록을 작성하고, 그런 연구를 통해 과학에 어떤 종류의 대안적인 종합 역사가 가능할 수 있었을지 묻는다면 지적 흥미를 돋울 것이다. 생물학사가 프레드릭 B. 처칠은 후성後成과 전성, 그리고 생기론과 기계론이라는 1910년대에 이미 "죽은 쟁점"이 된 논쟁을 제기했다.[29] 그러나 이 두 쟁점은 훗날 갑작스레 되살아났다. 가령 사이버네틱스를 생각해보라. 과학사는 죽지 않은 것만을 다루는 역사인가?

국가와 민족의 연구 체계도 누락된 부분이다. 일본 과학자들은 독립적인 공동 발견자나 서구와 유사한 연구 프로그램의 일부로 자주 등장한다. 가령 기초물리학에서 로버트 마샥의 연구를 예견했던 사카타 쇼이치坂田昌

―의 두 개의 중간자 이론, 지진학에서 미끄러운 약한 표면에 대한 와다치 기요오和達淸夫의 설명, 그리고 새로운 과학인 내분비학에서 1920년대에 독일과 중국 과학자들이 에페드린을 분리한 방식은 1880년대에 이루어진 일본 학자의 연구를 재연한 것이었다.[30] 일본 과학이 일부 분야에서 뛰어난 역사를 보이고 있지만, 그럼에도 불구하고 20세기 마지막 3분기에 이루어진 투자가 이룬 괄목할 만한 성과는 아직 충분히 이해되지 않고 있다.[31]

세 번째 의미의 "누락된 이야기"는 비밀에서 기인한다. 실행세계는 과학에 문제를 풀 것을 요구하면서 과학 지식을 입맛에 맞게 편집하기 때문에, 삭제되고 남은 형태에서 무엇이 빠졌는지를 우리는 추측만 할 수 있을 따름이다. 전후 비밀 세계의 특징인 첩보, 보안, 그리고 도청은 엄청난 기술 시스템들을 구축하는 데 박차를 가했으며, 이는 다시 새로운 연구를 낳는 실행세계로 작용했다. 만약 모든 문헌이 기밀해제된다면, 컴퓨터과학, 언어학, 전자공학, 인공지능, 의료 스캐닝 계측, 정보이론, 핵과학 그리고 그 밖의 많은 분야가 사뭇 다른 방식으로 해석될 것이 확실하다고 나는 생각한다. 하나의 지표로, 물리학사가인 피터 갤리슨은 "기밀로 분류된 우주가⋯⋯ 그렇지 않은 우주에 비해 결코 더 작지 않고, 훨씬 클 가능성이 매우 크다"고 추측했다. 그는 이렇게 경고했다.

닫힌 세계는 우리의 분류되고 저장된 지식의 공동 창고 귀퉁이에 놓인 작은 금고가 아니다. 그것은 열린 세계 속에 있는 우리, a에서 z까지 우리의 도서관에 들어온 세계를 연구하는 우리, 거의 알려지지 않은 기밀로 분류된 거대한 제국에 보이지 않는 등을 대고 외부 세계를 마주한 간이 안내소 속에 살고 있는 우리 자신이다.[32]

물리과학에서 생명과학으로의 전환에 대해서

네 번째이자 마지막 표제어 찾기는 물리과학에서 생명과학으로의 뚜렷한 전환이다. 20세기 하반기에 생명과학의 파고가 다시 높아지는 형국이었고, 그 정점에는 분자생물학과 생명공학이 있었다. 같은 시기에 냉전이 종식되면서 물리과학과 군사 후원자들 사이 계약이 같은 형태로 계속될 것인지 아니면 다른 모습을 띨 것인지 물음이 제기되었다. 각기 독립적으로 발전하면서, 많은 대학의 화학과들은 여전히 상당수 과학자들이 천직으로 화학의 리더십을 유지했음에도 불구하고 복구를 위해 안간힘을 기울였다. 몇몇 학과는 폐쇄되었고, 다른 학과 다수는 좀더 간학문적인 의제에 따라 연구 방향을 바꾸었다. 그중에는 소재과학, 생화학, 나노기술 등이 포함된다. 일부 생명과학에서 나타난 연구비 지원 양식 변화와 규모 증가도 이러한 전환의 분명한 증거를 제공한다. 그러나 이 전환의 본질과 설명은 여전히 의문에 싸여 있으며, 추후 역사적 연구가 필요하다. 20세기 마지막 3분기와 그 이후 시기에 대한 또다른 해석은 전통적인 생물학과 물리학 간 경계와 그 정체성을 재구성한 인문학의 재유행에 관심을 쏟는 것이다. 다행스럽게도 인문학의 역사는 1990년대 이후 학자들의 관심을 끌었으며, 20세기 말 과학을 재고하기 위한 도구와 논변도 마련되어 있다.

21세기의 과학

최근 벌어진 사건들에서 역사적 중요성을 가늠하기는 힘들다. 정치사와 마찬가지로 과학사에서도 그렇다. 일례로 2004년 인도네시아 플로레스섬에 있는 어느 동굴 유적지에서 연구하던 고고학자들은 현생인류와 유사한 사람속에 해당하는 새로운 종의 존재를 거의 확실하게 보여주는 유해를 발견했다. 오늘날 이 종에는 호모 플로레시엔시스*Homo floresiensis*라는 이름이 붙여졌다. 이것은 인간의 진화와 관련된 19세기 이래의 가장 극적인 발견일 것이다. 그러나 이 종을 둘러싸고 아직도 논쟁이 벌어지고 있으며, 역사 속에서 이 발견이 차지하는 위치는 불확실하다.

그러나 현재의 과학에 대해 새로운 관점을 제공하는 역사의 유용성은 전혀 다른 문제다. 현대과학의 역사를 이해해야 할 가장 중요한 이유 중 하나는 우리를 둘러싼 과학의 세계가 왜 지금과 같은지 알 수 있기 때문이다. 21세기 초 세계에 대한 탐구는 이러한 물음을 밝혀줄 것이다.

세계상

2008년 1월에 발간된 『네이처』는 '세계 각국의 R&D 투자'를 지도로 작성했다.[33] 이 지도는 미국 과학위원회National Science Board에서 나온 데이터를 기초로 21세기 첫 10년간 전 세계 과학 투자의 큰 그림을 제공하고 있다. 그림은 친숙한 남북간 차이를 보여준다. GNP 대비 통 큰 투자국들은 북아메리카, 유럽, 동아시아, 그리고 오스트레일리아에 몰려 있으며, 이 리그에서 정상은 이스라엘이 차지하고 있다(4.71퍼센트). 상위 5개국이 전 세계 과학 투자금액 가운데 59퍼센트를 차지한다.[34] 미국은 다른 나라들에 비해 조금 떨어졌다. 2006년에 비해 한국과 스위스는 GDP 대비 큰 약진을 보였다.

그러나 규모가 중요하다. 미국은 여전히 넉넉하게 앞서는 최고 투자국(3400억 달러)이며, 중국이 전체 연구비에서 일본에 크게 뒤지지 않는 3위를 차지했다(1150억 달러). 이 그림에서 과학의 국제적인 협력 연구는 증가하고 있으며, 향후 좋은 과학을 생성해낼 가능성이 커지고 있다.[35] 2011년 왕립학회 보고서는 "전 세계의 과학 연구 규모가 늘어나고 있다"고 지적하면서 "그것은 이제 새로운 일이 아니다"라고 덧붙였다.[36] 실제로 하나의 예로

2007~2008 국제극관측년International Polar Year 연구를 들 수 있다. 이 대규모 과학 조직은 확립된 주기를 가질 만큼 역사가 오래됐다. 국제극관측년은 제1차 관측이 있었던 1882~1883년에서 50년 후인 1932~1933년에 제2차 관측이 이루어졌다. 제14장에서 다루었던 국제지구물리관측년IPY은 시의적절하게 25년 후인 1957~1958년에, 냉전의 동결기에 우주와 남극에 대한 과학 탐험의 필요성을 주장하면서 밀어붙여졌다. 제3차 IPY는 170개의 연구 프로젝트에 60개국 이상이 참여하였고, 모두 12억 달러의 비용이 들어갔다. 북반구에서 과학자들은 녹고 있는 영구동토층을 측정했다. 남반구에서 중국은 새로운 남극 기지를 건설했다. 그러나 국제 협력이 진행되는 것과 동시에 여러 국가의 걱정거리도 늘어났다.

미국의 불안감

2005년 중반, 미국의 과학정책 담당자 사이에서 불안의 물결이 퍼져나갔다. 그것은 세계화된 지구촌에서 다른 나라들이 곧 과학의 선두주자인 미국을 추월할 것이고, 그로 인해 혁신, 나아가 궁극적으로는 경제력에서도 미국이 주도권을 상실할지 모른다는 두려움이었다. 미국은 첨단기술 상품의 순수출국(1990년 450억 달러)에서 순수입국(2001년 500억 달러)으로 전락했다. 게다가 9.11사태 이후 입국제한조치가 도입되면서, 미국으로 이민을 오는 과학자 수가 급격히 감소했다. 고등학교와 대학에서 과학과 공학을 선택하는 학생 수도 줄어들었다. 미국은 과학자가 되기에 이전보다 덜 매력적인 곳이 되고 있었다.

과학자 가운데 60퍼센트가 미국 과학이 내리막길을 걷고 있다고 답한 여론조사 결과에 깜짝 놀란 정치가들은 국책연구기관들(국립과학아카데미, 국립공학아카데미, 그리고 의학연구소)에게 긴급히 "연방 정책 입안자들이 과

학과 기술을 증진시켜서 미국이 21세기의 전 지구적 커뮤니티 속에서 성공
적으로 경쟁하고, 번영하고, 위협받지 않게 할 수 있는…… 열 가지 방책을"
마련해달라고 제안했다.[37] 국책연구소들은 요청보다 훨씬 더 많은 것을 내
놓았다. 앞에서 언급했듯이, 미국의 과학 엘리트가 머리를 맞대고 마련한
보고서『몰려오는 폭풍우 위로 솟아오르기: 더 밝은 경제의 미래를 위해 미
국에 활기를 돋우고 고용을 촉진하는 방안Rising Above the Gathering Storm:
Energizing and Employing America for a Brighter Economic Future』(2007)은 자그
마치 500쪽이 넘는 분량으로 스무 가지 행동을 촉구했다. 그중에는 더 많은
과학교사의 양성, 향후 7년간 매년 10퍼센트씩 기초연구 투자 증액, 뛰어
난 젊은 과학자에게 매력적인 연구비 제공, 아르파-E* 설립, 대학원생 특별
연구비 대규모 지원, 연구를 위한 세금 감면 조치 개정, 모든 사람의 광대역
인터넷 접근 등 특단의 조치가 포함되었다.

그런데 20세기 과학과 그 이후의 역사에서 더 중요한 것은 이러한 공포
의 저변에 깔린 일련의 가정들이다. 첫째, 경제력과 기초연구를 연관 짓는
주장이 있었다. 보고서의 저자들은 "지난 50여 년 동안 미국이 번영을 구가
할 수 있었던 중심에 과학과 기술에 대한 대규모 투자가 있었다는 데" 추호
의 의심도 없었다.[38] 둘째, 정치가들이 가장 우려했던 경쟁은 중국, 그리고
그보다 조금 덜하지만, 유럽연합 국가들, 한국, 그리고 인도가 점차 세력을
키워가고 있다는 점이었다. 중국과 인도의 엄청난 인구는 그중 극히 일부만
과학자와 공학자로 훈련을 받아도 미국의 전체 인구와 맞먹는다는 사실을
의미했다.

그럼에도 불구하고, 미국이 과학의 주도권을 잃고 있다는 주장을 뒷받

---

* ARPA-E. Advanced Research Projects Agency-Energy. '고등 연구 프로젝트 에너지국'을 뜻
한다. 과학 연구 지원 및 혁신 투자를 통해 미국이 과학계에서 주도권을 되찾는다는 경기회복법
the Recovery Act의 목표 달성을 위한 일환으로 에너지 효율을 도모하고, 석유 소비를 줄여 온
실 가스 배출을 줄이려는 목표를 가지고 있었다.

침하는 근거는 약하다. 확실한 것은 연구개발의 세계화가 일어나고 있다는 점이었다. 세계적인 기업들이 중국, 인도, 그리고 그 밖의 빠른 속도로 발전하는 나라의 기술과 값싼 노동력을 활용할 가능성이 커지고 있다. 더 많은 연구개발이 외주 형태로 수행되고 있고, 이러한 경향은 계속될 것이다. 그러나 이것이 미국의 지배력 약화를 뜻하지는 않는다. 실제로, 미국(그리고 영국)은 이 경향에서 이익을 얻고 있다. 외국에서 연구비를 지원받는 연구개발이 급증했고, 외국으로 유출되는 것보다 더 많은 기업 연구개발 투자가 2000년대에 미국으로 유입되었다. 그렇더라도 인도와 중국은 발전이 이루어지는 매력적인 영역이다.

인도

인도는 오랫동안 기술관료적 경향을 띠었다. 네루와 엘리트 물리학자들(이론천체물리학자 메그나드 사하, 패트릭 블래킷 같은 엄선된 서양인을 포함해서) 사이의 관계는 돈독했다. 사하 핵물리학연구소(1950년에 설립되었다)와 타타 기초연구소(1946) 같은 기관에 지원이 이루어졌다. 그 결과 중 하나가 인도 최초의 핵실험으로 1974년 절정에 달했던 핵 프로그램이었다. 1958년에 네루는 인도 핵폭탄의 아버지이자 물리학자이며 타타 연구소 설립자인 호미 제한기르 바바에게 새로운 과학정책의 밑그림을 그려달라고 요청했다. 인도 의회를 통과했던 제안서는 이렇게 쓰고 있다. "선진국과 후진국 사이 격차는 점점 더 벌어져왔다. 이 격차를 넘어설 수 있는 유일한 방법은 가장 강력한 수단을 채택해서 모든 노력을 과학 발전에 쏟아붓는 것이다."[39] 그 결과 중 하나가 또 하나의 기술과학 프로젝트였으며. 이 프로젝트의 가장 중요한, 최소한 최초의 산물이 우주 프로그램이었다. 인도의 인공위성은 1980년에 케랄라에서 발사되었다.

1991년 경제자유화 바람을 타고 인도는 점점 더 많은 학생을 외국으로 유학보냈다. 2001년 이후에는 매달 갚아나가는 방식으로 정부가 유학생에게 학자금 대출을 해주었다. 2002년에 "인도는 중국을 넘어서 미국에 가장 많은 대학원생을 수출하는 나라가 되었다".[40] 거기에 유학을 떠난 학생이 각자 전문기술을 가지고 고국으로 돌아오도록 유인하는 정책들이 마련되었다.

이러한 기술 축적 덕분에 과학 기반 기업들이 연구소를 설립할 수 있었다. 인도의 과학정책 지도자들은 지나칠 정도로 낙관적이었다. 2005년에 인도 과학및산업연구평의회Council for Scientific and Industrial Research 회장 라구나스 마셀카는 이렇게 말했다. "지난 5년 동안 100곳이 넘는 세계적인 기업들이…… 인도에 연구개발 센터를 설립했고, 더 많은 기업이 몰려오고 있습니다. 인도의 과학기술 리더십이라는 관점에서 보자면, 제대로 잘 해낸다면 2020년까지는 세계 제일의 지식 생산 센터가 될 수 있습니다."[41]

이런 식의 엘리트 프로젝트는 득이 되었다. 1999년에서 2003년 사이, 크리슈나스와미 카스투리랑간의 지도하에 엘리트 과학자와 정치가 연합이 인도의 달 탐사 계획을 수립했다. 수바드라 메논은 이렇게 지적했다. "그들이 천명한 목표는 인류의 지식을 확대시키고, 인도가 지구 정지궤도를 넘어서는 도전을 하고, 그로 인해 인도의 젊은 인재들이 우주과학과 인도의 우주 프로그램에 관심을 갖도록 만드는 것이다."[42] 열한 개의 탑재물(다섯 개는 인도, 두 개는 NASA, 세 개는 유럽우주국, 나머지 하나는 불가리아)이 실린 달 탐사선 찬드라얀 1호Chandrayaan-1가 2008년에서 2009년까지 달을 탐사했다. 2009년 9월 퇴역하기 직전에 이 탐사선은 미량이기는 하지만 매우 중요한 물의 존재를 보고했다.

인도의 관료정치는 이 나라의 유전적 다양성을 지키기 위해 많은 노력을 기울이고 있다. 예를 들어 인도의 아소카 생태환경연구재단과 미국의 일리노이 자연학조사단은 생물해적질에 대한 공식적인 문제 제기로 인해 활동이 중단되었다.[43] 아소카 연구재단의 한 연구자는 이렇게 말했다. "인도에는 전문가가 없기 때문에 우리는 동정同定을 위해 표본을 외국으로 보낼 수밖에 없습니다." 그러나 국립생물다양성 당국의 고위 관계자는 이렇게 답변했다. "20만 개의 표본을 외국으로 보내는 것은 허용할 수 없습니다." 사진을 보내는 것은 무방하지만, 풍부한 유전자를 가진 표본은 안 된다는 것이다.

중국

전형적인 21세기 과학자는 어떤 사람일까? 중국 연구소에서 계약직으로 일하는 기술자가 그런 사람일 거라는 주장이 나올 수 있다. 그 수는 실로 인상적이다. 1949년 중국에서 전체 인구 5억 명 가운데 넓은 의미에서 과학기술에 종사한다고 분류할 수 있는 사람들의 수가 5만 명이었다. 1985년에 덩샤오핑이 중국 과학을 재약진시키면서(이 내용은 제14장에서 다루었다) 그 수는 인구 10억 명 가운데 1000만 명으로 늘어났다.[44] 2006년 중국은 GDP의 1.6퍼센트를 연구개발에 투자했고, 지도자들은 연구개발비를 2.5퍼센트로 늘리겠다는 목표를 발표했다.[45] (이 수치에 도달한다는 것은 중국이 연구개발비 비율로 볼 때 유럽 국가보다 많은 투자를 한다는 뜻이다. 총액으로는 미국과 대략 같은 수준이며, 일본의 투자 규모에 육박한다.) 게다가 연구비 증가에 따라 중국 과학의 산물 또한 늘어나고 있었다. 왕립학회는 2013년에 중국이 연간 과학 출간물에서 미국을 능가할 것이라고 예측했다.[46] 인도와 마찬가지로, 중국은 2008년 우주유영을 비롯해서 세간의 이목을 끄는 우주탐사계획을 출범시켰다.

　다른 한편, 빠른 성장은 몇 가지 흥미로운 쟁점과 긴장을 드러냈다. 학술지부터 시작해보면, 많은 논문 수가 반드시 좋은 논문의 수와 같지는 않다. 기자인 데이비드 시라노스키는 『네이처』에서 "중국 논문의 평균 영향력 지수는 중국이 가장 강한 분야인 소재과학, 물리학, 화학 같은 분야에서조차 평균 이하였다"라고 말했다.[47] 게다가 최고의 연구기관에 있는 연구자는 과학기술논문인용색인Science Citation Index에 들어 있는 학술지에 논문을 게재하도록 장려되고 있다. 이들은 모두 영어 학술지다. 과학정책 분석가인 쉐란薛瀾은 "그로 인한 의도치 않은 결과로 중국 국내에서 발간된 약 8000개의 전국 과학 학술지들이 고사할 위기에 처했다"라고 지적한다.[48]

실제로 서구 과학과 전통 과학 사이에는 풀리지 않는 긴장이 존재한다. 쉐란은 지진 예측을 사례로 들었다. 1960년대와 1970년대에 중국은 간단한 장비와 지역 특유 토착 지식local knowledge을 이용하는, 유명한 지진 예측 기지들의 연결망을 구축했다. 그런데 이 연결망은 첨단기술 시스템이 들어서면서 해체되었다. 그러나 새로운 시스템이 2008년의 쓰촨성 대지진을 예측하는 데 실패하면서 토착 기지들이 그대로 있었다면 지진을 예측했을 것이라는 주장이 제기되었다. 쉐란은 "모든 것에 두루 적용되는 하나의 과학"이라는 식의 접근방식은 배격되어야 한다고 주장한다. "개발도상국에서 이러한 토착 연구 노력이 국제적 과학 패러다임으로 간주되는 것에 부합하지는 않더라도, 그러한 노력을 관대히 참아내고 심지어 장려해야 한다."

이러한 긴장은 토착 전통뿐 아니라, 중국이 날로 확장되는 과학 부문을 포함해서 빠른 속도로 발전하는 경제를 감독하는 데 굼뜬 일당체제를 가지고 있다는 불가피한 정치적 현실에도 내재한다. 2009년 『네이처』 편집자들은 국립줄기세포학회를 설립하는 과정에 봉착한 장애물들을 논하면서, 정치 당국이 단체 결성에 대한 과도한 규제를 철폐해야 한다고 주장했다.[49] 문제는 민주적 합법화 과정을 결여한 중국 당국이 '집회에 대한 혐오감'을 가지고 있으며, 특히 파룬궁 같은 단체를 정치적 도전의 씨앗으로 간주한다는 데 있다. 게다가 기존 과학 단체들은 비판적 토론을 장려하기보다는 위계체계와 지위를 유지하는 데 더 관심을 쏟고 있다. 『네이처』 편집자는 이렇게 혹평했다. "현재 학회들은 제대로 기능을 수행하지 못하고 있다. 연례 학술회의는 화려한 보여주기식 행사가 다반사이고, 엘리트 연구자들이 거들먹

거리며 돌아다니며, 과학적 관점보다는 문벌에 기반한 파당을 짓는다. ……
건설적 비판을 해도 통찰력 있는 조언으로 간주되기보다는 관계를 끊는 근
거로 받아들여지는 경우가 더 많다."

정치적 민감성은 국제 관계에도 영향을 미쳤다. 특히 2008년 베이징 올
림픽 기간에 환경 연구는 정치 기관의 주도면밀한 감독을 받았다. 두 개의
새로운 법률, 대외관련기상관측및정보관리법(2008년 1월)과 외국단체및개
인의중국내조사및지도작성통제조치법(2008년 3월)이 도입되어서 허가되지
않은 데이터 방출에 족쇄를 물렸다.[50] 협력 프로젝트들은 원난성에 있었던
조사기지들을 폐쇄했고, 민감한 지역인 티베트와 신장 지구에서 연구하던
지질학자들은 GPS 사용에 반대했다. 연구 프로젝트가 승인을 받으려면 "중
국에 가장 큰 이익"을 주는 것으로 비쳐야만 했다. 심지어 이러한 법률은 중
국 과학이 중국의 국경 안에서 수행된 과학 연구에서 혜택을 받아야 한다는
점을 분명히 했다. 따라서 승인이 이루어지기 전에 "호혜적 동반자" 관계를
입증해야 했다.

물론 중국이 세계화의 흐름에 비켜나 있었던 것은 아니다. 중국은 엄청
난 규모로 상품을 제조하며, 전 세계와 교역을 하고 있다. 중국인들은 세
계 곳곳을 여행한다. 따라서 중국은 필연적으로, 여행과 교역의 지구촌을
만드는 기반구조인 과학기반 조직의 국제적 연결망 중 일부다. 예를 들어
국제적 질병 통지와 통제 연결망은 최근 여러 차례 중국 당국을 검증했다.
2003년 새로운 바이러스 질병인 중증급성호흡기증후군SARS이 발발했을
때, 보건 체계와 질병과 연관된 정보를 세계 다른 나라와 소통하는 방식에
서 중국은 많은 문제를 드러냈다. 결국 사스의 창궐은 정부 당국이 행동을
취하도록 자극했다.[51]

중국 정부는 중국을 내부 혁신이 주도하는 나라로 만들겠다고 천명했
다. (예를 들어 중국에서 승인되는 신약의 극히 일부만이 중국 내에서 개발된 것이
다.)[52] 중국은 새로운 특허와 같은 여러 영역에서 세계 5위 안에 드는 것을

목표로 하고 있다. 데이비드 시라노스키는 연구개발 기금 대부분이 정부가 아닌 산업계에서 나온다는 점을 지적하면서 이렇게 주장한다. "중국이 이런 목표들을 달성하기 어려운 까닭은 우주개발과 달리 이런 영역들에서는 하향식 명령이 통하기 어렵기 때문입니다."[53] 실제로 중국과 다국적 산업이 출발시킨 실행세계의 과학은, 상당한 정도까지 다음과 같은 불만을 야기하고 있다(중국 과학의 실행에 대해 폭넓은 지식을 지닌 어느 독일 학자가 2008년에 한 지적이다). "중국에서 가장 중요한 동기는 돈을 버는 것이고, 이것은 대학 수준에서 예전에 그랬던 것처럼 기초연구를 중요하고 매력적인 것으로 생각하지 않게 되는 심각한 결과를 낳았다."[54] 그러면 중국에서 이루어지는 다국적 기업들의 활동을 더 구체적으로 살펴보자. 모토롤라는 이미 1993년에 "중국 내 최초의 주요 외국 대기업 연구개발 센터"를 설립했다.[55] 1997년까지 중국에서 다국적 기업이 운영하는 연구소 수는 50개가 채 안 되었지만, 2004년 중반에는 600개 이상으로 늘어났다.[56]

그렇다면 그들은 중국에서 무엇을 하고 있고, 그 이유는 무엇인가? 첫째, 화이자, 로슈, 일라이 릴리와 같은 회사들은 상하이의 장지앙 첨단기술 파크Zhangjiang Hi-Tech Park에 사무소를 열어서 "주요 원료 생산, 유전체학, 분석 및 조합 화학, 그리고 前임상 독성 검사 등 제약이나 생명공학 기업이 원하는 거의 모든 것을 판매하는" 많은 신생 계약 연구조직을 끌어모으고 있다.[57] 다국적 기업에 값싼 임상시험은 특히 매력적이며, 미국에서 들어가는 비용의 절반에서 5분의 1밖에 들어가지 않는다. 일라이 릴리 상하이 사무소는 과학 자체는 전혀 하지 않고, 계약 연구조직들의 계열망을 묶는 역할을 한다. 값싼 비용과 유연성이 가장 중요한 관심사다. 둘째, 기업들은 특히 약과 치료에서 날로 성장하는 매력적인 시장인 중국 자체에 눈을 돌리고 있다. 따라서 중국에 연구개발 센터를 두는 것은 가치 있는 신발견을 기대하기보다는 전략적 목적을 위해서다. 한 분석에 따르면, 중국에 설립한 연구 분소들은 "규제 기관들과 연줄을 맺는 것을 돕고, 일부 분석가들이

2020년이면 미국 다음으로 세계 두 번째 시장이 될 것이라고 예견하는 시장에 대한 접근을" 용이하게 하는 역할을 한다.[58] 셋째, 일부 기업에는 지역 자원을 활용하려는 의도가 있다. 이 자원은 사람들의 지식과 기능일 수도 있다. 일례로, 글락소스미스클라인GSK은 장지앙 첨단기술파크보다 상하이 생물학연구소 옆에 자회사인 'R&D 차이나'를 두었다. "용역"이 아닌 "하드-코어 과학"을 원했기 때문이다.[59] 그러나 글락소스미스클라인의 R&D 차이나 소장인 짱징우臧敬五는 "성장하는 중국 시장에 약품을 더 쉽게 이전할 수 있는 이점"을 두 번째 이유로 제기했다.

물론 값비싼 서구식 건강관리가 완벽한 축복은 결코 아니다. 중국의 일부 지역에서는 경제개발이 급격히 이루어지고 있지만, 다른 지역은 여전히 심각한 빈곤에 시달리고 있다. 불균등한 개발은 중국의 과학 지도에서 분명하게 드러난다. 대부분의 과학 연구가 베이징, 상하이, 그리고 광둥 같은 동부 지역에 밀집해 있다. 이 마지막 긴장은 해소될 기미가 보이지 않고 있다. "화성에 탐사선을 보내는 목표를 가지고 있지만 정작 개발도상국에서 수백만의 목숨을 위협하는 가장 기본적인 문제를 해결하지 않는" 나라(비단 중국만이 아니라)는 언짢은 물음들에 직면하게 된다.[60]

유럽

유럽 국가에서 과학과 관련한 21세기의 새로운 이야기들은 20세기로 한참 거슬러올라가는 주제와 연속선상에 있다는 것을 보여준다. 예를 들어 제9장에서 다루었던 러시아 과학아카데미는 국가의 최소 정치권력과 밀접하지만 힘겨운 관계를 계속해왔다. 총애하는 과학자이자 70억 달러에 달하는 나노기술 이니셔티브의 돈줄을 쥐고 있는 미하일 코발추크를 블라디미르 푸틴이 아카데미 소장으로 임명했지만, 아카데미 회원들은 2008년에 이 임명을 저지했다.[61] 그렇지만 회원들은 푸틴이 지지하지 않았던 현대화된 물리학자인 블라디미르 포르토프를 뽑지 않고, 필경 코발추크를 염두에 두고 자리를 지키던 71세의 수학자 유리 오시포프의 유임을 선택했다. 포르토프는 국제적인 동료심사와 연구비의 공개경쟁 도입을 약속했다. 반면 푸틴은 회원들의 봉급을 두 배로 올려주었다.[62]

프랑스에서도 과학의 중앙 기관들과 정치개혁 운동 사이에서 긴장이 빚어졌다. 니콜라스 사르코지 대통령은 대학이 자체적으로 예산을 편성하고 독자적인 연구 프로그램을 추진할 수 있도록 더 많은 자율권을 주는 방향으로 정책을 추진했다.[63] 이와 밀접하게 연관된 움직임으로, 사르코지는 프랑스 국립과학연구소CNRS의 개혁도 원했다. 국립과학연구소는 직접 연구를 수행하면서 소속 연구소들을 대상으로 프랑스의 연구 대부분을 지원하는 곳이었다. 사르코지의 생각은 국립과학연구소가 연구를 수행하기보다 연구를 지원하는 연구심의회research council의 성격으로 바뀌는 것이었다. 사실상 프랑스의 시스템을 좀더 영국에 가깝게 만드는 개혁이었다. 사르코지를 비판하는 좌파의 관점에서, 이러한 방향전환은 사르코지가 영·미식의 자유화, 또는 사유화의 의제를 따른다는 충분한 근거로 비쳐졌다. 국립과학연구소를 여섯 개로 나누려는 계획에 항의하면서 클레어 르메르시에가 주도한 캠페인에서, 국립과학연구소의 과학자들이 2008년 6월에 국립과학연구소 파리 본부에 침입했고, 2009년에는 대학 교직원이 파업을 벌였다.[64] 몇몇 사람에게 이 사태는 제17장에서 다루었던 1968년 사태를 연상하게 했다.

한편, 2007년에 유럽연구회European Research Council가 세워졌다. 유럽연구회는 그 성격상 유럽연합(이스라엘을 포함하는)의 국립과학재단과 흡사했다. 이 기관은 1년에 약 10억 유로의 연구비를 배분했다. 그런데 그 돈은 새로 마련된 자금이 아니었다. 이제 국가 차원이 아니라 유럽 전체에 할당된 과학 연구비였다. 연구회는 유럽연합집행위원회EC와 별개의 기구이지만, 법적으로 완전히 독립적이지는 않다(『네이처』는 2009년 7월에 유럽연구회

의 완전한 자율성을 요청하는 주장을 지지했다).[65]

최소한 일부 EU 국가 과학자들의 관점에서, 그 차이는 정치적인 선택이 아니라 국제적 동료심사를 기반으로 연구비를 지급해야 한다는 주장이었다. 이러한 선별 과정은 어느 연구 제안서가 어느 나라에서 온 것인지를 가리도록 설계되었다. 그럼에도 불구하고, 2008년에 1차로 지급된 300건의 연구비는 전통적인 국가별 과학 역량에 따라 배분되었다. 다시 말해 오랜 지리적 배분 양식으로 영국이 가장 많았고(58), 그다음으로 프랑스(39), 독일(33), 이탈리아(26), 네덜란드(26), 스페인(24), 그리고 이스라엘(24) 순이었다.[66] 그에 비해 불가리아와 체코 공화국은 각기 겨우 한 건의 연구비를 받았을 뿐이었다.

냉전 이후의 긴장?

제13장에서 제16장까지 나는 냉전과 과학 사이의 수많은 연결고리를 추적했다. 제19장에서 나는 냉전 종식이 특히 물리과학에 어떤 영향을 주었는지 물었다. 2001년 뉴욕 세계무역센터에 대한 끔찍한 공격 이후 냉전의 많은 특징—세계를 양극단의 적으로 단순화하는 구도, 숨어 있는 적을 대상으로 한 '테러와의 전쟁', 조국과 타국이라는 이분법—이 다시 부활했다. 그러나 연구 프로그램들에서 부분적 방향전환이 이루어지기는 했지만, '테러와의 전쟁'은 과학에 냉전과 같은 정도로 심대한 영향을 끼치지는 않았던 것으로 보인다. 그보다 이것은, 과학사가 밝혀내야 할 또 하나의 '누락된 이야기'일 것이다.

그 밖에도 21세기 과학에서 냉전의 뚜렷한 메아리가 들려왔다. 2007년 8월 북극 해저에 러시아 깃발을 꽂았던 탐사대의 대장 아르투르 칠링가로프는 "북극은 러시아의 것"이라고 말했다. "우리는 북극이 러시아 연안 대륙붕의 연장이라는 사실을 반드시 밝혀낼 것입니다." 대니얼 크레시가 설명하듯이, 1982년 UN 해양법협약Convention on the Law of the Sea에 의거해서 각국은 대륙붕의 "자연적인 연장延長"이 존재하는 한, 200해리 기준을 넘어서는 영역에 대해 권리를 주장할 수 있다.[67] 러시아인들은 해저로 북극까지 뻗은 로모노소프 대륙붕이 자국으로 연결된다고 주장했다. 캐나다와 덴마크(그린란드)는 이의를 제기했다. 이 분쟁은 지구물리와 지질학적 데이터의 해석을 둘러싸고 일어났고, 짧은 북극의 여름 동안 이루어진 탐사를 통해 벌어졌다. 여기에는 알려지지 않은 원유, 가스, 그리고 광물 자원 문제가 얽혀 있었다.

과학 활동이 미래의 가능한 주장들을 위한 표지 역할을 했던 남극의 정치(제14장에서 다루었다)를 떠올리게 하고 러시아의 존재도 있었지만, 이 에피소드는 과거 냉전 시기 긴장의 재출현으로는 충분히 이해되지 않는다. 오히려 이것은 국가 이익의 강한 표현이다. 서구 국가 사이에서도 그에 필적할 만한 충돌이 있었다—예를 들어 비스케이만을 둘러싼 프랑스, 스페인, 영국, 아일랜드 사이의 갈등을 들 수 있다.

그럼에도 불구하고, 냉전 종식 이후 20년 동안 새로운 정당성과 정체성을 획득하기 위한 싸움과 연관되고, 심지어 그렇게 규정될 수 있는 조직들이 태어났다. 미국 국방고등연구계획국(Defense Advanced Research Project Agency, DARPA, 1972년까지는 ARPA로 알려졌다)이 좋은 예이다. 제14장에서 다루었듯이, ARPA는 스푸트니크 이후 미국이 소련을 압도할 수 있도록 국방 연구계획을 지원하는 단촐하고 기동성 있는 조직으로 기획되었다. 이 기구가 거둔 성공에는 아파넷, 프로젝트 벨라(Project Vela, 핵폭발 감지 프로젝트), 탄도탄 요격미사일 시스템인 디펜더Defender, 스텔스 항공기(1977년에 처음 비행했다) 등이 포함된다. 한편 냉전 이후 DARPA는 비판을 받았다. 섀런 와인버거는 DARPA 회의가 21세기에 "실속이 없고", 할리우드식 관심 끌기와 지나치게 흡사하다는 내부자 관점을 지적했다.[68] 게다가 이라크 분쟁에서 혁신적인 군사적 해결책이 요구되었을 때, 국방부는 DARPA가 아니라 급조폭발물합동퇴치반Joint Improvised Explosive Device Defeat Organization 같은 조직에 의존했다. 다른 한편, 과거 DARPA는 혁신적 기구의 모델이자 본받아야 할 모범으로 간주되었다. IARPA(첩보), HSARPA(국토 안보), ARPA-E(에너지, 특히 에너지 안보, 최근에는 기후변화) 등이 그런 예이다.

줄기세포와 정치

조지 W. 부시 대통령은 과학에 영향을 주는 정책으로 자주 비판을 받았다. 2001년에 부시가 새로운 배아줄기세포주embryonic stem-cell-lines 연구에 대한 연방 차원의 지원을 중단하기로 한 결정은 보수적인 기독교 가치에 기반을 둔 것이었다. 앞으로 설명하겠지만, 그 이후 미국은 특정 생의학 분야에서 싱가포르, 영국, 이스라엘, 중국, 그리고 오스트레일리아 등에 추월당했다. 부시 행정부는 개입 혐의, 증거 고쳐쓰기, 그리고 "핵 확산 위험 제거 실패"—가령, 핵비확산 조약에서 오히려 멀어졌다—등을 이유로 "과학과의 전쟁"을 벌이고 있다고 비난받았다.[69]

2008년 1월호에서 『네이처』 편집인은 "정치적 성향과 무관하게 많은 연구자가 그들이 과학과의 망가진 관계라고 간주하는 것에 의해 심각할 만큼 난처한 상황에 처해 있다"라고 지적했다.[70] 민주당 대통령 후보인 버락 오바마는 과학에 충분한 투자를 했고, 자연선택에 의한 진화의 가르침을 확실하게 지지했다. 공화당의 존 매케인과 그의 동반 출마자 새라 페일린은 크게 차이가 나는 두 선거구로 갈라져 있었다. 선거 유세를 하는 동안 페일린이 폈던 주장—기후변화의 원인이 인간 활동인지 여부에 대한 그녀의 견해, 그리고 논쟁 과정에서 "프랑스 파리에서는 초파리 연구를 한답니다. 여러분이라면 믿을 수 있어요?"라는 발언과 함께 배아줄기세포 연구에 대한 강한 반대와 연구비 삭감을 약속했다—은 매케인의 입장을 궁색하게 만들었다.

그러나 『사이언스』와 『네이처』가 지면을 할애하면서 밀어붙였던 과학 논쟁은 실현되지 못했다. 결국, 2008년 선거에서 과학은 결정적인 쟁점이 되지 못했다. 선거에서 승리한 오바마 당선자는 핵심 관료를 임명하기 시작했다. 12월에 내각의 일원인 에너지성장관 자리는 로렌스 버클리 연구소 소장이자 노벨상 수상자인 물리학자 스티븐 추에게 돌아갔다. 2009년 1월, 오바마는 과학 보좌관을 임명했다. 존 홀드런의 경력은 역할에 걸맞을 만큼 화려했다. 그는 록히드미사일과우주사의 엔지니어로 경험을 쌓은 물리학자였고, 로렌스 리버모어 국립연구소에서 핵융합을 연구했으며, 퍼그워시 조직과 함께 핵확산 반대 운동에도 참여했었다. 현재는 우즈홀 연구센터를 책임지는 하버드 환경정책 전문가다. 그 밖에 오바마 행정부에는 국립보건원 소장을 지낸 해럴드 바머스(제18장에서 그에 대해 다루었다), 인간유전체계획 지도자 중 한 사람인 에릭 랜더가 포함되었다. 대통령 임기 초기인 2009년 3월, 오바마는 줄기세포 연구에 대한 연방 자금 지원을 제한했던 부시의 조치를 뒤집는 행정 명령을 내렸다. "그는 [존 홀드런에게] 정부의 의사결정에서 과학적 무결성을 보장하라고 지시하는 메모를 보냈고", 과학연구 지원금을 크게 늘렸다.[71]

줄기세포는 몸 안에서 모든 종류의 세포가 될 수 있는 잠재력을 가진다. 새로운 치료제와 실험을 개발하는 의학자에게 줄기세포가 그토록 매력적인 연구 대상인 까닭은 이러한 만능성에 있다. 그러나 2007년까지 인간배아줄기세포는 분리, 배양, 복제, 그리고 이용—물리적으로나 정치적으로—이 극히 힘들었다. 과거에 줄기세포를 얻을 수 있는 유일한 원천은 배아였다. 1981년에 쥐에서 처음으로 배아줄기세포가 분리되었다. 인간배아줄기세포를 찾아내기까지는 17년이 걸렸다. 이러한 어려움은 이 작은 세포에 투자되는 연구비뿐 아니라 그것을 성장시키고 배양하는 데—즉, 줄기세포를 줄기세포주로 바꾸는 데—필요한 방법을 찾는 일에도 뒤따랐다.

이 기법은 즉시 논쟁에 휩싸였다. 특히 배아가 세포에서 얻어지기 때문에 전 세계 가톨릭 교회, 미국 보수 진영, 그리고 낙태 반대 운동 진영이 크게 반발했다. 조지 W. 부시 대통령은 2001년 8월 9일 이후에 유래한 모든 줄기세포주 연구에 연방 차원의 지원을 금지시켰다. 독일에서는 로마 가톨릭 추기경 칼 레만 같은 교회 지도자, 녹색당 정치가, 나치의 잔학행위 이후 작성된 법률적 유산에 더해, 2년간의 격렬한 논쟁으로 비슷한 제약이 가해졌고, 연구자는 오래된 줄기세포주만을 대상으로 연구를 할 수 있었다. 오로지 게르하르트 슈뢰더 총리와 교육연구부장관이었던 에델가르트 불만의 강력한 지지 덕분에 독일에 줄기세포주가 계속해서 도입될 수 있었다.[72] 슈뢰더와 불만은 만약 독일이 줄기세포 연구를 계속하지 않았다면, 윤리적 제약이 없는 다른 나라에서 연구가 이루어져서 경제적 이득이 다른 나라로 돌아갈 수밖에 없을 것이라고 주장했다.

실제로 줄기세포 연구는 윤리적 제약이 덜한 지역, 가령 일본, 영국, 그리고 캘리포니아(30억 달러),[73] 매사추세츠(10억 달러), 위스콘신(7억 5000만 달러) 등 미국의 개별 주에서 활발하게 이루어졌다. 주의 연구비 지원은 연방의 부족한 연구비 지원을 벌충해주었다(몇몇 주들, 예를 들어 루이지애나, 노스다코타 같은 주는 줄기세포 연구를 법으로 금지했으며, 뉴저지 같은 몇몇 주는 여론 조사를 통해 연구비 지원을 배제시켰다).[74]

두 방향에서 이루어진, 줄기세포 연구에 대한 똑같이 야만적인 시도—하나는 "장님을 눈뜨게 하고 앉은뱅이를 다시 걷게 하겠다"는 무모한 전망이고, 다른 하나는 법률적 금지와 독단적 혐오—가 왜 줄기세포를 배아가 아닌 다른 원천에서 얻는 방법에 대한 발표가 그처럼 열광적인 반응을 얻었는지 설명해준다. 2006년 교토 대학에서, 야마나카 신야山中伸彌는 쥐의 일반 세포에 네 개의 비교적 단순한 유전자 변화를 일으켜서, 일부를 줄기세포 상태로 되돌려놓는 데 성공했다. 같은 해에 야마나카는 그의 박사후연구원 다카하시 가즈토시高橋和利와 함께 비밀리에 인간 세포를 대상으로 같은 결과를 얻었다(그는 네 개의 유전자, Oct3/4, Sox2, c-Myc 그리고 Klf4의 클론을 도입시키는 데 바이러스 벡터를 이용했다). 야마나카는 그가 다능줄기세포 pluripotent stem, iPS라 부른 것에 대한 연구결과를 2007년 11월에 발간했다. 놀랍게도 같은 날에, 위스콘신 줄기세포 연구법의 선구자인 위스콘신-매디슨 대학의 제임스 톰슨이 독자적으로 iPS 기법을 발표했다. 그는 인간 배아줄기세포의 최초 발견자 중 한 사람이다.

2008년과 2009년에 iPS 세포를 향한 골드러시가 이루어졌다. 하버드, 토론토, 교토 대학 등이 재빨리 새로운 학과를 설립했고, 과학자들은 연구 분야를 바꾸었다. 야먀나카의 네 개의 재프로그래밍 벡터를 판매했던 매사추세츠 기업 애드진Addgene은 쥐를 이용한 기법의 최초 발표 이후 1000개의 실험실로부터 6000건의 주문을 받았다. 일본에서 교토 대학의 특허 출원이 지연되고, 같은 날 동시 발표가 이루어지자, 일본이 과학적 선도를 놓치고 있다는 논쟁에 불이 붙었다.[75] iPS 과학에는 수십억 엔이 쏟아졌고, 2008년 9월에는 전 체계에 일본 특허가 밀려들었다.[76]

iPS 세포는 고유한 윤리적 문제를 가지고 있다.[77] iPS 세포는 모든 세포원에서(가령 유명인사의 머리카락에서도?) 생식 세포를 뽑아내거나, 인간 복제에 사용되거나(쥐를 대상으로 이미 복제가 이루어졌다), 또는 암을 치료하는 게 아니라 오히려 암이 유발될 수도 있다.

중개연구

생명공학의 번성과 과학 상업화 사이에는 역설적인 관계가 있다. 한편으로(제18장에서 다루었듯이), 기존 설명은 재조합 DNA 기법의 특허가 생명공학 기업들의 출현으로 이어졌고, 교수-기업가가 찬양을 받았으며, 그 압력이 대학 연구를 상업화시켰다고 말한다. 공적 연구비를 들여 얻은 결과의 지적재산권을 대학이 갖도록 허용한 1980년의 베이−돌법은 그렇게 대학 기술이전사무소technology transfer offices, TTOs의 성장을 촉진했다.[78] 2008년까지 미국에서 230개 대학에 TTO가 생겨났다. 그 2년 전의 데이터에 의하면, 1만 6000건의 특허 출원과 697건의 상품 라이선스가 이루어졌고, 553개의 스타트업 기업이 태어났다. 그중 일부는 엄청난 수입을 낳았는데, 대표적인 예로 게토레이 스포츠음료(교수 발명가인 로버트 케이드와 플로리다 대학이 권리를 공동 소유), 택솔(앞에서 설명한 항암제), 그리고 시스플라틴(항암 특성이 있다고 알려진 백금 화합물로, 미시간 대학이 소유) 등을 들 수 있다. 로열티제약Royalty Pharma 같은 기업은 대규모 기금으로 생의학 특허를 얻어 제품 생산 라이선스를 획득하는 쪽으로 특화되었다. 로열티제약은 항경련제인 프레가발린을 노스웨스턴 대학에서 화이자사로 중개해서, 리리카Lyrica라는 약을 생산하는 7억 달러의 거래를 성사시켰다. 또한 로열티사는 백혈구 생산을 자극하는 물질인 과립구집락자극인자filgrastim를 메모리얼 슬론−케터링 암센터에서 암젠사로 이전해서 뉴포젠/뉴라스타를 생산하는 2억 6300만 달러의 계약을 체결했다.

TTO는 본받아야 할 모델이었다. 1990년대와 2000년대에 유럽에서 TTO의 물결이 일었다. 다른 나라에서도 기술이전을 담당하는 기구들이 만들어졌다. 예를 들어 싱가포르의 A*STAR 연구소가 그런 예이다. 메르디스 워드먼은 『네이처』에 "여러 대륙에 걸친 연구자들이 한목소리로 새로 설립된 TTO의 수가 너무 많으며…… 그것은 기껏해야 좋기도 하고 나쁘기도 할 뿐"이라고 불평을 늘어놓는다고 썼다.[79] 그들은 TTO가 지적재산권과 발명을 쌓아놓는 작업을 스스로 과대평가하는 반면, 직원은 조금밖에 늘지 않고, 재능 있는 이들은 기업과 모험자본 회사들이 빼가서 학문적인 과학을 지나치게 상업화시킨다고 말한다. 그럼에도 불구하고, 생명공학이 이러한 움직임을 시장에 가깝게 만드는 원인이라는 것이 일반적인 가정이다.

다른 한편, 1970년대 말엽 이후 30년, 즉 TTO의 성장을 목도한 시기와 정확히 일치하는 기간 동안의 생의학 과학에 대한 검토를 통해, 우리는 기초 생의학 과학이 성장해서 임상적 적용과 그 산물로부터 분리되어나왔으며, 이러한 동향의 원인이 생명공학임을 알 수 있다. 디클런 버틀러는 1950년대와 1960년대에는 전형적인 의학연구자가 의사─과학자physician-scientist였다고 말한다.[80] 그러나 분자생물학의 성장으로 임상 연구와 생의학연구가 분리되기 시작했다. 기초생의학 연구자는 의학에 기여하기보다 최고의 학술지에 논문을 써야 인정을 받았다. 기초과학자들도 익숙하지 않은 규제와 특허를 공포로 받아들였다. 한편 "환자를 다루는─그리고 그 일로 봉급을 받는─임상의는 연구는 고사하고 엄청나게 쏟아지는 복잡한 문헌을 읽어낼 시간이 거의 없고 그럴 의향도 없다". 게다가 유전체학, 단백질유전정보학 등이 많은 타깃 약품을 만들어냈고, 평균적으로 이런 약은 예전 치료법에 비해 개발비가 더 많이 들어가기 때문에 제약회사가 부담을 느꼈다.

두 번째 설명에서, 생명공학은 연구실을 의학적 적용으로부터 더 멀리 떼어놓는 결과를 낳았다. 이러한 경향에 대응해서 주요 연구비 지원 기관은 '중개연구translational research'를 장려하는 부서들을 설치했다. 중개연구라는 말은 1993년에 암억제유전자인 BRCA2 논쟁의 일환으로 처음 출현했다. 미국에서 국립보건원이 2003년부터. 학제간협력과 사업 양식의 평가를 장려하는 '임상및중개과학센터Clinical and Translational Science Centers'를 지원하기 시작했다. 영국에서는 웰컴 트러스트와 의학연구회Medical Research Council가 미국의 뒤를 이었다. 유럽은 2008년에서 2009년 사이에 새로운 '유럽의학중개고등인프라European Advanced Translational Infrastructure in Medicine'를 설립해서 덴마크, 핀란드, 프랑스, 그리스, 독일, 노르웨이, 네덜란드, 이탈리아, 스페인, 스웨덴, 그리고 영국의 중개연구를 연결하는 시도를 하고 있다. 따라서 생명공학은 시장과 응용으로부터 멀어지면서 동시에 가까워졌다.

인간의 역설계

분자생물학은 환원주의적 생명과학을 제공한다는 비난을 받아왔다. DNA 가 RNA에 전사되고, RNA는 단백질로 번역된다는 오래된 도그마로 충분한 것처럼 여겨졌다. 그러나 1990년대와 2000년대에 다른 종류의 수많은 핵산들의 단편들이 발견되고 그 단편들이 세포 안에서 모든 종류의 기능을 수행한다는 사실이 밝혀지면서, 당황스러울 만큼 복잡한 상이 그려졌다. 비-단백질-암호화 RNAnon-protein-coding RNA 분자에 대한 최초의 보고는 인위적인 것으로 판단되어 기각되었다. 이런 구조의 RNA는 급속히 붕괴할 것으로 예상되었기 때문이다. 그러나 유전체학 기법의 진전은 무척 빨랐고, 오늘날 비-암호화 RNA들의 흔적은 인위적인 가공의 증거가 아니라 이러한 핵산 가닥들이 다수 실재한다는 것을 시사하는 것으로 이해된다.[81] (세포 안에 "실제로" 존재한다고 간주하는 일이 기술의 현황에 얼마나 의존하는지 주목하라!)

미세 크기의 생화학적 조사와 결합된 대규모 생명정보학으로 향하는 경향은 이러한 복잡성의 분석을 겨냥하고 있다. 특히 이러한 기법들을 배치한 암 프로그램들은 유전자 조절에 초점을 맞추었고, 연구 과정에서 작은 RNA 분자의 많은 유형이 발견되었다.

마이크로 RNA(miRNA)는 정말 작아서 대략 23개 뉴클레오티드 길이에 불과하며, 전령 RNA가 분해되거나 전사되는 과정에 개입해서 단백질의 발현을 미세 조정하는 역할을 한다.[82] 1990년대에 발견된 마이크로 RNA는 2000년대에 약물 치료법으로 개발되고 있으며, 예를 들어 클락소스미스클라인은 2008년 생명공학 기업인 레귤러스테라퓨틱스Regulus Therapeutics와 함께 치료 약물 개발에 착수했다.[83]

일반적으로, 제약기업들은 1990년대와 2000년대 초기의 유전체학 대유행이 유망한 약품 개발로 대거 이어질 것이라고 기대했다. 그러나 실제로 얻은 것은 복잡성이었다. 앨리슨 애벗은 2008년『네이처』에 이렇게 썼다.

유전학자와 분자생물학자가 더 많은 것을 발견할수록, 대부분의 질병은 더 복잡해졌다. 개별 유전자들에 대한 관심은 한물갔고, '시스템'—많은 수의 유전자와 단백질, 그리고 거의 무한한 방식으로 상호작용하는 그 밖의 분자들—이 새로운 유행이 되고 있다.[84]

2000년대 말엽 큰 기대를 모았던 것이 이 '시스템생물학'이라는 새로운 과학이었다. 시스템생물학은 전기공학자가 미지의, 복잡한 전자키트의 부품들을 분석하는 방식에서 영감을 얻은 방법으로 세포의 복잡성에 도전했다. 전기공학자는 서로 다른 주파수의 여러 가지 입력에 대한 반응을 기록해 그 안쪽의 배선을 연역한다. 마찬가지로, 예를 들어 시스템생물학자는 새로운 기술을 사용하고(삼투압을 여러 가지로 바꾸기 위해 미세유체학을, 변화를 추적하기 위해 형광세포 탐지기를 사용한다), 효모균 세포를 다양한 조건에 놓아두어 그 생화학적 경로들을 추론했다.[85] 『네이처』는 이 방법을 '세포의 역설계reverse engineering the cell'이라고 불렀다. 이 방법은 많은 계산을 필요로 했다. 일부 모델링은 "기상예보나 전 지구적 온난화를 이해하기 위한 정도의 계산 능력을 요구했다".[86] 심지어 일본에서는 "인간 전체의 생리 기능에 대한 가상의 표상을 만드는 데" 30년의 프로그램을 요구하기도 했다. 그것은 모든 생화학적 경로와 그 변형을 연역하고, 모형을 만들고, 인체를 역설계하는 데 들어가는 시간이었다. 따라서 계산에 들어가는 비용만도 엄청나다.

애벗이 이야기했듯이, 시스템생물학은 "위기에 봉착한 제약산업"에서 "실패를 거듭하는 연구개발 파이프라인"의 구세주가 될 가능성으로 많은 주목과 과장된 기대를 받았다. 화이자, 아스트라제네카, 머크, 로슈 같은 거대 제약회사는 '결과야 어쨌든 일단 뛰어들자'는 분위기로 일제히 이 프로젝트를 사들였다. 최초의 유전체학genomics—인간유전체계획과 같은 유형의—은 신약을 낳지 못했다. 기업들은 시스템생물학이 신약을 만들어줄 수 있기를 바랐다. 어쨌든, 새로운 의학은 그리 값싸게 오지 않을 것이다.

유전체학, 값싼 맞춤형?

그렇더라도, 게놈의 염기서열 해독은 눈에 띄게 비용이 내려갔고 속도도 빨라졌다. 인간유전체계획에는 30년이 걸렸고, 6개국 16개 기관에서 거의 3000명의 과학자가 참여했으며, 2003년 염기서열을 얻기까지 27억 달러가 들어갔다. 2008년에는 과학자 소수가 겨우 넉 달 만에 150만 달러도 안 되는 비용으로 제임스 왓슨의 DNA 염기서열을 해독했다.[87] 이러한 추세는 계속되어서 2010년대에는 기계 한 대당 하루 10억 킬로베이스kb의 속도에 도달하게 될 것이다. 엑스프라이즈X prize 재단은 한 사람당 1만 달러 이하로 열흘 이내에 100명의 게놈을 해독하는 데 처음 성공하는 연구팀에게 1000만 달러의 상금을 걸었다.*

염기서열을 해독한 후, 제임스 왓슨은 분석 결과 증가된 질병의 위험과 연관된 20개의 돌연변이가 어떤 함의를 갖는지 설명했던 한 전문가 연구팀의 자문을 받았다. 한 전문가는, 향후 추가 연구의 필요성을 호소하면서 『네이처』에 이렇게 썼다. "실제로 우리가 해줄 수 있는 이야기가 거의 없다는 사실이 무척 의미심장하다."

이러한 추세가 개인 유전체학을 예고하는 것은 아니다. 염기 해독의 비용이 내려가면서, 누구든 제임스 왓슨처럼 게놈을 해독할 수 있게 될지도 모른다. 실제로 전장全長게놈 분석의 소비자직접서비스DTC는 2007년에 이미 판매가 진행되었다. 선구자격인 세 회사는 캘리포니아의 23앤미 23andMe, 내비제닉스Navigenics, 그리고 아이슬란드의 디코드deCode다. 대금을 지불하면 이들 회사는 당신의 DNA를 100만 개의 단일 유전적 다형성

---

* 엑스프라이즈는 구글과 애플 등 세계적인 대기업의 후원을 받아서 인류에게 닥친 난제를 해결하는 팀에게 수십억에서 수백억에 달하는 상금을 주는 비영리 재단으로 1995년에 설립되었다. 그러나 2006년에 게놈 해석에 대해 제정했던 이 상은 지난 2013년에 게놈 해석 속도가 크게 높아지고 비용이 싸지면서 결국 취소되었다.

과 대조할 것이다. 비판자들은 이러한 정보의 임상적 유용성이 불분명하며, 불필요하게 고객에게 두려움을 준다고 지적하면서 규율이나 규제 필요성을 제기했다. 나아가 이 정보는 가족력이나 그 밖의 사실의 맥락에서 검토되지 않으면 거의 쓸모가 없다는 것이다. 이러한 비판에 해당 회사들은 개인은 자신의 유전자에 대한 지식을 알 권리가 있다고 응수했다. 게다가 23앤미가 기술적 및 재정적으로 구글과 연루된다—이 회사는 개인 병력病歷을 기록하는 조직인 구글 헬스Google Health를 출범시켰다—는 사실은 미래에 유전정보가 어떻게 해석될 것인지 시사해준다.[88]

또한 염기 해석 비용의 하락은 생명의 나무의 계통발생 연구에도 도움을 주었다. 2000년대에 점점 더 많은 생물의 염기서열 초안이 발간되었다. 많은 종류의 미생물에 이어 실험용 초파리인 노랑초파리(2000), 실험 식물인 애기장대(2000), 쌀(2002), 생쥐(2002), 말라리아 모기 아노펠레스 감비아이(2002), 실험 생물인 진균류 네우로스포라 크라사(2003), 누에(2004), 쥐(2004), 닭(2004), 침팬지(2005), 개(2005), 성게(2006), 고양이(2007), 말(2005), 포도덩굴(2007), 오리너구리(2008), 옥수수(2008), 수수(2009), 그리고 암소(2009) 등의 염기서열이 발표되었다. 반드시 살아 있는 동물만 유전자 비밀을 밝힐 수 있는 것은 아니다. 매머드(2008)와 네안데르탈인(2009)의 거의 완벽한 염기서열이 화석에서 얻어졌다.

대규모 제약회사와 과학 연구 출간

2000년대에 학술지와 인터넷 블로그 현상으로 자유 열람이 가능해지면서 과학 연구 출간publishing science의 문이 활짝 열렸다. 그러나 거대 기득권 세력들은 여전히 충돌했다. 거대 제약회사가 법정에 출두하면, 그 결과에 따라 과학의 출간 과정이 열리기도 하고 닫히기도 했다. 예를 들어, 2007년에 화이자사는 진통제 셀레브렉스(셀레콕시브)와 벡스트라(발데콕시브)와 관련된 법정 소송을 당하면서, 『뉴잉글랜드저널오브메디슨』에 관련 동료심사자들을 인도하고 심사자 명단과 내부 편집진의 심의 문건들을 내놓으라고 요구했다.[89] 2007년 11월, 저널 측은 일부 문건을 제출했지만, 회사가 원하는 전부를 넘겨주지는 않았다. 그러나 2008년에 결국 그들의 요구에 굴복했다. 화이자의 변호사들은 회사의 무고 입증에 결정적인 데이터가 그 문건들 가운데 있다고 주장했다. 『뉴잉글랜드저널오브메디슨』의 편집자들은 익명의 심사자들을 밝히는 것이 동료심사를 훼손할 수 있다고 주장했다. 『사이언스』 편집장인 도널드 케네디 같은 다른 편집자들도 이 주장에 동의했다.

다른 사례로, 관절염약 바이옥스(로페콕시브) 재판의 예상치 못한 결과 중 하나로 과거에 공개되지 않았던 문헌들이 드러나면서 어떻게 임상시험 과정이 출간되었는지 밝혀졌다. 이 약은 사용자에게 숨겨진 부작용이 있다고 고발당했었지만 머크사는 부인했다. 이 문헌들의 분석결과는 2008년에 『저널오브아메리칸메디컬어소시에이션』에 실렸는데, 강한 대필 의혹이 제기되었다. "머크사가 가지고 있던 문헌 중 하나에는 머크사의 직원이 초고를 작성한 많은 임상시험 문헌들의 목록이 들어 있다." 그런데 20건의 사례 중에서 16건의 최종 발표 논문은 외부 학자의 이름으로 되어 있었다.[90]

세계 뉴스 속의 대형하드론입자충돌기

과학 기자인 제프 브럼피엘은 경쟁 관계였던 미국의 초전도 초대형 입자가속기SSC 계획이 철회되고 유럽 프로젝트로 유럽입자물리연구소CERN가 출범할 때, "최초의 진정한 전 지구적 실험 사업인" 대형하드론입자충돌기 Large Hadron Collider, LHC의 비용이 문제가 되었다고 지적했다.[91] 1994년, 영국과 독일은 LHC 사업에서 손을 떼어야 하나 고민하고 있었다. 위기에 처한 이 사업을 구해내기 위해, 가속기 설계자 린 에반스와 소장인 크리스토퍼 루엘린 스미스 총장을 비롯한 CERN의 주도적인 과학자 몇몇이 축소된 설계를 받아들이도록 CERN의 유럽위원회를 설득했고, 일본과 러시아를 설득해서 모자라는 자금을 메웠다. 거기에 인도와 미국도 가세했다.

그 결과 2008년 9월 10일 '빔 데이beam day'에 최초의 양성자가 LHC의 링을 돌면서 전 세계적 뉴스거리가 되었다. 『인도타임스』는 과학자들이 타타 기초연구소Tata Institute of Fundamental Research에 모여서 (데이터 연결이 끊어져서 암흑 속에 남기 전에) 엄청난 흥분을 느꼈다고 보도했고, 『인도경제타임스』는 200명의 인도 과학자들이 유리하고 구체적인 계약조건으로 참여했다는 점을 자랑스럽게 보도했다. 이스라엘 언론은 에후드 올메르트 수상이 했던 "나는, 인류 전체에 영향을 미칠 수 있는, 이처럼 중대한 실험에 이스라엘 과학자들과 이스라엘의 기술이 참여했다는 사실에 무척 긍지를 느낀다"라는 말을 보도했다. 또한 『스코츠맨』은 "스코틀랜드 기업이 CERN을 성공으로 이끌다"라는 머리기사를 실었다.

따라서, 9일 후 LHC의 두 자석을 연결하는 케이블이 초전도성을 잃고 거의 순식간에 녹아버렸을 때 전 세계가 꽤나 당혹스러울 수밖에 없었다. 그런 다음 액체 헬륨이 LHC 터널로 유출되는 사고가 벌어졌다. 고장을 수리하기까지 1년 동안 40억 달러에 달하는 프로젝트 전체가 중단되었다. 페타바이트(10^{15}바이트)의 정보를 저장할 예정이었던 컴퓨터들은 사용되지 못한 채 멎어 있었다. 아무런 데이터도 나오지 않았기 때문에, 박사 논문을 끝내기 위해 대기하던 학생을 포함해 전 세계의 과학자들은 기다리는 것 말고는 할 수 있는 일이 없었다.

LHC는 당시까지 가장 근접한 경쟁자격인 페르미 연구소의 테바트론 Tevatron 입자가속기의 일곱 배에 달하는 에너지로 양성자와 반양성자를 충돌시켜서 표준 모형을 넘어서는 물리학의 나머지 단서들을 탐색하도록 설계되었다. LHC가 작동을 멈추자, 이러한 물리학의 대안적 체계를 구상하던 물리과학자들에게 새로운 기회의 창문이 열렸다. 테바트론은 가능한 최고 속도로 구동되었고, 새로운 충돌을 할 때마다 천천히 통계적인 상을 구축해나가면서 변칙사례(가령 스트레인지 B 중간자의 붕괴에서와 같은)에 대한 암시를 주었다. 그러나 2011년 LHC가 재가동되면서 힉스 입자 발견으로 이어졌다.

두 번째 접근방식은 유령 입자로 불리는 중성미자의 탐구였다. 1998년 일본의 과학자들은 기후현 히다시 가미오카 광산의 중성미자 검출장치에서 슈퍼-가미오칸데 실험을 했고, 중성미자가 여러 형태로 변환한다는 사실을 밝혀냈다. 이러한 변환은 아무리 작더라도 질량을 가지는 중성미자에서만 가능했다(이 발견은 오랫동안 관찰되면서도 수수께끼가 풀리지 않던 태양 중성미자의 부족 현상*도 해결했다). 질량이 있는 중성미자는 표준 모형의 일부가 아니었다. 남극의 빙하 아래에 건설될 일련의 검출장치들로 이루어진 아이스큐브IceCube와 같은, 훨씬 크고 새로운 중성미자 실험을 통해서 새로운 현상이 밝혀질 수 있을 것으로 기대된다.†

결국 표준 모형은 우주의 기본력에 대한 이론이다. 대개 소립자물리학 수준에서 탐구되었지만, 또한 우주론에서 핵심적이기도 하다. 우주론자들은 이미 우주에서 관측 가능한 물질의 질량이 우주론이 작동하려면 필요하다고 추론된 질량에 비해 훨씬 부족한 불일치 문제를 지적해왔다. 흔히 암흑물질이라 불리는 이 부족 문제는 20세기 처음 10년까지 전혀 가능할 수 없었다. 후보 물질은 관측되지 않았고, 표준 모형에는 이러한 물질이 들어설 여지가 없었다. 그러나 암흑물질의 존재는 은하들의 회전 속도를 설명하고,

---

* 흔히 태양 중성미자 문제solar neutrino problem로 불리며, 표준 모형에 의해 태양에서 방출될 것으로 예상된 중성미자의 양과 실제 관측치 사이의 불일치를 뜻한다. 태양 중심부에서 생성되는 중성미자는 지구 표면에 1초에 1제곱센티미터당 수백억 개가 도달할 것으로 예측되었지만, 실제로는 거의 검출되지 않았다. 그 이유는 중성미자가 다른 형태로 변환되기 때문으로 밝혀졌다. 이 문제는 1960년대 중반에 처음 제기되었다.

† 아이스큐브는 세계 최대규모 중성미자 검출장치로 빙하 아래쪽에 300여 개의 광센서 검출기를 설치해서 중성미자를 탐색하고 있다. 2010년에 완성되었다.

우주를 구성하는 물질 가운데 약 85퍼센트를 설명하려면 필수적이었다.

암흑물질은 여러 개의 대규모 과학 프로젝트가 해결하려는 목표였다. 2008년에 파멜라(Payload for Antimatter Matter Exploration and Light-nuclei Astrophysics, 반反물질과 가벼운 원자핵 천체물리학 탐사위성으로, 이탈리아-러시아-독일-스웨덴의 공동연구)라 불리는 인공위성에서 보내온 데이터를 기초로 연구한 과학자들은 특정 에너지의 반전자antielectron의 양이 예상치 이상으로 검출되었다고 보고했다. 이 반전자는 '중성미자'와 같은 수수께끼 암흑물질 입자들의 충돌에서 나온 것일까? 역시 2008년에 이탈리아의 그란사소 국립연구소 지하에 있는 암흑물질 검출기가 신호를 포착했다. 그러나 얄궂게도 같은 이탈리아 산에 설치된 다른 장치들을 포함해서, 그 밖의 검출기들은 아무것도 찾아내지 못했다.

앞으로는 새로운 물리학으로 이어지는 이러한 비非입자가속기가 전형적인 것이 될지도 모른다. LHC의 수명은 20년으로 예상되었다. 전 세계의 기초 물리학계가 LHC의 후계자로 간주하는 기계—국제선형충돌기 International Linear Collider, ILC라 불리는 전자-양전자충돌기—는 설계 비용이 삭감되고, 2008년의 영국처럼 협력 국가들이 손을 떼면서 지지부진한 형국이다. 이 책에서 나는 여러 나라의 입자물리학센터들이 본질적으로 냉전이라는 안보의 관심사로 정당화된 반면, CERN은 유럽 프로젝트를 지탱하고 예증하기 위해 건설되었다고 주장했다. 아직까지는 ILC를 떠받칠 만큼 강력한 국제적 전망은 수립되지 않고 있다.

실험이 비틀거리고 불확실성에 빠진 반면, 이론은 고 정밀도의 입증에서 인상적인 목표를 달성했다. 스티븐 뒤어와 그의 동료들은 『사이언스』에 실은 논문에서 양자색역학QCD 이론이 예측했던 질량이 실제 관찰된 하드론의 질량과 거의 정확하게 일치한다는 사실을 밝혀냈다.[92] 경쟁지인 『네이처』는 이 연구의 실제적인 함의(가령 초신성에 대한 이해)뿐 아니라 "만물은 수이다"라는 피타고라스의 신조를 의기양양하게 입증했다는 점에서도 그

업적을 높이 평가했다.[93] 그 이론물리학자는 이렇게 평했다. "하드론 질량의 정확하고 통제된 계산은 과학의 역사에 괄목할 만한 이정표를 남겼다. 그러나 이 이정표에 도달하는 데 수십 년이 걸렸고 심지어 오늘날에도 그 발견이 탁월함과 컴퓨터 능력의 최전선임을 보여주었다는 사실은 기존 방법론의 한계를 강조하고 우리에게 더 강력한 기법을 개발해야 한다는 도전 과제를 던져주고 있다." 이 문제를 다른 식으로 표현하자면, 이론 역시 규모 확장에서 문제를 안고 있었다는 것이다.

또다른 녹색 세계(그리고 또…… 또)

고전적인 행성의 수는 다섯이었다. 18세기, 19세기, 그리고 20세기에 하나씩 행성이 더해졌다. 1990년대와 2000년대에 어렴풋한 행성들이 무더기로 발견되면서 극적인 일이 벌어졌다. 첫째, 캘리포니아 공대의 마이클 브라운이 '해왕성-바깥trans-Neptunian' 천체들을 한 꾸러미나 발견하면서 과학자들은 '행성'이란 무엇인가에 대해 다시 생각하게 되었다. 국제천문연맹 International Astronomical Union은 2006년 총회에서 '왜소 행성dwarf planet' 이라는 새로운 범주를 만들었고, 여기에 명왕성과 세레스, 그리고 오늘날 이름을 갖게 된 에리스, 세드나(후보), 하우메아, 그리고 마케마케와 같은 새로운 천체들이 들어갔다. 1930년 클라이드 톰보가 발견했던 명왕성이 왜소 행성으로 강등된 현실은 가장 기본적이고 유서 깊은 범주조차 개정될 수 있다는 사실을 다시금 상기시켜주었다.

둘째, 1995년부터 시작해서 태양 이외의 다른 평범한 항성들 주위를 도는 행성들이 발견되었다. 이들 '태양계외행성exoplanet'은 정밀한 분광분석을 거쳐 모⺟항성의 움직임에서 검출되는 작은 흔들림을 통해 발견되었다. 2008년까지 300개 이상의 태양계외행성들이 확인되었다. 그중 하나인

HD189733b는 스펙트럼 분석에서 수증기의 흔적이 나타났다. 이러한 발견은 태양계외행성들에서 찾아야 하는 '생물 표지biomarker'에 대한 진지한 논의를 촉발했다.

문제에 봉착한 우리 행성

2000년대에 과학계가 지구온난화 현상에 대해 이룬 합의에 대한 정치적 반응은 느리고 복잡했다. 일례로 미국의 캘리포니아주는 연방정부와 다른 방향과 속도로 대응했다. 오스트레일리아에서는 기후변화로 새로운 수상인 케빈 러드가 선출되었다. 영국에서는 기후변화와 에너지 안보가 핵발전소 건설이라는 새로운 움직임의 출발을 정당화하는 데 (최소한 당시 정부의 과학자문위원장이었던 데이비드 킹에 의해) 이용되었다. 기후변화 문제의 특징인 과학과 정치의 기묘한 혼합물로 인해 2007년 노벨 평화상은 기후변화에 대한 정부간협의체IPCC와 전 미국 부통령 앨 고어에게 공동으로 수상되었다. 고어는 2006년에 자신이 기후변화를 주제로 발표했던 파워포인트 자료를 〈불편한 진실〉이라는 장편 다큐멘터리로 만들었다.

그럼에도 불구하고 기후변화에 대응하고, 자주 거론되는 대규모 기술적 해결책의 실현 가능성을 실천에 옮기려는 정치적 의지는 2000년대에 아직 충분치 못한 상태다. 가장 유력한 후보 기술인 이산화탄소 지하 저장 계획, '이산화탄소포집저장Carbon capture and storage, CC&S' 계획도 간신히 자금 지원을 받는 정도였다. 일리노이의 퓨처젠FutureGen 사례가 저간의 사정을 잘 보여주었다. 2007년에 발표된 제4차 IPCC 평가 보고서는, 당시 주류 과학계의 합의가 부족했음에도 이전 보고서에 비해 인간 활동에 의한 기후변화anthropogenic climate change가 실재實在한다는 주장을 좀더 직설적으로 제기했다. 2009년 코펜하겐에서 있었던 국제회의는 온실가스 배출에 대한 교토 의정서를 대체할 것으로 기대되었지만, 실패로 받아들여졌다.

2008년, 전 지구적 문제를 해결하기 위해, 복잡하고 다툼이 있는 과학적 조언에서 지침을 얻어야 하는 영역에서 IPCC를 모델로 삼으려는 시도 역시 곤란을 겪었다. 4년간 1000만 달러를 투자해서 "IPCC가 전 지구적 문제를 해결하려 했듯이 빈곤과 기아 문제를 해결하려고 시도했던" 농업과학기술국제평가International Assessment of Agricultural Science and Technology는 초국적기업인 몬산토와 신젠타의 참여 철회로 위기에 처했다.[94] 여기에서 생명공학—특히 유전자조작유기체GMO—이 기아 문제를 해결할 수 있을지가 쟁점이 되었다. 에너지 집약 사회와 국제 환경 거버넌스, 그리고 전 지구적 상업의 시선 사이의 갈등이라는 실행세계가 21세기 과학을 빚어내기 시작했다.

옮기고 나서

실행세계 모델을 통해 들여다본 20세기 과학의 조감도

지난 20세기는 과학의 역사를 통틀어 가장 역동적이면서도 눈부신 발전을 목도했던 시기였다. 잘 알려진 바와 같이 물리학과 유전학은 20세기 초에 상대성 이론과 양자역학, 멘델의 '재발견'을 거치며 근본적인 개념적 혁명을 겪었고, 분자생물학과 지구과학은 20세기 중반에 DNA 이중나선 구조 발견과 판구조론 정립을 계기로 현대적 형태를 갖추게 되었다. 그때 생겨난 이론과 실천들은 오늘날까지 해당 분야의 과학교육과 연구의 근간을 이루고 있다.

또한 이 시기를 거치며 과학의 '쓸모'를 바라보는 시각에서도 엄청난 변화가 있었다. 19세기 말 '제2차 산업혁명' 시기에 출현한 과학기반 산업 분야들은, 과학 연구에 대한 투자의 중요성을 깨닫고 자체 연구소를 설립해 과학자를 고용하기 시작했다. 또한 두 차례의 세계대전을 거치며 각국 정부들은 과학자들을 동원해 군사 연구를 대대적으로 지원하기 시작했고, 이어진 냉전 시기에 그러한 경향은 더욱 커졌다. 그런 연구개발의 성과들이 사람들의 일상생활에 스며들어 이를 본격적으로 바꿔놓기 시작한 것도 이 즈음이었다.

영국의 과학사가 존 에이거는 『20세기, 그 너머의 과학사』에서 20세기

초부터 현재까지 100여 년에 걸친 과학의 역사를 유장한 필치로 서술하고 있다. 그는 이 책에서 점차 과학사 연구의 주류로 부상하고 있는 20세기 과학사의 기존 연구 성과를 집대성하면서 자신만의 독특한 해석을 덧붙인다. 이 책에서 가장 주목할 부분은 에이거가 책 전체의 기본 틀로 제시하고 있는 '실행세계working world'라는 개념이다. 그는 과학사에서 오래전부터 쓰여온 '맥락context'이라는 개념이 너무나 진부해져 의미를 상실했다고 주장하며, 이를 대신해 실행세계라는 새로운 모델을 제안한다.

실행세계는 과학 연구가 그 위에서 이뤄지는 일종의 기반임과 동시에 과학 연구에 의미와 이유를 제공하는 원천이다. 에이거는 과학을 '기초과학'과 '응용과학'으로 나누고, 이 중에서 후자를 우리가 사는 세계와 직접적 연관이 있는 것으로 보는 식의 구분을 거부한다. 오히려 과학은 '응용세계'라고 그는 단언한다. 과학은 독특한 방식으로 — 즉, 문제에 대한 추상화되고 단순화된 대리물을 만들고 조작하는 식으로 — 실행세계의 문제를 해결하는 활동이라는 것이다. 이 개념은 과학 활동을 천재 과학자들의 혁신적 창조로 간주하고, 과학 연구를 연속적이고 누적적인 활동으로 간주하는 전통적인 관점을 무너뜨리고 특정한 시기에 패러다임이 부과한 문제를 푸는 문제풀이puzzle solving 활동으로 해석한 토머스 쿤의 주장과 유사하다. 또한 최근 타계한 프랑스의 저명한 과학기술학자 브뤼노 라투르의 논의를 연상케 하기도 한다. 이러한 성격 규정을 통해, 그는 양자물리학에서 생명공학 혁명에 이르는 지난 100여 년간의 과학사를 새로운 시각에서 조명하고자 한다.

이 책에서 또 하나 눈여겨볼 점은 20세기 과학사를 다루는 종래의 통사적 서술에서 흔히 간과되곤 하는 주제들에 깊이 있게 천착하고 있다는 것이다. 예를 들어 나치 집권 이후 독일의 이른바 '아리아 과학'은 과학사에서 일종의 '이상 현상'으로 간주되어 유대인 과학자들의 망명 계기나 홀로코스트의 원인을 제공했다는 것 말고는 사실상 무시되는 경우가 많고, 혁명 이후의 소련 과학 역시 리센코 사건 같은 스탈린 시기의 대숙청에 초점을 맞춰 반면교사로 다뤄지는 것이 대부분이다. 1960년대 연구대학을 휩쓴 군사 연구 반대운동도 반짝하고 나타났다 사라진 일종의 해프닝 정도로 여기는 시각이 일반적이다. 그러나 이 책에서는 그러한 주제들을 과학사의 '뒷이야기' 정도로 치부하지 않고, 각각 하나씩 장을 할애해 실행세계 모델에 입각한 분석을 제시하고 있다.

이와 관련해 저자가 제2차 세계대전을 비롯한 전쟁과 이후 냉전 시기에 상당한 지면을 할애해 집중적으로 다루고 있다는 것도 의미심장한 대목이다. 이는 냉전 종식 이후 지난 30여 년 동안 기밀해제된 사료들에 입각해 이뤄진 새로운 과학사 연구의 성과를 적극 반영한 소치이기도 하다. 지금 와서 생각하면 냉전 시기의 국가 안보라는 실행세계는 때로 괴상하고 터무니없이 느껴질 뿐 아니라 기껏해야 일시적인 것에 그친 듯 보인다. 그러나 냉전 시기의 군사적 요구는 이를 수용하든, 거부하든 간에 동시대 과학자들의 인식과 연구 활동을 규정지은 환경이었고, 이 시기에 이뤄진 다양한 분야의 과학 활동에 깊고도 독특한 각인을 남겼다. 냉전이 과학에 남긴 영향은 현재진행형이며 지금도 계속해서 이 시기를 다룬 과학사 연구가 쏟아져 나오고 있는 점을 감안하면, 냉전 시기 과학에 대한 평가는 아직도 끝이 나지 않은 작업이라 할 수 있다.

2012년에 원서가 출간된 이 책의 우리말 번역서가 나오기까지의 경위를 간단히 적어둔다. 번역 과정에는 우여곡절이 많았다. 원서가 출간된 직후인 2013년 초에 방학 기간을 이용해 몇 사람(김동광, 김명진, 김준수)이 모여 이 책 전체를 읽는 독회 모임을 가진 것이 출발점이었다. 당시 독회에 참여했던 두 사람(김동광, 김명진)이 이 책 전체를 번역해 소개하기로 마음먹고 2014년 초 출판사와 접촉해 번역 계약을 맺었다. 그러나 역자들(특히 전반부를 담당한 김명진)의 게으름과 다른 번역 작업 때문에 일정은 기약 없이 늦어졌고, 결국 8년여가 흐른 2022년 초에야 초역 원고가 완성되어 지금에 와서 출간에 이를 수 있었다. 이 자리를 빌려 이 책의 학술적 가치를 인정해 출판 계약에 흔쾌히 응하고 역자들의 게으름을 인내하며 오랜 기간 기다려준 뿌리와이파리 출판사에 심심한 감사의 뜻을 전하고 싶다. 번역은 김명진이 1~10장, 김동광이 11~20장을 각각 맡아 옮겼음을 밝혀둔다.

20세기 과학, 특히 냉전 시기 이후의 과학은 자료상의 한계로 말미암아 본격적인 역사적 탐구가 이제 막 시작된 주제로서, 현재까지 이뤄낸 것보다 앞으로의 성과와 재해석이 더 기대되는 전도유망한 분야이다. 에이거의 이 책은 그러한 주제에 대한 현재 시점의 '중간결산'으로서 의미를 지니며, 앞으로 더 많은 연구를 자극하는 촉매 구실을 해낼 수 있을 거라고 기대된다. 아울러 이론이나 개념의 역사를 넘어선 20세기 과학에 대한 종합적 조망을 원하는 독자들도 이 책을 통해 여러모로 생각할 거리를 얻어갈 수 있을 것으로 생각한다. 이 책이 그러한 관심들에 불을 붙이는 작은 역할이나마 할 수 있기를 바란다.

2023년 4월
김명진, 김동광

후주

1. 들어가며

1. Proctor, Robert N.(1988), *Racial Hygiene: Medicine under the Nazis*, Cambridge, MA: Harvard University Press, 9쪽.

2. Gieryn, Thomas F.(1983), 'Boundary-work and the demarcation of science from non-science: strains and interests in professional ideologies of scientists', *American Sociological Review* 48, 781~95쪽.

3. Orwell, George(1946), 'Politics and the English language', *Horizon* 76(April), Inside the Whale and Other Essays, London: Penguin, 1962에 재수록. [조지 오웰, 허진 옮김, 「정치와 영어」, 『조지 오웰 산문선』, 열린책들, 2020]

4. 이와 궤를 같이 하는 논의로 Greenhalgh, Susan(2008), *Just One Child: Science and Policy in Deng's China*, Berkeley: University of California Press, 9쪽을 보라.

5. Gaudillière, Jean-Paul(2009), 'Cancer', in Peter J. Bowler and John V. Pickstone(eds), *The Cambridge History of Science, Vol. 6: The Modern Biological and Earth Sciences*, Cambridge: Cambridge University Press, 486~503쪽; Anderson, Benedict(1983), *Imagined Communities: Reflections on the Origin and Spread of Nationalism*, London: Verso [베네딕트 앤더슨, 서지원 옮김, 『상상된 공동체』, 길, 2018]; Edwards, Paul N.(2010), *A Vast Machine: Computer Models, Climate Data, and the Politics of Global Warming*, Cambridge, MA: MIT Press; Latour, Bruno(1999), *Pandora's Hope: Essays on the Reality of Science Studies*, Cambridge, MA: Harvard University Press. [브뤼노

라투르, 장하원 · 홍성욱 옮김, 『판도라의 희망』, 휴머니스트, 2018]

6. Latour, Bruno(1983), 'Give me a laboratory and I will raise the world', in Karin D. Knorr-Cetina and Michael J. Mulkay(eds), *Science Observed*, Beverly Hills, CA: Sage, 141~70쪽. [브뤼노 라투르, 김명진 옮김, 「나에게 실험실을 달라, 그러면 내가 세상을 들어올리리라」, 『과학사상』 44호, 2003년 봄]

7. Reich, Leonard(1983), 'Irving Langmuir and the pursuit of science and technology in the corporate environment', *Technology and Culture* 24, 199~221쪽; Reich, Leonard(1985), *The Making of American Industrial Research: Science and Business at GE and Bell, 1876-1926*, Cambridge: Cambridge University Press; Dennis, Michael Aaron(1987), 'Accounting for research: new histories of corporate laboratories and the social history of American science', *Social Studies of Science* 17, 479~518쪽.

8. Rouse, Joseph(1987), *Knowledge and Power: Towards a Political Philosophy of Science*, Ithaca, NY: Cornell University Press, 101쪽; Golinski, Jan(1998), *Making Natural Knowledge: Constructivism and the History of Science*, Cambridge: Cambridge University Press, 35쪽.

9. Latour, Bruno, and Steve Woolgar(1979), *Laboratory Life: The Social Construction of Scientific Facts*, London: Sage. [브뤼노 라투르 · 스티브 울거, 이상원 옮김, 『실험실 생활』, 한울아카데미, 2019]

10. Todes, Daniel P.(1997), 'Pavlov's physiological factory', *Isis* 88, 205~46쪽, 205쪽에서 재인용.

11. Latour, Bruno(1987), *Science in Action: How to Follow Scientists and Engineers through Society*, Milton Keynes: Open University Press. [브뤼노 라투르, 황희숙 옮김, 『젊은 과학의 전선』, 아카넷, 2016]

12. Rudolph, John L.(2002), 'Portraying epistemology: school science in historical context', *Science Education* 87, 64~79쪽, at 70쪽.

13. Gibbons, Michael, Camille Limoges, Helga Nowotny, Simon Schwartzman, Peter Scott and Martin Trow(1994), *The New Production of Knowledge: The Dynamics of Science and Research in Contemporary Societies*, London: Sage; Shinn, Terry(2002), 'The triple helix and new production of knowledge: prepackaged thinking on science and technology', *Social Studies of Science* 32, 599~614쪽; Godin, Benoît(1998), 'Writing performative history: the new New Atlantis?', *Social Studies of Science* 28, 465~83쪽.

14. Stokes, Donald E.(1997), *Pasteur's Quadrant: Basic Science and Technological Innova-*

tion, Washington, DC: Brookings Institution Press. [도널드 스토크스, 윤진효 외 옮김, 『파스퇴르 쿼드런트』, 북앤월드, 2007]

15. Price, Don K.(1954), *Government and Science: Their Dynamic Relation in American Democracy*, New York: New York University Press, 5쪽.

16. Keller, Evelyn Fox(1996), 'The dilemma of scientific subjectivity in postvital culture', in Peter Galison and David J. Stump(eds), *The Disunity of Science: Boundaries, Contexts and Power*, Stanford, CA: Stanford University Press, 417~27쪽, 422쪽에서 재인용.

17. 나치 의사 헤르만 뵘의 말을 *Proctor*(1988), 84쪽에서 재인용.

제I부. 1900년 이후의 과학

2. 새로운 물리학

1. Hunt, Bruce J.(2003), 'Electrical theory and practice in the nineteenth century', in Mary Jo Nye(ed.), *The Cambridge History of Science, Vol. 5: The Modern Physical and Mathematical Sciences*, Cambridge: Cambridge University Press, 311~27쪽, at 317쪽.

2. 같은 책, 319쪽에서 재인용.

3. Hunt, Bruce J.(1991), *The Maxwellians*, Ithaca, NY: Cornell University Press.

4. Hunt(2003), 319쪽.

5. Buchwald, Jed Z.(1994), *The Creation of Scientific Effects: Heinrich Hertz and Electric Waves*, Chicago: University of Chicago Press.

6. Sungook Hong(2003), 'Theories and experiments on radiation from Thomas Young to X-rays', in Nye, *The Cambridge History of Science, Vol. 5: The Modern Physical and Mathematical Sciences*, 288쪽.

7. *Hunt*(2003), 323쪽.

8. Seliger, Howard H.(1995), 'Wilhelm Conrad Röntgen and the glimmer of light', *Physics Today*(November), 25~31쪽, at 26쪽.

9. 같은 책, 27쪽에서 재인용.

10. James, Frank A. J. L.(1983), 'The conservation of energy, theories of absorption and resonating molecules, 1851-1854: G. G. Stokes, A. J. Angström and W. Thomson', *Notes and Records of the Royal Society of London* 38, 79~107쪽.

11. Seliger(1995), 27~8쪽.

12. 같은 책, 29쪽.

13. 같은 책, 30쪽.

14. Hong(2003), 287쪽.

15. Electrical Engineer advertisement, in Seliger(1995), 30쪽.

16. Kevles, Bettyann Holtzmann(2003), 'The physical sciences and the physician's eye', in Nye, *The Cambridge History of Science, Vol. 5: The Modern Physical and Mathematical Sciences*, 615~33쪽, at 616쪽.

17. Laue, Max von(1915), 'Concerning the detection of X-ray interferences', Nobel Lecture, www.nobelprize.org/nobel_prizes/physics/laureates/1914/laue-lecture.pdf, 351~2쪽.

18. Hunt(2003), 325쪽.

19. 같은 책, 324쪽.

20. Davis, Edward A., and Isobel Falconer(1997), *J. J. Thomson and the Discovery of the Electron*, London: Taylor & Francis; Hunt(2003), 325쪽.

21. Hughes, Jeff(2003), 'Radioactivity and nuclear physics', in Nye, *The Cambridge History of Science, Vol. 5: The Modern Physical and Mathematical Sciences*, 350~74쪽, at 352쪽.

22. 같은 책, 353쪽.

23. 같은 책.

24. 같은 책, 355쪽.

25. Mazeron, Jean-Jacques, and Alain Gerbaulet(1998), 'The centenary of discovery of radium', *Radiotherapy and Oncology* 49, 205~16쪽, at 207쪽.

26. 같은 책, 209 쪽.

27. Boudia, Soraya(1997), 'The Curie laboratory: radioactivity and metrology', *History and Technology* 13, 249~65쪽.

28. Mazeron and Gerbaulet(1998), 209쪽.

29. 같은 책, 210쪽.

30. Boudia(1997); Gaudillière, Jean-Paul(2009), 'Cancer', in Peter J. Bowler and John V. Pickstone(eds), *The Cambridge History of Science, Vol. 6: The Modern Biological and Earth Sciences*, Cambridge: Cambridge University Press, 486~503쪽, at 490쪽.

31. Hughes(2003), 356쪽.

32. 같은 책, 357쪽.

33. 같은 책, 356쪽.

34. Pais, Abraham(1986), *Inward Bound: Of Matter and Forces in the Physical World*, Oxford: Clarendon Press, 189쪽에서 재인용.

35. Hughes(2003), 357쪽.

36. Cahan, David(1989), *An Institute for an Empire: The Physikalisch−Technische Reichsanstalt, 1871−1918*, Cambridge: Cambridge University Press, 146쪽.

37. 같은 책, 147~8쪽에서 재인용.

38. 같은 책, 154쪽.

39. Darrigol, Olivier(2003), 'Quantum theory and atomic structure, 1900−1927', in Nye, *The Cambridge History of Science, Vol. 5: The Modern Physical and Mathematical Sciences*, 331~49쪽, at 333쪽.

40. Klein, Martin J.(1962), 'Max Planck and the beginning of quantum theory', *Archive for the History of Exact Sciences 1*, 459~79쪽; Klein, Martin J.(1963), 'Planck, entropy and quanta', Natural Philosopher 1, 83~108쪽.

41. Kuhn, Thomas S.(1978), *Black−body Theory and the Quantum Discontinuity, 1894−1912*, Oxford: Oxford University Press; Darrigol(2003), 332쪽.

42. Cassidy, David(1995), *Einstein and our World, Atlantic Highlands*, NJ: Humanities Press.

43. 같은 책, 23쪽.

44. 같은 책, 27쪽.

45. Galison, Peter(2003), *Einstein's Clocks, Poincaré's Maps: Empires of Time*, London: Hodder & Stoughton. [피터 갤리슨, 김재영 · 이희은 옮김, 『아인슈타인의 시계, 푸앵카레의 지도』, 동아시아, 2017]

46. Cassidy(1995), 31쪽.

47. McCormmach, Russell(1970), 'H. A. Lorentz and the electromagnetic view of nature', *Isis* 61, 459~97쪽.

48. 이 예는 Cassidy(1995), 38~9쪽에서 가져왔다.

49. 같은 책, 39쪽.

50. Darrigol(2003), 334쪽.

51. Einstein, Albert(1905), 'Über einen die Erzeugung und Verwandlung des Lichtes betreffenden heuristischen Gesichtspunkt', *Annalen der Physik* 17, 132~48쪽; trans. as 'On a heuristic point of view about the creation and conversion of light', in D. ter

Haar(ed.), *The Old Quantum Theory*, Oxford: Pergamon Press, 1967, 91~107쪽. [알
베르트 아인슈타인, 임경순 옮김, 「빛의 발생과 변환에 관련된 발견적 관점에 대하
여」, 『1905 기적의 해』, APCTP, 2005]

52. Darrigol(2003), 335쪽.

53. Miller, Arthur I.(2003), 'Imagery and representation in twentieth-century physics', in
Nye, *The Cambridge History of Science, Vol. 5: The Modern Physical and Mathemati-
cal Sciences*, 191~215쪽, at 199쪽.

54. Bohr, Niels(1913), 'On the constitution of atoms and molecules', *Philosophical Maga-
zine*, series 6, 26, 1~25쪽.

55. 같은 책, 3~4쪽.

56. Wilson, William(1956), 'John William Nicholson, 1881–1955', *Biographical Memoirs of
Fellows of the Royal Society 2*, 209~14쪽, at 210쪽.

57. Kevles, Daniel J.(1971), *The Physicists: The History of a Scientific Community in Mod-
ern America*, Cambridge, MA: Harvard University Press, 92쪽에서 재인용.

58. Bohr(1913), 11쪽.

59. Darrigol(2003), 337쪽.

60. Hughes(2003), 360쪽.

61. Cassidy(1995), 15쪽.

62. 같은 책, 17쪽.

63. Klein, Martin J.(1971), 'Einstein', in Charles Coulston Gillispie(ed.), *Dictionary of Scien-
tific Biography*, Vol. 4. New York: Charles Scribner's Sons.

64. Einstein, Albert(1905), 'Zur Elektrodynamik bewegter Körper', *Annalen der Physik 17*,
891~921쪽; trans. as 'On the electrodynamics of moving bodies', in *The Principle of
Relativity*. London: Methuen, 1923. [알베르트 아인슈타인, 임경순 옮김, 「움직이는
물체의 전기역학에 관하여」, 『1905 기적의 해』, APCTP, 2005]

65. Galison(2003), 236~7쪽.

66. 같은 책, 37쪽.

67. 같은 책, 38쪽.

68. 같은 책, 30쪽.

69. 같은 책, 243~4쪽.

70. 같은 책, 246~8쪽, 253쪽.

71. McCormmach(1970); Jungnickel, Christa, and Russell McCormmach(1986), *Intellectual*

Mastery of Nature: Theoretical Physics from Ohm to Einstein, 2 vols, Chicago: University of Chicago Press [크리스타 융니켈·러셀 맥코마크, 구자현 옮김, 『자연에 대한 온전한 이해 1-4』, 한국문화사, 2014]; Cassidy(1995), 13~14쪽.

72. Rigden, John S.(2005), *Einstein 1905: The Standard of Greatness*, Cambridge, MA: Harvard University Press. [존 S. 릭던, 박병철 옮김, 『1905 아인슈타인에게 무슨 일이 일어났나』, 랜덤하우스코리아, 2006]

73. Holton, Gerald(1969), 'Einstein, Michelson and the "crucial" experiment', *Isis* 60, 132~97쪽.

74. 같은 책, 169쪽.

75. 같은 책, 186~7쪽.

76. 같은 책, 148~9쪽.

77. Renn, Jürgen, and Tilman Sauer(2003), 'Errors and insights: reconstructing the genesis of general relativity from Einstein's Zurich notebook', in Frederic Lawrence Holmes, Jürgen Renn and Hans-Jörg Rheinberger(eds), *Reworking the Bench: Research Notebooks in the History of Science*, Berlin: Springer, 253~68쪽, at 264쪽.

78. Einstein, Albert(1915), 'Die Feldgleichungen der Gravitation', *Sitzungsberichte der Preussischen Akademie der Wissenschaften zu Berlin*, 844~7쪽, at 843쪽.

79. Rowe, David E.(2003), 'Mathematical schools, communities and networks', in Nye, *The Cambridge History of Science, Vol. 5: The Modern Physical and Mathematical Sciences*, 113~32쪽, at 125쪽.

80. Barkan, Diana Kormos(1993), 'The witches' Sabbath: the First International Solvay Congress in Physics', *Science in Context* 6, 59~82쪽, at 61쪽.

81. 같은 책, 60쪽; Hughes(2003), 357쪽.

82. Kuhn(1978).

83. Barkan(1993), 66쪽에서 재인용.

84. Kevles(1971), 93~4쪽.

85. 같은 책, 94쪽에서 재인용.

86. Cahan(1989).

87. Kevles(1971), 98쪽에서 재인용.

88. Hughes, Thomas P.(1989), *American Genesis: A Century of Invention and Technological Enthusiasm, 1870-1970*, New York: Penguin. [토머스 휴즈, 김명진 옮김, 『현대 미국의 기원 1-2』, 나남출판, 2017]

89. Kevles(1971), 100~1쪽.

3. 새로운 생명과학

1. Bowler, Peter J.(1983), *The Eclipse of Darwinism: Anti−Darwinian Evolution Theories in the Decades around 1900*, Baltimore: Johns Hopkins University Press.

2. Provine, William B.(1971), *The Origins of Theoretical Population Genetics*, Chicago: University of Chicago Press.

3. Brannigan, Augustine(1981), *The Social Basis of Scientific Discoveries*, Cambridge: Cambridge University Press.

4. Bowler, Peter J.(1989), *The Mendelian Revolution: The Emergence of Hereditary Concepts in Modern Science and Society*, London: Athlone Press.

5. Brannigan(1981), 101쪽에서 재인용.

6. Bowler(1989).

7. 같은 책, 103쪽.

8. Brannigan(1981), 94쪽.

9. Agar, Nigel E.(2005), *Behind the Plough: Agrarian Society in Nineteenth−Century Hertfordshire*, Hatfield: University of Hertfordshire Press, 97쪽; Rothamsted Research(2006), *Guide to the Classical and other Long−Term Experiments, Datasets and Sample Archive*. Harpenden: Rothamsted Research.

10. Rosenberg, Charles E.(1976), *No Other Gods: On Science and American Social Thought*, Baltimore: Johns Hopkins University Press.

11. Kimmelman, Barbara A.(1983), 'The American Breeders' Association: genetics and eugenics in an agricultural context, 1903−13', *Social Studies of Science* 13, 163~204쪽, at 164쪽, 168쪽.

12. 같은 책, 170~1쪽.

13. Gayon, Jean, and Doris T. Zallen(1998), 'The role of the Vilmorin company in the promotion and diffusion of the experimental science of heredity in France, 1840−1920', *Journal of the History of Biology* 31, 241~62쪽.

14. Kimmelman(1983), 172쪽.

15. Porter, Theodore M.(1994), 'The English biometric tradition', in Ivor Grattan−Guinness(ed.), *Companion Encyclopedia of the History and Philosophy of the Mathematical*

Sciences, 2 vols, London: Routledge, 1335~40쪽, at 1335쪽.

16. 같은 책, 1336쪽.

17. Kevles, Daniel J.(1992), 'Out of eugenics: the historical politics of the human genome', in Kevles and Hood(eds), Code of Codes: Scientific and Social Issues in the Human Genome Project, Cambridge, MA: Harvard University Press, 3~36쪽.

18. Turner, Frank M.(1980), 'Public science in Britain, 1880−1919', *Isis* 71, 589~608쪽, 598쪽에서 재인용.

19. Haldane, John Burdon Sanderson(1923), *Daedalus, or Science and the Future*, London: Kegan Paul.

20. Kevles(1992).

21. MacKenzie, Donald(1976), 'Eugenics in Britain', *Social Studies of Science* 6, 499~532쪽; 아울러 Turner(1980)도 보라.

22. Paul, Diane B.(1995), *Controlling Human Heredity: 1865 to the Present*, Atlantic Highlands, NJ: Humanities Press, 74쪽.

23. Kevles(1992), 6쪽.

24. Kimmelman(1983), 184~6쪽.

25. Kevles(1992), 7쪽.

26. Rafter, Nicole Hahn(ed.)(1988), *White Trash: The Eugenic Family Studies, 1877−1919*, Boston: Northeastern University Press.

27. Proctor, Robert N.(1988), *Racial Hygiene: Medicine under the Nazis*, Cambridge, MA: Harvard University Press, 97쪽; Kevles, Daniel J.(1995), *In the Name of Eugenics: Genetics and the Uses of Human Heredity*, 2nd edn, Cambridge, MA: Harvard University Press.

28. Procter(1988), 97쪽.

29. MacKenzie(1976); Magnello, M. Eileen(1999), 'The non−correlation of biometrics and eugenics: rival forms of laboratory work in Karl Pearson's career at University College London, Part 1', *History of Science* 37, 45~78쪽.

30. Porter(1994), 1337쪽.

31. Edwards, A. W. F.(1994), 'Probability and statistics in genetics', in Grattan−Guinness, *Companion Encyclopedia of the History and Philosophy of the Mathematical Sciences*, 1357~62쪽, at 1360쪽.

32. Kimmelman(1983), 176쪽.

33. Kohler, Robert E.(1994), *Lords of the Fly: Drosophila Genetics and the Experimental Life*, Chicago: University of Chicago Press.

34. Judson, Horace Freeland(1992), 'A history of gene mapping and sequencing', in Daviel J. Kevles and Leroy Hood(eds), *The Code of Codes: Scientific and Social Issues in the Human Genome Project*, Cambridge, MA: Harvard University Press, 37~80쪽, at 48쪽.

35. Kohler(1994).

36. Morgan, Thomas Hunt, et al.(1915), *The Mechanism of Mendelian Heredity*, rev. edn(1923), New York: Holt, 281쪽; Burian, Richard M., and Doris T. Zallen(2009), 'Genes', in Peter J. Bowler and John V. Pickstone(eds), *The Cambridge History of Science, Vol. 6: The Modern Biological and Earth Sciences*, Cambridge: Cambridge University Press, 431~50쪽, 437쪽에서 재인용.

37. Basalla, George(1967), 'The spread of Western science', *Science* 156, 611~22쪽, at 620쪽.

38. Burian and Zallen(2009), 436쪽.

39. Harwood, Jonathan(2009), 'Universities', in Bowler and Pickstone, *The Cambridge History of Science, Vol. 6: The Modern Biological and Earth Sciences*, 90~107쪽.

40. Fitzgerald, Deborah Kay(1990), *The Business of Breeding: Hybrid Corn in Illinois, 1890–1940*. Ithaca, NY: Cornell University Press.

41. Cittadino, Eugene(2009), 'Botany', in Bowler and Pickstone, *The Cambridge History of Science, Vol. 6: The Modern Biological and Earth Sciences*, 225~42쪽, at 239쪽.

42. Harwood(2009), 99쪽.

43. 같은 책, 98쪽.

44. Kohler, Robert E.(1982), *From Medical Chemistry to Biochemistry: The Making of a Biomedical Discipline*, Cambridge: Cambridge University Press; Harwood(2009), 102쪽.

45. Goujon, Philippe(2001), *From Biotechnology to Genomes: The Meaning of the Double Helix*, Singapore: World Scientific, 14쪽.

46. Amsterdamska, Olga(2009), 'Microbiology', in Bowler and Pickstone, *The Cambridge History of Science, Vol. 6: The Modern Biological and Earth Sciences*, 316~41쪽, at 335쪽.

47. Bud, Robert(1993), *The Uses of Life: A History of Biotechnology*, Cambridge: Cambridge University Press.

48. Goujon(2001), 15쪽.

49. Cittadino(2009), 237쪽.

50. Amsterdamska(2009), 333쪽.

4. 새로운 자기의 과학

1. Sulloway, Frank J.(1979), *Freud, Biologist of the Mind: Beyond the Psychoanalytic Legend*, London: Burnett Books.

2. Hopwood, Nick(2009), 'Embryology', in Peter J. Bowler and John V. Pickstone(eds), *The Cambridge History of Science, Vol. 6: The Modern Biological and Earth Sciences*, Cambridge: Cambridge University Press, 285~315쪽.

3. Sulloway(1979), 15쪽.

4. 같은 책, 29쪽.

5. 같은 책, 59쪽.

6. 같은 책, 62쪽.

7. Ash, Mitchell(1995), *Gestalt Psychology in German Culture, 1890−1967: Holism and the Quest for Objectivity*, Cambridge: Cambridge University Press, 71쪽에서 재인용.

8. Hughes, Thomas P.(1983), *Networks of Power: Electrification in Western Society, 1880− 1930*. Baltimore: Johns Hopkins University Press.

9. Hughes, Thomas P.(1989), *American Genesis: A Century of Invention and Technological Enthusiasm, 1870−1970*, New York: Penguin, 233쪽. [토머스 휴즈, 김명진 옮김, 『현대 미국의 기원 1』, 나남출판, 2017]

10. Hughes(1983), 50쪽.

11. Sulloway(1979), 89~93쪽.

12. 같은 책, 98쪽.

13. 같은 책, 248~9쪽, 251쪽.

14. Hopwood(2009), 296쪽.

15. Sulloway(1979), 272쪽에서 재인용.

16. 같은 책, 362쪽을 보라.

17. 같은 책, 353쪽에서 재인용.

18. 같은 책, 419~44쪽.

19. Smith, Roger(1997), *The Fontana History of the Human Sciences*, London: HarperCollins, 711쪽.

20. 같은 책, 493쪽.

21. 같은 책, 497쪽.

22. 같은 책, 590쪽.

23. 같은 책, 592쪽.

24. 같은 책, 591쪽.

25. 같은 책, 583~5쪽.

26. 같은 책, 586쪽.

27. 같은 책, 593쪽.

28. 같은 책, 595쪽.

29. Harrington, Anne(2009), 'The brain and behavioural sciences', in Bowler and Pickstone, *The Cambridge History of Science, Vol. 6: The Modern Biological and Earth Sciences*, 504~23쪽, at 513쪽.

30. Liddell, E. G. T.(1952), 'Charles Scott Sherrington, 1857-1952', *Obituary Notices of Fellows of the Royal Society* 8, 241~70쪽, at 245쪽.

31. Smith(1997), 645쪽.

32. Sherrington, Charles Scott(1940), *Man on his Nature: The Gifford Lectures, Edinburgh 1937-38*, Cambridge: Cambridge University Press; Liddell(1952), 258쪽에서 재인용.

33. Todes, Daniel P.(1997), 'Pavlov's physiological factory', *Isis* 88, 205~46쪽, at 209쪽.

34. 같은 책, 217~18쪽.

35. 같은 책, 241, 211쪽.

36. Smith(1997), 647쪽.

37. 같은 책, 649쪽.

38. Harrington(2009), 515쪽.

39. Smith(1997), 650쪽.

40. Watson, John Broadus(1913), 'Psychology as the behaviorist views it', *Psychological Review* 20, 158~77쪽, at 158쪽.

41. Smith(1997), 654쪽.

42. Watson(1913).

43. 같은 책.

44. 왓슨의 말을 Smith(1997), 656~657쪽에서 재인용.

45. 같은 책, 656쪽.

46. 같은 책, 660~72쪽.

47. 톨먼의 말을 같은 책, 662쪽에서 재인용.

48. Watson(1913).

49. 같은 책.

50. 같은 책.

51. Harrington(2009), 520쪽.

52. Smith(1997), 819쪽.

53. Schindler, Lydia Woods(1988), *Understanding the Immune System*, Washington, DC: US Department of Health and Human Services; Martin, Emily(1990), 'Toward an anthropology of immunology: the body as nation state', *Medical Anthropology Quarterly, new series* 4, 410~26쪽, 411쪽에서 재인용.

54. Nilsson, Lennart(1987), *The Body Victorious: The Illustrated Story of our Immune System and Other Defences of the Human Body*, New York: Delacorte Press; Martin(1990), 411쪽에서 재인용.

55. Söderqvist, Thomas, Craig Stillwell and Mark Jackson(2009), 'Immunology', in Bowler and Pickstone, *The Cambridge History of Science, Vol. 6: The Modern Biological and Earth Sciences*, 467~85쪽.

56. Nobel Foundation(1967), *Nobel Lectures including Presentation Speeches and Laureates' Biographies: Physiology or Medicine 1901–1921*, Amsterdam: Elsevier.

57. 같은 책.

58. 같은 책.

59. Brandt, Allan M.(1985), *No Magic Bullet: A Social History of Venereal Disease in the United States since 1880*, Oxford: Oxford University Press.

60. 같은 책, 40쪽.

61. Ehrlich, Paul(1899–1900), 'Croonian Lecture: On immunity with special reference to cell life', *Proceedings of the Royal Society of London* 66, 424~48쪽, at 426쪽.

62. 같은 책, 428쪽.

63. 같은 책, 433~4쪽. Söderqvist et al.(2009).

64. Söderqvist et al.(2009), 470쪽.

65. 같은 책, 472쪽.

제II부. 갈등하는 세계 속의 과학

5. 과학과 제1차 세계대전

1. Heilbron, John L.(1974), *H. G. J. Moseley: The Life and Letters of an English Physicist, 1887–1915*, Berkeley: University of California Press.

2. Sarton, George(1927), 'Moseley: the numbering of the elements', *Isis* 9, 96~111쪽.

3. Schütt, Hans–Werner(2003), 'Chemical atomism and chemical classification', in Mary Jo Nye(ed.), *The Cambridge History of Science, Vol. 5: The Modern Physical and Mathematical Sciences*, Cambridge: Cambridge University Press, 237~54쪽, at 253쪽.

4. North, John David(1989), *The Universal Frame*, London: Hambledon, 347쪽.

5. Kevles, Daniel J.(1971), *The Physicists: The History of a Scientific Community in Modern America*, Cambridge, MA: Harvard University Press, 113쪽.

6. Sarton(1927), 95~7쪽.

7. 같은 책, 97쪽.

8. McNeill, William H.(1982), *The Pursuit of Power: Technology, Armed Force, and Society since A.D. 1000*, Chicago: University of Chicago Press, 318쪽. [윌리엄 맥닐, 신미원 옮김, 『전쟁의 세계사』, 심산, 2005]

9. Swann, John P.(2009), 'The pharmaceutical industries', in Peter J. Bowler and John V. Pickstone(eds), *The Cambridge History of Science, Vol. 6: The Modern Biological and Earth Sciences*, Cambridge: Cambridge University Press, 126~40쪽, at 134쪽.

10. Wiebe, Robert H.(1967), *The Search for Order, 1877–1920*, New York: Hill & Wang; Galambos, Louis(1970), 'The emerging organizational synthesis in modern American history', *Business History Review* 44, 279~90쪽; McNeill(1982), 317쪽.

11. Turner, Frank M.(1980), 'Public science in Britain, 1880–1919', *Isis* 71, 589~608쪽, at 589, 592쪽.

12. Brock, William H.(1976), 'The spectrum of scientific patronage', in Gerard l'Estrange Turner(ed.), *The Patronage of Science in the Nineteenth Century*, Leyden: Noordhoff, 173~206쪽.

13. Turner(1980), 601~2쪽에서 재인용.

14. 같은 책, 602쪽에서 재인용.

15. MacLeod, Roy M., and E. Kay Andrews(1971), 'Scientific advice in the war at sea,

1915-1917: the Board of Invention and Research', *Journal of Contemporary History* 6, 3~40쪽, 5쪽에서 재인용.

16. 같은 책, 6쪽에서 재인용.

17. 인용문은 같은 책, 11쪽을 보라.

18. 같은 책, 13쪽.

19. Wilson, David A. H.(2001), 'Sea lions, greasepaint and the U-boat threat: Admiralty scientists turn to the music hall in 1916', *Notes and Records of the Royal Society of London* 55, 425~55쪽.

20. Hackmann, Willem(1984), *Seek and Strike: Sonar, Anti-Submarine Warfare and the Royal Navy, 1914-54*. London: HMSO.

21. 같은 책.

22. MacLeod and Andrews(1971), 34쪽.

23. Pattison, Michael(1983), 'Scientists, inventors and the military in Britain, 1915-19: the Munitions Inventions Department', *Social Studies of Science* 13, 521~68쪽.

24. Kevles(1971).

25. 같은 책, 103쪽.

26. Hughes, Thomas P.(1989), *American Genesis: A Century of Invention and Technological Enthusiasm, 1870-1970*, New York: Penguin, 109, 137쪽. [토머스 휴즈, 김명진 옮김, 『현대 미국의 기원 1』, 나남출판, 2017]

27. 같은 책, 119쪽에서 재인용.

28. Kevles(1971), 109쪽에서 재인용(강조는 원문).

29. 같은 책, 110쪽.

30. 같은 책, 112쪽.

31. 같은 책, 120쪽.

32. 같은 책, 124쪽.

33. 같은 책, 127~30쪽.

34. 같은 책, 138쪽.

35. Ash, Mitchell(1995), *Gestalt Psychology in German Culture, 1890-1967: Holism and the Quest for Objectivity*, Cambridge: Cambridge University Press, 188쪽.

36. Charles, Daniel(2005), *Master Mind: The Rise and Fall of Fritz Haber, the Nobel Laureate who Launched the Age of Chemical Warfare*, New York: Ecco, 62쪽에서 재인용.

37. 하지만 흥미로운 반박으로 Loeb, Jacques(1917), 'Biology and war', *Science* 45(26 Jan-

uary), 73~6쪽을 보라.

38. Charles(2005), 82쪽.

39. 같은 책, 11쪽.

40. 같은 책, 31쪽.

41. 같은 책, 92쪽.

42. 같은 책, 92~3쪽에서 재인용.

43. Smil, Vaclav(2000), *Enriching the Earth: Fritz Haber, Carl Bosch, and the Transformation of World Food Production*, Cambridge, MA: MIT Press.

44. 같은 책, 155~60쪽. Charles(2005), 103쪽.

45. Macrakis, Kristie I.(1993), *Surviving the Swastika: Scientific Research in Nazi Germany*, Oxford: Oxford University Press, 17쪽.

46. Charles(2005), 118쪽에서 재인용.

47. 같은 책, 120쪽.

48. Coleman, Kim(2005), *A History of Chemical Warfare*, Basingstoke: Palgrave Macmillan, 14쪽 [킴 콜먼, 강주섭 · 황혜림 옮김, 『화학전의 역사』, 신일서적, 2021]; Spiers, Edward M.(1986), Chemical Warfare, London: Macmillan, 14쪽.

49. Charles(2005), 156쪽.

50. 같은 책, 157쪽.

51. Spiers(1986), 15쪽.

52. 같은 책, 16쪽.

53. Nye, Mary Jo(1996), *Before Big Science: The Pursuit of Modern Chemistry and Physics, 1800–1940*, Cambridge, MA: Harvard University Press, 193쪽.

54. Charles(2005), 1, 164쪽.

55. Slotten, Hugh R.(1990), 'Humane chemistry or scientific barbarism? American responses to World War I poison gas, 1915–1930', *Journal of American History* 77, 476~98쪽, at 486쪽.

56. Charles(2005), 169쪽.

57. Russell, Edmund(2001), *War and Nature: Fighting Humans and Insects with Chemicals from World War I to Silent Spring*, Cambridge: Cambridge University Press.

58. Eckert, Michael(2003), 'Plasmas and solid−state science', in Nye, *The Cambridge History of Science, Vol. 5: The Modern Physical and Mathematical Sciences*, 413~28쪽, at 415쪽.

59. McNeill(1982), 334쪽.

60. 같은 책, 336쪽.

61. Kevles, Daniel J.(1968), 'Testing the army's intelligence: psychologists and the military in World War I', *Journal of American History* 55, 565~81쪽, at 566쪽.

62. 같은 책, 566~7쪽에서 재인용.

63. 같은 책, 570쪽에서 재인용.

64. 같은 책, 572쪽.

65. Carson, John(1993), 'Army alpha, army brass, and the search for army intelligence', *Isis* 84, 278~309쪽, 282~3쪽에서 재인용.

66. Kevles(1968), 574쪽.

67. Carson(1993), 278쪽.

68. Kevles(1968), 576쪽.

69. 전체 검사는 Carson(1993), 303쪽에 재수록돼 있다.

70. Samelson, Franz(1977), 'World War I intelligence testing and the development of psychology', *Journal of the History of the Behavioral Sciences* 13, 274~82쪽, at 279쪽.

71. 같은 책, 280쪽에서 재인용.

72. 같은 책, 277쪽.

73. 같은 책, 275쪽에서 재인용.

74. Kevles(1968), 566쪽에서 재인용.

75. Carson(1993), 307쪽.

76. Samelson(1977), 278쪽.

77. Smith, Roger(1997), *The Fontana History of the Human Sciences*, London: HarperCollins, 641쪽.

78. Bogacz, Ted(1989), 'War neurosis and cultural change in England, 1914−22: the work of the War Office Committee of Enquiry into "shell−shock"', *Journal of Contemporary History* 24, 227~56쪽, at 232쪽.

79. Rivers, W. H. R.(1919), 'Psychiatry and the war', *Science* 49(18 April), 367~9쪽, at 367쪽.

80. Jones, Ernest(1921), 'War shock and Freud's theory of the neuroses', International Psycho−Analytical Library 2, 44~59쪽, at 47쪽.

81. Bud, Robert(2009), 'History of biotechnology', in Bowler and Pickstone, *The Cambridge History of Science, Vol. 6: The Modern Biological and Earth Sciences*, 524~38

쪽.

82. Bud, Robert(1993), *The Uses of Life: A History of Biotechnology*, Cambridge: Cambridge University Press.

83. Bud(2009), 531쪽.

84. Higgs, Robert(1987), *Crisis and Leviathan: Critical Episodes in the Growth of American Government*, Oxford: Oxford University Press.

85. Rossiter, Margaret W.(2003), 'A twisted tale: women in the physical sciences in the nineteenth and twentieth centuries', in Nye, *The Cambridge History of Science, Vol. 5: The Modern Physical and Mathematical Sciences*, 54~71쪽, at 65쪽.

86. Kevles(1971), 139쪽.

87. 같은 책, 141쪽에서 재인용.

88. Tom Wilkie(1991), *British Science and Politics since 1945*, Oxford: Blackwell, 30쪽.

89. Roland, Alex(2003), 'Science, technology, and war', in Nye, *The Cambridge History of Science, Vol. 5: The Modern Physical and Mathematical Sciences*, 561~78쪽, at 563~4 쪽; Gruber, Carol S.(1975), *Mars and Minerva: World War I and the Uses of the Higher Learning in America*, Baton Rouge: Louisiana State University Press.

90. Kevles(1971), 141쪽.

91. 같은 책, 143쪽.

92. 같은 책, 153쪽에서 재인용.

93. Rotblat, Joseph(1979), 'Einstein the pacifist warrior', *Bulletin of the Atomic Scientists*, March, 21~6쪽, 22쪽에서 재인용.

94. Stanley, Matthew(2003), '"An expedition to heal the wounds of war": the 1919 eclipse and Eddington as Quaker adventurer', *Isis* 94, 57~89쪽, 58쪽에서 재인용.

95. 같은 책, 89쪽.

96. Nye(1996), 195쪽.

97. Rowe, David E.(2003), 'Mathematical schools, communities and networks', in Nye, *The Cambridge History of Science, Vol. 5: The Modern Physical and Mathematical Sciences*, 113~32쪽, at 128쪽.

98. Hughes, Jeff(2003), 'Radioactivity and nuclear physics', in Nye, *The Cambridge History of Science, Vol. 5: The Modern Physical and Mathematical Sciences*, 350~74쪽, at 360 쪽.

99. Rudolph, John L.(2002), 'Portraying epistemology: school science in historical context',

Science Education 87, 64~79쪽, at 70쪽.

100. 듀이가 1916년에 한 말을 같은 책, 69쪽에서 재인용.

101. Wells, F. Lyman(1916), 'Science and war', Science 44(25 August), 275~6쪽.

6. 위기: 양자 이론과 그 외 바이마르 과학

1. Ringer, Fritz K.(1969), *The Decline of the German Mandarins: The German Academic Community, 1890-1933*, Cambridge, MA: Harvard University Press; Forman, Paul(1971), 'Weimar culture, causality, and quantum theory, 1918-1927: adaptation by German physicists and mathematicians to a hostile intellectual environment', *Historical Studies in the Physical Sciences* 3, 1~116쪽, at 26~7쪽. [폴 포어만, 「바이마르 시대 독일의 수학과 물리학에 적대적인 지적 환경」, 김영식 엮음, 『역사 속의 과학』, 창작과비평사, 1982]

2. Gay, Peter(1968), *Weimar Culture: The Outsider as Insider*, New York: Harper & Row.

3. Mehra, Jagdish, and Helmut Rechenberg(1982-2001), *The Historical Development of Quantum Theory*, 6 vols, New York: Springer.

4. Darrigol, Olivier(2003), 'Quantum theory and atomic structure, 1900-1927', in Mary Jo Nye(ed.), *The Cambridge History of Science, Vol. 5: The Modern Physical and Mathematical Sciences*, Cambridge: Cambridge University Press, 331~49쪽, at 334~5쪽.

5. 같은 책, 339쪽.

6. Bohr, Niels(1923), 'The structure of the atom', *Nobel Prize for Physics Lecture 1922*, Nature 112, 29~44쪽, www.nobelprize.org/nobel_prizes/physics/laureates/1922/bohr-lecture.pdf에서 접속가능, 27쪽.

7. 같은 책, 28쪽.

8. Darrigol(2003), 341쪽.

9. 같은 책, 341쪽.

10. Massimi, Michela(2005), *Pauli's Exclusion Principle: The Origin and Validation of a Scientific Principle*, Cambridge: Cambridge University Press, 73쪽에서 재인용.

11. Cassidy, David(1992), *Uncertainty: The Life and Science of Werner Heisenberg*, New York: W. H. Freeman.

12. 모든 인용문은 Moore, Walter(1994), *A Life of Erwin Schrödinger*, Cambridge: Cambridge University Press, 148~9쪽에서 가져왔다.

13. Forman(1971), 3쪽.

14. 같은 책, 4쪽.

15. 같은 책, 12~13쪽.

16. 같은 책, 7쪽.

17. 같은 책, 58~9쪽.

18. Heisenberg, *The Physical Properties of the Quantum Theory*, 1930, 같은 책, 65쪽에서 재인용.

19. Weyl, *Space—Time—Matter*, 4th edn, 1921, 같은 책, 79쪽에서 재인용.

20. 같은 책, 99쪽.

21. 같은 책, 86, 90쪽.

22. 같은 책, 94쪽.

23. 같은 책, 109~110쪽.

24. Kraft, P., and P. Kroes(1984), 'Adaptation of scientific knowledge to an intellectual environment. Paul Forman's "Weimar culture, causality, and quantum theory, 1918—1927": analysis and criticism', *Centaurus* 27, 76~99쪽, at 89쪽.

25. Hendry, John(1980), 'Weimar culture and quantum causality', in Colin Chant and John Fauvel(eds), *Darwin to Einstein: Historical Studies on Science and Belief*, Harlow: Longman, in association with the Open University, 303~26쪽, at 303쪽. [존 헨드리, 「바이마르 문화와 양자인과율」, 김영식 엮음, 『근대사회와 과학』, 창작과비평사, 1989]

26. 같은 책, 316쪽.

27. Kraft and Kroes(1984), 97쪽.

28. Hendry(1980), 307쪽.

29. Darrigol(2003), 332쪽.

30. Forman(1971), 108~9쪽.

31. See Miller, Arthur I.(2003), 'Imagery and representation in twentieth—century physics', in Nye, *The Cambridge History of Science, Vol. 5: The Modern Physical and Mathematical Sciences*, 191~215쪽.

32. 같은 책, 200~2쪽.

33. Hendry(1980), 316쪽.

34. Faye, Jan(2008), 'Copenhagen interpretation of quantum mechanics', *Stanford Encyclopedia of Philosophy*, at http://plato.stanford.edu/entries/qm—copenhagen/.

35. Einstein, Albert, Boris Podolsky and Nathan Rosen(1935), 'Can quantum mechanical de-

scription of physical reality be considered complete?', *Physical Review* 77, 777~80쪽.

36. Cushing, James(1994), *Quantum Mechanics, Historical Contingency, and the Copenhagen Hegemony*, Chicago: University of Chicago Press.

37. Beller, Mara(1999), *Quantum Dialogue: The Making of a Revolution*, Chicago: University of Chicago Press.

38. Grattan—Guinness, Ivor(1997), *The Fontana History of the Mathematical Sciences: The Rainbow of Mathematics*, London: Fontana, 567쪽.

39. 같은 책, 666쪽.

40. 힐베르트의 말을 Shapiro, Stewart(ed.)(2005), *The Oxford Handbook of Philosophy of Mathematics and Logic*, New York: Oxford University Press, 278쪽에서 재인용.

41. Ash, Mitchell(1995), *Gestalt Psychology in German Culture, 1890—1967: Holism and the Quest for Objectivity*, Cambridge: Cambridge University Press, 286쪽.

42. Van Dalen, Dirk(1990), 'The war of the frogs and the mice, or the crisis of the Mathematische Annalen', *Mathematical Intelligencer* 12, 17~31쪽.

43. Agar, Jon(2003), *The Government Machine: A Revolutionary History of the Computer*, Cambridge, MA: MIT Press, 69~74쪽.

44. O'Connor. J. J., and E. F. Robertson(2005), 'Bourbaki: the pre—war years', www—history.mcs.st—andrews.ac.uk/HistTopics/Bourbaki_1.html.

45. Galison, Peter(1990), 'Aufbau/Bauhaus: logical positivism and architectural modernism', *Critical Inquiry* 16, 709~52쪽, at 725쪽.

46. 같은 책, 731~2쪽에서 재인용(강조는 제거).

47. 같은 책, 733쪽.

48. 같은 책, 710~11쪽.

49. Smith, Roger(1997), *The Fontana History of the Human Sciences*, London: HarperCollins, 619, 662쪽.

50. 같은 책, 663쪽.

51. Ash(1995), 44쪽.

52. 같은 책, 49~50쪽.

53. 같은 책, 98쪽.

54. 같은 책, 106~8쪽.

55. 같은 책, 148쪽.

56. 같은 책, 167, 169쪽.

57. Harrington, Anne(1996), *Reenchanted Science: Holism in German Culture from Wilhelm II to Hitler*, Princeton, NJ: Princeton University Press, 119쪽에서 재인용.

58. Ash(1995), 294~5쪽.

59. Maulitz, Russell C.(2009), 'Pathology', in Peter J. Bowler and John V. Pickstone(eds), *The Cambridge History of Science, Vol. 6: The Modern Biological and Earth Sciences*, Cambridge: Cambridge University Press, 367~81쪽, at 376쪽.

60. Harrington(1996), 59쪽에서 재인용.

61. Ash(1995), 287쪽에서 재인용.

62. Harrington(1996), 60쪽.

63. Harwood, Jonathan(1993), *Styles of Scientific Thought: The German Genetics Community, 1900−1933*, Chicago: University of Chicago Press.

64. Hopwood, Nick(2009), 'Embryology', in Bowler and Pickstone, *The Cambridge History of Science, Vol. 6: The Modern Biological and Earth Sciences*, 285~315쪽, at 306쪽.

7. 과학과 제국의 질서

1. Scott, James C.(1998), *Seeing Like a State: How Certain Schemes to Improve the Human Condition Have Failed*, New Haven, CT: Yale University Press. [제임스 C. 스콧, 전상인 옮김, 『국가처럼 보기』, 에코리브르, 2010]

2. Amsterdamska, Olga(2009), 'Microbiology', in Peter J. Bowler and John V. Pickstone(eds), *The Cambridge History of Science, Vol. 6: The Modern Biological and Earth Sciences*, Cambridge: Cambridge University Press, 316~41쪽, at 332쪽.

3. Worboys, Michael(2009), 'Public and environmental health', 같은 책, 141~63쪽, at 154쪽.

4. 같은 책, 154쪽.

5. Worster, Donald(1985), *Nature's Economy: A History of Ecological Ideas*, Cambridge: Cambridge University Press. [도널드 워스터, 문순홍 · 강헌 옮김, 『생태학, 그 열림과 닫힘의 역사』, 아카넷, 2002]

6. Acot, Pascal(2009), 'Ecosystems', in Bowler and Pickstone, *The Cambridge History of Science, Vol. 6: The Modern Biological and Earth Sciences*, 451~66쪽, at 455쪽.

7. Hagen, Joel B.(1992), *An Entangled Bank: The Origins of Ecosystem Ecology*, New Brunswick, NJ: Rutgers University Press, 9쪽에서 재인용.

8. 같은 책, 17쪽.

9. 같은 책, 21쪽.

10. Worster, Donald(1997), 'The ecology of order and chaos', in Char Miller and Hal Roth-man(eds), *Out of the Woods*, Pittsburgh: University of Pittsburgh Press, 3~17쪽, at 5쪽.

11. Acot(2009), 459쪽에서 재인용.

12. Hagen(1992), 25쪽.

13. Anker, Peder(2001), *Imperial Ecology: Environmental Order in the British Empire, 1895–1945*, Cambridge, MA: Harvard University Press.

14. 같은 책, 17쪽.

15. 같은 책, 35쪽.

16. 같은 책, 70~1쪽에서 재인용.

17. 같은 책, 60~70쪽.

18. 같은 책, 126쪽.

19. 같은 책, 147쪽에서 재인용.

20. 같은 책, 154쪽; Acot(2009), 460쪽.

21. Tansley, Arthur G.(1935), 'The use and abuse of vegetational concepts and terms', *Ecology* 16, 284~307쪽, at 297쪽(강조는 원문).

22. 같은 책, 303쪽.

23. Anker(2001), 89쪽.

24. 같은 책, 95쪽.

25. 같은 책, 97쪽에서 재인용.

26. 같은 책, 77쪽.

27. Hagen(1992), 52쪽에서 재인용.

28. Anker(2001), 102쪽.

29. Worster(1997), 3~4쪽.

30. Schank, Jeffrey C., and Charles Twardy(2009), 'Mathematical models', in Bowler and Pickstone, *The Cambridge History of Science, Vol. 6: The Modern Biological and Earth Sciences*, 416~31쪽, at 423~4쪽.

31. 같은 책, 424쪽; Acot(2009), 461쪽.

32. Worboys(2009), 153쪽.

33. Packard, Randall(1993), 'The invention of the "tropical worker": medical research and the quest for Central African labor in the South African gold mines, 1903–36', *Journal*

of African History 34, 271~92쪽, at 273쪽.

34. Worboys(2009), 156쪽.

35. Gilfoyle, Daniel(2006), 'Veterinary immunology as colonial science: method and quanti-fication in the investigation of horsesickness in South Africa, c.1905−1945', *Journal of the History of Medicine and Allied Sciences* 61, 26~65쪽.

36. Carpenter, Kenneth J.(2000), *Beriberi, White Rice and Vitamin B: A Disease, a Cause, and a Cure*, Berkeley: University of California Press.

37. Grove, Richard(1995), *Green Imperialism: Colonial Expansion, Tropical Island Edens and the Origins of Environmentalism*, Cambridge: Cambridge University Press.

38. Beinart, William(1989), 'The politics of colonial conservation', *Journal of Southern African Studies* 15, 143~62쪽, at 147쪽.

39. Harwood, Jonathan(2009), 'Universities', in Bowler and Pickstone, *The Cambridge History of Science, Vol. 6: The Modern Biological and Earth Sciences*, 90~107쪽, at 100쪽.

40. Basalla, George(1967), 'The spread of Western science', *Science* 156(5 May), 611~22쪽.

41. 같은 책, 616쪽.

42. 같은 책, 617쪽.

43. 'China: in their words', *Nature* 454(24 July 2008), 399~401쪽.

44. MacLeod, Roy(1987), 'On visiting the "moving metropolis": reflections on the architecture of imperial science', in Nathan Reingold and Marc Rothenberg(eds), *Scientific Colonialism: A Cross−Cultural Comparison*, Washington, DC: Smithsonian Institution Press, 217~49쪽, at 225쪽(orig. pubd 1982 in Historical Records of Australian Science).

45. Basalla(1967), 620쪽.

46. MacLeod(1987), 226쪽.

47. Inkster, Ian(1985), 'Scientific enterprise and the colonial "model": observations on Australian experience in historical context', *Social Studies of Science* 15, 677~704쪽, at 688쪽.

48. Pyenson, Lewis(1985), *Cultural Imperialism and Exact Sciences: German Expansion Overseas, 1900−1930*, New York: Peter Lang; Pyenson, Lewis(1989), *Empire of Reason: Exact Sciences in Indonesia, 1840−1940*, Leiden: E. J. Brill; Pyenson, Lewis(1993), *Civilizing Mission: Exact Sciences and French Overseas Expansion, 1830−1940*, Baltimore: Johns Hopkins University Press.

49. Palladino, Paolo, and Michael Worboys(1993), 'Science and imperialism', *Isis* 84,

91~102쪽, at 95쪽.

50. MacLeod(1987), 240쪽.

51. 같은 책에서 재인용.

52. Kumar, Deepak(1997), *Science and the Raj, 1857-1905*, Oxford: Oxford University Press; Arnold, David(2000), *Science, Technology and Medicine in Colonial India*, Cambridge: Cambridge University Press; McCook, Stuart(2002), *States of Nature: Science, Agriculture, and Environment in the Spanish Caribbean, 1760-1940*, Austin: University of Texas Press.

53. MacLeod(1987), 245쪽.

8. 팽창하는 우주: 민간의 부와 미국 과학

1. Rainger, Ronald(2009), 'Paleontology', in Peter J. Bowler and John V. Pickstone(eds), *The Cambridge History of Science, Vol. 6: The Modern Biological and Earth Sciences*, Cambridge: Cambridge University Press, 185~204쪽, at 195~6쪽.

2. Yergin, Daniel(1991), *The Prize: The Epic Quest for Oil, Money, and Power*, New York: Simon & Schuster, 36쪽. [대니얼 예긴, 김태유 · 허은녕 옮김, 『황금의 샘』, 라의눈 2017]

3. Galbraith, John Kenneth(1958), *The Affluent Society*, Boston: Houghton Mifflin, 51쪽에서 재인용. [존 갤브레이스, 노택선 옮김, 『풍요한 사회』, 한국경제신문, 2006]

4. Hughes, Thomas P.(1989), *American Genesis: A Century of Invention and Technological Enthusiasm, 1870-1970*, New York: Penguin, 222, 232쪽. [토머스 휴즈, 김명진 옮김, 『현대 미국의 기원』, 나남출판, 2017]

5. Yergin(1991), 49쪽.

6. 같은 책.

7. Dennis, Michael Aaron(1987), 'Accounting for research: new histories of corporate laboratories and the social history of American science', *Social Studies of Science* 17, 479~518쪽, at 502쪽.

8. Hufbauer, Karl, and John Lankford(1997), 'Hale, George Ellery(1868-1938)', in John Lankford(ed.), *History of Astronomy: An Encyclopedia*, New York: Garland, 249~50쪽, at 250쪽.

9. Smith, Robert W.(1982), *The Expanding Universe: Astronomy's 'Great Debate', 1900-1931*, Cambridge: Cambridge University Press, 164쪽.

10. 같은 책, x쪽.

11. 같은 책, 11쪽.

12. 같은 책, 71~4쪽.

13. 같은 책, 40쪽.

14. 같은 책, 124쪽.

15. 같은 책, 17쪽.

16. 같은 책, 41~2쪽.

17. Kerszberg, Pierre(1989), *The Invented Universe: The Einstein–De Sitter Controversy(1916–17), and the Rise of Relativistic Cosmology*, Oxford: Clarendon Press.

18. Kragh, Helge(2003), 'Cosmologies and cosmogonies of space and time', in Mary Jo Nye(ed.), *The Cambridge History of Science, Vol. 5: The Modern Physical and Mathematical Sciences*, Cambridge: Cambridge University Press, 522~37쪽, at 527쪽.

19. 같은 책, 528쪽.

20. Kay, Lily E.(1993), *The Molecular Vision of Life: Caltech, the Rockefeller Foundation, and the Rise of the New Biology*, Oxford: Oxford University Press, 65쪽.

21. Kevles, Daniel J.(1971), *The Physicists: The History of a Scientific Community in Modern America*, Cambridge, MA: Harvard University Press, 117쪽.

22. Kay(1993), 65쪽에서 재인용.

23. Owens, Larry(1997), 'Science in the United States', in John Krige and Dominique Pestre(eds), *Science in the Twentieth Century, Amsterdam: Harwood Academic Press*, 821~37쪽, at 832쪽.

24. Kay(1993).

25. 같은 책, 6쪽.

26. 같은 책, 29쪽.

27. 같은 책, 29쪽.

28. Chandler, Alfred D. Jr.(1977), *The Visible Hand: The Managerial Revolution in American Business*, Cambridge, MA: Harvard University Press. [앨프리드 챈들러, 김두얼·신해경·임효정 옮김, 『보이는 손』, 지식을만드는지식, 2014]

29. Kay(1993), 7쪽.

30. 같은 책, 23, 220쪽.

31. 같은 책, 26쪽에서 재인용.

32. 같은 책, 33쪽에서 재인용.

33. Servos, John W.(1976), 'The knowledge corporation: A. A. Noyes and chemistry at Cal-Tech, 1915-1930', *Ambix* 23, 175~86쪽.

34. Harwood, Jonathan(2009), 'Universities', in Bowler and Pickstone, *The Cambridge History of Science, Vol. 6: The Modern Biological and Earth Sciences*, 90~107쪽, at 94쪽.

35. 같은 책, 102쪽.

36. Lucier, Paul(2009), 'Geological industries', in Bowler and Pickstone, *The Cambridge History of Science, Vol. 6: The Modern Biological and Earth Sciences*, 108~25쪽, at 121쪽.

37. Yergin(1991), 25쪽.

38. 같은 책, 53쪽.

39. 같은 책, 58~9쪽.

40. 같은 책, 59쪽.

41. 같은 책, 62~3쪽.

42. Lucier(2009), 122쪽.

43. Yergin(1991), 111쪽.

44. 같은 책.

45. 같은 책, 194쪽.

46. 같은 책, 218쪽.

47. 같은 책.

48. Greene, Mott T.(2009), 'Geology', in Bowler and Pickstone, *The Cambridge History of Science, Vol. 6: The Modern Biological and Earth Sciences*, 167~84쪽, at 182쪽.

49. Yergin(1991), 219쪽.

50. Harrison, Chris(1996), 'Lucien J. B. LaCoste: portrait of a scientist-inventor', *Earth in Space 8(9)*, 12~13쪽; Oldroyd, David(2009), 'Geophysics and geochemistry', in Bowler and Pickstone, *The Cambridge History of Science, Vol. 6: The Modern Biological and Earth Sciences*, 395~415쪽, at 402쪽.

51. Lucier(2009), 122쪽.

52. 같은 책, 122~3쪽.

53. Rainger(2009), 198쪽.

54. Lucier(2009), 123쪽.

55. Marvin, Ursula B.(1973), *Continental Drift: The Evolution of a Concept*, Washington, DC: Smithsonian Institution Press.

56. Oreskes, Naomi, and Ronald E. Doel(2003), 'The physics and chemistry of the earth', in Nye, *The Cambridge History of Science, Vol. 5: The Modern Physical and Mathematical Sciences*, 538~57쪽, at 543쪽.

57. 같은 책, 533쪽.

58. 같은 책, 549쪽.

59. Frankel, Henry(2009), 'Plate tectonics', in Bowler and Pickstone, *The Cambridge History of Science, Vol. 6: The Modern Biological and Earth Sciences*, 385~94쪽, at 388쪽.

60. 같은 책, 389쪽; Oreskes and Doel(2003), 543쪽.

61. Marvin(1973).

62. Greene(2009), 182쪽.

63. Rabinbach, Anson(1992), *The Human Motor: Energy, Fatigue, and the Origins of Modernity*, Berkeley: University of California Press.

64. Kanigel, Robert(1997), *The One Best Way: Frederick Winslow Taylor and the Enigma of Efficiency*, London: Viking.

65. Hughes(1989), 190쪽.

66. 같은 책, 191쪽.

67. 같은 책, 197쪽.

68. Braverman, Harry(1974), *Labor and Monopoly Capital: The Degradation of Work in the Twentieth Century*, New York: Monthly Review Press. [해리 브레이버맨, 이한주 · 강남훈 옮김, 『노동과 독점자본』, 까치, 1987]

69. Maier, Charles S.(1970), 'Between Taylorism and technocracy: European ideologies and the vision of industrial productivity in the 1920s', *Journal of Contemporary History* 5(2), 27~61쪽, at 31, 33쪽에서 재인용.

70. 같은 책, 28쪽.

71. Kay(1993), 34쪽.

72. Pauly, Philip J.(1987), *Controlling Life: Jacques Loeb and the Engineering Ideal in Biology*, Oxford: Oxford University Press.

73. Kay(1993), 33~4쪽.

74. Smith, Roger(1997), *The Fontana History of the Human Sciences*, London: HarperCollins, 608쪽.

75. Kremer, Richard L.(2009), 'Physiology', in Bowler and Pickstone, *The Cambridge History of Science, Vol. 6: The Modern Biological and Earth Sciences*, 342~66쪽, at 355쪽.

76. Smith(1997), 610쪽.

77. Gillespie, Richard(1991), *Manufacturing Knowledge: A History of the Hawthorne Experiments*, Cambridge: Cambridge University Press; Smith(1997), 771~3쪽.

78. Hughes(1989), 203쪽.

79. Bocking, Stephen A.(2009), 'Environmentalism', in Bowler and Pickstone, *The Cambridge History of Science, Vol. 6: The Modern Biological and Earth Sciences*, 602~21쪽, at 609쪽.

80. Sicherman, Barbara(1984), Alice Hamilton: *A Life in Letters*. Cambridge, MA: Harvard University Press.

81. Maier(1970), 28쪽.

82. James Moore, 'Religion and science', in Bowler and Pickstone, *The Cambridge History of Science, Vol. 6: The Modern Biological and Earth Sciences*, 541~62쪽, at 559쪽.

83. 같은 책, 559쪽.

84. LaFollette, Marcel Chotkowski(2008), *Reframing Scopes: Journalists, Scientists, and Lost Photographs from the Trial of the Century*, Lawrence: University Press of Kansas.

9. 혁명과 유물론

1. Graham, Loren R.(1998), *What Have We Learned about Science and Technology from the Russian Experience?* Stanford, CA: Stanford University Press.

2. Graham, Loren R.(1966), *Science and Philosophy in the Soviet Union*, New York: Alfred A. Knopf; Graham, Loren R.(1993a), *Science in Russia and the Soviet Union*, Cambridge: Cambridge University Press; Graham(1998); Alexandrov, Daniel A.(1993), 'Communities of science and culture in Russian science studies', *Configurations* 1, 323~33쪽; Holloway, David(1994), *Stalin and the Bomb: The Soviet Union and Atomic Energy, 1939–1956*, New Haven, CT: Yale University Press; Krementsov, Nikolai(1997), *Stalinist Science*, Princeton, NJ: Princeton University Press.

3. Graham(1993a), 82쪽.

4. 같은 책, 80쪽.

5. 같은 책, 84~6쪽.

6. 같은 책, 87쪽.

7. 같은 책, 89~90쪽에서 재인용.

8. Andrews, James T. (2003), *Science for the Masses: The Bolshevik State, Public Science, and the Popular Imagination in Soviet Russia, 1917–1934*, College Station: Texas A&M University Press.

9. Graham, Loren R. (1993b), *The Ghost of the Executed Engineer: Technology and the Fall of the Soviet Union*, Cambridge, MA: Harvard University Press. [로렌 그레이엄, 최형섭 옮김, 『처형당한 엔지니어의 유령』, 역사인, 2017]

10. Graham(1993a), 92쪽.

11. 같은 책, 93쪽.

12. 같은 책, 100쪽.

13. 같은 책, 101쪽.

14. Joravsky, David(1961), *Soviet Marxism and Natural Science, 1917–1931*, New York: Columbia University Press; Josephson, Paul R. (1996), *Totalitarian Science and Technology*, Atlantic Highlands, NJ: Humanities Press, 51쪽.

15. Graham(1966), 42쪽.

16. Graham(1993a), 93, 112쪽.

17. Krementsov(1997), 29쪽.

18. Bailes, Kendall E. (1990), *Science and Russian Culture in an Age of Revolutions: V. I. Vernadsky and his Scientific School, 1863–1945*, Bloomington: Indiana University Press.

19. Graham(1993a), 87쪽.

20. 같은 책, 230쪽에서 재인용.

21. Weart, Spencer R. (2003), *The Discovery of Global Warming*, Cambridge, MA: Harvard University Press, 15쪽. [스펜서 위어트, 김준수 옮김, 『지구온난화를 둘러싼 대논쟁』, 동녘사이언스, 2012]

22. Weiner, Douglas R. (1982), 'The historical origins of Soviet environmentalism', *Environmental Review 6(2)*, 42~62쪽; Weiner, Douglas R. (1988), *Models of Nature: Ecology, Conservation, and Cultural Revolution in Soviet Russia*, Bloomington: Indiana University Press.

23. Smith, Roger(1997), *The Fontana History of the Human Sciences*, London: HarperCollins, 834쪽.

24. Graham(1993a), 107쪽.

25. Vygotsky, Lev Semenovich(1962), *Thought and Language*, Cambridge, MA: MIT Press,

Graham(1966), 370~1쪽에서 재인용.

26. 같은 책, 372쪽에서 재인용; 아울러 Graham(1993a), 106쪽도 보라.

27. Graham(1993a), 103쪽.

28. Ruse, Michael(2000), *The Evolution Wars: A Guide to the Debates*, Oxford: ABC-CLIO, 158쪽.

29. 같은 책, 159쪽.

30. Graham(1966), 263쪽.

31. Werskey, Gary(1978), *The Visible College*, London: Allen Lane, 158쪽. [게리 워스키, 송진웅 옮김, 『과학과 사회주의』, 한국문화사, 2016]

32. Graham(1993a), 110~11쪽.

33. Haldane, John Burdon Sanderson(1923), *Daedalus, or Science and the Future*, London: Kegan Paul.

34. Gaudillière, Jean-Paul(2009), 'Cancer', in Peter J. Bowler and John V. Pickstone(eds), *The Cambridge History of Science, Vol. 6: The Modern Biological and Earth Sciences*, Cambridge: Cambridge University Press, 486~503쪽, at 496쪽.

35. Werskey(1978), 86쪽.

36. Squier, Susan Merrill(1995), *Babies in Bottles: Twentieth-Century Visions of Reproductive Technology*, New Brunswick, NJ: Rutgers University Press.

37. Haldane(1923).

38. Bowler, Peter J.(1983), *The Eclipse of Darwinism: Anti-Darwinian Evolution Theories in the Decades around 1900*, Baltimore: Johns Hopkins University Press.

39. Mayr, Ernst, and William B. Provine(eds)(1980), *The Evolutionary Synthesis: Perspectives on the Unification of Biology*, Cambridge, MA: Harvard University Press.

40. Krementsov(1997), 21~2쪽.

41. Graham(1993a), 127쪽.

42. Cittadino, Eugene(2009), 'Botany', in Bowler and Pickstone, *The Cambridge History of Science, Vol. 6: The Modern Biological and Earth Sciences*, 225~42쪽, at 240쪽.

43. Medvedev, Zhores(1979), *Soviet Science*, Oxford: Oxford University Press, 13쪽.

44. Graham(1993b), 61쪽.

45. Graham(1993a), 100쪽.

46. Krementsov(1997), 29~30쪽에서 재인용.

47. Josephson, Paul R.(2003), 'Science, ideology and the state: physics in the twentieth

century', in Mary Jo Nye(ed.), *The Cambridge History of Science, Vol. 5: The Modern Physical and Mathematical Sciences*, Cambridge: Cambridge University Press, 579~97쪽, at 583쪽.

48. Graham(1993a), 147~9쪽.

49. 같은 책, 149쪽.

50. Graham(1993b), 43쪽.

51. 같은 책에서 재인용.

52. Graham(1993a), 107쪽.

53. Wiener(1982), 51쪽.

54. Joravsky, David(1970), *The Lysenko Affair*, Cambridge, MA: Harvard University Press.

55. Graham(1993a), 125~6쪽.

56. 같은 책, 128쪽에서 재인용.

57. Joravsky(1970), 116쪽; Graham(1993a), 130쪽.

58. Adams, Mark B.(1980), 'Sergei Chetverikov, the Kol'tsov Institute and the evolutionary synthesis', in Mayr and Provine, *The Evolutionary Synthesis: Perspectives on the Unification of Biology*, 242~78쪽.

59. 같은 책, 245쪽.

60. Todes, Daniel P.(1989), *Darwin without Malthus: The Struggle for Existence in Russian Evolutionary Thought*, Oxford: Oxford University Press; Graham(1993a), 67쪽.

61. Adams(1980), 246쪽.

62. 같은 책.

63. 같은 책, 257쪽; Kohler, Robert E.(1994), *Lords of the Fly: Drosophila Genetics and the Experimental Life*, Chicago: University of Chicago Press.

64. Adams(1980), 262쪽.

65. 같은 책, 270쪽.

66. 같은 책, 265~6쪽.

67. 같은 책, 267~8쪽.

68. Dobzhansky, Theodosius(1980), 'The birth of the genetic theory of evolution in the Soviet Union in the 1920s', in Mayr and Provine, *The Evolutionary Synthesis: Perspectives on the Unification of Biology*, 229~42쪽, at 235쪽.

69. Mayr, Ernst(1980), 'Prologue: some thoughts on the history of the Evolutionary Synthesis', 같은 책, 1~48쪽, at 41쪽.

70. 같은 책, 6, 40쪽.

71. 같은 책, 8쪽.

72. 같은 책, 11쪽.

73. 같은 책, 27쪽.

74. 같은 책, 13쪽; Rensch, Bernhard(1980), 'Historical development of the present synthetic neo—Darwinism in Germany', in Mayr and Provine, The Evolutionary Synthesis: Perspectives on the Unification of Biology, 284~303쪽, at 290쪽.

75. Mayr(1980), 25쪽에서 재인용.

76. Adams, Mark B.(1994), The Evolution of Theodosius Dobzhansky: Essays on his Life and Thought in Russia and America, Princeton, NJ: Princeton University Press.

77. Mayr(1980), 30쪽.

78. Hodge, Jonathan(2009), 'The evolutionary sciences', in Bowler and Pickstone, The Cambridge History of Science, Vol. 6: The Modern Biological and Earth Sciences, 243~64쪽, at 260쪽.

79. Huxley, Julian(1942), Evolution: The Modern Synthesis. London: George Allen & Unwin, 13쪽.

80. 같은 책, 8쪽.

81. Morrell, Jack B.(1997), Science at Oxford, 1914—1939: Transforming an Arts University, Oxford: Clarendon Press; Harwood, Jonathan(2009), 'Universities', in Bowler and Pickstone, The Cambridge History of Science, Vol. 6: The Modern Biological and Earth Sciences, 90~107쪽, at 106쪽.

82. Olby, Robert(1992), 'Huxley's place in twentieth—century biology', in C. Kenneth Waters and Albert Van Helden(eds), Julian Huxley: Biologist and Statesman of Science, Houston: Rice University Press.

83. Allen, David E.(2009), 'Amateurs and professionals', in Bowler and Pickstone, The Cambridge History of Science, Vol. 6: The Modern Biological and Earth Sciences, 15~33쪽, at 32쪽.

84. Huxley(1942), 565쪽.

85. Mayr, Ernst(1942), Systematics and the Origin of Species from the Viewpoint of a Zoologist, New York: Columbia University Press.

86. Winsor, Mary P.(2009), 'Museums', in Bowler and Pickstone, The Cambridge History of Science, Vol. 6: The Modern Biological and Earth Sciences, 60~75쪽, at 75쪽.

87. Gould, Stephen Jay(1980), 'G. G. Simpson, paleontology and the Modern Synthesis', in Mayr and Provine, *The Evolutionary Synthesis: Perspectives on the Unification of Biology*, 153~72쪽, at 154쪽.

88. Laporte, Léo(1991), 'George G. Simpson, paleontology, and the expansion of biology', in Keith R. Benson, Jane Maienschein and Ronald Rainger(eds), *The Expansion of American Biology*, New Brunswick, NJ: Rutgers University Press, 80~106쪽; Rainger, Ronald(2009), 'Paleontology', in Bowler and Pickstone, *The Cambridge History of Science, Vol. 6: The Modern Biological and Earth Sciences*, 185~204쪽, at 198쪽.

89. Rainger(2009), 198쪽.

90. Mayr(1980), 29쪽.

91. Cain, Joe(2009), 'Rethinking the synthesis period in evolutionary studies', *Journal of the History of Biology* 42, 621~48쪽.

92. Benson, Keith R.(2009), 'Field stations and surveys', in Bowler and Pickstone, *The Cambridge History of Science, Vol. 6: The Modern Biological and Earth Sciences*, 76~89쪽, at 87쪽.

93. Schank, Jeffrey C., and Charles Twardy(2009), 'Mathematical models in the life sciences', 같은 책, 416~31쪽, at 422쪽.

94. Huxley(1942), 116쪽; Mayr(1980), 30쪽.

95. Schank and Twardy(2009), 423쪽.

96. Mayr(1980), 30~2쪽.

97. 같은 책, 41쪽.

98. Harwood(2009), 106쪽.

10. 나치 과학

1. Taton, René(ed.)(1966), *Science in the Twentieth Century*, London: Thames & Hudson, 571쪽(orig. pubd as La Science contemporaine, II: Le XXe Siècle, Paris: Presses Universitaires de France, 1964).

2. Stern, Fritz(1961), *The Politics of Cultural Despair: A Study in the Rise of the Germanic Ideology*, Berkeley: University of California Press.

3. Herf, Jeffrey(1984), *Reactionary Modernism: Technology, Culture and Politics in Weimar and the Third Reich*, Cambridge: Cambridge University Press.

4. Proctor, Robert N. (1988), Racial Hygiene: Medicine under the Nazis, Cambridge, MA: Harvard University Press; Proctor, Robert N. (1999), *The Nazi War on Cancer*, Princeton, NJ: Princeton University Press; Proctor, Robert N. (2000), 'Nazi science and Nazi medical ethics: some myths and misconceptions', *Perspectives in Biology and Medicine* 43(3), 335~46쪽.

5. Proctor(1999).

6. Proctor(2000), 336쪽.

7. Junker, Thomas, and Uwe Hossfeld(2002), 'The architects of the Evolutionary Synthesis in National Socialist Germany: science and politics', *Biology and Philosophy* 17, 223~49쪽.

8. Beyerchen, Alan D. (1977), *Scientists under Hitler: Politics and the Physics Community in the Third Reich*, New Haven, CT: Yale University Press.

9. Ash, Mitchell(1995), *Gestalt Psychology in German Culture, 1890−1967: Holism and the Quest for Objectivity*, Cambridge: Cambridge University Press, 327쪽.

10. 같은 책, 329쪽.

11. 같은 책, 330쪽에서 재인용.

12. 같은 책, 345쪽.

13. Harrington, Anne(1996), *Reenchanted Science: Holism in German Culture from Wilhelm II to Hitler*, Princeton, NJ: Princeton University Press, 178쪽에서 재인용.

14. Macrakis, Kristie I. (1993), *Surviving the Swastika: Scientific Research in Nazi Germany*, Oxford: Oxford University Press, 57쪽에서 재인용; Ash(1995), 331쪽.

15. Josephson, Paul R. (1996), *Totalitarian Science and Technology*, Atlantic Highlands, NJ: Humanities Press, 56쪽; see also Beyerchen(1977).

16. Josephson, Paul R. (2003), 'Science, ideology and the state: physics in the twentieth century', in Mary Jo Nye(ed.), *The Cambridge History of Science, Vol. 5: The Modern Physical and Mathematical Sciences*, Cambridge: Cambridge University Press, 579~97쪽, at 587쪽.

17. Beyerchen(1977); Josephson(1996), 58쪽.

18. Josephson(2003), 586쪽.

19. Josephson(1996), 60쪽.

20. 같은 책, 93쪽.

21. Josephson(2003), 590쪽; Walker, Mark(1989b), 'National Socialism and German phys-

ics', *Journal of Contemporary History* 24(1), 63~89쪽.

22. Trischler, Helmuth(1994), 'Self-mobilization or resistance? Aeronautical research and National Socialism', in Monika Renneberg and Mark Walker(eds), *Science, Technology and National Socialism*, Cambridge: Cambridge University Press, 72~87쪽, at 75쪽.

23. Trischler, Helmuth(2001), 'Aeronautical research under National Socialism: Big Science or small science?', in Margit Szöllösi-Janze(ed.), *Science in the Third Reich*, Oxford: Berg, 79~110쪽, at 88쪽.

24. Ceruzzi, Paul(1983), *Reckoners: The Prehistory of the Digital Computer, from Relays to the Stored Program Concept, 1935-1945*, Westport, CT: Greenwood Press; Williams, Michael(1985), *A History of Computing Technology*, Englewood Cliffs, NJ: Prentice-Hall, 1985; Ceruzzi, Paul(1990), 'Relay calculators', in William Aspray(ed.), *Computing before Computers*, Ames: Iowa State University Press, 200~22쪽.

25. Wise, M. Norton(1994), 'Pascual Jordan: quantum mechanics, psychology, National Socialism', in Renneberg and Walker, *Science, Technology and National Socialism*, 224~54쪽, at 226, 234쪽에서 재인용.

26. Wise(1994), 244쪽.

27. Deichmann, Ute(1996), *Biologists under Hitler*, Cambridge, MA: Harvard University Press, 323쪽.

28. Proctor(1988), 6쪽.

29. 같은 책, 14쪽.

30. 같은 책, 17쪽.

31. 같은 책, 18쪽.

32. Paul, Diane B.(1995), *Controlling Human Heredity: 1865 to the Present*, Atlantic Highlands, NJ: Humanities Press.

33. Proctor(1988), 20쪽.

34. 같은 책, 26쪽.

35. 같은 책, 27쪽.

36. Berez, Thomas M., and Sheila Faith Weiss(2004), 'The Nazi symbiosis: politics and human genetics at the Kaiser Wilhelm Institute', *Endeavour* 28(4), 172~7쪽.

37. Proctor(1988), 41쪽.

38. 같은 책, 42쪽.

39. 같은 책, 50~5쪽.

40. 같은 책, 54~5쪽.

41. 같은 책, 60쪽.

42. 같은 책, 62쪽에서 재인용.

43. 같은 책, 30쪽.

44. 같은 책, 37~8쪽에서 재인용.

45. 같은 책, 84쪽에서 재인용.

46. 같은 책, 85쪽.

47. 같은 책, 62쪽.

48. 같은 책, 144쪽.

49. 같은 책, 65~6쪽.

50. 같은 책, 75~6쪽.

51. 같은 책, 78쪽에서 재인용.

52. 같은 책, 117쪽.

53. 같은 책, 106쪽.

54. 같은 책, 108~9쪽.

55. 같은 책, 132쪽.

56. 같은 책, 193쪽.

57. 같은 책, 204~5쪽.

58. 같은 책, 207쪽.

59. 같은 책, 3쪽.

60. Hughes Thomas P.(1969), 'Technological momentum in history: hydrogenation in Germany, 1898-1933', *Past and Present* 44, 106~32쪽.

61. Proctor(1988), 4~5쪽.

62. Allen, William Sheridan(1966), *The Nazi Seizure of Power: The Experience of a Single German Town, 1930-1935*, London: Eyre & Spottiswoode.

63. Ash, Mitchell, and Alfons Söllner(eds)(1996), *Forced Migration and Scientific Change: Émigré German-Speaking Scientists and Scholars after 1933*, Cambridge: Cambridge University Press, 7쪽.

64. Kevles, Daniel J.(1971), *The Physicists: The History of a Scientific Community in Modern America*, Cambridge, MA: Harvard University Press, 281쪽.

65. Charles, Daniel(2005), *Master Mind: The Rise and Fall of Fritz Haber, the Nobel Laureate who Launched the Age of Chemical Warfare*, New York: Ecco, 223쪽.

66. 같은 책, 263쪽.

67. Geuter, Ulfried(1992), *The Professionalization of Psychology in Nazi Germany*, Cambridge: Cambridge University Press; Ash and Söllner(1996), 9쪽.

68. Deichmann(1996), 320쪽.

69. 같은 책, 320, 324쪽.

70. Walker, Mark(1989a), *German National Socialism and the Quest for Nuclear Power, 1939—1949*, Cambridge: Cambridge University Press; Deichmann(1996).

71. Ash and Söllner(1996), 4쪽.

72. Hoch, Paul K.(1987), 'Migration and the generation of scientific ideas', *Minerva* 25, 209~37쪽.

73. Hoch, Paul K., and Jennifer Platt(1993), 'Migration and the denationalization of science', in Elizabeth Crawford, Terry Shinn and Sverker Sörlin(eds), *Denationalizing Science: The Contexts of International Scientific Practice*, Amsterdam: Kluwer Academic, 133~52쪽; Ash and Söllner(1996), 5쪽.

74. Kevles(1971), 281쪽.

11. 규모 확장과 축소

1. Hughes, Jeff(2003), 'Radioactivity and nuclear physics', in Mary Jo Nye(ed.), *The Cambridge History of Science, Vol. 5: The Modern Physical and Mathematical Sciences*, Cambridge: Cambridge University Press, 350~74쪽, at 364쪽.

2. Kevles, Daniel J.(1971), *The Physicists: The History of a Scientific Community in Modern America*, Cambridge, MA: Harvard University Press, 282쪽.

3. 같은 책, 180~2쪽.

4. 같은 책, 237쪽.

5.. Kuznick, Peter J.(1987), *Beyond the Laboratory: Scientists as Political Activists in 1930s America*, Chicago: University of Chicago Press; Josephson, Paul R.(2003), 'Science, ideology and the state: physics in the twentieth century', in Nye, *The Cambridge History of Science, Vol. 5: The Modern Physical and Mathematical Sciences*, 579~97쪽, at 590쪽.

6. Layton, Edwin, T., Jr.(1971), *The Revolt of the Engineers: Social Responsibility and the American Engineering Profession*, Cleveland: Case Western Reserve University Press.

7. Kevles(1971), 378쪽.

8. Hughes, Thomas P.(1989), *American Genesis: A Century of Invention and Technological Enthusiasm, 1870-1970*, New York: Penguin, 353쪽.

9. 같은 책에서 인용, 378쪽.

10. Gaudilliere, Jean-Paul(2009), 'Cancer', in Peter J. Bowler and John V. Pickstone(eds), *The Cambridge History of Science, Vol. 6: The Modern Biological and Earth Sciences*, Cambridge: Cambridge University Press, 486~503쪽, at 493쪽.

11. Simoes, Ana(2003), 'Chemical physics and quantum chemistry in the twentieth century', in Nye, *The Cambridge History of Science, Vol. 5: The Modern Physical and Mathematical Sciences*, 394~412쪽, at 404~5쪽.

12. Seidel, Robert(1992), 'The origins of the Lawrence Berkeley Laboratory', in Peter Galison and Bruce Hevly(eds), *Big Science: The Growth of Large-Scale Research*, Stanford, CA: Stanford University Press, 21~45쪽, at 23~4쪽.

13. 같은 책 25쪽.

14. 같은 책, 26~7쪽.

15. 다음 사이트에서 인용 AIP(American Institute of Physics)(n.d.), Ernest Lawrence and the Cyclotron, www.aip.org/history/lawrence/(접속 2009).

16. Seidel(1992), 27쪽.

17. AIP(n.d.).

18. Seidel(1992), 28쪽.

19. Krige, John, and Dominique Pestre(1992), 'Some thoughts on the early history of CERN', in Galison and Hevly, *Big Science: The Growth of Large-Scale Research*, 78~99쪽, at 93쪽, 원저자의 강조 표시는 지웠음.

20. 같은 책, 94쪽.

21. Seidel(1992), 33~4쪽.

22. Nye, Mary Jo(2004), *Blackett: Physics, War, and Politics in the Twentieth Century*, Cambridge, MA: Harvard University Press, 44쪽.

23. 같은 책, 45쪽.

24. Hughes, Jeff(2002), *The Manhattan Project: Big Science and the Atom Bomb*, Cambridge: Icon Books, 34쪽.

25. Hughes(2003), 365쪽.

26. AIP(n.d.).

27. Kauffman, George B.(2002), 'In memoriam Martin D. Kamen(1913. 2002), nuclear scientist and biochemist', *Chemical Educator* 7, 304~8쪽, at 305쪽.

28. Hughes(2003), 368쪽.

29. Bird, Kai, and Martin J. Sherwin(2005), *American Prometheus: The Triumph and Tragedy of J. Robert Oppenheimer*, London: Atlantic Books, 9~10쪽. [카이 버드, 마틴 셔윈, 최형섭 옮김, 『아메리칸 프로메테우스』, 사이언스 북스, 2005]

30. 같은 책에서 인용, 22쪽.

31. 같은 책에서 인용, 39쪽.

32. 같은 책, 46쪽; Nye(2004), 44쪽.

33. Bird and Sherwin(2005), 96쪽.

34. 같은 책, 87쪽.

35. 같은 책, 88쪽.

36. 다음 문헌에서 인용. Schweber, Silvan S.(2003), 'Quantum field theory: from QED to the Standard Model', in Nye, *The Cambridge History of Science, Vol. 5: The Modern Physical and Mathematical Sciences*, 375~93쪽, at 379쪽.

37. 같은 책, 380쪽.

38. Brown, Laurie M.(1986), 'Hideki Yukawa and the meson theory', *Physics Today* 39(12), 55~62쪽.

39. Rechenberg, Helmut, and Laurie M. Brown(1990), 'Yukawa's heavy quantum and the mesotron(1935-1937)', *Centaurus* 33, 214~52쪽, at 216쪽.

40. Nye(2004), 29쪽; Rechenberg and Brown(1990), 226쪽.

41. 다음 문헌에서 인용. Rechenberg and Brown(1990), 228쪽.

42. 같은 책, 229쪽.

43. 같은 책, 236쪽.

44. Hager, Thomas(1995), *Force of Nature: The Life of Linus Pauling*, New York: Simon & Schuster, 35쪽.

45. 같은 책, 106쪽.

46. 같은 책에서 인용, 133쪽.

47. 같은 책, 135~6쪽.

48. 같은 책, 147쪽.

49. 같은 책, 169쪽.

50. Nye, Mary Jo(1993), From Chemical Philosophy to Theoretical Chemistry: Dynamics

of Matter and Dynamics of Disciplines, 1800–1950, Berkeley: University of California Press; Hager(1995), 164쪽; Simoes(2003), 397쪽.

51. 다음 책에서 인용. Hager(1995), 169쪽.

52. 같은 책에서 인용, 217쪽.

53. Furukawa, Yasu(2003), 'Macromolecules: their structures and functions', in Nye, *The Cambridge History of Science, Vol. 5: The Modern Physical and Mathematical Sciences*, 429~45쪽, at 431쪽.

54. 같은 책, 434쪽.

55. 같은 책, 433쪽.

56. Elzen, Boelie(1986), 'Two ultracentrifuges: a comparative study of the social construction of artefacts', *Social Studies of Science* 16, 621~62쪽, 630쪽.

57. 같은 책, 642쪽.

58. 다음 책에서 인용. Furukawa(2003), 435쪽.

59. 같은 책, 440쪽.

60. 다음 책에서 인용. Hager(1995), 183쪽.

61. Kevles(1971), 120쪽.

62 Kay, Lily E.(1993), *The Molecular Vision of Life: Caltech, the Rockefeller Foundation, and the Rise of the New Biology*, Oxford: Oxford University Press, 8쪽.

63. 같은 책에서 인용, 45쪽.

64. 같은 책에서 인용.

65. 같은 책, 9쪽.

66 Servos, John W.(1976), 'The knowledge corporation: A. A. Noyes and chemistry at Cal-Tech, 1915-1930', *Ambix* 23, 175~86쪽.

67 Kay(1993), 69쪽.

68. 같은 책, 82쪽.

69. 같은 책에서 인용, 106쪽.

70. 같은 책, 90쪽.

71. 같은 책, 111쪽.

72. 같은 책, 110쪽.

73. Beadle, G. W., and E. L. Tatum(1941), 'Genetic control of biochemical reactions in Neurospora', *Proceedings of the National Academy of Sciences of the United States of America* 27(11), 499~506쪽, 499쪽.

74. Hager(1995), 277쪽.

75. Furukawa(2003), 439쪽.

76. Kay(1993), 3쪽.

77. Fleming, Donald(1969), 'Emigre physicists and the biological revolution', in Donald Fleming and Bernard Bailyn(eds), *The Intellectual Migration: Europe and America, 1930-1960*, Cambridge, MA: Harvard University Press, 152~89쪽.

78. Judson, Horace Freeland(1979), *The Eighth Day of Creation: Makers of the Revolution in Biology*,London: Penguin; Schank, Jeffrey C., and Charles Twardy(2009), 'Mathe-matical models in the life sciences', in Bowler and Pickstone, *The Cambridge History of Science, Vol. 6: The Modern Biological and Earth Sciences*, 416~31쪽, at 426쪽.

79. 다음 책에서 인용. Judson(1979), 49쪽.

80. Fleming(1969), 179쪽.

81. Kay(1993), 4~5쪽.

82. Gaudilliere(2009), 496쪽.

83. De Duve, Christian, and George E. Palade(1983), 'Obituary: Albert Claude, 1899- 1983', *Nature* 304(18 August), 588쪽

84. Peter Morris(ed.)(2002), *From Classical to Modern Chemistry: The Instrumental Revolu-tion*, Cambridge: Royal Society of Chemistry.

85. Baird, Davis(2002), 'Analytical chemistry and the "big" scientific instrumentation revolu-tion', repr. 같은 책, 29~56쪽, at 29쪽.

86. 같은 책, 40쪽.

87. Gaudilliere(2009), 490쪽.

88. Kremer, Richard L.(2009), 'Physiology', in Bowler and Pickstone, *The Cambridge Histo-ry of Science, Vol. 6: The Modern Biological and Earth Sciences*, 342~66쪽.

89. Lederer, Susan E.(2009), 'Experimentation and ethics', 같은 책, 583~601쪽, at 590쪽.

90. Bliss, Michael(1992), *Banting: A Biography*, Toronto: University of Toronto Press, 96쪽.

91. Hounshell, David A., and John Kenly Smith(1988), *Science and Corporate Strategy: Du Pont R&D, 1902-1980*, Cambridge: Cambridge University Press; Hounshell, David A.(1992), 'Du Pont and the management of large-scale research and development', in Galison and Hevly, *Big Science: The Growth of Large-Scale Research*, 236~61쪽, at 238쪽; Meikle, Jeffrey L.(1995), *American Plastic: A Cultural History*, New Brunswick, NJ: Rutgers University Press.

92. Hughes(1989), 175~6쪽.

93. 같은 책, 177쪽.

94. 같은 책.

95. Hounshell(1992), 239쪽.

96. 같은 책, 241쪽.

97. 같은 책, 243~4쪽.

98. 같은 책, 244쪽.

99. 다음 책에서 인용. Cogdell, Christina(2000), 'The Futurama recontextualized: Norman Bel Geddes eugenic "World of Tomorrow"', *American Quarterly* 52, 193~245쪽, at 225쪽.

100. Barbrook, Richard(2007), *Imaginary Futures: From Thinking Machines to the Global Village*, London: Pluto Press.

101. Shinn, Terry(2003), 'The industry, research, and education nexus', in Nye, *The Cambridge Historyof Science, Vol. 5: The Modern Physical and Mathematical Sciences*, 133~53쪽, at 150쪽.

102. 반대 견해에 대해서는 다음 문헌을 보라. Schabas, Margaret(2003), 'British economic theory from Locke to Marshall', in Theodore M. Porter and Dorothy Ross(eds), *The Cambridge History of Science, Vol. 7: The Modern SocialSciences*, Cambridge: Cambridge University Press, 171~82쪽, at 172쪽.

103. Brown, Andrew(2007), *J. D. Bernal: The Sage of Science*, Oxford: Oxford University Press.

제III부 제2차 세계대전과 냉전

12. 과학과 제2차 세계대전

1. Russell, Edmund(2001), *War and Nature: Fighting Humans and Insects with Chemicals from World War I to Silent Spring*, Cambridge: Cambridge University Press, 142쪽.

2. Roland, Alex(2003), 'Science, technology, and war', in Mary Jo Nye(ed.), *The Cambridge History of Science, Vol. 5: The Modern Physical and Mathematical Sciences*, Cambridge: Cambridge University Press, 561~78쪽, at 565쪽.

3. Dennis, Michael Aaron(1987), 'Accounting for research: new histories of corporate laboratories and the social history of American science', *Social Studies of Science* 17, 479~518쪽, at 511쪽.

4. Macrakis, Kristie I.(1993), *Surviving the Swastika: Scientific Research in Nazi Germany*, Oxford: Oxford University Press, 90쪽.

5. Shinn, Terry(2003), 'The industry, research, and education nexus', in Nye, *The Cambridge History of Science, Vol. 5: The Modern Physical and Mathematical Sciences*, 133~53쪽, at 143쪽.

6. McGucken, William(1984), *Scientists, Society and the State: The Social Relations of Science Movement in Great Britain, 1931–1947*, Columbus: Ohio State University Press, 196쪽.

7. Kevles, Daniel J.(1971), *The Physicists: The History of a Scientific Community in Modern America*, Cambridge, MA: Harvard University Press, 296쪽.

8. 같은 책, 293쪽.

9. 다음 책에서 인용. Mindell, David A.(2002), *Between Human and Machine: Feedback, Control, and Computing before Cybernetics*, Baltimore: Johns Hopkins University Press, 187~8쪽.

10. Kevles(1971), 298쪽.

11. Sherry, Michael S.(1987), *The Rise of American Air Power: The Creation of Armageddon*, New Haven, CT: Yale University Press, 188쪽.

12. Dupree, A. Hunter(1970), 'The Great Instauration of 1940: the organization of scientific research for war', in Gerald Holton(ed.), *The Twentieth–Century Sciences*, New York: W. W. Norton, 443~67쪽.

13. Mindell(2002), 190쪽.

14. 다음 문헌에서 인용. Kevles(1971), 301쪽; Pursell, Carroll W.(1979), 'Science agencies in World War II: the OSRD and its challengers', in Nathan Reingold(ed.), *The Sciences in the American Context*, Washington, DC: Smithsonian Institution, 287~301쪽.

15. Hartcup, Guy(2000), *The Effect of Science on the Second World War*, Basingstoke: Palgrave Macmillan, 123쪽.

16. 같은 책, 124쪽.

17. Bud, Robert(2007), *Penicillin: Triumph and Tragedy*, Oxford: Oxford University Press.

18. Swann, John P.(2009), 'The pharmaceutical industries', in Peter J. Bowler and John V.

Pickstone(eds), *The Cambridge History of Science, Vol. 6: The Modern Biological and Earth Sciences*, Cambridge: Cambridge University Press, 126~40쪽, at 135쪽.

19. Bud, Robert(2009), 'History of biotechnology', 같은 책, 524~38쪽, at 533쪽.

20. Hartcup(2000), 125쪽.

21. Parascandola, John(ed.)(1980), *The History of Antibiotics: A Symposium, Madison: American Institute of the History of Pharmacy*; Bud(2009).

22. Gall, Yasha M., and Mikhail B. Konashev(2001), 'The discovery of Gramicidin S: the intellectual transformation of G. F. Gause from biologist to researcher of antibiotics and on its meaning for the fate of Russian genetics', *History and Philosophy of the Life Sciences* 23, 137~50쪽.

23. Rowe, A. P.(1948), *One Story of Radar*, Cambridge: Cambridge University Press; Calder, Angus(1969), *The People's War: Britain, 1939–45*, London: Jonathan Cape, 457~77쪽; Bowen, Edward G.(1987), *Radar Days*, Bristol: Adam Hilger; Buderi, Robert(1996), *The Invention that Changed the World: How a Small Group of Radar Pioneers Won the Second World War and Launched a Technological Revolution*, New York: Simon & Schuster.

24. Agar, Jon(2003), *The Government Machine: A Revolutionary History of the Computer*, Cambridge, MA: MIT Press, 210쪽.

25. 같은 책, 216쪽.

26. Hartcup(2000), 9쪽.

27. 같은 책, 37쪽.

28. Agar, Jon, and Jeff Hughes(1995), 'Between government and industry: academic scientists and the reconfiguration of research practice at TRE', paper for CHIDE, conference at Bournemouth University.

29. Rowe(1948), 179쪽.

30. Hartcup(2000), 102쪽.

31. 다음 문헌에서 인용, Kirby, Maurice W.(2003), *Operational Research in War and Peace: The British Experience from the 1930s to 1970*, London: Imperial College, 110쪽.

32. Hartcup(2000), 105쪽.

33. 같은 책, 107~9쪽.

34. Fortun, Michael, and Silvan S. Schweber(1994), 'Scientists and the legacy of World War

II: the case of operations research(OR)', *Social Studies of Science* 23, 595~642쪽.

35. Hartcup(2000), 109쪽.

36. Edwards, Paul N.(1996), *The Closed World: Computers and the Politics of Discourse in Cold War America*, Cambridge, MA: MIT Press, 200쪽.

37. Smart, Jeffery K.(1997), 'History of chemical and biological warfare: an American perspective', in Frederick R. Sidell, Ernest T. Takafuji and David R. Franz(eds), *Medical Aspects of Chemical and Biological Warfare*, Washington, DC: Office of the Surgeon General, 9~87쪽, at 19쪽.

38. 같은 책에서 인용, 25쪽.

39. Guillemin, Jeanne(2005), *Biological Weapons: From the Invention of State-Sponsored Programs to Contemporary Bioterrorism*, New York: Columbia University Press, 4쪽.

40. Smart(1997), 27쪽; Russell(2001), 65쪽.

41. Smart(1997), 38쪽.

42. Tucker, Jonathan B.(2007), *War of Nerves: Chemical Warfare from World War I to Al-Qaeda*, New York: Anchor Books, 24쪽.

43. Smart(1997), 36쪽.

44. Guillemin(2005), 24쪽.

45. 같은 책, 26쪽.

46. 같은 책, 41쪽.

47. 같은 책, 50쪽.

48. 다음 문헌에서 인용, Balmer, Brian(2001), *Britain and Biological Warfare: Expert Advice and Science Policy, 1930-65*, London: Palgrave Macmillan, 37쪽.

49. Guillemin(2005), 40쪽.

50. 같은 책, 54~6쪽.

51. 같은 책에서 인용, 66쪽.

52 다음 문헌에서 인용, Balmer, Brian(2002), 'Killing 'without the distressing preliminaries': scientists' own defence of the British biological warfare programme', *Minerva* 40, 57~75쪽.

53. 다음 문헌에서 인용, Balmer(2001), 48쪽.

54. Guillemin(2005), 73쪽.

55. 다음 문헌에서 인용, Smart(1997), 34쪽.

56. Price, Richard M.(1997), *The Chemical Weapons Taboo*, Ithaca, NY: Cornell University

Press.

57. Muller—Hill, Benno(1988), *Murderous Science: Elimination by Scientific Selection of Jews, Gypsies, and others, Germany 1933—1945*, Oxford: Oxford University Press, 70쪽.

58. Harris, Sheldon H.(1994), *Factories of Death: Japanese Biological Warfare 1932—45, and the American Cover—Up*, London: Routledge.

59. Guillemin(2005), 81쪽.

60. Lederer, Susan E.(2009), 'Experimentation and ethics', in Bowler and Pickstone, *The Cambridge History of Science, Vol. 6: The Modern Biological and Earth Sciences*, 583~601쪽, at 594~5쪽.

61. Guillemin(2005), 85쪽.

62. 같은 책에서 인용, 47쪽.

63. Kay, Lily E.(1993), *The Molecular Vision of Life: Caltech, the Rockefeller Foundation, and the Rise of the New Biology*, Oxford: Oxford University Press, 199쪽.

64. Hewlett, Richard, and Oscar E. Anderson, Jr.(1962), *A History of the United States Atomic Energy Commission, Vol. 1: The New World*, Washington, DC: Government Printing Office; Rhodes, Richard(1986), *The Making of the Atomic Bomb*, New York: Simon & Schuster.

65. Gowing, Margaret(1964), *Britain and Atomic Energy, 1939—1945*, London: Macmillan.

66. 같은 책, 109쪽.

67. Bird, Kai, and Martin J. Sherwin(2005), *American Prometheus: The Triumph and Trag-edy of J. Robert Oppenheimer*, London: Atlantic Books, 180쪽.

68. 같은 책, 183쪽.

69. 다음 문헌에서 인용, White, Richard(1995), *The Organic Machine*, New York: Hill & Wang, 81쪽.

70. Seidel, Robert(1992), 'The origins of the Lawrence Berkeley Laboratory', in Peter Gal-ison and Bruce Hevly(eds), *Big Science: The Growth of Large—Scale Research*, Stan-ford, CA: Stanford University Press, 21~45쪽, at 37쪽.

71. Hughes, Thomas P.(1989), *American Genesis: A Century of Invention and Technologi-cal Enthusiasm, 1870—1970*, New York: Penguin, 382쪽.

72. Eckert, Michael(2003), 'Plasmas and solid—state science', in Nye, *The Cambridge Histo-ry of Science, Vol. 5: The Modern Physical and Mathematical Sciences*, 413~28쪽, at

419쪽.

73. Hughes(1989), 414쪽.

74. 같은 책, 391쪽.

75. 같은 책, 392쪽. Hounshell, David A.(1992), 'Du Pont and the management of large-scale research and development' in Galison and Hevly, *Big Science: The Growth of Large-Scale Research*, 236~61쪽, at 248쪽.

76. White(1995), 82~3쪽.

77. Hughes(1989), 401쪽.

78. Hoddeson, Lillian, Paul W. Henriksen, Roger A. Meade and Catherine L. West-fall(1993), *Critical Assembly: A Technical History of Los Alamos during the Oppen-heimer Years, 1943-1945*, Cambridge: Cambridge University Press.

79. Bird and Sherwin(2005), 206쪽.

80. Rossiter, Margaret W.(2003), 'A twisted tale: women in the physical sciences in the nineteenth and twentieth centuries', in Nye, *The Cambridge History of Science, Vol. 5: The Modern Physical and Mathematical Sciences*, 54~71쪽, at 65쪽.

81. Bird and Sherwin(2005), 256쪽.

82. Bird와 Sherwinin의 인터뷰에서 Rotblat의 회상. 같은 책, 284쪽.

83. 다음 문헌에서 인용, Thorpe, Charles(2006), *Oppenheimer: The Tragic Intellect*, Chi-cago: University of Chicago Press, 149쪽.

84. Shapin, Steven(2000), 'Don't let that crybaby in here again', London. *Review of Books*, 7 September.

85. Bird and Sherwin(2005), 297쪽.

86. Alperovitz, Gar(1995), *The Decision to Use the Atomic Bomb: The Architecture of an American Myth*, New York: Knopf; Walker, J. Samuel(2007), 'The decision to use the bomb: a historiographical update', *Diplomatic History* 14, 97~114쪽.

87. Seidel(1992).

88. Hounshell(1992).

89. Groves, Leslie R.(1962), *Now It Can Be Told: The Story of the Manhattan Project*, New York: Harper & Row.

90. Hughes(1989).

91. Josephson, Paul R.(2003), 'Science, ideology and the state: physics in the twentieth century', in Nye, *The Cambridge History of Science, Vol. 5: The Modern Physical and*

Mathematical Sciences, 579~97쪽, at 590쪽.

92. Guillemin(2005), 29쪽.

93. Overy, Richard(1995), *Why the Allies Won*, London: Jonathan Cape.

94. Sherry(1987), 175쪽.

95. 같은 책. 53쪽.

96. Porter, Theodore M.(1995), *Trust in Numbers: The Pursuit of Objectivity in Science and Public Life*, Princeton, NJ: Princeton University Press.

97. Sherry(1987), 193쪽.

98. Guillemin(2005), 60쪽.

99. Overy(1995), 110쪽.

100. Guillemin(2005), 24쪽.

101. 같은 책. 56쪽.

102. Galison, Peter(2004), 'Removing knowledge', *Critical Inquiry* 31, 229~43쪽, at 234쪽.

103. Cassidy, David(1992), *Uncertainty: The Life and Science of Werner Heisenberg*, New York: W. H. Freeman.

104. Rose, Paul Lawrence(1998), *Heisenberg and the Nazi Atomic Bomb Project: A Study in German Culture*, Berkeley: University of California Press.

105. Walker, Mark(1989), *German National Socialism and the Quest for Nuclear Power, 1939-1949*, Cambridge: Cambridge University Press; Walker, Mark(1995), *Nazi Science: Myth, Truth, and the German Atomic Bomb*, New York: Plenum Press.

106. Goudsmit, Samuel A.(1947), *Alsos: The Failure in German Science*, London: SIGMA Books.

107. Neufeld, Michael(1994), 'The guided missile and the Third Reich: Peenemunde and the forging of a technological revolution', in Monika Renneberg and Mark Walker(eds), *Science, Technology, and National Socialism*, Cambridge: Cambridge University Press, 51~71쪽, at 51쪽.

108. 같은 책, 59쪽.

109. 같은 책.; Neufeld, Michael(1995), *The Rocket and the Reich: Peenemunde and the Coming of the Ballistic Missile Era*, New York: Free Press.

110. 다음 문헌에서 인용, Dickson, Paul(2001), *Sputnik: The Shock of the Century*, New York: Walker, 57쪽.

111. Lederer(2009), 592쪽.

112. 같은 책.

113. 같은 책. 592~3쪽.

114. Muller-Hill(1988), 70~4쪽.

115. Lederer(2009), 593쪽.

116. Guillemin(2005), 76~80쪽.

117. 같은 책. 86, 87쪽.

118. Gimbel, John(1990), *Science, Technology, and Reparations: Exploitation and Plunder in Post-War Germany*, Stanford, CA: Stanford University Press; Heinemann-Gruder, Andreas(1994), 'Keinerlei Untergang: German armaments engineers during the Second World War and in the service of the victorious powers', in Renneberg and Walker, *Science, Technology, and National Socialism*, 30~50쪽.

119. Heinemann-Gruder(1994), 48쪽.

120. 같은 책, 45쪽. Dickson(2001), 58쪽.

13. 원자시대, 시험대에 오른 과학

1. Gaddis, John Lewis(2005), *The Cold War: A New History*, New York: Penguin, 9쪽. [존 루이스 개디스, 강규형, 정철 옮김, 『냉전의 역사—거래, 스파이, 거짓말, 그리고 진실』, 에코리브르, 2010]

2. 같은 책. 25~6쪽.

3. 다음 문헌에서 인용, 29쪽.

4. Roland, Alex(2003), 'Science, technology, and war', in Mary Jo Nye(ed.), *The Cambridge History of Science, Vol. 5: The Modern Physical and Mathematical Sciences*, Cambridge: Cambridge University Press, 561~78쪽, at 565쪽; 다음 문헌도 보라. Price, Don K.(1965), *The Scientific Estate*, New York: Oxford University Press.

5. Roland(2003), 575쪽.

6. Leslie, Stuart W.(1993), *The Cold War and American Science: The Military-Industrial-Academic Complex at MIT and Stanford*, New York: Columbia University Press, 252~6쪽.

7. Reingold, Nathan(1987), 'Vannevar Bush's new deal for research: or the triumph of the old order', *Historical Studies in the Physical Sciences* 17, 299~344쪽.

8. Bush, Vannevar(1945), *Science: The Endless Frontier*, Washington, DC: United States

Government Printing Office.

9. Kevles, Daniel J.(1971), *The Physicists: The History of a Scientific Community in Modern America*, Cambridge, MA: Harvard University Press, 344쪽.

10. 같은 책. 347쪽.

11. 다음 문헌에서 인용. Hollinger, David A.(1996), *Science, Jews and Secular Culture: Studies in Mid-Twentieth Century American Intellectual History*, Princeton, NJ: Princeton University Press, 107쪽.

12. Paul Forman(1987), 'Beyond quantum electronics: national security as basis for physical research in the United States', *Historical Studies in the Physical Sciences* 18, 149~229쪽, at 183쪽.

13. Leslie(1993).

14. 같은 책.

15. Owens, Larry(1997), 'Science in the United States', in John Krige and Dominique Pestre(eds), *Science in the Twentieth Century*, Amsterdam: Harwood Academic Press, 821~37쪽, at 822쪽.

16. Forman(1987), 184쪽.

17. 같은 책. 186~7쪽.

18. 같은 책. 194쪽.

19. 같은 책, 198~9쪽.

20. Leslie(1993).

21. Bromberg, Joan Lisa(1991), *The Laser in America*, 1950-1970, Cambridge, MA: MIT Press.

22. Forman(1987), 210쪽.

23. 같은 책에서 인용, 218쪽.

24. 같은 책. 223쪽.

25. Hoch, Paul K.(1988), 'The crystallization of a strategic alliance: the American physics elite and the military in the 1940s', in Everett Mendelsohn, M. Roe Smith and Peter Weingart(eds), *Science, Technology, and the Military*, Boston: Kluwer Academic, 87~116쪽.

26. Kevles, Daniel J.(1990), 'Cold War and hot physics: science, security, and the American State, 1945.56', *Historical Studies in the Physical and Biological Sciences* 20, 239~64쪽.

27. Bird, Kai, and Martin J. Sherwin(2005), *American Prometheus: The Triumph and Trag-*

edy of J. Robert Oppenheimer, London: Atlantic Books, 273쪽.

28. 같은 책, 288~9쪽.

29. 같은 책에서 인용, 293~5쪽.

30. Smith, Alice Kimball(1965), *A Peril and a Hope: The Scientists' Movement in America, 1945−47*, Chicago: University of Chicago Press.

31. Bird and Sherwin(2005), 325쪽.

32. Hughes, Thomas P.(1989), *American Genesis: A Century of Invention and Technological Enthusiasm, 1870−1970*, New York: Penguin, 422쪽.

33. Gowing, Margaret, with Lorna Arnold(1974), *Independence and Deterrence: Britain and Atomic Energy, 1945−1952, Vol. 1: Policy Making*, London: Macmillan, 104~12쪽.

34. Bird and Sherwin(2005), 342쪽.

35. Holloway, David(1994), *Stalin and the Bomb: The Soviet Union and Atomic Energy, 1939−1956*, New Haven, CT: Yale University Press.

36. Oldroyd, David(2009), 'Geophysics and geochemistry', in Peter J. Bowler and John V. Pickstone(eds), *The Cambridge History of Science, Vol. 6: The Modern Biological and Earth Sciences*, Cambridge: Cambridge University Press, 395~415쪽, 414쪽.

37. Holloway(1994).

38. 같은 책.

39. Rotter, Andrew J.(2008), *Hiroshima: The World's Bomb*, Oxford: Oxford University Press, 236쪽.

40. Holloway(1994), 213쪽.

41. 다음 문헌에서 인용, Pollock, Ethan(2001), 'Science under socialism in the USSR and beyond', *Contemporary European History* 10, 523~35쪽, at 525쪽.

42. 같은 문헌에서 인용, 523쪽.

43. 같은 문헌에서 인용, 533쪽.

44. Josephson, Paul R.(2003), 'Science, ideology and the state: physics in the twentieth century', in Nye, *The Cambridge History of Science, Vol. 5: The Modern Physical and Mathematical Sciences*, Cambridge: Cambridge University Press, 579~97쪽, at 585쪽.

45. Pollock, Ethan(2006), *Stalin and the Soviet Science Wars*, Princeton, NJ: Princeton University Press.

46. 다음 문헌에서 인용, Krementsov, Nikolai(1997), *Stalinist Science*, Princeton, NJ: Princeton University Press, 172쪽.

47. Joravsky, David(1970), *The Lysenko Affair*, Cambridge, MA: Harvard University Press.

48. Krementsov(1997), 170쪽.

49. 같은 책. 159쪽.

50. Pollock(2001), 527쪽.

51. Pollock(2006), 2쪽.

52. 같은 책.

53. Holloway(1994), 211쪽.

54. Pollock(2006), 92쪽.

55. Josephson, Paul R.(1997), *New Atlantis Revisited: Akademgorodok, the Siberian City of Science*, Princeton, NJ: Princeton University Press.

56. 다음 문헌에서 인용, Hennessy, Peter(2002), *The Secret State: Whitehall and the Cold War*, London: Penguin, 48쪽.

57. 같은 책.; DeGroot, Gerard J.(2005), *The Bomb: A Life*, Cambridge, MA: Harvard University Press, 219쪽.

58. Cathcart, Brian(1994), *Test of Greatness: Britain's Struggle for the Atom Bomb*, London: John Murray.

59. Badash, Lawrence(2000), 'Science and McCarthyism', *Minerva* 38, 53~80쪽, at 63쪽.

60. Kauffman, George B.(2002), 'In memoriam Martin D. Kamen(1913. 2002), nuclear scientist and biochemist', *Chemical Educator* 7, 304~8쪽.

61. Hager, Thomas(1995), *Force of Nature: The Life of Linus Pauling*, New York: Simon & Schuster, 401쪽.

62. Josephson(2003), 590쪽.

63. 다음 문헌에서 인용, Carl Sagan(1996), *The Demon-Haunted World: Science as a Candle in the Dark*, London: Headline, 248쪽.

64. Badash(2000), 72쪽.

65. 같은 책, 73쪽.

66. Bernstein, Barton J.(1990), 'The Oppenheimer loyalty-security case reconsidered', *Stanford Law Review* 42, 1383~484쪽; Bird and Sherwin(2005); Thorpe, Charles(2006), *Oppenheimer: The Tragic Intellect*, Chicago: University of Chicago Press.

67. 다음 문헌에서 인용, Bernstein(1990), 1404쪽.

68. 다음 문헌에서 인용,, 1405쪽.

69. Bird and Sherwin(2005), 325쪽.

70. 다음 문헌에서 인용., 418쪽.

71. 같은 책. 422~3쪽.

72. 다음 문헌에서 인용, 428쪽.

73. Bernstein(1990), 1407쪽.

74. 다음 문헌에서 인용, Bird and Sherwin(2005), 362쪽.

75. Bernstein(1990), 1445쪽.

76. 같은 책.

77. Bird and Sherwin(2005), 533쪽; Thorpe(2006), 241쪽, 여기에서는 "has 'unfrock'"라는 표현을 썼다.

78. 다음 문헌에서 인용, Thorpe(2006), 223쪽.

79. Bernstein(1990), 1471쪽.

80. 같은 책. 1387쪽.

81. 같은 책. 1484쪽.

82. Bird and Sherwin(2005), 549쪽.

83. Thorpe(2006), 238쪽.

84. 같은 책. 202쪽.

85. Krige, John(2006), 'Atoms for Peace, scientific internationalism, and scientific intelligence', Osiris 21, 161~81쪽, at 162~5쪽.

86. 같은 책. 164쪽.

87. 같은 문헌에서 인용, 169쪽.

88. 같은 책. 175쪽.

89. Eckert, Michael(2003), 'Plasmas and solid-state science', in Nye, The Cambridge History of Science, Vol. 5: The Modern Physical and Mathematical Sciences, 413~28쪽.

90. Bromberg, Joan Lisa(1982), Fusion: Science, Politics, and the Invention of a New Energy Source, Cambridge, MA: MIT Press, 13쪽; Eckert(2003).

91. Gaddis(2005), 42쪽.

92. 같은 책. 59쪽.

93. 같은 책. 53쪽.

94. Kevles, Daniel J.(1992), 'KISI: Korea, science, and the state', in Peter Galison and Bruce Hevly(eds), Big Science: The Growth of Large-Scale Research, Stanford, CA: Stanford University Press, 312~33쪽.

95. 같은 책. 319쪽.

96. National Security Council(1950), NSC 68: United States Objectives and Programs for National Security(April 14, 1950): a Report to the President pursuant of the President's Directive of January 31, 1950.

97. Gaddis(2005).

98. Kevles(1992), 320쪽.

99. 같은 책, 327쪽.

14. 냉전 우주

1. Capshew, James H., and Karen A. Rader(1992), 'Big Science: price to the present', Osiris 7, 3~25쪽, at 4쪽.

2. 같은 책. 20~3쪽.

3 Galison, Peter(1997), Image and Logic: A Material Culture of Microphysics, Chicago: University of Chicago Press.

4. Hollinger, David A.(1996), Science, Jews and Secular Culture: Studies in Mid—Twentieth Century American Intellectual History, Princeton, NJ: Princeton University Press, 8쪽.

5. Rudolph, John L.(2002), 'Portraying epistemology: school science in historical context', Science Education 87, 64~79쪽.

6. Feynman, Richard P.(1985). 'Surely You're Joking, Mr. Feynman!': Adventures of a Curious Character, London: Unwin.

7. Roland, Alex(2003), 'Science, technology, and war', in Mary Jo Nye(ed.), The Cambridge History of Science, Vol. 5: The Modern Physical and Mathematical Sciences, Cambridge: Cambridge University Press, 561~78쪽, at 571쪽.

8. Bok, Sissela(1982), 'Secrecy and openness in science: ethical considerations', Science, Technology and Human Values 7, 32~41쪽, at 35쪽.

9. 다음 문헌에서 인용, Paul Forman(1987), 'Beyond quantum electronics: national security as basis for physical research in the United States', Historical Studies in the Physical Sciences 18, 149~229쪽, at 185쪽.

10. Galison, Peter(2004), 'Removing knowledge', Critical Inquiry 31, 229~43쪽.

11. [Gregory, Richard](1941), 'The new charter of scientific fellowship: declaration of scientific principles', Nature 148, 393쪽.

12. Merton, Robert K.(1973), 'The normative structure of science, 1942', in Robert K. Mer-

ton, *The Sociology of Science: Theoretical and Empirical Investigations*, Chicago: University of Chicago Press, 267~78쪽, at 270~8쪽.

13. Hollinger(1996), 84쪽.

14. 같은 책, 92쪽.

15. Josephson, Paul R.(2003), 'Science, ideology and the state: physics in the twentieth century', in Nye, *The Cambridge History of Science, Vol. 5: The Modern Physical and Mathematical Sciences*, 579~97쪽, at 591쪽.

16. Polanyi, Michael(1962), 'The republic of science: its political and economic theory', *Minerva* 1, 54~74쪽.

17. Saunders, Frances Stonor(1999), *Who Paid the Piper? The CIA and the Cultural Cold War*, London: Granta Books.[프랜시스 스토너 손더스; 유광태, 임채원 옮김, 『문화적 냉전, CIA와 지식인들』, 그린비, 2016]

18. Hollinger(1996), 99~101쪽.

19. 같은 책, 110쪽.

20. Killian, James R., Jr.(1977), *Sputnik, Scientists, and Eisenhower: A Memoir of the First Special Assistant to the President for Science and Technology*, Cambridge, MA: MIT Press; Roland(2003), 574쪽.

21. Lilienfeld, Robert(1978), *The Rise of Systems Theory: An Ideological Analysis*, New York: Wiley; Williams, Rosalind(1993), 'Cultural origins and environmental implications of large technological systems', *Science in Context* 6, 75~101쪽; Hughes, Thomas P.(1983), *Networks of Power: Electrification in Western Society, 1880-1930*, Baltimore: Johns Hopkins University Press.

22. Hughes, Agatha C., and Thomas P. Hughes(eds)(2000), *Systems, Experts, and Computers: The Systems Approach in Management and Engineering, World War II and After*, Cambridge, MA: MIT Press, 2쪽.

23. Mindell, David A.(2000), 'Automation's finest hour: radar and system integration in World War II', 같은 책, 27~56쪽.

24. Agar, Jon(2003), *The Government Machine: A Revolutionary History of the Computer*, Cambridge, MA: MIT Press, 216쪽.

25. Hounshell, David A.(1997), 'The Cold War, RAND, and the generation of knowledge, 1946.1962', *Historical Studies in the Physical and Biological Sciences* 27, 237~67쪽.

26. 같은 책, 254쪽.

27. 같은 책, 245쪽.

28. Ghamari—Tabrizi, Sharon(2005), *The Worlds of Herman Kahn: The Intuitive Science of Thermonuclear War*, Cambridge, MA: Harvard University Press.

29. Hounshell(1997), 265쪽.

30. Nelson, Richard R.(1959), 'The simple economics of basic scientific research', *Journal of Political Economy* 67, 297~306쪽; Arrow, Kenneth(1962), 'Economic welfare and the allocation of resources for invention', in Richard R. Nelson(ed.), *The Rate and Direction of Inventive Activity: Economic and Social Factors*, Princeton, NJ: Princeton University Press, 609~25쪽; Hounshell(1997); Hounshell, David A.(2000), 'The medium is the message, or how context matters: the RAND Corporation builds an economics of innovation, 1946—1962', in Hughes and Hughes, *Systems, Experts, and Computers: The Systems Approach in Management and Engineering, World War II and After*, 255~310쪽; Dennis, Michael Aaron(1997), 'Historiography of science . an American perspective', in John Krige and Dominique Pestre(eds), *Science in the Twentieth Century*, Amsterdam: Harwood Academic Press, 1~26쪽, at 18쪽.

31. Misa, Thomas(1985), 'Military needs, commercial realities, and the development of the transistor, 1948—1958', in Merritt Roe Smith(ed.), *Military Enterprise and Technological Change*, Cambridge, MA: MIT Press, 253~87쪽.

32. Riordan, Michael, and Lillian Hoddeson(1997), *Crystal Fire: The Birth of the Information Age*, New York: W. W. Norton, 82~4쪽.

33. Eckert, Michael(2003), 'Plasmas and solid—state science', in Nye, *The Cambridge History of Science, Vol. 5: The Modern Physical and Mathematical Sciences*, 413~28쪽, at 421쪽.

34. Riordan and Hoddeson(1997), 95쪽.

35. 같은 책. 159쪽.

36. Kevles(1992), 314쪽.

37. Riordan and Hoddeson(1997), 196쪽.

38. 같은 책, 203쪽.

39. 같은 책에서 인용, 232쪽.

40. Dickson, Paul(2001), *Sputnik: The Shock of the Century*, New York: Walker, 81쪽.

41. McDougall, Walter A.(1985), *The Heavens and the Earth: A Political History of the Space Age*, New York: Basic Books; Hall, R. Cargill(1995), 'Origins of US space poli-

cy: Eisenhower, Open Skies, and freedom of space', in John M. Logsdon et al.(eds), *Exploring the Unknown: Selected Documents in the History of the US Civil Space Program*, Vol. 1: *Organizing for Exploration*, Washington, DC: NASA, 213~29쪽.

42. DeVorkin, David H.(1992), *Science with a Vengeance: How the Military Created the US Space Sciences after World War II*, New York: Springer, 323~39쪽.

43. 다음 문헌에서 인용, Dickson(2001), 105쪽.

44. 같은 책, 117쪽.

45. Bulkeley, Rip(1991), *The Sputniks Crisis and Early United States Space Policy: A Critique of the Historiography of Space*, London: Macmillan.

46. Agar, Jon(1998), *Science and Spectacle: The Work of Jodrell Bank in Post−War British Culture*, Amsterdam: Harwood Academic Press, 123쪽.

47. Dickson(2001), 101쪽.

48. Norberg, Arthur L., and Judy O'Neill(1996), *Transforming Computer Technology: Information Processing for the Pentagon, 1962−1986*, Baltimore: Johns Hopkins University Press, 5쪽.

49. 같은 책, 18~19쪽.

50. Dickson(2001), 214쪽.

51. Smith, Robert W.(2003), 'Remaking astronomy: instruments and practice in the nineteenth and twentieth centuries', in Nye, *The Cambridge History of Science*, Vol. 5: *The Modern Physical and Mathematical Sciences*, 154~73쪽, at 168쪽.

52. Doel, Ronald E.(1996), *Solar System Astronomy in America: Communities, Patronage and Interdisciplinary Science, 1920−1960*, Cambridge: Cambridge University Press, 224쪽.

53. Gaddis, John Lewis(2005), *The Cold War: A New History*, New York: Penguin, 73쪽.

54. 다음 문헌에서 인용, Dodds, Klaus(2002), *Pink Ice: Britain and the South Atlantic Empire*, London: I. B. Tauris, 28쪽.

55. Beck, Peter(1986), *The International Politics of Antarctica*, London: Croom Helm.

56. Worboys, Michael(2009), 'Public and environmental health', in Peter J. Bowler and John V. Pickstone(eds), *The Cambridge History of Science*, Vol. 6: *The Modern Biological and Earth Sciences*, Cambridge: Cambridge University Press, 141~63쪽, at 159쪽.

57. Henderson, D. A.(2009), *Smallpox: The Death of a Disease*, New York: Prometheus Books.

58. Bocking, Stephen A.(2009), 'Environmentalism', in Bowler and Pickstone, *The Cambridge History of Science, Vol. 6: The Modern Biological and Earth Sciences*, 602~21쪽, at 613쪽.

59. Weart, Spencer R.(2003), *The Discovery of Global Warming*, Cambridge, MA: Harvard University Press.

60. Perkins, John H.(1997), *Geopolitics and the Green Revolution: Wheat, Genes and the Cold War*, Oxford: Oxford University Press.

61. 같은 책. 108쪽.

62. 같은 책. 111~13쪽.

63. 같은 책에서 인용, 144쪽.

64. 같은 책에서 인용, 138쪽.

65. 같은 책. 119쪽.

66. 같은 책에서 인용, 138쪽.

67. Shiva, Vandana(1991), *The Violence of the Green Revolution: Third World Agriculture, Ecology and Politics*, London: Zed Books.

68. Edwards, Paul N.(1996), *The Closed World: Computers and the Politics of Discourse in Cold War America*, Cambridge, MA: MIT Press.

69. Gaddis(2005), 75쪽.

70. 같은 책, 78쪽.

71. Burr, William(ed.)(2004), 'The creation of SIOP-62: more evidence on the origins of overkill', National Security Archive Electronic Briefing Book no. 130, at www.gwu. edu/~nsarchiv/NSAEBB/NSAEBB130/.

72. Gaddis(2005), 80쪽.

73. Cohen, Avner(1998), *Israel and the Bomb*, New York: Columbia University Press, 49쪽.

74. 같은 책.

75. Galison(2004), 241~2쪽.

15. 냉전 과학(1): 원자폭탄 계획이라는 실행세계의 과학

1 Beatty, John(1991), 'Genetics in the atomic age: the Atomic Bomb Casualty Commission, 1947-1956', in Keith R. Benson, Jane Maienschein and Ronald Rainger(eds), *The Expansion of American Biology*, New Brunswick, NJ: Rutgers University Press, 284~324

쪽, at 285쪽.

2. Lindee, Susan(1999), 'The repatriation of atomic bomb victim body parts to Japan: natural objects and diplomacy', *Osiris* 13, 376~409쪽.

3 An ABCC preliminary report, 다음 문헌에서 인용. Beatty(1991), 287~8쪽.

4. 같은 책. 304쪽.

5. Kraft, Alison(2009), 'Manhattan transfer: lethal radiation, bone marrow transplantation, and the birth of stem cell biology', *Historical Studies in the Natural Sciences* 39, 171~218쪽.

6. Holmes, Frederic L.(1991), *Hans Krebs, Vol. 1: The Formation of a Scientific Life, 1900–1933*, Oxford: Oxford University Press; Holmes, Frederic L.(1993); *Hans Krebs, Vol. 2: Architect of Intermediary Metabolism, 1933–1937*, Oxford: Oxford University Press.

7. Hagen, Joel B.(1992), *An Entangled Bank: The Origins of Ecosystem Ecology*, New Brunswick, NJ: Rutgers University Press, 100쪽.

8. 같은 책. 106쪽.

9. The Odums' report, 같은 책에서 인용, 102쪽.

10. 같은 책. 105쪽.

11. Acot, Pascal(2009), 'Ecosystems', in Peter J. Bowler and John V. Pickstone(eds), *The Cambridge History of Science, Vol. 6: The Modern Biological and Earth Sciences*, Cambridge: Cambridge University Press, 451~6쪽.

12. 같은 책. 463쪽.

13. Oldroyd, David(2009), 'Geophysics and geochemistry', 같은 책. 395~15쪽, at 414쪽.

14. Schweber, Silvan S.(2003), 'Quantum field theory: from QED to the standard model', in Mary Jo Nye(ed.), *The Cambridge History of Science, Vol. 5: The Modern Physical and Mathematical Sciences*, Cambridge: Cambridge University Press, 375~93쪽, at 381쪽.

15. 같은 책. 383쪽.

16. 같은 책, 384쪽.

17. Kaiser, David(2005), *Drawing Theories Apart: The Dispersion of Feynman Diagrams in Postwar Physics*, Chicago: University of Chicago Press.

18. Schweber, Silvan S.(1994), *QED and the Men Who Made It: Dyson, Feynman, Schwinger, and Tomonaga*, Princeton, NJ: Princeton University Press.

19. Schweber(2003), 381쪽.

20. 같은 책. 387쪽.

21. 같은 책.

22. Galison, Peter(1997), *Image and Logic: A Material Culture of Microphysics*, Chicago: University of Chicago Press.

23. Schweber(2003), 389~90쪽.

24. Agar, Jon(1998), *Science and Spectacle: The Work of Jodrell Bank in Post－War British Culture*, Amsterdam: Harwood Academic Press, 12쪽.

25. Krige, John(1989), 'The installation of high－energy accelerators in Britain after the war: big equipment but not "Big Science", in Michelangelo De Maria, Mario Grilli and Fabio Sebastiani(eds), *The Restructuring of Physical Sciences in Europe and the United States, 1945－1960*, Singapore: World Scientific, 488~501쪽.

26. John Krige, in Hermann, Armin, et al.(1987), *History of CERN, Vol. 1: Launching the European Organization for Nuclear Research*, Amsterdam: North－Holland, 435쪽.

27. Schweber(2003), 393쪽.

28. Kragh, Helge(1996), *Cosmology and Controversy: The Historical Development of Two Theories of the Universe, Princeton*, NJ: Princeton University Press, 101~2쪽.

29. Kragh, Helge(2003), 'Cosmologies and cosmogonies of space and time', in Nye, *The Cambridge History of Science, Vol. 5: The Modern Physical and Mathematical Sciences*, 522~37쪽.

30. Gregory, Jane(2005), *Fred Hoyle's Universe*, Oxford: Oxford University Press.

31. Kragh(2003), 532쪽.

16. 냉전 과학(2): 정보체계로부터의 과학

1. Sullivan, Walter T., III(ed.)(1984), *The Early Years of Radio Astronomy: Reflections Fifty Years after Janskys Discovery*, Cambridge: Cambridge University Press.

2. Edge, David O., and Michael J. Mulkay(1976), *Astronomy Transformed: The Emergence of Radio Astronomyin Britain*, London: John Wiley.

3. Lovell, A. C. Bernard(1968), *The Story of Jodrell Bank*, London: Oxford University Press; Edge and Mulkay(1976); Agar, Jon(1998), *Science and Spectacle: The Work of Jodrell Bank inPost－War British Culture*, Amsterdam: Harwood Academic Press.

4. Agar(1998), 51쪽.

5. 같은 책. 59쪽.

6. 다음 책에서 인용. Clark, Ronald W.(1972), *A Biography of the Nuffield Foundation*, London: Longman, 103쪽.

7. Van Keuren, David K.(2001), *Cold War science in black and white, Social Studies of Science* 31, 207~52쪽.

8. Smith, Robert W.(2003), *Remaking astronomy: instruments and practice in the nineteenth and twentieth centuries*, in Mary Jo Nye(ed.), *The Cambridge History of Science, Vol. 5: The Modern Physical and Mathematical Sciences*, Cambridge: Cambridge University Press, 154~73쪽, at 169쪽.

9. Mindell, David A.(2002), *Between Human and Machine: Feedback, Control, and Computing before Cybernetics*, Baltimore: Johns Hopkins University Press, 185쪽.

10. Galison, Peter(1994), *The ontology of the enemy: Norbert Wiener and the cybernetic vision, CriticalInquiry* 21, 228~66쪽, at 233쪽.

11. 같은 논문에서 인용. 236쪽, 강조 표시는 삭제했음.

12. 같은 논문., 238쪽.

13. 같은 논문에서 인용. 240쪽.

14. 다음 책에서 인용. Heims, Steve J.(1980), *John von Neumann and Norbert Wiener: From Mathematics to the Technologies of Life and Death*, Cambridge, MA: MIT Press, 186쪽.

15. Bowker, Geof(1993), *How to be universal: some cybernetic strategies, 1943.70, Social Studies of Science* 23, 107~27쪽.

16. 다음 책에서 인용. Galison(1994), 250~1쪽.

17. Hayward, Rhodri(2001), The tortoise and the love machine: Grey Walter and the politics of electro-encephalography, *Science in Context* 14, 615~42쪽, at 621쪽.

18. 다음 책에서 인용. Bowker(1993), 111쪽.

19. Gerovitch, Slava(2002), *From Newspeak to Cyberspeak: A History of Soviet Cybernetics*, Cambridge, MA: MIT Press.

20. Edwards, Paul N.(1996), *The Closed World: Computers and the Politics of Discourse in Cold War America*, Cambridge, MA: MIT Press, 99쪽.

21. 같은 책, 96쪽.

22. 같은 책, 1~15쪽.

23. Gerovitch(2002), 133쪽.

24. Nebeker, Frederik(1995), *Calculating the Weather: Meteorology in the 20th Century*, San Diego: Academic Press.

25. Galison, Peter(1996), *Computer simulations and the trading zone*, in Peter Galison and David J. Stump(eds), *The Disunity of Science: Boundaries, Contexts and Power*, Stanford, CA: Stanford University Press, 122쪽; Galison(1997), 44쪽.

26 Agar, Jon(2006), What difference did computers make?, *Social Studies of Science 36*, 869~907쪽.

27. Ferry, Georgina(1998), *Dorothy Hodgkin: A Life*, London: Granta Books.

28. De Chadarevian, Soraya(2002), *Designs for Life: Molecular Biology after World War II*, Cambridge: Cambridge University Press.

29. Galison(1997).

30. 같은 책, 532쪽.

31. Robertson, Douglas S.(2003), *Phase Change: The Computer Revolution in Science and Mathematics*, Oxford: Oxford University Press.

32. 같은 책, 8~9쪽.

33. Agar(2006), 872쪽.

34. Francoeur, Eric(2002), Cyrus Levinthal, the Kluge and the origins of interactive molecular graphics, *Endeavour 26*, 127~31쪽; Francoeur, Eric, and Jerome Segal(2004), From model kits to interactive computer graphics, in Soraya de Chadarevian and Nick Hopwood(eds), *Models: The Third Dimension of Science*, Stanford, CA: Stanford University Press, 402~29쪽.

35. Kevles, Bettyann Holtzmann(1997), *Naked to the Bone: Medical Imaging in the Twentieth Century*, New Brunswick, NJ: Rutgers University Press.

36. Kevles, Bettyann Holtzmann(2003), The physical sciences and the physicians eye, in Nye, *The Cambridge History of Science, Vol. 5: The Modern Physical and Mathematical Sciences*, 615~33쪽, at 626~7쪽.

37. Galison(1996), 156~7쪽; Galison(1997), 777쪽.

38. Edwards(1996), 188쪽.

39. 다음 책에서 인용. Crevier, Daniel(1993), *AI: The Tumultuous History of the Search for Artificial Intelligence*, New York: Basic Books, 103쪽.

40. Crowther−Heyck, Hunter(2005), *Herbert A. Simon: The Bounds of Reason in Modern*

America, Baltimore: Johns Hopkins University Press.

41. 같은 책, 227쪽.

42. Simon, Herbert(1991), *Models of my Life*, New York: Basic Books, 190쪽.

43. 다음 책에서 인용. Crowther−Heyck(2005), 228~9쪽.

44. Norberg, Arthur L., and Judy ONeill(1996), *Transforming Computer Technology: Information Processingfor the Pentagon, 1962−1986*, Baltimore: Johns Hopkins University Press, 201쪽.

45. 다음 책에서 인용. Edwards(1996), 266쪽.

46. Hounshell, David A.(1997), The Cold War, RAND, and the generation of knowledge, 1946−1962, *Historical Studies in the Physical and Biological Sciences* 27, 237~67쪽, at 260~1쪽.

47. Lederberg, Joshua(1963), An instrumentation crisis in biology, 미발표 원고. Lederberg archive, National Institutes of Health.

48. 다음 책에서 인용. Crevier(1993), 33쪽.

49. Edwards(1996), 222~33쪽.

50. 같은 책, 233쪽.

51. Aspray, William(2003), Computer science and the computer revolution, in Nye, *The Cambridge History of Science, Vol. 5: The Modern Physical and Mathematical Sciences*, 598~614쪽, at 608쪽.

52 . 다음 책에서 인용. Ceruzzi, Paul(1998), *A History of Modern Computing*, Cambridge, MA: MIT Press, 102쪽.

53. Agar, Jon(2003), T*he Government Machine: A Revolutionary History of the Computer*, Cambridge, MA: MIT Press.

54. Ceruzzi(1998), 101쪽.

55. 같은 책, 90~2쪽.

56. Burian, Richard M., and Doris T. Zallen(2009), Genes, in Peter J. Bowler and John V. Pickstone(eds), *The Cambridge History of Science, Vol. 6: The Modern Biological and Earth Sciences*, Cambridge: Cambridge University Press, 432~50쪽, at 438쪽.

57. Kay, Lily E.(1993), *The Molecular Vision of Life: Caltech, the Rockefeller Foundation, and the Rise of the New Biology*, Oxford: Oxford University Press, 110쪽.

58. Judson, Horace Freeland(1979), *The Eighth Day of Creation: Makers of the Revolution in Biology*, London: Penguin, 34쪽.

59. 같은 책에서 인용. 39쪽.

60. 같은 책, 34쪽.

61. 같은 책에서 인용. 54쪽.

62. 같은 책에서 인용. 57쪽.

63. 같은 책, 130쪽.

64. Schrodinger, Erwin(1944), *What is Life? The Physical Aspect of the Living Cell*, Cambridge: Cambridge University Press, 91쪽. [에르빈 슈뢰딩거, 서인석 · 황상익 옮김, 『생명이란 무엇인가—물리학자의 관점에서 본 생명현상』, 한울, 2011]

65. Olby, Robert(1971), Schrodingers problem: What is Life?, *Journal of the History of Biology* 4, 119~48쪽; Yoxen, Edward(1979), Where does Schroedingers What is Life? belong in the history of molecular biology?, *History of Science* 17, 17~52쪽; Keller, Evelyn Fox(1990), Physics and the emergence of molecular biology: a history of cognitive and political synergy, *Journal of the History of Biology* 23, 389~409쪽; Morange, Michel(1998), *A History of Molecular Biology*, 번역. Matthew Cobb, Cambridge, MA: Harvard University Press.

66. Fleming, Donald(1969), Emigre physicists and the biological revolution, in Donald Fleming and Bernard Bailyn(eds), *The Intellectual Migration: Europe and America, 1930-1960*, Cambridge, MA: Harvard University Press, 152~89쪽.

67. 같은 책, 159~60쪽.

68. Sayre, Anne(1975), *Rosalind Franklin and DNA*, New York: W. W. Norton; Maddox, Brenda(2002), *Rosalind Franklin: The Dark Lady of DNA*, London: HarperCollins. [브렌다 매독스, 진우기 · 나도선 옮김, 『로잘린드 프랭클린과 DNA』, 양문, 2004]

69. Hager, Thomas(1995), *Force of Nature: The Life of Linus Pauling*, New York: Simon & Schuster, 396쪽.

70. Watson, James(1968), *The Double Helix: A Personal Account of the Discovery of the Structure of DNA*, London: Weidenfeld & Nicolson. [제임스 왓슨, 최돈찬 옮김, 『이중나선—생명구조에 대한 호기심으로 DNA구조를 발견한 이야기』, 궁리, 2006]

71. Wilkins, Maurice(2003), *The Third Man of the Double Helix*, Oxford: Oxford University Press, 123~4쪽.

72. 같은 책, 205쪽.

73. Watson, James D., and Francis H. C. Crick(1953), A structure for deoxyribose nucleic acid, *Nature* 171(25 April), 737~8쪽.

74. Kay, Lily E.(2000), *Who Wrote the Book of Life? A History of the Genetic Code*, Stanford, CA: Stanford University Press, 5쪽.

75. 같은 책에서 인용. 131쪽.

76. 가모브와의 인터뷰, . 같은 책에서 인용. 132쪽.

77. 같은 책, 138쪽.

78. 같은 책, 163쪽.

79. 모두 같은 책에서 인용. 174쪽.

80. 같은 책, 189쪽.

81. 같은 책, 8쪽.

82. Judson, Horace Freeland(1992), A history of gene mapping and sequencing, in Daniel J. Kevles and LeroyHood(eds), *The Code of Codes: Scientific and Social Issues in the Human Genome Project*, Cambridge, MA: Harvard University Press, 37~80쪽, at 52쪽. [H.F.저슨, 하두봉 옮김, 『창조의 제8일, 생물학 혁명의 주역들』, 범양사, 1984]

83. Kay(2000), 195쪽.

84. 같은 책에서 인용. 215쪽.

85. Amsterdamska, Olga(2009), Microbiology, in Bowler and Pickstone, *The Cambridge History of Science, Vol. 6: The Modern Biological and Earth Sciences*, 316~1쪽, at 340쪽.

86. 다음 문헌을 보라. Kay(2000), 16~17쪽, 291쪽.

87. Wright, Susan(1986), Recombinant DNA technology and its social transformation, 1972–1982, *Osiris* 2, 303~60쪽, at 305쪽; Allen, Garland(1975), *Life Science in the Twentieth Century*, Cambridge: Cambridge UniversityPress.

88. Oreskes, Naomi, and Ronald E. Doel(2003), The physics and chemistry of the earth, in Nye, *The Cambridge History of Science, Vol. 5: The Modern Physical and Mathematical Sciences*, 538~57쪽, at 552쪽.

89. Wood, Robert Muir(1985), *The Dark Side of the Earth*, London: Allen & Unwin.

90. Frankel, Henry(2009), *Plate tectonics in Bowler and Pickstone, The Cambridge History of Science, Vol. 6: The Modern Biological and Earth Sciences*, 385~94쪽, at 391쪽.

91. Oreskes and Doel(2003), 555쪽.

92. Frankel(2009), 392쪽.

93 . 같은 책, 393쪽.

94. Oldroyd, David(2009), Geophysics and geochemistry, in Bowler and Pickstone, *The*

Cambridge History of Science, Vol. 6: The Modern Biological and Earth Sciences, 395~415쪽, at 409쪽.

95. 같은 책.

96. Greene, Mott T.(2009), Geology in Bowler and Pickstone, The Cambridge History of Science, Vol. 6: The Modern Biological and Earth Sciences, 167~84쪽, at 184쪽.

97. 같은 책.

98. Svante Arrhenius, Worlds in the Making, 1908, 다음 책에서 인용. Fleming, James Rodger(2003), Global environmental change and the history of science, in Nye, The Cambridge Historyof Science, Vol. 5: The Modern Physical and Mathematical Sciences, 634~50쪽, at 642쪽.

99. Fleming, James Rodger(1998), Historical Perspectives on Climate Change, Oxford: Oxford University Press; Fleming(2003), 646쪽; Weart, Spencer R.(2003), The Discovery of Global Warming, Cambridge, MA: Harvard University Press, 18쪽.

100. Weart(2003), 59쪽.

101. 같은 책, 24쪽.

102. 같은 책에서 인용. 30쪽.

103. 같은 책, 30~1쪽.

제IV부 우리 세계의 과학

17. 전환, 장기 1960년대의 상전벽해

1. 이 과정에 대한 모형으로는 다음 문헌을 보라. Balogh, Brian(1991), Chain Reaction: Expert Debate and Public Participation in American Nuclear Power, 1945−1975, Cambridge: Cambridge University Press.

2. Brick, Howard(1998), Age of Contradiction: American Thought and Culture in the 1960s, New York: Twayne; 일반적 논의는 다음 문헌을 보라. Agar, Jon(2008), 'What happened in the Sixties?', British Journal for the History of Science 41, 567~600쪽.

3. Mendelsohn, Everett(1994), 'The politics of pessimism: science and technology circa 1968', in Yaron Ezrahi, Everett Mendelsohn and Howard Segal(eds), Technology, Pessi-

mism and Postmodernism, London: Kluwer Academic, 151~73쪽, at 159쪽.

4. Winston, Andrew S.(1998), 'Science in the service of the far right: Henry E. Garrett, the IAAEE, and the liberty lobby', Journal of Social Issues 54, 179~210쪽; Jackson, John P., Jr.(1998), 'Creating a consensus: psychologists, the Supreme Court, and school desegregation, 1952−1955', Journal of Social Issues 54, 143~77쪽.

5. Ezrahi, Yaron(1974), 'The authority of science in politics', in Arnold Thackray and Everett Mendelsohn(eds), Science and Values: Patterns of Tradition and Change, New York: Humanities Press, 215~51쪽, at 232쪽.

6. Wittner, Lawrence S.(1993), The Struggle against the Bomb, Vol. 1: One World or None: A History of the World Nuclear Disarmament Movement through 1953, Stanford, CA: Stanford University Press, 29쪽.

7. Moore, Kelly(1996), 'Organizing integrity: American science and the creation of public interest organizations, 1955−1975', American Journal of Sociology 101, 1592~627쪽, at 1614쪽.

8. Wittner, Lawrence S.(1997), The Struggle against the Bomb, Vol. 2: Resisting the Bomb: A History of the World Nuclear Disarmament Movement, 1954−1970, Stanford, CA: Stanford University Press, 39쪽.

9. Lear, Linda(1997), Rachel Carson: Witness for Nature, New York: Henry Holt.

10 Jamison, Andrew and Ron Eyerman(1994), Seeds of the Sixties, Berkeley: University of California Press, 99~100쪽.

11. Russell, Edmund(2001), War and Nature: Fighting Humans and Insects with Chemicals from World War I to Silent Spring, Cambridge: Cambridge University Press, 158~63쪽.

12. Gottlieb, Robert(1993), Forcing the Spring: The Transformation of the American Environmental Movement, Washington, DC: Island Press.

13. Monsanto(1962), 'The desolate year', Monsanto Magazine 42(4), 4~9쪽.

14. Proctor, Robert N.(1995), Cancer Wars: How Politics Shapes What We Know and Don't Know about Cancer, New York: Basic Books; Gaudilliere, Jean−Paul(2009), 'Cancer', in Peter J. Bowler and John V. Pickstone(eds), The Cambridge History of Science, Vol. 6: The Modern Biological and Earth Sciences, Cambridge: Cambridge University Press, 486~503쪽, at 494쪽.

15 Rachel Carson, speech at National Book Award, 다음 문헌에서 인용, Lear(1997), 219쪽.

16. Gottlieb(1993), 84쪽.

17. 다음 문헌에서 인용, Lear(1997), 409쪽.

18. Commoner, Barry(1966), *Science and Survival*, London: Victor Gollancz, 106쪽.

19. 다른 주장으로는 전쟁 동원으로 1930년대에서 1960년대까지 과학사회학이 억압받았다는 주장이 있다. 다음 문헌을 보라. Rose, Hilary, and Steven Rose(1976), *The Radicalisation of Science*, London: Macmillan.

20. Ravetz, Jerome R.(1971), *Scientific Knowledge and its Social Problems*, Oxford: Oxford University Press, 423~4쪽.

21. Wittner(1997), 355쪽.

22. Feenberg, Andrew(1999), *Questioning Technology*, London: Routledge.

23. 같은 책, 31쪽.

24. 같은 책, 43쪽.

25. 같은 책, 4쪽.

26. 다음 문헌에서 인용, Brick(1998), 24~5쪽.

27. Wisnioski, Matt(2003), 'Inside "the system": engineers, scientists, and the boundaries of social protest in the long 1960s', *History and Technology* 19, 313~33쪽, at 320쪽.

28. Leslie, Stuart W.(1993), *The Cold War and American Science: The Military−Industrial−Academic Complex at MIT and Stanford*, New York: Columbia University Press, 242쪽.

29. 같은 책. 242~4쪽.

30. 같은 책. 235쪽.

31. Dennis, Michael Aaron(1994), 'Our first line of defense: two university laboratories in the postwar American state', *Isis* 85, 427~55쪽.

32. Wisnioski(2003), 323쪽.

33. Leslie(1993), 233쪽.

34. 같은 책; Allen, Jonathan(ed.)(1970), *March 4: Students, Scientists, and Society*, Cambridge, MA: MIT Press.

35. Leslie(1993), 250쪽.

36. Rose and Rose(1976).

37. Wittner, Lawrence S.(2003), *The Struggle Against the Bomb, Vol. 3: Toward Nuclear Abolition: A History of the World Nuclear Disarmament Movement, 1971 to the Present*, Stanford: Stanford University Press, 11쪽.

38. Wittner(1997), 172~3쪽.

39. Moore(1996), 1594쪽.

40. 같은 책, 1608쪽.

41. 다음 문헌도 보라. Ravetz, Jerome R.(1990), 'Orthodoxies, critiques and alternatives', in Robert Olby et al.(eds), *The Companion to the History of Modern Science*, London: Routledge, 898~908쪽.

42. Hollinger, David A.(1995), 'Science as a weapon in Kulturkampfe in the United States during and after World War II', *Isis* 86, 440~54쪽.

43. Jacques Ellul(1964), *The Technological Society*, New York: Knopf, 10, 312, 45쪽.

44. Marwick, Arthur(1998), *The Sixties: Cultural Revolution in Britain, France, Italy, and the United States, c.1958−c.1974*, Oxford: Oxford University Press.

45. Anton, Ted(2000), *Bold Science: Seven Scientists who are Changing our World*, New York: W. H. Freeman, 11쪽.

46. Wilkins, Maurice(2003), *The Third Man of the Double Helix*, Oxford: Oxford University Press.

47. Capshew, James H., and Karen Rader(1992), 'Big Science: Price to present', *Osiris* 7, 3~25쪽.

48. Chargaff, Erwin(1968), 'A quick climb up Mount Olympus'(review of The Double Helix), *Science* 159(29 March), 1448~9쪽.

49. Brick(1998), 23쪽.

50. Hollinger, David A.(1996), *Science, Jews and Secular Culture: Studies in Mid−Twentieth Century American Intellectual History*, Princeton, NJ: Princeton University Press.

51. Brick(1998), 23쪽.

52. Bird, Alexander(2000), *Thomas Kuhn*, Chesham: Acumen; Fuller, Steve(2000), *Thomas Kuhn: A Philosophical History for our Times*, Chicago: University of Chicago Press.

53. Ceruzzi, Paul(1998), *A History of Modern Computing*, Cambridge, MA: MIT Press, 108쪽.

54. Gouldner, Alvin W.(1970), *The Coming Crisis of Western Sociology*, New York: Basic Books.

55. Wilkins, Maurice(1971), 'Introduction', in Watson Fuller(ed.), *The Social Impact of Modern Biology*, London: Routledge & Kegan Paul, 5~10쪽.

56. Monod, Jacques(1971), 'On the logical relationship between knowledge and values', 같은 책. 11~21쪽.

57. Etzioni, Amitai, and Clyde Z. Nunn(1973), 'Public views of scientists', *Science* 181(21 September), 1123쪽.

58. Watkins, Elizabeth Siegel(1998), *On the Pill: A Social History of Oral Contraceptives, 1950−1970*, Baltimore: Johns Hopkins University Press.

59. 같은 책, 61쪽.

60. 같은 책, 14쪽.

61. 같은 책, 20쪽.

62. 같은 책, 15쪽.

63. 같은 책, 21쪽.

64. 같은 책, 27쪽.

65. 같은 책, 32쪽.

66. Clarke, Adele E., Janet K. Shim, Laura Mamo, Jennifer Ruth Fosket and Jennifer R. Fishman(2003), 'Biomedicalization: technoscientific transformations of health, illness, and U.S. biomedicine', *American Sociological Review* 68, 161~94쪽.

67. 다음 문헌에서 인용, Watkins(1998), 66쪽.

68. 같은 책, 57, 2쪽.

69. Alice Wolfson, 같은 책에서 인용, 109쪽.

70. 같은 책, 127쪽.

71. 같은 책, 131쪽.

72. Healy, David(2002), *The Creation of Psychopharmacology*, Cambridge, MA: Harvard University Press.

73. 같은 책, 81쪽.

74. 같은 책, 92쪽.

75. 같은 책, 92~3쪽, 85쪽.

76. 같은 책, 107쪽.

77. 같은 책, 133~135쪽.

78. 같은 책, 176쪽.

79. 같은 책, 176~7쪽.

80. 같은 책, 176쪽.

81. 같은 책, 364쪽.

82. Jones, James H.(1981), *Bad Blood: The Tuskegee Syphilis Experiment*, New York: Free Press.

83. Lederer, Susan E.(2009), 'Experimentation and ethics', in Bowler and Pickstone, *The Cambridge History of Science, Vol. 6: The Modern Biological and Earth Sciences*, 583~601쪽, at 597쪽.

84. Healy(2002), 159쪽.

85. Hill, Gerry B.(2000), 'Archie Cochrane and his legacy: an internal challenge to physicians' autonomy?', *Journal of Clinical Epidemiology* 53, 1189~92쪽, at 191쪽.

86. Edwards, Paul N.(2000), 'The world in a machine: origins and impacts of early computerized global systems models', in Agatha C. Hughes and Thomas P. Hughes(eds), *Systems, Experts, and Computers: The Systems Approach in Management and Engineering, World War II and After*, Cambridge, MA: MIT Press, 221~53쪽, 242~5쪽.

87. Hagen, Joel B.(1992), *An Entangled Bank: The Origins of Ecosystem Ecology*, New Brunswick, NJ: Rutgers University Press, 135쪽.

88. Veldman, Meredith(1994), *Fantasy, the Bomb and the Greening of Britain: Romantic Protest, 1945.1980*, Cambridge: Cambridge University Press, 206~93쪽.

89. 같은 책, 269쪽.

90. 같은 책, 232쪽.

91. Greenhalgh, Susan(2008), *Just One Child: Science and Policy in Deng's China*, Berkeley: University of California Press.

92. Elman, Benjamin A.(2007), 'New directions in the history of modern science in China: global science and comparative history', *Isis* 98, 517~23쪽, at 523쪽.

93. Greenhalgh(2008), 55쪽.

94. Schmalzer, Sigrid(2008), *The People's Peking Man: Popular Science and Human Identity in Twentieth−Century China*, Chicago: University of Chicago Press.

95. Greenhalgh(2008), 58쪽.

96. Elman(2007), 520쪽.

97. Greenhalgh(2008), 128쪽.

98. 같은 책.

99. 같은 책. 77, 49쪽.

100. Elman(2007), 520쪽.

101. Greenhalgh(2008), 131쪽.

102. 같은 책. 136쪽.

103. 같은 책.

104. 같은 책. 1, 318쪽.

105. Peter J. T. Morris(2002), '"Parts per trillion is a fairy tale": the development of the Electron Capture Detector and its impact on the monitoring of DDT', in Morris, *From Classical to Modern Chemistry: The Instrumental Revolution*, Cambridge: RSC, 259~84 쪽.

106. Hounshell, David A.(1997), 'The Cold War, RAND, and the generation of knowledge, 1946.1962', *Historical Studies in the Physical and Biological Sciences* 27, 237~67쪽, at 257쪽.

107. Mendelsohn(1994).

108. Russell(2001), 222~3쪽.

109. Mendelsohn(1994); Ravetz(1990).

110. Rainger, Ronald(2009), 'Paleontology', in Bowler and Pickstone, *The Cambridge History of Science, Vol. 6: The Modern Biological and Earth Sciences*, 185~204쪽, at 199쪽.

111. 다음 책을 보라. Gould, Stephen Jay(1991), *Wonderful Life: The Burgess Shale and the Nature of History*, Harmondsworth: Penguin.[스티븐 제이 굴드, 김동광 옮김, 『원더풀 라이프: 버제스 혈암과 역사의 본질』, 궁리, 2018]

112. Segerstrale, Ullica(2000), *Defenders of the Truth: The Battle for Science in the Sociobiology Debate and Beyond*, Oxford: Oxford University Press.

113. Rainger(2009), 199쪽.

114. Calder, Nigel(1969), *Violent Universe: An Eye−Witness Account of the Commotion in Astronomy, 1968−69*, London: British Broadcasting Corporation.

115. 같은 책. 7쪽.

116. Weart, Spencer R.(2003), *The Discovery of Global Warming*, Cambridge, MA: Harvard University Press, 46~8쪽.

117. 같은 책. 61~3쪽.

118. 같은 책. 92쪽.

119. 같은 책. 93쪽.

120. Gaddis, John Lewis(2005), *The Cold War: A New History*, New York: Penguin, 81쪽. [존 루이스 개디스, 정철, 강규형 옮김, 『냉전의 역사: 거래, 스파이, 거짓말 그리고 진실』, 에코리브르, 2010]

121. 같은 책.

122. Guillemin, Jeanne(2005), *Biological Weapons: From the Invention of State−Sponsored*

Programs to Contemporary Bioterrorism, New York: Columbia University Press, 134~6
쪽.

18. 네트워크들

1. Beck, Ulrich(1992), Risk Society: Towards a New Modernity, London: Sage.

2. Proctor, Robert N.(1995), Cancer Wars: How Politics Shapes What We Know and Don't
   Know about Cancer, New York: Basic Books.

3. Beck, Ulrich(1998), 'Politics of risk society', in Jane Franklin(ed.), The Politics of Risk
   Society, Cambridge: Polity, 9~22쪽, at 10쪽.

4. Gibbons, Michael, Camille Limoges, Helga Nowotny, Simon Schwatzman, Peter Scott
   and Martin Trow(1994), The New Production of Knowledge: The Dynamics of Science
   and Research in Contemporary Societies, London: Sage.

5. Scott, Alan(2000), 'Risk society or angst society? Two views of risk, consciousness and
   community', in Barbara Adam, Ulrich Beck and Joost van Loon(eds), The Risk Soci-
   ety and Beyond: Critical Issues for Social Theory, London: Sage, 33~46쪽; Godin,
   Benoit(1998), 'Writing performative history: the new New Atlantis?', Social Studies of
   Science 28, 465~83쪽; Shinn, Terry(2002), 'The triple helix and new production of
   knowledge: prepackaged thinking on science and technology', Social Studies of Sci-
   ence 32, 599~614쪽.

6. Godin(1998), 467쪽.

7. 같은 책, 478쪽.

8. Leslie, Stuart W.(1993), The Cold War and American Science: The Military. Industrial.
   Academic Complex at MIT and Stanford, New York: Columbia University Press, 3쪽.

9. Rettig, Richard A.(1977), Cancer Crusade: The Story of the National Cancer Act of 1971,
   Princeton, NJ: Princeton University Press.

10. Wynne, Brian(1996), 'May the sheep safely graze? A reflexive view of the expert.lay
    knowledge divide', in Scott Lash, Bronislaw Szerszynski and Brian Wynne(eds), Risk,
    Environment and Modernity: Towards a New Ecology, London: Sage, 44~83쪽.

11. Kay, Lily E.(2000), Who Wrote the Book of Life? A History of the Genetic Code, Stan-
    ford, CA: Stanford University Press, 292쪽.

12. Wright, Susan(1986), 'Recombinant DNA technology and its social trans formation,

1972−1982', *Osiris* 2, 303~60쪽, at 307쪽.

13. 같은 책, 310쪽.

14. 같은 책, 312쪽.

15. 같은 책에서 인용, 315쪽.

16. 다음 책에서 인용. Kenney, Martin(1986), *Biotechnology: The University, Industrial Complex*, New Haven, CT: Yale University Press, 21쪽.

17. 다음 책에서 인용. Wade, Nicholas(2001), 'Reporting recombinant DNA', *Perspectives in Biology and Medicine* 44, 192~8쪽, at 195쪽.

18. Wright(1986), 324쪽.

19. 같은 책에서 인용.

20. 같은 책, 332~3쪽.

21. Keller, Evelyn Fox(1983), *A Feeling for the Organism: The Life and Work of Barbara McClintock*, San Francisco: W. H. Freeman.[이블린 폭스 켈러, 김재희 옮김, 『유기체와의 교감』, 서연비람, 2018]

22. Wright(1986), 360쪽.

23. 같은 책, 338쪽.

24. Bud, Robert(2009), 'History of biotechnology', in Peter J. Bowler and John V. Pickstone(eds), *The Cambridge History of Science, Vol. 6: The Modern Biological and Earth Sciences*, Cambridge: Cambridge University Press, 524~38쪽, at 536쪽.

25. Kenney(1986), 4쪽.

26. Wright(1986), 352쪽.

27. 같은 책, 336~7쪽.

28. 같은 책, 335~344쪽.

29. Kohler, Robert E.(1994), *Lords of the Fly: Drosophila Genetics and the Experimental Life*, Chicago: University of Chicago Press.

30. Kenney(1986), 131쪽; Wright(1986), 358쪽.

31. Kevles, Daniel J.(1998), 'Diamond v. Chakrabarty and beyond: the political economy of patenting life', in Arnold Thackray(ed.), *Private Science: Biotechnology and the Rise of the Molecular Sciences*, Philadelphia: University of Pennsylvania Press, 65~79쪽.

32. Kevles, Daniel J.(2002), 'Of mice & money: the story of the world's first animal patent', *Daedalus* 131, 78~88쪽.

33. 다음 책에서 인용. Wright(1986), 357쪽.

34. Kenney(1986), 5~6쪽.

35. 같은 책, 98~100쪽.

36. Bud(2009), 537쪽.

37. Swann, John P.(2009), 'The pharmaceutical industries', in Bowler and Pickstone, *The Cambridge History of Science, Vol. 6: The Modern Biological and Earth Sciences*, 126~40쪽, at 140쪽.

38. Healy, David(2002), *The Creation of Psychopharmacology*, Cambridge, MA: Harvard University Press, 366쪽.

39. 같은 책, 368쪽.

40. 같은 책, 48쪽.

41. 같은 책, 215쪽.

42. 같은 책, 304쪽.

43. Bowker, Geoffrey C., and Susan Leigh Star(1999), *Sorting Things Out: Classification and its Consequences*, Cambridge, MA: MIT Press.

44. Healy(2002), 330쪽.

45. Fujimura, Joan H.(1996), *Crafting Science: A Sociohistory of the Quest for the Genetics of Cancer*, Cambridge, MA: Harvard University Press.

46. Morange, Michel(1997), 'From the regulatory vision of cancer to the oncogene paradigm, 1975.1985', *Journal of the History of Biology* 30, 1~29쪽, at 3쪽.

47. Gaudilliere, Jean−Paul(2009), 'Cancer', in Bowler and Pickstone, *The Cambridge History of Science, Vol. 6: The Modern Biological and Earth Sciences*, 486~503쪽, at 495쪽.

48. Soderqvist, Thomas, *Craig Stillwell and Mark Jackson*(2009), 'Immunology', 같은 책, 467~85쪽, at 477쪽.

49. Winsor, Mary P.(2009), 'Museums', 같은 책. 60~75쪽, at 75쪽.

50. Hull, David L.(1988), *Science as a Process: An Evolutionary Account of the Social and Conceptual Development of Science*, Chicago: University of Chicago Press.

51. Futuyma, Douglas J.(2004), 'The fruit of the tree of life: insights into evolution and ecology', in Joel Cracraft and Michael J. Donoghue(eds), *Assembling the Tree of Life*, Oxford: Oxford University Press, 25~39쪽, at 26쪽.

52. Hager, Thomas(1995), *Force of Nature: The Life of Linus Pauling*, New York: Simon & Schuster, 541쪽.

53. Sapp, Jan(2009), *The New Foundations of Evolution: On the Tree of Life*, Oxford: Ox-

ford University Press, 213쪽.

54. Woese, Carl R., and George E. Fox(1977), 'Phylogenetic structure of the prokaryotic domain: the primary kingdoms', *Proceedings of the National Academy of Sciences* 74, 5088~90쪽, at 5088쪽.

55. Lawrence, Susan C.(2009), 'Anatomy, histology and cytology', in Bowler and Pickstone, *The Cambridge History of Science, Vol. 6: The Modern Biological and Earth Sciences*, 265~84쪽, at 279쪽.

56. Ralph S. Wolfe(2006), 'The Archaea: a personal overview of the formative years', *Prokaryotes* 3, 3~9쪽, at 3쪽.

57. Castells, Manuel(1996, 1997, 1998), *The Information Age: Economy, Society and Culture, Vol. 1: The Rise of the Network Society, Vol. 2: The Power of Identity, Vol. 3: End of Millennium*, Oxford: Blackwell; Barry, Andrew(2001), Political Machines: Governing a Technological Society, London: Athlone Press.

58. Campbell-Kelly, Martin, and William Asprav(1996), *Computer: A History of the Information Machine*, New York: Basic Books, 293쪽.

59. Abbate, Janet(1999), *Inventing the Internet*, Cambridge, MA: MIT Press, 101쪽.

60. 같은 책, 103쪽.

61. Ceruzzi, Paul(1998), *A History of Modern Computing*, Cambridge, MA: MIT Press, 299 쪽.

62. Ding, Waverly W., Sharon G. Levin, Paula E. Stephan and Anne E. Winkler(2009), *The Impact of Information Technology on Scientists' Productivity, Quality and Collaboration Patterns*, Cambridge, MA: National Bureau of Economic Research Working Paper no. 15285, 5쪽.

63. Jones, Ben, Stefan Wuchty and Brian Uzzi(2008), 'Multi-university research teams: shifting impact, geography, and stratification in science', *Science* 322(21 November), 1259~62쪽.

64. Ding et al.(2009), 6쪽.

65. Rowe, David E.(2003), 'Mathematical schools, communities and networks', in Mary Jo Nye(ed.), *The Cambridge History of Science, Vol. 5: The Modern Physical and Mathematical Sciences*, Cambridge: Cambridge University Press, 113~32쪽, at 131쪽.

66. Sulston, John, and Georgina Ferry(2002), *The Common Thread: A Story of Science, Politics, Ethics and the Human Genome*, London: Bantam Press, 55쪽. [존 설스턴, 조

지나 페리, 유은실 옮김, 『유전자 시대의 적들: 인간 유전체계획을 둘러싼 과학자, 정치가, 기업가들의 경쟁과 암투』, 사이언스북스, 2004]

67. Lederberg, Joshua(1963), 'An instrumentation crisis in biology', unpublished manuscript in Lederberg archive, *National Institutes of Health*, 2쪽, http://profiles.nlm.nih.gov/ps/access/BBGCVS.pdf.

68. Hopwood, Nick(2009), 'Embryology', in Bowler and Pickstone, *The Cambridge History of Science, Vol. 6: The Modern Biological and Earth Sciences*, 285~315쪽, at 310쪽.

69. Judson, Horace Freeland(1992), 'A history of gene mapping and sequencing', in Daniel J. Kevles and Leroy Hood(eds), *The Code of Codes: Scientific and Social Issues in the Human Genome Project*, Cambridge, MA: Harvard University Press, 37~80쪽, at 65쪽.

70. 같은 책. 66쪽.

71. Kevles, Daniel J.(1992), 'Out of eugenics: the historical politics of the human genome', in Kevles and Hood, T*he Code of Codes: Scientific and Social Issues in the Human Genome Project*, 3~36쪽, at 14쪽.

72. Judson(1992), 68쪽.

73. Sulston and Ferry(2002), 23쪽.

74. 같은 책, 43~4쪽.

75. Zallen, Doris T., and Richard M. Burian(1992), 'On the beginnings of somatic cell hybridization: Boris Ephrussi and chromosome transplantation', *Genetics* 132, 1~8쪽, at 6쪽.

76. Judson(1992), 69쪽.

77. 같은 책. 71쪽.

78. Rabinow, Paul(1996), Making PCR: A Story of Biotechnology, Chicago: University of Chicago Press.

79. Morange, Michel(1997), 'EMBO and EMBL', in John Krige and Luca Guzzetti(eds), *History of European Scientific and Technological Cooperation, Luxembourg: Office for Official Publications of the European Communities*, 77~92쪽, at 89쪽.

80. Kevles(1992), 27쪽.

81. 같은 책. 18쪽.

82. Sulston and Ferry(2002), 58쪽.

83. Kevles(1992), 18~22쪽; Kevles, Daniel J.(1997), 'Big Science and big politics in the United States: reflections on the death of the SSC and the life of the human genome

project‘, *Historical Studies in the Physical and Biological Sciences* 27, 269~97쪽.

84. Kevles(1992), 19쪽.

85. 다음 책에서 인용. Cook−Deegan, Robert(1994), *The Gene Wars: Science, Politics, and the Human Genome*, New York: W. W. Norton, 161쪽. [로버트 쿡디간, 황현숙 옮김, 『인간게놈프로젝트』, 민음사, 1994]

86. Sulston and Ferry(2002), 77쪽.

87. 같은 책, 88쪽.

88. 같은 책, 111쪽.

89. 같은 책, 82쪽.

90. 같은 책, 140~1쪽.

91. Gaudilliere(2009), 501쪽.

92. Sulston and Ferry(2002), 261쪽.

93. Nelson, Bryn(2009), ‘Empty archives‘, *Nature* 461(9 September), 160~3쪽.

94. Burian, Richard M., and Doris T. Zallen(2009), ‘The gene‘, in Bowler and Pickstone, *The Cambridge History of Science, Vol. 6: The Modern Biological and Earth Sciences*, 432~50쪽, at 448쪽.

95. Sulston and Ferry(2002), 180쪽.

96. 다음 기사를 참고했음. Kevin Toolis(2000), ‘DNA: it's war‘, The Guardian, 6 May.

97. Sulston and Ferry(2002), 234쪽.

98. International Human Genome Sequencing Consortium(2001), ‘Initial sequencing and analysis of the human genome‘, *Nature* 409(15 February), 860~921쪽; Venter, J. Craig et al.(2001), ‘The sequence of the human genome‘, *Science* 291(16 February), 1304~51 쪽.

99. Sulston and Ferry(2002), 241쪽.

100. Futuyma(2004), 27쪽.

101. Chase, Mark W., et al.(1993) ‘Phylogenetics of seed plants: an analysis of nucleotide sequences from the plastid gene rbcL‘, *Annals of the Missouri Botanical Garden* 80, 528~48, 550~80쪽.

102. Baldauf, S. L., et al.(2004) ‘The tree of life: an overview‘, in Cracraft and Donoghue, *Assembling the Tree of Life*, 43~75쪽.

19. 목표를 연결하다

1. Gillies, James, and Robert Cailliau(2000), *How the Web was Born*, Oxford: Oxford University Press, 86~7쪽.

2. 같은 책. 151쪽.

3. Ceruzzi, Paul(1998), *A History of Modern Computing*, Cambridge, MA: MIT Press, 367쪽.

4. 다음 책에서 인용. Gillies and Cailliau(2000), 182쪽.

5. 메모에 적힌 내용, 같은 책, 181.

6. 같은 책. 199쪽.

7. Kolb, Adrienne, and Lillian Hoddeson(1993), 'The mirage of the "world accelerator for world peace" and the origins of the SSC, 1953−1983', *Historical Studies in the Physical and Biological Sciences* 24, 101~24쪽.

8. Riordan, Michael(2001), 'A tale of two cultures: building the Superconducting Super Collider, 1988−1993', *Historical Studies in the Physical and Biological Sciences* 32, 125~44쪽; Kevles, Daniel J.(1997), 'Big Science and big politics in the United States: Reflections on the death of the SSC and the life of the human genome project', *Historical Studies in the Physical and Biological Sciences* 27, 269~97쪽.

9. Riordan(2001); Kevles(1997).

10. Leslie, Stuart W.(1993), *The Cold War and American Science: The Military, Industrial, Academic Complex at MIT and Stanford*, New York: Columbia University Press, 3쪽.

11. Gaddis, John Lewis(2005), *The Cold War: A New History*, New York: Penguin, 227쪽.

12. 같은 책. 228쪽.

13. Garthoff, Raymond L.(1994), *The Great Transition: American, Soviet Relations and the End of the Cold War*, Washington, DC: Brookings Institution.

14. Kevles(1997).

15. CERN(2009), LHC: The Guide, CERN Communication Group, http:// cdsmedia.cern. ch/img/CERN−Brochure−2008−001−Eng.pdf.

16. Smith, Robert W., et al.(1989) The Space Telescope: A Study of NASA, Science, Technology, and Politics, Cambridge: Cambridge University Press; Smith, Robert W.(1992), 'The biggest kind of big science: astronomers and the Space Telescope', in Peter Galison and Bruce Hevly(eds), *Big Science: The Growth of Large−Scale Research*, Stanford, CA: Stanford University Press, 184~211쪽, at 184쪽.

17. Smith(1992), 191쪽.

18. 같은 책. 195쪽.

19. 같은 책. 187쪽.

20. Kevles, Bettyann Holtzmann(2003), 'The physical sciences and the physician's eye', in Mary Jo Nye(ed.), *The Cambridge History of Science, Vol. 5: The Modern Physical and Mathematical Sciences*, Cambridge: Cambridge University Press, 615~33쪽, at 632쪽.

21. Dunwoody, Sharon(1980), 'The science writing inner club: a communication link between science and the lay public', Science, Technology & Human Values 5, 14~22쪽, at 14쪽.

22. 같은 책. 15쪽.

23. 같은 책. 19쪽.

24. Rainger, Ronald(2009), 'Paleontology', in Peter J. Bowler and John V. Pickstone(eds), *The Cambridge History of Science, Vol. 6: The Modern Biological and Earth Sciences*, Cambridge: Cambridge University Press, 185~204쪽, at 203쪽.

25. Bowler, Peter J.(2009), 'Popular science', 같은 책. 622~33쪽, 631쪽.

26. Toy, Jennifer(2002), 'The Ingelfinger rule: Franz Ingelfinger at the New England Journal of Medicine 1967.77', *Science Editor* 25, 195~8쪽.

27. Sismondo, Sergio(2004), 'Pharmaceutical maneuvers', Social Studies of Science 34, 149~59쪽; Sismondo, Sergio(2007), 'Ghost management: how much of the medical literature is shaped behind the scenes by the pharmaceutical industry?', PLoS Medicine 4(9), e286; Sismondo, Sergio(2008), 'Pharmaceutical company funding and its consequences: a qualitative systematic review', *Contemporary Clinical Trials* 29, 109~13쪽.

28. Close, Frank(1991), *Too Hot to Handle: The Race for Cold Fusion*, Princeton, NJ: Princeton University Press.

29. Gieryn, Thomas F.(1991), 'The events stemming from Utah', *Science* 252(17 May), 994~5쪽, at 995쪽.

30. Mandelbrot, Benoit B.(1982), *The Fractal Geometry of Nature*, New York: W. H. Freeman.

31. Weart, Spencer R.(2003), *The Discovery of Global Warming*, Cambridge, MA: Harvard University Press, 89쪽.

32. Van der Sluijs, Jeroen, Josee van Eijndhoven, Simon Shackley and Brian Wynne(1998), 'Anchoring devices in science for policy: the case of consensus around climate sensitiv-

ity', *Social Studies of Science* 28, 291~323쪽.

33. Weart(2003), 151쪽.

34. Parson, Edward A.(2003), *Protecting the Ozone Layer: Science and Strategy*, Oxford: Oxford University Press.

35. 다음 논문에서 인용. Demeritt, David(2001), 'The construction of global warming and the politics of science', *Annals of the Association of American Geographers* 91, 307~37 쪽, at 308쪽.

36. 같은 논문. 328쪽.

37. Weart(2003), 156~159쪽.

38. Colwell, Rita R.(2004), 'A tangled bank: reflections on the tree of life and human health', in Joel Cracraft and Michael J. Donoghue(eds), *Assembling the Tree of Life*, Oxford: Oxford University Press, 18~24쪽.

39. Wilson, Edward O.(1995), *Naturalist*, London: Penguin, 358쪽.

40. 같은 책. 359쪽.

41. Merson, John(2000), 'Bio-prospecting or bio-piracy: intellectual property rights and biodiversity in a colonial and postcolonial context', *Osiris* 15, 282~96쪽; Parry, Bronwyn(2004), *Trading the Genome: Investigating the Commodification of Bio-Information*, New York: Columbia University Press.

42. Merson(2000), 283쪽.

43. 같은 논문. 284쪽.

44. Drahos, Peter, and John Braithwaite(2002), Information Feudalism: Who Owns the Knowledge Economy? London: Earthscan; Drahos, Peter, and John Braithwaite(2007), 'Intellectual property, corporate strategy, globalisation: TRIPS in context', in William T. Gallagher(ed.), *Intellectual Property*, London: Ashgate, 233~62쪽.

45. Goodman, Jordan, and Vivien Walsh(2001), *The Story of Taxol: Nature and Politics in the Pursuit of an Anti-Cancer Drug*, Cambridge: Cambridge University Press, 170~193 쪽.

46. Merson(2000), 288~9쪽.

47. Shiva, Vandana(1990), 'Biodiversity, biotechnology and profit: the need for a people's plan to protect biological diversity', *The Ecologist* 20, 44~7쪽; Merson(2000), 289쪽.

48. Merson(2000), 290쪽.

49. Parry(2004), 4쪽.

50. 같은 책. 5쪽.

51. Merson(2000), 293쪽.

52. 같은 논문. 294쪽.

53. Epstein, Steven(1995), 'The construction of lay expertise: AIDS activism and the forging of credibility in the reform of clinical trials', *Science, Technology and Human Values* 20, 408~37쪽, at 408쪽; Epstein, Steven(1996), *Impure Science: AIDS, Activism, and the Politics of Knowledge*, Berkeley: University of California Press.

54. Epstein(1995), 411쪽.

55. 같은 논문. 413~14쪽; Epstein(1996).

56. Epstein(1995), 422쪽.

57. 같은 논문. 428쪽.

58. Wynne, Brian(1989), 'Sheepfarming after Chernobyl: a case study in communicating scientific information', *Environment* 31(2), 10~15쪽.

59. Kim, Kiheung(2007), *The Social Construction of Disease: From Scrapie to Prion*, London: Routledge.

60. Giddens, Anthony(1998), 'Risk society: the context of British politics', in Jane Franklin(ed.), *The Politics of Risk Society*, Cambridge: Polity, 23~35쪽, at 32쪽.

61. Wilsdon, James, and Rebecca Willis, *See-Through Science: Why Public Engagement Needs to Move Upstream*, London: Demos.

62. McCray, W. Patrick(2005), 'Will small be beautiful? Making policies for our nanotech future', *History and Technology* 21, 177~203쪽, at 181쪽.

63. Monthioux, Marc, and Vladimir L. Kuznetsov(2006), 'Who should be given the credit for the discovery of carbon nanotubes?' *Carbon* 44, 1621~3쪽, at 1622쪽.

64. 같은 책. 1623쪽.

65. Royal Society and Royal Academy of Engineering(2004), *Nanoscience and Nanotechnologies: Opportunities and Uncertainties*, London: Royal Society, 17쪽.

66. McCray(2005), 180쪽.

67. 같은 책. 184쪽.

68. 같은 책. 187쪽.

69. Roco, Mihail C., and William Sims Bainbridge(eds)(2001), *Societal Implications of Nanoscience and Nanotechnology*, Arlington, VA: NSET Workshop Report, 41쪽, www.wtec.org/loyola/nano/NSET.Societal.Implications/nanosi.pdf.

70. 같은 문헌. 50쪽.

71. 같은 문헌.

72. Royal Society and Royal Society of Engineering(2004), 13쪽.

제IV부 결론

20. 20세기 과학과 그 이후

1. Guillemin, Jeanne(2005), *Biological Weapons: From the Invention of State-Sponsored Programs to Contemporary Bioterrorism*, New York: Columbia University Press, 21쪽.

2. Nye, Mary Jo(1984), 'Scientific decline: is quantitative evaluation enough?', *Isis* 75, 697~708쪽, 708쪽.

3. Graham, Loren R.(1993), *Science in Russia and the Soviet Union*, Cambridge: Cambridge University Press, 151~3쪽.

4. Capshew, James H., and Karen Rader(1992), 'Big Science: Price to present', *Osiris* 7, 3~25쪽.

5. 다음 문헌을 보라. Cozzens, Susan E.(1997), 'The discovery of growth: statistical glimpses of twentieth-century science', in John Krige and Dominique Pestre(eds), *Science in the Twentieth Century*, Amsterdam: Harwood Academic Press, 127~42쪽.

6. Committee on Prospering in the Global Economy of the 21st Century(2007), *Rising Above the Gathering Storm: Energizing and Employing America for a Brighter Economic Future*, Washington, DC: National Academies Press.

7. Basalla, George(1967), 'The spread of Western science', *Science* 156(5 May), 611~22쪽, at 620쪽.

8. Hodge, Jonathan(2009), 'Evolution', in Peter J. Bowler and John V. Pickstone(eds), *The Cambridge History of Science, Vol. 6: The Modern Biological and Earth Sciences*, Cambridge: Cambridge University Press, 244~64쪽.

9. Hughes, Thomas P.(1989), *American Genesis: A Century of Invention and Technological Enthusiasm, 1870-1970*, New York: Penguin, 187쪽. [토머스 휴즈, 김명진 옮김, 『현대 미국의 기원—발명과 기술적 열정의 한 세기, 1870~1970』 1, 2, 나남출판, 2017]

10. 같은 책, 222~232쪽.

11. Chandler, Alfred D., Jr.(1977), *The Visible Hand: The Managerial Revolution in American Business*, Cambridge, MA: Harvard University Press; Dennis, Michael Aaron(1987), 'Accounting for research: new histories of corporate laboratories and the social history of American science', *Social Studies of Science* 17, 479~518쪽, 487쪽; Noble, David F.(1977), *America by Design: Science, Technology, and the Rise of Corporate Capitalism*, New York: Alfred A. Knopf.

12. Shinn, Terry(2003), 'The industry, research, and education nexus', in Mary Jo Nye(ed.), *The Cambridge History of Science, Vol. 5: The Modern Physical and Mathematical Sciences*, Cambridge: Cambridge University Press, 133~53쪽.

13. 같은 책, 134쪽.

14. 같은 책, 138쪽.

15. 같은 책, 147쪽.

16. Geiger, Roger(1986), *To Advance Knowledge: The Growth of American Research Universities, 1900—1940*, Oxford: Oxford University Press; Servos, John W.(1980), 'The industrial relations of science: chemical engineering at MIT, 1900—1939', *Isis* 71, 531~49 쪽; Layton, Edwin T., Jr.(1971), *The Revolt of the Engineers: Social Responsibility and the American Engineering Profession*, Cleveland: Case Western Reserve University Press; Shinn(2003).

17. Rosenberg, Nathan, and Richard R. Nelson(1994), 'American universities and technical advance in industry', *Research Policy* 23, 323~48쪽. Shinn(2003), 152쪽.

18. 퍼스 가족의 연관성에 대해서는 다음 문헌을 보라. Kevles, Daniel J.(1971), *The Physicists: The History of a Scientific Community in Modern America*, Cambridge, MA: Harvard University Press, 48쪽.

19. Riordan, Michael, and Lillian Hoddeson(1997), *Crystal Fire: The Birth of the Information Age*, New York: W.W. Norton, 74쪽; Simoes, Ana(2003), 'Chemical physics and quantum chemistry in the twentieth century', in Nye, *The Cambridge History of Science, Vol. 5: The Modern Physical and Mathematical Sciences*, 394~412쪽, 402쪽.

20. Price, Don K.(1954), *Government and Science: Their Dynamic Relation in American Democracy*, New York: New York University Press, 3쪽.

21. 같은 책, 9쪽.

22. Porter, Theodore M.(1995), *Trust in Numbers: The Pursuit of Objectivity in Science and Public Life*, Princeton, NJ: Princeton University Press.

23. Price(1954), 30~1쪽.

24. 같은 책, 190쪽.

25. Paul Forman(1987), 'Beyond quantum electronics: national security as basis for physical research in the United States', *Historical Studies in the Physical Sciences* 18, 149~229쪽.

26. Committee on Prospering in the Global Economy of the 21st Century(2007), 204~5쪽.

27. 일부 문제점에 대한 논의는 Nye(1984)를 보라

28. Bloor, David(1976), *Knowledge and Social Imagery*, London: Routledge & Kegan Paul. [데이비드 블루어, 김경만 옮김, 『지식과 사회의 상』, 한길사, 2000]

29. Churchill, Frederick B.(1980), 'The modern evolutionary synthesis and biogenetic law', in Ernst Mayr and William B. Provine(eds), *The Evolutionary Synthesis: Perspectives on the Unification of Biology*, Cambridge, MA: Harvard University Press, 112~22쪽, at 113쪽.

30. Schweber, Silvan S.(2003), 'Quantum field theory: from QED to the Standard Model', in Nye, *The Cambridge History of Science, Vol. 5: The Modern Physical and Mathematical Sciences*, 375~93쪽, 그중에서 383쪽; Oldroyd, David(2009), 'Geophysics and geochemistry', in Bowler and Pickstone, *The Cambridge History of Science, Vol. 6: The Modern Biological and Earth Sciences*, 395~415쪽; Cittadino, Eugene(2009), 'Botany', 같은 책, 225~42쪽.

31. 입문서로는 다음 문헌을 보라. Bartholomew, James R.(1997), 'Science in twentieth-century Japan', in Krige and Pestre, *Science in the Twentieth Century*, 879~96쪽; 다음 문헌도 보라 Low, Morris, Shigeru Nakayama and Hitoshi Yoshioka(1999), *Science, Technology and Society in Contemporary Japan*, Cambridge: Cambridge University Press.

32. Galison, Peter(2004), 'Removing knowledge', *Critical Inquiry* 31, 229~43쪽, 그중에서 229~231쪽을 보라. 그가 했던 강조 표시는 제거되었다.

33. Courtland, Rachel(2008), 'How the world invests in R&D', Nature 451(23 January) 378쪽. www.nature.com/news/2008/080123/full/451378a. html.

34. Royal Society(2011), *Knowledge, Networks and Nations: Global Scientific Collaboration in the 21st Century*, London: Royal Society, 16쪽.

35. 같은 책.

36. 같은 책, 14쪽.

37. Committee on Prospering in the Global Economy of the 21st Century(2007).

38. 같은 보고서., 205쪽.

39. 다음 문헌에서 인용. Menon, Subhadra(2008), 'India's rise to the moon', Nature 455(16 October), 874~5쪽, www.nature.com/nature/journal/v455/n7215/ full/455874a.html.

40. Committee on Prospering in the Global Economy of the 21st Century(2007), 79쪽.

41. Mashelkar, Raghunath(2005), 'India's R&D: reaching for the top', *Science* 307(4 March), 1415~17쪽, www.sciencemag.org/content/307/5714/1415.full

42. Menon(2008).

43. Jayaraman, K. S.(2008), 'Entomologists stifled by Indian bureaucracy', *Nature* 452(5 March), www.nature.com/news/2008/080305/full/452007a. html.

44. Hassan, Mohamed(2008), 'Beijing 1987: China's coming-out party', *Nature* 455(2 October), 598~9쪽, www.nature.com/nature/journal/v455/ n7213/full/455598a.html.

45. Cyranoski, David(2008a), 'China: visions of China', Nature 454(24 July), 384~7쪽, www.nature.com/news/2008/080723/full/454384a.html.

46. Royal Society(2011), 43쪽.

47. Cyranoski(2008a).

48. Xue, Lan(2008), 'China: the prizes and pitfalls of progress', *Nature* 454(24 July), 398~401쪽, www.nature.com/nature/journal/v454/n7203/full/454398a.html.

49. Editorial(2009a), 'Collective responsibilities', *Nature* 457(19 February), 935쪽, www.nature.com/nature/journal/v457/n7232/full/457935a.html.

50. Cyranoski, David(2008b), 'Check your GPS at the border', *Nature* 451(20 February), 871쪽, www.nature.com/news/2008/080220/full/451871a. html.

51. Cyranoski(2008a).

52. 같은 책.

53. 같은 책.

54. 다음 기사에서 인용. 'China: in their words', *Nature* 454(24 July 2008), 399~401쪽, www.nature.com/nature/journal/v454/n7203/full/454399a.html.

55. Butler, Declan(2008a), 'China: the great contender', *Nature* 454(24 July), 382~3쪽, www.nature.com/news/2008/080723/full/454382a.html.

56. Committee on Prospering in the Global Economy of the 21st Century(2007), 210쪽.

57. Cyranoski, David(2008c), 'Pharmaceutical futures: made in China?', *Nature* 455(29 October), 1168~70쪽, www.nature.com/news/2008/081029/full/4551168a.html.

58. Cyranoski(2008c).

59. 같은 책.

60. Xue(2008).

61. Schiermeier, Quirin(2008), 'Russian science academy rejects Putin ally', *Nature* 453(4 June), 702~3쪽, www.nature.com/news/2008/080604/full/453702a.html.

62. 'Presidential election disappoints reformists', *Nature*(4 June 2008), www.nature.com/news/2008/080604/full/453702a/box/1.html.

63. Butler, Declan(2008b), 'French scientists revolt against government reforms', *Nature* 457(4 February), 640~1쪽, www.nature.com/news/2009/090204/full/457640b.html.

64. Butler, Declan(2008c), 'Researcher battles CNRS reforms', *Nature* 454(9 July), 143쪽, www.nature.com/news/2008/080709/full/454143a.html.

65. Editorial(2009b), 'Growing pains', *Nature* 460(23 July), www.nature.com/nature/journal/v460/n7254/full/460435a.html.

66. Brumfiel, Geoff(2008a), 'Funding: the research revolution', *Nature*(18 June), 975~6쪽, www.nature.com/news/2008/180608/full/453975a.html.

67. Cressey, Daniel(2008a), 'Geology: the next land rush', *Nature* 451(2 January), 12~15쪽, www.nature.com/news/2008/020108/full/451012a.html.

68. Weinberger, Sharon(2008), 'Defence research: still in the lead?', *Nature* 451(23 January), 390~9쪽, www.nature.com/news/2008/080123/full/451390a.html.

69. Butler, Declan(2009), 'Bush's legacy: the wasted years', *Nature* 457(14 January), 250~1쪽, www.nature.com/news/2009/090114/full/457250a.html.

70. Editorial(2008a), 'Election fireworks', *Nature* 451(3 January), www.nature.com/nature/journal/v451/n7174/full/451001a.html.

71. Hayden, Erika Check(2009), 'Obama overturns stem-cell ban', *Nature*(9 March), www.nature.com/news/2009/090309/full/458130a.html.

72. 'Germany authorises stem cell imports', BBC News(30 January 2002), http://news.bbc.co.uk/1/hi/world/europe/1791365.stm.

73. Hayden, Erika Check(2008a), 'Stem cells: the 3-billion-dollar question', *Nature* 453(30 April), 18~21쪽, www.nature.com/news/2008/080430/full/453018a.html.

74. Wadman, Meredith(2008a), 'Stem cells: stuck in New Jersey', *Nature* 451(6 February), 622~6쪽, www.nature.com/news/2008/080206/full/451622a.html.

75. Cyranoski, David(2008d), 'Japan ramps up patent effort to keep up iPS lead', *Nature* 453(18 June), 962~3쪽, www.nature.com/news/2008/080618/full/453962a.html.

76. Cyranoski, David(2008e), 'Stem cells: a national project', *Nature* 451(16 January), 229쪽, www.nature.com/news/2008/080116/full/451229a.html.

77. Cyranoski, David(2008f), 'Stem cells: 5 things to know before jumping on the iPS bandwagon', *Nature* 452(26 March), 406~8쪽, www.nature.com/news/2008/080326/full/452406a.html.

78. Wadman, Meredith(2008b), 'The winding road from ideas to income', *Nature* 453(11 June), 830~1쪽, www.nature.com/news/2008/080611/full/453830a.html.

79. 같은 책.

80. Butler, Declan(2008d), 'Translational research: crossing the valley of death', *Nature* 453(11 June), 840~2쪽, www.nature.com/news/2008/080611/full/453840a.html.

81. Carninci, Piero(2009), 'Molecular biology: The long and short of RNAs', *Nature* 457(19 February), 974~5쪽, www.nature.com/nature/journal/v457/n7232/full/457974b.html.

82. Hayden, Erika Check(2008b), 'Thousands of proteins affected by miRNAs', *Nature* 454(30 July), 562쪽, www.nature.com/news/2008/080730/full/454562b.html.

83. 'GlaxoSmithKline does deal to develop microRNA drugs', *Nature* 452(23 April 2008), 925쪽, www.nature.com/news/2008/080423/full/452925d.html.

84 Abbott, Alison(2008), 'Pharmaceutical futures: a fiendish puzzle', *Nature* 455(29 October), 1164~7쪽, www.nature.com/news/2008/081029/full/4551164a.html.

85. Ingolia, Nicholas T., and Jonathan S. Weissman(2008), 'Systems biology: reverse engineering the cell', *Nature* 454(28 August), 1059~62쪽, www.nature.com/nature/journal/v454/n7208/full/4541059a.html.

86. Abbott(2008).

87. Wadman, Meredith(2008c), 'James Watson's genome sequenced at high speed', *Nature* 452(16 April), 788쪽, www.nature.com/news/2008/080416/full/452788b.html.

88. 같은 기사.

89. Wadman, Meredith(2008d), 'Crunch time for peer review in lawsuit', *Nature* 452(5 March), 6~7쪽, www.nature.com/news/2008/080305/full/452006a.html.

90. Cressey, Daniel(2008b), 'Merck accused of disguising its role in research', *Nature* 453(15 April), 791쪽, www.nature.com/news/2008/080415/full/452791b.html.

91. Brumfiel, Geoff(2008b), 'Newsmaker of the year: the machine maker', *Nature* 456(17 December), 862~8쪽, www.nature.com/news/2008/081217/full/456862a.html.

92. Stephan Durr et al.(2008), 'Ab initio determination of light hadron masses', *Science*

322(21November), 1224~7쪽, www.sciencemag.org/content/322/5905/1224.abstract.

93. Wilczek, Frank(2008), 'Particle physics: mass by numbers', *Nature* 456(27 November), 449~50쪽, www.nature.com/nature/journal/v456/n7221/full/456449a.html.

94. Editorial(2008b), 'Deserting the hungry', *Nature* 451(17 January), 223~4쪽, www.nature.com/nature/journal/v451/n7176/full/451223b.html.

찾아보기

마흐, 에른스트 Mach, Ernst 55, 83, 190, 262

만델스탐, 레오니드 Mandelshtam, Leonid 275

만하임, 카를 Mannheim, Karl 181

말라리아 malaria 201~203, 222, 472, 706

망원경 telescopes 22, 186, 229~233, 235~236, 315, 450, 498~502, 504, 510~511, 513~514, 587, 616, 627, 637~640

매독 syphilis 120~121, 405, 572

매카시, 조지프 & 매카시즘 McCarthy, Joseph, and McCarthyism 436, 441~442, 528

매켄지, 댄 MacKenzie, Dan 537

매켄지, 도널드 MacKenzie, Donald 83

매코믹, 캐서린 덱스터 McCormick, Katherine Dexter 566, 568

매클라우드, 로이 MacLeod, Roy 219~223

매클린톡, 바버라 McClintock, Barbara, 440, 593

매클웨인, 제임스 Macelwane, James 249

매슈스, 드루먼드 Matthews, Drummond 537

맥나마라, 로버트 McNamara, Robert 401, 478

맥닐, 윌리엄 McNeill, William 131, 148~149, 159

맥마흔, 브리엔 McMahon, Brien 424, 433

맥밀런, 에드윈 McMillan, Edwin 328, 394

맥삼, 앨런 M. Maxam, Allan M. 611

맥스웰 방정식 equations, Maxwell's 31, 53, 54

맥스웰, 제임스 클러크 Maxwell, James Clerk 30~32, 37, 48, 53~54, 121

맥아더, 더글러스 MacArthur, Douglas 445~446

맥컬럭, 워런 McCulloch, Warren 516

맥코마크, 러셀 McCormmach, Russell 58

맨슨, 패트릭 Manson, Patrick 201

맨체스터 대학 Manchester University 9, 42, 43, 50, 127, 327, 490, 491, 498, 499, 509, 511, 512, 536

맨해튼 프로젝트 Manhattan Project 385, 390~392, 395, 398~399, 401, 403~404, 412, 416, 418, 422, 424, 427, 434~435, 437~438, 449~450, 452, 478, 482~483, 487, 495, 546, 632

머크 Merck 365, 621, 654, 704, 707

머튼, 로버트 K. Merton, Robert K. 454~455, 559, 595~596

멀리스, 캐리 Mullis, Kary 615

멀리컨, 로버트 Mulliken, Robert 337

멈포드, 루이스 Mumford, Lewis 319, 355, 578

메다워, 피터 Medawar, Peter 562

메도스, 데니스 Meadows, Dennis 573

메드베데프, 조레스 Medvedev, Zhores 273

메이슨, 맥스 Mason, Max 235, 238, 248, 341~342, 344

메이어, 스테판 Meyer, Stefan 42, 163

메이요, 엘튼 Mayo, Elton 253~254

부시, 바네버 Bush, Vannevar 361~362, 364, 370, 380, 390, 414, 418, 423, 438, 440, 630, 676

부트, 해리 Boot, Harry 369

부하린, 니콜라이 Bukharin, Nikolai 275~276

분기학 cladistics 604~605

분류학 systematics 241, 282~284, 287, 290, 604~605, 625

분자생물학 molecular biology 23, 24, 237, 321, 338, 347, 349~350, 512~513, 521, 523~524, 527, 529~530, 533~535, 563, 586, 588~590, 593, 595, 610, 612, 615~617, 621, 627, 655~657, 683, 702~704

분트, 빌헬름 Wundt, Wilhelm 161, 192

불확정성 원리 uncertainty principle 183, 335~336

뷰스, 존 윌리엄 Bews, John William 207~208

브라우어르, 라위천 에흐베르튀스 얀 Brouwer, Luitzen Egbertus Jan 187~188

브라질 Brazil 162, 202, 249, 581, 646, 653

브래니건, 오거스틴 Brannigan, Augustine 74

브래튼, 월터 Brattain, Walter 461~462

브레너, 시드니 Brenner, Sydney 534, 590~591, 612~613

브레주네프, 레오니트 Brezhnev, Leonid 583

브로이어, 요제프 Breuer, Josef 96~97, 99, 102~103

브룩헤이븐 연구소 Brookhaven laboratory 426, 449~450, 489~491, 632

브뤼케, 에른스트 Brücke, Ernst 95~96, 99

브리지먼, 퍼시 Bridgman, Percy 330, 547

브리티시페트롤리움 British Petroleum 212, 649

브릴, A. A. Brill, A. A. 102~103

블랙홀 black holes 332

블레어, 토니 Blair, Tony 624, 659

블로흐, 펠릭스 Bloch, Felix 311, 328, 391, 515

블룸레인, 앨런 Blumlein, Alan 371

비고츠키, 레프 세묘노비치 Vygotsky, Lev Semenovich 22, 263, 265~266, 277

비노그라드스키, 세르게이 Winogradsky, Sergei 92

비밀주의 secrecy 24, 452

비버스-립슨 스트립 Beevers-Lipson strips 511~512

비숍, 마이클 Bishop, Michael 603

비아그라 Viagra 597

비엔나 서클 Vienna Circle 21, 189~191, 313

비글로, 줄리언 Bigelow, Julian 505~506

비타민 vitamins 215~216, 343, 346, 356, 512

비트겐슈타인, 루트비히 Wittgenstein, Ludwig 190

빅뱅 이론 big bang theory 495

오스본, 헨리 페어차일드 Osborn, Henry Fairfield 225, 565

오스트리아 Austria 74, 102, 156, 161, 163, 174, 190, 253, 262, 310, 313, 386~387, 495, 647

오스트발트, 빌헬름 Ostwald, Wilhelm 48, 140~141, 161, 177

오웬스, 래리 Owens, Larry 419

오크리지 Oak Ridge 392, 398, 424, 560

오키알리니, 주세페 Occhialini, Giuseppe 326

오파린, 알렉산드르 이바노비치 Oparin, Aleksandr Ivanovich 22, 263, 267~268

오퍼레이션 리서치 operational research 374~375, 385, 458, 497, 578

옥스퍼드 대학 Oxford University 127~128, 130, 205~206, 208~212, 285, 363, 375, 434, 491, 512, 526, 629

올덴부르크, S. F. Oldenburg, S. F. 109, 259

올리펀트, 마크 Oliphant, Mark 388, 491

와다 아키요시和田昭允 Wada, Akiyoshi 616

와다치 기요오 和達清夫 Wadati, Kiyoo 681

와이즈, M. 노턴 Wise, M. Norton 300, 308

왓슨와트, 로버트 Watson-Watt, Robert 367

왓킨스, 엘리자베스 시겔 Watkins, Elizabeth Siegel 564, 568

왕립연구소 Royal Institution 453

왕립학회 Royal Society 35, 121, 161, 471, 663, 666, 684, 689

외트뵈시 남작, 로란드 폰 Eötvös, Baron Loránd von 245

요르단, 파스쿠알 Jordan, Pascual 173, 175, 299~300, 309~310

요페, 아브람 Ioffe, Abram 426~428

요한센, 빌헬름 Johanssen, Wilhelm 75~85

우다유吳大猷 Wu, Ta-You 489

우드, 앨버트 Wood, Albert 136

우라늄 uranium 39, 328, 386~393, 395, 397, 399, 425, 428, 440, 483

우려하는 과학자 연맹 Union of Concerned Scientists(UCS) 556

우생학 eugenics 20, 75~76, 79~84, 107, 153, 210, 214, 240, 255~256, 269~270, 286~287, 289, 294, 301~303, 306~308, 343~345

우스, 칼 Woese, Carl 535, 605

우엑스퀼, 투레 폰 Uexküll, Theodor von 195~196

우젠슝吳健雄 Wu, Chien-Shiung 489

우주과학 space science 449, 637, 688

우주론 cosmology 24, 234~235, 236, 494~496, 499, 636, 637, 709

우주왕복선 Space Shuttle 633, 640

울람, 스태니슬라브 Ulam, Stanisław 443, 511

워딩턴, C. H. Waddington, C(onrad) H(al) 373, 574

워보이스, 마이클 Worboys, Michael 221

지은이 **존 에이거** Jon Agar

유니버시티 칼리지 런던의 과학기술학(STS) 교수이고, 과학기술학과 학과장을 겸임하고 있다. 현대 과학기술사가 주 전공 분야이며, 특히 과학과 정부, 기술과 환경의 교차점, 인공지능을 포함한 컴퓨팅, 냉전 시기 과학의 역사에 관심을 갖고 연구를 진행 중이다. 지난 100여 년간 과학의 역사를 유장한 필치로 서술한 이 책, 『20세기, 그 너머의 과학사』를 비롯, *Turing and the Universal Machine*(2001)[한국어판, 『수학 천재 튜링과 컴퓨터 혁명』, 문화디자인, 2003], 영국 컴퓨터산업의 발전에서 정부의 역할을 다룬 *The Government Machine: A Revolutionary History of the Computer*(2003), 휴대전화의 역사를 대중적 시각에서 서술한 *Constant Touch: A Global History of the Mobile Phone*(2nd ed., 2013), 대처 집권기 영국의 과학정책을 분석한 *Science Policy under Thatcher*(2019) 등을 집필했다.

옮긴이 김명진

서울대학교 대학원 과학사 및 과학철학 협동과정에서 미국 기술사를 공부했고, 현재는 한국항공대와 서울대에서 강의하면서 번역과 집필 활동을 하고 있다. 원래 전공인 과학기술사 외에 과학 논쟁, 약과 질병의 역사, 과학자의 사회운동, 현대 환경사 등에 관심이 많으며, 최근에는 냉전 시기와 68혁명 이후 과학기술에 관심을 두고 공부하고 있다. 『야누스의 과학』, 『20세기 기술의 문화사』, 『모두를 위한 테크노사이언스 강의』 등을 썼고, 『미국 기술의 사회사』, 『현대 미국의 기원』, 『냉전의 과학』(공역), 『숫자, 의학을 지배하다』(공역) 등을 우리말로 옮겼다.

옮긴이 김동광

70년대에 대학에서 문학을 공부하다가 세월이 허락하지 않아 오랫동안 학생운동과 노동운동에 몸을 담았다. 90년대에 출판기획집단 과학세대에 참여해 과학책을 번역하면서 과학이 세상을 보는 중요한 통로라는 것을 깨달았다. 마흔이 넘어 대학원에 진학해 과학사회학을 공부한 뒤, 20년 넘게 과학과 사회를 주제로 강의하고, 책을 썼다. 지금은 뜻이 맞는 동학들과 공부하며, 다시 문학으로 돌아갈 기회를 엿보고 있다. 『생명의 사회사 ─ 분자적 생명관의 수립에서 생명의 정치경제학까지』, 『불확실한 시대의 과학읽기』(공저), 『과학에 대한 새로운 관점, 토마스 쿤』, 『사회생물학 대논쟁』(공저), 『낯선 기술들과 함께 살아가기』 등을 썼고, 『원더풀 라이프』, 『인간에 대한 오해』, 『언던 사이언스』(공역) 등을 우리말로 옮겼다.

20세기, 그 너머의 과학사

2023년 4월 14일 초판 1쇄 찍음
2023년 5월 3일 초판 1쇄 펴냄

지은이 존 에이거
옮긴이 김명진, 김동광

펴낸이 정종주
편집주간 박윤선
편집 박소진 박호진
마케팅 김창덕

펴낸곳 도서출판 뿌리와이파리
등록번호 제10-2201호 (2001년 8월 21일)
주소 서울시 마포구 월드컵로 128-4 (월드빌딩 2층)
전화 02)324-2142~3
전송 02)324-2150
전자우편 puripari@hanmail.net

표지 디자인 씨디자인

종이 화인페이퍼
인쇄 및 제본 영신사
라미네이팅 금성산업

값 42,000원
ISBN 978-89-6462-189-9 (93900)